Janusz Piekalkiewicz
Der Zweite Weltkrieg

Lizenzausgabe 1986 für Manfred Pawlak-Verlagsgesellschaft mbH, Herrsching
Copyright © 1985 by ECON Verlag GmbH, Düsseldorf und Wien
Alle Rechte der Verbreitung, auch durch Film, Funk und Fernsehen, fotomechanische Wiedergabe, Tonträger jeder Art, auszugsweisen Nachdruck oder Einspeicherung und Rückgewinnung in Datenverarbeitungsanlagen aller Art, sind vorbehalten.

Sachberatung: Heinz Höhne, Hamburg
Zusammenstellung der Synchronopsen: Rüdiger Bolz, Neubiburg
Umschlag und gestalterische Konzeption: Lutz Kober, Hamburg
Layout: Hansjürgen Bade, Braunschweig

Gesetzt aus der Times der Fa. Hell
Satz: Dörlemann-Satz, Lemförde
Druck und Bindearbeiten: Ernst Uhl, Radolfzell
Printed in Germany
ISBN: 3-88199-298-7

PROLOG 1939 1940

Nie wieder Krieg
13

Hitler 1933 an der Macht
21

Der Hitler-Stalin-Pakt
43

Der Blitzkrieg gegen Polen
77

Die Tragödie der Juden
137

Der »Sitzkrieg« an der Westfront
137

Der Seekrieg 1939
149

Der Luftkrieg fängt an
177

Der Winterkrieg in Finnland
185

Der Winterkrieg in Finnland
193

Das Wagnis in Skandinavien
199

Der Feldzug im Westen
277

Die Schweiz 1940
273

Der Kriegseintritt Italiens
277

Die Schlacht um England
299

Der Seekrieg 1940
325

Auf dem Weg zum Weltkrieg
347

Was außerdem geschah
357

1941

Der Seekrieg 1941
363

Der Kriegsschauplatz Afrika
397

Aufstand der Araber?
429

Der Balkan-Feldzug
451

Der Feldzug im Osten
491

Pearl Harbor
541

Was außerdem geschah
563

1942

Der Feldzug im Osten
569

Der Seekrieg 1942
613

Der Luftkrieg 1942
653

Ist Rommel noch zu stoppen?
677

Frankreich im Zwiespalt
699

Die japanische Offensive
705

Landung auf Madagaskar
723

Ereignisse im Reich
729

»Endlösung« der Judenfrage
733

Was außerdem geschah
745

1943

Der Feldzug im Osten
751

Der Seekrieg 1943
781

Der Luftkrieg 1943
803

Das Ende in Nordafrika
835

Der Schauplatz Italien
845

Die Lage im Südpazifik
859

Der Schauplatz Südostasien
869

1944

Der Feldzug im Osten
875

Der Seekrieg 1944
893

Der Luftkrieg über Europa
909

Entscheidung im Westen
933

Der Krieg in Italien
963

Der Pazifik 1944
971

Der Burma-Feldzug
983

Ereignisse im Reich
987

Die Politik 1944
993

1945

Der Feldzug im Osten
1001

Der Seekrieg 1945
1023

Der Luftkrieg über Europa
1031

Die Westfront 1945
1043

Geschehnisse im Deutschen Reich
1053

Die politischen Ereignisse
1059

Der Zusammenbruch Japans
1063

ANHANG

Abkürzungsverzeichnis
1091

Bibliographie
1092

Bildquellen
1096

Archive
1096

Ein Wort des Dankes
1097

Register der Personen
1097

Register der Orte
1107

Register der Schiffe
1115

Register der Operationen
1118

Vorwort

Sebastian Haffner

Dieses Buch ist mehr eine Chronik als eine Geschichte des Zweiten Weltkrieges. Der Verfasser versucht nicht, die Motive, Absichten und Pläne der kriegführenden Mächte zu ergründen, er versetzt sich nicht in die Gedanken Hitlers und Stalins, Churchills und Roosevelts. Er begnügt sich damit, die tatsächlichen Ereignisse, und zwar hauptsächlich die im weitesten Sinne militärischen, von Tag zu Tag mit größter Genauigkeit darzustellen, wie sie sich nachweisbar abgespielt haben. Dabei befleißigt er sich größtmöglicher Objektivität und Unparteilichkeit.

Janusz Piekalkiewicz ist ein Pole, der seit langen Jahren in der Bundesrepublik lebt und deutsch schreibt. Er hat als Vierzehnjähriger die Niederwerfung seines Landes miterlebt und als Neunzehnjähriger im großen Warschauer Aufstand von 1944 mitgekämpft. Seinem Buch merkt man das nicht an. Kein Wort der Entrüstung, kein patriotisches Vorurteil. Die Ereignisse werden protokolliert, ohne Kommentar. Manchmal allerdings, etwa bei der trocken-genauen Darlegung der verschiedenen Phasen dessen, was man heute den Holocaust nennt, wirkt das nüchterne Protokoll erschütternder, als es die leidenschaftlichste Anklage tun könnte. Umgekehrt treten bei der kommentarlosen Tag-für-Tag-Darstellung der Ereignisse an den Fronten die ungeheuren militärischen Leistungen der deutschen Wehrmacht viel glaubwürdiger hervor als in heroisierenden Regimentsgeschichten. Was ebenso hervortritt, ist der tagtägliche Katastrophencharakter des Kriegsgeschehens – für alle Beteiligten. Wir sehen nicht, von hoher Warte, einem Schachspiel mit lebenden Figuren zu. Wir werden Zeugen dessen, was sich die Völker sechs Jahre lang Tag für Tag angetan haben. Die Frage des Sinns wird nie gestellt. Aber sie drängt sich dem Leser auf.

Diese Art der Kriegsdarstellung ist heute ungewöhnlich – ich kenne kein ähnliches Buch über den Zweiten Weltkrieg; und sie setzt sich natürlich dem Vorwurf der Vordergründigkeit aus. Aber sie hat zwei große Vorteile. Der eine ist, daß der Verfasser von Anfang bis Ende streng auf dem Boden der Tatsachen bleibt – während jede analytische, erklärende Kriegsgeschichte ja immer in der Gefahr schwebt, ins Spekulative zu geraten. Wir wissen nicht wirklich, wenn wir auch plausibel darüber spekulieren können, was sich zum Beispiel Churchill 1940 bei der Fortsetzung des scheinbar aussichtslos gewordenen Krieges oder Hitler 1941 bei dem durch

Vorwort

die Kriegslage nicht gebotenen Überfall auf Rußland gedacht hat.

Der andere Vorteil ist, daß sie dem Verfasser – und dem Leser – erlaubt, die Geschichte des Zweiten Weltkrieges aus der Perspektive des Miterlebenden zu sehen, der den Fortgang, geschweige denn das Ende, nicht kennt, statt, wie üblich, aus der Perspektive des Nacherlebenden, der schon vorher weiß, wie alles ausgegangen ist. Das macht das Buch – fast möchte ich sagen: überraschenderweise – höchst spannend zu lesen.

Eigentlich sollte man das ja von einer bloßen Ereignischronik nicht erwarten. Und tatsächlich ist das Buch denn auch zunächst als Nachschlagewerk höchst verwendbar. Man findet hier alles das, was in den von vornherein auf einen Sinnzusammenhang hin komponierten Weltkriegsgeschichten so leicht unter den Tisch fällt, die Nebenschauplätze und Sackgassen des Kriegsgeschehens, genauso ausführlich und detailliert vorgeführt wie die Haupthandlung. Wer sich zum Beispiel über die verwirrenden Kriegsvorgänge im Nahen Osten 1941 genauer informieren will – den antibritischen Aufstand im Irak zum Beispiel und seine Niederwerfung durch anglo-indische Truppen oder die englische Eroberung Syriens im Kampf gegen vichy-französische Kolonialtruppen: Hier findet er alles zuverlässig und minutiös aus der Vergessenheit geholt, fertig als Material oder Halbfabrikat zur Aufbereitung für Spezialgeschichtsschreibung, die ja gerade heute wieder von hohem Interesse ist. Denn inzwischen sind ja viele Länder, die im Zweiten Weltkrieg noch bloße Objekte oder Schauplätze eines Krieges waren, den Fremde über ihren Kopf weg führten, selber handelnd in die Geschichte eingetreten; die Geschichte des Zweiten Weltkrieges ist unter anderem auch die Vorgeschichte der Entkolonialisierung, was man damals kaum merkte, aber heute klar erkennen kann. Und eine chronistisch-enzyklopädische Berichterstattung wie die hier vorliegende wird dem gerecht – besser als eine auf die »Haupthandlung« konzentrierte Kriegsgeschichte es könnte.

Das ist aber nicht der einzige Vorteil, den diese Art der Kriegsdarstellung bietet. Sie macht vielmehr zwei Dinge augenfällig, die in einer vom Ende her erzählten Geschichte weit weniger deutlich werden. Das eine ist, daß der Zweite Weltkrieg, anders als der Erste, kein einheitlicher Vorgang war, kein wirklicher Koalitionskrieg, sondern eher ein Gemenge von unverbundenen Kriegen. Das andere ist, daß er unter anderem eine Tragödie der Irrungen war.

Um mit dem letzteren anzufangen: Die Fehleinschätzungen, die oft den wichtigsten Kriegsentschlüssen zugrunde lagen, sind im Zweiten Weltkrieg auf allen Seiten ganz außerordentlich zahlreich. Fast nichts ist so verlaufen, wie man es, auf allen Seiten, erwartet hatte. Die schnelle Niederlage Frankreichs im Jahre 1940 kam zum Beispiel für alle Beteiligten ebenso überraschend wie die bärenhafte Widerstandskraft der Sowjetunion 1941 und 1942. Auch die allgemeine Überschätzung – und Selbstüberschätzung – Italiens gehört zu den Irrtümern der Staatsmänner des Zweiten Weltkrieges. Und der folgenschwerste Irrtum von allen war die Fehleinschätzung Amerikas sowohl durch Japan wie durch Deutschland im Dezember 1941. Gewiß hatte Präsident Roosevelt auch schon vorher auf den Kriegseintritt Amerikas hingearbeitet. Aber er hatte den bis dahin hartnäckigen Widerstand dagegen im eigenen Lande nicht überwinden können, und ob und wann er ihn überwunden hätte, war ohne Pearl Harbor und die deutsche Kriegserklärung auch im Dezember 1941 eine offene Frage. Fast nichts ist im Zweiten Weltkrieg so gekommen, wie es vorausberechnet war; fast alles kam überraschend. Irrtum und Willkür spielten – besonders allerdings auf der schließlichen Verliererseite – eine ganz ungewöhnliche Rolle. Das kommt in diesem Buch stärker zur Geltung als in irgendeinem anderen, das ich kenne.

In gewissem Sinne war der Kriegsausgang seit dem Dezember 1941, in dem der Krieg erst recht eigentlich zum Weltkrieg wurde, vorentschieden. Aber daß der Krieg dann doch noch fast vier schreckliche Jahre dauerte, das hatte, neben dem verbissenen Widerstandswillen Deutschlands und Japans, vor allem damit zu tun, daß auch nach Dezember 1941 die Vereinheitlichung der Kriegshandlungen und die Koordination der Strategien nicht gelang – auf beiden Seiten nicht. Der deutsche und der japanische Krieg blieben bis zum Ende getrennte Kriege, und ebenso blieben es lange Zeit der anglo-amerikanische und der russische Krieg gegen Deutschland. Daß Rußland und Japan vom Juni 1941 bis zum August 1945 Rücken an Rücken kämpften, ist nur der erstaunlichste Ausdruck dieser Unfähigkeit auf beiden Seiten, wirkliche Koalitionen mit gemeinsamen Kriegszielen und gemeinsamen Strategien zu formen. Von allen Kriegsbündnissen hat nur das zwischen England und Amerika

10

Vorwort

einigermaßen funktioniert. Im übrigen führte jede Großmacht – und auch manche kleinere – bis zum Schluß ihren eigenen Krieg. Daher auch die 1945 weitverbreitete Befürchtung – oder Hoffnung? –, daß der Krieg unter den bisher verbündeten Siegermächten alsbald weitergehen könnte. Es hat ja denn auch nach 1945 noch zehn Jahre gedauert, bis sich in Europa und Asien ein einigermaßen gefestigter neuer Friedenszustand herausgebildet hat.

In Europa beruht dieser Friedenszustand auf Teilung – Teilung nicht nur Deutschlands, sondern Europas, das heute nicht mehr ein eigenständiges Staatensystem wie vor den beiden Weltkriegen bildet, sondern in zwei großen Militär- und Wirtschaftsblöcken unter der Führung der beiden Hauptsiegermächte integriert ist; wobei die beiden deutschen Staaten, die an die Stelle des 1945 besiegten Deutschen Reiches getreten sind, jeweils den Schlußstein der beiden Bündnissysteme bilden, auf den keine der beiden Führungsmächte verzichten kann. Mit Recht ist daraus gefolgert worden, daß eine Wiedervereinigung Deutschlands nur im »europäischen Rahmen« denkbar wäre, also eine Auflösung der Blöcke und eine »Wiederverselbständigung« der europäischen Staaten in West und Ost voraussetzen würde, die sich dann, nach dem vorausgesetzten Rückzug Amerikas und Rußlands aus Europa, unvermeidlich um das wiedervereinigte Deutschland gruppieren würden. Dem steht aber nicht nur das Interesse Amerikas und Rußlands im Wege, sondern auch die europäischen Nachbarstaaten Deutschlands könnten es nicht wirklich wünschen. Sie haben mit der Vorherrschaft Deutschlands in Europa im Zweiten Weltkrieg zu schlechte Erfahrungen gemacht.

Dem eigentlichen Weltkrieg, der erst 1941 begann und den Deutschland verlor, war ja seit 1939 ein rein europäischer Krieg vorausgegangen, den Deutschland in einer Reihe von Blitzfeldzügen militärisch gewonnen hatte, ohne mit seinem Sieg politisch etwas anfangen zu können, ja, ohne ihn auch nur den Besiegten erträglich zu machen. Nicht erst mit seiner Niederlage 1945, schon mit seinen Siegen 1939 bis 1941 hat Deutschland seiner schließlichen Teilung vorgearbeitet. Denn die geeinte Großmacht Deutschland hat damals Europa Furcht eingejagt. Und diese Furcht hält vor.

Es ist ein besonderes Verdienst gerade dieses Buches, das den Krieg nicht perspektivisch vom Ende her betrachtet, sondern in allen seinen Abschnitten mit gleicher Genauigkeit zurückruft, daß es dem mitdenkenden Leser die Nachwirkungen gerade seiner für Deutschland so erfolgreichen Anfangsjahre vor Augen rückt. Und es gibt ihm Aktualität.

Gewiß, das Ende des Zweiten Weltkrieges liegt vierzig Jahre zurück. Niemand unter 40 hat persönliche Erinnerungen an ihn. Niemand unter 55 hat in irgendeiner Form an ihm teilgenommen. Verständlich, daß die jüngeren Generationen oft nicht mehr mit dem Zweiten Weltkrieg behelligt werden wollen. Aber dann müssen sie auch mit seinen Folgen leben lernen. Wo es mit diesem Lernprozeß noch oder wieder hapert, kann man ihnen keine bessere Lernhilfe wünschen als dieses vorurteilsfreie, sachliche und objektive Buch.

Sebastian Haffner

NIE WIEDER KRIEG

»Wir müssen uns erinnern, sonst wird sich alles wiederholen!«

DER VERTRAG VON VERSAILLES

»Das ist kein Frieden, das ist ein Waffenstillstand für 20 Jahre« – prophezeit der französische Marschall Ferdinand Foch

»Jetzt wird es endgültig mit allen Kriegen vorbei sein!« – hört man die Menschen auf den Straßen in Paris Anfang des Jahres 1919 sagen. Und in der Tat, am Sonnabend, dem 18. Januar 1919, bereits zwei Monate nach Beendigung des Ersten Weltkrieges, beginnen die Friedensverhandlungen; sie werden von den Siegermächten entscheidend geprägt.

70 Bevollmächtigte, 1037 Delegierte aus 32 Ländern, dazu scharenweise Ratgeber und Assistenten jeder Art, sind in Versailles, der ehemaligen Residenz französischer Könige, auf der Suche nach einer Patentlösung, die in Zukunft Kriege vermeiden soll.

Sir Harold Nicolson: »Ein hoher Raum, gewölbte Decke, schwere Kandelaber, moderne Eichentäfelung, dorische Paneele, elektrisches Licht, Tapeten aus der Zeit der Katharina von Medici, ein schöner Aubusson-Teppich mit einer herrlichen Schwanen-Bordüre ... Stille – es ist sehr heiß – die Menschen gehen auf und ab, mit gedämpften Schritten, die Sekretäre hantieren vorsichtig mit den Landkarten ...«

Da die Sitzungen geheim sind, erfährt die Welt erst viel später, was in dem unter Ludwig XIV. erbauten Gemäuer geschieht.

Es gibt zum Beispiel keine gemeinsam beschlossene Geschäftsordnung, und die einzigen Stimmen, die hier nicht gehört werden, sind die der Deutschen, an den anderen Verhandlungsorten die der Österreicher, der Ungarn, Türken und Bulgaren, also jener Länder, die mit ihren Territorien für den Ersten Weltkrieg büßen sollen und über deren Zukunft man hier entscheidet. Das bürgerkriegsgeschüttelte Rußland ist bei diesen Verhandlungen überhaupt nicht vertreten. Eine neue Welt soll aufgebaut werden, aber keiner der Beteiligten stellt sich in Versailles die Frage, welche Art Europa, welche Art Deutschland und Österreich man schaffen will.

Andererseits entstehen neue Staaten – basierend auf ihrer nationalen Substanz – auf den Trümmern des einst mächtigen Rußlands und Deutschlands: Finnland, Estland, Lettland und Litauen.

Zwischen der Ostsee und den Karpaten feiert Polen seine Wiedergeburt, nachdem es in drei Teilungen, 1772,

Jüterbog, 1919: Flugzeuge – abgewrackt nach den Bestimmungen des Versailler Friedensvertrages, der von vielen Deutschen als Diktat empfunden wird

13

1919 Februar

»Es ist Frieden« – berichten übereinstimmend die französischen Zeitungen am 24. 6. 1919. Weitsichtige Politiker allerdings können schon damals diese Hoffnung nicht teilen

1792 und 1795, die Unabhängigkeit verloren hat. Es gerät jetzt mit allen seinen Nachbarn, Rußland, Deutschland, Litauen und der von Österreich selbständig gewordenen Tschechoslowakei, in Konflikt. Um Polen den von US-Präsident Woodrow Wilson zugesprochenen Zugang zur Ostsee zu verschaffen, erhält es den »Polnischen Korridor«, der Ostpreußen vom übrigen Deutschland trennt und der später zum Stein des Anstoßes wird. Der weise französische Marschall Ferdinand Foch: »Hier liegt die Wurzel für den nächsten Krieg.«

In Deutschland glauben die bürgerlich-konservativen und nationalistischen Gruppen an die sogenannte »Dolchstoßlegende«. Sie besagt: Das Heer war »im Felde unbesiegt«, und erst die Machenschaften der Sozialdemokraten brachten es um den Sieg oder doch einen ehrenvollen Frieden.

Ein dauerhafter Frieden?

Am Donnerstag, dem 6. Februar 1919, wird die verfassunggebende Nationalversammlung in Weimar eröffnet. Sie ist aus Sorge vor Straßenkämpfen und Bedrohung durch radikale Gruppen nicht nach Berlin einberufen worden. In Weimar wird die deutsche Demokratie geboren und erhält von dieser Stadt den Namen »Weimarer Republik«.

Der Versailler Vertrag vom 28. Juni 1919 sieht in den militärischen Bestimmungen für das Deutsche Reich lediglich eine Armee, die Reichswehr, von 100000 Berufssoldaten ohne Panzer, schwere Artillerie und Flugzeuge vor, dazu eine Marine von 15000 Mann. Festungen im Grenzbereich sind nicht zugelassen. Die Reichswehr soll der Grenzsicherung und Aufrechterhaltung der inneren Ordnung dienen. Alle Kriegsflugzeuge, die nicht von den Alliierten beschlagnahmt worden sind, müssen vernichtet werden, und der Aufbau einer neuen Luftwaffe ist laut Friedensvertrag untersagt. Man gestattet nur den Bau leichter Sportmaschinen und die Segelfliegerei.

Die Marine muß die im November 1918 von den Alliierten internierte Flotte endgültig den Engländern übergeben; doch werden die meisten Schiffe von ihren Besatzungen am 21. Juni 1919 in Scapa Flow selbst versenkt. Im Friedensvertrag wird besonders betont, »daß sich Deutschland nur entwaffnen lasse, um allen Staaten eine Rüstungsbeschränkung zu ermöglichen«.

Nach den Schrecken des Weltkrieges ertönt in allen Ländern der Ruf: »Nie wieder Krieg!« Und die Regierungen versuchen, einen dauernden Frieden durch den Völkerbund zu verwirklichen. Am Sonnabend, dem 15. November 1920, tritt er in Genf feierlich zu seiner ersten Sitzung zusammen. Die USA gehören ihm nicht an.

Am Freitag, dem 18. Februar 1921, wird in Paris ein polnisch-französisches Bündnis unterzeichnet und drei Tage später durch eine befristete Militärkonvention ergänzt. Der Vertrag beinhaltet eine politische, wirtschaftliche und militärische Zusammenarbeit mit dem Ziel, den Status quo in Europa gemäß dem Versailler Vertrag zu erhalten. Polen sieht seitdem in dem Bündnis mit Frankreich eine Grundlage seiner Außenpolitik.

Bis Ende des Jahres 1921 besiegen im russischen Bürgerkrieg die Bolschewisten unter Führung von Lenin und Trotzki die Armeen der weißen Generäle und zwingen die amerikanischen, britischen, französischen und japanischen Interventionstruppen zum Rückzug.

Im Jahre 1922 etabliert sich in Rußland endgültig das kommunistische Regime. Während der Neubau des ersten sozialistischen Staates in Sowjetrußland vor sich geht, erscheint dies im Westen manchen Kreisen als zukunftweisendes soziales und politisches Experiment eines von kühnen Führern geleiteten Volkes.

Am Montag, dem 6. Februar 1922, wird Japan, das als stärkste Großmacht im Fernen Osten aus dem Krieg her-

April 1922

vorgegangen ist, auf der Flottenkonferenz in Washington von Großbritannien und den Vereinigten Staaten als gleichberechtigt anerkannt; allerdings versuchen die USA und Großbritannien, das Anwachsen der japanischen Seemacht – ebenso wie der französischen – in Grenzen zu halten, um selbst die Weltmeere beherrschen zu können. Großbritannien fühlt sich auf den Meeren darüber hinaus durch die starke Konkurrenz der Japaner bedroht. Aus diesem Grunde verschlingen die Rüstungskosten für die Seestreitkräfte den größten Anteil des britischen Verteidigungshaushaltes zu Lasten der Land- und Luftstreitkräfte.

Japans Armee drängt weiterhin auf Expansion, um Raum für den großen Bevölkerungsüberschuß zu schaffen: Objekt für territoriale Erweiterungen ist das benachbarte China, das seit dem Sturz des Kaiserreiches im Jahre 1911 nicht mehr zur inneren Ruhe kommt.

Unter den europäischen Siegermächten machen sich die alten Unstimmigkeiten wieder bemerkbar: Großbritannien, aus Sorge um das Fortbestehen des Gleichgewichts in Europa, versucht, das geschlagene Deutschland gegen Frankreich und seine Verbündeten, darunter Polen, politisch zu unterstützen.

Die französischen Politiker sind wiederum daran interessiert, nichts von den im Ersten Weltkrieg erzielten und im Vertrag von Versailles enthaltenen Positionen einzubüßen.

Chaotische Zustände in Europa

Am Sonnabend, dem 16. April 1922, schließen Deutschland und die Sowjetunion den Vertrag von Rapallo, der unter anderem eine militärische Zusammenarbeit bei Projekten moderner Waffentechnik – wie Flugzeuge, Panzer und chemische Kampfstoffe – vorsieht.

Düsseldorf, 1922: Essensausgabe für notleidende Familien. Die Kosten des verlorenen Krieges müssen – wie schon immer in der Geschichte – von den Armen getragen werden. Obdachlose, Krüppel und Bettelnde gehören zum Erscheinungsbild der Großstädte

Briefmarke der unter der Oberhoheit des Völkerbundes stehenden Freien Stadt Danzig aus dem Jahre 1923

1922 Oktober

Statt Panzer – Attrappen aus Sperrholz: Übungen der Reichswehr. Unter Ausschluß der Öffentlichkeit werden sogar Manöver in der jungen Sowjetunion abgehalten

Am Freitag, dem 27. Oktober 1922, reißt in Italien der Faschistenführer Benito Mussolini durch den »Marsch auf Rom« die Macht an sich.

Anfang 1923 erreicht in Deutschland das politische und wirtschaftliche Chaos, das seit dem Friedensvertrag herrscht, seinen Höhepunkt: Als das Reich mit den Reparationszahlungen in Verzug gerät, besetzen am Donnerstag, dem 11. Januar 1923, französische Truppen das Ruhrgebiet.

Die deutsche Wirtschaft bricht zusammen; Not und Hunger breiten sich aus, während die Währung ins Uferlose sinkt: Mitte November 1923 zahlt man für einen US-Dollar 4,2 Billionen Mark.

Die innere Zerrüttung schafft ein geeignetes Klima für das Gedeihen extremer Parteien. Die von Hitler geführten Nationalsozialisten wagen am 9. November 1923 in München einen Putsch, der jedoch mißlingt. Die Kommunisten ihrerseits stellen sich auf den offenen Aufstand ein.

Im Herbst 1923 scheint Deutschland am Vorabend eines blutigen Bürgerkrieges zu stehen. Doch als aus eigener Kraft die Währung im November saniert wird, ist die größte Gefahr für die inneren Verhältnisse gebannt. Die innenpolitische Situation beginnt, sich einigermaßen zu stabilisieren. Als eine Konferenz unter Vorsitz des US-Finanzsachverständigen und späteren Vizepräsidenten Charles Dawes einen Plan zur Zahlung der Reparationen ausarbeitet und Deutschland internationale Kredite erhält, scheinen die finanziellen und wirtschaftlichen Probleme überwunden.

So beginnen 1924 die fünf Jahre einer scheinbaren Prosperität für die Weimarer Republik; daß die Demokratie nicht gesichert ist, zeigt sich 1925 an der Wahl des monarchistischen Generalfeldmarschalls Paul von Hindenburg zum Reichspräsidenten.

Der Vertrag von Locarno

Am Montag, dem 21. Januar 1924, stirbt Vladimir Iljitsch Lenin. Nach seinem Tod gelingt es Josef Stalin, sich im Laufe der folgenden Jahre zum unumschränkten Diktator der Sowjetunion zu machen. In gigantischen Fünfjahresplänen soll der wirtschaftliche Rückstand gegenüber dem Westen aufgeholt werden. Die Bauern preßt man in Kolchosen, jeder Widerstand wird mit unmenschlicher Härte gebrochen, und bald beginnen die ersten Schauprozesse.

September 1925

Hamburg, 1925: Arbeitslose Hafenarbeiter. Auch nach dem Ende der Inflation bleiben die wirtschaftlichen Probleme ungelöst

Berlin-Neukölln: Straßenunruhen. Die Unzufriedenheit mit ihrem Los führt in großen Teilen der Arbeiterschaft zur Radikalisierung und Ablehnung der Weimarer Republik

1925 Oktober

Berliner Lustgarten, 1. 5. 1930: Mai-Demonstration der Kommunisten. Die KPD verspricht den Entwurzelten eine Lösung ihrer Probleme nach sowjetischem Vorbild

Die Vereinigten Staaten wiederum ziehen sich politisch aus Europa zurück, ihre finanziellen Interessen und ökonomischen Verbindungen bleiben bestehen. Das Wirtschaftswunder in den USA, ähnlich wie in Deutschland als »golden twenties« in der Erinnerung geblieben, bewirkt einen Taumel der Hochkonjunktur.

In den Tagen vom 5. bis 16. Oktober 1925 wird auf der Konferenz in Locarno ein Vertrag unterzeichnet, der das Verhältnis der Deutschen zu ihren westlichen Nachbarn normalisieren soll. Es ist der erste Erfolg einer sich anbahnenden Versöhnungspolitik zwischen dem deutschen Kanzler und Außenminister Gustav Stresemann und seinem französischen Kollegen Aristide Briand. »Nach Locarno ruhte die Hoffnung auf festerer Grundlage« (W. L. Churchill).

Ab 1926 kann die Reichswehr mit Unterstützung der UdSSR 800 Kilometer östlich von Moskau, in Lipezk am Kama-Fluß bei Kasan, eine geheime deutsche Gaswaffen-, Kampfwagen- und Fliegerschule (Tarnname Kama) für die Ausbildung deutscher Panzer- und Fliegeroffizierskader aufbauen. Die Reichswehr bekommt von den Sowjets nicht nur das Übungsgelände, sondern auch Schulungspanzer zur Verfügung gestellt. In Zusammenarbeit mit der deutschen Industrie erprobt die Reichswehr hier verschiedene insgeheim entwickelte Panzertypen. Dafür werden Hunderte von sowjetischen Stabsoffizieren an den Lehrinstituten der Reichswehr in Spezialkursen ausgebildet.

Am Mittwoch, dem 12. Mai 1926, errichtet Marschall Joseph Pilsudski in Polen eine Militärdiktatur; aber die geographische Lage zwischen Deutschland und der So-

Januar 1932

wjetunion, den erbittersten Feinden Polens, schwächt dessen Stellung auf der politischen Bühne weiterhin.

Am Mittwoch, dem 8. September 1926, wird Deutschland in den Völkerbund aufgenommen.

Hitler drängt zur Macht

Am Donnerstag, dem 24. Oktober 1929, und dem folgenden »Schwarzen Freitag« reißt der katastrophale Börsensturz die USA aus dem Traum der ewig blühenden Konjunktur. Präsident Herbert Hoover versucht vergeblich, durch optimistische Parolen das Unheil zu stoppen. Die Weltwirtschaftskrise breitet sich aus. Die Flut der Arbeitslosigkeit greift auf die den USA gegenüber schwer verschuldeten Industrienationen Europas über.

In dem von der Krise besonders hart betroffenen Deutschland erreicht die Zahl der Arbeitslosen bald sechs Millionen. Sie bilden ein willkommenes Reservoir für extremistische Parteien, die mit demagogischen Parolen zum Umsturz aufrufen. So versprechen Hitlers Nationalsozialisten der entmutigten Bevölkerung wirtschaftliche Besserung und Befreiung von der nationalen »Schmach des Versailler Friedensdiktats«.

Am Mittwoch, dem 22. Januar 1930, beruft US-Präsident Hoover aus Sorge über das weltweite Rüsten eine neue Seeabrüstungskonferenz nach London ein. Hier erklärt sich England bereit, das 1922 in Washington festgelegte Stärkenverhältnis bei Kreuzern und Schlachtschiffen zu akzeptieren. Das auch auf dieser Konferenz unterzeichnete U-Boot-Abkommen sieht für den Kriegsfall eine Prisenordnung vor. Das bedeutet: U-Boote müssen aufgetaucht operieren, können feindliche oder neutrale Schiffe durch Warnschüsse anhalten und von einem Prisenkommando feststellen lassen, ob sich kriegswichtige Güter (Konterbande) an Bord befinden.

Unterdessen beginnt im Fernen Osten die nach dem Ersten Weltkrieg geschaffene internationale Ordnung zusammenzubrechen: Am Freitag, dem 18. September 1931, dringen japanische Truppen längs der strategisch wichtigen Eisenbahnlinien in die chinesische Mandschurei ein und errichten hier einen von Japan abhängigen Satellitenstaat. In Genf tritt der Völkerbundsrat zusammen und verurteilt Japan als Angreifer. Tokio erklärt daraufhin seinen Austritt aus dem Völkerbund und setzt seine Politik der Aggression gegen China fort.

Ab 1931/1932 arbeiten insgeheim die Deutsche Versuchsanstalt für Luftfahrt sowie das Luftreferat des Reichsverkehrsministeriums und die Wissenschaftliche Gesellschaft für Luftfahrt an den Vorbereitungen für den Ausbau einer schlagkräftigen Luftwaffe.

1932 bilden die Nationalsozialisten die stärkste Fraktion im deutschen Reichstag und verhindern zusammen mit den Kommunisten jede konstruktive parlamentarische Tätigkeit.

Hitlers Auftritt auf einer Versammlung der NSDAP. Aus dem Heer der Unzufriedenen rekrutiert Hitler seine Anhänger. Ehemalige Frontsoldaten, nationalistische Kleinbürger, Inflationsgeschädigte und vom Kommunismus enttäuschte Proletarier laufen ihm in Scharen zu. Seine von ihm ausgehende Faszination bei Massenveranstaltungen und die Wirtschaftskrise ermöglichen seinen raschen Aufstieg

HITLER 1933 AN DER MACHT

DIE TRAGÖDIE BEGINNT

Reichspräsident von Hindenburg: »Und nun, meine Herren, vorwärts mit Gott!«

Am Montag, dem 30. Januar 1933, ernennt Reichspräsident von Hindenburg den »unbekannten Gefreiten des Ersten Weltkrieges«, Adolf Hitler, zum Reichskanzler.

Die Machtergreifung der Nationalsozialisten, die sich in den darauffolgenden Wochen vollzieht, wird von Hitler zur »Nationalen Erhebung« proklamiert, in der sich das »neue« Deutschland der Nationalsozialisten mit den traditionellen Kräften der Vergangenheit verbinden soll.

Auch gegenüber dem Ausland gibt sich die NS-Regierung friedlich und zivil: Vor dem Reichstag verkündet Hitler immer wieder entschieden seinen Friedenswillen.

Dem deutschen Volk wird die Macht und rücksichtslose Entschlossenheit des NS-Regimes demonstriert. Zur Bekämpfung der Arbeitslosigkeit realisiert Hitler ein riesiges Arbeitsbeschaffungsprogramm, dessen spektakulärster Punkt der Bau der Autobahnen sein soll. Jedoch können selbst die anfänglichen äußerlichen Erfolge nicht darüber hinwegtäuschen, daß Deutschland unter dem NS-Regime über Nacht zu einem Unrechtsstaat geworden ist.

Am Freitag, dem 3. Februar 1933, erläutert Hitler der Reichswehr-Führung seine Pläne: Ausrottung des Bolschewismus, Kampf gegen den Versailler Vertrag, Eroberung von »Lebensraum«.

Nach dem Reichstagsbrand vom Montag, dem 27. Februar 1933, hebt Hitler am nächsten Tag durch eine Notverordnung sämtliche in der Verfassung garantierten Freiheitsrechte auf.

An diesem 28. Februar 1933 entsteht mit Herausgabe der Notverordnung das eigentliche Grundgesetz des NS-Regimes: Die Freiheit und Unverletzlichkeit der Person, der Wohnung, des Briefgeheimnisses, dazu die Meinungs-, Versammlungs- und Vereinsfreiheit sowie die Gewährleistung des Eigentums werden »bis auf weiteres« außer Kraft gesetzt und dabei der verfassungsrechtliche Ausnahmezustand hervorgerufen, der erst im Mai 1945 mit dem Zusammenbruch des Dritten Reiches endet.

Das NS-Regime beginnt, seine Drohungen gegen die jüdischen Mitbürger in die Tat umzusetzen: Das fängt an mit der Entlassung von jüdischen Staatsbediensteten und Angriffen auf jüdische Künstler. Bis zum Krieg steigert

Hitler weiht die Standarten der NSDAP. Fahnen, Aufmärsche und Großveranstaltungen sollen das Volk blenden. Alte Traditionen werden neu belebt, und neue Mythen – wie der um den Hitler-Putsch von 1923 und der um Horst Wessel – werden geschaffen

1933 Februar

sich dies zu einer völligen Verdrängung der Juden aus dem Wirtschaftsleben.

Die Juden werden mehr und mehr gehindert, öffentliche Plätze oder Grünanlagen zu betreten. Kur- und Badeorte geben zu erkennen, daß Juden unerwünscht sind. In der weiteren Entwicklung wird ihnen der Besuch von Theatern, Konzertsälen, Museen und Kinos verboten. Ihre Kinder werden aus den staatlichen Schulen gewiesen. Jüdische Familien und Einzelpersonen, die bis 1933 nicht die deutsche Staatsangehörigkeit erworben haben, werden ausgewiesen – besonders nach Polen. Schließlich verlieren sie den Mieterschutz und dürfen kein Telefon haben, müssen ihre Radioapparate und ihren Schmuck abliefern. Ihnen ist verboten, die Wohnung nach 20.00 Uhr zu verlassen.

Dr. Joseph Goebbels spricht im Berliner Lustgarten. Der begabte Redner ist 12 Jahre lang Chefpropagandist des NS-Regimes und Kulturdiktator des »Dritten Reiches«

»Der Reichstag in Flammen«. Diese Meldung geht am 28. 2. 1933 um die ganze Welt. Das Rätsel um die Brandstiftung beschäftigt noch heute die Historiker. Wer auch immer die Anstifter waren – die Nazis nutzen dieses Ereignis, um gegen ihre politischen Gegner vorzugehen

März 1933

Am Sonnabend, dem 4. März 1933, tritt der neugewählte US-Präsident Franklin D. Roosevelt sein Amt an. Roosevelts »New Deal«-Programm mit einer Reihe finanzieller und sozialpolitischer Maßnahmen, unter denen die Arbeitsbeschaffung den ersten Platz einnimmt, soll die Wende zum Besseren einleiten.

Die »Nationale Erhebung«

Am Montag, dem 20. März 1933, entsteht auf Anordnung von Reichsführer SS Heinrich Himmler das KZ-Lager Dachau, das erste von 22 Lagern mit insgesamt 165 Außenstellen, die während der NS-Herrschaft errichtet werden. Im Frühjahr 1933 befinden sich allein in Preußen bereits etwa 25 000 Personen in Schutzhaft. Bis zum Sommer 1933 entstehen zahlreiche große KZ-Lager wie Oranienburg, Esterwegen und Papenburg.

Es hängt vom Ermessen Himmlers und seinem Sicherheitsapparat ab, politisch verdächtige Personen entweder den Gerichten zu überantworten oder sie gleich in KZ-Lager zu deportieren. Laut NS-Sprachregelung ist das Konzentrationslager die »Bezeichnung für polizeilich beaufsichtigte und bewachte Unterkunftslager, in denen Personen zeitweise festgehalten werden, um das Aufbauwerk der Regierung nicht zu gefährden«.

Die rechtliche Grundlage für die Einlieferung in ein KZ-Lager (sogenannte »politische Schutzhaft«) bildet die Notverordnung vom 28. Februar 1933, mit der man das Grundrecht der persönlichen Freiheit aufgehoben hat. In KZ-Lager werden seit der Machtergreifung einge-

Franz von Papen, deutscher Reichskanzler 1932 und in den ersten Jahren des NS-Regimes Hitlers Vize

Alfred Rosenberg, dessen »Mythus des 20. Jahrhunderts« neben Hitlers »Mein Kampf« die ideologische Grundlage des Nationalsozialismus bildet

1933, in einem Konzentrationslager: Diese Lager werden nach dem Reichstagsbrand eingerichtet, um die Opposition mundtot zu machen

Heinrich Himmler, Reichsführer SS und Chef der Deutschen Polizei, 1943 bis 1945 zugleich Reichsinnenminister

1933 März

1933: Politische Häftlinge eines Konzentrationslagers beim Appell (Kommunisten, Sozialdemokraten, Gewerkschafter)

Berlin-Grunewald: Morgenappell in einem Zeltlager der deutschen Jugend. Die »Gleichschaltung« beginnt bereits im Kindesalter und erfaßt alle Altersstufen und Volksschichten

wiesen: wegen Landes- oder Hochverrats verurteilte Personen, kommunistische Funktionäre nach Verbüßung ihrer Haftstrafe, alle von einem Volksgericht verurteilten Personen sowie Mitglieder der pazifistischen (wehrdienstfeindlichen) Internationalen Bibelforscher-Vereinigung. Diese politische Schutzhaft soll eine »vorbeugende Maßnahme« sein, die keiner richterlichen Überprüfung unterliegt.

Das am Donnerstag, dem 23. März 1933, im Reichstag gegen die Stimmen der Sozialdemokraten angenommene Ermächtigungsgesetz verschafft Hitler und seiner Regierung die erstrebten diktatorischen Vollmachten.

Am Abend des 10. Mai 1933 findet in Berlin auf Veranlassung von Dr. Joseph Goebbels die Bücherverbrennung statt. Zuvor sind »Schwarze Listen« vom Börsenverein Deutscher Buchhändler mit Namen und Titeln »undeut-

Februar 1935

scher« Schriftsteller zum Aussortieren in Buchläden und Bibliotheken veröffentlicht worden. Die Liste verbotener Bücher umfaßt rund 12 400 Titel, darunter die Gesamtwerke von 149 Autoren.

Am Donnerstag, dem 22. Juni 1933, wird die SPD verboten. Einige Tage später lösen sich die bürgerlichen Parteien »freiwillig« auf, und die NSDAP wird »Staatspartei«.

Am 26. Januar 1934 schließen zur allgemeinen Überraschung Deutschland und Polen einen Nichtangriffs- und Freundschaftsvertrag ab.

Am Dienstag, dem 6. Februar 1934, wird Paris von rechtsextremistischen Ausschreitungen erschüttert.

SA-Führer werden liquidiert

Bis zum Sommer 1934 ist die SA zu einer Partei-Armee von mehreren hunderttausend Mann angewachsen. Der mächtige Stabschef der SA, Ernst Röhm, ein Duzfreund von Hitler, trägt sich bereits mit dem Gedanken, seine SA in eine »Volksmiliz« umzuwandeln: Sie soll mit der Zeit die Landesverteidigung übernehmen, während die Reichswehr lediglich als Ausbildungsstätte für SS-Führer und -Mannschaften dienen soll.

Hitler, der die Verwirklichung seiner Eroberungspläne der Reichswehr anvertrauen will, kann sich daher keinen Konflikt mit den Militärs leisten. Unterstützt durch die Polizeieinheiten Görings sowie Himmlers SS, gibt Hitler den Befehl zum Losschlagen.

Am Sonnabend, dem 30. Juni 1934, werden mehrere SA-Führer, darunter Röhm, sowie andere unbequeme Kritiker aus den eigenen Reihen auf Hitlers Geheiß ohne Gerichtsurteil liquidiert.

Unterdessen verbreitet Dr. Goebbels die Legende von einem Putschversuch, aber der Führer habe – nach seinen Worten – das Vaterland vor einem Bürgerkrieg bewahrt.

Am Dienstag, dem 3. Juli 1934, »legalisiert« ein Reichsgesetz Hitlers Mordaktionen, bei denen mindestens 83 politische Gegner umgebracht worden sind, als »Staatsnotwehr«. Dieses von der Reichswehr gebilligte Blutbad – man nimmt sogar ohne Protest die Ermordung von zwei Generälen hin – bindet die Militärs noch enger an Hitler und festigt seine Machtposition.

Am Mittwoch, dem 1. August 1934, einen Tag vor dem Tod des greisen Reichspräsidenten von Hindenburg, wird vom Reichskabinett ein Gesetz erlassen, das künftig die Zusammenlegung der beiden Ämter des Reichspräsidenten und des Reichskanzlers vorsieht.

Ab Donnerstag, dem 2. August 1934, wird nun die Reichswehr auf Adolf Hitler, ihren neuen Oberbefehlshaber, den Führer und Reichskanzler, und nicht mehr auf die Verfassung vereidigt. Reichswehrminister Werner von Blomberg – ab 1935 Kriegsminister – und der Chef des Ministeramtes, GenMaj. Walther von Reichenau, sind treue Anhänger Hitlers. Auf Blomberg geht der Eid zurück, den die Soldaten jetzt schwören müssen: »Ich schwöre bei Gott diesen heiligen Eid, daß ich dem Führer des Deutschen Reiches und Volkes, Adolf Hitler, dem Oberbefehlshaber der Wehrmacht, unbedingten Gehorsam leisten und als tapferer Soldat bereit sein will, jederzeit für diesen Eid mein Leben einzusetzen.«

Am Sonnabend, dem 14. Oktober 1934, tritt Deutschland aus der Abrüstungskonferenz aus und verläßt fünf Tage später, am 19. Oktober 1934, auch den Völkerbund.

Am selben Tag kündigt Japan das Washingtoner Flottenabkommen, das die Flottenstärken vorschreibt.

Nachdem Hitler zwei Jahre an der Macht ist, beginnt man im Februar 1935 – unter Mißachtung des Versailler Vertrages – in der Kieler Germania-Werft insgeheim mit der Montage von 12 U-Booten. Als dies im Ausland bekannt wird, staunt Hitler, daß die Weltöffentlichkeit kaum darauf reagiert.

Generalfeldmarschall Werner von Blomberg, Reichswehr- bzw. Reichskriegsminister sowie Oberbefehlshaber der Wehrmacht, 1938 zum Rücktritt gezwungen

General Werner Freiherr von Fritsch, seit 1935 Oberbefehlshaber des Heeres, wegen seiner Gegnerschaft zu Hitlers Kriegsplänen 1938 von diesem entlassen

1935 März

Am Sonnabend, dem 16. März 1935, erläßt Hitler den einseitigen Beschluß, alle Bestimmungen des Versailler Vertrages zu annullieren und den Aufbau der Streitkräfte zu Lande, zur See und in der Luft zu beschleunigen. Die allgemeine Wehrpflicht wird wieder eingeführt. Bereits zu diesem Zeitpunkt stellt sich die deutsche Wirtschaft, den militärischen Erfordernissen entsprechend, fast völlig auf Kriegsrüstung ein.

Am Mittwoch, dem 1. Mai 1935, nachdem bereits ein Gesetz über den Aufbau der Wehrmacht und über die allgemeine Wehrpflicht bekanntgegeben worden ist, erfolgt die Einführung neuer Bezeichnungen: Wehrmacht anstelle Reichswehr, gegliedert in Heer, Kriegsmarine und Luftwaffe, die dem Kriegsministerium unterstellt sind.

Nürnberg, 1935, »Parteitag der Freiheit«: Trommler der Hitlerjugend. Die jährlichen Reichsparteitage sollen der deutschen und der Weltöffentlichkeit beweisen, wie sehr sich die Bevölkerung mit dem NS-Regime identifiziert

Die von den Regierungen Italiens, Frankreichs und Großbritanniens gebildete »Front von Stresa«, die weitere deutsche Verstöße gegen die Entwaffnungsbestimmungen verhindern will, bricht nach wenigen Wochen auseinander: Am Dienstag, dem 18. Juni 1935, schließt Hitler mit Großbritannien sogar einen deutsch-britischen Flottenvertrag ab, der ihm das Recht zusichert, alle üblichen Kriegsschiffstypen im Verhältnis 35:100, U-Boote sogar im Verhältnis 45:100 zur Tonnage der britischen Flotte zu besitzen.

Bereits elf Tage später beginnt die Kriegsmarine, nach 17 Jahren ihre ersten 12 U-Boote in Dienst zu stellen. Chef der ersten U-Boot-Flottille »Weddingen« und späterer Führer der U-Boote wird FregKpt. Karl Dönitz.

Am Sonnabend, dem 15. September 1935, werden anläßlich des Nürnberger Reichsparteitages der NSDAP vom Deutschen Reichstag das Reichsbürgergesetz und das Gesetz zum »Schutz des deutschen Blutes und der deutschen Ehre« angenommen. Diese beiden »Nürnberger Gesetze« sollen die Juden aus der deutschen Volksgemeinschaft ausschließen und die öffentliche Diskriminierung der jüdischen Bevölkerung legalisieren. Die entscheidende Bedeutung dieser Gesetze wird durch zahlreiche Verordnungen unterstützt, die die jüdischen Bevölkerung ihrer Rechte beraubt und die »Endlösung der Judenfrage« anbahnt.

Die Achse Berlin–Rom

Die politische Unsicherheit, die Hitler mit seiner Machtergreifung in Europa schafft, wird vom italienischen Diktator Mussolini bald ausgenützt: Am Donnerstag, dem 3. Oktober 1935, greift der Duce von seinen ostafrikanischen Kolonien aus das unabhängige Kaiserreich Äthiopien an, schlägt die schwache abessinische Armee und annektiert den letzten unabhängigen Staat Ostafrikas.

Vergeblich sucht der äthiopische Kaiser Haile Selassie Schutz beim Völkerbund in Genf. Der Völkerbund proklamiert zwar wirtschaftliche Sanktionen gegen Italien, die aber ergebnislos bleiben. Es zeigt sich erneut, daß kollektive Sicherheit nur eine Illusion bleibt, solange sie nicht auf militärischer Stärke basiert. Wie bereits 1931 beim Überfall Japans auf die Mandschurei erweist sich der Völkerbund als unfähig, einen kleinen Staat vor Aggressionen zu schützen. Trotz erster Vorbehalte ist die Regierung Hitler bereit, alle wirtschaftlichen Abkommen mit dem faschistischen Italien zu erfüllen. Damit wird das frostige Verhältnis überwunden, das nach Hitlers mißglücktem Besuch bei Mussolini in Venedig (14. und 15. Juni 1934) und dem nationalsozialistischen Putsch gegen den österreichischen Bundeskanzler Engelbert Dollfuß (25. Juli 1935) bestanden hat. Daraus erwächst später die »Achse Berlin–Rom«, die den Anspruch auf die Herrschaft in Europa erhebt.

März 1936

Am Dienstag, dem 15. Oktober 1935, wird in Deutschland die erste von drei Panzerdivisionen, bestehend aus zwei Panzerregimentern und je zwei Bataillonen mit insgesamt 561 Panzern, aufgestellt. Ihre leichte Artillerie, Panzerjägereinheiten, Panzerpioniere und Infanterie sind vollmotorisiert. Da die Panzerdivision noch keine schwere Artillerie besitzt, sollen Sturzkampfflugzeuge diese Aufgabe übernehmen.

Die neue Panzerdivision ist so ausgerüstet, daß sie – völlig auf sich selbst gestellt – jede Operation ohne Unterstützung durchführen kann. Hitler erhofft, mit einer starken Panzerwaffe bereits in den ersten Tagen seiner geplanten Eroberungsfeldzüge größtmögliche Geländegewinne zu erzielen.

Hitler nutzt die durch Mussolinis Abessinienkrieg heraufbeschworenen Spannungen zwischen den Großmächten aus, um am 7. März 1936 den Vertrag von Locarno einseitig aufzukündigen und am gleichen Tag das entmilitarisierte Rheinland schlagartig zu besetzen. Die Westalliierten beschränken sich auch in diesem Fall lediglich auf Proteste.

In diesen Tagen beginnt in Frankreich die »Volksfrontregierung« des Sozialisten Léon Blum ihre von den Rechtsparteien heftig angegriffene Sozialpolitik: Vierzigstundenwoche zur Bekämpfung der Arbeitslosigkeit, Erhöhung der Löhne, Einführung des bezahlten Urlaubs; dem stehen Preissteigerungen, Abwertung der Währung und Devisenflucht entgegen.

Großbritannien wird bewegt von dem Thronverzicht König Eduards VIII., und die Bevölkerung gibt bei einer Befragung ihre Bereitschaft zur Abrüstung zu erkennen. Premierminister Stanley Baldwin im Wahlkampf: »Ich gebe mein Wort, daß es keine große Aufrüstung gibt.« Gegenüber Deutschland ist es die Politik des »appeasement«, eine Politik der Beschwichtigung, um Fehler, die seit 1919 gemacht worden sind, zu beseitigen und Spannungen aufzuheben.

Ab Sommer 1936 ziehen sich über Europa immer dunklere Wolken zusammen: Am Sonnabend, dem 18. Juli 1936, erheben sich in Spanien monarchistisch gesinnte Militärs unter Gen. Bahamonde Francisco Franco gegen die linksgerichtete republikanische Regierung.

Hermann Göring, Präsident des Deutschen Reichstages, preußischer Ministerpräsident und später Oberbefehlshaber der Luftwaffe, gilt allgemein als der »zweite Mann« des Dritten Reiches

General Hans von Seeckt, bis 1926 Chef der Heeresleitung, versucht die Truppe aus dem politischen Tagesgeschehen der Weimarer Republik herauszuhalten

Zwei Briefmarken aus dem Jahre 1936: Der Autobahnbau und die Veranstaltung der Olympischen Spiele werden propagandistisch als Erfolge der Regierung ausgewertet

1936 Juli

Koblenz, 1936: Deutsche Truppen marschieren in das durch den Versailler Vertrag entmilitarisierte Rheinland ein

Berlin 1936, »Tag der Wehrmacht«: Die Kinder sollen sich frühzeitig für Waffen interessieren

»Äthiopien ist italienisch« verkündet Mussolini am 6. 5. 1936

Gazzetta del Popolo

IL DUCE ANNUNCIA
AL POPOLO ITALIANO E AL MONDO
che la guerra è finita
Ieri 5 maggio alle ore 16 il Maresciallo Badoglio
entrava in Addis Abeba
L'ETIOPIA È ITALIANA

Der Militärputsch droht in einen internationalen Konflikt auszuarten. Hitler und Mussolini unterstützen die Aufständischen mit Truppen, Waffen und Flugzeugen. Die Zahl der italienischen Freiwilligen beträgt über 50 000 Mann, die der Deutschen einschließlich der berühmten »Legion Condor« rund 10 000. Auf republikanischer Seite kämpfen 40 000 Freiwillige aus 54 Ländern.

Die Sowjetunion hilft nach einigem Zögern den Republikanern mit Kriegsmaterial und entsendet politische Funktionäre, die in der »Internationalen Brigade« den Ton angeben. Stalin beordert Berater wie Konstantin Rokossowski, Iwan Stepanowitsch Konjew und Rodion J. Malinowski nach Spanien, die einige Jahre später als Helden in die Geschichte der UdSSR eingehen.

Januar 1937

Generalfeldmarschall Wilhelm Keitel

Generalfeldmarschall Gerd von Rundstedt

Admiral Erich Raeder

Der Bürgerkrieg wird beiderseits mit zunehmender fanatischer Härte und unnötiger Grausamkeit geführt. Der Spanische Bürgerkrieg, dem eine halbe Million Menschen zum Opfer fällt, ist ein willkommener Anlaß für Strategietheoretiker, Waffen unter kriegsmäßigen Bedingungen zu erproben.

Dieser Krieg läßt das kommende Unheil der massiven Einsätze von Luftstreitkräften ahnen: Die Unterstützung der UdSSR beläuft sich auf etwa 750 Kampfflugzeuge. Den Franco-Truppen wiederum liefert Italien 418 Jagdmaschinen und 183 Bombenflugzeuge. Aus Deutschland schickt man 255 Jagdmaschinen und 186 Bombenflugzeuge nach Spanien, darunter die neuesten Typen, die – dank großer technischer Luftüberlegenheit – das Ergebnis der Kämpfe beeinflussen. So kann die deutsche Luftwaffe im Spanischen Bürgerkrieg ihre neuen Ausrüstungen erproben und die Einsatzmethoden vervollkommnen.

Am Sonntag, dem 25. Oktober 1936, besucht der italienische Außenminister, Graf Galeazzo Ciano, seinen deutschen Kollegen in Berlin, Konstantin von Neurath. Ihr Gespräch bildet die Grundlage für die sogenannte »Achse Berlin–Rom«.

Zur gleichen Zeit wird zwischen Deutschland und Japan der »Antikominternpakt« geschlossen, mit dem beide Staaten sich gegen kommunistische »Zersetzung« zur Wehr setzen wollen. Japan will damit eine Absicherung für seine Politik auf dem asiatischen Festland gewinnen. Ein Jahr später tritt auch Italien diesem Pakt bei, der nun immer deutlicher den Charakter einer Isolierung Großbritanniens durch die Mächte erhält, die zwischen sich die Herrschaft in Europa und Asien aufteilen wollen.

Unterdessen festigt in der Sowjetunion Stalin durch Ausbau des Terrorsystems seine Machtposition. Und während der sowjetische Diktator der Kominternführung die Weisung gibt, im Westen mit den sozialistischen und linksbürgerlichen Parteien zusammenzuarbeiten und eine »Volksfront« gegen den »Faschismus« zu bilden, rottet er innerhalb der Sowjetunion jede oppositionelle Regung gegen sein Regime rücksichtslos aus.

Durch eine Reihe aufsehenerregender Schauprozesse gegen höchste politische und militärische Führer ist die Sowjetunion in ihrer Außenpolitik kaum handlungsfähig. Im Westen und in Japan hält man die Sowjetunion wegen der Hinrichtung hoher Offiziere für militärisch kaum in der Lage, sich zu verteidigen.

Hitlers Eroberungspläne I

In den dreißiger Jahren verharren die Siegermächte des Ersten Weltkrieges, Großbritannien und Frankreich, in unbegreiflicher Passivität. Am Freitag, dem 28. Mai 1937, wird in Großbritannien der konservative Politiker Neville Chamberlain zum Premierminister gewählt. Das grundsätzliche Ziel seiner Appeasementpolitik liegt in dem Bemühen um die Sicherheit des Westens und einer Verständigung mit Hitler.

Bereits am Freitag, dem 5. November 1937, verkündet Hitler vor den Spitzen der militärischen und politischen Führung seinen Entschluß, den Weg der Gewalt zu beschreiten, um für Deutschland »Lebensraum« zu gewinnen. Außenminister von Neurath, Reichskriegsminister GFM Werner von Blomberg und der Oberbefehlshaber des Heeres, GenOberst Werner Freiherr von Fritsch, halten die Pläne für verfrüht. Anfang des Jahres 1938 werden sie aus dem Amt gedrängt oder durch Intrigen gestürzt. Und im selben Jahre wagt Hitler den Griff über die deutschen Grenzen hinaus. Seine ersten Ziele sollen Österreich und die Tschechoslowakei sein. Nach außen tarnt Hitler seine Eroberungspläne mit der Forderung nach Selbstbestimmung für alle Deutschen.

1938 werden unter Gen. Heinz Guderian die motorisierten und gepanzerten Verbände zusammengefaßt und

1938 Februar

Berlin, 29. 9. 1937: Mussolini und Hitler nehmen eine Truppenparade ab. Die nach außen zur Schau gestellte Eintracht der faschistischen Diktatoren ist nicht frei von gegenseitigen Verdächtigungen und wachsendem Mißtrauen. Allein ähnliche außenpolitische Ambitionen lassen die Achse Berlin–Rom einig erscheinen

Graf Galeazzo Ciano, italienischer Außenminister bis 1943, und Konstantin Freiherr von Neurath, Reichsaußenminister 1932 bis 1938

das Kommando der Panzertruppen in ein Korpskommando umgewandelt. Jetzt, zwanzig Jahre nach dem Zusammenbruch des deutschen Kaiserreiches, besitzt das Deutsche Reich eine der besten Panzerwaffen der Welt.

Zu dieser Zeit wird von Hitler der Begriff »Blitzkrieg«, ein Zusammenwirken von Luft- und Landstreitkräften, geprägt.

Die Gliederung der Panzertruppen in Panzerdivisionen, bestehend aus Panzer-, Artillerie-, Infanterie-, Pionier-, Nachrichten- und Versorgungseinheiten, ermöglicht einen massierten Einsatz großer gepanzerter Verbände mit operativen Zielen.

Neben einer außenpolitischen Isolierung des Feindes gehört zum Blitzkrieg – so Hitlers Meinung – an erster Stelle die Ausnutzung des Überraschungsmoments durch den strategischen Überfall, zweitens die Massierung der Hauptkräfte für den ersten Schlag. Man müsse den Gegner zweiseitig umfassen, sofort seine Hauptkräfte einkreisen und vernichten.

Das Grundprinzip der Blitzkriegführung ist der massierte Einsatz von Panzer- und motorisierten Infanteriedivisionen in der Hauptrichtung. Um möglichst schnell die Zerschlagung des Gegners zu erzielen, wird die Umgliederung der deutschen Streitkräfte vorgenommen und ein Einsatzplan für offensive Aktionen ausgearbeitet. Danach fällt den Panzerverbänden und der Luftwaffe die Hauptrolle zu: Während die Panzerwagen die feindlichen

März 1938

Spanischer Bürgerkrieg, Toledo-Front, 1938: Angriff der Franco-Truppen. In dem von 1936 bis 1939 dauernden Bürgerkrieg zwischen den Republikanern und den militanten Rechten setzt sich Franco letztlich mit deutscher und italienischer Hilfe durch

Linien durchbrechen, werden sie von der Luftwaffe in der gesamten Tiefe der Angriffsoperation massiv unterstützt.

Trotz verschiedener Widerstände erhalten diese beiden Waffengattungen Priorität. Die Blitzkriegtheorie hat jedoch auch einen schwerwiegenden Nachteil: Durch die erheblichen Kosten für den Unterhalt der Panzerverbände muß man bei den anderen Waffengattungen beträchtliche Etatkürzungen vornehmen. Ein Blitzkrieg erfordert nicht nur technische Überlegenheit, sondern auch eine hohe Kampfkraft, Moral und erstklassiges taktisches Vorgehen.

Die Appeasement-Politik

Wochenzeitschrift »Die Wehrmacht«: Sie soll die Rüstungspolitik populär machen

General Ludwig Beck, zwischen 1935 und 1938 Generalstabschef des Heeres, später einer der führenden Köpfe des Widerstands

Die deutsche Luftwaffe wird zwar innerhalb von vier Jahren schlagartig aufgebaut, was zu einem Aufschwung der Industrie führt, doch mangelt es an geeigneten Persönlichkeiten, die mit der Luftkriegführung vertraut sind. In den Jahren der Aufrüstung trifft man Fehlentscheidungen, die sich später im Krieg verhängnisvoll auswirken. So werden zum Beispiel in den Jahren, in denen die Deutschen ihr Hauptaugenmerk auf taktische zweimotorige Mittelstreckenbomber richten, in den USA und Großbritannien schwere strategische Bomber entwickelt.

Im Frühjahr 1938 wird Österreich das erste Opfer des Appeasement, der Beschwichtigungspolitik von Chamberlain: Am Sonnabend, dem 12. März 1938, läßt Hitler Österreich besetzen und sich den »Anschluß« nachträglich durch ein Plebiszit bestätigen. Während Großbritannien und Frankreich sich mit der Tatsache abfinden, berufen die USA zumindest ihre diplomatischen Vertreter aus Wien zurück.

Neville Chamberlain, britischer Premierminister und zeitweise zugleich Außenminister

1938 Mai

München, 29. 9. 1938 im »Führerbau« am Königsplatz: Der französische Ministerpräsident Daladier begrüßt Mussolini; dahinter Hitler und Dolmetscher Dr. Paul Schmidt

Das Treffen Hitler–Chamberlain (links Reichsaußenminister von Ribbentrop). Der britische Premier glaubt, durch Nachgeben in der Sudetenfrage Hitler von weiteren territorialen Forderungen abhalten zu können

»Der Frieden ist gerettet« – meldet die französische Presse am 30. 9. 1938. Ähnlich erwartungsvoll lauten die Berichte der britischen Presse über das Münchener Abkommen

Da Hitler sich als erster 1935 bereit erklärt hat, die Annexion Äthiopiens durch Italien offiziell zu billigen, revanchiert sich jetzt der Duce mit seiner Zustimmung für Hitlers Politik gegenüber Österreich. »Duce, das werde ich Ihnen nie vergessen!« – telegrafiert Hitler nach Rom, als Mussolini die Besetzung stillschweigend hinnimmt.

Anläßlich der Sudetenkrise im Mai 1938 eröffnet Hitler gegenüber Adm. Erich Raeder, dem Chef der Kriegsmarine, zum erstenmal, daß man mit einem Krieg, wenn auch nicht vor 1944, rechnen müsse und er England als Gegner Deutschlands betrachte. Hitler befiehlt Raeder, Maßnahmen für einen verstärkten Flottenausbau zu ergreifen. Daraufhin setzt das Oberkommando der Kriegsmarine (OKM) einen Planungsausschuß ein, der die Seekriegführung gegen England präzisieren soll.

September 1938

Schon im Sommer 1938 bemerkt Gen. Walther von Reichenau in einem Vortrag über die Kämpfe in Spanien vor deutschen Militärs, daß zwei Jahre Kriegserfahrung nützlicher seien als zehn Jahre Ausbildung in Friedenszeiten, und er betrachte den Bürgerkrieg in Spanien als die Kriegshochschule Deutschlands.

Hitler betont immer wieder, die neue deutsche Wehrmacht könne einen Krieg gebrauchen. Eine Gruppe des Offizierskorps ist jedoch anderer Meinung. Ihr Wortführer, Generalstabschef Ludwig Beck, kann den neuen Oberbefehlshaber des Heeres, Walther von Brauchitsch, nicht dazu bewegen, Hitler den Widerspruch vorzutragen. Auch im Auswärtigen Amt regt sich Opposition; aber deutsche Diplomaten, die versuchen, das britische Foreign Office zu warnen, erscheinen dort als unglaubwürdig.

Heidmühle, deutscher Einmarsch in das Sudetenland, Oktober 1938: Sudetendeutsche begrüßen die Gebirgsjäger

Teschen, 2. Oktober 1938, polnische Truppen besetzen das Industriegebiet: Marschall Rydz-Smigly wird von Vertretern der polnischen Minderheit begrüßt

Konferenz von München

Im September 1938 wendet sich Hitler gegen die Tschechoslowakei. Jetzt endlich treten ihm die Westmächte entgegen, jedoch keineswegs, um zu kämpfen, sondern um zu verhandeln.

Der britische Premierminister Chamberlain fährt dreimal nach Deutschland und erreicht in München einen Kompromiß: Die Tschechoslowakei muß an das Deutsche Reich die deutschbesiedelten Gebiete, das »Sudetenland«, abgeben.

Die Bereitschaft der britischen und französischen Regierung, mit Hitler zu verhandeln, zerschlägt die Absicht einer kleinen Gruppe deutscher Offiziere, im Fall eines um die Tschechoslowakei drohenden Krieges zu Hitler

1938 Oktober

vorzudringen und ihn zu töten. Aber auch Hitler ist von der Konferenz wenig erbaut. Er ist auf Mussolini nicht gut zu sprechen, der durch Vermittlungen erreicht hat, daß die Konferenz zwischen den vier europäischen Hauptmächten, repräsentiert durch Hitler und Mussolini einerseits sowie Chamberlain und Daladier andererseits, in dieser Konstellation stattfindet.

Die Hoffnung, daß ein von Hitler unterzeichnetes deutsch-englisches Übereinkommen den Frieden »for our time« – wie Chamberlain versichert – garantiert, erweist sich jedoch bald als Illusion. Französische Diplomaten registrieren in der sowjetischen Außenpolitik nach München nämlich die Tendenz, sich auf Gespräche mit der deutschen Regierung einzulassen, wenn sich diese Möglichkeit ergibt.

Die Reichskristallnacht

Am Sonntag, dem 2. Oktober 1938, überschreiten polnische Truppen den Grenzfluß Olza, und Marschall Edward Rydz-Smigly zieht feierlich in den ehemals tschechoslowakischen Teil der Stadt Teschen ein.

Polen macht sich so zum Komplizen Hitlers bei der Teilung des Nachbarlandes.

Ungarische Soldaten besetzen Grenzbezirke der Slowakei, die Ungarn in München zugesprochen worden waren.

Die Franzosen wenden inzwischen den größten Teil ihrer Verteidigungsausgaben für den weiteren Ausbau der seit Ende der zwanziger Jahre errichteten monströsen Maginotlinie an. Da ihre Mittel für die Aufstellung starker, moderner Panzerverbände und einer Luftstreitmacht nicht ausreichen, sehen sie lediglich eine Chance in diesen Befestigungsanlagen, an denen die Deutschen, wenn es doch zum Krieg kommt, »verbluten« sollen.

Am Montag, dem 24. Oktober 1938, führt Außenminister Joachim von Ribbentrop im Berchtesgadener Grand Hotel ein Gespräch mit dem polnischen Botschafter Josef Lipski und schlägt eine Gesamtlösung aller zwischen Deutschland und Polen schwebenden Fragen vor.

Damit beginnt eine Reihe von deutsch-polnischen Verhandlungen, die sich über den Herbst und Winter bis zum Frühjahr 1939 hinziehen. Der polnische Botschafter warnt zwar davor, die Eingliederung der Freien Stadt Danzig in das Reich zum Gegenstand der Gespräche zu machen, verspricht aber von Ribbentrop, dessen Anregungen nach Warschau zu übermitteln. »Der Reichsaußenminister sagte mir, daß er eine Möglichkeit zu einer Zusammenarbeit zwischen uns bezüglich der jüdischen Auswanderung aus Polen und in einer gemeinsamen Stellungnahme gegen Rußland im Rahmen des Antikominternpaktes sehe.«

Bereits zu diesem Zeitpunkt, als erstmals von den Deutschen der Wunsch vorgetragen wird, eine Autobahn sowie eine Eisenbahnlinie durch den »Polnischen Korridor« zu bauen und vor allem Danzig dem Reich einzugliedern, hat Polen der deutschen Führung gegenüber klargestellt, daß eine derartige Politik unweigerlich zum Konflikt führen müsse.

Salzburg 1938: Hitler bei seiner Jubelfahrt durch die Stadt. Auch im Großdeutschen Reich (nach dem Anschluß Österreichs) glaubt man an eine friedliche Lösung der territorialen Forderungen Hitlers

Januar 1939

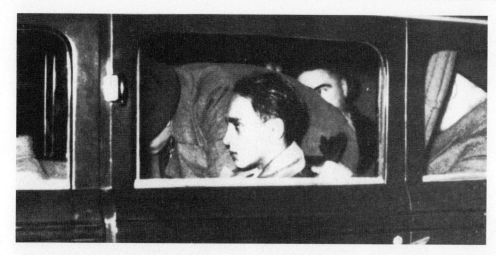

Paris, 7. 11. 1938: Herschel Grynszpan nach seiner Festnahme. Kurz zuvor erschoß er in Paris den deutschen Legationssekretär Ernst vom Rath. Dieses Attentat liefert den Nazis den willkommenen Anlaß für ihre Judenpogrome

Warschau lehnt also die deutschen Forderungen bereits ab, als Großbritannien noch keinen Beistand zugesichert hat und das Verhältnis zu Frankreich wegen der Haltung Polens in der Sudetenkrise sehr gespannt ist.

Polen weigert sich auch zunächst, die aus Deutschland ausgewiesenen »Ostjuden« aufzunehmen. Im Herbst 1938 erhöht sich die Zahl dieser Ausweisungen, und die Opfer des nationalsozialistischen Antisemitismus stehen stunden- und tagelang zwischen den Grenzbäumen beider Staaten. Dann erklärt sich die Regierung Warschaus bereit, die Ausgewiesenen ins Land zu lassen; aber sie sind dort fremd, beherrschen kaum die Sprache und haben kein Geld. Unter den Betroffenen befindet sich auch die Familie Grynszpan.

Am Montag, dem 7. November 1938, betritt der junge Herschel Grynszpan die deutsche Botschaft in Paris und erschießt den Botschaftsrat Ernst vom Rath. Noch in der Nacht vom 9./10. November 1938 inszeniert Dr. Goebbels eine »spontane Reaktion des deutschen Volkes«.

Was danach geschieht, läßt das spätere Schicksal der jüdischen Mitbürger im Dritten Reich ahnen: Zwei Tage lang steigen die Rauchschwaden brennender Synagogen zum Himmel. Auf den Bürgersteigen fast aller deutschen Städte knirscht und glitzert das zersplitterte Glas der jüdischen Geschäfte und Wohnungen. Beide Terrortage gehen in die Geschichte als »Reichskristallnacht« ein.

Am Donnerstag, dem 5. Januar 1939, wird der polnische Außenminister Josef Beck von Hitler mit großen Ehren in Berchtesgaden empfangen. Der Führer zeigt sich liebenswürdig und legt besonders großen Wert »auf eine völlige Interessengemeinschaft Deutschlands und Polens gegenüber der UdSSR«. Wegen der sowjetischen Gefahr

Polnische Briefmarke aus dem Jahre 1938

»Reichskristallnacht« in Hannover: Geplünderte jüdische Geschäfte. Im Laufe der »spontanen« Ausschreitungen kommen etwa 20000 Personen in die Konzentrationslager

1939 Januar

Hitler im Gespräch mit Oberst Joseph Beck, dem polnischen Außenminister

Joachim von Ribbentrop, Reichsminister des Auswärtigen seit 1938

England, Januar 1939: Übungen der britischen Feldartillerie. Nach den Erfahrungen im Ersten Weltkrieg bereitet man sich auch auf den Einsatz chemischer Waffen vor

ist die Existenz eines starken Polens für Deutschland eine Notwendigkeit, und Hitler bemerkt, daß »jede gegen Rußland eingesetzte polnische Division eine entsprechende deutsche Division erspart«. Dies ist die letzte Unterredung, die Beck und Hitler miteinander führen.

Polen will trotz seiner antikommunistischen Einstellung an keiner gegen die UdSSR gerichteten Aktion teilnehmen. Ebenso weigert sich Außenminister Beck, zusammen mit der Sowjetunion eine antideutsche Front zu bilden, um keinesfalls einen deutschen Angriff auf Polen zu provozieren. Er rechnet dagegen mit einer zunehmenden Feindschaft der beiden mächtigen Nachbarn und ist davon überzeugt, daß Hitler ein starkes Interesse am Bestand des polnischen Staates als Barriere gegen den Bolschewismus haben müsse: Für diese Fehleinschätzung wird Europa bald einen bitteren Preis zahlen.

Bereits am Donnerstag, dem 12. Januar 1939, führt Hitler auf dem Neujahrsempfang des Diplomatischen Korps in der Reichskanzlei ein freundschaftliches Gespräch mit dem sowjetischen Botschafter Alexej N. Mierekalow, was in diplomatischen Kreisen großes Aufsehen erregt, da Hitler bis jetzt den Vertreter der UdSSR strikt gemieden hat.

Zwei Wochen später, am Mittwoch, dem 25. Januar 1939, reist Außenminister Joachim von Ribbentrop nach Warschau. Hier bringt er die alten deutschen Forderungen auf Danzig und eine exterritoriale Verbindung mit Ostpreußen zur Sprache. Außenminister Beck: »Als Kompensation erwähnte er seinerseits die Slowakei und versuchte zuletzt, uns in eine antisowjetische Koalition hineinzudrängen. Ribbentrop, sichtlich bemüht, während seines dreitägigen Besuches Polen für einen Antikominternpakt zu gewinnen, ging so weit, daß er bei einer nichtoffiziellen Unterredung sagte: ›Sie sind sehr eigensinnig in der maritimen Frage. Das Schwarze Meer ist doch auch ein Meer...‹«

Am Montag, dem 30. Januar 1939, kündigt Hitler im Reichstag für den Kriegsfall »die Vernichtung der jüdischen Rasse in Europa« an.

Essen, 1939: In einem deutschen Rüstungswerk, gemäß dem Motto »Kanonen statt Butter«

Hitlers große Hoffnung

Am Freitag, dem 10. März 1939, verkündet Stalin unerwartet in seiner vielbeachteten Rede vor dem XVIII. Parteitag der KPdSU, es sei böswilligen Äußerungen anglo-amerikanischer und französischer Agenten zu entnehmen, daß man Deutschland und Rußland aufeinanderhetzen wolle. Stalin versichert jedoch, »Deutschland habe keine Annexionsabsichten gegen die sowjetische Ukraine«.

Stalin leugnet das Vorhandensein deutscher Aggressionspläne, auf deren Existenz er selbst schon hingewiesen hat; jetzt will er auf diese Weise Deutschland seine Bereitschaft zu verstehen geben, in konstruktive Verhandlungen einzutreten. Stalin betont in seiner Rede den später vielzitierten Satz: »Die Sowjetunion müsse Vorsicht wahren... für andere die Kastanien aus dem Feuer zu holen.«

Hitler, an dessen Adresse die Worte Stalins wohl gerichtet sind, nimmt davon keine Notiz. Er soll davon erst im Mai 1939 erfahren haben. Hitler findet jedoch, ohne von der ausgestreckten Hand Stalins zu wissen, bald die richtige Einstellung.

Mit seiner verheißungsvollen Rede verschafft sich Stalin nun eine Position des Umworbenen, und wenn er richtig kalkuliert hat, kommen sowohl die Westmächte als auch Hitler auf ihn zu.

Hitler erpreßt am Mittwoch, dem 15. März 1939, den tschechoslowakischen Staatspräsidenten Emil Hacha mit der Drohung, Prag zu bombardieren. Von einem Herzanfall geschwächt, unterschreibt Hacha die Erklärung, Böhmen und Mähren zu einem deutschen Protektorat werden zu lassen. Die Slowakei wird »unabhängig« unter deutschem »Schutz«. Ungarn besetzt die Karpaten-Ukraine.

Nachdem am selben Tag auf der Prager Burg deutsche Truppen die Hakenkreuzfahne gehißt haben, müssen die britischen und französischen Staatsmänner die letzte Hoffnung aufgeben, das deutsche Vordringen durch friedliches Verhandeln eindämmen zu können. Ein wirksamer Schutzwall um die zunächst von Hitler bedrohten Staaten in Mittel- und Südosteuropa könne aber nach ihrer Ansicht nur mit Hilfe der Sowjetunion aufgebaut werden.

1939 März

»Es war nur ein böser Traum« – das Gespenst des Krieges verschwindet: So sieht es noch Mitte März 1939 ein britischer Karikaturist

Mitte März 1939 hofft Hitler mehr denn je, Polen von den Westmächten fernzuhalten, denn die Haltung der polnischen Regierung in der Tschechenfrage im Herbst 1938 stempelt sie zum Mitschuldigen. Nach der Vorstellung Hitlers bietet sich ihm die Möglichkeit, entweder einen Freundschaftspakt mit Polen zu schließen, der ihm den Rücken gegenüber den westeuropäischen Staaten freihält, oder ein Bündnis mit der Sowjetunion einzugehen, um einen polnischen Flankenstoß – falls sich England und Frankreich zum Krieg entschließen – zu neutralisieren.

Die »polnische Frage«

Am Dienstag, dem 21. März 1939, findet in Berlin ein neues Treffen zwischen von Ribbentrop und dem polnischen Botschafter Lipski statt. Ribbentrop schlägt seinem Gesprächspartner einen Pakt gegenseitiger Hilfe für den Fall eines sowjetischen Angriffs vor. Lipski lehnt jedoch unter Berufung auf die Politik seiner Regierung ab, die einen Vertrag mit Deutschland gegen die UdSSR oder auch umgekehrt zu vermeiden wünscht. Nachdem alle Bemühungen von Ribbentrops, Polen als Partner für seine Ostpläne zu gewinnen, an dem endgültigen Nein von Außenminister Beck scheitern, stellt Hitler jetzt Überlegungen an, anstatt mit Polen gegen die Sowjetunion vorzugehen, sich mit der UdSSR gegen Polen zu verbinden.

Auch die litauische Regierung ist vom nationalsozialistischen Regime in Berlin unter Druck gesetzt worden, um das 1923 annektierte Memelland herauszugeben. Unter dem Eindruck der deutschen Überlegenheit gibt das

Marschall Edward Rydz-Smigly, Oberbefehlshaber und Marschall von Polen

London, April 1939: Lord Halifax, der Außenminister Großbritanniens, begrüßt den polnischen Außenminister Beck

April 1939

Kabinett in Kowno nach. Als am Donnerstag, dem 23. März 1939, die deutsche Wiederbesetzung Memels stattfindet, ordnet die polnische Regierung eine Teilmobilmachung an und läßt vier Divisionen zur ostpreußischen Grenze verlegen.

48 Stunden danach, am Sonnabend, dem 25. März 1939, erteilt Hitler dem Oberbefehlshaber des Heeres den Auftrag, »die polnische Frage zu bearbeiten«. Der Diktator sieht sich weder wirtschaftlich noch militärisch in der Lage, gleichzeitig einen Krieg gegen die Westmächte und gegen die mit Polen verbündete Sowjetunion zu führen. Würde sich die UdSSR dagegen neutral verhalten, bedeutete dies zugleich die Isolierung Polens und damit die Vermeidung eines Zweifrontenkrieges.

Am Sonntag, dem 26. März 1939, erscheinen zum erstenmal seit dem Freundschaftsvertrag von 1934 in der NS-Presse ausführliche Meldungen über Verfolgungen und Mißhandlungen deutscher Volksgruppen in Polen. Nachdem ähnliche Pressekampagnen im Jahre 1938 das Vorspiel für den Einmarsch ins Sudetenland waren, verkündet dies nichts Gutes.

Am Freitag, dem 31. März 1939, teilt Englands Premierminister Chamberlain dem Unterhaus mit, die Regierung Seiner Majestät habe Polen die Zusicherung gegeben, daß sie sich »für den Fall irgendeiner Aktion, die die polnische Unabhängigkeit bedrohe und von der polnischen Regierung für so bedeutungsvoll angesehen werde, daß sie ihr mit ihren nationalen Streitkräften Widerstand leisten müsse, verpflichtet fühle, der polnischen Regierung alle in ihrer Macht stehende Hilfe sofort zu gewähren«.

Der Premierminister fügt hinzu, die französische Regierung habe ihn ermächtigt, mitzuteilen, daß sie die gleiche Haltung einnähme. Für Hitler ist dies wohl ein Signal, daß nur die Verständigung mit der Sowjetunion ihm die Chance gibt, der Einkreisung zu entgehen, denn er hat nicht die Absicht, auf seine Expansionspolitik in Mittel- und Osteuropa zu verzichten.

Als am Donnerstag, dem 6. April 1939, Chamberlain im Unterhaus den Abschluß eines bilateralen Beistandspaktes mit Polen ankündigt, weiß auch Stalin, daß der Krieg unvermeidlich ist. Hitler erscheint es jetzt besonders wichtig, Polen nach Möglichkeit zu isolieren, noch bevor eine englisch-französische Intervention wirksam werden kann.

Und nun beginnt Stalin sein diplomatisches Spiel, das in der Geschichte kaum Parallelen hat: Am Freitag, dem 7. April 1939, besetzen italienische Truppen (Gen. Guzzoni) Albanien. Zum Statthalter wird der bisherige Gesandte in Tirana, Jacomini, ernannt und Albanien dem italienischen Imperium eingegliedert.

Elf Tage später, am Montag, dem 17. April 1939, als zu gleicher Stunde der sowjetische Außenminister Maxim Litwinow Frankreich und Großbritannien einen Dreierbund gegen Deutschland vorschlägt, stattet Mierekalow, der sowjetische Botschafter in Berlin, zum erstenmal seit Übernahme seines Postens vor fast einem Jahr dem Staatssekretär im Außenministerium Ernst von Weizsäcker einen Besuch ab.

Prag, Burg Hradschin, April 1939: Feierliche Übergabe des Reichsprotektorats an Freiherr von Neurath. Diesem Schauspiel folgt schon bald die Abschaffung von Parlament und Parteien, die Schließung der Universitäten, die Verfolgung der Kirchen sowie die Einführung der Nürnberger Rassengesetze

In seinem Gespräch mit von Weizsäcker bemerkt er nebenbei: »Es besteht für die Sowjetunion kein Grund, warum sie nicht mit Deutschland normale Beziehungen pflegen soll. Aus normalen Beziehungen könnten auch bessere werden. Die Ideologie spielt dabei keine Rolle.« Zum Abschluß erwähnt Mierekalow noch, daß er beabsichtige, in den nächsten Tagen nach Moskau zu fahren.

Stalin hält es in dieser Zeit für angebracht, keinen offiziellen Vertreter von Rang in Berlin zu haben, um Gerüchte über eine etwa beabsichtigte deutsch-sowjetische Fühlungnahme jederzeit als lächerlich zurückweisen zu können.

1939 April

Moskau, Roter Platz, 1. Mai 1939: Militärparade vor Stalin, dessen Stellung nach seinen Säuberungsprozessen unangefochten ist

Maxim Litwinow, sowjetischer Volkskommissar für Äußeres bis 1939

Am Donnerstag, dem 27. April 1939, kündigt die Reichsregierung gleichzeitig das deutsch-englische Flottenabkommen sowie den deutsch-polnischen Nichtangriffsvertrag von 1934.

Am folgenden Tag gibt Hitler in einer Rede vor dem Reichstag diese Kündigung bekannt und lehnt die Aufforderung des US-Präsidenten Franklin D. Roosevelt zu einer internationalen Konferenz ab; zugleich verzichtet Hitler auf seine schon traditionell gewordene Bemerkung über die feindliche Haltung der Sowjetunion.

Der deutsche Diplomat Peter Kleist: »Zwei Tage nach der Hitler-Rede vom 28. April begab ich mich noch einmal nach Polen, um die Stimmung dort zu studieren und die Auswirkungen des ersten Schlages der deutschen Politik gegen Polen festzustellen... Am Abend saßen wir mit einem klugen, welterfahrenen Rabbiner in Warschau zusammen, der auf unsere Frage mit besorgtem Gesicht langsam und zögernd antwortete: ›Meine Leute beginnen schon, ihre polnischen Werte zu veräußern.‹«

Hitler versteht den Wink

Wjatscheslaw M. Molotow, der ihn in diesem Amt ablöst und es mit einer Unterbrechung (1949–1953) bis 1956 beibehält

Am Mittwoch, dem 3. Mai 1939, setzt Stalin den Volkskommissar des Äußeren, Maxim Litwinow, von seinem Posten ab. Das Amt übernimmt Stalins engster Mitarbeiter und Intimus, Wjatscheslaw M. Molotow. Nun ist an einer grundlegenden Änderung der sowjetischen Politik nicht mehr zu zweifeln: Litwinow, ein Verfechter des Zusammengehens mit dem Westen, der eine Politik kollektiver Sicherheit gegen NS-Deutschland vertritt, ist Jude.

Mai 1939

Kaukasus, Mai 1939, an der Grenze zur Türkei: Berittene sowjetische Grenzpatrouille

Die NS-Presse vermerkt sofort, daß »die Sowjetunion beginne, sich von allem Einfluß des Judentums frei zu machen«. Hitler versteht den Wink und hält das Ereignis für so wichtig, daß er den Wirtschaftsattaché, Botschaftsrat Gustav Hilger, anstelle des deutschen Botschafters in Moskau, Friedrich Werner Graf von der Schulenburg, der zur Zeit auf der Prinzenhochzeit in Teheran weilt, sofort zum Vortrag über die sich anbahnende Entwicklung nach Deutschland beordert.

Am Freitag, dem 5. Mai 1939, macht der sowjetische Geschäftsträger in Berlin, Botschaftsrat Georgij A. Astachow, während einer Unterredung mit Legationsrat Julius Schnurre vom Auswärtigen Amt zusätzlich auf die große Wichtigkeit dieses Personalwechsels aufmerksam.

Am gleichen Tag antwortet Außenminister Beck auf Hitlers Rede vom 28. April 1939 in einer Ansprache, die er vor dem polnischen Parlament hält; darin offenbart sich das ganze Ausmaß des Streits, der zwischen den beiden Staaten seit einem halben Jahr im Gange ist.

Am Sonntag, dem 7. Mai 1939, bittet Molotow den polnischen Botschafter in Moskau, Waclaw Grzybowski, um einen Besuch. Nachdem er Becks Rede vom 5. Mai besonders gelobt hat, berichtet er von den sowjetischen Verhandlungen mit den Westmächten. Molotow informiert dann Grzybowski, daß sich die UdSSR in ihrer Note an England und Frankreich vom 17. April 1939 bereit erklärt habe, Polen militärisch zu unterstützen, falls es dem Einmarsch sowjetischer Truppen zustimme sowie auf sein Bündnis mit Rumänien verzichte, das gegen die UdSSR gerichtet sei. Außerdem müsse Moskau die Zusicherung erhalten, daß sich die britische Garantie an Polen nur gegen Deutschland richte. Grzybowski erwidert, er werde hierzu erst weitere Informationen aus Warschau abwarten, aber eines könne er schon jetzt sagen: Polens Haltung allen seinen Nachbarn gegenüber sei »friedlich und loyal«, Polen sähe gern eine Zusammenarbeit zwischen den Westmächten und der Sowjetunion und beabsichtige nicht, sein Bündnis mit Rumänien aufzugeben.

Am Nachmittag des 9. Mai 1939 telegrafiert der französische Botschafter in Berlin, Robert Coulondre, an den französischen Außenminister Georges Bonnet: »Seit 24 Stunden wird in Berlin von bereits erfolgten oder unmittelbar bevorstehenden Vorschlägen Deutschlands an Moskau gemunkelt, die zu einer Teilung Polens führen sollen.«

Am Mittwoch, dem 10. Mai 1939, empfängt Hitler auf dem Obersalzberg Botschaftsrat Gustav Hilger in Gegenwart von Gen.Oberst Wilhelm Keitel, Legationsrat Julius Schnurre und Walther Hewel, dem Verbindungsmann des Auswärtigen Amtes zur Reichskanzlei. Hitler fragt nach den Gründen für die Entlassung von Litwinow und läßt ganz gegen seine Gewohnheit Hilger ungestört berichten. Danach will Hitler wissen, ob Stalin bereit sei, sich mit Deutschland zu verständigen.

Der Botschaftsrat weist dabei auf Stalins Rede vom 4. März 1939 hin, die diese Vermutung bestätigt. Hilger: »Ich war überrascht, daß weder Hitler noch von Ribbentrop diese Rede kannten, obwohl die Moskauer Botschaft ausführlich darüber berichtet hatte. Auf von Ribbentrops Ersuchen mußte ich den betreffenden Passus zweimal zitieren.«

Hilger erhält zum Abschluß von Hitler den Auftrag, den Sowjets mitzuteilen, daß er bereit sei, Legationsrat Schnurre nach Moskau zu entsenden, um die Wirtschaftsverhandlungen weiterzuführen.

Am Sonntag, dem 14. Mai 1939, trifft in Paris der polnische Kriegsminister, Gen. Tadeusz Kasprzycki, in Begleitung des stellvertretenden polnischen Generalstabschefs, Oberst Jaklicz, ein, um Gespräche über ein Militärabkommen mit Frankreich zu führen.

DER HITLER-STALIN-PAKT

EINE UNHEILIGE ALLIANZ

Durch dieses Bündnis wird Polen isoliert und Deutschland von der Gefahr eines Zweifrontenkrieges befreit

Am Mittwoch, dem 17. Mai 1939, erklärt der sowjetische Geschäftsträger in Berlin, Astachow, dem Legationsrat Schnurre, daß »keine außenpolitischen Gegensätze zwischen dem Deutschen Reich und der Sowjetunion bestünden und daß infolgedessen kein Grund für eine Gegnerschaft der beiden Staaten vorliege«.

Er möchte zugleich wissen, ob die Zurückhaltung der deutschen Presse Moskau gegenüber nur »taktisch« aufzufassen sei, und fährt sinngemäß fort: »Zwischen dem Deutschen Reich und der Sowjetunion gibt es keine außenpolitischen Gegensätze. Sie fühlt sich aber von Deutschland bedroht; sicherlich gibt es Möglichkeiten zur Bereinigung dieser Frage.« Bei den englisch-sowjetischen Verhandlungen werde »bei dem jetzigen Stand wohl kaum ein Vertrag zwischen der UdSSR und England zustande kommen«.

Am Freitag, dem 19. Mai 1939, wird in Paris zwischen dem polnischen Kriegsminister, Gen. Kasprzycki, und Gen. Maurice G. Gamelin, dem Chef des französischen Generalstabs, ein geheimes Militärabkommen unterzeichnet.

Am Sonnabend, dem 20. Mai 1939, lädt Molotow den deutschen Botschafter, Graf von der Schulenburg, in den Kreml ein. Das Gespräch ist freundschaftlich und offen: Molotow erklärt, daß Deutschland die Wirtschaftsverhandlungen wohl nie ernst genommen habe, denn die deutsche Delegation sei seinerzeit nicht einmal nach Moskau gekommen. Jetzt aber, erklärt der Außenminister, wäre eine Neuaufnahme der Wirtschaftsverhandlungen möglich, wenn eine politische Grundlage dafür bestehe.

Ribbentrop, der an der Aufrichtigkeit seiner Gesprächspartner weiterhin zweifelt und eine Finte wittert, verlangt von Graf von der Schulenburg, nach dieser Besprechung nichts mehr zu unternehmen, sondern abzuwarten. Er befürchtet nämlich ein Erpressungsmanöver, das sich womöglich auch gegen die Westmächte richtet.

Am Montag, dem 22. Mai 1939, wird ein Bündnisvertrag, der sogenannte Stahlpakt, zwischen Italien und dem Deutschen Reich unterzeichnet. Während Mussolini jedoch den Stahlpakt als Unterpfand des fortdauernden

Zwischenlandung in Königsberg: Außenminister von Ribbentrop auf dem Rückflug von Moskau nach Berlin. Von beiden Seiten umworben, entscheidet sich Stalin für das Angebot des Führers, Polen gemeinsam aufzuteilen

1939 Mai

Briefmarke des Protektorats Böhmen und Mähren, 15. 7. 1939

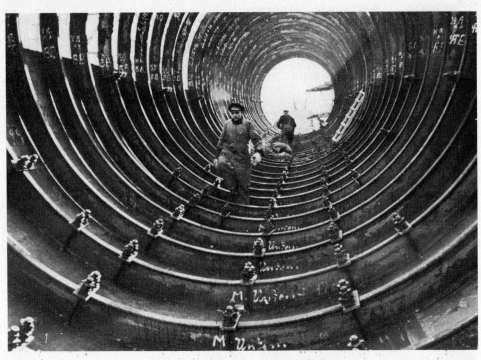

Hamburg, Mai 1939: Ein U-Boot im Bau

Friedens bewertet, sieht Hitler in ihm eine Möglichkeit zur politischen Schwächung der Engländer und Franzosen. Am gleichen Tag entschließt sich in London das Foreign Office in einer Denkschrift nach nüchternem Abwägen aller Vor- und Nachteile für weitere Verhandlungen mit Moskau.

Ebenfalls am 22. Mai 1939 wird im Reichssicherheitshauptamt (RSHA) der SS die Zentralstelle II P (Polen) gebildet, deren Hauptaufgabe darin besteht, eine Zentralkartei von Personen, Vereinen und Institutionen aufzustellen. Diese Kartei soll den Einsatzkommandos dienen, die beim Überfall im Rahmen der Aktionen des SD auf polnischem Territorium tätig werden.

Hohen deutschen Offizieren erläutert Hitler am 23. Mai 1939 seine Vorstellungen über den bevorstehenden Krieg: »Danzig ist nicht das Objekt, um das es geht. Es handelt sich für uns um die Erweiterung des Lebensraumes im Osten und Sicherstellung der Ernährung... An eine Wiederholung der Tschechei ist nicht zu glauben. Es wird zum Kampf kommen. Aufgabe ist es, Polen zu isolieren. Das Gelingen der Isolierung ist entscheidend...«

Am Freitag, dem 26. Mai 1939, schreibt von Ribbentrop in seiner neuen Instruktion für den Botschafter Graf von der Schulenburg, daß Molotow beim letzten Gespräch die Vertiefung der wirtschaftlichen Beziehungen wohl von einer Klärung der politischen Beziehung zwischen Deutschland und der Sowjetunion abhängig mache und der sowjetische Geschäftsträger in Berlin sich verschiedentlich im gleichen Sinne ausgesprochen habe. Und gerade an diesem Tag äußert sich Chamberlain zuversichtlich über den Stand der von Großbritannien, Frankreich und der Sowjetunion geführten Verhandlungen.

Am Dienstag, dem 30. Mai 1939, erklärt der Staatssekretär im Reichsaußenministerium, Ernst von Weizsäcker, dem sowjetischen Geschäftsträger in Berlin, Asta-

Berlin, 26. 5. 1939: »Ganz geheim!« – Instruktionen des Auswärtigen Amtes an Graf von der Schulenburg

Juni 1939

Frisch Eingezogene: Zunächst noch ein Grund, zu lachen. Sie ahnen nicht, wie bald der Ernstfall eintreten wird

chow, es bestehe die Möglichkeit, die Beziehung zwischen der Sowjetunion und Deutschland zu verbessern. Astachow läßt bei dieser Unterredung durchblicken, daß Molotow in seinem Gespräch mit dem deutschen Botschafter in Moskau am 20. Mai »zwar mit dem üblichen russischen Mißtrauen, aber nicht in der Absicht gesprochen habe, weiteren deutsch-sowjetischen Erörterungen einen Riegel vorzuschieben«.

Politische Möglichkeiten

Am Freitag, dem 2. Juni 1939, überreicht der neue sowjetische Botschafter in Warschau, Nikolai K. Scharonow, bisher Gesandter in Athen, sein Beglaubigungsschreiben dem Präsidenten Ignacy Moscicki. Scharonow rühmt dabei die Entwicklung der gutnachbarlichen Beziehung zwischen den beiden Ländern und spricht von einer engen und fruchtbaren Zusammenarbeit. In diesen Tagen stehen in Moskau die Gespräche zwischen Molotow und den westlichen Botschaftern, Sir William Seeds (Großbritannien) und Paul-Emile Naggiar (Frankreich), zur Anbahnung eines Vertrages mit der UdSSR im Vordergrund.

Am Montag, dem 12. Juni 1939, erreichen die Gespräche der Westmächte mit dem Kreml ihren Höhepunkt durch die Teilnahme von Sir William Strang, der als außerordentlicher Bevollmächtigter des Foreign Office nach Moskau gekommen ist.

Am Mittwoch, dem 14. Juni 1939, unternimmt Astachow den ersten entscheidenden Schritt für präzise Verhandlungen zwischen Berlin und Moskau: Er trifft sich mit dem bulgarischen Gesandten in Berlin, Parvan Draganoff, und weiht ihn in die politischen Möglichkeiten der Sowjetunion gegenüber Deutschland ein.

Während am Donnerstag, dem 15. Juni 1939, in Moskau Gespräche zwischen Molotow und dem außerordentlichen Bevollmächtigten des Foreign Office, Strang, stattfinden, sucht Draganoff ohne ersichtlichen Grund – »soweit es die eigenen Angelegenheiten seines Landes betrifft« – Staatssekretär Ernst Woermann in dessen Büro in der Berliner Wilhelmstraße auf.

Schon nach wenigen Minuten merkt Woermann, daß Astachow den bulgarischen Diplomaten geschickt hat, um sich selbst nicht festzulegen. Der Staatssekretär führt mit Draganoff ein längeres Gespräch. Nun wird dem Auswärtigen Amt endlich klar, welche politischen Lösungen die Sowjetunion in den nächsten Wochen beabsichtigt: 1. einen Pakt mit den Westmächten, 2. die Verzöge-

Ernst Freiherr von Weizsäcker, Staatssekretär im Auswärtigen Amt, eine Position, die er bis zum Frühjahr 1943 innehat

45

1939 Juni

Ein Segelflieger-Ausbildungslager der Hitlerjugend. Sportliche Übungen dieser Art dienen der Heranbildung einer wehrfähigen Jugend

Sir William Strang, der britische Diplomat, der als Sonderbevollmächtigter des britischen Foreign Office die Verhandlungen mit den Russen führt

rung des Abschlusses eines solchen Vertrages oder 3. Annäherung an Deutschland.

Erst am Ende des Gesprächs folgt Draganoffs Mitteilung: Sollte zwischen dem Deutschen Reich und der Sowjetunion ein Nichtangriffspakt zustande kommen, so sei deren Sicherheitsbedürfnis befriedigt, und sie werde keinen Nichtangriffspakt mit England abschließen. Es wird zum erstenmal hier deutlich auf dieses Thema angespielt. Im Auswärtigen Amt hält man es für wichtig, daß die Sowjets über Astachow die Initiative für die Annäherung ergriffen haben. Der Mitteilung des bulgarischen Gesandten mißt man so großen Wert bei, daß Woermann sofort dem Führer persönlich Bericht erstatten muß.

Stalin hat nun guten Grund, Hitlers neuem Kurs Vertrauen zu schenken; denn es gelingt ihm, Einzelheiten über den Briefwechsel zwischen Berlin und dem deutschen Botschafter in der japanischen Hauptstadt, Eugen Ott, zu erfahren: Die Berichte, die Dr. Richard Sorge, Kommunist und schon lange im Dienst der Sowjetunion, Journalist und bei den Botschaftsangehörigen geschätzt, nach Moskau funkt, beweisen, daß der Wunsch Hitlers, ein Abkommen mit der UdSSR zu schließen, kein Bluff ist.

Nachdem man am Freitag, dem 16. Juni 1939, in der Wilhelmstraße den Inhalt der Gespräche zwischen Astachow-Draganoff-Woermann analysiert hat, erklärt von

Juni 1939

Ribbentrop dem japanischen Botschafter in Rom, Toshio Shiatori, daß es zwischen Deutschland und der UdSSR zu einem Nichtangriffspakt kommen werde.

Von der darauffolgenden Woche an tritt jedoch eine gewisse Stagnation im Gedankenaustausch zwischen dem Deutschen Reich und der Sowjetunion ein. Stalin verhält sich vorläufig abwartend, um dadurch seine Position zu stärken.

Spiegelfechtereien

Während Ende Juni 1939 die offiziellen Gespräche festgefahren sind, versuchen untergeordnete Stellen in Berlin, Moskau und Rom, die Bemühungen nicht abreißen zu lassen. Bei Besuchen, Partys und festlichen Anlässen sollen versteckte Andeutungen das Terrain ebnen.

Am Nachmittag des 29. Juni 1939 wird Botschafter von der Schulenburg in freundlicher Form von Molotow empfangen. Schulenburg bemüht sich aber vergeblich, in Erfahrung zu bringen, welches die politischen Grundlagen sind, von denen Molotow vor mehr als einem Monat, am 20. Mai 1939, gesprochen hat und die eine solche Annäherung möglich machen sollen.

Molotow gibt ihm lediglich zu verstehen, daß er »die Normalisierung der Beziehungen zwischen Deutschland und der Sowjetunion begrüßen würde«. Aber auch dieses, von dem Botschafter bewußt optimistisch gehaltene Telegramm an das Auswärtige Amt in Berlin über den Verlauf der Gespräche scheint nichts mehr ändern zu können.

Am Donnerstag, dem 29. Juni 1939, veröffentlicht die Moskauer Zeitung Prawda einen Artikel, in dem offen erklärt wird, die Gespräche zwischen England, Frankreich und der Sowjetunion seien nur Spiegelfechterei. Diesen Staaten gehe es nur darum, sich mit den Aggressoren zu verständigen. Jetzt tritt von deutscher Seite aus eine Verhandlungspause ein: Graf von der Schulenburg erhält von Ribbentrop ausdrücklich Anweisung, die Gespräche nicht fortzuführen.

Der Grund für diese Unterbrechung liegt vor allem in der Verärgerung Hitlers über das sowjetische Hinauszögern der Wirtschaftsverhandlungen. Bei seiner Ankunft in Berlin erklärt von der Schulenburg dem italienischen Botschafter Bernardo Attolico auf dessen Anfrage hin, daß die Dispositionen Deutschlands dieselben bleiben, daß man es aber vorziehe, der Sowjetunion die Initiative zu überlassen.

Am Freitag, dem 30. Juni 1939, telegrafiert Staatssekretär von Weizsäcker im Auftrag des Außenministers von Ribbentrop an die deutsche Botschaft in Moskau, alle Aktivitäten auch für Wirtschaftsverhandlungen einzustellen. Ribbentrop ist der Ansicht, daß auf politischem Gebiet nunmehr bis auf weitere Weisungen genügend gesagt worden ist und im Augenblick von deutscher Seite aus ein Wiederaufnehmen der Gespräche nicht sinnvoll erscheint.

Hitler will offensichtlich die von ihm heraufbeschworene Krise entschärfen, da ihm ein Gewaltstreich gegen Polen ohne sowjetisches Einverständnis unmöglich er-

In einem Wehr-Ausbildungslager der Hitlerjugend. Von den »Pimpfen« bis zu den Soldaten und den paramilitärischen Einrichtungen wird die Militarisierung fast aller Teilbereiche des täglichen Lebens in Deutschland vorangetrieben

1939 Juli

Tag und Nacht wird in deutschen Rüstungsbetrieben gearbeitet. Die frühzeitige Umstellung auf die Kriegswirtschaft verschafft dem Deutschen Reich bei Kriegsbeginn einen waffentechnologischen Vorsprung, der die Erfolge in den »Blitzkriegen« ermöglicht

scheint. Selbst der NS-Gauleiter in Danzig, Albert Forster, wird angewiesen, den Streit um die Zollinspektoren des Freistaates einschlafen zu lassen, und der Danziger Senatspräsident, Arthur Greiser, soll sogar beruhigende Gespräche mit dem Generalkommissar der polnischen Regierung für Danzig, Marian Horaczewski, führen.

Am Dienstag, dem 4. Juli 1939, überreicht Molotow der englischen und französischen Delegation neue Vorschläge: Die Sowjetunion verlangt die Zustimmung von Polen und Rumänien zum Durchmarsch sowjetischer Truppen im Kriegsfall. Es ist klar, daß die Sowjets den Westmächten praktisch keine militärische Hilfe leisten können, wenn sie nicht durch das Gebiet dieser Staaten, die sie räumlich von Deutschland trennen, hindurchmarschieren oder sie überfliegen können. Es ist auch begreiflich, daß sie das Recht verlangen, mit ihren Truppen den Boden der Staaten zu betreten, wenn sie sich verpflichten sollen, sie gegen einen direkten oder indirekten deutschen Angriff zu schützen.

Andererseits ist jedoch ebenso verständlich, daß Polen und Rumänien, die ausdrücklich ihre Zustimmung dafür geben müssen, die Winkelzüge der sowjetischen Politiker zur Genüge kennen und sich dagegen energisch sträuben. Dazu erklärt der polnische Außenminister Beck: »Man verlangt von uns, wir sollen einen neuen Teilungsvorschlag unterschreiben. Wenn wir schon geteilt werden sollen, werden wir uns wenigstens verteidigen.« Und der französische Botschafter in Warschau, Leon Noel, erinnert sich, daß bereits Anfang 1939 ein Sowjetoffizier einem seiner Botschaft angehörenden Offizier gesagt hat: »Niemals werden die Polen einen Sowjetsoldaten ihr Land betreten lassen; sie werden eher zugrunde gehen, als dem zustimmen.« Marschall Rydz-Smigly äußert sich in diesem Fall noch eindeutiger: »Mit den Deutschen laufen wir Gefahr, unsere Freiheit zu verlieren. Mit den Russen verlieren wir unsere Seele.«

Erst am Montag, dem 10. Juli 1939, darf Botschaftsrat Hilger die Wirtschaftsverhandlungen mit dem Volkskom-

Juli 1939

Nordchina, auf einem japanischen Feldflugplatz, Juli 1939: Kurze Pause zwischen den Einsätzen. Dieser Krieg ist ein weiterer Versuch Japans, seinen Einfluß auf das asiatische Festland auszudehnen

missar für Handel, Anastas Iwanowitsch Mikojan, wieder aufnehmen; es vergeht jedoch noch eine Woche, ehe der Volkskommissar den Botschaftsrat zu sich bittet.

Am Sonntag, dem 16. Juli 1939, eröffnet Mikojan Botschaftsrat Hilger, daß man die Lage zwar als »bedeutend geklärt« ansehen kann, jedoch immer noch einige Punkte offenstehen.

Zu diesem Zweck soll der Leiter der sowjetischen Handelsmission in Berlin, Jewgeny Iwanowitsch Babarin, der das Problem kennt, mit Legationsrat Schnurre die Differenzen besprechen. Weitere Entschlüsse will Mikojan jedoch erst nach dem Bericht von Babarin aus Berlin fassen und den deutschen Botschafter zu gegebener Zeit informieren.

Neue Schritte geplant

Die Sowjets bleiben nun bei ihrer Methode: Mit überraschenden Konzessionen in Randproblemen stacheln sie die deutsche Bereitwilligkeit zu weiteren Gesprächen immer dann an, wenn Stalin spürt, daß man sich in Berlin mit dem Gedanken trägt, die Verhandlungen abzubrechen.

Am Montag, dem 17. Juli 1939, um 17.30 Uhr, landet auf dem Warschauer Flugplatz Okecie eine Maschine mit dem Generalinspekteur der britischen Überseestreitkräfte, Gen. Sir Edmund Ironside. Der General spricht fließend Polnisch und hat bereits während der alliierten Intervention in Rußland 1918 in Archangelsk polnische Freiwillige kommandiert.

Am Dienstag, dem 18. Juli 1939, erscheint der Leiter der sowjetischen Handelsvertretung in Berlin, Babarin, in Begleitung zweier Mitglieder der sowjetischen Handelsdelegation bei Schnurre. Überraschend erklärt ihm der sowjetische Diplomat, er sei, falls man sich über die Differenzen einigt, ermächtigt, den Wirtschaftsvertrag hier in Berlin zu unterzeichnen – obwohl Mikojan verlangt hat, daß in Moskau verhandelt werden muß. Auf die Vorhaltungen von Legationsrat Schnurre erwidert Babarin, man kann über den Ort der Unterzeichnung auch später noch reden, wenn man sich über die strittigen Punkte einig ist.

Man begreift nun im Auswärtigen Amt, daß Stalin zu dieser Zeit den Eklat scheut, den ein deutscher Sonderbevollmächtigter in Moskau gewiß hervorrufen würde.

Am Donnerstag, dem 20. Juli 1939, berichtet der französische Botschafter in Warschau nach Paris über die Konferenz vom 19. Juli 1939 zwischen Gen. Ironside, Marschall Rydz-Smigly und Außenminister Beck: Gen. Ironside habe gleich zu Anfang Marschall Rydz-Smigly versichert, daß Polen sich voll und ganz auf Großbritannien verlassen könne.

Am gleichen Tag verlangt Molotow von der britischen und französischen Delegation, daß man sofort – noch vor Abschluß des politischen Abkommens – militärische Besprechungen aufnehmen solle. London gibt trotz Bedenken dem Ersuchen Moskaus nach, um das Abkommen, das es immer noch für möglich hält, nicht zu gefährden.

Am Freitag, dem 21. Juli 1939, bekommt der deutsche Botschafter in Moskau über Staatssekretär von Weizsäk-

49

1939 Juli

Warschau, 19. 7. 1939: Der britische General Ironside mit Außenminister Beck

Sommer 1939: Eine polnische Grenzpatrouille. Die nationale Begeisterung kann nicht über die schlechte Ausrüstung der Armee hinwegtäuschen

ker vom Auswärtigen Amt die Order, alle geplanten Gespräche einzustellen und weitere Instruktionen »zur Information und Regelung der Sprache« abzuwarten. Für Graf von der Schulenburg steht fest, daß man in Berlin neue Schritte plant.

Am Sonnabend, dem 22. Juli 1939, wird völlig überraschend im Parteiorgan der KPdSU, der Prawda, eine Erklärung veröffentlicht, die darauf hindeutet, daß Stalin einen Schritt weitergehen will: In dieser kurzen Notiz heißt es, daß in Berlin Verhandlungen stattfänden. Leiter der sowjetischen Delegation sei Babarin, auf deutscher Seite Schnurre. Der Kreml gibt Hitler damit den Beweis, daß die Sowjetunion an weiteren Gesprächen interessiert ist.

Noch am selben Tag meldet das Auswärtige Amt der deutschen Botschaft in Moskau, daß man in Berlin »im Sinne ausgesprochenen Entgegenkommens« vorgehen werde. Gleichzeitig wird die Weisung, in politischer Hinsicht stillzuhalten, aufgehoben. Graf von der Schulenburg soll jedoch nicht drängen, sondern nur, wie es heißt, »den Faden weiterspinnen«.

Jetzt hat es Hitler eilig: Wenn er die Polenfrage »endgültig lösen will«, ist der letzte Termin für militärisches Eingreifen etwa Ende August, denn das Herbstwetter läßt zu einem späteren Zeitpunkt kaum noch Operationen motorisierter Verbände zu. Erst jetzt, nach diesem lang erwarteten Beweis sowjetischer Aufrichtigkeit, kann sich Hitler endgültig für den Krieg mit Polen entscheiden. Graf von der Schulenburg wird sofort unterrichtet, Molotow zu verständigen, daß Deutschland keine Schwierigkeiten sehe, seine Beziehungen zur Sowjetunion besonders hinsichtlich der Ostseefrage zu normalisieren.

Ein Treff in der Weinstube

Als am Sonntag, dem 23. Juli 1939, immer deutlicher wird, daß die Gespräche zwischen dem britischen Bevollmächtigten Sir William Strang und Molotow zu nichts führen, schlägt Molotow Frankreich und Großbritannien vor, Militärmissionen nach Moskau zu entsenden.

Am Montag, dem 24. Juli 1939, wird in Moskau auf Vorschlag der UdSSR ein politisches Grundabkommen mit Großbritannien und Frankreich getroffen sowie ein geheimer Zusatztext paraphiert. Das Inkrafttreten des Vertrages macht Stalin persönlich jedoch von konkreten militärischen Hilfeleistungen abhängig. Daß nun erst die eigentlichen Schwierigkeiten beginnen, wissen alle Beteiligten. Nach außen hin hat es jedoch den Anschein, als hätten diese Verhandlungen prinzipielle Einigung über ein politisches Abkommen ergeben und daß militärische Besprechungen bald folgen werden.

Am Dienstag, dem 25. Juli 1939, raffen sich die Vertreter der Westmächte auch zu einem Schritt auf, der nach ihrer Meinung Stalin zufriedenstellen wird: Sie einigen

Juli 1939

Polnische Bomber vom Typ PZL P-37 Los (Elch). Gegen die überlegene deutsche Luftwaffe können diese Maschinen später allerdings wenig ausrichten

sich mit Molotow über ein Abkommen, das Estland, Lettland, Litauen, Polen, Rumänien, Griechenland, die Türkei und – sogar auf britisch-französischen Wunsch – Belgien gemeinschaftliche Garantien zusagt, obwohl die betroffenen Länder einen solchen Schutz ablehnen.

Gleichzeitig gibt man Molotow zu verstehen, die Sowjetunion habe dann zumindest im Baltikum freie Hand. Der geplante Vertrag kann allerdings erst mit einer zusätzlichen Militärkonvention wirksam werden, die von Sachverständigen Frankreichs, Großbritanniens und der Sowjetunion noch vereinbart werden soll.

Am Donnerstag, dem 27. Juli 1939, ist die kleine, gemütliche und von Kennern geschätzte Weinstube des ehemaligen Hoflieferanten Julius Ewest in der Behrenstraße 26 A nahe dem in der Wilhelmstraße gelegenen Diplomatenviertel Schauplatz einer Unterhaltung, die die entscheidende Wende in den bisherigen deutsch-sowjetischen Beziehungen bringen soll: In einer Ecke des Weinrestaurants, dessen diskrete Bedienung besonders die Offiziere der Abwehr und ihre V-Männer zu schätzen wissen, findet bei Kerzenlicht ein opulentes Abendessen statt, zu dem »weisungsgemäß« Legationsrat Schnurre den sowjetischen Geschäftsträger Astachow und den Leiter der sowjetischen Handelsmission, Babarin, eingeladen hat.

Die Unterhaltung wird von den drei Herren mit aller Offenheit geführt. Der Legationsrat soll nach Anweisung von Ribbentrop auf alle Fragen, die möglicherweise strittige Interessen berühren, »ausreichend und optimistisch antworten«. Auf die Bemerkung von Astachow, ob er womöglich nur seine persönliche Meinung äußert, läßt Schnurre durchblicken, daß er in offiziellem Auftrag spricht. Und was Schnurre bei Ewest vorschlägt, ist genau das, was Stalin seit seiner Rede auf dem XVIII. Parteitag vom 10. März 1939 anstrebt.

In seinem Bericht an Außenminister von Ribbentrop erwähnt Schnurre, er habe in der Weinstube Ewest den sowjetischen Diplomaten ganz ausführlich erläutert, wie

Briefmarke des Deutschen Reiches vom 17. 2. 1939

Friedrich Werner Graf von der Schulenburg, deutscher Botschafter in Moskau und einer der entscheidenden Wegbereiter des Hitler-Stalin-Paktes

1939 Juli

England 1939: Montagehalle für schwere Bomber Armstrong A. W. 38 Whitley

Sommer 1939: Im Hintergrund die Westerplatte, eine kleine polnische Enklave im Danziger Hafen an der Weichselmündung. Das Gelände wird von einer Wachkompanie beschützt

August 1939

Hitler sich eine künftige Zusammenarbeit mit der UdSSR vorstelle, und auch betont, daß »das Tempo der Verständigung aber kein langsames sein dürfte«.

Als man nach Mitternacht die Weinstube in bestem Einvernehmen verläßt, ist schon die Aufteilung Osteuropas skizziert. Zu dieser Zeit weilen Hitler und von Ribbentrop gemeinsam im Saargebiet, um den Westwall zu inspizieren.

Bereits 36 Stunden später, am Morgen des 29. Juli 1939, wird Graf von der Schulenburg vom Auswärtigen Amt gebeten, die Reaktion Molotows auf den Bericht von Geschäftsträger Astachow vorsichtig zu erkunden und gleichzeitig der sowjetischen Führung zu übermitteln, daß Deutschland in der polnischen Frage bereit sei, sich mit der Moskauer Regierung zu verständigen sowie die lebenswichtigen Interessen der Sowjetunion im Baltikum zu respektieren.

»Koste es, was es wolle«

Polnische Ulanen mit archaisch anmutenden Lanzen – kaum geeignet für einen Kampf gegen Panzer

Ende Juli 1939 legt das Oberkommando der Wehrmacht Hitler den Feldzugsplan gegen Polen vor. Doch der Führer verlangt noch einige Änderungen.

Am Montag, dem 31. Juli 1939, gibt Premierminister Chamberlain vor dem Unterhaus die baldige Entsendung einer britischen Militärmission nach Moskau bekannt. Chamberlain will mit seiner Absicht demonstrieren, daß Großbritannien die Garantie Polens sehr ernst nimmt. Außerdem soll Berlin spüren, daß die Sowjetunion bereits zugestimmt hat, mit dieser Mission zu verhandeln.

Am gleichen Tag empfängt Ministerpräsident Edouard Daladier den Chef der französischen Militärmission, Gen. Joseph Doumenc, zu einer Abschiedsvisite. Daladier: »Bringen Sie uns ein Übereinkommen mit, koste es, was es wolle.«

Von Anfang an versuchen die Regierungen Frankreichs und Großbritanniens, dabei Zeit zu gewinnen: Anstatt ihre Militärmission per Flugzeug in wenigen Stunden nach Moskau zu beordern, müssen die Delegierten mit dem altersschwachen Dampfer »City of Exeter« (9000 BRT) reisen, der mehr ein Fracht- als ein Passagierschiff ist und seine besten Zeiten auf der Südafrikalinie erlebt hat. Die Abreise verzögert sich um mehrere Tage.

Am Mittwoch, dem 2. August 1939, trifft Außenminister von Ribbentrop im Auswärtigen Amt rein »zufällig« den sowjetischen Geschäftsträger Astachow und bittet ihn zu einer längeren Unterredung in sein Arbeitszimmer. Damit werden die Berliner Gespräche jetzt auf höchster Ebene weiter vorangetrieben.

Ribbentrop geht zunächst auf die bisherigen Erfolge ein, die man durch Verbesserung der beiderseitigen Beziehungen erreicht hat. Zwei Voraussetzungen – so betont er – wären allerdings seitens der Sowjetunion zu erfüllen: Die UdSSR dürfe sich nicht in die inneren Angelegenheiten des Deutschen Reiches einmischen und müsse auf jede gegen deutsche Lebensinteressen gerichtete Politik verzichten.

Bereits am Donnerstag, dem 3. August 1939, erfährt Molotow den Inhalt des Gesprächs zwischen Astachow und von Ribbentrop. Noch am gleichen Tag bestätigt ihm Botschafter Graf von der Schulenburg, daß Deutschland die sowjetischen Interessen im Baltikum und in Polen anerkenne.

Nun verhandeln zum erstenmal die wirklich zuständigen Minister und Diplomaten über das, was man bisher unverbindlich erörtert hat. »Nach den Zusagen des Deutschen Reiches war Molotow« – so von der Schulenburg – »ungewöhnlich aufgeschlossen.«

Am Freitag, dem 4. August 1939, um 5.40 Uhr, trifft im Auswärtigen Amt der Bericht von Graf von der Schulenburg über seine Gespräche mit Molotow ein. Darin meldet er, daß das sowjetische Mißtrauen gegenüber Deutschland immer noch vorhanden sei. Es erscheine ihm notwendig, die Beschwerdepunkte Molotows zu überprüfen und, wenn möglich, unverzüglich Abhilfe zu

1939 August

schaffen. So wäre zum Beispiel gerade der Antikominternpakt dem Kreml ein Dorn im Auge.

An diesem Tag eskaliert erneut der Konflikt zwischen dem Deutschen Reich und Polen: Die Danziger und die polnischen Behörden lassen die Auseinandersetzungen über die Kontrollbefugnisse der polnischen Zollinspektoren zum offenen Streit werden, als durch ein Mißverständnis der Eindruck entsteht, der Senat wolle die polnischen Beamten gewaltsam in der Ausübung ihrer Pflichten behindern. Es kommt zum regen Notenaustausch zwischen Senatspräsident Greiser und dem diplomatischen Vertreter Polens in Danzig, Marjan Chodacki, der ultimativ die Aufhebung der Danziger Befehle verlangt.

Die Danziger Regierung protestiert wiederum gegen angedrohte Vergeltungsmaßnahmen, deren Folgen allein auf die polnische Regierung zurückfallen werden. Drei Tage später läßt Hitler Gauleiter Albert Forster auf den Obersalzberg kommen, um zu erfahren, was die Ursache für einen »so vollkommenen Mißerfolg seiner seit Juli unternommenen Entspannungsversuche« sei.

In Warschau wird daraufhin dem deutschen Botschafter, Hans Adolf Graf von Moltke, eine Antwortnote überreicht, die Außenminister Beck nach Rücksprache mit den westlichen Botschaftern und trotz deren Mahnung zur Vorsicht auffallend scharf formuliert hat.

Am Sonnabend, dem 5. August 1939, läuft endlich die gecharterte »City of Exeter« mit den 26 Offizieren der französisch-britischen Militärmission an Bord von Tilbury in Richtung Ostsee aus. Geschwindigkeit: etwa 13 Knoten pro Stunde. Die personelle Zusammensetzung der Militärmission ruft nicht nur in Moskau und Berlin Erstaunen hervor. Der greise Chefdelegierte, Adm. und Chefadjutant des Königs, Sir Reginald Drax, war bis vor einem Jahr Kommandant in Plymouth. Die Royal Air Force entsendet Luftm. Sir Charles Burnett, der ein guter Soldat, jedoch kein Diplomat ist. Lediglich der Vertreter der Armee, Maj. Gen. George Gordon Heywood, hat einige diplomatische Erfahrungen. Die französische Delegation führt Gen. Joseph Doumenc.

Am Donnerstag, dem 10. August 1939, stattet Georgij A. Astachow dem Legationsrat Julius Schnurre einen Besuch ab, um auf »ausdrückliche Weisung« Stalins noch einmal zu betonen, daß die UdSSR tatsächlich eine Verbesserung der Beziehungen wünscht.

Am Freitag, dem 11. August 1939, trifft in den frühen Morgenstunden nach fast einwöchiger Reise – nahezu gleichzeitig mit dem Bericht von Astachow – die britisch-französische Militärmission in Moskau ein. Die Sowjets sind enttäuscht, daß Großbritannien und Frankreich für eine so wichtige Angelegenheit wie dieses Militärbündnis keine erstrangigen Vertreter ihrer Streitkräfte mit entsprechenden Vollmachten entsandt haben.

»Er wird zuschlagen«

Am Sonnabend, dem 12. August 1939, beginnt die erste Sitzung der britisch-französischen Militärmission mit den sowjetischen Verhandlungspartnern. An den Besprechungen im ehemaligen Spiridowkapalast nehmen teil: Volkskommissar für Verteidigung Marschall Kliment Jefremowitsch Woroschilow, der Generalstabschef, Armeekommandeur 1. Ranges Boris M. Schaposchnikow, und Nikolaj G. Kusnezow, Volkskommissar für die Seestreitkräfte.

Bereits in den ersten Gesprächen versucht die Militärmission, die sowjetische Führung zum baldigen Paktabschluß zu veranlassen, und weist auf »die Isolierung der UdSSR hin, falls Deutschland nach Niederkämpfung Polens sich in einem Sonderfrieden mit den Westmächten freie Hand zum Vorgehen im Osten ausbedingen sollte«. Sie ahnen noch nicht, daß sie trotz aller Bemühungen keine Chance haben. Es sei denn, der Außenminister Großbritanniens könnte – wie sein deutscher Kollege – Stalin das Angebot machen, die baltischen Staaten sowie Bessarabien zu annektieren und Polen zu teilen, ohne in einen Krieg verwickelt zu werden.

Zu gleicher Stunde überbringt in Berlin der sowjetische Geschäftsträger Astachow dem Auswärtigen Amt den Vorschlag seiner Regierung, in Moskau eine deutsch-sowjetische Konferenz einzuberufen. Hitler wird sofort von

Marschall Kliment J. Woroschilow, Volkskommissar für Verteidigung (UdSSR)

Sir Reginald Drax, britischer Admiral

Joseph Doumenc, französischer General

August 1939

dem Einverständnis der Sowjets, einen politischen Unterhändler nach Moskau zu entsenden, unterrichtet.

An diesem Tag erklärt von Ribbentrop dem italienischen Außenminister Graf Ciano, daß »die Russen hinsichtlich der deutschen Absichten auf Polen durchaus im Bilde« seien. Nachdem Graf Ciano mit Hitler auf dem Obersalzberg verhandelt hat, ist er entsetzt, daß es nicht nur um Danzig oder den Korridor geht, sondern einfach um den Krieg. Ciano: »Er hat beschlossen, zuzuschlagen, und er wird zuschlagen.«

Auf die Frage Graf Cianos, wie man das Eingreifen der Westmächte verhindern will, erwidert von Ribbentrop, daß »sich England und Frankreich nicht einmischen werden, da sich Rußland neutral verhält«. Währenddessen trifft aus Tokio die Mitteilung ein, vorerst werde es keine Allianz zwischen Berlin, Rom und Tokio geben.

Am Montag, dem 14. August 1939, weist das Auswärtige Amt um 14.15 Uhr Graf von der Schulenburg an, Molotow von der neuesten Entwicklung zu berichten, die allem Anschein nach zeigt, daß die ideologischen Gegensätze, die beide Staaten in der Vergangenheit getrennt haben, eine Zusammenarbeit nicht hindern. Und von Ribbentrop bezeugt seine Bereitschaft, »jederzeit mit dem Flugzeug in die sowjetische Hauptstadt zu kommen«.

Um 22.53 Uhr schickt von Ribbentrop ein ausführliches Blitztelegramm an den Botschafter persönlich und bittet ihn, Molotow den Inhalt in Form einer Verbalnote zu übermitteln. Eine rasche Klärung der deutsch-sowjetischen Beziehung sei erforderlich, ebenso eine Vereinbarung über territoriale Fragen in Europa. Und er betont, »die westlichen Demokratien versuchen, Rußland in einen Krieg mit Deutschland hineinzutreiben«.

Am selben Tag, zu Beginn der dritten Sitzung der britisch-französischen Militärmission, stellt Marschall Woroschilow die Frage, ob Polen und Rumänien den sowjetischen Truppen gestatten würden, in ihr Gebiet einzumarschieren. Man erwidert ihm, daß die Frage wohl bedeute, die sowjetische Armee könne diesen beiden bedrohten Ländern zu Hilfe kommen. Woroschilow: »Aber Sie setzen voraus, daß Polen und Rumänien unsere Hilfe erbitten würden. Ich glaube das nicht.« Adm. Drax: »Ich fürchte, unsere Mission ist beendet!«

Sommer 1939: Der polnische Verteidigungsminister, General Tadeusz Kasprzycki, überreicht eine Regimentsfahne

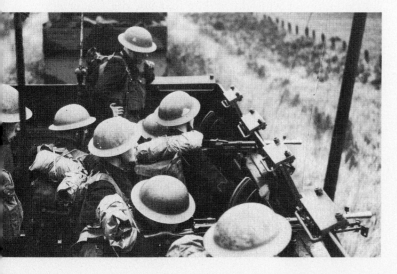

Großbritannien, Sommer 1939: Küstenpatrouille auf einem Schienenfahrzeug. Beide Bilder beweisen, daß man immer weniger an eine diplomatische Lösung der durch Hitlers Annexionsdrang ausgelösten Krise glaubt

1939 August

Die Endmontage des Zerstörers Messerschmitt Me 110

Briefmarke aus dem Memelgebiet, 22. 3. 1939

Stalin lenkt ein

Am Dienstag, dem 15. August 1939, um 5.00 Uhr morgens, erhält in Paris der französische Außenminister Georges Bonnet ein Telegramm von Botschafter Paul-Emile Naggiar mit den Forderungen Woroschilows. Bonnet erkennt auf den ersten Blick die außerordentliche Bedeutung und telefoniert sofort mit dem gerade in der Normandie auf Urlaub weilenden polnischen Botschafter Juljusz Lukasiewicz. Als der Außenminister versucht, ihm klarzumachen, Polen sei auf die Hilfe der Sowjetunion angewiesen, wenn es sich retten wolle, erwidert Lukasiewicz: »Niemals!« Bonnet: »Ich erinnerte ihn daran, daß Hitler erst kürzlich damit geprahlt hätte, er werde Polen innerhalb von drei Wochen überrennen.« Dazu Lukasiewicz: »Im Gegenteil, die polnische Armee wird nach Deutschland vorstoßen – und zwar gleich in der ersten Stunde.«

In Moskau erklärt Woroschilow gegen Ende der Sitzung mit der britisch-französischen Militärmission, er erwarte von den Regierungen Englands und Frankreichs eine sofortige Anfrage in Warschau, um die Durchmarschrechte der Roten Armee zu klären. Sollte man aber keine Zustimmung erzielen, würden weitere Besprechungen nutzlos sein.

Am Dienstag, dem 15. August 1939, erreicht Kpt. z. S. Karl Dönitz während eines Kuraufenthaltes die Nachricht, umgehend nach Kiel zurückzukehren. Er soll den für einen Mobilmachungsfall vorgesehenen Aufmarsch der U-Boote durchführen.

Am Mittwoch, dem 16. August 1939, telegrafiert Botschafter Graf von der Schulenburg die Antwort Molotows nach Berlin, der den Vorschlag von Ribbentrops, nach Moskau zu kommen, »lebhaft begrüßt« – doch bedürfe diese Reise einer minutiösen Vorbereitung.

Noch am gleichen Tag führt von Ribbentrop aus: »Die von Herrn Molotow vorgebrachten Punkte decken sich mit den deutschen Wünschen... einen Nichtangriffspakt mit der Sowjetunion abzuschließen. Und zwar, wenn die Sowjetunion es wünscht, unkündbar auf die Dauer von 25 Jahren.«

Hitler ist der Ansicht, die deutsch-sowjetischen Beziehungen müßten schnell geklärt werden, denn jeden Tag kann es zu ernsthaften Zwischenfällen mit Polen kommen. Und von Ribbentrop versichert, er wäre ab 18. August 1939 bereit, mit Vollmachten des Führers zur Regelung des gesamten deutsch-sowjetischen Fragenkomplexes und zum Abschluß von Verträgen nach Moskau zu fliegen.

An diesem Abend beauftragt der französische Außenminister Georges Bonnet seinen Botschafter in Warschau, Léon Noel, telegrafisch, bei Außenminister Josef Beck auf einer Annahme der sowjetischen Militärhilfe zu bestehen. Bonnet: »... daß bei einer Weigerung, die strategischen Bedingungen der russischen Intervention zu diskutieren, die Verantwortung für den Zusammenbruch

August 1939

August 1939: Ein Feldflugplatz der Luftwaffe in der Nähe der polnischen Westgrenze

Polnische schwere Artillerie. Während auf diplomatischer Ebene noch zahlreiche Versuche unternommen werden, den Frieden zu retten, bereitet man sich beiderseits der Grenzen schon auf die Auseinandersetzung vor

der militärischen Verhandlungen in Moskau sowie alle sich hieraus ergebenden Folgen Polen allein tragen müsse...«

Am Donnerstag, dem 17. August 1939, kabelt Gen. Doumenc aus Moskau nach Paris: »Marschall Woroschilow versichert mir, daß alle Fragen der gegenseitigen Hilfe, der Kommunikation usw. ohne Schwierigkeit diskutiert werden können, wenn nur die Frage, welche die Russen als Kardinalfrage betrachten, die des Zutritts zu polnischem Territorium, zufriedenstellend gelöst wird.«

Während in Warschau Botschafter Noel mit Außenminister Beck eine Unterredung führt, stattet zu gleicher Zeit der französische Militärattaché, Gen. Felix Musse, dem Chef des polnischen Generalstabs, Gen. Waclaw Stachiewicz, einen Besuch ab.

Weder Noel noch Musse können ihre Gesprächspartner überzeugen; denn beide fürchten, der Durchmarsch sowjetischer Truppen werde sich in Besetzung polnischen Territoriums verwandeln.

Ebenfalls am 17. August 1939 übergibt Molotow bereits die Antwort der Sowjetregierung auf die Mitteilung des Reichsaußenministers vom Tag zuvor. Das von Stalin geforderte besondere Protokoll beinhaltet die Festlegung der politischen und territorialen Interessen beider Länder in Osteuropa. Unterdessen kündigt Woroschilow plötzlich eine viertägige Verschiebung der Gespräche mit der britisch-französischen Militärmission an und vertagt sie auf den 21. August 1939.

Am Freitag, dem 18. August 1939, beauftragt Reichsaußenminister von Ribbentrop Botschafter Graf von der Schulenburg in Moskau, möglichst schnell mit Molotow den Besuchstermin zu vereinbaren. Der Entwurf für einen Nichtangriffspakt wird gleichzeitig dem Botschafter telegrafisch übermittelt.

Am Sonnabend, dem 19. August 1939, um 14.00 Uhr, empfängt zwar Molotow den deutschen Botschafter auf dessen Drängen, weigert sich aber entschieden, eine Zustimmung für die in den nächsten Tagen vorgesehene Reise von Ribbentrops zu geben.

Einige Stunden später überreicht Molotow dem verblüfften Botschafter seinen eigenen Vorschlag für den Nichtangriffspakt und fügt hinzu, daß »Herr von Ribbentrop etwa eine Woche nach Unterzeichnung des Wirtschaftsabkommens nach Moskau« kommen könne. Diese plötzliche Wandlung Molotows, so vermutet von der Schulenburg zu Recht, geht auf das persönliche Einlenken Stalins zurück. Dem sowjetischen Diktator ist klar, daß Hitler, wenn er einen Krieg entfesseln will, mit ihm paktieren muß.

Am gleichen Tag hat der französische Botschafter in Warschau eine Unterredung mit Marschall Rydz-Smigly, der ihm jetzt offiziell mitteilt: »Wir lassen es nicht zu, daß man in irgendeiner Form die Benutzung eines Teils unseres Territoriums durch fremde Truppen erörtern könnte...«

Unterdessen erklärt der bevollmächtigte Chef der französischen Militärmission in Moskau, Gen. Doumenc, Frankreich würde anstelle der polnischen Regierung sowjetischen Truppen den Durchmarsch durch polnisches Gebiet zusichern. Daraufhin Woroschilow: »Polen ist ein souveräner Staat, und die französische Regierung kann nicht in dessen Namen so weitgehende Erklärungen abgeben.«

An diesem Tag verlassen die ersten 14 deutschen U-Boote vom Typ VII und IX die Häfen Kiel und Wilhelmshaven, um im Atlantik ihre vorgesehenen Wartepositionen einzunehmen.

1939 August

Am Sonntag, dem 20. August 1939, erreicht das Auswärtige Amt die Meldung von Graf von der Schulenburg über seine beiden Unterredungen mit Molotow und dessen Einverständnis für von Ribbentrops Besuch am 26. oder 27. August in Moskau sowie die Bestätigung, daß ihm jetzt der Entwurf eines Nichtangriffspaktes vorliegt.

Hitler, der gerade für den 26. August 1939 seinen Überfall auf Polen geplant hat, richtet nun spürbar erregt ein persönliches Telegramm an Stalin, in dem er noch einmal die sowjetischen Wünsche in vollem Umfang zu akzeptieren verspricht, das Verhalten Polens anprangert und um die Zustimmung des Kreml zu von Ribbentrops Besuch in Moskau am 22., spätestens aber am 23. August 1939 bittet. Das Telegramm trifft kurz nach Mitternacht in der Botschaft ein.

Ebenfalls am 20. August 1939 wird in Berlin mit Datum vom 19. August 1939 ein Kreditabkommen zwischen Deutschland und der Sowjetunion unterzeichnet. Dieser Vertrag hat entscheidende Bedeutung, da er erst die wirtschaftliche Grundlage für Hitlers Krieg schafft: Er gibt dem Deutschen Reich die Möglichkeit, nahezu alle strategisch wichtigen Rohstoffe und Lebensmittel auf dem Weg über die UdSSR zu beziehen, und macht damit eine drohende britische Seeblockade zunichte.

Das Wirtschaftsabkommen zeigt aber zugleich deutlicher als alle anderen Abmachungen zwischen Berlin und Moskau, wie sehr Hitler in die Abhängigkeit von Stalin gerät.

Der französische Botschafter in Berlin, Coulondre: »Am Abend des 20. August 1939 überbringen mir meine

Alarmübung bei einer französischen Panzereinheit

Mit Interesse wird in England ein Modell des deutschen Großflugzeuges Junkers G-38 betrachtet. Bei den Westmächten ist man sich zunehmend klar, daß es ein weiteres Nachgeben gegenüber Hitler wie in der Sudetenkrise nicht geben darf. Die »Appeasement«-Politik Chamberlains war gescheitert

militärischen Mitarbeiter eine sehr ernste Nachricht: Die deutschen Truppenkonzentrationen haben begonnen... Nach den mir zugegangenen Mitteilungen soll der Aufmarsch der deutschen Streitkräfte in zwei bis drei Tagen beendet sein.«

Das geheime Zusatzprotokoll

Erst am Montag, dem 21. August 1939, gegen 15.00 Uhr, gelingt es Graf von der Schulenburg, das Telegramm von Hitler im Kreml zu überreichen. Schon am Abend kann er Stalins Antwort nach Berlin kabeln: Der sowjetische Diktator hat von Ribbentrops Besuch für den 22. August 1939 angenommen. Gleichzeitig kommt man überein, den bevorstehenden Besuch des Reichsaußenministers durch ein Kommuniqué in der Presse bekanntzugeben.

Das von Molotow formulierte Kommuniqué meldet am Abend des 21. August 1939 in Berlin und am Morgen des 22. August in Moskau die Abreise von Ribbentrops. Nach den Worten von Graf von der Schulenburg hatten die sowjetischen Machthaber Mühe, ihre Genugtuung ihm gegenüber zu verbergen.

An diesem 21. August 1939 nimmt Marschall Woroschilow um 11 Uhr die am 17. August 1939 vertagten Militärgespräche mit den alliierten Delegationen wieder auf. Als einem der engsten Vertrauten des Diktators ist ihm gewiß die Entscheidung Stalins vom 19. August 1939, sich mit Hitler zu einigen, bekannt.

Ohne zu ahnen, daß die Würfel bereits gefallen sind, legt Adm. Drax gleich zu Beginn der Sitzung seine schriftliche Vollmacht vor. Woroschilow fordert danach die Vertagung auf unbestimmte Zeit oder »zumindest bis zum Eintreffen der Stellungnahmen zur Frage des Durchmarsches sowjetischer Truppen durch Polen«. Für den Fall einer negativen Antwort sieht der sowjetische Marschall keine Aussicht auf ein erneutes Zusammentreffen.

In Paris entschließt sich unterdessen Ministerpräsident Edouard Daladier, zu handeln: Nach eigener Darstellung ruft er am Vormittag den polnischen Botschafter zu sich und versichert ihm, die westlichen Alliierten würden für einen Abzug der Roten Armee aus Polen nach Abschluß der Kampfhandlungen sorgen, wenn Polen ihr zuvor den Zutritt gewährt. Danach verlangt Daladier die Zustimmung Warschaus.

Als um 16.15 Uhr von der polnischen Regierung immer noch keine Antwort auf dieses Angebot eingegangen ist, telegrafiert Edouard Daladier nach Moskau an Gen. Doumenc: »Sie werden hiermit bevollmächtigt, in unser aller Interesse... die Militärkonvention vorbehaltlich der Ratifizierung durch die französische Regierung zu unterzeichnen.«

Um 22.30 Uhr ruft Gen. Doumenc sofort nach Erhalt des Telegramms Woroschilow an und teilt ihm mit, er sei jetzt bevollmächtigt, einen Militärpakt zu unterzeichnen, der das Recht der UdSSR auf Truppenbewegungen in Polen anerkennt. Der sowjetische Marschall – über das Kommende sicher gut informiert – verabredet sich zum Schein mit Gen. Doumenc für den folgenden Abend.

Eine Stunde später, um 23.30 Uhr, meldet der Deutschlandsender, daß sich das Deutsche Reich und die UdSSR über den Abschluß eines Nichtangriffspaktes geeinigt haben und von Ribbentrop in zwei Tagen zur Unterzeichnung des Abkommens in Moskau erwartet wird.

An diesem Tag, dem 21. August 1939, sticht das Panzerschiff »Admiral Graf Spee« von Wilhelmshaven aus in See und nimmt Kurs auf den Südatlantik.

Am Dienstag, dem 22. August 1939, spricht Hitler noch vor dem Abflug des Reichsaußenministers zu den Oberbefehlshabern der drei Wehrmachtteile. Er steht ganz unter dem Eindruck der Ereignisse. Hitler: »Nun ist Polen in der Lage, in der ich es haben wollte. Jetzt muß dieser Staat vernichtet werden, hart und rücksichtslos... Ich werde propagandistischen Anlaß zur Auslösung des Krieges geben.«

Am gleichen Abend starten in Berlin um 21 Uhr Reichsaußenminister von Ribbentrop und seine Begleiter mit einer viermotorigen FW 200 »Condor« in Richtung Moskau. Sie landen nachts in Königsberg, um von dort aus einige Stunden später weiterzufliegen. Ebenfalls am 22. August 1939 richtet der britische Premierminister Chamberlain einen Brief an Hitler und versichert ihm, daß sich durch das angekündigte deutsch-sowjetische Abkommen, welcher Art es auch sein mag, an der Verpflichtung Großbritanniens gegenüber Polen nichts ändern wird, was die Regierung Seiner Majestät wiederholt öffentlich und klar dargelegt habe.

Am Mittag des 23. August 1939 trifft die deutsche Delegation in Moskau ein. Stalin stellt sogar seinen persönlichen Wagen zur Verfügung, um Außenminister von Ribbentrop abholen zu lassen.

August 1939: Ein polnisches Propagandaplakat, das die Verteidigungsbereitschaft der Bevölkerung stärken soll

1939 August

Krakau, August 1939: Eine leichte Flak in Stellung

Moskau, 23. 8. 1939: Molotow unterzeichnet den deutsch-sowjetischen Nichtangriffspakt. In der Mitte von Ribbentrop, neben ihm Stalin und Generalstabschef Schaposchnikow (links außen). Hitler-Deutschland erhält mit diesem diplomatischen Coup freie Hand für den lange geplanten Polenfeldzug

August 1939

Um 15.30 Uhr beginnt im Kreml die erste Besprechung. Botschaftsrat Gustav Hilger: »Als Ribbentrop in Begleitung von Graf von der Schulenburg und mir am 23. August 1939 den Kreml betrat, glaubte er, er werde zunächst mit Molotow allein verhandeln, und Stalin würde vielleicht in einem späteren Stadium hinzukommen. Ribbentrop war daher freudig überrascht, als er bei seinem Eintritt Stalin neben Molotow stehen sah.«

Stalin bringt sofort das für ihn wichtigste Problem zur Sprache: Die Sowjetunion müsse die lettischen Osthäfen Libau und Windau bekommen. Ribbentrop telefoniert mit Hitler auf dem Obersalzberg und erbittet dessen Einwilligung zu dieser Forderung sowie die Erlaubnis zur Unterzeichnung des Geheimprotokolls, das die beiderseitigen Einflußsphären abgrenzt. Hitler läßt sich in aller Eile einen Atlas bringen, wirft einen Blick auf die Karte der Ostsee und antwortet gegen 20.00 Uhr: »Ja, einverstanden!«

Das Gespräch im Kreml dauert drei Stunden und wird abends fortgesetzt. Lange nach Mitternacht erfolgt die Unterzeichnung des Nichtangriffspaktes und die des geheimen Zusatzprotokolls. Damit wird das Schicksal Polens, der Baltenstaaten und Bessarabiens besiegelt. Beide Dokumente tragen das Datum vom 23. August 1939.

Stalin hat bei dieser Gelegenheit zum erstenmal mit dem Vertreter einer fremden Regierung über den Abschluß vertraglicher Vereinbarungen verhandelt.

Hilger: »Die im geheimen Zusatzprotokoll zum Nichtangriffspakt vorgesehene Abgrenzung der Interessensphären in Osteuropa würde die Sowjetunion in den Besitz wichtigster strategischer Positionen im Baltikum versetzen. Um diese Positionen hatte vor 250 Jahren Zar Peter der Große, den sich Stalin zum Vorbild genommen hatte, einen zwanzigjährigen blutigen Krieg geführt. Stalin fielen sie jetzt durch den Vertragsabschluß mit Hitler kampflos in den Schoß.«

Nun strahlen alle, Sektkorken knallen, und Stalin bringt einen Trinkspruch auf Hitler aus, weil er weiß, »wie sehr das deutsche Volk seinen Führer liebt«. Der Pakt tritt mit seiner Unterzeichnung unmittelbar in Kraft, ohne die Ratifizierung abzuwarten, ebenso das gleichzeitig ausgehandelte Geheimprotokoll, das einen integrierenden Bestandteil des Paktes bildet.

Hitler hat jetzt freie Hand. Für die Angestellten der deutschen Botschaft in Moskau ist strikte Geheimhaltung angeordnet: Jeder von ihnen muß sich schriftlich verpflichten, selbst über die Existenz »eines gewissen Geheimprotokolls absolutes Stillschweigen zu wahren«.

Der deutschfreundliche Botschafter Japans in Berlin, Hiroshi Oshima, legt Protest gegen den Hitler-Stalin-Pakt ein; das japanische Kabinett ist bestürzt unter dem Eindruck verstärkter sowjetischer Präsenz in Ostasien. Auch die italienische Regierung muß von Berlin aus beruhigt werden. Die Partner des Antikominternpaktes fühlen sich dupiert.

Am gleichen Tag überreicht der britische Botschafter Sir Nevile Henderson auf dem Obersalzberg Hitler das Schreiben von Chamberlain. Als Henderson dem Führer gegenüber noch einmal betont, eine deutsche Aktion gegen Polen würde unweigerlich den europäischen Krieg zur Folge haben, erwidert Hitler, er wünsche keinen Krieg, aber er würde nicht vor ihm zurückschrecken. »Deutschland hat nichts zu verlieren, England viel.«

Gen. Jodl notiert am 23. August 1939 in seinem Tagebuch: »11.13 Uhr: Diskussion mit dem Chef des OKW. X-Tag auf den 26. August festgesetzt, Y-Zeit 4.30 Uhr vormittags.«

»Ein zweiter Bismarck«

Der Termin des Überfalls auf Polen steht nun fest, und Hitler korrigiert seine Auffassung über die vorgesehene deutsch-sowjetische militärische Zusammenarbeit: Notwendige Konsultationen verlangen schleunigst die Rückkehr eines verantwortlichen sowjetischen Diplomaten nach Berlin, zumal selbst der sowjetische Militärattaché nicht in Berlin, son-

Generaloberst Keitel, der Chef des OKW, bei der Lagebesprechung mit Hitler

1939 August

dern in Moskau weilt. Da Hitler gegenüber den Westmächten und Polen den Eindruck vermeiden will, als ob zwischen ihm und Stalin irgendwelche Differenzen bestehen, ist er besonders an der Entsendung einer sowjetischen Militärmission interessiert.

Man will damit zu verstehen geben, daß militärische Absprachen zwischen Berlin und Moskau stattgefunden haben. Doch gerade darin scheint es mit Stalin zu diesem Zeitpunkt keine Übereinstimmung zu geben.

In Großbritannien tritt am 23. August 1939 der Krisenplan des Coastal Command der Royal Air Force in Kraft. Die RAF soll Überwachungsflüge über der Nordsee unternehmen und versuchen, deutsche U-Boote und Kriegsschiffe bei ihrem Anmarsch zum Atlantik aufzuspüren. Die Einheiten der Kriegsmarine befinden sich aber bereits außerhalb der Reichweite britischer Flugzeuge. Die Mobilmachung in Großbritannien beginnt.

Ebenfalls am 23. August 1939 wartet um 22.00 Uhr im Hafen von Memel eine deutsche Eliteeinheit, der »Marinestoßtrupp Hennigsen«, auf die gegen 23.00 Uhr einlaufenden sechs Minensuchboote, die im Schutz der Dunkelheit die 225 Mann starke Einheit an Bord nehmen sollen.

In der Nacht vom 23. zum 24. August 1939 treffen diese Minensuchboote mit dem Linienschiff »Schleswig-Holstein« zusammen, das sich unter dem Kommando von Kpt. z. S. Gustav Kleikamp auf dem Weg zu einem Besuch in Danzig befindet. Das Schulschiff übernimmt südlich von Bornholm den Stoßtrupp mit seinen Waffen und schwerem Gerät.

Am Donnerstag, dem 24. August 1939, kehrt von Ribbentrop nach Berlin zurück. Bereits am Nachmittag stattet der Reichsaußenminister dem Führer, der extra aus Berchtesgaden angereist ist, einen Besuch ab. Hitler nennt ihn begeistert einen zweiten Bismarck.

Zu gleicher Stunde erklärt Reichsluftfahrtminister und GFM Hermann Göring in einer sehr herzlich gehaltenen Unterredung dem polnischen Botschafter Josef Lipski, »die Danziger Angelegenheit und die anderen zwischen Deutschland und Polen offenen Fragen seien verhältnismäßig geringfügiger Art, das Haupthindernis für die

»Danzig bleibt deutsch!« verkünden die Transparente von Ende August 1939

Die Überraschung ist weltweit: In Schlagzeilen berichtet die französische Presse über den Hitler-Stalin-Pakt

August 1939

Beseitigung der deutsch-polnischen Spannungen bilde jedoch die Allianz Polen–Großbritannien«. Mit diesen Gesprächen leitet die NS-Führung ihre Bemühungen zur Lockerung des Beistandssystems zwischen Polen und den Westmächten ein.

Noch an diesem Tag läßt Göring einen alten Bekannten, den schwedischen Großindustriellen Birjer Dahlerus, nach Karinhall kommen. Er bittet ihn, den Weg für einen Meinungsaustausch zwischen Deutschland und England zu ebnen. Dahlerus soll nach London fliegen und der britischen Regierung nochmals versichern, daß man mit England zu einer Verständigung kommen möchte.

Am selben Abend reisen die letzten französischen und britischen Korrespondenten und Zivilpersonen aus Berlin in Richtung Grenze ab. Ebenfalls am 24. August 1939 verläßt der letzte britische Dampfer den Hamburger Hafen. Der französische Botschafter Robert Coulondre: »Wir erfuhren, daß das Auswärtige Amt die Botschaften und Konsulate in Polen, Frankreich und Großbritannien aufgefordert hatte, für eine möglichst rasche Ausreise aller deutschen Staatsbürger zu sorgen.« Kurz nach Mitternacht werden in Berlin sämtliche Telegrafen- und Telefonverbindungen zur Außenwelt abgeschnitten.

Die Gerüchte aus der Schweiz

Seit den Morgenstunden des 25. August 1939 herrscht in der deutschen Hauptstadt den ganzen Tag über eine fast unerträgliche Spannung. Der Angriff auf Polen soll im Morgengrauen des nächsten Tages beginnen. Zuvor will Hitler aber noch Polen von Großbritannien und Frankreich isolieren: Parallel zu den inoffiziellen Kontakten, die Dahlerus in London herstellt, empfängt Hitler mit dem gleichen Hintergedanken in Einzelaudienzen die Botschafter der Westmächte. Er hofft jetzt, den Eindruck zu erwecken, als ob die deutsch-sowjetischen Vereinbarungen bezüglich Polen viel weitgehender sind, als der Nichtangriffspakt vermuten läßt. Wie den Admiralen und Generalen am 22. August dargelegt, will jetzt Hitler seinen Krieg mit dem »Ziel: Vernichtung Polens: Beseitigung seiner lebendigen Kraft«. Und: »Ich habe nur Angst, daß mir noch im letzten Moment irgendein Schweinehund einen Vermittlungsplan vorlegt.«

In Moskau findet am 25. August die letzte Zusammenkunft zwischen den Sowjets und der englisch-französischen Militärmission statt. Marschall Woroschilow entschuldigt sich, daß er »zwischenzeitlich auf Entenjagd gewesen sei«, und bemerkt, in Anbetracht der veränderten politischen Situation wäre eine Fortsetzung der Besprechung sowieso sinnlos.

An diesem Tag wird dem Führer ein Artikel vorgelegt, der soeben in der Neuen Zürcher Zeitung erschienen ist. Verblüfft liest Hitler den Artikel über die »Zurückziehung von rund 250 000 Mann russischer Truppen von der polnischen Grenze«. (Der Autor: Es läßt sich heute leider nicht mehr genau feststellen, woher die Redaktion der Neuen Zürcher Zeitung damals diese dubiose Meldung bekommen hat.) Nun, eine derartige Mitteilung zu dieser Stunde in einer seriösen Zeitung gibt in Paris und London Anlaß zu Spekulationen und der Hoffnung, das Ribbentrop-Molotow-Abkommen sei doch mit den englisch-französischen Militärverhandlungen in Einklang zu bringen. In Berlin befürchtet man wiederum, diese Nachricht könnte Polen in seinem Widerstand gegen Hitlers Forderungen bestärken.

Da zu gleicher Stunde Marschall Kliment J. Woroschilow in einem Presseinterview nach Abreise der alliierten Militärmission aus Moskau zu verstehen gibt, daß die Sowjetunion bereit sei, Rohstoffe und Rüstungsmaterial an Polen zu liefern, deutet einiges darauf hin, die Meldung in der Neuen Zürcher Zeitung sei über Kreml-Kanäle via Ilse Stöbe, eine Journalistin und sowjetische Agentin, die in Warschau die Schweizer Presse vertritt, in die Schweiz gelangt. Tatsächlich verfehlen die beiden Artikel ihre Wirkung nicht: Außenminister Josef Beck hofft nun, daß der Kreml keine bösen Absichten gegen Polen hegt und sogar zu Waffenlieferungen für Polen bereit ist.

Die Zurückziehung der russischen Grenztruppen

Warschau, 19. Aug. ag (Havas) In gut informierten Kreisen wird zum Rückzug der längs der polnischen Grenze stationierten sowjetrussischen Truppen erklärt, Sowjetrußland habe an dieser Grenze noch vor wenigen Wochen 250 000 Mann stehen gehabt. Nun bewache Sowjetrußland diese Grenze nur noch durch gewöhnliche Grenzpatrouillen. Damit sei das Grenzüberwachungssystem auf beiden Seiten das gleiche.

Der Stein des Anstoßes: Die Meldung in der Neuen Zürcher Zeitung

Edward Graf Raczynski, der polnische Botschafter in London, drängt die Briten zum Handeln

1939 August

Ein Feldflugplatz nahe der polnischen Westgrenze, Ende August 1939: Das Warten auf den Einsatzbefehl. Man weiß zwar um die militärische Überlegenheit der Deutschen, ist jedoch zum erbitterten Widerstand entschlossen

Polen, 1. 8. 1939: Selbst auf Briefmarken wie der abgebildeten wird die Bereitschaft zur Verteidigung der Heimat propagiert

Ribbentrop läßt sofort den Gerüchten aus dem Bericht der Neuen Zürcher Zeitung nachgehen und gibt zugleich Weisung an den Botschafter in Moskau, Molotow zu bitten, einen neuen Botschafter sowie militärischen Vertreter Moskaus unverzüglich nach Berlin zu entsenden.

Am selben Tag läuft die »Schleswig-Holstein«, das Schulschiff der deutschen Kriegsmarine, anstelle des bereits am 1. Juli 1939 angekündigten Kreuzers »Königsberg« zur offiziellen Visite in den Danziger Hafen ein.

An diesem 25. August 1939 gegen 12.45 Uhr wird der britische Botschafter Henderson gebeten, um 13.30 Uhr zu einem Gespräch mit Hitler in der Reichskanzlei zu erscheinen. Die Unterredung dauert mindestens eine Stunde. Hitler erläutert Henderson, daß Deutschland entschlossen sei, an seiner Ostgrenze »die mazedonischen Zustände zu beseitigen«, und gibt noch einmal zu verstehen, man werde vor Gewaltanwendung gegen Polen nicht zurückschrecken. Sollte es dadurch auch zum Krieg gegen die Westmächte kommen, so habe Deutschland diesmal keinen Zweifrontenkrieg mehr zu befürchten, denn das Abkommen mit Rußland sei nicht an Bedingungen geknüpft und bedeute eine Wende in der Außenpolitik des Reiches auf lange Sicht.

Danach macht Hitler ein »großes umfassendes Angebot«, um England vielleicht doch von einer Unterstützung Polens abzuhalten: Er erklärt, für den Bestand des britischen Empire »sich persönlich zu verpflichten und, wo immer es angegriffen werden sollte, mit seiner Wehr-

August 1939

macht zu schützen«. Auf Hendersons Bemerkung hin, man werde sich nur dann mit dem Angebot befassen, wenn dies eine Einigung mit Polen auf dem Verhandlungsweg bedeute, meint Hitler, wohl in Anspielung auf den von ihm befohlenen fingierten Überfall auf den Sender Gleiwitz, daß »eine polnische Provokation jeden Augenblick eine deutsche Intervention zum Schutz der Volksdeutschen unvermeidlich machen könne«.

Ein Befehl zum Angriff

Um 14.30 Uhr betritt der italienische Botschafter Bernardo Attolico die Reichskanzlei. Zwischen den Besprechungen mit Nevile Henderson, der sich gerade verabschiedet hat, und dem noch nicht eingetroffenen französischen Botschafter Robert Coulondre erteilt Hitler um 15.02 Uhr dem Oberkommando der Wehrmacht den Befehl, Polen in den ersten Stunden des nächsten Tages anzugreifen.

Gegen 16.00 Uhr erreicht die »Schleswig-Holstein« Danzig-Neufahrwasser, um der Freien Stadt Danzig einen »Freundschaftsbesuch« abzustatten und der in Danzig beigesetzten Besatzung des vor 25 Jahren untergegangenen Kreuzers »Magdeburg« zu gedenken. Das Schulschiff macht gegenüber der Westerplatte, einer zwei Kilometer langen und 600 Meter breiten sandigen Halbinsel, fest. Die Westerplatte ist laut Beschluß des Völkerbundes vom 14. März 1924 den Polen »als Platz zum Löschen, Lagern und Transport von Sprengstoffen und Kriegsgerät« zuerkannt worden. Das polnische Oberkommando hat hier im »Außenposten Westerplatte« ein Hafenbassin, Ausladekräne und Vorratsschuppen, dazu eine Kaserne für Mannschaften in Kompaniestärke. Der Befehl an die Besatzung der Westerplatte für den Kriegsfall lautet, »12 Stunden lang dem Feind Widerstand zu leisten«.

Tausende von Danzigern begrüßen jubelnd die »Schleswig-Holstein«, deren Kadetten in Reih und Glied an Deck angetreten sind. In den unteren Lagerräumen des Schiffes befindet sich der »Marinestoßtrupp Hennigsen«, der mit massiver Feuerunterstützung des Schulschiffes am nächsten Morgen um 4.45 Uhr die Westerplatte stürmen soll.

Um 17.00 Uhr trifft die Nachricht von der bevorstehenden Unterzeichnung des britisch-polnischen Bündnisvertrages in Berlin ein.

Westpreußen, Ende August 1939: Deutsche Truppen auf dem Weg in die Bereitschaftsstellungen. Der Perfektionismus der deutschen Militärmaschinerie zeigt sich bereits in den Vorbereitungen für den Überfall auf Polen

1939 August

Eine halbe Stunde später empfängt Hitler den französischen Botschafter Coulondre und sagt in einem teils freundlichen und teils drohenden Ton zu ihm: »In Anbetracht des Ernstes der Situation möchte ich Ihnen eine Erklärung abgeben, die Sie bitte an Ihre Regierung weiterleiten wollen.« Hitler versichert, daß er keine feindlichen Absichten gegen Frankreich hege, auf Elsaß-Lothringen verzichte und ebenso die deutsch-französische Grenze anerkenne. Er wünsche nicht, wegen Polen einen Krieg gegen Frankreich führen zu müssen, würde es aber tun, falls Frankreich intervenieren sollte.

Während Coulondre gerade bei Hitler weilt, wird um 17.35 Uhr in London der britisch-polnische Beistandspakt unterzeichnet. Kurz vor 18.00 Uhr verläßt der französische Botschafter die Reichskanzlei.

Coulondre: »Als ich am Nachmittag Daladier die erste mündliche Botschaft Hitlers telefonisch übermitteln wollte, erhielt ich die Auskunft, alle Verbindungen mit dem Ausland seien unterbrochen; ich mußte zweimal bei der Reichskanzlei vorstellig werden, um endlich zu erreichen, daß ausnahmsweise eine Leitung für Paris frei gemacht wurde.«

Unterdessen laufen in Deutschland die vor Eröffnung der Feindseligkeiten üblichen Maßnahmen an: Die Flughäfen werden gesperrt; den ausländischen Militärattachés hat man untersagt, Berlin ohne besondere Genehmigung zu verlassen; die Rationierung von Treibstoff und Lebensmitteln sowie bestimmter Waren werden verschärft.

Hitler weiß nun, daß Italien neutral bleiben will und Großbritannien sowie Frankreich sich vermutlich einer deutschen Aggression mit allen Kräften widersetzen werden. Der Führer steht vor der bisher schwerwiegendsten Entscheidung seines Lebens: Bei Einbruch der Dunkelheit setzen sich wie befohlen die deutschen Truppen bereits in Richtung auf ihre endgültigen Ausgangsstellungen in Bewegung.

Um 18.00 Uhr erscheint der italienische Botschafter Attolico erneut in der Reichskanzlei und überreicht Hitler Mussolinis Nachricht, daß Italien noch nicht in den Krieg eintreten kann.

18.30 Uhr: Nachdem Hitler Botschafter Attolico verabschiedet hat, empfängt er Reichsaußenminister Joachim von Ribbentrop sowie GenOberst Wilhelm Keitel, den Chef des Oberkommandos der Wehrmacht, und läßt die Vorbereitungen zum Überfall auf Polen stoppen. Hitler: »Sofort alles anhalten! Ich brauche Zeit zu Verhandlungen.«

Um 18.45 Uhr telefoniert Hitler mit Göring. Auf dessen Frage, ob der Befehl zum Anhalten nur vorübergehend oder endgültig sei, antwortet er: »Nein, ich muß erst sehen, ob wir die englische Einmischung ausschalten können.«

Gegen 19.00 Uhr sieht Hitlers Dolmetscher Paul Schmidt plötzlich Gen.Oberst Keitel aus dem Büro des Führers stürzen. Er ruft seinem Adjutanten zu: »Der Vormarschbefehl muß sofort widerrufen werden!«

Hitler wittert noch eine Chance der Verständigung mit England und Sprengung der Koalition Großbritannien–Frankreich–Polen. GenLt. Erich von Manstein, Chef des Stabes der Heeresgruppe Süd (GenOberst Gerd von Rundstedt): »Jeder Soldat wird ermessen können, was dieses Umwerfen des Einmarschbefehls in letzter Sekunde bedeutete ... Trotz aller Schwierigkeiten ist es jedoch gelungen, den Befehl überall noch rechtzeitig durchzubringen ... Ein motorisiertes Regiment in der Ostslowakei konnte allerdings auch nur dadurch angehalten werden, daß ein Offizier mit einem Fieseler ›Storch‹ nachts neben der Spitze der Kolonne landete.«

Eine Einheit des Bataillons Brandenburg nimmt am Jablunkapaß vorübergehend polnische Soldaten gefangen. An der ostpreußisch-polnischen Grenze gibt es mehrere Schießereien. Die Warschauer Regierung registriert dies als provokative deutsche Übergriffe.

Ebenfalls am 25. August 1939 bekommt die deutsche Handelsschiffahrt die erste Warnung: Den Schiffen wird in verschlüsselten Funksprüchen befohlen, umgehend die normalen Routen zu verlassen.

Am Sonnabend, dem 26. August 1939, legt Botschafter Henderson seiner Regierung in London das »große, umfassende Angebot« Hitlers vor. England, das niemals zuvor sich hat von einer anderen Macht sein Weltreich garantieren lassen, soll nun eine solche Garantie gerade vom deutschen Kanzler annehmen und als Gegenleistung zustimmen, daß Hitler Europa unterwirft. Zu gleicher Zeit bestätigt Hitler Belgien, Dänemark, Holland, Luxemburg und der Schweiz die Wahrung ihrer Neutralität.

An diesem Tag kehrt der schwedische Industrielle Dahlerus aus London zurück und überbringt Reichsmarschall Göring einen Brief von Außenminister Lord Edward Frederick Halifax, in dem dieser die ernsten Absichten Englands, zu einer friedlichen Lösung zu kommen, besonders hervorhebt.

Die Spannungen nehmen zu

Am Nachmittag des 26. August 1939 ergeht vom Chef der polnischen U-Boot-Division, FregKpt. Mohuczy, der Befehl, die U-Boote »Rys«, »Zbik« und »Sep« sowie den gesamten Stab umgehend nach Hela zu verlegen, wo Konteradm. Josef Unrug, Befehlshaber der polnischen Flotte, sein Hauptquartier hat.

Die polnische Kriegsflotte zählt insgesamt: vier Zerstörer, einen Minenleger, fünf U-Boote, zwei Kanonenboote, zwei alte Torpedoboote und sechs kleine Minensucher, dazu mehrere Hilfsfahrzeuge, von denen viele noch aus dem Ersten Weltkrieg stammen.

Die Stärke der Kriegsmarine, die für den »Fall Weiß«, den Angriff auf Polen, bereitsteht: drei leichte Kreuzer (»Köln«, »Leipzig«, »Nürnberg«), ein Linienschiff (»Schleswig-Holstein«), neun Zerstörer, vier Torpedoboote, sechs Schnellboote und ein Begleitschiff, dazu 49 Minenräum- und Minensuchboote mit fünf Begleitschif-

August 1939

Bedrohlich wie vorsintflutliche Monster: Deutsche Bomber vom Typ Dornier Do 17 am Rande eines grenznahen Fliegerhorstes

fen und ein Torpedoboot für den Führer der Minensuchboote Ost. Von 14 U-Booten dienen zwei als Schulschiffe. Außerdem verfügt die Kriegsmarine über neun U-Boot-Jäger, acht Wachboote, zwei Artillerieschulschiffe, vier Versorgungsschiffe und vier Marinefliegergruppen (zehn Kriegsstaffeln). Die Befehlsführung obliegt Gen. Adm. Conrad Albrecht, dem das Marinegruppenkommando Ost untersteht.

In der Nacht vom 26./27. August 1939 findet ein Gespräch zwischen Hitler und Dahlerus in Gegenwart von GFM Göring statt. Nach dem Bericht von Dahlerus über seine Bemühungen in London bemerkt Hitler: »Ein Krieg schreckt mich nicht, eine Einkreisung Deutschlands ist unmöglich, mein Volk bewundert mich und folgt mir treu.« Schließlich bittet Hitler den Schweden, noch einmal nach Großbritannien zu fliegen, um der englischen Regierung seine neuen Vorschläge zu unterbreiten, da er annimmt, Botschafter Henderson habe ihn nicht richtig verstanden.

Dahlerus werden fünf Punkte als Grundlage für deutsch-englische Vereinbarungen genannt. Sie lauten im wesentlichen ähnlich wie das »große, umfassende Angebot«, das Hitler am Vortag Henderson unterbreitet hat, sind jedoch um einige Punkte ergänzt wie zum Beispiel: Der Bündnisvorschlag an England wird von Hitler zwar wiederholt, zugleich fordert er aber die englische Regierung auf, daran mitzuwirken, daß Deutschland Danzig und den Korridor erhält; Polen wird ein Freihafen in Danzig und ein Korridor von dort nach Gdingen zugesichert. Auch will Hitler sich verpflichten, die neue polnische Grenze zu garantieren.

Am Sonntag, dem 27. August 1939, betont Gen. Maurice Gamelin gegenüber dem französischen Botschafter Robert Coulondre: »Die Polen werden sich mindestens sechs Monate lang behaupten, und wir können ihnen auf dem Weg über Rumänien Hilfe leisten.«

Am gleichen Tag veranlaßt Hitler das Auswärtige Amt, den deutschen Botschafter in Moskau aufzufordern, »in vorsichtiger Weise« bei Molotow zu erkunden, ob die Sowjetunion tatsächlich – wie die Neue Zürcher Zeitung berichtet – ihre Truppen von der polnischen Grenze zurückgezogen hat. Sollte dies wirklich stimmen, sei dem Kreml nahezulegen, diese Maßnahme wieder rückgängig zu ma-

1939 August

chen. Da die Spannungen im deutsch-polnischen Konflikt ständig zunehmen, trägt die Zurücknahme der Roten Armee natürlich zur Entlastung Polens bei, »umgekehrte Maßnahmen können dagegen die Bereitschaft der Westmächte, Polen zu helfen, außerordentlich mindern«.

Eine Straßensperre auf der Chaussee Beuthen-Kattowitz: Hinter den Stacheldrahtverhauen liegt Polen. Die Zivilbevölkerung auf beiden Seiten der Grenzpfähle glaubt in diesen letzten Augusttagen nicht mehr, daß es zu einem für alle Parteien tragbaren Kompromiß kommen wird

»Bestimmt und geschickt«

An diesem Sonntag wird der bevorstehende Reichsparteitag in Nürnberg abgesagt und gleichzeitig eine allgemeine Bezugsscheinpflicht für Lebensmittel, Seife, Kohle, Textilien und Schuhwaren eingeführt.

Um 12.30 Uhr landet Dahlerus wieder in London und überbringt die neuen Vorschläge Hitlers, die von Premierminister Chamberlain, Außenminister Lord Halifax und dem Foreign Office eingehend geprüft werden. Dahlerus: »Besonders in Chamberlains Äußerungen war ein tiefverwurzeltes Mißtrauen gegenüber Hitler und dem NS-Deutschland zu spüren, gleichzeitig aber ein absolut eindeutiger Wille, einer Katastrophe vorzubeugen.«

Man beschließt zunächst, nur die grundsätzliche britische Einstellung zu Hitlers Vorschlägen durch Dahlerus übermitteln zu lassen. Die offizielle britische Antwort soll Botschafter Henderson erst am nächsten Tag in Berlin überreichen, wenn Hitler sich zu der von Dahlerus geschilderten englischen Haltung geäußert hat. Wie es scheint, ist man in London prinzipiell bereit, einen Vertrag mit Deutschland abzuschließen.

Zur Klärung der deutsch-polnischen Streitfragen empfiehlt die britische Regierung, direkte deutsch-polnische Verhandlungen aufzunehmen. Die polnischen Grenzen müßten von den Großmächten einschließlich der Sowjetunion garantiert werden.

Die Erörterung der Frage nach deutschen Kolonien würde England entgegenkommend aufnehmen, nachdem die deutsch-polnischen Angelegenheiten geregelt wären und Deutschland die Demobilisierung bekanntgäbe. Eine von Deutschland zu gebende Garantie – die Wehrmacht zum Schutz Großbritanniens einzusetzen – wäre »mit Ansehen und Interesse des britischen Commonwealth nicht vereinbar«.

August 1939

Warschau, Ende August 1939: Die Einwohner auf dem Weg zum Bau von Splittergräben. Dahinter steht die Angst vor den deutschen Luftangriffen

Noch am gleichen Abend kehrt Dahlerus nach Berlin zurück. Göring nimmt sein Schreiben mit großer Aufmerksamkeit und Befriedigung entgegen.

Einige Stunden später, am 28. August 1939, um 1.30 Uhr, teilt Göring seinem Freund Dahlerus mit, daß Hitler den Standpunkt Englands akzeptiere und über Danzig und den Korridor direkt mit Polen verhandeln wolle. Er erkläre sich auch mit einer künftigen internationalen Garantie für Polen einverstanden. Dahlerus gewinnt den Eindruck, als ob Hitler tatsächlich im letzten Moment noch einlenken wird.

Da sich der Kreml immer noch in Schweigen hüllt, soll der deutsche Botschafter Graf von der Schulenburg in Erfahrung bringen, wie es sich mit der sowjetischen Truppenverlegung an der polnischen Grenze verhält und wann der sowjetische Botschafter sowie eine Militärmission in Berlin eintreffen.

Am Nachmittag erklärt Hitler dem Oberbefehlshaber des Heeres, GenOberst Walther von Brauchitsch, er versuche nur noch, Polen diplomatisch ins Unrecht zu setzen, um dann losschlagen zu können.

Bereits am Abend liegt dem Auswärtigen Amt ein Bericht des Botschafters aus Moskau vor. Auf seine Frage, ob die Meldung in der Neuen Zürcher Zeitung zutreffe, habe Molotow laut aufgelacht und erklärt, »die Zeitungsmeldung sei natürlich falsch«. Hitler ist jedoch der Ansicht, diese Notiz in der Neuen Zürcher Zeitung müsse von den Sowjets durch ihre offiziellen Presseorgane dementiert werden.

Unterdessen beschließt die polnische Regierung angesichts des deutschen Truppenaufmarschs und der zunehmenden Grenzzwischenfälle die allgemeine Mobilmachung. Um 17.30 Uhr übermittelt der deutsche Botschafter in Warschau diese Nachricht telefonisch nach Berlin.

Jetzt drängt von Ribbentrop den Botschafter in Moskau, er solle dafür sorgen, daß der Bericht in der Neuen Zürcher Zeitung möglichst eindringlich, etwa im Wortlaut: »Wie sich von selbst versteht, sind die Sowjettruppen unserer Westfront nicht geschwächt, sondern verstärkt worden«, dementiert wird. Ribbentrop wiederholt auch seine Forderung, möglichst bald sowjetische Offiziere nach Berlin zu entsenden.

Am späten Abend landet der britische Botschafter Henderson mit der offiziellen Antwort seiner Regierung in Berlin-Tempelhof. Coulondre: »Am 28. August 1939 betrat Henderson um 22.00 Uhr mein Dienstzimmer. Er war gerade aus dem Flugzeug gestiegen und, wie er sagt, völlig erledigt und vom Lärm der Motoren noch halb taub. Mit Befriedigung stellte ich fest, daß er immerhin seine Nelke im Knopfloch trug. Er sollte um 10.30 Uhr von Hitler empfangen werden und wollte mir rasch den Inhalt der englischen Antwort bekanntgeben: Sie war so abgefaßt, wie man es nur wünschen konnte, bestimmt und geschickt zugleich.«

Kaum in seiner Botschaft angelangt, erhält Henderson einen Anruf aus der Reichskanzlei: Man würde ihn sofort erwarten. Der strapazierte Diplomat trinkt noch schnell eine halbe Flasche Champagner und eilt in die Wilhelm-

1939 August

In einem polnischen Fliegerhorst, Ende August 1939: Ein Aufklärungsbomber PZL P-23 Karas (Karausche) wird auf die Startbahn gerollt

straße. Um 22.30 Uhr überreicht Henderson Hitler das offizielle Antwortschreiben aus London. Es enthält den von Hitler ausdrücklich erbetenen Satz, nämlich die Zusicherung Polens, in Besprechungen einzutreten.

Während Hitler diese Passage mit dem Botschafter erörtert, steigert er plötzlich seine territorialen Ansprüche und verlangt den ganzen Korridor, dazu Grenzberichtigungen in Schlesien. Die britische Stellungnahme soll innerhalb von 24 Stunden erfolgen. Trotz dieser neuen Forderung ist Henderson noch optimistisch, da seiner Meinung nach die Bemühungen um direkte deutsch-polnische Kontakte Erfolg versprechen.

Am Dienstag, dem 29. August 1939, läßt Außenminister Beck die Bereitschaft der polnischen Regierung, mit Deutschland direkte Verhandlungen aufzunehmen, nach London und Paris melden, kündigt aber zugleich militärische Sicherheitsmaßnahmen an. Von einer offiziellen Mobilmachung kann die polnische Regierung noch in letzter Minute durch den englischen und französischen Botschafter abgehalten werden.

In Moskau gelingt es Graf von der Schulenburg erst gegen 17.00 Uhr, Molotow zu erreichen. Der Botschafter berichtet anschließend nach Berlin, Molotow habe besonders betont, daß der Kreml den deutsch-sowjetischen Nichtangriffspakt sehr ernst nehme und diese Tatsache allein genügen müsse, um der vorliegenden Zeitungsmeldung aus Zürich den Boden zu entziehen. Molotow habe sich Notizen gemacht und versprochen, darüber mit Marschall Woroschilow zu reden. Was die Militärmission betrifft, so seien vier Offiziere abreisebereit, deren Namen ihm jedoch nicht bekannt seien. Er habe empfohlen, diese Herren möglichst morgen früh auf dem Luftweg über Stockholm nach Berlin zu beordern.

Am Abend des 29. August 1939 übergibt Hitler dem britischen Botschafter Henderson seine Antwort, in der wieder Danzig und der Korridor gefordert werden. Im übrigen akzeptiert die Reichsregierung den britischen Vorschlag zu direkten Verhandlungen mit Polen, obwohl

Die sowjetische Nachrichtenagentur TASS dementiert: Die sowjetischen Truppen an der polnischen Grenze werden doch verstärkt

Russische Truppenverstärkungen an der polnischen Grenze

Moskau, 29. Aug. (Tel. d. „United Preß")
In einem Communiqué der amtlichen Nachrichtenagentur Taß sowie im russischen Radio ist Dienstagabend mitgeteilt worden, daß an der Westgrenze der Sowjetunion angesichts der ernsten internationalen Lage Truppen zusammengezogen würden. Im russischen Radio wurde erklärt:

„Verschiedene ausländische Zeitungen haben berichtet, daß die sowjetrussische Heeresleitung 200 000 bis 300 000 Mann von der Westgrenze an die Ostgrenze geschickt habe, um die östlichen Verteidigungslinien zu stärken. Die Nachrichtenagentur Taß ist ermächtigt, mitzuteilen, daß dies nicht den Tatsachen entspricht. Im Gegenteil erklären maßgebende Kreise, daß die russische Heeresleitung angesichts der gespannten Lage in Europa sich entschlossen hat, ihre Streitkräfte an der Westgrenze zu verstärken."

August 1939

Warschau am 30. 8. 1939: Die allgemeine Mobilmachung wird angekündigt, die Einberufungsbefehle werden ausgetragen. Zugleich treten im ganzen Land die Maßnahmen zum Schutz der Zivilbevölkerung in Kraft. Alle Bemühungen der britischen Regierung, doch noch zu vermitteln, scheinen nunmehr sinnlos

man deren Erfolgsaussichten »skeptisch beurteilt«. Da die britische Regierung auch für ein Freundschaftsabkommen mit Deutschland plädiert, ist die Reichsregierung bereit, die englische Vermittlung zur Entsendung einer mit allen Vollmachten versehenen polnischen Persönlichkeit nach Berlin anzunehmen. Man rechnet mit dem Eintreffen dieser Persönlichkeit innerhalb 24 Stunden.

Am Mittwoch, dem 30. August 1939, um 9.20 Uhr, landet Birger Dahlerus wieder in London und ist schon um 10.30 Uhr in der Downing Street Nr. 10. Dort informiert er Premierminister Chamberlain, Außenminister Lord Halifax und den Berater des Premierministers, Sir Horace John Wilson, daß Hitler nach Görings Worten gerade ein großzügiges Angebot für Polen ausarbeitet. Zugleich überreicht Dahlerus eine Kopie der deutschen Antwortnote vom 29. August 1939, in der Hitler einen zur Zeit noch unbekannten 16-Punkte-Verhandlungsvorschlag ankündigt, den ein Abgesandter der polnischen Regierung innerhalb von 24 Stunden in Berlin entgegennehmen soll.

Die britischen Politiker ahnen nicht, daß Hitler diese Frist mit seinem Zeitplan für den deutschen Überfall auf Polen gekoppelt hat. Sollte der polnische Außenminister tatsächlich in die Reichshauptstadt kommen, so droht ihm eine ähnliche Erpressung wie im Frühjahr 1938 den tschechischen Politikern. Außenminister Beck wittert den Unfug und ignoriert den ultimativen Wunsch Hitlers, zumal er nur inoffiziell davon erfahren hat. Auf jeden Fall hält man es in Warschau für notwendig, die proklamierte Vollmobilmachung am 30. August 1939 zu vollziehen.

Nachdem in Moskau Graf von der Schulenburg Molotow erneut an die unverzügliche Entsendung der militärischen Vertreter der Sowjetunion nach Berlin erinnert hat, sichert der Kreml jetzt zu, daß sie noch am 31. August 1939 abfliegen werden. Zugleich berichtet der Botschafter, daß soeben die Nachricht der »Neuen Zürcher Zeitung« vom 29. September 1939 über die Zurückziehung sowjetischer Truppen von der polnischen Grenze in einem TASS-Kommuniqué dementiert worden sei. Die TASS-Meldung werde mehrmals über Radio Moskau in mehreren Sprachen wiederholt.

Die Frage von Henderson

Am 30. August 1939 erhalten die polnischen Zerstörer »Burza«, »Blyskawica« und »Grom« den Befehl, sofort mit maximaler Geschwindigkeit zu versuchen, die Nordsee zu erreichen, um sich dort der Royal Navy anzuschließen. Nachdem sie um 16.00 Uhr mit voller Fahrt den Kriegshafen Gdingen verlassen haben, werden in Polen die Einberufungsbefehle ausgetragen.

Gegen 19.00 Uhr ruft Molotow überraschend in der deutschen Botschaft an, um mitzuteilen, daß der neue Militärattaché, ein weiterer Offizier sowie zwei Sekretäre am folgenden Tag über Stockholm nach Berlin fliegen werden. Gleichzeitig gibt er die Namen durch: Militärattaché Maksim Purkajew, Gehilfe des Militärattachés Nikolai Skornjakow sowie die beiden Sekretäre Sedych und Bashanow. Molotow erwartet, daß sie in Stockholm von einer deutschen Maschine abgeholt werden.

Am gleichen Tag teilt das Foreign Office Henderson mit, er könnte nicht damit rechnen, daß es der englischen Regierung heute noch gelingt, Warschau zu veranlassen, sofort einen Unterhändler nach Berlin zu beordern. Henderson soll die Reichsregierung bitten, die deutschen Vorschläge dem polnischen Botschafter in Berlin auszuhändigen.

Am 30. August 1939 um 24.00 Uhr trifft sich Henderson mit dem Reichsaußenminister, um die Antwort seiner Regierung zu überbringen, und erkundigt sich nach den jüngsten deutschen Vorschlägen für die Verhandlungen

71

1939 August

mit Polen. Ribbentrop, der sich – laut Henderson – in einem Zustand äußerster Erregung befindet, liest ihm einige Passagen aus dem neuen 16-Punkte-Katalog vor.

Die Frage von Henderson, ob man ihm das Schriftstück zur Weitergabe an seine Regierung überlassen kann, verneint der Reichsaußenminister und wirft das Dokument auf den Tisch mit der Bemerkung: »Es ist ja sowieso überholt, da der polnische Unterhändler nicht erschienen ist.« Henderson, der weiß, daß es sich um ein Ultimatum handelt, äußert die dringende Bitte, den polnischen Botschafter Lipski zu verständigen. Ribbentrop weist dies jedoch zurück.

Zwei Stunden später, am 31. August 1939 gegen 2.00 Uhr morgens, ruft Henderson seinen polnischen Kollegen an, berichtet ihm von der Unterredung mit dem deutschen Außenminister und rät ihm, sich möglichst sofort mit der deutschen Regierung in Verbindung zu setzen. Auch die anderen westlichen Außenminister bedrängen Polen, endlich Verhandlungsbereitschaft zu signalisieren. Einen Erpressungsversuch Hitlers könnte man »dann immer noch zurückweisen«.

Die Weisung Nr. 1

Am Morgen des 31. August 1939 erteilt Hitler den Befehl für »Fall Weiß«, den Überfall auf Polen. Alle deutschen Einheiten erhalten bis 13.00 Uhr die erforderlichen Befehle: Der Krieg kann am nächsten Tag beginnen.

Der deutschen Luftwaffe stehen 2093 Flugzeuge zur Verfügung, dagegen hat Polen nur 745 einsatzbereite Frontmaschinen, darunter 86 Bomber und 154 Aufklärer sowie 150 Jäger. Doch außer 36 modernen Bombern vom Typ Los sind alle polnischen Maschinen restlos veraltet und nur schwach bewaffnet.

Für den Einmarsch in Polen hält die deutsche Wehrmacht neben Infanterie und Kavallerie bereit: bei der 10. Armee (Gen. d. Art. Walther von Reichenau) in Oberschlesien eine Panzer- und eine leichte Division sowie drei mot. Infanteriedivisionen; bei der 14. Armee (Gen.Oberst Wilhelm List) in den Karpaten eine Panzer-, eine mot. Infanterie- und eine leichte Division.

Am Vormittag des 31. August 1939 empfiehlt der polnische Botschafter in Berlin, Lipski, seiner Regierung, Hitler umgehend zu verständigen, daß er jederzeit der Reichsregierung für Gespräche zur Verfügung steht.

An diesem Tag stimmt Stalin einem recht ausgefallenen deutschen Wunsch zu, den der Chef des Generalstabs der Luftwaffe, Gen. Hans-Jürgen Stumpff, erst einige Stunden zuvor geäußert hat: Der Generalstabschef möchte über den Sender Minsk im Verlauf des Programms, das zu diesem Zweck um zwei Stunden verlängert werden soll, öfter das Wort »Minsk« mit dem eingestreuten Rufzeichen »Richard Wilhelm 1.0« senden und möglichst oft in den freien Zeiten wiederholen lassen.

Stalin entspricht der Bitte sofort, doch lehnt er das Rufzeichen ab, »... um Aufsehen zu vermeiden«. Diese Angelegenheit ist keineswegs belanglos: Die Sowjetunion gibt damit den Kampfverbänden der Luftwaffe bei ihren Angriffen auf die polnische Hauptstadt Navigationshilfe.

Der französische Botschafter Coulondre: »Um 12.20 Uhr rief mich Bonnet an, um mir zu sagen, daß die polnische Regierung in einigen Minuten eine grundsätzlich zusagende Antwort erteilen wird.«

In der Tat, um 12.40 Uhr übermittelt Warschau dem polnischen Botschafter, »es werde den britischen Vorschlag einer direkten Aussprache zwischen der deutschen und der polnischen Regierung ›im günstigsten Sinne‹ erwägen«.

In dem vertraulichen zweiten Teil des Telegramms hat Außenminister Beck Botschafter Lipski angewiesen, vorsichtig zu taktieren und unter allen Umständen konkreten Verhandlungen auszuweichen. Da die Deutschen den polnischen Code gebrochen haben, ist ihnen diese Tatsache bekannt. Noch bevor Lipski den Telegrammtext entschlüsselt, tippen bereits die Fernschreiber der Reichskanzlei die Geheime Kommandosache: »Weisung Nr. 1. Der Angriff gegen Polen ist nach den Vorbereitungen für den Fall Weiß zu führen ...«

Um 13.00 Uhr ruft Lipski das Auswärtige Amt an und ersucht um eine Audienz bei Außenminister von Ribbentrop. Es vergehen zwei Stunden ohne Reaktion.

Um 15.00 Uhr meldet sich Staatssekretär Ernst von Weizsäcker und bittet Lipski um Auskunft, ob er zu dieser Audienz als Bevollmächtigter oder lediglich als Botschafter Polens käme. »Als Botschafter«, antwortet Lipski. Die Audienz wird ihm verweigert.

Um 16.00 Uhr erhält SS-Sturmbannf. Alfred Naujocks das Codewort, den fingierten »polnischen Überfall« auf den grenznahen Sender Gleiwitz zu inszenieren. Dieser vom Reichsführer SS Heinrich Himmler und dem Chef der Sicherheitspolizei und des SD Gruppenf. Reinhard Heydrich geplante »polnische Überfall« liefert Hitler den »propagandistischen Vorwand«, den Zweiten Weltkrieg zu entfesseln.

Alfred Naujocks: »... Ungefähr am 10. August 1939 befahl mir Heydrich, der Chef der Sipo und des SD, persönlich, einen Anschlag auf die Radiostation bei Gleiwitz in der Nähe der polnischen Grenze vorzutäuschen und so erscheinen zu lassen, als wären Polen die Angreifer gewesen. Heydrich sagte: ›Ein tatsächlicher Beweis für polnische Übergriffe ist für die Auslandspresse und für die deutsche Propaganda nötig.‹ Mir wurde befohlen, mit fünf oder sechs anderen SD-Männern nach Gleiwitz zu fahren, bis ich das Schlüsselwort von Heydrich erhielt, daß der Anschlag zu unternehmen sei. Mein Befehl lautete, mich der Radiostation zu bemächtigen und sie so lange zu halten, als nötig ist, um einem polnisch sprechenden Deutschen die Möglichkeit zu geben, eine polnische Ansprache über das Radio zu halten.«

Erst um 19.45 Uhr empfängt von Ribbentrop den polnischen Botschafter, der ihm die Mitteilung seiner Regierung überreicht. Der Außenminister nimmt sie zwar zur Kenntnis, verzichtet aber darauf, Botschafter Lipski über

September 1939

den 16-Punkte-Plan zu informieren. Die ganze Unterredung dauert zwei Minuten.

Zu gleicher Zeit verbreitet der Großdeutsche Rundfunk das bisher unveröffentlichte 16-Punkte-Verhandlungsprogramm.

Am 31. August 1939 um 18.35 Uhr wird auf der »Schleswig-Holstein« zum zweitenmal der »Marinestoßtrupp Hennigsen« in Alarm versetzt. Am gleichen Tag feiert Molotow in einer großen Rede vor dem Obersten Sowjet, die der deutsche Botschafter als »glänzend« bezeichnet, den Erfolg Stalins und den Abschluß der mit seiner Rede auf dem XVIII. Parteitag am 10. März 1939 eingeleiteten Operation. Noch an diesem Abend ratifiziert der Oberste Sowjet den Nichtangriffspakt mit Deutschland.

Alle verzweifelten Versuche, den Frieden zu retten, sind ebenso vergebens wie die Appelle des Papstes Pius XII., des amerikanischen Präsidenten Franklin D. Roosevelt, des belgischen Königs Leopold III. oder der Königin Wilhelmine von Holland.

Erst nach 21.15 Uhr wird dem britischen und französischen Botschafter offiziell das 16-Punkte-Programm, dazu drei Vorschläge mit Erläuterungen, ausgehändigt. Der Chefdolmetscher Dr. Paul Schmidt erwähnt in seinen Erinnerungen, daß Hitler später in seiner Gegenwart erklärt habe: »Ich brauchte vor allem dem deutschen Volk gegenüber ein Alibi, um ihm zu zeigen, daß ich alles getan hatte, den Frieden zu erhalten. Deshalb machte ich diesen großzügigen Vorschlag über die Regelung der Danziger und der Korridorfrage.«

Am 1. September 1939, um 4.45 Uhr, soll nun der Angriff beginnen. Für den ersten Feuerüberfall schleppt man das Schulschiff »Schleswig-Holstein« vom Danziger Hafen aus in die unmittelbare Nähe der Westerplatte.

Raum Posen, 31. 8. 1939: Polnische Aufklärer am Rande eines Feldflugplatzes

Danzig, Weichselmündung in der Morgendämmerung des 1. 9. 1939: Das Schulschiff »Schleswig-Holstein« nahe der Westerplatte kurz vor Feuereröffnung um 4.45 Uhr

Deutschland

15. März: Einmarsch deutscher Truppen in Prag.
3. April: Hitler erteilt der Wehrmacht die Weisung, den »Fall Weiß« (Feldzug gegen Polen) bis 1. September als Angriffstermin vorzubereiten.
6. Oktober: Reichstagsrede Hitlers mit »Friedensangebot« auf der Basis des neuen Status quo; wird durch Frankreich (10. 10.) und Großbritannien (12. 10.) zurückgewiesen. Beginn der Umsiedlungsmaßnahmen; die Baltendeutschen aus den zur sowjetischen Interessenzone gehörenden Staaten werden ins Reich sowie in das bisherige Nordwestpolen geholt.
12. Oktober: Erste Deportierung jüdischer Bürger aus dem Deutschen Reich und Protektorat ins besetzte Polen.
8. November: Attentat auf Hitler im Münchner Bürgerbräukeller mißglückt.
23. November: Ansprache Hitlers vor den Oberbefehlshabern: »Unabänderlicher Entschluß«, Frankreich und England anzugreifen, Verletzung der Neutralität Belgiens und Hollands »bedeutungslos«, heftige Kritik an den zögernden Armeeführern.

Polenfeldzug

31. August: Am späten Abend liefert der Sicherheitsdienst der SS den »propagandistischen Anlaß zur Auslösung des Krieges«, indem er, teilweise in den Uniformen polnischer Freischärler, Überfälle auf verschiedene deutsche Grenzorte und den Sender Gleiwitz fingiert.
1. September: 0.45 Uhr Beginn des deutschen Angriffs auf Polen ohne jede Kriegserklärung.
3. September: Zusammenbruch der polnischen Mlawa-Stellung.
5. September: Aufreibung der polnischen Armee Pomerellen. Beginn des Zusammenbruchs der polnischen Verteidigung.
6. September: Einnahme Krakaus.
14. September: Warschau ist eingeschlossen.
17. September: Sowjetischer Einmarsch in Polens ungeschützte Ostprovinzen.
27.–28. September: Warschau kapituliert. Sofort beginnen SS-Kommandos mit Razzien auf Juden und andere »Reichsfeinde«.
29. September: Kapitulation der Festung Modlin.
6. Oktober: Kapitulation der letzten polnischen Feldtruppen bei Kock und Lublin.
8. Oktober: Aufteilung Polens. In einem Erlaß gliedert Hitler die im Versailler Vertrag 1919 an Polen abgetretenen Gebiete in das »Großdeutsche Reich« ein, darüber hinaus polnische Gebiete.
25. Oktober: Rest-Polen wird als Generalgouvernement unter Zivilverwaltung genommen.
1./2. November: Nach Pseudo-Plebisziten Annexion der polnischen Ostgebiete durch die UdSSR.

Westfront

3. September: Großbritannien und Frankreich fordern ultimativ den Rückzug der deutschen Truppen aus Polen und erklären nach Ablauf der Frist aufgrund ihrer Beistandsverpflichtung dem Deutschen Reich den Krieg. Ein deutsches U-Boot versenkt den englischen Passagierdampfer »Athenia« ohne Warnung.
6. September: Beginn einer symbolischen und regional begrenzten französischen »Offensive« an der Saar. Britische Blockadeerklärung gegen Deutschland.
30. September: Rückzug der französischen Truppen auf französisches Gebiet.
11. Oktober: Britisches Expeditionskorps geht bei Lille in Stellung.
14. Oktober: Ein deutsches U-Boot dringt in die Bucht von Scapa Flow ein und versenkt dort das britische Schlachtschiff »Royal Oak« mit 833 Mann. Erster spektakulärer Erfolg des deutschen Seekriegs gegen Großbritannien.
20. November: Erster deutscher Luftmineneinsatz vor der britischen Ostküste durch Seeflugzeuge.

Außereuropäische Kriegsschauplätze

21.–27. November: Vorstoß der deutschen Flotte mit den Schlachtschiffen »Gneisenau« und »Scharnhorst« gegen die britische Northern Patrol zur Entlastung des Panzerkreuzers »Admiral Graf Spee« im Südatlantik.
13. Dezember: Seegefecht an der Rio-de-la-Plata-Mündung zwischen drei britischen Kreuzern und dem Panzerschiff »Admiral Graf Spee«, das nach schweren Gefechtsschäden in den Hafen von Montevideo einläuft. Entgegen Hitlers Befehl zum Auslaufen Selbstversenkung der »Graf Spee« am *17. Dezember.*

1939

Internationale Politik

31. März: Britische Garantieerklärung für Polen, um Deutschland von befürchteten Aggressionen abzuhalten. Frankreich schließt sich sofort an.
13. April: Die Garantie wird auf Rumänien und – gegen die italienischen Ambitionen auf den Balkan gerichtet – Griechenland sowie die Türkei ausgedehnt.
28. April: Hitler kündigt den deutsch-polnischen Nichtangriffspakt von 1934 auf, ebenso das deutsch-britische Flottenabkommen von 1935.
22. Mai: Abschluß eines pompös inszenierten deutsch-italienischen Militärbündnisses (»Stahlpakt«).
23. August: Deutsch-sowjetischer Nichtangriffspakt mit geheimem Zusatzprotokoll (Festlegung der beiderseitigen Interessensphären in Polen bzw. Osteuropa).
25. August: Erweiterung der britischen Garantieerklärung für Polen zu einem britisch-polnischen Beistandsvertrag.
28. September: Deutsch-sowjetischer Grenz- und Freundschaftsvertrag: Teilung des bisherigen polnischen Staates.
11. Oktober: Beginn von (ergebnislosen) Verhandlungen zwischen der UdSSR und Finnland über die Überlassung von Stützpunkten für die Rote Armee.
29. November: Abbruch der diplomatischen Beziehungen zwischen Finnland und der UdSSR.
14. Dezember: Ausschluß der UdSSR aus dem Völkerbund wegen des Überfalls auf Finnland.

Sonstige Ereignisse

23. Oktober: Das deutsche Raketenwaffen-Versuchsprojekt unter Leitung Wernher von Brauns wird von Hitler gestoppt, da er »nach dem Sieg über Polen keine Raketen in diesem Krieg mehr brauchen wird«.
30. November: Nach sowjetischem Angriff auf breiter Front – ohne Kriegserklärung – Beginn des sowjetisch-finnischen Winterkrieges.
11.–28. Dezember: Sowjetische Niederlage bei Soumussalmi. Die sowjetische Offensive gerät ins Stocken.

DER BLITZKRIEG GEGEN POLEN

DER »FALL WEISS« BEGINNT

Von ihren Verbündeten im Stich gelassen, kämpfen die polnischen Truppen mit dem Mut der Verzweiflung

Danzig, 1. September 1939. In dichten Morgennebel gehüllt, ragt aus dem Hafenkanal Neufahrwasser die mächtige Silhouette des Schulschiffes »Schleswig-Holstein«.

Die Uhr der nahe gelegenen Kirche hat bereits 4.30 Uhr geschlagen, als durch den Wald, der die polnische Enklave Westerplatte umgibt, ein einzelner Pistolenschuß peitscht. Die polnischen Militärposten rücken näher zusammen. Danach herrscht wieder Stille, nur von weit her hört man Hundegebell.

Plötzlich, um 4.45 Uhr, zerreißt ein Donner die Luft: Die »Schleswig-Holstein« eröffnet das Feuer. Salve für Salve ihrer gewaltigen Geschütze decken in direktem Feuer die Westerplatte. Der Zweite Weltkrieg hat begonnen. Ohne Kriegserklärung überfällt Hitler Polen.

Hier an der Westerplatte greifen der »Marinestoßtrupp Hennigsen« und die in der Freien Stadt gebildete SS-Sturmkompanie »Danziger Heimwehr« an, unterstützt durch die Artillerie des Schulschiffes. Es gelingt jedoch der schwachbewaffneten, nur 218 Mann starken polnischen Besatzung, den ersten Ansturm zurückzuschlagen.

Die Luftwaffe soll mit ihrem allerersten Bombenangriff die strategisch wichtige Weichselbrücke bei Dirschau, die für den Nachschub nach Ostpreußen benötigt wird, vor einer von polnischen Pionieren geplanten Zerstörung bewahren.

Bereits um 4.26 Uhr startet die 3. Staffel des Stuka-Geschwaders 1 und donnert kaum zehn Meter hoch über das noch friedliche Land. Ihr Sonderauftrag lautet: Die Zündstellen, die sich in einem Schuppen des Dirschauer Bahnhofs befinden, durch Bombenabwürfe zu vernichten. Gleichzeitig rollt ein deutscher Panzerzug bis zur Brücke vor, um sie zu sichern. Der Stuka-Angriff gelingt zwar, doch die Polen schaffen es, die zerrissenen Kabel wieder zu flicken und die Brücke zu sprengen.

Um 4.45 Uhr starten in Oberschlesien vom Flugplatz Nieder-Ellguth nahe Oppeln 21 Junkers Ju 87 B der I. Gruppe des Stuka-Geschwaders 2 »Immelmann« unter dem ehemaligen Segelflieger Maj. Oscar Dinort. Eine dieser Maschinen fliegt Oberlt. Frank Neubert, dem der erste Abschuß einer polnischen Maschine und damit der erste Luftsieg des Zweiten Weltkrieges gelingt.

Die Stukas, das Symbol der fliegenden Blitzkriegwaffe. Diese Sturzkampfflugzeuge Junkers Ju 87 werden von den polnischen Truppen besonders gefürchtet

1939 September

Der Zweite Weltkrieg beginnt: Um 4.45 Uhr, am 1. 9. 1939, eröffnet die »Schleswig-Holstein« das Feuer auf die Westerplatte

Die Sturzkampfflugzeuge Ju 87 führen erste Angriffe auf polnische Stellungen und Verbindungslinien

September 1939

Oberlt. Neubert: »Wir hatten den Auftrag, den Flugplatz Krakau anzugreifen. Nach dem Abwurf der Bomben flogen wir wieder in Richtung Reichsgebiet... Dann entdeckte ich vor mir eine einzeln fliegende JU 87, die von zwei polnischen Jägern angegriffen wurde... und ich versuchte nun, dem einen polnischen Jäger näher und in Schußposition zu kommen... Als ich zum dritten Angriff ansetzte, ist die Maschine plötzlich in der Luft explodiert; wie ein großer Feuerball barst das Flugzeug auseinander; die Brocken sind uns buchstäblich um die Ohren geflogen...«

Die zweite polnische Jagdmaschine, die sich vor den deutschen MG-Garben hat retten können, wird von Unterlt. Wladyslaw Gnys gesteuert, der einige Minuten später das erste deutsche Flugzeug, einen Stuka der I. Gruppe des Geschwaders »Immelmann«, abschießt.

Absolute Luftherrschaft

Vor dem »großen Eröffnungsschlag« der Luftwaffe im Morgengrauen liegt dichter Bodennebel über dem polnischen Land. Die Geschwader sollen strategische Angriffe gegen feindliche Luftstreitkräfte am Boden führen und danach die Heeresverbände durch taktische Einsätze unterstützen. Erst als die Sonne den Nebel auflöst, können die Kampfflugzeuge starten. Die NS-Propaganda läßt verbreiten, daß die Luftwaffe bereits in den ersten Tagen die polnischen Luftstreitkräfte am Boden vernichtet habe. In Wirklichkeit sind es nur die Einrichtungen der Friedensflugplätze, zur Überholung dort befindliche Maschinen sowie Reserve- und Schulflugzeuge. Nach polnischen Aussagen wird bei den ersten deutschen Angriffen keine einzige Frontmaschine zerstört, obwohl die Luftwaffe von Anfang an die uneingeschränkte Luftherrschaft besitzt.

An dem Überfall auf Polen (»Fall Weiß«) sind zwei deutsche Heeresgruppen und zwei Luftflotten beteiligt: Zur Heeresgruppe Nord (GenOberst Fedor von Bock) gehören die 3. Armee (Gen. d. Art. Georg von Küchler) und die 4. Armee (Gen. d. Art. Günther von Kluge). Der Heeresgruppe Süd (GenOberst Gerd von Rundstedt) sind die 8. Armee (Gen. d. Inf. Johannes Blaskowitz), die 10. Armee (Gen. d. Art. Walther von Reichenau) und die 14. Armee (GenOberst Wilhelm List) unterstellt.

Den Armeen stehen insgesamt sechs Panzerdivisionen, vier mot. Divisionen, vier leichte Divisionen, drei Gebirgsdivisionen und 37 Infanteriedivisionen mit insgesamt 3195 Panzerkampfwagen zur Verfügung. Unterstützt werden diese starken Heeresverbände durch 2093 einsatzbereite Flugzeuge der Luftflotte 1 (Gen. d. Fl. Albert Kesselring) und der Luftflotte 4 (Gen. d. Fl. Alexander Löhr).

Ihnen gegenüber stehen auf polnischer Seite: 38 polnische Infanteriedivisionen, eine mot. Brigade – eine zweite mot. Brigade ist erst in der Aufstellung –, elf Kavalleriebrigaden, 1134 meist veraltete leichte und kleine Panzerkampfwagen, dazu 745 Flugzeuge älterer Bauart.

Um 6.00 Uhr morgens bombardiert die Luftwaffe den Stützpunkt der polnischen Seefliegerdivision in Putzig. Unter den Toten ist auch Lt. Com. Szystowski, Chef der Seefliegerdivision. Er ist der erste gefallene Marineoffizier des Zweiten Weltkrieges.

Als der Notruf der Westerplatte »Wir werden angegriffen« das Flottenkommando in Hela erreicht, erhalten die

In den Morgenstunden des 1. 9. 1939 stürmt die Danziger SS-Heimwehr das polnische Postamt. Erst nachdem das Gebäude mit Benzin begossen und in Brand gesteckt ist, kapitulieren die polnischen Postbeamten

1939 September

»Nach den brutalen Aggressionen in Polen die Allgemeine Mobilmachung in Frankreich und Großbritannien« – verkündet die Pariser Presse am 2. 9. 1939

General Fedor von Bock führt mit zwei Armeen die Heeresgruppe Nord

General Wilhelm List, Oberbefehlshaber der in Südpolen eingesetzten deutschen 14. Armee

Generalfeldmarschall Hermann Göring ist als Oberbefehlshaber der Luftwaffe für die Bombardierung offener Städte verantwortlich

polnischen U-Boote sofort den Befehl, nach Plan »Worek« (deutsch: Sack) getaucht in die vorgesehenen Einsatzräume auszulaufen.

Zu dieser Zeit befinden sich zwischen der Liswarta, dem Ort Klobuck und dem Dorf Mokra, etwa 15 Kilometer nordwestlich von Tschenstochau, die polnische Kavalleriebrigade »Wolynska« (Oberst Filipowicz). Sie soll den Raum nordostwärts Tschenstochau sichern und den Schutz des südlichen Flügels der Armee Lodz (Gen. Juliusz Rómmel) übernehmen.

Gegen 7.00 Uhr kommt es in 2000 Meter Höhe über dem Dorf Nieporet nördlich von Warschau zur ersten und bis zum Sommer 1940 wohl größten, etwa 50 Minuten dauernden Luftschlacht: Über 80 Bomber vom Typ Heinkel He 111 und Dornier Do 17, dazu etwa 20 schwere Begleitjäger Messerschmitt Me 110 kämpfen gegen 64 polnische Jäger, darunter 54 Maschinen P-11 der polnischen Jagdbrigade und zehn Flugzeuge der 152. Staffel der Armee Modlin.

Seit den frühen Morgenstunden stehen die Staffeln der polnischen Bomberbrigade mit ihren modernen Los-Bombern startbereit auf den Feldflugplätzen. Doch der Oberbefehlshaber der Streitkräfte, Marschall Edward Rydz-Smigly, zögert – auf Druck der Alliierten –, der ihm unterstellten Brigade den Befehl zu erteilen, Bombenangriffe zu fliegen.

In der Sowjetunion läuft unterdessen die Mobilisierung von drei Millionen Mann. Die deutschen Kampfgeschwader, die die volle Luftherrschaft besitzen, unterstützen die Panzer- und Infanterieverbände und greifen die operativ sowie taktisch wichtigen Ziele im polnischen Hinterland an.

September 1939

Kavalleriebrigade gegen Panzer

Um 8.00 Uhr tauchen plötzlich vor den Stellungen der Kavalleriebrigade »Wolynska« am Ortsrand von Rebielce nahe Mokra etwa 40 Schützenpanzerwagen der deutschen 4. Panzerdivision (GenLt. Georg-Hans Reinhardt) auf. Sie werden von der 3. Schwadron ein, die sich nahe Mokra III und auf der Höhe 268 verschanzt hat. Die Dörfer Mokra I, II und III brennen bereits lichterloh. Der Kavalleriebrigade »Wolynska« werden starke Verluste zugefügt, zwei ihrer Feldgeschütze fallen durch Volltreffer aus.

Die deutschen Panzerspitzen haben jetzt Rebielce Krolewskie erreicht und treffen dort auf starken Widerstand des 19. Ulanenregiments, das sich im Raum Kamien-Szcyzna-Leszczyna befindet. Sie versuchen nun, mit Artillerie und Stuka-Unterstützung bei Wilkowiecko die

Die Vorausabteilung einer Infanteriedivision rollt an einer gesprengten Bahnunterführung vorbei. Die polnischen Truppen sollen in einer Zangenbewegung eingeschlossen werden

Höhe 268 mit einer Pak, einer Panzerbüchse und mehreren MG unter Feuer genommen, so daß sie sich in das Dorf Wilkowiecko zurückziehen müssen.

Lt. Berezowski, Kommandeur des polnischen 21. Ulanenregiments, läßt die Reiter absitzen, um die Verteidigung von Mokra zu verstärken. Da die polnischen Kavalleriebrigaden nicht über Flugabwehrwaffen verfügen, sind sie den Angriffen der Stukas schonungslos ausgesetzt.

Unterdessen nähern sich von Wilkowiecko aus deutsche Schützenpanzerwagen den Stellungen des 21. Ulanenregiments. Es entsteht ein heftiger Feuerwechsel. Nachdem im Vorfeld drei Schützenpanzerwagen brennend liegengeblieben und der vierte durch die Panzerbüchse von der Höhe 268 getroffen worden ist, rücken die anderen wieder ab.

Um 10.00 Uhr setzen verstärktes Artilleriefeuer und erneute Stuka-Angriffe auf die Stellungen der polnischen Stellungen des 21. Ulanenregiments zu durchbrechen. Zusammen mit der 2. Batterie der bespannten Artillerie gelingt es jedoch den Ulanen, einige Panzerwagen in Brand zu setzen und die Besatzungen gefangenzunehmen.

Um 11.00 Uhr rollen deutsche Panzer auf die von der 4. Schwadron des 21. Ulanenregiments verteidigte Waldschneise zu. Gerade in diesem Augenblick trifft der polnische Panzerzug Nr. 53 (Hptm. Malinowski) auf dem 2,5 Kilometer entfernten Bahndamm östlich des Dorfes Mokra III ein und eröffnet aus seinen 10-cm-Haubitzen und 7,5-cm-Feldgeschützen das Feuer auf die vordringenden Panzer. Durch den überraschenden Einsatz des polnischen Panzerzuges weichen die Deutschen wieder hinter das Dorf Wilkowiecko zurück.

Um 14.00 Uhr greifen an der Ostseeküste Stukas der I. Fliegerdivision (GenMaj. Ulrich Grauert) Oxhöft, den

1939 September

Eine Aufnahme des polnischen Jagdflugzeuges PZL P-11. Diese wendige Maschine ist jedoch viel zu langsam und zu schwach bewaffnet

Kriegshafen von Gdingen, an und versenken das kleine Taucherwerkstattschiff »Nurek« sowie das Torpedoboot »Mazur«, dessen Besatzung noch die Geschütze bedient, als die Wellen bereits das Deck überspülen. Es sind die ersten in diesem Krieg durch Fliegerbomben vernichteten Schiffe.

Die deutschen Luftangriffe auf den Hafen von Hela gelten besonders den beiden größten polnischen Kriegsschiffen, dem Zerstörer »Wicher« und dem Minenleger »Gryf«. Die einzigen kampfstarken Überwasserschiffe der polnischen Seestreitkräfte werden trotz heftigen Abwehrfeuers der Bord- und Küstenflak stark beschädigt.

Verwegene Reiterattacke

Gegen Mittag stößt die deutsche 20. mot. Division (GenLt. Wiktorin) in Richtung Chojnice vor. Kurz nach 14.00 Uhr entbrennen schwere Kämpfe zwischen den deutschen Vorhuten und dem 18. Ulanenregiment (Oberst Mastalerz) der Kavalleriebrigade »Pomorska« (BrigGen. Grzmot-Skotnicki) entlang der Eisenbahnlinie Chojnice-Naklo. Um der Infanterie den Rückzug zu ermöglichen, setzen jetzt die Ulanen zum Gegenstoß an. Sie formieren sich in loser Gliederung in einem Waldstück nahe Krojanty.

Als am späten Nachmittag die 1. Schwadron des 18. Ulanenregiments den Flügel der deutschen Kolonnen erreicht, erteilt der Regimentschef, Oberst Mastalerz, den Befehl zum Angriff. Gegen 17.00 Uhr gibt Maj. Malecki der Kavallerie mit erhobenem Säbel das Zeichen zur Attacke, der ersten Reiterattacke des Zweiten Weltkrieges.

Bereits im Wald werden die Kavalleristen von den deutschen Vorhuten mit MG-Feuer belegt. Jetzt galoppieren die Reiter – den schweren Reitersäbel vorgestreckt, an die Hälse ihrer Pferde gepreßt – so schnell es geht über das freie, ungedeckte Gelände. Die ersten Verwundeten und Toten stürzen zu Boden. Nachdem sich auch die 2. Schwadron der Attacke angeschlossen hat, rasen insgesamt etwa 250 Mann in einer breiten Reiterwelle über das offene Feld. Die überraschten deutschen Infanteristen versuchen, durch die Flucht zu entkommen.

Plötzlich, in einer Kurve der Chaussee nach Chojnice, rollen, von den Ulanen zuerst nicht bemerkt, ihnen deutsche Panzer und motorisierte Einheiten entgegen. Noch ehe es gelingt, die rasenden Pferde zu wenden, bricht ein Geschoßhagel los. Die getroffenen Pferde stürzen, andere gehen durch und schleifen die toten oder verwundeten Reiter mit. Einzelne Ulanengruppen hetzen in völliger Auflösung über das Feld, dazwischen galoppieren reiterlose Pferde. Auch der die Attacke führende Rittmeister Swiesciak fällt, und der sofort mit einigen Ulanen zu Hilfe kommende Regimentschef Oberst Mastalerz findet ebenfalls den Tod. In wenigen Minuten verliert das Regiment die Hälfte seiner Reiter.

So wird die Legende geboren, polnische Kavallerie gehe mit dem Säbel gegen deutsche Panzer vor. Es gibt jedoch den ganzen Feldzug hindurch keine bewußt gerittene Attacke der polnischen Kavallerie gegen Panzer. Werden sie jedoch von Panzern angegriffen, dann ist ihre einzige Überlebenschance, in einem halsbrecherischen Manöver auf die Panzer zuzureiten, um so schnell wie möglich an ihnen vorbeizukommen.

September 1939

General Alexander Löhr, Befehlshaber der Luftflotte 4 (links), führt zusammen mit General Albert Kesselring, Befehlshaber der Luftflotte 1, die deutschen Fliegerverbände im Polenfeldzug

Unterdessen gelingt es bei Mokra in dem ersten Gefecht mit der deutschen 4. Panzerdivision (GenLt. Reinhardt) der gut geschulten Kavalleriebrigade »Wolynska«, die deutsche Panzerdivision 24 Stunden lang aufzuhalten.

Neben der 10. mot. Kavalleriebrigade (Oberst Stanislaw Maczek) stellt das polnische Oberkommando jetzt 15 selbständige Panzerkompanien – verteilt auf 15 Infanteriedivisionen – sowie elf Panzerschwadronen und elf Panzerspähwagenschwadronen – verteilt auf elf Kavalleriebrigaden – sowie drei Panzerabteilungen und zwei Kompanien leichte Panzer auf. Diese Aufteilung der polnischen Panzereinheiten auf die verschiedenen Infanteriedivisionen und Kavalleriebrigaden macht einen wirksamen Einsatz der polnischen Kampfwagen nun kaum noch möglich.

Ein vorgeschobener polnischer Artilleriebeobachtungsposten im Raum Posen. In den ersten Tagen herrscht in diesem Abschnitt relative Ruhe

Okecie, der wichtigste Militärflugplatz am Rande von Warschau. Die modernen polnischen Bomber vom Typ Los nach einem Angriff deutscher Flieger. Diese gestellte Aufnahme stammt aus dem NS-Propagandafilm »Kampfgeschwader Lützow«

Die Zangenbewegung

Die zur Heeresgruppe Süd (GenOberst von Rundstedt) gehörende 10. Armee (Gen. d. Art. von Reichenau) rückt mit zwei Panzerdivisionen, zwei motorisierten Infanteriedivisionen, drei leichten und sechs Infanteriedivisionen von Oberschlesien aus in Richtung Warschau vor.

Bei der von Ostpreußen und Pommern aus angreifenden Heeresgruppe Nord (GenOberst von Bock) ist die Massierung der schnellen Truppen noch stärker: Hier hat man von vier schnellen Großverbänden allein drei im

1939 September

Polnisches Aufklärungsbombergeschwader: Die Besatzungen der am Rande eines Feldflugplatzes durch Bäume notdürftig getarnten Maschinen warten auf den Einsatzbefehl

Polnische Briefmarken, 1938: Der polnische Oberbefehlshaber, Marschall Rydz-Smigly, sowie der Hafen von Gdingen

XIX. Panzerkorps (Gen. d. Pz.Tr. Heinz Guderian) zusammengefaßt. Sie sollen nach Süden vorgehen, die polnischen Truppen mit einer Zangenbewegung einschließen, ihnen den Rückzug über die Wisla abschneiden und sie dann zerschlagen.

Gleich am ersten Kriegstag gelingt es dem XIX. Panzerkorps der 4. Armee (Gen. d. Art. von Kluge), die polnischen Verteidigungsstellungen am westlichen Weichselufer zu durchbrechen. Nördlich von Bromberg, im südlichen Teil der Tucheler Heide, wird einer polnischen Kavalleriebrigade sowie zwei Infanteriedivisionen der Rückzug in Richtung Kulm und Graudenz verlegt, nachdem die deutschen Panzerspitzen bis zur Weichsel vorgedrungen sind.

In Danzig findet nur um das polnische Postamt ein nennenswertes Gefecht statt. Die polnischen Postbeamten, die das Gebäude verteidigt haben, werden nach ihrer Gefangennahme erschossen. Sie sind die ersten Opfer des nationalsozialistischen Terrors gegen Polen im Zweiten Weltkrieg.

Noch am Abend des 1. September wird der Anschluß Danzigs an das Deutsche Reich verkündet. In Berlin hat Hitler vor dem Reichstag den Angriff auf Polen bekanntgegeben, aber er vermeidet, von einem Krieg zu sprechen. Zwischen Berlin, Rom, Paris und London entwickelt sich eine fieberhafte diplomatische Tätigkeit. In Frankreich und Großbritannien wird mobil gemacht.

Die Botschafter beider Staaten überreichen in Berlin Ultimaten, in denen der Rückzug der deutschen Truppen

September 1939

bis zum 3. September 12.00 Uhr mittags verlangt wird. Mussolini läßt Hitler mitteilen, Italien sei wegen seiner unzureichenden Rüstung nicht in der Lage, in den Krieg einzugreifen; statt dessen versucht der »Duce«, eine Konferenz zustande zu bringen, die nach dem Vorbild von München 1938 eine Lösung herbeiführen soll.

Die Bedingungen sind für die fanzösische und britische Regierung unannehmbar, und Hitler will den deutschen Vormarsch nicht unterbrechen.

Die Stimmung in der deutschen Bevölkerung läßt kaum Kriegsbegeisterung erkennen. Die Zwangsbestimmungen für die Kriegsbewirtschaftung treten in Kraft, und am folgenden Tag wird das Hören ausländischer Radiosendungen verboten.

Westerplatte kämpft weiter

Am Sonnabend, dem 2. September 1939, gehen bereits in den frühen Morgenstunden starke deutsche Patrouillen gegen die Westerplatte vor. Das polnische U-Boot »Rys« wird um 9.35 Uhr zum erstenmal von deutschen Wasserflugzeugen angegriffen. Dabei verliert das Boot Öl durch ein Leck im Achterschiff, obwohl die Deutschen keinen direkten Treffer erzielen konnten.

Um 11.50 Uhr beginnen die Geschütze der »Schleswig-Holstein« erneut mit der Beschießung der Westerplatte, die zugleich von 15-cm-Haubitzen und 8,8-cm-Geschützen aus Weichselmünde unter Feuer genommen wird. Auch von Neufahrwasser aus belegen die inzwischen auf Speicherdächern postierten schweren MG mit ihren Geschoßgarben den Stützpunkt.

Um 12.38 Uhr wird der deutsche Zerstörer »Friedrich Ihn« von dem polnischen U-Boot »Sep« mit Torpedos angegriffen, die jedoch ihr Ziel nicht treffen, obwohl der Zerstörer nur 400 Meter von dem U-Boot entfernt ist und seine Geschwindigkeit kaum sieben Knoten beträgt. Der Zerstörer geht darauf gegen das polnische U-Boot mit Wasserbomben vor und meldet fälschlicherweise dessen Versenkung, nachdem ein Rettungsring auf der Wasseroberfläche zu sehen ist.

Im Hafen von Hela sind jetzt der polnische Zerstörer »Wicher« und der Minenleger »Gryf« das Ziel deutscher Artillerie und Kampfflugzeuge, da die am Vortage manövrierunfähig geschossenen und deshalb bewegungslos vor Anker liegenden Schiffe an diesem Tag in schwimmende Batterien verwandelt worden sind.

Inzwischen muß die Armee »Pomorze«, nachdem sie fast die Hälfte ihrer Verbände verloren hat, den Polnischen Korridor räumen und sich auf Thorn und Bromberg zurückziehen. Für die deutschen Truppen ist damit die Verbindung zu Ostpreußen hergestellt.

Kaum nennenswerte Feindberührung gibt es dagegen während der ersten Kriegstage im Abschnitt der Armee

1939 September

Raum Bromberg: Deutsche Truppen werden in den Ortschaften mit überwiegend deutscher Bevölkerung stürmisch begrüßt

Polnische Briefmarke, 1938: Präsident Ignacy Moscicki

»Poznan« (Gen. Tadeusz Kutrzeba); und der Armee »Lodz« (Gen. Rómmel) gelingt es, sich zwei Tage lang gegen starke Panzerkräfte der 8. Armee (Gen. d. Inf. Blaskowitz) sowie gegen die Angriffe des linken Flügels der 14. Armee (GenOberst List) zu behaupten.

Die Versuche der polnischen Jägerbrigade, am 2. September auf Schußweite an die deutschen Bombergeschwader heranzukommen, die trotz Hitlers Behauptung, keinen Luftkrieg gegen Frauen und Kinder zu führen, immer wieder Warschau angreifen, scheitern.

Ohne Erfolg bleibt auch der erste Einsatz polnischer Kampfflugzeuge der 24. Staffel mit sechs Maschinen vom Typ Karas gegen das deutsche XVI. Panzerkorps (Gen. d. Kav. Erich Hoepner) nördlich von Tschenstochau. Weitere 18 Karas-Maschinen (VI. Gruppe) fliegen Angriffe gegen deutsche Panzerkolonnen im Raum Tschenstochau. Als sie aus 1500 Meter Höhe die Kolonne bombardieren und trotz strikten Verbots im Tiefflug deutsche Kampfwagen mit Bordwaffen unter Feuer nehmen, werden fünf Maschinen von der deutschen Bodenabwehr abgeschossen, eine weitere wird das Opfer der polnischen Flak. Die Staffeln der Los-Bomber haben dagegen bisher keine Starterlaubnis.

Das Heulen der deutschen Stukas während des Angriffs trägt neben dem Bombardement von Friedensflugplätzen und Verkehrsknotenpunkten dazu bei, Angst und Schrecken zu verbreiten. In der chaotischen Stimmung gelingt die Mobilmachung nur teilweise, und die gesamte Verteidigung droht zusammenzubrechen.

Vom ersten Tag an wendet man die Taktik des Blitzkrieges an. Werden die auf den Landstraßen vorstoßenden Panzerkolonnen befeuert oder aufgehalten, so setzen sie ihren Vormarsch querfeldein fort.

Armee Krakow weicht zurück

Am 2. September 1939 wird die Lage der Armee »Krakow« (Gen. Szylling) derart kritisch, daß sie den Rückzug entlang der Weichsel hinter die Nida und den Dunajec antreten muß; da ebenso die anderen polnischen Armeen zurückweichen, stoßen die deutschen Verbände rasch vor, und es bildet sich in der polnischen Verteidigung eine gefährliche Lücke, die von Tschenstochau über Pietrkow, Kielce bis Sandomierz reicht und den mittleren Abschnitt gefährdet.

Für eine bewegliche Verteidigung mangelt es der polnischen Panzerabwehr an Geschützen und den erforderlichen Zugmitteln. Wiederum greifen die deutschen Panzer, um unnötige Verluste zu vermeiden, trotz zahlenmäßiger Überlegenheit die polnischen Feldbefestigungen nur in den Flanken an oder versuchen, sie zu umgehen. Gelingt dies den Panzern nicht, so muß die nachkommende Infanterie mit Artillerieunterstützung gegen den Feind vorgehen, ehe die Panzerspitzen ihren Vormarsch weiter fortsetzen.

Bei der Heeresgruppe Süd bildet sich einer der Schwerpunkte deutscher Panzeroperationen: Sie hat den kürzesten Weg nach Warschau. Der polnische Oberbefehlshaber, Marschall Edward Rydz-Smigly, verkennt – trotz der ernsten Lage – das Ausmaß der Bedrohung seiner Armeen durch die deutschen Panzerverbände. Er hält einen Rückzug der eigenen Kräfte auf die eigentliche Verteidigungslinie entlang der großen Flüsse sowie deren Sicherung für möglich.

September 1939

Polnische Briefmarke, 1938: Passagier-Liner »Pilsudski«

Eine Besatzung des polnischen Bombers Los vor dem Start

In der Kanzel eines deutschen Bombers Heinkel He 111, kurz vor dem Anflug auf das Ziel

1939 September

General Franz Halder, Chef des Generalstabs des Heeres als Nachfolger von General Beck, und General Günther von Kluge, Oberbefehlshaber der deutschen 4. Armee

Das Wrack des von Sturzkampfflugzeugen im Hafen von Hela versenkten polnischen Minenlegers »Gryf«. Ein Beweis für die Überlegenheit der Flugzeuge gegenüber den Kriegsschiffen

September 1939

Erst am frühen Abend erhält die Armee »Lodz« den Befehl, ihre Kräfte auf die Verteidigungsstellungen an der Warthe und Widawka zurückzunehmen, nachdem die vorstoßenden deutschen Panzerkeile ihre linke Flanke umgehen. Während dieses Rückzugs unter dem starken Druck motorisierter deutscher Verbände wird diese polnische Armee gleichzeitig auch von Süden her bedroht: In die Lücke zwischen den Armeen »Lodz« und »Krakow« drängen das XV. Panzerkorps (Gen. d. Inf. Hermann Hoth) sowie das XVI. Panzerkorps (Gen. d. Kav. Hoepner) der 10. Armee und vernichten im Raum Tschenstochau die zur Armee »Krakow« gehörende 7. Infanteriedivision (BrigGen. Gasiorowski).

Jetzt wird die Armee »Krakow«, die die polnischen Industriezentren schützen soll, durch Umfassung aus dem Norden gefährdet, weil der deutschen 10. Armee der Weg in Richtung Pietrkow und Kielce offensteht. Außerdem ist die linke Flanke der Armee »Krakow« in den Beskiden den überraschenden Angriffen der aus der Slowakei vorstoßenden starken Kräfte des XVII. Armeekorps (Gen. d. Inf. Kienitz) und des XXII. Armeekorps (Gen. d. Kav. Ewald von Kleist) ausgesetzt.

Nach zweitägigem Kampf wird östlich von Graudenz an der Ursa und am Melnosee der rechte Flügel der Armee »Pomorze« (Gruppe Ost unter BrigGen. Boltuc) geschlagen und nach Süden abgedrängt.

Am Sonntagmorgen, dem 3. September 1939, gelingt es auf Hela der 15-cm-Küstenbatterie »H. Laskowski« und den beiden im Hafen liegenden Schiffen »Wicher« und »Gryf« auf 12 Seemeilen Entfernung, einen herannahenden deutschen Zerstörerverband abzuwehren. Als die Küstenbatterie einen Zerstörer (»Leberecht Maaß«) manövrierunfähig schießt, nebelt sich der Verband ein und zieht sich zurück.

General Walther von Reichenau, Oberbefehlshaber der deutschen 10. Armee

General Tadeusz Kutrzeba, Oberbefehlshaber der polnischen Armee »Poznan«

Flugzeuge gegen Panzer

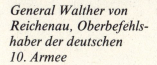

Um 10.00 Uhr meldet der Befehlshaber der Fliegertruppe an Marschall Edward Rydz-Smigly einen erfolgreichen Bombenangriff auf deutsche motorisierte Kolonnen bei Radomsko: Die feindlichen Verluste werden auf 30 Prozent geschätzt. Es stimmt zwar, daß polnische Flugzeuge die deutsche 1. Panzerdivision (GenLt. Rudolf Schmidt) und die 4. Panzerdivision (GenLt. Reinhardt) angegriffen haben, denn beide Panzerdivisionen rufen nach Luftunterstützung, doch der Bericht entspricht sonst nicht der Wahrheit; denn 18 Karas-Maschinen wären nicht imstande, derartige Verluste zu verursachen. Bei ihren Angriffen auf deutsche motorisierte Kolonnen hat die Bomberbrigade von ihren 45 Karas bereits 15 Maschinen verloren, die meisten bei Tiefangriffen durch Flakbeschuß.

An diesem Tag erklärt unter dem Druck zahlreicher Unterhausabgeordneter Premierminister Neville Chamberlain um 11.00 Uhr vormittags, Großbritannien befinde sich jetzt im Kriegszustand mit Deutschland. Die Staaten des Commonwealth schließen sich dieser Erklärung an. Um 17.00 Uhr gibt in Paris Ministerpräsident Edouard Daladier den Beginn des Krieges mit dem Deutschen Reich bekannt, obwohl das französische Oberkommando die Kampfbereitschaft der Armee anzweifelt. Beide Staaten sind aber gegenüber Polen im Wort.

Etwa 15 Minuten nach der britischen Kriegserklärung heulen in London und Südengland die Sirenen auf, und die verdutzten Engländer eilen in die Luftschutzkeller. Es ist nur ein blinder Alarm: Der stellvertretende Militärattaché der französischen Botschaft in London kehrt mit seiner Sportmaschine von Le Touquet zurück und hat vergessen, seine Flugroute zu melden.

Gegen 15.00 Uhr sinken im Hafen von Hela nach einem Luftangriff der polnische Minenleger »Gryf« und der von vier Bomben getroffene Zerstörer »Wicher«. Damit sind die beiden stärksten Schiffe der polnischen Kriegsflotte ausgeschaltet. Drei aus dem Wrack der »Gryf« geborgene 12-cm-Kanonen werden zur Bodenverteidigung auf der Halbinsel eingesetzt.

Um 16.00 Uhr geht auch das Kanonenboot »General Haller« verloren. Nunmehr kann die deutsche Kriegsmarine kaum noch daran gehindert werden, die Danziger Bucht von Minen zu räumen. Inzwischen beginnt der taktische Einsatz der deutschen Luftwaffe im engen Zusammenwirken mit dem Heer. Die starke Bombardierung von Widerstandsnestern, Artilleriestellungen und Truppenansammlungen kennzeichnen die Unterstützung des Erdkampfes.

An diesem Abend ist nördlich von Warschau die Armee »Modlin« (Gen. Przedrzymirski) noch in der Lage, die Befestigungen bei Mlawa mit Erfolg gegen das deutsche I. Armeekorps (GenLt. Walter Petzel) zu verteidigen. Als ihr jedoch die Einkesselung droht, muß sie sich in der Nacht zurückziehen.

1939 September

Unbekannte Aufnahme vom Einmarsch der deutschen Truppen am 4. 9. 1939 in Bromberg: Einheiten der 50. Infanteriedivision des Generals Sorsche ziehen durch die Stadt

Mitglieder des Sicherheitsdienstes (SD) führen polnische Bürger nach einer Razzia zur öffentlichen Exekution (rechte Seite)

Die Einwohner müssen ihre Häuser räumen

September 1939

Um 22.45 Uhr erklärt der polnische Regierungssprecher in Warschau vor ausländischen Korrespondenten: »Polnische Kavallerieverbände haben sich durch die gepanzerten deutschen Einheiten durchgeschlagen und befinden sich in Ostpreußen auf deutschem Boden.« Diese Nachricht macht in England und Frankreich Schlagzeilen. Selbst der deutsche Wehrmachtsbericht erwähnt kurz vor Mitternacht diesen Angriff, betont jedoch auch, daß man die nördlich Treuburg eingedrungene polnische Kavallerie bereits wieder zurückgeschlagen habe.

»Bromberger Blutsonntag«

Der deutsche Überfall auf Polen hat die Angst vor Zusammenarbeit der deutschen Minderheit mit deutschem Militär ausgelöst, und die Erbitterung spitzt sich zu. Sowohl die verhafteten Führer und Mitglieder der deutschen Minderheit, die sich auf dem Marsch zu einem Internierungslager im Landesinnern befinden, wie die Deutschen in Pomerellen und den Städten Bromberg und Thorn sind Ausschreitungen ausgesetzt, bei denen insgesamt etwa 4000 Menschen ums Leben kommen. Hitler läßt später diese Zahl auf über 50 000 erhöhen und ordnet zur Vergeltung die Hinrichtung zahlreicher Polen an, die zum größten Teil mit dem »Bromberger Blutsonntag« (3. September) gar nichts zu tun hatten.

Die öffentlichen Exekutionen und die sofortige Verfolgung von Juden werden zum Kennzeichen deutscher Besatzungsherrschaft. Die deutsche Propaganda versucht, nachträglich den Eindruck zu erwecken, daß die Tötung der Deutschen schon vor dem Überfall auf Polen stattgefunden und diesen mit ausgelöst habe.

Am Montag, dem 4. September 1939, kann die kleine Besatzung der Westerplatte noch immer die deutschen Angriffe abweisen, obwohl seit der Morgendämmerung die deutschen Truppen mit Unterstützung der »Schleswig-Holstein« und einer aus Ostpreußen herangezogenen 21-cm-Haubitzenbatterie versuchen, den Widerstand zu brechen.

In den Morgenstunden bekommen die modernen polnischen Los-Bomber endlich Starterlaubnis: Insgesamt 27 Maschinen der X. und XV. Gruppe fliegen im Raum Radomsko Angriffe gegen das deutsche XVI. Panzerkorps. In Minutenabständen bombardieren mehrere Ketten von jeweils drei Maschinen motorisierte Kolonnen.

Die am Mittellauf der Weichsel versammelten polnischen Verbände werden zur Armee »Lublin« unter Gen. Piskor zusammengefaßt. Die Heeresgruppe Süd (Gen-Oberst von Rundstedt) setzt nun die 14. Armee (Gen-Oberst List) in Richtung San ein, um den polnischen Rückzug hinter die Weichsel zu vereiteln. Gleichzeitig erhält die 10. Armee (Gen. d. Art. von Reichenau) Anweisung, mit ihrem rechten Flügel den polnischen Streitkräf-

1939 September

Die Fahrzeuge eines Verbandes des deutschen XVI. Panzerkorps (General Erich Hoepner) nach dem Luftangriff polnischer Bomber östlich von Radomsko

Zerstörter Panzer der deutschen 1. Panzerdivision (General Rudolf Schmidt) nach einem Luftangriff polnischer Kampfflugzeuge. Diese Einsätze erweisen sich für die polnischen Flieger als besonders verlustreich, da die Luftverteidigung der deutschen Verbände auffallend stark ist

ten den Rückzugsweg aus dem Raum Kielce/Radom abzuschneiden, während ihr linker Flügel nach Zerschlagung der polnischen Verbände im Raum Pietrkow/Tomaszow Maz in Richtung Warschau vorstoßen will, um das Absetzen der im Raum Lodz/Posen versammelten polnischen Einheiten zu unterbinden.

An diesem 4. September 1939 verursachen ständige deutsche Luftangriffe ein völliges Durcheinander bei der auf dem Rückzug befindlichen Armee »Modlin« des Generals Przedrzymirski.

Nicht zuletzt dadurch verliert Warschau seinen Schutz gegen die zu erwartenden Angriffe aus dem Norden.

September 1939

Armee »Pomorze« in Gefahr

Inzwischen bildet die deutsche 3. Armee auf dem linken Weichselufer einen Brückenkopf, nachdem sie aus dem Raum Ciechanow südostwärts bis zum Narew vorgerückt ist. Die Armee »Pomorze« (GenMaj. Wladyslaw Bortnowski) kann zwar ohne Feindberührung die Hauptverteidigungslinie erreichen, doch droht ihr nun Gefahr aus dem Süden.

Am Nachmittag wiederholen die Los-Bomber ihre Angriffe auf deutsche Kolonnen, diesmal bei Wielun und Kamiensk. Kurz vor der Abenddämmerung starten auch die Karas der VI. Gruppe, um motorisierte Verbände zwischen Ciechanow und Pultusk anzugreifen. Diese fünf Bombenangriffe, bei denen neun Los-Bomber und zwei Karas verlorengehen, bilden den Höhepunkt des Einsatzes der polnischen Bomberbrigade während des ganzen Feldzuges.

An diesem Tag wird die polnische Jägerbrigade unerwartet auf neue Feldflugplätze verlegt und hat kaum Zeit, die 25 noch einsatzfähigen Maschinen richtig zu tarnen. So gelingt es der Luftwaffe zum erstenmal, polnische Frontmaschinen am Boden zu zerstören: drei Jäger P-11 von der Armee »Lodz« bei Widzew und zwei Los der Bomberbrigade bei Kuciny.

Am 5. September fliegt die polnische Bomberbrigade (XV. Gruppe) mit sechs Los-Maschinen ihren letzten Angriff. Er richtet sich gegen das deutsche XVI. Panzerkorps (Gen. d. Kav. Hoepner), das jetzt nach Vernichtung der polnischen Verteidigung bei Petrikau fast ohne Widerstand in Richtung Warschau vorstoßen kann. Wegen der zunehmenden Verluste der veralteten polnischen Aufklärungsmaschinen werden die restlichen Bomber und Jäger nur noch für Erkundungsflüge eingesetzt.

Am Mittwoch, dem 6. September 1939, stoßen das XVI. Panzerkorps und das XV. Panzerkorps über Tomaszow und Kielce in Richtung Warschau vor, nachdem sie die polnische Armee »Prusy« geschlagen haben. Da gleichzeitig das XXII. Armeekorps (Gen. d. Kav. von Kleist) bis Tarnow vordringen kann, ist nunmehr die polnische Verteidigungslinie zwischen Tschenstochau und der polnischen Hauptstadt überwunden und damit der Weg nach Warschau offen.

Die polnische Oberste Führung verlegt ihr Hauptquartier nach Brest-Litowsk und läßt in diesem Raum ihre stark dezimierten Luftstreitkräfte zusammenziehen. Die Verluste betragen bis jetzt 60 Prozent der eigentlichen Kampfstärke.

An diesem Morgen werden die deutschen Panzereinheiten bei Makow Mazowiecki von zwei Ketten zu je drei Los-Bombern angegriffen. Aufsteigenden deutschen Jägern gelingt es, drei der Maschinen abzuschießen. Auf der Westerplatte spielt sich an diesem Tag außer dem Störfeuer des Schulschiffes »Schleswig-Holstein« und deutscher 15-cm- sowie 8,8-cm-Batterien nichts Entscheidendes ab.

Nach sieben Tagen aufopfernder Verteidigung muß die Besatzung der Westerplatte die Waffen niederlegen. Sie findet selbst bei ihrem Gegner volle Anerkennung

General Georg von Küchler, Oberbefehlshaber der deutschen 3. Armee

General Johannes Blaskowitz, Oberbefehlshaber der deutschen 8. Armee

1939 September

Warschau ohne Luftschutz

In der Nacht vom 6./7. September 1939 bezieht die polnische Jagdfliegerbrigade die Feldflugplätze im Raum Lublin. Nachdem die schützenden Jäger und auch die Flak von Warschau nach Osten abgezogen sind, gibt es für die polnische Hauptstadt keinen wirksamen Schutz mehr vor deutschen Luftangriffen. Gegen Mitternacht verläßt Marschall Rydz-Smigly Warschau und begibt sich in sein Hauptquartier nach Brest-Litowsk.

Zu gleicher Zeit erhält die Heeresgruppe Nord (GenOberst von Bock) Anweisung vom Oberkommando des Heeres (OKH), mit der 3. Armee (Gen. d. Art. von Küchler) über den Narew in Richtung Siedlce/Warschau vorzustoßen, während die 4. Armee (Gen. d. Art. von Kluge) entlang der Weichsel vorrücken soll. Um die polnischen Truppen daran zu hindern, an der Weichsellinie Stellung zu beziehen, bekommt die Heeresgruppe Süd (GenOberst von Rundstedt) den Auftrag, die Armee »Lodz« einzukreisen. Das erleichtert den Angriff der 14. Armee (GenOberst List) von Süden her auf Lublin. Die endgültige Einkesselung der polnischen Armeen ostwärts der Weichsel wird damit eingeleitet.

Am Donnerstag, dem 7. September 1939, um 4.15 Uhr, steht die Westerplatte wieder unter starkem deutschem Artilleriefeuer. Daran beteiligen sich neben der »Schleswig-Holstein« die an der Weichselmündung in Stellung gebrachte Feldartillerie sowie die direkt bis zur Westerplatte vorgezogenen schweren Mörser und zahlreiche MG. Noch einmal gelingt es den polnischen Verteidigern, einen deutschen Infanterieangriff zurückzuweisen. Doch damit erlischt ihre letzte Widerstandskraft. Um 10.15 Uhr geht der einwöchige Kampf zu Ende, die Besatzung der Westerplatte kapituliert.

Bereits am Vormittag werden von der deutschen Luftaufklärung starke feindliche Kräfte vor dem rechten Flügel der 10. Armee (Gen. d. Art. von Reichenau) festgestellt. Hier konzentrieren sich jetzt polnische Verbände südlich der Stadt Radom und nordöstlich der Bergzüge Lysa Gora mit Schwerpunkt in den ausgedehnten Wäldern bei Ilza.

Zu gleicher Stunde läuft das polnische U-Boot »Zbik«, nachdem es seine mitgeführten 20 Minen ausgelegt hat, in den neuen Einsatzraum. Es wird von dem deutschen U-Boot U 22 (KptLt. Werner Winter) gesichtet. U 22 kann sich dem polnischen U-Boot bis auf 200 Meter nähern und einen Torpedo abfeuern, der – laut Meldung – »das U-Boot direkt hinter dem Turm traf und vernichtete«. Tatsächlich handelt es sich um eine Fehldetonation der Magnetzündbefehlspistole des Torpedos. Diese Tatsache wird den deutschen U-Boot-Kommandanten im Verlauf des Krieges noch viel zu schaffen machen.

Deutsche Panzer vor Warschau

Am Freitag, dem 8. September 1939, stehen bei Sonnenaufgang die deutschen Panzerspitzen am Mittellauf der Weichsel und dringen in die südwestlichen Warschauer Vorstädte ein. Damit versperren sie die Rückzugswege der polnischen Armeen »Pomorze«, »Poznan« und »Lodz« sowie der Nord- und Südgruppen der Armeen »Prusy« und »Krakow«. Bei Radom wird die Südgruppe der Armee »Prusy« von der bis zur Weichsel vorgedrungenen 10. Armee eingekesselt. Inzwischen haben Vorausabteilungen der 4. Panzerdivision (GenLt. Reinhardt) den Stadtrand von Warschau erreicht und den Flugplatz Okecie besetzt.

Zwar gelingt es den deutschen motorisierten Verbänden nicht, aus der Bewegung heraus die polnische Hauptstadt zu nehmen, doch stört dies die deutsche Presse keineswegs, die Einnahme von Warschau bereits am 9. 9. 1939 zu melden

September 1939

An diesem Tag führt der polnische Botschafter in Moskau ein Gespräch mit Molotow über die angebotenen Waffenlieferungen für Polen. Sie werden jedoch abgelehnt, da sich die Lage inzwischen grundlegend verändert habe und eine Hilfeleistung nicht mehr möglich sei.

Erstaunlicherweise ist der deutschen Aufklärung entgangen, daß sich derzeitig die stärkste Konzentration polnischer Kräfte im Rücken der Heeresgruppe Nord befindet. Die angeschlagene Armee »Pomorze« (Gen. Bortnowski) hat Verbindung mit der Armee »Poznan« (Gen. Kutrzeba) aufgenommen. Unbemerkt durch die Luftwaffe, haben sich die beiden Armeen aus dem westlichen Teil Polens in nächtlichen Gewaltmärschen zurückgeschlagen.

Der Vorstoß der deutschen 10. Armee (Gen. d. Art. von Reichenau) bewirkt die Spaltung der Armee »Lodz«. So muß sich die eine Hälfte östlich nach Radom und die andere in nordwestlicher Richtung zurückziehen. Zwei deutsche Panzerdivisionen können jetzt durch diese Lücke nach Warschau vorrücken.

Die deutsche 4. Armee (Gen. d. Art. von Kluge) überquert inzwischen die Weichsel und geht am Fluß entlang in Richtung Warschau vor. Allein die weiter nördlich stehende polnische Armeegruppe kann die 3. Armee (Gen. d. Art. von Küchler) aufhalten. Doch auch sie wird nach kurzer Zeit an den Fluß Narew zurückgedrängt. Es ist die einzige Stelle, die noch eine starke Verteidigungslinie besitzt.

Neben der noch völlig intakten Armee »Poznan« (Gen. Kutrzeba) ist zur Zeit die Armee »Pomorze« (Gen. Bortnowski) nach Überwindung ihrer Niederlagen in Pomerellen der größte noch im Kampfeinsatz befindliche polnische Verband. Beide Armeen befinden sich im Rückzug auf die untere Bzura. Von hier aus will Gen. Kutrzeba offensiv gegen jene Feindkräfte vorgehen, die ihnen den Weg nach Warschau versperrt haben. Da das OKH davon überzeugt ist, daß westlich der Weichsel keine größeren polnischen Verbände mehr vorhanden sind, ergeht

Der sowjetische Außenminister Molotow gratuliert bereits am 9. 9. 1939 Hitler zur Einnahme von Warschau. Aber die polnische Hauptstadt verteidigt sich noch fast drei Wochen lang

Eine der westlichen Ausfallstraßen in der Warschauer Vorstadt Ochota. Von hier aus dringen die deutschen Verbände in die Hauptstadt ein

1939 September

Ein polnisches Ulanenregiment wechselt in vollem Galopp die Stellung. Die polnische Kavallerie versucht immer wieder, den übermächtigen Gegner zu stoppen

General Kazimierz Fabrycy, Oberbefehlshaber der polnischen Armee »Karpaty«

General Alfred Jodl, Chef des deutschen Wehrmachtführungsamtes

General Ewald von Kleist, Kommandierender General des deutschen XXII. Armeekorps

Auf der in Paris am 8. September 1939 stattfindenden Sitzung bemüht sich der französische Ministerpräsident Edouard Daladier, die Verpflichtung der Luftunterstützung für Polen auf die Engländer abzuwälzen. Die Vertreter der Royal Air Force widersetzen sich dem kategorisch. Gemeinsam wird festgestellt, daß eine aktive Luftunterstützung durch französisch-britische Kräfte ein großes Risiko darstellt.

Die größte Schlacht des Feldzuges

In der Nacht vom 8./9. September 1939 erhält Gen. Kutrzeba einen Funkspruch von Marschall Rydz-Smigly mit dem Codewort: »Die Sonne geht auf!« Damit beginnt die Operation, die als »Schlacht an der Bzura« in die Geschichte des Zweiten Weltkrieges eingeht. Es ist übrigens die letzte Verbindung zwischen Gen. Kutrzeba und dem Oberbefehlshaber, die danach völlig abbricht.

Der von Gen. Kutrzeba geführte polnische Gegenangriff versetzt die deutsche 8. Armee in eine kritische Lage, unterbricht den Vormarsch eines Teils der 10. Armee auf Warschau und unterbindet das Vorgehen eines Korps der 4. Armee. Der neun Tage andauernde Kampf zu beiden Seiten des Flusses Bzura tobt westlich von Warschau in der Gegend von Mazowsze. Acht Infanteriedivisionen und die beiden Kavalleriebrigaden »Wielkopolska« und »Podolska« stehen jetzt den Deutschen gegenüber.

Am Sonnabend, dem 9. September 1939, befiehlt das OKH der deutschen 8. Armee (Gen. d. Inf. Blaskowitz), beschleunigt weiter in Richtung Warschau vorzurücken, um den von der 4. Armee (Gen. d. Art. von Kluge) bedrängten polnischen Armeen »Pomorze« und »Poznan« den weiteren Rückzug zu versperren. Erst durch dauernde Stuka- und Schlachtfliegereinsätze können die fortwährenden polnischen Angriffe zurückgewiesen werden.

für den 9. September 1939 an die Heeresgruppen der Befehl zur Fortsetzung der Einkesselungsoperationen im Raum Lublin.

Nun vereinigen sich die Divisionen der Armeen »Lodz« und »Pomorze« mit der Armee »Poznan«, die der deutsche Angriff zurückgeworfen hat. Durch ihre Südflanke, die 12 Divisionen zählt, rollt die deutsche 10. Armee gegen Warschau unter dem Schutz der nicht ganz so starken 8. Armee (Gen. d. Inf. Blaskowitz). Gen. Kutrzeba, der Befehlshaber des polnischen Verbandes, der bereits eingekreist ist, unternimmt den Versuch, die Flanke des deutschen Hauptstoßes zu durchbrechen.

September 1939

Jetzt gelingt es den deutschen Kräften, die beiden polnischen Armeen beiderseits der Bzura einzukesseln, nachdem das XVI. Panzerkorps (Gen. d. Kav. Hoepner), dessen linker Flügel vor Warschau auf überraschend harten gegnerischen Widerstand gestoßen ist und zurückgenommen werden muß, eine Schwenkung vollzogen hat. Der Ring schließt sich, als gleichzeitig die 4. Armee die Weichsel westlich von Modlin erreicht und die 8. Armee ihren Vormarsch nordostwärts Lodz wieder aufnehmen kann.

Schon am Abend geraten Teile der deutschen 8. Armee (Gen. d. Inf. Blaskowitz) in eine bedrohliche Situation,

Während die deutschen Truppen den letzten Widerstand der eingekreisten polnischen Verbände brechen, marschiert am 17. 9. 1939 die Rote Armee in Ostpolen ein. Sie vereitelt damit die Pläne einer Verteidigung Ostpolens vor den Deutschen. Hier sind bereits polnische Fliegerkräfte konzentriert

1939 September

nachdem die Armee »Poznan« von der unteren Bzura in Richtung Sroda vorgedrungen und dabei auf den weit auseinandergezogenen linken Flügel der 8. Armee gestoßen ist. Die dort stehenden deutschen Verbände – insbesondere die 30. Infanteriedivision (GenMaj. Kurt von Briesen) – werden von den Truppen Gen. Kutrzebas abgewiesen. Die Schlacht an der Bzura, von den Deutschen »Schlacht bei Kutno« genannt, ist die größte Schlacht des ganzen Polenfeldzuges.

Inzwischen wird in Südpolen die Armee »Karpaty« (Gen. Fabrycy) in Richtung Przemysl abgedrängt, als sie die Dunajeclinie nicht mehr halten kann. Immer noch stehen an diesem Tag erhebliche Teile polnischer Truppen westlich der Weichsel. Sie verfügen zwar kaum mehr über schwere Waffen, sind von jedem Nachschub abgeschnitten und dadurch erheblich geschwächt – zum Obersten Befehlshaber besteht fast keine Verbindung –, trotzdem versuchen sie, der Hauptstadt zu Hilfe zu eilen, der es bis jetzt immer wieder gelungen ist, das Eindringen der deutschen Panzerverbände zu verhindern.

In den Warschauer Vororten verliert die deutsche 4. Panzerdivision (GenLt. Reinhardt) durch erbitterten polnischen Widerstand 57 von 120 Panzern innerhalb von drei Stunden.

Marschall Edward Rydz-Smigly will jetzt von Brest-Litowsk aus alle noch verbliebenen Kräfte in Südostpolen zusammenziehen, um dann auf der wesentlich verkürzten Front Widerstand zu leisten.

Am Sonntag, dem 10. September 1939, kommt es bei Zambrowo zur Einkesselung der Operationsgruppe »Narew« (Gen. Mlot-Fijalkowski) durch die deutsche Heeresgruppe Nord (GenOberst von Bock), deren linker Flügel vom Mittellauf des Narew aus nach Süden und Südosten vordringt. Die Kämpfe im Weichselbogen erreichen jetzt ihren Höhepunkt bei Radom.

Ebenfalls am 10. September 1939 geht die 14. Armee (GenOberst List) beiderseits Przemysl über den San. Gleichzeitig durchstößt das XIX. Panzerkorps (Gen. d. Pz.Tr. Guderian) die »Narew-Gruppe« und zerschlägt die polnische 18. Infanteriedivision (BrigGen. Podhorski) bei Lomza.

Die Polen brechen durch

Die deutsche 8. Armee muß sich jetzt ganz auf die Lage an der Bzura konzentrieren, wo sie große Mühe hat, ihre weit auseinandergezogene Hauptkampflinie zu halten. Dies ermöglicht der Armee »Lodz« (Gen. Rómmel), sich bis zur Weichsel in den Raum westlich Warschau durchzukämpfen.

An diesem Tag erobert die Armee »Poznan« die Stadt Piatek zurück. Dieser Angriff kommt für die Deutschen völlig überraschend, da sie die Armee »Poznan« seit Tagen aus den Augen verloren haben. Die Kavalleriebrigade »Wielkopolska« stößt im Raum Sobota/Glowno vor.

Polnische Verbindungs- und Aufklärungsflugzeuge vom Typ Lublin R-XIII D. Sie haben wenig Chancen bei einer Begegnung mit deutschen Jägern

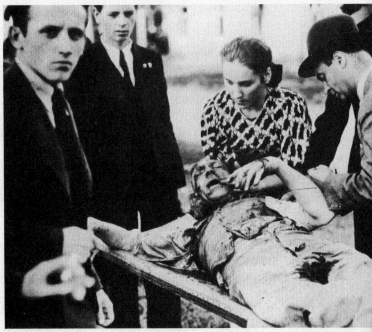

Eines der Opfer des Bombenangriffs der deutschen Luftwaffe auf Warschau. Die polnische Hauptstadt verfügt kaum über Luftabwehr

September 1939

Am Abend des 10. September 1939 unternimmt die Kavalleriegruppe von Gen. Grzmot-Skotnicki einen Reiterstreifzug in Richtung Lodz. Die frontale Attacke von zwei Schwadronen des 6. Ulanenregiments auf Uniejow bricht jedoch im schweren MG-Feuer zusammen.

Erst in den frühen Morgenstunden des 11. September 1939 kann das Ulanenregiment mit Unterstützung einer Batterie das Städtchen Uniejow befreien. Jetzt nachdem die Polen auch noch die Brücke über die Warthe unter Kontrolle haben, rücken die Deutschen unter Zurücklassung der Toten, Verwundeten und zahlreicher Lkw ab. Nach kurzem Gefecht besetzt das 14. Ulanenregiment Wartkowice. Hier fällt ihm ein großes Nachschubdepot in die Hände, das wenigstens für einige Zeit die katastrophale Verpflegungslage der Kavalleriebrigade »Podolska« aufbessert.

Unterdessen gelingt es Gen. Kutrzeba mit seinen Kavalleristen und nur wenigen Panzern, tiefe Einbrüche in die deutschen Stellungen zu erzielen. Davon betroffen ist besonders die 30. Infanteriedivision (GenMaj. von Briesen).

Diese ernste Lage veranlaßt den Oberbefehlshaber der Heeresgruppe Süd, GenOberst von Rundstedt, erstmals in diesem Feldzug starke Fliegerkräfte gegen den Raum von Kutno anzufordern. Daraufhin werden mehrere Kampfgeschwader, die in den vorangegangenen Tagen Angriffe gegen Warschau sowie Industrie- und Eisenbahnziele östlich der Weichsel geflogen sind, sofort an der Bzura eingesetzt.

In diesen Stunden beginnt bei Radom der Zusammenbruch der polnischen Streitkräfte: Die Armee »Prusy« (Gen. Dab-Biernacki) wird vom XV. Panzerkorps (Gen. d. Inf. Hoth), dem XVI. Panzerkorps (Gen. d. Kav. Hoepner) und dem IV. Armeekorps (Gen. d. Inf. Viktor von Schwedler) eingeschlossen und zur Kapitulation gezwungen. 60 000 polnische Soldaten strecken die Waffen. Noch am selben Tag werden die Verbindungen zwischen Warschau und Ostpolen durch das Vorrücken des I. Armeekorps (GenLt. Petzel) unterbrochen.

An der Bzura dagegen sind die Verbände der 8. Armee (Gen. d. Inf. Blaskowitz) den beiden polnischen Armeen ausgesetzt. Gen. Blaskowitz meldet an das Oberkommando der Wehrmacht, daß durch den unerwarteten Vorstoß »erheblicher feindlicher Kräfte« aus dem Norden eine Krise zu entstehen droht. Das Gros der 10. Armee (Gen. d. Art. von Reichenau) und die sich noch in Reserve befindliche Division der 8. Armee werden sofort zur Unterstützung eingesetzt, um die fast 200 000 Mann der Armeen »Pomorze« und »Poznan« auf einem 45 Kilometer langen und 30 Kilometer breiten Gelände von Stunde zu Stunde immer enger einzukesseln.

Am Abend des 11. September 1939 erhalten die polnischen U-Boot-Kommandanten den Befehl, einen Durchbruch nach England zu versuchen, da die totale deutsche Luftherrschaft ihren Einsatz unmöglich macht.

Am Dienstag, dem 12. September 1939, treffen sich in Abbéville der britische Regierungschef Neville Chamberlain und der französische Ministerpräsident Edouard Daladier. Ebenfalls anwesend ist der Gen. Maurice Gustave Gamelin. Die Teilnehmer der Sitzung kommen gemeinsam zu dem Ergebnis, daß der Feldzug in Polen bereits verloren ist und eine Fortsetzung der offensiven Anstrengungen zugunsten Polens unzweckmäßig erscheint.

Am Mittwoch, dem 13. September 1939, schließt sich der deutsche Ring um die polnische Hauptstadt. Unterdessen kommen seit den Morgenstunden die polnischen Verbände an der Bzura schrittweise voran. Die polnische Infanterie setzt über den Fluß und nimmt Lowicz ein.

Polnisches Feldgeschütz M-97/17 in Feuerstellung. Dieses Standardgeschütz der polnischen Armee ist hoffnungslos veraltet

1939 September

Der weitere Vormarsch wird jedoch aufgehalten, da sich der deutsche Widerstand immer mehr verstärkt. Die polnischen Divisionen, die sich entlang der Bzura verschanzt haben, werden am Nachmittag von den Deutschen auf dem Nordufer angegriffen. Um die Flußübergänge bei Brochow und Solchaczew zu kontrollieren, sollen die SS-Leibstandarte »Adolf Hitler« (SS-Gruppenf. Sepp Dietrich) und die 4. Panzerdivision (GenLt. Reinhardt) die Brücken besetzen.

In der Nacht vom 13./14. September 1939 können sich drei polnische Minensuchboote der Vogel-Klasse der Halbinsel Hela unbemerkt nähern und eine Sperre von 60 Minen etwa fünf Seemeilen südlich des Leuchtturms legen.

Entscheidung bahnt sich an

Am Donnerstag, dem 14. September 1939, tritt die Armee »Pomorze« des Generals Bortnowski aus dem Raum Lowicz nach Anfangserfolgen deutscher Panzer- und motorisierter Infanterieverbände in einzelnen Frontabschnitten überraschend zum Gegenangriff an.

Die Schlacht an der Bzura geht nun ihrem Höhepunkt entgegen, und GenOberst Gerd von Rundstedt übernimmt selbst das Oberkommando. Mit Kräften aus dem Raum Kielce und Warschau läßt er sofort die Front an der Bzura verstärken. Es gelingt zwar Gen. Kutrzeba, durch das fünftägige hartnäckige Ringen deutsche Kräfte an der Bzura zu binden, doch hat dies auf die inzwischen entstandene Situation kaum einen Einfluß. Der Oberbefehlshaber des Heeres, GenOberst Walther von Brauchitsch, befiehlt inzwischen der 3. Armee (Gen. d. Art. von Küchler), Warschau anzugreifen.

Ebenfalls am 14. September 1939 gelingt es dem deut-

Auch zersprengte Brücken, wie hier über einem Nebenfluß der Weichsel, sind kein Hindernis für die deutsche Infanterie

Ein polnisches Feldgeschütz in seiner Stellung im offenen Feld nimmt eine deutsche Vorhut unter Feuer

100

September 1939

schen IV. Armeekorps (Gen. d. Inf. von Schwedler) auf dem rechten Weichselufer bei Annapol und Solec mit relativ geringen Kräften einen Brückenkopf zu bilden. Noch größere Gefahr droht den polnischen Truppen im Süden: Der rechte Flügel der deutschen 14. Armee (GenOberst List) versperrt der Armee »Karpaty« (Gen. Fabrycy) nach Überquerung des San den weiteren Rückzug. Das plötzliche Erscheinen des XXII. Armeekorps (Gen. d. Kav. von Kleist) bedeutet nicht nur eine Bedrohung für die sich aus dem Lubliner Hügelland zurückziehenden polnischen Verbände, sondern führt auch zu einer Umgehung der Armee »Krakow« von Süden her.

In der Abenddämmerung dieses Septembertages unternimmt das polnische U-Boot »Wilk« einen gelungenen Durchbruchsversuch durch das Skagerrak nach England. Fast zur gleichen Stunde läuft das polnische U-Boot »Orzel« mit seinem schwerkranken Kommandanten KptLt. Grudzinski den Hafen der estnischen Hauptstadt Reval (Tallinn) an.

Am Freitag, dem 15. September 1939, erhält in den frühen Morgenstunden die 14. Armee (GenOberst List) den Befehl, mit ihren schnellen Truppen in Richtung Tarnopol und Stanislawow vorzurücken, um so die polnischen Verbände am Grenzübertritt nach Rumänien zu hindern.

Die von Gen. Blaskowitz an der ganzen Bzura-Front für diesen Tag eingeleitete Aktion soll die abgedrängten beiden polnischen Armeen vernichten. So hat die Kavallerie einen mehrfach überlegenen, noch dazu motorisierten Gegner vor sich. Es mangelt den Ulanen nicht nur an Waffen, Munition oder Verpflegung für Mensch und Tier, sondern sie besitzen nicht einmal Karten von der Gegend, in der sie kämpfen.

In dem Dreieck zwischen der Bzura-Mündung in die Weichsel, den Städten Lowicz und Zychlin sind 12 große Verbände mit über 170 000 Mann, dazu endlose Flüchtlingstrecks und Tausende von Fahrzeugen zusammengedrängt, die pausenlos von deutscher schwerer Artillerie beschossen und durch Stukas bombardiert werden.

General Stefan Dab-Biernacki, Oberbefehlshaber der polnischen Armee »Prusy«

General Tadeusz Piskor, Oberbefehlshaber der polnischen Armee »Lublin«

Polnische Briefmarke anläßlich des Jahrestages des Aufstandes von 1830

Flugplatz bei Lublin nach einem Luftangriff. Ein ähnliches Bild bietet jetzt jeder polnische Flugplatz

1939 September

Der polnische Aufklärungsbomber PZL P-23B Karas (Karausche) ist neben dem Bomber Los die einzige moderne Maschine der polnischen Fliegerkräfte

Generaladmiral Albrecht Conrad, Marinegruppenbefehlshaber Ost

General Wilhelm Ritter von Leeb, Oberbefehlshaber der Heeresgruppe C

Als Gen. Tadeusz Kutrzeba erkennt, daß die Schlacht an der Bzura immer mehr in eine Niederlage ausartet, bildet er aus den beiden Kavalleriebrigaden »Wielkopolska« und »Podolska« die »Grupa Operacyjna Kawalerii« (G. O. Kaw.). Er setzt als Kommandeur Gen. Abraham ein. Die G. O. Kaw. soll die östlich der Bzura liegende Kampinos-Heide säubern und seinen Truppen den Weg nach Warschau öffnen.

An diesem Tag beschließen plötzlich die estnischen Behörden auf Druck von Berlin und Moskau, das im Hafen von Reval liegende polnische U-Boot »Orzel« zu internieren.

Am Sonnabend, dem 16. September 1939, erreichen in den Morgenstunden Teile der G. O. Kaw. aus dem Raum Brochow vorstoßend die Kampinos-Heide.

Zu gleicher Zeit setzt GenOberst von Rundstedt seine Truppen zur endgültigen Einkesselung der polnischen Armeen »Poznan« und »Pomorze« ein. Zwar gelingt es den stark angeschlagenen Verbänden der Armee »Poznan«, sich einen Übergang über die untere Bzura zu erkämpfen, doch wird die Armee »Pomorze« zwischen Weichsel und Bzura zusammengedrängt und von ihren Rückzugswegen abgeschnitten. An diesem Tag läuft übrigens der erste Geleitzug aus dem kanadischen Hafen Halifax nach England aus.

Am Sonntag, dem 17. September 1939, läuft um 4.45 Uhr das tauchunfähige polnische U-Boot »Sep« in die schwedischen Hoheitsgewässer ein und wird bei Landsort interniert.

Durch den verstärkten Einsatz deutscher Kampfflugzeuge gegen die an der Bzura eingekesselten polnischen Truppen muß die Luftwaffe an diesem Tag beinahe alle anderen Kampfhandlungen, ausgenommen Aufklärungsflüge über dem Gebiet ostwärts des großen Weichselbogens, zurückstellen.

Das Ende an der Bzura

Unterdessen bildet das am rechten Weichselufer vorrückende XIX. Panzerkorps (Gen. d. Pz.Tr. Guderian) einen Brückenkopf am linken Bug-Ufer, nachdem es Wlodawa besetzt hat. Die bis zur Bahnlinie Lublin–Kowel vorstoßenden Panzerspitzen versperren den polnischen Verbänden der Nordfront den Rückzugsweg hinter den Bug. Aus dem Raum Annapol rückt jetzt das IV. Armeekorps (Gen. d. Inf. von Schwedler) über Krasnik bis Krasnystaw und Lublin vor. So wird die polnische Armee in zwei Gruppen gespalten und von Süden her durch die 14. Armee bedroht, die sich auf der Linie Zamosc–Tomaszow Lubelski befindet. Die auf Lemberg vorgehenden Teile der 14. Armee treffen hier auf starken Widerstand: Die nach der Räumung von Przemysl eingekesselten Verbände der früheren Armee »Karpaty« greifen jetzt die Deutschen im Rücken an, um den Einschließungsring in Richtung Lemberg zu durchbrechen.

September 1939

Ein polnisches Regiment der schweren Artillerie. Dieses mit großkalibrigen Skoda-Geschützen zur Bekämpfung der Befestigungen ausgestattete Regiment kann nicht eingesetzt werden. Das Fehlen von Nachschub und Treibstoffmangel sowie ständige Luftangriffe machen jede Aktion unmöglich

General Blaskowitz (rechts) bei einer Lagebesprechung. Die Verbände seiner 8. Armee stehen jetzt im Kampf um Warschau

Bei Anbruch der Dunkelheit überschreiten die polnische Regierung und die polnische Heeresleitung die Grenze nach Rumänien: Sie werden dort interniert.

Am Montag, dem 18. September 1939, erzittert die Kampinos-Heide unter dem gewaltigen Schlachtenlärm, der sich allmählich bei Bielany den vor Warschau liegenden Ausläufern nähert. Gen. Kutrzeba: »Die Kampinos-Heide wurde zum Grab der Armee Poznan.« Das 7. Berittene Jägerregiment ist eines der wenigen Kavallerieregimenter, dem es gelingt, sich nach der Schlacht an der Bzura über die Kampinos-Heide in Richtung Warschau vom Feind abzusetzen. Unterdessen stößt die Kavalleriebrigade »Wielkopolska« weiter in Richtung Gorki vor.

An diesem Tag erhebt in Moskau die Nachrichtenagentur TASS Vorwürfe gegen die estnische Regierung, sie habe die Flucht des polnischen U-Bootes »Orzel« begünstigt, das durch Auslaufen der drohenden Internierung entgangen ist und unter dem Kommando des Wachoffiziers nach England gelangt.

Am Dienstag, dem 19. September 1939, bombardieren seit den frühen Morgenstunden deutsche Kampfflugzeuge, unterstützt durch das Artilleriefeuer der Kriegsmarine, die polnischen Stellungen bei Oxhöft an der Ostseeküste. Obwohl die polnische Küstenbatterie auf Hela einige Kriegsschiffe durch gezieltes Feuer zum Positionswechsel zwingt, beeinflußt dies kaum den Verlauf der Kämpfe.

Kurz nach Sonnenaufgang kann das 14. Ulanenregiment den deutschen Ring um Warschau sprengen und als erste Einheit der Armee »Poznan« die polnische Hauptstadt erreichen. Auch anderen Reiterregimentern der G. O. Kaw (Gen. Abraham) gelingt es nach verbissenen Kämpfen, wenn auch stark dezimiert, sich nach Warschau durchzuschlagen. Hier beteiligt sich die abgesessene Kavallerie an der Verteidigung der belagerten Hauptstadt.

Der letzte Widerstand der Armeen »Poznan« und »Pomorze« erlischt im Kessel an der Bzura. Tausende von zusammengeschossenen Fahrzeugen, gefallenen Reitern und Pferdekadavern bedecken die Kiefernschonungen, Feldraine und Notbrücken über den Fluß. Der Oberbefehlshaber der Armee »Poznan«, Gen. Grzmot-Skotnicki, erliegt seinen Verletzungen. Der Oberbefehlshaber der Armee »Pomorze«, Gen. Bortnowski, gerät mit insgesamt 170 000 Mann in Gefangenschaft. Die Reste versuchen weiterhin, durch die Kampinos-Heide bis Warschau vorzudringen. Eine kleine Gruppe kann sogar noch die seit Tagen hartnäckig verteidigte Festung Modlin erreichen.

1939 September

Den ganzen Tag über kämpfen die Verbände von Gen. Piskor um Tomaszow Lubelski. Doch GenMaj. Ritter von Hubicki kann mit seiner österreichischen 4. leichten Division im Zusammenwirken mit der 2. Panzerdivision (GenLt. Veiel) Tomaszow Lubelski halten.

In Südpolen scheitert der Versuch von Gen. Kazimierz Sosnkowski, mit seinen Truppen den deutschen Einschließungsring von Lemberg zu durchbrechen: Die deutsche I. Gebirgsdivision (GenMaj. Ludwig Kübler) hält ihre Stellungen trotz der erbitterten Nahkämpfe mit der gegen 16.00 Uhr zum Angriff angetreten 11. Infanteriedivision »Karpacka« (Oberst Prugar-Ketling).

Bis 17.30 Uhr dauern bei Oxhöft an der Ostsee die Kämpfe an. Dabei erhalten die polnischen Truppen Unterstützung von Freiwilligen, die in Anlehnung an die Aufstände im 19. Jahrhundert ihre Sensen geradegeschmiedet haben und vor allem nachts die deutschen Soldaten angreifen. Der bis zuletzt an der Spitze seines Stabes die Verteidigung führende Oberst Dabek wählt den Freitod. Jetzt wird hier an der Küste nur noch die Halbinsel Hela von den Polen gehalten.

Die an Rumänien grenzenden polnischen Gebiete haben jetzt deutsche Truppen besetzt, und Lemberg ist ähnlich wie Warschau völlig isoliert. Während sich die Reste mehrerer polnischer Verbände noch südlich von Lemberg befinden und versuchen, in Eilmärschen die rumänische oder ungarische Grenze zu erreichen, hat bereits die 10. Kavalleriebrigade »Zmotoryzowana« (Oberst Stanislaw Maczek), der einzige polnische Panzerverband, die rettende Grenze nach Ungarn überschritten und wird interniert.

Die Reste der an der Bzura zerschlagenen polnischen Armee versuchen, durch die Kampinos-Heide bis Warschau vorzudringen. Deutsche Infanterie, unterstützt durch Panzer, riegelt die Wege ab

Am 21. 9. 1939 dürfen die noch im belagerten Warschau befindlichen etwa 1400 Ausländer – hier an der ersten deutschen Frontlinie – die brennende Hauptstadt verlassen

September 1939

Den genauen Verlauf der deutsch-sowjetischen Demarkationslinie in Polen gibt das Oberkommando des Heeres erst in der Nacht vom 19./20. September 1939 bekannt. Die deutschen Truppen müssen sofort den Kampf einstellen und sich hinter diese Linie zurückziehen.

Zusammenbruch der Mittelfront

Am Mittwoch, dem 20. September 1939, kapituliert die 60 000 Mann starke Armee »Lublin« (Gen. Piskor), die von Teilen der deutschen 10. Armee (Gen. d. Art. von Reichenau) und der 14. Armee (GenOberst List) eingeschlossen worden ist. Gen. Piskor ahnt nicht, daß die ihm zu Hilfe eilenden Truppen der Nordfront (Gen. Dab-Biernacki) zu dieser Zeit nur noch 40 Kilometer von Tomaszow Lubelski entfernt sind.

Mit der Kapitulation der Armee Lublin existiert die Mittelfront nicht mehr. Einige Soldaten versuchen auf eigene Faust, sich hinter die deutschen Linien oder nach Ungarn durchzuschlagen. Der größte Teil von ihnen geht in Gefangenschaft, darunter die Generäle Piskor, Jagmin-Sadowski, Piasecki, Mond und Szylling.

Nach der Schlacht an der Bzura: Zusammengeschossene Fahrzeuge, gefallene Reiter sowie Pferdekadaver bleiben zurück

Zwei deutsche Briefmarken aus dem Jahre 1939

1939 September

In den Vormittagsstunden des 21. September 1939, gehen die 1. Gebirgsdivision (GenMaj. Kübler) und Teile des XVIII. Armeekorps (Gen. d. Inf. Eugen Beyer) über den San zurück und überlassen Lemberg den Sowjets.

Eine deutsch-polnische Abmachung ermöglicht es den noch in Warschau befindlichen Ausländern, 178 Diplomaten und Botschaftsangehörigen sowie weiteren 1200 fremden Staatsangehörigen, die brennende Hauptstadt an diesem Tag zu verlassen. Nach Passieren der Verteidigungslinien werden sie von Offizieren der deutschen 3. Armee in Empfang genommen.

Der Oberbefehlshaber des Heeres, GenOberst Walter von Brauchitsch, erteilt nunmehr eine Reihe von Anweisungen, um die Zurücknahme der deutschen Verbände aus dem besetzten Ostpolen – in Übereinstimmung mit den Sowjets – ordnungsgemäß abzuwickeln: Die Truppen sollen sich etappenweise zurückziehen, wenn möglich in einem Abstand von 25 Kilometern zur Roten Armee.

An diesem Tag trifft das polnische U-Boot »Wilk« nach seiner abenteuerlichen Fahrt im englischen Flottenstützpunkt Scapa Flow ein.

Am Freitag, dem 22. September 1939, findet GenOberst Werner Freiherr von Fritsch, der frühere Oberbefehlshaber des Heeres, während eines Stoßtruppunternehmens vor Warschau an der Mauer des zwischen Zacisze und Zabki gelegenen Schlachthofes durch Querschläger eines polnischen MG-Geschosses den Tod. Die später kursierende Legende, Freiherr von Fritsch habe den Tod gesucht, widerspricht den tatsächlichen Gegebenheiten.

Inzwischen hat die deutsche Artillerie mit Dauerfeuer auf die Festung Modlin den Druck auf die polnische Besatzung verstärkt und den Einkreisungsring immer enger gezogen.

Die Polen geben nicht auf

Ostwärts des Bug können sich noch vereinzelte improvisierte polnische Verbände im Bereich der Nordfront halten, darunter die aus einem gemischten Kavallerieregiment, einem Kradschützenbataillon, mehreren Batterien und den Resten sonstiger Einheiten gebildete Gruppe »Dubno« unter Oberst Hanka-Kulesza. Auf dem Marsch in Richtung Lemberg gelangt sie an diesem Tag bis Kamionka Strumilowa.

Im Raum Krasnystaw operiert zur Zeit die von Oberst Adam Koc in Wladimir Wolynskij und Kowel aufgestellte Kampfgruppe sowie die Selbständige Operationsgruppe von Gen. Franciszek Kleeberg, ein aus Reservisten, Versprengten und verschiedenen Truppenresten gebildeter Infanterieverband in Stärke von etwa zwei Divisionen, der bereits bis Kamien Koszyrski weitergezogen ist. Hier erwartet Gen. Kleeberg die sich auf dem Rück-

1939 — Militär-Wochenblatt — Nr. 16

Am 22. September 1939 fiel in den Reihen seines Regiments vor Warschau

Generaloberst Freiherr von Fritsch
Chef des Artillerie-Regiments 12

In stolzer Trauer gedenkt das Regiment seines Chefs. Er war und bleibt im Leben und im Sterben Vorbild höchster soldatischer Pflichterfüllung.

Korte
Oberst und Kommandeur
des Artillerie-Regiments 12

zug vor der Roten Armee befindliche KOP-Gruppe (Gen. Orlik-Rückeman). Gen. Kleeberg beabsichtigt, den Kampf gemeinsam mit der KOP-Gruppe Gen. Orlik-Rückemans fortzusetzen.

Während die Kavallerie von Gen. Podhorski mit den Resten der Kavalleriebrigade »Podlaska« und der Kavalleriebrigade »Suwalska« auf dem Weg zur ungarischen Grenze ist, reorganisiert Gen. Podhorski seine Truppen und stellt aus ihnen eine Kavalleriebrigade unter Oberst Milewski sowie eine zweite Kavalleriebrigade unter Oberst Plisowski zusammen.

Die Truppen von Gen. Dab-Biernacki bewegen sich inzwischen östlich von Zamosc in Richtung Tomaszow Lubelski. Unterdessen kämpft bei Czesniki und Barchaczow die 39. Reserve-Infanteriedivision (Gen. Olbrycht) gegen überlegene deutsche Kräfte und muß sich auf den Ort La-

September 1939

Eine ganz schlichte Todesanzeige in dem Militär-Wochenblatt vom Ableben des früheren Oberbefehlshabers des Heeres (linke Seite)

Offiziere einer zersprengten polnischen motorisierten Einheit bei der Lagebesprechung

Deutscher Nahaufklärer Henschel Hs 126 startet zu einem Erkundungseinsatz

Bei den Einheiten der noch verbliebenen polnischen Kavallerieverbände geht langsam die Munition zu Ende. Außerdem sind die Reiter durch die dauernden Märsche und Kämpfe erschöpft

bunie zurückziehen. Die Verteidigung der Festen Plätze erfolgt noch in Modlin, auf der Halbinsel Hela und in Warschau.

An diesem Tag wird in Brest-Litowsk in einer feierlichen Zeremonie, die mit einer gemeinsamen Parade vor dem Gen. d. Pz.Tr. Guderian und dem sowjetischen Brig-Gen. Kriwoschein verbunden ist, die Stadt und Festung vom deutschen XIX. Panzerkorps an die Rote Armee übergeben.

Am Sonnabend, dem 23. September 1939, treffen in den ersten Morgenstunden die Truppen der polnischen Nordfront (Gen. Dab-Biernacki) auf Teile der sich zurückziehenden Verbände der deutschen 10. Armee (Gen. d. Art. von Reichenau) zwischen Tomaszow Lubelski, Lublin und Zamosc. Sie greifen die überraschten Deutschen an, um sich den Weg nach Süden in Richtung

1939 September

Zerschossene Straßenbahnwagen und verbrannte Autos, die Spuren der erbitterten Kämpfe in einer Warschauer Vorstadt

Polnische Briefmarken aus dem Jahre 1938

ungarische Grenze freizukämpfen. Dabei gelingt es der im Zentrum der polnischen Gruppierung vorgehenden Kavalleriebrigade »Nowogrodzka« (Gen. Wladyslaw Anders), auszubrechen.

Nachdem die Deutschen Verstärkungen herangezogen haben, werden die polnischen Kavallerieverbände an beiden Flanken unter Feuer genommen. Obwohl sich die Kavalleriebrigade »Wolynska« (Oberst Filipowicz) und die Kavalleriebrigade von Oberst Zakrzewski todesmutig zur Wehr setzen, gelingt es ihnen nicht, der Einkreisung zu entgehen. Die deutsche 10. Armee treibt nun den Rest der polnischen Kavallerie nach Süden in das von der Roten Armee besetzte Galizien. Einigen Offizieren und Soldaten, darunter Gen. Dab-Biernacki, gelingt es noch, sich in Gruppen bis zur ungarischen Grenze durchzuschlagen.

An diesem Tag kommt es irrtümlich zu einem blutigen Gefecht zwischen vormarschierender sowjetischer Kavallerie mit Einheiten der deutschen 10. Panzerdivision (GenMaj. Ferdinand Schaal).

Kampf der Gruppe »Dubno«

Am Sonntag, dem 24. September 1939, marschiert am östlichen Bug-Ufer die Kavallerie der Gruppe »Dubno« (Oberst Hanka-Kulesza) in Richtung Rawa-Ruska und begegnet hier einer deutschen Panzervorhut. Der anfängliche Feuerwechsel nahe der Ortschaft Rzyczki, nordöstlich von Rawa-Ruska, zwischen polnischen Reitern der Gruppe »Dubno« und Teilen der deutschen 2. Panzerdivision (GenLt. Veiel) wächst sich zu einer ganztägigen Schlacht aus. Als die Polen in der darauffolgenden Nacht erfahren, daß sich nur noch einige Kilometer entfernt sowjetische Truppen befinden, streckt ein Teil der Gruppe »Dubno« vor den Deutschen die Waffen, die anderen zerstreuen sich nach Süden in Richtung ungarische Grenze.

September 1939

Deutsche Briefmarke, 1939: Der »Kameradschaftsblock der Deutschen Reichspost« soll die Verbundenheit mit der Wehrmacht symbolisieren

Auf einem polnischen Feldflugplatz erbeutet: Eine Maschine vom Typ PZL P-11 der Jagdbrigade »Warschau«. Mit diesen veralteten Flugzeugen können die polnischen Flieger kaum noch Luftsiege erringen

Am Montag, dem 25. September 1939, wird die polnische Batterie »Laskowski« auf der noch immer verteidigten Halbinsel Hela von den Schiffsgeschützen der »Schleswig-Holstein« und ihres Schwesterschiffes »Schlesien« unter Feuer genommen.

Obwohl Artilleriebeschuß und Bombenangriffe auf die an der Mündung des Bug an der Weichsel gelegene Festung Modlin den ganzen Tag über andauern, kann die Hauptverteidigungslinie bis auf einige vorgeschobene Stellungen weiterhin von der polnischen Besatzung gehalten werden.

Gen. Franciszek Kleeberg hat mit seiner Selbständigen Operationsgruppe »Polesie« (SGO) die Umgebung von Kamien Koszyrski erreicht, eine seiner Vorausabteilungen ist bereits in Wlodawa. Von dort will diese Operationsgruppe in Richtung Warschau marschieren, um die Verteidigung der Hauptstadt zu unterstützen. Doch es kommt bei Krasnobrod wieder zu schweren Kämpfen: Die polnische 39. Infanterie-Reservedivision hat erneut einen Durchbruch des Einschließungsringes der deutschen 8. Infanteriedivision (GenLt. Koch) nach Südwesten gewagt.

Ebenfalls am 25. September 1939 wird Rawa-Ruska von der KOP-Gruppe (Gen. Orlik-Rückeman) erreicht, nachdem sie zuvor Gefechtsberührung mit den sich auf die Demarkationslinie zurückziehenden deutschen Truppen hatte.

Das in der Ostsee befindliche polnische U-Boot »Zbik« wird von einem schwedischen Lotsenboot in den Hafen von Sandhamn geleitet und dort interniert.

Am Dienstag, dem 26. September 1939, werden von den Resten der ehemaligen polnischen Nordfront die letzten Gefechte bei Tomaszow Lubelski, Krasnobrod und bei Zamosc geführt. In den Wäldern bei Aleksandrow kämpft die polnische 41. Infanterie-Reservedivision (Gen. Piekarski) gegen die deutsche 8. Infanteriedivision (GenLt. Koch). Da für die eingekesselten Teile der polnischen 39. und 41. Infanteriedivision keine Möglichkeit

1939 September

Deutsche motorisierte Verbände in Südpolen. Über eine Behelfsbrücke rollen Verstärkungen

Auf einem deutschen Feldflugplatz: Der Zerstörer Me 110 steht startbereit

mehr besteht, nach Süden auszubrechen, entschließt sich Gen. Przedrzymirski am Abend, die Kapitulation zu unterzeichnen.

Am Mittwoch desselben Tages gibt in Moskau die Agentur TASS bekannt, daß ein polnisches U-Boot den sowjetischen Dampfer »Pionier«, wenn auch ohne Erfolg, torpediert habe. Dagegen sei der Frachter »Metallist« (968 BRT) von dem gleichen U-Boot in der Narwa-Bucht versenkt worden. Einige Besatzungsmitglieder hätten dabei den Tod gefunden. Erst im Herbst 1941 stellt sich nach Aussagen von Gefangenen heraus, daß Moskau den Vorfall selbst inszeniert hat.

Der estnische Außenminister Karl Selter weilt zur Zeit der angeblichen »Versenkung« auf Einladung der sowjetischen Regierung in Moskau, und ihm erklärt Wjatscheslaw M. Molotow, Estlands militärische Schwäche sei für die Sowjetunion und deren Sicherheit untragbar: Man müsse einen gegenseitigen Beistandspakt schließen, in dem Estland der UdSSR Luft- und Marinebasen überlasse. Nachdem Außenminister Selter seine Einwände vorbringt, reagiert Molotow mit offenen Drohungen und betont den Anspruch der UdSSR auf ausreichenden Zugang zur Ostsee.

Ehe sich die estnische Regierung dazu äußert, stellt der Kreml ein unbefristetes Ultimatum. Inzwischen hält sich die Rote Flotte bereits in den estnischen Hoheitsgewässern auf, und sowjetische Bombenflugzeuge kreisen über Reval.

September 1939

Während Lemberg noch kämpft, führen deutsche und polnische Parlamentäre mehrere Gespräche über Kapitulationsbedingungen

Modlin und Hela kämpfen weiter

Die Festung Modlin kann sich am 27. September 1939 noch gegen die Truppen der 3. Armee (Gen. d. Art. von Küchler) und gegen die von Süden angesetzten Kräfte der 8. Armee (Gen. d. Inf. Blaskowitz) behaupten.

Während Gen. Podhorski mit seiner Kavalleriebrigade »Zaza« den Marsch nach Süden fortsetzt, um sich dem Verband von Gen. Kleeberg anzuschließen, besetzt die Kavalleriebrigade »Edward« (Oberst Milewski) den Übergang bei Kijany. Im Raum Wlodawa kommt es gegen Abend zur Verbindungsaufnahme zwischen der Kavalleriebrigade »Zaza« und der SGO »Polesie« (Gen. Kleeberg). Daraufhin ordnet der Kommandeur seine Truppen neu und zieht mit ihnen weiter in Richtung Warschau.

Am Donnerstag, dem 28. September 1939, herrscht auf Hela seit dem Sonnenaufgang Ruhe. Nur noch vereinzelt nimmt die Artillerie polnische Stellungen am Ansatz der Halbinsel unter Feuer. Auch die beiden deutschen Kreuzer haben den Beschuß auf die polnische Küstenbatterie eingestellt. Es kreisen lediglich einige Flugzeuge über Hela und werfen anstatt Bomben Flugblätter mit der Aufforderung zur Kapitulation ab.

Moskau »löst« die »baltische Frage«

Am 28. September 1939 unterzeichnet der estnische Außenminister Karl Selter einen Beistandspakt mit der UdSSR, der ihr militärische Stützpunkte unter anderem auf den Inseln Dajö und Ösel einräumt. Am 5. und 10. Oktober 1939 folgen dem estnischen Beispiel Litauen und Lettland. Ein Dreivierteljahr später besetzen nach politischer Vorarbeit Truppen der Roten Armee am 15. Juni 1940 Litauen, am 17. Juni 1940 Estland und Lettland. Die drei baltischen Staaten werden nach »Abstimmungen« der Bevölkerung Teile der Sowjetunion. Diplomatische Bemühungen der sowjetischen Führung, auch von Finnland Stützpunkte eingeräumt zu erhalten und einen Gebietsaustausch in Karelien vorzunehmen, stoßen in Helsinki auf nachdrückliche Ablehnung.

1939 September

Die letzten Kämpfe auf der Halbinsel Hela. Nur noch vereinzelt nimmt die deutsche Artillerie polnische Stellungen unter Feuer

Deutsche Briefmarken, 1938: Turn- und Sportfest in Breslau

Deutsche Briefmarken, 1936: Winterhilfswerk »Moderne Bauten«

Ebenfalls am 28. September 1939 beschließt Oberst Albrecht, mit den beiden Gruppen seines 1. Reiterregiments sich bei Medyka den Deutschen zu ergeben, nachdem es ihnen trotz ständigen Drucks gelungen ist, sich kämpfend von der Roten Armee abzusetzen.

In der Nacht vom 28. auf den 29. September 1939 überquert südlich von Wlodawa, nahe Schack, die KOP-Gruppe (Gen. Orlik-Rückeman) gegen 2.00 Uhr den Bug. Kurz darauf wird sie jedoch von den Deutschen wieder nach Osten zurückgedrängt.

Unterdessen marschiert Gen. Kleeberg seit Mitternacht mit seinem Verband aus dem Raum Wlodawa in westlicher Richtung. Die Vorhut bildet das 82. Infanterieregiment (Oberst Chrusciel).

Am Freitag, dem 29. September 1939, beschließt der Festungskommandant von Modlin, Gen. Thommée, angesichts der ständig niedergehenden Bomben und Granaten die Kampfeinstellung und nimmt mit dem zuständigen deutschen Befehlshaber Verbindung auf. Gegen 8.00 Uhr legt die 35000 Mann starke Besatzung der Festung, darunter 4000 Verwundete, die Waffen nieder. Entsprechend den Kapitulationsbedingungen entlassen die Deutschen alle Soldaten und Offiziere. Sämtliche Offiziere werden jedoch drei Wochen später wieder aufgespürt und in Kriegsgefangenenlager eingeliefert.

Erbitterte Gefechte bei Lublin

Jetzt kämpfen gegen die Deutschen bei Tomaszow Lubelski noch Teile der Armeen »Krakow« und »Lublin« sowie einzelne Verbände der Nordfront. Und bei Kock leistet immer noch die SGO »Polesie« Widerstand.

September 1939

»Essenfassen« in einem Kriegsgefangenenlager. Rund 694 000 polnische Soldaten und Offiziere sind in deutsche Kriegsgefangenschaft geraten

Nach Neuaufstellung der Verbände und Waffenüberholung zieht die SGO »Polesie« in westlicher Richtung durch das Lubliner Land. Die Kavalleriebrigade »Podlaska« (Gen. Kmicic-Skrzynski) sichert die Verbände von Gen. Kleeberg nach Norden. Gen. Podhorski entschließt sich, seine Brigade, mit der er auf dem Weg nach Ungarn Ostrow Lubelski erreicht hat, der SGO »Polesie« zu unterstellen.

Podhorski und Kleeberg planen, Warschau zu entsetzen, da sie nicht ahnen, daß die Verteidiger der polnischen Hauptstadt gerade den Weg in die Gefangenschaft antreten müssen.

In den Wäldern von Krasnystaw sammeln sich zur Zeit die aus Kowel bis hierher vorgedrungene Gruppe von Oberst Adam Koc, die Gruppe von Oberst Filipkowski mit den Resten der Garnison Brest-Litowsk, dazu das 77. Infanterieregiment von Oberst Nowosielski und das 145. Infanterieregiment von Oberst Korkiewicz. Außerdem trifft noch Oberst Plonka, Kommandeur des 22. Ulanenregiments, mit der Kavalleriegruppe »Chelm« ein. Nachdem Oberst Zieleniewski, Kommandeur der 33. Infanteriedivision, aus diesen Gruppen ein Reiterregiment und vier Infanterieregimenter zusammengestellt hat, wird beschlossen, sich gemeinsam nach Ungarn durchzuschlagen.

Kurz vor Janow Lubelski geraten sie auf die Nachhuten der zur Heeresgruppe Süd gehörenden deutschen 27. Infanteriedivision (GenLt. Bergmann). In dem mehrere Stunden dauernden Gefecht gelingt es zwar der Gruppe von Oberst Adam Koc, eine deutsche Einheit bei Polichna zu überrollen, der Gruppe von Oberst Filipkowski, den Ort Janow Lubelski zu erobern und Oberst Plonka mit seiner Gruppe »Chelm«, die deutsche Panzerabwehrbatterie der 27. Infanteriedivision in Dzwola einzukreisen und gefangenzunehmen, doch haben die geschwächten polnischen Regimenter kaum noch eine Chance, nach Ungarn zu gelangen.

In der Nacht vom 29./30. September 1939 kann sich die Division »Kobryn« (Oberst Epler) von den Sowjets lösen und nach Süden in Richtung ungarische Grenze weiterziehen.

Nachdem am Sonntag, dem 30. September 1939, deutsche Flugzeuge morgens über Hela Flugblätter mit der Aufforderung zur Kapitulation abgeworfen haben, beginnt der Artilleriebeschuß auf die polnischen Stellungen von Chalupy bis Jastarnia, und mittags bereitet sich die Infanterie auf einen Sturmangriff vor.

Inzwischen ist die SGO »Polesie« von Gen. Kleeberg bei ihrem Versuch, Warschau zu entsetzen, ohne Feindberührung bis auf etwa 120 Kilometer an die Hauptstadt herangekommen und steht nun bei Radzyn. Zur gleichen Zeit halten sich nicht weit davon entfernt, zwischen Kosyn und Stulno, Teile der KOP-Gruppe (Gen. Orlik-Rückeman) auf. Nach den harten Gefechten der Vortage zählt die KOP-Gruppe noch knapp 2200 Offiziere und Mannschaften. Sie wartet die Dämmerung ab, ehe sie den Weitermarsch nach Westen antritt und schließlich die Landstraße Wlodawa-Trawniki erreicht.

Als die Kämpfe um die Halbinsel Hela am Abend abklingen, bereiten sich die Polen im Dorf Kuznica auf eine Rundum-Verteidigung vor.

1939 September

Neue polnische Regierung

An diesem Tag überträgt der in Rumänien internierte polnische Staatspräsident, Professor Ignacy Moscicki, sein Amt gemäß der Verfassung von 1935 Wladyslaw Raczkiewicz, dem Präses des Verbandes der Auslandspolen in Paris. Die bisherige polnische Regierung ist mit der Abdankung von Moscicki aufgelöst. Gen. Wladyslaw Sikorski wird daraufhin von Präsident Raczkiewicz zum Premierminister einer neuen Regierung ernannt und erhält gleichzeitig den Oberbefehl über die polnischen Streitkräfte im Exil. Polen als Staat hat mit der Besetzung durch deutsche und sowjetische Truppen aufgehört zu existieren.

Nachdem General Kleeberg mit seinem 16 800 Mann starken Verband kapituliert, endet der Polenfeldzug. Hier die erste Vernehmung eines gefangenen polnischen Soldaten

Während dieser Ereignisse beginnt die SGO »Polesie« (Gen. Kleeberg) ihre größte Operation, der sich die Reste der G.O.Kaw. und die Kavalleriebrigade »Podlaska« anschließen. Die SGO »Polesie« zählt rund 1200 Offiziere und 15 000 Soldaten, etwas mehr als eine deutsche Division. Sie verfügt sogar über ein paar veraltete Sportflugzeuge vom Typ RWD als Verbindungsmaschinen. Diese in zahlreichen Schlachten bewährten Einheiten denken nicht daran, die Waffen zu strecken.

Am Montag, dem 1. Oktober 1939, sinkt in der Ostsee um 14.30 Uhr das deutsche Minensuchboot M 85. Mit dem Schiff gehen 23 Mann Besatzung unter; 47 Seeleute und der Kommandant werden gerettet. Dies ist der einzige Erfolg eines polnischen U-Bootes während des Polenfeldzuges: Das Minensuchboot M 85 ist das Opfer einer vom U-Boot »Zubik« gelegten Mine.

An diesem Montag greift das III. Bataillon des deutschen Infanterieregiments 374 erneut die polnischen Stellungen auf Hela an. Nachdem auch mehrere deutsche Minenräumboote zusammen mit den Heeresbatterien und einer Marine-Eisenbahnbatterie das Feuer auf Hela richten, erklärt sich der Befehlshaber des polnischen Flottenkommandos, Konteradm. Jozef Unrug, bis 1918 deutscher Marineoffizier, bereit, Kapitulationsgespräche zu führen.

Oktober 1939

Um 17.00 Uhr enden die Verhandlungen im »Grand Hotel« in Zoppot mit Unterzeichnung einer bedingungslosen Kapitulation der 4000 Marinesoldaten starken Besatzung, die am nächsten Tag in Kraft tritt. Mit Übergabe von 41 Geschützen verschiedener Kaliber, zwei Minensuchbooten und einem modernen unterirdischen E-Werk erlischt der letzte polnische Widerstand eines Festen Platzes.

Unterdessen rüstet sich die SOG »Polesie« zum Kampf gegen deutsche Truppen. Nach der Rückeroberung von Kock – etwa 120 Kilometer südostwärts von Warschau – bezieht Gen. Kleeberg in der Nähe des Dorfes Hordzieszka Quartier. Inzwischen stoßen die von Demblin nach Osten vorrückenden Spitzen der zur 10. Armee (Gen. d. Art. von Reichenau) gehörenden 13. mot. Division (GenLt. Paul Otto) auf eine Vorausabteilung des bis jetzt noch nicht identifizierten polnischen Verbandes SGO »Polesie« und werden von ihm wieder zurückgedrängt.

Am Montag, dem 2. Oktober 1939, kommt es morgens bei Kock in der Nähe von Lublin zur letzten Schlacht des Polenfeldzuges. In harten viertägigen Kämpfen muß sich dort die SGO »Polesie« zugleich gegen die deutsche 13. mot. Division und die zu ihrer Unterstützung herangeeilte 29. mot. Division (GenLt. Lemelsen) sowie gegen sowjetische Vorhuten wehren.

Am Tag darauf setzen bei Kock bereits vor Sonnenaufgang deutsch-polnische Artillerieduelle ein. Bei dem Angriff des III. Bataillons (Hptm. Jarosinski) des polnischen 79. Infanterieregiments auf deutsche Vorhuten werden bei Pojazdow deutsche Geschützbedienungen durch polnisches MG-Feuer zusammengeschossen. Da jedoch der verstärkt einsetzende deutsche Beschuß ein weiteres Vorgehen unmöglich macht, muß sich die polnische Infanterie unter äußerst empfindlichen Verlusten wieder zurückziehen.

Am Mittwoch, dem 4. Oktober 1939, bildet Wola Gulowska, rund 110 Kilometer südöstlich von Warschau, den Schwerpunkt der nun schon drei Tage tobenden Schlacht bei Kock. In dieser Schlacht fliegen drei polnische Schulmaschinen die letzten Kampfeinsätze gegen die Deutschen. Außer »Bombenangriffen« mit Eierhandgranaten unternehmen sie noch Verbindungs- und Aufklärungsflüge. Danach ist für weitere Einsätze kein Treibstoff mehr vorhanden.

Als nach Sonnenuntergang die SGO »Polesie« von der deutschen 29. mot. Division im Rücken bedroht wird, setzt Gen. Kleeberg seine Kräfte zu einem konzentrierten Angriff gegen die deutsche 13. mot. Division ein, um sie zurückzudrängen und so den Weg nach Demblin freizukämpfen. Es kommt bereits zu ersten Scharmützeln zwischen der die SGO »Polesie« absichernden Kavalleriebrigade »Podlasie« (Gen. Kmicic-Skrzynski) und den Vorhuten der 29. mot. Division.

Am Donnerstag, dem 5. Oktober 1939, erreicht die Schlacht bei Kock ihren Höhepunkt. Gegen 16.00 Uhr gehen die polnischen Regimenter nach wiederholten Angriffen der Deutschen zum Gegenangriff über. Die Straße von Lukow nach Warschau wird von der deutschen 29. mot. Division gesperrt, um einen polnischen Durchbruch in Richtung Warschau zu vereiteln. Zwischen Budziska und Charlejow rückt jetzt die Kavalleriebrigade »Edward« (Oberst Milewski) gegen die deutschen Stellungen vor. Wegen der Gefahr, an den Flanken und im Rücken bedroht zu werden, stellt die deutsche Artillerie das Feuer ein, und GenLt. Otto befiehlt Teilen seiner 13. mot. Division, das Feld zu räumen.

Ende des Feldzuges

Als Gen. Kleeberg erfährt, daß die deutschen Verbände jetzt mit Unterstützung starker Panzerkräfte der Roten Armee in Richtung Parezew vorgehen und die vorgeschobenen polnischen Stellungen bereits sowjetischem Artilleriefeuer ausgesetzt sind, entschließt sich der polnische General um 19.30 Uhr, vor den Deutschen die Waffen zu strecken.

Am Freitag, dem 6. Oktober 1939 um 10.00 Uhr, kapitulieren die Gen. Kleeberg unterstellten 16800 Soldaten bei Kock und Lublin. Damit erlischt der letzte geschlossene Widerstand polnischer Feldtruppen.

Genauso formlos wie dieser Feldzug begonnen hat, wird er auch beendet: Weder ein Waffenstillstandsvertrag noch eine Kapitulationsurkunde bezeugen den Untergang Polens. Etwa 76000 Angehörigen der polnischen Armee ist es gelungen, sich über die Grenzen nach Ungarn und Rumänien sowie Litauen oder Lettland in Sicherheit zu bringen. Ein großer Teil von ihnen setzt später den Kampf in den Reihen der Alliierten fort. Die polnischen Verluste im Septemberfeldzug: 123000 Gefallene und 133700 Verwundete. 694000 Polen sind in deutsche Kriegsgefangenschaft geraten. Weitere 217000 polnische Kriegsgefangene werden von der Sowjetunion gemeldet. Die Verluste der Wehrmacht: 10572 Tote, 30322 Verwundete und 3404 Vermißte sowie 217 Panzer und 282 Flugzeuge. Die sowjetischen Verluste belaufen sich auf 737 Tote und 1859 Verwundete.

Während bei Kock und Lublin die Verbände der SGO »Polesie« ihren Marsch in die Gefangenschaft antreten, kreuzt in der Ostsee immer noch das nahezu unbewaffnete polnische U-Boot »Orzel«, das nicht einmal über Navigationskarten verfügt.

Am Sonnabend, dem 14. Oktober 1939 gegen 11.00 Uhr, ist die 44tägige Odyssee des polnischen U-Bootes »Orzel« beendet. Etwa 30 Seemeilen westlich der kleinen britischen Insel May trifft das Boot auf den Zerstörer der Royal Navy »Valorous«.

Vor dem deutschen Reichstag hält Hitler eine Rede, in der er aus seiner Sicht den Polenfeldzug schildert und England sowie Frankreich eine Beendigung des Kriegszustandes anbietet, wenn sie die deutschen Maßnahmen im Osten akzeptieren. Der deutsche Diktator muß im Laufe der nächsten Woche feststellen, daß entgegen der von ihm erwarteten Friedensbereitschaft die Regierungen in Paris und London ablehnend reagieren.

1939 September

Chelmno: Ein sowjetischer Kommissar vernimmt in Gegenwart von Wehrmachtsangehörigen einen gefangenen polnischen Unteroffizier

Bei der Zerschlagung des polnischen Widerstandes arbeiten deutsche und sowjetische Truppen eng miteinander. Der spätere Marschall der Sowjetunion, Wasilij J. Tschuikow (2. v. rechts) informiert den Führer einer deutschen Vorausabteilung über die Lage

Die Rote Armee in Ostpolen

Nachdem schon im Hitler-Stalin-Pakt vom 23. August 1939 über die Teilung Polens Entscheidungen getroffen worden sind, überschreiten am Sonntag, dem 17. September 1939, die Weißrussische Front unter Armeegeneral M. P. Kowalew mit vier Armeen und die Ukrainische Front unter Armeegeneral Semjon K. Timoschenko mit drei Armeen die Grenze zu Polen – wie die sowjetische Führung erklärt, »zum Schutz der Ukrainer und Weißrussen, unter voller Wahrung der Neutralität in dem bestehenden Konflikt, und weil keine polnische Regierung mehr vorhanden ist, die sowjetische Regierung demnach an den sowjetisch-polnischen Nichtangriffspakt nicht mehr gebunden ist«.

Während in den Morgenstunden die sowjetischen Armeen in Ostpolen eindringen, werden die am weitesten östlich gelegenen Feldflugplätze bei Dubno, Luck und Kowel, auf denen noch die Maschinen der Bomber- und Jagdbrigade sowie operative Fliegerkräfte der Armee »Karpaty« liegen, von der Roten Luftflotte überrascht.

September 1939

Es kommt zu erbitterten Luftkämpfen, in denen die polnischen Flieger zwei sowjetische Bomber und fünf Rata-Jäger abschießen.

Der Befehlshaber der polnischen Fliegertruppe ordnet nach diesem Tag die Evakuierung aller noch startklaren Maschinen nach Rumänien an. In Eilmärschen versuchen sich Teile der Besatzungen und des Bodenpersonals vor den heranrückenden Truppen der Deutschen und der Roten Armee nach Rumänien oder Ungarn zu retten.

Innerhalb von 24 Stunden überfliegen etwa 100 polnische Militärflugzeuge die Grenze nach Rumänien. Aus Furcht vor deutsch-sowjetischen Repressalien werden die Besatzungen und die Maschinen interniert. Die rumänischen Luftstreitkräfte übernehmen die Los- und Karas-Bomber, die sich später noch im Kampf gegen die Sowjetunion bewähren.

Am Dienstag, dem 19. September 1939, wird im Morgengrauen die polnische Grenzschutz-(KOP-)Schwadron »Krasne« bei Oszmiana an der polnisch-sowjetischen Grenze nach kurzem erbitterten Kampf von den sowjetischen Truppen zur Kapitulation gezwungen. Etwa gleichzeitig muß die bei Dubno eingeschlossene KOP-Schwadron »Dederkaly« die Waffen strecken. Gegen die sowjetischen Invasoren Widerstand zu leisten, versucht noch

117

1939 September

»Trotz der sowjetischen Invasion bleibt der Kampfgeist der polnischen Truppen ungebrochen« – meldet am Tag nach dem Überfall der Roten Armee die britische Presse

Sowjetische Soldaten überqueren in den frühen Morgenstunden des 17. 9. 1939 einen Grenzfluß. Sie fallen den gegen eine deutsche Übermacht stehenden polnischen Truppen in den Rücken

die westlich des Styr versammelte KOP-Gruppe des Generals Orlik-Rükkeman. Das 1., 5. und 6. Infanterieregiment stehen in Wilna kampfbereit zur Verteidigung der auf das nördliche Wilija-Ufer führenden Brücken und Flußübergänge.

In den ostpolnischen Garnisonen nahe der Grenze zur Sowjetunion liegen zur Zeit alle aus West- und Zentralpolen verlegten Truppen. Darunter befinden sich neben den neu aufgestellten taktischen Verbänden auch Reserveeinheiten der Kavallerie und zahlreiche selbständige Abteilungen anderer Waffengattungen. Einem Großteil der im Nordosten Polens stationierten Truppen gelingt das Überschreiten der Grenze von Litauen, und die Verbände aus Südostpolen können sich teilweise nach Ungarn und Rumänien durchschlagen. Dagegen sind die Grenzgarnisonen in Baranowitschi, Sarny, Luzk, Wladimir Wolynskij, Dubno sowie Ostrog, Krzemieniec, Brzezany und Tarnopol inzwischen von den Sowjets überrollt.

Gespenstische Stille herrscht im hell erleuchteten Wilna, als am Abend des 19. September plötzlich das Erscheinen sowjetischer Panzer und Infanteristen gemeldet wird. Ein polnischer Spähtrupp geht gegen die sowjetischen Panzer mit Handgranaten und Benzinflaschen vor. Er meldet nach seiner Rückkehr die Anwesenheit starker Infanterie- und Panzerkräfte der Roten Armee in den Wilnaer Vorstädten auf der anderen Flußseite der Wilija.

In derselben Nacht gehen die KOP-Bataillone »Kleck« und »Ludwikowo« bei Ossowo nach Überque-

September 1939

rung des Pripjet gegen sowjetische Panzer- und Infanteriekräfte vor und werfen sie in den sich bis in die frühen Morgenstunden hinziehenden Kämpfen nach Duboje zurück.

Am Mittwoch, dem 20. September 1939, scheitert bei Wilna bereits im Morgengrauen ein sowjetischer Versuch, die Wilija zu überqueren.

Widerstand bei Grodno

Am selben Morgen erscheinen aus Richtung Bialystok vorstoßende sowjetische Panzer überraschend vor Grodno, ziehen sich aber bald wieder zurück. Dagegen greifen Infanterieeinheiten der Roten Armee ohne Panzerunterstützung von der Landstraße nach Skidelsko aus an. Trotz starker Verluste stürmen sie die Kaserne des polnischen 20. leichten Artillerieregiments. Im Gegenstoß können polnische Soldaten in Grodno einige inzwischen verlorengegangene Straßenzüge zurückerobern; jedoch der Angriff auf die von den Sowjets eroberten Kasernen bricht zusammen.

Am Nachmittag eröffnen die Truppen von Gen. Kazimierz Sosnkowski ihren letzten Angriff in Richtung Lemberg. Währenddessen greifen bei Zboiska und Winniki sowjetische Panzer in die Kämpfe um das noch von den Deutschen belagerte Lemberg ein. Dies veranlaßt Gen. Wladyslaw Langner, der das Kommando in Lemberg führt, seinen Chef des Verteidigungsstabes, Oberst Ryzinski, zur Verbindungsaufnahme mit der Roten Armee zu entsenden, um deren Absichten zu erfahren. Der Kommissar des dort eingesetzten sowjetischen Panzerkorps erklärt ihm, daß es der Wunsch der Roten Armee sei, mit den Polen zu einer Vereinbarung über gemeinsames Vorgehen gegen die deutschen Truppen zu kommen.

Um 16.00 Uhr gehen in Pinsk die Matrosen der polnischen Flußbootflottille unter ihrem Kommodore Morgenstern auf das andere Pripjetufer zurück und jagen hinter sich die Brücken in die Luft. Pinsk wird daraufhin von Rotarmisten besetzt, während Morgenstern und seine Männer sich der KOP-Gruppe von Gen. Orlik-Rückeman anschließen.

Um den Resten der polnischen Armeen im Süden den Weg über die Karpaten und im Norden den Übertritt nach Litauen zu versperren, beschleunigen die Verbände der Roten Armee ihren Vormarsch. Noch wird an den Ufern des Njemen im Raum Grodno gekämpft, wo sich eine aus Armeeangehörigen, Polizisten und Schülern zusammengesetzte polnische Verteidigungsgruppe den vordringenden sowjetischen Einheiten entschlossen entgegenstemmt.

Am Donnerstag, dem 21. September 1939, greifen Panzer der Roten Armee die Ulanenregimenter der Kavallerie-Reservebrigade (Oberst Tarnasiewicz) in Grodno und Umgebung an. Den Kavalleristen gelingt es jedoch, die angreifenden Sowjets zurückzudrängen.

Josef W. Stalin gibt den Befehl zum Überfall auf Ostpolen

Boris M. Schaposchnikow, Generalstabschef der Roten Armee

Die Siegesparade in Brest-Litowsk am 22. 9. 1939: In der Mitte General Guderian, rechts Panzerbrigade-Kommandeur Kriwoschein. »Die Rote Armee kämpft gegen die Deutschen« – ließen sowjetische Offiziere bei ihrem Einmarsch verlauten

1939 September

Armeegeneral Semjon K. Timoschenko, Oberbefehlshaber der Ukrainischen Front, und sein Stellvertreter, General P. A. Kurotschkin

Am Morgen des 17. 9. 1939 überschreiten sowjetische Truppen die polnische Grenze im gesamten Verlauf von der Dwina im Norden bis zum Dnjestr im Süden

Nach drei Tagen heftiger Straßenkämpfe ist alles vorbei. Die Rote Armee marschiert in Wilna ein

September 1939

Am Nachmittag müssen sich in Grodno die polnischen Verteidiger vor der sowjetischen Übermacht endgültig über den Njemen zurückziehen. Etwa gleichzeitig stößt die Rote Armee bei Lemberg auf die vorgeschobenen polnischen Stellungen. Nach einstündigem Feuerwechsel erhält Gen. Langner, Befehlshaber der polnischen Besatzung, die Meldung, daß die Sowjets zu verhandeln wünschten. Der polnische General wird in der Nähe von Lesienice vom Politkommissar des sowjetischen Korps, Oberst Makarow, erwartet. Gen. Langner: »Ich fragte ihn, was er wünscht. Er erklärte mir, daß die Rote Armee gegen die Deutschen kämpft und er mit seinen Panzern durch Lemberg fahren möchte.«

Zur Stunde müssen sich die bei Laszki Murowane von sowjetischen Verbänden umzingelten Teile der Truppen von Gen. Kazimierz Sosnkowski ergeben. Gen. Sosnkowski und Oberst Prugar-Ketling, Kommandeur der 11. Infanteriedivision »Karpacka«, gelingt es, mit den Resten ihrer Kampfgruppe sich auf ungarisches Gebiet durchzuschlagen.

Nachdem in Grodno die Hauptstraßen bereits von sowjetischen Panzern besetzt sind, dauern die erbitterten Häuserkämpfe noch bis in die Nacht hinein an.

Lemberg streckt die Waffen

Am Morgen des 22. September 1939 kapituliert Gen. Langner mit den Verteidigern von Lemberg vor der Roten Armee. Nach Abschluß der Verhandlungen gibt Gen. Kurotschkin, der Stellvertreter von Armeegen. Timoschenko, Gen. Langner sein »Ehrenwort des sowjetischen Offiziers«, daß die ausgehandelten Bedingungen eingehalten würden: Um 13.00 Uhr soll die Stadt übergeben werden. Die bisherige polnische Besatzung von Lemberg soll nach Übergabe ihre volle Bewegungsfreiheit behalten, »wobei es Offizieren und Soldaten freisteht, über Rumänien oder Ungarn nach Frankreich zu gehen, um von dort aus wieder gegen Deutschland zu kämpfen«.

Trotz dieser Zusicherung werden sowohl die Offiziere als auch die Soldaten gefangengenommen und in das Landesinnere der Sowjetunion gebracht. Ein Teil der Offiziere wird im Jahre 1943 in Massengräbern bei Katyn, nahe Smolensk, gefunden, die meisten bleiben jedoch spurlos verschwunden.

Zur selben Zeit werden bei dem Versuch, die litauische Grenze nach Überquerung des Njemen zu überschreiten, die Regimenter der Ulanenbrigade von Oberst Tarnasiewicz bei Sopockino von den Verbänden der Roten Armee aufgerieben und Gen. Olszyna-Wilczynski, der Oberbefehlshaber des Korpsbezirks III (Grodno), sowie seine Begleiter von Rotarmisten ermordet.

Seit drei Tagen toben in Wilna heftige Straßenkämpfe, doch am Abend müssen sich die polnischen Verteidiger vor den sowjetischen Truppen zurückziehen.

»Die Kreuzigung. Stalin: Ein Hammer? ... Bitte schön!« Karikatur aus der französischen Presse

General Filip I. Golikow, Oberbefehlshaber der sowjetischen 6. Armee

Als sich Gen. Anders am 26. September 1939 mit der G. O. Kaw., in der die Reste der Kavalleriebrigaden »Nowodrodzka«, »Kresowa« und »Wilenska« vereinigt sind, in Richtung auf die ungarische Grenze zurückzieht, gerät ein Teil der Kavalleriebrigade »Wilenska« bei Demaki in einen Hinterhalt sowjetischer Truppen. Nur 40 Kilometer von der ungarischen Grenze entfernt, wird sie von der Roten Armee zerschlagen.

Gen. Anders, der verwundet ist, wird abtransportiert, um in das Moskauer Gefängnis Lubljanka eingeliefert zu werden.

In der Nacht vom 26. auf den 27. September 1939 gerät die Kavalleriebrigade »Nowogrodzka« bei Radenice in einen Feuerüberfall sowjetischer Artillerie. Dabei wird

1939 September

*Raum Brest-Litowsk, 18. 9. 1939:
Panzerbrigade-Kommandeur Kriwoschein begrüßt
deutsche Offiziere. Mit »Blut besiegelt« ist nach
Stalins Worten die deutsch-sowjetische Freundschaft.
Die Rote Armee verliert bei der »Befreiung Ostpolens«
737 Tote und beklagt 1859 Verwundete*

das 25. Ulanenregiment (Oberst Stachlewski), das die Brigade auf ihrem Weg nach Süden sichern soll, von den Sowjets fast vollständig aufgerieben.

Am Mittwoch, dem 27. September 1939, wird in den frühen Morgenstunden das 19. Ulanenregiment (Oberst Petkowski), das gerade die Schlacht bei Demaki beendet hat und nun die Vorhut der Kolonne bildet, aus dem Hinterhalt von Einheiten der Roten Armee überfallen. In dem sich entwickelnden Kampf geht das dahinterfolgende 1. Reiterregiment (Oberst Albrecht) gegen die sowjetischen Panzer und Infanteristen vor. Mit vier Panzerabwehrgeschützen und MG eröffnet es das Feuer, vernichtet die ersten drei Panzer und wirft die Infanterie zurück.

Gleichzeitig geraten das 26. Ulanenregiment (Oberst Schweizer) und das 27. Ulanenregiment (Oberst Pajak) sowie die Reste der G. O. Kaw. bei Dobromil, etwa 35 Kilometer vor der ungarischen Grenze, in einen plötzli-

September 1939

chen Angriff starker sowjetischer Panzerkräfte und werden nahezu völlig vernichtet. Dies bedeutet das Ende des einzigen polnischen Großverbands, der drei Tage zuvor noch bei Tomaszow Lubelski den Deutschen entkommen ist.

Gefecht bei Schack

Am Donnerstag, dem 28. September 1939, vereinigen sich am Waldrand bei Mielniki und Schack die Marschkolonnen der KOP-Gruppe (Gen. Orlik-Rückeman) mit den Trossen der Verbände von Gen. Kleeberg. Sowjetische Panzer- und Infanterieeinheiten haben inzwischen Schack besetzt. Hier kommt es morgens gegen 8.00 Uhr zum Kampf, als ein sowjetisches Panzerrudel auf den Wald zurollt und von dort aus kürzester Entfernung mit gezieltem Feuer aus Panzerabwehrkanonen und 7,5-cm-Geschützen empfangen wird, denen die meisten Panzer zum Opfer fallen. Gegen 12.00 Uhr werden die Sowjets nach weiterem Schußwechsel unter Zurücklassung einiger Panzer, Lastkraftwagen, Geschütze, schwerer MG und sogar eines Teils der Stabsakten aus Schack hinausgedrängt.

Gegen Mittag des 29. September 1939 unternimmt ein Bataillon des polnischen 82. Infanterieregiments nördlich von Wlodawa einen Sturmangriff gegen sowjetische Stellungen, deren Besatzung ohne eigene Verluste zurückgedrängt wird.

Die Sowjets vergelten diese Schlappe mit einem Luftangriff auf das Dorf Nujno, wo das III. (Marine-)Bataillon (KorvKpt. Kaminski) des 82. Infanterieregiments Quartier bezogen hat. Das aus den Besatzungen der Pinsker Flußflottille gebildete Bataillon hat dabei über 40 Tote und mehr als 20 Schwerverletzte, die es bei der Räumung des Ortes zurücklassen muß.

Am San stehen bereits vier deutsche Armeekorps. Während sich die Gruppe »Chelm« schon etwa 12 Kilometer östlich von Nisko am San befindet, gehen Meldungen ein, daß sich von Osten her sowjetische Truppen nähern. Daraufhin schickt Oberst Plonka einige Unterhändler zu den Sowjets, um über Kapitulationsbedingungen zu verhandeln.

Gegen 20.00 Uhr treten bei Scheinwerferlicht Einheiten der Roten Armee mit Panzern und Infanterie zum Angriff auf Jablon an.

Am Nachmittag des 30. September 1939 kommt es bei Milanow zur letzten Kampfbegegnung der Division »Kobryn« mit Einheiten der Roten Armee. Als Angehörige eines Bataillons des polnischen 79. Infanterieregiments einen sowjetischen Reitertrupp bemerken, kommt es zu erbitterten Bajonett- und Handgranaten-Nahkämpfen mit sowjetischen Soldaten, die sich in den Dörfern Milanow und Kostry befinden. Dabei gelingt es den aufopfernd kämpfenden Polen, mehr als 60 Rotarmisten gefangenzunehmen.

»Unsere Armee ist der Befreier der Werktätigen, J. Stalin«. Dies verkünden die sowjetischen Plakate in den Ortschaften Ostpolens

General Wilhelm Orlik-Rückeman, Oberbefehlshaber des polnischen Grenzschutzes (KOP)

1939 September

An diesem Tag versuchen Oberst Schweizer und seine Ulanen bei Bobrce, sich mit einer überraschenden Reiterattacke durch eine sowjetische Abteilung hindurchzuschlagen. Doch mit nur noch sechs Reitern, den Resten des einst so stolzen 26. Ulanenregiments, erreicht Oberst Schweizer die ungarische Grenze.

Am 30. September 1939 unterzeichnen vor der Roten Armee Oberst Plonka sowie die Kommandeure Oberst Filipkowski und Oberst Adam Koc die Kapitulation. Abgesehen von Lemberg ist dies die einzige Waffenniederlegung eines geschlossenen polnischen Verbandes gegenüber der Roten Armee.

Durch die von Oberst Plonka günstig ausgehandelten Bedingungen werden nach Abgabe der Waffen Unteroffiziere und Ulanen sofort nach Hause entlassen. Auch den Offizieren wird zugesagt, nach Registrierung in der nahegelegenen Stadt, sich frei zu bewegen. Allen Armeeangehörigen wird das Recht der freien Ausreise ins Ausland zugestanden.

Oberst Plonka und seine Offiziere werden ungeachtet dieser Abmachung in ein sowjetisches Kriegsgefangenenlager geschafft, aus dem sie nicht wieder zurückkehren.

Das Ende der KOP-Gruppe

In der Nacht vom 30. September zum 1. Oktober 1939 versucht die KOP-Gruppe in Eilmärschen, Anschluß an die weiter westlich operierende SGO »Polesie« zu bekommen.

Am Sonntag, dem 1. Oktober 1939 um 2.00 Uhr nachts, stößt die Vorausabteilung der KOP-Gruppe bei Überquerung der Landstraße von Wlodawa nach Trawniki, in der Nähe von Wytyczno, auf eine Abteilung sowjetischer Panzer. Durch den Einsatz ihrer Panzerabwehrkanonen

Oktober 1939

und Feldgeschütze gelingt es den Polen, vier der Panzer abzuschießen. Inzwischen gelangt die KOP-Gruppe südlich von Wlodawa auf das jenseitige Ufer des Bug und schließt sich den Nachhuten der SGO »Polesie« an.

Gen. Orlik-Rückeman erfährt jedoch, daß die Masse seiner KOP-Gruppe von starken Verbänden der Roten Armee eingekreist wird. Damit ist ihr Schicksal besiegelt. Etwa 30 Kilometer westlich des Bug löst Gen. Orlik-Rükkeman seine Truppe auf. Sie ist der einzige geschlossene Verband, der ausschließlich gegen die Rote Armee gekämpft hat.

Dieser 300 Kilometer lange Gewaltmarsch der KOP-Gruppe aus dem ostpolnischen Raum um Sarny, bei dem sie innerhalb des zweiwöchigen Kampfes nicht geschlagen wird, ist eine der bemerkenswertesten Leistungen der polnischen Armee während des September-Feldzuges 1939. Gen. Orlik-Rückeman kann sich mit einigen Offizieren nach Litauen retten und gelangt später über Schweden nach Großbritannien.

Nach einem Luftangriff sowjetischer Bomber auf eine polnische Rot-Kreuz-Kolonne in einer Vorstadt von Tarnapol

Deutsche und sowjetische Offiziere bei der Lagebesprechung in einer Ortschaft Ostpolens (linke Seite). Der sowjetische Überfall ist einer der gewinnbringendsten Feldzüge aller Zeiten: Unter minimalen Verlusten verschiebt die UdSSR ihre Westgrenze um 250 bis 300 Kilometer und erobert ein Gebiet von 140000 Quadratkilometern mit rund 12 Millionen Einwohnern

1939 September

September 1939

Am Sonnabend, dem 30. 9. 1939, rücken deutsche Truppen in Warschau ein. Eine berittene Batterie zieht über die Weichsel-Brücke aus der Vorstadt Praga in Richtung Zentrum. Alle Weichsel-Brücken bleiben trotz gezielter Bombenangriffe fast unbeschädigt

Der Endkampf um Warschau

Östlich der Warschauer Vorstadt Praga beginnen in den ersten Morgenstunden des 20. September 1939 die Angriffe deutscher Truppen auf polnische Stellungen, die die Verteidiger jedoch abwehren können.

An diesem Tag erreicht gegen Mittag Gen. Tadeusz Kutrzeba die polnischen Stellungen vor Warschau und wird von Gen. Juliusz Rómmel zu dessen Stellvertreter ernannt. Nachdem die Luftwaffe einige Tage ihre Angriffe auf die belagerte Hauptstadt unterbrochen hat, versetzt sie nun mit einem ungewöhnlich starken Bombardement die Einwohner in Angst und Schrecken.

Am Sonntag, dem 24. September 1939, setzen zur Vorbereitung der für den nächsten Tag geplanten Erstürmung Warschaus deutsche Luftangriffe auf die polnische Hauptstadt ein. Für diese Operation stehen Teile der 3. Armee (Gen. d. Art. Georg von Küchler) und der 10. Armee (GenOberst Walther von Reichenau) bereit. In den mittags abgeworfenen Flugblättern wird zur sofortigen Kapitulation aufgefordert. Der Artilleriebeschuß und die rollenden Luftangriffe gelten jetzt vor allem wichtigen Versorgungseinrichtungen wie den Elektrizitäts- und Wasserwerken, aber auch den dicht besiedelten Wohngebieten in der Innenstadt sowie in den Vororten Ochota, Wola, Mokotow und Praga.

Am Montag, dem 25. September 1939, um 7.00 Uhr morgens, leiten ein Feuerschlag aus etwa 1000 Geschützrohren und ein Masseneinsatz der Luftwaffe den deutschen Sturmangriff auf Warschau ein. Insgesamt werden an diesem Tag über der polnischen Hauptstadt 560 Tonnen Sprengbomben, darunter die ersten 1000-kg-Bomben, von 100 Kampfflugzeugen Dornier Do 17 und 240 Stukas Ju 87 in rollenden Angriffen abgeworfen. Gleichzeitig laden 30 Transportflugzeuge Ju 52/3m über Warschau 72 Tonnen Brandbomben ab. Es ist der bisher größte Luftangriff der Geschichte.

Während die über Warschau hängenden schweren Rauchwolken kilometerweit sichtbar sind, kommt es in den Vorstädten Mokotow, Ochota und Wola zu erbitterten Straßenkämpfen. Hitler beobachtet diese Angriffe aus dem Hauptquartier von Gen. Johannes Blaskowitz in Grodzisk Mazowiecki.

1939 September

Erst am Abend des »Schwarzen Montags«, wie ihn die Bevölkerung der Hauptstadt seither nennt, unterbrechen die deutschen Luftgeschwader ihre Bombenangriffe auf Warschau.

Feldhaubitzen-Stellung vor Warschau: Die polnische Hauptstadt liegt vom 9. 9. bis 27. 9. 1939 Tag und Nacht unter schwerem Artilleriefeuer

Verteidigung durchbrochen

Am Dienstag, dem 26. September 1939, greift die 8. Armee (Gen. d. Inf. Blaskowitz) die Verteidigungsstellungen im Süden von Warschau an und erstürmt die erste und zweite Befestigungslinie.

Die Lage der polnischen Truppen verschlechtert sich von Stunde zu Stunde. Die 8. Armee wird jetzt von der 3. Armee durch Artilleriefeuer auf die polnischen Stellungen im Norden der Stadt unterstützt. Die schwersten Kämpfe finden unterdessen im südlichen Verteidigungsabschnitt statt.

An diesem Tag entschließt sich Gen. Rómmel, Befehlshaber der Warschauer Garnison, zur Aufnahme von Kapitulationsverhandlungen mit den Deutschen, um einem weiteren Blutvergießen unter den Truppen und der Zivilbevölkerung zu entgehen: An einem einzigen Tag feuert die deutsche Artillerie auf die polnische Hauptstadt mehr Geschosse ab, als den Verteidigern für die gesamte Belagerungszeit zur Verfügung stehen.

Am Nachmittag legt einer der Stellvertreter von Gen. Rómmel, General Mieczyslaw Karaszewicz-Tokarzewski, auf einer Sitzung des Warschauer Verteidigungsrates im

September 1939

General Juliusz Rómmel, Oberbefehlshaber der Armee »Warszawa«

Deutsche Stellungen in der westlichen Vorstadt Wola und eine Straße in der Warschauer Altstadt während einer kurzen Feuerpause

Tresorraum der Sparkasse PKO den Teilnehmern einen Plan zur Bildung einer Untergrundbewegung vor, die nach dem verlorenen Feldzug den militärischen Widerstand aus dem Untergrund heraus konspirativ fortsetzen soll: Das ist der Anfang einer der am besten organisierten europäischen Widerstandsbewegungen gegen das NS-Regime.

Einige Stunden später entsendet Gen. Rómmel zwei polnische Unterhändler mit einem Schreiben, in dem er um eine 24stündige Feuerpause und die Aufnahme von Kapitulationsverhandlungen bittet. Das OKH bestimmt Gen. Blaskowitz für die Entgegennahme der Kapitulation mit der Maßgabe, daß nur eine bedingungslose Waffenstreckung in Frage komme.

Kurz nach Sonnenuntergang landet unter Artilleriebeschuß auf dem mitten in Warschau gelegenen Mokotowski-Feld ein polnisches Flugzeug mit dem letzten für Gen. Rómmel bestimmten Befehl von Marschall Edward Rydz-Smigly. Bei dem Flugzeug handelt es sich um einen Tiefdecker, eine Versuchsmaschine vom Typ SUM, die der Pilot, Lt. Ing. Riess, auf dem rumänischen Flugplatz Baneasa bei Bukarest entführt hat.

Als Kurier des Oberbefehlshabers ist Maj. Galinat mitgeflogen, der Gen. Rómmel ein handbeschriebenes Stück Futterseide übergibt, auf dem zu lesen ist: »Ich sende Maj. Galinat nach Warschau zu dem Zweck, eine polnische Untergrundorganisation für den Kampf gegen die Deutschen ins Leben zu rufen. Das umfaßt die Befehlsgewalt und die Führung. Marschall Rydz-Smigly, 26. 9. 1939.«

Nachdem am 27. September 1939 in Warschau die polnischen Stellungen wiederholt aus allen Richtungen von deutschen Truppen angegriffen werden, erscheint Gen. Kutrzeba vor den deutschen Linien, um im Auftrag von Gen. Rómmel Kapitulationsverhandlungen zu führen. Um 14.00 Uhr strecken 140 000 polnische Soldaten die Waffen.

Am darauffolgenden Tag, dem 28. September 1939, unterzeichnen um 13.15 Uhr der stellvertretende Oberbefehlshaber der Armee »Warszawa«, Gen. Tadeusz Kutrzeba, sowie Gen. Johannes Blaskowitz, Oberbefehlshaber der deutschen 8. Armee, in der Skoda-Fabrik der Vorstadt Sluzewiec die Kapitulation Warschaus, der einstmals so stolzen Hauptstadt Polens.

1939 September

Hitler – sichtlich zufrieden – beobachtet Bombenangriffe und Artilleriebeschuß auf Warschau. Vorne links Himmler, rechts außen Generalmajor Rommel, dahinter Generaloberst Paulus

Die Verluste der Zivilbevölkerung belaufen sich auf über 10 000 Tote und rund 35 000 Verwundete sowie etwa 2000 Gefallene und 16 000 verwundete polnische Soldaten. 12 Prozent aller Gebäude im Stadtgebiet, darunter zahlreiche wertvolle Baudenkmäler, sind zerstört.

Am Freitag, dem 29. September 1939, werden bei spätherbstlichem Sonnenschein die Barrikaden auf den Ausfallstraßen beseitigt und wird mit Aufräumungsarbeiten begonnen. Die letzten Brände schwelen noch. Auf den Plätzen vergräbt man die Toten und karrt unzählige Pferdekadaver in die Schützengräben, bevor sie zugeschüttet werden. Stadtpräsident Starzynski sorgt inzwischen im Rathaus mit seinen engsten Mitarbeitern dafür, daß Unterlagen, die für die deutschen Sicherheitsbehörden von Interesse sein könnten, aus den Karteien und Akten des Einwohnermeldeamtes verschwinden. Eine der wichtigsten Vorbereitungen für die später so erfolgreiche Untergrundarbeit der polnischen Widerstandsbewegung ist die Ausgabe gefälschter Ausweispapiere an bestimmte Personen.

Am Nachmittag tauchen auf Warschaus Straßen die ersten deutschen Patrouillen und Rot-Kreuz-Wagen auf. Gleichzeitig legen die polnischen Soldaten an den dafür vorgesehenen Plätzen ihre Waffen nieder. Einige Offiziere ziehen jedoch den Freitod der Gefangenschaft vor.

Am Abend verabschiedet Stadtpräsident Starzynski, der Vorsitzende des Bürgerkomitees, in den Kellergewölben des Warschauer Hotels »Bristol« Gen. Rómmel und dessen Stab vor dem Weg in die Gefangenschaft.

Am Sonnabend, dem 30. September 1939, rücken deutsche Truppen in die Warschauer Vorstädte Czerniakow und Powisle ein. Aus Feldküchen der Wehrmacht werden in verschiedenen Bezirken der Stadt Brot und Suppe an die Warschauer Zivilbevölkerung unter Überwachung durch die Bürgermiliz verteilt. Kameras der deutschen Wochenschau und mehrerer Kriegsberichterstatter halten aus Propagandagründen diese Geschehnisse für die Öffentlichkeit im Bild fest. Erschießung polnischer Patrioten und Demütigungen der Juden sowie Verhaftung polnischer Intellektueller und Geistlicher werden dagegen offiziell geheimgehalten. Doch nicht zuletzt private Fotografien deutscher Soldaten und SS-Männer bringen später diese Greueltaten zutage. Inzwischen liefern die polnischen Soldaten an den bezeichneten Plätzen weiterhin ihre Waffen und Munition ab, doch erhebliche Mengen wandern »für später« in geheime Verstecke.

Überraschender Fund

Am Dienstag, dem 3. Oktober 1939, rücken die deutschen Truppen in Warschau ein. Während die letzten polnischen Gefangenenkolonnen die Hauptstadt verlassen, tauchen auf Warschaus Straßen die ersten Streifen der Feldgendarmerie auf. Einen besonderen Erfolg verzeichnet am Nachmittag der deutsche Geheimdienst: Der Abwehroffizier Hptm. Bulang stößt im Fort Legionow in der Vorstadt Mokotow auf das hierher ausgelagerte Geheimarchiv des polnischen Nachrichtendienstes.

Auf sechs Lastkraftwagen wird das Aktenmaterial in die Berliner Abwehrzentrale geschafft. Sein Wert besteht nicht nur in der dazugehörenden Personalkartei des über ganz Westeuropa verzweigten polnischen Spionagenetzes, sondern vor allem in der Fülle nachrichtendienstlicher Informationen über die Sowjetunion.

Der stellvertretende Leiter des Amtes IV (Inlandabwehr) im Reichssicherheitshauptamt (RSHA), Walter Schellenberg, notiert: »Nach meiner Rückkehr nach Berlin wurde sogleich die Auswertung des in Warschau erbeuteten Geheimdienstmaterials in Angriff genommen. Aus den Unterlagen ergab sich, daß etwa 430 Deutsche im Reich im Dienst des polnischen Geheimdienstes gestanden hatten, darunter mehrere Offiziere der Wehrmacht und höhere Beamte.«

Am Donnerstag, dem 5. Oktober 1939, wird in Warschau auf der vom Belvedere zum Schloß führenden Prachtstraße vor Hitler und den Spitzen der Wehrmacht die erste deutsche Siegesparade abgehalten.

Oktober 1939

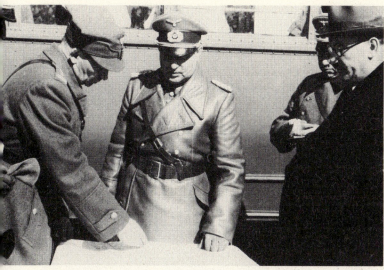

In mehreren Gesprächen mit polnischen Parlamentären wird der Text der Kapitulationsurkunde festgelegt

Hitler nimmt in Warschau die Siegesparade ab

»Warschau hat kapituliert« – »von Ribbentrop in Moskau eingetroffen« ... meldet am 28. 9. 1939 die NS-Presse

Warschau, einige Tage nach der Kapitulation. Ganze Stadtviertel liegen in Trümmer

1939 September

Polen wird aufgeteilt

Am Mittwoch, dem 27. September 1939, laufen im Moskauer Kreml die letzten Vorbereitungen für den Besuch des deutschen Reichsaußenministers Joachim von Ribbentrop. Bei diesem Treffen geht es um die Aufteilung der Kriegsbeute, das heißt um die Grenzziehung in den eroberten Gebieten Polens.

Am gleichen Abend, um 18.00 Uhr Moskauer Zeit, landen Außenminister von Ribbentrop und seine Begleitung mit zwei deutschen Maschinen Focke-Wulf 200 »Condor« auf dem Moskauer Flugplatz Wnukowo. Hunderte von Hakenkreuzflaggen bestimmen das Bild auf dem Flugplatzgelände. Die ersten sich bis in den Morgen hinziehenden Verhandlungen zwischen von Ribbentrop und seinen sowjetischen Gesprächspartnern beginnen schon um 22.00 Uhr.

Eröffnet werden sie von Josef Wissarionowitsch Stalin persönlich, der die Deutschen zu ihrem Sieg über Polen beglückwünscht und damit die Hoffnung auf eine weitere

September 1939

Auf dem Rückflug von Moskau nach Berlin, wo er den deutsch-sowjetischen Freundschaftsvertrag unterzeichnet hat, wird Joachim von Ribbentrop in Königsberg von dem NS-Gauleiter Erich Koch zu seinem Erfolg beglückwünscht

gute Zusammenarbeit der beiden Regierungen und Staaten verbindet. Überraschend ist für die deutschen Besucher Stalins Vorschlag, die im Vertrag vom 26. August 1939 festgelegte Demarkationslinie zwischen den beiderseitigen Interessensphären von der Weichsel ostwärts bis an den Bug zu verschieben. Dadurch bliebe – nach Stalins Überzeugung – die nationale Geschlossenheit der polnischen Bevölkerung im Lubliner Land erhalten. »Die Teilung der polnischen Bevölkerung könnte dort leicht zu einem Unruheherd werden, der später einmal Spannungen zwischen Deutschland und der UdSSR hervorruft«, argumentiert Stalin. Daraus ergibt sich, daß die deutschen Truppen, die erst auf Moskauer Wunsch das Gebiet bis zur Weichsel verlassen haben, erneut bis zum Bug vorrücken müssen. In den sowjetischen Machtbereich kommen mehrheitlich Weißrussen und Ukrainer. Das Schicksal der polnischen Nation liegt allein in deutschen Händen.

Am nächsten Tag finden in Moskau die Besprechungen des Außenministers von Ribbentrop vorerst zwischen 15.00 Uhr und 18.30 Uhr statt. Anschließend hat Wjatscheslaw M. Molotow im Kreml zu Ehren des deutschen Gastes ein Bankett arrangiert, zu dem neben Stalin fast die gesamte sowjetische Führung geladen ist. Von der gu-

1939 September

Die Karte mit der Teilung Polens trägt die Unterschriften von Stalin und von Ribbentrop

Bereits am 19. 9. 1939 berichtet die NS-Presse über die volle Übereinstimmung der beiden Diktatoren in der Sache Polens

ten Laune Stalins angesteckt, erwähnt von Ribbentrop später, »er habe sich im Kreml so wohl gefühlt wie unter alten NS-Parteigenossen«. Nach dem Bankett besucht die deutsche Delegation den ersten Akt des Balletts »Schwanensee«.

Um Mitternacht trifft von Ribbentrop wieder im Kreml ein, um weiterzuverhandeln. Stalin trägt auf die Karte Polens mit blauem Fettstift den neuen Grenzverlauf ein und setzt seinen Namen darunter. Die beiden Außenminister von Ribbentrop und Molotow unterzeichnen nun den deutsch-sowjetischen Freundschaftsvertrag.

Hitlers bester Bundesgenosse

Am Sonntag, dem 15. Oktober 1939, teilt in Moskau der Volkskommissar für Außenhandel, Anastas Mikojan, dem deutschen Marineattaché Norbert von Baumbach die Entscheidung der sowjetischen Führung mit, daß der Seestützpunkt in der Sapadnaja-Liza-Bucht den Deutschen übergeben wird. Sie dürfen dort auch »... Kriegsschiffe jeder Art und jeder Größe an dem genannten Platz reparieren«. Großadm. Erich Raeder gibt der Enklave der deutschen Kriegsmarine am Arktischen Meer die Bezeichnung »Basis Nord«. Auf diese Weise bekommt Hitler von Stalin den einzigen außerhalb der englischen Blockade liegenden Marinestützpunkt.

Am Mittwoch, dem 1. November 1939, berichtet Botschafter Graf Friedrich W. von der Schulenburg aus Moskau, daß die Sowjets sich bereiterklärt haben, die von den Deutschen vor dem Krieg eingekauften und noch im Ausland lagernden Rohstoffe zu importieren. Allerdings müßte dies unter völliger Geheimhaltung geschehen.

Dezember 1939

Volkskommissar Anastas Mikojan ordnet an, daß nur einige wenige Personen in diese »deutsch-sowjetische Verschwörung« eingeweiht werden, da ihm die grobe Verletzung der Neutralitätsregeln bekannt ist.

Am Sonntag, dem 31. Dezember 1939, wird im Kreml in Anwesenheit von Stalin über deutsch-sowjetische Wirtschaftsvereinbarungen verhandelt. Nach dieser ersten von drei Konferenzen erwähnt der Sonderbeauftragte Hitlers, Botschafter Karl Ritter, in seinem Bericht: »Das bedeutendste von allem ist die Tatsache, daß Stalin hier zum erstenmal den Ausdruck benutzte ›Gemeinsame Hilfe‹. Er sagte, daß die sowjetische Regierung den Handelsvertrag nicht als ein übliches Abkommen betrachte, sondern als einen Vertrag der ›gegenseitigen Hilfe‹. Die Sowjetunion ist bereit, Deutschland bei der Lieferung von Rohstoffen und Lebensmitteln, die sie selbst woanders gegen teure Devisen verkaufen könnte, zu unterstützen.«

Auf dieser Konferenz werden auch die Eisenlieferungen für Deutschland erörtert. Stalin zeigt sich besonders aufgeschlossen, da Hitler ihm versprochen hat, den im Bau befindlichen modernen schweren Kreuzer L. (Lützow) zu verkaufen. Stalin erklärt sich außerdem bereit, für Deutschland in Drittländern strategisch wichtige Metalle einzukaufen sowie einen Teil der sowjetischen Metallvorräte abzugeben.

Tag und Nacht treffen die Treibstofflieferungen aus der Sowjetunion ein. Sie ermöglichen Hitler die Offensive gegen Frankreich

»Unter die Arme gegriffen – Kameraden!« Französische Karikatur, Oktober 1939

Karikatur eines über Deutschland abgeworfenen Flugblatts (rechts unten)

DIE TRAGÖDIE DER JUDEN

DAS DRAMA NIMMT SEINEN LAUF

Die Anfänge der NS-Besatzungspolitik: Beginn mit der planmäßigen Ausrottung des Judentums im Osten

Am Mittwoch, dem 27. September 1939, wird durch einen Erlaß von Reichsführer SS und Chef der Deutschen Polizei, Heinrich Himmler, das Reichssicherheitshauptamt (RSHA) als Behörde des Chefs der Sicherheitspolizei und des SD, SS-Gruppenf. Reinhard Heydrich, ab Januar 1943 SS-Obergruppenf. Dr. Ernst Kaltenbrunner, errichtet. Es ist der mächtigste und allgegenwärtige Terrorapparat des NS-Staates.

Im Reichssicherheitshauptamt sind zusammengefaßt: Das Hauptamt Sicherheitspolizei (errichtet 1936), das Geheime Staatspolizeiamt (seit 1933), das Reichskriminalpolizeiamt (1937 aus dem Preußischen Landeskriminalpolizeiamt hervorgegangen) mit dem Sicherheitshauptamt der SS (SD des Reichsführers SS). Ab Oktober 1944 werden dem Reichssicherheitshauptamt auch die Abwehrabteilungen des OKW als Militärisches Amt (Mil) und ein Amt Nachrichtenverbindungen (N, mit Havelinstitut) angegliedert.

Dem Reichssicherheitshauptamt sind ferner unterstellt: die Inspekteure der Sicherheitspolizei und des SD, die Staatspolizei- sowie Kriminalpolizei(leit)stellen, die SD-(Leit)Abschnitte im Reichsgebiet, dazu die Einsatzgruppen und Befehlshaber (Kommandeure) der Sicherheitspolizei und des SD in den besetzten und Operationsgebieten, die SS- und Polizeiattachés in den Auslandsvertretungen sowie ab 1944 alle Abwehrstellen der Wehrmacht.

Am 7. Oktober 1939 ernennt Hitler den Reichsführer SS und Chef der Polizei Heinrich Himmler zum Reichskommissar für die Festigung des deutschen Volkstums. In dieser Eigenschaft hat er die Aufgabe, angebliche rassische Gefahren für die deutsche Bevölkerung zu bekämpfen.

Das bedeutet, daß Himmler in Posen und Danzig-Westpreußen – vom folgenden Tag an deutsche Reichsgaue – die Deportation von Polen und Juden zugunsten deutscher Umsiedler und Auslandsdeutscher aus dem Baltikum zwangsweise einleitet.

Am Donnerstag, dem 12. Oktober 1939, finden die ersten Deportationen von Juden aus Österreich und Mähren nach Polen statt.

Sofort nach dem Angriff auf Polen werden Hunderte von polnischen Bürgern in Danzig festgenommen, danach im Eilverfahren zum Tode verurteilt und erschossen

1939 Oktober

Dezember 1939

Ende Oktober 1939 besucht der Generalgouverneur Dr. Hans Frank (Mitte) Warschau (linke Seite)

Reinhard Heydrich, Chef der Sicherheitspolizei und des SD

Generalgouverneur Dr. Hans Frank

Anordnung der NS-Behörden (unten links) und Polen kurz vor ihrer Erschießung (unten rechts)

Vorboten des Holocaust

Am Donnerstag, dem 26. Oktober 1939, wird das von den Deutschen besetzte, nicht in Gaue umgewandelte Gebiet Polens zum Generalgouvernement erklärt. Generalgouverneur mit dem Sitz in Krakau ist Reichsminister Dr. Hans Frank. In dieses Generalgouvernement werden die aus dem Gau Danzig-Ostpreußen und Posen (Warthegau) vertriebenen Polen deportiert; außerdem kommen dorthin die ausgewiesenen Juden.

Am Sonnabend, dem 28. Oktober 1939, wird der Judenstern eingeführt: Die erste Stadt Europas, in der die jüdische Bevölkerung ein gelbes großes Stoffdreieck an der Kleidung tragen muß, ist Wloclawek, eine polnische Provinzstadt an der Weichsel nördlich von Warschau. Einen Monat später ordnet der Generalgouverneur im ganzen Land das Tragen von weißen Armbinden mit blauem Davidsstern an.

Obwohl die Kampfhandlungen in Polen offiziell eingestellt sind, bildet sich eine starke, bewaffnete Widerstandsbewegung, die in den folgenden Monaten der deutschen Polizei und dem Sicherheitsdienst (SD) stark zu schaffen macht.

In Polen beginnt bereits im Oktober 1939 die Plünderung von Kunstschätzen, die »zur Sicherung« nach Deutschland gebracht werden sollen.

Am Sonnabend, dem 16. Dezember 1939, erfolgt der erste Abtransport mit dem von dem Nürnberger Bildhauer Veit Stoß geschnitzten Altar aus dem Krakauer Dom.

DER »SITZKRIEG« AN DER WEST-FRONT

September 1939: Der »Drôle de guerre« – der »drollige Krieg« – beginnt. Nach der allgemeinen Mobilmachung rücken die französischen Truppen zur Front an, verabschiedet durch ihre Familien

DIE TRUPPEN HALTEN SICH ZURÜCK

Der »Drôle de guerre«: Eine Stimmung des allgemeinen Wartens ist auf beiden Seiten zu beobachten

Der 5. September 1939, ein Dienstag, steht an der Westfront unter dem Zeichen von Patrouillen und Vorstößen entlang der Grenze. Es beginnen jetzt die Aktionen der deutschen Propaganda. Vor der Front der französischen Truppen ertönen pazifistische Parolen: »Wir führen keinen Krieg!«, »Verhindern wir das Blutvergießen!«, »Wir werden nicht zuerst schießen!«, »Lassen wir uns nicht von England erschlagen!«

Im Vorfeld des Westwalls kommt es am nächsten Abend zu einer eher symbolischen Offensive von schwachen Teilkräften der französischen 4. Armee (Gen. Réquin) bei Saarbrücken, um auf diese Weise die Bereitschaft Frankreichs anzudeuten, seinen vertraglichen Bündnispflichten gegenüber Polen nachzukommen.

In der Nacht vom 7./8. September 1939 besetzen französische Vorhuten an der Nahtstelle zwischen der französischen 4. und 3. Armee einen Teil des Warndtwaldes und eine Anhöhe im Raum Auersmacher. Sie überschreiten die Grenze und dringen auf deutsches Gebiet vor. Daraufhin weichen die deutschen Verteidigungskräfte auf die Hauptstellungen der »Siegfriedlinie« zurück.

Am Freitag, dem 15. September 1939, als im Westen noch weitgehend Ruhe herrscht, schlägt der Kommandierende General des britischen Expeditionskorps, Lord John Gort, im französischen Le Mans sein Hauptquartier auf. Zu einem Einsatz seiner Truppen kommt es vorerst nicht.

Am Nachmittag des 27. September 1939 wird das Oberkommando des Heeres von Hitler angewiesen, einen Operationsplan gegen Frankreich auszuarbeiten. Um der Luftwaffe und dem Heer dieselben Erfolge wie in Polen ermöglichen zu können, will Hitler die für den 12. November 1939 geplante Offensive jedoch nur bei gutem Wetter beginnen.

Bereits in der ersten Oktoberwoche 1939 macht sich am Westwall der »Drôle de guerre« – der »drollige Krieg« – bemerkbar. Mit Plakaten und Lautsprecherparolen – wie »Sterben für Danzig, für die Polen, für die Briten?«, »Schießt nicht! Wir schießen nicht, wenn ihr nicht schießt!« – werden die französischen Soldaten ständig von den Deutschen berieselt.

1939 September

»Die französische Armee kämpft bereits auf deutschem Gebiet« – meldet die Pariser Presse am 7. 9. 1939

General Maurice Gamelin, Oberbefehlshaber der alliierten Streitkräfte in Frankreich

Der französische Präsident Albert Lebrun

Französische schwere Artillerie in Feuerstellung. Doch entlang des Rheins herrscht weitgehend Ruhe

Oktober 1939

Briten auf dem Festland

General Maurice Gamelin hat den französischen Truppen am Rhein ausdrücklich verboten, auf die Deutschen zu schießen. Der General meint: »Das Feuer auf deutsche Arbeitsgruppen eröffnen? Die Deutschen würden dadurch auf uns zurückschießen!« An der von Basel bis Luxemburg verlaufenden Grenzlinie ist es, abgesehen von einigen nächtlichen Spähtrupps oder einzelnen Granatgeschossen am Tage, totenstill.

Die französischen Soldaten sind in den Ardennen und im Elsaß oft in recht miserablen Quartieren untergebracht. Das schlechte Wetter dient ihnen immer wieder als Vorwand, die Befestigungsarbeiten oder angesetzte Übungen zu verschieben.

Bis zum Sonnabend, dem 7. Oktober 1939, erreicht das britische Expeditionskorps mit 161 000 Soldaten, darunter 10 000 Mann der Royal Air Force, 24 000 Fahrzeugen und 140 000 Tonnen Material unbeschadet das Festland über den Ärmelkanal. Es hat kaum Versuche der deutschen Kriegsmarine gegeben, diese Überführung britischer Kräfte nach Frankreich zu verhindern.

Allerdings bemüht sich Adm. Hermann Böhm, der deutsche Flottenchef, durch einen Geschwadervorstoß in Richtung auf die norwegische Küste, an dem neben dem Schlachtschiff »Gneisenau« und dem leichten Kreuzer »Köln« auch eine Flottille von neun Zerstörern beteiligt

Französische Aufklärer Potez 63 kehren von einem Erkundungsflug zurück

»Sterben für England?« – eine der deutschen Propagandaparolen, die den französischen Soldaten die Sinnlosigkeit ihrer Kämpfe bekräftigen soll

1939 Oktober

Der französische Ministerpräsident Edouard Daladier, der das Münchener Abkommen vom 29. 9. 1938 mitunterzeichnete, und General Maxime Weygand, zur Zeit Oberbefehlshaber der Orientarmee in Syrien, ab 19. 5. 1940 Nachfolger General Gamelins

Während die französischen Vorposten den Rhein beobachten, winken ihnen vom anderen Ufer die deutschen Soldaten freundlich zu

Oktober 1939

ist, die zur Sicherung Großbritanniens im Nordseeraum operierende Home Fleet in den Bereich deutscher Flugzeuge und U-Boote zu locken. Die deutsche Marineleitung erwartet, durch dieses Unternehmen die britische Verfolgung der deutschen Panzerschiffe einschränken zu können.

Pläne für den Westfeldzug

Am Donnerstag, dem 19. Oktober 1939, liegt der erste Aufmarschplan des Oberkommando des Heeres für eine Offensive im Westen (Fall »Gelb«) vor.

Nachdem es deutschen Entschlüsselungsexperten gelungen ist, den französischen Militärcode zu knacken, erfährt die deutsche Führung, daß die französische Front bei Sedan eine von zweitrangigen Divisionen besetzte Schwachstelle aufweist. Gegen den Sedan-Abschnitt werden daraufhin insgesamt fünf Panzerdivisionen versammelt. Sie gehören den Panzergruppen Guderian und Kleist sowie dem Panzerkorps Reinhardt an und werden der Heeresgruppe A (GenOberst Gerd von Rundstedt) unterstellt.

Die letzten britischen Truppenkontingente treffen in Cherbourg ein

Der britische Feldmarschall Sir Alan Brooke

Georg VI., König von England

1939 Oktober

Ein französischer Erkundungsvorstoß hat Erfolg: Zwei deutsche Soldaten werden gefangengenommen und sofort zur Vernehmung in das rückwärtige Gebiet gebracht

Der britische General Sir William Dobbie

Maurice Thorez, Generalsekretär der KP und Abgeordneter in Frankreich

Am Sonntag, dem 29. Oktober 1939, erscheinen die Richtlinien des OKH zur Bereitstellung der Kampfverbände für den Fall »Gelb«, den Angriff auf Frankreich und die angrenzenden neutralen Staaten. Sie sehen die Bildung der beiden Heeresgruppen B und A im Nordabschnitt Geldern und im Raum Mettlach an der Saar, nördlich von Merzig, vor.

Diese beiden Heeresgruppen sollen durch den Süden Hollands und durch Belgien bis zum Ärmelkanal vorstoßen und gleichzeitig die alliierten Kräfte nördlich der Somme vernichten. Die Aufgabe der Heeresgruppe C ist dagegen die Verteidigung der deutschen Grenze zwischen Mettlach und Basel.

GenOberst Walther von Brauchitsch, Oberbefehlshaber des Heeres, hält die Absicht Hitlers zum Angriff im Westen für verfrüht und lehnt militärisches Vorgehen gegen die neutralen Nachbarstaaten Luxemburg, Belgien und die Niederlande ab.

Gleicher Auffassung sind Generalstabschef Franz Halder und der Oberbefehlshaber der im Westen stehenden Heeresgruppe C GenOberst Wilhelm von Leeb. Ein entsprechender Vortrag von Brauchitschs bei Hitler am 5. November 1939 stößt auf Ablehnung. In dieser Zeit beginnt der Oberst im deutschen Nachrichtendienst, Hans Oster, über seinen Freund, den niederländischen Militärattaché Jakobus Gijobertus Sas, die Nachbarstaaten vor dem deutschen Angriff zu warnen. Da die genannten Termine nicht eingehalten werden, verlieren Osters Hinweise an Glaubwürdigkeit.

Attentat auf Hitler

Am Abend des 8. November 1939 findet im Münchener Bürgerbräukeller die traditionelle Feier zur Erinnerung an den NS-Putsch von 1923 statt. Hitler hält nur eine kurze Rede und fährt nach Berlin zurück. Unmittelbar nachdem er gegangen ist, explodiert eine Bombe, die der Tischler Georg Elser gelegt hat, und tötet sechs »alte Kämpfer«; 63 Personen werden verletzt. Der Attentäter wird wenig später an der Grenze zur Schweiz verhaftet. Ein Einzeltäter ist für die deutsche Propaganda uninteressant. Deshalb wird die Behauptung aufgestellt, die »Schwarze Front« Otto Strassers und der britische Geheimdienst hätten den Anschlag ausgeführt. Als Beweis werden die angeblichen Aussagen zweier britischer Angehöriger des Secret Service benutzt, die am 9. November aus dem niederländischen Venlo von dem SD-Führer Walter Schellenberg nach Deutschland entführt worden sind. Bei diesem Grenzzwischenfall wird von den deutschen Entführern ein niederländischer Offizier erschossen.

November 1939

Immer wieder verschoben

Am Dienstag, dem 7. November 1939, kommt es zur ersten Terminverlegung für die Westoffensive, was sich bis zum 10. Mai 1940 noch 29mal wiederholt. Wegen der ungünstigen Witterungsverhältnisse und der Transportschwierigkeiten verschiebt Hitler den Angriffsbeginn um drei Tage. Aber auch zu diesem Zeitpunkt erfolgt kein Angriff. Hitler verbleibt jedoch weiter bei seiner Absicht eines baldigen Beginns der Offensive und verlegt die nächsten Termine nur jeweils um einige Tage, wobei er gleichzeitig gewisse Korrekturen im Operationsplan vornimmt.

Das Angebot König Leopolds III. von Belgien und Königin Wilhelminas der Niederlande an Deutschland, Frankreich und Großbritannien, einen Verständigungsfrieden zu vermitteln, wird in Den Haag den diplomatischen Vertretern übergeben. Dieser Schritt bleibt ebenso wie das Vermittlungsangebot des rumänischen Königs Carol II. vom 13. November ohne Erfolg: Die Westmächte lehnen ab, da das Deutsche Reich zu keinerlei Zugeständnissen in Polen bereit ist; Hitler weist die Angebote zurück, weil er von einem Sieg bei einem Angriff auf Frankreich überzeugt ist.

Aus den Erfahrungen des Polenfeldzuges zieht Frankreich keine Rückschlüsse. Weder in der Organisation noch in der Führung der vorhandenen motorisierten Verbände werden Änderungen getroffen. Lediglich Col. Charles de Gaulle verfaßt in diesem Monat eine Denkschrift an die obersten Militärbehörden, in der er auf die Erfahrungen in Polen hinweist und seine Überlegungen aufzeichnet. Seine Warnung vor einer passiven Verteidigung, die den Deutschen einen Durchbruch durch die Maginot-Linie ermöglicht, und die Forderung auf Bildung starker Panzer- und motorisierter Verbände bleiben jedoch ungehört.

Am 23. November 1939 kommt es zwischen Hitler und GenOberst von Brauchitsch zu einem erneuten Zusammenstoß, da Hitler wie schon am 5. November 1939 Zweifel an Angriffskraft und Disziplin der deutschen Soldaten empört zurückweist. Er besteht auf dem Angriff im Westen und erklärt den versammelten Kommandierenden Generälen der Wehrmacht: »Endlich sind wir in der seit sechzig Jahren herbeigesehnten Lage, den Krieg nicht nach zwei Fronten führen zu müssen; also wäre es ein schwerer Fehler, diese Gunst des Augenblicks nicht zu nutzen; denn kein Mensch kann sagen, wie lange sie dauert!« Trotz deutlicher Kritik Hitlers am Heer, dessen Generalität nicht an einen kriegsentscheidenden Erfolg im Westen glaubt, bleibt von Brauchitsch im Amt und übernimmt die Verantwortung für die operativen Vorbereitungen zur Offensive im Westen. Damit hat Hitler seinen »unabänderlichen Entschluß« zum Angriff auf Frankreich durchgesetzt, bei dem er die Verletzung der Neutralität benachbarter Staaten als »bedeutungslos« ansieht.

Während Hitler den Angriff im Westen vorbereitet, versucht das französische Oberkommando mit allen Mitteln, seinen Truppen, die sich an den langen Winterabenden in ihren Stellungen langweilen, die Zeit zu vertreiben: Der populäre Chansonsänger Maurice Chevalier auf einer improvisierten Frontbühne

DER SEEKRIEG 1939

ANGRIFFE GEGEN HANDELSSCHIFFE

Erste Erfolge der deutschen U-Boote zu vermelden. Die neuartige »Rudeltaktik« wird erprobt

Ein merkwürdiger Zwischenfall ereignet sich am Sonnabend, dem 2. September 1939, im Mittelmeer, ein paar Seemeilen vor Tel Aviv. Hier stoppt das englische Küstenpatrouillenboot »Lorna« den altersschwachen Frachter »Tiger Hill« (ehemals »Zeinikos«) und ein weiteres Fahrzeug. Sie haben 1400 jüdische Flüchtlinge aus Bulgarien, Polen und Rumänien an Bord, die als illegale Einwanderer in Palästina Zuflucht suchen. Nachdem der Kapitän und seine Mannschaft das Schiff in Rettungsbooten verlassen haben, um einer Verhaftung durch die britische Mandatsbehörde zu entgehen, übernehmen die Passagiere selbst die »Tiger Hill« und setzen das Schiff in seichtem Gewässer bei Sukria auf Grund.

Daraufhin versucht ein Prisenkommando des britischen Patrouillenbootes, die »Tiger Hill« nach vorangegangenem Beschuß zu entern. Dabei werden zwei Flüchtlinge getötet und mehrere andere verwundet. Diese erste bewaffnete Aktion der Royal Navy im Zweiten Weltkrieg richtet sich nicht gegen ein deutsches Kriegsschiff, sondern ausgerechnet gegen Menschen, die vor dem Antisemitismus ihrer Heimatländer fliehen.

Am Abend des 2. September 1939 verfolgen bereits zahlreiche Schiffe der Royal Navy den mit 27 Knoten von New York aus auf der Nordroute dicht an Grönland vorbei in Richtung Heimat fahrenden Luxusschnelldampfer »Bremen« des Norddeutschen Lloyd. Während die meisten Einheiten der Home Fleet den Schiffsriesen (51 000 BRT) im Nordatlantik suchen, erwarten ihn zwei Kreuzer sowie acht Zerstörer vor der norwegischen Küste, und einige U-Boote lauern bereits vor den Einfahrten deutscher Häfen. Aber die »Bremen« läuft zunächst Murmansk an und kehrt von dort erst Mitte Dezember nach Wesermünde zurück.

Am Sonntag, dem 3. September 1939, um 13.30 Uhr, ergeht nach der Kriegserklärung Großbritanniens und Frankreichs der Befehl des deutschen Oberkommandos, die Feindseligkeiten gegen England sofort zu eröffnen. Noch soll die Kriegsmarine, der hierfür neben geringen Überwasserstreitkräften zunächst lediglich 18 fronteinsatzfähige U-Boote zur Verfügung stehen, ihren Handelskrieg streng nach der Prisenordnung führen.

Das alte britische Schlachtschiff »Royal Oak«, ein Veteran der Skagerrak-Schlacht vor 23 Jahren, bei einem Wendemanöver. In der Nacht des 14. 10. 1939 versenkt Kapitänleutnant Günter Prien mit U 47 die »Royal Oak« im Flottenstützpunkt Scapa Flow, die mit 833 Mann untergeht

1939 September

Der zweisitzige Seeaufklärer Arado Ar 196. Seine Aufgabe: Aufklärung und Beschattung von alliierten Überwasserschiffen

Die Anweisung Hitlers, die feindliche Schiffahrt nur gemäß den Grundsätzen der Genfer Konvention anzugreifen, entspringt nicht humanitären Regungen, sondern allein dem Gedanken, daß Großbritannien und Frankreich nach der Niederwerfung Polens zu einem Friedensschluß bereit sein würden.

Die Royal Navy setzt zur Abwehr deutscher U-Boote ein Ortungsgerät mit der Bezeichnung »Asdic« ein, das ähnlich wie ein Echolot mit horizontal abgestrahlten Schallwellen arbeitet. Dabei sind mindestens drei Geleitfahrzeuge erforderlich, um die Position eines U-Bootes festzustellen. Eines der Schiffe muß über die geortete Position laufen und Wasserbomben werfen. Sowie die Turbulenzen nach den Bombenexplosionen aufhören, wird der Asdic-Kontakt wiederhergestellt.

Die Schlacht im Atlantik beginnt

In der ersten Phase der bereits am 3. September beginnenden Atlantikschlacht (bis Juni 1940) spielt sich der U-Boot-Krieg im Einzeleinsatz auf dem östlichen Atlantik zwischen Gibraltar und den Hebriden mit Schwerpunkt westlich des Ärmelkanals ab.

Die Kriegsmarine hat ihre schweren Überwassereinheiten mit einem Funkmeßgerät (Radar) ausgestattet. Dieses Feuerleitgerät (Deckname: Seetakt) arbeitet zu dieser Zeit auf 2,40 Meter Wellenlänge, besitzt eine Reichweite bis zu 16 Seemeilen (30 Kilometer) und dient der Schiffsartillerie zur Ermittlung von Zieldaten.

Da der Home Fleet ein gleichwertiges Gerät fehlt, kann die Kriegsmarine unbemerkt die Gewässer östlich und westlich von Island befahren und vor britischen Einheiten in die Dänemarkstraße ausweichen. Ebenso ist es möglich, alliierte Geleitzüge im Atlantik aufzuspüren und den Standort der eigenen Versorgungsschiffe festzustellen.

Nach der Kriegserklärung veröffentlichen die Alliierten und die Deutschen Listen von Gütern, die unter den Begriff Konterbande fallen und bei Beförderung auf neutralen Schiffen einer Beschlagnahme auf See unterliegen.

Um die Versorgung der Britischen Insel abzusichern, wird in England ein umfassendes Geleitzugsystem eingeführt, um den aus englischen Häfen auslaufenden Handelsschiffen Schutz zu bieten. Entsprechende Vorbereitungen werden auch in überseeischen Häfen getroffen. Allerdings sind diese Pläne anfangs schwer durchzuführen: Die Handelsschiffe sind über alle Meere verstreut und die Begleitschiffe zahlenmäßig zu gering. Mit Rücksicht darauf werden die von England abgehenden Geleitzüge zunächst nicht weiter als 200 Seemeilen westlich von Irland geführt. Nachher verstreuen sie sich auf den Routen zu ihren Bestimmungshäfen, und die eskortierenden Begleitschiffe fahren den Schiffen entgegen, die nach Großbritannien unterwegs sind.

September 1939

Der britische Admiral Sir Bertram Ramsay, der 1940 den Rückzug der britischen Truppen aus Dünkirchen organisiert, und der britische Vizeadmiral Sir E. Neville Syfret

Eine deutsche Flottille leichter Fahrzeuge beginnt ihren Einsatz im Küstenvorfeld (oben links)

Die Besatzung eines deutschen U-Bootes übernimmt in einem Flottenstützpunkt Torpedos (links)

1939 September

Bordgeschütz eines deutschen Vorpostenbootes während einer Übungsfahrt in der Nordsee

Der britische Admiral Sir Charles M. Forbes, Oberbefehlshaber der »Home Fleet«

Der britische Vizeadmiral Sir James F. Somerville, Befehlshaber des Flottenverbandes »H«

Die Dringlichkeit dieser Maßnahmen und die Problematik der Inselversorgung ist offensichtlich: In Großbritannien leben inzwischen vier Millionen mehr Menschen als zu Ende des Ersten Weltkrieges, für deren Versorgung aber 2000 Handelsschiffe weniger zur Verfügung stehen als 1918. Gleichzeitig ist der Ölverbrauch um das Zehnfache gestiegen.

Großbritannien gibt zugleich die Seeblockade gegen Deutschland bekannt: Britische U-Boote patrouillieren jetzt auf dem Seeweg nach Wilhelmshaven, im Ärmelkanal sowie vor Nordnorwegen. Kreuzer und Zerstörer suchen das Nordseegebiet sowie das Nordmeer ab. Die Hauptkräfte der englischen Home Fleet unter Führung von Adm. Charles M. Forbes beziehen sofort Position zwischen Norwegen und den Shetlandinseln, wo sie die Durchfahrten von der Nordsee zum Atlantik bewachen.

Die Blockierung der deutschen Handelswege auch für Schiffe neutraler Staaten, die mit den Deutschen zusammenarbeiten, ist eine der wichtigsten Aufgaben der ersten Kriegstage.

Um die nördlichen Patrouillen zu verstärken, werden britische Hilfskreuzer in Dienst gestellt. Es handelt sich dabei um entsprechend hergerichtete Passagierdampfer, die mit Geschützen vom Kaliber 15,2 cm, Flugabwehrkanonen und mit entsprechendem Gerät für die Verteidigung gegen U-Boote ausgerüstet sind. Ihre Zahl steigt in kurzer Zeit auf 25 Einheiten.

Die Kriegserklärung der Westalliierten stellt die deutsche Handelsflotte vor große Probleme. Die Überzeugung Hitlers, daß Großbritannien keinen Krieg beginnen wird, ist der Grund dafür, daß die deutsche Handelsflotte erst am 25. August 1939 die notwendige Warnung erhalten hat. Zu dieser Zeit haben alle britischen, polnischen und der größte Teil der französischen Schiffe die deutschen Häfen bereits verlassen. Das Ergebnis: Bei Kriegsausbruch befinden sich Hunderte von deutschen Schiffen auf See und in den Häfen außerhalb der deutschen Grenzen. Insgesamt 325 Schiffe (750 000 BRT) erreichen neutrale Häfen, nahezu 100 Schiffen (500 000 BRT) gelingt es, nach Deutschland zurückzukehren.

Gleichzeitig mit den Aktionen der britischen Flotte beginnen die Erkundungsflüge des »Coastal Command«, der Küstenbewachung. Da die Reichweite der zur Verfügung stehenden Flugzeuge gering ist, übernehmen die britischen U-Boote die Patrouillen der entlegenen Gebiete.

September 1939

Minensuchboote der Kriegsmarine kehren von einem Einsatz in der Nordsee zu ihrem Stützpunkt zurück

Versenkung der »Athenia«

In der Nacht vom 3./4. September 1939 entdeckt Oberlt. z. S. Fritz Lemp, Kommandant von U 30, westlich der Britischen Inseln – und zwar außerhalb der üblichen Dampferrouten – ein großes, abgeblendet im Zickzackkurs fahrendes Schiff, das er für einen feindlichen Hilfskreuzer hält. Er versenkt es ohne Vorwarnung mit drei Torpedos. Der angebliche Hilfskreuzer ist jedoch der britische Passagierdampfer »Athenia« (13 581 BRT) auf der Fahrt nach den USA. Von den mehr als 1400 Menschen an Bord kommen 112 – darunter 28 Amerikaner – ums Leben. An der Rettung der übrigen Passagiere und Besatzungsmitglieder beteiligen sich der norwegische Tanker »Knut Nelson«, die schwedische Jacht »Southern Cross«, der US-Frachter »City of Flint« sowie die britischen Torpedoboote »Electra« und »Escort«.

Der Führer der U-Boote, Kpt. z. S. Karl Dönitz, befiehlt dem inzwischen zum Kapitänleutnant beförderten Kommandanten von U 30, nach seiner Rückkehr das zum »Fall Athenia« gewordene Geschehnis geheimzuhalten. Aus dem Kriegstagebuch von U 30 werden die Eintragungen von dieser Nacht entfernt. Anders reagiert Dr. Joseph Goebbels, der Reichspropagandaminister: Nach anfänglichem Ableugnen der »Athenia«-Torpedierung behauptet er, die »Athenia« sei auf Befehl Churchills von den Engländern selbst versenkt worden, um die Vereinigten Staaten zum Kriegseintritt zu bewegen; er versucht damit, an die Auseinandersetzungen um die Versenkung der »Lusitania« im Ersten Weltkrieg anzuknüpfen.

Am darauffolgenden Tag übernimmt Winston Churchill das Amt des Ersten Lords der Admiralität.

Am Dienstag, dem 5. September 1939, um 8.15 Uhr, gelingt es KptLt. Günter Prien, Kommandant des U 47, das erste britische Handelsschiff, den kleinen Frachter »Bosnia«, zu versenken.

Gegen 14.00 Uhr fällt das erste bewaffnete englische Handelsschiff, die »Royal Sceptre«, einem anderen deutschen U-Boot zum Opfer. Es ist U 48 (KptLt. Herbert Schultze) aufgefallen, daß der Dampfer keine Nationalflagge führt. Mit Warnschüssen vor den Bug fordert der U-Boot-Kommandant den verdächtigen Frachter zum Stoppen auf. »Werde von einem U-Boot gejagt und unter Feuer genommen« – lautet der letzte Funkspruch. U 48 reagiert darauf mit einem wohlgezielten Torpedo, der die »Roayl Sceptre« auf den Meeresgrund schickt.

Als Hitler von dem Zwischenfall erfährt, ergeht sein Befehl an alle U-Boot-Kommandanten, sofort sämtliche Schiffe zu versenken oder als Prise aufzubringen, wenn sie nach dem Anhalten noch ihre Funkanlage benutzen.

Die Reaktion auf diese Entwicklung – vor allem der Engländer, da die Aufmerksamkeit der Franzosen sich auf das Mittelmeer konzentriert – verläuft sehr unterschiedlich: Neben der Zusammenstellung von Geleitzügen wird der Versuch unternommen, auf See offensiv vorzugehen. So beginnt die Royal Navy mit der Errichtung von Minensperren.

Die Engländer setzen außerdem für die Bekämpfung der U-Boote Luftstreitkräfte ein, doch hat das »Coastal

153

1939 September

Command« zuwenig Flugzeuge. Deshalb werden für die Offensivpatrouillen bald Flugzeugträger ausgesandt, wenn auch das Risiko, durch U-Boote versenkt zu werden, sehr groß ist.

Zu dem Zeitpunkt, als die Deutschen in den Weiten des Atlantiks und der anliegenden Meere den U-Boot-Krieg beginnen, stehen ihnen 57 U-Boote zur Verfügung. Darunter befinden sich acht U-Boote für den Hochsee-Einsatz mit einer Wasserverdrängung von 862 bis 1032 Tonnen sowie einer operativen Reichweite bis zu den Azoren und Gibraltar, 18 U-Boote mit einer Wasserverdrängung von 626 bis 753 Tonnen, ebenfalls hochseetüchtige Boote, sowie 31 U-Boote mit einer Wasserverdrängung von 254 bis 291 Tonnen für die Verwendung in der Nordsee und in den Küstengewässern vor den Britischen Inseln. Bei Kriegsausbruch befinden sich 39 deutsche U-Boote auf See: 18 im Atlantik und 21 in den Gewässern um England.

Der deutsche Passagierdampfer »Bremen«, der seit der Abfahrt von New York 4045 Seemeilen ohne Störung zurücklegen konnte, ist am 6. September 1939, um 14.15 Uhr, im Hafen von Murmansk (Sowjetunion) eingelaufen.

Am selben Tag verläßt der erste Geleitzug, bestehend aus 16 Schiffen, den Hafen Orford Ness an der englischen Ostküste mit dem Ziel Methil (Schottland). Die britische Admiralität bildet zur ständigen Überwachung des Seegebiets zwischen England und Island die aus älteren Kriegsschiffen zusammengestellte »Northern Patrol«.

Am Donnerstag, dem 7. September 1939, erteilt Hitler den Befehl, keine französischen Handelsschiffe anzugreifen und die französischen Gewässer nicht zu verminen.

Deutsche Geheimwaffe

In der Nacht vom 9./10. September 1939 gelingt es den beiden britischen Zerstörern »Esk« und »Express«, vor der deutschen Nordseeküste eine Minensperre anzulegen.

Wenige Stunden später kommt der britische Dampfer »Magdepur« mit einer neuen deutschen Waffe – einer in England bisher unbekannten Magnetmine – in Berührung. Das Schiff sinkt vor Aldeburgh.

Am Tag darauf, am Sonntag, dem 10. September 1939, stößt vor Obrestad das britische U-Boot »Triton« auf ein nicht identifizierbares U-Boot, worauf der Kommandant durch Rammstoß das fremde Boot zum Sinken bringt. Es erweist sich erst danach, daß er ein eigenes U-Boot vernichtet hat: die »Oxley« mit 54 Mann Besatzung. Es ist der erste Fall im Zweiten Weltkrieg, daß ein U-Boot ein anderes U-Boot versenkt.

In der Nacht vom 11./12. September 1939 durchfährt letztmalig ein deutsches U-Boot den Ärmelkanal, ehe britisch-französische Minensperren dies fast unmöglich machen.

Am Dienstag, dem 12. September 1939, stellt der deutsche Funkabhördienst fest, daß ein britischer Flugzeugträger im östlichen Atlantik operiert, obwohl die genaue Position noch nicht ausgemacht werden kann.

Und am nächsten Tag muß die französische Marine ihren ersten Verlust hinnehmen. Im Hafen von Casablanca explodiert auf dem Minenleger »Platon« eine Mine beim Entschärfen, wobei die »Platon« total zerstört wird und 215 Seeleute umkommen.

Am 17. 9. 1939 versenkt das deutsche U-Boot U 29 westlich von Irland den britischen Flugzeugträger »Courageous«, der mit 514 Mann untergeht. Nach diesem Debakel zieht die Admiralität sofort die Träger von der U-Boot-Jagd zurück

September 1939

Am Donnerstag, dem 14. September 1939, schießt das deutsche U-Boot U 39 (KptLt. Glattes) in der Nähe der Hebriden-Inseln drei Torpedos auf den britischen Flugzeugträger »Ark Royal« (21 652 Tonnen) ab. Zwei der Torpedos mit defekter Magnetzündung explodieren jedoch vorzeitig. Nach diesem durch Torpedoversager gescheiterten Angriff wird U 39 von drei englischen Sicherungszerstörern verfolgt und mit Wasserbomben angegriffen, die das U-Boot schwer beschädigen und schließlich zum Sinken bringen. U 39 ist das erste deutsche U-Boot, das infolge Versagens der Magnetzündung und Tiefensteuerung seiner Torpedos verlorengeht.

Am 15. September 1939 wird das erste in diesem Krieg versenkte Schiff eines neutralen Staates, der belgischen Motorfrachter »Alex von Opstal« (5965 BRT), das Opfer einer von dem deutschen U-Boot U 26 (KptLt. Ewerth) gelegten Mine.

In der Abenddämmerung des 17. September 1939 stößt westlich von Irland das deutsche U-Boot U 29 (KptLt. Schuhart) unerwartet auf den britischen Flugzeugträger »Courageous« (22 500 Tonnen). Um die Landung der eigenen Flugzeuge vorzubereiten, dreht sich die »Courageous« gerade in den Wind, als U 29 drei Torpedos auf sie abfeuert. Zwei davon treffen den Flugzeugträger aus einer Entfernung von etwa zwei Seemeilen voll mittschiffs. Nach einer gewaltigen Detonation bricht die »Courageous« auseinander und sinkt um 20.05 Uhr mit 48 Flugzeugen an Bord binnen weniger Minuten. 514 Offiziere und Matrosen der 1260 Mann starken Besatzung kommen ums Leben, darunter der Kommandant, Capt. Makeig-Jones.

Nach dem Verlust dieses ersten Flugzeugträgers verzichtet die britische Admiralität auf den weiteren Trägereinsatz zur U-Boot-Bekämpfung. Daraufhin werden die Flugzeugträger »Hermes« und »Glorious« in den Indischen Ozean, der neue Flugzeugträger »Ark Royal« in den mittleren Atlantik abkommandiert, um die dortigen Kräfte im Kampf gegen die Handelsstörer mit ihren Bordflugzeugen zu unterstützen.

Zwei Tage später verkündet Winston Churchill die Absicht, den Transport schwedischer Erze über den norwegischen Hafen Narvik nach Deutschland durch Verlegung einer Minensperre vor der Küste Norwegens unmöglich zu machen. Allerdings vermag er seinen Plan nicht durchzusetzen, weil das Foreign Office eine solche Verletzung der norwegischen Neutralität scheut.

In der Nordsee gerät am Mittwoch, dem 20. September 1939, der Kommandant des deutschen U-Bootes U 27, KptLt. Johannes Franz, mit seiner Besatzung in britische Gefangenschaft. Nachdem das U-Boot durch mehrere Treffer der Zerstörer »Fortune« und »Forrester« zu sinken beginnt, befiehlt der Kommandant in letzter Minute seinen Männern, das Boot zu verlassen.

Unbegrenzter U-Boot-Krieg

Der erste Schritt zum unbegrenzten U-Boot-Krieg ist die am Sonnabend, dem 23. September 1939, von Hitler bestätigte Anweisung des Großadm. Erich Raeder, alle Handelsschiffe, die von U-Booten angehalten werden, zu versenken, sofern sie eine Funkanlage an Bord benutzen.

Ebenfalls am 23. September 1939 beginnt die britische Admiralität mit der Errichtung einer Minensperre ent-

Captain W. T. Makeig-Jones, der mit dem Flugzeugträger »Courageous« untergeht

Der Ausguck auf einem U-Boot während der Feindfahrt

1939 September

lang der Ostküste Englands, um die küstennahe Schiffahrt vor deutschen U-Booten und Überwasserkriegsschiffen zu schützen.

Am Dienstag, dem 26. September 1939, verkündet die britische Admiralität eine baldige Bewaffnung aller englischen Handelsschiffe. Zwar handelt es sich bei dieser Bewaffnung vornehmlich um veraltete Kanonen aus dem Ersten Weltkrieg, aber sie liefert Hitler den Vorwand zu seiner Weisung, von nun an »alle bewaffneten Schiffe ohne Vorwarnung anzugreifen«.

Die bereits im Atlantik kreuzenden deutschen Kriegsschiffe »Deutschland« (Kpt. z. S. Paul Wenneker) und »Admiral Graf Spee« (Kpt. z. S. Hans Langsdorff) – wegen ihrer geringen Wasserverdrängung als »Westentaschen-Panzerschiffe« bezeichnet – beginnen von jetzt an ihre operative Tätigkeit. Das Ziel ihrer Kaperfahrten ist »die Vernichtung und Desorganisation der feindlichen Handelsschiffahrt unter Anwendung aller zur Verfügung stehenden Mittel«.

Die Verluste der Alliierten und der neutralen Staaten durch den Seekrieg belaufen sich im September 1939 auf 41 Schiffe (134 807 BRT).

Auf der am 3. Oktober 1939 in Panama tagenden Konferenz, an der 21 Staaten teilnehmen, wird eine »amerikanische Sicherheitszone« vereinbart. In diesen 300 bis 600 Seemeilen breiten Gewässern entlang der amerikanischen Küsten sind alle Kriegshandlungen untersagt. Für die Kontrolle, daß diese Vereinbarung von den kriegführenden Parteien auch eingehalten wird, soll ein neu aufgestelltes Atlantikgeschwader der US-Navy durch ständige Patrouillenfahrten sorgen.

Minensuchboote während des Einsatzes vor der deutschen Nordseeküste

Der britische Konteradmiral Arthur L. St. G. Lyster (links) und der niederländische Konteradmiral Karel Doorman

In der Nacht vom 13./14. 10. 1939 schleicht sich U 47 unter Kapitänleutnant Prien durch die nördliche Zufahrt in die Bucht von Scapa Flow und versenkt das Schlachtschiff »Royal Oak«

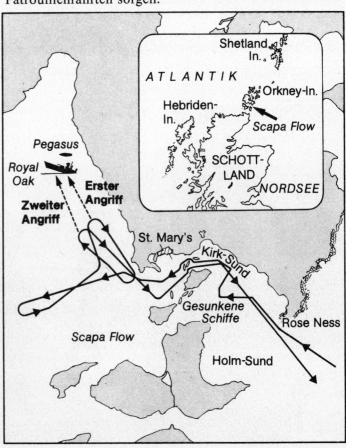

Oktober 1939

Nur drei Tage danach, am Freitag, dem 6. Oktober 1939, dringt das Panzerschiff »Deutschland« (Kpt. z. S. Wennecker) in die Gewässer der amerikanischen Sicherheitszone ein und versenkt den britischen Frachtdampfer »Stonegate« (5044 BRT).

Aufklärer ohne Fortüne

In den Mittagsstunden des 8. Oktober 1939 meldet ein britischer Aufklärer die Anwesenheit des am Vortage ausgelaufenen deutschen Flottenverbandes in der Nordsee unweit des Leuchtfeuers Lister (Südnorwegen). Da die britische Admiralität vermutet, daß die deutsche Kampfgruppe, bestehend aus dem Schlachtschiff »Gneisenau«, dem Kreuzer »Köln« und neun Zerstörern, sich auf dem Weg in den Atlantik befindet, werden von Scapa Flow aus die Schlachtschiffe »Repulse« (Capt. Tennant) und »Hood« (Capt. Kerr), die Kreuzer »Aurora« (Capt. Agnew), »Sheffield« (Capt. Maund) sowie Zerstörer in Marsch gesetzt.

Für den Fall, daß die deutschen Einheiten wieder abdrehen und in ihre Heimathäfen zurückkehren sollten, stechen vom Firth of Forth aus in Richtung Skagerrak zwei Kreuzer und vier Zerstörer in See. Die britischen Hauptkräfte, bestehend aus den Schlachtschiffen »Nelson«, dem Flaggschiff des Adm. Charles M. Forbes, und »Rodney«, dem Flugzeugträger »Furious«, dem Kreuzer

Der Kommandant von U 47, Kapitänleutnant Günter Prien. Auf dem Turm seines U-Bootes der »Stier von Scapa Flow«

Britisches Schlachtschiff »Royal Oak«, im Mai 1916 in Dienst gestellt. Besatzung bis zu 997 Mann

1939 Oktober

Ein Vorpostenboot der Kriegsmarine auf Patrouillenfahrt

Der britische Vizeadmiral Sir Max Horton, einer der Befehlshaber der britischen U-Boot-Waffe

Der britische Admiral Sir Tom Phillips, Oberkommandierender der »Eastern Fleet«

Newcastle« und acht Zerstörern, nehmen von den Shetland-Inseln aus Kurs nach Nordosten. Im Schutz von Zerstörern läuft auch das Schlachtschiff »Royal Oak« (Capt. Benn) aus.

Den ganzen Nachmittag über halten die britischen Aufklärungsflugzeuge Sichtkontakt mit der deutschen Gruppe, der ihnen jedoch gegen 17.30 Uhr verlorengeht, als die deutschen Schiffe 30 Seemeilen westlich von Stavanger plötzlich Kurs nach Norden nehmen. Selbst die angeforderten Bombenflugzeuge können die deutschen Einheiten nicht mehr wiederfinden.

Versenkung der »Royal Oak«

Inzwischen läuft KptLt. Prien mit seinem U 47 aus dem Kieler Hafen aus. Sein Ziel: der Hauptflottenstützpunkt Scapa Flow.

Am Dienstag, dem 10. Oktober 1939, legt Hitler den Befehlshabern der drei Wehrmachtteile, Walther von Brauchitsch, Hermann Göring und Erich Raeder, die am Vortag erarbeitete Weisung Nr. 6 für die Kriegführung vor. Sie gilt den Vorbereitungen zum Angriff auf Frankreich und Großbritannien. Während der Besprechung sind sich Hitler und Großadm. Raeder darin einig, daß der Handelskrieg gegen England verschärft werden muß. Bei dieser Gelegenheit betont der Großadmiral die strategische Bedeutung Norwegens.

Oktober 1939

Am Freitag, dem 13. Oktober 1939, nähert sich in den ersten Morgenstunden KptLt. Prien mit U 47 den Orkney-Inseln. Der Himmel ist bei leichtem Nordostwind nur schwach bewölkt und die Nacht sehr hell, es herrscht Nordlicht. Die Durchfahrten zwischen den vorgelagerten Inseln bis zur Haupteinfahrt der großen Bucht von Scapa Flow sind durch Netze und versenkte Schiffe gesperrt. Da U 47 kein Ortungsgerät an Bord hat und Gefahr läuft, neben einem feindlichen Kriegsschiff aufzutauchen oder einen Schiffsbug zu rammen, ist dieser Einsatz mehr als gefährlich.

Am selben Tag erhält eine Gruppe von neuen deutschen U-Booten vom Befehlshaber der U-Boote, Kpt. z. S. Dönitz, Anweisung, die neue »Rudeltaktik« an dem südwestlich von Irland gemeldeten Konvoi HG 3 zu erproben. Diese Taktik bereitet aber Schwierigkeiten, denn es stehen nur drei Boote zur Verfügung, und der Geleitzug zerstreut sich sofort. Obwohl es zu mehreren Torpedoversagern kommt, werden drei Schiffe versenkt.

In der Nacht vom 13./14. Oktober 1939 schleicht sich U 47 durch die nördliche Zufahrt in die Bucht von Scapa Flow. KptLt. Prien: »... Eine Bucht öffnete sich, weitgedehnt bis zum Horizont. Unbewegtes Wasser, in dem der brennende Himmel sich spiegelte. ›Wir sind drin!‹ gab ich nach unten durch.«

Bei der Weiterfahrt nach Südwesten entdeckt Prien zwei dicht nebeneinanderliegende schwere Schiffseinheiten und schießt seine Torpedos ab. Der Bug oder die Ankerkette des Schlachtschiffes »Royal Oak« (Capt. Benn) bekommen Treffer, die um 0.59 Uhr eine heftige Erschütterung des Rumpfes auslösen.

Capt. Benn und der an Bord befindliche Befehlshaber des 2. Schlachtgeschwaders, Konteradm. Blagrove, vermuten entweder einen deutschen Bombenangriff oder eine Explosion im Schiffsinnern. Inzwischen entfernt sich U 47 aufgetaucht von seinem Ziel, um die beiden Torpedorohre nachzuladen. Im Hafen bleibt es trotz der Explosionen vorerst ruhig. Der neue Torpedo-Dreierfächer verursacht drei Minuten später auf der »Royal Oak« (29 000 Tonnen) eine weitere Detonation. Knapp zwei Minuten später beginnt das Schlachtschiff zu sinken. Unter den 833 Todesopfern sind auch Konteradm. Blagrove und Capt. Benn.

Um unentdeckt den suchenden Patrouillenbooten zu entkommen, nimmt U 47 dicht unter Land Kurs nach Süden auf die Abzweigung vom Kirk- zum Skerry-Sund. Prien: »Langsam quälte sich das Boot durch den Engpaß. Es war dunkel um uns. Nur aus der Ferne drang verhallend immer leiser der Knall der krepierenden Wasserbomben hinter uns her. Dann lag das Meer vor uns.«

Mitte Oktober 1939 verminen deutsche U-Boote die Zugänge der britischen Häfen und leiten damit eine neue Offensive gegen die alliierte Schiffahrt ein.

Am Dienstag, dem 17. Oktober 1939, erhalten die U-Boot-Kommandanten von der deutschen Seekriegsleitung Order, ohne irgendeine Warnung alle als feindlich identifizierten oder zur Nachtzeit verdunkelt fahrenden Schiffe im Gebiet bis zum 15. westlichen Breitengrad anzugreifen sowie Passagierschiffe im Geleit zu versenken.

Der britische Admiral Sir Dudley Pound, First Sea Lord und Chef des Admiralstabes

Die Besatzungen deutscher Bomber beim Anschauungsunterricht vor ihrem Einsatz gegen die britische Flotte

1939 Oktober

Der Grund für die Verzögerung, den uneingeschränkten U-Boot-Krieg zu beginnen, liegt in dem Bestreben, die Beziehungen zu den neutralen Staaten USA, UdSSR, Japan, Italien und Spanien aufrechtzuerhalten.

Als KptLt. Prien mit seiner Besatzung des U 47 gegen Mittag in Wilhelmshaven einläuft, werden sie am Kai von Großadm. Erich Raeder und Kpt. z. S. Karl Dönitz begrüßt. Anschließend wird Dönitz an Deck von U 47 zum Konteradmiral befördert. Hitler läßt Prien und seine Männer mit seinem Privatflugzeug nach Berlin holen, um dem U-Boot-Kommandanten persönlich das Ritterkreuz des Eisernen Kreuzes zu überreichen.

Verluste durch Magnetminen

Bis zum Freitag, dem 20. Oktober 1939, werden 19 alliierte und neutrale Handelsschiffe mit insgesamt 59 027 BRT Opfer der neuartigen deutschen Magnetminen. Dazu kommt noch eine größere Anzahl beschädigter Schiffe. Die in flachen, küstennahen Gewässern von deutschen U-Booten verlegten Magnetminen erweisen sich als Geheimwaffe mit verheerender Wirkung. Gezündet werden die Minen elektromagnetisch, wenn sich durch den Stahlrumpf eines Schiffes das Erdmagnetfeld verändert. Die so entstehende Druckwelle bricht fast immer den Kiel des in dieses Magnetfeld hineingeratenen Schiffes ab.

Um diese Erfolge noch zu steigern, beabsichtigt Großadm. Raeder, britische Hafenzufahrten, die für Überund Unterwasserminenleger nicht erreichbar sind, durch Flugzeuge verminen zu lassen.

Im Oktober 1939 werden drei deutsche U-Boote (U 12, U 40 und U 16) versenkt und ein weiteres Boot beschädigt, als sie den Versuch unternehmen, trotz der britischfranzösischen Minensperre den Ärmelkanal zu durchqueren. Dies veranlaßt die deutsche Seekriegsleitung, allen U-Booten zu befehlen, künftig die Britische Insel durch den Nordatlantik zu umfahren.

Im Oktober 1939 werden insgesamt 34 alliierte Handelsschiffe mit 168 140 BRT in der Nordsee und im Atlantik durch deutsche U-Boote versenkt.

Bis zum 1. November 1939 patrouilliert das Panzerschiff »Deutschland« südlich von Grönland. Hier kann es kaum entdeckt werden, hat aber auch wenig Chancen zur Versenkung gegnerischer Schiffe. Deshalb wird es nach einem bescheidenen Versenkungsergebnis von nur zwei Schiffen mit zusammen 7000 BRT von der Seekriegsleitung zurückbeordert.

Winston Churchill: »Die bloße Anwesenheit des mächtigen Schiffes auf unseren wichtigsten Handelsrouten zwang jedoch, wie vorausgesehen, unsere Begleit- und Jagdschiffe im Nordatlantik zu höchster gespannter Aufmerksamkeit.«

Am Dienstag, dem 7. November 1939, wird amerikanischen Handelsschiffen das Befahren der Seegebiete vor der britischen und französischen Küste verboten, nachdem die US-Regierung diese Gebiete zur Kriegszone erklärt hat.

Am Mittwoch, dem 15. November 1939, läuft das Panzerschiff »Deutschland« wieder in den Kieler Hafen ein, ohne daß es unterwegs zu Feindberührungen gekommen ist.

November 1939

Eskalation des U-Boot-Krieges

Zwei Tage später beginnt der uneingeschränkte U-Boot-Krieg gegen die alliierte Handelsschiffahrt. Das ist eine elf Wochen nach Kriegsausbruch getroffene Entscheidung, die im Ersten Weltkrieg erst nach zweieinhalb Jahren akut wurde. Sie besagt, daß U-Boote die Frachter sofort angreifen dürfen, wenn sie einwandfrei als feindliche Handelsschiffe identifiziert worden sind.

An diesem Tag erhält das Panzerschiff »Deutschland« den Namen »Lützow« und die Klassifizierung »schwerer Kreuzer«. Damit will Hitler den für April 1940 vorgesehenen Verkauf des noch in der Werft liegenden Kreuzers L, wie Lützow, an die UdSSR tarnen. Außerdem wünscht er, der Peinlichkeit zu entgehen, die gegnerische Propaganda könne erklären, die »Deutschland« sei untergegangen.

Am Montag, dem 20. November 1939, starten deutsche Seeflugzeuge zu ihrem ersten Mineneinsatz. Insgesamt werden bei dieser Operation sieben Magnetminen vor der Hafenzufahrt von Harwich, im Kings Channel und vor der Themsemündung abgeworfen. Das Legen von zehn weiteren Magnetminen soll in der nächsten Nacht erfolgen. Zwei Tage später ist nochmals ein Abwurf von 24 Magnetminen vorgesehen.

Da über die Schiffahrtswege an der Ostküste Großbritanniens jährlich etwa 50 Millionen Tonnen Güter befördert werden, will die Kriegsmarine mit ihrer neuen Minenoffensive die Schiffahrt empfindlich stören.

Am Dienstag, dem 21. November 1939, laufen die Schlachtschiffe »Gneisenau« (Kpt. z. S. Netzbandt) und »Scharnhorst« (Kpt. z. S. Hoffmann) in den Nordatlantik aus mit Kurs auf Island/Färöer-Enge, um zur Entlastung der im Südatlantik kreuzenden »Admiral Graf Spee« größere alliierte Flotteneinheiten zu binden. Außerdem sollen sie gegen die Schiffe der Northern Patrol vorgehen. Vor dem Firth of Forth wird am gleichen Tag der britische leichte Kreuzer »Belfast« durch Auflaufen auf eine Magnetmine schwer beschädigt.

Am Abend des 22. November 1939 erleben englische Beobachter, wie in der Nähe von Shoeburyness zwischen 21.00 und 22.00 Uhr aus einem zur 3. Staffel der deutschen Küstenfliegergruppe gehörenden Seeflugzeug vom Typ Heinkel He 115 über der Themsemündung, in der eine Anzahl von Handelsschiffen vor Anker gegangen ist, ein seesackähnlicher Gegenstand mit dem Fallschirm abgeworfen wird.

Am Donnerstag, dem 23. November 1939, werden am frühen Nachmittag an der Küste nahe der Themsemündung bei Ebbe zwei Minen im Wattenmeer entdeckt. Die britische Admiralität hat zwei Spezialisten, KorvKpt. Ouvry und Obermaat Baldwin, beauftragt, eine der Minen zu untersuchen. Schon einige Stunden später wird die Mine intakt geborgen und zu detaillierten Untersuchungen nach Portsmouth gebracht.

Zerstörer der Kriegsmarine vor einer Feindfahrt

Britisches Passagierschiff, zu einem Hilfskreuzer umfunktioniert (linke Seite)

Ebenfalls am Nachmittag wird der britischen Admiralität von dem zur Northern Patrol gehörenden Hilfskreuzer »Rawalpindi« (Capt. Kennedy) gemeldet, in einer Entfernung von etwa fünf Seemeilen sei das Panzerschiff »Deutschland« zwischen Island und den Färöer-Inseln gesichtet worden.

Die aufkommende Dämmerung erschwert das genaue Erkennen der Silhouette des feindlichen Schiffes. In Wirklichkeit handelt es sich um das Schlachtschiff »Scharnhorst«, das sich zusammen mit der »Gneisenau« auf der Nordroute zwischen Island und den Färöer-Inseln befindet. Das Gefecht zwischen dem schwach ausgerüsteten britischen Hilfskreuzer und der »Scharnhorst« dauert kaum 14 Minuten.

Nach Eingang des SOS-Rufs von der »Rawalpindi« erhalten die in der Nähe patrouillierenden Kreuzer »Newcastle« und »Delhi« den Befehl, die feindlichen Schiffe aufzufinden und ihre Bewegungen zu verfolgen. Die »Newcastle« nähert sich bis auf sechs Seemeilen.

1939 November

Ein französischer Aufklärer verfolgt die Übungen der französischen Marine an der Atlantikküste

Um 18.22 Uhr beginnt sich die Entfernung stark zu verringern. Die »Newcastle« reduziert jetzt die Geschwindigkeit und ändert ihren Kurs. Starke Regenböen behindern jedoch die weitere Verfolgung, und als das Wetter aufklart, sind die feindlichen Schiffe nicht mehr zu sehen.

Während dieser Zeit nimmt die »Scharnhorst« Schiffbrüchige der »Rawalpindi« an Bord. Auf die Nachricht von der »Gneisenau«, daß ein englischer Kreuzer gesichtet worden ist, wird die Rettungsaktion sofort abgebrochen.

Nachdem der Flottenchef, Adm. Wilhelm Marschall, erkannt hat, daß seine Einheiten von der Royal Navy bemerkt worden sind, ändert er sofort seinen Kurs. Er kann sich dank der schlechten Sicht von der operierenden britischen Home Fleet absetzen und die Rückkehr antreten.

Die beiden Schlachtschiffe erreichen unbehelligt Wilhelmshaven, obwohl sie unterwegs die Anwesenheit etlicher britischer Patrouillenboote feststellen, aber selbst nicht ausgemacht werden können. Die britische Admiralität ahnt nicht, wie es den deutschen Schlachtschiffen gelungen ist, ihren Verfolgern zu entkommen: Der deutsche Abhördienst hatte zwischenzeitlich den britischen Marinecode »geknackt«.

Am Freitag, dem 24. November 1939, beschäftigt sich in Portsmouth ein Wissenschaftler-Team mit genauen Untersuchungen der zwei Tage zuvor entdeckten deutschen Mine. Sie stellen fest, daß es sich um eine Magnetmine handelt. Die Aufdeckung dieses Geheimnisses erfordert von der Admiralität die schnelle Entwicklung eines völlig neuen Minenräumsystems.

Am 25. November erklärt die deutsche Kriegsmarine, daß sie die Zone für den Handelskrieg in der Ostsee bis auf die Höhe der Aalands-Inseln und Revals ausdehnen will. Auf sowjetischen Protest beschränkt sie sich auf einen Bereich, der einer Verlängerung der deutsch-litauischen Grenze entspricht.

Im November 1939 meldet die deutsche Seekriegsleitung die Versenkung von 28 alliierten Handelsschiffen mit 74623 BRT durch U-Boote im Atlantik und in der Nordsee. Das bedeutet zwar 50 Prozent weniger als im Vormonat, doch sind weitere 27 Schiffe mit 120958 BRT deutschen Minen zum Opfer gefallen. Nur ein deutsches U-Boot ist nicht zurückgekehrt.

Wechselnde Erfolge

Am 30. November 1939 beginnt die britische Admiralität mit ersten Vorbereitungen für die Anlage einer gewaltigen Minensperre zwischen Schottland und Island, um die Möglichkeiten deutscher U-Boote, die Britische Insel von Norden her zu

Dezember 1939

umfahren, weitgehend einzuschränken. Dies ist eine Wiederholung jener Aktion aus dem Ersten Weltkrieg, als in den gleichen Gewässern mit einem riesigen Kostenaufwand von 20 Millionen Pfund Sterling eine aus 181 000 Minen bestehende gigantische Sperre errichtet wurde. In dieser kostspieligen Minensperre ist damals allerdings nur ein U-Boot vernichtet worden, denn sie war kaum ein Hindernis für den U-Boot-Verkehr.

Am Freitag, dem 1. Dezember 1939, werden nach dem von Großbritannien entwickelten Navicert-System (navigation certificate) für die neutrale Schiffahrt Warendurchgangsbescheinigungen eingeführt, die im jeweiligen Ausgangshafen nach Überprüfung der Ladung von einem alliierten Vertreter ausgestellt werden, wenn das Schiff keine Bannware an Bord hat. Unter sie fallen alle aus Deutschland stammenden Erzeugnisse, die der Beschlagnahme unterliegen.

Am selben Tag erklären die Deutschen die Gewässer vor der englischen Küste zum ersten »Minenwarngebiet«. Hier sollen in Zukunft alle alliierten Handelsdampfer von deutschen U-Booten jederzeit ohne Vorwarnung torpediert werden.

Drei Tage danach läuft die »Nelson«, das Flaggschiff von Adm. Charles M. Forbes – neben der »Rodney« das größte und am stärksten armierte Schlachtschiff der Welt – bei Loch Ewe auf eine deutsche Mine und fällt mit schweren Schäden für mehrere Monate aus.

Unterdessen stoßen am 7. Dezember 1939 die deutschen Zerstörer »Hans Lody« und »Erich Giese« auf dem Rückweg von der planmäßigen Minenaktion an der englischen Ostküste auf zwei englische Zerstörer der J-Klasse. Bei diesem ersten Feuerwechsel zwischen deutschen und britischen Zerstörern wird die »Jersey« in Brand geschossen.

Am Sonntag, dem 10. Dezember 1939, ordnet die britische Admiralität die Ausrüstung aller Kriegsschiffe mit Kupferschlingen zum Schutz gegen Magnetminen an. Dieses als »Entgaussen« bezeichnete Verfahren, das auch bei Handelsschiffen Anwendung finden soll, bedarf keiner großen Umbauten oder irgendwelcher komplizierter Mechanismen. Einige Schiffe müssen allerdings mit einer zusätzlichen Stromanlage versehen werden.

Das Kupferkabel kann in wenigen Tagen als provisorischer Schutz an den Schiffskörper gelegt werden. So lassen sich zwar die Verzögerungen im Schiffsverkehr auf ein Mindestmaß beschränken, doch ist die dafür wöchentlich erforderliche Menge an Kupferkabel mit rund 2,4 Millionen Metern so hoch wie die gesamte Kupferkapazität Großbritanniens.

Daneben wird das »Whipping« (Abwischen), ein neues einfacheres Verfahren der Entmagnetisierung, entwickelt, um den riesigen Kupferbedarf zu mindern: Ein schweres Kupferkabel wird längs des Schiffes gelegt und von der Hafenzentrale aus einmal kräftig unter Strom gesetzt. Nach ein paar Monaten muß allerdings dieses Verfahren wiederholt werden. Es eignet sich nicht für größere Schiffe, bedeutet aber für die mit dem »Entgaussen« befaßte Organisation sowie für die in den Gefahrenzonen patrouillierenden kleineren Küstenfahrzeuge eine wesentliche Erleichterung.

Auf der Brücke einer alliierten Sicherungseinheit, die einen Geleitzug durch den Atlantik auf dessen Fahrt von Kanada nach England begleitet

1939 Dezember

Die Rückkehr der »Bremen«

Im Verlauf des 13. Dezember 1939 trifft der Luxusdampfer »Bremen« (Komm. Adolf Ahrens) nach einer mehrwöchigen abenteuerlichen Reise von New York über Murmansk wieder in Bremerhaven ein. In seiner Begrüßungsansprache betont Großadm. Erich Raeder das Entgegenkommen der Sowjetunion, die in Murmansk – nachdem die »Bremen« in See gestochen war – Schiffe anderer Länder drei Tage festgehalten und somit die Rückkehr des Dampfers ermöglicht hat.

Am Donnerstag, dem 14. Dezember 1939, sichtet in der Morgendämmerung das in der Helgoländer Bucht patrouillierende britische U-Boot »Salmon« (Lt. Com. Bickford) fünf deutsche Zerstörer, unter dem Begleitschutz der Kreuzer »Leipzig«, »Nürnberg« und »Köln«. Diese Einheiten haben in der Nacht zum 13. Dezember 1939 eine Minensperre an der Ostküste Englands, unweit der Tynemündung, errichtet und befinden sich jetzt auf der Rückfahrt. Das U-Boot »Salmon« greift mit Torpedos an und erzielt Volltreffer auf der »Nürnberg« und »Leipzig«. Die fünf Stunden dauernden Gegenangriffe der deutschen Zerstörer verhindern, daß das U-Boot sofort bei der britischen Admiralität Kräfte anfordert, die die angeschlagenen Kreuzer hätten vernichten können.

Die Instandsetzung der »Nürnberg« dauert bis Mai 1940. Die »Leipzig« bleibt bis November 1940 in der Werft und ist auch danach nicht mehr voll einsatzfähig.

Am Dienstag, dem 19. Dezember 1939, wird um 15.30 Uhr der deutsche Luxus-Passagierdampfer »Columbus« (32 581 BRT), eines der schönsten und schnellsten Schiffe der Welt, von dem britischen Zerstörer »Hyperion« 200 Seemeilen östlich von Norfolk gesichtet. Kpt. Wilhelm Dähne und die Besatzung der »Columbus« wissen, was in einem solchen Fall zu tun ist. Auf den Befehl »Schiff versenken!« werden die Flutventile geöffnet und die Luftschächte mit Benzin gefüllt.

Nur knapp zehn Minuten, nachdem die Besatzung in die Rettungsboote gegangen ist, versinkt die brennende »Columbus« unter dicken Qualmwolken für immer in den Fluten des Atlantiks. Sie ist in der bisherigen Geschichte der Seefahrt das größte, von der eigenen Besatzung versenkte Schiff. Die Seeleute der »Columbus« werden von dem US-Kreuzer »Tuscaloosa« an Bord genommen.

Am Donnerstag, dem 28. Dezember 1939, beschädigt ein Torpedo von U 30 (KptLt. Lemp) das britische Schlachtschiff »Barham« so schwer, daß es für einige Zeit zur Reparatur ins Dock muß.

Am Sonnabend, dem 30. Dezember 1939, kann Großadm. Erich Raeder Hitler davon überzeugen, daß die an England vercharterten oder verkauften Schiffe neutraler Länder künftig von deutschen U-Booten ohne Vorwarnung angegriffen und versenkt werden können.

Im Dezember 1939 sind die Hälfte aller erfolgreichen deutschen U-Boot-Angriffe nachts von aufgetauchten U-Booten durchgeführt worden. Die von Dönitz angeordnete neue Angriffstaktik hebt damit die Wirksamkeit des Asdic-Gerätes auf, das nur getauchte U-Boote aufspüren

Dezember 1939

Eine britische Küstenwache überprüft die Ladung eines unter neutraler Flagge fahrenden Frachters (linke Seite)

Ein Vorpostenboot begleitet die schweren Einheiten der Kriegsmarine bei ihrer Fahrt in die Nordsee

Im Blickfeld des Interesses: Norwegen

Am 14. Dezember 1939 hält sich der norwegische Politiker Vidkun Quisling zu einer Unterredung mit Hitler und Großadm. Raeder in Berlin auf. Dabei geht es um den Plan einer Machtergreifung seiner Anhänger, der deutschfreundlichen Partei Nasjonal Samling. Während die Seekriegsleitung von einer Besetzung Norwegens bessere Operationsmöglichkeiten erwartet, ist Hitler zur Zeit nicht daran interessiert: Ihm sei ein neutrales Norwegen lieber.

Quislings gleichzeitige Warnung vor einer bevorstehenden Landung der Engländer in Norwegen veranlaßt Hitler immerhin, sein Oberkommando mit der Ausarbeitung der »Studie Nord« für eine mögliche deutsche Invasion Norwegens zu beauftragen. Ähnliches empfiehlt zufälligerweise am gleichen Tage Churchill dem britischen Generalstab, damit der Erznachschub nach Deutschland unterbrochen und Zugang nach Finnland gewonnen wird.

Der durch den Kriegsausbruch fast in Vergessenheit geratene Völkerbund mit dem Sitz in Genf beschließt, die UdSSR wegen des Angriffs auf Finnland auszuschließen.

kann. Diese Taktik, bei der jeder U-Boot-Kommandant während des Angriffs volle Handlungsfreiheit hat und durch seine Fähigkeiten und Geschicklichkeit den Erfolg beeinflussen kann, macht einen besonderen Einsatzführer für jede U-Boot-Gruppe überflüssig.

Ende 1939 wird wegen der Gefährdung ihrer Boote den deutschen U-Boot-Kommandanten grundsätzlich untersagt, Überlebende an Bord zu nehmen, wenn sie in der Nähe britischer See- und Luftstützpunkte operieren.

Doch die Bekämpfung selbst der aufgespürten U-Boote ist keineswegs einfach: So haben zum Beispiel Flugzeuge des Coastal Command in den ersten vier Kriegsmonaten 57mal deutsche U-Boote gesichtet. Dabei sind 40 Boote angegriffen, acht beschädigt, aber kein einziges versenkt worden.

Im Dezember 1939 sind in der Nordsee und im Atlantik 37 alliierte Handelsschiffe mit 100 413 BRT von deutschen U-Booten versenkt worden. Dabei ging nur ein deutsches U-Boot verloren. Im gleichen Zeitraum wurden 33 alliierte Schiffe mit 82 712 BRT durch deutsche Minen versenkt. Insgesamt sind 79 Schiffsverluste mit 162 697 BRT bis Ende 1939 auf die neuartigen deutschen Magnetminen – rund 470 Stück – zurückzuführen. Die Royal Navy ist im Minenkrieg auch nicht untätig: Innerhalb des ersten Kriegsjahres haben britische Minenleger und Zerstörer insgesamt 3636 Minen – also etwa auf 10 Metern eine – im Ärmelkanal zwischen Folkestone und dem Kap Griz-Nez gelegt.

Den deutschen U-Booten fallen vom Beginn des Krieges bis zum Jahresende 1939 insgesamt 114 Schiffe (421 156 BRT) zum Opfer.

1939 September

September 1939

Am 17. 12. 1939 verläßt das Panzerschiff »Admiral Graf Spee« den Hafen von Montevideo. Außerhalb der Drei-Meilen-Zone gibt der Kapitän den Befehl zur Selbstversenkung

Jagd auf die »Admiral Graf Spee«

Am Sonntag, dem 3. September 1939, hat das Panzerschiff »Deutschland« die Dänemarkstraße unbemerkt durchlaufen und befindet sich jetzt in der Nähe von Grönland. Zu gleicher Zeit ist es dem Panzerschiff »Admiral Graf Spee« gelungen, die nordatlantische Handelsroute zu durchkreuzen und den Südatlantik zu erreichen. Beide Großeinheiten werden von je einem Versorgungsschiff begleitet (»Altmark« und »Westerwald«).

Inzwischen nähert sich am 8. September 1939 im Südatlantik das deutsche Panzerschiff »Admiral Graf Spee« (Kpt. z. S. Hans Langsdorff) in Begleitung seines Versorgungsschiffes »Altmark« (Kpt. Heinrich Dau) dem Äquator.

Nachdem das Panzerschiff »Admiral Graf Spee« und sein Versorgungsfrachter »Altmark« in der Nacht vom 9./10. September 1939 die Gewässer zwischen Trinidad und St. Helena erreicht haben, wird zur Tarnung der Schiffsname »Admiral Graf Spee« am Heck in »Admiral Scheer« umgeändert.

Im Südatlantik versenkt am 30. September 1939 das Panzerschiff »Admiral Graf Spee« in der Nähe von Pernambuco als erstes Schiff den britischen Frachter »Clement« (5051 BRT). Die von einem anderen Schiff gerettete Besatzung gibt, von der Tarnung getäuscht, an, daß sie vom Kaperschiff »Admiral Scheer« aufgebracht worden sei. Die britische Admiralität organisiert nun im mittleren Atlantik vier Gruppen zur Jagd auf das Panzerschiff. Insgesamt beteiligen sich ein Flugzeugträger und zwei Kreuzer sowie zwei Schlachtschiffe, dazu ein französischer Flugzeugträger und fünf französische Kreuzer an dem Unternehmen.

In den Gewässern des Südatlantiks werden außerdem drei Gruppen versammelt: ein Schlachtschiff und ein Flugzeugträger sowie sechs leichte und schwere Kreuzer. Eine weitere Verfolgergruppe im Indischen Ozean setzt sich aus einem Flugzeugträger und zwei Kreuzern zusammen. Dorthin werden zusätzlich das Schlachtschiff »Malaya« und der Flugzeugträger »Glorious« mit mehreren Zerstörern entsandt.

Diese acht neugebildeten kampfstarken Gruppen britischer und französischer Kriegsschiffe beginnen am 5. Ok-

1939 Oktober

Das Panzerschiff »Admiral Graf Spee« steuert die Reede des Hafens von Montevideo an

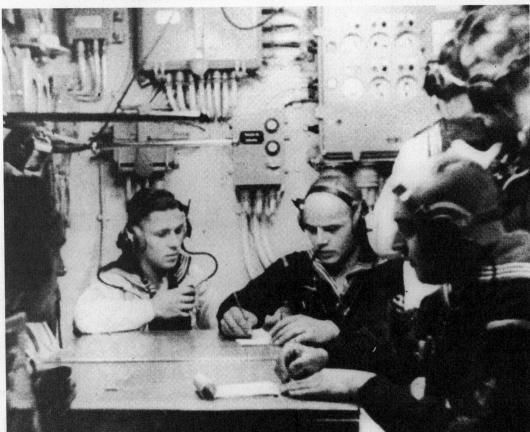

Im Funkraum der »Admiral Graf Spee«: Während der ganzen Kaperfahrt steht das Panzerschiff mit der Seekriegsleitung in Verbindung

Dezember 1939

tober 1939 mit ihrer Jagd auf das Panzerschiff »Admiral Graf Spee«. Jede dieser Gruppen ist dem deutschen Panzerschiff bereits allein an Kampfkraft überlegen.

Churchill: »Das Mißverhältnis zwischen den Kräften des Feindes und den Gegenmaßnahmen, zu denen er uns zwang, war ärgerlich.« Aus Vorsicht beordern die Engländer sogar einige Südatlantik-Geleitzüge in die Häfen zurück.

Im Südatlantik sichtet jetzt die »Admiral Graf Spee« den Frachter »Newton Beach«. Dieses Schiff kann noch vor dem Entern SOS funken, das von einem anderen Handelsdampfer empfangen und an den Kreuzer »Cumberland« weitergemeldet wird. In der Meinung, das Signal sei von der Funkstation in Freetown (Westafrika) gehört und dem Befehlshaber der Seestreitkräfte im Südatlantik übermittelt worden, gibt der Kommandant des Kreuzers den SOS-Ruf nicht weiter. Da in Freetown jedoch die Funkstation gestört ist, kommt das Signal nicht an.

Die nächste Gelegenheit wird ebenfalls versäumt, als ein Flugzeug des Trägers »Ark Royal« westlich der Kapverdischen Inseln den Versorgungstanker »Altmark« sichtet, der sich aber als amerikanisches Schiff »Delmar« ausgibt.

Eine List verhilft zum Erfolg

Im Südatlantik glaubt am 10. Oktober 1939, gegen 18.00 Uhr, der Kapitän des britischen Dampfers »Huntsman« (8300 BRT), Brown, in einem mit voller Fahrt auf ihn zukommenden Kriegsschiff unter französischer Flagge das Schlachtschiff »Dunkerque« zu erkennen. Plötzlich wechselt es die französische Trikolore mit der deutschen Reichskriegsflagge: Es ist das Panzerschiff »Admiral Graf Spee«.

Das deutsche Prisenkommando entdeckt an Bord der »Huntsman« die vom Kapitän noch nicht beseitigten Papiere, darunter Geheimcodes und genaue Informationen über Handelsschiffsrouten. Der zum Prisenkommando gehörende deutsche Funker gibt von der »Huntsman« aus den ununterbrochenen Notruf mit falschem Schiffsnamen und falscher Position sowie der Information weiter, »daß das Schiff von einem deutschen U-Boot torpediert worden ist«.

Nach Versenkung der »Huntsman« übernimmt die »Admiral Graf Spee« erneut Treibstoff- und Lebensmittelvorräte von der »Altmark« und übergibt gleichzeitig die Gefangenen der versenkten feindlichen Schiffe.

Am Sonnabend, dem 21. Oktober 1939, wird nach Eintreffen der Besatzung des versenkten norwegischen Schiffes »Lorentz W. Hansen« in Kirkwall (Orkney-Inseln) die Vermutung der britischen Admiralität bestätigt, daß zwei deutsche Schiffe im Atlantik operieren. Der Einsatz einer starken operativen Gruppe im Atlantik schwächt die Home Fleet gerade zu einem Zeitpunkt, als starke

deutsche Einheiten, bestehend aus dem Schlachtschiff »Gneisenau«, dem leichten Kreuzer »Köln« und neun Zerstörern, in die Nordsee einfahren. Ihr Auftrag: die britischen Kräfte von dem Operationsgebiet der beiden Panzerschiffe »Admiral Graf Spee« und »Deutschland« fernzuhalten.

Am Sonntag, dem 22. Oktober 1939, versenkt die »Admiral Graf Spee« den Dampfer »Trevanion«. Auch dieses Schiff kann noch vor der Versenkung SOS-Signale funken, die von »Llanstephan Castle« empfangen und nach Freetown (Westafrika) weitergemeldet werden. Trotz der sofort eingeleiteten Suchaktion gelingt es nicht, das Panzerschiff aufzuspüren, das um das Kap der Guten Hoffnung den Indischen Ozean erreichen will. Die Kommandanten des Kreuzers »Cumberland« und des Flugzeugträgers »Ark Royal« verpassen die Chance, das deutsche Schiff zu stellen.

Die britische Admiralität übersendet jetzt allen Handelsschiffskapitänen die Instruktion, sofort vor dem feindlichen Angriff Alarmsignale zu geben. Die Bedeutung der deutschen Kaperschiffe liegt nicht nur im Versenken von Schiffen, sondern vielmehr in der Desorganisation, die ihre Anwesenheit auf den Ozeanen für die Handelsschiffahrt hervorruft.

Der ständige Einsatz der Royal Navy im Nord- sowie Südatlantik und im Indischen Ozean schwächt erheblich sowohl die Home Fleet als auch die Mittelmeerflotte.

Am 15. November 1939 gelingt es der »Admiral Graf Spee«, nachdem die Treibstoffvorräte von der »Altmark« ergänzt worden sind, unweit der Straße von Moçambique den kleinen Tanker »Africa Shell« zu versenken. Die Nachricht von diesem Verlust erfährt die britische Admiralität nur dadurch, daß Kpt. Langsdorff der Besatzung des Tankers gestattet, in den Rettungsbooten das nächstliegende Land anzusteuern, anstatt – wie üblich – sie an Bord seines Schiffes zu internieren.

Am Sonntag, dem 19. November 1939, kehrt das Panzerschiff »Admiral Graf Spee« von seinem Einsatz im Indischen Ozean vor Durban und Süd-Madagaskar wieder in den Atlantik zurück.

Am Dienstag, dem 28. November 1939, verändert das Panzerschiff wiederholt seine Tarnung. Außer dem aus Holz und Segeltuch gefertigten zweiten Schornstein wird noch eine überhöhte Geschützturmattrappe mit zwei 28-cm-Rohren, ebenfalls aus Holz und Segeltuch, angebracht. Außerdem erhält das ganze Schiff einen dunkelgrauen Anstrich. Diese neue Silhouette verhilft der »Admiral Graf Spee« zu einer verblüffenden Ähnlichkeit mit dem britischen Schlachtkreuzer »Renown«. Die Identifizierbarkeit wird noch weiter erschwert, da auf den beiden Heckseiten des Panzerschiffes jetzt unterschiedliche Namen stehen: Auf der einen Seite »Admiral Scheer« und auf der anderen »Deutschland«.

Am Sonnabend, dem 2. Dezember 1939, wird der britische Frachter »Doric Star« (10 000 BRT) vor der südwestafrikanischen Küste in Höhe der Walfischbai von der »Admiral Graf Spee« angehalten. Dem Funker ist es noch möglich, einen Notruf mit Positionsangabe auszusenden, der um 12.45 Uhr von dem kleinen Dampfer

169

1939 Dezember

»Port Chalmers« in der Nähe von St. Helena aufgefangen wird. So erfährt die britische Admiralität, daß das Panzerschiff »Admiral Graf Spee« in den Südatlantik zurückgekehrt ist.

Alle dort stationierten alliierten Einheiten werden sofort davon unterrichtet, darunter auch der Befehlshaber des englischen Südamerika-Geschwaders, Com. Sir Henry Harwood, im Flottenstützpunkt Port Stanley auf den Falkland-Inseln. Zu seiner South American Division gehören neben den schweren Kreuzern »Cumberland« und »Exeter« (Capt. Bell) auch die leichten Kreuzer »Achilles« (Capt. Parry) und »Ajax« (Capt. Woodhouse). Allerdings befindet sich die »Achilles« zu dieser Zeit vor Rio de Janeiro, während die »Ajax« in Richtung Rio de la Plata in See sticht.

Am 3. Dezember 1939 wird der britische Frachter »Tairoa« (7983 BRT) von dem als »Admiral Scheer« getarnten Panzerschiff »Admiral Graf Spee« versenkt, nachdem die »Tairoa« mit dem Notruf noch gefunkt hat, daß sie »von dem deutschen schweren Kreuzer ›Admiral Scheer‹ angegriffen« worden sei.

Intuition des Commodore Harwood

Am Nachmittag kann Com. Harwood dank dieses Notrufs und der ihm bekannten Durchschnittsgeschwindigkeit die ungefähre Position der angeblichen »Admiral Scheer« feststellen. Er ist davon überzeugt, daß das Schiff im Morgengrauen des 13. Dezember 1939 den Rio de la Plata erreichen wird, um dort die britische Handelsschiffahrt zu stören. Com. Harwood ordnet für alle seine Einheiten absolute Funkstille an.

Am Mittwoch, dem 6. Dezember 1939, übernimmt das Versorgungsschiff »Altmark« nach Übergabe von Proviant und Treibstoff an die »Admiral Graf Spee« die auf dem Panzerschiff gefangengehaltenen britischen Mannschaften, um sie nach Deutschland zu bringen. Dagegen bleiben die Kapitäne und die leitenden Ingenieure der geretteten 180 Besatzungsmitglieder versenkter Handelsschiffe an Bord der »Admiral Graf Spee«.

Am Donnerstag, dem 7. Dezember 1939, versenkt das Panzerschiff den britischen Frachter »Streonshalh« (3895 BRT). Er ist das letzte Opfer seiner Kaperfahrt. Kpt. z. S. Hans Langsdorff entschließt sich nun, einen Abstecher in den Raum südwestlich von La Plata zu machen, um seine Absicht, zur Werftüberholung nach Deutschland zurückzukehren, nicht preiszugeben. Er will den Eindruck erwecken, um Kap Hoorn in den Pazifik zu gelangen.

Am Morgen des 13. Dezember 1939, um 6.08 Uhr, kann Com. Sir Henry Harwood auf dem Kreuzer »Ajax« am Horizont Rauch feststellen. Die zur Erkundung ausgesandte »Exeter« meldet: »I think it is a pocketbattleship«. In diesem Augenblick findet die Jagd ein Ende. Die »Admiral Graf Spee« ist aufgespürt und wird zum Kampf gezwungen. Sie verfügt zwar über Artillerie größerer Reichweite und stärkeren Kalibers – eine Salve des deutschen Panzerschiffs ist 2200 kg schwer, die Salven der drei britischen Kreuzer dagegen zusammen 1400 kg –,

Der schwere Kreuzer »Exeter« nimmt das Panzerschiff »Admiral Graf Spee« unter Beschuß

Dezember 1939

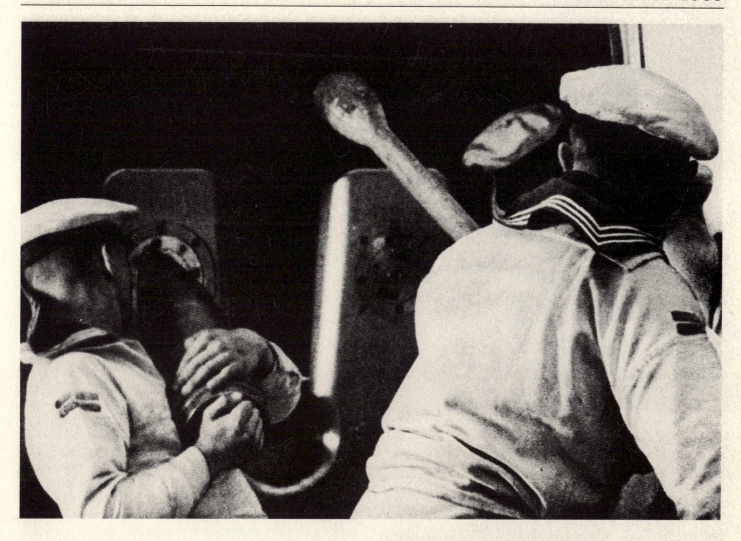

Kanoniere der »Admiral Graf Spee« während des Gefechts

außerdem ist sie schwerer gepanzert, doch wird das Übergewicht der Bewaffnung durch die größere Beweglichkeit der verteilten Kräfte beim Angreifen ausgeglichen.

Die erste Phase des Gefechts bei La Plata dauert von 6.14 Uhr bis 7.40 Uhr. Zum Zeitpunkt der Feuereröffnung laufen die »Ajax« und »Achilles« auf Kurs Nordost, um von Osten her anzugreifen. Die zur Voraberkundung ausgesandte »Exeter« soll von Westen her angreifen. Zu Beginn des Seegefechts beträgt die Entfernung etwa 12 Seemeilen.

Die »Admiral Graf Spee« nähert sich den drei Kreuzern und befindet sich bald im Bereich ihrer gesamten Artillerie. Das deutsche Panzerschiff beschießt zunächst die »Exeter« mit der Hälfte ihrer Hauptartillerie und die beiden leichten Kreuzer mit der übrigen Artillerie. Dann verstärkt die »Admiral Graf Spee« das Feuer auf die »Exeter«.

Das Feuer dieses Kreuzers liegt nämlich gut im Ziel, und es besteht kein Zweifel, daß die »Exeter« der gefährlichste Gegner ist. Die deutsche Schiffsartillerie schießt in dieser Kampfphase sehr genau. Die »Admiral Graf Spee« besitzt im Gegensatz zu ihren Gegnern Funkmeßgeräte (Radar), die – obwohl nicht besonders für Artillerieziele geeignet – immerhin eine Hilfe für die Entfernungsmessung sind.

Der britische Konteradmiral Sir Henry H. Harwood leitet das Gefecht in der La-Plata-Mündung

1939 Dezember

Im Artillerie-Leitraum des Panzerschiffs »Admiral Graf Spee« werden die Meßwerte an die einzelnen Geschützturm-Kommandanten weitergeleitet

Die Förderbänder der schweren Artilleriegeschosse zu den Geschütztürmen der »Admiral Graf Spee«

Um 6.22 Uhr erhält die »Exeter« den ersten Treffer. Das Geschoß explodiert direkt an der Bordwand, beschädigt die dünne Panzerung des Schiffskörpers und das Feuerleitsystem der Artillerie. In der nächsten Minute durchschlägt ein Geschoß des Panzerschiffs das Hauptdeck, durchdringt das Schiffslazarett, durchbohrt die gegenüberliegende Bordwand und fällt ins Wasser, ohne zu explodieren.

Kurz darauf erfolgt ein neuer Treffer in den Schiffsturm auf dem vorderen Deck. Eine gewaltige Explosion fegt die Gefechtsbrücke hinweg und tötet die gesamte Bedienung mit Ausnahme des Kommandanten, Capt. Bell, sowie zwei seiner Leute. Trotz der entstandenen Verwirrung bleibt Capt. Bell Herr der Lage. Die »Exeter« weicht nicht vom Kurs ab und nimmt die »Admiral Graf Spee« weiter unter Beschuß.

Der wechselvolle Kampf

Ein Geschoß der »Exeter« trifft jetzt die Gefechtsbrücke der »Admiral Graf Spee«, wobei etwa ein Dutzend Leute getötet werden, und beschädigt die Zieleinrichtung der Artillerie, was einen zeitweiligen Verlust der Treffsicherheit nach sich zieht. Kpt. Langsdorff erkennt die Wirksamkeit der Artillerie der »Exeter«, konzentriert nun das Artilleriefeuer völlig auf den schweren Kreuzer und läßt sogar eine Weile das Feuer der leichten Kreuzer unbeantwortet.

Die »Exeter« nähert sich ungeachtet dessen der »Admiral Graf Spee« und feuert aus etwa sieben Seemeilen Entfernung einen Torpedofächer ab, jedoch verfehlen die Torpedos das Ziel. Dafür kann aber die Schiffsartillerie der »Admiral Graf Spee« den Kreuzer mehrmals treffen: Zwei Granaten durchschlagen den Bug, und durch die offene Bordwand dringt Wasser in das Schiffsinnere, so daß das Schiff Schlagseite bekommt. Zwei weitere Geschosse des Panzerschiffs vernichten um 6.40 Uhr den zweiten Geschützturm im Vorderschiff der »Exeter«. Durch die Schlagseite des Kreuzers ist nur noch ein Geschützturm in Aktion, der zwar ununterbrochen feuert, doch läßt die Treffsicherheit nach.

Zur gleichen Zeit detoniert eine schwere Granate direkt an der Bordwand der »Achilles«, wenn auch ohne größere Folgen. Kurz darauf nebelt sich das Panzerschiff ein.

Um 7.08 Uhr schießen sich die beiden britischen Schiffe wieder ein, aber ihre leichten Geschosse können kaum große Schäden anrichten.

Um 7.16 Uhr nimmt das deutsche Panzerschiff Kurs nach Süden, um sich der »Exeter« zu nähern, die mit geringer Geschwindigkeit die Falkland-Inseln ansteuert. Daraufhin nehmen beide leichten Kreuzer die »Admiral Graf Spee« unter heftigen Beschuß. Im Mittelschiff des Panzerschiffs entsteht ein Brand. Es dreht erneut auf Nordwest und beschießt jetzt die »Ajax«.

Dezember 1939

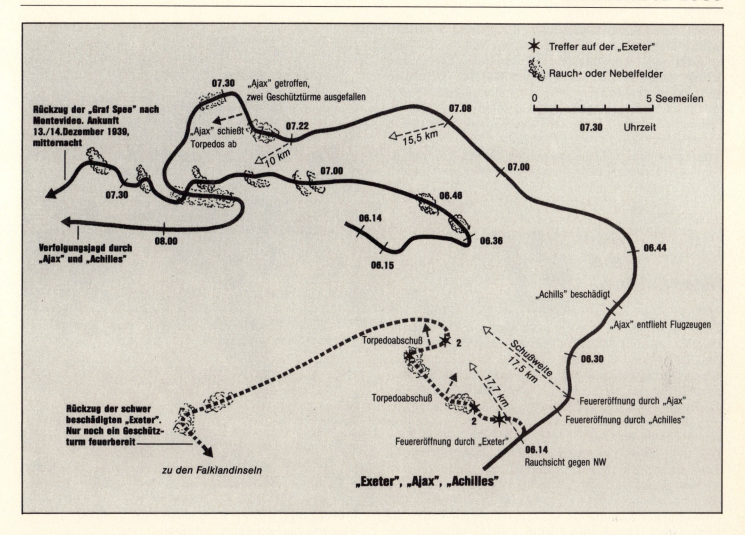

Um 7.25 Uhr zerstören schwere Granaten beide Türme im Heck der »Ajax«. Der Kreuzer nutzt trotz seiner Beschädigungen die geringe Entfernung von fünf Seemeilen für einen Torpedoangriff aus. Die Torpedos verfehlen zwar ihr Ziel, zwingen aber das Panzerschiff zum Kurswechsel. Kurze Zeit später legt die »Admiral Graf Spee« einen dichten Rauchvorhang, den siebten in diesem Gefecht.

Um 7.30 Uhr zieht Capt. Bell die »Exeter« endgültig aus dem Gefecht. Die Brände an Deck, die Zerstörungen in der Hauptartillerie sowie die beträchtliche Schlagseite machen einen weiteren Kampf unmöglich. Unterdessen verstärken die »Achilles« und »Ajax« ihr Feuer auf die »Admiral Graf Spee«.

Um 7.38 Uhr trifft noch ein Geschoß aus geringer Entfernung die »Ajax«. Der obere Teil des Mastes wird hinweggefegt und die Radioantenne zerstört. Die Unterbrechung der Funkverbindung erschwert dem Kreuzer das Manövrieren. Daraufhin legen die britischen Schiffe einen Rauchvorhang und kehren nach Osten zurück. So endet die erste Phase der Schlacht vor der La-Plata-Mündung.

Ganz wider Erwarten entschließt sich Kpt. Langsdorff, die angeschlagenen Schiffe nicht zu verfolgen, sondern

Gefecht vor dem La Plata am 13. 12. 1939: Eine Reihe schwerwiegender Fehlentscheidungen

Noch am 14. 12. 1939 hält die britische Presse die »Admiral Graf Spee« für das Panzerschiff »Admiral Scheer«

173

1939 Dezember

nimmt Kurs nach Westen. Als die beiden britischen Schiffe dies bemerken, folgen sie dem Panzerschiff, um es nicht aus dem Blickfeld zu verlieren. Die zweite Schlachtphase besteht in einer viele Stunden dauernden Verfolgung des Panzerschiffs – immer außerhalb der Reichweite seiner vernichtenden Artillerie. Von Zeit zu Zeit verändert Kpt. Langsdorff den Kurs und läßt beide gegnerischen Schiffe beschießen, sobald sie in Schußentfernung gelangen. Dann bricht die Dunkelheit herein. Um die Verbindung nicht abreißen zu lassen, vermindern die Kreuzer den Abstand.

Kurs auf Montevideo

Um 23.17 Uhr ruft Com. Harwood den Kreuzer »Achilles« zurück, da er inzwischen erkannt hat, daß das Panzerschiff in den Hafen von Montevideo einlaufen wird. Die britischen Schiffe achten jetzt lediglich darauf, einen Durchbruch des Panzerschiffs in das offene Meer zu verhindern. Jedoch sind die Kräfte, die Com. Harwood zur Verfügung stehen, gering. Die erforderliche Konzentration zusätzlicher Einheiten könnte erst am 19. Dezember 1939, also in einer Woche, erfolgen. Das einzige Schiff im südwestlichen Atlantik ist zur Stunde der Kreuzer »Cumberland« in Port Stanley (Falkland-Inseln). Nachdem in der ersten Gefechtsphase die »Exeter« schwer beschädigt wird, ruft Com. Harwood sofort die »Cumberland« zur Unterstützung herbei. Der Kreuzer kann jedoch frühestens am Abend des 14. Dezember 1939 eintreffen.

In der Nacht vom 13./14. Dezember 1939, kurz nach Mitternacht, geht die »Admiral Graf Spee« in den Hoheitsgewässern von Uruguay, auf der Reede von Montevideo, vor Anker. Die beiden britischen Kreuzer bleiben in angemessener Nähe. Unterdessen wird die »Admiral Graf Spee« von der deutschen »Tacoma« mit Treibstoff versorgt. Das weitere Vorgehen von Kpt. Langsdorff wirkt für die Engländer recht unverständlich. Anstatt den Versuch zu unternehmen, durch die Sperren der beiden leichten Kreuzer aufs offene Meer zu gelangen, bleibt die »Admiral Graf Spee« im Hafengebiet, denn die Beschädigungen des Panzerschiffs sind erheblich. Es ist von 12 Geschossen der »Ajax« und »Achilles« sowie von 12 der »Exeter« getroffen worden. Eines der drei 28-cm-Geschütze im vorderen Geschützturm ist funktionsunfähig; ebenso sind ein 15-cm-Geschütz, die Luftabwehrkanonen und ein Teil der Aufbauten angeschlagen. 36 Mann der Besatzung sind gefallen und 60 verwundet.

In der Schlacht ist viel Munition verbraucht worden: Übriggeblieben sind nur noch 306 Granten für die 28-cm-Geschütze, 423 für die 15-cm-Geschütze, 2470 Schuß Flak-Munition sowie sechs Torpedos.

Auf diplomatischem Weg erreicht Kpt. Langsdorff für sein Schiff eine Aufenthaltsverlängerung für die Liegezeit im Hafen von 24 auf 72 Stunden. Diese Liegezeit ist der

Kapitän zur See Hans Langsdorff, Kommandant des Panzerschiffes »Admiral Graf Spee«

britischen Admiralität nicht unwillkommen, denn die Pause reicht aus, um ihre Kräfte zu konzentrieren. So ist der Protest der britischen Gesandtschaft in Montevideo gegen die Aufenthaltserlaubnis für die »Admiral Graf Spee« nur als formal zu werten. Um noch zusätzlich das Auslaufen des deutschen Panzerschiffs aus dem Hafen zu verzögern, werden die dort anwesenden britischen Handelsschiffe in Zeitabständen von jeweils 12 Stunden auf das offene Meer beordert. Jede dieser Ausfahrten verschiebt laut internationaler Bestimmungen um weitere 24 Stunden die Möglichkeit für das Panzerschiff, den Hafen zu verlassen.

Am Sonnabend, dem 16. Dezember 1939, verständigt Kpt. Langsdorff Berlin von der Anwesenheit starker britischer Einheiten vor der La-Plata-Mündung und schlägt vor, den Versuch zu unternehmen, mit der »Admiral Graf Spee« ins offene Meer durchzustoßen. Langsdorff fragt, was geschehen soll, wenn der Durchbruch scheitert: Solle das Schiff dann versenkt oder die Internierung vorgezogen werden?

Dezember 1939

Panzerschiff »Admiral Graf Spee« nach der Sprengung und Selbstversenkung auf der Höhe von Montevideo

Die um 17.17 Uhr in Berlin abgehende Antwort lautet: Großadm. Raeder und Hitler empfehlen den Durchbruchversuch. Falls dies nicht gelingen sollte, ist die Versenkung des Schiffes vorzunehmen. Für die Entscheidung von Kpt. Langsdorff ist der erst später erkannte Irrtum seines Artillerie-Offiziers nicht ohne Bedeutung, der die britischen Kriegsschiffe vor der La-Plata-Mündung als das Schlachtschiff »Renown«, den Flugzeugträger »Ark Royal« und einige Zerstörer identifiziert haben will.

Die letzten Stunden der »Graf Spee«

Am Sonntag, dem 17. Dezember 1939, wird von den frühen Morgenstunden an die Sprengung des Panzerschiffs »Admiral Graf Spee« vorbereitet. An Bord bleiben nur der Kommandant und 40 Mann, die für das Auslaufen und die Sprengung erforderlich sind. Die anderen Besatzungsmitglieder übernimmt der deutsche Frachter »Tacoma«.

Um 19.52 Uhr steuert Kpt. Langsdorff das Schiff von Montevideo zur La-Plata-Mündung. Nachdem der Kapitän und seine Männer das Schiff verlassen haben, erschüttert eine Riesenexplosion die ganze Stadt. Als die britischen Kreuzer »Ajax«, »Achilles« und »Cumberland«, die die Ausfahrt zum offenen Meer blockiert haben, in Montevideo eintreffen, ist die »Graf Spee« nur noch ein brennendes Wrack.

Einen Tag danach entdecken in Montevideo Spezialisten des britischen Secret Service auf einer der Aufnahmen, die Bildreporter vom Wrack der »Admiral Graf Spee« in der Mündung des La Plata gemacht haben, über der Brücke des Panzerschiffs ein undefinierbares Gebilde. Ein von Großbritannien entsandter Radarfachmann stellt bei Untersuchung der Antenne fest, daß es sich um ein Funkmeßgerät zum Richten der Geschütze handelt, das für die Royal Navy erst in zwei Jahren vorgesehen ist.

Am Mittwoch, dem 20. Dezember 1939, hat Kpt. Hans Langsdorff, Kommandant der »Admiral Graf Spee«, in Buenos Aires sein Leben durch einen Schuß in die Schläfe beendet. Man findet ihn in seinem Hotelzimmer in voller Uniform, ausgestreckt auf der Reichskriegsflagge.

DER LUFTKRIEG FÄNGT AN

ANFANGSER-FOLGE DER DEUTSCHEN

Erst im Dezember kommt es zu ernsthaften Auseinander-setzungen zwischen der RAF und der Luftwaffe

Gegen Mittag startet am 3. September 1939 eine Blenheim Mk. IV der 139. Staffel vom Flugplatz Wyton in Huntingdonshire und nimmt Kurs auf die deutsche Nordseeküste. An Bord befindet sich außer dem Piloten, Flying Officer McPherson, ein Marinebeobachter. Diese Blenheim ist die erste RAF-Maschine im Zweiten Weltkrieg, die feindliches Gebiet überfliegt. Nachdem der Pilot und sein Begleiter einige schwere Einheiten der Kriegsmarine auf der Schillig-Reede entdecken, machen sie rund 75 Luftaufnahmen. Bereits auf dem Rückflug versucht McPherson, an seinen Stützpunkt durchzugeben, die Schiffe seien weit genug von Wilhelmshaven entfernt und könnten, ohne Verluste unter der Zivilbevölkerung zu verursachen, angegriffen werden. Da jedoch das Funkgerät eingefroren ist, erreicht die Meldung nicht den heimatlichen Stützpunkt. So verzögert sich der erste Einsatz britischer Bomber über Deutschland.

Um Repressalien gegen britische und französische Städte und Industrieanlagen zu vermeiden, zögern die Alliierten noch mit Luftangriffen gegen offene deutsche Städte und gegen Fabriken. Die Flugzeugbesatzungen erhalten Instruktionen, wonach sie nur Kriegsschiffe auf See, auf den Reeden und in Kriegshäfen angreifen dürfen, aber nicht in den Werften.

In der Nacht vom 3./4. September 1939 fliegen zehn britische Whitley-Bomber nach Hamburg, Bremen und dem Ruhrgebiet. Sie werfen zwar keine Bomben, dafür insgesamt 13 Tonnen Flugblätter ab.

Im Verlauf des 4. September 1939 erscheinen zehn britische Blenheim-Bomber bei heftigem Gewitter über Wilhelmshaven. Das Wetter zwingt die Piloten, bis auf 200 Meter herunterzugehen. Nach dem Angriff beobachten die Besatzungen eine Explosion auf dem leichten Kreuzer »Emden« und Brände in der Wilhelmshavener Bucht. In Wirklichkeit hat die Explosion auf der »Emden« eine abstürzende Blenheim verursacht, und die Brände stammen von den Trümmern vier weiterer abgeschossener britischer Maschinen. Die Bilanz dieses Angriffs: Von 29 eingesetzten Flugzeugen kehren fünf nicht mehr zurück.

Bis zum 20. September 1939 wird in Westeuropa der Luftkrieg noch sehr zögernd geführt: Sowohl der RAF als

Eine Formation britischer leichter Bomber Fairey Battle. Am 2. 9. 1939 fliegen zehn Staffeln dieser Kampfflugzeuge nach Frankreich. Wegen ihrer niedrigen Geschwindigkeit erweisen sie sich als leichte Beute für die deutschen Jäger

177

1939 September

Britische leichte Bomber Bristol Blenheim fliegen zum Einsatz gegen Ziele in Deutschland

Der britische Air Marshall Sir Hugh Trenchard, »Vater« der Royal Air Force, und Lord William M. Beaverbrook, britischer Minister der Flugzeugindustrie

In einem Fliegerhorst der Luftwaffe werden die Jagdmaschinen Messerschmitt Me 109 startbereit gemacht

Oktober 1939

auch der Luftwaffe werden im Herbst/Winter 1939 Bombenangriffe auf feindliches Gebiet ausdrücklich untersagt. Während die Engländer sich einer aktiven Führung eines solchen Bombenkrieges noch nicht gewachsen fühlen, wiegt sich Hitler immer noch in der Hoffnung, England würde nachgeben. Lediglich gegnerische Kriegsschiffe sind vorerst im Westen als Angriffsziele der Luftwaffe erlaubt.

Der »drollige Krieg« in der Luft

Nicht weniger merkwürdig erscheint es, daß die beiderseitigen Luftstreitkräfte sich auch im Einsatz gegen Aufmarschoperationen der Landheere sehr zurückhalten. So stört weder die deutsche Luftwaffe den Transport des britischen Expeditionskorps über den Ärmelkanal nach Frankreich, noch behindern später französische oder englische Fliegerverbände die Verlegung der in Polen freiwerdenden deutschen Armeen an die Westfront. Aufklärungsflüge entlang des Westwalls sind alles, was die französische Armée de l'Air unternimmt, die sich im übrigen nicht bereitfindet, das britische Bomberkommando von ihren eigenen Stützpunkten aus operieren zu lassen.

Am Dienstag, dem 26. September 1939, trifft eine Junkers Ju 88 (Gefr. Francke) des Kampfgeschwaders 26 in der mittleren Nordsee auf den Flugzeugträger »Ark Royal« und wirft im Sturzflug eine 500-kg-Bombe ab. Die Bombe soll, nach Aussage der Besatzung, hart neben dem Träger eingeschlagen sein. Es ist die erste Aktion der Luftwaffe gegen die britische Home Fleet im Zweiten Weltkrieg. Als danach ein deutscher Aufklärer einen Ölfleck sichtet, wird dies sofort an Göring weitergeleitet. Der Wehrmachtsbericht erwähnt die »Zerstörung« eines Flugzeugträgers, allerdings ohne Namensnennung.

In Wirklichkeit befindet sich die angeblich getroffene »Ark Royal« weiterhin auf der Fahrt in den Südatlantik, um sich an der Jagd auf das deutsche Panzerschiff »Admiral Graf Spee« zu beteiligen. Hermann Göring läßt aber verlauten, die »Ark Royal« sei versenkt worden. Als Oberbefehlshaber der Luftwaffe befördert er den Gefreiten Francke sofort zum Leutnant und verleiht ihm gleichzeitig das EK II und EK I.

Zum ersten Mal tauchen am 1. Oktober 1939 englische Flugzeuge über Berlin auf. Es sind mittlere Bomber vom Typ Whitley der 10. RAF-Squadron. Von vier gestarteten Maschinen hat sich eine unterwegs verflogen, die anderen werfen über der Reichshauptstadt Flugblätter ab.

Am 8. Oktober 1939 kommt es zum ersten französischen Luftsieg dieses Krieges: In der Gegend von Landau (Pfalz) stoßen gegen 15.00 Uhr fünf Curtiss-Hawk-Jäger der französischen Staffel »Rote Teufel« (GC II/4) auf vier Messerschmitt Me 109. Dabei schießen die beiden französischen Flieger, Villey und Casenobe, je einen deutschen Jäger ab.

Geschehnisse im Deutschen Reich

Am 23. Oktober 1939 kommt es auf Hitlers Befehl zu einem überraschenden Stopp des in der Heeresversuchsanstalt (Oberst von Dornberger) in Peenemünde auf der Insel Usedom schon ziemlich weit vorangetriebenen Raketenwaffen-Entwicklungsprojektes. Vier Wochen vorher noch hatte das Oberkommando des Heeres (OKH) den Mai 1941 als Termin für die Aufnahme der Massenproduktion des »Aggregat-4« festgelegt.

Hinter dieser Tarnbezeichnung verbirgt sich eine von Wernher von Braun und seinen Mitarbeitern entwickelte Flüssigkeitsrakete mit 12,9 Tonnen Fluggewicht, einer Sprengladung von 100 Kilogramm und einer Reichweite von 350 Kilometern. Hitler hält nun das Peenemünder Projekt nicht mehr für dringlich, weil er »nach dem Sieg über Polen keine Raketen in diesem Krieg mehr brauchen wird«.

Ein Plakat mit dem Aufruf an die Hitler-Jugend

1939 Oktober

Am Montag, dem 16. Oktober 1939, startet die I. Gruppe des Kampfgeschwaders (KG) 30 unter Hptm. Pohle zum ersten deutschen Luftangriff gegen einen Stützpunkt der Royal Navy. Das Ziel sind die Schiffseinheiten im Firth of Forth. Dieser Bombenangriff verursacht einige Sachschäden und Menschenverluste auf den leichten Kreuzern »Edinburgh« und »Southampton« sowie auf dem Zerstörer »Mohawk«. Dabei werden zwei Kampfflugzeuge Junkers Ju 88 von zwei Spitfire-Jägern der 602. und 603. Staffel sowie ein weiterer deutscher Bomber von der britischen Flak abgeschossen. Dies sind die ersten Verluste der Luftwaffe über Großbritannien.

Durch die Abwesenheit der vorher ausgelaufenen Home Fleet bietet Sacpa Flow bei einem Angriff am 17. Oktober 1939 den deutschen Fliegern keine großen Chancen. In dem Stützpunkt wird lediglich das alte Artillerieschulschiff »Iron Duke« durch Bomben so stark beschädigt, daß es sinkt.

Da der natürlich geschützte Ankerplatz Scapa Flow – schon im Ersten Weltkrieg wichtigste Flottenbasis der Engländer – noch nicht ausreichend mit Flugabwehrwaffen ausgerüstet ist, verlegt die britische Admiralität jetzt nach einem erneuten Angriff auf Scapa Flow die Home Fleet in die sichere Bucht der Clyde und nach Loch Ewe.

Erst ab März 1940 kann die britische Flotte nach Rückkehr in den Hafen von Sacpa Flow von dieser sehr günstig gelegenen Basis aus operieren und sowohl den Atlantik als auch die Nordsee erreichen.

Verhängnisvolle Luftschlacht

Am Montag, dem 18. Dezember 1939, starten in den frühen Morgenstunden von den Stützpunkten in Ostengland 24 Wellington-Bomber der Gruppen 9, 37 und 149 zu einem Einsatz über der Deutschen Bucht.

Die britischen Staffeln sollen über Wilhelmshaven, der Wesermündung und dem Jadebusen patrouillieren und dort jedes auf See befindliche Kriegsschiff mit Bomben angreifen.

In einem Stützpunkt der Royal Air Force steht ein Geschwader der Handley Page Hampden Bomber startbereit für den Einsatz über Deutschland

Dezember 1939

In einem britischen Bomber bereitet der Bombenschütze den Abwurf der Flugblätter vor. Unten das erste Flugblatt, das über Deutschland abgeworfen wird

Der Einflug der feindlichen Maschinen wird von zwei deutschen Radarstationen mit dem Funkmeßgerät »Freya« erfaßt und vom Luftwaffenbeobachtungsstand in den Dünen von Wangerooge gegen 13.50 Uhr an den Gefechtsstand des Jagdgeschwaders I (Oberlt. Schumacher) gemeldet, aber dort zunächst als Irrtum angesehen. Erst die Bestätigung durch ein zweites »Freya-Gerät« löst in Jever Alarm aus. Dies ist der erste gelungene Einsatz von Funkmeßgeräten bei der Ortung von Feindflugzeugen. Sie ermöglicht es, sofort über Funksprechverkehr Jagdflugzeuge dem feindlichen Verband entgegenzuschicken.

Oberlt. Steinhoff ist mit seiner Staffel 10/JG 26 der erste am Feind: »... Besseres Wetter konnten wir uns für das erste massive Treffen mit der RAF nicht wünschen. Schönwetter-Dunstschicht am Boden und blauer Himmel, ohne eine Wolke, mit klarer, weiter Sicht darüber...« In rund 3500 Meter Höhe überfliegen die britischen Maschinen in geschlossenen Formationen Helgoland und geraten dort in das Flakfeuer der Marinebatterien.

Die Luftschlacht über der Deutschen Bucht, die nur eine halbe Stunde dauert, wird von der englischen Geschichtsschreibung zu den schwierigsten Luftkriegsereignissen dieses Krieges gerechnet: Das negative Ergebnis dieser bewaffneten Aufklärung der Royal Air Force über Wilhelmshaven bestimmt nämlich die künftige Entwicklung der britischen wie der deutschen Luftstrategie und -taktik in einem Maße wie kaum eine andere Luftschlacht.

Bereits um 15.00 Uhr befinden sich die Reste des schwer angeschlagenen britischen Bomberverbandes wieder außerhalb der Reichweite deutscher Jäger. Die Engländer beziffern ihre Verluste auf 15 von 22 eingesetzten Maschinen, während die Luftwaffe von 44 eingeflogenen und 34 abgeschossenen Feindflugzeugen berichtet.

Warnung

Großbritannien an das Deutsche Volk.

Deutsche,

Mit kühl erwogenem Vorsatz hat die Reichsregierung Großbritannien Krieg aufgezwungen. Wohl wußte sie, daß die Folgen ihrer Handlung die Menschheit in ein größeres Unheil stürzen, als 1914 es tat. Im April gab der Reichskanzler euch und der Welt die Versicherung seiner friedlichen Absichten; *sie erwies sich als ebenso wertlos* wie seine im September des Vorjahres im Sportpalast verkündeten Worte: „Wir haben keine weiteren territorialen Forderungen in Europa zu stellen."

Niemals hat eine Regierung ihre Untertanen unter geringerem Vorwand in den Tod geschickt. Dieser Krieg ist gänzlich unnötig. Von keiner Seite waren deutsches Land und deutsches Recht bedroht. Niemand verhinderte die Wiederbesetzung des Rheinlandes, den Vollzug des Anschlusses und die unblutig durchgeführte Einkörperung der Sudeten in das Reich. Weder wir, noch irgendein anderes Land, versuchte je dem Ausbau des deutschen Reiches Schranken zu setzen—solange dieses nicht die Unabhängigkeit nicht-deutscher Völker verletzte.

Allen Bestrebungen Deutschlands—solange sie Andern gerecht blieben—hätte man in friedlicher Beratung Rechnung getragen.

1939 Dezember

Scheinwerfer und Leuchtspurmunition erhellen den Himmel während eines britischen Luftangriffs

König Georg VI. besucht eine mit Hawker-Hurricane-Maschinen ausgestattete Jagdstaffel der Royal Air Force

Angriff auf die Sowjetunion?

Im Obersten Kriegsrat der Alliierten wird am 19. Dezember 1939 die Frage erstmals erörtert, ob ein militärisches Vorgehen gegen die Sowjetunion in Frage kommt. Dabei werden Landungen in Norwegen und Nordfinnland ebenso erwogen wie Bombenangriffe auf die Ölförderanlagen im Kaukasus. Diese Überlegungen werden bis zum März 1940 mehrfach erörtert.

Die Nachtangriffe beginnen

Seit dem 18. Dezember 1939 verzichten die Engländer auf Tagesangriffe geschlossener Bomberformationen ohne Jagdschutz und gehen zu nächtlichen Angriffen über, was von der deutschen Propaganda als Feigheit ausgelegt wird. Erst ab Oktober 1944 werden wieder Tagesangriffe auf deutsche Gebiete gewagt.

Die Zerstörung deutscher Industriezentren hält die RAF-Führung nur bei nächtlichen Anflügen für erreichbar, nachdem man in den letzten Monaten bei Flugblätter-Abwurfaktionen während der Dunkelheit auf keine wirksame deutsche Luftabwehr gestoßen ist. Eine weitere Konsequenz der Engländer: Ihre Bomber werden jetzt mit beschußsicheren Treibstofftanks (selfsealing fuel tanks) ausgestattet.

Die Luftwaffe wird durch die RAF-Nachtangriffe gezwungen, ein aufwendiges Nachtflugmelde- und -leitsystem auf Funkmeßbasis aufzubauen. Die Deutschen erkennen erst durch die eigenen schweren Verluste während der Luftschlacht um England im Sommer und Herbst 1940, daß der Einsatz von Bombern bei Nacht mit weniger Risiko verbunden ist.

Dezember 1939

Eine Formation britischer Standardbomber Vickers Armstrong Wellington. Diese Maschinen bewähren sich in den ersten zwei Jahren des Krieges

In einer Luftbild-Auswertungsstelle der Royal Air Force

Währenddessen fliegen allnächtlich, ohne Rücksicht auf Nebel oder Frost, britische Whitley-Bomber der 4. Gruppe Flugblatt-Einsätze über dem Ruhrgebiet, Berlin, Hamburg, Nürnberg und sogar bis nach Prag und Wien. Die deutsche Luftabwehr ist zu dieser Zeit so wirkungslos, daß die 4. Gruppe zwischen dem 10. November 1939 und dem 16. März 1940 kein einziges Flugzeug durch Feindeinwirkung verliert, obwohl ständig 20 bis 30 Flugzeuge an diesen Flugblatt-Aktionen beteiligt sind.

Eine größere Gefahr als die deutsche Luftabwehr bedeuten für die RAF-Piloten Witterungseinflüsse; denn mehrere Maschinen gehen durch Vereisung verloren. Die deutsche Führung bemerkt nicht, daß die nächtlichen, scheinbar harmlosen Flugblatt-Aktionen nur eine geschickt getarnte Vorbereitung auf den künftigen strategischen Luftkrieg gegen das Deutsche Reich darstellen. So verliert die Luftwaffe kostbare Zeit für den Aufbau einer wirksamen Nachtjagdabwehr und beginnt damit erst, nachdem dieser Zeitverlust kaum noch aufzuholen ist.

DER WINTER-KRIEG IN FINN-LAND

DER KAMPF IM HOHEN NORDEN

Ein kleines Volk in Skandinavien setzt sich erfolgreich gegen eine Übermacht zur Wehr

Zum ernsten militärischen Zwischenfall zwischen Finnland und der Sowjetunion größeren Ausmaßes kommt es am 26. November 1939 bei dem karelischen Grenzort Mainila. Die sowjetische Führung behauptet, Soldaten der Roten Armee seien von finnischer Artillerie beschossen worden. Obwohl die Regierung in Helsinki sich um Verhandlungen bemüht, nehmen die Zusammenstöße an der Grenze in den nächsten Tagen zu. Die Sowjetunion kündigt den Nichtangriffsvertrag von 1932.

Am Mittwoch, dem 29. November 1939, führen die Sowjets ohne Kriegserklärung einen Überfall auf das finnische Petsamo-Gebiet durch. Sie brechen damit die diplomatischen Beziehungen zu Helsinki ab.

Einen Tag danach beginnt der sowjetisch-finnische Winterkrieg. Die finnische Südküste wird von der Baltischen Flotte der Sowjetunion beschossen, während die Rote Luftflotte Angriffe gegen Helsinki, Hangö und Lahti fliegt. Das finnische Friedensheer zählt nur knapp 30 000 Mann. Dem ersten sowjetischen Ansturm von fast 30 Divisionen mit starken Artillerie- und Panzerkräften sowie 800 Flugzeugen kann Finnland zunächst nur neun schwach ausgerüstete Divisionen und jeweils drei Infanterieregimenter, dazu 60 zumeist veraltete Panzer, 22 Flugabwehrgeschütze und 150 Flugzeuge gegenüberstellen. Panzerabwehrkanonen sind nicht vorhanden, und die gesamten Munitionsvorräte des Landes werden bestenfalls für einen Monat reichen.

Die deutsche Regierung, in dieser Zeit in Wirtschaftsverhandlungen mit der Sowjetunion, verbietet deutsche Waffenlieferungen an Finnland, läßt aber den Transport italienischer Waffen durch deutsches Gebiet zu.

In aller Welt steht die öffentliche Meinung auf der Seite Finnlands. In der deutschen Bevölkerung verbreitet sich Unverständnis über die Politik der Regierung in Berlin.

Die meisten der finnischen Soldaten sind jedoch an die Nächte bei 30 bis 40 Grad minus gewöhnt, und es macht ihnen nichts aus, sich auf Rentierschlitten, Skiern oder Pferden lautlos im Gelände zu bewegen. Wo sich ihnen die Möglichkeit bietet, versuchen sie jetzt den Gegner mit selbstgefertigten Brandflaschen sowie im Nahkampf mit

Eine finnische Ski-Patrouille im Gefecht mit sowjetischen Vorhuten. Diese hervorragenden Einzelkämpfer tragen zu dieser Zeit die noch kaum bekannten Schneeanzüge, die später von der Roten Armee und der Wehrmacht übernommen werden

1939 November

Eine finnische Ski-Patrouille bereitet sich auf den Einsatz vor

Feldmarschall Carl Gustav von Mannerheim, Oberkommandierender der finnischen Streitkräfte

Maschinenpistole oder Puukkidolch zu überwältigen. Feldm. Carl Gustav von Mannerheim, ein ehemaliger Zaren-General, weiß als erfahrener Stratege, daß er die Verbände der Roten Armee nicht besiegen, aber zumindest aufhalten kann.

Die Sowjets scheinen sich ihres Erfolges so sicher zu sein, daß sie im Grenzort Terijoki bereits eine sogenannte Volksregierung mit dem finnischen Kommunistenführer Otto Kuusinen an der Spitze proklamieren. Die recht dürftige und noch nicht fertiggestellte Mannerheim-Linie auf der Karelischen Landenge bildet das Kernstück der finnischen Verteidigung. Ihr stehen hier die sowjetische 7. Armee (Gen. Kyrill Afasjewitsch Merezkow) und die 13. Armee (Gen. Grendal) gegenüber. Außerdem haben die Sowjets nördlich des Ladogasees noch ihre 8., 9. und 14. Armee gegen Finnland eingesetzt.

Obwohl es in Nordfinnland bei Petsamo der angreifenden sowjetischen Division nicht schwerfallen sollte, die 700 finnischen Soldaten hinter den Ort zurückzudrängen,

Dezember 1939

Die von finnischen Soldaten erbeuteten Panzer der kampfstarken sowjetischen 44. Division. Sie wird bei Raate von den Finnen fast vollständig aufgerieben

Der Präsident von Finnland, Kiosti Kallio, und der finnische Ministerpräsident Dr. Risto Ryti

artet ihr Angriff auf die engste Stelle Finnlands in eine wahre Katastrophe aus: Die hervorragend für den Waldkrieg ausgebildeten Finnen erweisen sich in diesem seit 1892/93 härtesten Winter als angriffslustige Einzelkämpfer und Patrouillengänger. Die außergewöhnliche Kälte und die einsetzenden Schneefälle erschweren dagegen den sowjetischen Kampfwagen das Zusammenwirken mit der Infanterie und der Roten Luftflotte.

Kampf in den Wäldern

Die Finnen zwingen die bar jeglicher Winterausrüstung angetretenen sowjetischen Verbände zum Rückzug, verfolgen den im tiefen Schnee steckengebliebenen Gegner mit ihren Ski-Jagdkommandos und fügen ihnen nicht unbeträchtliche Verluste zu.

Währenddessen führen sowjetische Kampfgeschwader mehrere schwere Luftangriffe auf die finnische Hauptstadt Helsinki durch.

Der sowjetische Angriff auf Finnland bietet Churchill einen willkommenen Anlaß, den für die Versorgung Deutschlands mit schwedischen Erzen so wichtigen norwegischen Hafen Narvik unter dem Vorwand britischer Finnland-Hilfe zu bedrohen. Er spekuliert darauf, Narvik als Stützpunkt der Alliierten für die Versorgung Finnlands zu besetzen, um den deutschen Schiffen die Möglichkeit zu nehmen, dort weiterhin schwedische Erze zu laden, um sie dann sicher entlang der Küste Norwegens in deutsche Häfen zu transportieren.

Unterdessen fliegen die finnischen Luftstreitkräfte (150 Flugzeuge) trotz ihrer zahlenmäßigen Unterlegenheit selbst Angriffe gegen Murmansk, Leningrad, Kronstadt sowie Baltischport und beschränken sich keineswegs auf

1939 Dezember

die Abwehr gegnerischer Luftangriffe. Die Rote Luftflotte (800 Flugzeuge) wirft bei ihren Einsätzen über dem finnischen Hinterland Bomben auf Dörfer und sogar auf einzelne Gehöfte.

Die Finnen entwickeln eine Methode, sich bei den eisigen Temperaturen gegen feindliche Brandbomben zu sichern: Sie begießen die Dächer der meist einstöckigen Häuser mit Wasser, das in kürzester Zeit zu einer schützenden Eisschicht festfriert und die Brandbomben wirkungslos macht.

Erfolge der Finnen

Am Sonntag, dem 3. Dezember 1939, eröffnen die Sowjets ihre Seeblockade gegen Finnland: Zwei U-Boot-Flottillen beginnen im Bottnischen Meerbusen vor der finnischen Südküste zu patrouillieren.

Am 18. Dezember 1939 werden die finnischen Küstenbatterien auf der Insel Koivisto von dem zur Baltischen Flotte gehörenden sowjetischen Schlachtschiff »Oktjabrskaja Revoljucija« (Kpt. 2. Rg. Vdovicenko) und fünf Begleitzerstörern unter Beschuß genommen.

Am Montag, dem 25. Dezember 1939, wird die finnische 9. Division (Oberst Hjalmar Fridolf Siilasuo), die seit 14 Tagen in schweren Kämpfen mit der 163. Schützendivision der Roten Armee steht, durch weitere fünf Bataillone verstärkt. Die sowjetischen Verbände im Raum Soumussalmi werden nun von allen Seiten angegriffen und innerhalb von drei Tagen eingeschlossen und vernichtend geschlagen.

Die Finnen erbeuten dabei 27 Geschütze, elf Panzer, 150 Lastkraftwagen und große Mengen von Infanteriewaffen samt der dazugehörigen Munition. Mit diesen Beutewaffen gehen die finnischen Soldaten anschließend gegen die sowjetische 44. mechanisierte Division vor, die auf einem acht Kilometer langen Waldweg festliegt und wegen des hohen Schnees nicht in der Lage ist, ihre Panzer und schweren Waffen gegen die finnischen Angreifer einzusetzen.

Dezember 1939

Am Donnerstag, dem 28. Dezember 1939, wird die zur sowjetischen 9. Armee gehörende 163. Schützendivision von der finnischen 9. Division unter geschickter Anwendung der Motti-Taktik (Nadelstich-Taktik) aufgerieben.

Ende Dezember 1939 scheitert vorerst der sowjetische Versuch, die Mannerheim-Linie auf der Karelischen Landenge zu durchbrechen. Ein Umgehungsversuch nördlich des Ladoga-Sees und ebenso die Operation weiter im hohen Norden werden von den finnischen Truppen abgewehrt.

Stalin muß erkennen, daß die sowjetischen Divisionen einer unerwartet hart kämpfenden Truppe gegenüberstehen. Um alle Anstrengungen auf die Mannerheim-Linie zu konzentrieren, muß die Rote Armee mit massiertem schweren Artilleriefeuer und Panzern vorgehen. So entsteht zum Jahresende 1939 an der ganzen finnischen Front eine Kampfpause.

Auf Grund des bisherigen Verlaufs des finnisch-sowjetischen Krieges berichtet das Oberkommando der Wehrmacht am 31. Dezember 1939 an Hitler, die UdSSR sei für eine modern ausgerüstete Armee kein ernst zu nehmender Gegner.

Auf einem der Feldflugplätze der finnischen Luftstreitkräfte. Die wenigen leichten Bomber vom Typ Bristol Blenheim reichen nicht aus, um die Aggressoren zurückzuschlagen (linke Seite)

Trotz des enormen Einsatzes an Menschen und Material wird für die Sowjetunion der Überfall auf Finnland ein militärischer Fehlschlag. Hier die Reste einer vernichteten sowjetischen Panzerdivision

Deutschland

27. Januar: Hitler erteilt dem OKW Weisung, die Studie »Weserübung« (Besetzung dänischer und norwegischer Stützpunkte) auszuarbeiten.
16. Juli: Hitler gibt die »Weisung Nr. 16« heraus: Vorbereitungen zu einer Invasion in Großbritannien (Unternehmen »Seelöwe«).
19. Juli: Hitler richtet einen letzten »Friedensappell« – »an die Vernunft auch in England« – an Großbritannien; am 22. Juli abgelehnt.
21. Juli: Hitler erteilt GFM von Brauchitsch den Auftrag, einen Operationsplan für einen Ostfeldzug vorzubereiten.
31. Juli: Hitler nimmt als Zeitpunkt für die geplante Landung in England den 15. September in Aussicht. Hitler erklärt gegenüber von Brauchitsch und Halder seinen Entschluß, im Frühjahr 1941 einen etwa fünfmonatigen Feldzug gegen die UdSSR zu führen.
5. August: Erste Aufmarschstudie Ost für einen Feldzug gegen die UdSSR fertiggestellt.
17. September: Hitler verschiebt das Unternehmen »Seelöwe«; die Vorbereitungen sollen als Täuschungsmanöver fortgesetzt werden.
12. November: »Weisung Nr. 18«: Vorbereitungen, »um im Bedarfsfall« griechisches Festland zu besetzen.
13. Dezember: »Weisung Nr. 20«, die den Aufmarsch gegen Griechenland festlegt (Unternehmen »Marita«).
18. Dezember: Hitler erteilt die »Weisung Nr. 21« (»Fall Barbarossa«): Vorbereitung, »die UdSSR in einem schnellen Feldzug niederzuwerfen«. Termin zunächst: 15. Mai 1941.

Westfeldzug

10. Mai: Beginn der Westoffensive mit dem deutschen Einmarsch in Holland, Belgien und Luxemburg.
13. Mai: Durchbruch bei Sedan und Dinant.
14. Mai: Schwere Bombardierung Rotterdams. Kapitulation der holländischen Armee.
19. Mai: Panzergruppe von Kleist erreicht Abbeville und die Somme-Mündung.
26. Mai: Rückzug des britischen Expeditionskorps auf einen Brückenkopf um Dünkirchen, wo am 27. Mai die Einschiffung (Operation »Dynamo«) beginnt.
28. Mai: Kapitulation der belgischen Armee.
4. Juni: Abschluß der Operation »Dynamo«; deutsche Truppen nehmen Dünkirchen ein.
5. Juni: Deutsche Offensive an Somme und Aisne.
14. Juni: Kampflose Besetzung von Paris.
16./17. Juni: Französisches Waffenstillstandsangebot. Einschließung der französischen Ostarmeen.
22. Juni: Unterzeichnung des deutsch-französischen Waffenstillstands.

Krieg mit England

13. August: »Adlertag«: Beginn des verschärften deutschen Luftkriegs.
7. September: Beginn der schweren Luftangriffe gegen London.
14. November (bis 19. November): Schwere Luftangriffe auf Coventry, Birmingham und andere mittelenglische Städte.

Skandinavien

5.–8. Januar: Empfindliche sowjetische Niederlage bei Suomussalmi.
11. Februar: Zweite sowjetische Offensive gegen die Mannerheim-Linie führt zum Durchbruch bei Summa und zwingt die Finnen zur Zurücknahme ihres Südflügels östlich Wiborg.
16. Februar: Der britische Zerstörer »Cossack« entert im Jössing-Fjord das deutsche Marinetroßschiff »Altmark« und befreit 303 Gefangene.
6. März: Abreise einer finnischen Delegation unter Paasikivi nach Moskau.
12. März: Unterzeichnung eines finnisch-sowjetischen Friedensvertrags.
28. März: Der alliierte Kriegsrat beschließt, am 5. April norwegische Gewässer zu verminen und Stützpunkte in Norwegen zu besetzen.
8. April: Ausschiffung des alliierten Expeditionskorps nach Norwegen.
9. April: Beginn des Unternehmens »Weserübung« zur Besetzung von Dänemark und Norwegen.
14.–19. April: Alliierte Landungen.
3.–8. Juni: Die Alliierten räumen Norwegen.
10. Juni: Kapitulation der letzten norwegischen Kräfte.

Afrika und Balkan

6.–19. August: Italienische Truppen erobern Britisch-Somaliland.
12. September: Italienische Truppen stoßen über die libysch-ägyptische Grenze vor und nehmen Sidi Barrani.
28. Oktober: Italien greift Griechenland an.
29. Oktober: Landung britischer Verbände auf Kreta.
11. November: Erfolgreicher britischer Angriff auf die italienische Flotte in Tarent.
9. Dezember: Britischer Gegenangriff in der Cyrenaika, schneller Vorstoß bis Sollum. *(17. Dezember)*

Ostasien

18. Juli: England schließt auf japanischen Druck hin die Burma-Straße, die Hauptnachschublinie für das von den eigenen Küsten abgedrängte China, für drei Monate.
22. Juli: Bildung des japanischen Kabinetts Konoye-Matsuoka; Wiederaufnahme der im August 1939 abgebrochenen deutsch-japanischen Verhandlungen über ein Militärbündnis.
22. September: Französische Vichy-Regierung – japanische Militärkonvention: Japan übernimmt Stützpunkte im nördlichen Teil von Französisch-Indochina.
18. Oktober: Großbritannien öffnet die Burma-Straße für den Nachschub nach China wieder.

1940

Internationale Politik

25. Februar: Europareise des US-Unterstaatssekretärs Welles, der im Auftrag Roosevelts die Chancen einer Friedensregelung erkunden soll.
10. Mai: Die britische Regierung Chamberlain tritt zurück. Unter dem bisherigen Marineminister Churchill Bildung eines Kriegskoalitionskabinetts.
17. Mai: Umbildung der französischen Regierung: Ministerpräsident Reynaud, zugleich Kriegsminister, Marschall Pétain, stellvertretender Ministerpräsident.
18. Mai: Arthur Seyß-Inquart wird »Reichskommissar für die Niederlande«.
10. Juni: Kriegseintritt Italiens. Mussolini erklärt Frankreich und England den Krieg.
11./12. Juni: Churchill konferiert mit Reynaud, »um die Franzosen zu beschwören, den Krieg weiterzuführen«.
16. Juni: Rücktritt des Kabinetts Reynaud, Pétain neuer Regierungschef.
18. Juni: General de Gaulle ruft in London zur Fortsetzung des Widerstands auf und erklärt sich zum »Führer der Freien Franzosen«.
30. August: Zweiter Wiener Schiedsspruch: Rumänien tritt Nordsiebenbürgen an Ungarn ab. Deutsche Garantie für den rumänischen Reststaat. Sowjetischer Einspruch gegen die deutschen Maßnahmen.
27. September: Dreimächtepakt unterzeichnet.
12./13. November: Molotow in Berlin: deutsch-sowjetische Gegensätze.
13. Dezember: Pétain entläßt Laval.

Sonstige Ereignisse

15.–17. Juni: Die UdSSR besetzt die baltischen Staaten.
26. Februar: Die UdSSR fordert ultimativ Bessarabien und die Nordbukowina, die vom *28. Juni–1. Juli* besetzt werden.
1. Juli: Stalin empfängt den britischen Botschafter Cripps, der ihm die Aufforderung Churchills an die UdSSR übermittelt, sich gegen Deutschland zu wenden, was Stalin ablehnt.
3. Juli: Vernichtung des französischen Flottengeschwaders in Mers El-Kebir durch britische Flugzeuge, um zu verhindern, daß es in deutsche Hand fällt. Pétain bricht die diplomatischen Beziehungen zu England ab.
24. September: Uraufführung des »politischen Rassenproblemfilms« Jud Süß.
14. November: In Warschau werden 350 000 Juden im Ghetto eingeschlossen.

DER WINTER- KRIEG IN FINN- LAND

DER WIDERSTAND ERLISCHT

Der sowjetische Diktator Josef Stalin sucht die Entscheidung. Schließlich muß Mannerheim aufgeben

In der ersten Januarwoche 1940 macht das schlechte Wetter in ganz Europa Luftoperationen fast unmöglich. Um so bemerkenswerter ist es, daß gerade in diesen Tagen die finnische Luftwaffe einen Abschußrekord erringen kann. Am 6. Januar 1940, um 12.03 Uhr, schießt Hptm. Jorma Sarvanto aus einem Pulk von sieben Sowjetbombern Typ Iljuschin DB-3 binnen vier Minuten nicht weniger als sechs ab. Die siebte Maschine holt dann noch ein anderer finnischer Jäger vom Himmel.

Die wachsenden Verluste der Roten Luftflotte veranlassen Stalin, weitere 600 Flugzeuge neuester Bauart an die finnische Front zu verlegen. Die kleine finnische Luftstreitmacht erhält nach und nach Unterstützung von außen, und zwar zunächst aus England 33 Doppeldecker Gloster Gladiator, 12 Hurricane-Jäger, 17 Schlachtflugzeuge Lysander und 24 Blenheim-Bomber. Frankreich liefert Morane- und Kolhoven-Jäger, Italien schickt 17 Fiat-Jagdflugzeuge, Schweden 12 Gloster Gladiator. Von 44 amerikanischen Brewster-Buffalo-Jägern kommen allerdings nur fünf rechtzeitig an.

Besonders großzügig erweist sich die Südafrikanische Union mit einem Geschenk von 25 Gloster Gladiator. Zudem versucht freiwilliges Flug- und Bodenpersonal aus mehreren Ländern, den Finnen gegen die übermächtige Sowjetunion zu helfen, die schließlich 2000 Flugzeuge gegen das kleine Finnland einsetzt.

Am Montag, dem 8. Januar 1940, vollendet sich bei Soumussalmi nach mehrtägigen Kämpfen die Vernichtung der zur sowjetischen 9. Armee gehörenden 44. Schützendivision durch die von Oberst Siilasvuo geführte finnische 9. Division. Die Verluste der Roten Armee in den beiden Suomussalmi-Schlachten belaufen sich auf 27 500 Tote, 1300 Gefangene und mehr als 50 Panzer. Dagegen betragen die finnischen Gesamtverluste 900 Tote und 1770 Verwundete.

Am Sonnabend, dem 3. Februar 1940, gelingt es den sechs finnischen Divisionen, die die »Mannerheim-Linie« verteidigen, die zwei Tage zuvor begonnene Offensive der sowjetischen 7. und 13. Armee mit zusammen 13 Schützendivisionen und 5 Panzerbrigaden abzuwehren, obwohl zur Unterstützung der Rotarmisten von der

Die Rentiere erweisen sich für die finnischen Soldaten als gute Helfer. Sie schleppen Munition in die vorderste Frontlinie und nehmen Verwundete mit zurück

1940 Februar

Helsinki: Die älteste finnische Universität in Flammen

»Die Portion ist zu hart«: Eine französische Karikatur vom Februar 1940

Roten Luftflotte insgesamt 8532 Einsätze mit Bomben- und Jagdflugzeugen geflogen werden.

Dieser Großoffensive unter Timoschenko, dem Oberbefehlshaber der neugebildeten Nordwestfront, beiderseits der Bahnlinie Leningrad–Wiborg (Viipuri) ist der gescheiterte Versuch einer Umfassung des Ladoga-Sees von Nordosten her vorangegangen. Während der dreitägigen Offensive gegen die »Mannerheim-Linie« werden von der sowjetischen Führung erstmals in der Luftkriegsgeschichte Fallschirmtruppen eingesetzt. Sie springen während des Angriffs auf Summa, den schwächsten Punkt der finnischen Verteidigungsstellungen, in kleineren Kampfgruppen im Rücken der Finnen ab.

Dieser Einsatz ist ein totaler Mißerfolg: Sowohl an der Front als auch im Hinterland lassen sich die Finnen nicht überrumpeln. Noch in der Luft wird ein Teil der Fallschirmjäger getötet, während der Rest unmittelbar nach der Landung in Gefangenschaft gerät. Am nächsten Tag, dem 4. Februar 1940, muß die sowjetische Offensive nach schweren Verlusten eingestellt werden.

Am Sonntag, dem 11. Februar 1940, treten die sowjetische 7. und 13. Armee auf der Karelischen Landenge abermals zur Offensive an. Eine Unterstützung durch die Rote Flotte ist wegen Vereisung des Finnischen Meerbusens nicht möglich. Mit 14 Divisionen erzwingen die Sowjets zwischen Muola- und Kuolema-See den Durchbruch bei Summa und drängen den Südflügel der finnischen Truppen bis in den Raum ostwärts Wiborg zurück.

März 1940

Am Freitag, dem 23. Februar 1940, vernichten Truppen des finnischen Generals Talvela nördlich vom Ladoga-See die sowjetische 18. Schützendivision.

Am Sonntag, dem 3. März 1940, läuft auf der Karelischen Landenge eine neue Großoffensive der sowjetischen 7. Armee gegen Wiborg an. Gleichzeitig wird der bisherige erfolglose Befehlshaber der 13. Armee, Armeekommandeur 2. Ranges Grendal, durch Korpskommandeur Parussinow ersetzt.

Am Donnerstag, dem 7. März 1940, fordert der finnische Oberbefehlshaber, Feldm. Freiherr von Mannerheim, aufgrund der hohen Verluste die Einstellung des militärischen Widerstandes gegen die sowjetischen Truppen. Die finnischen Verluste betragen inzwischen 20 Prozent des Gesamtbestandes der finnischen Streitkräfte. Sondierungen für einen Waffenstillstand sind mit schwedischer Vermittlung eingeleitet worden. Eine finnische Delegation unter Juko Pausihivi reist am 8. März nach Moskau.

Lehren aus einem Winterkrieg

Am Dienstag, dem 12. März 1940, endet der russisch-finnische Winterkrieg nach 104 Kampftagen mit der Unterzeichnung eines Friedensvertrages in Moskau. Für Finnland gelten dabei folgende Bedingungen: Abtretung der Karelischen Landenge mit Wiborg an die Sowjetunion, Übergabe des finnischen Teils der Fischerhalbinsel und Verpachtung des südwestfinnischen befestigten Hafens Hangö an die UdSSR, Gewährung von sowjetischen Transitrechten durch das Gebiet von Petsamo nach Norwegen.

Die finnischen Kriegsverluste betragen 24 923 Tote und 43 577 Verwundete. Demgegenüber hatte die Rote Armee 48 745 Tote und 158 863 Verwundete zu beklagen. Immerhin war es dem kleinen finnischen Heer gelungen, die nicht zu vermeidende Niederlage durch ihren hartnäckigen Verteidigungskampf so lange hinauszuzögern, bis eine Situation entstanden war, die einen einigermaßen erträglichen Friedensschluß ermöglichte.

Der Mangel an geeigneten sowjetischen Befehlshabern infolge der Stalinschen Säuberung unter dem Offizierskorps der Roten Armee in den Jahren 1936 bis 1939, eine unzureichende taktische Ausbildung, mangelhafte untere Führung und wenig geeignete Ausrüstung der Rotarmisten für den Winter- und Waldkampf sind als Ursachen der sowjetischen Mißerfolge anzusehen.

Dagegen erwies sich der finnische Soldat als geborener Einzelkämpfer, der es großartig verstand, sich Klima und Gelände anzupassen und seine Taktik dem Angreifer aufzuzwingen. Hinzu kommt noch, daß die finnischen Truppen, die fast ausschließlich aus Reservisten bestanden, eine gute Ausbildung vor allem für Waldgefechte, Kleinkrieg und Kampf im Winter erfahren hatten. Im übrigen wurden vorwiegend kleinere Verbände in Zug- oder Kompaniestärke sowie als Jagdkommandos eingesetzt,

Sowjetischer Bombenangriff auf eine finnische Ortschaft: Die Einwohner suchen Schutz in den umliegenden Wäldern

1940 März

Eine finnische Patrouille mit erbeutetem sowjetischem Panzer: Unzureichende taktische Ausbildung und wenig geeignete Ausrüstung sind die Ursachen der sowjetischen Mißerfolge

Juho Kusti Paasikivi, finnischer Staatsmann, Führer der Friedensverhandlungen mit der UdSSR

März 1940

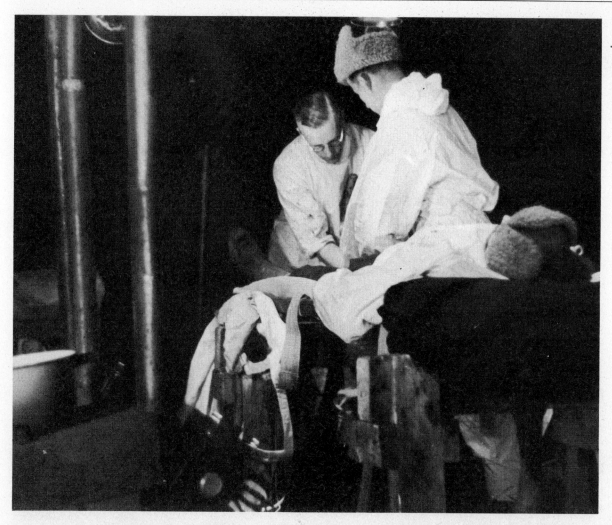

In einem finnischen Feldlazarett: Oft sind Minuten für die Rettung eines Schwerverwundeten entscheidend

die unter eigenverantwortlicher Führung durch Einzelleistungen den Gesamterfolg sicherstellten.

Von den zahlreichen Panzerangriffen der Sowjets ließen die Finnen sich kaum beeindrucken und vernichteten sehr viele sowjetische Panzer mit Brandsätzen und Sprengladungen. Der Roten Armee gelang es erst dann, die militärische Lage entscheidend zu wenden und die befestigte Mannerheim-Linie zu durchbrechen, als schwere Panzer vom Typ KW I mit 15,2-cm-Geschützen an der Front eingesetzt wurden. Sie bekämpften systematisch die finnischen Bunker und schufen Voraussetzungen für die Pioniere, diese Bunker zu blockieren oder zu sprengen.

Danach verlegte die sowjetische Artillerie ihr Feuer weiter in die Tiefe der finnischen Stellungen, um etwaige Gegenangriffe abzufangen. Die Führung der Roten Armee zog ihre Folgerungen aus der Tatsache, daß die Sowjetunion mit einer Bevölkerung, die das 50fache des kleinen Volkes der Finnen ausmachte, in diesem Winterkrieg eine ganze Reihe von Niederlagen hinnehmen mußte.

Es kommt aufgrund dieser Erfahrungen im russisch-finnischen Krieg zu zahlreichen Verbesserungen und weitgehenden Neuerungen. Dabei ist es beachtlich, mit welcher Schnelligkeit die sowjetische Führung in diesem Fall auf erkannte Mängel reagiert und ihre Erfahrungen auswertet. Dies hätte der deutschen Führung als eine

Finnland: Gedenkmarke zur 300-Jahr-Feier der ersten finnischen Universität

ernste Mahnung bei ihren kommenden Planungen und Entscheidungen dienen können.

In Moskau werden im März 1940 auf einer Vollversammlung des Zentralkomitees der KPdSU sowie auf einer Tagung des Obersten Kriegsrates die Erfahrungen aus dem finnischen Winterkrieg gründlich diskutiert und dann beschlossen, weitere mechanisierte Korps aufzustellen, neue Panzertypen, Geschütze und automatische Infanteriewaffen in Produktion zu geben. Für die Panzerwaffe wird einer verbesserten Dienstvorschrift zugestimmt und die Autorität der Offiziere durch eine neue Disziplinarverordnung gestärkt, die gleichzeitig die Befugnisse der politischen Kommissare einengt.

DAS WAGNIS IN SKANDINAVIEN

UNTERNEHMEN »WESERÜBUNG«

Zur Sicherung der Erzversorgung beginnt Hitler eine Operation gegen alle Regeln der Kriegskunst

Schon im Herbst 1939 haben die Alliierten Überlegungen angestellt, den Transport schwedischer Erze nach Deutschland über Narvik durch eine Verminung der norwegischen Küstengewässer zu unterbinden.

Am Sonnabend, dem 6. Januar 1940, verständigt das britische Foreign Office die norwegische Gesandtschaft in London von der Absicht, gegen deutsche Transporte entlang der norwegischen Küste vorzugehen. Das Ausmaß des deutschen Imports an Eisenerzen aus Schweden spielt dabei die Schlüsselrolle: Bereits 1938 hat der gesamte deutsche Import an Erzen, dem wichtigsten Rohstoff der Rüstungsindustrie, rund 22 Millionen Tonnen erreicht. Zwar verringern sich durch die alliierte Blokkade die überseeischen Einfuhren um fast zehn Millionen Tonnen, doch werden weiterhin aus Schweden elf Millionen Tonnen eingeführt.

Im Sommer gehen die Erztransporte aus den bottnischen Häfen im Norden Schwedens ab. Im Winter, wenn diese Häfen zugefroren sind, werden die Erze per Eisenbahn zum eisfreien norwegischen Hafen Narvik und von dort aus auf Frachtern nach Deutschland gebracht. Fast auf der ganzen Route vom Norden Norwegens fahren die deutschen Schiffe innerhalb der norwegischen Hoheitsgewässer und sind so für die Angriffe der alliierten Flotte unerreichbar.

Um die strategisch äußerst wichtige Erzversorgung der Deutschen zu unterbrechen, wollen die Engländer jetzt versuchen, die Seewege in den norwegischen Gewässern zu verminen und Deutschland damit zwingen, seine Frachter außerhalb der norwegischen Küstengewässer den Angriffen der Royal Navy auszusetzen. Als dieser Plan auf Ablehnung bei der norwegischen Regierung stößt, wird er für den Augenblick nicht weiterverfolgt; doch am 16. Januar setzen die alliierten Vorarbeiten für eine Landung in Skandinavien ein, mit der zugleich den finnischen Truppen Unterstützung zugeleitet und die deutsche Erzversorgung unterbrochen werden könnte. In Deutschland wird, nachdem der norwegische Faschist Vidkun Quisling die deutsche Regierung bereits im Dezember 1939 vor den Konsequenzen britisch-norwegischer Zusammenarbeit gewarnt hat, an einer Studie Nord

Cuxhaven: Am 6. 4. 1940 gehen Gebirgsjäger an Bord des schweren Kreuzers »Admiral Hipper«. Damit beginnt die Verladung der für den Norwegen-Einsatz bestimmten Landtruppen

199

1940 Januar

Am Morgen des 9. 4. 1940 ankert der deutsche Zerstörer »Friedrich Eckoldt« vor der norwegischen Küste bei Trondheim. Der Zerstörer gehört zur Kriegsschiffsgruppe 2 unter Kapitän zur See Heye

Lord Edward Halifax, Außenminister Großbritanniens

Field Marshal Sir Edmund Ironside, Oberbefehlshaber der britischen Home Force

General Nikolaus von Falkenhorst, Oberbefehlshaber der deutschen Kräfte in Norwegen, Gruppe XXI

Notlandung bei Mechelen

Am Mittwoch, dem 10. Januar 1940, verirrt sich ein von Maj. Hönmanns gesteuertes deutsches Kurierflugzeug im Nebel auf dem Flug von Münster nach Köln und gelangt über belgisches Gebiet. Ohne Genehmigung seiner Vorgesetzten befindet sich an Bord der Maschine Maj. Reinberger vom Stab der Luftflotte 2. Der Stabsoffizier führt Teile der Aufmarschplanung mit Zielpunkten für Luftangriffe und Luftlandungen im Westen mit sich. Als die Maschine bei Mechelen, etwa 13 Kilometer nördlich von Maastricht, notlanden muß, fallen Bruchstücke dieser Geheimdokumente in die Hände der Belgier, die sogleich das französische und das niederländische Oberkommando unterrichten. Doch nur in Belgien und in den Niederlanden werden Anordnungen für besondere Bereitschaft gegeben. Das Ersuchen der Westalliierten auf Durchmarsch durch belgisches Territorium lehnt die belgische Regierung am 15. Januar ab.

Aufgrund des Zwischenfalls von Mechelen ergeht am 11. Januar 1940 Hitlers »Grundsätzlicher Befehl Nr. 1«, in dem es unter anderem heißt: »Niemand... darf von einer geheimzuhaltenden Sache mehr erfahren, als er aus dienstlichen Gründen unbedingt davon Kenntnis erhalten muß.« Damit wird ganz bewußt auch höheren militärischen Führern erschwert, sich ein umfassendes selbständiges Urteil über bestimmte Maßnahmen und Entwicklungen zu bilden.

Als weitere Konsequenz werden der Oberbefehlshaber der Luftflotte 2, Gen. d. Fl. Helmuth Felmy, und sein Stabschef, Oberst Kammhuber, abgelöst.

März 1940

gearbeitet, die die Sicherung der deutschen Interessen bei Wahrung norwegischer Neutralität vorsieht.

Am Sonnabend, dem 27. Januar 1940, beginnt auf Hitlers Befehl das OKW, die Aufmarschstudie »Weserübung« auszuarbeiten, um »notfalls« dänische und norwegische Stützpunkte aus militärstrategischen Überlegungen durch deutsche Streitkräfte besetzen zu lassen und auf diese Weise die Erzzufuhren zu sichern.

Etwa gleichzeitig kommt es auf einer Sitzung des alliierten Kriegsrates in Paris zu ähnlichen Überlegungen, die am 5. Februar mit dem Beschluß enden, als »England-Hilfe« ein Expeditionskorps zum Einsatz an der Finnland-Front aufzustellen. Allerdings soll es sich hier offiziell um »Freiwillige« handeln, damit ein offener Konflikt mit der Sowjetunion vermieden wird.

Das Korps soll Divisionsstärke haben. Außerdem dient das Unternehmen als Vorwand, einen anderen Teil des Korps, zwei bis drei Divisionen, Narvik besetzen zu lassen, um die deutschen Erztransporte zu unterbrechen. Schon am 19. Januar hat der französische Ministerpräsident Daladier dem Generalstab den Auftrag erteilt, Pläne für einen Luftangriff auf die sowjetischen Erdölfelder im Kaukasus auszuarbeiten. Diese Überlegungen werden bis zum Beginn des Westfeldzuges im Mai weiterbetrieben und von der englischen Regierung unterstützt.

In der Nacht zum 16. Februar 1940 gelingt dem englischen Zerstörer »Cossack«, längsseits der »Altmark« zu gehen. Der umgebaute Tanker hat 303 britische Matrosen von Schiffen, die die »Admiral Graf Spee« versenkt hat, an Bord und norwegische Gewässer aufgesucht, um der Verfolgung zu entgehen. Nach kurzem Widerstand der deutschen Mannschaft werden die Gefangenen befreit. Für die deutsche Führung ist der »Altmark«-Zwischenfall Anlaß, GenOberst von Falkenhorst am 21. Februar mit der Leitung der Vorbereitung der Besetzung Norwegens und Dänemarks zu beauftragen.

Stützpunkt Basis Nord

Deutscher Flottentanker und Troßschiff »Altmark« im Jössing-Fjord (Norwegen) nach dem Überfall des britischen Zerstörers »Cossack« am 16. 2. 1940

Am Freitag, dem 1. März 1940, unterzeichnet Hitler die grundsätzliche Weisung für das Unternehmen »Weserübung«. Dabei soll Dänemark als strategisches Sprungbrett und zum Schutz der deutschen Nachschubwege dienen.

Besonders problematisch ist die Inbesitznahme von Narvik, dem als strategischen Schlüsselpunkt Norwegens anzusehenden Erzhafen, da er mehr als 2000 Kilometer vom nächsten deutschen Flottenstützpunkt entfernt ist. Zum Transport der für den Handstreich auf Narvik vorgesehenen deutschen Landungstruppen werden allein zehn Zerstörer benötigt – nahezu die Hälfte des gesamten Zerstörerbestandes der Kriegsmarine. Außerdem muß sichergestellt werden, daß in Narvik ausreichend Treibstoff für die Rückkehr der Zerstörer in ihre Heimathäfen zur Verfügung steht.

Dies ist die Aufgabe des Großtankers und U-Boot-Versorgungsschiffes »Jan Wellem« (12 000 BRT), der schon einen Tag vor dem deutschen Anschlag auf Narvik diesen wichtigen Erzhafen als normaler Tanker anlaufen soll. Er kommt von der Basis Nord, jenem geheimen Stützpunkt nahe Murmansk, den Stalin der deutschen Kriegsmarine zur Verfügung gestellt hat.

Die Basis Nord ist damit von entscheidender Bedeutung für den planmäßigen Ablauf des Narvik-Unternehmens, und tatsächlich erweist sich im April die »Jan Wellem« als das einzige Versorgungsschiff für die dort eintreffenden deutschen Flotteneinheiten. Wie Großadm. Raeder später feststellt: ». . . Der einzige Tanker, der bei der Besetzung Norwegens rechtzeitig in Narvik eintraf, kam aus Polarskoje.«

Vom 4. März 1940 an werden die deutschen U-Boote zusammengezogen und zum Teil aus dem Einsatz um Großbritannien von der Seekriegsleitung zurückgerufen. Sie erhalten dann neue Positionen, um britische Landungsversuche zu verhindern und den Seeweg nach Norwegen zu kontrollieren. Vor allem die Seekriegsleitung drängt auf eine deutsche Aktion in Norwegen, um verbesserte Stützpunkte für Einsätze gegen die Home Fleet und Operationen im Atlantik zu erhalten.

Bereits am Mittwoch, dem 13. März 1940, ist in Berlin eine Meldung eingegangen, wonach britische U-Boote Patrouillenfahrten vor der norwegischen Südküste aufgenommen haben; und am Freitag, dem 15. März 1940, landen einige französische Offiziere als halboffizielle Besucher im norwegischen Hafen Bergen.

Am Sonnabend, dem 16. März 1940, greifen 15 Sturzkampfbomber Ju 88 der I. Gruppe des Kampfgeschwaders 30 (KG 30) den britischen Flottenstützpunkt Scapa

201

1940 März

Vor Trondheim am 9. 4. 1940: Die Gebirgsjäger an Bord des schweren Kreuzers »Admiral Hipper« bereiten sich zur Landung vor. Die Soldaten sind nur mit der notwendigsten Bewaffnung ausgestattet

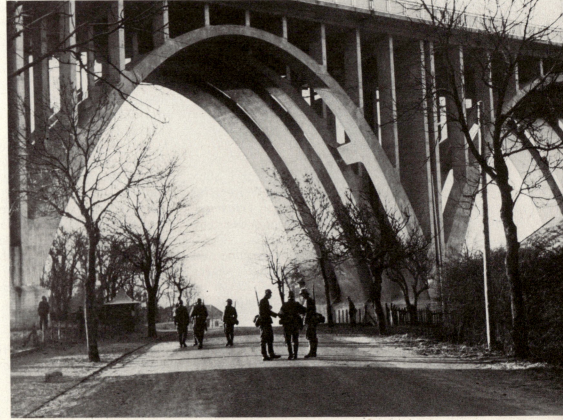

Dänemark: Ein deutsches Vorauskommando sichert die strategisch wichtige Brücke über den Belt

April 1940

Flow an. Einige Bomben fallen auf die Ortschaft Bridge of Waith auf der Orkney-Insel Hoy. Dabei werden fünf Gehöfte zerstört, ein Mensch getötet und sieben weitere verletzt. Dies ist der erste Fall, daß deutsche Luftangriffe Verluste unter der englischen Bevölkerung zur Folge haben. Im Gegensatz zur Auffassung der Piloten, die vier Schiffe getroffen haben wollen, hat nur der Kreuzer »Norfolk« Bombenschäden.

In diesen Tagen versuchen deutsche U-Boote mehrfach, die schweren Einheiten der Home Fleet anzugreifen, um so die Royal Navy vor der deutschen Operation in Norwegen zu schwächen.

Gebirgsjäger unterwegs

Oberst Hans Oster, Abteilungschef im Amt Ausland/Abwehr des OKW

Norwegen: Eine Briefmarke von 1940

Am Donnerstag, dem 28. März 1940, beschließen die Alliierten auf einer Sitzung in London, ab 5. April 1940 unter der Bezeichnung Operation »Wilfred« die norwegischen Gewässer zu verminen und in Norwegen Stützpunkte zu errichten. Truppenlandungen sind in Narvik, Trondheim, Stavanger und Bergen vorgesehen. Die Transporter mit den ersten für Narvik bestimmten Einheiten sollen bereits am 8. April 1940 aus den schottischen Häfen auslaufen.

Auf dieser Konferenz wird ebenfalls der Termin für die Operation »Royal Marines« (5. April 1940) festgelegt, die Churchill bereits vor Monaten geplant hat. Man will von Flugzeugen aus schwimmende Minen in den Rhein werfen, um Brücken zu zerstören und die Rheinschiffahrt zu behindern. Doch kommt es bei diesen beiden Vorhaben zu keiner Einigung mit der französischen Regierung, die in einem solchen Fall deutsche Repressalien befürchtet. Das nimmt Chamberlain zum Anlaß, das Eingreifen Englands in Norwegen zu verschieben.

Britische U-Boote operieren zwar im März in der Nähe der deutschen Geleitzüge, die mit Erztransporten aus Narvik in Richtung Skagerrak unterwegs sind, doch gibt es keine Gelegenheit zum Angreifen, da die Deutschen in den norwegischen Hoheitsgewässern fahren. Erfolge verbuchen lediglich die beiden U-Boote »Truant« und »Ursula«, die Ende März 1940 je ein deutsches Schiff versenken.

Am Mittwoch, dem 3. April 1940, laufen bei der Kriegsmarine unmittelbare Vorbereitungen für das Unternehmen »Weserübung« an: Die aus Handelsdampfern bestehende und für Narvik bestimmte »Ausfuhrstaffel« wird in Marsch gesetzt. An Bord dieser Schiffe befindet sich schweres Gerät, Artillerie, Flak, Munition und Verpflegung, um rechtzeitig in Narvik zur Verfügung zu stehen.

Das Oberkommando der Kriegsmarine stellt für die erste große amphibische Landeoperation des Zweiten Weltkrieges folgende Einheiten zur Verfügung: zwei Schlachtschiffe, ein Panzerschiff, zwei schwere Kreuzer, vier leichte Kreuzer, 14 Zerstörer, sieben Torpedoboote, 30 U-Boote, 12 Schnellboote sowie zahlreiche Minensuch- und Hilfsfahrzeuge, Frachter und Tanker.

Am Donnerstag, dem 4. April 1940, gibt Wipo von Blücher, der deutsche Gesandte in der finnischen Hauptstadt Helsinki, an seine Berliner Zentrale die Meldung durch, er habe aus sicherer Quelle erfahren, daß ein alliiertes Landeunternehmen gegen Bergen und Narvik bevorstehe.

Unterdessen informiert Oberst Oster, Abteilungschef im Amt Ausland/Abwehr des OKW, den holländischen Militärattaché in Berlin, Major Sass, streng vertraulich über das deutsche Norwegen-Unternehmen unter der Bezeichnung »Weserübung« und auch den Fall »Gelb«, Beginn der deutschen Offensive gegen Frankreich.

Maj. Sass unterrichtet davon unverzüglich den schwedischen Militärattaché sowie den dänischen Gesandten Zahle. Beide geben die bestürzende Meldung noch am gleichen Tag durch Sonderkurier an ihre Regierungen weiter. Es erfolgt jedoch auf alliierter Seite keine Reaktion, denn die zuständigen Stellen in London und Paris sind der Ansicht, daß es sich nur um Spielmaterial handelt, mit dem das deutsche Oberkommando die Alliierten zu täuschen versucht. Ein gleiches Schicksal erleiden die Warnungen, die von Gen. von Reichenau ausgehen. Dieser Offizier, der dem nationalsozialistischen Gedankengut nahesteht, ist über die Absicht des Neutralitätsbruchs entsetzt.

203

1940 April

Am Samstag, dem 6. April 1940, beginnt in Wilhelmshaven, Wesermünde, Kiel, Cuxhaven, Travemünde und Swinemünde bei zunehmender Bewölkung, mäßiger Sicht und regnerischem Wetter die Verladung der für den Norwegen-Einsatz bestimmten Landtruppen auf die deutschen Kriegsschiffe.

Einige Stunden später tritt Vizeadm. Lütjens mit seinem Flottenverband die Ausfahrt in Richtung Norwegen an. Unter seiner Führung stehen auch die Schlachtschiffe »Scharnhorst« (Kpt. z. S. Hoffmann) und »Gneisenau« (Kpt. z. S. Netzband).

Am Nachmittag treffen der Stab der 3. Gebirgsdivision (GenMaj. Dietl) und das Gebirgsjägerregiment 139 (Oberst Windisch) auf dem Bremer Bahnhof ein. Die Soldaten werden umgehend im Hafen von Wesermünde von den Zerstörern an Bord genommen. Gemäß dem Operationsplan »Weserübung Nord« haben die aus Österreich stammenden Gebirgsjäger den Auftrag, Narvik zu besetzen.

Außer den Soldaten wird nur die notwendigste Ausrüstung und Bewaffnung verladen. Dagegen befinden sich bereits seit drei Tagen ihre schweren Waffen, Flak, ein Großteil der Munition und Verpflegung auf den Schiffen der Ausfuhrstaffel. Jeder Zerstörer nimmt 200 bis 250 Mann an Bord, die geschlossene kampfkräftige Einheiten bilden.

Die bevorstehende deutsche Norwegen-Operation ist zwar der britischen Admiralität nicht vollständig entgangen, sie hat aber dennoch keine besonderen Vorkehrungen getroffen, um die Home Fleet in unmittelbarer Bereitschaft zu halten. Das Vorhaben zur Verminung der norwegischen Gewässer und zur Landung am 5. April, wie der alliierte Kriegsrat Ende März beschlossen hatte, wird sogar auf den 8. April verschoben.

»Weserübung« läuft an

Am Abend des 6. April 1940, um 22.00 Uhr, läuft der Tanker »Jan Wellem« aus der geheimen deutschen Schiffsbasis Nord in der Nähe von Murmansk aus. Er ist mit Treibstoff und großen Mengen sonstigen Nachschubs beladen, die für die Versorgung der im Erzhafen Narvik landenden Gebirgstruppen bestimmt sind und außerdem für die Heimfahrt der Zerstörer benötigt werden.

Eine Stunde nach Mitternacht verlassen die Zerstörer mit den Soldaten der Kampfgruppe Narvik den Hafen Wesermünde. Mit abgeblendeten Lichtern fahren sie in die Nordsee. Nun erst wird den Gebirgsjägern mitgeteilt, wohin es geht und welche Aufgaben auf sie warten. Die meisten von ihnen sind zum erstenmal auf einem Schiff und leiden bald unter Seekrankheit.

Deutsche Truppen landen in Narvik während eines britischen Luftangriffs

April 1940

In der Nacht vom 6./7. April 1940 stoßen um 3.00 Uhr die Schlachtschiffe »Gneisenau« und »Scharnhorst« zu der Zerstörergruppe Narvik. Sie sollen deren Anfahrt gegen die schweren Überwasserstreitkräfte der Home Fleet sichern. Da der 1100 Seemeilen lange Weg durch ein Gebiet führt, in dem Großbritannien die Seeherrschaft ausübt, ist diese Aktion für die deutsche Kriegsmarine nicht ungefährlich.

Immerhin ist fast die gesamte deutsche Flotte für das Unternehmen »Weserübung« im Einsatz. Und man ist sich bewußt, daß die Operation nur Erfolg verspricht, wenn das Überraschungsmoment erhalten bleibt. Wie kritisch der Oberbefehlshaber des Marinegruppenkommandos Ost, Adm. Carls, die Situation einschätzt, zeigt, daß er von vornherein mit einem Verlust von rund 50 Prozent aller eingesetzten Streitkräfte rechnet.

Bereits am Morgen des 7. April 1940 haben Aufklärer der Royal Air Force im Kieler Hafen eine ungewöhnliche Anzahl von Kriegs- und Handelsschiffen festgestellt, was die Luftaufnahmen bestätigen.

Gegen Mittag wird die britische Admiralität über deutsche Absichten in Richtung Norwegen informiert. Allerdings enthält die Funkmeldung den Zusatz: »Alle diese Berichte sind von zweifelhaftem Wert und könnten sehr wohl nur ein weiterer Schachzug im Nervenkrieg sein.« Nachdem ein paar Stunden später ein britisches Aufklärungsflugzeug am Eingang des Skagerrak ein deutsches Flottengeschwader mit Nordkurs gesichtet hat, verläßt

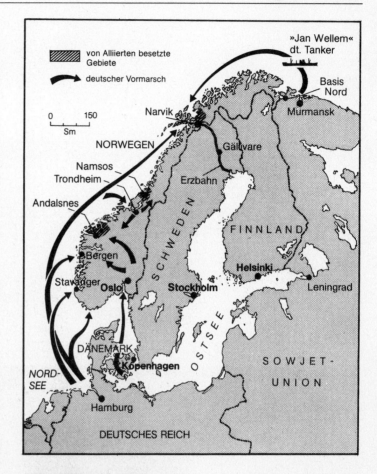

Das Unternehmen »Weserübung«: Die britische Admiralität ist über die deutschen Absichten informiert

Oslo, Flughafen Fernebu am 9. 4. 1940: Die Junkers G 38, eine Lufthansa-Passagiermaschine Baujahr 1933, bringt eine Militärkapelle nach Norwegen

1940 April

Ein deutscher Zerstörer steuert mit voller Fahrt einen norwegischen Fjord an (oberes Bild)

Eine Tragödie im Nordmeer: Vorn der deutsche Zerstörer »Hans Lody«, dahinter der sinkende britische Truppentransporter »Orama«

um 20.30 Uhr die Home Fleet unter Adm. Forbes Scapa Flow mit den Schlachtschiffen »Rodney« und »Valiant«, dem Schlachtkreuzer »Repulse« sowie zwei Kreuzern und zehn Zerstörern.

Um 22.00 Uhr werden weitere Schiffseinheiten unter Vizeadm. Edward-Collins aus dem Hafen Rosyth in Marsch gesetzt. Hierzu gehören die Kreuzer »Galatea« und »Arethusa« sowie vier weitere Zerstörer.

Vizeadm. Cunningham, der mit seinem Kreuzergeschwader gerade Soldaten an Bord genommen hat, die die strategisch wichtigsten norwegischen Häfen besetzen sollen, und in See stechen will, erhält von der Admiralität die Anweisung, nach dem sofortigen Ausschiffen der Soldaten sein Geschwader ebenfalls der Home Fleet anzuschließen.

April 1940

Die Einheiten von Rosyth und Scapa Flow sind der Annahme, sie sollen den Durchbruch eines deutschen Geschwaders in den Atlantik verhindern. Der kampfkräftige britische Flottenverband fährt die ganze Nacht hindurch nordwärts, ehe er wieder nach Süden abdreht. So hat die Royal Navy den entscheidenden Augenblick auf hoher See versäumt, um die rechtzeitige Landung der deutschen Truppen in den norwegischen Häfen zu verhindern.

Das Ziel heißt Narvik

In der Nacht vom 7./8. April 1940 gelingt es den beiden für Narvik und Trondheim bestimmten deutschen Kampfgruppen, bei Windstärke 9 und völliger Finsternis, das gefährliche Seegebiet zwischen den Shetland-Inseln und der norwegischen Küste zu durchfahren, das normalerweise von der Royal Navy stark gesichert ist.

Bei der ungewöhnlich groben See entstehen auf allen Zerstörern schwere Schäden. Festgezurrte Munitionskästen und schwere Waffen reißen sich los. Von den Gebirgsjägern sind die meisten seekrank, zehn Mann werden über Bord gespült und zahlreiche verletzt.

In den ersten Morgenstunden des 8. April 1940, zwischen 4.30 Uhr und 5 Uhr, unternehmen vier britische Zerstörer im Rahmen der Operation »Wilfred« die weitere Verminung der Gewässer vor Narvik. Dabei werden sie von den Schlachtkreuzern »Renown«, einem Kreuzer und acht Zerstörern gesichert.

Die britische Admiralität ist selbst zu dieser Stunde noch nicht von einer deutschen Operation gegen Norwegen überzeugt. Erst als um 8.30 Uhr ein Funkspruch des britischen Zerstörers »Glowworm« (LtCdr. Roope) die Nachricht bringt, er werde von einem deutschen Zerstörer etwa 150 Seemeilen südwestlich des West-Fjord unter Feuer genommen.

Kurz darauf treffen ein weiterer deutscher Zerstörer und der schwere Kreuzer »Admiral Hipper« ein.

Nur durch das Zurückbleiben des Zerstörers »Glowworm«, der nach einem über Bord gefallenen Matrosen suchen läßt, ist der Kontakt zwischen den britischen und deutschen Flotteneinheiten zustande gekommen. Die »Admiral Hipper« und vier Begleitzerstörer haben 1700 Infanteristen der für Trondheim bestimmten II. deutschen Kampfgruppe an Bord.

Die Feuereröffnung des schweren Kreuzers beantwortete die »Glowworm« mit Einnebelung und einem Dreierfächer-Torpedo aus 3000 Meter Entfernung. Die Torpedos verfehlen allerdings knapp ihr Ziel. Nun aber durchdringt die »Admiral Hipper« die Rauchwand und sieht sich plötzlich dem mit Volldampf entgegenkommenden britischen Zerstörer aus nächster Nähe gegenüber. Es ist dem 14 000-Tonnen-Kreuzer unmöglich, noch rechtzeitig abzudrehen.

Die Besatzung des schweren Kreuzers »Admiral Hipper« bei der Rettung von Überlebenden des britischen Zerstörers »Glowworm«

Der Oberbefehlshaber der britischen Home Fleet, Admiral Sir C. M. Forbes

1940 April

Im Hafen von Narvik am 10. 4. 1940: Vorn links am Post-Pier der deutsche Zerstörer »Hans Lüdemann«, rechts der Zerstörer »Hermann Künne«

Lettland, Briefmarken von 1938 und 1939: Gedenkausgaben zum 20jährigen Bestehen und zum fünften Jahrestag der Verfassung des lettischen Staates

Durch den Zusammenstoß wird der schwere Kreuzer in seiner Flanke 40 Meter breit aufgerissen. Die »Glowworm« geht kurz danach in Flammen auf. 40 Überlebende der »Glowworm« kann die »Admiral Hipper« noch retten. Kurz vor Erreichen der Reling rutscht der Kommandant des Zerstörers aus Erschöpfung ab.

Die »Rio de Janeiro« sinkt

Am Vormittag des 8. April 1940 entdeckt das polnische U-Boot »Orzel« (KptLt. Grudzinski), das im September 1939 unter abenteuerlichen Umständen vor dem deutschen Zugriff aus dem Hafen von Reval entkommen ist und jetzt der Royal Navy untersteht, in norwegischen Gewässern vor Lillesand einen nordwärts fahrenden Frachter von nicht erkennbarer Nationalität. Erst beim Näherkommen zeigt sich, daß es sich um die »Rio de Janeiro« aus Hamburg handelt und der Schiffsname sowie Heimathafen überpinselt sind. Das inzwischen aufgetauchte U-Boot fordert daraufhin das Hamburger Schiff zum Stoppen auf.

Ein Fluchtversuch der »Rio de Janeiro« (5261 BRT) kann vereitelt werden, da das U-Boot schneller ist. Nach dem endgültigen Stopp der »Rio de Janeiro« wird ein Boot zu Wasser gelassen, das auf die »Orzel« zufährt. Abgefangene Funksprüche und von der Küste Norwegens herannahende Patrouillenboote veranlassen den U-Boot-Kommandanten, um 12.05 Uhr einen Torpedo auf die »Rio de Janeiro« abzuschießen. Es bedarf jedoch noch eines weiteren Torpedos, um das Handelsschiff zu treffen. Zum erstenmal in diesem Krieg wird von einem polnischen Schiff ein Torpedotreffer erzielt.

Aus dem sinkenden Frachter werden 120 deutsche Soldaten von norwegischen Patrouillenbooten gerettet. Sie sagen aus, sie seien aufgrund eines Hilfeersuchens der Osloer Regierung auf dem Wege nach Bergen gewesen. Diese Aussagen sind zwar ein Beweis deutscher Invasionsabsichten in Norwegen, doch finden sie keine Beachtung, obwohl der Polizeichef von Lillesand sie dem norwegischen Marinestab mitteilt und berichtet, daß sich auf dem versenkten Schiff deutsche Landungstruppen mit Geschützen und Pferden befunden haben.

Der Polizeichef wird an den Generalstab weiterverwiesen, aber auch dort interessiert man sich für seine Meldung nicht. Den Hinweis des Polizeichefs auf die Tatsache, daß die geretteten Deutschen Uniformen trugen, beantwortete der Admiral am anderen Ende der Telefonleitung mit der Erklärung: »Das machen doch in Deutschland heute alle.«

Nun erst sieht sich der Polizeichef zu einem Anruf beim Innenministerium in Oslo veranlaßt, und er erhält von dort aus den Befehl, die deutschen Soldaten zu entwaffnen. Auch die norwegische Regierung wird schließlich aktiv und erteilt Anweisung, künftig allen einlaufenden Kriegsschiffen Widerstand zu leisten.

April 1940

Nicht viel anders als in Norwegen reagiert man auf die Meldung zunächst auch bei der britischen Admiralität. Die Nachricht, es hätten sich deutsche Gebirgsjäger auf der versenkten »Rio de Janeiro« befunden, geht zwar abends in London ein, landet aber – obwohl als Eilmeldung deklariert – in einem Korb für »laufende Angelegenheiten« und wird dort erst am nächsten Morgen von dem diensthabenden Offizier entdeckt.

Nun ist man sich in London und Paris einig, britische und französische Truppeneinheiten nach Narvik zu entsenden, um den Erzhafen und das Gebiet bis zur schwedischen Grenze zu besetzen. Weitere alliierte Truppen sollen in Bergen, Trondheim und Namsos landen.

Bei starkem Sturm aus Nordwest dampfen die deutschen Zerstörer in der Nacht vom 8./9. April 1940 ihren Zielen in Norwegen entgegen. Die ebenfalls in Richtung Norwegen laufende britische Zerstörerflottille muß durch die schwere See nahe des West-Fjords den Landschutz der vorgelagerten Lofoten aufsuchen. Daher gelingt es der deutschen I. Gruppe, unbehelligt den West-Fjord zu erreichen und Narvik anzusteuern.

Der deutsche schwere Kreuzer »Admiral Hipper« steht inzwischen vor Trondheim und gibt in der gleichen Nacht an die Besatzung der norwegischen Küstenbatterie einen Funkspruch in englischer Sprache durch: »Auf Befehl der norwegischen Regierung wollen wir in Trondheim vor Anker gehen. Wir haben keine feindlichen Absichten.«

So gelingt es dem deutschen Schiff, den gefährlichsten Teil der Strecke ohne Schwierigkeiten zu überwinden. Mit Scheinwerfern werden die norwegischen Kanoniere geblendet, und als die Batterie in Hysnes das Feuer eröffnet, wird sie mit einigen Salven ausgeschaltet.

Narvik, April 1940: Wrack des deutschen Zerstörers »Bernd von Arnim«

Am 11. und am 13. 4. 1940 führen britische Zerstörer erfolgreiche Angriffe gegen die vor Narvik liegenden deutschen Zerstörer und Transportschiffe durch

1940 April

Die deutschen diplomatischen Vertretungen erhalten erst bei Beginn der Landungsunternehmungen den Auftrag, den Regierungen in Kopenhagen und Oslo von den deutschen Absichten Mitteilung zu machen. Während der dänische König Christian X. Anweisung erteilt, sofort den Widerstand einzustellen, um Kopenhagen ein Bombardement zu ersparen, weigert sich die norwegische Regierung ganz entschieden, dem deutschen Ansinnen zum Rücktritt zugunsten Vidkun Quislings Folge zu leisten; sie erteilt schließlich ihren Truppen den Befehl, den deutschen Invasoren militärisch Widerstand zu leisten.

Landung in Narvik

Am Dienstag, dem 9. April 1940, um 5.00 Uhr, beginnt das Unternehmen »Weserübung«.

Die Besetzung Dänemarks übernimmt das Höhere Kommando XXXI (Gen. d. Fl. Kaupisch). Ihm sind die 170. und 198. Infanteriedivision sowie die 11. Schützenbrigade unterstellt.

Oberbefehlshaber der für Norwegen bestimmten Invasionstruppen ist Gen. d. Inf. von Falkenhorst. Zu seiner Gruppe XXI gehören die 2. und 3. Gebirgsdivision, die 69., 163., 181., 196. und 214. Infanteriedivision sowie Fallschirmjägereinheiten. Außerdem sind starke Kräfte der Kriegsmarine und Luftwaffe an dem Unternehmen beteiligt, dagegen nur vereinzelte Panzereinheiten.

Lediglich zur Täuschung werden fünf von sechs vorhandenen schweren Panzerkampfwagen V, die das deutsche Heer besitzt, nach Oslo eingeschifft. Es handelt sich dabei um Modelle, die nach britischen, französischen und sowjetischen Entwürfen von den Firmen Krupp, Rheinmetall-Borsig und MAN gebaut worden sind und deren Fahrgestell dem eines handelsüblichen Traktors entspricht.

Auf den Straßen von Oslo werden diese Panzer von Kriegsberichterstattern der deutschen Propagandakompanien immer wieder fotografiert und gefilmt. Allerdings erreichen diese Modelle niemals Serienreife, da sie nicht einmal gepanzert sind, sondern aus einfachem Stahlblech bestehen.

Nachdem diese Panzermodelle ihren Tarnzweck in Norwegen erfüllt haben, werden sie wieder ins Reich zurücktransportiert und dort 1941 verschrottet.

Trotz des Einsatzes aller verfügbaren Kräfte der Wehrmacht, der Kriegsmarine und Luftwaffe verläuft die Besetzung Norwegens nicht ganz so problemlos wie in Dänemark. Die Luftwaffe wird hier nur zur taktischen Unterstützung des Heeres und der Kriegsmarine eingesetzt.

Da Norwegen insgesamt über nicht einmal 80 einsatzfähige Frontflugzeuge verfügt, werden nicht – wie in Polen – strategische Großangriffe gegen die zahlenmäßig geringen norwegischen Luftstreitkräfte geflogen.

Neben den kombinierten Landungsoperationen der Kriegsmarine und des Heeres an fünf verschiedenen Stellen kommt es an zwei weiteren Orten gleichzeitig zum Fallschirmjägereinsatz. So sind an der Besetzung der norwegischen Hauptstadt sechs Fallschirmjägerkompanien und Luftlandetruppen beteiligt, die auf dem Osloer Flugplatz Fornebu abgesetzt werden.

Dies ist das erste Mal in der Geschichte des Luftkrieges, daß bei Operationen Fallschirm- und Luftlandetruppen entscheidend mitwirken. Insgesamt 878 Flugzeuge der Luftwaffe sind am Norwegen-Feldzug beteiligt. Dazu gehören 95 Jäger und Zerstörer sowie 240 Bomben- und Sturzkampfflugzeuge.

Es ist übrigens eine verhältnismäßig kleine Landstreitmacht, die am deutschen Handstreich auf Oslo und die wichtigsten norwegischen Häfen teilnimmt. Nirgendwo sind an der ersten Landeoperation mehr als 3000 Mann beteiligt.

Der britische Adm. Forbes ist zwar entschlossen, mit seinem Geschwader das Feuer auf die deutschen Landungsstreitkräfte zu eröffnen, doch wird ihm von der Admiralität ein derartiger Einsatz strikt untersagt mit der Begründung, man wisse nicht, ob sich die Küstenbefestigungen noch in norwegischer Hand befinden, deshalb wolle man die unersetzlichen Schiffe nicht unnötigen Gefahren aussetzen.

Die vor dem Hafen von Narvik liegenden beiden norwegischen Küstenpanzerschiffe eröffnen das Feuer auf den deutschen Zerstörerverband, werden aber nach kurzem Feuerwechsel versenkt. Zur Zeit der deutschen Landeoperation liegen im Hafen von Narvik 29 Handelsschiffe. In der Morgendämmerung werden sie bei dichtem Schneetreiben von den Deutschen überrascht, und nur wenigen gelingt es, in aller Eile auszulaufen: fünf werden versenkt, weitere neun stranden und geraten zum Teil in Brand.

Im Morgengrauen des 9. April 1940 werden vor Narvik die ersten Soldaten der deutschen 3. Gebirgsdivision an Land gesetzt und stoßen kaum auf Widerstand des hier stationierten norwegischen 13. Infanterieregiments. Es ist vorgesehen, daß die zehn deutschen Zerstörer nach dem Ausladen der Gebirgsjäger so schnell wie möglich ihre Brennstoffvorräte ergänzen und Sturmschäden ausbessern, um wieder auslaufen zu können. Die Abfahrt verzögert sich jedoch, weil der Tanker »Jan Wellem« nicht in der Lage ist, den Treibstoff mit der gewünschten Schnelligkeit überzupumpen.

Daß den Deutschen die Landung in Narvik gelungen ist, wird zwar bei der britischen Admiralität per Funkspruch sehr schnell bekannt, doch schenkt man dieser Nachricht keinen Glauben und ist der Meinung, daß es sich gewiß nicht um Narvik, sondern um den kleinen Walfängerhafen Larvik bei Oslo handeln müsse. Nach ausdrücklicher Bestätigung dieser Meldung hält man es bei der Royal Navy für möglich, daß lediglich ein einzelner deutscher Frachter das schlechte Wetter ausgenutzt habe, um in Narvik ein paar Soldaten abzusetzen.

In Moskau hat inzwischen der sowjetische Außenminister dem deutschen Botschafter Graf von der Schulen-

April 1940

In einem französischen Hafen warten Alpenjäger auf ihre Verschiffung. Sie sollen in Narvik die Deutschen zurückschlagen

1940 April

Französische Alpenjäger gehen an Bord des ehemaligen Passagierdampfers »Ville d'Alger«, der sie nach Namsos bringen soll

burg erklärt, er wünsche Deutschland für seine Verteidigungsmaßnahmen vollen Erfolg. Schulenburg meldet daraufhin an Reichsaußenminister von Ribbentrop: »Die mit Spannung erwartete Antwort der Sowjetunion auf die deutsche Aktion in Skandinavien war überraschend günstig.«

Täuschung durch Funkspruch

An diesem Morgen entdeckt der britische Schlachtkreuzer »Renown« trotz des Schneesturms und der schweren See vor dem West-Fjord zwei abgeblendete Schiffe. Die beiden Einheiten werden als die deutschen Schlachtschiffe »Scharnhorst« und »Gneisenau« identifiziert, die bei der Narvik-Aktion als Begleitschutz eingesetzt sind.

Aus einer Entfernung von 12 Seemeilen nimmt die »Renown« die deutschen Großkampfschiffe unter Feuer. Da die Gefechtsstation der »Gneisenau« durch Volltreffer zerstört wird, muß sie ihr Feuer einstellen. Die »Scharnhorst« ist dagegen nur wenig beschädigt. Daraufhin nebeln sich die »Gneisenau« und »Scharnhorst« ein und ziehen sich zurück.

Etwa gleichzeitig nähert sich dem Oslo-Fjord die deutsche Kriegsschiffgruppe 5 (Konteradm. Kummetz), zu der die schweren Kreuzer »Blücher« (Kpt. z. S. Woldag) und »Lützow« (Kpt. z. S. Thiele), der leichte Kreuzer »Emden« (Kpt. z. S. Lange) sowie drei Torpedoboote, eine Räumbootflottille und zwei Walfangboote gehören. Während zwei deutsche Minensucher in den Oslo-Fjord einfahren, um in der Nähe der Küstenbatterien Landungstruppen abzusetzen, eröffnet ein norwegischer Minenleger das Feuer und beschädigt dabei den leichten Kreuzer »Emden«. Beim Durchfahren der Dröbak-Enge werden die Einheiten aus 500 Meter Entfernung plötzlich von 28-cm-Geschützen des Forts Oscarsborg unter Feuer genommen. Auch die gut getarnte Torpedobatterie Koholm greift in den Kampf ein. Die Granaten der 28-cm-Geschütze des Forts Oscarsborg sowie zwei Torpedotreffer richten auf der »Blücher« so schwere Beschädigungen an, daß sie sofort sinkt. Dabei findet fast die gesamte Besatzung den Tod, darunter auch einige höhere Offiziere des deutschen Verwaltungsstabes für Norwegen. Danach geben die anderen deutschen Schiffe den Kampf auf und ziehen sich zurück.

Erst am Nachmittag wird der Weg in den Oslo-Fjord endgültig frei, nachdem die Festung Oscarsborg sich nach heftigen deutschen Luftangriffen ergeben hat.

April 1940

Zu der auf den Hafen Bergen angesetzten Kriegsschiffsgruppe 3 (Konteradm. Schmundt) gehören auch die leichten Kreuzer »Königsberg« (Kpt. z. S. Ruhfus) und »Köln« (Kpt. z. S. Kratzenberg). Die »Königsberg« richtet an den Hafenkommandanten einen Funkspruch in englischer Sprache: »British cruiser ›Cairo‹. I am proceeding to Bergen for a short visit.«

Die Norweger lassen sich durch diesen Funkspruch täuschen und schöpfen erst Verdacht, als sich die ersten Boote mit deutschen Landungstruppen dem Ufer nähern. Da sich aber die schnellfahrenden Landungsboote schon im toten Winkel der Küstenbatterien befinden, können sie von deren Geschützen nicht mehr erreicht werden. Lediglich das deutsche Artillerieschulschiff »Bremse« (Freg. Kpt. Förschner) und der leichte Kreuzer »Königsberg« werden durch Granateinschüsse der norwegischen Küstenbatterien beschädigt. Inzwischen wird Stavanger nach heftigen deutschen Luftangriffen besetzt.

Das Vorhaben der britischen Seestreitkräfte, in Bergen Truppen an Land zu setzen, muß aufgegeben werden, nachdem die Einheiten der Royal Navy am Nachmittag vor der Narvik-Küste starken Angriffen der Luftwaffe ausgesetzt waren und zur selben Zeit 88 Bomber des X. Fliegerkorps (Gen. d. Fl. Geisler) ein britisches Geschwader westlich von Bergen angegriffen haben. Dabei werden das Schlachtschiff »Rodney«, der schwere Kreuzer »Devonshire« sowie die beiden leichten Kreuzer »Glasgow« und »Southampton« beschädigt, während der Zerstörer »Gurkha« versenkt wird. Nur vier Flugzeuge Ju 88 des Kampfgeschwaders 30 (KG 30) kehren nicht zurück.

»Britische Truppen an mehreren Stellen der norwegischen Küste gelandet« – meldet die französische Presse

Briefmarken aus Estland und Lettland, die jeweils im Jahre 1940 veröffentlicht werden

Ein britischer Zerstörer vor dem norwegischen Bergen im Bombenhagel der Luftwaffe

1940 April

Kurz nach dem Auslaufen des leichten Kreuzers »Karlsruhe« aus dem Hafen von Kristiansand wird er von dem britischen U-Boot »Truant« (LtCdr. Hutchinson) gesichtet und durch drei Torpedos so schwer beschädigt, daß der 6650-Tonnen-Kreuzer von seinen Begleitschiffen versenkt werden muß.

Die erfolgreiche Invasion

In den Nachmittagsstunden des 9. April 1940 erfährt die britische Admiralität durch eine Pressemeldung, ein feindliches Schiff habe den Hafen von Narvik angelaufen. Capt. Wartburton-Lee, Flottillenchef der Zerstörer, erhält sofort die Order zum Versenken oder Kapern. Mit fünf Zerstörern seiner Flottille erreicht er in der Abenddämmerung den West-Fjord. Als ihm die Lotsenstation mitteilt, daß der Hafeneingang vermint sei und sich in Narvik bereits doppelt so viele deutsche Zerstörer befinden, fordert er per Funk Verstärkung an.

Churchill, Erster Lord der Admiralität: »Wir in der Admiralität waren auch nicht gewillt, die ›Renown‹, einen unserer beiden einzigen Schlachtkreuzer, bei einem solchen Unternehmen aufs Spiel zu setzen.« Die Admiralität überläßt Capt. Wartburton-Lee selbst die Entscheidung für sein weiteres Vorgehen.

Noch vor der deutschen Invasion hat die Admiralität den sogenannten »Plan R4« vorbereitet. Das ist die Codebezeichnung für die Landung britischer Truppen in Norwegen und Einnahme der Häfen Stavanger, Bergen, Trondheim und Narvik. Nun hört de facto der »Plan R4« auf zu existieren. Die plötzliche Aufgabe des früheren Vorhabens bezeichnet die Admiralität später als falsche Einschätzung der Lage. Aber wegen dieser Fehleinschätzung erscheint es notwendig, die Kreuzer »Devonshire«, »Berwick«, »York« und »Glasgow« zusammen mit der gesamten Home Fleet gegen die Kriegsmarine einzusetzen, um die Invasion zu stören. Dadurch versäumen die Alliierten jedoch den besten Zeitpunkt, ihre Truppen in Norwegen an Land zu bringen.

Gerade zu Beginn der Invasion ist die Lage der deutschen Kräfte auf norwegischem Boden noch wenig stabil: denn sie haben weder alle Küstenbefestigungen noch Flugplätze besetzt. Es läßt sich zwar schwer sagen, ob die Landung von vier britischen Bataillonen in Stavanger und Bergen den Verlauf des Norwegen-Feldzuges geändert hätte, sicher ist aber, daß eine alliierte Besetzung des Flugplatzes von Stavanger, der in diesem Feldzug eine Schlüsselrolle spielt, für die Deutschen große Probleme aufgeworfen hätte.

Nachdem der »Plan« aufgegeben worden ist, unternimmt man in Großbritannien nichts, um eine alternative Operation durchzuführen. Dadurch verzögert sich das Absetzen von alliierten Landungstruppen um fast vier Wochen. Von Anfang an unterschätzt die britische Admi-

Stellenweise werden die Kämpfe äußerst zäh geführt: Deutscher Vorstoß im Raum Narvik

Captain Warburton-Lee, Chef der britischen 2. Zerstörerflottille, fällt am 10. 4. 1940 vor Narvik

April 1940

ralität die Berichte der Geheimdienste, die Angaben über die Vorbereitung zur norwegischen Invasion enthalten, und schickt die Home Fleet nach Norden, aber die U-Boote allein sind dagegen nicht in der Lage, den Verlauf der deutschen Truppenlandungen entscheidend zu beeinflussen. Das wäre nur den schweren Einheiten der Home Fleet gelungen.

Inzwischen haben die Deutschen in verschiedenen norwegischen Häfen Truppen an Land gesetzt und starke Brückenköpfe gebaut. So entsteht eine eigenartige Situation: Während die britische Flotte ohne Behinderung im Nordmeer operiert, können sich die Deutschen auf norwegischem Gebiet fast ohne Widerstand enfalten. Der größte Teil der deutschen Kräfte ist in Oslo ausgeladen und mit Eisenbahn oder Lkw weiter nach Norden gebracht worden. Der Besitz des Erzhafens Narvik im hohen Norden hängt praktisch von der Beherrschung der einzigen durch zerklüftetes Land führenden Straße ab, die den Hafen mit Südnorwegen verbindet.

Diese Straße führt durch Trondheim, und deshalb beginnt die Stadt bald die Rolle einer Schlüsselposition der Norwegen-Operation zu übernehmen. Doch auch hier können sich die Alliierten nicht zu einem Einsatz mit schneller Kräftekonzentration entschließen, um die deutschen Pläne zu durchkreuzen.

Sie sind von den Ereignissen völlig überrascht worden, da ihnen weder Luftaufklärung noch Agentenberichte rechtzeitig ein klares Bild verschafft haben. Die britischen Seestreitkräfte versäumten es bei der Norwegen-Operation, die günstigen Chancen zu nutzen: Es ist ihnen weder gelungen, die ihnen unterlegenen deutschen Flotteneinheiten an den Landemanövern zu hindern, noch die deutschen Verbände in Norwegen abzuschneiden. Eine Sperrung des Skagerrak zwischen Dänemark und Norwegen durch britische U-Boote hätte die bereits gelandeten Truppen in Norwegen in eine sehr kritische Situation versetzt.

Die gelandeten französischen Alpenjäger greifen jetzt entlang der Erzbahn im Raum Narvik an

Eine MG-Stellung der französischen Alpenjäger bei Narvik

1940 April

Die Schiffsartillerie der britischen Zerstörer setzt die Hafenanlagen von Narvik in Brand

Vidkun Quisling, norwegischer Politiker, dessen Name im Zweiten Weltkrieg zum Synonym für Landesverräter wird, und Haakon VII., König von Norwegen

Deutsche Transportmaschinen vom Typ Junkers Ju 52 bringen die heiß ersehnten Verstärkungen

April 1940

Bis zum Abend des 9. April 1940, kaum 48 Stunden nach Beginn des Unternehmens »Weserübung«, sind Kristiansand, Stavanger, Bergen, Trondheim und Narvik – die wichtigsten norwegischen Häfen – in deutscher Hand.

Am Mittwoch, dem 10. April 1940, während im Hafen von Narvik die deutschen Zerstörer nach und nach von dem Tanker »Jan Wellem« mit Treibstoff versorgt werden, läuft die britische II. Zerstörerflottille (Capt. Wartburton-Lee) im Schutz des stark diesigen Wetters mit fünf Zerstörern zu einem Überraschungsangriff in den West-Fjord ein. Es gelingt ihnen, neben einigen Handelsschiffen auch die deutschen Zerstörer »Wilhelm Heidkamp« und »Anton Schmitt« (je 2232 Tonnen) zu versenken sowie zwei weitere durch Artilleriefeuer zu beschädigen. Dabei fällt der Führer der deutschen Zerstörer, Kommodore Friedrich Bonte.

Danach kommt es zu einem Rückzugsgefecht mit den übrigen Zerstörern der deutschen Narvik-Gruppe, in dem Capt. Wartburton-Lee den Tod findet. Die Zerstörer »Hardy« und »Hunter« werden versenkt und zwei weitere britische Zerstörer schwer beschädigt. Die übrigen Zerstörer der Home Fleet treffen im Ablaufen auf den mit Munition beladenen deutschen Frachter »Rauenfels« (8460 BRT) und versenken ihn.

Als das Wetter gegen Mittag aufklart und der Einsatz von Flugzeugen wieder möglich ist, starten 15 Skua-Sturzbomber der Fleet Air Force von ihrem Stützpunkt Haston auf den Orkney-Inseln in Richtung Norwegen. Bei ihrem Anflug entdecken sie im Hafen von Bergen den von norwegischen Küstenbatterien beschädigten deutschen leichten Kreuzer »Königsberg« und greifen ihn unverzüglich mit Bomben an. Nach drei Volltreffern mit 225-kg-Bomben sinkt die »Königsberg« (6650 Tonnen).

Am Nachmittag tritt der schwere Kreuzer »Lützow« (das ehemalige Panzerschiff »Deutschland«) aus dem Oslo-Fjord die Rückfahrt nach Kiel an. Auch die am Narvik-Unternehmen beteiligten deutschen Zerstörer treffen gegen Abend Vorkehrungen für die Heimfahrt durch den Atlantik. Da der Ausgang des West-Fjord durch britische Zerstörer und Kreuzer versperrt ist, müssen sie gegen Mitternacht wieder in den Hafen von Narvik zurückkehren.

Am Donnerstag, dem 11. April 1940, sichtet das britische U-Boot »Spearfish« (Lt. Cdr. Forbes) kurz vor dem Kattegat den deutschen schweren Kreuzer »Lützow«, torpediert und beschädigt ihn so schwer, daß er seinen Heimathafen Kiel nur noch im Schlepp erreichen kann.

Am gleichen Tag gelingt es den Deutschen, im Hafen von Bergen fünf britische Dampfer mit Kriegsmaterial zu beschlagnahmen.

Vidkun Quisling, der sich selbst am 10. April zum Ministerpräsidenten Norwegens erklärt hatte, tritt am 15. April von diesem Posten zurück, da er kaum Anhänger für eine Zusammenarbeit mit Deutschland findet. Demgegenüber hat das dänische Kabinett der nationalen Sammlung unter dem bisherigen Ministerpräsidenten Stauning keine Schwierigkeiten bei der Bevölkerung.

Zum Leiter der deutschen Zivilverwaltung ernennt Hitler am 24. April den Gauleiter Josef Terboven mit dem Rang eines »Reichskommissars«. Seine Hauptstütze ist Quislings »Nasjonal Samling«.

Erbitterung löst in Norwegen aus, daß der auf der Flucht vor den Deutschen befindliche König Haakon VII. regelrecht gejagt wird; dennoch gelingt es ihm, nach England zu entkommen, wo am 5. Mai eine norwegische Exilregierung gebildet wird.

Die Home Fleet vor Norwegen

Am Sonnabend, dem 13. April 1940, läuft die alliierte Landeoperation in Norwegen an: Britische, französische und exilpolnische Truppen, unterstützt durch Trägerflugzeuge der Royal Navy, werden im Raum Andalsnes, Namsos und Narvik abgesetzt. Der Hauptschlag richtet sich gegen Narvik, wo im Laufe des Feldzugs rund 30 000 Mann an Land gehen, während im mittleren Norwegen nur 12 000 britische und französische Soldaten landen. Nach dem Plan der Alliierten soll Trondheim durch einen Zangenangriff, im Norden von Namsos her und im Süden aus der Richtung Andalsnes, eingenommen werden.

Für die eigentliche Hauptanlandung vor Namsos werden zwei Truppentransporter im Schutz der Kreuzer »Manchester«, »Birmingham« und »Cairo« sowie drei Zerstörer eingesetzt. Nachdem die Schiffe mit starken deutschen Bombenangriffen empfangen werden, kehren sie um und dampfen nach Lillesjona, 100 Seemeilen weiter nördlich, um im ruhigeren Fjord Schutz zu suchen.

Deutsche Fallschirmjäger landen auf einem schneebedeckten Plateau im Raum Narvik

1940 April

Erst im Morgengrauen werden die Truppen von dort aus im Schutz von drei Zerstörern mit dem polnischen Liner »Chrobry« nach Namsos zurückgebracht.

Inzwischen kommt es bei Narvik zu schweren Kämpfen zwischen der Luftwaffe und den alliierten Flottenverbänden. Die hier gelandeten deutschen Gebirgsjäger werden jetzt durch Fallschirmjägerverbände verstärkt und können nach Versorgung auf dem Luftweg in das Landesinnere vordringen.

Am gleichen Tag kommt es erneut zu einem Seegefecht vor Narvik, als neun britische Zerstörer im Schutz des Schlachtschiffes »Warspite« bei starkem Schneetreiben durch den West-Fjord überraschend bis zum Erzhafen vordringen. In diesem Gefecht gehen die restlichen acht deutschen Zerstörer verloren, mit denen etwa 2000 Gebirgsjäger in Narvik gelandet sind. Die 2100 Überlebenden der Zerstörer-Besatzungen schließen sich den Gebirgsjägern von GenMaj. Dietl an, die sich auf den Höhen um Narvik darauf vorbereiten, dem erwarteten alliierten Gegenangriff Widerstand zu leisten.

Gegenangriff scheitert

Am Sonntag, dem 14. April 1940, landet die britische 24. Gardebrigade (Brig. Fraser) bei Harstad, nördlich von Narvik. Sie ist als Unterstützung der norwegischen 6. Division (GenMaj. Fleischer) gedacht. Der Konvoi wird von dem Panzerschiff »Valiant« und neun Zerstörern eskortiert. Zwei der Zerstörer orten das U-Boot U 49 (KptLt. von Goßler) und versenken es mit Wasserbomben. Aus den auftreibenden Trümmern können Geheimunterlagen und eine Karte, aus denen die Positionen aller U-Boote zu ersehen sind, die an der Operation teilnehmen, geborgen werden.

Nachdem die alliierten Landungstrupps Brückenköpfe gebildet haben, wird der ursprüngliche Plan fallengelassen, Narvik im frontalen Angriff zu nehmen, weil der Beschuß durch Schiffsartillerie nicht den Abzug der deutschen Truppen aus Narvik bewirkt hat.

Die britische Admiralität äußert Bedenken, daß man ausgerechnet den abgelegenen Hafen Harstad als Platz für erste Landungen gewählt hat; denn von hier aus ist weder die deutsche Nachschubroute nach Narvik zu stören noch der Erzhafen ohne weitere amphibische Operationen von See aus anzugreifen. Einen unmittelbaren Vorstoß auf Narvik hat Brig. Fraser schon bei der Anfahrt abgelehnt, weil er sich unbedingt an seine Weisung halten will, kein Gebiet zu beschießen, in dem Zivilpersonen wohnen. Unmittelbar nach der Landung meldet er, daß der Vormarsch in Richtung Narvik erst nach der Schneeschmelze erfolgen kann. Und das bedeutet eine Verzögerung von drei bis vier Wochen.

Am Montag, dem 15. April 1940, landen 6000 Mann der britischen 49. Division (Maj. Gen. Carton de Wiart) bei Namsos. Mit diesem Unternehmen sollen die Deutschen, die in Trondheim gelandet sind, abgeschnitten werden. Starker Schneefall behindert jedoch die Truppenbewegung derart, daß der britische Vorstoß schon südlich des Landungsplatzes aufgehalten wird.

In der Nacht vom 15./16. April 1940 startet KptLt. Prien mit U 47 im Vaagsö-Fjord einen Angriff auf zahlreiche alliierte Transporter und Kreuzer, doch trifft von acht abgeschossenen Torpedos kein einziger. Dieser Fehlschlag zeigt, daß die normale Aufschlagzündung der Torpedos ebenso versagt wie bisher die Magnetzündung, ein Mangel, der in den Jahren 1939/40 des öfteren auftritt.

Am Dienstag, dem 16. April 1940, besetzen deutsche Truppen im Raum Narvik die Erzbahn bis zur schwedischen Grenze.

Am gleichen Tag erfolgt mit Zustimmung des dänischen Gouverneurs die britische Landung auf den Färöer-Inseln.

Am Mittwoch, dem 17. April 1940, will Hitler wegen der kritischen Lage bei Narvik nach den gelungenen alliierten Landungen durch einen Funkspruch GenMaj. Dietl, Kommandeur der 3. Gebirgsdivision, den Übertritt auf schwedisches Gebiet freistellen. GenMaj. Jodl, dem Chef des Wehrmachtsführungsamtes, gelingt es jedoch, Hitler davon zu überzeugen, Dietl den Befehl »Halten so lange wie möglich«, zu übermitteln.

Am Donnerstag, dem 18. April 1940, landen bei Andalsnes 6000 britische Soldaten unter Maj. Gen. Paget. Damit droht Trondheim, von Norden und Süden her angegriffen zu werden.

Am gleichen Tag treffen Einheiten der französischen 5. Alpenjäger-Halbbrigade (Gen. Béthouart) in Namsos ein, das am folgenden Tag durch deutsche Bomber schwer zerstört wird.

Am Freitag, dem 19. April 1940, befiehlt Großadm. Raeder den Abbruch der deutschen U-Boot-Operation »Hartmut« in den norwegischen Gewässern, nachdem sie durch ständiges Torpedoversagen gescheitert ist, und ordnet am folgenden Tag das Einsetzen eines Sonderausschusses an, um die Ursachen zu untersuchen.

Bis zum Sonntag, dem 21. April 1940, erreichen die alliierten Streitkräfte in Norwegen den Ort Steinkjer, etwa 40 Kilometer südlich von Namsos an der Eisenbahnlinie nach Trondheim. Obwohl der französische Kreuzer »Emile Bertin« (Konteradm. Derrien) und ein Zerstörer neue Verstärkungen von französischen Gebirgsjägern heranschaffen, entwickelt sich die Situation der Alliierten vor Namsos wegen des fehlenden Schutzes aus der Luft recht kritisch.

Parallel zu den Aktionen von Namsos werden in Andalsnes 700 Matrosen und Marineinfanteristen an Land gesetzt, die in aller Eile von den Besatzungen der Kriegsschiffe in den schottischen Reparaturwerften ausgesucht worden sind. Die Löscharbeiten der Versorgungsgüter im Raum Andalsnes werden durch die vom Morgengrauen bis in die Nacht hinein dauernden deutschen Bombenangriffe sehr erschwert.

Die einzige Luftverteidigung besteht aus der Schiffsartillerie der beiden Flakkreuzer »Carlisle« und »Curacoa«

218

April 1940

In einem Dorf nahe Lillehammer: Kurz nach dem Gefecht zwischen deutschen und norwegischen Truppen

Deutsche Gebirgsjäger während einer Kampfpause am Ufer eines Fjords im Raum Trondheim

General Emile-Marie Béthoaurt, Befehlshaber der französischen Truppen im Raum Narvik, und General Charles E. Mast

1940 April

sowie anderen kleinen Einheiten der Royal Navy, die in den schmalen Fjorden einer ständigen Gefahr, manövrierunfähig zu werden, ausgesetzt sind. Schließlich gelingt es ihnen, in der Dämmerung der kurzen Polarnächte in Molde unweit Andalsnes Versorgungsgüter, leichte Geschütze und etwa 3800 Mann, trotz der rollenden Angriffe der Luftwaffe, von den Kreuzern auszuladen.

Die Hafenanlagen in Namsos und Andalsnes sind völlig zerbombt, auch die alliierte Flotte hat schwere Verluste erlitten. Als feststeht, daß keine Chance besteht, den geplanten Zangenangriff gegen Trondheim durchzuführen, wird von der alliierten Führung der Befehl erteilt, die Operation abzubrechen und die Truppen zurückzuziehen.

Am Montag, dem 22. April 1940, erreicht der französische Hilfskreuzer »Ville d'Alger« mit 1100 Mann Verstärkung an Bord die Hafenstadt Namsos. Es ist ihm jedoch wegen eines heftigen Schneesturms und der zerstörten Hafenanlagen nicht möglich, unmittelbar am Kai anzulegen; deshalb müssen Menschen und Material nach und nach in Booten an Land gebracht werden.

Um sich nicht den deutschen Bombenangriffen auszusetzen, muß die »Ville d'Alger« sogar kurz vor dem Hellwerden wieder auslaufen, obwohl sich noch 350 Soldaten, sämtliche Flugabwehrkanonen und alle Maultiere der Alpenjäger an Bord befinden.

Am Sonnabend, dem 27. April 1940, schaffen es drei französische Frachter, mit Nachschubgütern wie Treibstoff, leichten Geschützen und Munition nach Namsos durchzukommen und auch das Material zu entladen, aber kurz darauf greifen deutsche Bomber den Hafen an und alles brennt lichterloh. Der Befehl, Namsos zu räumen, trifft ein, ehe der letzte Frachter aus dem Hafen wieder auslaufen kann.

Ebenfalls am 27. April 1940 landen drei französische Alpenschützen-Bataillone und einige Tage später zwei Bataillone der französischen Fremdenlegion sowie vier Bataillone polnischer »Schützen von Podhale«. Als Teilziel auf dem Weg zur Eroberung von Narvik gilt die Einnahme von Bjerkwik, einem kleinen Hafen in der Tiefe des Fjords Herjangen. Nachdem die britischen Kriegsschiffe den Angriff der Landungstruppen durch starkes Artilleriefeuer vorbereitet haben, entstehen bei der Landung nur geringe Verluste.

Der Rückzug der Alliierten

Inzwischen läuft der Rückzug der alliierten Truppen aus Norwegen an. Als Termin für die Evakuierung aus Andalsnes ist die Nacht vom 30. April zum 1. Mai vorgesehen. Am 30. April 1940 um 20.30 Uhr laufen die Kreuzer »Galatea«, »Arethusa«,

Mai 1940

Raum Andalsnes: Britische Soldaten auf dem Marsch in ein Sammellager für Gefangene

In einem Fjord bei Namsos: Der britische Flak-Sloop »Bittern« erhält während eines Luftangriffs am 30. 4. 1940 einen Volltreffer und sinkt

»Sheffield«, »Southampton« sowie sechs Zerstörer und ein Transportschiff zum Ramsdal-Fjord aus. Einer der Kreuzer macht an dem noch nicht zerstörten Pier fest. Die durch Zerstörer vom Ufer abgeholten Soldaten werden auf die anderen Kreuzer verteilt.

In der ersten Nacht können 2200 Mann abtransportiert werden, in der folgenden Nacht der Rest zusammen mit den Reserveabteilungen, die den deutschen Kampfgruppen die Hafeneinfahrt versperrt haben.

Bei der Evakuierung der 5400 Soldaten aus Namsos kommen die englischen Kreuzer »Devonshire« und »York«, der französische Kreuzer »Montcalm« sowie fünf Zerstörer und drei Transportschiffe zum Einsatz.

Nachdem die von Oslo und Trondheim vorstoßenden Truppen sich bei Dombaas am 30. April vereinigt haben, sehen sich die norwegischen Streitkräfte in diesem Gebiet zur Kapitulation gezwungen, während die Evakuierung der britischen und französischen Landungseinheiten fortgesetzt wird.

Am Mittwoch, dem 1. Mai 1940, verhindert dichter Nebel in den Fjorden, daß die größeren Schiffe der Alliierten sich dem Land nähern können. So müssen Zerstörer die Truppen von Land abholen und sie zu den vor Anker liegenden Schiffen bringen. Nachdem sich der Nebel gelichtet hat, unternimmt die Luftwaffe eine Reihe schwerer Angriffe auf die weit ins offene Meer zurückgehenden Schiffe. Innerhalb von vier Tagen haben auch die restlichen Schiffe ungefährdet Scapa Flow erreicht. Unterdessen stabilisiert sich durch die Jahreszeit bedingt die deutsche Front, was die Lage der Alliierten erschwert. Die durchgeführte Evakuierung von Andalsnes und Namsos in Zentral-Norwegen hat den Deutschen den Weg nach Narvik geöffnet. Um den Vormarsch der deutschen Kräfte nach Norden zu verzögern, werden britische Landungstrupps in Mo, Bodö und Mosjöen abgesetzt. Doch nehmen die Aktionen in diesem Abschnitt der Front keinen günstigen Verlauf.

Am Donnerstag, dem 2. Mai 1940, wird Andalsnes von deutschen Truppen besetzt, während die Alliierten ihre Truppen aus Namsos zurücknehmen. Dieser Abzug vollzieht sich unter pausenlosen Angriffen der Luftwaffe, so daß die Stadt und Hafenanlagen bald in Flammen aufgehen. Der französische Zerstörer »Bison« (Kpt. z. S. Bouan) erhält einen Volltreffer, der die Munitionskammer zur Explosion bringt. Dem britischen Zerstörer »Afridi« (Capt. Vian) gelingt es zwar, die Überlebenden der »Bison« zu retten, doch wird er zwei Stunden später selbst durch Stukabomben versenkt.

Am Freitag, dem 3. Mai 1940, ziehen sich die Engländer auch aus dem Raum Trondheim zurück.

Am Sonnabend, dem 4. Mai 1940, besetzen deutsche Truppen Namsos.

Am Sonntag, dem 5. Mai 1940, landen Einheiten der 13. Halbbrigade der französischen Fremdenlegion (Col. Magrin-Verneret) in Tromsö/Nordnorwegen. Ihnen sollen Soldaten der polnischen 1. Selbständigen Gebirgs-

221

1940 Mai

schützenbrigade (Gen. Szyszko-Bochusz) folgen, denen jedoch die Landung aus Furcht vor deutschen Fliegerangriffen vorerst nicht gestattet wird.

Erst am Dienstag, dem 7. Mai 1940, zwei Wochen nach der Einschiffung im französischen Hafen Brest, können die 4873 Soldaten der polnischen Gebirgsschützenbrigade bei Harstad an Land gesetzt werden, nachdem ihr Konvoi zwei Tage und Nächte lang vor der norwegischen Küste kreuzen mußte.

Im Raum Narvik stehen jetzt etwa 24000 alliierte Soldaten. Die deutschen Verteidiger von Narvik zählen dagegen etwa 5400 Mann: 2000 Gebirgsjäger des GenMaj. Dietl, verstärkt durch Besatzungen der versenkten Zerstörer und durch etwa 600 nachträglich eingeflogene Soldaten.

Unterdessen stoßen die deutschen Truppen bis Hemmes unweit Mo vor. Aus Mosjöen müssen sich die Alliierten zwei Tage später zurückziehen. Da sich auch ihre Abteilungen in Bodö in einer schwierigen Situation befinden, sollen sie durch Kräfte aus dem Raum Narvik verstärkt werden.

Am Sonntag, dem 12. Mai, treffen gegen 20.00 Uhr bei starken Regenböen und Schneeschauern britische Seestreitkräfte im West-Fjord vor Narvik ein. Auf ein rotes Leuchtsignal hin beginnt die Schiffsartillerie ihren zweistündigen Feuerüberfall auf die norwegische Küste. Danach gehen französische Alpenjäger (Gen. Béthoaurt) an Land und dringen schnell in Richtung Erzhafen vor.

Alliierte Einheiten aus dem Raum Narvik werden am 14. Mai 1940 zur Verstärkung der bei Bodö kämpfenden Truppen auf dem polnischen Passagierschiff »Chrobry« an Bord genommen und verlassen unter dem Schutz des britischen Zerstörers »Wolverine« und des Begleitschiffes »Stork« am Abend Harstad. Kurz nach Mitternacht wird die »Chrobry« von deutschen Bombenflugzeugen angegriffen, gerät in Brand und versinkt noch in der gleichen Nacht. Der größte Teil der Soldaten kann zwar gerettet werden, doch ihre Ausrüstung geht verloren. Der zur Verteidigung hereneilende Kreuzer »Effingham« mit Truppen aus Wales an Bord zerschellt an den Felsküsten. Etwas später gelingt es zwar einigen Zerstörern, schwache Kräfte nach Bodö zu schaffen, die jedoch keinen Einfluß auf den weiteren Verlauf der Operation ausüben.

Kampf um Narvik

Mitte Mai stößt von Trondheim aus die Gruppe Feuerstein nördlich nach Narvik vor und besetzt bei dem Versuch, die eingeschlossenen Truppen Dietls zu erreichen, Mo.

Da man in London aus dem schnellen deutschen Vormarsch in Frankreich auf eine Gefährdung der Britischen

Estland 1940: Eine Briefmarke zugunsten der Caritas

General Eduard Dietl, Kommandeur der deutschen Gebirgsjäger im Raum Narvik, vor seinem Dienstflugzeug

Juni 1940

Insel schließt, fordert am 24. Mai die Admiralität den Abbruch der Norwegen-Operation. Churchill: ». . . Die Eroberung von Narvik muß jedoch durchgeführt werden, damit der Hafen zerstört und unser Rückzug gedeckt werden kann.«

Am Sonntag, dem 26. Mai, steuern Einheiten der alliierten Seestreitkräfte den West-Fjord an und eröffnen um 23.40 Uhr mit Schiffsartillerie das Feuer auf die deutsche Küstenfront um Narvik. Nach zweiwöchigem Kampf gelingt es den alliierten Streitkräften – Engländern, Norwegern, polnischen Gebirgsjägern und französischen Fremdenlegionären –, in Narvik einzudringen und die vorgesehenen Zerstörungen im Hafen vorzunehmen. Danach beginnt die Evakuierung der rund 24 500 Soldaten. Sie wird von den Trägermaschinen der Flugzeugträger »Ark Royal« und »Glorious« gesichert. Den eigentlichen Schutz geben der Kreuzer »Southampton« und die beiden Flakkreuzer »Cairo« (Lord Cork) und »Coventry« (Konteradm. Vivian), dazu sieben Zerstörer.

Noch vor Beendigung des Norwegenfeldzuges vermutet die deutsche Führung zu Recht, daß die britische Flotte durch Abkommandierung einiger Einheiten nach Südengland zur Zeit geschwächt ist.

Hitler läßt jetzt das Unternehmen »Juno« anlaufen. Die Vorbereitungen werden von der britischen Admiralität und den Einheiten der »Royal Navy« nicht bemerkt, da sie mit der Sicherung der Evakuierungstransporte aus Narvik beschäftigt sind.

Der deutsche Flottenverband unter Adm. Marschall setzt sich zusammen aus den Schlachtschiffen »Scharnhorst« (Kpt. z. S. Hoffmann) und »Gneisenau« (Kpt. z. S. Netzbandt) sowie dem schweren Kreuzer »Admiral Hipper« (Kpt. z. S. Heye), ferner aus vier Zerstörern und dem Troßschiff »Dithmarschen«. Der Einsatzauftrag für »Juno« lautet: Beschuß der Befestigungen um Narvik und Versenkung der in diesem Raum konzentrierten Transportschiffe. Das alliierte Evakuierungsprogramm ist auf deutscher Seite noch unbekannt. Erst als der Verband am 4. Juni 1940 aus Kiel ausgelaufen ist und über Trondheim nach Narvik vorstößt, erhält Adm. Marschall die Nachricht von einem die Britische Insel ansteuernden alliierten Konvoi und entschließt sich, die am weitesten nach Süden fahrenden Einheiten anzugreifen. Kurz darauf werden durch Schiffsartillerie versenkt: der Tanker »Oil Pioneer«, das letzte Transportschiff »Orama« und der als Begleitschutz fahrende Minensucher »Juniper«.

Danach beordert Adm. Marschall – entgegen einer Anweisung der Seekriegsleitung, die weiterhin von der alliierten Evakuierung keine genaue Kenntnis hat – den schweren Kreuzer »Admiral Hipper« nach Trondheim, um Treibstoff zu ergänzen. Sodann nehmen die Schlachtschiffe »Scharnhorst« und »Gneisenau« Kurs nach Norden, um weitere Schiffe der Alliierten aufzuspüren.

Von London aus veranlaßt König Haakon VII., daß am Montag, dem 10. Juni 1940, die norwegischen Truppen unter GenMaj. Ruge die Waffen niederlegen.

General Nikolaus von Falkenhorst nimmt Ende April 1940 eine Truppenparade auf den Straßen von Oslo ab

1940 Juni

Juni 1940

Damit ist das Unternehmen »Weserübung« endgültig abgeschlossen. Großadm. Raeder: »Es war das erstemal, daß bei einem Unternehmen so großen Stils die drei Wehrmachtteile in enger taktischer Verbindung eingesetzt wurden...«

Erzlieferungen gesichert

Die Verluste der deutschen Kriegsmarine: ein schwerer Kreuzer, zwei leichte Kreuzer, zehn Zerstörer, ein Torpedoboot, sechs U-Boote, ein Artillerieschulschiff sowie eine Anzahl kleinerer Fahrzeuge. Hinzu kommen die schweren Schäden u.a. an deutschen Großkampfschiffen (zwei Schlachtschiffe, zwei schwere Kreuzer), die erst nach längerem Dockaufenthalt wieder einsatzbereit sind. Die personellen Verluste belaufen sich auf 1317 Tote, 1604 Verwundete und 2375 Vermißte. Diese empfindlichen Einbußen in einer Höhe von etwa 250 000 BRT haben die Kriegsmarine zu sehr geschwächt, als daß sie eine Invasion in England wirksam unterstützen könnte.

Die Schiffsverluste der Alliierten belaufen sich auf einen Flugzeugträger, zwei leichte Kreuzer, neun Zerstörer, fünf U-Boote und zahlreiche kleinere Einheiten; hinzu kommt die Beschädigung von vier Kreuzern, acht Zerstörern und anderer Kriegsschiffe. Trotz der strategischen Niederlage kann Großbritannien eine gewaltige Verstärkung seiner Handelsflotte verzeichnen. Es übernimmt von Norwegen insgesamt 1024 Schiffe, das sind fast 90 Prozent der norwegischen Handelsflotte, darunter allein 200 moderne Tanker, die etwa 40 Prozent des Treibstoffbedarfs für die alliierten Luftstreitkräfte zu den Britischen Inseln befördern können.

Die Verwaltung der norwegischen Handelsflotte und die Verrechnung der Chartergebühren übernimmt Nortraship in London, eine Organisation, die eng mit der norwegischen Exilregierung kooperiert.

Auch für Deutschland hat die Besetzung Norwegens wirtschaftliche Bedeutung: Es kontrolliert jetzt völlig den größten europäischen Erzlieferanten, verfügt über genügend Holz aus den skandinavischen Wäldern und schneidet Großbritannien von dem Import dieser Rohstoffe ab.

Überraschend ist die Tatsache, daß während des Unternehmens »Weserübung« den Alliierten kaum Erkenntnisse aus Geheimdienstquellen über deutsche Schiffsbewegungen vorgelegen haben, während die deutsche Seekriegsleitung durch ihre gut funktionierende Funkaufklärung (B-Dienst) über fast alle Bewegungen der alliierten Seestreitkräfte informiert war.

Eines der wenigen Schiffe, das nach den erbitterten Kämpfen intakt geblieben ist: Großtanker und ehemaliges Walfangmutterschiff »Jan Wellem« (links im Bild) im Erzhafen von Narvik

DER FELDZUG IM WE-STEN

NEUNUND-ZWANZIGMAL VERSCHOBEN

Immer wieder setzt Hitler einen neuen Termin fest. Schließlich verändert ein Pfingstwochenende das Gesicht Europas

Zwar hat Hitler am 10. Januar den Beginn der Westoffensive auf den 17. Januar 1940 um 8.15 Uhr festgesetzt. Doch dieser Termin ist nicht einzuhalten. Am 13. Januar 1940 muß die Westoffensive wegen der Wetterbedingungen und des noch nicht abgeschlossenen Truppenaufmarsches erneut verlegt werden. Eine Entscheidung über den Beginn soll am 15. Januar fallen, doch die Meteorologen können an diesem Tag keine längerfristige Wettervorhersage geben. Deshalb entscheidet Hitler am 16. Januar, den Westfeldzug auf das Frühjahr zu verschieben. Er befiehlt jedoch den Truppen, in Gefechtsbereitschaft zu bleiben. Insgesamt ist der Termin für den Angriff im Westen 29mal verschoben worden; dadurch haben die Warnungen des deutschen Geheimdienstoffiziers Oster an den niederländischen Militärattaché Sass an Glaubwürdigkeit verloren, und die Wachsamkeit der belgischen und niederländischen Truppen läßt nach. Da Hitler nach dem Vorfall bei Mechelen annehmen muß, daß die Alliierten von der deutschen Planung Kenntnis haben, entschließt er sich zu einer Irreführung: Die Panzer und motorisierten Verbände, die östlich des Rheins stehen und die erst nach dem unmittelbaren Befehl zum Angriff vorgeschoben werden sollten, müssen nun hinter die vordersten Divisionen zurückgezogen werden.

So bleibt es auch an der 400 Kilometer langen Westfront zwischen Basel und Luxemburg weiterhin ruhig. Statt der von beiden Seiten erwarteten Luftoffensive kommt es lediglich zu Erkundungsflügen mit vereinzelten Jägerkämpfen und Fernaufklärung in großen Höhen. Hin und wieder unternimmt die Luftwaffe auch Angriffe auf Schiffsziele. Der französische Generalstab hält nichts von offensiver Kriegsführung. »Wer angreift, verliert«, äußert sich dazu Gen. Gamelin.

Das Kampfgeschehen spielt sich vornehmlich als sogenannter »Sitzkrieg« oder »Drolliger Krieg« (»Drôle de guerre«) mit Flugblattaktionen der deutschen Propagandakompanien und Lautsprecherbotschaften voller Friedensbeteuerungen ab. Gleichzeitig aber werden im deutschen Hinterland Fallschirmjäger, Luftlandetruppen und Sturmpioniere für den Kampf gegen Befestigungen und andere strategische Ziele vorbereitet.

Neugier, Furcht und Verzweiflung:
Flüchtlinge beobachten, wie deutsche Kolonnen eine
französische Ortschaft durchqueren

1940 Mai

Kampfpause: Eine deutsche Panzerdivision sammelt sich zu einem neuen Vorstoß

Auf einem Feldflugplatz in Nordfrankreich: Bordwarte einer RAF-Einheit bereiten den leichten Bomber Fairey Battle für einen neuen Einsatz vor

Mai 1940

Anfang 1940 besitzt Frankreich zwar – was Zahl, Panzerung und Bewaffnung seiner etwa 4000 Kampfwagen anbelangt – nach der Sowjetunion die stärkste Panzerwaffe der Welt, ist jedoch dem Gegner hinsichtlich der Organisation sowie Einsatztaktik seiner Panzertruppe hoffnungslos unterlegen und hat dem massierten Einsatz deutscher Panzerdivisionen deshalb nichts Entsprechendes entgegenzusetzen.

Der britische Militärtheoretiker Liddell Hart bemerkt dazu: »Es gibt keine größeren Absurditäten als die Art und Weise, wie der französische höchste Führungsstab seine Panzerwaffe einsetzte...« In Frankreich sehen die obersten Militärs in den Panzern lediglich eine Unterstützungswaffe der Infanterie, sie ziehen auch aus dem wirkungsvollen Einsatz der deutschen Panzerwaffe im Polenfeldzug keine Lehren. Dazu kommt noch die unzweckmäßige Konstruktion der französischen Panzer, die den im Turm allein sitzenden Kommandanten neben seiner Führungsfunktion noch mit den zusätzlichen Aufgaben eines Lade- und Richtschützen für das Turmgeschütz belastet.

Erste Phase: »Fall Gelb«

Am 17. Februar 1940 hat Hitler mit Gen. von Manstein dessen Vorstellungen für den Angriff im Westen erörtert und weitgehende Übereinstimmung mit den eigenen Ansichten festgestellt. Durch einen »Sichelschnitt« sollen die alliierten Truppen gespalten und von ihren Nachschubbasen in Nordfrankreich getrennt werden. In einer Unterredung am folgenden Tag mit GFM von Brauchitsch und Generalstabschef Halder wird dieses Konzept zur Basis der strategischen Planung für den Feldzug im Westen.

Im März arbeiten die Stäbe in Paris und London an einem Konzept, wie sie die linke Flanke der britisch-französischen Heeresgruppe I (Gen. Billotte) auf dem Gebiet von Belgien und Holland optimal sichern können. Der alliierte Plan, das sogenannte »Manöver Dyle«, wird korrigiert: Der linke Flügel der Heeresgruppe I soll entweder auf die Linie Breda–Saint-Leonard oder auch Tilburg–Turnhout verschoben werden. Mit dieser Aufgabe wird die 7. Armee unter Gen. Giraud betraut.

Unterdessen wächst in den neutralen Staaten Belgien und Holland die Furcht vor einer deutschen Aggression. Daher läßt in der Nacht vom 18./19. April 1940 die belgische Regierung beim höchsten alliierten Generalstab anfragen, ob während der ersten vier Tage einer deutschen Invasion mit einer vorgeschobenen Gruppe von einigen Divisionen am Albert-Kanal im Abschnitt Leodium–Diest gerechnet werden kann. Damit wird erstmals schriftlich die Notwendigkeit einer Zusammenarbeit mit den französisch-britischen Armeen eingeräumt.

Am Donnerstag, dem 9. Mai 1940, bestimmt Hitler den 10. Mai als endgültigen Termin für den Beginn des An-

Generalfeldmarschall Erich von Manstein und Generalfeldmarschall Walther von Brauchitsch

»Der ungebetene Gast«. Eine Karikatur aus dem Frühjahr 1940

Lieutenant General Sir Clive Liddell, Gouverneur und Kommandant von Gibraltar

1940 Mai

Über die deutschen Panzerspitzen hinweg fliegen in den Morgenstunden des 10. 5. 1940 die Sturzkampfflugzeuge Ju 87 ihren Zielen im französischen Hinterland entgegen

Die französische Presse meldet am 11. 5. 1940 den deutschen Angriff

Mai 1940

griffs im Westen. Die Operationspläne für den »Fall Gelb« sehen eine deutsche Offensive von der Nordsee bis zur Südgrenze Luxemburgs vor. Dabei sollen ohne Kriegserklärung auch die neutralen Länder Belgien, Holland und Luxemburg in die Operationen einbezogen werden. Der Hauptstoß ist durch das als schwer passierbar geltende Gebiet der Ardennen an der Maas in Richtung Sedan vorgesehen. Von hier aus soll der Vorstoß im großen Bogen, dem im Februar beschlossenen »Sichelschnitt«, weiter nordwestwärts bis nach Amiens, Boulogne und an die Kanalküste gehen.

Dem entspricht die Einteilung der deutschen Streitkräfte in drei Heeresgruppen und ihre Aufgabenstellung: Die im Norden stehende Heeresgruppe B wird von GenOberst von Bock geführt. Zu ihr gehören die 18. Armee (Gen. d. Art. von Küchler), die aus neun Infanteriedivisionen, einer Panzerdivision und einer Kavalleriedivision besteht, sowie die 6. Armee (GenOberst von Reichenau), zu der 17 Infanterie- und zwei Panzerdivisionen gehören.

Die Verbände des GenOberst von Bock haben die Aufgabe, die holländischen und belgischen Verteidigungslinien zu durchbrechen, Holland und Belgien zu besetzen, um dann die alliierten Kräfte im Norden zu binden und ihre Handlungsfreiheit einzuschränken; denn es wird als sicher angesehen, daß die Alliierten den Belgiern zu Hilfe kommen.

Der Heeresgruppe A (GenOberst von Rundstedt) ist im Mittelabschnitt die wichtigste Aufgabe dieses Feldzuges zugewiesen. Sie soll mit ihrer auf dem rechten Flügel stehenden 4. Armee (GenOberst von Kluge) nach dem Durchbruch durch die belgischen Grenzbefestigungen mit Flankenschutz in Richtung Lüttich bis zur Maas vordringen und schließlich die Gegend von Dinant erreichen.

Die deutsche 4. Armee besteht aus elf Infanterie- und zwei Panzerdivisionen. Im Raum Dinant/Givet soll das XV. Panzerkorps (Gen. d. Inf. Hoth) mit der 5. und 7. Panzerdivision über die Maas setzen. Südlich davon hat die 12. Armee (GenOberst List) die Aufgabe, ebenfalls zur Maas vorzustoßen. Ihr stehen hierfür zehn Infanteriedivisionen zur Verfügung; außerdem wird sie bei dieser Operation durch die Panzergruppe Kleist mit fünf Panzerdivisionen und drei motorisierten Divisionen unterstützt.

Nach dem gelungenen Maasübergang haben die Panzerdivisionen die französische Abwehrfront in der Flanke und von rückwärts anzugreifen. Die dadurch ihres Flankenschutzes beraubte Armee List ist dann von motorisierten Infanteriedivisionen, die den Panzerdivisionen nachfolgen, zu sichern, später sollen die inzwischen herangekommenen Infanteriedivisionen der 12. Armee diese Aufgabe übernehmen.

Die ebenfalls zur Heeresgruppe A gehörende 16. Armee (Gen. d. Inf. Busch) hat mit ihren 13 Infanteriedivisionen die Operationen der Heeresgruppe von Süden her entlang der Westwallfront von der Südgrenze Luxemburgs bis zur Schweiz zu schützen.

Gleichzeitig nimmt die Heeresgruppe C (GenOberst Ritter von Leeb) gegenüber der Maginot-Linie Wartestel-

General der Infanterie Ernst Busch, Oberbefehlshaber der 16. Armee, und Generaloberst Erwin von Witzleben, Oberbefehlshaber der 1. Armee

General der Artillerie Friedrich Dollmann, Oberbefehlshaber der 7. Armee, und General der Kavallerie Edwald von Kleist

lung ein. Sie besitzt nur Infanteriedivisionen und keine Panzerverbände und hat vorerst möglichst viele gegnerische Kräfte zu binden.

Die Heeresgruppe C besteht aus der 1. Armee (GenOberst von Witzleben) und der 7. Armee (Gen. d. Art. Dollmann). Die Luftflotte 2 (Gen. d. Fl. Kesselring) ist zur Unterstützung der Heeresgruppe B angesetzt, während die Luftflotte 3 (Gen. d. Fl. Sperrle) die Heeresgruppe A zu unterstützen hat.

Die deutschen Panzerkräfte sind folgendermaßen verteilt: Zur Heeresgruppe A gehören sieben Panzerdivisionen und dreieindrittel motorisierte Infanteriedivisionen. Sie sind in der Panzergruppe Kleist, dem XV. Panzerkorps (Gen. d. Inf. Hoth), dem XIX. (Gen. d. Pz.Tr. Guderian) und dem XXXXI. Panzerkorps (Gen. d. Pz.Tr. Reinhardt) zusammengefaßt.

1940 Mai

Das Fehlen von Straßenschildern soll den deutschen Vormarsch stoppen. Die französische Planung sieht keine Angriffsoperationen, sondern nur eine passive Verteidigung vor

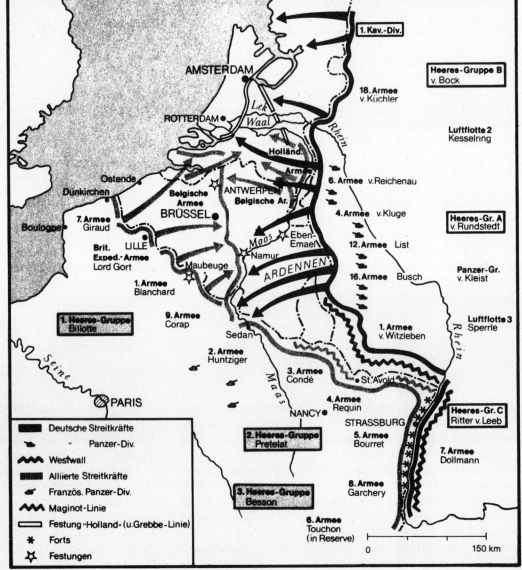

Die Lage an der Front in den ersten Tagen der deutschen Offensive: Das französische Oberkommando war anfangs davon überzeugt, daß die Deutschen den Hauptvorstoß mit dem rechten Flügel durch Belgien führen werden, um die französische Armee von Norden und Westen her einzukreisen

Mai 1940

Demgegenüber verfügt die Heeresgruppe B nur über drei Panzerdivisionen und zweieindrittel motorisierte Infanteriedivisionen: die 9. Panzerdivision (GenMaj. Ritter von Hubicki) und die dem XVI. Panzerkorps (Gen. d. Kav. Hoepner) unterstehenden gepanzerten Einheiten.

Insgesamt bestehen die zum »Fall Gelb« am 10. Mai 1940 antretenden deutschen Verbände aus 118 Infanterie- und 10 Panzerdivisionen, einer Kavalleriedivision, vier motorisierten Infanterie- und zwei motorisierten SS-Divisionen mit 2574 einsatzbereiten Panzern. Dazu kommen eine Fallschirmdivision sowie die 3834 Flugzeuge der beiden Luftflotten.

Auf alliierter Seite stehen ihnen gegenüber: 119 Infanterie-, 11 Panzer- und 7 motorisierte Infanteriedivisionen mit insgesamt 3373 Panzern. Dazu kommen 1303 französische, 160 belgische und holländische sowie 1150 britische Flugzeuge, von denen etwa die Hälfte in Frankreich stationiert ist. Zu Beginn der Kampfhandlungen im Westen bietet die Luftwaffe auf: 1482 Bomber und Stukas, 42 Schlachtflugzeuge, 1016 Jäger und 248 Zerstörer sowie 1046 andere Maschinen – insgesamt 3834 Flugzeuge – auf deutscher Seite. Den Alliierten stehen 2372 Maschinen (darunter 1151 Jäger) zur Verfügung. Daran sind beteiligt: Frankreich mit 1604 Flugzeugen (764 Jägern, 260 Bombern, 180 Aufklärern und 400 Armeeflugzeugen), England mit 456 bereits auf französischem Boden befindlichen Flugzeugen (261 Jäger, 135 Bomber und 60 Aufklärer), Belgien mit 180 Flugzeugen (darunter 81 Jäger) sowie die Niederlande mit 132 Flugzeugen (darunter 35 Jäger und 23 Zerstörer).

Das französische Oberkommando geht von der Überzeugung aus, daß sich die Deutschen bei ihrem erwarteten Angriff wie im Jahr 1914 am Schlieffen-Plan orientieren und den Hauptstoß mit dem rechten Flügel durch Belgien führen werden, um auf diese Weise die französische Armee von Norden und Westen her einzukreisen. Angriffsoperationen sieht die französische Planung nicht vor, sondern nur eine passive Verteidigung. Dabei wird unterstellt, daß die belgische Armee ihre Ostgrenze so lange verteidigen kann, bis neue Verteidigungslinien an Maas und Dyle errichtet sind.

Der 10. Mai 1940

Einen »Blitzkrieg«, wie ihn die Deutschen, gestützt auf Panzer- und Luftstreitkräfte, führen, haben die alliierten Strategen in ihren Planungen nicht einkalkuliert. Sie wollen den Belgiern erst zu Hilfe kommen, nachdem die Deutschen in Holland und Belgien einmarschiert sind.

Die französische Hauptmacht ist auf dem linken Flügel, konzentriert. Sie ist in zwei Heeresgruppen gegliedert: Die Heeresgruppe 2 (Gen. Prételat) soll die Maginot-Linie verteidigen und halten. Gen. Prételats Heeresgruppe besteht aus der 8. Armee (Gen. Garchery) mit sieben Infanteriedivisionen, der 9. Armee (Gen. Bourret) mit neun Infanteriedivisionen und der 3. Armee (Gen. Condé) mit vier Infanteriedivisionen sowie zweieindrittel Kavalleriebrigaden. In der Maginot-Linie sind außerdem 13 Festungsdivisionen ortsfest eingesetzt.

Der Heeresgruppe 1 (Gen. Billotte) ist die Aufgabe zugedacht, nach dem erwarteten deutschen Einmarsch in Belgien und Holland nordostwärts vorzugehen, die belgische Grenze zu überschreiten und die Maas-Dyle-Linie zu besetzen. Währenddessen hat die 2. Armee (Gen. Huntzinger) auf dem rechten Flügel mit ihren fünf Infanteriedivisionen und zweieinhalb Kavalleriedivisionen stehenzubleiben und die verlängerte Maginot-Linie zwischen Mosel und Sedan zu verteidigen.

Daran schließt sich die 9. Armee (Gen. Corap), der fünf Infanterie- und zweieinhalb Kavalleriedivisionen unterstellt sind, an. Sie soll bis zur Maas gehen und sich auf der Linie Sedan–Namur zur Verteidigung einrichten. Nach Norden nördlich der Sambre vorzuschieben hat sich die weiter links stehende 1. Armee (Gen. Blanchard), die über fünf Infanterie- und zwei leichte motorisierte Di-

»Franzosen!... Nieder mit dem englischen Krieg: Es lebe der Frieden!« Von den Deutschen abgeworfenes Flugblatt

Français!

Restez chez vous et ne craignez rien. Si vous fuyez vous courez le risque d'être pris dans l'engrenage implacable des grandes batailles.

Soldats français!

Citoyens français!

Abandonnez cette lutte qui n'est pas la vôtre. Laissez les richards anglais se débrouiller seuls.

A bas la guerre anglaise:

Vive la paix!

1940 Mai

visionen verfügt. Ihre Verteidigungslinie bildet der Flußlauf des Lys zwischen Namur und Wavre.

Das zunächst neben der französischen 1. Armee eingesetzte britische Expeditionskorps (Gen. Lord Gort) mit neun Divisionen soll später den Abschnitt Wavre–Louvain entlang des Dyle-Flußlaufes übernehmen. Schließlich steht auf dem linken Flügel noch die französische 7. Armee (Gen. Giraud). Sie hat mit ihren vier Infanterie- und zwei motorisierten Infanteriedivisionen sowie einer leichten motorisierten Division die Aufgabe, im Raum Antwerpen über die Schelde zu gehen und die Linie Tilburg–Breda zu besetzen. Damit wäre eine Verbindung zur holländischen Armee hergestellt. Darüber hinaus stehen 14 Divisionen als Eingreifreserven zur Verfügung, die im Raum Chalons-sur-Marne und St. Quentin zusammengezogen sind.

Zum britischen Expeditionskorps gehört keine einzige Panzerdivision. Vielmehr gibt es im Rahmen ihrer zehn Divisionen nur sieben mechanisierte Kavallerieregimenter sowie eine Panzerbrigade. Von den 310 Panzern des Expeditionskorps gehören nur 23 zum neuesten Typ Matilda. Vorgesehen ist, nach Beginn der deutschen Offensive dem Expeditionskorps eine geschlossene Panzerdivision mit 174 leichten Panzern und 156 Cruisers (Kreuzer-Panzer) über den Kanal zuzuführen.

Hohe Verluste der Luftwaffe

Bei der am 10. Mai 1940 beginnenden deutschen Westoffensive gegen Holland, Belgien und Frankreich spielt die Kriegsmarine kaum eine Rolle. Ihr rücksichtsloser Einsatz im Unternehmen »Weserübung« hat unverhältnismäßig hohe Verluste gekostet. Nach Abschluß des Norwegen-Feldzuges ist von den deutschen Großkampfschiffen nur noch das Schlachtschiff »Gneisenau« einsatzfähig. Und während der ersten Wochen des Westfeldzuges operieren am nördlichen Zugang des Ärmelkanals lediglich zwei deutsche U-Boote. So läßt sich erklären, daß die Sicherungsstreitkräfte der Kriegsmarine in der Deutschen Bucht die neue Lage erst über den Rundfunk erfahren.

Daß die Luftwaffe die deutsche Westoffensive – wie im Feldzug gegen Polen – durch »überraschende, vernichtende Schläge« eingeleitet haben soll, bei denen die französischen Luftstreitkräfte schon am ersten Tag am Boden zerstört worden seien, entstammt der NS-Propaganda. Diese Legende hat das Dritte Reich überlebt und ist bis heute noch in manchen Veröffentlichungen zu finden. Tatsächlich werden von den ersten deutschen Bombenangriffen die zahlenmäßig geringen Luftstreitkräfte Belgiens und Hollands dezimiert, doch nur 45 französische und 15 englische Maschinen am Boden zerstört, wie aus französischen und englischen Quellen hervorgeht. Dies ermöglicht den alliierten Luftstreitkräften, den ganzen Tag über das Vorrücken ihrer Bodentruppen in Belgien zu unterstützen. Dabei schießen französische Jäger 90 deutsche Flugzeuge ab und verlieren selbst nur 20 Maschinen.

Der 10. Mai 1940 bringt der deutschen Luftwaffe die höchsten Verluste, die jemals eine Luftstreitkraft an einem einzigen Tag erleiden mußte. 304 Maschinen werden vernichtet und 51 beschädigt. Das fliegende Personal hat 267 Tote zu beklagen.

Am Nachmittag des 10. Mai 1940 rollen vom Fliegerhorst Landsberg bei Augsburg 45 Heinkel 111 des Kampfgeschwaders 51 »Edelweiß« (Oberst Kammhuber) in Richtung Westen. Sie sollen den französischen Fliegerhorst Dijon-Longvic angreifen. Einige der Maschinen kommen durch schlechte Sicht vom Kurs ab und meinen, das Ausweichziel bei Dijon, den Jägerplatz Dôle-Tavaux, zu bombardieren.

Drei dieser durch Fehlnavigation verirrten Flugzeuge stoßen um 15.59 Uhr aus einer Höhe von etwa 1500 Me-

Mai 1940

tern durch Gewitterwolken auf Freiburg im Breisgau nieder. Die von Leutnant Seidel geführte Bomberkette entledigt sich schnellstens ihrer Last und verschwindet wieder. Dieser Irrtum fordert in Freiburg 57 Tote, darunter 22 Kinder.

Da die deutsche Bodenabwehr die beteiligten Flugzeuge nicht als eigene Maschinen erkannt hat, werden von der NS-Propaganda die Alliierten zu Schuldigen dieses Angriffs gestempelt. Reichspropagandaminister Dr. Goebbels benutzte seitdem den Freiburger Zwischenfall wiederholt, um ihn als Beginn der Terrorluftangriffe hinzustellen und ihn als Vorwand für deutsche Vergeltungsangriffe zu benutzen.

Am 10. Mai 1940 müssen drei holländische Bomberbesatzungen, die auf dem Flugplatz Ruigenhoek, in der Nähe von Harlem, stationiert sind, ein »Himmelfahrtskommando« ausführen. Die drei Fokker TV-Bomber sollen einen Angriff auf den Flugplatz Ockenburg unterneh-

Eine französische Feldhaubitze in Feuerstellung. In manchen Abschnitten, wie an der Maas bei Sedan, leisten die französischen Truppen erbitterten Widerstand

Nach einem deutschen Bombenangriff auf Givet, einer kleinen Stadt an der Maas: Französische Soldaten bergen aus den Trümmern die verwundeten Zivilisten

1940 Mai

Die Eroberung von Fort Eben-Emael

In den frühen Morgenstunden des 10. Mai 1940 werden die wichtigen Brücken über den Albert-Kanal bei Vroenhoven und Veldwezelt westlich von Maastricht von deutschen Luftlandetruppen gesichert, noch bevor der Gegner die Möglichkeit hat, sie zu sprengen. Diese Brücken liegen nordwestlich des belgischen Sperrforts Eben-Emael. Über sie soll nach einem handstreichartigen Angriff von Fallschirmtruppen und Luftlandeeinheiten die Verstärkung der Angreifer rollen.

Das erst 1935 fertiggestellte Festungswerk gilt nach Lage, Befestigung und Bewaffnung als uneinnehmbar. Seine Besatzung von 1200 Mann ist in mehreren, tief in die Erde hineinreichenden Stahlbeton-Kasematten, mit schwer gepanzerten Geschütztürmen, untergebracht.

Die Eroberung von Fort Eben-Emael soll die Sturmgruppe »Granit« (Oberlt. Witzig) übernehmen, die zur Fallschirmjäger-Sturmabteilung Koch des Fallschirmjägerregiments 1 gehört. Sie hat die Einsatzstärke von insgesamt 84 Mann, auf elf Lastensegler DFS 230 verteilt. Mitgeführt werden 29912 Schuß Munition und 2401 kg Sprengmittel. Die Lastensegler-Piloten, die die Fallschirmpioniere nach Eben-Emael bringen, sind durchweg bewährte ehemalige Segelflieger.

Um 4.30 Uhr starten Ju-52-Maschinen mit den Lastenseglern im Schlepp von den Kölner Flugplätzen Butzweilerhof und Ostheim. Dabei reißt plötzlich das Schleppseil des Lastenseglers, der Oberlt. Witzig, den Führer der Sturmgruppe Granit, an Bord hat. Der Pilot muß auf einer Rheinwiese niedergehen. Schließlich schafft es eine aus dem Luftwaffenstützpunkt Gütersloh herbeigerufene Ju 52, den Lastensegler aus dem Feld hochzuziehen. Ein weiterer Lastensegler muß bei Düren notlanden.

So können zunächst nur neun Lastensegler über der »stärksten Festung Europas« am Albert-Kanal ausgeklinkt werden. Sie landen fast gleichzeitig unter dem Beschuß der leichten belgischen Flak und vor den erstaunten Augen der Kanoniere.

Selbst die Deutschen sind überrascht: Die von ihnen als der am stärksten verteidigte Teil von Eben-Emael vermutete Nordspitze der Werkgruppe erweist sich als Scheinanlage mit monströsen Kuppelattrappen aus Blech. Die hier abgesetzten beiden Kampftrupps der Fallschirmpioniere und deren

Material fallen vorerst für den weiteren Kampf aus. Die restlichen sieben Stoßtrupps mit 52 Mann – Oberlt. Witzig trifft durch das Malheur beim Start erst drei Stunden später ein – stürmen nun ohne Führung das Fort. Sie brauchen nur wenige Minuten, um die Flak- und MG-Stellungen einzunehmen, die Panzerkuppeln mit Hafthohlladungen zu sprengen und die schweren Geschütze der zehn verteidigten Werke kampfunfähig zu machen.

Dann nehmen belgische Batterien außerhalb des Forts die eigenen Anlagen unter Feuer: Das behindert das weitere Vorgehen der Sturmtruppen. Da auch das zur Unterstützung vorgesehene Pionierbataillon 51 (Oberstlt. Mikosch) nur schwer vorankommt, zieht sich der Kampf um Eben-Emael bis zum nächsten Tag hin.

Am Sonnabend, dem 11. Mai 1940, unternehmen neun Flugzeuge der kleinen belgischen Luftflotte einen Bombenangriff auf die von den Deutschen im Handstreich genommenen Brücken über den Albert-Kanal. Sie erreichen ihr Ziel nicht: Von den neun Maschinen kehren nur zwei zurück.

Unterdessen kapituliert um 13.50 Uhr die Festung Eben-Emael. Ihr Kommandant, Maj. Jottrand, verübt Selbstmord, 1185 belgische Soldaten, darunter 24 Offiziere und 102 Unteroffiziere, werden gefangengenommen. Sie haben bis zuletzt nicht erfahren, was sich in ihrer Festung abgespielt hat. Die Verluste der Sturmgruppe Witzig betragen fünf Tote und 20 Verwundete. Die Besatzung des Forts hat etwa 200 Mann verloren.

Der Erfolg des deutschen Luftlandeunternehmens auf Eben-Emael und die Brücken über den Albert-Kanal resultiert aus der tatsächlichen Geheimhaltung aller Vorbereitungen der Aktion und einer monatelangen systematischen Spezialausbildung der Stoßtrupps, aus dem überraschenden Einsatz von Lastenseglern und der Verwendung von Hafthohlladungen als neuartiges Sprengmittel. Die Landung von Lastenseglern auf den Kasematten von Eben-Emael ist der erste erfolgreiche Einsatz dieses neuen Kriegsmittels.

Gleichzeitig erweist sich die Einnahme von Eben-Emael als der vollkommene Pionierangriff aus der Luft. Im weiteren Verlauf des Krieges gewinnt diese taktische und technische Neuerung noch weiter an Bedeutung.

Mai 1940

Um 4.30 Uhr starten Ju-52-Maschinen mit Lastenseglern im Schlepp zum Handstreich auf das Fort Eben-Emael

Oberleutnant Rudolf Witzig, Führer der Sturmgruppe »Granit«, Oberstleutnant Dietrich von Choltitz sowie General Charles Huntziger

1940 Mai

men und die dort liegenden Transportflugzeuge Ju 52 zerstören, mit denen Teile der 22. Infanteriedivision eingeflogen werden. Es heißt, die deutschen Soldaten hätten den Auftrag, nach Den Haag vorzudringen, um die holländische Königsfamilie und Mitglieder der Regierung festzunehmen.

Über diesen Einsatz ohne jeglichen Jagdschutz berichtet Lt. G. H. J. Ruygrok: »Ich gebe zu, daß mir die Knie zitterten, und ich schäme mich dessen nicht, da unsere Luftabwehr von vielen deutschen Jagdfliegern in der Umgebung von Ockenburg sprach! Nach dem Start hielten wir auf die Küste zu, und Japie, der Pilot, zog die Maschine hoch. Er meinte, wir könnten die vorgeschriebene Höhe von 3000 Metern nicht rechtzeitig erreichen, da wir uns nahe Scheveningen erst in 2000 Meter Höhe befänden. Ich sagte ihm, er könne die Maschine im Horizontalflug belassen. Wir hielten Kurs auf Hoek van Holland, und immer noch kein Feind am Himmel. Plötzlich sahen wir den Flugplatz Ockenburg durch die Wolken, auf dem mindestens 30 grauschimmernde Junkers 52 kreuz und quer standen. Beim zweiten Anflug drückte ich auf den Bombenauslöser und mußte mich gleichzeitig um unsere Bordkanone kümmern, da jeden Augenblick deutsche Jäger auftauchen konnten. Der Kopilot beobachtete in der Zwischenzeit, wie die Bomben mitten ins Ziel trafen. Anschließend gingen wir im Sturzflug auf das Meer und kurvten in 25 Meter Höhe in Richtung Harlem.«

Am Morgen des 10. Mai, erst drei Stunden nach den ersten deutschen Bombenangriffen auf französische Luftstützpunkte, erhält Gen. d'Astier de la Vigerie, Befehlshaber der französischen Luftstreitkräfte im Bereich der Heeresgruppe 1 (Gen. Bilotte), seine Einsatzanweisungen aus dem Hauptquartier von Gen. Georges. Er solle seine Operationen auf Abwehr und Aufklärung beschränken und keinesfalls Angriffe unternehmen. Nach wiederholten Protesten wird Gen. d'Astier endlich um 11.00 Uhr vormittags zugebilligt, feindliche Kolonnen anzugreifen, »aber nur über offenem Gelände«. Da die meisten französischen Jäger wesentlich langsamer sind als die deutschen Me 109, noch dazu nur ein Fünftel der französischen Jagdgruppen über ein den Deutschen gleichwertiges Jagdflugzeug vom Typ Dewoitine 520 verfügt, gelingt es der Luftwaffe von Anfang an, sich die Luftüberlegenheit und schließlich die Luftherrschaft über Frankreich zu sichern.

Die dadurch entstandenen Verhältnisse kennzeichnet Col. de Bardies mit den folgenden Worten: »Die deutsche Luftwaffe stürzte sich auf die Stäbe; sie überwachte die Straßen, bombardierte die Kreuzungen, verhinderte die Ankunft von Verstärkungen und desorganisierte das Befehlsnetz und die Verbindungen. Sehr schnell zeigte der Rückzug Merkmale wilder Flucht. Die Infanterie mußte offenes Gelände meiden, und die Artillerie war wie gelähmt; die meisten ihrer Pferde fielen dem MG-Feuer der Flugzeuge zum Opfer. Lastwagen mit Soldaten aller Waffengattungen wälzten sich in Unordnung ins Hinterland.«

Die erwähnten Befehle von Gen. Georges haben den ursprünglichen Plan unmöglich gemacht, auf feindliche Panzerverbände schon in der ersten Nacht einer deutschen Offensive mit massiven französischen und britischen Bombenangriffen gegen deutsche Panzerverbände zu reagieren. An diesen für den Abend des 10. Mai vorgesehenen Einsätzen sollte außer den in Frankreich verfügbaren alliierten Bombern auch eine größere Anzahl der in England stationierten britischen Bomber teilnehmen.

Soldaten der 3. Kompanie Bataillon 100 von der Sondereinheit »Brandenburg« nehmen die Maas-Brücke bei Gennep. Sie sind zur Täuschung in Uniformen der holländischen Grenzwacht gekleidet, eskortiert durch eine »Gruppe von deutschen Gefangenen.« Im blitzschnellen Zugriff machen sie die holländische Brückenwache nieder und ermöglichen es der 9. Panzerdivision (GenMaj. Ritter von Hubicki), mit ihren 229 Panzerwagen ohne Verzögerung die Brücke zu passieren. Die »Brandenburger« eilen auch den Fallschirmjägern der 7. Fliegerdivision zu Hilfe, die in der Tiefe Hollands weitere Brücken über die Maas und den Niederrhein besetzt halten.

Luftherrschaft über Holland

Die Luftlandeunternehmen zu Beginn des Westfeldzuges sind fast alle erfolgreich. So springt das III. Bataillon des Fallschirmjägerregiments 1 (Hptm. K.-L. Schulz) über Waalhaven in Holland ab und erobert den stark gesicherten und zäh verteidigten Flugplatz zusammen mit dem III. Bataillon des Infanterieregiments 16 (Oberstlt. v. Choltitz). Erfolgreich ist auch der deutsche Fallschirmjägereinsatz vor Moerdijk und Dordrecht. Und in Rotterdam wassern 12 deutsche Seeflugzeuge vom Typ He 59. Die an Bord befindlichen 120 Soldaten nehmen daraufhin drei Brücken in Besitz.

Dagegen mißlingen die Landeoperationen gegen Maastricht und Kanne sowie bei Den Haag, Ypenburg und Ockenburg, obwohl sie nicht minder gut vorbereitet sind. Hier haben holländische Jäger und Flak den Transportmaschinen sowie den als Luftlandedivision ausgebildeten und ausgerüsteten Truppen der 22. Infanteriedivision (GenLt. Graf Sponeck) schwere Verluste zugefügt, so daß die Einheiten bald zersplittert und isoliert sind.

Für den weiteren Luftkrieg von Bedeutung ist ein wichtiger Personalwechsel in Großbritannien. Unter dem Eindruck des Norwegen-Fiaskos ist der Premierminister Chamberlain auch auf Drängen seiner eigenen Partei hin zurückgetreten. Er hatte bisher, um Industrieanlagen und Privateigentum zu schützen, Luftangriffe auf entsprechende Ziele abgelehnt. Sein Nachfolger Winston Churchill, seit Kriegsbeginn Erster Lord der Admiralität, der ein Kabinett aus Angehörigen der Konservativen und der Labour Party bildet, drängt auf Bombereinsatz. Schon in der folgenden Nacht starten 36 Maschinen zu einem Luftangriff auf Mönchengladbach. Das Bombardement fordert vier Tote, unter ihnen eine Engländerin. Am

Mai 1940

Generalmajor Alfred Ritter von Hubicki, Kommandeur der 9. Panzerdivision, und General Georges Blanchard, Oberbefehlshaber der französischen 1. Armee

Die »fliegende Artillerie« des Westfeldzuges: Sturzkampfflugzeug Junkers Ju 87

Die britischen Bomber Fairey Battle versuchen am 12. 5. 1940, die strategisch wichtigen Brücken, über die der deutsche Vormarsch erfolgt, zu zerstören

1940 Mai

11. Mai beschließt das britische Kriegskabinett, die strategischen Bombenangriffe auf deutsches Territorium ostwärts des Rheins zu beginnen. Die Bomber sind zur Zeit Englands einzige Offensivwaffe, mit der es den Gegner unmittelbar treffen kann. Allerdings will die Londoner Regierung damit kein Risiko eingehen, da die RAF derzeit nur 99 einsatzbereite Fernbomber besitzt und die Theorie des italienischen Generals Douhet, man könne einen Krieg allein durch Bomber gewinnen, nicht erwiesen ist. Deshalb soll das Bomber Command zwar weiterhin eine Hauptangriffswaffe sein, jedoch im Rüstungsprogramm nicht vor den übrigen Streitkräften rangieren.

Am Sonntag, dem 12. Mai 1940, versuchen englische Bomber vergeblich, die Brücken von Vroenhoven und Veldwezelt zu zerstören, über die jetzt der Vormarsch deutscher Truppenkolonnen erfolgt. Schon beim ersten Anflug werden vier der sechs veralteten Fairey-Schlachtbomber abgeschossen.

Flying Officer McIntosh gelingt es noch, nachdem er die Bombenlast abgeworfen hat, mit seiner brennenden Maschine zu landen. Dann wird er mit seiner Besatzung gefangengenommen. Eine fünfte Maschine zerschellt auf dem Rückflug. Unter dem Schutz der beiden noch verbliebenen Hurricanes erreicht nur der sechste Fairey-Battle-Bomber den heimatlichen Stützpunkt.

Den Mut der britischen Piloten bewundern die Deutschen zwar, doch begreifen sie nicht, warum das Bomber Command sie erst so spät eingesetzt hat. So sagt ein deutscher Offizier zu dem gefangenen Flying Officer McIntosh: »Ihr Briten seid verrückt. Wir nehmen die Brücken früh am Freitag morgen ein. Ihr laßt uns den ganzen Freitag und Sonnabend unsere Flak rund an der Brücke aufbauen, und dann am Sonntag, wenn alles fertig ist, kommt ihr mit drei Flugzeugen und versucht, das Ding in die Luft zu jagen.« Dieser Angriff hat den deutschen Vormarsch über die beiden Brücken nur für eine halbe Stunde unterbrechen können.

Schwere Panzergefechte

Die ersten schweren deutsch-französischen Panzerkämpfe entbrennen am Montag, dem 13. Mai 1940, im Raum von Tirlemont. Hier trifft das XVI. Armeekorps (Gen. d. Kav. Hoepner) mit der 3. und 4. Panzerdivision auf starke Panzerverbände des französischen Kavalleriekorps. Da die deutschen Panzerdivisionen von Stukas unterstützt werden, erleiden die französischen Panzerverbände, die nur zur Sicherheit des Geländes eingesetzt sind, trotz stärkerer Panzerung und besserer Bewaffnung schwere Verluste.

Nachdem deutsche Fallschirmjäger etwa 25 Kilometer südlich von Rotterdam die beiden strategisch wichtigen Eisenbahn- und Straßenbrücken, die derzeit längsten Brücken in Europa, schon seit drei Tagen besetzt halten, trifft jetzt die 9. Panzerdivision (GenMaj. Ritter von Hubicki) – aus dem Raum Venlo/Nimwegen vorstoßend – an den Brücken von Moerdijk ein. Es sind die einzigen Übergänge, über die deutsche Panzer Rotterdam errei-

Soldaten einer deutschen Vorausabteilung kurz vor der Überquerung eines Flußbettes

Mai 1940

Deutsche Infanterie beim Kampf um das Eisenbahngelände bei St. Omer

»Die Flügel über Europa« – eine Zeichnung aus den Tagen des Angriffs gegen Frankreich

chen können, um so die Verteidigung Hollands in zwei Teile zu spalten.

Ein Versuch französischer motorisierter Verbände der 7. Armee (Gen. Giraud), sich der Brücken zu bemächtigen und mit den Holländern Verbindung aufzunehmen, scheitert. Statt dessen müssen sich die Franzosen nach dem schnellen Vorstoß der 9. Panzerdivision auf Antwerpen zurückziehen, und es besteht keine Aussicht mehr, die militärische Lage der Holländer zu verbessern.

Inzwischen haben das III. Bataillon des Infanterieregiments 16 (Oberstlt. von Choltitz) und die 9. Panzerdivision Rotterdam bis zur Maasbrücke durchquert.

Der schnelle deutsche Erfolg in den Niederlanden basiert auf mehreren Grundlagen: Die holländische Armee hatte im Gegensatz zu der in Jahrhunderten bewährten Marine kaum Erfahrung in Kriegführung. Sie war nach Art der Milizverbände organisiert, und nur Teile des jeweils einberufenen Jahrgangs wurden einige Monate lang ausgebildet. Die Streitkräfte erhielten entsprechend der Finanzlage des Landes eine recht unzulängliche Ausrüstung. Es gab zum Beispiel keine Panzerwagen und nur wenige Panzerabwehrwaffen. Bis zum September 1939 bestand die Meinung, daß Panzerwagen noch nicht notwendig seien, im Spannungsfall könne man sie nirgendwo besorgen. Der Mangel an Waffen und geschulten Reservisten führte dazu, daß selbst die Mobilisierung die Lage nur wenig geändert hat. Auch die acht Monate des

1940 Mai

Deutsche Truppen ziehen durch die stark zerstörte nordfranzösische Industriestadt Roubaix

General Gaston Hervé Billotte, Oberbefehlshaber der französischen Heeresgruppe 1

General Sir John Dill, Chef des Generalstabs des britischen Empire, und General Lord John Gort, Oberbefehlshaber der britischen Expeditionsarmee

»Drôle de guerre« sind nicht entsprechend ausgenutzt worden: Es wurde lediglich der Ausbildungsstand der Infanterie etwas verbessert, insbesondere durch Schießübungen und dem Vertrautmachen des Stellungsbaues im Felde. Der geringe praktische Gefechtswert der Truppen zeigt sich besonders kraß bei Verteidigung der strategisch wichtigen Brücken über die Maas und den Juliana-Kanal, von denen alle, bis auf eine, fast unbeschädigt in deutsche Hände fallen, da die Sicherung der Brücken einfach versagt. In manchen Fällen schlagen sich allerdings einige Verbände recht gut; doch das Gros der Truppe bricht zusammen.

Eine Brücke über die Maas

Was nun die belgische Infanterie betrifft, so ist sie ein unvergleichlich stärkerer Gegner. Ihre Erfahrungen aus dem Ersten Weltkrieg stehen jedoch unter völligem Einfluß der Stellungskämpfe und werden noch dogmatischer behandelt als die der Franzosen. Das ergibt im Endeffekt eine Streitmacht, die den Positionskampf als Verteidigungsform bevorzugt, was so weit geht, daß sie auf Panzerwagen und Bombenflugzeuge, die par excellence als Angriffswaffen betrachtet werden, fast vollständig verzichtet. Aus Gründen der streng neutralistischen Politik werden die belgischen Truppen in der Regel nur auf die Verteidigung des Lan-

Mai 1940

des vorbereitet. Dabei wird sowohl an Deutschland als auch an Frankreich gedacht: denn die Wallonen sind antideutsch, die Flamen wiederum antifranzösisch eingestellt, und das spaltet auch das innere Militärgefüge.

Der belgische Rückzug überfordert die Moral der Soldaten, die erschöpft sind und kein Vertrauen mehr zu den eigenen Waffen besitzen. Zuerst versagt die Infanterie. Viele flämische Einheiten legen einfach die Waffen nieder oder gehen nur widerstrebend zum Gegenangriff über. Die verlassenen Stellungen müssen eiligst von neuen Reserveeinheiten besetzt werden, die aber einer solchen Situation nicht gerecht werden. Die Lage kann nur durch die einigermaßen starke Artillerie gerettet werden, die mit massiertem Feuer hier und da den deutschen Vormarsch verzögert.

Die französische Armee hat nach der Mobilisierung ähnliche Probleme wie die belgische. Die umfangreichen Einberufungen haben dazu geführt, daß die Kader und die aktiven Jahrgänge in der Masse der Reservisten untergehen. Die Zeit des »Drôle de guerre« nutzt man vor allem für die Anhebung der militärischen Ausbildung sowie zur Durchführung von Schanzenbau im Felde. Die Erfahrungen des Polenfeldzuges werden jedoch nicht verwertet und die Übungen nur recht formal betrieben. Der moralische Zerfall und Kampfwille der Bevölkerung und der Truppen hält weiter an.

Im britischen Expeditionskorps bestehen die ersten der inzwischen zehn Divisionen zum größten Teil aus Berufssoldaten, die anderen haben überwiegend die frisch einberufenen Jahrgänge in ihren Reihen, die noch nicht lange zur Truppe gehören und erst im Frühjahr 1940 einen zufriedenstellenden Ausbildungsstand erreichen. Die britischen Divisionen sind gut ausgerüstet und verfügen neben Infanteriebrigaden auch über zahlreiche motorisierte Einheiten. In den ersten Tagen operieren sie jedoch an schmalen Frontabschnitten und haben mit den deutschen Panzereinheiten keine Berührung. Die britische Infanterie besitzt große Widerstandskraft und Standhaftigkeit bei Verteidigungskämpfen, unterstützt sowohl durch hervorragende technische Mittel als auch durch den Vorteil des Geländes.

In den ersten drei Tagen spielt die Luftwaffe eine außergewöhnlich große Rolle. So lähmen zum Beispiel am 13. Mai 1940 während der Maas-Überquerung durch deutsche schnelle Verbände etwa 1000 deutsche Flugzeuge alle Kräfte, vor allem die Batterien auf dem anderen Flußufer. Dies ist erforderlich, weil die deutsche Artillerie die Maas nicht rechtzeitig erreicht hat und auch die Pioniere mit dem Brückenschlagmaterial noch nicht eingetroffen sind. Die Sturzkampfflieger bringen die französische Artillerie in rollenden Angriffen zum Schweigen. Unter den Schlägen der deutschen Luftwaffe büßen die Infanterieverbände der französischen 9. Armee ihre Widerstandskraft ein und ziehen sich zum Teil panikartig zurück.

An Bord eines britischen Zerstörers gelangen am selben Tag die holländische Königin Wilhelmina mit Kronprinzessin Juliane und Prinz Bernhard nach England. Ein Teil der niederländischen Flotte, der sich durch Anlaufen englischer Häfen in Sicherheit zu bringen vermag, wird künftig im Verband der Royal Navy eingesetzt. Wesentliche Teile der holländischen Marine bleiben in Niederländisch-Indien, das in die Kapitulation des Mutterlandes nicht eingeschlossen ist.

In der Nacht vom 13./14. Mai 1940 schlagen deutsche Pioniere bei Gaulier eine Brücke über die Maas. Nachdem das Gros der Panzer die Maas überquert hat, erreicht der deutsche Angriff im Raum Sedan mit Unterstützung von Stukas seinen Höhepunkt.

Die RAF unternimmt mit sechs Fairey-Battle-Flugzeugen vergeblich den Versuch, die deutschen Pionierbrücken zu zerstören. Bei diesem Einsatz gehen die sechs Flugzeuge verloren. Und von 60 britischen Kampfflugzeugen, die die deutschen Kolonnen nach Überschreiten der Maas mit Bomben belegen, kehren 35 Maschinen nicht zu ihren Stützpunkten zurück. Nach Aussage von General Spears besitzt die Royal Air Force an diesem Abend von 474 Flugzeugen, die zu Beginn des Westfeldzuges in Frankreich zur Verfügung standen, nur noch 206 einsatzfähige Maschinen.

Eine derart hohe Verlustquote innerhalb eines einzigen Tages hat die RAF während des gesamten Krieges nie wieder erlebt. Zudem bleiben alle Brücken passierbar, das heißt, der deutsche Durchbruch bei Sedan kann selbst mit diesem massierten Einsatz der alliierten Luftstreitkräfte nicht verhindert werden.

Französische Bomber Amiot 143. Mit diesen Maschinen fliegen die Franzosen ihre Nachtangriffe auf deutsche Truppenansammlungen

1940 Mai

General Maxime Weygand, Oberbefehlshaber der alliierten Truppen in Frankreich, und Leopold III., König von Belgien

Französische berittene Artillerie beim Stellungswechsel

Die französische 1. Panzerdivision der 9. Armee (Gen. Corap) erhält am Dienstag, dem 14. Mai 1940, den Befehl, einen Gegenstoß an der Maas durchzuführen. Sie sammelt sich zwar in den Bereitstellungen, kann ihren Auftrag jedoch nicht erfüllen, weil sie keinen Treibstoff mehr besitzt. Die Division wird vom deutschen XXXIX. Panzerkorps (GenLt. R. Schmidt) überrascht und aufgerieben. Ein Großteil der unbeweglichen Panzerwagen wird von den eigenen Besatzungen verbrannt.

Da die französische Führung nicht erkennt, daß der Schwerpunkt der deutschen Operation im Raum Sedan liegt, setzt sie ihre Panzerreserven gegen die nördlich Eben-Emaels vorgehende 6. Armee (GenOberst von Reichenau) an. Dabei wird die französische 1. Panzerdivision vom deutschen XV. Armeekorps zerschlagen.

Im Gegensatz zur 1. Panzerdivision kommt die französische 2. Panzerdivision gar nicht erst zum geschlossenen Einsatz. Schwere deutsche Luftangriffe fügen ihr empfindliche Verluste zu. Außerdem behindern die Flüchtlingskolonnen auf den Straßen ein schnelles Vorwärtskommen, so daß sie schließlich nur zersplittert ins Gefecht eintritt.

Die Entlastung der in Frankreich von den Deutschen arg bedrängten Bodentruppen gelingt weder den alliierten Bomberverbänden noch den unermüdlich fliegenden französischen Jägern. Sie haben immerhin in der Zeit vom 10. bis zum 15. Mai 1940 in 2000 Einsätzen 273 deutsche Flugzeuge abgeschossen.

Im Laufe des 17. Mai tritt Col. Charles de Gaulle, Kommandeur der französischen 4. Panzerdivision, nordöstlich von Laon bei Montcornet zu einem Gegenangriff an. Sein Verband ist jedoch nur dem Namen nach eine Division. Die neuaufgestellte Truppe besteht lediglich aus einem Bataillon schwerer Panzer, zwei Bataillonen mittlerer Panzer und einer Artilleriegruppe. Der Einheit fehlt es an motorisierter Infanterie, Panzerabwehrgeschützen und Flak. Immerhin gelingt der Division, einen Vorstoß von 30 Kilometern hinter die feindlichen Linien durchzuführen, Montcornet zu säubern sowie deutsche Fahrzeuge zu zerstören; und am Abend kann de Gaulle 120 Gefangene mit zurückbringen. Deutsche Stuka-Angriffe machen jedoch weitere Aktionen mit derart schwachen Kräften unmöglich. De Gaulle muß sich mit seinen Panzern zurückziehen, nachdem zwei weitere Vorstöße erfolglos geblieben sind und es nicht zu einer Begegnung mit deutschen Panzerverbänden gekommen ist.

Am Donnerstag, dem 16. Mai 1940, durchbrechen Verbände der Heeresgruppe B (GenOberst von Bock) die Dyle-Stellung in Westbelgien, wo zwei Tage zuvor die Verbände der französischen Heeresgruppe 1 (Gen. Billotte) Stellung bezogen haben.

Juni 1940

Der französische Präsident Albert Lebrun mit General Charles de Gaulle, Kommandeur der 4. Panzerdivision

General Hans Wolfgang Reinhard, Kommandeur der 35. Infanteriedivision

General Erich Hoepner, Kommandierender General des XVI. Armeekorps

Kampflos wird das zur offenen Stadt erklärte Brüssel am Freitag, dem 17. Mai 1940, von deutschen Truppen besetzt. Etwa zur gleichen Zeit erreichen Panzerkeile der Heeresgruppe A (GenOberst von Rundstedt) die Oise östlich von St. Quentin.

Gegen den Willen seiner Minister unterzeichnet der belgische König Leopold III. die Kapitulation seiner Armee und begibt sich in Gefangenschaft. Am gleichen Tag, dem 28. Mai 1940, flüchtet das Kabinett nach London und konstituiert sich dort als Exilregierung, die an der Seite Großbritanniens den Krieg weiterführt. Die Verluste der belgischen Armee: 7500 Tote und 15 800 Verwundete.

Am Montag, dem 20. Mai 1940, tritt in Frankreich an die Stelle des erfolglos operierenden alliierten Oberbefehlshabers General Gamelin der 73jährige General Weygand, bisher Oberbefehlshaber der in Syrien stehenden französischen Orient-Armee.

Am Nachmittag des 3. Juni 1940 beginnt nach Umgruppierung der deutschen Fliegerverbände das Unternehmen »Paula«, die Angriffe auf das französische Hinterland. Etwa 300 deutsche Kampfflugzeuge – nach französischen Quellen sogar 700 – bombardieren Flugplätze und Industrieanlagen im Raum Paris. Nach Angaben von Gen. Kesselring sollen bei diesem Überraschungsangriff über 100 französische Flugzeuge abgeschossen und die drei- bis vierfache Menge am Boden zerstört worden sein. Die französischen Quellen geben nach den Angriffen auf 13 Flugplätze im Raum Paris nur

Kurze Kampfpause: Eine Luxemburgerin hat Mitleid mit einem deutschen MG-Schützen

245

1940 Juni

Crailsheim bei Stuttgart: Ein Fieseler Fi 156 Storch der Gruppe »Förster«, die an dem Sonderunternehmen »Niwi« teilgenommen hat

Zwei Fieseler Fi 156 Störche kehren von einem Flug hinter den feindlichen Linien zurück, um die zweite Welle der Luftlandetruppen an den Einsatzort zu befördern

16 am Boden zerstörte und 47 beschädigte Maschinen als Verluste an. Ferner sollen 21 Fahrzeuge demoliert, sechs Startbahnen vorübergehend unbrauchbar und 32 Mann vom Bodenpersonal gefallen sein. Jedoch sind alle angegriffenen Luftstützpunkte innerhalb von zwei Tagen wieder instand gesetzt. Und die 22 Eisenbahnstationen können bereits am darauffolgenden Morgen wieder in Betrieb genommen werden. Von 15 Fabriken haben nur drei Werke größere Schäden davongetragen. Die französischen Jäger melden 26 Abschüsse bei nur 16 eigenen Verlusten.

Als gegen 13.30 Uhr französische Jäger aufsteigen, um sieben Junkers Ju 88 zu verfolgen, die gerade den Flugplatz von Étampes bombardiert haben, wird eine deutsche Maschine von einer Block 152 des GCI/3 abgeschossen. Die deutsche Besatzung kann sich mit dem Fallschirm retten und gerät in Gefangenschaft, darunter auch der Kommodore des Kampfgeschwaders 51 »Edelweiß«, Oberst Josef Kammhuber, der spätere Organisator und Befehlshaber der deutschen Nachtjagd.

Erfolgreiche Geheimunternehmen

Den operativ entscheidenden Vorstoß der Panzergruppe Kleist über die belgischen Ardennen bis zur Maas bei Sedan haben auf Hitlers Geheiß die beiden Geheimunternehmen »Niwi« und »Hedderich« einzuleiten:

Mai 1940

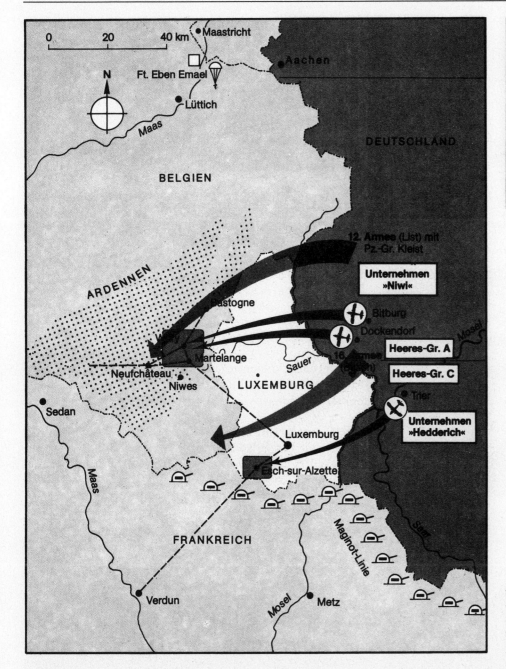

General Gerhard Graf von Sponeck, Kommandeur der 22. Infanteriedivision, der für den Lastenseglereinsatz im Westfeldzug verantwortlich ist

Die Karte veranschaulicht die Bedeutung der beiden Unternehmen »Niwi« und »Hedderich« für den ungehinderten Vorstoß deutscher Panzerverbände durch die Ardennen

Das 3. Bataillon (Oberstlt. Garski) des Elite-Infanterieregiments »Großdeutschland« und eine Pioniergruppe, insgesamt 400 Freiwillige, erhalten am Donnerstag, dem 9. Mai 1940, gegen 4.15 Uhr, den Alarmbefehl und werden auf die Feldflugplätze Bitburg und Dockendorf verlegt, die als Standorte für den Einsatz vorgesehen sind. Das Bataillon trifft dort etwa gleichzeitig mit der Gruppe »Förster« (Maj. Förster) um 19.00 Uhr ein. Für die Aktion des in zwei Gruppen (Abteilung Süd – Oberstlt. Garski; Abteilung Nord – Hptm. Krüger) geteilten Bataillons hat Maj. Förster aus den verschiedensten Einheiten Fieseler Störche zusammengezogen. Die skurrilen Verbindungsflugzeuge des Typs Fi 156 Storch dienen in der dadurch sonderbarsten Aktion des Kriegs mit einem Piloten als Transportmaschine für zwei Soldaten. In der letzten Einsatzbesprechung wird vereinbart, daß Stukas zur Unterstützung des Unternehmens zuvor die auf dem Anflugweg liegenden Bunker und Flakstellungen in der Nähe der Landeplätze bombardieren sollen. Die Abteilung Süd startet zum Überraschungsangriff mit 56, die Abteilung Nord mit 42 Fieseler Störchen.

Noch in der Nacht vom 9./10. Mai 1940 legen deutsche Flugzeuge Minensperren vor der belgischen und holländischen Küste.

Am Freitag, dem 10. Mai 1940, um 4.20 Uhr, starten die beiden zum Unternehmen »Niwi« gehörenden Gruppen mit 196 Soldaten der ersten Welle von Bitburg und Dockendorf aus. Ihr Ziel: die belgischen Städtchen Nives und Witry.

Pünktlich um 5.35 Uhr überfliegt Oberstleutnant Garski mit seinem Adjutanten die Grenze nach Luxemburg. Sie haben über Perl, dem belgischen Grenzort, Feuer er-

1940 Mai

René Jacques A. Prioux, Kommandierender General des französischen Kavalleriekorps

Raum Witry, Mai 1940: Einer der verunglückten Fieseler Störche des Geheimkommandos »Niwi«

wartet, doch es fällt kein Schuß. Als die belgischen Grenzbefestigungen hinter ihnen liegen, erreichen sie ein ausgedehntes Waldgebiet und sind in Sicherheit. Nach einem halbstündigem Flug landen sie zwischen Witry und dem kleinen Ort Traimont auf einer Wiese neben der Landstraße. Oberstleutnant Garski und sein Adjutant springen mit schußbereiter Maschinenpistole aus ihrem Flugzeug.

Jetzt setzen auch die anderen Störche zur Landung an. Vier Mann der Gruppe, die südlich der Straße niedergegangen ist, kommen im Laufschritt mit ihren beiden Maschinengewehren heran. Garski befiehlt, sofort die Straße zu sperren. Sie befinden sich jetzt bereits 60 Kilometer tief in Feindesland, und mit einer Verstärkung kann nicht vor 8.00 Uhr gerechnet werden.

Zwei Stunden später sehen die in zwei Wellen gelandeten Soldaten der Gruppe Garski und Krüger mit den Vorhuten des französischen 1.e Régiment Ardennais und des 5.e R. A. M. (Régiment d'Auto Mitrailleuses) in harten Kämpfen, die andauern, bis die Spitzen der deutschen 1. Panzerdivision (GenMaj. Kirchner) am nächsten Morgen auftauchen.

Während die Panzerverbände und motorisierten Infanteriedivisionen durch das nördliche Luxemburg und den Südzipfel Belgiens rollen, um die Maas-Stellung zwischen Givet und Sedan zu durchbrechen, wird die 16. Armee (Gen. d. Inf. Busch) zum Flankenschutz eingesetzt. Dabei soll die Panzergruppe Kleist mit drei Divisionen zwischen Rodingen und Schengen möglichst nah an die Maginot-Linie heranrücken, um die Südflanke des deutschen Stoßkeils abzuschirmen.

Mai 1940

»Die 16. Armee will mit Vorausabteilung ihre Südflanke selbst sichern. Führer wünscht aber auch hier Einsatz von Störchen, um einem eventuellen Vorstoß französischer Truppen aus der waffenstarrenden Maginot-Linie zuvorzukommen« – vermerkt GenOberst Halder in seinem Tagebuch. Dies Himmelfahrtskommando trägt den Namen des Oberlt. Hedderich. Mit 125 Soldaten hat er den Auftrag, östlich von Sedan, im Raum Neufchâteau/Martelange, zwischen den belgischen und französischen Truppen Verwirrung zu stiften und dann die wichtigsten Straßen bis zum Eintreffen der Panzerspitzen zu blockieren.

Überfall auf Luxemburg

Am 10. Mai 1940, gegen 4.35 Uhr, überfliegen 25 Störche die bereits an der luxemburgischen Grenze liegenden motorisierten deutschen Verbände. Bis Luxemburg-Stadt geht es entlang der Eisenbahnlinie, erst dann schwenken zwei Gruppen nach rechts, eine Gruppe bleibt auf dem Kurs geradeaus, und zwei Gruppen fliegen südwärts.

»Meine Herren, wir landen«, ruft auf einmal einer der Flugzeugführer. Dann drosselt er den Motor und setzt sanft – wie mit einem Fahrstuhl – auf. Noch während der Propeller läuft, werfen die Soldaten schnell ihre Ausrüstung durch die aufgeklappte Tür auf die morastige Wiese.

Mit dröhnendem Motor rollt der Fieseler Fi 156 Storch wieder zum Start. Plötzlich dreht sich das Flugzeug um die eigene Achse und legt sich auf den Rücken. Der Pilot kriecht aus der Kabine und vernichtet – streng nach Vorschrift – die Maschine, damit sie dem Feind nicht in die Hände fällt. Er wirft ein brennendes Stück Papier zwischen Flügel und Kabine. Die mit Leinwand bespannte und mit Nitrolack gespritzte Maschine, 150 Liter Benzin in den Tanks und mit einem brennbaren Leichtmetall-Elektron am Motor versehen, geht in Sekundenschnelle in Flammen auf.

Die zur Frühschicht radelnden Arbeiter in Limpach und Zolver beobachten die Landung der zweiten Gruppe. Sie sehen, wie schwerbewaffnete deutsche Soldaten ihre Stellungen beziehen, Bäume fällen, sie quer über die Fahrbahn schleppen und alle Autos anhalten. Trotz der Proteste der luxemburgischen Gendarmerie wird die Straße von den Deutschen hermetisch abgeriegelt.

Die 3. Kampfgruppe unter Lt. Oswald geht an einer Straßenkreuzung zwischen Esch und Steinbrücken nieder. Starker Personen- und Lastkraftwagenverkehr, dazu Omnibusse und unzählige Radfahrer, rollen die Straße entlang. Währenddessen versuchen die gelandeten Soldaten, Straßensperren durch Minen zu verstärken und die Waffen in Stellung zu bringen. Die neugierigen Bewohner stehen nun zu Hunderten herum. Erst durch einige MP-Schüsse gelingt es, sie zu verjagen.

Um 6.45 Uhr wird Lt. Oswald von einem luxemburgischen Gendarm angesprochen, der wissen will, was hier getrieben wird. Im Namen seiner Regierung erklärt der Gendarm, Oswald befände sich auf neutralem Boden, und fordert ihn auf, unverzüglich das Land zu verlassen. Er lege »stärksten Protest« gegen die unbefugte Besetzung ein.

Um 7.00 Uhr landet die zweite Welle. Mehrere Männer mit entsprechender Bewaffnung, vor allem Minen, entsteigen den Fieseler Störchen. Lt. Oswald teilt sie ein und läßt die Stellungen weiter ausbauen. Der Feind reagiert immer noch nicht. Dann ist plötzlich Lärm von der rückwärtigen Stellung zu hören. Ein verstärkter Kradzug, das Jagdkommando unter Hptm. Bredl, ist nach zweistündiger Fahrt durch Luxemburg eingetroffen. In der Nähe von Esch gehen zur selben Zeit zwei Fieseler Störche direkt neben drei erstaunten Luxemburger Gendarmen nieder. Als sie merken, daß sie auf dem falschen Landeplatz sind, steigt einer der Störche sofort wieder auf und entfernt sich, der zweite kommt jedoch nicht weit. Beim Start gerät er auf der hügeligen Wiese gegen eine kleine Bodenerhebung und bricht sich den Propeller ab.

Eine 4. Kampfgruppe geht mit ihren Störchen südlich von Bettemburg, nahe dem großen Eisenbahnknotenpunkt, nieder. Die erste Maschine landet gegen 5.00 Uhr genau neben der Molkerei Celula. Sie bricht sich dabei das Fahrgestell ab. Nachdem der Pilot den beschädigten Storch in Brand gesteckt hat, sperren zwei Soldaten die Straße ab, der dritte postiert sich mit seinem MG trotz der Einwände von luxemburgischen Gendarmen auf dem Flachdach der Molkerei.

Oberleutnant Werner Hedderich nach Beendigung des Unternehmens, das maßgebend an den Erfolgen der Panzergruppe Kleist in den ersten Stunden des Feldzuges beteiligt ist

1940 Mai

In den nächsten zwei Stunden bringen Fieseler Störche weitere Soldaten heran. Wie an allen Einsatzorten werden auch hier die Ausgangsstraßen nach Frankreich hermetisch abgeriegelt.

Gegen 8.00 Uhr trifft motorisierte Infanterie zur Verstärkung des Voraustrupps ein.

Die 5. Kampfgruppe Hedderich landet unter Lt. Lauer in Haux, dicht am luxemburgisch-französischen Grenzübergang. Ihre Aufgabe: die wichtige Verbindungsstraße Luxemburg–Diedenhofen zu sichern und den starken französischen Stützpunkt der Maginot-Linie bei Zoufftgen niederzuhalten. Der kleine Trupp errichtet sofort eine Straßensperre aus gefällten Bäumen. Ein Teil der Deutschen erreicht zwischen 6.00 und 7.00 Uhr die Ortschaft Frisingen und erobert einige der Befestigungsanlagen im Vorfeld der Maginot-Linie.

Um 8.30 Uhr dringen französische Verbände in Luxemburg ein. Berittene Kolonialeinheiten und französische Kradschützen erreichen bei Differdingen und Oberkorn das Flußtal.

Die Gruppe Hedderich stößt auf algerische berittene Kolonialtruppen, und zwar auf das 6. Spahi-Regiment (Col. Jouffrault). Der zähe Kampf mit den Kavalleristen dauert an, bis die Verbände der 16. Armee (Gen. d. Inf. Busch) endlich eintreffen.

Die Trümmer der Maschinen Fieseler Fi 156 markieren die Schauplätze der ersten und einzigen Masseneinsätze von Fieseler Störchen. Während der beiden Unternehmen gehen 22 Maschinen verloren: die meisten durch Bruchlandungen oder beim Start auf morastigen Wiesen, alle beschädigten Maschinen werden von den Flugzeugführern in Brand gesteckt. Zwei Piloten sind gefallen, einige andere werden vermißt.

Bereits am 10. 5. 1940 löst Winston Churchill, Erster Lord der Admiralität, Chamberlain als Premierminister ab

Rotterdam zerstört, Holland kapituliert

Um 12.00 Uhr des 14. Mai 1940 fordert Oberstlt. von Choltitz den Stadtkommandanten von Rotterdam, Oberst Scharroo, zur unverzüglichen Übergabe der Stadt auf. Oberst Scharroo lehnt jedoch das deutsche Ultimatum ab.

Für einen Bombenangriff auf Rotterdam »nach Plan« sind 100 Heinkel He 111 vom Kampfgeschwader 54 (Oberst Lackner) vorgesehen. Während des Anfluges der um 13.25 Uhr in zwei Kampfformationen von Delmenhorst, Hoya/Weser und Quakenbrück gestarteten Bomber beginnen die Übergabeverhandlungen. Das Geschwader, dessen Angriffszeit auf 15.00 Uhr festgesetzt ist, erhält den Befehl, unverzüglich zurückzukehren.

Während 43 Flugzeuge des Geschwaders den Rückflug antreten, werfen die übrigen 57 Maschinen 97 Tonnen Sprengbomben über Rotterdam ab. Dabei wird gleich von den ersten Bomben das Hauptwasserrohr zerstört. Schwere Treffer auf eine Margarinefabrik lassen Ströme brennenden Öls durch die Straßen der Stadt fließen. Bei der Zerstörung der Rotterdamer Innenstadt kommen über 900 Menschen ums Leben.

Es ist nicht verwunderlich, daß die alliierte Kriegspropaganda nach den schweren deutschen Angriffen auf Warschau im September 1939 in der Vernichtung der Rotterdamer Altstadt einen neuen Beweis für den rigorosen Einsatz der Luftwaffe sieht, um die gegnerische Kampfmoral zu brechen. So führt das Bombardement auf Rotterdam zur weiteren Eskalation des Luftkrieges, und Churchill hebt nun das Verbot einer Bombardierung deutscher Städte auf.

Der niederländische Oberbefehlshaber, Gen. Winkelmann, bietet am Mittwoch, dem 15. Mai 1940, obwohl die Hauptfront noch Widerstand leistet, der deutschen Führung die Kapitulation seiner Streitkräfte an. Drei Tage später wird Arthur Seyß-Inquart von Hitler als »Reichskommissar für die Niederlande« eingesetzt.

Die niederländischen Verluste seit dem 10. Mai 1940 belaufen sich auf 2890 Tote, 6899 Verwundete und 29 Vermißte. In London bildet Königin Wilhelmina ein Exilkabinett, das – gestützt auf den niederländischen Kolonialbesitz – an der Seite Englands weiterkämpft.

Mai 1940

Arthur Seyß-Inquart, der zum Reichskommissar in den Niederlanden ernannt wird, und General Sir Edward Spears, einer der Berater von Churchill im Sommer 1940

Die Kampfflugzeuge vom Typ Heinkel He 111 werfen 97 Tonnen Sprengbomben über Rotterdam ab. Nach dem Angriff, bei dem über 900 Menschen den Tod finden, bietet das Zentrum der Hafenstadt ein Bild der Zerstörung

1940 Mai

Französische Soldaten warten auf den Abtransport in ein Sammellager für Kriegsgefangene

Die Operation »Dynamo«

Am Sonntag, dem 19. Mai, treffen deutsche Panzerspitzen der 6. Armee (Gen-Oberst von Reichenau) an der Schelde ein, und das zur Panzergruppe Kleist gehörende XIX. Armeekorps (Gen. d. Pz.Tr. Guderian) besetzt Abbéville an der Somme-Mündung am 20. Mai. Mit diesem Vorstoß haben die Panzer von Gen. Guderian die 90 Kilometer vom Canal du Nord bis nach Abbéville an der Kanalküste innerhalb von 24 Stunden zurückgelegt, die bisher weiträumigste Tagesleistung eines deutschen Panzerverbandes im Westfeldzug.

Unter diesen Umständen sieht sich Lord Gort, der Befehlshaber des britischen Expeditionskorps, noch am 19. Mai um 16.30 Uhr, d.h. am zehnten Tag des deutschen Angriffs im Westen, veranlaßt, dem Kriegskabinett in London mitzuteilen, daß er die Möglichkeit eines Rückzuges über Dünkirchen plane, »wenn er dazu gezwungen würde«.

Wenige Stunden darauf erhält der Kommandant des Seebereichs Dover, Adm. Sir Bertram Ramsay, von der britischen Admiralität den Auftrag, alle Vorbereitungen für eine etwaige Evakuierung der englischen Truppen aus Frankreich zu treffen. Zur Vorbereitung der Operation unter dem Decknamen »Dynamo« läßt Ramsay eine größere Anzahl von Fährbooten, Marinebooten und kleineren Küstenschiffen zusammenziehen.

Am Dienstag, dem 21. Mai 1940, macht Großadm. Raeder Hitler darauf aufmerksam, daß die Kriegsmarine nicht in der Lage ist, unmittelbar nachdem das Heer die Kanalküste erreicht habe, eine Invasion der Britischen Insel vorzunehmen, da die großen Verluste der Seestreitkräfte beim Unternehmen »Weserübung« es unmöglich machen, kurzfristig eine so schwierige Aufgabe zu übernehmen. Erst vier Wochen später hat Raeder abermals die Möglichkeit, mit Hitler über eine etwaige Landung in England zu sprechen.

Die Rückschläge der Alliierten setzen sich am 21. Mai 1940 fort mit dem gescheiterten Versuch britischer Divisionen, die deutsche Umfassung zu durchbrechen, und der Gefangennahme des Gen. Giraud, des Oberbefehlshabers der französischen 7. Armee.

Am Mittwoch, dem 22. Mai 1940 erläßt Gen. Weygand als neuer alliierter Oberbefehlshaber den Befehl, durch Angriffe über die Somme nach Norden und aus dem Einschließungsring heraus nach Süden die Verbindung der alliierten Kräfte wiederherzustellen. So kommt es im Raum Arras zu einer heftigen Panzerschlacht zwischen deutschen, französischen und britischen Panzerverbänden. Hier treffen die deutschen Panzer zum erstenmal auf harten Widerstand und müssen durch die überlegene Armierung der britischen Panzer beträchtliche Verluste hinnehmen. Es zeigt sich, daß die deutsche Panzerabwehr zur Bekämpfung der schweren britischen Kampfwagen zu schwach ist. Da die Panzerkämpfe bei Arras zweieinhalb Tage andauern, gelingt es vier englischen Divisionen und einem Teil der französischen 1. Armee (Gen. Blanchard), sich bis zur Kanalküste nach Dünkirchen zurück-

Mai 1940

Am 27. 5. 1940 beginnt in Dünkirchen die Operation »Dynamo«, die Einschiffung des britischen Expeditionskorps und dessen Rückführung nach England

Bereits am 29. 5. 1940 können aus Dünkirchen 47310 britische und französische Soldaten über den Kanal nach England gebracht werden

1940 Mai

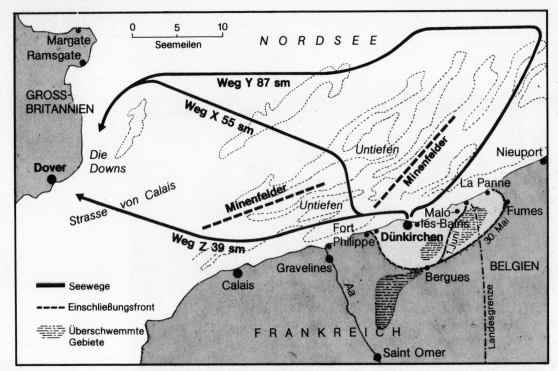

Die drei Evakuierungs-Routen aus Dünkirchen über den Kanal: Die längste, und zwar die nördliche Route erweist sich als die sicherste

zuziehen. Aber während die Luftwaffe Bombenangriffe auf die Kanalhäfen Ostende, Dünkirchen, Calais, Boulogne und Dieppe fliegt, sieht sich die RAF gezwungen, ihre letzte Basis in Frankreich, den Flugplatz von Merville, zu räumen.

Am Donnerstag, dem 23. Mai 1940, stehen die deutschen Panzerspitzen bereits bei Gravelines und näher bei Dünkirchen als die Engländer, die noch bei Lille und Arras kämpfen. GFM Göring: »Mein Führer, überlassen Sie die Zerschlagung des bei Dünkirchen eingekesselten Feindes mir und meiner Luftwaffe!«

Hitler, der aufgrund seiner Erinnerungen an den Ersten Weltkrieg der Meinung ist, das Gelände in Flandern eigne sich nicht für Panzeraktionen, und der die Panzer für die zweite Phase des Frankreichfeldzuges schonen will, verläßt sich auf Görings Versprechen.

Am Freitag, dem 24. Mai 1940, folgt Hitler dem Vorschlag von GenOberst von Rundstedt und erläßt einen strikten »Halt-Befehl« für die kurz vor Dünkirchen stehenden deutschen Panzerverbände. Dieses persönliche Eingreifen Hitlers in die Führung einer Schlacht stößt bei den Generälen auf Unverständnis. So werden die Panzereinheiten zweieinhalb Tage lang an der Linie Gravelines–Douai festgehalten, ohne daß die von Göring zugesagte Operation erfolgt; denn in den entscheidenden drei Tagen sind die Startplätze der Bomber durch Nebel blockiert, und außerdem sind sie – wie sich herausstellt – zu weit von Dünkirchen entfernt.

Am Sonntag, dem 26. Mai 1940, wird zwar den Panzerverbänden der Heeresgruppe A das Wiederantreten über die Kanallinie freigegeben, doch ist ein Angriff auf Dünkirchen nicht vorgesehen. Es soll lediglich durch Bombenangriffe und Artilleriebeschuß bekämpft werden. In der von Truppen überfüllten Stadt und dem Hafen werden die letzten Vorbereitungen für die am nächsten Tag anlaufende Operation »Dynamo«, die Einschiffung des britischen Expeditionskorps nach England, getroffen. Mit ihr soll am Montag, dem 27. Mai 1940, begonnen werden. In den Abendstunden setzt sich in den britischen Kanalhäfen eine buntgemischte Armada von Fischerbooten, Themseschleppern, Jachten, Barken, Leichtern, Ausflugsdampfern und Rettungsbooten in Richtung Dünkirchen in Bewegung.

Am ersten Tag der Operation »Dynamo« (27. Mai) werden über den Kanal nach England 7669 Soldaten geschafft. Das erste in Dünkirchen anlegende Schiff ist der Dampfer »Monas Isle«, das beim Auslaufen von den deutschen Batterien in Gravelines unter Beschuß genommen wird, so daß an Bord 100 Tote zu beklagen sind. Am zweiten Tag entkommen 17 804 Alliierte.

Am Mittwoch, dem 29. Mai 1940, werden aus Dünkirchen weitere 47 310 alliierte Soldaten evakuiert. Für diese Operation hat die britische Admiralität einen Kreuzer, acht Zerstörer und 26 weitere Schiffe zur Verfügung gestellt. Bei Tag werden der Hafen und Strand von Dünkirchen aber so stark bombardiert, daß die Evakuierung nur noch nachts erfolgen kann. Von 45 Truppentransportern werden acht versenkt und neun total zerstört. Die größten Verluste erleiden die kleinen Motorboote mit ihren Besatzungen, die sich meistens aus zivilen Freiwilligen rekrutieren. Das deutsche Artilleriefeuer aus Calais verhindert die Benutzung des kürzesten Weges nach Dover. So bleibt nur der Seeweg nach Osten und Norden entlang der Minenfelder, wo deutsche Segelboote patrouillieren.

Trotz Aufopferung der Royal Navy ist die Evakuierung von Dünkirchen letzten Endes eine militärische Niederlage Großbritanniens: Es wird zweifellos eine große Zahl an Soldaten evakuiert, die jedoch ohne Bewaffnung und

Juni 1940

Die Strandpromenade in St. Malo-les-Bain bei Dünkirchen: Die zurückgelassenen Fahrzeuge des britischen Expeditionskorps

Ausrüstung kaum einen militärischen Wert darstellen, denn sie müssen sogar ihre Handfeuerwaffen auf dem Festland zurücklassen. Psychologisch ist die Rettung der Menschenleben ein Gewinn; und es gibt auch auf deutscher Seite die Vermutung, die Geretteten würden als erfahrene Gegner wieder auftreten.

Das Wunder von Dünkirchen

Am vierten Tag der Operation »Dynamo«, dem 30. Mai 1940, stehen in Dünkirchen 860 Schiffe verschiedener Art für die Evakuierung zur Verfügung. Die 300 startbereit stehenden deutschen Bomber können an diesem Tag den Schiffsverkehr nicht behindern, weil die dichte, tiefhängende Bewölkung Angriffsflüge auf Dünkirchen unmöglich macht. Am dritten Tag werden 53 823 Mann evakuiert.

Am Freitag, dem 31. Mai 1940, werden bei weiterhin ruhiger See 68 014 alliierte Soldaten evakuiert. Den ganzen Tag über fahren kleine Boote im Pendelverkehr zwischen der Küste und den weiter draußen liegenden Schiffen.

Ungeachtet der deutschen Bomber werden die Männer vom Strand abgeholt oder aus dem Wasser gezogen. Entscheidend ist jetzt die örtliche Luftüberlegenheit der Engländer, die sie mit den erstmalig eingesetzten britischen Spitfire-Jägern über Dünkirchen erringen können. Die Kriegsmarine greift weder mit Überwasserschiffen noch mit U-Booten in den unmittelbaren Evakuierungsvorgang ein.

An diesem Tag erreicht die Operation »Dynamo« in Dünkirchen ihren Höhepunkt. Durch RAF-Jäger gesichert, aber auf dem Land unter deutschem Artilleriebeschuß und heftigen Luftangriffen werden die Soldaten vom Strand abgeholt. Bis Mitternacht erreichen 64 429 Angehörige der alliierten Truppen die südenglischen Häfen.

Während die Operation »Dynamo« kurz vor dem Ende steht, warten in Westfrankreich weitere französische, britische sowie tschechische und polnische Truppen auf ihren Abtransport vor den schnellen deutschen Verbänden. Diesmal sind jedoch die Bedingungen für eine Evakuierung völlig anders: Die langen Seewege von den französischen Atlantikhäfen nach England gestatten es nicht, kleine Boote zu benutzen, die in Dünkirchen so hilfreich sind. Die Anzahl der zur Verfügung stehenden Truppentransporter ist unzureichend. Hinzu kommt die Gefahr durch sieben deutsche U-Boote, die auf dieser Route im Einsatz sind. Im nachhinein erscheint es kaum verständlich, daß sie keinen Erfolg erzielen.

Etwa 4000 britische Soldaten mit sieben Flak und 12 Pak sind am 2. Juni 1940 zusammen mit stärkeren französischen Einheiten die letzten Verteidiger dieses Brückenkopfes.

In der Nacht vom 2./3. Juni 1940 treffen vor Dünkirchen elf Torpedoboote, 13 Postdampfer, fünf Raddampfer und eine Vielzahl von kleinen Schiffen und Schleppern ein, die zahlreiche kleine Boote im Schlepptau haben, dazu beteiligen sich 100 französische Fischkutter und einige Kriegsschiffe an der Aktion. Insgesamt werden in dieser Nacht 26 256 Soldaten aus Dünkirchen herausgeholt.

Am Dienstag, dem 4. Juni 1940, findet das bisher ohne Beispiel in der modernen Kriegführung stehende Unter-

1940 Juni

nehmen »Dynamo« seinen endgültigen Abschluß. Mit 848 Schiffen aller Größen sind insgesamt 338 226 alliierte Soldaten aus Dünkirchen evakuiert worden, darunter 112 000 Franzosen. 85 Prozent des britischen Expeditionskorps ist gerettet worden, wenn auch unter Zurücklassung fast der gesamten Ausrüstung. Nur ein ganz kleiner Teil des Materials konnte nach England zurückgebracht werden: von rund 700 Panzern nur 13 leichte und 9 Cruiser-Panzer, von 2794 Geschützen 322, von 68 618 Fahrzeugen 4739, von 21 081 Motorrädern 533 und von 499 000 Tonnen Versorgungsgütern lediglich 33 060. 63 Schiffe und neun Zerstörer sind bei der Operation meist durch Luftangriffe verlorengegangen.

Mit der Abfahrt des letzten britischen Evakuierungsschiffes, des Zerstörers »Shikari« mit 338 Soldaten, am 4. Juni 1940 und dem Erscheinen der deutschen Soldaten an den Stränden ist die »Schlacht in Flandern« beendet.

In der Nacht vom 4./5. Juni 1940 erteilt Hitler den Befehl, zur Feier der Beendigung »der größten Schlacht der Weltgeschichte« im ganzen Deutschen Reich drei Tage lang alle Kirchenglocken läuten zu lassen.

Zweite Phase: »Fall Rot«

Die »Schlacht um Frankreich«, die zweite Phase des Westfeldzuges (»Fall Rot«), beginnt am Mittwoch, dem 5. Juni 1940, morgens um 5.00 Uhr. Träger des Angriffs gegen die an der Somme und der unteren Aisne improvisiert errichteten und von 49 französischen Divisionen verteidigten »Weygand-Linie« ist die Heeresgruppe B (GenOberst von Bock). Zu ihr gehören: die 4. Armee (GenOberst von Kluge), die 6. Armee (GenOberst von Reichenau), die 9. Armee (Gen. d. Inf. Strauß) sowie die Panzergruppe Kleist und die 18. Armee (GenOberst von Küchler). Unterstützung leistet die 2. Luftflotte (Gen. d. Fl. Kesselring). Auf französischer Seite stehen gegenüber: die Heeresgruppe 3 (Gen. Besson) mit der 6. Armee (Gen. Touchon), der 7. Armee (Gen. Giraud) und der 10. Armee (Gen. Altmeyer).

Deutsche Infanterie bei ihrem Angriff auf die improvisierten Verteidigungsanlagen der »Weygand-Linie«

Die deutsche Presse kündigt die neue Phase des Westfeldzuges an

Juni 1940

Deutsche Panzer unterstützen das Vorgehen der Infanterie

Die Einsätze der französischen Bomberverbände erreichen an diesem Tag Rekordhöhe. 77 Maschinen fliegen fast ausschließlich im nördlichen Frontabschnitt rollende Angriffe gegen deutsche Panzerspitzen und motorisierte Kolonnen. Bei einem der Luftkämpfe über Compiègne wird von Unterleutnant Pomier-Layragues vom GC II/7 eine Messerschmitt Me 109 Bf abgeschossen. Der Pilot: Hptm. Werner Mölders, einer der bekanntesten deutschen Jagdflieger. Mölders kann sich durch Fallschirmabsprung retten. Bei seiner Gefangennahme durch einen französischen Artilleristen äußert er den Wunsch, seinen Gegner persönlich kennenzulernen. Doch dazu soll es nicht mehr kommen, da Unterleutnant Pomier-Layragues im weiteren Luftkampf mit vier deutschen Jägern Me 109, von denen er zuvor noch einen abschießt, ums Leben kommt.

Gen. Vuillemin, Oberbefehlshaber der französischen Luftstreitkräfte, bittet die britische Regierung erneut, ihm unverzüglich zehn Jagdstaffeln und baldmöglichst weitere zehn zur Verfügung zu stellen. Da diese Forderung die Hälfte aller der RAF noch übriggebliebenen Jäger umfaßt, lehnt Churchill sie noch am gleichen Abend als »völlig untragbar« ab.

Während in Frankreich die Heeresgruppe B (GenOberst von Bock) die Marne und untere Seine erreicht, beginnt nun auch die Heeresgruppe A (GenOberst von Rundstedt) mit der 2. Armee (Gen. d. Kav. Frhr. von Weichs), der 12. Armee (GenOberst List), der 16. Armee (Gen. d. Inf. Busch) und der Panzergruppe Guderian ihren Vormarsch von der Maas und oberen Seine in Richtung Südosten. Luftunterstützung übernimmt die Luftflotte 3 (Gen. d. Fl. Sperrle).

Gegen Mittag des 9. Juni erhält die 6. Infanteriedivision (GenLt. Frhr. von Biegelleben) den Befehl, einen Handstreich auf die Brücke der Seine bei Les Andelys durchzuführen. Die Spitzen der motorisierten Vorausabteilung (Maj. Allert) und der verstärkten Aufklärungsab-

General Adolf Strauß, Oberbefehlshaber der 9. Armee, und General Maximilian Freiherr von Weichs, Oberbefehlshaber der 2. Armee

Hauptmann Werner Mölders, einer der erfolgreichsten deutschen Jagdflieger

1940 Juni

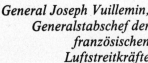

In Saint-Valéry, einem Hafen an der Kanalküste, kapituliert am 12. 6. 1940 die britische 51. (Highland-)Division vor General Rommel. Rechts der Kommandeur, Major General Victor Fortune

General Joseph Vuillemin, Generalstabschef der französischen Luftstreitkräfte

Der Labour-Politiker Sir Stafford Cripps, der spätere britische Minister für die Flugzeugindustrie

teilung 6 (Maj. Machholz) stehen gegen 12.00 Uhr nur noch 10 Kilometer von der Seine entfernt. Mit der Bildung eines Brückenkopfes wird die Reiterschwadron der Aufklärungsabteilung (Oberlt. Frhr. von Boeselager) beauftragt. Nach einem kurzen Gefecht fliegt die Brücke mit riesigem Getöse in die Luft. Französische Pioniere haben für ihre rechtzeitige Sprengung gesorgt.

Zur Erkundung der Lage am Seineufer unternimmt Oberlt. von Boeselager mit zwei Soldaten einen Spähtrupp. Dabei stellt er fest, daß das Flußufer einige hundert Meter weiter nördlich feindfrei zu sein scheint. Mit 12 ausgesuchten Soldaten seiner Schwadron überquert er schwimmend die Seine, während der Rest seiner Reiter am Hang der Uferböschung in Stellung geht, um für Feuerschutz zu sorgen.

Als die Pferde unter den Hufen keinen Halt mehr finden, sitzen die Reiter ab und durchschwimmen neben ihren Tieren die reißende kalte Seine, bis der Fluß wieder flacher wird.

In diesem Augenblick schlagen dem deutschen Erkundungstrupp einzelne Gewehrschüsse französischer Posten entgegen, die von den am anderen Seineufer zurückgebliebenen Männern der Schwadron mit Gewehrsalven beantwortet werden. Als die Pferde wieder Boden unter den Füßen gewinnen, sitzen die Reiter unverzüglich auf und galoppieren den Steilhang hinauf und gehen oben in Stellung. Nach der Bildung eines kleinen Brückenkopfes können die weiteren Soldaten in Schlauchbooten übersetzen.

So hat die 6. Infanteriedivision als erster und einziger deutscher Verband schon am Nachmittag des 9. Juni die

Juni 1940

Seine überquert. Und den Franzosen wird damit die Möglichkeit genommen, eine Verteidigung an der operativ wichtigen Flußlinie zum Halten von Paris aufzubauen.

Unterdessen beginnt wegen der kürzeren Entfernung und weniger gefahrvollen Überfahrt nach Südengland in Le Havre und dem kleinen Fischerhafen Saint-Valery die Evakuierung der alliierten Truppen von der Atlantikküste. Zu spät eintreffende Evakuierungsbefehle und plötzlich einsetzender Nebel verhindern jedoch die Beendigung dieser Operation; so geraten 6000 Soldaten in Gefangenschaft.

Nach dem Fehlschlag in Le Havre werden in den darauffolgenden Tagen die Truppen in Cherbourg, Saint-Malo, Brest, Saint-Nazaire und La Pallice eingeschifft. Immerhin gelingt es, aus den französischen Häfen an der Atlantikküste mit verhältnismäßig geringen Verlusten insgesamt 191870 Soldaten, darunter 144171 Engländer, 24352 Polen, 18246 Franzosen und 4938 Tschechen, dazu etwa 50000 Zivilisten, nach Großbritannien zu transportieren.

Während des Rückzuges versenken einige französische Besatzungen ihre Schiffe, darunter die vier U-Boote »Achille«, »Pasteur«, »Quessant« und »Agosta« sowie den Zerstörer »Cyclone«.

Im Gegensatz zur Operation »Dynamo«, der Evakuierung alliierter Truppen aus Dünkirchen, verläuft die Operation aus den atlantischen Häfen reibungslos. Die Luftwaffe setzt zur Bekämpfung nur eine geringe Anzahl von Flugzeugen ein, und die Kriegsmarine entwickelt kaum Aktivitäten. Auf die Erfolge in Innerfrankreich konzentriert, schenken die deutschen Befehlshaber den Vorgängen an der Atlantikküste nur geringe Beachtung.

Am Freitag, dem 14. Juni 1940, erfolgt die kampflose Besetzung der französischen Hauptstadt durch die zur 18. Armee (Gen. d. Art. von Küchler) gehörende 87. Infanteriedivision (GenMaj. von Studnitz), nachdem bereits am Vortag die französische 7. Armee (Gen. Frère) Paris geräumt hat.

Am gleichen Tag beginnt die Heeresgruppe C (GenOberst Ritter von Leeb) mit der 1. Armee (GenOberst von Witzleben) und der 7. Armee (Gen. d. Art. Dollmann), unterstützt durch die Luftflotte 3 (Gen. d. Fl. Sperrle), ihre Offensive gegen die Maginot-Linie südlich von Saarbrücken. Nach stärkster Artillerievorbereitung durch 229 Batterien aller Kaliber und Angriffen von 25 Stuka- und Bomberstaffeln gelingt es der 1. Armee, die Maginot-Linie frontal zu durchbrechen.

Eine Kolonne französischer Soldaten zieht auf dem Weg in die Gefangenschaft durch ein Städtchen nördlich von Paris

1940 Juni

Ein schwerer deutscher Mörser in Feuerstellung

Der Fund von La Charité

Am Sonntag, dem 16. Juni 1940, überquert die deutsche 1. Armee (GenOberst von Witzleben) bei Colmar den Rhein.

Im Laufe des Nachmittags wird das französische Städtchen La Charité-sur-Loire von Einheiten der zur Panzergruppe Kleist gehörenden 9. Panzerdivision (GenMaj. Ritter von Hubicki) eingenommen. Durch die Zerstörung der Loire-Brücken hat sich ein fast 25 Kilometer langer Stau von Transportzügen ergeben, der von La Charité bis nach Mesves-sur-Loire reicht. Bei einem Streifzug durch das Bahnhofsgelände von La Charité macht Oberfunkmeister Balzereit, Führer eines Regimentsnachrichtenzuges, in einem Militärtransportwagen einen interessanten Fund: ganze Stapel von Geheimakten des französischen Generalstabes.

Auch wird der Gefr. Kranzer, Angehöriger einer benachbarten Division, fündig: Es stellt sich heraus, daß den Deutschen hier Schriftstücke aus dem Geheimarchiv des französischen Hauptquartiers und der Section Interalliée du Cabinet du Général Gamelin in die Hände gefallen sind. Darunter sämtliche Protokolle der Geheimbesprechungen zwischen den alliierten Befehlshabern sowie Pläne und Karten der seit dem finnisch-sowjetischen Winterkrieg geplanten alliierten Kaukasus-Operation mit britischen Luftaufnahmen von Baku und Batum.

Die deutsche Führung läßt Kopien dieser Pläne und Fotos nach Moskau gelangen. Das Mißtrauen, das Stalin bis zuletzt Churchill gegenüber erfüllte, ist unter diesem Aspekt kaum verwunderlich. Das Zugeständnis des als Sonderbotschafter nach Moskau entsandten britischen Labour-Politikers Stafford Cripps, die UdSSR habe den Anspruch auf Sonderrechte im Balkanraum, bleibt ohne die erwartete Resonanz einer britisch-sowjetischen Zusammenarbeit.

Dem französischen Aviso »La Curieuse« gelingt es am 16. Juni vor Oran, das italienische U-Boot »Provana« (KorvKpt. Botta) zum Auftauchen zu zwingen und es durch Rammstoß zu versenken. Es ist das erste von den französischen Seestreitkräften versenkte italienische U-Boot.

Der in seinen Konsequenzen vieldeutige britische Vorschlag zur Bildung einer anglo-französischen Union mit einer gemeinsamen Regierung, gleicher Staatsangehörigkeit und einer Streitmacht findet im französischen Kabinett Reynaud keine Mehrheit. Reynaud demissioniert. Das Amt des Ministerpräsidenten übernimmt Marschall Pétain, Kriegsminister wird Gen. Weygand mit dem Unterstaatssekretär Charles de Gaulle. Noch an diesem Abend beginnt in Bordeaux die neue französische Regierung ihre Tätigkeit. Um 23.00 Uhr findet die erste Sitzung des Kabinetts statt. Sie dauert nur 15 Minuten. Ohne Diskussion wird der Antrag angenommen, mit den Deutschen Waffenstillstandsgespräche zu führen. In der gleichen Nacht bittet Marschall Pétain, ihm die Bedingungen für eine Kapitulation zu übermitteln.

Juni 1940

Auf einer Landstraße bei Tours an der Loire: Links eine deutsche Einheit auf dem Weg in neue Stellungen, rechts französische Soldaten auf dem Weg in die Gefangenschaft

Am Montag, dem 17. Juni 1940, erreicht das zur Panzergruppe Guderian gehörende XXXIX. Armeekorps (Gen. d. Pz.Tr. Schmidt) bei Pontarlier die Schweizer Grenze. Zwei Panzerdivisionen des XXXIX. Korps haben einen Tag zuvor eine 90-Grad-Drehung in nordöstlicher Richtung unternommen. Der in breiter Front durch die Panzergruppe Guderian erzielte Vorstoß ins Elsaß endet mit der größten Einkesselung des gesamten Westfeldzuges. Durch das Vorrücken der 7. Armee (Gen. d. Art. Dollmann) von Osten her gelingt es, über 400 000 französische Soldaten, einschließlich der gesamten Besatzung der Maginot-Linie, gefangenzunehmen.

Unterdessen spricht der britische Gesandte Campbell gegenüber Marschall Pétain den Wunsch Englands aus, die französische Flotte in britische Häfen einlaufen zu lassen. Marschall Pétain: »Es ist zu spät.« Er teilt mit, daß er sich an die deutsche Führung gewandt habe, um die Voraussetzungen für die Beendigung der Kämpfe zu erfahren. Die Verhandlungen würden in hohem Maße erschwert, wenn die französischen Flotteneinheiten aus Übersee nach England auslaufen. Noch am gleichen Tag erklärt Pétain in einer Rundfunkansprache der Bevölkerung, Frankreich sei gezwungen, den Kampf aufzugeben.

Während an der Biskayaküste die alliierte Evakuierungsoperation »Aerial« auf Hochtouren läuft, wird im Hafen von St. Nazaire der britische Truppentransporter »Lancastria« (16 243 BRT) von der Luftwaffe durch Bomben versenkt. Da Schwimmwesten fehlen, ertrinken von den an Bord befindlichen 5300 alliierten Soldaten etwa 3000. Churchill verbietet der Presse, darüber zu be-

Paul Reynaud, französischer Ministerpräsident *Marschall Philippe Pétain*

1940 Juni

richten, weil er der Meinung ist, die Zeitungen hätten genug Katastrophen zu melden. Erst Jahre später wird dieses Desaster öffentlich bekannt.

Insgesamt werden jedoch bei den Evakuierungsoperationen »Cycle« (französische Nordküste) und »Aerial« (Biskayaküste) fast 192 000 alliierte Soldaten nach Großbritannien in Sicherheit gebracht: 144 171 Engländer, 18 246 Franzosen, 24 352 Polen, 4938 Tschechen und 163 Belgier. Zusammen mit den bei der Evakuierungsoperation »Dynamo« aus Dünkirchen über den Kanal beförderten Truppen stehen jetzt über 500 000 Soldaten für den weiteren Kampf gegen die Achsenmächte auf englischem Boden bereit.

Die Gesamtverluste des britischen Expeditionskorps: 68 111 Mann des Heeres und 1526 Mann der Royal Air Force. Die Evakuierungsaktionen an der französischen Nordküste und im Bereich der Biskaya haben ein Ende gefunden. Insgesamt sind von der Royal Navy neben rund 50 000 Zivilisten 144 171 Engländer, 24 325 Polen, 18 246 Franzosen, 4938 Tschechen sowie 136 Belgier nach Großbritannien gebracht worden.

Sterben für Frankreichs Ehre

Am Mittwoch, dem 19. Juni 1940, um 3.00 Uhr morgens, erreicht nach einem etwa 200 Kilometer langen Gewaltmarsch die Vorausabteilung der deutschen 1. Kavalleriedivision (GenMaj. Kurt Feldt) die Gegend von Saumur. Sie soll die Loire so schnell wie möglich überqueren. Der Versuch, die Brücke südwestlich von Boureuil im Handstreich zu nehmen, bleibt jedoch ohne Erfolg. Sie wird in die Luft gesprengt, noch ehe der deutsche Spähtrupp das andere Ufer erreicht hat.

Die Brücken in der Innenstadt von Saumur sind ebenfalls gesprengt. Zwei Tage lang leisten am linken Loireufer bis über Tours hinaus die Franzosen den deutschen Kavalleristen harten Widerstand.

Die Kadetten der berühmten, im Jahre 1768 gegründeten Kavallerieschule von Saumur versuchen, die »Ehre Frankreichs« zu retten. 2200 junge Offiziersanwärter unter Col. Michon verteidigen eine Front von 25 Kilometern zwischen den Loire-Brücken von Monsoreau bis Gennes. Sie werden von drei nordafrikanischen Bataillonen und Resten der 3. Panzerdivision sowie von Kadetten der Schulen von Saint-Maixent, Ponners und Fontainebleau unterstützt.

General Karl-Heinrich von Stülpnagel und General Karl Weisenberger

Die gefürchteten deutschen Sturzkampfflugzeuge Ju 87 im Anflug auf das Ziel

Juni 1940

Die bisher noch kampfungewohnten jungen Kadetten aus Saumur sind in 28 Brigaden zu je 25 bis 30 Mann eingeteilt, die jeweils von einem Instruktionsoffizier befehligt werden. Als Lieutenant de Galbert einem seiner Kadetten während des Kampfes einen Befehl erteilt, bemerkt dieser: »Sie schicken mich in den Tod, Monsieur le Lieutenant.« – »Betrachten Sie es als eine Ehre, Monsieur«, lautet die Antwort.

Plötzlich taucht aus dem Dunkel an der zerstörten Napoleonbrücke ein Pkw mit weißer Fahne auf, im Fond ein deutscher und französischer Offizier, die als Parlamentäre die Stadt zur Übergabe auffordern sollen.

Die Kadetten haben offenbar die Situation nicht begriffen oder die weiße Fahne übersehen. Nachdem sie jetzt zum erstenmal in ihrem Leben ein Ziel vor Augen haben, nehmen sie den Wagen unter Feuer. Ein Sanitätstrupp kann die beiden Insassen nur noch als Tote bergen. Danach setzt Trommelfeuer der deutschen Artillerie ein, dessen Wirkung noch am Nachmittag durch die Bomben der Stukas verstärkt wird.

Auch an anderen Stellen der Loire, außerhalb von Saumur, nehmen die Kämpfe an Heftigkeit zu, so bei Gennes an den von der Brigade »Desplat« und einer Sektion Tirailleurs verteidigten Brücken. Lieutenant Desplat ermutigt seine Kadetten: »Ein Soldat muß bereit sein, sein Leben zu opfern.« Nachdem gegen Mitternacht auch die zweite, die Südbrücke, gesprengt wird, ist die Brigade »Desplat« isoliert. Es gibt für sie keine Rückzugsmöglichkeit mehr. Die jungen Franzosen sind bereit, lieber zu sterben, als den Kampf aufzugeben.

Zwei Tage lang schlagen sich die Kadetten und Tirailleurs mit dem Mut der Verzweiflung, um die Deutschen von den Loireufern fernzuhalten. Erst im Nahkampf Mann gegen Mann werden sie schließlich überwältigt.

Am gleichen Tag besetzen an der französischen Nordwestküste Truppen des XV. Armeekorps (Gen. d. Inf. Hoth) den Atlantikhafen Brest; außerdem erreichen Einheiten des II. Armeekorps (Gen. d. Inf. von Stülpnagel) die Stadt Nantes. Deutsche Schnellboote unternehmen von holländischen, belgischen und französischen Häfen aus Patrouillenfahrten vor der englischen Südküste. Dabei gelingt es den beiden Booten S 19 (Oberlt. z. S. Töniges) und S 26 (Oberlt. z. S. Fimmen), den britischen Frachter »Roseburn« (3103 BRT) zu versenken.

Als die Führung der französischen Luftstreitkräfte erkennt, daß die Schlacht um Frankreich verloren ist, konzentriert sie fast alle ihre Jagd-, Bomber- und Aufklärungsgruppen in Südfrankreich, um sie von hier aus weiter nach Nordafrika zu verlegen.

Währenddessen unternimmt das französische III. Geschwader (Vizeadm. Duplat) mit vier schweren Kreuzern und elf Zerstörern von Toulon aus einen Vorstoß in italienische Gewässer und nimmt Öltanks und militärische Anlagen an der Ligurischen Küste und im Hafen von Genua unter Feuer. Überraschenderweise werden zur Abwehr keine italienischen Flugzeuge eingesetzt. Auch die

Admiral Jean-François Darlan, Chef des französischen Admiralstabs

Ein französisches MG-Nest im Raum La Rochelle an der Atlantikküste

1940 Juni

italienische Küstenartillerie kann nur einen einzigen Treffer erzielen: Eine 15,2-cm-Granate schlägt in den Kesselraum des Zerstörers »Albatros« ein.

Die 71. Infanteriedivision (GenLt. Weisenberger) und die 76. Infanteriedivision (GenLt. Angelis) der 16. Armee (Gen. d. Inf. Busch) erobern am Freitag, dem 14. Juni 1940, die im Ersten Weltkrieg heiß umkämpfte Festung Verdun.

Am Freitag, dem 21. Juni 1940, haben Einheiten des deutschen XVI. Panzerkorps (Gen. d. Kav. Hoepner) das Rhônetal erreicht und marschieren in Lyon ein.

Erhebliche Verwirrung löst auf den französischen Kriegsschiffen ein angeblich von Flottenchef Admiral Darlan unterzeichneter Funkspruch aus: denn die Schiffskommandanten werden angewiesen, mit ihren Schiffen auf keinen Fall die Heimathäfen zu verlassen. Die Antwort eines Funkers: »Toutes merde!«

Der Befehl ist in Wirklichkeit fingiert und kommt vom deutschen B-Dienst (Funkbeobachtungsdienst), der den französischen Marinecode entschlüsselt hat. Damit wird erreicht, daß die Einheiten der französischen Flotte auch nach offizieller Einstellung der Kämpfe weiterhin in ihren Heimathäfen verbleiben.

Der deutsche Militärbefehlshaber in Belgien und Nordfrankreich wird am 28. Juni Gen. d. Inf. von Falkenhausen, dessen Vater im Ersten Weltkrieg deutscher Generalgouverneur von Belgien war.

Eine Batterie französischer Feldkanonen nimmt die deutschen Truppenansammlungen unter Feuer

Die ersten deutschen Panzer erreichen am 20. 6. 1940 die Vorstädte von Lyon

Juni 1940

Waffenruhe in Frankreich

Die öffentliche Diskussion um die unterbliebene Hilfeleistung für Finnland hat in Frankreich die Konsequenz, daß Edouard Daladier als Ministerpräsident zurücktreten muß (am 20. März 1940) und ein neues Kabinett unter Paul Reynaud gebildet wird, in dem Daladier das Amt des Kriegsministers innehat.

Nur knapp zwei Monate später bildet Reynaud – unter dem Eindruck der militärischen Ereignisse – seine Regierung um: Der greise Marschall Philippe Pétain, Botschafter in Madrid, wird Vizepräsident der Regierung, während Reynaud das Amt von Daladier übernimmt.

Am späten Nachmittag des 11. Juni 1940 unternimmt Premierminister Churchill in einem persönlichen Gespräch mit der französischen Regierung in Briare noch einmal den Versuch, die Franzosen zu beschwören, den Krieg weiterzuführen. Er lehnt jedoch die dringende Bitte der französischen Politiker und Militärs ab, alle britischen Jagdstaffeln in die Schlacht um Frankreich zu werfen, weil er der Meinung ist, daß dadurch die Aussichten auf Selbstbehauptung Englands zunichte gemacht würden.

Churchill läßt sich in seiner ablehnenden Haltung auch nicht dadurch beeinflussen, daß der französische Gen. Georges die Auffassung vertritt, er halte es kaum für wahrscheinlich, daß Großbritannien angegriffen werde. Der General ist davon überzeugt, daß ein massiver Flugzeugeinsatz an der Marne die Lage zugunsten der Alliierten ändern könnte. Ministerpräsident Reynaud befürchtet, daß Historiker einmal feststellen könnten, die Schlacht um Frankreich sei aus Mangel an Flugzeugen verloren worden.

Premierminister Churchill, Außenminister Lord Halifax und der Minister für den Flugzeugbau, Beaverbrook, beenden am 13. Juni 1940 ihre Beratungen mit französischen Regierungsvertretern in Briare und Tours. Churchill verlangt die Zusicherung, daß die französische Flotte nicht an den Feind ausgeliefert wird. Erst nach seiner Rückkehr nach London spricht Churchill – offensichtlich unter dem Einfluß anderer Kabinettsmitglieder und Berater der Admiralität – die Erwartung aus, daß die französischen Kriegsschiffe im Fall der Kapitulation Frankreichs englische Häfen anlaufen.

Einen Tag später erfolgt die kampflose Besetzung von Paris.

Am 16. Juni 1940 tritt Reynaud zurück, Marschall Philippe Pétain bildet eine neue Regierung, die den Deutschen ein Waffenstillstandsangebot macht.

Obwohl die französische Regierung auch in Rom am 20. Juni um Waffenstillstandsverhandlungen nachgesucht hat, geht die italienische Heeresgruppe des Kronprinzen Umberto zum Angriff über. Am Freitag, dem 21. Juni 1940, nehmen die 1. und die 4. Armee (GenOberst Vercéllino) das von der französischen Alpenarmee (Gen. Olry) verteidigte Alpenfort Col Traversette ein und stoßen bis Mentone vor.

Das französische Schlachtschiff »Lorraine« beschießt den italienischen Hafen Bardia in Nordafrika, und Marineflugzeuge greifen Livorno und Tarent an. Dies sind die letzten Aktivitäten der französischen Marine gegen die italienische Flotte: denn gleichzeitig nehmen in Rom italienische und französische Delegierte Gespräche zur Beendigung der Kämpfe auf.

Deutsche und französische Offiziere hören am 16. 6. 1940 über Rundfunk die Rede von Marschall Pétain, der die deutsche Führung kurze Zeit später um Waffenstillstand bittet

1940 Juni

Compiègne am 22. 6. 1940: Die französische Abordnung nach Unterzeichnung des Waffenstillstandsvertrages. Zweiter von rechts General Huntziger, der im Namen der französischen Regierung den Vertrag unterzeichnet hat

Noch bevor der Waffenstillstand der französischen Streitkräfte mit Deutschland unterzeichnet ist, beginnt die deutsche 2. Räumbootflottille (KorvKpt. von Kamptz) mit der Sicherung der Häfen in der westlichen Bretagne, St. Nazaire, Lorient und Brest, die als Stützpunkte für deutsche U-Boote vorgesehen sind, und befaßt sich mit der Räumung französischer Minensperren.

Im Wald von Compiègne

Am Sonnabend, dem 22. Juni 1940, um 18.50 Uhr unterzeichnen im Wald von Compiègne GenOberst Keitel für das Deutsche Reich und Gen. Huntziger für die Französische Republik den deutsch-französischen Waffenstillstand. Die wichtigsten Bedingungen: die Besetzung Frankreichs bis zur Linie westlich und nördlich von Genf–Dôle–Tours–Mont de Marsan bis zur spanischen Grenze. (Damit befindet sich die gesamte Kanal- und Atlantikküste in deutscher Hand.) Der unbesetzte Teil Frankreichs kann über eine kleine Streitmacht bis 100 000 Mann verfügen.

Aufgrund des Abkommens wird der französischen Regierung auferlegt, daß die Flotte in noch zu bestimmenden Häfen zusammengezogen und abgerüstet werden muß. Doch wird gleichzeitig zugesichert, daß nicht beabsichtigt ist, die Kriegsschiffe für deutsche Zwecke zu verwenden. Sie werden der Regierung Pétain unterstellt.

Die französische Regierung siedelt nach Vichy über, und Pierre Laval tritt als leitender Minister in das Kabinett von Marschall Pétain ein.

Die Verluste der französischen Handelsschiffahrt: Von drei Millionen BRT vor Kriegsbeginn sind 271 000 BRT durch Feindeinwirkung verlorengegangen, weitere 450 000 BRT von den Engländern beschlagnahmt. In den USA sind 196 000 BRT interniert, 25 000 BRT werden in überseeischen Häfen festgehalten und 275 000 BRT nach der Besetzung Frankreichs von den Deutschen requiriert.

Im Raum Nancy–Belfort kapitulieren insgesamt 500 000 Franzosen. Es sind die Reste der 3. Armee (Gen. Condé), der 5. Armee (Gen. Réquin) und der 8. Armee (Gen. Garchery). 25 000 französische Soldaten des XXXXV. Armeekorps (Gen. Daille) und 13 022 Polen (GenMaj. Prugar) gehen bei St. Ursanne über die Schweizer Grenze und werden dort interniert.

Die Besetzung der französischen Küste, besonders der wichtigen Atlantik- und Kanalhäfen, schafft für Deutschland eine neue seestrategische Lage. So können vor allem die deutschen U-Boote direkt von den atlantischen Häfen aus operieren.

Als die Verhandlungen in Compiègne ihren Abschluß finden, pendeln bereits ungezählte Lastzüge mit Geräten und Torpedos für die neuen U-Boot-Stützpunkte zwischen Wilhelmshaven und der französischen Westküste.

Juni 1940

Hitler bei seiner Triumphfahrt durch die Straßen von Berlin. Nach dem Ende des Westfeldzuges genießt er den »glorreichsten Sieg aller Zeiten«

Am Sonntag, dem 23. Juni 1940, kommt es zum letzten Luftsieg eines französischen Jagdfliegers in diesem Feldzug: Unterlt. Marchelidon (GCI/2) bringt einen einzeln fliegenden Aufklärer Henschel 126 zum Absturz. Die französische Maschine gehört zu einer Gruppe von 17 Morane-Jägern (GCI/1 und GCII/2), die gegen die durch das Rhônetal rollenden Panzerverbände von Gen. Guderian vorgehen sollen. Doch wird die 3. Panzerdivision von ihnen dort nicht mehr angetroffen.

Zu dieser Zeit läuft sich die italienische Alpenfront-Offensive an der französischen Hauptstellung endgültig fest. Die Gegner sind durch hohe Gebirgszüge mit mehreren Pässen voneinander getrennt, die durch Fortifikationen und Feldstellungen verstärkt wurden. Während die französischen Verluste nur 229 Mann betragen, haben die Italiener bisher 1347 Tote, 2631 Verwundete und 2151 Soldaten mit schweren Erfrierungen zu verzeichnen.

Am Montag, dem 24. Juni 1940, wird in Rom der italienisch-französische Waffenstillstand unterzeichnet. Er sieht vor: die Schaffung einer entmilitarisierten Zone an der französisch-italienischen und libysch-tunesischen Grenze auf französischem Gebiet, aber keine italienische Besetzung, außer in den von den Italienern eroberten Gebietsstreifen. Des weiteren eine Teilnahme der Italiener an Kontrollkommissionen, die in Nordafrika und Syrien die Abrüstung überwachen sollen.

An diesem Tag fliegen französische Maschinen vor Einstellung der Kampfhandlungen ihren letzten Angriff. Elf Bomber vom Typ Léo 45 (GB 6) starten zu diesem Einsatz auf die deutschen Pontonbrücken zwischen Moirans und Grenoble. Allerdings erreichen nur vier ihr Ziel.

Generaloberst Wilhelm Keitel, Chef des Oberkommandos der Wehrmacht, der in Compiègne den Waffenstillstand unterzeichnet hat

1940 Juni

46 Tage nach Beginn des Westfeldzuges schweigen am Dienstag, dem 25. Juni 1940, um 1.35 Uhr, in Frankreich die Waffen. Etwa 1,9 Millionen französische Soldaten sind in Kriegsgefangenschaft geraten. Die Zahl der Toten des Westfeldzuges beläuft sich auf 121 000 Franzosen, 27 074 Deutsche, 7000 Belgier, 3500 Engländer und 3000 Holländer, dazu etwa 200 000 französische Verwundete und 111 034 deutsche. Außerdem werden von den Deutschen 18 384 Soldaten vermißt.

Das Oberkommando der Wehrmacht (OKW) veröffentlicht am Dienstag, dem 2. Juli 1940, seinen Abschlußbericht über den Frankreichfeldzug, der mit den Worten schließt: »Nach diesem gewaltigsten Sieg der deutschen Geschichte über den als stärkste Landmacht der Welt angesehenen Gegner des Großdeutschen Reiches, der ebenso geschickt wie tapfer gekämpft hat, gibt es keine Alliierten mehr. Es bleibt nur noch ein Feind: England!«

Am Montag, dem 8. Juli 1940, werden die letzten deutschen Soldaten aus französischer Kriegsgefangenschaft entlassen, darunter auch der bekannte Jagdflieger Mölders.

Paris, Juni 1940: Vom Eiffelturm aus betrachten die deutschen Soldaten die Hauptstadt des besiegten Landes

De Gaulle gibt nicht auf

Brigadegen. Charles de Gaulle, zuletzt Unterstaatssekretär im Kriegsministerium unter dem zurückgetretenen Ministerpräsidenten Reynaud, der im Flugzeug nach England entkommen ist, erklärt sich in London am 18. Juni 1940 zum »Führer der Freien Franzosen« und ruft seine Landsleute zur Fortsetzung des Kampfes auf.

Gen. de Gaulle wird zehn Tage später von der britischen Regierung als »Führer aller Freien Franzosen« anerkannt, nachdem tags zuvor die Regierung Pétain ihren Botschafter in London abberufen hat. Die französische Exilregierung unter de Gaulle verfügt auch schon über die Anfänge einer eigenen Flotte. Der erste Verband dieser »Freien französischen Flotte« oder »Forces Navales Françaises Libres« (FNFL) besteht aus vier französischen Handelsschiffen und einem Marinehilfsschiff. Vizeadm. Muselier ist ihr Organisator und Chef. Er kommt auf den Gedanken, auf seinen Schiffen statt der Trikolore eine blaue Fahne mit dem weißen Lothringer Kreuz zu hissen. Dieses Kreuz wird im weiteren Verlauf des Krieges zum Symbol aller Freien Franzosen unter de Gaulles Kommando. Eines der ersten französischen Kampfschiffe, die den Krieg gegen die Achsenmächte weiterführen, ist der U-Boot-Minenleger »Rubis« (KorvKpt. Cabanie).

Juli 1940

Am Montag, dem 1. Juli 1940, gibt Adm. Emile Henry Muselier, der sich Gen. de Gaulle angeschlossen hat, in einem Tagesbefehl die Aufstellung von »frei-französischen« Streitkräften bekannt, denen sich in England zunächst französische Soldaten anschließen, die durch die Evakuierungsmaßnahmen von Dünkirchen vor den Deutschen gerettet worden sind.

Trotz mancher Belastungen und politischer Spannungen gerade auch im britisch-französischen Verhältnis schließen sich in den folgenden Monaten Franzosen aus den Kolonien und anderen Gebieten der Bewegung de Gaulles an, die mit der Parole wirbt: »Frankreich hat eine Schlacht verloren; aber Frankreich hat nicht den Krieg verloren!« Allein in Großbritannien steigt die Zahl der »Freien Franzosen« von 3000 Ende Juni auf 6000 Anfang August.

Am 7. Juli 1940 verurteilt das Gericht des 17. französischen Militärbezirks in Toulouse Brigadegen. Charles de Gaulle in Abwesenheit wegen militärischen Ungehorsams und Anstiftung von Militärpersonen zum Ungehorsam zu vier Jahren Gefängnis und 100 Franc Geldstrafe.

Nachdem am Vortag das französische Parlament die Verfassung aufgehoben und Marschall Philippe Pétain mit außerordentlichen Rechten ausgestattet und zum Staatsoberhaupt erklärt hat, legt Präsident Albert Lebrun sein Amt am 11. Juli 1940 nieder. Stellvertretender Ministerpräsident wird Pierre Laval (vorerst gibt es keinen Ministerpräsidenten). Zum Sitz der nur für das unbesetzte Frankreich zuständigen Regierung wird Vichy bestimmt.

London, 18. 6. 1940: General Charles de Gaulle (ganz oben) während seiner Rundfunkrede

Pierre Laval, stellvertretender Ministerpräsident der Vichy-Regierung

Britische Karikatur vom Sommer 1940

1940 August

Die Vichy-Regierung, die sich ausdrücklich als neutral erklärt, führt die Todesstrafe für jene französischen Staatsbürger ein, die sich am Kampf gegen Hitler beteiligen. Konsequenterweise verurteilt ein Gericht der französischen Vichy-Regierung am 2. August 1940 Gen. de Gaulle in Abwesenheit zum Tode.

Die Angehörigen der französischen Armee werden nochmals ausdrücklich davor gewarnt, sich weiterhin am Krieg gegen die Achsenmächte zu beteiligen.

Angriffe auf Dakar und Gibraltar

In Zentralafrika schließt sich am Montag, dem 26. August die Kolonie Tschad der frei-französischen Bewegung Gen. de Gaulles an; in den nächsten Tagen folgen auch Kamerun und Äquatorialafrika. Dadurch entsteht ein sich über den ganzen Kontinent erstreckender proalliierter Block zu einem Zeitpunkt, zu dem die schwachen britischen Kräfte in Ostafrika sich kaum noch gegen die Italiener halten können.

Im Laufe des Monats August 1940 hat Großbritannien die in englischen Häfen liegenden französischen Kriegsschiffe freigegeben, die am 3. Juli 1940 von der Royal Navy mit Gewalt besetzt worden waren. Sie werden der neu aufgestellten französischen Marine »Forces Navales Françaises Libres« (FNFL) unter Admiral Muselier übergeben.

Am Montag, dem 9. September 1940, schließen sich die französischen Besitzungen in Indien (Pondicherry), am Tag darauf Neukaledonien vor der australischen Küste Gen. de Gaulles »Freien Franzosen« an.

Ende September 1940 scheitert ein Versuch des französischen Konteradmirals Bourragué, mit drei leichten und drei Torpedokreuzern die zu de Gaulle übergetretene Kolonie Gabun wieder unter die Souveränität der Vichy-Regierung zu bringen, an der Überwachung seines Verbandes durch britische Flotteneinheiten, die mehrere Schiffe abfangen.

Mit zwei Schlachtschiffen, einem Flugzeugträger, drei schweren Kreuzern, sechs Zerstörern, einem Verband der Freien Französischen Flotte und zwei Truppentransportern unternimmt am 23. September 1940 die Force H des britischen Vizeadm. Sir James F. Somerville einen An-

Sir James F. Somerville, britischer Vizeadmiral, und Sir Andrew Browne Cunningham, britischer Admiral

Toulon, Hauptstützpunkt der französischen Marine. Admiral Darlan inspiziert eine U-Boot-Flottille

September 1940

griff auf den Flottenstützpunkt Dakar (Französisch-Westafrika). Dieser Überfall dient im Rahmen der Operation »Menace« der Vorbereitung einer Landung von 2400 Angehörigen der frei-französischen Verbände und 4000 britischen Soldaten.

De Gaulle hält den Hafen Dakar für besonders wichtig, da er über das einzige Großdock (205 m Länge) an der westafrikanischen Küste verfügt. Dem Landungsversuch begegnen die Vichy-treuen Flotteneinheiten in Dakar und die Küstenbatterien erfolgreich mit heftigem Abwehrfeuer. In Frankreich gibt Marschall Pétain den Befehl zu Luftangriffen auf Gibraltar.

Am Dienstag, dem 24. September 1940, starten in Afrika 64 französische Bomber von den Stützpunkten Oran, Tafaraoui (Algerien), Merknes, Mediouna und Port Lyautney (Marokko) unter dem Kommando von Général de Brigade Aérienne Tarnier, dem Befehlshaber der Luftstreitkräfte in Marokko, zum Einsatz gegen Gibraltar.

Die Maschinen gehören den sechs Bombergruppen der ehemaligen Armée de l'Air und vier Escadrilles der französischen Marine an. Es sind die modernsten Flugzeuge, über die Vichy-Frankreich verfügt: 18 Bomber Léo 45, 27 Douglas-Bomber und 19 Bomber Glenn Martin. Gleich bei ihrem ersten Einsatz werden der Südteil der Festung Gibraltar, die südliche Mole und ein größeres, im Hafen liegendes Schiff schwer getroffen.

Am nächsten Tag, dem 25. September 1940, wird der Angriff auf Gibraltar wiederholt. Diesmal erscheint der Verband – um zwei weitere Gruppen und zwei Escadrilles verstärkt – mit insgesamt 83 Bombern bei strahlendem Sonnenschein zwischen 15.00 Uhr und 16.50 Uhr über dem Hafen und der Stadt, allerdings ohne Jagdschutz. Es ist der größte Einsatz französischer Kampfflugzeuge seit Kriegsbeginn, selbst auf dem Höhepunkt des französischen Bombereinsatzes gegen die Deutschen (5. Juni 1940) sind an der gesamten Front nur 77 – zum Teil noch veraltete Bomber – gestartet.

Am gleichen Tag nehmen die zum britischen Flottenverband von Vizeadm. Cunningham gehörenden Schlachtschiffe »Barham« und »Resolution« erneut die Stadt und den Hafen von Dakar unter Feuer. Dem gerade aus dem Trockendock gekommenen französischen U-Boot Bévéziers (KptLt. Lancelot) gelingt während des Feuergefechts ein Torpedotreffer auf dem Schlachtschiff »Resolution« (29 150 t), das schwer getroffen und mit starker Schlagseite, dazu 60 Tote und 100 Verwundete an Bord, noch nach Kapstadt abgeschleppt werden kann. Die Reparaturarbeiten im Dock dauern so lange, daß die »Resolution« erst im April 1942 wieder einsatzfähig ist.

Als auch eine Landung der Truppen fehlschlägt, ordnet Churchill den Abbruch der Operation »Menace« an. Dieser erhebliche englische Prestigeverlust ruft die aufgebrachten britischen Generäle auf den Plan: Churchill möge sich anstelle de Gaulles einen neuen Chef für die »Freien Franzosen« suchen. Erst später stellt sich heraus, daß die Befürchtung Churchills, die Deutschen könnten in Westafrika Stützpunkte für U-Boote und Kaperschiffe errichten, um die Route der britischen Geleitzüge zu stören, unbegründet war.

Morgenappell im Flottenstützpunkt Dakar

General de Gaulle mit seinem britischen Berater während der Operation »Menace«

DIE SCHWEIZ 1940

BEDROHUNG DER ALPEN-REPUBLIK

Der Ring der Achsenmächte umschließt das neutrale Land, das letztendlich dem starken Druck von außen nachgeben muß

Nach dem Zusammenbruch Frankreichs ist die Schweiz der einzige neutrale Staat im Herzen des von Hitler regierten Europa. Die Aufrechterhaltung der Unabhängigkeit ist unter diesen Umständen ein wahrhaftiges Meisterstück, dessen Gelingen zum großen Teil von der Haltung und der Geschicklichkeit eines Mannes abhing: Gen. Henri Guisan, Oberbefehlshaber der schweizerischen Armee von August 1939 bis Juli 1945. Es gilt für ihn, den Kampf an zwei Fronten zu führen: Abgesehen von der ständigen Bedrohung des kleinen Landes, vom deutschen Pangermanismus verschlungen zu werden, ist es erforderlich, sechs Jahre lang den Kampf an der inneren Front zu führen.

Im Sommer 1940 hat Hitler gegen die Schweiz einen Nervenkrieg begonnen. Die NS-Propaganda operiert anfänglich mit der These: Die Schweiz verletze die Grundsätze der Neutralität, weil ihre Presse offen, deutlich und ständig das NS-Regime kritisiere. Nach Beendigung des Westfeldzuges machen sich in der Propaganda Akzente einer deutlichen Drohung bemerkbar: Als nächster Staat könne zur Besetzung durch deutsche Truppen die Schweiz an der Reihe sein. Den Einflüssen der Goebbels-Propaganda beginnen am frühesten diejenigen zu unterliegen, die mit dem Dritten Reich in Berührung kommen, so die diplomatischen Vertreter, dann Schweizer Bürger, die in Deutschland wohnen und arbeiten, sowie gewisse Gruppen im militärischen Nachrichtendienst, der bereits frühzeitig die Informationen besaß, daß im Falle eines Mißlingens des deutschen Durchbruchversuches in den Ardennen die Möglichkeit erwogen wurde, die Flanke der französischen Armee durch schweizerisches Territorium zu umgehen.

Wegen des Luftkrieges haben die Deutschen ohnehin viel Ärger mit der Schweiz: Ihre hell erleuchteten Städte, die sich deutlich von den verdunkelten deutschen Gebieten und besetzten Ländern abzeichnen, sind ausgezeichnete Wegweiser für das britische Bomber Command. Nach vielen Protesten aus Berlin muß die Verdunkelung in der Schweiz eingeführt werden. Die eidgenössische Flugabwehr zeigt sich jedoch erstaunlicherweise tolerant, wenn der Schweizer Luftraum von alliierten Flugzeugen verletzt wird.

Der Oberbefehlshaber der schweizerischen Truppen, General Henri Guisan, bei der Fahnenübergabe. Die Schweiz, von den Achsenmächten nun fast vollständig eingeschlossen, liegt trennend zwischen dem Dritten Reich und Italien und sperrt damit die kürzeste Verbindung über die Alpen

1940 Juli

August 1940: Gebirgssoldaten der schweizerischen 4. Division beim Aufstieg zum Mönch. Die Armee übt zum erstenmal den Krieg in den Stellungen des geplanten »Réduit National«

Am Donnerstag, dem 25. Juli 1940, gibt der Oberbefehlshaber der schweizerischen Truppen, Gen. Guisan, seinen Operationsbefehl Nr. 12 dem Offizierskorps auf einer großen Versammlung auf der Rütliwiese, wo im Jahre 1291 die Schweizer Konföderation begründet worden ist, bekannt: Da die Schweizer Armee keinen länger andauernden Widerstand im offenen Feld entgegensetzen könne, muß die Konzeption des Abwehrkampfes entsprechend abgeändert werden. Gen. Guisan plant, eine »nationale Redoute«, ein endgültiges Widerstandszentrum, in der südlichen Schweiz zu schaffen, die in Anlehnung an die Fortifikationen in den Alpen unter anderem alle wichtigeren Gebirgspässe umfassen soll.

Die an der 1900 Kilometer langen Grenze stationierten Abteilungen sind als Alarmorganisation der Armee vorgesehen.

Die Aufgabe der dahinterstehenden Kampfgruppen ist es, den Feind vorübergehend aufzuhalten. Erst weiter im Landesinneren soll der Feind auf wirkliche Abwehrschanzen stoßen.

Die Einheiten in den von der Natur geschaffenen unzugänglichen und gut ausgebauten Verteidigungsstellungen sollen eine Stärke erreichen, die ihnen ermöglicht, einen gleichzeitigen Sturmangriff aus allen Richtungen und aus der Luft abzuwehren. Der Plan sieht weiterhin vor, im Notfall verschiedene Tunnel, an erster Stelle St. Gotthard und Simplon, sowie andere Alpenübergänge in die Luft zu sprengen.

Gegen diesen »Rütli-Rapport« legt der Botschafter des Deutschen Reiches, Dr. Otto Köcher, einen offiziellen Protest ein, dem ein Druck der deutschen Wirtschaftsdelegation folgt, die gerade Verhandlungen wegen der Kohlenlieferungen für die Schweiz führt. Und Reichsmarschall Göring droht mit der Forderung auf Rückgabe der zuletzt gelieferten 90 Jagdmaschinen Messerschmitt Me 109.

Die Schweizer weisen den Protest zwar zurück, müssen aber den Deutschen weitreichende Konzessionen einräumen: Sie verpflichten sich unter anderem, das auf schweizerischem Gebiet befindliche Eigentum der französischen Regierung herauszugeben und das auch für Frankreich, England und Norwegen in Schweizer Werken hergestellte Kriegsmaterial auszuliefern sowie ansehnliche Kredite zur Verfügung zu stellen.

September 1940

Schweiz, Herbst 1940: Schweizerische Infanterie während der Übungen auf einer mit Panzersperren versehenen Grenzstraße. Die Gebirgsstraßen, für Panzereinheiten kaum geeignet, sind zusätzlich durch unzählige Minen und eine Reihe von unerreichbaren, in den Berg gehauenen Abwehrstellungen abgeschirmt

Schweizerische Briefmarken aus dem Jahre 1940

DER KRIEGSEIN- TRITT ITA- LIENS

NACH DER ENT- SCHEIDUNG IM WESTFELDZUG

Mussolini: »Ich brauche einige tausend Tote, um mich ... an den Verhandlungstisch setzen zu können.«

Das seit Kriegsbeginn gespannte deutsch-italienische Verhältnis erlebt eine wesentliche Verbesserung durch das Treffen zwischen Hitler und Mussolini am Brenner. Der deutschen Regierung erscheint nun sicher, daß Italien nach den Worten Mussolinis vom 18. März 1940 sein Versprechen einlösen wird, »mit Deutschland zu marschieren«, auch wenn ein Termin noch nicht feststeht.

Bereits im April 1940 rechnen die Alliierten mit der Möglichkeit eines baldigen Eintritts Italiens in den Krieg. Deshalb teilen London und Paris ihre Einsatzgebiete: Die Aufgabe der französischen Flotte soll die Verteidigung des westlichen Mittelmeeres sein, die Verantwortlichkeit für den östlichen Teil fällt der Royal Navy zu.

Die Ereignisse in Norwegen beanspruchen jedoch die Royal Navy dermaßen, daß in London sogar zeitweilig daran gedacht wird, den Franzosen die gesamte Mittelmeer-Kontrolle zu überlassen. Als Warnung an die Italiener wird ein Teil der französischen Flotte aus ihrem Stützpunkt Brest in das Mittelmeer abkommandiert.

Am 27. April 1940 erreichen in Nordafrika die beiden französischen Schlachtschiffe »Dunkerque« (Kpt. z. S. Barrois) und »Strasbourg« (Kpt. z. S. Collinet) sowie ein Teil der leichten Einheiten den Hafen Mers-el-Kèbir (Algerien). Nach Alexandria wird ein improvisierter französischer Verband, die sogenannte »Force X« (Viceadm. R. Godfroy) beordert, zusammengestellt aus den alten Schlachtschiffen »Lorraine« (Vizeadm. Tovey), »Bretagne« (Kpt. z. S. Le Pivain) und »Provence« (Konteradm. Bouxin) sowie aus einigen schweren Kreuzern und einer Gruppe Zerstörer.

Diese Schiffe schließen sich dem britischen Verband unter Adm. Cunningham an. Den Kern dieses Verbandes bilden die zu diesem Zeitpunkt ebenfalls eintreffenden britischen Schlachtschiffe »Royal Sovereign« und »Malaya«. Als die britische Flotteneinheit von Adm. Cunningham weitere Verstärkung erhalten hat, kehren die Schlachtschiffe »Bretagne« und »Provence« nach Mers-el-Kebir zurück. Das Schlachtschiff »Lorraine« und die Kreuzer bleiben weiterhin in Alexandria.

Die italienische Flotte zählt unterdessen vier alte, jedoch gründlich modernisierte Schlachtschiffe (zwei neue

La Spezia, Hauptstützpunkt der italienischen Flotte. Auf dem Deck eines U-Bootes wird vor dem Einsatz die Heilige Messe zelebriert

1940 Mai

Das Admiralschiff der italienischen Flotte, das Schlachtschiff »Conte di Cavour«, auf der Reede von Neapel

Viktor Emanuel III., König von Italien, und die ungleichen Sieger des Westfeldzuges: Mussolini und Hitler

Mai 1940

Der britische Vizeadmiral Sir John Tovey

An Bord eines italienischen Schlachtschiffes im Mittelmeer. Letzte Vorbereitungen für den Katapultstart eines Aufklärers

zu 38 000 t stehen kurz vor der Fertigstellung), sieben schwere und 15 leichte Kreuzer, 59 Zerstörer, 68 Torpedoboote, 121 U-Boote, ein schnelles Aviso, 13 Minenleger, 14 Minensuchboote, 73 Schnellboote sowie eine Anzahl von Spezialeinheiten, Schul- und Hilfsschiffe. Die Mehrzahl dieser Kräfte ist auf der Halbinsel sowie auf Sizilien und Sardinien stationiert.

In Nordafrika (Libyen und Cyrenaika) befinden sich: acht Zerstörer, vier Torpedoboote, neun U-Boote und mehrere kleinere Einheiten. In den Marinebasen auf dem Dodekanes liegen: vier Torpedoboote, acht U-Boote und mehrere kleinere Einheiten. Völlig vom Rest der Kräfte abgeschnitten ist das Geschwader im Roten Meer (Eritrea, Italienisch-Somalien): Es besteht aus sieben Zerstörern, zwei Torpedobooten, einem Aviso, drei Begleitschiffen und acht U-Booten.

Die Seestreitmacht der Alliierten setzt sich zusammen aus dem britischen Verband in Alexandria sowie der Gruppe der französischen Flotte. Der britische Verband zählt vier Schlachtschiffe, einen Flugzeugträger, sieben Kreuzer, 22 Zerstörer und 12 U-Boote, wobei ein Teil der U-Boote in La Valetta (Malta) stationiert ist.

In Toulon befinden sich von der französischen Flotte: vier schwere Kreuzer und 12 Zerstörer, in Mers-el-Kebir (Algerien) zwei neue und zwei alte Schlachtschiffe, zwei Geschwader leichte Kreuzer sowie eine bedeutende Anzahl an Zerstörern; in Bizerta sechs U-Boot-Geschwader. Die Verlegung der alliierten Schlachtschiffe in den westlichen und östlichen Teil des Mittelmeeres, weitab von den italienischen Luftstützpunkten, sind das Ergebnis der Erfahrungen, die man mit der deutschen Luftwaffe gemacht hat.

Italien erklärt den Krieg

Trotz berechtigter Sorgen des Königs Viktor Emanuel III., des Generalstabs und des Außenministers Graf Ciano, daß Italien nach den Belastungen des Abessinienkriegs und der Beteiligung am spanischen Bürgerkrieg noch nicht wieder einsatzbereit sei, läßt Mussolini am 10. Juni 1940 England und Frankreich den Krieg erklären. Die italienischen Landstreitkräfte verfügen über 59 Divisionen mit 1 200 000 Soldaten auf dem Festland, auf Sizilien und Sardinien, dazu 350 000 Mann in Eritrea, Äthiopien und Somaliland, die zur Hälfte aus Eingeborenenverbänden bestehen, sowie 12 italienische und zwei Eingeborenendi-

1940 Mai

Ein italienisches Seenot-Rettungsflugzeug vom Typ Cant Z.506. Diese Maschinen haben sich auch als Torpedobomber bewährt

Der italienische Admiral Domenico Cavagnari

Air Commodore R. Collishaw, einer der Befehlshaber der RAF in Libyen

visionen in Libyen mit einer Gesamtstärke von 250000 Mann.

Die italienischen Luftstreitkräfte, die Regia Aeronautica, betragen im Heimatland insgesamt 1806 einsatzbereite Maschinen: 793 Bomber, 594 Jäger, 268 Aufklärer und 151 Seeflugzeuge.

Die italienische Marine ist zwar zahlenmäßig ziemlich stark, doch besteht sie zum Teil aus recht veralteten Einheiten, außerdem ist die Ausbildung der Besatzungen unzulänglich. Italienischer Flottenbestand: sechs Schlachtschiffe, von denen aber nur die beiden ältesten einsatzbereit sind, während die übrigen sich noch in der Umrüstung befinden. Dazu kommen 19 Kreuzer, 59 Zerstörer, 67 Torpedoboote und 116 U-Boote. Ähnlich wie die Kriegsmarine besitzt die italienische Marine keine eigenen Luftstreitkräfte. Selbst die Torpedoflugzeuge sind der Regia Aeronautica unterstellt.

Noch vor dem Kriegseintritt Italiens ist es zwischen den beiden Achsenmächten zu einer Vereinbarung gekommen, daß sowohl das OKW als auch das Comando Supremo getrennt operieren und die Seestreitkräfte der beiden Staaten auf ihrem eigenen Kriegsschauplatz völlige Bewegungs- und Handlungsfreiheit behalten. Die Zusammenarbeit soll sich lediglich auf den Austausch technischer Informationen und den Bereich der Geheimdienste beschränken.

Diese Vereinbarung ist der beste Beweis, daß Hitler und seine Berater die Vorteile, die eine Beherrschung des Mittelmeeres für die Achsenmächte bedeuten würde, nicht richtig einschätzen. Die von Mussolini bereits im März 1940 ausgearbeiteten Direktiven umreißen die Auf-

Mai 1940

Eine französische Verteidigungsstellung an der Riviera: Alle italienischen Angriffe werden zurückgeschlagen

gaben der italienischen Seestreitkräfte als offensive Streitmacht in den gesamten Gewässern des Mittelmeeres und darüber hinaus.

Der Stabschef, Adm. Cavagnari, bemerkt dazu nüchtern, daß die Mittel für eine Offensive gegen die vereinigten Flotten Frankreichs und Großbritanniens aufgrund der eigenen Verluste sehr schnell erschöpft sein werden, da sie während des Krieges nicht aufzufüllen seien, weil dazu die Rohstoffe fehlen.

Cavagnari sieht es daher als besser an, mögliche Zusammenstöße mit den alliierten Flotten zu vermeiden, um die schweren Einheiten nicht übermäßig zu gefährden. Sein Rat ist, sie als politisches Druckmittel zu erhalten nd für die Operationen vorwiegend leichte Einheiten einzusetzen. Man solle ferner auch an die unzureichenden Treibstoffvorräte denken, ebenso an die zu weit gestreuten Aufgaben im Mittelmeer und an die verhältnismäßig schwachen Luftstreitkräfte.

Übersehen: Tunis und Malta

Eine Kompanie italienischer Bersaglieri radelt im Hinterland der italienisch-französischen Front

Das Comando Supremo beschließt, die Operationen der Flotte grundsätzlich defensiv zu führen. Ihre Hauptaufgabe: den Zugang zum Adriatischen und Tyrrhenischen Meer für feindliche Flotten abzuriegeln sowie eine reibungslose Seeverbindung zu den italienischen Besitzungen in Nordafrika und

1940 Mai

auf den Dodekanesinseln zu sichern. Es besteht jedoch Einverständnis darüber, die italienische Flotte offensiv gegen die Seeverbindung der Alliierten zwischen Nordafrika und Frankreich vorgehen zu lassen.

Weiterhin wird beschlossen, im Vorfeld der alliierten Stützpunkte Minenfelder anzulegen. Die zahlreichen Torpedo-Schnellboot-Flottillen, die im Ersten Weltkrieg spektakuläre Erfolge errungen haben, erhalten den Auftrag, bei jeder sich bietenden Gelegenheit die feindliche Schiffahrt anzugreifen.

Erstaunlicherweise sind im strategischen Gesamtplan Tunis und Malta nicht erwähnt: Tunis stellt wegen seiner exponierten Lage einen Schlüssel für die Beherrschung des Mittelmeeres dar; ähnliches gilt für die im britischen Besitz befindliche, schwach gesicherte Insel Malta. Der Besetzungsplan hat die Zustimmung des Comando Supremo nicht gefunden. Eine koordinierte Planung für den Einsatz der Land-, See- und Luftstreitkräfte fehlt zum Zeitpunkt des italienischen Kriegseintritts.

Die Durchführung größerer Marineoperationen der Italiener ist von vornherein durch die geringen Ölvorräte beeinträchtigt. Unter diesen Umständen muß sich die italienische Flotte vor allem darauf beschränken, die Seeverbindungen zwischen dem Mutterland, Libyen und den ostafrikanischen Kolonien zu schützen sowie Angriffe auf britische Geleitzüge durchzuführen.

Die auf Verteidigung eingestellten italienischen Einheiten der Heeresgruppe West unter Kronprinz Umberto müssen auf Angriffshandlungen umorganisiert werden.

Kirchenstaat Vatikan: Briefmarke zur einjährigen Amtsdauer des Papstes Piux XII. (ganz oben links)

Schweden, 1940: Briefmarke zum 200. Geburtstag des Dichters Karl M. Bellmann (ganz oben rechts)

Französische Briefmarken aus dem Jahre 1940 (oben)

Startbereit zum Angriff gegen die britische Mittelmeerinsel Malta: Einer der italienischen Bomber vom Typ Savoia-Marchetti SM.79

Juni 1940

Immerhin werden Cannes und Nizza sogleich besetzt; Bewegung an der Alpenfront entsteht am 21. Juni.

Frankreich und England uneins

Am Dienstag, dem 11. Juni 1940, siedelt die französische Regierung von Paris nach Tours über. Die britischen Schlachtschiffe »Warspite« und »Malaya« sowie die leichten Kreuzer »Orion«, »Neptune«, »Sydney«, »Liverpool« und »Gloucester« patrouillieren zusammen mit dem Flugzeugträger »Eagle« und einer Begleitflottille von Zerstörern im zentralen Gebiet des Mittelmeeres bis zur Südküste der Apenninenhalbinsel; aber die italienische Flotte ist nicht auszumachen. Daraufhin trennen sich von dem Verband die Kreuzer »Liverpool« und »Gloucester« mit der Order, die italienische Festung Tobruk in Nordafrika unter Beschuß zu nehmen.

Bereits im Morgengrauen wird El Adem, die italienische Hauptflugbasis in der Cyrenaika, von Bombern der in der westlichen Wüste stationierten 202. Gruppe der RAF (R. Collishaw) angegriffen. Einige Stunden später kommt es zum ersten italienischen Luftangriff auf Malta, wo zur Abwehr den Engländern vorerst nur drei veraltete Doppeldecker vom Typ Gladiator zur Verfügung stehen.

Nach einer Reihe weiterer schwerer italienischer Luftangriffe auf Malta beschließt Adm. Cunningham, Frauen und Kinder von der Insel zu evakuieren. Zur Sicherung der beiden dafür vorgesehenen Geleitzüge teilt er seine Kräfte in drei Guppen ein: Die Gruppe A (Aufklärung) unter dem Kommando von Adm. Sir John Tovey besteht aus fünf Kreuzern und einer Zerstörerflottille, die Gruppe B (Angriff) aus dem Panzerschiff »Warspite« und fünf Zerstörern, die Gruppe C (Sicherung) aus den langsamen Panzerschiffen »Royal Sovereign« und »Malaya« sowie dem Flugzeugträger »Eagle« und einer Zerstörerflottille.

In Erwartung des italienischen Kriegseintritts gegen Frankreich hat die RAF bei Marseille rechtzeitig zwei Luftstützpunkte für Wellington-Bomber ausgebaut, um sie für Zwischenlandungen bei Bombenangriffen auf norditalienische Industrieanlagen zu nutzen. Doch obwohl schon die ersten Wellington-Bomber der 99. Staffel auf dem Flugplatz von Salon (Provence) gelandet sind, läßt Gen. Vuillemin, Oberbefehlshaber der französischen Luftflotte, alle Vorbereitungen für eine Luftoffensive gegen Italien einstellen; denn die Franzosen befürchten, derartige RAF-Angriffe könnten Vergeltungsaktionen gegen französische Städte nach sich ziehen.

Monte Carlo, Juni 1940: Italienische Militärstreife an der Küstenstraße

1940 Juni

Gegen Versuche der englischen Flieger, trotzdem den Start in Richtung Italien vorzubereiten, setzt sich die von den Lokalbehörden mobilisierte Zivilbevölkerung zur Wehr, die das Flugfeld mit Lastwagen, Autos und Karren blockiert und so den Einsatz der Bomber verhindert. Immerhin fliegen 36 Whitley-Bomber einen Angriff auf die Turiner Fiat-Werke, nachdem sie ihren Treibstoff auf den Kanalinseln ergänzt haben.

Am Mittwoch, dem 12. Juni 1940, werden erstmalig von Stützpunkten in Norditalien aus italienische Luftangriffe auf Ziele in Südfrankreich geflogen. Den dortigen französischen Flugplätzen gilt der Einsatz von Bombern Typ Fiat BR. 20 und Jagdmaschinen Fiat CR. 42, die zum 1. Geschwader der Regia Aeronautica gehören. Gleichzeitig greifen Maschinen des italienischen 3. Geschwaders Schiffe vor der französischen Küste an.

Einen ersten Erfolg hat die italienische Marine zu verzeichnen: Das U-Boot »Bagnolini« (KorvKpt. Tosoni-Pittoni) versenkt den englischen leichten Kreuzer »Calypso« südlich von Kreta durch einen Torpedoschuß.

Gegenüber – im Juli 1940 – 51 deutschen U-Booten, von denen sich 28 im Einsatz befinden, erscheint im Bereich der U-Boot-Waffe die Stärke der italienischen Flotte beachtlich: Zum Zeitpunkt der Kriegserklärung durch Italien befinden sich über 100 U-Boote im Dienst, davon 16 auf Patrouillenfahrt vor Gibraltar und Sizilien, zehn im Ligurischen Meer und 20 in östlichen Gewässern des Mittelmeeres zwischen Griechenland und Alexandria.

Doch neben dem niedrigen Ausbildungsstand und der geringen Gefechtsbereitschaft der italienischen U-Boot-Besatzungen spielt auch eine Reihe ungünstiger Bedingungen eine große Rolle: So werden zum Beispiel bei der Durchsichtigkeit des Wassers die U-Boote in den flachen Gewässern des Mittelmeeres schnell von Fliegern erkannt.

Deshalb kann der britische Adm. Cunningham trotz der zahlenmäßigen Überlegenheit der italienischen Flotte durch offensives Handeln in kurzer Zeit Erfolge verbuchen. Die ständige Bedrohung der italienischen Geleitzüge, die die nur schwach ausgerüstete 200 000 Mann starke Armee in Nordafrika versorgen müssen, zwingt die Italiener, ihre Geleitzüge vor der Royal Navy stärker zu schützen.

Britische Torpedoflugzeuge Fairey Swordfish im Verbandflug nach dem Start vom Träger »Illustrious« (ganz oben)

Captain Denis Boyd und Air Chief Marshal Sir Arthur Longmore, britischer Befehlshaber im Nahen Osten

Das letzte Luftbild vom italienischen Flottenstützpunkt Tarent, das ein britischer Aufklärer einige Stunden vor dem Torpedoangriff gemacht hat (rechte Seite)

Britischer Angriff auf Tarent

Im August 1940 hat die italienische Supermarina ihre größte Stärke erreicht. Von den fünf im Einsatz stehenden italienischen Schlachtschiffen gehören zwei zu den modernsten der Welt.

Am Montag, dem 30. September 1940, sichtet gegen 22.30 Uhr der australische Zerstörer »Stuart« etwa 22 Seemeilen westlich von Alexandria das italienische U-Boot »Gondar«, das sich auf dem Weg zu einem Angriff mit Maiali-Torpedoreitern (bemannte Torpedos) befindet. Es wird von dem australischen Zerstörer und einem Sunderland-Flugboot der RAF versenkt. Ein Teil der Besatzung kann sich retten und gerät in britische Kriegsgefangenschaft, darunter auch einer der beiden Konstrukteure des Maiali-Torpedoreiters.

Am Montag, dem 21. Oktober 1940, versucht das in La Spezia stationierte italienische U-Boot »Scirè« (KorvKpt. Borghese), den Hafen von Gibraltar mit drei bemannten Torpedos anzugreifen.

Am Montag, dem 11. November 1940, entschließt sich Adm. Cunningham, die italienischen Einheiten im Kriegshafen Tarent (Operation »Judgement«) anzugrei-

Juni 1940

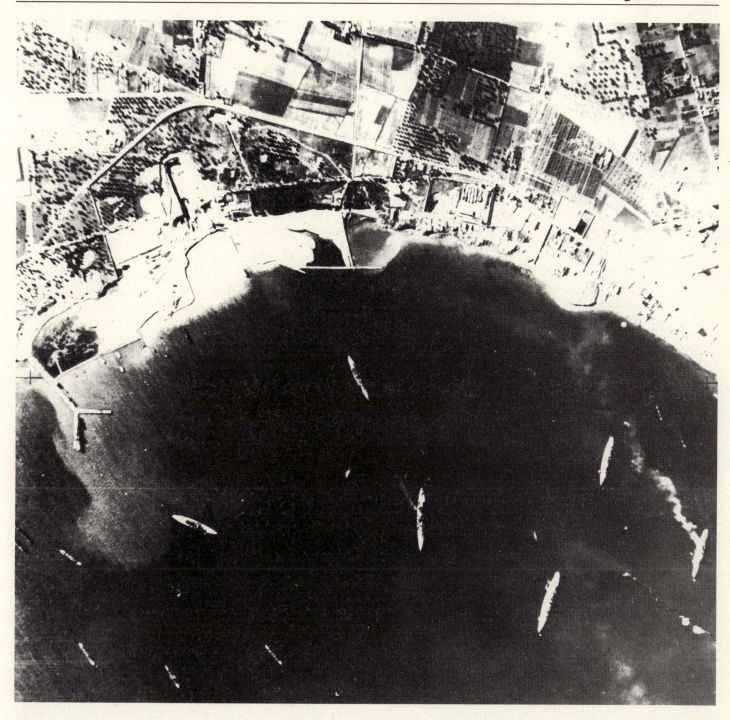

fen, nachdem er wiederholt hat feststellen müssen, daß die italienische Flotte einer Entscheidungsschlacht auf See auszuweichen versucht.

In der folgenden Nacht starten britische Torpedo- und Bombenflugzeuge vom Flugzeugträger »Illustrious« (Capt. Boyd) in zwei Wellen zu einem Angriff auf den Flottenstützpunkt Tarent in Apulien. Die auslaufbereit liegenden italienischen Schiffe sollen am nächsten Tag Teile der in der Sunda-Bucht (Kreta) ankernden britischen Mittelmeerflotte beschießen.

Kurz nach Einbruch der Dunkelheit verläßt die erste Welle (Lt. Cdr. K. Williamson) mit 12 Doppeldecker-Torpedoflugzeugen, Swordfish-Maschinen mit Zusatztanks, die »Illustrious«. Die Anflugstrecke beträgt rund 250 Kilometer. Eine Stunde später folgt die zweite Welle (Lt. Cdr. J. W. Halle) mit nur acht Flugzeugen. Einzeln fliegen die Maschinen zwischen den italienischen Fesselballons hindurch und werfen ihre Torpedos in 600 bis 700 Meter Entfernung vom Angriffsziel genau über der Fangnetzlücke ab.

Der Anflug muß dabei so niedrig sein, daß die Fahrgestelle der Flugzeuge fast die Wasseroberfläche berühren, um zu verhindern, daß die Torpedos nach dem Abwurf nicht beim Aufprall zerschellen. Nur zwei Flugzeuge fallen dem heftigen Sperrfeuer der italienischen Flak zum Opfer. Durch Leuchtbomben und Mondschein sind die

1940 Juni

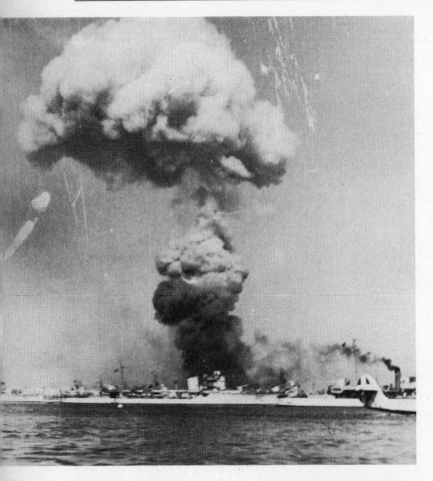

Der italienische Kriegshafen Tobruk in Libyen während eines Luftangriffs durch britische Bomber

Deutsche Briefmarke für das besetzte Lothringen aus dem Jahre 1940

Bulgarien 1940: Sonderbriefmarke zur Eingliederung der südlichen Dobrudscha

Silhouetten des italienischen Flottenverbandes deutlich zu erkennen.

Die drei Schlachtschiffe »Littorio«, »Caio Duilio« und »Conte di Cavour« werden durch Torpedotreffer zum Sinken gebracht. Es gelingt zwar später, die »Littorio« und die »Caio Duilio« zu heben, doch müssen sie fünf bis sechs Monate im Reparaturdock liegen. Die »Conte di Cavour« kann dagegen nie wieder in Dienst gestellt werden. Damit hat sich das Gewicht der Seestreitkräfte im Mittelmeer entscheidend verlagert.

Nach diesem Desaster zieht die italienische Flottenführung ihre übrigen Schlachtschiffe nach Neapel zurück, so daß im östlichen Mittelmeer keine schweren italienischen Einheiten mehr vorhanden sind. Von diesem Schlag kann sich die italienische Flotte nie mehr erholen.

Der Erfolg der Operation »Judgement« beweist, daß Trägermaschinen in der modernen Seekriegführung zu den wichtigsten Waffen gehören. Es kann als Ironie des Schicksals angesehen werden, daß ausgerechnet an diesem Tag ein von 60 Jägern begleitetes italienisches Bombengeschwader auf Wunsch von Mussolini sich an der deutschen Luftoffensive gegen England beteiligt.

Kriegsschauplatz Afrika

Durch den Kriegseintritt Italiens hat sich die Situation für die RAF im Mittelmeerraum und in Ostafrika nachteilig verändert. Sir Arthur Longmore, Befehlshaber des britischen Fliegerkommandos in Kairo, stehen insgesamt nur 29 Staffeln mit etwa 300 Flugzeugen zur Verfügung. Damit kommt nicht einmal ein britisches Flugzeug auf eine Fläche, die der Größe der Schweiz entspricht; denn zum Befehlsbereich von Longmore gehören Ägypten, der Sudan, Palästina, Transjordanien, Ostafrika, Aden, Somaliland, Irak, Zypern, die Türkei, der Balkan, das Mittelmeer, das Rote Meer und der Persische Golf. Trotz zahlenmäßiger Unterlegenheit greifen britische Blenheim-Bomber in den letzten Junitagen immer wieder italienische Flugplätze, Häfen und Truppenkonzentrationen an. Dabei ist Tobruk das nächtliche Hauptziel der veralteten Bombay-Kampfflugzeuge der 216. Staffel unter dem Begleitschutz von Gladiator-Jägern, die die gegnerischen Jagdflugzeuge in Schach halten. Gegen italienische Truppenbewegungen hinter der Front werden Lysander-Heeresflugzeuge der 208. Staffel eingesetzt.

In den Morgenstunden des 12. Juni 1940 ist Tobruk, die wichtigste italienische Marinebasis in Libyen, das Ziel von Luftangriffen und Seebeschuß durch Einheiten der Royal Navy. Mehrere italienische Schiffe werden schwer beschädigt, der zu einer schwimmenden Batterie umgebaute Panzerkreuzer »San Giorgio« wird in Brand geschossen und versenkt.

Zu gleicher Zeit bombardiert die südafrikanische Air Force den italienischen Teil des Ortes Moyale an der ke-

Juni 1940

nianisch-abessinischen Grenze. Daraufhin greift die Regia Aeronautica den britischen Stadtteil von Moyale und Aden an der Südspitze der arabischen Halbinsel an.

Am Donnerstag, dem 13. Juni 1940, finden in den frühen Morgenstunden die ersten Operationen an der libysch-ägyptischen Grenze statt. Eine britische Panzerpatrouille überrascht einen italienischen Vorposten und nimmt ihn ein.

Während eines britischen Luftangriffs auf Tobruk kommt es am 28. Juni 1940 zu einem verhängnisvollen Irrtum der italienischen Flakartillerie. Wegen des Anflugs von zwei britischen Blenheim-Bombern wird über Tobruk Fliegeralarm ausgelöst; italienische Flak eröffnet auf das nächste dort auftauchende Flugzeug das Feuer. Opfer ist jedoch kein gegnerischer Bomber, sondern die Maschine des Luftm. Balbo, des italienischen Gouverneurs von Libyen, ein berühmter Flieger und ehemaliger Chef der italienischen Luftstreitkräfte. Er findet bei dieser Aktion den Tod.

Wenig Glück hat in diesen Tagen auch die in Ostafrika stationierte italienische U-Boot-Waffe: Der britische U-Jagdtrawler »Moonstone« zwingt nach einem Artilleriegefecht das italienische U-Boot »Galilei« (KorvKpt. Nardi) zur Übergabe und bringt es im Schlepp in den Hafen von Aden. Die Auswertung der an Bord befindlichen Geheimunterlagen und anderer Papiere ermöglicht es der Royal Navy, einige Tage danach zwei weitere italienische U-Boote im Persischen Golf zu stellen und sie zu versenken.

Mittelmeer, in der Straße von Messina im Juni 1940: Pause auf dem Deck eines italienischen U-Bootes

Italo Balbo, Marschall von Italien

Herzog Amadeo d'Aosta, Vizekönig von Abessinien

1940 Juli

Auch die südafrikanischen Luftstreitkräfte (SAAF) greifen jetzt mit ihren vor dem Krieg in Deutschland gekauften 17 Bombern Junkers Ju 86 und zehn Junkers-Transportmaschinen Ju 52/3 m in die Kämpfe in Italienisch-Ostafrika ein. Die SAAF erringt ihren ersten Luftsieg, als sie mit drei Ju 86 und zwei Hurricanes unter Capt. Truter einen Bombenangriff auf den italienischen Flugstützpunkt Yavello (Südäthiopien) fliegt. Im Luftkampf wird eine italienische Fiat CR.42 abgeschossen. Weitere 15 Maschinen büßt die Regia Aeronautica innerhalb der darauffolgenden Woche ein.

Während die italienischen Truppen in Nordafrika unter dem Kommando Marschall Grazianis eine Invasion Ägyptens vorbereiten, haben italienische Soldaten 1500 Meilen weiter südlich eine Offensive gegen die britischen Stellungen im Sudan und Kenia begonnen. Das erste Operationsziel ist British Moyale, gegen das am 28. Juni 1940 ein Angriff geführt wird, der jedoch zurückgeschlagen wird.

Ein aus fünf Truppentransportern bestehender italienischer Geleitzug verläßt am Sonnabend, dem 6. Juli 1940, Neapel in Richtung Bengasi (Nordafrika). Den Geleitschutz übernehmen mehrere U-Boote sowie Fliegerstaffeln der Cyrenaika und vom Dodekanes, die Sicherung bildet die Flotte unter dem Kommando von Adm. Angelo Campioni mit den beiden Schlachtschiffen »Giulio Cesare« und »Conti di Cavour«, sechs schweren und 12 leichten Kreuzern sowie 24 Zerstörern.

Gegen Mittag des 8. Juli 1940 starten italienische Bomber von Stützpunkten auf den Dodekanesinseln, die das Richtung westliches Mittelmeer laufende Alexandria-Geschwader »Force B« (Adm. Cunningham) angreifen und dabei den Kreuzer »Gloucester« schwer beschädigen.

Am Nachmittag meldet ein britischer Aufklärer einen italienischen Flottenverband 100 Seemeilen westlich von Benghasi mit Kurs nach Norden. Auf diese Nachricht hin läßt Adm. Cunningham unverzüglich die Geschwindigkeit der »Force B« erhöhen und den Kurs ändern, um dem Gegner den Rückzug abzuschneiden. Die beiden Flotten sind am Dienstag, dem 9. Juli 1940, etwa 90 Seemeilen voneinander entfernt. Adm. Cunningham läßt nun die Torpedoflugzeuge des Trägers »Eagle« aufsteigen, um durch Angriffe die Geschwindigkeit der italienischen Flotte zu verringern, was jedoch wegen des geschickten Manövrierens der italienischen Einheiten ohne Ergebnisse bleibt.

Gegen 15.00 Uhr sichtet der zur »Force A« (Vizeadm. Tovey) gehörende leichte Kreuzer »Neptune« die italienischen Kreuzer, die sofort das Feuer auf ihn eröffnen. Da sich der italienische Verband außer Reichweite der Geschütze des britischen Kreuzers befindet, gerät die »Neptune« in eine schwierige Lage. Erst dem zu Hilfe kommenden Schlachtschiff »Warspite« gelingt es, mit einigen Salven die italienischen Kreuzer zum Rückzug zu bewegen. Die »Warspite« nimmt gemeinsam mit der »Malaya« die Verfolgung auf; sie beschießen aus 20 Seemeilen Entfernung die italienischen Panzerschiffe. In der Zwischenzeit sind die Torpedoflugzeuge des Trägers »Eagle« wieder startklar. Nach einem 105 Minuten lan-

gen Feuerwechsel beschädigt eine Salve von 38,1-cm-Geschossen der »Warspite« das italienische Schlachtschiff »Giulio Cesare« so schwer, daß dessen Geschwindigkeit auf 18 Knoten sinkt. Daraufhin unterbricht Adm. Campioni den Kampf, läßt die italienischen Zerstörer einen Rauchvorhang legen und einen entschlossenen Torpedoangriff unternehmen, der die Formation des britischen Geschwaders durcheinanderbringt und den weiteren Verlauf der Schlacht bestimmt: Adm. Cunningham läßt zwar von der Verfolgung nicht ab, kann aber den durch das Auseinanderfallen der Schiffsformation entstandenen Zeitverlust nicht mehr aufholen.

Das italienische Schlachtschiff »Giulio Cesare« erreicht trotz der verringerten Geschwindigkeit seinen Heimatstützpunkt. Obwohl italienische Flieger die britische Flotte verfolgen und ständig bombardieren, können sie den Engländern nur geringe Verluste zufügen: Die an den Kämpfen beteiligten 126 landgestützten Maschinen der italienischen Luftstreitkräfte erzielen nur einen einzigen Treffer auf den britischen leichten Kreuzer »Gloucester«.

Dieses Seegefecht vor Punta Stilo (Kalabrien) zeigt die ersten deutlichen Anzeichen der künftigen italienischen Taktik, die eigenen schweren Schiffe nicht zu gefährden.

Italienischer Erfolg in Somaliland

Unterdessen gehen die Kriegshandlungen auch in Ostafrika weiter. An der Grenze zu Britisch-Somaliland vermag eine kleine Polizeitruppe vier Stunden lang eine mit Panzern verstärkte italienische Abteilung aufzuhalten; dann ziehen sich die Engländer, ohne Verluste erlitten zu haben, zurück.

Am Sonntag, dem 14. Juli 1940, greifen überlegene Truppen des Herzogs von Aosta erneut die Garnison Britisch-Moyale an, deren Besatzung sich in der folgenden Nacht auf ein Fort an der kenianisch-sudanesischen Grenze zurückzieht und dort mit Hilfstruppen vereinigt, die diese Absetzbewegung unterstützt haben. Die Eroberung Moyales wird in Rom als bedeutender Sieg gefeiert. An der sudanesisch-eritreischen Grenze nehmen die Italiener den 6000 Einwohnern zählenden Eisenbahnknotenpunkt Kassala ein und haben damit die Linie Khartum–Port Sudan (Rotes Meer), eine der wichtigsten in dieser Region, unterbrochen.

Durch die Offensive der rund 250 000 Mann umfassenden italienischen Streitkräfte spitzt sich die Lage in Ostafrika zu. Die Italiener erobern am 18. Juli 1940 Kurmuk, 350 Kilometer südwestlich Gallabats, jenseits des Blauen Nils.

Der Angriff, der sich in westlicher Richtung gegen den Sudan und nach Süden gegen Uganda zu richten scheint, scheitert am hartnäckigen Widerstand der Commonwealth-Truppen, insbesondere an den südafrikanischen Land- und Luftstreitkräften.

August 1940

»Italienische Truppen auf dem Vormarsch in Afrika« – meldet die britische Presse Anfang August 1940

Zur gleichen Zeit starten Maschinen des von einem Schiffsverband gesicherten Flugzeugträgers »Eagle« (Capt. Bridge) einen Angriff auf den Hafen von Tobruk, da vermutet wird, daß der am Vortag schwer beschädigte italienische Kreuzer »Bartolomeo Colleoni« dort Zuflucht gesucht hat. Durch Bomben und Torpedos werden die Zerstörer »Ostro« und »Nembo« sowie ein italienischer Dampfer und mehrere kleine Schiffe versenkt. Dieser Angriff veranlaßt die Führung der Supermarina, Tobruk als Seestützpunkt aufzugeben.

Am Sonntag, dem 4. August 1940, fallen die Italiener von Abessinien aus in Britisch-Somaliland ein. Die italienische Offensive steht unter dem Befehl des Herzogs Amadeo d'Aosta, des Vizekönigs von Abessinien. Seine Truppen überqueren die Grenze in drei Kolonnen und stoßen auf die Ortschaften Oadweina, Zeila und Hargeisa vor. Das an Französisch-Somaliland angrenzende Zeila wird am folgenden Tag den Italienern überlassen, da es zu weit von den britischen Hauptstellungen entfernt ist, um Verstärkungen für die Verteidigung in Marsch zu setzen.

Inzwischen besetzt ein etwa 10 000 Mann starker italienischer Verband – mit Artillerie, Panzern und Flugzeugen gut ausgerüstet – den Ort Hargeisa. Die dort stationierten 1500 Briten liefern zwar ein hinhaltendes Gefecht und fügen dem Gegner ernste Verluste zu, müssen sich aber dann ins Landesinnere zurückziehen.

Den italienischen Luftstreitkräften können die Engländer zunächst nur wenig entgegensetzen, da ihre Maschinen über Aden (Südarabien), dem Sudan und Kenia verteilt sind. In Aden stehen lediglich ein paar Blenheim-Bomber und im Sudan einige Vickers Wellesley. In Kenia befinden sich in Deutschland gebaute Verkehrsflugzeuge der Südafrikanischen Union vom Typ Junkers Ju 52 und Ju 86, die man zu Bombern umfunktioniert hat. Den Rest bilden ein paar Fairey Battle und Hawker Hart der südafrikanischen und südrhodesischen Luftstreitkräfte. Für die Verteidigung dieses riesigen Gebietes können die Engländer nur auf einige Hawker Furies, Gladiators und Hurricanes zurückgreifen.

Am Dienstag, dem 6. August 1940, nehmen die Italiener die Ortschaft Oadweina ein. Ihre Aktionen werden al-

Bulgarien 1940: Sonderbriefmarke mit dem Bildnis Zar Boris' III., daneben die Landkarte mit der eingegliederten südlichen Dobrudscha

Britisch-Somaliland, Raum Port Zeila: Ein MG-Schütze der britischen einheimischen Truppen riegelt eine Paßstraße ab

1940 August

Britisch-Somaliland, Raum Berbera: Britische Infanterie im Gefecht mit italienischen Vorhuten

lerdings durch eine motorisierte Einheit des britischen Somaliland Camel Corps behindert. Vor dem weiteren Vorstoß nach Norden läßt der Herzog Amadeo d'Aosta die italienischen Truppen eine zweitägige Rast einlegen.

Bereits am 13. August erobern die Italiener Zeila und stehen nach einem unerwarteten Vorstoß entlang der Küste des Golfes von Aden nur etwa 100 Kilometer von der Hauptstadt Berbera entfernt. Von Oadweina aus operiert die 3. Italienische Kolonne, die die Reserve bildet.

Die Lage der britischen Truppen in Somaliland, dessen Hauptstadt Berbera durch den italienischen Vormarsch ernsthaft bedroht wird, wird offiziell als kritisch bezeichnet. »Es ist nicht unser Ziel, jeden Zentimeter Erde in Somaliland zu verteidigen«, gibt das britische Hauptquartier in Kairo (Gen. Wavell) bekannt, »sondern den Feind dazu zu zwingen, seine Verpflegung, Treibstoff und Munition aufzubrauchen, die er nicht wieder auffüllen kann, es sei denn in einer strategisch äußerst kostspieligen Operation.«

Italienischer Rückschlag in Libyen

Am Sonntag, dem 18. August 1940, nimmt ein im Mittelmeer patrouillierender britischer Flottenverband, bestehend aus drei Schlachtschiffen, einem schweren Kreuzer und 12 Zerstörern, die italienischen Stützpunkte Bardia und Fort Capuzzo in Libyen und dazu die wichtigen Küstenstraße mit Schiffsartillerie unter Feuer. Gleichzeitig versenken die Maschinen des Seefluggeschwaders einen Zerstörer und zwei U-Boote. Die britische Führung hofft, damit die erwartete italienische Offensive zu verzögern, während sie sich verstärkt mit dem Problem einer Sicherstellung der Versorgung von Malta auseinanderzusetzen hat.

Drei Monate nach dem Kriegseintritt Italiens beginnt am Freitag, dem 13. September 1940, der italienische Oberbefehlshaber in Nordafrika, Marschall Rodolfo Graziani, seine erste Offensive über die libysch-ägyptische Grenze. Sechs Infanteriedivisionen und acht Panzerbataillone der italienischen 10. Armee (Gen. Berti) dringen von Fort Capuzzo aus in Westägypten ein. An der ägyptischen Grenze stehen lediglich ein britisches Panzerbataillon, zwei Schwadronen Panzerspähwagen, drei Infanteriebataillone und drei Geschützbatterien. Die britischen Einheiten zählen in ganz Ägypten derzeit nur 36 000 Mann.

Der britische Oberbefehlshaber in Kairo, Gen. Wavell, beabsichtigt mit diesen schwachen Kräften, den Vorstoß der Italiener erst im befestigten Raum um Marsa Matruh aufzuhalten. Doch Marschall Graziani hat gar nicht vor, die erste Phase seiner Offensive so weit auszudehnen. Es zeigt sich sehr schnell, daß die italienischen Verbände für Angriffsoperationen in der Wüste keinesfalls ausreichend vorbereitet sind. Es fehlt ihnen nicht nur an den erforderlichen Transportmitteln, sondern auch an Durchhaltevermögen; denn infolge der schwierigen Einkreisungs- und Umgehungsmanöver treten schnell Erschöpfungszustände auf.

September 1940

Eine italienische Patrouille in der Wüste von Britisch-Somaliland

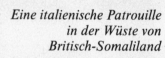

Der britische General Sir Archibald Wavell

Abessinien, Raum Gondar: Die einheimischen Soldaten mit der Kriegsfahne des Negus Haile Selassie (ganz links)

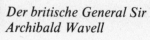

Faruk, König von Ägypten

1940 September

Die britische Presse meldet Fortschritte der Offensive von General Wavell in Libyen

Britische Infanterie bei ihrem Vorstoß durch die Libysche Wüste nach der Einnahme von Fort Capuzzo

Die italienischen Truppen erreichen auf ihrem Vormarsch in Nordafrika am Montag, dem 16. September 1940, Sidi Barrani (Ägypten). Nach Eroberung der Stadt und des Hafens bauen sie ihre Stellungen aus, um die von der Supermarina zugesagten Nachschubtransporte abzuwarten, die allerdings durch die Royal Navy erhebliche Verluste erleiden.

Ab Donnerstag, dem 19. September 1940, werden die britischen Einheiten in Ägypten von Takoradi an der Goldküste aus über eine Luftbrücke versorgt. Auf dieser 7250-km-Strecke können auch Flugzeuge mit geringerer Reichweite bei Zwischenlandungen in Nigeria sowie in Französisch-Äquatorialafrika und im Sudan eingesetzt werden. Die ersten Flüge begleiten Navigatoren der BOAC. So entfällt der Einsatz von Langstreckenmaschinen, die bisher nur auf dem Weg über die Biskaya, Gibraltar, Malta fliegen konnten. Der erste in Takoradi startende Verband, sechs Hurricanes und eine Blenheim, trifft am 26. September 1940 in Abu Sueir (Ägypten) ein.

GenMaj. Ritter von Thoma informiert nach Rückkehr von seiner Erkundungsreise in Libyen Hitler über die Möglichkeiten, einen deutschen Panzerverband zur Unterstützung der Italiener nach Nordafrika zu entsenden. Thoma, ehemaliger Kommandeur der deutschen Panzergruppe im Spanischen Bürgerkrieg, vertritt die Auffassung, mindestens vier Panzerdivisionen seien nötig, um den Feldzug in Nordafrika zu entscheiden, obwohl der Einsatz größerer Verbände Versorgungsschwierigkeiten hervorrufen könne. Hitler aber meint, er könne nur eine Panzerdivision entbehren.

Oktober 1940

Am Freitag, dem 6. Dezember 1940, müssen die Italiener auch in Nordafrika einen schweren Rückschlag hinnehmen. In der Cyrenaika gelingt es einer motorisierten Armee unter Gen. Wavell, ohne daß die Regia Aeronautica es bemerkt, mit rund 31 000 Mann über 60 Kilometer weit vorzudringen. Tagsüber können die Verbände unter dem Schutz von Hurricanes, Gladiators und Blenheims vorwärtsrollen, und nachts werden Bomber vom Typ Wellington und Bombay eingesetzt. Nachdem die Italiener gleich zu Anfang der britischen Offensive ihre vorgeschobenen Flugplätze im Raum Sidi Barrani und Sollum verloren haben, geht die Lufthoheit an die Engländer über.

Am Mittwoch, dem 11. Dezember 1940, wird Sidi Barrani (Ägypten) von den Engländern wieder zurückerobert. Um den Italienern den Rückzug auf Sofafi zu versperren, drehen Teile der britischen 7. Panzerdivision nach Süden ab. Es gelingt den britischen Verbänden unter Gen. O'Connor, vier italienische Divisionen aufzureiben und 38 300 Soldaten – darunter vier Generäle – gefangenzunehmen.

Die Beute: 400 italienische Geschütze und 50 Kampfwagen. Die britischen Verluste betragen 133 Tote, 387 Verwundete und acht Vermißte. Es gelingt den Italienern nicht mehr, eine neue Verteidigungslinie im libysch-ägyptischen Grenzgebiet aufzubauen.

Am Sonntag, dem 15. Dezember 1940, erobern die Engländer in einem Handstreich den Halfaya-Paß an der ägyptisch-libyischen Grenze und öffnen damit ihren Panzern den Weg in die innere Cyrenaika. Die geretteten Teile der italienischen 10. Armee ziehen sich in die Festung der Hafenstadt Bardia zurück, um der Gefangennahme zu entgehen. Aus dem Landesinneren werden drei italienische Divisionen zur Verstärkung herangezogen, um die Verteidigung von Tobruk sowie die Linie zwischen El Mekili und Derna vorzubereiten.

Am Dienstag, dem 17. Dezember 1940, erobern englische Verbände das von italienischen Pionieren festungsartig ausgebaute Sollum wieder zurück und dringen von dort aus weiter nach Libyen vor.

Überfall auf Griechenland

Obwohl auf dem Balkan Frieden herrscht, erleidet die griechische Marine vor dem Hafen von Tinos in der Ägäis ihren ersten Schiffsverlust: Der griechische Kreuzer »Helli«, ein Veteran aus dem Ersten Weltkrieg, der die Repräsentanten des Staates zu einer Wallfahrt auf die Inseln gebracht hat, wird am 15. August durch drei Torpedotreffer des italienischen U-Bootes »Delfino« versenkt. Als Hitler von dem Zwischenfall erfährt, läßt er Mussolini noch am gleichen Tag ersuchen, »jegliche Angriffsabsichten gegen die Balkanstaaten fallen zu lassen und alle Anstrengungen auf England zu richten«.

IT'S JUST GREEK TO HIM
—by Illingworth.

Brutal zertritt Mussolini die griechische Neutralität – eine Karikatur vom Herbst 1940

Duce Benito Mussolini, der italienische Regierungschef

1940 Oktober

Der Überfall auf Griechenland: Eine italienische Panzereinheit rollt über die albanische Grenzstraße nach Griechenland

Ein italienisches MG-Nest in der zerklüfteten Gebirgskette Pindos

Epirus-Gebirge, Raum Joannina. Der Chef einer italienischen Batterie korrigiert das Geschützfeuer, das auf griechische Truppenansammlungen gerichtet ist (unten rechts)

Der italienische General Ubaldo Sodu, Oberbefehlshaber der albanischen Front

November 1940

Für den von Mussolini vor der deutschen Führung noch geheimgehaltenen Feldzug gegen Griechenland werden 40 310 italienische Soldaten mit 701 Fahrzeugen und 33 535 Tonnen Material ohne Verluste über das Adriatische Meer von Brindisi nach Albanien überführt.

Noch immer ohne Fühlungnahme mit der deutschen Reichsleitung beschließt der italienische Kriegsrat am Dienstag, dem 15. Oktober 1940, den Angriff auf Griechenland, dem ein Ultimatum an die Athener Regierung vorhergehen soll, in dem die Errichtung italienischer Garnisonen in Nordgriechenland gefordert wird.

Am Montag, dem 28. Oktober 1940, um 5.30 Uhr, eröffnen die Italiener von Albanien aus ihren Angriff auf Griechenland. Über diesen das deutsche Oberkommando völlig überraschenden Überfall, der das strategische Konzept stört, sagte schon 14 Tage zuvor Mussolini: »Hitler stellt mich immer vor vollendete Tatsachen. Diesmal werde ich ihm in der gleichen Münze heimzahlen: Er wird aus der Zeitung erfahren, daß ich in Griechenland einmarschiert bin.« Zwar ist dann doch ein Brief des »Duce« an Hitler abgeschickt worden, ohne ihn während der Südfrankreichreise noch rechtzeitig zu erreichen. Auf dem Weg nach Florenz, wo Hitler und Mussolini am 28. Oktober zusammentreffen wollen, erfährt der »Führer«, daß nach Ablehnung des italienischen Ultimatums die Kampfhandlungen begonnen haben. Unter dem Oberbefehl von Gen. Visconti-Prasca stehen sechs Infanteriedivisionen, eine Gebirgsdivision und eine Panzerdivision mit insgesamt 155 000 Mann. Eine weitere Infanteriedivision ist zur Grenzsicherung gegen Jugoslawien eingesetzt.

Fünf durch Freischärler und albanische Einheiten verstärkte italienische Divisionen überschreiten in breiter Front die albanisch-griechische Grenze und dringen in den Epirus ein, angeblich zur »Befreiung« der dort lebenden Albaner. Zwei andere Divisionen gehen vom Prespasee in Südalbanien in Richtung Florina vor. Plötzlich stark einsetzender Sturm verhindert die Landung einer italienischen Division hinter den griechischen Grenzstellungen im Golf von Arta.

Auf griechischer Seite stehen den Italienern zunächst 14 Infanteriedivisionen und eine Kavalleriedivision unter dem Oberbefehl von Gen. Papagos gegenüber. Nach Abschluß der Mobilmachung verfügt Griechenland über ein Heer von rund 430 000 Soldaten. Auch in der Luft ist Griechenland den Italienern zahlen- und materialmäßig unterlegen. Es besitzt nur 44 Jäger, 39 Bomber und 66 zum Teil schrottreife Aufklärungsflugzeuge. Dagegen verfügen die italienischen Luftstreitkräfte über 177 Jäger, 55 Bomber und 25 Aufklärer in Albanien, dazu kommen 119 Bomber, 54 Jäger und 18 Aufklärer in Apulien. Mit den 20 von Deutschland gelieferten Stukas vom Typ Ju 87 haben die Italiener fast 400 Maschinen gegen nur 139 griechische Flugzeuge.

Nur einen Tag nach dem italienischen Angriff auf Griechenland, am Dienstag, dem 29. Oktober 1940, besetzen die Engländer in Erfüllung ihrer Garantieerklärung von 1939 mit einer Blitzaktion Kreta und lassen die Royal Navy die griechischen Gewässer verminen. Großbritannien verfügt damit über eine wichtige Schlüsselposition im Mittelmeer und bedroht von hier aus die rumänischen Ölfelder. Mit der Besetzung Kretas hat die Royal Navy die Möglichkeit, die Schiffahrtswege zu den Dodekanesinseln zu kontrollieren und die Versorgung der italienischen Basen empfindlich zu stören.

Der italienische Vormarsch im Epirus gerät bereits nach 30 Kilometern im Vijosatal, vor Joannina und am Kalamas, ebenso in Richtung Florina, ins Stocken.

Griechen wehren sich erfolgreich

Am Freitag, dem 1. November 1940, entwickelt sich die erste größere Luftschlacht zwischen griechischen und italienischen Kampfverbänden. Dabei gelingt es einer italienischen Maschine, nördlich von Joannina einen Jäger PZL-24 polnischer Bauart des griechischen Jagdgeschwaders 21 abzuschießen.

Zwei Tage später wird der am weitesten auf griechisches Gebiet vorgedrungene linke Flügel der italienischen 11. Armee (Gen. Geloso) durch einen Gegenstoß des griechischen II. Korps (Oberst Papadopoulos) aus dem Raum Vovuza/Kerasovon zurückgedrängt.

Am Montag, dem 4. November 1940, entschließt sich Hitler, im Frühjahr 1941 seinem Bundesgenossen Mussolini, angesichts der auf dem Balkan entstandenen kritischen Lage, mit einem Entlastungsangriff gegen Griechenland von Ungarn, Bulgarien und Rumänien aus zu Hilfe zu kommen. Unterdessen haben die Griechen ihre Kräfte im Epirus verstärkt und die Armee »Westmazedonien« zum Gegenstoß angesetzt. Es gelingt den griechischen Verbänden, das Gebiet von der jugoslawischen Grenze bis zur Gebirgskette Pindos zurückzuerobern und die Gebirgsdivision »Julia«, einen italienischen Eliteverband, aufzureiben. Sein Vorhaben, Griechenland im Sturm zu nehmen, muß der Duce aufgeben.

Obwohl es den griechischen Verteidigern besonders an Flak und Panzerabwehrgeschützen mangelt, können sie die italienische Offensive unter Gen. Visconti-Prasca zurückschlagen und ihre Hauptkräfte, elf Infanteriedivisionen, drei Infanteriebrigaden und eine Kavalleriedivision, an der albanischen Front konzentrieren.

In der Zwischenzeit nehmen die Italiener eine Umgliederung ihrer Verbände vor und bilden die neue Armeegruppe »Albania« unter Gen. Soddu, zu der die 9. Armee mit vier Infanteriedivisionen und die 11. Armee mit fünf Divisionen gehören. Die 9. Armee soll den Abschnitt von der jugoslawischen Grenze bis zum Flußufer des Osum halten, während die 11. Armee die Verteidigung des Epirus übernimmt.

Dem Comando Supremo stehen zwar im italienischen Mutterland noch zahlreiche Reserveeinheiten zur Verfügung, doch ist wegen Nachschubschwierigkeiten nur eine etappenweise Verlegung dieser Verbände an die griechi-

295

1940 November

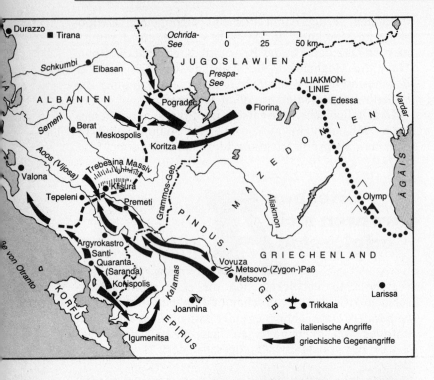

sche Front möglich. Während die Italiener in Griechenland in schwere Kämpfe verwickelt sind, haben sie auf dem nordafrikanischen Kriegsschauplatz eine Kampfpause eingelegt, die das britische Oberkommando in Kairo nutzt, um einen Gegenstoß vorzubereiten.

Griechische Gegenoffensive

Am Donnerstag, dem 14. November 1940, treten drei griechische Armeekorps im Epirus zur Gegenoffensive an. Es gelingt ihnen, die Hauptkräfte der zur Armeegruppe »Albania« (Gen. Soddu) gehörenden 9. Armee wieder über die Grenze nach Albanien zurückzudrängen.

Am Donnerstag, dem 21. November 1940, erobern griechische Truppen den äußerst wichtigen Straßenknotenpunkt Koritsa und besetzen anschließend die beherrschende Bergkette Morina Planina. Im Zentrum der Front dringt das griechische II. Armeekorps sogar über die eigene Landesgrenze vor und erreicht die Linie Erseka–Leskovik, nachdem es die in den Grammos- und Smolikas-Bergen stehenden italienischen Verbände zurückgeworfen hat. Auch das griechische I. Armeekorps kann am Kalamas-Fluß den italienischen Widerstand brechen und den Feind zwingen, über die Grenze auszuweichen, um sich der Einschließungsgefahr zu entziehen.

Am Freitag, dem 22. November 1940, tritt in den Abendstunden die griechische Gegenoffensive in ein neues Stadium. Der griechische Vorstoß ist in drei Gruppen eingeteilt: Auf dem rechten Flügel sind das griechische III. Armeekorps und die Gruppe K zu einer Angriffsgruppe zusammengefaßt. Selbst hartnäckiger italienischer Widerstand hindert sie nicht daran, Ochrida in Besitz zu nehmen und damit das Gebiet um Koritsa zu sichern. Auf dem linken Flügel erzielt die Operationsgruppe des griechischen I. Armeekorps einen Einbruch in die stark befestigte italienische Grenzverteidigung.

Die italienisch-griechische Front in den Monaten November/Dezember 1940 (ganz oben)

Pietro Badoglio, italienischer Marschall, und der italienische Admiral Arturo Riccardi

Graf Ugo Cavallero, italienischer Marschall, Admiral Wilhelm Canaris, Chef des Amtes Ausland/Abwehr im OKW, und der italienische Admiral Angelo Iachino, Chef des II. Geschwaders

Dezember 1940

Mussolini entläßt Generalstabschef Badoglio, der vor dem italienischen Kriegseintritt gewarnt hatte und dem er die Schuld an den italienischen Rückschlägen auf dem Balkan gibt. Künftig gilt Pietro Badoglio als Exponent der konservativen Opposition gegen die Faschisten.

Am Sonntag, dem 8. Dezember 1940, besetzen griechische Truppen den Ort »Argyrokastron« (Albanien). Trotz mehrerer italienischer Gegenangriffe mit Panzerunterstützung ist der griechische Vormarsch nicht aufzuhalten. Das griechische Oberkommando befiehlt, die Offensive in Richtung Vlona fortzusetzen.

Am Montag, dem 9. Dezember 1940, rollt die griechische Angriffsgruppe auf dem rechten Flügel mit dem III. Armeekorps und der Gruppe K nach dem Zusammenbruch des italienischen Widerstandes ungehindert durch die Täler der Devoli und Tomori.

Gleichzeitig erfolgt ein Wechsel bei den Befehlshabern der Supermarina. An diesem Tag tritt Adm. Cavagnari zurück, und Adm. Riccardi übernimmt seine Stelle. Neuer Flottenchef wird Admiral Iachino, bisheriger Kommandeur der Kreuzergeschwader, der mehrere Jahre als Marineattaché in London tätig war. Als Flottenchef hat er jedoch noch weit weniger Erfolg als sein Vorgänger, Adm. Campioni.

Ein Vermittlungsangebot des deutschen Abwehrchefs Canaris vom 10. Dezember 1940, wonach die Griechen die besetzten Teile Albaniens wieder räumen sollen und der Status quo zwischen Italien und Griechenland wiederhergestellt werden soll, findet in Athen keine Resonanz.

Am Freitag, dem 13. Dezember 1940, erläßt Hitler die Weisung Nr. 20. Sie hat den Operationsplan für das Unternehmen »Marita«, den geplanten Angriff gegen Griechenland, zum Inhalt. Es ist vorgesehen, daß die deutsche 12. Armee (GFM List) von Bulgarien aus in Griechenland eindringen und bis zur Ägäisküste vorstoßen soll.

Am Dienstag, dem 24. Dezember 1940, hat sich in Albanien das auf dem rechten Flügel der Front durch die Täler von Devoli und Tomori vorgehende griechische III. Armeekorps bis auf 20 Kilometer Berat genähert. Dagegen ist die mittlere Angriffsgruppe des II. Armeekorps durch plötzlich einsetzenden starken italienischen Widerstand nicht weit über ihre Ausgangsstellung in der Nähe von Kelcyre vorgedrungen. Inzwischen stößt auf dem linken Flügel das I. Armeekorps bei Tepelena auf heftigen Widerstand, kann jedoch mit Teilen, die an der Küste entlangrollen, Himare besetzen. Die eigentlichen Operationsziele erreichen die Griechen nicht; denn eine völlige Einkreisung der Italiener scheitert, da diese laufend Verstärkung erhalten können, nachdem Mussolini wieder zur völligen Mobilmachung aufgerufen hat.

Die Lufttransporte führt seit Anfang Dezember zwischen Italien und Albanien ein Geschwader Ju 52 (Oberst Starke) durch, das in Foggia seinen Stützpunkt hat.

Am Sonnabend, dem 28. Dezember 1940, bittet Mussolini Hitler, ihn in Albanien zu unterstützen. Zu der zunächst vorgesehenen Entsendung einer kampferprobten Gebirgsdivision kommt es jedoch nicht.

Am Montag, dem 30. Dezember 1940, entschließt sich das griechische Oberkommando, den Vormarsch seiner Truppen auf die mittlere Operationsgruppe des II. Armeekorps zu beschränken und mit der Einnahme von Kelcyre abzuschließen. Schon nach Angriffsbeginn kommt es zu heftigen Kämpfen zwischen den hier eingesetzten dreieinhalb Divisionen des griechischen II. Armeekorps und den fünf neuen italienischen Divisionen. Auf beiden Seiten sind schwere Verluste zu verzeichnen. Schließlich gelingt aber den Griechen, dank ihrer besseren taktischen Führung, die Eroberung von Kelcyre.

Auf italienischer Seite übernimmt nunmehr Gen. Graf Cavallero anstelle des erkrankten Gen. Soddu den Oberbefehl in Albanien. Die Italiener verfügen in Albanien derzeit über elf Infanteriedivisionen, vier Gebirgsdivisionen, eine Panzerdivision sowie eine größere Anzahl kleinerer Einheiten.

Diesen 16 italienischen Divisionen stehen auf griechischer Seite 13 Divisionen und drei selbständige Brigaden gegenüber. Damit sind die Griechen zwar zahlenmäßig nicht mehr allzusehr unterlegen, haben aber in zunehmendem Maße mit Versorgungs- und Transportschwierigkeiten zu kämpfen.

Athen, Grabmal des Unbekannten Soldaten: Parade der griechischen Leibgarde

297

DIE SCHLACHT UM ENG- LAND

HITLER HOFFT AUF LONDONS »VERNUNFT«

Der Mythos von der Unbesiegbarkeit der deutschen Kriegsmaschinerie erleidet den ersten Einbruch

Nachdem es sich mehr und mehr abzeichnet, daß Frankreich kurz vor der Kapitulation steht, bereitet sich England darauf vor, den Krieg gegen Hitler-Deutschland allein fortzuführen.

Aus diesem Grunde läßt Churchill Offiziere und Mannschaften aus allen Teilen des Commonwealth zusammenstellen, die als Commandotrupps bei Landungsunternehmen zum Einsatz gelangen sollen. Spezialisten erhalten den Auftrag, Fahrzeuge für diese »Raids« herzustellen.

Als eine der ersten Maßnahmen dieser Art findet in der Nacht vom 14./15. Juli 1940 ein britischer Commando-Einsatz unter der Tarnbezeichnung »Ambassador« statt. 40 Mann des 3. Commando und der 11. Independent Company unter Col. J. F. Durnford-Slater sind daran beteiligt. Ihr Ziel: die von den Deutschen besetzte Kanalinsel Guernsey. Sie sollen die Funkstation sprengen und Gefangene einbringen. Bei der Ankunft werden die Landungseinheiten jedoch unter heftiges Feuer genommen, so daß die Company ihren Versuch abbrechen muß. Obwohl es dem 3. Commando gelingt, die schwer zugängliche Steilküste zu überwinden und unbemerkt an Land zu kommen, trifft es in seinem Bereich auf keinen einzigen deutschen Soldaten. Nach Erreichen der Funkstation finden die Männer nur noch Trümmer vor und müssen sich unverrichteterdinge wieder zurückziehen und wegen schweren Seegangs drei Nichtschwimmer zurücklassen.

Nachdem um 0.35 Uhr am Morgen des 25. Juni 1940 die Waffenstillstandsbedingungen in Kraft getreten sind, erklärt Premierminister Churchill im Unterhaus, Frankreich habe die unwiderruflichen Bedingungen nicht eingehalten, aufgrund deren England sein Einverständnis für den Waffenstillstand erteilt habe, nämlich die französische Flotte in englische Häfen zu überführen.

Die Beteuerungen Adm. Darlans und Marschall Pétains, sie würden es nicht zulassen, daß die französische Flotte in die Hände des Feindes übergehe, nimmt Churchill nicht weiter zur Kenntnis; denn er ist fest davon überzeugt, im gegebenen Augenblick werde die französische Regierung außerstande sein, sich den Forderungen des Siegers zu widersetzen.

Die britischen Standard-Jagdmaschinen vom Typ Hawker Hurricane führen gegen die Luftwaffe die ersten Kämpfe über Frankreich und Großbritannien. Die Hurricanes sind durch ihre Wendigkeit ein gefürchteter Gegner

1940 Juni

Der britische Colonel John Durnford-Slater, Chef einer Commando-Einheit, und Captain B. C. S. Martin, Kommandant des Kreuzers »Dorsetshire«

London, Januar 1940: Außenminister Anthony Eden bei einer Vorführung britischer Truppenausrüstung

Die nach der Kapitulation Frankreichs im westlichen Mittelmeer entstandene Lücke innerhalb der alliierten Seemacht soll ein in Gibraltar neugebildeter britischer Flottenverband schließen. Er bekommt die Bezeichnung Force H und steht unter dem Befehl von Vizeadm. Somerville.

Die Blockade Westeuropas vom Nordkap bis zur spanischen Grenze verkündet der britische Premierminister dann zwei Tage später; außerdem erhalten die Hafenkommandanten von Plymouth und Portsmouth die Anweisung, die in den britischen Häfen liegenden französischen Schiffe zu internieren.

An dieser entschlossenen Haltung ändert sich auch nichts, als am 30. Juni 1940 die britischen Kanalinseln Alderney, Guernsey und Jersey, nachdem zuvor 22 656 Zivilisten nach England evakuiert wurden, von deutschen Truppen besetzt werden.

Die britische Führung hat auch schon Vorbereitungen für den Fall getroffen, daß es zu einer deutschen Besetzung der Iberischen Halbinsel kommt. Insgeheim stehen Streitkräfte bereit, um dann sofort die spanischen und portugiesischen Inselgruppen im Atlantik, vor allem die Azoren, in Besitz zu nehmen.

Nach der französischen Niederlage und dem deutsch-französischen Waffenstillstand steht England vorerst den Achsenmächten allein gegenüber.

Die Zurücknahme des britischen Expeditionskorps vom europäischen Festland hat die englische Führung veranlaßt, ihre Strategie grundlegend zu ändern, indem sie sich nunmehr vorwiegend maritim orientiert.

Eine britische Briefmarke aus dem Jahre 1940 mit König Georg VI.

Juli 1940

Sommer 1940: Straßenkampfübungen in einem Londoner Vorort

Für die Kriegsmarine ist durch die Ereignisse im ersten Halbjahr 1940 eine breite Ausgangsbasis zu weiträumigen Flottenoperationen von Kirkenes bis Biarritz geschaffen. Gesamtstrategisch hätte es nahegelegen, den Schwerpunkt dieser Operationen ins Mittelmeer zu verlagern, um Großbritannien an einer Stelle zu treffen, an der es verhältnismäßig schwach ist, nämlich am Suezkanal, im Vorderen Orient und in Nordafrika.

Die Herbstmonate des Jahres 1940 nutzen die Engländer für die Ausbildung ihrer Commando-Trupps. Die Angehörigen dieser Verbände sollen zu geistesgegenwärtigen, selbständig handelnden Einzelkämpfern erzogen werden, die sich in jeder schwierigen Situation zurechtfinden. Zuständig für die Ausarbeitung von Plänen zur Erkundung der deutschen Küstenverteidigungsmaßnahmen sowie für das Sammeln taktisch-technischer Erfahrungen zu einer Invasion des von Deutschen besetzten Festlands ist die »Combined Operations«, ein Operationsstab, dem alle Waffengattungen unterstehen.

In die geplanten »Raids« sollen – abgesehen vom Sanitätspersonal – alle Angehörigen eines Commando, sogar Schreibstubenkräfte, mit einbezogen werden.

Am Freitag, dem 20. Dezember 1940, starten zwei Spitfire der RAF zum ersten »Störangriff im Tiefflug gegen sich anbietende Ziele« auf dem europäischen Kontinent (Deckname »Rhubarb«). Sie eröffnen eine Serie ständiger Tagesangriffe auf Frankreich. Nur einige Stunden später folgen die ersten Nachtstörflüge, mit denen man erreichen will, die deutschen Bomber über den eigenen Ausgangsstützpunkten zu vernichten.

Das Drama von Mers-el-Kebir

Das durch die Niederlage Frankreichs veränderte Kräfteverhältnis im Mittelmeer bewirkt kaum eine Änderung der grundsätzlichen britischen Strategie: Der Oberbefehlshaber der britischen Mittelmeerflotte, Adm. Sir Andrew Cunningham, nutzt die defensive Haltung der italienischen Führung und hat nach Eröffnung der Feindseligkeiten mehrere offensive Operationen unternommen, obwohl die Italiener den Engländern im Mittelmeer sowohl an Schiffen als auch an Flugzeugen überlegen sind und ihnen eine große Anzahl von Stützpunkten zur Verfügung steht.

Die Royal Navy profitiert dagegen von den Basen in Gibraltar und Alexandria sowie von dem zentral gelegenen Stützpunkt auf der kleinen Felseninsel Malta. Gibraltar ist für die Engländer den ganzen Krieg über von unschätzbarem Wert, da es den deutschen Kriegsschiffen die Einfahrt in das Mittelmeer versperrt und gemeinsame Operationen der italienischen und deutschen Flotte unterbindet.

1940 Juli

Alexandria wiederum im östlichen Mittelmeer dient der Verteidigung des Suezkanals, der Lebenslinie zum Indischen Ozean. Malta spielt für die Royal Navy nur eine zweitrangige Rolle, da es – was Ausstattung, Bewaffnung und Luftschutz betrifft – trotz seiner zentralen geographischen Lage vor dem Kriege nicht für die Erfüllung solcher Aufgaben vorbereitet worden ist.

In einer Reihe riskanter und verlustreicher Aktionen wird nun versucht, die Insel mit Flugzeugen, Waffen und Munition zu versorgen. Der tatsächliche Bedarf kann jedoch zu keiner Zeit ausreichend gedeckt werden.

Da die Regierung Großbritanniens eisern entschlossen ist, den Kampf gegen Hitler-Deutschland mit allen Mitteln durchzuführen, gibt Churchill Anweisung, die noch nicht in britischen Häfen befindlichen Teile der französischen Flotte außer Gefecht zu setzen.

Trotz der Beteuerungen Marschall Pétains und Adm. Darlans, kein französisches Kriegsschiff den Deutschen in die Hände fallen zu lassen, sehen die britische Regierung und die Admiralität im Artikel 8 des deutsch-französischen Waffenstillstandsabkommens eine Gefahr; denn danach hat sich die französische Flotte zu – von der deutschen Kriegsmarine bestimmten – Sammelplätzen zu begeben, um unter deutscher und italienischer Kontrolle Entwaffnung und Demobilisierung durchzuführen. Dies wäre eine Gelegenheit, daß die viertgrößte Flotte der Welt von deutschen Besatzungen übernommen wird. Auch die Häfen Oran, Casablanca und Algier, die im Bereich der italienischen Luftstreitkräfte liegen, sind nach britischer Auffassung als Anlaufplätze ungeeignet, da dort die Schiffe im Handstreich von Fallschirmjägern besetzt werden könnten.

Vichy, Sommer 1940: Marschall Pétain bei einer Arbeitskonferenz mit höheren französischen Offizieren

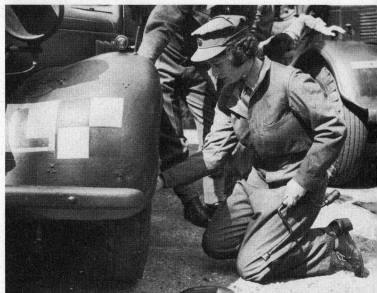

Großbritannien, Sommer 1940: Prinzessin Elizabeth dient als Automechanikerin im Frauenhilfskorps der britischen Streitkräfte

Toulon, Sommer 1940: Ein französisches U-Boot während der Übungsfahrt

Juli 1940

Zum Zeitpunkt des Waffenstillstands ist die französische Flotte recht zerstreut: In den südenglischen Häfen liegen zwei Panzerschiffe, vier Zerstörer, einige U-Boote sowie etwa 200 kleinere Hilfsfahrzeuge. In Alexandria befinden sich ein Panzerschiff, drei schwere Kreuzer, ein leichter Kreuzer, drei Zerstörer sowie ein U-Boot. Nach Mers-el-Kebir bei Oran hat sich das stärkste Geschwader mit zwei neuen Panzerschiffen, zwei alten Panzerschiffen, sechs Zerstörern, einem Flugzeugträgerschiff – dazu ein Dutzend U-Boote und Schnellboote – zurückgezogen. Es befinden sich ferner in Algier sechs leichte Kreuzer, in Casablanca das noch nicht fertige Panzerschiff »Jean Bart«, in Toulon vier schwere Kreuzer, in Dakar das neue Panzerschiff »Richelieu«, in Martinique ein Flugzeugträger und zwei leichte Kreuzer.

Engländer gegen Franzosen

Am Mittwoch, dem 3. Juli 1940, werden in den frühen Morgenstunden auf Befehl der britischen Admiralität die Besatzungen der in englischen Kanalhäfen liegenden Einheiten der französischen Flotte durch Angehörige der Royal Navy überwältigt.

Auf diese Weise fallen den Engländern die Schlachtschiffe »Courbet« und »Paris«, zwei leichte Kreuzer, drei Zerstörer, sechs Torpedoboote, mehrere U-Boote und 200 kleinere Schiffe (Minenleger, Minensucher, Schnellboote, Trawler etc.) in die Hände. Widerstand wird nur auf dem U-Boot-Kreuzer »Surcouf«, dem größten U-Boot der Welt, geleistet, auf dem zwei französische Seeleute den Tod finden.

Die Operation »Catapult« hat begonnen.

Die Offiziere des Zerstörers »Mistral« wollen die Selbstversenkung ihres Schiffes durch Öffnen der Ventile versuchen. Dazu kommt es jedoch nicht, da dem Kommandanten angedroht wird, seine unter Deck eingesperrten Matrosen mit der »Mistral« untergehen zu lassen. Die Besatzungen der von den Engländern gekaperten französischen Schiffe – rund 5000 Mann – werden in einem Lager bei Liverpool interniert, ihre Offiziere auf der Insel Man untergebracht.

In den Nachmittagsstunden beginnt die Force H (Vizeadm. Sir James F. Somerville) von Gibraltar mit ihrem Teil der Operation »Catapult«, dem Überfall auf die französische Flotte im Hafen von Mers-el-Kebir bei Oran. Der französische Befehlshaber, Vizeadm. Marcel Gensoul, wird von den Engländern ultimativ aufgefordert, die französischen Schiffe entweder auf alliierter

Der französische Vizeadmiral Marcel Gensoul

Der französische Flottenstützpunkt in Algerien, Mers-el-Kebir bei Oran: Noch liegen in aller Ruhe die schweren Einheiten der französischen Marine unter den schützenden Sonnentüchern

1940 Juli

Seite kämpfen oder im Schutz der Royal Navy britische Häfen anlaufen zu lassen, wo sie dann den »Freien Franzosen« unterstellt werden sollen.

Falls sich Vizeadm. Gensoul an die Waffenstillstandsbedingungen gebunden fühlt, nach denen er seine Flotte weder gegen die Deutschen noch gegen Italien einsetzen dürfe, so sollen seine Schiffe französische Häfen in Westindien anlaufen, um dort bis Kriegsende zu bleiben. Bei Ablehnung dieser Vorschläge müßten die Schiffe von den eigenen Besatzungen versenkt werden. Sollte Vizeadm. Gensoul auch dieser Lösung nicht zustimmen, so sei die Royal Navy gezwungen, alle Mittel anzuwenden, um sicherzustellen, daß die französischen Schiffe nicht in die Hände der Achsenmächte fallen.

Unterdessen legen englische Flugzeuge eine Minensperre, damit die französischen Schiffe den Hafen nicht verlassen können. Nach mehrstündigen Verhandlungen und endgültiger Ablehnung des britischen Ultimatums durch den französischen Admiral nimmt die Royal Navy ab 17.40 Uhr die französischen Schiffe auf den überfüllten Ankerplätzen von Mers-el-Kebir unter Feuer. Innerhalb von 15 Minuten ist die Masse des nicht gefechtsbereiten französischen Flottenverbandes, der der Force H ein leichtes Ziel bildet, versenkt oder kampfunfähig.

Das Ergebnis der Operation »Catapult«, des bisher größten und erfolgreichsten Unternehmens der britischen Flotte im Zweiten Weltkrieg: Die Verluste der französischen Marine in Mers-el-Kebir betragen 1147 Tote und 351 Verwundete; Versenkung des Schlachtschiffes »Bretagne« nach mehreren Treffern, schwere Treffer auf den Schlachtschiffen »Dunkerque« und »Provence«, Heckvolltreffer auf den Großzerstörer »Mogador«. Das Schlachtschiff »Strasbourg« und die fünf Großzerstörer »Le Terrible«, »Tigre«, »Volta«, »Lynx« und »Kersaint« können unbeschädigt nach Toulon entkommen.

Der Überfall auf Mers-el-Kebir ist die erste Gefechtsbegegnung zwischen Engländern und Franzosen seit der Schlacht bei Waterloo vor 125 Jahren.

Vichy-Regierung reagiert

Die unter den Franzosen durch das Vorgehen der Royal Navy gegen ihren ehemaligen Verbündeten entstandene Verbitterung versucht die Goebbels-Propaganda auszunutzen, um die restlichen französischen Besatzungen für die deutsche Sache zu gewinnen.

Aus den Protokollen der Konferenzen Hitlers mit Großadm. Raeder und dessen Stellvertreter, Vizeadm. Dönitz, geht hervor, daß die englischen Befürchtungen bezüglich der deutschen Absichten, sich der französischen Flotte zu bemächtigen, begründet sind. In dem von Hitler im Dezember angeforderten Operationsplan für ein Unternehmen »Attila« (Besetzung Südfrankreichs im Falle einer Krise im westlichen Mittelmeer) wird den deutschen Befehlshabern

der Kriegsmarine und Luftwaffe nahegelegt, sich darüber Gedanken zu machen, wie man in Toulon die französischen Schiffe am leichtesten erobern könnte.

Am Donnerstag, dem 4. Juli 1940, findet etwa 30 Seemeilen südwestlich von Gibraltar der erste Luftkampf zwischen englischen und französischen Flugzeugen statt. Ein auf Patrouille gegen deutsche U-Boote befindliches britisches Sunderland-Flugboot wird von drei französischen Curtiss-Jägern angegriffen, von denen einer abgeschossen und ein zweiter beschädigt wird.

Von französischen Flughäfen aus unternimmt die Luftwaffe Einsätze gegen die britische Schiffahrt. Dabei versenken die Junkers Ju 87 des Stukageschwaders 2 aus einem Konvoi vor der englischen Küste fünf Schiffe und beschädigen neun andere schwer.

Etwa zum selben Zeitpunkt torpedieren im südlichen Kanalausgang deutsche Schnellboote aus dem gleichen Konvoi drei Schiffe mit 16815 BRT; dabei wird der Frachter »Elmcrest« (4343 BRT) vernichtet.

Am Freitag, dem 5. Juli 1940, starten französische Flugzeuge von Nordafrika aus, um Gibraltar anzugreifen. Die aus großer Höhe abgeworfenen Bomben fallen jedoch ins Meer und richten keinerlei Schaden an.

Die Ereignisse von Mers-el-Kebir veranlassen die französische Regierung Pétain, ihre diplomatischen Beziehungen zu Großbritannien abzubrechen, ohne daß es zu einer Kriegserklärung kommt. Den französischen Marineoffizieren wird das Tragen britischer Orden verboten. Britischen Schiffen und Flugzeugen untersagt die Vichy-Regierung, die französische 20-Seemeilen-Küstenzone zu durchfahren oder zu überfliegen. Von der französischen Mittelmeerflotte verbleiben der Regierung Pétain: ein Schlachtschiff, ein Flugzeugmutterschiff, vier schwere und acht leichte Kreuzer, 30 Zerstörer sowie 70 U-Boote. Die meisten dieser Einheiten liegen im Flottenstützpunkt Toulon vor Anker.

Am Morgen des 6. Juli 1940 starten britische Torpedoflugzeuge vom Träger »Ark Royal« in drei Wellen, um das zunächst nur leicht beschädigte französische Schlachtschiff »Dunkerque« in Mers-el-Kebir zu versenken. Danach nehmen sie Schnellboote mit geretteten französischen Matrosen unter Bordwaffenbeschuß. Weitere 150 französische Seeleute kommen dabei um, so daß sich die Gesamtzahl der Toten von Mers-el-Kebir auf 1297 erhöht.

Am Sonntag, dem 7. Juli 1940, gibt die deutsch-italienische Waffenstillstandskommission ihr Einverständnis, die Abrüstung der französischen Flotte zurückzustellen.

Unterdessen treffen an diesem Tag in Alexandria Adm. Cunningham und der französische Vizeadm. Godfroy Vereinbarungen über das dort im Hafen liegende französische Geschwader »Force X«. Der englische Admiral versichert, die französischen Schiffe nicht mit Gewalt besetzen zu lassen, falls die neuen Einheiten – das Schlachtschiff »Lorraine«, die schweren Kreuzer »Tourvilles«, »Suffren« und »Duquesne«, ein weiterer leichter Kreuzer sowie drei Zerstörer und ein U-Boot – die Verschlüsse ihrer Geschütze sowie Zündvorrichtungen der Torpedos im französischen Konsulat deponieren und ihre Treibstoffvorräte abgeben.

Juli 1940

Der Überfall der Royal Navy auf Mers-el-Kebir. Vorn das Linienschiff »Provence«, dahinter das auslaufende Schlachtschiff »Strasbourg« und das bereits schwer getroffene Schlachtschiff »Bretagne«

Admiral Karl Dönitz, Befehlshaber der Unterseeboote, und Marschall Philippe Pétain, Chef des »État Français«

1940 Juli

Nach den Vorfällen in Mers-el-Kebir und Dakar entsteht in Frankreich eine lang dauernde Feindseligkeit gegenüber Großbritannien. Hitler gibt in Abänderung des Waffenstillstandsabkommens der französischen Marine die Freiheit, im Mittelmeer – jedoch nicht im Atlantik – Einsätze gegen die britische Flotte zu fahren. Außerdem regt er an, die geretteten großen Einheiten zu einer »Force de Haute Mer« in Toulon zusammenzuziehen. Er ist gleichzeitig damit einverstanden, die Verwaltungsbeamten der französischen Marine aus der Gefangenschaft zu entlassen sowie die schwer beschädigte »Dunkerque« von Mers-el-Kebir nach Toulon abzuschleppen.

Deutsche Invasionspläne Am 2. Juli 1940 befiehlt Hitler, mit den Vorbereitungen für das Unternehmen »Seelöwe«, der Invasion Englands, zu beginnen; sie sollen innerhalb von sechs Wochen abgeschlossen sein.

Am Mittwoch, dem 31. Juli 1940, bestimmt Hitler in einer Besprechung mit Großadm. Raeder den 15. September 1940 zum möglichen Termin für die deutsche Landung in England. Kurz danach unterbreitet er GFM von Brauchitsch seinen Entschluß zum Angriff auf die Sowjetunion. Danach soll ab Frühjahr 1941 die Rote Armee in einem fünfmonatigen Feldzug vernichtend geschlagen werden.

Als erste Abwehrmaßnahme gegen die befürchtete deutsche Invasion vermint die Royal Navy die nordwestlichen und südwestlichen Zugänge des Ärmelkanals und sperrt endgültig die Schiffahrtswege südlich Irlands.

Das deutsche XXXXI. Armeekorps (Gen. d. Pz.Tr. Reinhardt) beginnt mit Amphibienpanzern, Sturmbooten, Barken und anderen Kleinschiffen Landungsübungen, um Grundsätze für die Invasionstaktik zu entwickeln. Vier Bataillone mit je 63 Amphibienpanzern haben diese Übungen unter Invasionsbedingungen durchzuführen.

Im Reichssicherheitshauptamt (RSHA) entsteht eine Liste, auf der 2700 Persönlichkeiten verzeichnet sind, die nach der Invasion in Großbritannien zu verhaften sind: Diplomaten, Universitätsprofessoren, Journalisten, Ministerialbeamte, Angehörige der Freimaurerloge, Kommu-

Juli 1940

Britische Briefmarke aus dem Jahre 1940

Luxemburg: Die im Jahre 1940 von der Besatzungsmacht verwendete Briefmarke

Hitler besichtigt während seiner Frankreichreise im Herbst 1940 die Stellungen der Ferngeschütze an der Kanalküste (oben links)

Landungsübungen der deutschen Truppen an der Kanalküste als Teil der Vorbereitungen zum Unternehmen »Seelöwe«, der Invasion Großbritanniens

1940 Juli

nisten. An führender Stelle sind Churchill und Gen. de Gaulle genannt. Diese Liste ist Anlage zu einer Informationsschrift, die Industriekonzerne, Werke der Energieerzeugung und -versorgung, Munitionsfabriken, Docks, jüdische Organisationen, religiöse Vereinigungen, Polizeieinheiten und Pfadfinder erfaßt.

Für Heer, Luftwaffe und Kriegsmarine gilt Hitlers »Weisung Nr. 16« (vom 16. Juli 1940): Sie hat die detaillierten Angaben zur Vorbereitung der Landung in Großbritannien zum Inhalt. Ein genauer Termin für diese Aktion, die den Tarnnamen Unternehmen »Seelöwe« erhält, ist noch nicht festgelegt; sie soll »wenn nötig« durchgeführt werden.

Im Rahmen der Vorbereitungen ist die Konstruktion eines Unterwasserfahrzeuges vorgesehen, das als Tauchpanzer die Landungsfahrzeuge in acht Meter Tiefe verlassen und die englische Küstensicherung in einem Überraschungsmoment überrollen kann.

Um das Übersetzen der Invasionstruppen überhaupt zu ermöglichen, werden mehr als 600000 BRT Schiffsraum benötigt. Die Kriegsmarine requiriert geeignet erscheinende deutsche, belgische und holländische Schiffe, die unter anderem nach Rotterdam und Antwerpen überführt werden; Seine-Barken werden in Le Havre konzentriert. Es gelingt bereitzustellen: 155 Dampfer, 1277 Prähme und Leichter, 471 Schlepper, 1161 Motorboote und eine Vielzahl von kleinen Vergnügungsdampfern, Jachten und Fluchtkähnen. Die mit den alten Flugzeugmotoren der Siebel-Werke angetriebenen »Siebel-Fähren« dienen als Panzerlandungsschiffe. Aus den unter deutscher Kontrolle stehenden Gebieten Europas werden Lastkähne beschlagnahmt und im Schnellverfahren mit einem Betonbodenbelag sowie einer Bugrampe versehen.

Die für die Kanalüberfahrt vorgesehenen Schlepper sollen jeweils zwei dieser mit Truppen, Panzern, Ausrüstung und Maultieren beladenen Lastkähne über den Kanal ziehen. Einen empfindlichen Mangel weisen allerdings viele der für das Unternehmen »Seelöwe« bereitgestellten Fahrzeuge auf: Sie können nur bei Windstärke 1 oder 2 eingesetzt werden. Und in ihrer Geschwindigkeit liegen sie noch unter dem Tempo, mit dem 2000 Jahre zuvor Caesars Segler den Kanal überquert hatten, als die Römer Britannien erobern wollten (55 v. Chr.).

Unter schlechten Vorzeichen

Zur Unterstützung der Kriegsmarine werden am französischen Ufer der Straße von Dover schwere Geschützbatterien mit großer Reichweite aufgestellt. Die Entfernung zwischen dem französischen Kap Gris-Nez und dem südenglischen Hafen Dover beträgt nur 32 Kilometer Luftlinie und ermöglicht es den Deutschen, Dover und den Hafen Folkestone sowie den anschließenden Küstenstreifen unter Feuer zu nehmen. Die auf Eisenbahnschienen laufenden deutschen Küstenbatterien, Offensivbatterien genannt, sollen die Flanken der geplanten Invasionsflotte vor den Angriffen britischer Schiffe schützen.

Aber diese Sicherung gegen die stärkste Flotte der Welt ist völlig unzureichend, da die Kriegsmarine zu diesem Zeitpunkt über kein einziges einsatzbereites schweres Kriegsschiff verfügt.

September 1940

Damit ist das Unternehmen »Seelöwe« bereits in diesem Stadium der Vorbereitung weder sorgfältig geplant noch technisch gut organisiert, sondern trägt alle Merkmale einer gefahrvollen Improvisation. Überdies beginnt Hitler bereits, Gedanken für einen Angriff Richtung Osten zu entwickeln.

Am Sonntag, dem 11. August 1940, beginnen die auf beiden Seiten des Kanals stehenden riesigen deutschen und britischen Geschütze ein Artillerieduell. In einer Breite von etwa 30 Kilometern sind im Raum Pas-de-Calais bis Boulogne fünf bis zehn schwere Eisenbahngeschütz-Batterien, Kal. 21 bis 28 cm, aufgestellt, die eine Reichweite von 21 bis 62 Kilometern haben. Nach kurzer Zeit werden die Eisenbahngeschütze von fünf schwersten Marinebatterien vom Kal. 24 bis 40,6 cm ergänzt. Diese Batterien sind in mächtigen Bunkern aus Eisenbeton installiert und bilden das Kernstück des späteren Atlantikwalls.

In der Auseinandersetzung zwischen dem Oberkommando des Heeres (OKH) und dem Oberkommando der Kriegsmarine (OKM) über Grundsatzfragen des Unternehmens »Seelöwe« entscheidet sich Hitler am 27. August für die »Kleine Lösung«: 25 Divisionen der Heeresgruppe A (GFM von Rundstedt) sollen an der englischen Südküste zwischen Folkestone und Eastbourne in einer Frontbreite von 140 Kilometern landen. Zu diesem Zeitpunkt vermögen die Engländer ihnen 26 Felddivisionen, die über einen größeren Raum verteilt sind, entgegenzustellen.

In einem am 12. September 1940 vorgelegten Bericht der Marinegruppe West wird dargelegt, daß durch atmosphärische Störungen Luftangriffe auf die Invasionshäfen und die Verminung der Wasserwege aus der Luft in

An den Stränden bei Boulogne-sur-Mer üben deutsche Kanoniere, ihre Pferdegespanne aus den Landungsfahrzeugen ans Ufer zu bringen (linke Seite, links)

Auf einem Feldflugplatz in Nordfrankreich werden die Kampfflugzeuge vom Typ Junkers Ju 88 mit Bomben beladen (linke Seite, rechts)

Amphibische Schleppfahrzeuge während der Übungen für das Unternehmen »Seelöwe«

der Konzentration der Landungsflotte für das Unternehmen »Seelöwe« eine erhebliche Verspätung eingetreten sei. Vor dem 14. September werde sie nicht einsatzbereit sein. Daraufhin schlägt der Stab des Oberkommandos der Marine vor, den Invasionstermin auf den 24. Dezember 1940 zu verschieben.

In der Nacht vom 12./13. September 1940 führt die RAF bei Vollmond Angriffe gegen die Häfen Vlissingen, Ostende und Dünkirchen, Calais und Boulogne durch, in denen schon mehr als 1000 Flußkähne für das Unternehmen »Seelöwe« zusammengezogen sind. Weitere 600 Fahrzeuge liegen flußaufwärts bei Antwerpen vor Anker. Allein im Hafen von Ostende werden 80 Binnenschiffe durch Bomben vernichtet.

In der Nacht vom 14./15. September 1940 fliegt das Bomber Command erneut mehrere Angriffe gegen Schiffsziele in den Häfen zwischen Antwerpen und dem Pas-de-Calais; besonders die in Antwerpen bereitgestellte Invasionsflotte wird davon betroffen.

1940 September

Am Dienstag, dem 17. September 1940, läßt Hitler nach den schweren Verlusten der Luftwaffe im »Luftkrieg gegen England« das Unternehmen »Seelöwe« auf unbestimmte Zeit verschieben, ohne daß jedoch die Vorbereitungen für die Landung in England abgebrochen werden. Alle deutschen Werften haben den Auftrag, die Arbeiten an Schleppern, Flußkähnen und Trawlern für das Landungsunternehmen beschleunigt fortzusetzen. Das heißt: Es müssen nicht nur Schiffsneubauten, sondern auch die dringend erforderlichen U-Boot-Reparaturen zurückgestellt werden.

Am Sonnabend, dem 12. Oktober 1940, wird auf Befehl Hitlers das Unternehmen »Seelöwe«, die Invasion Großbritanniens, auf das Frühjahr 1941 verschoben.

Unternehmen »Adlertag«

Am Mittwoch, dem 10. Juli 1940, leiten die ersten mit stärkeren Kräften durchgeführten Angriffe der Luftflotte 2 (Gen. d. Fl. Kesselring) und der Luftflotte 3 (Gen. d. Fl. Sperrle) auf militärische Ziele in Südengland die »Schlacht um England« ein. Dabei kommt es der deutschen Luftkriegführung vor allem darauf an, die gegnerischen Jäger zum Kampf herauszufordern. Weitere deutsche Luftangriffe gelten britischen Geleitzügen im Kanal.

Am Donnerstag, dem 1. August 1940, erläßt Hitler die »Weisung Nr. 17« über die Verstärkung des Luft- und Seekrieges gegen England. In dem Befehl sind Maßnahmen vorgesehen, die Voraussetzungen schaffen sollen, um Großbritannien endgültig niederzuzwingen. Das Operationsgebiet der deutschen U-Boote wird beträchtlich nach Westen ausgedehnt, und in den neu festgelegten Zonen können künftig jederzeit auch Passagierschiffe ohne Vorwarnung angegriffen werden. Die Weisung räumt der Luftwaffe ein, im Kampf gegen England erstmals selbständig zu operieren, um die kriegsentscheidende Luftherrschaft zu gewinnen, bevor Heer und Marine das Unternehmen »Seelöwe« eröffnen. Durch rollende Bombenangriffe soll die britische Luftwaffe aufgerieben, die Flugzeugindustrie zerstört werden.

Für das Unternehmen »Adlertag«, dem verstärkten Luftkrieg gegen England, werden von Nordfrankreich bis Norwegen 14 Kampfgeschwader, acht Jagdgeschwader, vier Stukageschwader und drei Zerstörergeschwader bereitgestellt. Die zur Luftflotte 2 (GFM Kesselring, Brüssel) gehörenden Verbände sind am Kanal gegenüber Südostengland stationiert, die Bereitstellungen der Luftflotte 3 (GFM Sperrle, Paris) liegen zwischen Seine und Loire gegenüber der englischen Südküste, und die Luftflotte 5 (GenOberst Stumpff) soll von Norwegen aus gegen Mittelengland operieren.

Die unterirdische Befehlszentrale der britischen Luftverteidigung kontrolliert den Luftraum über Großbritannien und erteilt Befehle für einzelne Jagdverbände

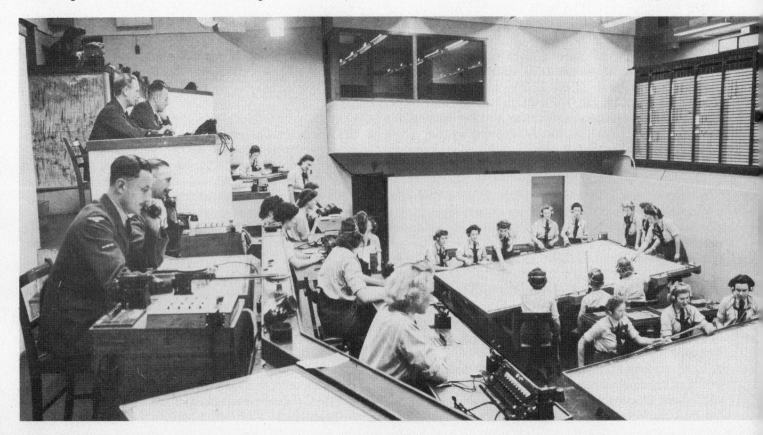

Juli 1940

Von der insgesamt 2355 Flugzeuge umfassenden Luftstreitmacht unterstehen den Luftflotten 2 und 3: 875 Bomber, 316 Sturzkampfflugzeuge, 45 Fernaufklärer, 702 Jäger und 227 Zerstörer.

Bei der Luftflotte 5 sind einsatzbereit: 123 Bomber, 33 Fernaufklärer und 34 Zerstörer. Um die Abwurfmenge zu erhöhen, werden für Jagd- und Zerstörerflugzeuge Bombenträger vorbereitet.

Bei Tagesangriffen sind die Bomber an Jäger und Zerstörer gebunden, deren Reichweite trotz küstennaher Einsatzplätze sich nur bis zur Linie Bristol–Cambridge erstreckt. Bis zum Beginn der Luftoffensive sind die für Nachteinsätze der Bomber erforderlichen Rollbahnen noch nicht fertiggestellt.

Für die »Luftschlacht um England« hat die Luftflotte 2 mit ihren Stützpunkten am Pas-de-Calais die am günstigsten gelegenen Basen. Sie kann unter günstigen Wetterbedingungen London erreichen und sich über der britischen Hauptstadt rund 10 Minuten lang aufhalten. Dagegen reicht der Treibstoff der Jagdflugzeuge der Luftflotte 3 von ihren Einsatzhäfen bei Le Havre aus nur, um knapp bis zum Stadtrand von London und dann sofort wieder zurückzufliegen.

Während die Luftwaffe Vorbereitungen für das Unternehmen »Adlertag« trifft, haben Hitler und seine militärischen Berater keine Vorstellung, was die deutschen Luftgeschwader über England erwartet.

Erst nach Angriffsbeginn erfährt die deutsche Führung von der neu entwickelten britischen Radartechnik, die es den Engländern ermöglicht, ihre Fliegerkräfte an bestimmten Stellen zu konzentrieren und die britische Jagdverteidigung vom Boden aus zu lenken.

Und erst 30 Jahre nach Kriegsende wird den Deutschen ein weiteres Geheimnis bekannt: Die Engländer haben den Code der deutschen Chiffriermaschine »Enigma« beherrscht; von Churchill ist die Operation »Ultra« mit der höchsten Geheimhaltungsstufe versehen worden.

Großbritannien hat die Chiffrierlösung drei jungen polnischen Mathematikern zu verdanken: J. Różycki, M. Rejewski und H. Żygalski waren schon Ende 1932 in Warschau dem »Enigma«-Code auf die Spur gekommen. Die größte Leistung der drei Wissenschaftler ist jedoch der Nachbau der deutschen »Enigma«-Schlüsselmaschine gewesen, die noch vor Kriegsausbruch im Sommer 1939 in Polen hergestellt wurde.

General Hans-Jürgen Stumpff, Oberbefehlshaber der Luftflotte 5 in Norwegen

Reichsmarschall Hermann Göring inspiziert im Spätsommer 1940 ein Jagdgeschwader in Nordfrankreich

1940 Juli

In einem Luftstützpunkt des britischen Jagdgeschwaders nördlich von London wird Alarm gegeben: Deutsche Bomberverbände im Anflug!

Kampfflugzeuge vom Typ Heinkel He 111, die deutschen Standard-Bomber während der »Schlacht um England«

Als der französische Geheimdienst davon erfuhr, zögerte Maj. G. Bertrand, Leiter der Abteilung DY, nicht lange und traf am 24. Juli 1939 in Warschau ein. Auch die beiden britischen Spezialisten, Comm. Denniston und der Mathematiker D. Knox, haben die Reise in die polnische Hauptstadt nicht gescheut. Schon am 26. Juli 1939 konnten die alliierten Geheimdienstler mit zwei nachgebauten Enigma-Maschinen nach Paris und London zurückkehren. Obwohl man dort diesen Geräten zunächst nur wenig Bedeutung beimaß, erwiesen sie sich bald als das wertvollste Geschenk, das Polen seinen Verbündeten noch vor dem Krieg gemacht hat.

Ein abgelegener Landsitz im Bletchley Park nördlich von London wurde im Herbst 1939 zum Hauptquartier der Kryptologen des Secret Intelligence Service (SIS). Es gelang ihnen, dank des nachgebauten Modells, die aufgefangenen chiffrierten Enigma-Funksprüche zu entschlüsseln.

Verantwortlich für das Unternehmen »Ultra« sowie für die Weitergabe der entschlüsselten Enigma-Meldungen an Churchill ist Wing Commander F. W. Winterbotham. So kann Churchill die Vorbereitungen der Luftwaffe auf den Schlag gegen England verfolgen, da alle Geheiminformationen kaum später bei ihm eintreffen als bei jenen deutschen Stellen, für die sie eigentlich bestimmt sind.

Auf diese Weise erfährt man im Bletchley Park Mitte Juli 1940 aus einem Enigma-Funkspruch des Reichsmarschalls Göring an die Befehlshaber der Luftflotten 2, 3 und 5 erstmals den Decknamen für die geplante deutsche Landung in England, Unternehmen »Seelöwe«.

Juli 1940

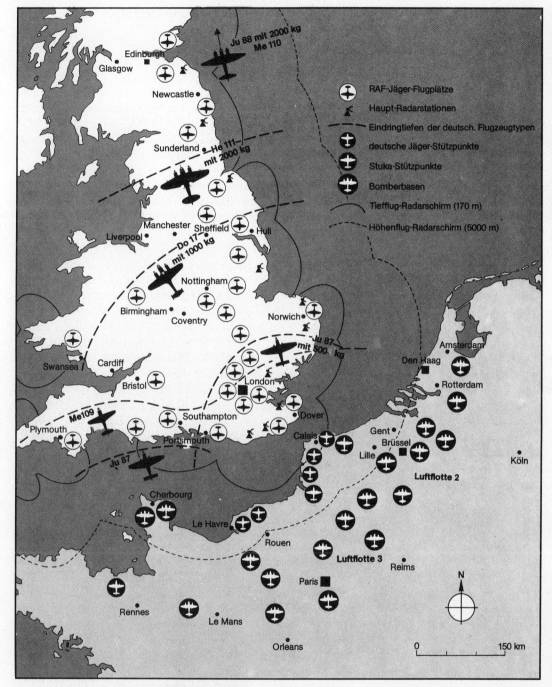

Air Chief Marshal Sir Hugh Dowding, Befehlshaber des »Fighter Command«

Britische und deutsche Fliegerverbände in der »Schlacht um England«. Die hohen Verluste der Luftwaffe sind auf die Dauer nicht zu verkraften

England gut gerüstet

Zu Beginn der großen Luftschlacht über England stehen der britischen Luftverteidigung zur Verfügung: 52 Jagdstaffeln mit etwa 960 Maschinen, sieben Flakdivisionen und 21 einsatzfähige Radarstationen, deren Zahl bis Oktober 1940 bis auf 40 erweitert wird.

Die zentrale Führung aller Kräfte der britischen Luftverteidigung liegt in den Händen von Air Chief Marshal Sir Hugh Dowding, der sein Hauptquartier in Stanmore hat.

Die ihm unterstehenden Jagdflugzeuge sind in vier Gruppen von unterschiedlicher Staffelstärke gegliedert. Die Flakbatterien, Scheinwerfereinheiten, das Beobachterkorps und das Balloon Command sind dem Fighter Command unterstellt. Die englische Jagdfliegerwaffe, die der deutschen technisch und zahlenmäßig ebenbürtig ist, hat den Vorteil, daß sie durch »Ultra«-Informationen über die Ziele und Stärke der deutschen anfliegenden Jäger Bescheid weiß, so daß eine schnelle Konzentration der britischen Abwehrkräfte möglich ist.

Die britischen Jagdpiloten haben Anweisung, den deutschen Jägern auszuweichen und vor allem die Bomber anzugreifen. Sobald die Begleitjäger von den Kampfverbänden abgelenkt sind, erzielen die britischen Jagdpiloten beachtliche Abschußerfolge.

1940 Juli

Noch in der zweiten Julihälfte starten die RAF-Staffeln in dichten Verbänden, so daß sie schon aus größerer Entfernung zu erkennen sind und zunächst lediglich der Staffelführer über freie Sicht verfügt. Erst bei Kampfbeginn entfalten sich die RAF-Verbände. Wiederholt gelingen unter diesen Umständen den deutschen Jagdpiloten Überraschungsangriffe.

Am Donnerstag, dem 8. August 1940, liegt Wing Commander Winterbotham zur gleichen Zeit wie den deutschen Luftflottenbefehlshabern Görings Einsatzbefehl für die Luftoffensive gegen England als Enigma-Bericht vor. Unverzüglich wird die entschlüsselte Nachricht an Air Marshal Sir Hugh Dowding, den Befehlshaber des Fighter Commands, weitergereicht. Aufgrund günstiger Wettervoraussagen bestimmt Göring zwei Tage später als Angriffstermin für das Unternehmen »Adlertag« den 13. August 1940, 7.00 Uhr.

Luftschlacht um England

Am Montag, dem 12. August 1940, starten deutsche Messerschmitt-Jagdbomber Me 110 und Stukas zu Überraschungsangriffen auf englische Radarstationen bei Dunkirk, Pevensey, Rye, Dover und Ventnor. Da es den deutschen Piloten nicht gelingt, die Sendemasten der gut getarnten Stationen zu zerstören, bleiben die Schäden gering. Trotz des geradezu selbstmörderischen Einsatzes der deutschen Stukas funktioniert das Leitsystem des britischen Jägerkommandos weiter. Mit simuliertem Funkverkehr von Ersatzstationen werden die Deutschen über das Ergebnis ihrer Angriffe getäuscht.

Wegen der ungünstigen Wetterlage muß in den frühen Morgenstunden des 13. August 1940 der auf 7.00 Uhr angesetzte Beginn des Unternehmens »Adlertag« auf 14.00 Uhr verschoben und ohne die Luftflotten 2 und 5 durchgeführt werden. Da der Befehl bei einigen Verbänden verspätet eintrifft, ist das Kampfgeschwader 2 (Oberst J. Fink) schon am Morgen zum Angriff auf Eastchurch und Sheerness gestartet.

In den Nachmittagsstunden eröffnet die Luftflotte 3 (GFM Sperrle) die »Luftschlacht um England« durch Bombenabwürfe auf britische Flugplätze und Hafenstädte. Da die deutschen Geschwader mit 1314 Bombern, 702 Jägern und 261 Zerstörern der RAF mit 700 Jägern und 500 Bombern überlegen sind, hält Reichsmarschall Göring es für möglich, die deutsche Luftherrschaft über Großbritannien innerhalb von zehn Tagen zu erringen.

Am ersten Tag der Luftoffensive fliegen die deutschen Jäger etwa 1000 und die Bomber insgesamt 485 Einsätze. Die Verluste der Luftwaffe betragen 34 Maschinen.

Offensichtlich hat aber die deutsche Führung aus der RAF-Niederlage über der Deutschen Bucht am 18. Dezember 1939 keine Rückschlüsse gezogen; denn für Tagesangriffe sind die deutschen Bomber nur unzureichend

bewaffnet, und die Reichweite der Jäger bietet keinen ausreichenden Jagdschutz.

Schon am Mittwoch, dem 14. August 1940, gelingt es den britischen Jägern, bei nur 13 eigenen Verlusten in 700 Einsätzen 45 deutsche Flugzeuge abzuschießen. Diese Erfolge sind nicht zuletzt einer Änderung der Jagdfliegertaktik zu verdanken. Die bisher in Kettenverbänden von jeweils drei Flugzeugen startenden RAF-Jäger haben jetzt die Schwarmformation der Deutschen (vier bzw. zwei mal zwei Flugzeuge) übernommen.

Am Donnerstag, dem 15. August 1940, fliegen die deutschen Luftflotten insgesamt 2119 Einsätze über Südengland und verlieren dabei 57 Maschinen. Das britische Fighter Command schafft es erstmals, drei Kommandogruppen gleichzeitig zum Einsatz zu bringen.

Am Freitag, dem 16. August 1940, führt die Luftwaffe mit 1720 Flugzeugen erneut Angriffe gegen Ziele in Südengland durch. Während die RAF nur 21 Flugzeuge verliert, kehren 45 deutsche Maschinen nicht zurück.

Mit Angriffen der deutschen Bombengeschwader auf die britischen Flugplätze Kenley und Tangmere sowie auf Croydon, West Malling, Menston und Biggin Hill, bei denen die Luftwaffe 71 Maschinen, die RAF dagegen nur 27 Jäger einbüßt, endet die erste Phase der zehn Tage zuvor begonnenen »Luftschlacht um England«.

In der ab Montag, dem 19. August 1940, beginnenden zweiten Phase der »Luftschlacht um England« werden Flugplätze und Flugzeugwerke in ganz Südostengland in die deutschen Angriffsoperationen einbezogen. Unter Ausnutzung der Radartechnik kann jetzt das Fighter Command von seinen insgesamt 52 Abwehrstaffeln ständig 20 als Reserve zurückhalten und ist damit in der Lage, überall den deutschen Angriffen überlegen entgegenzutreten.

Am späten Abend des 24. August 1940 fliegt eine deutsche Bomberstaffel – bedingt durch ungünstiges Wetter und schlechte Sicht – versehentlich nach London. Sie läßt ihre Bomben über der Londoner Innenstadt (St. Giles, Cripplegate) fallen. Dieser erste deutsche Angriff auf die City der britischen Hauptstadt verursacht neun Tote. Unterdessen bombardieren weitere deutsche Kampfmaschinen Birmingham, Bristol und Liverpool sowie einige Ziele in Südengland.

Am Mittwoch, dem 4. September 1940, erklärt Hitler in einer Rede, bei weiteren britischen Angriffen auf deutsche Städte würden die englischen Städte »ausradiert«. Damit bereitet sich der Übergang zum »Vergeltungsangriff auf London« und zu »Störangriffen auf Bevölkerung und größere englische Städte« vor, die Hitler am 5. September befiehlt. Die südwestenglischen Jägerflughäfen gelten nicht mehr als Ziele. Dieser Übergang von der taktischen zur strategischen Offensive gibt den Engländern Gelegenheit, sich von den bisherigen Schäden der deutschen Bombenangriffe zu erholen. Trotz des neuen Radarsystems, das einen konzentrierten Einsatz der Jäger ermöglicht, hat die RAF nicht verhindern können, daß viele Luftstützpunkte, Jägerleitstellen sowie Nachrichtensammelstellen des Jägerkommandos durch deutsche Bomben zerstört wurden.

September 1940

In der »Luftschlacht um England« hat die Luftwaffe in der Zeit vom 13. bis zum 31. August 1940 215 Bomber und 252 Jäger verloren. Dagegen betragen die britischen Verluste 359 Flugzeuge. Die Royal Air Force hat den Vorteil, daß ihre Piloten der fast ausschließlich einsitzigen Jagdmaschinen nach einem Abschuß oft bereits einige Stunden später wieder eingesetzt werden können, während die Besatzungen der deutschen abgeschossenen Maschinen durch die Gefangennahme für die Luftwaffe ausfallen.

In der Nacht vom 5./6. September 1940 starten 68 Flugzeuge der deutschen Kampfgeschwader 2, 3, 26 und 53 zum ersten Terrorangriff auf die britische Hauptstadt. Die meisten der Bomben, insgesamt 60 Tonnen, zerstören in der Hauptsache die Dockanlagen. Mit diesem ersten deutschen Nachtangriff beginnt eine neue Phase der »Luftschlacht um England«: der strategische Bombenkrieg gegen die britische Luftrüstungsindustrie.

Am Sonnabend, dem 7. September 1940, starten 300 deutsche Bomber und 600 Jäger zum ersten großen Vergeltungsangriff auf die östlichen und westlichen Londoner Bezirke. Die Leitung dieses Großeinsatzes übernimmt Reichsmarschall Göring persönlich, der das Geschehen von einem Beobachtungsstand am Kap Gris-Nez verfolgt. Dieses Bombardement ist der Beginn der dritten Phase der »Luftschlacht um England«, die bis zum 5. Oktober 1940 dauert. Bereits am ersten Tag werden 103 deutsche Flugzeuge von 250, die an dem Luftangriff teilnehmen, abgeschossen. Und bald muß die deutsche Führung erkennen, daß derart hohe Verluste auf die Dauer nicht zu vertreten sind.

Auf den Klippen des Steilufers der Kanalküste verfolgt Reichsmarschall Göring (zweiter von rechts) mit seinem Stab bei guter Sicht den Einsatz der Luftwaffe über Südengland

1940 September

Deutsche Bomber warten auf einem Feldflugplatz in Nordfrankreich auf den Startbefehl. Bald werden wegen hoher Verluste nur noch Nachteinsätze geflogen

»Battle-of-Britain-Day«

Am Sonntag, dem 15. September 1940, seither von den Engländern »Battle-of-Britain«-Tag genannt, finden zwei deutsche Großangriffe auf London statt, mit denen die »Luftschlacht um England« ihren Höhepunkt erreicht. Erstmals setzt das britische Fighter Command alle vorhandenen Verbände ein und schießt mit 56 Bombern fast ein Viertel der im Einsatz stehenden deutschen Maschinen ab; dagegen gehen der RAF 26 Jagdflugzeuge verloren. Wegen der hohen Verluste verzichtet die deutsche Luftwaffenführung künftig auf Tagesgroßangriffe und läßt ihre Kampfgeschwader nur noch Nachteinsätze fliegen.

Rund 2000 deutsche Kampfflugzeuge und Jäger starten am Montag, dem 30. September 1940, zu einem Tagesgroßeinsatz gegen London. Dabei werden 47 deutsche Maschinen von britischen Jägern und der Flak abgeschossen; die Engländer verlieren 20 Flugzeuge. In der nun beginnenden vierten Phase der »Luftschlacht um England«, die bis zum 31. Oktober 1940 andauert, setzt die Luftwaffe ihre Bombengeschwader nur noch zu Nachtangriffen ein.

Die Luftwaffe hat in der Zeit vom 7. September bis zum 5. Oktober 1940 mit Terrorangriffen auf London, dessen Umgebung und andere Ziele in Großbritannien versucht, Panik unter der Bevölkerung auszulösen, die Luftverteidigung der Britischen Inseln zu schwächen und damit die Widerstandskraft des Gegners zu brechen. Bei 38 Einsätzen in diesem Zeitraum hat die Luftwaffe 883 Flugzeuge verloren.

Seit dem 1. Oktober 1940 verfügt die britische Flugabwehr über das modifizierte L.-G.-Gerät. Es ermöglicht den Fliegerabwehrgeschützen erstmals in der Geschichte des Luftkrieges, auf Ziele zu schießen, deren geometrische Koordination auf funkmeßtechnischem Wege ermittelt werden können.

Am Mittwoch, dem 16. Oktober 1940, kann ein Pilot vom deutschen Nachtjagdgeschwader 2 den ersten Erfolg in der »Dunklen Nachtjagd« melden. Es ist ihm gelungen, nach Angaben eines Freya-Gerätes mit Hilfe der AN-Peilung einen britischen Bomber aufzuspüren und ihn abzuschießen.

Am Dienstag, dem 22. Oktober 1940, treffen auf dem Luftstützpunkt Epinette bei Brüssel (Belgien) italienische Fliegerverbände des Corpo Aereo Italiano (CAI) ein, die im Rahmen der Luftflotte 2 am 24. Oktober 1940 mit 45 Bombern, fünf Fernaufklärern und 98 Jägern ihren ersten Einsatz in der »Luftschlacht um England« fliegen.

Am Donnerstag, dem 31. Oktober 1940, geht die »Luftschlacht um England« mit einer Niederlage der Luftwaffe zu Ende. Bis Ende Oktober 1940 haben die deutschen Bombenangriffe unter der britischen Zivilbevölkerung 15000 Tote und 21000 Verwundete gefordert. Bei 333 Bombenangriffen allein auf London wurden in diesem Monat 7160 Sprengbomben und 4735 Brandschüttkästen abgeworfen. 1733 deutsche Flugzeuge sind vernichtet worden, davon allein 1437 durch britische Jagdflieger, 296 Maschinen hat die Luftabwehr abgeschossen.

Die Verluste der britischen Luftstreitkräfte: 642 Maschinen, dabei fanden 375 Piloten den Tod, und 358 wurden verwundet. Nach diesem schweren deutschen Rückschlag bleibt Großbritannien als wichtiger strategischer Faktor in Westeuropa bestehen.

November 1940

Die Serie von 57 Nachtangriffen auf die britische Hauptstadt endet am 3. November 1940. Seit dem 5./6. September sind bei jedem Einsatz durchschnittlich etwa 200 Bomber und Jagdbomber beteiligt gewesen. Neben den jetzt verstärkt einsetzenden Angriffen auf die Küstenstädte und Industriezentren im Landesinneren werden in der ersten Novemberhälfte noch Kampfflugzeuge in Geschwaderstärke für Bombardements Londons eingesetzt.

In der Nacht vom 14./15. November 1940 starten Kampfverbände der Luftwaffe zu einem Großangriff auf das Zentrum der britischen Flugzeugmotorenwerke in Coventry und eröffnen damit die eigentliche deutsche Nachtluftoffensive. Vollmond und Windstille begünstigen die Durchführung der Operation. Ein neuartiges Funkleitverfahren, das X-Gerät, mit dessen Hilfe die Pfadfinderkampfgruppe 100 an das Ziel herangeführt wird, sorgt für gute Ausleuchtung.

Da die Stützpunkte der Geschwader nur etwa 400 Kilometer von Coventry entfernt sind, kann ein Teil der an dem Unternehmen beteiligten 449 deutschen Bomber in der Nacht zweimal eingesetzt werden. Trotz schweren Sperrfeuers der englischen Flak gehen nur zwei deutsche Maschinen verloren. Noch weniger erfolgreich ist die britische Nachtjagd, die wegen der großen Helligkeit über dem Zielgebiet sogar von Tagjägern unterstützt wird.

Die über Coventry abgeworfenen 503 Tonnen Sprengbomben und 881 Brandschüttkästen verursachen derartige Flächenbrände, daß sie erst in der darauffolgenden Nacht unter Kontrolle gebracht werden können. Bei diesem Angriff wird erstmals ein Stadtzentrum fast völlig zerstört. Der Ausfall von Strom-, Wasser- und Gasversorgung legt alles lahm. Die Verluste unter der Zivilbevölkerung: 554 Tote und 865 Schwerverletzte.

Eine von britischen Jägern abgeschossene Heinkel He 111

»Die neue Invasion der Römer« – eine britische Karikatur

1940 November

Nach einem Blitzangriff der Luftwaffe auf London: Ganze Stadtviertel fallen den Flammen zum Opfer

Die Stationen der Londoner Untergrundbahn dienen den Einwohnern als sichere Zufluchtstätte während der Nachtangriffe der Luftwaffe

Insgesamt dauert der Großangriff auf Coventry mehr als zehn Stunden und beweist das Unvermögen der deutschen Luftwaffenführung, konzentrierte Einsätze innerhalb kürzester Zeit durchzuführen. Die alliierte Kriegspropaganda stellt diese Bombardierung als Symbol deutscher Luftbarbarei dar. Das Bomber Command analysiert das deutsche Vorgehen sehr genau und plant danach seine eigenen Flächenangriffe auf deutsche Großstädte.

In der Nacht vom 19./20. November 1940 erfolgt der erste einer Serie von Großangriffen auf Birmingham. 357 Maschinen werfen 403 Tonnen Sprengbomben und 810 Brandschüttkästen auf die Stadt ab. In dieser Nacht gelingt es einem britischen Nachtjäger erstmals, ein Flugzeug durch Bordradar zu orten und abzuschießen.

In den Nächten zum 28. und zum 30. Dezember 1940 starten 244 deutsche Flugzeuge zu den bisher schwersten Bombenangriffen auf die englische Hauptstadt, um die fast menschenleeren Büroviertel in der Innenstadt zu vernichten.

Bomber über dem Reich

Am Sonnabend, dem 6. April 1940, wird die britische Flugblattaktion über Deutschland eingestellt. Insgesamt wurden seit dem 4. September 1939 von Flugzeugen des Bomber Command 65 Millionen Flugblätter abgeworfen.

In der Nacht vom 15./16. Mai 1940 beginnt der strategische Luftkrieg der RAF gegen Deutschland mit Angriffen auf Ölraffinerien im Ruhrgebiet. Bei diesem Einsatz, der nur geringe Schäden verursacht, geht von 99 britischen Bombern nur eine Maschine verloren.

Die hier eingeleitete »strategische Bombenoffensive« wird beinahe fünf Jahre dauern. Vorerst aber fehlt es dem britischen Bomber Command neben Flugzeugen, Navigationshilfen und Bomben vor allem an Erfahrungen, um bestimmte Ziele bei Nacht mit einiger Genauigkeit zu treffen.

Auf einen ganz besonderen Einsatz bereitet sich am Freitag, dem 7. Juni 1940, auf dem Flugplatz Bordeaux-Merignac der Marineaufklärer »Jules Verne«, eine der drei französischen Maschinen vom Typ Farman 223,4, vor. Dieser schwarz gestrichene, bereits in mehreren Einsätzen erprobte viermotorige Hochdecker startet um 15.30 Uhr, um mit 2 Tonnen Bombenlast den ersten Angriff während des Zweiten Weltkrieges auf die deutsche Hauptstadt zu fliegen.

An Bord befindet sich auch der ehemalige Professor für Navigation an der École du guerre, Capitaine de Corvette Daillière. Bei klarem Wetter und guter Sicht fliegt die Maschine zunächst nach Norden zum Ärmelkanal und von dort aus über den Pas-de-Calais und die Niederlande in Richtung Sylt, ohne daß die Maschine auch nur einem einzigen deutschen Flugzeug begegnet. Erst über der Nordseeinsel ist sie heftigem Flakbeschuß ausgesetzt.

Juni 1940

Bei Sonnenuntergang wird Dänemark überflogen und ein Stück Ostsee bis Stettin. Danach geht es auf Südkurs über die Mecklenburger Seenplatte zu den nördlichen Randgebieten von Berlin. Erst hier stellt sich heraus, daß in die »Jules Verne« das Bombenzielgerät nicht eingebaut worden ist. So können trotz guter Sicht die einzelnen Seen in der Umgebung Berlins nicht eindeutig identifiziert werden, da die Stadt selbst völlig im Dunkeln liegt.

Plötzlich, wie auf einen Schlag, erleuchten ungezählte Scheinwerfer die Nacht, und die Flak schießt aus allen Rohren. Beim Kreisen über der Berliner Stadtmitte läßt Daillière die Motoren abwechselnd drosseln und dann wieder auf vollen Touren laufen, um den Eindruck zu erwecken, ein ganzer Flugzeugpulk sei im Einsatz über Berlin.

Über einem der nördlichen Stadtteile Berlins wird die Bombenladung abgeworfen. Auf dem Rückflug über Leipzig überquert die »Jules Verne« noch einmal einen Großteil des deutschen Luftraumes, ohne von deutschen Jägern oder Flak belästigt zu werden.

Nach einer Flugzeit von 13½ Stunden und einer Strecke von rund 4000 Kilometern landet die »Jules Verne« gegen 5.00 Uhr morgens auf dem Pariser Flughafen Orly. Am nächsten Tag meldet die französische Admiralität, daß in der Nacht vom 7./8. Juni 1940 eine Formation Fernbomber als Vergeltung des deutschen Bombenangriffs auf Industrieviertel in Paris (3. Juni 1940) den Norden von Berlin bombardiert haben. Alle Maschinen seien zurückgekehrt.

Der mittlere Bomber Vickers-Armstrong Wellington wird mit Bomben beladen. Die Wellington ist dank ihrer Konstruktion wenig empfindlich gegen Beschuß.

Unten geht die Besatzung eines Wellington-Bombers vor dem Start zu einem Nachtangriff auf Deutschland an Bord

1940 Juni

Nach der Evakuierung des britischen Expeditionskorps aus Dünkirchen und der Beendigung der Landkämpfe auf französischem Gebiet wechselt die RAF jetzt ihre Angriffstaktik gegen deutsche Städte.

Um die Zivilbevölkerung zu beunruhigen, werden Bomberverbände gleichzeitig gegen mehrere Städte angesetzt. Bei dieser neuen britischen Taktik für den Bombenkrieg zeigt sich, daß die deutsche Flak nachts nicht in der Lage ist, den Luftraum über dem Reichsgebiet allein zu sichern.

Neu aufgestellt wird am 26. Juni 1940 das erste Nachtjagdgeschwader (NJG I) unter Maj. Falk, mit der Hauptaufgabe, die Abwehr von Nachtangriffen zu verbessern, da sich das Sperrfeuer der Flak als wenig wirksam erweist. Wegen des Mangels an eigentlichen Nachtjägern werden vorerst Tagjäger im Zusammenwirken mit Scheinwerferbatterien für Sperrflüge als sogenannte »helle Nachtjagd« eingesetzt.

In der Nacht vom 28./29. Juni 1940 kann bei Angriffen des britischen Bomber Command auf Hamburg und Bremen ein als Nachtzerstörer eingesetzter deutscher Schnellbomber Dornier Do 17 bei seinem ersten Einsatz eine von Scheinwerfern erfaßte britische Maschine abschießen und damit den ersten Erfolg der »hellen Nachtjagd« für sich verbuchen. Die dreiköpfige Besatzung der Dornier besteht aus dem Flugzeugführer Uffz. Schwarz, dem Bordmechaniker Born und dem Bordfunker Feldw. Palm. Ein solcher Erfolg der stark wetterabhängigen »hellen Nachtjagd« ist allerdings nur möglich, wenn die Bomber der Royal Air Force in schwachen, weit auseinandergezogenen Formationen angreifen.

Berlin immer öfter das Ziel

Am Mittwoch, dem 17. Juni 1940, erhält Luftwaffenoberst Kammhuber den Auftrag, eine Nachtjagdorganisation im Divisionsrahmen aufzubauen. Die erste deutsche Nachtjagddivision entsteht aus der I. Gruppe des Zerstörergeschwaders 1 (I./ZG 1) und dem bereits Ende Juni unter Maj. Falk zu-

In einem Fliegerhorst des Jagdgeschwaders: Die Maschinen rollen an den Start, um die feindlichen Bomber abzufangen

Ein Flugblatt, das bei Beginn der britischen Bomberoffensive gegen Deutschland abgeworfen wird

Britische leichte Bomber Handley-Page Hampden. Diese Maschinen, von den deutschen Fliegern spöttisch »Scheunentore« genannt, fliegen bald nicht mehr als Bomber, sondern werden nur noch als Minenleger eingesetzt

Dezember 1940

sammengestellten Nachtjagdgeschwader 1 (NJG 1). Trotz des ständigen Ausbaues der Flugmelde- und Leitorganisation durch Oberst Kammhuber kann der auf der Radartechnik beruhende britische Vorsprung kaum aufgeholt werden.

Ein Netz sogenannter »Himmelbettstellungen« zieht sich bald von der nordfranzösischen bis zur norddeutschen Küste und Berlin. Diese als »dunkle Nachtjagd« bezeichnete Organisation kann ein Jagdflugzeug selbst bei ungünstigen Wetterbedingungen von Stellung zu Stellung an das Ziel heranführen. Die deutschen Nachtjagdverbände, deren Divisionsgefechtsstand sich in Zeist bei Utrecht befindet, sind auf holländischen Flugplätzen stationiert, um die anfliegenden feindlichen Maschinen frühzeitig abfangen und vernichten zu können.

In der Nacht zum 2. Juli 1940 unternimmt das RAF Bomber Command einen Angriff auf deutsche Kriegsschiffe im Kieler Hafen.

Dabei kommt erstmals eine 1000-kg-Bombe zum Einsatz, die jedoch ihr Ziel, das Schlachtschiff »Scharnhorst«, verfehlt. Der schwere Kreuzer »Prinz Eugen« wird durch leichte Bomben beschädigt.

Als Reaktion auf die erste – versehentliche – Bombardierung Londons in der Nacht zum 25. August läßt Churchill in der darauffolgenden Nacht das Bomber Command zum erstenmal die Reichshauptstadt angreifen. Von den 81 zweimotorigen Bombern erreichen jedoch nur 29 ihr Ziel und richten lediglich geringen Schaden an. Doch kommt es innerhalb der nächsten zehn Nächte zu vier weiteren Einsätzen der Royal Air Force über Berlin.

Als Antwort auf eine weitere, jetzt geplante Bombardierung Londons greifen britische Maschinen in der Nacht zum 7. September erneut Berlin an.

In der Nacht vom 7./8. Oktober 1940 erlebt Berlin dann seinen bisher schwersten Luftangriff: 30 Wellington- und 12 Whitley-Bomber der 3. und 4. Gruppe des RAF Bomber Command werfen 50 Tonnen Sprengbomben ab. Die Zivilbevölkerung hat 25 Tote und 50 Verletzte zu beklagen. Von den 42 eingesetzten Maschinen kehren nur zwei nicht in ihre Stützpunkte zurück.

In der Nacht vom 16./17. Dezember 1940 startet das RAF Bomber Command zu einem ersten Flächenangriff auf Wohnviertel in deutschen Großstädten. Dieser An-

1940 Dezember

Nach dem britischen Bombenangriff auf ein Wohnviertel in Norddeutschland: Die Einwohner versuchen, ihre letzte Habe zu retten

Finnland: Trauer-Briefmarke für den am 19. 12. 1940 verstorbenen Präsidenten Kyösti Kallio

Vereinigte Staaten von Amerika: Briefmarke zum 50. Jahrestag der Erhebung von Wyoming zum Staat (10. 7. 1890)

griff gilt der Innenstadt von Mannheim, auf die insgesamt 89 Tonnen Sprengbomben und 14 000 Brandbomben abgeworfen werden. Die Verluste der Zivilbevölkerung betragen 23 Tote und 80 Verletzte. Von den angreifenden Bombern werden zehn abgeschossen.

Roosevelt geht aus der Reserve

Der amerikanische Staatssekretär Sumner Welles begibt sich am 25. Februar nach Europa, um zu erkunden, ob durch eine Vermittlungsaktion der Krieg beendet werden könne; große Hoffnungen werden in den USA an diese Mission nicht geknüpft.

Hitler empfängt ihn am 2. März und läßt in der Unterredung keinen Zweifel an den deutschen Absichten, »Lebensraum« zu erobern und zu sichern. Ähnlich ergebnislos verlaufen Gespräche Welles' in London, Paris und Rom.

Mitte Mai bittet Churchill in seiner ersten Botschaft als Premierminister den amerikanischen Präsidenten Roosevelt um Überlassung von 40 bis 50 alten US-Zerstörern. In seiner drei Tage später eingehenden Antwort teilt Roosevelt jedoch dem britischen Premier mit, er könne die angeforderten Schiffe nicht einmal vorübergehend ent-

Dezember 1940

In einer Fliegerschule der US-Luftstreitkräfte, Sommer 1940

Franklin D. Roosevelt, Präsident der USA, und Summer Welles, US-Vizeaußenminister

behren, da die US-Marine auf den Pazifik und Atlantik verteilt werden müsse.

Ein für die weitere Kriegführung wichtiges Ereignis vollzieht sich am 19. Juli in den USA. Mit Unterzeichnung des »Two Ocean Navy Expansion Act« billigt Roosevelt den Bau von Kriegsschiffen mit einer Gesamttonnage von 1 325 000 Tonnen, von Hilfsschiffen mit einer Tonnage von 100 000 Tonnen sowie den Bau von 15 000 Marineflugzeugen.

Am 31. Juli 1940 wiederholt Churchill noch einmal seine Bitte an Präsident Roosevelt, Großbritannien zur Verstärkung des Geleitschutzes eine Anzahl von US-Zerstörern zu überlassen.

Im August gelingt es W. F. Friedman, dem technischen Direktor des Signal Corps Service der US-Armee, und seinem Kryptologen, den Code der japanischen »Purpur«-Schlüsselmaschine, eine Variante der deutschen Enigma, mit dem die Japaner ihren diplomatischen Funkverkehr verschlüsseln, zu knacken.

Am Montag, dem 2. September 1940, unterrichtet Roosevelt den Kongreß über ein Verwaltungsabkommen zwischen den Vereinigten Staaten und Großbritannien, das den USA das Recht einräumt, britische Flotten- und Luftstützpunkte im Nord- und Südatlantik zu nutzen. Dafür erhält Großbritannien 50 alte amerikanische Zerstörer. Auf die Dauer von 99 Jahren werden den USA die britischen Stützpunkte auf Neufundland und den Bermudainseln, den Bahamas, auf Jamaika, Santa Lucia, Trinidad, Antigua und in Britisch-Guayana überlassen. Die Übergabe der 50 US-Zerstörer an die Engländer bedeutet eine Wende in der bisherigen amerikanischen Neutralitätspolitik.

Am 5. November wird Roosevelt erneut zum US-Präsidenten gewählt.

Bei Generalstabsbesprechungen zwischen Großbritannien und den USA am 20. November 1940 wird eine Standardisierung der Waffensysteme und der Austausch technologischer Kenntnisse vereinbart.

Der britische Premierminister Winston Churchill legt im Dezember 1940 in einem Brief Roosevelt die katastrophale Finanzlage Englands dar, die verhindere, weitere Rüstungs- und Versorgungsgüter zu kaufen. Roosevelt entscheidet daraufhin, vorerst Hilfe auch ohne Zahlungen zu leisten.

Am 29. Dezember fordert der US-Präsident den amerikanischen Kongreß auf, Konsequenzen aus der Tatsache zu ziehen, daß die USA das »Arsenal der Demokratie« sein müßten.

DER SEEKRIEG 1940

BLOCKADE GEGEN ENGLAND

Die neuen U-Boot-Stützpunkte an der Atlantikküste sollen die Entscheidung für das Deutsche Reich bringen

Der stürmische und strenge Winter 1939/40 bewirkt bei der Kriegsmarine, daß die deutsche U-Boot-Offensive erst in der zweiten Januarhälfte verstärkt wird. Dafür unternehmen deutsche Zerstörerflottillen am 6. Januar einen Vorstoß zur Verminung der Themsemündung und am 10. Januar einen weiteren zur Verminung der Häfen Newcastle und Cromer; dadurch werden 9 Schiffe mit 29 713 BRT versenkt. Außerdem zeigt sich für die britische und neutrale Handelsschiffahrt eine neue, ganz unerwartete Gefahr: Bei der Vorbereitung für das Durchfahren der Minenfelder müssen die Schiffe an der englischen Ostküste in größeren, improvisierten Gruppen warten, um der Reihe nach den von Minen freigehaltenen Abschnitt zu passieren. Diese konzentrierte Ansammlung von Schiffen lockt sofort die deutschen U-Boote an, die nachts aufgetaucht angreifen. Bis zu dem Zeitpunkt, als die ersten U-Boote geortet werden können, wird angenommen, die 14 neutralen Schiffe und der britische Zerstörer »Exmouth« seien auf Minen gelaufen: Die »Exmouth« hat jedoch am 21. Januar 1940 einen Torpedotreffer erhalten – ebenso wie der Zerstörer »Grenville«.

Durch eine Besserung der Wetterverhältnisse steigen jetzt die Aktivitäten der deutschen U-Boote im östlichen Atlantik. Nach dem mißlungenen Angriff auf einen in Richtung Gibraltar fahrenden britischen Geleitzug stößt eines der U-Boote auf einen französischen Konvoi, verständigt sofort die Seekriegsleitung und bittet um Unterstützung durch zwei weitere U-Boote. Das ist der erste organisierte Versuch eines U-Boot-Angriffs im Verband, der später Rudel genannt wird. Um den Operationsradius der U-Boote zu erweitern, schafft die Seekriegsleitung durch den Einsatz von Hilfsschiffen ein System zur Versorgung auf den Meeren mit Brennstoff und Vorräten.

Genauso wie im Atlantik erleiden auch in der Nordsee und im Norwegischen Meer einzeln fahrende Schiffe die größten Verluste. Mit der Indienststellung der ersten britischen Korvette »Arabis« beginnt die Verstärkung des Geleitschutzes: Diese robusten Einheiten mit einer Tonnage von 900 bis 1100 t werden innerhalb kurzer Zeit in großen Stückzahlen gebaut und tragen bald die Hauptlast im Kampf gegen U-Boote während der Schlacht im At-

Lorient, Stützpunkt der Kriegsmarine an der Atlantikküste: Herzliche Begrüßung der von einer Feindfahrt zurückkehrenden Besatzung eines U-Bootes

1940 Januar

Ausguckposten auf einem deutschen Blockadebrecher

Golf von Biscaya: Deutsche Blockadebrecher kehren zu ihrem »Heimat«-Hafen Bordeaux zurück

lantik. Ihr größter Nachteil: die zu geringe Geschwindigkeit sowie die nicht ausreichende Bewaffnung beim Feuerwechsel mit aufgetauchten U-Booten.

Die Verteidigungsfähigkeit der Geleitzüge wird jetzt aber auch durch Ausstattung der Handelsschiffe mit Flugabwehrwaffen und Deckgeschützen verbessert. Doch verstehen es nur wenige Kapitäne, die ihnen zugeteilten Waffen mit Erfolg einzusetzen. So versenkt zum Beispiel ein aufgetaucht angreifendes U-Boot in der Nähe des Kap Finisterre fünf nicht eskortierte Schiffe, darunter einen britischen Tanker.

Der Kapitän des Tankers sieht zwar die drohende Gefahr, zögert jedoch mit der Feuereröffnung: Er ist der Meinung, daß er vorher das entsprechende Flaggensignal setzen müßte. Diese Verzögerung wird ihm zum Verhängnis. Mit einem Torpedotreffer schickt das U-Boot den britischen Tanker auf Grund.

Auch die britische U-Boot-Waffe hat Probleme. So gehen in der ersten Januarhälfte 1940 drei britische U-Boote verloren: »Seahorse« (7. Januar) und »Starfish« (9. Januar) von der 2. Flottille sowie »Undine« (6. Januar) von der 6. Flottille der Home Fleet. Während »Seahorse« mitsamt der Besatzung auf dem Meeresboden in der Nähe von Helgoland ruht, geraten die beiden übrigen U-Boot-Besatzungen in deutsche Gefangenschaft. Nach diesen Verlusten zieht die Admiralität ihre U-Boote aus der Helgoländer Bucht und östlich des von den Deutschen bekanntgegebenen Minenstreifens zurück.

Januar 1940

Die Erfahrungen der ersten Kriegsmonate sind für die Admiralität ein Beweis dafür, daß die besten Erfolge im Kampf gegen U-Boote dort erzielt werden können, wo sie aller Wahrscheinlichkeit nach anzutreffen sind: in der Nähe der Geleitzüge. Selbstverständlich muß der Köder, den ein Geleitzug darstellt, möglichst stark abgesichert werden.

Der Seekrieg spitzt sich zu

Im Januar 1940 verlegen sowohl Luftwaffe als auch Kriegsmarine insgesamt 174 Magnetminen und 345 Kontaktminen vor der britischen Küste in den Flußmündungen, auf den Reeden und in den Häfen.

Bei dieser Aktion erreichen die U-Boote alle wichtigen britischen Häfen, sogar das entfernte und von Natur aus geschützte Liverpool. Sie desorganisieren damit die Küstenschiffahrt.

Im Winter 1939/40 sind noch keineswegs alle Konvoi-Routen der Alliierten so lückenlos abgesichert, daß sie von Handelsschiffen ohne Geleitschutz passiert werden können: Allein im Nordatlantik erstreckt sich der ungesicherte Raum auf 1700 Seemeilen.

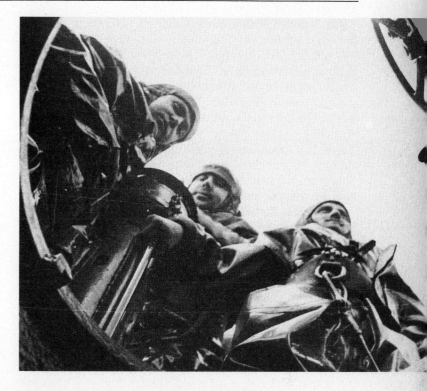

Aus dem Turm des U-Bootes gesehen: Die Ausguckposten auf der Brücke

Ein überholtes U-Boot verläßt das Dock

1940 Januar

Im Januar 1940 belaufen sich die alliierten Verluste durch deutsche Seeminen auf 21 Schiffe mit 77116 BRT, obwohl seit Jahresbeginn in England fieberhaft an der Entmagnetisierung von Schiffen zum Schutz gegen die neuen gegnerischen Magnetminen gearbeitet wird.

Unterdessen gibt der deutsche Befehlshaber der U-Boote (BdU) als Gegenmaßnahme gegen eine mögliche Anpeilung seiner Boote ein Kurzsignalheft heraus. Dadurch ist es nun den Kommandanten möglich, Funkmeldungen an den BdU aus ihrem Operationsgebiet durchzugeben, die vom Gegner kaum mehr anzupeilen sind, weil sie nur aus wenigen Zahlen bestehen.

Im Monat Januar 1940 betragen die Versenkungszahlen der deutschen U-Boote im Atlantik und in der Nordsee – bei nur einem eigenen Verlust – 58 Handelsschiffe mit 178884 BRT.

In der Nacht vom 9./10. Februar 1940 legen deutsche Zerstörer in einer Doppeloperation Minen vor Haisborough und Shipwash. Die Durchführung dieses Unternehmens wird von den patrouillierenden britischen Schiffen nicht bemerkt. Die deutschen Zerstörer-Kapitäne melden in ihren Berichten, daß man sie nicht behelligt habe, obwohl sie selbst die britischen Kriegsschiffe sehr gut sehen konnten: ein Beweis für die derzeitig noch ungenügende Gefechtsausbildung der Besatzungen.

Am Montag, dem 12. Februar 1940, gelingt es dem britischen Minensuchboot »Gleaner«, das deutsche U-Boot U 33 (KptLt. von Dresky) beim Minenlegen in der Clyde-Mündung vor der britischen Küste zu überraschen und zu versenken. Noch bedeutsamer als die Versenkung des U-Bootes, dessen Besatzung gerettet wird, ist die Tatsache, daß den Engländern dabei drei Schlüsselwalzen des streng geheimen Marine-Chiffriergerätes Enigma M in die Hände fallen.

Am Donnerstag, dem 15. Februar 1940, beantwortet die deutsche Seekriegsleitung eine Erklärung Churchills vom Tag zuvor, daß künftig jedes britische Handelsschiff in der Nordsee mit Geschützen ausgestattet wird, mit der Anweisung, nunmehr alle englischen Handelsschiffe wie Kriegsschiffe zu behandeln.

Am Sonntag, dem 18. Februar 1940, beginnen unter dem Befehl des deutschen Flottenchefs, Adm. Marschall, die Schlachtschiffe »Gneisenau« und »Scharnhorst«, der schwere Kreuzer »Admiral Hipper« sowie zwei Zerstörer ihren Vorstoß gegen alliierte Geleitzüge zwischen Großbritannien und Skandinavien bis zur Shetland-Norwegen-Enge (Unternehmen »Nordmark«). Das Unternehmen muß jedoch für die Überwasser-Streitkräfte ergebnislos abgebrochen werden. Die begleitenden U-Boote versenken 8 Handelsschiffe mit 16157 BRT und den Zerstörer »Daring«. An diesem Tag werden die britischen U-Boot-Patrouillen in der Helgoländer Bucht wieder aufgenommen, da in der Admiralität die Meinung herrscht, in den von der deutschen Flotte beherrschten Bereich eindringen zu können. Die U-Boote »Salmon« (3. Flottille), »Sunfish« (2. Flottille) und L 23 (6. Flottille) der Home Fleet (Konteradm. Watson) sichten zwar mehrfach deutsche Schiffe, können aber wegen der schlechten Position keinen Angriff unternehmen.

Zu einer Katastrophe wird am Donnerstag, dem 22. Februar 1940, der Vorstoß der deutschen 1. Zerstörerflottille gegen britische Schiffe im Raum der Dogger-Bank. Deutsche Kampfflugzeuge, die über das Unternehmen nicht unterrichtet sind, greifen die Zerstörer mit Bomben und Bordwaffen an. Bei dem Versuch, den Angriff auszumanövrieren, geraten die »Leberecht Maaß« und die »Max Schultz« auf eine britische Minensperre: nur sechzig Matrosen werden gerettet.

Ende Februar 1940 erweist sich die britische Offensive gegen deutsche U-Boote zum Leidwesen der Admiralität als Fehlschlag. Die Tatsache, daß in diesem Monat 43 einzeln fahrende Frachter den deutschen U-Booten zum Opfer gefallen, aber nur sechs Schiffe aus Geleitzügen vernichtet worden sind, beweist die Wirksamkeit des Konvoi-Systems als besten Schutz vor U-Booten.

Bisher gibt es jedoch nicht genügend Kriegsschiffe für einen ausreichenden Geleitschutz, der aus mindestens zwei Eskortschiffen je Konvoi bestehen müßte. Vorerst stehen insgesamt nur zwei Dutzend Zerstörer aus dem Ersten Weltkrieg, ein paar Dutzend Kanonenboote und etliche umgerüstete Fischdampfer für den Geleiteinsatz zur Verfügung.

Unter diesen Umständen verliert die alliierte Schiffahrt fast eine Viertelmillion Tonnen. Davon kommen 49 Handelsschiffe mit insgesamt 185950 BRT allein auf das Konto der zehn einsatzfähigen deutschen U-Boote im Atlantik und in der Nordsee. Weitere 15 Schiffe mit 54740 BRT werden Opfer deutscher Minen. Fünf deutsche U-Boote kehren im Februar 1940 von Feindfahrt nicht zurück.

Im Januar und Februar 1940 dehnt die Kriegsmarine mehrmals die Zonen des unbeschränkten U-Boot-Krieges aus, was den Alliierten zusätzliche Probleme für die Organisation der Sicherung ihrer Schiffahrt bringt.

Ähnlich wie im Atlantik tragen auch in der Nordsee einzelne fahrende Schiffe die größten Verluste. Davon werden allein im Februar 1940 insgesamt 22 versenkt.

Die Home Fleet immer stärker

Am Sonnabend, dem 2. März 1940, beginnen die ersten Angriffe deutscher Flugzeuge auf Schiffsziele im südlichen Teil des Ärmelkanals. Dabei wird in der Nähe der Insel Wight der englische Passagierdampfer »Domala« (8441 BRT) von Bombern des Kampfgeschwaders 26 versenkt.

Am 4. März legen die britischen Zerstörer »Esk«, »Express«, »Icarus« und »Impulsive« 240 Minen im Gebiet der deutschen küstennahen Schiffsrouten.

Noch am 7. März läuft der britische Luxusdampfer »Queen Elizabeth« (83673 BRT), das größte Passagierschiff der Welt, auf seiner Jungfernfahrt New York an. Durch die in der Presse veröffentlichten Fotos erfährt die deutsche Seekriegsleitung von der Existenz des rund um

März 1940

Am 4. 6. 1940 beginnt das Unternehmen »Juno«: Vorstoß der zwei deutschen Schlachtschiffe, einem schweren Kreuzer und vier Zerstörern gegen britische Einheiten bei Harstad (Norwegen). Auf dem Bild das Schlachtschiff »Scharnhorst«, vom Deck eines der Zerstörer aufgenommen

Eine Periskop-Aufnahme: Ein durch den Torpedoangriff eines deutschen U-Bootes schwer getroffener britischer Frachter sinkt im Atlantik

1940 März

den Bug laufenden Kupferkabels und ist damit über die englischen Abwehrmaßnahmen gegen die deutschen Magnetminen informiert.

Im März 1940 werden die U-Boote der Home Fleet durch die ersten vier französischen U-Boote der 10. Flottille verstärkt, die insgesamt aus 12 U-Booten besteht.

Dem U-Boot-Krieg fallen im März 1940 im Atlantik und in der Nordsee 23 alliierte Handelsschiffe mit insgesamt 66 246 BRT zum Opfer. In der gleichen Zeit verliert die alliierte Schiffahrt durch Minen 14 Einheiten mit 35 501 BRT. Dagegen sind zwei deutsche U-Boote verlorengegangen. Die alliierten Gesamtverluste in der ersten Phase der Schlacht im Atlantik von September 1939 bis März 1940: 750 000 BRT durch deutsche U-Boote, 63 000 BRT durch Überwasserschiffe, 36 000 BRT durch die Luftwaffe und 281 000 BRT durch Minen versenkt.

Anfang April 1940 werden in Portsmouth die Vorbereitungen zum Einsatz der neuen britischen Magnetminen beendet. Die ersten 200 sollen gleichmäßig in den Fahrrinnen der Flußmündung Ems, dem Jade-Busen, der Weser sowie vor Cuxhaven, Lübeck und Kiel verlegt werden.

Am 3. April verlassen die Dampfer »Bärenfels« (7600 BRT), »Alster« (8500 BRT) und »Rauenfels« (8500 BRT) Hamburg. Sie haben 15-cm-Geschütze, 8,8-cm-Flak, schwere Infanteriegeschütze und Pak geladen. Gleichzeitig sticht der Tanker »Kattegat« (6000 BRT) von Wilhelmshaven aus in See. Allerdings erreicht keines dieser Versorgungsschiffe, die als gewöhnliche Handelsdampfer getarnt sind, sein Ziel. Entweder werden sie unterwegs von Flugzeugen der Royal Air Force versenkt, durch englische Seestreitkräfte aufgebracht oder von U-Booten torpediert.

Im Zeitraum vom September 1939 bis April 1940 werden 71 deutsche Handelsschiffe (340 000 BRT) von englischen und französischen Kriegsschiffen angehalten, aber nur 15 von ihnen (75 000 BRT) fallen in die Hände der Alliierten: Das Gros wird von den eigenen Besatzungen versenkt.

Die Erfolge des Cpt. Bickford, der im Dezember 1939 das U-Boot U 36 versenkt und die Kreuzer »Nürnberg« und »Leipzig« beschädigt hat, sind bis zum Frühjahr 1940 die einzigen, die die alliierten U-Boote im Kampf gegen schwere Einheiten der Kriegsmarine verzeichnen können.

Ab Frühjahr 1940 kann die britische Admiralität wenigstens auf einem anderen Gebiet Erfolge verbuchen: Es stehen jetzt in ausreichender Anzahl wirksame Räumgeräte gegen deutsche Magnetminen zur Verfügung. Ungefähr die Hälfte der etwa 400 zur Zeit vorhandenen Minenräumboote, bei denen es sich meist um umgebaute Fischereifahrzeuge handelt, wird mit derartigen Geräten ausgerüstet. Das Ergebnis dieser verbesserten Ausstattung gegen die Minengefahr: Im April gehen nur noch 11 Schiffe mit 19 799 BRT durch Minen verloren.

In diesem Monat haben die deutschen U-Boote lediglich sechs Handelsschiffe mit 30 927 BRT versenkt, dagegen sechs U-Boote verloren. Eine der Ursachen ist das ständig auftretende Torpedoversagen sowie der Einsatz von U-Booten für das Unternehmen »Weserübung«.

Dazu Großadm. Raeder: »Die Erkenntnis von dem Versagen unserer Torpedowaffe auf den U-Booten war bestürzend. Es entstand eine schwere Vertrauenskrise ... Den U-Booten waren hierdurch viele sichere Erfolge entgangen, die auf die weitere Seekriegführung von wesentlichem Einfluß gewesen wären.«

Ähnlich wie im Ersten Weltkrieg übernimmt die britische Home Fleet die Seeherrschaft. Als gefährliche Gegner bleiben jedoch Luftwaffe und U-Boote. Dazu verbessert die Besetzung Norwegens erheblich die strategische Lage der Kriegsmarine, die damit über günstige Stützpunkte am Rande des Nordatlantiks verfügt.

Auch die Luftwaffe rückt durch die Basen in Norwegen näher an die Operationsgebiete im Norden Großbritanniens heran, so daß die britische Führung gezwungen ist, die Luftstützpunkte in dieser Region ebenso wie den Patrouillendienst auf den zum Atlantik führenden Fahrtrouten im Norden zu verstärken und auch die für die Schifffahrt zugänglichen Gewässer durch Minensperren einzuengen.

Deutsche U-Boote sehr erfolgreich

Die Alliierten erleiden im Norwegen-Feldzug eine empfindliche Niederlage. Royal Navy und Royal Air Force haben schwere Verluste zu verzeichnen, die sich im weiteren Verlauf des Krieges bemerkbar machen, zumal sich die Lage im Atlantik durch den verstärkten Einsatz deutscher U-Boote für die Alliierten erheblich verschlechtert. Die Operationen der Admirale Lütjens und Marschall sind dagegen die letzten massierten Einsätze deutscher Schlachtschiffe.

Am Mittwoch, dem 1. Mai 1940, übernimmt der deutsche U-Boot-Kommandant KptLt. Kretschmer das neue Boot U 99 vom Typ VII B. Es gehört zu den am häufigsten gebauten deutschen U-Booten.

Am Sonntag, dem 5. Mai 1940, entdecken im Morgengrauen zwei von dem dänischen Flugplatz Aalborg aus gestartete deutsche Arado-Wasserflugzeuge der Küstenfliegergruppe 706 ein aufgetaucht fahrendes britisches U-Boot in der Nähe der schwedischen Küste. Als die Maschine neben dem gestoppten U-Boot wassert, wird es als das große Minen-U-Boot »Seal« identifiziert, das am Vorabend durch eine Mine schwer beschädigt worden ist. Nach Überprüfung schleppen Sicherungsfahrzeuge der Kriegsmarine das Boot nach Wilhelmshaven ab. Es ist das erste U-Boot, das Flieger aufgebracht haben.

Am 14. Mai trifft der laut Vertrag an die Sowjetunion zu liefernde deutsche schwere Kreuzer L (Lützow) in Leningrad ein. Er soll dort unter Anleitung von 70 deutschen Technikern unter Führung von Konteradm. (Ing.) Feige nach Originalplänen fertiggebaut werden. Seine Indienststellung ist für 1942 vorgesehen. Acht deutsche 20,3-cm-Geschütze, zwölf 10,5-cm-Flak, zwölf 3,7-cm-Flak sowie 12 Torpedorohre bilden die Bewaffnung.

KptLt. Oehrn, einer der besten deutschen U-Boot-

Mai 1940

Admiral Günther Lütjens und Korvettenkapitän Otto Kretschmer, Kommandant des U-Bootes U 99

Das von dem U-Boot U 101 im Atlantik am 16. 6. 1940 torpedierte britische Kühlschiff »Wellington Star« (13 212 BRT) geht langsam unter (oben links)

Vier Besatzungsmitglieder der »Wellington Star« warten auf ihre Rettung

1940 Mai

Oben zwei deutsche Briefmarken für den Luftfeldpostverkehr, unten eine Briefmarke zum 51. Geburtstag des Reichskanzlers Adolf Hitler

Großbritannien: Hoher kirchlicher Würdenträger bei seinem Besuch auf einem britischen U-Boot

Kommandanten, läuft mit einem neuen Boot vom Typ IX A. (U 37) am 15. Mai 1940 in den Atlantik aus. Dieses Boot verfügt über Torpedos mit einer verbesserten Magnetzündung. Es ist das erste deutsche U-Boot, das nach fast sechswöchiger Pause wieder nordwestlich von Kap Finisterre zum Einsatz kommt.

Im Mai 1940 werden in der Nordsee und im Atlantik fünfzehn Handelsschiffe mit 63 407 BRT von deutschen U-Booten versenkt. Nur ein U-Boot geht dabei verloren. Im gleichen Zeitraum werden 20 alliierte Schiffe mit 47 716 BRT durch Minen vernichtet.

Juni 1940

Inzwischen ist der sogenannte ständige deutsche Kriegsbefehl Nr. 154 in Kraft getreten, der bei Versenkung feindlicher Schiffe in den Gewässern um England die Rettung von Schiffbrüchigen untersagt.

Die deutsche Offensive in Westeuropa kompliziert zwar die Lage der alliierten Seestreitkräfte dermaßen, daß die Minenaktionen für längere Zeit gestoppt werden müssen, doch haben RAF-Flugzeuge bis Ende Mai noch rund 260 Minen abgeworfen. Bei diesen Einsätzen gehen zehn Maschinen verloren, dagegen betragen die Verluste an deutschen Schiffen innerhalb dieser kurzen Zeit 24 Einheiten (33 635 BRT). Die Minenoffensive der Royal Navy, die zu diesem Zeitpunkt kaum über einsatzfähige Magnetminen verfügt, wird mit Hilfe von Kontaktminen geführt, die den deutschen Magnetminen nicht an Wirksamkeit gleichkommen; aber auch die Anstrengungen der Deutschen bei der Minenverlegung werden im April und Mai 1940 – bedingt durch den Einsatz der Kriegsmarine gegen Norwegen – erschwert.

U-Boot-Krieg wird ausgeweitet

Während des Westfeldzuges geht der Krieg im Atlantik unaufhaltsam weiter. Die französischen U-Boote (1380 t) fahren zusammen mit den britischen U-Booten Einsätze zur Sicherung von Geleitzügen auf der nordatlantischen Route; doch die Erfolge der Alliierten sind sehr gering. Und der verstärkte Ausbau der deutschen U-Boot-Flotte sowie der Mangel an Begleitschiffen für die atlantischen Geleitzüge läßt für die Zukunft das Anwachsen der Verluste alliierter Handelsschiffe erwarten.

Am Sonnabend, dem 1. Juni 1940, laufen deutsche U-Boote erstmals die neuen Marinestützpunkte in Norwegen an.

Die deutsche Seekriegsleitung erfährt erst am Freitag, dem 7. Juni 1940, daß die Alliierten Narvik räumen. Aus dem Raum Narvik-Harstad soll ein alliierter Evakuierungskonvoi, bestehend aus sieben Transportern mit 10 000 Mann an Bord, in Richtung England ausgelaufen sein. Der deutsche Flottenchef, Adm. Marschall, beschließt, diese Transporter auf hoher See anzugreifen.

Den Deutschen gelingt am folgenden Tag, den Funkverkehr eines Truppentransporters zu stören, der gerade alliierte Schiffe vor dem feindlichen Geschwader warnen will.

Kurz vor 17.00 Uhr wird der britische Flugzeugträger »Glorious« (Capt. D'Ogly-Hughes), den die beiden Zerstörer »Ardent« (Lt. Cdr. Barker) und »Acasta« (Cdr. Glasfurd) sichern, überraschend von den Schlachtschiffen »Scharnhorst« und »Gneisenau« gesichtet. Der Träger hat neben den eigenen Maschinen auch mehrere Flugzeuge vom Typ »Hurricane« und »Gladiator« an Bord, die nach dem Abflug von einem Feldflugplatz bei Narvik auf der »Glorious« gelandet sind. Diese überzäh-

Schlacht im Atlantik: Ein deutsches U-Boot taucht auf. Durch das Periskop aufgenommen

Den Stützpunkt glücklich erreicht: Ein deutsches U-Boot wird am Kai festgemacht

1940 Juni

ligen Maschinen behindern den Start der eigenen Trägerflugzeuge.

Um 17.32 Uhr nimmt die »Scharnhorst« aus 15 Seemeilen Entfernung die »Glorious« unter Feuer. Während man fieberhaft auf dem Flugzeugträger versucht, die eigenen Flugzeuge mit Torpedos auszurüsten, erhält der vordere Hangar mehrere Volltreffer und geht in Flammen auf.

Kurz darauf erhält die Besatzung der »Glorious« den Befehl, das Schiff zu verlassen. Nachdem die beiden Begleitzerstörer vergeblich versucht haben, die deutschen Schlachtschiffe mit Torpedos anzugreifen, werden sie ebenfalls versenkt. Dabei finden 41 Angehörige der RAF sowie 1474 Offiziere und Matrosen der Royal Navy den Tod. Da von den deutschen Einheiten kein Versuch unternommen wird, die Schiffbrüchigen zu retten, überleben nur 44 Mann der britischen Kriegsschiffsbesatzungen, die ein dänisches Fischerboot aufnimmt. Diese »Schlacht bei Jan Mayen« bewahrt den schwach gesicherten, nur 100 Seemeilen nördlich stehenden Räumungskonvoi vor einer Katastrophe. Unbehelligt erreicht er am 10. Juni Scapa Flow.

Nach dreiwöchigem See-Einsatz und der Versenkung von mehreren Schiffen mit einer Gesamttonnage von 47000 BRT kehrt U 37 nach Wilhelmshaven zurück. Da KaptLt. Oehrn berichtet, daß von fünf Torpedos mit Magnetzündung vier versagt haben, spricht der Befehlshaber der U-Boote (BdU), Konteradm. Dönitz, ein endgültiges Verbot aus, weiterhin Torpedos mit Magnetzündung zu verwenden. Ab sofort sollen nur noch Torpedos mit Aufschlagzündung zum Einsatz kommen.

Konteradm. Dönitz, Befehlshaber der U-Boote, trifft mit einer Ju 52 in der bretonischen Stadt Vannes ein, um sich persönlich um die Einrichtung der neuen U-Boot-Stützpunkte zu kümmern. Durch die Einsatzhäfen in Westfrankreich ersparen sich die deutschen U-Boote den 450 Seemeilen langen Anmarschweg von Wilhelmshaven um Nordengland herum in den Atlantik. Das bedeutet für jedes deutsche U-Boot, das sich auf Feindfahrt befindet, eine Verbesserung des ökonomischen Verhältnisses um 22 Prozent.

Auch kleinere U-Boote vom Typ 2 (250 t) können jetzt zum Kampf gegen Geleitzüge eingesetzt werden. Außerdem verbessern sich die Möglichkeiten einer Zusammenarbeit mit der Luftwaffe, die nun zum Angriff auf Geleitzüge eingesetzt werden und ihre Aufklärungsflüge weit über den Atlantik ausdehnen kann. Da der deutschen Kriegsmarine ferner die norwegischen Häfen zur Verfügung stehen, beherrscht sie die gesamte Nordsee bis zum nördlichen Polarkreis.

Deutschen U-Booten, Blockadebrechern und Hilfskreuzern ist es jetzt möglich, ungestört durch die Royal Navy in den Atlantik und in weit entfernte Gewässer vorzudringen.

Kapitänleutnant Günter Prien, Kommandant des U-Bootes U 47 (links)

Oberleutnant zur See Erich Topp (zweiter von links) kehrt mit seinem U-Boot von einer Feindfahrt zum Stützpunkt zurück

Juli 1940

Neuer U-Boot-Rekord

Im Monat Juni 1940 kommen deutsche U-Boote wieder auf allen großen Schiffahrtswegen im Atlantischen Ozean zum Einsatz. Sie erzielen dabei einen neuen Rekord, indem sie im Durchschnitt alle 24 Stunden ein feindliches Schiff versenken, und das bei einem Einsatz von jeweils nur sechs U-Booten zur gleichen Zeit. Der Juni 1940 wird damit für die deutsche U-Boot-Waffe zum erfolgreichsten Monat seit Kriegsbeginn. Ihre Versenkungszahlen belaufen sich auf 63 alliierte Handelsschiffe mit 355 431 BRT. Nur 23 deutsche U-Boote sind von Kriegsbeginn bis Ende Juni 1940 verlorengegangen, davon lediglich eins im Monat Juni 1940.

Diese Erfolge beruhen vor allem darauf, daß die britische Admiralität wegen der Vorbereitungen zur Abwehr einer erwarteten deutschen Invasion nicht mehr ausreichend Kräfte für den Geleitschutz zur Verfügung hat.

Ende Juni 1940 findet die am 3. September 1939 begonnene erste Phase der Schlacht im Atlantik ihren Abschluß.

In der zweiten Phase (bis März 1941) setzt Dönitz seine Boote gruppenweise in der sogenannten »Rudeltechnik« gegen feindliche Konvois im Nordatlantik ein. Dabei befinden sich im Schnitt jeweils 12 U-Boote auf See. Zur Störung des Schiffsverkehrs an der englischen Süd- und Südostküste beginnen gleich nach dem Ende des Westfeldzuges Luftwaffeneinsätze mit Stukas, Bombern und einzelnen Torpedoflugzeugen.

Die deutsche Handelsmarine muß in den ersten zehn Kriegsmonaten empfindliche Verluste hinnehmen. Sie belaufen sich auf fast 600 000 BRT. Die meisten Schiffe sind bei dem Versuch zur Rückkehr in die Heimathäfen verlorengegangen.

Auf britischer Seite hat sich bis Mitte des Jahres 1940 das Zusammenwirken zwischen den Überwasserschiffen des Western Command und den Flugzeugen des Coastal Command der RAF sehr bewährt und stellt die wesentliche Voraussetzung für den späteren günstigen Ausgang der Schlacht im Atlantik dar. Die britischen Minenräumverbände sind auf 700 Fahrzeuge verstärkt, damit ist die Hälfte auf die Räumung sowohl von Magnetminen wie von Ankertauminen eingerichtet. Die Minenräumflottillen sind über alle wichtigen Handelshäfen der Britischen Insel verteilt und daher in der Lage, die Einfahrten stets minenfrei zu halten.

Am 2. Juli versenkt das deutsche U-Boot U 4 (KptLt. Prien) westlich von Irland den britischen Passagierdampfer »Arandora Star« (15 501 BRT), der wiederholt als Truppentransporter verwendet worden ist, sich aber nun mit deutschen und italienischen Zivilinternierten an Bord auf dem Weg nach Kanada befindet.

Ein US-Frachter als Versorgungsschiff für die im Atlantik operierenden deutschen U-Boote

Deutsche Briefmarken aus dem Jahre 1940

1940 Juli

Seit dem 6. Juli können die deutschen U-Boote von dem am Nordwestzipfel Frankreichs gelegenen atlantischen Hafen Brest aus operieren.

Der deutsche Wehrmachtbericht meldet am gleichen Tag die Rückkehr des U-Bootes U 47. KaptLt. Prien und seine Besatzung haben das bisher höchste Versenkungsergebnis einer einzigen Feindfahrt, insgesamt 66 587 BRT, erreicht.

Hohe Verluste der Alliierten

Vor der britischen Südküste kommt es am 25. Juli 1940 zu einem tragischen Ereignis: Der französische Dampfer »Meknés« (6127 BRT) mit 1100 französischen Soldaten an Bord, die in die Heimat zurückgebracht werden sollen, wird von dem deutschen Schnellboot S 27 (Oberlt. z. S. Klug) versenkt. Dabei finden etwa 400 Soldaten den Tod. Der deutschen Seekriegsleitung ist von der Repatriierungsfahrt vorher nichts bekannt gewesen.

Ab Sonntag dem 28. Juli 1940, übernehmen britische U-Boote der B-Patrol die Überwachung der deutschen Seestützpunkte an der Biskaya vor der Westküste Frankreichs.

Die deutsche Seekriegsleitung kann für den Monat Juli 1940 die Versenkung von 38 Schiffen mit 194 922 BRT durch U-Boote melden. Nur ein deutsches U-Boot ist verlorengegangen. Bei deutschen Luftangriffen auf britische Geleitzüge im Kanal werden in diesem Monat 33 Handelsschiffe mit rund 70 000 BRT versenkt, weitere vier Frachter mit 35 000 BRT fallen Minen zum Opfer, die deutsche Flugzeuge abgeworfen haben.

Mit der Niederlage Frankreichs hat sich im Juli 1940 für Großbritannien wesentlich die Verteidigung der Seewege gegen Angriffe deutscher Kaperschiffe und U-Boote verschlechtert. Nachdem die Kriegsmarine die Häfen an der Atlantikküste in Frankreich besetzt hat, ist sie um 540 Seemeilen dem atlantischen Operationsgebiet nähergerückt. Die Reichweite der U-Boote ist erweitert, und zudem können kleinere Boote von 250 Tonnen von hier aus eingesetzt werden.

Die Situation der Alliierten im Atlantik hat sich zusätzlich verschärft, weil Zerstörer und Begleitschiffe im Ärmelkanal patrouillieren müssen, da die Gefahr einer Invasion Englands immer noch droht.

Im Gegensatz zu den ersten Monaten der »Schlacht im Atlantik« greifen deutsche U-Boote jetzt auch von zwei oder drei Begleitschiffen geschützte Geleitzüge an. Die geringe Geschwindigkeit dieser Begleitschiffe, bei denen es sich zumeist um bewaffnete Fischkutter oder Korvetten handelt, erlaubt den U-Booten, sich nach einem Angriff ungefährdet zurückzuziehen.

Der im U-Boot-Kampf neuen Rudeltaktik kommt die Schwächung der Eskorten entgegen. Die Nachtangriffe werden ausgedehnt, bis die eskortierenden Schiffe bei ihren Angriffen mit Wasserbomben auf die U-Boote den Kontakt zum Geleitzug verloren haben oder dieser Gewässer erreicht, in denen die Luftwaffe den Luftraum beherrscht. Allerdings werden in der Regel die Meldungen deutscher U-Boote über entdeckte Geleitzüge, die per Funk an ihre Kommandostelle gehen, von britischen Abhörstellen abgefangen. Peilstationen erlauben der britischen Admiralität, den Standort der funkenden U-Boote relativ genau zu bestimmen; außerdem können die Geleitzüge frühzeitig Warnungen erhalten. Ihr Kurswechsel bringt häufig den Aufmarsch der angreifenden U-Boote durcheinander.

Das wechselhafte Wetter auf dem Atlantik verhindert oft dessen gleichmäßige Überquerung durch Geleitzüge, die auf dem Westkurs langsamer fahren als auf dem Weg zu den Britischen Inseln. Die Eskorte führt einen Konvoi durch die gefährdeten Gewässer und dreht dann ab, um die Ostkurs steuernden Schiffe zu sichern.

Diesen komplizierten Ablauf versucht die Admiralität durch eine bessere Zusammenarbeit mit den Fliegerverbänden des Coastal Command zu erleichtern. Doch der Mangel an Flugzeugen mit der notwendigen Reichweite verzögert diesen Plan. Die Situation ändert sich erst, als auf Island ein großer Luftstützpunkt errichtet wird.

Die deutsche Seekriegsleitung verschleiert den geringen Einsatz ihrer U-Boote im Bereich der Britischen Inseln – nur etwa 10 bis 15 –, indem sie die totale Blockade Großbritanniens in einer Zone verkündet, deren Befahren durch US-amerikanische Schiffe in Washington verboten worden ist.

Am Dienstag, dem 20. August 1940, erreicht das deutsche U-Boot U A (KptLt. Cohausz) nach seinen Operationen vor der westafrikanischen Küste – der ersten Südunternehmung eines deutschen U-Bootes – wieder seinen Einsatzhafen: insgesamt sind sieben Schiffe mit insgesamt 40 706 BRT versenkt worden.

Am Sonnabend, dem 24. August 1940, wird das erste deutsche 35 000-t-Schlachtschiff, die »Bismarck« (Kpt. z. S. Lindemann), in Dienst gestellt.

Am Donnerstag, dem 29. August 1940, verlegt Vizeadm. Dönitz, Befehlshaber der U-Boote (BdU), seine Operationsabteilung von Sengwarden bei Wilhelmshaven an den Bois de Boulogne nach Paris.

Gegen den britischen Konvoi SC 2 mit 23 Schiffen, dessen kodierte Kursanweisungen vom deutschen B-Dienst entschlüsselt worden sind, setzt erstmals Vizeadm. Dönitz die U-Boote gruppenweise in der von ihm aufgrund seiner Erfahrungen aus dem Ersten Weltkrieg entwickelten Rudeltaktik ein. Bei dieser erfolgversprechenden Taktik greifen die U-Boote in Gruppen (Rudeln) die Geleitzüge an und operieren nachts aufgetaucht, da die mit Asdic-Geräten ausgerüsteten britischen Sicherungsfahrzeuge nur in der Lage sind, getauchte U-Boote orten zu können: das heißt, daß die Geleitschiffe nächtlichen U-Boot-Angriffen nahezu hilflos ausgeliefert sind.

Die unter einheitlicher Leitung der Operationszentrale stehenden U-Boote werden nach Meldung eines Konvois gleichzeitig zangenartig angesetzt. Die Rudeltaktik hat den weiteren Vorteil, auch mit relativ geringen Kräften

August 1940

ein ziemlich großes Seegebiet zu kontrollieren, wobei die U-Boote in einem Suchstreifen von 10 bis 15 Seemeilen Abstand aufgestellt werden.

Eine U-Boot-Suchpatrouille steht jeweils quer zu der erwarteten Kursrichtung des Konvois und kann so einen Geleitzug eher erfassen. Um den Konvoi nicht aus den Augen zu verlieren, muß ein U-Boot als Fühlungsfahrzeug den Konvoi verfolgen. Die anderen U-Boote werden per Funk an den Geleitzug herangeführt und nehmen möglichst noch vor Sonnenaufgang eine günstige Angriffsposition ein, um sich dann bei Dunkelheit zwischen den Geleitfahrzeugen hindurch bis auf Torpedoschußweite heranzuschleichen.

Da die U-Boote ihre Überwasserangriffe ähnlich wie die Schnellboote, 45 Grad voraus, durchführen, ergibt sich für den Torpedo ein relativ kurzer Laufweg. Das auf so kurze Entfernung angegriffene Schiff hat wenig Chancen für Ausweichmanöver, und die noch nicht mit Radar ausgestatteten Geleitschiffe können die niedrige Silhouette des nächtlichen Angreifers kaum feststellen. Außerdem sind die U-Boote bei der Überwasserfahrt weitaus schneller als die meisten Geleitfahrzeuge.

Andererseits besteht für die U-Boote die größte Schwierigkeit im Aufspüren der Konvois in der Weite des Atlantiks. Ein Geleitzug, der sich in einer Entfernung von 20 Seemeilen bewegt, bleibt unentdeckt, da er unter der Horizontlinie des nur 5 Meter aus dem Wasser ragenden U-Boot-Turmes läuft. Ein weiterer Nachteil der Rudeltaktik: Die notwendigen zahlreichen Funksprüche des Fühlungsbootes über Kursänderungen, Geschwindigkeit und Position des Konvois an den BdU können von der englischen Peilstation aufgefangen werden.

Obwohl die Engländer im Herbst 1940 noch nicht in der Lage sind, diese Funksprüche zu entziffern, kann sich die britische Admiralität durch die Häufigkeit der Signale doch eine ziemlich genaue Vorstellung vom Einsatzraum und der Position der deutschen U-Boote machen. Daraufhin erhalten die U-Boote den Befehl, durch Kurzsignale das genaue Anpeilen ihrer Standorte zu erschweren.

Ab August 1940 wird die 9. Fliegerdivision zur Verminung der Themsemündung sowie der Gewässer an Ost-, Süd- und Südwestküste Englands eingesetzt. Sie soll durch Luftminenabwurf vor den Häfen Dundee, Newcastle, Middlesbrough, Hartlepool, Dover, Portland, Pool

Herbststürme im Atlantik: Ein Blick von der Brücke eines deutschen U-Bootes auf die aufgewühlte See (ganz oben links)

Eine U-Boot-Besatzung kehrt von einer Feindfahrt zurück. Vorn auf dem Fahnenmast sind die Wimpel mit der Tonnage der versenkten Schiffe zu sehen (oben links)

Protektorat Böhmen und Mähren: Briefmarken aus den Jahren 1939 und 1940

1940 August

Kampfflieger vor dem Start: Die letzten Angaben für den bevorstehenden Einsatz werden gegeben

1940: Briefmarken der polnischen Post mit dem Aufdruck »Generalgouvernement«

und Scapa Flow sowie im Seegebiet um die Insel Wight den Schiffsverkehr stören. Zum erstenmal wird dabei eine auf Schraubengeräusche reagierende Mine mit akustischer Zündung eingesetzt. Gleichzeitig fügen schwere Luftangriffe auf Häfen und Konvois der britischen Handelsschiffahrt empfindliche Verluste zu.

Der Geleitzugkrieg

Die britische Admiralität versucht intensiv, der wachsenden U-Boot-Gefahr Herr zu werden. Alle Meldungen der englischen Sicherungseinheiten, der angegriffenen Frachter, der Luft- und Funkaufklärung sowie Funkpeilergebnisse laufen in einer Operationszentrale zusammen und werden hier auf große Übersichtskarten übertragen.

Parallel zur U-Boot-Lagekarte wird eine Frachter-Lagekarte geführt, die ebenfalls dauernd durch eingehende Informationen über Position, Kurs und Geschwindigkeit der Geleitzüge und einzeln fahrender Frachter ergänzt wird. Aufgrund einer kombinierten Auswertung dieser beiden Lagekarten ergehen Befehle über Ausweichmanöver und Abwehrmaßnahmen sowie Kursänderungen an die Konvois: wiederholt werden Treffpunkte um 50 Seemeilen verschoben oder Geleitzüge kurzfristig umgeleitet.

Der deutschen Seekriegsleitung bleibt zwar nicht verborgen, daß die Engländer im Laufe des Monats August

September 1940

immer stärker bemüht sind, ihre Geleitzüge um erkannte U-Boot-Positionen herumzuführen, aber das im August geänderte Codeschlüsselverfahren der britischen Admiralität macht dem deutschen B-Dienst vorerst genaue Beobachtungen unmöglich.

Die Verluste der alliierten und neutralen Handelsschiffahrt im Atlantik während des Monats August 1940: durch deutsche U-Boote 54 Schiffe mit 283 386 BRT, durch Hilfskreuzer elf Schiffe mit 61 767 BRT, durch Fernkampfflugzeuge zwei Schiffe mit 8973 BRT.

Die hohen Versenkungszahlen des August 1940 für die durchschnittlich acht bis neun im atlantischen Operationsgebiet eingesetzten deutschen U-Boote – pro Boot täglich etwa 700 bis 900 BRT bei nur drei eigenen Verlusten – veranlassen später Dönitz zu der Behauptung, »wie sehr viel günstiger es gewesen wäre, wenn wir bereits damals mit mehr U-Booten hätten operieren können«.

Geführt von Konteradm. Perona und unter dem Oberkommando von Vizeadm. Dönitz greifen inzwischen auch italienische U-Boote in die »Schlacht im Atlantik« ein. Ihr Stützpunkt in La Pallice/Bordeaux erhält die Tarnbezeichnung Betasom (Beta = Basis, som von »sommergibile« = U-Boot).

Als erstes italienisches U-Boot trifft am 4. September 1940 »Allesandro Malaspina« (KorvKpt. Leoni) in La Pallice ein. Auf der Fahrt von La Spezia nach Bordeaux gelingt ihm mit der Versenkung eines britischen Frachters (8406 BRT) der erste italienische U-Boot-Erfolg im Atlantik. Auf dem Weg in die Biskaya befinden sich sieben weitere italienische U-Boote; doch es zeigt sich später, daß sie für Atlantikfahrten wenig geeignet sind.

Vier deutschen Schnellbooten der 1. S-Flottille (KptLt. Birnbacher) gelingt es, im Verlauf des 4. September nordöstlich von Great Yarmouth aus einem Geleitzug fünf Handelsschiffe (8646 BRT) zu versenken und einen weiteren Dampfer durch Torpedotreffer zu beschädigen.

Deutsche Zerstörer, Torpedo- und Schnellboote verlegen in diesen Tagen vom östlichen Eingang des Ärmelkanals bis zur Irischen See ein riesiges Minensperrsystem zum Schutz der U-Boot-Stützpunkte an der französischen Atlantikküste.

Anfang September verlegt die Kriegsmarine die ihr noch verbliebenen acht einsatzfähigen Zerstörer nach Brest. Zur gleichen Zeit wird in den wichtigsten französischen Häfen an der Atlantikküste intensiv mit dem Bau von U-Boot-Basen und deren Schutz gegen Fliegerangriffe begonnen.

KptLt. Prien mit U 47 und weiteren fünf deutschen U-Booten gelingt es, den aus 41 Schiffen bestehenden Konvoi HX.72 aufzuspüren und mit Anwendung der »Rudeltaktik« innerhalb von zwei Nächten insgesamt 12 Schiffe mit 77 863 BRT zu versenken und ein weiteres schwer zu beschädigen.

Bordeaux, Spätsommer 1940: Eines der italienischen U-Boote legt im Hafen an. Der Einsatz italienischer U-Boote in der Schlacht im Atlantik ist von hohen Verlusten gekennzeichnet

1940 September

Maschinenraum eines italienischen U-Bootes während des Einsatzes im Atlantik. Mit größter Präzision müssen die Befehle ausgeführt werden

Vergeblich bemüht sich Großadm. Raeder am Donnerstag, dem 26. September 1940, in einem Gespräch mit Hitler, dessen Zustimmung dafür zu gewinnen, den Schwerpunkt der deutschen Seekriegführung in den Mittelmeerraum zu verlegen. Denn Hitler sieht in dem Mittelmeerraum nur einen Nebenkriegsschauplatz.

Die Versenkungszahlen der deutschen U-Boote im September 1940: 52 Handelsschiffe mit 256 737 BRT. Nur ein deutsches U-Boot kehrt in diesem Monat nicht von der Feindfahrt zurück. Damit sind in den 12 Monaten seit Kriegsbeginn 12 deutsche U-Boote verlorengegangen, während gleichzeitig 28 neue Boote gebaut wurden, darunter 10 kleine, für den Atlantikeinsatz nicht geeignete Boote vom Typ II (250 t). Die Gesamtzahl der seit Kriegsbeginn bis Ende September 1940 von der Kriegsmarine und Luftwaffe versenkten Handelsschiffe beläuft sich auf 1102 Einheiten mit rund 4 Millionen BRT.

Die im Atlantik aufkommenden Herbststürme erschweren den deutschen U-Booten, deren niedriger Turm im starken Wellengang immer wieder überspült wird, das Aufspüren feindlicher Geleitzüge.

Da der Kriegsmarine jetzt norwegische und französische Häfen zur Verfügung stehen, wird ihr geheimer Stützpunkt Basis Nord im Norden der Sowjetunion aufgelöst. Großadm. Raeder: »Ich dankte dem russischen Admiralstabschef telegrafisch für die geleistete Hilfe.«

Am Mittwoch, dem 23. Oktober 1940, verläßt unter Kpt. Krancke das jetzt in einen schweren Kreuzer umgebaute frühere Panzerschiff »Admiral Scheer« der Deutschland-Klasse den Hafen von Gdingen, um im Indischen Ozean Handelskrieg zu führen. Sie durchläuft die norwegischen Küstengewässer nach Norden und gelangt von der britischen Luftaufklärung unentdeckt von dort aus durch die Dänemarkstraße in den Atlantik.

Der Bau von U-Boot-Schutzbunkern an der französischen Atlantikküste ist das Thema einer Besprechung zwischen Hitler und Vizeadm. Dönitz am Freitag, dem 25. Oktober 1940. In diesen Bunkern sollen nach dem Dönitz-Plan alle an der französischen Westküste stationierten deutschen U-Boote während ihrer Ausrüstungs-, Ruhe- und Werftzeit bombensicheren Schutz finden.

Lage Englands wird bedrohlich

Eine Focke Wulf 200 vom Kampfgeschwader 40 greift am Sonnabend, dem 26. Oktober 1940, den englischen Passagierdampfer »Empress of Britain« (42 348 BRT) 70 Seemeilen nordwestlich von Irland an. Nach zwei schweren Bombentreffern im Maschinenraum gerät das Schiff in Brand. Zwei in der Nähe befindliche britische Zerstörer kommen der Besatzung zu Hilfe, um den Brand einzudämmen und die »Empress of Britain« danach abzuschleppen.

Im Nordatlantik trifft das über Funk herangeführte deutsche U-Boot U 32 (Oberlt. z. S. Jenisch) auf die durch Fliegerbomben beschädigte und jetzt im Schlepptau zweier Zerstörer fahrende »Empress of Britain«. Mit zwei gut sitzenden Torpedos kann U 32 den größten alliierten Passagierdampfer, der während des gesamten Zweiten Weltkrieges von den Deutschen vernichtet worden ist, versenken.

Die deutschen U-Boote haben im Oktober 1940 61 Handelsschiffe mit 344 684 BRT versenkt. Ein U-Boot ist nicht zurückgekehrt.

November 1940

Ab Herbst 1940 setzt die deutsche Seekriegsleitung zur Bekämpfung der alliierten Handelsschiffahrt neben Hilfskreuzern auch ihre schweren Kriegsschiffe ein, die in den Werften überholt worden sind.

Am Abend des 5. November 1940 sichtet im Nordatlantik die »Admiral Scheer« den Geleitzug HX.84 auf seiner Route von Halifax nach England. Der zur Geleitsicherung gehörende britische Hilfskreuzer »Jervis Bay« (14614 BRT: Capt. Fegen) eröffnet aus seinen veralteten Geschützen das Feuer auf die »Admiral Scheer«, um dem Konvoi die Möglichkeit zu geben, sich zu zerstreuen. Doch den schweren Kreuzer trifft keine der Salven, da die Batterien der »Jervis Bay« eine um 9000 Meter kürzere Reichweite haben.

Als nach einem 20-Minuten-Kampf der in Brand geschossene britische Hilfskreuzer mit der gesamten Besatzung untergeht, ist ein Teil der Handelsdampfer bereits entkommen. Aus diesem 37 Einheiten umfassenden Geleitzug versenkt die »Admiral Scheer« sechs Schiffe mit insgesamt 38720 BRT und beschädigt drei weitere mit 27853 BRT. Der brennende Tanker »San Demetrio« wird von seiner Besatzung aufgegeben.

Das Auftauchen der »Admiral Scheer« im Atlantik veranlaßt die britische Admiralität, Einheiten der Royal Navy zusammenzuziehen und mit der Jagd auf den schweren Kreuzer zu beginnen.

Am Morgen des 6. November 1940 sehen einige Besatzungsangehörige der »San Demetrio« von ihrem Rettungsboot aus den in dunkle Qualmwolken gehüllten, aber immer noch schwimmenden Tanker und entschließen sich, in einem waghalsigen Einsatz den Tanker zu retten. Sie gelangen auf das glühendheiße Deck, löschen unter Lebensgefahr den Brand und setzen die Maschine wieder in Gang. Ohne Navigationsmittel und nur mit

Deutscher schwerer Kreuzer »Admiral Scheer«. Der langsame Panzerkreuzer mit großem Fahrbereich wird im Handelskrieg eingesetzt

Generalgouvernement 1940: Die Briefmarken zeigen Bauwerke in Lublin, Krakau und Warschau

1940 November

Hilfe eines an Bord gefundenen Schulatlasses schaffen es die Männer, die »San Demetrio« mit dem größten Teil ihrer wertvollen Ladung auf abenteuerlichen Wegen nach England zu bringen.

Im Spätherbst 1940 wirken sich die Einsätze der deutschen Fernkampfflugzeuge vom Typ Focke Wulf 200 »Condor«, die auf westfranzösischen Flugplätzen stationiert sind, für die Engländer immer bedrohlicher aus. Allein im November 1940 werden von den Langstreckenbombern 18 Schiffe mit 66 000 BRT versenkt. Sie melden auch die Positionen der im Atlantik aufgespürten Geleitzüge per Funk an die U-Boote, deren Versenkungszahlen dadurch steigen. So können die U-Boote im Laufe des Monats November bei nur drei eigenen Verlusten 34 Handelsschiffe mit 173 995 BRT im Atlantik versenken, im Durchschnitt je Boot pro Tag 1115 BRT. Dagegen belaufen sich die Versenkungsziffern der italienischen U-Boote im atlantischen Operationsgebiet lediglich auf 200 BRT pro Tag und Boot.

Am Sonnabend, dem 7. Dezember 1940, erreicht der schwere Kreuzer »Admiral Hipper« (Kpt. z. S. Meisel), unbemerkt von der britischen Aufklärung, auf dem Weg durch die Dänemarkstraße den Nordatlantik.

Im Dezember 1940 werden von der deutschen Seekriegsleitung erstmals die neuentwickelten Magnet- und akustischen Minen mit einer bisher unbekannten Verzögerungszündung eingesetzt. Das IX. Fliegerkorps (GenLt. Coeler) führt mehrere nächtliche Minengroßeinsätze durch und wirft allein in der Woche vom 12. bis zum 19. Dezember 1940 229 Minen über der Themsemündung ab, denen bis Ende Dezember 1940 12 Schiffe mit 20 675 BRT zum Opfer fallen.

Zu Weihnachten 1940 befindet sich nur noch ein einziges deutsches U-Boot auf Feindfahrt, während die anderen entweder in Reparaturdocks liegen oder als Schulboote eingesetzt sind.

Am Freitag, dem 27. Dezember 1940, läuft der deutsche schwere Kreuzer »Admiral Hipper« als erstes Großkampfschiff im französischen Atlantikhafen Brest ein. Damit beginnt eine neue Phase im Handelskrieg unter Beteiligung der deutschen Überwasserkampfschiffe, die nun – ähnlich wie schon die U-Boote – die Vorteile eines englandnahen Stützpunktes ausnutzen können. Allerdings scheitert wegen Schäden an der »Gneisenau« der Durchbruch mit dem Schlachtschiff »Scharnhorst« in den Atlantik.

In der zweiten Jahreshälfte 1940 haben die deutschen U-Boote insgesamt 343 Handelsschiffe mit zusammen 1,7 Millionen BRT versenkt. Das entspricht einem Monatsdurchschnitt von rund 240 000 BRT. Die britische Admiralität sah sich durch diese hohen Verluste gezwungen, ihre Konvois die längere Route um die Nordspitze Islands herum fahren zu lassen und den kürzeren Geleitzugweg um die Südspitze Irlands aufzugeben. Dennoch beliefen sich die Versenkungsziffern der im Atlantik eingesetzten deutschen U-Boote während des Monats Dezember 1940 auf insgesamt 39 Handelsschiffe mit 292 501 BRT bei keinem einzigen Verlust. Die Italiener beteiligen sich mit 27 U-Booten an der Schlacht im Atlantik.

Die von den französischen Stützpunkten in Lorient, Brest und La Pallice aus operierenden U-Boote erreichen von hier aus die Positionen 25 Grad West, also jene Gebiete im Atlantik, in denen die alliierten Geleitzüge schon ohne Begleitschutz fahren müssen.

Die Mehrzahl der Versenkungen erfolgt etwa 250 Seemeilen vom nordwestlichen Zipfel Irlands entfernt, von den Engländern treffend »Bloody Foreland« genannt. Trotz der sporadisch erzielten Erfolge der Engländer im Kampf gegen deutsche U-Boote sind die Verluste der Kriegsmarine nicht so bedeutsam, daß die Situation der Alliierten in der Schlacht im Atlantik gebessert würde. Etwa drei Viertel der Versenkungen finden nachts statt, wodurch die Chancen für eine Rettung der Besatzungen und Passagiere sehr gering sind. Und die hohen Verluste an qualifizierten Mannschaften machen sich bemerkbar.

Zunächst können diese riesigen Ausfälle noch durch organisatorische Maßnahmen, die sich auf die Friedensschiffahrt erstrecken, ausgeglichen werden. Doch ab Dezember 1940 ist es durch Anwendung der Schweißtechnik möglich, Rekordleistungen im Schiffsbau zu erreichen. Nach dem neuen Bauverfahren steht gegen Jahresende 1940 in der amerikanischen Werft Henry J. Kaiser & Co. das erste »Liberty-Schiff« mit genormten Bauteilen auslaufbereit.

Die Reichweite der britischen Geleitfahrzeuge kann in diesem Jahr, vor allem durch die Stützpunkte auf Island, weiter in den Atlantik hinaus ausgedehnt werden.

Am Silvestertag 1940 kommt es in der Weite des Südatlantiks bei drückender Hitze zur größten Zusammenkunft deutscher Kriegsschiffe auf der südlichen Halbkugel. Es treffen sich der schwere Kreuzer »Admiral Scheer«, der Hilfskreuzer »Thor«, die beiden Versorgungsschiffe »Nordmark« (22 850 BRT) und der Tanker »Eurofeld« (5863 BRT) sowie die Prise »Dugesa« (8652 BRT), ein mit 3500 Tonnen Rindfleisch und 15 Millionen Eiern beladenes gekapertes britisches Kühlraumschiff.

Hilfskreuzer auf allen Meeren

Am Sonntag, dem 31. März 1940, erhält der erste deutsche Hilfskreuzer und »Handelsstörer«, das Schiff 16 »Atlantis« (Kpt. z. S. Rogge) den Auslaufbefehl. Es handelt sich um den ehemaligen Frachter Goldenfels (7862 BRT), der als norwegisches Motorschiff getarnt von Kiel aus auf große Fahrt in sein Operationsgebiet geht.

Seine Bewaffnung besteht aus sechs 15-cm-Geschützen, einem 7,5-cm-Geschütz, zwei 3,7-cm-Flak, zwei 2-cm-Flak und sechs Torpedorohren. Außerdem hat das Schiff 420 Minen an Bord und verfügt über zwei Wasserflugzeuge vom Typ Arado und ein Schnellboot. Aufgabe des Hilfskreuzers »Atlantis«: möglichst unbemerkt den Atlantik zu erreichen und dort die alliierte Handelsschiffahrt spürbar zu behindern.

März 1940

Der amerikanische Schiffsbauer Henri Kaiser demonstriert an einem Modell: So wird ein Liberty-Schiff in zehn Tagen gebaut

Großadmiral Raeder im ernsten Gespräch mit Vizeadmiral Dönitz

Ein deutsches U-Boot wird von dem Hilfskreuzer »Atlantis« im Südatlantik versorgt

Kapitän zur See Bernhard Rogge, Kommandant der »Atlantis«

343

1940 April

Übrigens ist die »Atlantis« der erste von zwölf deutschen Handelsstörern, die im Laufe des Krieges von ehemaligen Handelsschiffen zu Hilfskreuzern umgerüstet werden. Da die meisten der deutschen Überwasserstreitkräfte für das Norwegen-Unternehmen benötigt werden, sollen die Hilfskreuzer den Handelskrieg in überseeischen Gewässern führen. Versorgt werden sie durch Hilfsschiffe, die ihnen an geheimen Treffpunkten Treibstoff und Vorräte zur Ergänzung liefern.

In Kampfhandlungen mit Kriegsschiffen sollen sich die deutschen Hilfskreuzer möglichst nicht einlassen, auch keine Konvois angreifen und äußerste Funkstille bewahren, im übrigen nur in solchen Gebieten operieren, in denen noch keine deutschen U-Boote im Einsatz sind. Vorzugsweise sind sie als neutrale Handelsdampfer getarnt. Weiterer Zweck ihres Einsatzes: die Engländer zu zwingen, einen größeren Teil ihrer Seestreitkräfte zur Bekämpfung dieser Handelsstörer einzusetzen. Außerdem hofft die Seekriegsleitung, auf diese Weise die alliierten Seeverbindungen unterbrechen zu können.

Anfang April erhält der zweite deutsche Hilfskreuzer, das Schiff 36 »Orion« (FregKpt. Weyher) seinen Auslaufbefehl. Es handelt sich um die 1936 gebaute ehemalige »Kurmark« (7021 BRT). Der Südatlantik soll das Operationsgebiet dieses Handelsstörers sein. Seine Besatzung besteht aus 377 Mann, die Bewaffnung umfaßt sechs 15-cm-Geschütze, ein 7,5-cm-Geschütz, eine 3,7-cm-Flak, vier 2-cm-Flak und sechs Torpedorohre. Außerdem sind 228 Minen sowie zwei Wasserflugzeuge vom Typ Arado an Bord.

Am Freitag, dem 3. Mai, stößt der als japanischer Frachter »Kaschii Maru« getarnte deutsche Hilfskreuzer »Atlantis« zwischen Kapstadt und Freetown auf den englischen Frachter »Scientist« (6200 BRT). Die »Atlantis« wechselt die japanische Flagge mit der deutschen Reichskriegsflagge und warnt den Kapitän der »Scientist« über Funk, von der Sendeanlage seines Schiffes keinen Gebrauch zu machen.

Trotz eines Warnschusses vor den Bug sendet der englische Funker einen Hilferuf. Es bedarf noch weiterer Schüsse, um die »Scientist« endgültig zu stoppen.

Nachdem ein deutsches Prisenkommando Papiere und Ladung untersucht hat, wird der Frachter mit Sprengsätzen als erstes gegnerisches Schiff von einem deutschen Hilfskreuzer versenkt.

In der Nacht vom 5./6. Mai 1940 läuft mit 363 Mann Besatzung als dritter deutscher Hilfskreuzer das Schiff 21 »Widder« (KorvKpt. d. R. von Ruckteschell), die bisherige »Neumark« (7851 BRT), aus. Die Bewaffnung besteht aus sechs 15-cm-Geschützen, vier 3,7-cm-Flak sowie zwei 2-cm-Flak und zwei Torpedorohren in Doppelsätzen. Außerdem sind zwei Flugzeuge und 60 Minen an Bord.

Am Donnerstag, dem 6. Juni 1940, verläßt der deutsche Hilfskreuzer Schiff 10 »Thor« (Kpt. z. S. Kähler), der ehemalige Bananenfrachter »Santa Cruz« (3862 BRT), den Kieler Hafen, um im Südaltantik zu operieren. Seine Bewaffnung besteht aus sechs 15-cm-Geschützen, zwei 3,7-cm-Flak, zwei 2-cm-Flak und zwei Torpedorohren in

Doppelsätzen. Außerdem befinden sich zwei Bordflugzeuge und 300 Ankertauminen an Bord. Die Besatzung zählt 345 Mann.

Ebenfalls im Juni verläßt der deutsche Hilfskreuzer Schiff 33 »Pinguin« (Kpt. z. S. Krüder) den norwegischen Sörgulen-Fjord. Dieses 7766-BRT-Schiff, die frühere »Kandelfels«, soll mit 420 Mann Besatzung an Bord in der Antarktis und dem Indischen Ozean operieren. Bewaffnung: sechs 15-cm-Geschütze, ein 7,5-cm-Geschütz, zwei 3,7-cm-Flak, zwei 2-cm-Flak und vier Torpedorohre sowie zwei Wasserflugzeuge.

Überwunden: Nord-Ost-Passage

Der deutsche Hilfskreuzer Schiff 25 »Komet« (Kpt. z. S. Eyssen) verläßt am 3. Juli 1940 Gotenhafen (Gdingen), um sich in den Pazifik, das neue Operationsgebiet, zu begeben. Die mit 269 Mann besetzte »Komet« (3287 BRT), der frühere Bananendampfer »Ems«, ist der kleinste aller deutschen Hilfskreuzer. Bewaffnet ist das Schiff mit sechs 15-cm-Geschützen, einer 6-cm-Kanone, zwei 3,7-cm-Flak, vier 2-cm-Flak und sechs Torpedorohren. Außerdem befinden sich 30 Magnetminen, ein Schnellboot und Flugzeuge vom Typ Arado 196 an Bord.

10 000 Kilogramm Farbe stehen für einen je nach Lage immer wieder wechselnden Tarnanstrich zur Verfügung. So läuft die »Komet« aus dem norwegischen Hafen Bergen als sowjetischer Frachter »Denjew«, Heimathafen Leningrad, aus. Ab Nowaja-Semlja in der Barentssee begleiten sowjetische Eisbrecher die »Komet« auf ihrem weiteren Weg in den ostasiatischen Operationsraum.

Der deutsche Hilfskreuzer Schiff 10 »Thor« (Kpt. z. S. Kähler), der sich als jugoslawischer Dampfer »Fis«, Heimathafen Split, getarnt hat, trifft westlich von Trinidad auf den britischen Hilfskreuzer »Alcantara« (Capt. Ingham). Bei dem sich entwickelnden Schußwechsel wird die »Alcantara« (22 209 BRT) schwer beschädigt und hat Mühe, sich nach Rio de Janeiro in Sicherheit zu bringen. Auf dem deutschen Handelsstörer hat eine Granate etliche Kabel und Rohrleitungen zerrissen. Nachdem diese Schäden in zwei Stunden behoben sind, kann die »Thor« ihre Operationen fortsetzen.

Am Donnerstag, dem 5. September 1940, um 5.00 Uhr morgens, hat der deutsche Hilfskreuzer »Komet« (Kpt. z. S. Eyssen) die Beringstraße passiert. Damit ist dem ersten und einzigen deutschen Schiff gelungen, die Nord-Ost-Passage zu überwinden, ohne einen Hafen anzulaufen. Die Fahrtzeit über den sibirischen, rund 3000 Seemeilen langen Seeweg betrug 18 Tage. Davon ging ein Drittel der Fahrt durchs Eis.

Der deutsche Hilfskreuzer »Komet« nimmt seine Operationen im Pazifik zu einem für die Engländer sehr kritischen Zeitpunkt auf. Jedes versenkte Schiff ist für Großbritannien, das zur Zeit allein gegen Deutschland kämpft,

Dezember 1940

ein empfindlicher Verlust. Nach dem Durchfahren der Beringstraße hat sich die »Komet« wieder als sowjetischer Frachter »Denjew« getarnt.

Am Donnerstag, dem 31. Oktober 1940, kehrt der erste deutsche Hilfskreuzer, das Schiff 21 »Widder« (KorvKpt. d. R. von Ruckteschell), von seinem Einsatz im Südatlantik zwischen Trinidad und den Azoren – zurück, bei dem es neun Schiffe mit 49321 BRT versenkt und einen Tanker (9323 BRT) als Prise aufgebracht hat. Er muß wegen eines Maschinenschadens den an der französischen Atlantikküste gelegenen Hafen Brest anlaufen.

Am Dienstag, dem 3. Dezember 1940, verläßt der deutsche Hilfskreuzer Schiff 41 »Kormoran« (KorvKpt. Detmers) den Hafen Gdingen (Gotenhafen), um im Atlantik und Indischen Ozean die Handelsschiffahrt zu stören. Das mit 400 Mann besetzte Schiff (8736 BRT), der früher unter dem Namen »Steiermark« fahrende umgebaute Motorfrachter der Hamburg-Amerika-Linie, ist der größte Hilfskreuzer der Kriegsmarine. Seine Bewaffnung: sechs 15-cm-Geschütze, zwei 3,7-cm-Flak, fünf 2-cm-Flak und sechs Torpedorohre. Außerdem befinden sich ein Schnellboot und zwei Bordflugzeuge vom Typ Arado 196 sowie 390 Minen an Bord.

Am Donnerstag, dem 5. Dezember 1940, kommt es im Morgengrauen südlich von Rio de Janeiro zu einem Feuergefecht zwischen dem deutschen Hilfskreuzer Schiff 10 »Thor« und dem britischen Hilfskreuzer »Karnavon Castle« (20122 BRT). Nachdem die »Karnavon Castle« (Capt. Hardy) schwere Schäden erlitten hat, ohne selbst Treffer auf der »Thor« zu erzielen, bricht Capt. Hardy das Gefecht ab und nimmt mit 37 Toten und 87 Verwundeten an Bord Kurs nach Norden. Die Royal Navy, die jede Chance nutzt, um einen der schwer zu fassenden deutschen Hilfskreuzer zu versenken, setzt sofort die Kreuzer »Cumberland«, »Enterprise« und »Newcastle« zur Jagd auf den deutschen Handelsstörer an, jedoch ohne Erfolg.

Die deutschen Handelsstörer können im Jahre 1940 beachtliche Erfolge sowohl im Atlantik als auch im Pazifischen und im Indischen Ozean verzeichnen. Allein sechs Hilfskreuzer der Kriegsmarine bringen es zusammen auf eine Versenkungsziffer von 54 Schiffen mit 367000 BRT.

Drei Besatzungsmitglieder des Hilfskreuzers »Kormoran« sonnen sich auf dem Deck

Eines der Opfer des Hilfskreuzers »Kormoran«: Der britische Frachter sinkt in wenigen Minuten

AUF DEM WEG ZUM WELT-KRIEG

DER UNHEIL-VOLLE DREI-MÄCHTEPAKT

Das wachsende Mißtrauen zwischen den beiden Diktatoren Hitler und Stalin · Die Expansionspolitik Japans

Mit großem Propagandaaufwand wird am Freitag, dem 27. September 1940, in Berlin der lange vorbereitete Dreimächtepakt zwischen Deutschland, Italien und Japan unterzeichnet. In dem zunächst auf zehn Jahre abgeschlossenen Vertrag wird auf der Basis der »Lebensraum«-Doktrin den Signatarmächten das Recht zugesichert, in Europa und Afrika durch Deutschland und Italien, in Ostasien durch Japan eine »neue Ordnung« einzuführen. Im Fall des Angriffs durch dritte Mächte sichern sich die drei Länder gegenseitige militärische, politische und wirtschaftliche Hilfe zu. Unter anderem ist es Absicht des Dreimächtepakts, die USA aus den militärischen Ereignissen in Europa und Asien herauszuhalten.

In einer Begegnung am 4. Oktober 1940 mit Mussolini am Brenner trägt Hitler seine Vorstellungen über eine Einbindung Vichy-Frankreichs und Spaniens in den Dreimächtepakt mit dem Endziel eines Kontinentalblocks von Madrid bis Yokohama vor. Für Italien würde der erforderliche Interessenausgleich einen Verzicht auf koloniale Ansprüche in Nordafrika bedeuten.

Ende Oktober versucht Hitler diese Vorstellungen in die Tat umzusetzen. In Montoire instruiert er den stellvertretenden französischen Ministerpräsidenten Pierre Laval über eine Alternative künftiger deutscher Politik: Regelung der deutsch-französischen Beziehungen auf Kosten Großbritanniens oder des deutsch-britischen Verhältnisses auf Kosten Frankreichs. Mögliche Zugeständnisse an das Vichy-Regime werden nur angedeutet.

In Hendaye treffen am 23. Oktober Hitler und der spanische Diktator General Francisco Franco zusammen. In einer neunstündigen Unterredung kann Hitler den spanischen Staatschef nicht für einen Kriegseintritt im Januar 1941 gewinnen. Wiederholt verweist Franco auf die Gefährdung der spanischen Versorgung und die Bedrohung der Küsten. Seiner Forderung, Französisch-Marokko an Spanien abzutreten, widersetzt sich Hitler, um nicht Vichy-Frankreich vor den Kopf zu stoßen. Nach dem Scheitern des Versuchs, Spanien in die antibritische Front einzubeziehen, erklärt Hitler, er lasse sich lieber mehrere Zähne ziehen, als noch einmal mit Franco zu verhandeln.

Der sowjetische Außenminister Wjatscheslaw M. Molotow trifft am 12. 11. 1940 in Berlin ein: Der Besucher wird durch Reichsaußenminister Joachim von Ribbentrop begrüßt. Im Hintergrund Botschaftsrat Gustav Hilger, der als Dolmetscher fungiert

1940 Oktober

Berlin, 27. 9. 1940. Unterzeichnung des Dreimächtepaktes zwischen Deutschland, Italien und Japan. Am Tisch von links: Der japanische Botschafter Kurusu, Graf Ciano, Hitler, von Ribbentrop (am Mikrofon)

Hendaye, französisch-spanische Grenzstation, am 23. 10. 1940: Treffen zwischen Hitler und General Franco

In weiteren Verhandlungen zwischen dem Chef der deutschen Abwehr, Adm. Canaris, und dem spanischen Staatschef Francisco Franco bleibt der Grundsatz der Madrider Regierung unverrückt, nicht ohne ausreichende Rüstung in den Krieg einzutreten. Der deutsche »Plan Felix«, die Eroberung Gibraltars im Januar 1941, ist damit hinfällig.

Am Donnerstag, dem 24. Oktober 1940, konferiert Hitler – wieder in Montoire – mit Marschall Philippe Pétain und fordert den Staatsführer Vichy-Frankreichs auf, seine Truppen und Kriegsschiffe gegen Großbritannien zum Einsatz zu bringen. Demgegenüber macht Pétain auf die Belastung der Franzosen durch den verlorenen Feldzug und die Problematik der Kriegsgefangenen aufmerksam. Der deutschen Führung bleibt unbekannt, daß Pétain gleichzeitig Kontakte zur britischen Regierung sucht.

Am 20. November schließt sich Ungarn dem Dreimächtepakt an.

April 1940

Rumänien wird deutscher Satellit

Bei einem Staatsbesuch in Deutschland unterzeichnet der rumänische »Conducator« und Oberbefehlshaber General Ion Antonescu am 23. November 1940 den Beitritt seines Landes zum Dreimächtepakt, dem sich am folgenden Tag auch die Slowakei anschließt.

Schon über ein halbes Jahr vorher, am 8. April 1940, teilt das Deutsche Nachrichtenbüro (DNB) mit, daß es rumänischen Überwachungsorganen, tatsächlich Angehörigen des Baubataillons 800 z.b.V., (»Brandenburg«) gelungen sei, durch raschen Zugriff einen britischen Anschlag auf die Donauschiffahrt zu vereiteln.

Mit dieser vom Secret Service in Rumänien militärisch aufgezogenen Aktion wollte man die Donau für den Schiffsverkehr nach Deutschland an einzelnen Stellen unterbrechen, um so den Handel zwischen Deutschland und Südosteuropa zu stören, vor allem die Ölzufuhr aus Rumänien.

Schon drei Tage zuvor ist bekanntgeworden, daß eine Reihe von britischen Schiffen donauaufwärts fährt. Es sind die Schlepper »Britannia«, »Danubia Shell«, »King George«, »Scotland« und »Lord Byron«, begleitet von britischen Motorbooten sowie dem gecharterten griechischen Frachter »Dionysia« mit vier Schleppkähnen und dem Schlepper »Albion« mit fünf Schleppkähnen.

»Wird verzehrt« – ein britischer Karikaturist zu Hitlers Absichten über Rumänien

General Ion Antonescu, der rumänische Staatsführer

Die Donauenge, das »Eiserne Tor«, soll durch einen Anschlag des britischen Geheimdienstes blockiert werden

349

1940 April

Ungarn: Briefmarken aus dem Jahre 1940

Rumänien: Briefmarke aus dem Jahre 1940

Rumänisches Wasserflugzeug während eines Patrouillenfluges über dem Schwarzen Meer

Die Schiffe haben große Mengen von Revolvern, Signalpistolen, Handgranaten, Maschinengewehren, Geschützen, Wasserbomben, Minen und mehrere tausend Kisten Dynamit an Bord. Über 100 britische Soldaten mit Spezialausbildung, dazu mehrere Offiziere und technisches Personal begleiten als Matrosen getarnt den Geheimtransport. Bekanntgeworden sind diese Einzelheiten durch die Geschwätzigkeit einiger britischer Besatzungsmitglieder.

Die aufgefundenen Befehle und Anordnungen – so heißt es in der Berliner Börsenzeitung vom 8. April 1940 – ließen die Absicht erkennen, falls die vorgesehenen Sprengungen durch Grenzjäger oder Regierungstruppen gestört werden, in einem der Balkan-Staaten Landungsmanöver vorzunehmen und von dieser Basis dann die Sabotageakte durchzuführen.

König Carol von Rumänien, der bisher eine englandfreundliche Politik befürwortet hat, wendet sich unter dem Eindruck ungarischer Revisionsforderungen (Rückgliederung Siebenbürgens) und der sowjetischen Ansprüche auf Bessarabien am 2. Juli mit der Bitte um eine Grenzgarantie an die Reichsregierung; außerdem will er sein Land einer deutschen »Militärmission« öffnen.

September 1940

Die Konferenz von Wien

Am Montag, dem 26. August 1940, gibt Hitler unter dem Eindruck der rumänischen Bitte um einen Schiedsspruch in den Auseinandersetzungen mit Ungarn über Siebenbürgen den Befehl, zur Sicherung der deutschen Erdölversorgung aus dem Raum Ploesti Truppen bereitzustellen, falls die Spannungen auf dem Balkan weiterreichende Folgen haben sollten.

In Wien endet die Konferenz der deutschen, italienischen, ungarischen und rumänischen Außenminister am Freitag, dem 30. August 1940, mit dem Wiener Schiedsspruch der Achsenmächte zur Neuregelung der ungarisch-rumänischen Grenze. Er sieht unter anderem die Abtretung Nordsiebenbürgens und des Szekler Zipfels von Rumänien an Ungarn vor sowie eine Sonderstellung der deutschen Volksgruppen in diesen beiden Ländern. Sowohl das Deutsche Reich als auch Italien verpflichten sich, die Garantie der rumänischen Grenzen zu übernehmen.

Am 2. September äußert Hitler die Absicht, eine deutsche Militärmission nach Rumänien zu entsenden, der Lehrtruppen unterstehen, die das rumänische Ölgebiet schützen sollen.

Zwei Tage später ernennt König Carol von Rumänien Gen. Ion Antonescu zum Ministerpräsidenten mit Sondervollmachten. Die Verfassung wird aufgehoben. Unter dem Druck des neuen starken Mannes verzichtet der in der Bevölkerung weitgehend unbeliebte König Carol am 6. September zugunsten seines Sohnes Mikail auf den Thron.

Rumänien 1940: Sonderbriefmarken für die Luftfahrt und das Flugwesen

Gedenkausgabe zum zehnten Jahrestag der Thronbesteigung von König Carol II.

Das Ölindustriegebiet Ploesti, Oktober 1940: Eine deutsche Flakstellung zum Schutz vor britischen Luftangriffen

351

1940 September

Die Krupp-Werke im Herbst 1940: Herstellung der schweren Feldgeschütze. Die Vorbereitungen zum Angriff auf die Sowjetunion laufen bereits auf Hochtouren

Rumänien, Briefmarken aus dem Jahre 1940: Sonderausgaben zugunsten der Jugendorganisation Straja Tarii (Landwacht)

Reichsaußenminister Joachim von Ribbentrop unterrichtet den italienischen Außenminister Graf Ciano über die deutsche Absicht, Truppen in Rumänien, das auch zum italienischen Interessengebiet gehört, zu stationieren und im Fall eines Konfliktes mit der Sowjetunion von dort aus mit rumänisch-deutschen Verbänden zu operieren.

Die ersten Mitglieder der deutschen Wehrmachtsmission treffen am 12. Oktober 1940 in Rumänien ein. An ihrer Spitze stehen: GenLt. Hansen, unter ihm GenLt. Wilhelm Speidel als Leiter der Luftwaffengruppe. Ende des Monats soll die Lehrtruppe folgen, die 13. mot. Division, die die Ausbildung von drei rumänischen Divisionen übernimmt.

Am 23. November 1940 tritt Rumänien nach einem Gespräch zwischen Hitler und Antonescú dem Dreimächtepakt bei.

Dezember 1940

»Barbarossa« wird vorbereitet

Knapp eine Woche nach der Weisung für das Unternehmen »Seelöwe« erteilt Hitler am Sonntag, dem 21. Juli 1940, dem Oberbefehlshaber des Heeres, GFM von Brauchitsch, den Befehl, einen Plan für den Angriff auf die Sowjetunion im Jahr 1941 erstellen zu lassen. Diese Anordnung beweist den Zwiespalt in Hitlers strategischem Denken.

Am Mittwoch, dem 31. Juli 1940, bestimmt Hitler in einer Besprechung mit Großadm. Raeder den 15. September 1940 zum möglichen Termin für die deutsche Landung in England. Kurz danach unterbreitet er GFM von Brauchitsch seinen Entschluß zum Angriff auf die Sowjetunion. Danach soll ab Frühjahr 1941 die Rote Armee in einem fünfmonatigen Feldzug vernichtend geschlagen werden.

Am Montag, dem 5. August 1940, hat GenMaj. Marcks, Chef des Generalstabs der 18. Armee, den von Hitler gewünschten »Operationsentwurf Ost« für einen Feldzug gegen die Sowjetunion fertiggestellt. Von GenOberst von Küchler sind bereits 16 Divisionen seiner 18. Armee entlang der deutsch-sowjetischen Grenze im Generalgouvernement zusammengezogen worden.

Am Freitag, dem 9. August 1940, gibt das OKW die Weisung über den »Aufbau Ost« heraus. Für einen deutschen Feldzug gegen die Sowjetunion soll das Generalgouvernement als Operationsbasis dienen. Dafür müssen neue Flugplätze angelegt, Panzer-Instandsetzungswerkstätten errichtet und Nachschublager geschaffen werden.

Am Freitag, dem 20. September 1940, übernimmt GFM von Bock die neugebildete Heeresgruppe B, die die deutschen Truppen an der Ostgrenze in einer Stärke von insgesamt 35 Divisionen umfaßt.

Das Oberkommando der Wehrmacht beginnt am 30. Oktober 1940 die Umgruppierung des Heeres mit Schwerpunkten in Ostpreußen und dem Generalgouvernement.

Am Dienstag, dem 12. November 1940, trifft der sowjetische Außenminister Molotow zu Gesprächen mit Hitler und Reichsaußenminister von Ribbentrop in Berlin ein. Es soll über einen möglichen Beitritt der Sowjetunion zum Dreimächtepakt verhandelt werden. Die Gespräche verlaufen in einer frostigen Atmosphäre und müssen zum Teil im Luftschutzkeller des Auswärtigen Amts geführt werden, da britische Bomber einen Angriff auf Berlin fliegen und damit von Ribbentrops Behauptung vom besiegten England Lügen strafen. Molotows Bedingungen für einen Beitritt der UdSSR zum Pakt lauten: »Unverzüglicher Abzug der deutschen Truppen aus Finnland. Abschluß eines sowjetisch-bulgarischen Beistandspaktes, Errichtung je eines sowjetischen Flotten- und Truppenstützpunktes auf türkischem und bulgarischem Boden im Dardanellenbereich, Anerkennung einer sowjetischen Einflußzone südlich Batus in Richtung auf den Persischen Golf. Verzicht Japans auf seine Erdöl- und Koh-

Ungarn, Briefmarken aus dem Jahre 1940: Sonderausgaben zugunsten des Fliegerfonds und eine Gedenkausgabe für den Reichsverweser Nikolaus von Horthy

lenkonzessionen in Nordsachalin.« Da die deutsche Führung nicht bereit ist, hierauf einzugehen, bleiben die Verhandlungen ergebnislos. Auf Befehl Hitlers waren auch während des Aufenthalts Molotows in Berlin die Vorarbeiten für den Aufmarsch gegen die Sowjetunion nicht unterbrochen worden.

Der Oberquartiermeister I im Generalstab des Heeres, GenLt. Friedrich Paulus, läßt am 29. November 1940 ein erstes Planspiel für den Angriff auf die UdSSR durchführen.

Noch im Dezember 1940 treffen die UdSSR und das Deutsche Reich ein Abkommen, das die Regelung der gemeinsamen Grenzen vorsieht.

Doch schon am Mittwoch, dem 18. Dezember, unterzeichnet Hitler die seit Ende August 1940 vorbereitete Weisung Nr. 21 für den Fall »Barbarossa«, den Überfall auf die Sowjetunion. Hitler beabsichtigt, in einem Blitzfeldzug die UdSSR innerhalb von drei bis vier Monaten zu zerschlagen. Seine Generäle sollen die entsprechenden Vorbereitungen bis zum 15. Mai 1941 treffen.

1940 Juni

Japanische Infanterie greift an: Die von den Franzosen abgetretenen Stützpunkte werden sofort zur Ausweitung der Kriegshandlungen gegen China genutzt

Marschall Tschiang Kai-schek

Der französische General Georges Catroux, Gouverneur von Indochina

Ostasiatisches Machtvakuum

24 Stunden vor dem Fall von Paris, am 14. Juni 1940, gibt der Führungsstab der japanischen Streitkräfte in China bekannt, daß er es nicht zulassen werde, daß die Behörden Französisch-Indochinas der Kuomintang-Armee Tschiang Kai-scheks Hilfe gewähren. Die französische Regierung, die sich zu dieser Zeit in Bordeaux befindet, ist machtlos: Sie überläßt ihrem Gesandten in Tokio, was Indochina anbelangt, freie Entscheidung.

Dezember 1940

In Tokio tritt die japanische Regierung daraufhin an die französische Vertretung mit der ultimativen Forderung heran, die vietnamesisch-chinesische Grenze zu schließen und den japanischen Behörden zu ermöglichen, die Befolgung dieser Anordnung zu kontrollieren. Dem französischen Gesandten bleibt nur, seine Bereitschaft zu bekunden, die japanischen Streitkräfte bei der »Aufrechterhaltung eines dauerhaften Friedens« in Ostasien nicht zu behindern. Eine Übereinkunft wird festgelegt, an welchen Grenzpunkten japanische Inspekteure die Grenze überschreitende Transporte überwachen können.

Bereits Mitte Juni hat General Georges Catroux, Generalgouverneur von Indochina, die USA um Hilfe gebeten: Er benötige 120 Flugzeuge und ebenso viele Flakgeschütze. Die Verhandlungen werden in Washington im State Department geführt. Und jetzt, am 20. Juni 1940, wird General Catroux verständigt, daß »im Hinblick auf die allgemeine Lage die Regierung der USA das Eingreifen in einen Konflikt mit Japan nicht für möglich erachte ... und daher mit dem Verkauf von Waffen für Indochina nicht einverstanden sei«.

Die Niederlage Hollands und Frankreichs hat dazu geführt, daß Indochina und Indonesien ihre kolonialen Mutterländer verloren haben. Eine 40 Mitglieder starke japanische Militärkommission unter General Nishihara trifft am 29. Juni 1940 in Hanoi ein.

Trotz des offiziellen Einverständnisses der französischen Behörden mit allen Forderungen der Japaner veröffentlicht die Presse in Tokio einen Aufruf an die Völker Indochinas, sich vom französischen Joch zu befreien.

Die weitgehende Schwächung der britischen Position in Südostasien ergibt sich aus der Schließung der Burmastraße für Hilfsgüter an die Streitkräfte Tschiang Kaischeks. Diese Maßnahme erfolgt auf japanischen Druck hin.

Am 30. August wird in Tokio ein Vertrag zwischen der japanischen und der französischen Vichy-Regierung geschlossen; darin erkennt Japan die französische Souveränität in Indochina an, während die Vichy-Regierung die dominierende Rolle Japans im Fernen Osten anerkennt und sich bereit erklärt, dessen militärische Forderungen zu erfüllen.

Am Sonntag, dem 22. September 1940, werden in Tokio zwischen der japanischen Regierung und der französischen Vichy-Regierung folgende Abmachungen getroffen: a) die Abtretung von drei Luftstützpunkten an die japanischen Streitkräfte im Norden Vietnams; b) die Stationierung von 6000 japanischen Soldaten in Vietnam; c) das Recht der Durchreise für 25 000 japanische Soldaten im Transitpendelverkehr durch Indochina bis zur chinesischen Grenze.

Der Chef der japanischen Mission in Hanoi, Gen. Nishihara, legt dem Generalgouverneur von Französisch-Indochina am Montag, dem 23. September 1940, als neue Forderung nunmehr die Stationierung von 32 000 japanischen Soldaten in Indochina vor. Der stellvertretende Außenminister Ohasi unterrichtet den französischen Botschafter in Tokio, daß die japanische Armee in Tonking (Nordvietnam) unabhängig davon, ob eine Verständigung getroffen werden sollte oder nicht, einmarschieren werde.

Die von den Franzosen abgetretenen Luftstützpunkte werden von den Japanern sofort zur Ausweitung der Kriegshandlung gegen China genutzt: Die japanischen Fliegerkräfte starten Bombenangriffe gegen die Burmastraße und Südchina. Auch die wirtschaftliche Bedeutung Indochinas als neben Burma und Siam größter Reisexporteur Asiens ist nicht zu übersehen; außerdem befinden sich hier große Vorkommen an Kautschuk, Eisenerz, Zinn, Kohle und Wolfram. Darüber hinaus spielt Indochina wegen seiner geographischen Lage als Basis für mögliche Vorstöße gegen Burma, Malaya und die Philippinen auch eine wichtige strategische Rolle.

Obwohl im September 1940 in Washington geheime Verhandlungen zwischen den Regierungen der USA, Großbritanniens, Australiens und der Niederlande stattfinden, unternehmen diese Staaten erstaunlicherweise keine Schritte, um der japanischen Aggression in Indochina Einhalt zu gebieten.

Neue Kämpfe flammen in China auf, da das Zentralkomitee der Chinesischen Kommunistischen Partei seinen Armeen die Offensive befiehlt: Die 4. Volksarmee operiert im Tal des Jangtse, an dessen nördlichem Ufer seit Jahresmitte japanische Verbände stehen. Die 8. Volksarmee hat die Aufgabe, japanische Kräfte in China zu binden und damit die Ausweitung des Konflikts in Südostasien zu verhindern. Zu Beginn der »Schlacht der hundert Regimenter«, die sich über dreieinhalb Monate bis zum 5. Dezember 1940 hinzieht, zählt die 8. Volksarmee 115 Regimenter mit 400 000 Soldaten. Ihre Angriffe auf Eisenbahnlinien und motorisierte japanische Kolonnen führen sie nach Partisanentaktik durch. Die japanische Führung sieht sich durch die zahlreichen Angriffe aus Hinterhalten und hohe Verluste veranlaßt, ihre Einheiten vom flachen Land in größere Städte und befestigte Stützpunkte zurückzuführen. Um die Kontrolle über das von der 8. Volksarmee beherrschte Gebiet zu gewinnen, werden japanische Verstärkungen aus Korea und der Mandschurei herangeführt.

Briefmarken der britischen Kolonien: Bermuda aus den Jahren 1938/41 mit König Georg VI. und der Horse Shoe Bai sowie Aden mit König Georg VI. und dem Hafen von Aden

WAS AUSSERDEM GE-SCHAH

WICHTIGE EREIGNISSE IM JAHRE 1940

Das deutsch-sowjetische Wirtschaftsabkommen · Die Judenfrage · Geschehnisse in Europa und Asien

Am Sonnabend, dem 10. Februar 1940, wird in Moskau ein deutsch-sowjetisches Wirtschaftsabkommen abgeschlossen, das einen Güteraustausch von mindestens 640 Millionen Reichsmark während der nächsten 18 Monate vorsieht. In den ersten zwölf Monaten will die Sowjetunion unter anderem 1 Million Tonnen Futtermittel sowie 900 000 Tonnen Öl einschließlich der gesamten Ausbeute aus den polnischen Ölfeldern in Drohobycz liefern.

Zugleich setzen die Sowjets die Frachtkosten auf der transsibirischen Eisenbahn um die Hälfte herab, um den Deutschen die Rohstoffversorgung ihrer Rüstungsindustrie aus dem Nahen und Fernen Osten unter Umgehung der alliierten Blockade zu erleichtern. Als deutsche Gegenleistung ist die spätere Überlassung des noch im Bau befindlichen schweren Kreuzers »Lützow« an die Sowjetunion vorgesehen.

Am 12. Februar 1940 erfolgen die ersten Deportationen deutscher Juden aus den Bezirken Stettin, Stralsund und Schneidemühl in das Generalgouvernement Raum Lublin.

Am 24. April 1940 erteilt Reichsführer SS Heinrich Himmler den Befehl zur Errichtung des Konzentrationslagers Auschwitz. Bereits zwei Tage später trifft in Auschwitz SS-Obersturmbannf. Rudolf Höß als Lagerkommandant ein. Dieses später größte NS-Vernichtungslager liegt in Zasole, einer Vorstadt des 12 000 Einwohner zählenden Ortes Auschwitz (Oswiecim) auf dem Gelände der ehemaligen k. u. k.-Kaserne im Bezirk Krakau, südlich von Kattowitz.

Die Entstehung des Konzentrationslagers Auschwitz entstammt der Idee von SS-Gruppenf. von dem Bach-Zelewski und SS-Obergruppenf. Wiegandt. Es sollte ursprünglich ein Durchgangslager für ausschließlich polnische Häftlinge sein, deren Einsatz in der nahegelegenen oberschlesischen Industrie geplant war.

Nach Abschluß der Deportationen aus Westpreußen erklärt Gauleiter Albert Forster am 13. Oktober 1940 diesen Gau für »judenfrei«.

Die Gauleitung in Wien (Baldur von Schirach) beginnt mit der Deportation der Juden in das Generalgouverne-

Der Hauptbahnhof von Krakau im Herbst 1940: Zwangsaussiedler aus Oberschlesien

1940 Februar

Das Konzentrationslager Auschwitz: Im Herbst 1940 stehen bereits die ersten Wachtürme. Dieses KZ wird innerhalb weniger Monate zu einer riesigen Fabrik des Todes, in der während des Krieges etwa drei Millionen Menschen aus 29 Nationen ermordet werden

ment, wo die jüdische Bevölkerung wie die Polen einem Sonderstrafrecht unterworfen ist.

Seit Mitte Oktober 1940 werden die Warschauer Juden in einem Ghetto zusammengepfercht, das durch Mauern und SS- bzw. Polizeibewachung von der Außenwelt hermetisch abgeriegelt wird. Die hygienischen Verhältnisse sind auf die Dauer katastrophal; die Versorgung mit Lebensmitteln ist absolut unzureichend; dennoch werden immer mehr Juden dorthin deportiert.

Am 22. Februar 1940 verfaßt der französische Generalstab eine Denkschrift über den geplanten englisch-französischen Überfall auf die sowjetischen Ölfelder in Batum-Baku (Kaukasus).

Nachdem Litauen am Vortag ein sowjetisches Ultimatum vom 12. Juni angenommen hat, besetzen Verbände der Roten Armee die Städte Kowno und Wilna. Der baltische Staat verliert damit seine Unabhängigkeit und gerät unter die Herrschaft der Sowjetunion.

In Tokio tritt am 22. Juni 1940 das neutralistische Kabinett des Ministerpräsidenten Yonai zurück. Die neue Regierung des Fürsten Konoye ist bereit, die 1939 verringerten Kontakte mit Deutschland wieder zu verstärken.

Vor dem Reichstag richtet Hitler am Freitag, dem 19. Juli 1940, einen letzten »Friedensappell« an Großbritannien, der jedoch drei Tage später vom britischen Außenminister Lord Halifax eindeutig zurückgewiesen wird. Im Anschluß an seine Rede gibt Hitler die Ernennung Görings zum Reichsmarschall sowie die Beförderung von 19 Generalobersten und Generälen zu Generalfeldmarschällen sowie die Ernennung Admiral Raeders zum Generaladmiral bekannt.

Oktober 1940

Am Freitag, dem 2. August 1940, übermittelt GFM Keitel dem Chef des Wirtschafts- und Rüstungsamtes im OKW, Gen. Thomas, ein neues Rüstungsprogramm, aus dem hervorgeht, daß die Heeresstärke auf 180 Divisionen erhöht werden soll.

In der englischen Hauptstadt London wird am 5. August ein britisch-polnischer Vertrag zur Zusammenarbeit und zum Aufbau polnischer Streitkräfte unter britischem Oberbefehl geschlossen, den von seiten der polnischen Exilregierung Gen. Sikorski und Außenminister Zaleski unterzeichnen.

Am Sonnabend, dem 17. August 1940, tritt eine Wende im deutsch-finnischen Verhältnis ein, das durch die deutsche Zurückhaltung während des Winterkriegs getrübt war. Finnland gestattet den Transfer deutscher Nachschubtruppen durch sein Territorium nach Nordnorwegen.

Im Donaudelta besetzt die Rote Armee im Oktober drei Inseln, die dem sowjetischen Anspruch nach zu Bessarabien gehören.

Das Ghetto in Warschau, Herbst 1940: In diesen Tagen ahnt noch keiner etwas von der Tragödie, die sich einige Monate später hier abspielen wird

Jugoslawien, Argentinien: Briefmarken von 1940

Deutschland

6. Februar: Aufstellung des Deutschen Afrika-Korps unter General Rommel (Unternehmen »Sonnenblume«).
27. März: »Weisung Nr. 25«: Blitzkrieg gegen Jugoslawien in Verbindung mit dem Angriff auf Griechenland.
30. März: In einer Rede vor über 200 Befehlshabern der Wehrmacht kündigt Hitler eine radikale Kriegführung ohne Beispiel (rassenideologischer Vernichtungskrieg im Osten) und ohne Bindung an kriegsrechtliche Normen an.
13. Mai: Erlaß Hitlers über Kriegsgerichtsbarkeit im Gebiet »Barbarossa«: brutales, völkerrechtswidriges Vorgehen gegen die sowjetische Zivilbevölkerung.
6. Juni: Das OKW erläßt »Kommissarbefehl«: Die zu Kriegsgefangenen gemachten Kommissare der »Roten Armee« sind »nach durchgeführter Aussonderung zu erledigen«.
8. Juli: Hitler verkündet seinen Entschluß, Moskau und Leningrad dem Erdboden gleichzumachen »um zu verhindern, daß Menschen darin bleiben, die wir dann im Winter ernähren müßten«.
14. Juli: Hitler befiehlt, die deutsche Rüstung schwerpunktmäßig auf Luftwaffe und Marine umzustellen – zu Lasten des Heeres, da er den Ostfeldzug als »gewonnen« ansieht.
16. Juli: Hitler verkündet die Aufteilung und Ausbeutung der eroberten UdSSR als deutsches Kriegsziel im Osten.
31. Juli: Göring beauftragt Heydrich mit der »Evakuierung« der Juden Europas. Damit wird die »Endlösung« eingeleitet.

Europäisch-atlantischer Westkrieg

10. Mai: Rudolf Heß fliegt nach Großbritannien. Er will – vor Beginn des deutschen Angriffs auf die UdSSR – der britischen Regierung Friedensvorschläge unterbreiten. Die angestrebten Unterredungen kommen nicht zustande. Heß wird gefangengenommen.
27. Mai: Das deutsche Schlachtschiff »Bismarck« wird von britischen Zerstörern im Atlantik versenkt. Faktisch letzter großer Einsatz deutscher Überwasserschiffe im Atlantik.
7. Juli: Amerikanische Truppen landen auf Island, das seit dem 25. März in das erweiterte Operationsgebiet deutscher U-Boote um die Britischen Inseln einbezogen ist.
4. September: »Greer-Zwischenfall«: ein deutsches U-Boot versucht, im Atlantik den US-Zerstörer »Greer« zu torpedieren.
11. September: Roosevelt verkündet Schießbefehl für US-Flotte (Shoot-on-sight-order) gegen Schiffe der Achsenmächte, die »in die amerikanischen Verteidigungsgewässer einfahren«.

Balkan und Ostfront

2. März: Deutscher Einmarsch in Bulgarien.
6. April: Beginn des deutschen Feldzugs gegen Jugoslawien und Griechenland.
17. April: Kapitulation der jugoslawischen Armee.
27. April: Deutsche Panzer rücken in Athen ein.
20. Mai–1. Juni: Unternehmen »Merkur«: deutsche Luftlandung auf Kreta.
22. Juni: Beginn des deutschen Überraschungsangriffs gegen die UdSSR.
27. Juni: Einnahme von Minsk, großer Teile Litauens und der Westukraine.
29. Juni: Das ZK der KPdSU erklärt den Abwehrkampf gegen die deutsche Invasion zum »Großen Vaterländischen Krieg« der Sowjetunion.
16. Juli: Einnahme von Smolensk.
16. August: Einnahme von Nikolajew.
25. August: Einnahme von Dnjepropetrowsk.
28. August: Deutsche Verbände erreichen Reval.
8. September: Leningrad eingeschlossen.
10.–16. September: Kesselschlacht von Kiew.
2. Oktober: Beginn des Angriffs auf Moskau.
12./15. Oktober: Kaluga und Kalinin fallen.
19. Oktober: Stalin läßt in Moskau den Belagerungszustand ausrufen.
15. November: Beginn der 2. Angriffsphase gegen Moskau.
5. Dezember: Beginn der sowjetischen Gegenoffensive. Unternehmen »Barbarossa« gescheitert.

Afrika und Vorderer Orient

5. Januar: Britische Truppen erobern von den Italienern Bardia.
21. Januar: Die Briten nehmen Tobruk ein.
6./8. Februar: Eroberung von Bengasi und El Agheila durch die britische Nilarmee.
12. Februar: Rommel trifft in Tripolis ein.
30. März: Deutsch-italienische Gegenoffensive in der Cyrenaika.
5. April: Britische Truppen erobern Addis Abeba.
13. April: Mit Ausnahme der Festung Tobruk, die seit dem 8. April eingeschlossen ist, hat das Deutsche Afrika-Korps die gesamte Cyrenaika einschließlich Sollums zurückerobert.
2. Mai: Beginn eines militärischen Konflikts zwischen Großbritannien und der irakischen Gailani-Regierung.
30. Mai: Britische Truppen rücken in Bagdad ein.
25. August: Britische und sowjetische Kräfte marschieren in den neutralen Iran ein.
27. September: Der zum Vertreter von de Gaulle ernannte General Catroux proklamiert die Unabhängigkeit der Republik Syrien.
18. November: Britische Offensive in Nordafrika.
28. November: Kapitulation der letzten italienischen Streitkräfte in Ostafrika.
10. Dezember: Die britische Armee stellt die Verbindung zur bisher eingeschlossenen Festung Tobruk wieder her.
23. Dezember: Das Deutsche Afrika-Korps räumt Bengasi.

1941

Internationale Politik (I)

11. März: Das amerikanische Pacht- und Leihgesetz tritt in Kraft.
27. März–5. April: Staatsbesuch des japanischen Außenministers Matsuoka in Berlin; Erörterung eines japanischen Vorstoßes gegen Singapur.
13. April: Japanisch-sowjetischer Neutralitätsvertrag.
16. April: Beginn amerikanisch-japanischer Geheimverhandlungen.
11. Mai: Hitler empfängt Admiral Darlan; eine Wiederbelebung der »Collaboration« scheitert an Hitler.
18. Juni: Deutsch-türkischer Nichtangriffspakt.
22./23. Juni: Churchill begrüßt in einer Rundfunkansprache die UdSSR als Verbündeten.
12. Juli: Britisch-sowjetischer Beistandspakt unterzeichnet.
21. Juli: Die Japaner rücken in Süd-Indochina ein; am
29. Juli: Abkommen mit dem französischen Generalgouverneur über die Einräumung von Stützpunkten für die Japaner.
1. August: Die USA verkünden ein Ölembargo gegen alle »Aggressoren«.
14. August: Unterzeichnung der Atlantik-Charta durch Roosevelt und Churchill: Festlegung der alliierten Ziele für den Frieden.
2. September: Beratung über alliierte Hilfslieferungen an die UdSSR in Moskau.
17. Oktober: Das japanische Kabinett Konoye tritt zurück. Bildung eines Militärkabinetts unter Tojo. Versuch zur Wiederbelebung der Verhandlungen mit den USA.
8. Dezember: USA und England erklären Japan den Krieg.

Internationale Politik (II)

11. Dezember: Deutschland und Italien erklären den USA den Krieg.

Sonstige Ereignisse

26. März: Eröffnung des »Instituts zur Erforschung der Judenfrage« in Frankfurt a. M.
4. Juli: Die KP Jugoslawiens (Generalsekretär Tito) beschließt den »bewaffneten Aufstand« gegen die »faschistische« Besetzung Jugoslawiens.
16. Juli: Denkschrift Kardinal Bertrams an das Reichsjustizministerium über die Tötung Geisteskranker.
28. Juli: Bischof Clemens Graf von Galen erhebt Anklage wegen Mordes an sogenannten »unproduktiven Volksgenossen« in Heilanstalten.
29. September: Massenexekution an etwa 35 000 jüdischen Einwohnern Kiews durch ein SS-Einsatzkommando bei Babi Jar.

Ostasien und Pazifik

1. Dezember: Der japanische Kronrat entscheidet sich endgültig für einen Krieg gegen die USA, Großbritannien und die Niederlande.
7. Dezember: Japanischer Angriff auf Pearl Harbor, den Hauptstützpunkt der US-Pazifikflotte auf Oahu.
24. Dezember: Hongkong kapituliert. Japanische Truppen ziehen in die eroberte Kronkolonie ein.

DER SEEKRIEG 1941

GNADENLOSE SCHLACHT IM ATLANTIK

Höhepunkte und Rückschläge im Tonnagekrieg kennzeichnen die zweite und dritte Phase der Schlacht im Atlantik

Im Winter 1940/41 toben heftige Stürme auf dem Atlantik, die die Operationen der deutschen U-Boote einschränken und damit der alliierten Schiffahrt eine gewisse Entspannung bringen.

Adm. Dönitz sieht sich durch diese ungünstigen Witterungsbedingungen gezwungen, einen Teil seiner U-Boote zurückzubeordern und die anderen nach Westen in einen neuen Operationsraum zu verlegen. Die Erfahrungen der Wintereinsätze veranlassen die Führung der Kriegsmarine, der Luftaufklärung eine größere Bedeutung beizumessen.

Die beiden über dem Atlantik kreisenden Langstreckenmaschinen vom Typ Focke-Wulf Fw 200 »Condor« sind jedoch kaum imstande, eine ausreichende Luftaufklärung durchzuführen. Erschwerend kommt hinzu, daß der Oberbefehlshaber der Luftwaffe, Reichsmarschall Göring, kein gutes Verhältnis zur Kriegsmarine hat.

Am Dienstag, dem 7. Januar 1941, läßt Hitler, ohne Rücksprache mit Göring, die in Bordeaux-Mérignac stationierte I. Gruppe des Kampfgeschwaders 40 (I./KG 40) mit ihren Focke-Wulf Fw 200 »Condor« für Seeaufklärung dem BdU taktisch unterstellen. Als Göring aus seinem Jagdurlaub zurückkehrt und über diese Maßnahme unterrichtet wird, drängt er Dönitz, diesem Befehl keine Folge zu leisten.

In einem Überraschungscoup kapert am Mittwoch, dem 15. Januar 1941, der Hilfskreuzer Schiff 33 »Pinguin« (Kpt. z. S. Krüger) in der Arktis eine norwegische Walfangflottille, bestehend aus zwei Walkochereien und einem Öltransporter. Neben 22 200 Tonnen Walöl fallen elf Fangboote mit 3417 BRT als Beute an, von denen drei wieder verlorengehen; doch der Rest der Prise, und damit der Walölbedarf für die Margarineproduktion einer Woche, erreicht bis März 1941 Westfrankreich.

Im Januar 1941 liegt der Tonnageverlust der britischen Handelsmarine weit über der Produktionskapazität der Werften, die sich – unter Vernachlässigung des Neubaus von Frachtern – auf Reparaturarbeiten beschränken müssen.

In diesem Monat gelingt es im Atlantik operierenden deutschen U-Booten, 17 Handelsschiffe mit insgesamt

Auf der Jagd nach U-Booten im Südatlantik: Eine Einheit der Royal Navy wirft reihenweise Wasserbomben, deren Explosionen gewaltige Wassermassen emporschleudern

363

1941 Januar

Bordeaux, Frühjahr 1941: Die Besatzung eines italienischen U-Bootes hat sich für das Erinnerungsfoto an Deck versammelt

98 702 BRT zu versenken. Eine ähnlich hohe Trefferquote erzielt das Kampfgeschwader 40 mit seinen viermotorigen Focke-Wulf Fw 200 »Condor«: 15 Transporter (63 175 BRT) erreichen ihren Bestimmungshafen nicht. Die Kriegsmarine hat derzeit 22 U-Boote im Einsatz.

Ein besonderes Problem für die britische Admiralität wiederum ist eine Verbesserung der Gefechtsausbildung für Besatzungen von Begleitschiffen. Neben den schon vorhandenen Ausbildungsstätten entsteht jetzt auf den Hebriden ein neues Zentrum, in dem alle Mannschaften, die den Dienst auf Sicherungsfahrzeugen antreten sollen, zusätzlich geschult werden, um ein intensiveres Zusammenwirken mit anderen Eskortschiffen zu ermöglichen.

Gleichzeitig ist vorgesehen, auch Bewaffnung und Ausrüstung der Sicherungseinheiten durch automatische Waffen zu verstärken sowie den Vorrat an Unterwasserbomben aufzustocken. Alle Begleitschiffe sollten mit Kurzwellenfunk ausgestattet werden, um während der Bekämpfung eines U-Bootes die Verständigung der Kommandanten untereinander bedeutend zu erleichtern.

Nachdem es britischen Spezialisten bereits im Frühjahr 1940 gelungen war, die von Heer und Luftwaffe eingesetzten Enigma-Bautypen und ihre Codes zu knacken, blieben bisher alle Versuche der Naval Intelligence Division (NID) – des Nachrichtendienstes der britischen Admiralität – vergeblich, auch hinter das Geheimnis der hochkomplizierten Schlüsselmaschine Enigma, Typ M, den die Kriegsmarine verwendet, zu kommen.

Aus diesem Grunde ergeht in den ersten Januartagen an die Kapitäne der Royal Navy die Weisung, alle Anstrengungen auf die Erbeutung dieser Chiffrierautomaten zu konzentrieren. Flankierend setzt der NID unter dem Kommando von Capt. Caslon den Zerstörer »Somali« ein, der mit einem Team von Entschlüsselungsspezialisten an Bord die Jagd auf deutsche Wetter- und Versorgungsschiffe begleitet. Aber erst Ende Mai 1941 kann im Rahmen der Operation »Ultra« der Auftrag erfüllt werden: Der britische Admiral- und Generalstab hat seitdem Zugang zu den wichtigsten Nachrichtenquellen aller deutschen Teilstreitkräfte.

Die Vorgeschichte dieses Coups datiert aus dem Jahre 1939, als der Secret Intelligence Service (SIS) in Bletchley Park, einem Landsitz nördlich von London, Kryptologen zusammenzog, die sich mit Hilfe eines Decoders – einem Vorläufer des Computers – an die Entschlüsselung der von der Enigma abgesetzten Funksprüche machen. Die so gewonnenen Informationen werden als »Top Secret Ultra« (äußerst streng geheim) klassifiziert und dementsprechend behandelt, da Churchill verfügt hat: »Es ist besser, selbst eine Schlacht zu verlieren, als diese lebenswichtige nachrichtendienstliche Quelle bloßzustellen.«

Am 9. Februar 1941 wird in der einzigen gemeinsamen Operation der Luftwaffe und Marine im Atlantik der nach England gehende Geleitzug HG.53, bestehend aus fünf Schiffen mit 9200 BRT, westlich des Kap St. Vincent von U 37 (KptLt. Clausen) gesichtet, durch Peilzeichen der 2. Staffel des Kampfgeschwaders KG 40 (Hptm. Fliegel) gemeldet und so der schwere Kreuzer »Admiral Hipper« herangeführt. Fünf Focke-Wulf Fw 200 eröffnen das Bombardement.

Februar 1941

Der schwere Kreuzer »Admiral Hipper« nimmt am 11. Februar den Konvoi HG.53 unter Beschuß; außer einem von der »Admiral Hipper« versenkten Frachter fallen weitere 16 Schiffe mit insgesamt 15 218 BRT den mitjagenden Marineeinheiten zum Opfer.

Am späten Abend stößt die »Admiral Hipper« auf den Konvoi SLS.64, der ohne Geleitschutz fährt. Nach britischen Angaben kann der schwere Kreuzer von 19 Schiffen sieben mit 32 800 BRT im Morgengrauen des 12. Februar 1941 versenken, weitere zwei werden schwer beschädigt.

Erfolge der Deutschen

Am Freitag, dem 14. Februar 1941, trifft die »Admiral Hipper« nach 12tägigem Einsatz wieder im Marinestützpunkt Brest an der französischen Atlantikküste ein.

Am Mittwoch, dem 19. Februar 1941, entdeckt eine Focke-Wulf Fw 200 »Condor« aus der I. Gruppe (Maj. Petersen) des Kampfgeschwaders KG 40 in der Nähe von Kap Wrath (Nordschottland) den aus Liverpool kommenden Konvoi OB.287. Aufgrund ungenauer Positionsangaben schickt der BdU vergebens fünf deutsche und drei italienische U-Boote zur Suche aus. Es gelingt unterdessen der Focke-Wulf Fw 200, den Frachter »Gracia«

Der auf der Hamburger Werft Blohm & Voss gebaute schwere Kreuzer »Admiral Hipper« (18 200 t), Stapellauf am 6. 2. 1937, hat 1380 Mann Besatzung

Norwegen 1941: Zwei Gedenkausgaben zum 700. Todestag des Geschichtsschreibers und Dichters Snorre Sturlason (1178–1241)

365

1941 Februar

(5642 BRT) sowie das Tankschiff »Housatonic« (5559 BRT) mit Bomben zu versenken.

Auch am folgenden Tag suchen deutsche und italienische U-Boote vor Schottland immer noch vergeblich den gemeldeten Konvoi OB.287. Dagegen spüren zwei Focke-Wulf Fw 200 den Geleitzug auf und fügen dem Tanker »D. L. Harper« (12223 BRT) sowie den Frachtern »St. Rosario« (4312 BRT) und »Rosenborg« (1997 BRT) schwere Schäden zu.

Erneut hat am 21. Februar 1941 eine Focke-Wulf Fw 200 einen britischen Tanker gesichtet, der kurz darauf von U 96 (KptLt. Lehmann-Willenbrock) torpediert und versenkt wird. Die Suche nach dem gemeldeten Geleitzug OB.287 bleibt jedoch weiterhin vergeblich, so daß Dönitz die Operation abbrechen läßt.

Schon am Mittwoch, dem 22. Januar 1941, haben im Rahmen des Unternehmens »Berlin« die Schlachtschiffe »Scharnhorst« und »Gneisenau« den Kieler Hafen verlassen. Ihr Auftrag: Durchbruch in den Atlantik, um dort Handelskrieg zu führen.

Am Dienstag, dem 4. Februar 1941, gelingt den Schlachtschiffen »Scharnhorst« (Kpt. z. S. Hoffmann) und »Gneisenau« (Kpt. z. S. Fein) der Durchbruch durch die Dänemarkstraße. Die Royal Navy hat keine Kenntnis von diesem Unternehmen erhalten.

Am Sonnabend, dem 22. Februar 1941, stoßen die »Gneisenau« und die »Scharnhorst« etwa 500 Seemeilen östlich von Neufundland auf einen sich gerade auflösenden britischen Konvoi mit Westkurs. Nachdem die beiden Schlachtschiffe fünf Frachter mit 25784 BRT versenkt haben, drehen sie in Richtung Südost ab, tanken im Mittelatlantik aus einem Versorgungsschiff und nehmen dann Kurs auf ihr neues Operationsgebiet vor Sierra Leone.

Währenddessen ortet ein Bordflugzeug des leichten Kreuzers »Glasgow« die »Admiral Scheer« (Kpt. z. S. Krancke). Sofort nimmt die Force T (Vizeadm. Leatham) mit sechs Kreuzern und dem Träger »Hermes« die Verfolgungsjagd auf. Plötzlich aufkommendes schweres Wetter macht jedoch die erneute Ortung des schweren Kreuzers unmöglich. Unbehelligt kann die »Admiral Scheer« in der Weite des Atlantiks entkommen.

Am Dienstag, dem 25. Februar 1941, stößt U 47 (KptLt. Prien) auf Frachter aus dem Geleitzug OB.290. Da ein feindliches Flugzeug auftaucht, bricht U 47 die Verfolgung ab, meldet indessen seine Beobachtung dem BdU, der drei deutsche und zwei italienische U-Boote in Marsch setzt. In der folgenden Nacht ortet U 47 den Konvoi erneut und versenkt im Schutz der Dunkelheit drei Frachter; ein Tanker wird beschädigt.

Am Mittag des 26. Februar sichtet eine Focke-Wulf Fw 200 »Condor« der I./KG 40 – erneut auf eine Meldung von U 47 hin – den Konvoi OB.290. Gegen 15.00 Uhr treffen fünf weitere FW 200 zur Verstärkung ein. Es gelingt den Maschinen, die Handelsschiffe »Llanwern« (4966 BRT), »Leeds City« (4758 BRT), den holländischen Frachter »Amstelland« (8156 BRT), die »Mahanada« (7181 BRT), die »Swinburne« (4659 BRT), »Beursplein« (4368 BRT) und »Solferino« (2162 BRT), insgesamt 36250 BRT, zu vernichten und vier weitere Frachter mit 20755 BRT zu beschädigen. Es ist der erfolgreichste Einsatz der I./KG 40 gegen die alliierte Handelsschiffahrt.

Churchills Proklamation

Im Zeitraum zwischen November 1940 und Februar 1941 können von den 24 deutschen U-Booten nur etwa zehn operativ eingesetzt werden. Sie versenken im Laufe ihrer Operationen im Monat Februar ohne eigene Verluste 42 Handelsschiffe mit insgesamt 207649 BRT. Den Bomben der Focke-Wulf Fw 200 »Condor« des KG 40 fallen insgesamt 22 Schiffe (84515 BRT) zum Opfer.

Im Februar 1941, 18 Monate nach Kriegsbeginn, wird vom britischen Kabinett angeordnet, daß U-Boote nun auch ohne Vorwarnung feindliche Handelsschiffe versenken sollen.

Um die Fernaufklärung noch zu verbessern und die Angriffe auf englische Häfen sowie die Störung des Schiffsverkehrs an der Südwestküste der Insel zu intensivieren, werden die über See eingesetzten Verbände der Luftwaffe im März 1941 unter dem »Fliegerführer Atlantik« (Oberstlt. Harlinghausen) zusammengefaßt.

Churchill räumt in seinen Memoiren ein, daß die Folgen der Fernaufklärung für Großbritannien katastrophal gewesen seien. Der Verlust von 37 Schiffen (rund 150000

Der norwegische Dichter Snorre Sturlason und eine Gedenkausgabe zum 50jährigen Bestehen der norwegischen Gesellschaft zur Rettung Schiffbrüchiger

Kapitän zur See Heinrich Hoffmann

März 1941

BRT) in den Monaten Januar und Februar 1941 ist allein auf die Einsätze der Fernaufklärer Focke-Wulf Fw 200 »Condor« zurückzuführen. Diesem gefürchteten Flugzeug versuchen die Engländer mit dem Einbau von Katapulten für ihre Marinejäger – erst auf dem alten Träger »Pegasus«, dann auch auf anderen Einheiten – zu begegnen. Churchills Idee soll es gewesen sein, dieses Programm ebenfalls auf Handelsschiffe auszudehnen, die – mit ihren meist zwei Hurricane-Jägern – als »Catapult Armed Merchantmen« (CAM) fungieren. Daneben operieren seit dem Frühjahr 1941 trotz aller Schwierigkeiten Verbände der Royal Air Force in massierter Form gegen die deutsche U-Boot-Flotte.

Churchill proklamierte am 6. März 1941 »die Schlacht im Atlantik« und ruft »The Battle of Atlantic Committee« ins Leben, dessen Sitzungen einmal wöchentlich stattfinden. Von den Streitkräften sollen 40 000 Mann abgezogen und in den Werften zu Reparaturarbeiten und für den Neubau von 100 000 Tonnen Schiffsraum eingesetzt werden.

Anfang März erhält der in Las Palmas seit 19 Monaten untätig liegende Tanker »Charlotte Schliemann« (7747 BRT) den Befehl, unter größter Geheimhaltung den Hafen zu verlassen. Die örtliche Polizei sperrt die Anlagen weiträumig ab und erklärt offiziell die Notwendigkeit der Maßnahme mit dem Eintreffen eines spanischen Munitionsdampfers. Selbst die Besatzung des mit 10 800 Tonnen Dieselkraftstoff beladenen Tankers erfährt erst auf hoher See von Kpt. Rothe Ziel und Auftrag ihres Einsatzes: die Versorgung der sieben U-Boote vom Typ IX, die erstmalig seit Anfang März vor der afrikanischen West-

Kapitänleutnant Otto Kretschmer, mit 44 versenkten Schiffen der erfolgreichste deutsche U-Boot-Kommandant (U 99), schildert seine Erlebnisse

Deutsche Torpedoboote auf Feindfahrt in der Nordsee

1941 März

Die NS-Presse meldet zwar im Frühjahr 1941 immer wieder Erfolge und hohe Versenkungsziffern im Atlantik, aber gerade im März 1941 verliert die Kriegsmarine ihre drei besten U-Boot-Kommandanten Schepke, Prien und Kretschmer

Kapitänleutnant Fritz-Julius Lemp, Kommandant von U 110, und Kapitänleutnant Joachim Schepke, Kommandant von U 100

küste operieren. Ihr Einsatzgebiet ist die Küste vor Freetown.

Bereits in der Nacht vom 3./4. März 1941 wird U 124 (KptLt. Schulz) mit Treibstoff und Proviant versorgt, in den beiden folgenden Nächten bunkern U 105 (KptLt. Schewe) und U 106 (KptLt. Oesten).

In den späten Abendstunden des 6. März 1941 erteilt der BdU U 70 (KptLt. Matz) und U 99 (KptLt. Kretschmer) die Weisung, sich U 47 (KorvKpt. Prien) anzuschließen, von dem der Geleitzug OB.293 ausgemacht worden ist. Nach Bildung des Rudels leitet U 70 den Angriff ein. Zwar können zwei Schiffe mit insgesamt 13 916 BRT torpediert werden, dann aber muß KptLt. Matz vor den plötzlich in 1000 Metern entfernt stehenden britischen Korvetten »Arbutus« und »Camelia« ein abruptes

Eine Sea Hurricane auf einem mit Katapult ausgerüsteten britischen Frachter. Der Jäger soll den Geleitzug vor deutschen Fernaufklärern schützen

368

März 1941

Tauchmanöver vornehmen. Unter ihren Wasserbomben geht U 70 verloren. U 99 gelingt die Versenkung eines Tankers und die Beschädigung des Walfangschiffs »Terje Viken« (20 638 BRT).

Als U 47 am späten Abend des 7. März 1941 einen neuen Angriff auf den Geleitzug OB.293 wagt, wird auch KorvKpt. Prien vom Zerstörer »Wolverine« (Cdr. Rowland) zum Tauchen gezwungen. Nachdem das U-Boot mit Wasserbomben belegt worden ist, kehrt es von dieser Feindfahrt nicht mehr zurück.

Am Abend des 15. März 1941 ortet U 110 (KptLt. Lemp) den aus 41 Schiffen bestehenden und von fünf Zerstörern sowie zwei Korvetten begleiteten Konvoi HX.112. Auf die Führungshaltermeldung von U 110 setzt der BdU die in der Nähe stehenden U-Boote U 37, U 74, U 99 und U 100 ein.

U 37 (KptLt. Clausen), U 100 (KptLt. Schepke) und U 110 gelingt es am 16. März 1941 nicht, eine geeignete Position zum Angriff auf den Geleitzug HX.112 zu erlangen. U 100 wird sogar durch Wasserbomben zum Auftauchen gezwungen und dann vom Zerstörer »Vanoc« mit voller Kraft gerammt. Dabei stürzt KptLt. Schepke, der seine in der Turmluke eingequetschten Beine verliert, in die See. Nur fünf Besatzungsmitglieder können gerettet werden. Zwar gelingt es U 99 (KptLt. Kretschmer), drei Tanker mit 34 505 BRT und zwei Dampfer zu versenken sowie einen weiteren Tanker zu beschädigen, dann wird aber auch dieses U-Boot durch Asdic geortet und mit Wasserbomben des Zerstörers »Walker« (Capt. MacIntyre) zum Auftauchen gezwungen. Die Besatzung verläßt das Boot nach heftigem Beschuß. Der mit einer Versenkungsziffer von 313 611 BRT erfolgreichste U-Boot-Kommandant des Zweiten Weltkrieges, Kretschmer, geht mit 39 Mann in Gefangenschaft.

Cdr. Power, der Kapitän der »Vanoc«, zu der erfolgreichen Operation: »Dies war für uns ein glücklicher Moment, ein erfolgreicher Höhepunkt in einem langen, mühsamen Kampf. Wir hatten uns für die Verluste des Konvois gerächt.«

U-Boot-Waffe wird geschwächt

Der Tod der beiden U-Boot-Kommandanten Prien und Schepke sowie die Gefangennahme von Kretschmer stellen für die deutsche U-Boot-Waffe eine Wende dar. Nie wieder werden von einzeln operierenden U-Booten so bedeutende Erfolge erzielt. Die zweite Phase in der Schlacht im Atlantik mit monatlichen Versenkungen von acht Schiffen für jedes in See stechende U-Boot ist mit Ausschaltung dieser drei erfahrenen U-Boot-Kommandanten zu Ende.

Der Monat März 1941 hat der deutschen U-Boot-Flotte schwere Verluste gebracht. Nachdem im vorhergehenden Quartal alle Boote von Feindfahrt zurückkehrten, gingen im März gleich fünf verloren. Trotzdem zählt die Versenkungsziffer 43 Handelsschiffe mit insgesamt 236 113 BRT.

Erst am Freitag, dem 23. Mai 1941, meldet der deutsche OKW-Bericht: »Das von KorvKpt. Günter Prien geführte Unterseeboot ist von seiner letzten Fahrt gegen den Feind nicht zurückgekehrt. Mit dem Verlust dieses Bootes muß gerechnet werden.« Damit erfährt der fast zwei Monate lang geheimgehaltene Verlust von U 47 seine offizielle Bestätigung.

Ein deutscher Fernaufklärer Focke-Wulf Fw 200 »Condor« des Kampfgeschwaders KG 40 in Bordeaux-Mérignac startet zu einem neuen Einsatz. Churchill nennt diese Maschine »Geißel des Atlantiks«

1941 März

Deutsche Zerstörer: Sie werden oft als Minenleger, für die Geleitsicherung oder im Küstenvorfeld eingesetzt

Der Kommandant eines italienischen U-Bootes verfolgt durch das Periskop die Bewegungen eines britischen Geleitzuges

Am Sonnabend, dem 15. März 1941, versenken die Schlachtschiffe »Scharnhorst« und »Gneisenau« vor Neufundland aus einem sich auflösenden Konvoi 13 Schiffe mit 61 773 BRT. Die »Gneisenau« kapert zusätzlich noch drei Tanker. Zwar wird sie danach vom britischen Schlachtschiff »Rodney« gesichtet, doch gelingt es ihr, noch rechtzeitig zu entkommen.

Am Donnerstag, dem 20. März 1941, werden neben Einheiten der Home Fleet auch das Schlachtschiff »Renown«, der leichte Kreuzer »Sheffield« und der Flugzeugträger »Ark Royal« der Force H (Viceadm. Somerville) von Gibraltar aus in den Atlantik beordert, um der »Scharnhorst« und der »Gneisenau« den Rückweg abzusperren. Gewarnt durch den Funkbeobachtungsdienst (B-Dienst), entziehen sich die beiden Schlachtschiffe einer Begegnung und erreichen zwei Tage später wieder den Hafen von Brest. Im Rahmen des Unternehmens »Berlin«, dem Handelskrieg im Atlantik, haben sie 22 Schiffe mit insgesamt 115 622 BRT versenkt.

In der Nacht vom 30./31. März fliegen 109 Maschinen der Royal Air Force den Hafen Brest an, um die dort ankernden Schlachtschiffe »Gneisenau« und »Scharnhorst« außer Gefecht zu setzen. Ohne Erfolg endet der erste von vielen Versuchen des RAF Bomber Command, diese gefährlichen Dickschiffe zu zerstören.

Zu Beginn des Monats April sind 110 Flugzeuge des RAF Coastal Command mit ASV-Radar (Air Surface Vessel Radar) ausgestattet, das das Orten von Überwasserschiffen ermöglicht. Auch für die nachts aufgetaucht operierenden U-Boote stellt das ASV eine Gefahr dar.

Am Dienstag, dem 1. April 1941, wird der britischen Admiralität die operative Kontrolle über das RAF Coa-

April 1941

stal Command übertragen, um die Einsätze dieser Maschinen besser mit den Fahrten der Geleitzüge zu koordinieren.

Am gleichen Tag trifft die »Admiral Scheer« (Kpt. z. S. Krancke) nach 147tägigem Einsatz wieder in Kiel ein. In dieser Zeit hat der schwere Kreuzer 17 Schiffe mit insgesamt 113 233 BRT versenkt und ist damit das erfolgreichste Überwasserschiff im Verlauf des Zweiten Weltkrieges. Unbemerkt hat der schwere Kreuzer die Dänemarkstraße passieren und das Gebiet vor Bergen erreichen können.

Jagd auf Hilfskreuzer

Am 4. April 1941 stößt gegen 6.00 Uhr morgens der Hilfskreuzer Schiff 10 »Thor« (Kpt. z. S. Kähler) auf den britischen Hilfskreuzer »Voltaire« (13 245 BRT), der zur Jagd auf die »Thor« ausgesandt ist. Bereits nach dem ersten Feuerwechsel steht die »Voltaire« in Flammen, doch bis zum Sinken des Schiffes nach 55 Minuten bleiben Kommandant und Erster Offizier an den Geschützen. Der »Thor« gelingt es, 197 Überlebende aufzunehmen.

Am Abend des 30. April 1941 läuft der Hilfskreuzer Schiff 10 »Thor« wieder in Hamburg ein. In den 329 Tagen seines Einsatzes hat er 57 532 Seemeilen im Atlantik, Antarktis und Pazifik zurückgelegt und dabei 12 Schiffe mit 96 602 BRT versenkt.

Das Schlachtschiff »Bismarck« – Stapellauf am 14. 2. 1939, mit seinen 38-cm-Geschützen, 9280 Seemeilen Fahrbereich und bis zu 2600 Mann Besatzung eines der größten Schlachtschiffe Deutschlands – verfügt über sehr gute See-Eigenschaften und gilt als ein Musterbeispiel des Schlachtschiffbaus

Nach einer mehr als drei Monate dauernden Fahrt erreicht am selben Tag die »Ermland«, die am 28. Dezember 1940 Kobe (Japan) verlassen hat, den Hafen von Bordeaux. Das Motorschiff ist der erste Blockadebrecher, dem es gelungen ist, mit Frachtgut aus Japan einen in Europa von Deutschen besetzten Hafen zu erreichen.

Die britische Admiralität erhält aus Washington die Erlaubnis, ab sofort Reparaturen an Schiffen der Royal Navy in amerikanischen Werften durchführen zu lassen.

In der Nacht vom 11./12. April 1941 starten britische Bomber erneut zu einem Angriff gegen Brest. Diesmal können sie drei Treffer anbringen, zerstören damit einen der vorderen Geschütztürme der »Gneisenau« und töten 80 Mann der Besatzung.

Mitte April 1941 erhält die britische Naval Intelligence Division (NID) durch Funkpeilungen Informationen über die ungefähre Position der beiden zwischen Island und Shetlandinseln liegenden deutschen Wetterbeobachtungsschiffe »München« und »Lauenburg« und beschließt, sie zu kapern, um an das Enigma-Schlüsselmaterial zu gelangen. Ein Flottenverband aus drei Kreuzern und vier Sicherungszerstörern, der von den Experten Lt. Bacon und Capt. Haines begleitet wird, erhält den Auftrag, die zwei Schiffe aufzubringen.

1941 April

Arbeiten auf dem Deck des Schlachtschiffes »Bismarck«: Die Geschütztürme werden für den Einsatz im Unternehmen »Rheinübung« mit Tarnfarbe bemalt

Im April 1941 sind 32 deutsche U-Boote, sieben weniger als zu Kriegsbeginn, im Einsatz. Sie haben in diesem Monat bei zwei eigenen Verlusten 46 Handelsschiffe mit insgesamt 260 414 BRT im Atlantik versenkt. Diese Tonnagezahl wird von der Luftwaffe noch übertroffen: Mit der Zerstörung von 116 Schiffen (323 000 BRT) hat sie ihren größten Erfolg im Seekrieg errungen.

Bis Ende des Monats versammeln sich die Überreste der im Balkanfeldzug heimatlos gewordenen griechischen Flotte in Alexandria: der veraltete Panzerkreuzer »Georgius«, sechs Zerstörer, drei Torpedoboote, einige Hilfsschiffe, Frachter und Passagierschiffe. Die meisten werden zur Reparatur nach Kalkutta und Bombay geschickt und danach im Indischen Ozean als Geleitfahrzeuge eingesetzt; der Rest kehrt nach Alexandria zurück und übernimmt im östlichen Mittelmeer Sicherungsaufgaben.

Im Verlauf des 2. Mai 1941 fangen britische Peilstationen erneut Funkmeldungen des Wetterschiffs »München« auf, das für den geplanten Atlantik-Raid (Unternehmen »Rheinübung«) des Schlachtschiffes »Bismarck« und des schweren Kreuzers »Prinz Eugen« im Nordatlantik in Position gegangen ist. Umgehend laufen drei Kreuzer, »Manchester«, »Edinburgh« und »Birmingham«, sowie vier Zerstörer – darunter die »Somali« – aus, um die »München« aufzubringen.

Am Mittwoch, dem 7. Mai 1941, ist die Suche des Kreuzers »Edinburgh« und des Zerstörers »Somali« nach dem deutschen Wetterschiff »München« von Erfolg gekrönt. In der Nähe der Färöerinseln stoßen die beiden britischen Schiffe auf das Wetterbeobachtungsschiff. Die »Edinburgh« eröffnet das Feuer und setzt es in Brand. Sofort geht die »Somali« mit ihren Dechiffrierexperten längsseits, um eine Selbstversenkung zu verhindern. Zwar gelingt es der Besatzung noch, die Enigma und die Geheimunterlagen zu vernichten, zurück bleibt jedoch wichtiges Schlüsselmaterial, so das Wetterkurzsignalbuch, die Kenngruppenkladde für die Einstellung der Spruchschlüssel sowie ein Verzeichnis der vorgesehenen Schlüsseleinstellungen.

Am Donnerstag, dem 8. Mai 1941, entdeckt ein Bordflugzeug des schweren Kreuzers »Cornwall« (Capt. Manwaring) den Hilfskreuzer Schiff 33 »Pinguin« (Kpt. z. S. Krüder) bei den Seychellen im Indischen Ozean. Der Hilfskreuzer ist zwar perfekt getarnt, aber den Piloten irritiert, daß niemand ihm zuwinkt, und meldet das an sein Mutterschiff. Kurzerhand eröffnet die »Cornwall« das Feuer. Eine Salve in die Minenkammer bedeutet für die »Pinguin« den Untergang. Mit 32 versenkten oder aufgebrachten Schiffen (154 619 BRT) war sie der erfolgreichste Handelsstörer des Zweiten Weltkrieges.

Unterdessen sichtet im Atlantik U 110 (KptLt. Lemp), das am 3. September 1939 den britischen Passagierdampfer »Athenia« versenkt hat, den Konvoi HX.123 und vernichtet am selben Tag zwei Schiffe mit 7585 BRT durch Torpedos. Das Nachspiel zu dieser Operation gehört zu den besonderen Geheimnissen des Zweiten Weltkrieges und der Jahre danach:

Die britische Korvette »Aubrietia« reagiert sofort mit Wasserbomben. U 110 muß schwer beschädigt auftauchen und wird von der Besatzung aufgegeben. Als KptLt. Lemp zu seinem Entsetzen feststellt, daß das Boot nicht sinkt, schwimmt er zurück, um es zu sprengen, und wird an der Bordwand von einem Prisenkommando erschossen. Den Rest der Besatzung hat inzwischen der Zerstörer »Bulldog« an Bord genommen und sofort unter Deck gebracht, so daß die Mannschaft überzeugt ist, ihr Boot sei untergegangen.

April 1941

Schweden 1941: Sondermarke zur 400jährigen Erstausgabe der Bibel in schwedischer Sprache

Irland 1941: Gedenkmarke zum 25. Jahrestag des irischen Aufstandes von 1916

Flottenchef Admiral Lütjens inspiziert die Besatzung vor dem Auslaufen zum Unternehmen »Rheinübung«

Das Prisenkommando findet auf U 110 die langgesuchte »Enigma M« und mit ihr die aktuellen Codesatz- und Kenngruppenbücher, das U-Boot-Kurzsignalheft, die wichtigen, auf wasserlöslichem Papier gedruckten Schlüsseleinstellungspapiere und sämtliche Schlüsselwalzen, dazu die Funkkladde und das Kriegstagebuch. Verständlich, daß dieser unerwartete Fund die britische Admiralität in helle Aufregung versetzt. Er wird als Geheimnis höchster Stufe (»Ultra Secret«) klassifiziert und liefert die Voraussetzung dafür, endgültig den Schlüssel »Hydra« entziffern zu können, der im Verkehr zwischen dem BdU und den U-Booten im Gebrauch ist.

Neben dem bis Ende 1941 gültigen Schlüsselmaterial ist von gleich großer Bedeutung jener erbeutete Plan, nach dem zweimal täglich die Walzen der Enigma eingestellt werden. Damit ist die britische Admiralität in der Lage, sich erstmals ein umfassendes Bild vom Einsatz der gesamten deutschen U-Boot-Waffe zu verschaffen.

Mit dem aufgebrachten U-Boot selbst haben die Engländer weniger Glück: Bereits im Schlepp, sinkt U 110 in der See vor Island.

Eine neue Ära im Seekrieg beginnt

Am Sonnabend, dem 12. April 1941, besucht Hitler mit seinem Stab das in Gdingen (von den Deutschen in Gotenhafen umbenannt) liegende Schlachtschiff »Bismarck«.

1941 Mai

Das Schlachtschiff »Hood«, Baujahr 1920, im Flottenstützpunkt Scapa Flow. Es besitzt zwar gute Seefähigkeit, ist jedoch für ein längeres Artilleriegefecht mit einem modernen Schlachtschiff zu schwach gepanzert

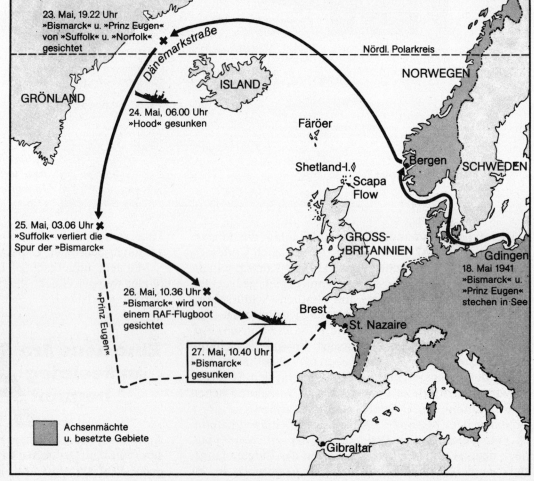

Unternehmen »Rheinübung«: Der Atlantik-Raid des Schlachtschiffes »Bismarck« und des schweren Kreuzers »Prinz Eugen«. Für die »Bismarck« wird es die letzte Fahrt

Mai 1941

Zum bislang größten Einsatz deutscher Überwasserkriegsschiffe, dem Unternehmen »Rheinübung«, das unter Kommando des Flottenchefs Admiral Lütjens steht, laufen am 18. Mai 1941 die »Bismarck« (Kpt. z. S. Lindemann) und der schwere Kreuzer »Prinz Eugen« (Kpt. z. S. Brinkmann) aus Gdingen aus.

Zur Versorgung der Einheiten haben in norwegischen Gewässern und im Nordatlantik fünf Tanker und zwei Troßschiffe Wartepositionen bezogen. Für Aufklärungszwecke sind dem Verband mehrere Zerstörer beigegeben, deren Aufgabe es ist, günstige Operationsräume zu erkunden. Damit die »Bismarck« und die »Prinz Eugen« unbemerkt das Kattegat passieren können, wird ihre Fahrtroute für die gesamte Schiffahrt gesperrt.

Ein englischer Aufklärer sichtet am 21. Mai 1941 die Kampfgruppe im Kors-Fjord bei Bergen; dennoch können die Schiffe in den Abendstunden unbemerkt den Hafen verlassen.

Nach der Meldung über den Standort der deutschen Schlachtschiffe nimmt Vizeadm. Holland mit seinem Schlachtkreuzergeschwader Kurs auf das Seegebiet südlich Islands.

In Nordeuropa stellt die britische Aufklärung fest, daß der deutsche Flottenverband den Kors-Fjord verlassen hat; daraufhin geht am 22. Mai 1941 die Home Fleet (Adm. Tovey) in See. Die irrtümliche Meldung eines deutschen Aufklärungsfliegers, daß in der Bucht von Scapa Flow vier große Schiffe lägen, läßt Adm. Lütjens glauben, sein Durchbruch sei der britischen Admiralität verborgen geblieben.

Am Abend des 23. Mai 1941 werden, nachdem Adm. Lütjens mit seiner Kampfgruppe die Dänemarkstraße erreicht hat, die »Bismarck« und die »Prinz Eugen« von den britischen Kreuzern »Norfolk« und »Suffolk« (Konteradm. Walker) entdeckt. Um dem Gegner möglichst wenig Beobachtungschancen zu bieten, fahren die beiden deutschen Schiffe noch näher an die Eisgrenze heran. Dabei wird die Steuerbordschraube der »Prinz Eugen« durch Packeis beschädigt.

In den Morgenstunden des 24. Mai 1941 kommt es über eine Entfernung von 17 Seemeilen hinweg zu einem kurzen Gefecht zwischen der Kampfgruppe von Adm. Lütjens und dem englischen Schlachtkreuzer »Hood« (Capt. Kerr) sowie dem Schlachtschiff »Prince of Wales« (Capt. Leach).

Die »Prince of Wales« wird beschädigt und zum Abdrehen gezwungen, während die von Granaten der »Bismarck« sowie »Prinz Eugen« schwer getroffene »Hood« schon nach fünf Minuten untergeht. Mit ihr finden 95 englische Offiziere und 1321 Mann den Tod, darunter auch Vizeadm. Holland. Nur drei Besatzungsmitglieder können vier Stunden später von dem Zerstörer »Electra« gerettet werden.

Die »Prinz Eugen« bleibt in diesem Schußwechsel unbeschädigt, doch die »Bismarck« hat zwei schwere und einen leichten Treffer erhalten. Einer davon hat ein Leck in den Ölbunker des Vorschiffs geschlagen. Das auslaufende Öl hinterläßt eine deutlich sichtbare Spur. Da auch die Geschwindigkeit der »Bismarck« herabgesetzt ist, beschließt Adm. Lütjens, das Unternehmen sofort abzubrechen.

Anstatt wieder Kurs in Richtung Norwegen zu nehmen, will der deutsche Admiral sich den Verfolgern in den Weiten des Atlantiks entziehen und versuchen, den französischen Hafen Brest zu erreichen.

Zur Jagd auf die deutsche Kampfgruppe angesetzt werden die englischen Kreuzer »Norfolk« und »Suffolk«. Die Verfolger erhalten Unterstützung durch die Schlachtschiffe »Rodney« und »Ramillies«, den leichten Kreuzer »Edinburgh« sowie durch das Gibraltargeschwader Force H (Vizeadm. Somerville) mit dem Schlachtkreuzer »Renown« (Capt. McGrigor), dem Flugzeugträger »Ark Royal« (Capt. Maund) und dem Kreuzer »Sheffield« (Capt. Larcom).

In der Nacht vom 24./25. Mai 1941 gibt Adm. Lütjens dem schweren Kreuzer »Prinz Eugen« Anweisung, sich zu selbständigen Aktionen nach Süden abzusetzen.

Während am Sonntag, dem 25. Mai 1941, sich das Schlachtschiff »Bismarck« auf Südostkurs befindet, läßt Adm. Lütjens einen fast 30minütigen Funkspruch an Hitler durchgeben, um ihn über das erfolgreiche Gefecht mit dem englischen Schlachtkreuzer »Hood« zu informieren. Obwohl der Admiral selbst der Meinung ist, von seinem Gegner beschattet zu werden, muß er erst von der Seekriegsleitung aufgefordert werden, den Funkverkehr abzubrechen. Doch die Zeit hat für die britische Flotte ge-

Captain Ralph Kerr, Kommandant des Schlachtschiffes »Hood«

Admiral Günther Lütjens

1941 Mai

nügt, die seit 30 Stunden verlorengegangene Fühlung zur »Bismarck« wiederaufzunehmen.

Die der Home Fleet (Adm. Tovey) übermittelten Informationen werden jedoch falsch ausgewertet. So vermutet der Flottenkommandant die »Bismarck« auf Nordkurs und läßt das deutsche Schlachtschiff sieben Stunden lang in falscher Richtung verfolgen.

Der Untergang der »Bismarck«

Als die »Bismarck« am Montag, dem 26. Mai 1941, noch etwa 700 Seemeilen von ihrem Zielhafen Brest entfernt ist, wird sie um 10.36 Uhr von einem Catalina-Flugboot der 209. Staffel des Coastal Command aufgespürt, das ein ASV-(Air-Surface-Vessel-) Radargerät an Bord hat.

Dies ist die erste Gelegenheit, die Leistungsfähigkeit des mittlerweile verbesserten ASV-Funkgeräts nachzuweisen. Die Peilmeldung über den Standort der »Bismarck« veranlaßt Adm. Tovey, von dem Flugzeugträger »Ark Royal« aus zehn ebenfalls mit ASV-Geräten ausgestattete Swordfish-Torpedobomber starten zu lassen, die jedoch zunächst ein falsches Ziel ansteuern, nämlich den englischen Kreuzer »Sheffield«.

Erst eine am Nachmittag gestartete zweite Gruppe von 15 Swordfishs ortet die »Bismarck« und schießt sie durch einen Torpedotreffer in die Backbord-Ruderanlage manövrierunfähig. Dieser Swordfish-Einsatz ist der erste Fall in der Seekriegsgeschichte, daß Trägerflugzeuge einen Angriff gegen ein Schlachtschiff auf hoher See fliegen.

Nach Meldungen der Swordfish-Besatzungen schlägt die »Bismarck« nach dem Treffer noch zwei ganze Kreise, ehe sie mit dem Bug nach Norden bewegungslos liegenbleibt. Es erweist sich als unmöglich, die verklemmte Ruderanlage wieder freizubekommen, obwohl Adm. Lütjens demjenigen, der es schaffen werde, die umgehende Verleihung des Eisernen Kreuzes in Aussicht gestellt haben soll.

Um 21.52 Uhr gelingt es dem Zerstörer »Cossack« (Capt. Vian) und fünf weiteren Zerstörern der Home Fleet, wieder Kontakt zur »Bismarck« zu bekommen. Auf neun Seemeilen Entfernung entdeckt der zum Verband zählende polnische Zerstörer »Piorun« (Cdr. Plawski) kurz vor Sonnenuntergang die »Bismarck«. Es kommt zu einem fast einstündigen Feuergefecht.

Am Dienstag, dem 27. Mai 1941, empfängt Adm. Lütjens kurz vor 2.00 Uhr morgens den letzten Funkspruch aus dem Führerhauptquartier: »... Ich danke Ihnen im Namen des ganzen deutschen Volkes – Adolf Hitler.«

Torpedobomber Fairey Swordfish auf dem Deck des Trägers »Ark Royal«: Diese altertümlich wirkenden Flugzeuge erweisen sich als äußerst zuverlässig und sind bis zum Kriegsende im Einsatz

Mai 1941

Captain Philip Vian und Admiral Sir Tom Phillips

Unternehmen »Rheinübung«: Das Schlachtschiff »Bismarck« feuert in Hochfahrt auf das Schlachtschiff »Prince of Wales« (oben)

Die Bismarck (im Hintergrund) beölt während des Unternehmens »Rheinübung« den schweren Kreuzer »Prinz Eugen«

1941 Mai

Ein Besatzungsmitglied eines italienischen U-Bootes malt auf den Turm die Silhouetten der versenkten britischen Frachter

Belgien 1941: Zwei Wohltätigkeitsmarken zugunsten des Nationalen Hilfswerkes für die Familien der belgischen Soldaten

Sieben Stunden später, um 8.47 Uhr, haben sich das britische Schlachtschiff »Rodney« (Capt. Dalrymple-Hamilton) und die »King George V« (Adm. Tovey) der »Bismarck« so weit genähert, daß sie das Feuer auf das nicht mehr manövrierfähige deutsche Schlachtschiff eröffnen können, das ab 8.50 Uhr bis zum Ausfall seiner Geschütze erwidert.

»U-Boot senden zum Wahrnehmen des Kriegstagebuches, Flottenchef«, ist das letzte von der Seekriegsleitung aufgefangene Signal der »Bismarck«.

Um 10.15 Uhr müssen »King George V« und »Rodney« wegen Treibstoffmangels abdrehen. Kurz danach erhält die brennende »Bismarck« vier Torpedotreffer vom Kreuzer »Norfolk« (Capt. Phillips) und zehn Minuten später zwei Torpedos von dem schweren Kreuzer »Dorsetshire« (Capt. Martin). Nach einem weiteren, dem letzten Torpedo, legt sich das deutsche Schlachtschiff, der Stolz der Kriegsmarine, auf die Seite und sinkt innerhalb von vier Minuten mit wehender Flagge.

Die »Dorsetshire« und der Zerstörer »Maori« (Cdr. Armstrong) retten 110 Mann der Besatzung. Weitere acht Überlebende werden später von dem deutschen U-Boot U 75 (KptLt. Ringelmann) und dem Wetterschiff »Sachsenwald« an Bord genommen. 2272 Mann, darunter der Flottenchef und sein Stab, finden den Tod.

Damit ist die Absicht der deutschen Seekriegsleitung gescheitert, die Atlantikschlacht durch den Einsatz von Überwasserschiffen zu entscheiden. Die Versenkung der »Bismarck«, die ein Torpedotreffer eines Trägerflugzeuges ermöglicht hat, zeigt bereits eine neue Taktik des Seekrieges an, in der Schlachtschiffe nur noch eine nachgeordnete Rolle spielen.

Der U-Boot-Krieg im Sommer '41

Im Mai 1941 haben die Luft- und Seestreitkräfte der Achsenmächte 68 Handelsschiffe mit insgesamt 325 400 BRT versenkt. Ein deutsches U-Boot, U 110 (KptLt. Lemp), ist nicht zurückgekehrt.

Von den ab Mai 1941 ständig im Einsatz befindlichen rund 30 deutschen U-Booten muß ein Teil für die Sicherung der ein- und auslaufenden Blockadebrecher sowie Hilfskreuzer im Raum zwischen Bordeaux und den Azoren zur Verfügung stehen.

Am 21. Mai 1941 versenkt das deutsche U-Boot U 69 (KptLt. Metzler) das erste amerikanische Frachtschiff, die »Robin Moore«, die von New York nach Kapstadt unterwegs ist, aufgrund des Prisenrechts durch Torpedotreffer. Die erwarteten schweren Proteste der US-Regierung bleiben aus.

Um der Reichweite der auf nordirischen Flugstützpunkten untergebrachten Maschinen des Coastal Command zu entgehen, verlegt der deutsche Befehlshaber der U-Boote, Vizeadm. Dönitz, den Einsatzraum seiner

Juni 1941

U-Boot-Gruppen um etwa 200 Seemeilen weiter nach Westen. Hier bietet sich die Chance, mit einem Minimum an Aufwand und eigenen Verlusten möglichst viele feindliche Handelsschiffe zu versenken.

Am 27. Mai 1941 verläßt den kanadischen Hafen Halifax der Konvoi HX.129. Es ist der erste Geleitzug, der auf der ganzen Fahrt durch den Nordatlantik von einem U-Boot gesichert wird.

Im Mai haben britische U-Boote deutsche und italienische Handelsdampfer mit mehr als 100 000 BRT versenkt.

Gerade an dem Tag, an dem die deutsche Offensive im Osten eröffnet wird (22. Juni 1941), trifft U 48 (KaptLt. Schultze) im Kieler Hafen ein. Dieses erfolgreichste U-Boot des Zweiten Weltkrieges hat auf seinen 12 Feindfahrten 54 alliierte Handelsschiffe mit 322 292 BRT versenkt, dazu eine Schaluppe, und auf zwei weiteren Schiffen mit 11 024 BRT große Schäden angerichtet.

Durch die Entzifferung des Enigma-M-Funkverkehrs erfährt die britische Admiralität am 23. Juni 1941, daß südlich von Grönland ein Rudel von zehn deutschen U-Booten auf der Lauer liegt, um den von Halifax nach England gehenden Konvoi HX.133 abzufangen.

Die Admiralität befiehlt daraufhin eine sofortige Kursänderung und schickt zur Unterstützung der Escort Group weitere Sicherungseinheiten. Daraus entwickelt sich eine fünf Tage und fünf Nächte dauernde Schlacht zwischen den deutschen U-Booten und 13 englischen Geleitfahrzeugen. Den U-Booten gelingt es zwar, aus dem Geleitzug fünf alliierte Handelsdampfer zu versenken, aber U 556 (KptLt. Wolfahrth) und U 651 (KptLt. Lohmeyer) gehen verloren.

Diese Schlacht hat der britischen Admiralität gezeigt, daß die erstmals angewandte neue Taktik, Sicherungseinheiten im Bedarfsfall zu verstärken, Erfolg verspricht. Sie entschließt sich daraufhin, im nächsten Jahr eine besondere Support Group aufzustellen, die den weiteren Verlauf der Atlantikschlacht bestimmen wird.

Dem englischen Zerstörer »Bedouin« gelingt es am 25. Juni 1941 mit Hilfe eines Kurzwellen-Funkpeilgerätes, das im Atlantik stationierte deutsche Wetterbeobachtungsschiff »Lauenburg« zu orten, das daraufhin von dem Kreuzer »Nigeria« und seinen drei Begleitzerstörern gekapert werden kann. Dem zum Prisenkommando gehörenden NID-Spezialisten, Lt. Bacon, fallen sowohl wichtige Schlüsselunterlagen als auch umfangreiches Kartenmaterial in die Hände.

Den Kryptologen vom Bletchley Park ist es möglich, die Kontrolle über den Funkverkehr der Kriegsmarine weiter auszudehnen: Von jetzt an ist auch der von den deutschen U-Booten im Mittelmeer angewandte »Medusa«-Code sowie der »Neptun«-Operativschlüssel der zu speziellen Operationen angesetzten deutschen Überwasserkriegsschiffe für die Engländer kein Geheimnis mehr.

Trotz der Versenkungen und Kaperungen von U-Booten, von Versorgungs- und Wetterschiffen in größerem Ausmaß ist die Seekriegsleitung immer noch der Meinung, daß allein mit einer Schlüsseländerung dem Gegner ein Einbruch in den Code verwehrt werden kann. Die

Admiral Karl Dönitz, Befehlshaber der U-Boote, erheitert einen Kriegsberichterstatter

Engländer ihrerseits verhalten sich aus Tarnungsgründen weiterhin so, als stünden ihnen für ihre Unternehmungen nur die üblichen Quellen wie Agenteninformationen, Funkpeilung und Luftbildaufklärung zur Verfügung.

Im Juni 1941 ist der Flugzeugbestand des englischen Coastal Command nur um ein Drittel höher als zu Beginn des Krieges im September 1939. Nach wie vor werden die meisten deutschen U-Boote von den englischen Flugzeugbesatzungen unmittelbar entdeckt, obwohl bereits 75 Prozent aller Maschinen mit Radargeräten ASV Mark II ausgerüstet sind und theoretisch alle aufgetauchten U-Boote bei jedem Wetter und selbst nachts hätten geortet werden können.

Die Versenkungsziffern der deutschen U-Boote belaufen sich im Juni 1941 auf 61 Schiffe mit zusammen 310 000 BRT bei nur vier eigenen Verlusten. In diesem Monat liegt die Zahl der deutschen U-Boot-Neubauten erstmals deutlich höher als die Verluste. Die im Juni 1941 neu in Dienst gestellten 15 U-Boote erhöhen die Zahl an Frontbooten auf 39 Einheiten. Damit ist der Stand bei Kriegsbeginn wieder erreicht.

Problematisch ist allerdings die Besetzung der neuen U-Boote. Es fehlt der Seekriegsleitung an geschulten und

1941 Juli

erfahrenen U-Boot-Männern und Kommandanten. Daher werden die neu eingestellten Boote mit Besatzungen in den Einsatz geschickt, die nur theoretisch geschult sind, und das zu einem Zeitpunkt, als die Engländer die Sicherung ihrer Geleitzüge so sehr verstärkt haben, daß einzelne Boote nur noch in Ausnahmefällen an die Frachter in den Konvois herankommen können.

Neue taktische Überlegungen

Am Sonntag, dem 20. Juli 1941, ordnet der Befehlshaber der U-Boote (BdU), Vizeadm. Dönitz, an, die Grenzen des Operationsgebietes der deutschen U-Boote näher an die Britische Insel vorzuverlegen. Mit Unterstützung der eigenen Luftaufklärung sollen auf diese Weise im Schutz der bald länger werdenden Nächte die Erfolgschancen der deutschen U-Boote gesteigert werden.

Vizeadm. Dönitz hat im Juli 1941 abermals den Versuch unternommen, durch ein exakt koordiniertes Zusammenwirken von Flugzeugen Focke-Wulf Fw 200 »Condor« und U-Booten eine wesentliche Steigerung der Seekriegserfolge auf der Konvoiroute England–Gibraltar zu erreichen.

Die Versenkungsziffern der im Atlantik eingesetzten deutschen U-Boote sind im Juli 1941 mit 17 Handelsschiffen (insgesamt 61471 BRT) deutlich zurückgegangen, nachdem im Mai 1941 noch 305734 BRT versenkt werden konnten. Dieser Rückgang ist auf die Tatsache zurückzuführen, daß die britische Admiralität mit Hilfe der Operation »Ultra« in der Lage ist, den gesamten deutschen U-Boot-Funkverkehr laufend zu überwachen, und daher die Position der meisten im Einsatz befindlichen U-Boote kennt: So können die Geleitzüge den Gefahrenstellen rechtzeitig ausweichen, während umgekehrt die U-Boote auf zufälliges Sichten der Konvois angewiesen sind. Vizeadm. Dönitz, der keine Erklärung für den oft plötzlichen Kurswechsel der Geleitzüge hat, muß deshalb Behelfsmittel anwenden, um seine U-Boote trotzdem weiterhin mit Informationen versorgen zu können.

Dazu dient unter anderem die Einrichtung eines Agenten-Beobachtungspostens in der spanischen Stadt Algeciras, nahe Gibraltar, der mit modernen Infrarotgeräten den Schiffsverkehr kontrolliert.

Am 2. August 1941 führt die Seekriegsleitung in der Bekämpfung der gegnerischen Geleitzüge eine neue Taktik ein. Die Fw 200 »Condor« greifen die Konvois nicht mehr selbst an, sondern teilen deutschen U-Booten durch Peilsignale deren Position mit. Damit sind für die britische Admiralität die »Enigma«-Meldungen wertlos, auf deren Vorwarnung hin sie bisher ihre Geleitzüge auf der Route Gibraltar–England umgeleitet haben.

Die Besatzung eines deutschen U-Bootes lauscht mit Spannung den Explosionen der Wasserbomben britischer Geleitsicherungsfahrzeuge

Juli 1941

Auf Feindfahrt inmitten des Atlantiks: Der Ausguck im Turm von U 552; rechts der Kommandant des U-Bootes, Oberleutnant zur See Erich Topp

Auf dem Deck eines britischen U-Boot-Jägers. Die Wasserbomben werden abwurfbereit gemacht (unten links)

Dänemark 1941: Kronprinzessin Ingrid mit ihrer Tochter Prinzessin Margarete. Eine Wohltätigkeitsmarke zugunsten der Kinderhilfe

Belgien 1941: Wohltätigkeitsmarke für das Winterhilfswerk

1941 Juli

Lorient, der französische Hafen an der Atlantikküste: Tag und Nacht arbeiten deutsche Pioniere und die Männer der Organisation Todt am Bau der Betonbunker für U-Boote. Die britischen Luftstreitkräfte hindern sie kaum daran

Fritz Todt, Gründer der Organisation Todt, Reichsminister für Bewaffnung und Munition

Einer der U-Boot-Bunker des Kriegsmarinestützpunktes Lorient kurz vor seiner Fertigstellung (rechts außen)

Oberleutnant zur See Erich Topp

Oktober 1941

Am Mittwoch, dem 27. August 1941, kommt es im Nordatlantik zu dem denkwürdigen Ereignis, daß englische Flugzeuge ein deutsches U-Boot aufbringen. U 570 (Oberlt. z. S. Rahmlow), das bei schlechtem Wetter von einem Hudson-Bomber der 296. Squadron des RAF Coastal Command (Squ. Ldr. Thompson) mit vier Wasserbomben angegriffen und schwer beschädigt wird, verliert seine Manövrierfähigkeit und treibt hilflos auf der Meeresoberfläche. Als der Kommandant mit weißer Fahne die Übergabe signalisiert, bittet der Pilot über Funk um Unterstützung. Nachdem ein Catalina-Flugboot der 209. Squadron sowie zwei Zerstörer und mehrere Trawler eingetroffen sind, wird die Besatzung übernommen und das U-Boot am folgenden Tag nach Island abgeschleppt. Ab Mitte September 1941 fährt U 570 als HMS »Graph« (Lt. Colvin) unter britischer Flagge.

Im August 1941 haben deutsche U-Boote im Atlantik 22 Handelsschiffe mit insgesamt 67 638 BRT versenkt. Eigene Verluste: vier U-Boote.

Im selben Zeitraum ist es Großbritannien zum erstenmal seit Januar 1941 gelungen, mit einer wöchentlichen Gütereinfuhr von fast einer Million Tonnen das Minimum des Existenzbedarfs zu erreichen.

Die ersten U-Boot-Bunker

Am Dienstag, dem 2. September 1941, kann die Kriegsmarine im bretonischen Atlantikhafen Lorient die ersten Hallen einer U-Boot-Bunkeranlage übernehmen, für deren Errichtung Ministerialdirektor Eckhardt, Chef des Marinebauwesens und Bauherr des ersten Hafens von Helgoland, zuständig ist.

Als Sonderbeauftragter für Marinegroßprojekte an der Atlantikküste ist Marineoberbaurat Triebel an Ort und Stelle eingesetzt. Er steht an der Spitze des Planungsamtes »Kriegsmarine-Werft Lorient«, das sich um den Bau der U-Boot-Bunker von Brest bis Bordeaux zu kümmern hat. Die Ausführung ist der Organisation Todt (OT) übertragen, für die Regierungsbaumeister Dorsch verantwortlich zeichnet. U-Boot-Bunker entstehen in Brest, Lorient, St. Nazaire, La Pallice und Bordeaux. Rund 15 000 Mann sind auf den Marinebaustellen an der westfranzösischen Küste eingesetzt. Allein die Kosten für die in Lorient entstehenden U-Boot-Bunker liegen bei rund 400 Millionen Reichsmark.

Für jeweils drei U-Boote ist eine Halle vorgesehen, jeder Bunker beinhaltet im Durchschnitt 12 Hallen für insgesamt 36 U-Boote. Für jeden Bunker braucht die Organisation Todt 500 000 Kubikmeter Beton. Über den 6,5 Meter, später sogar bis zu 10 Meter starken Betondecken der Bunker sind in einer Höhe von 3,5 Metern Bombenfangroste angebracht. Tatsächlich ist es nur ein einziges Mal vorgekommen, daß eine 6-t-Bombe (»Grand Slam«) eine derartig starke Betondecke durchschlagen konnte. Tag und Nacht wird an diesen U-Boot-Bunkern

gebaut, um sie so schnell wie möglich fertigzustellen. Es kommt während dieser Zeit zu keinen nennenswerten Störungen, da das Committee »Battle of Atlantic« es dem Oberbefehlshaber des Coastal Command nicht erlaubt, Angriffe auf die Baustellen zu führen.

Am Abend des 10. September 1941 findet zwischen zwei kanadischen Korvetten, »Chambly« sowie »Moosejew«, und dem deutschen U-Boot U 501 (KorvKpt. Förster) ein Ereignis statt, das den schwindenden Kampfgeist der Besatzungen deutscher U-Boote zeigt: Die beiden kanadischen Einheiten unternehmen die erste Schulungsfahrt entlang der kanadischen Küste, als sie den Befehl erhalten, die Sicherung eines von deutschen U-Booten angegriffenen Geleitzuges zu verstärken.

Nachdem sie sich dem Konvoi genähert haben, sichten sie vor dem mit Leuchtraketen erhellten Hintergrund den Kommandoturm eines zur Hälfte getauchten U-Bootes. Der sofortige Angriff mit Unterwasserbomben wirft das U-Boot, das gerade tauchen will, auf die Wasseroberfläche nahe der Bordwand der Korvette »Moosejew«. Die U-Boot-Besatzung gibt Zeichen, sich zu ergeben. Der erste, der das Deck der Korvette betritt, ist der Kommandant von U 501.

In dem Augenblick, als dies auch die U-Boot-Besatzung tun will, wird U 501 von einer Welle um mehrere Meter zur Seite geworfen. Das Durcheinander und die Dunkelheit nutzt die restliche U-Boot-Besatzung aus, um sich mit voller Fahrt zu entfernen und die Geschütze zu besetzen. Die »Moosejew« wendet und rammt das U-Boot, so daß es nach einigen Stunden sinkt. Der U-Boot-Kommandant erklärt sein Verhalten damit, daß er durch persönliche Verbindungsaufnahme mit dem Kapitän der Korvette seine Besatzung habe retten wollen.

Ab Mitte September 1941 gestattet der verstärkte U-Boot-Bau die Aufstellung einer Nordgruppe, deren Operationsgebiet im Bereich zwischen Island, Grönland und Neufundland liegt.

Im Monat September 1941 haben die deutschen U-Boote im Atlantik 54 Handelsschiffe (208 822 BRT) versenkt, während sie selbst nur zwei U-Boote verloren haben.

Am Sonnabend, dem 4. Oktober 1941, ergibt sich die Besatzung von U 111 (KptLt. Kleinschmidt) dem schwach bewaffneten Hilfsschiff »Lady Shirley« bei Madeira. Der Kapitän des britischen Hilfsschiffes, der aus etwa 10 Seemeilen Entfernung ein über Wasser fahrendes U-Boot bemerkt hat, steuert sein kleines und langsames Schiff in diese Richtung. Eine Serie Unterwasserbomben zwingt das inzwischen getauchte U-Boot an die Wasseroberfläche. Es entwickelt sich ein 15 Minuten andauerndes Artilleriegefecht, wobei das stärker bewaffnete U-Boot den Kampf aufgibt. Die 44 Mann starke Besatzung wird an Bord der »Lady Shirley« geholt und gefangengenommen, das U-Boot versenkt.

Am Freitag, dem 31. Oktober 1941, stößt das deutsche U-Boot U 552 (KptLt. Topp) am frühen Morgen auf den im mittleren Atlantik fahrenden Konvoi HX.156, der von Halifax nach England unterwegs ist. Aus diesem Geleitzug, der von einer US Escort Group (Cdr. Webb) mit fünf

383

1941 Oktober

Britisches Flugboot Short S25 Sunderland, bei der Luftwaffe »Fliegendes Stachelschwein« genannt. Die ausdauernde und leistungsfähige Sunderland fliegt Aufklärungseinsätze über dem Atlantik und ist von den U-Boot-Besatzungen gefürchtet

Die letzten Sekunden: Ein deutsches U-Boot sinkt nach dem Angriff einer Sunderland

Zerstörern gesichert wird, versenkt U 552 bei einem Torpedoangriff den Zerstörer »Reuben James«, von dessen 161köpfiger Besatzung nur 46 Mann überleben. Die »Reuben James« ist das erste amerikanische Kriegsschiff, das von einem deutschen U-Boot versenkt worden ist.

Im Oktober 1941 versenken die im Atlantik eingesetzten deutschen U-Boote 32 Handelsschiffe mit insgesamt 156500 BRT. Lediglich zwei von 80 einsatzbereiten deutschen U-Booten gehen in diesem Monat verloren.

Im November 1941 können die deutschen U-Boote im Atlantik und im Mittelmeer nur 19 Handelsschiffe mit insgesamt 91628 BRT versenken. Im gleichen Zeitraum kehren fünf deutsche U-Boote nicht zurück.

Das neue Operationsgebiet

In diesem Monat ändert Vizeadm. Dönitz das Operationsgebiet der U-Boote. Es erstreckt sich jetzt im breiten Streifen von Irland bis zu den Azoren. Und so können die nach Süden in Richtung Sierra Leone fahrenden alliierten Konvois immer öfter angegriffen werden. Der Kampf um die Erhaltung der Nachschubwege für die Rommel-Armee in Nordafrika und die damit verbundene Abkommandierung der ersten U-Boote ins Mittelmeer, dazu die sich laufend verändernden Einsatzgebiete und damit verbundene Zersplitterung der U-Boote auf die großen Entfernungen im Atlantik bedeuten ein Hemmnis in der Entwicklung des offensiven U-Boot-Krieges.

In der Biskaya sichtet mit Hilfe seiner Radaranlage ein RAF-Whitley-Bomber der 502. Squadron am 30. November 1941 aus einer Entfernung von fünf Seemeilen das aufgetaucht fahrende deutsche U-Boot U 206 (KptLt. Opitz), greift es an und bringt es zum Sinken. Es ist im

Dezember 1941

Jahre 1941 das einzige deutsche U-Boot, das der Biskaya-Luftüberwachung des RAF Coastal Command zum Opfer fällt.

Der britische schwere Kreuzer »Dorsetshire« (Capt. Agar) trifft am 1. Dezember 1941 auf das deutsche Versorgungsschiff »Python« (KptLt. Lueders) im Südatlantik, als es gerade die U-Boote U 68 (KorvKpt. Merten) und U A (KorvKpt. Eckermann) betankt. Die britische Admiralität, die über dieses geheime Treffen unterrichtet ist, hat sofort die »Dorsetshire« in Marsch gesetzt.

Als der schwere Kreuzer in Sichtweite ist, können zwar die beiden U-Boote noch tauchen, doch die »Python« erhält einen Stoppschuß vor den Bug. 415 Mann – die Besatzung der »Python« und die Überlebenden der »Atlantis« – begeben sich in die Rettungsboote und versenken ihr Schiff.

Sie werden zunächst von U A und U 68 ins Schlepp genommen und dann mit Hilfe anderer deutscher und italienischer U-Boote in Sicherheit gebracht.

Am Mittwoch, dem 3. Dezember 1941, wird die Besatzung des Hilfskreuzers »Python« von U 129 (KptLt. Clausen) übernommen. Und zwischen dem 5. und 18. Dezember 1941 beteiligen sich ein weiteres deutsches und vier italienische U-Boote an der Rettungsaktion. Jedes nimmt einen Teil der Seeleute auf, und es gelingt ihnen, die Männer bis zum 29. Dezember 1941 im französischen Hafen St. Nazaire an Land zu setzen.

Am 22. Dezember 1941 trifft in der Nähe des Äquators das deutsche U-Boot U 126 (KptLt. Bauer) auf den Hilfskreuzer Schiff 16 »Atlantis« (Kpt. z. S. Rogge), um sich mit Treibstoff versorgen zu lassen. Dabei werden auch diese beiden deutschen Schiffe von dem englischen schweren Kreuzer »Devonshire« (Capt. Oliver) überrascht, den die britische Admiralität aufgrund einer entzifferten Enigma-Meldung in dieses Seegebiet entsandt hat. Dem deutschen Hilfskreuzer bleibt nur noch die Selbstversenkung, während U 126 sofort taucht und Stunden später die Besatzung der »Atlantis« retten kann. Da-

Briefmarke aus dem von den Deutschen besetzten Luxemburg (1940/41) und Gedenkmarke zum 150. Todestag von Wolfgang Amadeus Mozart (Deutsches Reich 1941)

Schweiz 1941: Wohltätigkeitsausgaben »Pro Juventute«

Nach der glücklichen Rückkehr von einer Feindfahrt werden die U-Boote in den Trockendocks überholt

1941 Dezember

Ein deutsches U-Boot im Bombenhagel eines Sunderland-Flugbootes mitten im Atlantik. Die durch den Angriff überraschte Besatzung, die auf der Brücke ihren Dienst versieht, versucht in Deckung zu gehen. Das Schicksal des U-Bootes ist besiegelt

mit geht die längste Fahrt eines Hilfskreuzers zu Ende: In 622 Tagen hat die »Atlantis« 102 000 Seemeilen zurückgelegt und in dieser Zeit 22 Handelsschiffe mit insgesamt 145 697 BRT versenkt.

Am 9. Dezember 1941 hält Vizeadm. Dönitz den Augenblick für gekommen, einen Teil seiner U-Boote zu einer überraschenden Angriffsoperation gegen die US-Handelsschiffahrt direkt vor der amerikanischen Ostküste einzusetzen. Hitler hat inzwischen alle Beschränkungen des U-Boot-Krieges in amerikanischen Sicherheitszonen aufgehoben. Doch die deutsche Seekriegsleitung (Großadm. Raeder) ist nicht damit einverstanden, 12 U-Boote an die amerikanische Küste zu entsenden. Die latenten Spannungen zwischen dem Oberbefehlshaber der Kriegsmarine einerseits sowie Hitler und dessen Bewunderer Dönitz nehmen zu.

Für die vor der Ostküste der USA vorgesehenen deutschen U-Boot-Operationen (Unternehmen »Paukenschlag«) werden Vizeadm. Dönitz bis zum 28. Dezember 1941 nur fünf von den geforderten 12 U-Booten genehmigt. Vom westfranzösischen Stützpunkt Lorient aus sind folgende Boote in ihre Einsatzräume unterwegs: U 66 (KorvKpt. Zapp) in Richtung Kap Hatteras, U 109 (KaptLt. Bleichrodt) nach Halifax, U 123 (KptLt. Hardegen) zur Küste südlich von New York, U 125 (KptLt. Folkers) zur New Yorker Hafeneinfahrt und U 130 (KorvKpt. Kals) zur Mündung des St.-Lorenz-Stromes.

Am Mittwoch, dem 17. Dezember 1941, wird gerade in dem Augenblick, als die deutsche U-Boot-Gruppe »Seeräuber« zu einer Operation gegen den von Gibraltar nach England befindlichen Geleitzug HG.76 ansetzt, U 131 (KorvKpt. Baumann) von einem Martlet-Jäger des britischen Flugzeugträgers »Audacity« mit Wasserbomben angegriffen. Sofortiger Flakbeschuß trifft den feindlichen Jäger. Zum erstenmal ist es damit einem U-Boot gelungen, ein Flugzeug abzuschießen. Allerdings muß KorvKpt. Baumann bald darauf sein Boot selbst versenken, als bei der Begegnung mit einem britischen Zerstörer sich herausstellt, daß es nicht mehr tauchen kann.

Im letzten Monat des Jahres 1941 beträgt die Versenkungszahl der deutschen U-Boote im Atlantik und im Mittelmeer 23 Handelsschiffe mit insgesamt 101 687 BRT. Im Dezember sind zehn deutsche U-Boote verlorengegangen. Im zweiten Halbjahr 1941 wurde jedes siebte von Überwasserschiffen angegriffene deutsche U-Boot versenkt und jedes dritte schwer beschädigt.

In den letzten zehn Monaten des Jahres 1941 sind die bis dahin erfolgreichen U-Boot-Einsätze um die Hälfte zurückgegangen. Von den Ende 1941 vorhandenen 91 deutschen U-Booten waren 43 im Mittelmeer eingesetzt, sechs Boote westlich von Gibraltar und vier vor Norwegen stationiert. 33 U-Boote befanden sich zur Reparatur in verschiedenen Häfen, so daß zu diesem Zeitpunkt nur 22 von 55 U-Booten für Operationen im Atlantik zur Verfügung standen.

So konnten nur zehn bis 12 Boote zur gleichen Zeit eingesetzt werden, weil die Hälfte aller Atlantikboote sich auf dem Weg ins Operationsgebiet oder auf dem Rückmarsch befand. Somit waren nur rund 12 Prozent aller vorhandenen deutschen Front-U-Boote im Atlantikeinsatz. Bisher konnten die Verluste durch Neubauten ausgeglichen werden.

Juni 1941

Wachsende englische Erfolge

Anfang Juni 1941 beabsichtigt die britische Admiralität, einen Teil ihrer schweren Einheiten ins Mittelmeer und in den Nahen Osten zu verlegen. Sie ist ebenfalls entschlossen, vorher die großen deutschen Kriegsschiffe durch Bombenangriffe der Royal Air Force zu versenken. Deshalb werden die Einsätze der Luftaufklärung weiter verstärkt und die Zahl der für die Operationen über See bereitgestellten Bombenflugzeuge erhöht.

Am Dienstag, dem 3. Juni 1941, versenken die englischen Kreuzer »Aurora« (Capt. Agnew) und »Kenia« (Capt. Danny) auf der Route zwischen Grönland und Labrador den zur Versorgung deutscher U-Boote eingesetzten Tanker »Belchen« (6367 BRT). Die überlebenden Besatzungsangehörigen des Tankers werden von U 93 (KptLt. Korth) gerettet.

Unterdessen wird am 4. Juni 1941 700 Seemeilen westlich von Brest das Spähschiff »Gonzenheim« (4000 BRT) gleichzeitig von einer Maschine des britischen Flugzeugträgers »Victorious« und von dem Hilfskreuzer »Esperance Bay« (14204 BRT) aufgespürt. Als sich auch das Schlachtschiff »Nelson« und der Kreuzer »Neptune« (Capt. O'Connor) nähern, steckt die Besatzung ihr Schiff in Brand. Kurz darauf schießt die »Neptune« noch einen Torpedo in das brennende Schiff.

Etwa zur selben Zeit wird im Nordatlantik der deutsche Versorgungstanker »Gedania« (8923 BRT) von dem britischen Hilfskreuzer »Marsdale« (4890 BRT) gekapert. Da es dem Kommandanten, Kpt. z. S. Paradeis, nicht mehr gelingt, an Bord befindliche Geheimunterlagen zu vernichten, erhalten die Engländer wertvolle Informationen über Treffpunkte zur Versorgung von U-Booten und anderen Kriegsschiffen, außerdem die Positionen der Wetterschiffe und Marschrouten der Blockadebrecher sowie Prisenschiffe. Auch alle Funkunterlagen und das Schlüsselmaterial fallen den Engländern in die Hände.

Vor der westafrikanischen Küste wird einige Stunden später der deutsche Versorgungstanker »Esso Hamburg« (9849 BRT) sowie am folgenden Tag der Tanker »Egerland« (9798 BRT) von zwei englischen Einheiten, dem Zerstörer »Brilliant« und dem schweren Kreuzer »London« (Capt. Servaes), gesichtet. Beide Versorgungstanker, die Gefahr laufen, gekapert zu werden, ziehen die Selbstversenkung vor.

So hat die Versorgungsorganisation der Kriegsmarine in wenigen Tagen empfindliche Verluste erlitten, die die Seekriegsleitung zwingen, ihre künftigen Einsatzplanungen zu ändern, da sie außerhalb Europas – abgesehen von Japan – über keine Marinestützpunkte verfügt. Durch diese neue seestrategische Lage lassen sich nur noch kurzfristige Operationen durchführen.

Am 10. Juni 1941 registriert die britische Luftaufklärung, daß offensichtlich der schwere Kreuzer »Lützow« aus der Nordsee ausbrechen soll.

Schweiz 1941: Gedenkmarken für Persönlichkeiten der Schweizer Geschichte

Spanien 1941/42: Wohltätigkeitsmarke zugunsten der Tuberkulosebekämpfung

Schütze einer leichten Luftabwehrkanone Oerlikon auf dem im Dienst der Royal Navy stehenden polnischen Geleitzerstörer »Garland«

1941 Juni

Am Abend des 12. Juni 1941 greifen zwei Bomberstaffeln vom Typ Blenheim die »Lützow« an, beschädigen das Schiff und zwingen es, nach Kiel zurückzukehren. Damit ist der Versuch des Kreuzers, das Nordmeer als Ausgangspunkt für Handelsstörungen zu erreichen, vereitelt.

In der Zwischenzeit sind in dem französischen Atlantikhafen Brest die Instandsetzungsarbeiten an dem Schlachtschiff »Scharnhorst« und dem schweren Kreuzer »Prinz Eugen« beendet. Die Alliierten verstärken jetzt ihre Luftaufklärung über diesem Raum.

Im Nordatlantik wird der deutsche Versorgungstanker »Friedrich Breme« (10397 BRT) von dem englischen Kreuzer »Sheffield« (Capt. Maund) am 12. Juni 1941 aufgespürt. Ehe die Besatzung des Tankers ihr Schiff versenken kann, ist bereits ein Prisenkommando der »Sheffield« an Bord und stellt verschiedene Geheimunterlagen sicher.

Am Sonntag, dem 15. Juni 1941, wird das deutsche U-Boot-Versorgungsschiff »Lothringen« (10746 BRT) im Mittelatlantik durch den englischen leichten Kreuzer »Dunedin« aufgebracht. Obwohl es der Besatzung im letzten Moment gelingt, die Schlüsselmaschine Enigma M über Bord zu werfen, kann das Prisenkommando Geheimunterlagen sicherstellen.

Im ersten Halbjahr des Jahres 1941 haben die deutschen Hilfskreuzer insgesamt 38 Handelsschiffe mit 191000 BRT versenkt. Ab Juni 1941 sind diese schon seit 1940 im Einsatz befindlichen Hilfskreuzer die einzigen deutschen Überwasserkriegsschiffe, die auf den Ozeanen – mit Ausnahme des nördlichen Eismeeres – noch Handelskrieg führen.

In der Nacht vom 1./2. Juli 1941 wird bei einem Luftangriff der RAF auf den Hafen von Brest der deutsche Kreuzer »Prinz Eugen« (Kapt. z. S. Brinkmann) von einer schweren Bombe getroffen. 60 Seeleute kommen dabei ums Leben. Das Schiff fällt für ein halbes Jahr aus, da der Sprengkörper mehrere Decks bis zur Artillerie-Rechenstelle durchschlagen hat.

Am Donnerstag, dem 24. Juli 1941, unternimmt die RAF mit 149 Bombern ihren bisher größten Tagesangriff auf die deutschen Marinestützpunkte an der französischen Atlantikküste. Das Ziel sind die beiden deutschen Schlachtschiffe »Gneisenau« in Brest und die in La Pallice liegende »Scharnhorst«, die durch mehrere Treffer zum Teil schwer beschädigt wird.

Die gefährlichen Schnellboote

Am Sonntag, dem 3. August 1941, kann der von Bord des Dampfers »Maplin« gestartete Leutnant Robert Everett (804. Squadron) als erster von einem CAM-Schiff katapultierter Hurricane-Pilot einen Erfolg melden: Er hat im Nordatlantik eine Focke-Wulf Fw 200-C »Condor« (I/KG 40) abgeschossen. Statt bei seinem Mutterschiff zu wassern, zieht er es vor, 500 Kilometer weit bis nach Schottland zu fliegen und dort in Loch Earn zu landen.

In den südenglischen Küstengewässern sind die Geleitzüge im Sommer 1941 weiterhin den Angriffen deutscher

Dezember 1941

Schnellboote ausgesetzt. Die wegen ihrer niedrigen Silhouetten von den Sicherungsfahrzeugen nur schwer auszumachenden Schnellboote belauern die Routen der Konvois und werden selbst meist erst dann bemerkt, wenn die Torpedos explodieren und sich die Schnellboote mit Höchsttempo zurückgezogen haben.

Am Sonntag, dem 2. November 1941, kapern vier britische Kreuzer vor Kapstadt einen französischen Geleitzug (39 583 BRT), der sich mit fünf Frachtern und mehreren Passagierschiffen auf dem Weg von Madagaskar nach Frankreich befindet. Auf diese unvorhergesehene Aktion des ehemaligen Verbündeten befiehlt die Admiralität der französischen Vichy-Regierung den U-Booten »Le Glorieux« und »Le Héros«, die englischen Schiffe unter Feuer zu nehmen.

Am Mittwoch, dem 19. November 1941, spielt sich im Indischen Ozean, etwa 170 Seemeilen vor der westaustralischen Küste, ein in der bisherigen Seekriegsgeschichte einmaliges Ereignis ab: Am hellichten Tag versenkt das zum Hilfskreuzer umgerüstete, bewaffnete Schiff 41 »Kormoran« (FregKpt. Detmers) einen modernen Kreuzer. Als der australische leichte Kreuzer »Sydney« (Capt. Burnett) der »Kormoran« begegnet, zieht der Kapitän des deutschen Schiffes den Signalaustausch so lange hin, bis die »Sydney« nur noch 900 Meter von der »Kormoran« entfernt ist. Dann läßt der deutsche Handelsstörer seine Tarnung fallen und eröffnet aus allen Rohren das Feuer auf das Oberdeck und die Torpedorohre der »Sydney«. Ein Torpedotreffer landet im Vorschiff, so daß die beiden vorderen Türme des Kreuzers ausfallen. Nur der dritte Turm kann noch mehrere Treffer auf der »Kormoran« erzielen, die im Maschinenraum einen nicht mehr zu löschenden Ölbrand entfachen, so daß die Besatzung das Schiff aufgeben muß. Die meisten der deutschen Besatzungsmitglieder können in ihren Rettungsbooten die australische Küste erreichen. Der brennend abgetriebene australische Kreuzer »Sydney« wird seitdem vermißt. Die »Kormoran« hat insgesamt elf Handelsschiffe mit 68 274 BRT aufgebracht oder versenkt.

Am Sonntag, dem 30. November 1941, kehrt der deutsche Hilfskreuzer Schiff 45 »Komet« (Konteradm. Eyssen) nach 516tägiger Fahrt in den Hamburger Hafen zurück. Das Schiff ist über den nordsibirischen Seeweg nach Asien gelangt und hat auf seiner Reise insgesamt 87 000 Seemeilen zurückgelegt. Im ostasiatischen und australischen Operationsgebiet hat der Hilfskreuzer sechs Schiffe mit insgesamt 31 005 BRT versenkt, außerdem durch Artilleriebeschuß die Phosphatanlagen auf der Insel Nauro im westlichen Pazifik zerstört. An der Versenkung zweier weiterer Schiffe mit 21 125 BRT war der Hilfskreuzer »Orion« mitbeteiligt. Der Einsatz der ersten Welle deutscher Hilfskreuzer (»Atlantis«, »Komet«, »Orion«, »Pinguin«, »Thor« und »Widder«) ist damit abgeschlossen.

Seit dem 11. Dezember 1941 unternimmt die RAF tägliche Flüge, um die Hafeneinfahrten des an der französischen Atlantikküste gelegenen Marinestützpunktes Brest zu verminen.

Der britische Flugzeugträger »Victorious« und das britische Schlachtschiff »King George V« im stürmischen Atlantik

1941 Dezember

Um gegen die befürchtete alliierte Invasion in Norwegen vorbereitet zu sein, ordnet Hitler am 12. Dezember 1941 während einer Konferenz mit den Vertretern der deutschen Seekriegsleitung an, das Schlachtschiff »Tirpitz« aus der Ostsee, die »Scharnhorst« und »Gneisenau« zusammen mit dem schweren Kreuzer »Prinz Eugen« aus dem Atlantikhafen Brest in norwegische Gewässer zu verlegen.

Die Verluste der alliierten und neutralen Handelsschiffahrt im Laufe des Jahres 1941 betragen 1299 Schiffe mit insgesamt 4 328 558 BRT, davon entfallen 875 Schiffe mit 3 295 900 BRT auf die Schlacht im Atlantik. Im gleichen Zeitraum sind 35 deutsche U-Boote verlorengegangen, davon allein 25 im Atlantik. Im zweiten Halbjahr zeichnet sich eine Wende in der Atlantikschlacht ab. Durch Auswertung von Enigma-Berichten können die Alliierten die Zahl ihrer Schiffsverluste erheblich mindern. Nach Schätzung der britischen Admiralität verringern sich diese Verluste zwischen Juli und Dezember 1941 um wenigstens eine Million BRT.

Die italienische Flotte hat rund 500 Handelsschiffe mit insgesamt 1 626 000 BRT, beinahe ein Drittel ihrer Transportkapazität, im Jahre 1941 eingebüßt. Dagegen hat die deutsche Handelsmarine insgesamt 335 000 BRT einschließlich der Blockadebrecher und der Verluste im Mittelmeer verloren.

Eine britische Trägermaschine vom Typ Seafire kehrt vom Einsatz zurück. Unten ein Kreuzer der Royal Navy

Nadelstiche: Britische Raids

Am 4. März 1941 beginnt unter dem Befehl von Brigadier Haydon der erste britische Commando Raid in Nordeuropa, und zwar auf mehrere Häfen der Lofoteninseln vor Nordnorwegen. 500 Soldaten des 3. und 4. Commandos, 52 Pioniere und ein Dutzend Exilnorweger sind an Bord der »Queen Emma« und »Princess Beatrix«, die jetzt als Mutterschiffe der LCA-Landungsboote dienen.

Unter den fünf Zerstörern, die die Truppentransporter begleiten, befindet sich auch die »Somali« (Capt. Caslon) mit dem auf die Enigma angesetzten Greiftrupp. Der Auftrag für den Raid lautet auf Versenkung der in den Lofotenhäfen liegenden Schiffe, Zerstörung der Hafenanlagen und der Lebertranwerke, die 40 Prozent der gesamten norwegischen Produktion verarbeiten. Nahezu unbehelligt können die Commandos an Land gehen. Von den alarmierten Luftstützpunkten kann keine deutsche Maschine starten, da die Pisten durch das Tauwetter völlig verschlammt sind.

Heftige Gegenwehr leistet nur der ehemalige und jetzt als Vorpostenboot NN 04 »Krebs« eingesetzte Trawler, den die Commandos in Brand schießen. Dem Kapitän des Trawlers gelingt es noch, die Enigma-Schlüsselmaschine samt Schlüsselunterlagen über Bord zu werfen, doch kann er nicht mehr rechtzeitig die Geheimunterla-

August 1941

gen vernichten. Die zum Prisentrupp gehörenden Männer des Geheimdienstes der britischen Admiralität entdecken in einer Kassette die Reserve-Verschlüsselungswalzen der Marine-Enigma M. Mit ihr schaffen die Kryptologen vom Bletchley Park den Einbruch in den Schlüsselkreis der Kriegsmarine und können den Funkverkehr der im Nordmeer liegenden deutschen Wetterbeobachtungsschiffe entziffern.

Die britischen Commando-Trupps können ohne eigene Verluste die Sprengung von elf Lebertranwerken in Brettesnes, Henningsvaer, Stamsund und Svolvaer, die Zerstörung des Kraftwerkes sowie mehrerer Öltanks mit 3,5 Millionen Liter an Vorrat durchführen und dazu in den Hafengewässern zehn Schiffe mit über 20 000 BRT versenken, darunter das Handelsschiff »Hamburg« (5470 BRT). 215 deutsche Soldaten und zehn kollaborierende Norweger (»Quislinge«) marschieren in die Gefangenschaft, 300 norwegische Freiwillige schließen sich den Engländern an. Ohne Feindberührung kehrt die Landungsflotte unter dem Schutz der »Edinburgh« und »Nigeria« in den Heimathafen der Home Fleet zurück.

Commando-Trupps der Royal Navy gelingt am Dienstag, dem 19. August 1941, die Durchführung der streng geheimgehaltenen Operation »Cutting«. Sie zerschneiden an der südamerikanischen Küste das Unterseekabel zwischen Afrika und dem Subkontinent und bergen Teile des Kabels.

Mit dem Eintreffen der zur britischen Force K (Konteradm. Vian) gehörenden leichten Kreuzer »Aurora« (Capt. Agnew) und »Nigeria« sowie des als Truppen-

Captain Vian, Chef der britischen 4. Zerstörerflottille, auf der Brücke des Zerstörers »Cossack«

Operation »Gauntlet«, Spitzbergen im September 1941: Nachdem die Kohlengruben gesprengt und in Brand gesetzt worden sind, kehren die britischen Commandos zu ihren Schiffen zurück

1941 August

transporter fahrenden ehemaligen Luxusdampfers »Empress of Canada« vor Westspitzbergen beginnt am 25. August 1941 die Operation »Gauntlet«. Die britischen Commando-Truppen unter Befehl von Brig. Potts sollen auf Spitzbergen die Kohlenbergwerksanlagen zerstören. Da spezielle Landungsfahrzeuge nicht zur Verfügung stehen, werden die Soldaten in Rettungsbooten an Land gebracht. Zu ihrer Überraschung stellen sie fest, daß diese norwegische Inselgruppe nicht von Deutschen besetzt ist. Die Inselbewohner erhalten Anweisung, sich für eine Evakuierung innerhalb von neun Stunden bereitzuhalten. Die russischen Einwohner sind für eine Umsiedlung nach Archangelsk vorgesehen, und die Norweger sollen nach Schottland gebracht werden.

In zweitägiger Arbeit jagen Sprengtrupps Öltanks und Kohlehalden in die Luft, ohne dabei von deutschen Flugzeugen beobachtet oder gar gestört zu werden. Die mit norwegischen Funkern besetzte Funkstation gibt wie bisher ihre Wetterberichte auf das norwegische Festland durch. Aufklärer der Luftwaffe steigen erst gar nicht auf, nachdem aus Spitzbergen eine tiefhängende Wolkendecke gemeldet worden ist. Und drei aus Norwegen eintreffende deutsche Kohlendampfer werden von der Royal Navy beschlagnahmt und müssen zusammen mit dem britischen Flottenverband den Fjord verlassen. Danach jagen die Pioniere auch noch E-Werk, Funkstation und Wetterstation in die Luft, ehe sie die Heimfahrt antreten. Erst mehr als zehn Tage später erfahren die Deutschen, was sich auf Spitzbergen abgespielt hat.

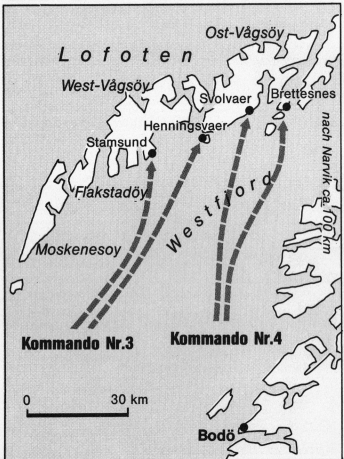

Schweiz 1941, geschichtliche Darstellungen: links Wilhelm Tell, rechts ein sterbender Krieger

Im Jahre 1941 sind die Lofoten, Norwegen und Spitzbergen das Ziel britischer Commandos

Dezember 1941

Die britischen Pläne vom September 1941 für eine Landung auf dem europäischen Festland werden im Herbst des gleichen Jahres konsequent weiterverfolgt. Besonders der Chef der Commandos, der bereits 70jährige Adm. Sir Roger Keyes, hat mit energischem Einsatz den Bau einer stattlichen Flotte von Landungsfahrzeugen vorangetrieben. Trotz dieser Verdienste ernennt Churchill mit Lord Mountbatten einen jüngeren Seeoffizier zum Chef der amphibischen Operationen. Der energische 41jährige Kapitän zur See ist ein Vetter des britischen Königs Georg V.

Am Montag, dem 27. Oktober 1941, führt die Ernennung von Lord Mountbatten zum Chef des Directorate of Combined Operations zu grundlegenden Veränderungen in der Taktik des Commando-Einsatzes. Während die bisher von Admiral Keyes erarbeiteten Pläne Großoperationen mit Beteiligung von Commando-Truppen bis zu einer Stärke von 10 000 Mann vorsahen, erscheinen Lord Mountbatten kleinere, jedoch häufigere Raids erfolgreicher. Es gelingt ihm, Churchill für seine Überlegungen zu gewinnen. Die bei den bisherigen Commando-Einsätzen gemachten Erfahrungen nutzt der Stab von Mountbatten – in Combined Operations Headquarters (COHQ) umbenannt – für die Vorbereitung von Großlandungen.

Am Montag, dem 22. Dezember 1941, starten die Engländer ein Commando-Unternehmen (Operation »Anklet«) gegen die Inselgruppe der Lofoten vor der nordnorwegischen Küste. Der dafür eingesetzte Flottenverband unter Führung von Konteradm. Hamilton besteht

Lord Louis Francis Albert Mountbatten, ein Cousin des Königs George V., Chef der britischen Commandos

Britische Commandos bei einem Nachteinsatz: Die Commandos, heute wichtigster Bestandteil einer jeden Armee, sind aufgrund der Erfahrungen entstanden, die die Engländer mit den Buren-Commandos um die Jahrhundertwende in Südafrika gemacht haben

393

1941 Dezember

aus dem Kreuzer »Arethusa«, acht Zerstörern – darunter zwei polnischen – sowie einigen Korvetten-Minensuchbooten, Landungsschiffen, Tankern, Hilfsschiffen und einem Schlepper. Vier Tage nach dem Auslaufen aus Scapa Flow setzt der Verband im Westfjord um 6.00 Uhr morgens 260 Soldaten des 12. Commando (Lt. Col. Harrison) an Land.

Das Commando zerstört wie geplant die Fischölfabriken auf dem Westteil der Insel Moskenesöy sowie die Funkstationen in Tind und Napp. Bei dieser Operation werden gleichzeitig das deutsche Vorpostenboot V 5904 »Geier« (145 BRT) versenkt und die norwegischen Küstendampfer »Kong Harald« (1125 BRT) und »Nord-

Operation »Anklet«, Lofoten im Dezember 1941: Nach dem beendeten Handstreich bergen die Commandos ihre verwundeten Kameraden

Dänemark 1941: Gedenkausgabe zum 200. Todestag des Forschers Vitus Bering

land« (725 BRT) gekapert. Nachdem deutsche Flieger die »Arethusa« bombardieren und schwer beschädigen, wird der Raid am 28. Dezember beendet.

Am Sonnabend, dem 27. Dezember 1941, um 9.00 Uhr morgens, hat ein neues britisches Commando-Unternehmen (Operation »Archery«) in den norwegischen Gewässern begonnen. Es ist der erste Commando-Raid gegen einen stark befestigten Hafen. Zu Beginn der Operation nehmen die britischen Kriegsschiffe, unterstützt durch Angriffe der RAF, mit ihrer schweren Schiffsartillerie die Hafenanlagen im Raum Faagsö und Maalöy unter Beschuß. Danach werden das 2. und 3. Commando (Col. Durnford-Slater) sowie eine norwegische Kompanie –

Dezember 1941

Operation »Archery«, Faagsö im Dezember 1941: Der von den Commandos in Brand gesteckte Fischerhafen wird fast restlos vernichtet

unterteilt in fünf Gruppen mit insgesamt 485 Mann – von zwei Landungsbooten abgesetzt. In Südvaagsö können die Truppen den hartnäckigen Widerstand deutscher Kräfte erst nach blutigen Straßenkämpfen brechen und dann die Fischverarbeitungs- und Fernmeldeanlagen zerstören.

In der Zwischenzeit gelingt es den britischen Zerstörern, fünf Frachter mit insgesamt 13 778 BRT und zwei deutsche Vorpostenboote zu versenken oder auf den Strand zu setzen. Auch der Frachter »Anhalt« (5870 BRT) wird bei diesem Angriff zerstört. Im Funkraum des deutschen Vorpostenbootes V 5108 »Föhn« können die Commandos einen bedeutsamen Fund machen: das Codebuch der deutschen Kriegsmarine. Als die Commandos den Rückweg antreten, schließen sich ihnen 343 junge Norweger freiwillig an.

DER SCHAUPLATZ AFRIKA

WECHSEL-VOLLE KÄMPFE

Mussolinis Truppen müssen erhebliche Verluste hinnehmen. Der Traum vom italienischen Imperium geht zu Ende

Zum Auftakt des Jahres 1941 werden die italienischen Truppen von Rückschlägen an allen Fronten heimgesucht: Die geplante Invasion Griechenlands geht bereits in einen Kampf ums nackte Überleben in Albanien über, so daß an die Eroberung Athens erst recht nicht mehr zu denken ist. Und zu einem Debakel gerät der Wüstenkrieg in Nordafrika, da alle Eroberungen wieder verlorengehen. Völlig unzureichend gerüstet – die leichten Fiat-Panzer (2 t) erweisen sich sozusagen als Särge für ihre Besatzungen – und schlecht geführt, erliegen Mussolinis Truppen den zahlenmäßig schwächeren Brigaden des Gen. Sir Archibald Wavell.

Nachdem Gen. Wavell in Nordafrika Ende 1940 unerwartet einen Erfolg über die italienischen Truppen errungen hat, befiehlt er am Sonnabend, dem 4. Januar 1941, dem Gegner nachzusetzen und in die Cyrenaika vorzustoßen. Gleichzeitig rücken die australische 6. Infanteriedivision auf Bardia und die britische 7. Panzerdivision unter Maj. Gen. Creagh auf Tobruk vor.

Am Tag darauf, dem 5. Januar 1941, kapituliert die italienische Garnison in Bardia. Die Italiener verlieren 40 000 Mann, 462 Geschütze werden von den Engländern und Australiern erbeutet. Die Heeresgruppe Libyen unter Marschall Graziani besteht danach nur noch aus fünf kampfschwachen Divisionen, die in der Cyrenaika eingesetzt sind.

Während der Kämpfe in Nordafrika spielt Takoradi, ein Hafen an der Goldküste, eine bedeutende Rolle. Das größte Problem des alliierten Oberkommandos sind die Nachschubtransporte in den Raum Kairo. Da die Geleitzüge nicht durch das Mittelmeer fahren können, müssen sie mehr als 12 000 Seemeilen um das Kap der Guten Hoffnung und über den Indischen Ozean bis zum Suezkanal zurücklegen. Durch die bereits im September 1940 errichtete Luftbrücke von Takoradi aus über den afrikanischen Kontinent bis nach Kairo werden seitdem Tausende von alliierten Flugzeugen befördert. Von der Arbeit der »Air Delivery Unit«, die diese Nachschubtransporte durchführt, ist damals sehr wenig bekannt.

Monatelang führen die Piloten ihre Flüge quer über den Kontinent durch, und sobald eine Lieferung ausge-

Tripolis, Nordafrika, im Februar 1941: Ankunft der ersten Einheiten des Deutschen Afrika-Korps. General Rommel begrüßt italienische Offiziere (zu seiner Rechten General Italo Gariboldi, der italienische Oberkommandierende in Nordafrika)

1941 Januar

Eine britische Vorausabteilung liegt in der ersten Frontlinie im schweren Artilleriefeuer fest. Die Kämpfe bei oft über 50 Grad Celsius im Schatten fordern von den Soldaten beider Seiten unmenschliche Leistungen

Britische Panzer rollen in ihre Stellungen. Die Weite der Wüste und die wenigen natürlichen Hindernisse machen diesen Kriegsschauplatz zu einem idealen Panzergelände

Januar 1941

führt ist, kehren sie zurück, um den nächsten Transport zu übernehmen. Nur gelegentlich können sie sich während einer zweitägigen Pause am Nil erholen.

Die Kämpfe in Nordafrika

Die Überlebenschancen für einen Piloten, der in der Wildnis notlanden muß, sind gering, da die Ureinwohner Afrikas ihnen eher feindlich gesonnen sind. Doch die zur »Air Delivery Unit« gehörenden britischen, australischen, südafrikanischen und polnischen Piloten betrachten diese Einsätze nur als einen Job wie jeden anderen. In den kleinen Oasen im Sudan, wie zum Beispiel El Fashr und El Geneina, gibt es nur eine einfache staubige Rollbahn, eine einzige Toilette für Piloten und Wartungsmannschaften und ein paar Eingeborenenhütten.

Schonungslos den tropischen Temperaturen und der brennenden Sonne über der Wüste ausgesetzt, fliegen sie ihre Einsätze, damit die Jägerpiloten vom Oberkommando des Middle East ihre Flugzeuge erhalten. Diese Flüge von Takoradi über Lagos, Kano, Maiduguri, Fort Lamy, El Geneina, El Fashr, Khartum und Luxor bedeuten den Beginn der alliierten Luftherrschaft in Nordafrika.

Am Donnerstag, dem 9. Januar 1941, sieht sich Hitler aufgrund der Hiobsbotschaften aus Nordafrika veranlaßt, die Entsendung eines Panzer-Sperrverbandes zur Unterstützung des Achsenpartners vorbereiten zu lassen.

Takoradi an der afrikanischen Goldküste: Auf dem aus vorfabrizierten Metallsegmenten gebauten Flugplatz rollen die britischen Jäger an den Start zu ihren Flügen nach Nordafrika

Der britische General Michael O'Moore Creagh

Der italienische General Annibale Bergonzoli

1941 Januar

Die »Daily Mail« meldet am 30. Januar 1941: Nach der Einnahme des wichtigen italienischen Nachschubhafens und der Festung Tobruk stoßen die Truppen des britischen XIII. Korps in Richtung Bengasi, der Hauptstadt der Cyrenaika, vor

Britische Karikatur, Februar 1941: Nach der Eroberung von Bengasi durch britische Truppen unter General Wavell bricht der Balanceakt der Achse zusammen

Nach Rückschlägen und Niederlagen der italienischen Luftwaffe werden am 10. Januar große Teile des Corpo Aereo Italiano (CAI), die von der Kanalküste aus Angriffe gegen England flogen, in die Heimat zurückgerufen. Dort operieren seit der ersten Januarhälfte mit Erfolg die Stukas des X. Fliegerkorps unter Gen. Geisler. Zwischen dem 6. und 13. Januar starten sie ihre ersten Angriffe von Sizilien aus.

Im Verlauf des 10. Januar attackieren 60 Maschinen vom Typ Ju 87 und He 111 den zwischen Sizilien und Tunesien kreuzenden Flugzeugträger »Illustrious« (Force A, Adm. Cunningham) und belegen ihn sechsmal mit 500-kg-Bomben. Und Stukas zerstören 24 Stunden später vor Malta den britischen Kreuzer »Southampton«. Die Präsenz der Luftwaffe über dem Mittelmeer beeinflußt nachhaltig die strategische Lage.

In Berchtesgaden erörtern am 19. Januar 1941 Hitler und Mussolini die strategische Lage und die Formen, in denen deutscherseits Hilfe geleistet werden soll. Erleichtert stellt Mussolini fest, daß die befürchteten Vorwürfe Hitlers ausbleiben; aber er übersieht, daß Italien in die Rolle eines Satellitenstaates gedrängt wird.

Die Eroberung von Tobruk

Am Dienstag, dem 21. Januar 1941, setzt die zum britischen XIII. Korps (Lt. Gen. O'Connor) gehörende australische 6. Infanteriedivision zum Sturm auf die italienisch-libysche Festung und Hafenstadt Tobruk an, von See her unterstützt durch den Monitor »Terror« sowie die Flußkanonenboote »Aphis« und »Ladybird«. Tobruk fällt schon am nächsten Tag mit 27 000 Soldaten, 208 Geschützen und 87 Panzern in die Hände der Engländer.

Februar 1941

Die Reste der italienischen 10. Armee ziehen sich auf die befestigte Linie El Mekili–Derna zurück, verfolgt von der an der Küste voranstürmenden australischen 6. Infanteriedivision und von Süden her von der britischen 7. Panzerdivision.

Doch Marschall Grazianis Rückzugsbefehl kommt zu spät, da die Engländer bei Beda Fomm, an der Küste der Großen Syrte, der 10. Armee den Rückzug abschneiden; sie kapituliert nach einem kurzen Feuerwechsel mit 20 000 Mann.

Am Donnerstag, dem 30. Januar 1941, fällt Derna in die Hände der Australier.

Am Sonnabend, dem 1. Februar 1941, erstattet Gen.-Maj. von Funck – soeben von einer Inspektionsreise aus Libyen zurückgekehrt – im Führerhauptquartier Bericht über die desolate Lage der italienischen Truppen in Nordafrika.

Fünf Tage später erteilt das Oberkommando der Wehrmacht an OKH und OKL die Weisung für den Einsatz in Nordafrika (Unternehmen »Sonnenblume«).

Am gleichen Tag nehmen britische Verbände die Hauptstadt der Cyrenaika, Bengasi, ein.

Am folgenden Tag, dem 7. Februar 1941, besetzen die Briten in Nordafrika Agedabia und rücken weiter nach El Agheila vor, wo sie eine Ruhepause einlegen. Die vorläufige Bilanz der britischen Verbände: In nur zwei Monaten haben die zahlenmäßig unterlegenen Commonwealth-Truppen 900 Kilometer zurückgelegt, Westägypten und die Cyrenaika zurückerobert, dabei zehn italienische Divisionen aufgerieben, 130 000 Kriegsgefangene gemacht, 1290 Geschütze und rund 400 Panzer nebst einer großen Menge Kriegsmaterial erbeutet. Ihre eigenen Verluste belaufen sich auf 475 Gefallene, 1225 Verwundete und 43 Vermißte.

Die besten Verbände der erfolgreichen Western Dessert Force werden jetzt nach Griechenland verlegt. Zurück an der Tripolis-Front bleibt nur das britische XII. Korps, das sich aus zwei Divisionen mit nicht voll ausgebildeten Soldaten zusammensetzt, denen in Kürze das Deutsche Afrika-Korps mit einer Panzerdivision und ei-

Anfang Februar 1941 kreist das britische Gibraltar-Geschwader unter Vizeadmiral Somerville überraschend vor Genua und eröffnet starkes Artilleriefeuer auf den Hafen und die Stadt. Eine der beteiligten Einheiten ist das Schlachtschiff »Malaya«

1941 Februar

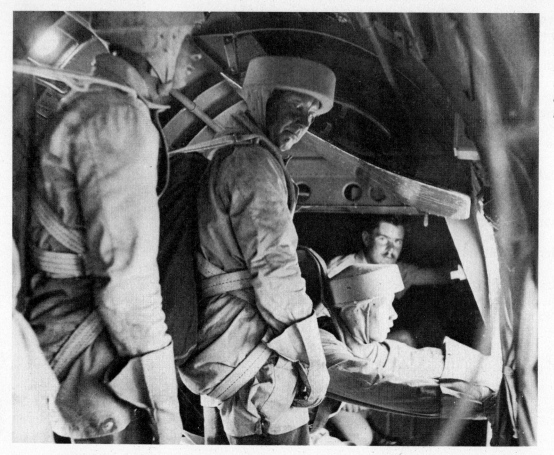

Britische Fallschirmjäger bereiten sich auf ihren ersten Einsatz vor. Trotz des Rückschlags der Operation »Colossus« erzielen sie in den darauffolgenden Jahren beachtliche Erfolge

In direktem Feuer bekämpft eine deutsche Batterie 8,8-cm-Flak die vorstoßenden feindlichen Panzer. Dieses Allzweckgeschütz wird zu einer gefürchteten Panzerbekämpfungswaffe

ner leichten Division sowie die in Tripolis gelandeten italienischen Verbände mit einer motorisierten Division und einer Panzerdivision gegenüberstehen werden.

Am Sonnabend, dem 8. Februar 1941, beginnt in Neapel die Verladung von Einheiten und Material des ersten deutschen Nordafrikaverbandes. Ohne Feindberührung erreichen drei Transporter ihren Zielhafen Tripolis.

In den Morgenstunden des 9. Februar 1941 stehen Einheiten des britischen Gibraltargeschwaders Force H (Vizeadm. Somerville) vor Genua. Der Schlachtkreuzer »Renown«, das Schlachtschiff »Malaya« und der leichte Kreuzer »Sheffield« nehmen den Hafen unter Feuer, versenken vier Frachter sowie ein Schulschiff und beschädigen 18 weitere Schiffe. Gleichzeitig bombardieren von der »Ark Royal« aufgestiegene Flugzeuge die Ölraffinerien bei Livorno und verminen den Hafen von La Spezia. Eine Gegenwehr der italienischen Küstenbatterien wird durch Nebel verhindert, und die aus Neapel ausgelaufene Flotte vermag den Gegner nicht zu orten.

Strategisch wichtig: Das Mittelmeer

In der Nacht vom 10./11. Februar 1942 endet der erste Fallschirmjägereinsatz in der britischen Kriegsgeschichte (Operation »Colossus«) mit einem Debakel. Das Ziel: ein Aquädukt nahe Monte Vulture (Calabria), der Tarent, Brindisi und Bari mit Wasser versorgt und von dessen Unterbrechung London sich nachhaltige Auswirkungen auf die Moral der Bevölkerung verspricht. Beim Anflug gehen mehrere Maschinen durch das gegnerische Sperrfeuer verloren. Es gelingt zwar acht Offizieren und 31 Soldaten, den Auftrag auszuführen, doch auf dem Rückmarsch zur Küste, wo ein U-Boot die Fallschirmjäger erwartet, werden sie gefangengenommen. Der Aquädukt ist nach zweieinhalb Tagen wieder repariert.

In der ersten Februarhälfte 1941 weitet das X. Fliegerkorps seine Angriffe auf Malta aus, um GenLt. Rommel und seinem Afrika-Korps den Übergang nach Tripolis zu sichern. Dagegen bleibt die Anregung von Vizeadm. Weichold, dem Chef des deutschen Marinekommandos in Italien, Malta sofort zu besetzen, ohne Echo. Später wird auch der Vorstoß des Wehrmachtführungsstabes, statt Kreta das zwar 26mal kleinere, aber strategisch ungleich bedeutendere Malta aus der Luft zu erobern, nicht berücksichtigt.

In Tripolis gehen am Freitag, dem 14. Februar 1941, die ersten Kampftruppen der 5. leichten Division an Land – schon erwartet von Gen. Rommel.

Am Montag, dem 17. Februar 1941, scheitert in der Ägäis das Unternehmen der in Ägypten zusammengestellten 50. und 25. Middle East Commandos, die Insel Kos, Vorposten der strategisch wichtigen Dodekanes-Inselgruppe, einzunehmen: Die Landungsboote finden keinen geeigneten Küstenabschnitt zum Absetzen der Commandos.

März 1941

Seit Dienstag, dem 18. Februar 1941, tragen die in Libyen zusammengezogenen deutschen Truppen den Namen »Deutsches Afrika-Korps« (DAK).

Maschinen der 2. Staffel des Kampfgeschwaders 4 (Hptm. Kühl) verminen erstmals den Suezkanal.

Am Donnerstag, dem 20. Februar 1941, trifft in Tripolis ein weiterer Geleitzug aus vier Handelsschiffen mit der Flakabteilung I/33 und Nachschub für das DAK ein.

Am Freitag, dem 21. Februar 1941, macht ein britischer Aufklärer über der libyschen Wüste ein achträdriges Fahrzeug aus, das als Kampfwagen deutscher Herkunft identifiziert wird. Kurz darauf kursiert die Meldung, daß eine deutsche Panzereinheit, mutmaßlich in Regimentsstärke, in Tripolis gelandet sei.

Das erste, allerdings folgenlose Feuergefecht zwischen deutschen und britischen Einheiten in Nordafrika liefern sich an diesem Tag ein Trupp der Dragoon Guards (Lt. E. T. Williams) und Soldaten der Aufklärungsabteilung 3.

Am Montag, dem 24. Februar 1941, stoßen Rommels Soldaten nach einer Woche der Patrouillengänge und nur sporadischer Scharmützel über weite Entfernungen hinweg erstmals auf ihren Gegner, zwei Trupps Dragoon-Guards-Panzerkampfwagen und eine Einheit australischer Pak. Da die Wüste weder Deckung bietet, noch eine Annäherung des Gegners aufgrund der Staubentwicklung unbemerkt bleibt, muß das Feuer bereits aus mehreren Kilometern Entfernung eröffnet werden – mit den damit verbundenen Zugeständnissen an die Zielgenauigkeit, die ohnehin durch das gleißende Flimmern der Luft nachhaltig beeinträchtigt wird.

Im östlichen Mittelmeer setzen am 25. Februar zwei britische Zerstörer und ein Kanonenboot 200 Mann vom 50. Middle East Commando und eine kleine Gruppe von Royal Marines auf der Insel Castelrosso (östlich von Rhodos) ab. Der Widerstand der kleinen italienischen Garnison ist zunächst recht schwach. Jedoch am Donnerstag, dem 26. Februar 1941, formiert sich massive Gegenwehr: Die Zerstörer »Crispi« und »Sella« sowie die Torpedoboote »Lince« und »Lupo« schaffen von Rhodos Verstärkungen heran, und das italienische Militär kann unter dem Feuerschutz der Zerstörer zum Gegenangriff übergehen. Die britischen Landungstruppen fordern daraufhin ebenfalls Unterstützung an, doch die zur Hilfeleistung ausgesandten Zerstörer verlassen irrtümlicherweise Zypern mit Südkurs anstatt nach Norden. Damit ist das Schicksal auch dieser amphibischen Operation besiegelt. Unter schweren Verlusten müssen sich die britischen Landungstruppen nach zwei Tagen wieder zurückziehen.

Trotz des Debakels bei den bisherigen amphibischen Stoßtruppunternehmen setzt Churchill auf diese Kampftaktik und die Politik der Nadelstiche durch britische Commando-Unternehmen, die an allen Küsten Nord- und Westeuropas sowie des Mittelmeeres ihre zermürbenden Aktivitäten entfalten. Der britische Premierminister hofft, damit die Moral der eigenen Truppen zu stabilisieren und zugleich die des Gegners empfindlich zu treffen.

Die italienischen Kleinkampfeinheiten werden am 15. März 1941 aus dem Bestand der 1. Flottille MAS her-

1941 März

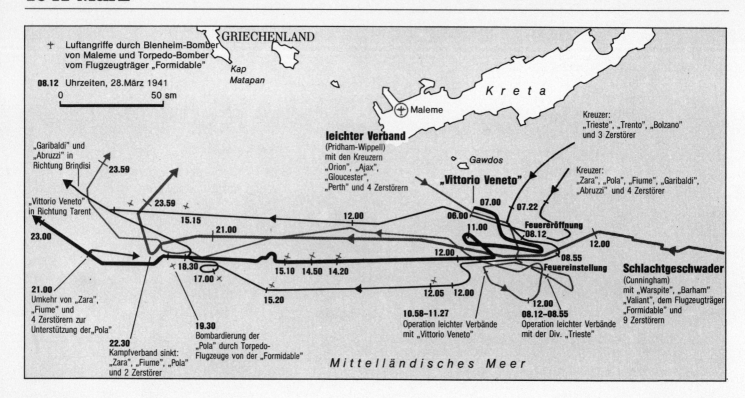

Die Seeschlacht bei Matapan vom 26. bis 29. 3. 1941 wird zu einem schicksalhaften Ereignis für die italienische Marine

Ein italienischer Kreuzer der Zara-Klasse. Diese Einheiten sind für die Erfordernisse des Mittelmeeres gut geeignet, jedoch ist die Aufstellung des Katapults auf der Back keine glückliche Lösung

März 1941

Ein Torpedobomber Fairey Swordfish nach dem Start zu einem neuen Einsatz. Diese langsame, aber sehr robuste Maschine kann auch unter äußerst schlechten Wetterbedingungen vom Träger aus operieren

ausgenommen, als eigenständiger Verband zusammengefaßt und zur Tarnung als 10. Flottille MAS bezeichnet, die unabhängig von anderen Teilen der Flotte selbständig operiert.

Irrtümlich melden am 16. März 1941 zwei Heinkel He 111 des X. Fliegerkorps (Gen. d. Fl. Geisler), ihnen sei gelungen, westlich von Kreta zwei britische Schlachtschiffe zu torpedieren. Ein solcher Erfolg hätte eine deutliche Schwächung für die britische Mittelmeerflotte bedeutet. Die italienische Marineleitung baut ihre Taktik auf diese Meldung auf und bahnt damit den Weg für ein erneutes Desaster. Zugleich drängt die deutsche Führung auf einen italienischen Flottenvorstoß in das östliche Mittelmeer zur Entlastung der für den 6. April vorgesehenen eigenen Offensive gegen Griechenland.

Am Mittwoch, dem 26. März 1941, läuft unter Luftsicherung des deutschen X. Fliegerkorps (Gen. d. Fl. Geisler) die italienische Flotte mit dem modernen Schlachtschiff »Vittorio Veneto« (Flottenchef Adm. Iachino), fünf schweren und zwei leichten Kreuzern sowie 13 Zerstörern aus. Der italienische Admiralstabschef, Adm. Riccardi, beabsichtigt, durch Angriffe seiner Marineeinheiten die von Kreta und Ägypten nach Griechenland fahrenden britischen Konvois sowie die britische Mittelmeerflotte überraschend zu schlagen.

Unbekannt bleibt, daß Adm. Cunningham durch einen am Vortag abgefangenen und entzifferten Engima-Funkspruch über den italienischen Operationsplan informiert ist und seine Flotte daraufhin zurückzieht. Um die tatsächliche Quelle seiner Information nicht preiszugeben, beordert Adm. Cunningham ein Flugboot zur Aufklärung in das Gebiet westlich von Kreta.

Am folgenden Tag meldet das von Adm. Cunningham zur Aufklärung eingesetzte Flugboot, es habe drei italienische Kreuzer 80 Seemeilen östlich von Sizilien mit Kurs auf Kreta geortet. Diesen Funkspruch fängt auch die »Vittorio Veneto« auf; und Adm. Iachino weiß jetzt, daß ein Überraschungsangriff ausgeschlossen ist. Dennoch befiehlt der Flottenchef, die Operation fortzusetzen, um keine Mißstimmung unter den Achsenpartnern hervorzurufen.

Adm. Cunningham läßt noch während der Abendstunden aus Alexandria die Schlachtschiffe »Warspite«, »Barham« und »Valiant« sowie den Träger »Formidable« und neun Zerstörer auslaufen.

Am Freitag, dem 28. März 1941, sichtet in den Morgenstunden ein britisches Flugboot die Vorhut der italienischen Flotte, vier Kreuzer und sechs Zerstörer auf Südostkurs in Richtung Ägäis. Um 7.45 Uhr stoßen die britischen Kreuzer auf den italienischen Verband, greifen kurz an und drehen ab, um den Gegner in das Feuer der drei Schlachtschiffe zu locken, die 70 Meilen östlich davon entfernt sind.

Am Nachmittag bombardieren mit Kampfmaschinen, die auf Kreta und in Griechenland stationiert sind, die Trägermaschinen der »Formidable« die »Vittorio Veneto«. Das schwerbeschädigte Schlachtschiff muß nach Tarent zurückkehren, die zu seinem Begleitschutz eingesetzten Kreuzer werden jetzt auch Ziele britischer Bombenangriffe. Adm. Iachino hat von der gefährlichen Situation, in der sich seine Flotte befindet, keine Vorstellung. Er rechnet zwar mit dem Einsatz eines britischen Flugzeugträgers mit Kreuzern und Zerstörern, doch vermutet er die Schlachtschiffe »Barham«, »Valiant« und »Warspite« noch in Alexandria. Tatsächlich kreuzt Adm. Cunningham mit diesem Verband in der Abenddämmerung in zwei Seemeilen Entfernung den italienischen Kurs, ohne bemerkt zu werden.

Um 22.27 Uhr liegt der italienische schwere Kreuzer »Fiume« (Konteradm. Cattaneo) plötzlich in Scheinwer-

1941 März

Ein Panzer des Deutschen Afrika-Korps rollt in eine Sammelstellung. Rechts im Hintergrund der Arco dei Fileni, das Wahrzeichen der Küstenstraße Via Balbia

Der französische General Pierre de Hauteclogue Leclerc

Der britische General Philip Neame

ferlicht; aus 1,5 Seemeilen Entfernung nehmen ihn die Schlachtschiffe »Valiant« und »Warspite« unter Feuer. Wie er werden auch der schwere Kreuzer »Zara« und die großen Zerstörer »Alfieri« und »Carducci« versenkt, ohne einen Schuß abgegeben zu haben; denn die Engländer benutzen während des Nachtgefechts zur Feuerleitung Radar, während die Italiener buchstäblich im dunkeln tappen. In kürzester Zeit, so Adm. Cunningham, waren die attackierten Schiffe nur noch glühende Fakkeln.

Als im Morgengrauen auch der schwere Kreuzer »Pola« verlorengeht, ist die Seeschlacht bei Kap Matapan beendet.

Die Italiener verlieren insgesamt fünf wertvolle Kriegsschiffe mit rund 3000 Offizieren und Mannschaften. Nur mit knapper Not erreicht die »Vittorio Veneto« schwer beschädigt den Hafen von Tarent. Die britischen Verluste: ein »Swordfish«-Doppeldecker.

April 1941

Ein Aufklärungsvorstoß des Deutschen Afrika-Korps: Die aufgesessene Infanterie wird mit Panzern nach vorn gebracht

Die Seeschlacht bei Kap Matapan stellt die unumstrittene Seeherrschaft Englands im östlichen Mittelmeer wieder her.

Diese erste große Schlacht des Zweiten Weltkrieges in europäischen Gewässern bedeutet auch den Übergang von Seegefechten – die wie im Ersten Weltkrieg mit schwerer Artillerie und Torpedos ausgetragen werden – zum Einsatz der Flugzeugträger, der die späteren Operationen im Pazifik prägen wird.

Überraschende Erfolge

Am Mittwoch, dem 19. März 1941, hat GenLt. Rommel zum letztenmal strikte Anweisung vom OKH erhalten, auf keinen Fall vor Ende Mai – dem mutmaßlichen Zeitpunkt für die Einsatzbereitschaft der 15. Panzerdivision – in Nordafrika anzugreifen, sondern lediglich die ausweichenden italienischen Verbände zu stützen. Aber auch für Ende Mai, so das OKH, seien nur begrenzte Bewegungen im Raum Agedabia vorgesehen.

Ein Aufklärungsvorstoß Rommels am Montag, dem 24. März 1941, ergibt, daß der Abzug britischer Truppen nach Griechenland eine Lücke in den Verteidigungslinien in Nordafrika hinterlassen hat. Bei diesem Vorstoß verlieren fünf deutsche Soldaten das Leben, als ihr Panzer bei El Agheila auf eine Mine fährt.

Am Sonntag, dem 30. März 1941, unternimmt das Deutsche Afrika-Korps einen weiteren Aufklärungsvorstoß, diesmal gegen Agedabia. Überraschend entwickelt sich darauf eine Art deutsch-italienische Gegenoffensive. Panzer und Lkw werden erbeutet, und schon 24 Stunden später sind die Verbände von Wavells Armee überrollt. Rommel unterteilt daraufhin seine Verbände in drei Kampfgruppen, die im Süden und entlang der Küstenstraße dem Gegner nachsetzen.

Am Montag, dem 31. März 1941, erreichen die ersten Teile der 15. Panzerdivision den Hafen von Tripolis. Doch Rommel wartet die Ankunft dieser Einheit nicht ab, sondern rückt mit dem Panzerregiment 5 gegen Mersa Brega, das Tor zur Cyrenaika, vor.

Im Südosten Libyens besetzen am 1. April 1941 die Truppen der »Freien Franzosen« unter Col. LeClerc die strategisch wichtige Oase Kuffra. Sie werden dabei durch Einheiten vom Wüsten-Commando Long Range Desert Group (LRDG) unterstützt.

Das Deutsche Afrika-Korps rückt am 2. April 1941 auf Bengasi vor, doch wird sein Nachschub an Soldaten und Material durch Aktionen der Royal Navy empfindlich gestört.

Am Freitag, dem 4. April 1941, nehmen deutsche und italienische Panzerspitzen in einem raschen Vormarsch Bengasi ein. Nachdem die völlig überraschten Engländer schon zwei Tage zuvor Agedabia haben räumen müssen, schlägt ihre Verwirrung jetzt in Panik um. Die britische 2. Panzerdivision bleibt bei Msus ohne Nachschub liegen, da die dortige Besatzung aus Angst vor deutschen Panzern bereits alle Treibstofflager gesprengt hat.

1941 April

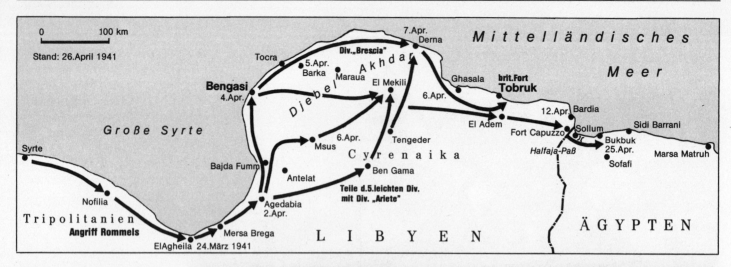

Libyen ist im März und April 1941 Schauplatz der Erfolge der durch General Rommel befehligten Truppen

Kurz vor Sonnenaufgang in der libyschen Wüste: Eine Vorausabteilung des Deutschen Afrika-Korps rüstet sich für den Weitermarsch

Am Sonnabend, dem 5. April 1941, geraten in Nordafrika im Raum Tmimi die britischen Generale Neame und O'Connor in deutsche Kriegsgefangenschaft.

Angriffe auf Tobruk scheitern

Am Montag, dem 7. April 1941, umzingeln Teile des Afrika-Korps El Mekili. Die Besatzung, verstärkt durch eine indische motorisierte Brigade aus Tobruk, lehnt die Aufforderung zur Kapitulation ab und versucht statt dessen auszubrechen. Der Durchbruch scheitert jedoch völlig. Gen. Gambier-Parry und Brig. Vaugham gehen mit 2000 Soldaten in Gefangenschaft.

Außerdem werden Derna und Tmimi erobert. Die reichgefüllten Nachschub- und Versorgungslager der Engländer fallen den deutschen Truppen unzerstört in die Hände und ermöglichen es Rommel, in Richtung Ägypten weiter vorzustoßen.

Die Panzer des Afrika-Korps stehen am 10. April 1941 vor Tobruk, das als Basis für einen Angriff auf Ägypten wichtig ist. Zwar kann von den im Vorfeld stehenden Truppen die australische Division noch über die Küstenstraße entkommen, doch die britische 2. Panzerdivision und die indische Brigade werden aufgerieben und ihre Reste gefangengenommen. Gen. Wavell beordert Teile der 7. Panzerdivision in die Stadt, um sie zusammen mit der australischen Division und kleinen örtlichen Verbänden einschließen zu lassen.

Am Freitag, dem 11. April 1941, scheitert im ersten Anlauf Rommels Handstreich auf Tobruk. Der General beordert daraufhin zwei schnelle Kampfgruppen nach Bardia, das eingenommen wird.

Am Sonnabend, dem 12. April 1941, dringen deutsche Truppen in Fort Capuzzo und Sollum ein, während Vorausabteilungen den wichtigen Halfayapaß besetzen und vor den britischen Verteidigungslinien im Hügelgelände haltmachen.

Am Sonntag, dem 13. April 1941, schlägt Rommels Angriff auf Tobruk erneut fehl. Ein dritter Versuch soll am kommenden Tag unternommen werden. Er scheitert gleichfalls.

Mai 1941

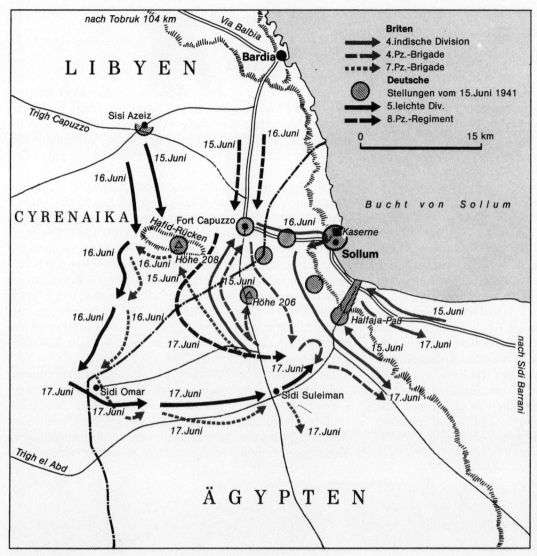

General Sir Claude Auchinleck, Nachfolger von General Wavell als Oberbefehlshaber im Mittleren Osten

Am 15. 6. 1941 beginnen die britischen Truppen einen erfolglosen Umgehungsangriff gegen die Stellungen des Deutschen Afrika-Korps an der libysch-ägyptischen Grenze

Auch am Freitag, dem 2. Mai 1941, gelingt es Rommel nicht, mit den einsatzbereiten Vorausabteilungen der deutschen 15. Panzerdivision Tobruk einzunehmen.

Am 4. Mai 1941 gibt in Nordafrika GenLt. Rommel den Versuch auf, Tobruk einzunehmen.

In der Nacht vom 19./20. April 1941 starten 450 Soldaten des britischen 7. Commando ein amphibisches Unternehmen bei Bardia, um die Nachschublinien des DAK zu stören. Unbehelligt kann das Mutterschiff »Glengyle« – im Feuerschutz des Kreuzers »Coventry« und dreier Zerstörer – die Sturmboote aussetzen. Doch der Vorstoß mißlingt: Die schwerbewaffneten Commandos, belastet mit Unmengen an Dynamit, treffen weder auf deutsche Soldaten, noch bietet sich ihnen, außer einem ungeschützten Lager mit alten Autoreifen, ein lohnendes Ziel für den mühsam herbeigeschleppten Sprengstoff. Ergebnislos müssen sie kurz vor der Morgendämmerung den Rückzug antreten. Dabei verfehlen einige Soldaten in der Eile ihren Sammelpunkt. Hilflos in der Wüste umherirrend, werden sie im Laufe des Tages von den Deutschen aufgegriffen.

Am Montag, dem 12. Mai 1941, bringen die Engländer (Operation »Tiger«) mit einem von Schlachtschiffen, Flugzeugträgern, Kreuzern und Zerstörern gesicherten Konvoi 238 Panzer und 43 Jagdmaschinen für die britische Armee nach Alexandria. Nur ein Frachter geht verloren.

Am Donnerstag, dem 15. Mai 1941, unternehmen die Verbände von Gen. Wavell einen Versuch, die deutsche Frontlinie bei Sollum zu durchbrechen. Eine englische Kolonne dringt, unterstützt von leichten Seestreitkräften des Alexandria-Geschwaders, über die Piste der Küstenebene vor. Die britische 7. Panzerdivision ist als mittlerer Stoßkeil auf Fort Capuzzo angesetzt. Und am linken Flügel soll eine dritte Kampfgruppe in einer weit ausholenden Bewegung die deutschen und italienischen Verbände in die Zange nehmen.

Der britischen 22. Gardebrigade gelingt es zwar, für kurze Zeit Sollum und Fort Capuzzo zu nehmen, doch ein Gegenangriff der Kampfgruppe Herff wirft sie wieder zurück.

Bei dem Gefecht um Capuzzo wird eine große Anzahl der werkneuen englischen Panzer aus kurzer Entfernung durch die gefürchtete 8,8-cm-Flak zusammengeschossen, deren Einsatz in englischen Kriegsberichten sogar als »unfair« bezeichnet wird. 270 Kampfwagen verlieren die

409

1941 Mai

Engländer in der großen Panzerschlacht von Sollum, die den Ring um Tobruk sprengen soll und die jetzt ihren Höhepunkt erreicht.

In der Nacht vom 24./25. Mai 1941 greifen im Mittelmeer britische Kriegsschiffe einen aus vier Fahrgastdampfern bestehenden italienischen Truppentransport an, der sich – unter Sicherung durch zwei Zerstörer und sechs Torpedoboote – auf dem Weg nach Tripolis befindet.

Aus diesem Konvoi wird das 17879 BRT große Turbinenschiff »Conte Rosso« östlich von Sizilien durch das britische U-Boot »Upholder« (Lt. Cdr. Wanklyn) versenkt. Von den 2500 Soldaten können lediglich 1680 gerettet werden.

Am Sonnabend, dem 5. Juli 1941, löst Gen. Sir Claude Auchinleck als Oberbefehlshaber der britischen Streitkräfte im Mittleren Osten Gen. Wavell ab. Auch die auf dem nordafrikanischen Kriegsschauplatz eingesetzten Commonwealth-Truppen werden ihm unterstellt.

Am Montag, dem 21. Juli 1941, scheitert auf dem nordafrikanischen Kriegsschauplatz im Raum Sollum die mit einer Serie von Panzervorstößen eingeleitete britische Offensive an der Abwehrkraft des Deutschen Afrika-Korps. Anschließend beruhigt sich die Lage wieder.

Am 25. Juli 1941 wird auf dem nordafrikanischen Kriegsschauplatz aus dem Deutschen Afrika-Korps und mehreren italienischen Divisionen die »Panzergruppe Afrika« unter dem Oberbefehl von Gen. Rommel gebildet.

Nachschub für Malta

Am 11. Juli 1941 hat ein aus sechs Frachtern und einem Truppentransporter bestehender Geleitzug die Clyde-Mündung (Schottland) verlassen mit dem dringend erforderlichen Nachschub für Malta an Bord. Nach acht Tagen erreicht der Konvoi Gibraltar.

Die Operation »Substance« – das heißt die Weiterleitung eines britischen Konvois, bestehend aus einem Truppentransporter und sechs Handelsschiffen, von Gibraltar nach Malta – beginnt am 21. Juli 1941. Die jetzt den Geleitzug sichernde Force H (Vizeadm. Somerville) wird durch das Schlachtschiff »Nelson« sowie die leichten Kreuzer »Arethusa«, »Edinburgh«, »Manchester« und durch den Minenkreuzer »Mauxman« sowie zehn Zerstörer verstärkt. Zu gleicher Zeit unternehmen die Einheiten von Adm. Cunningham aus Alexandria einen Vorstoß, um die Aufmerksamkeit des Feindes vom westlichen Teil des Mittelmeeres abzulenken.

Im Verlauf des 23. Juli 1941 sichtet die italienische Luftaufklärung den aus Gibraltar kommenden britischen Konvoi (Operation »Substance«) zwischen Sardinien und Nordafrika. Trotz des starken Artilleriefeuers der Force H gelingt es italienischen Torpedoflugzeugen, den Kreuzer »Manchester« und den Zerstörer »Fearless«

Raum Sollum, Ende Juni 1941: Der Kanonier einer deutschen Geschützstellung begrüßt die eintreffenden Kameraden

Juli 1941

Ein mittelschwerer deutscher Panzer IV versucht, während eines Gefechts die vorstoßende britische Infanterie abzuwehren. Die hoffnungsvoll begonnene britische Operation »Battleaxe« scheitert, weil es nicht gelingt, die entscheidende Halfaya-Stellung zu nehmen

Von oben nach unten: Admiral Sir James Somerville, Admiral Sir Andrew Browne Cunningham, Vizeadmiral Sir E. Neville Syfret sowie Vizeadmiral Eberhard Weichold, Befehlshaber des Marinekommandos Italien

1941 Juli

Ausbildungslager der italienischen Torpedoreiter: Die Zwei-Mann-Torpedos »Maiale« (Schwein) werden zu einer gefürchteten Waffe und nicht zuletzt deshalb von den Engländern nachgebaut

durch Treffer schwer zu beschädigen. Während die »Manchester« nach Gibraltar zurückkehrt, muß die »Fearless« von der Besatzung aufgegeben werden.

Die nächsten Angriffe können die Trägermaschinen der »Ark Royal« abwehren. Nachdem um 17.00 Uhr der Geleitzug ohne weitere Verluste die Straße von Tunis erreicht hat, kehren die Hauptkräfte der Force H nach Gibraltar zurück. Unter dem Schutz der »Edinburgh« (Konteradm. Syfret) und einiger Zerstörer setzt der Konvoi seine Fahrt weiter fort.

Bei Dunkelheit steuert Konteradm. Syfret – dank der eingetroffenen entzifferten neuesten Enigma-Berichte – den Konvoi nach Nordost auf die Küste Siziliens zu. Mit diesem Ablenkungsmanöver sind die Bomber abgeschüttelt, die den Geleitzug weiter südlich suchen. So kann der Konvoi auch die Minensperren umfahren, die von den Italienern auf der vermuteten Route gelegt worden sind.

Als der Geleitzug im Morgengrauen an der Inselfestung Pantelleria vorbeizieht, wird er von italienischen Schnellbooten angegriffen. Der Truppentransporter »Sydney Star« (12 696 BRT) wird durch Torpedos getroffen, kann aber Malta noch erreichen.

Am 24. Juli 1941 trifft der britische Nachschubkonvoi der Operation »Substance« in Malta ein. Im Schutz der Sicherungseinheiten verlassen gleichzeitig sieben leere Schiffe die Insel in Richtung Gibraltar, die seit sieben Monaten auf diese Möglichkeit gewartet haben. Die gelungene Operation ermuntert die britische Admiralität, die Entsendung eines weiteren Geleitzuges nach Malta für September 1941 zu planen.

In der mondlosen Nacht vom 25./26. Juli 1941 startet die italienische X. Flottille (MAS) bei ruhiger See zu einem Angriff gegen den Hafen von Malta. In Begleitung von acht Spreng- sowie zwei Schnellbooten mit je einem Torpedoreiter-Team an Bord erreicht die zu einer Fregatte umgebaute ehemalige Jacht »Diana« zwar die Insel, wird aber frühzeitig von einer englischen Radarstation geortet. Dennoch gelingt es dem Flottillenchef, Maj. Tessei, Erfinder des italienischen Zwei-Mann-Torpedos »Maiale« (Schwein), die Netzsperren am ersten Brückenbogen der San-Elmo-Brücke zu sprengen.

Die Besatzung des Torpedos bezahlt die gelungene Aktion mit ihrem Leben. Danach wird das erste heranjagende Sprengboot vom Feuer der gegnerischen Abwehr erfaßt, rast steuerlos auf einen Brückenpfeiler zu und detoniert. Die Wucht der Explosion läßt den Brückenbogen zusammenstürzen und blockiert so den Begleitbooten die Einfahrt zum Hafen. Für die Küstenbatterien ist es nun ein leichtes, sie zu versenken.

Keinen Erfolg haben die beiden Maj. Tessei folgenden Torpedoreiter: Sie können sich durch Motorschaden

September 1941

Ein deutsches Kampfflugzeug Heinkel He 111 während des Aufklärungseinsatzes über dem Mittelmeer

nicht fortbewegen und werden an die Küste getrieben. Alle bei dieser Aktion eingesetzten italienischen Kleinkampfmittel sind damit vernichtet. Von ihren Besatzungen verlieren 15 Mann das Leben, 18 geraten in britische Gefangenschaft.

Am Montag, dem 11. August 1941, wird bei einem Torpedoangriff englischer Beaufighter-Flugzeuge auf den Hafen von Syrakus das italienische Lazarettschiff »California« (13 060 BRT) so schwer beschädigt, daß es sinkt.

Am Donnerstag, dem 28. August 1941, trifft das englische U-Boot »Unique« (Lt. Cdr. Hezlet) mit drei Torpedos den in einem Großkonvoi fahrenden italienischen Truppentransporter »Esperia« (11 398 BRT), der daraufhin nur 11 Seemeilen vom Zielhafen Tripolis entfernt untergeht. Von den 1170 an Bord befindlichen italienischen Soldaten können 1139 gerettet werden.

Am 12. September 1941 verlassen den britischen Marinestützpunkt Scapa Flow die leichten Kreuzer »Aurora« und »Penelope«, denen sich auf ihrer Fahrt in Gibraltar die beiden Zerstörer »Lance« und »Lively« anschließen. Diese kleine Gruppe, genannt Force K (Capt. Agnew), erreicht nach neun Tagen Malta und erzielt dort eine Reihe Erfolge bei Bekämpfung der Achsen-Geleitzüge mit Nachschub für Nordafrika.

Am Dienstag, dem 16. September 1941, beginnt die Verlegung einer ersten Gruppe von sechs deutschen U-Booten (»Goeben«) ins Mittelmeer. Sie besteht aus den Booten U 75, U 79, U 97, U 331, U 371 und U 559, die dem Marinekommando Süd in Sofia unterstellt werden. Hitler hat – entgegen der Auffassung des BdU – die »Goeben«-Gruppe ins Mittelmeer beordert, um die Nachschubwege für die deutsch-italienischen Geleitzüge nach Nordafrika zu sichern. Diese Maßnahme erscheint erforderlich, weil die Engländer mehr als zwei Drittel der Geleitzüge vernichtet haben.

Doch auch die deutschen U-Boote müssen schwere Verluste hinnehmen und können trotz taktischer Erfolge den englischen Vormarsch auf dem nordafrikanischen Kriegsschauplatz nicht verhindern.

Da im Mittelmeer die meisten Operationsräume in Reichweite landgestützter Flugzeuge liegen und die U-Boote bei meist klarem Wetter noch in 15 Meter Tiefe gesichtet werden können, erscheint das Mittelmeer als Einsatzgebiet nicht so geeignet wie der Atlantik, weil die Sichttiefe dort höchstens neun Meter beträgt und die U-Boote dadurch einen größeren Aktionsradius haben. Die im Mittelmeer eingesetzten Boote fehlen im Atlantik und bringen dort den U-Boot-Krieg fast zum Erliegen. Admiral Dönitz klagt, daß damit die Hauptaufgabe der deutschen Seekriegsstrategie, der Tonnagekrieg, vernachlässigt worden sei.

1941 September

Das moderne britische Schlachtschiff »Prince of Wales«, fertiggestellt am 31. 3. 1941

Matrosen bei Deckarbeiten auf einem britischen Zerstörer

Am Donnerstag, dem 18. September 1941, gelingt es dem britischen U-Boot »Upholder« (Lt. Cdr. Wanklyn), die beiden italienischen Truppentransporter »Neptunia« (19 475 BRT) und »Oceania« (19 507 BRT), die mit einem Geleitzug von Tarent nach Tripolis unterwegs sind, zu versenken. Von den an Bord befindlichen Soldaten können 6500 durch die Sicherungszerstörer gerettet werden, 384 verlieren ihr Leben.

In der Nacht vom 20./21. September 1941 kann das italienische U-Boot »Sciré« (KorvKpt. Fürst Borghese), in die Bucht von Gibraltar eindringen. Von dem U-Boot werden um 1.00 Uhr drei Torpedoreiter-Teams mit neuen, verbesserten Zwei-Mann-Torpedos vom Typ SSB ausgesetzt. Auf der Reede und im Kriegshafen versenken sie den englischen Tanker »Fiona« (2444 BRT) und den Marinetanker »Denbydale« (8145 BRT) und beschädigen das Motorschiff »Durham« (10 893 BRT) schwer. Nach diesem Einsatz können sich die drei Torpedoreiter-Teams in spanischen Gewässern in Sicherheit bringen.

Die Operation »Halbard«

In Gibraltar startet am 24. September 1941 die Operation »Halbard«, das heißt die Fahrt eines aus neun Frachtern (insgesamt 81 000 BRT) bestehenden Versorgungskonvois für Malta. Ähnlich wie Ende Juli 1941 entwickelt sich »Halbard« zu einer Operation der ganzen britischen Mittelmeerflotte. Diesmal verstärkt Vizeadm. Somerville seine Flotte, die Force H, mit dem Schlachtschiff »Prince of Wales«

September 1941

Der einsitzige bordgestützte US-Jagdbomber Vought Corsair an Deck eines britischen Trägers. Diese Maschine ist das erste amerikanische Militärflugzeug, das weit über 600 km/h (644 km/h) fliegen kann

(Flaggschiff von Vizeadm. Curteis). Die Flotte setzt sich jetzt aus drei Schlachtschiffen, einem Flugzeugträger, fünf Kreuzern und 18 Zerstörern zusammen. Außer Nachschubgütern befinden sich auf den Handelsschiffen und Kriegsschiffen etwa 2600 Soldaten. Wie bei der Operation »Substance« im Juli 1941 unternimmt auch jetzt Adm. Cunningham mit seiner Flotte von Alexandria aus einen Ablenkungsvorstoß im östlichen Mittelmeer.

Zur Bekämpfung des von Gibraltar nach Malta gehenden Konvois sind die italienischen Schlachtschiffe »Vittorio Veneto« und »Littorio« mit den Kreuzern und Zerstörern unter Führung von Adm. Iachino abkommandiert. Die Luftstreitkräfte der Achse greifen den Geleitzug mit noch größerer Präzision als im Juli 1941 an. Trotz des konzentrierten Artilleriefeuers gelingt es ihnen, in einem der ersten Anflüge das Schlachtschiff «Nelson» (Flaggschiff von Vizeadm. Somerville) zu treffen.

Die Schlachtschiffe »Rodney« und »Prince of Wales« fahren mit zwei Kreuzern und einer Zerstörerflottille unter Konteradm. Curteis dem italienischen Verband entgegen. Es kommt aber zu keinem Zusammentreffen der beiden feindlichen Verbände, da – wie schon so oft – die Italiener kehrtgemacht haben. Die Aufklärungs- und Torpedoflugzeuge der »Ark Royal« können den italienischen Verband nicht mehr wiederfinden.

Nach späteren Aussagen von Adm. Iachino will er bemüht gewesen sein, mit der britischen Flotte Kontakt zu bekommen, doch bei zwei Versuchen sei er durch unklare Meldungen seiner Luftaufklärung in die Irre geleitet worden.

Am Abend des 27. September 1941 erreicht der von Gibraltar nach Malta fahrende Geleitzug die gefährlichste Stelle in der Meerenge von Sizilien. Diesmal rücken italienische Schnellboote zum Angriff an. Sie torpedieren den Frachter »Imperial Star« (12427 BRT). Da der Versuch mißlingt, ihn nach Malta abzuschleppen, wird das Schiff von der Besatzung versenkt. Als sich der Konvoi kurz vor Sizilien befindet, verlassen die Hauptsicherungskräfte den Geleitzug und kehren nach Gibraltar zurück. Die Weiterfahrt wird von einer Eskorte leichter Schiffe unter dem Kommando von Konteradm. Burrough übernommen.

Auch diesmal nimmt der Geleitzug – dank der Enigma-Berichte – Kurs entlang der sizilianischen Küste, um auf diese Weise, wie italienische Quellen bestätigen, das gerade vor einer Woche gelegte Minenfeld zu umgehen. Gleichzeitig nutzen drei leere Schiffe die Gelegenheit, von Malta nach Gibraltar durchzukommen. Die Operation »Halbard« ist der letzte Geleitzug für Malta im Jahre 1941.

In der zweiten Septemberhälfte werden zum Schutz des Gibraltarkonvois erstmals britische Trägerflugzeuge des Geleitträgers »Audacity« (Cdr. Mackendrick) gegen deutsche U-Boote und Flugzeuge vom Typ Focke-Wulf Fw 200 »Condor« eingesetzt. Bei diesem kleinen Hilfsflugzeugträger handelt es sich um den ehemaligen deutschen Motorfrachter »Hannover«, der in der Nacht zum 8. März 1940 in der Karibik von einem kanadischen Zer-

415

1941 November

störer aufgebracht worden war. Auf seinem hölzernen Deck hat man alle Aufbauten entfernt und damit Platz geschaffen für amerikanische Jagdflugzeuge vom Typ Martlet (Wildcat). Auch alle Wartungsarbeiten müssen an Bord vorgenommen werden, da für einen Hangar kein Platz ist.

Bis Anfang November 1941 hat Großbritannien seine Streitkräfte auf dem nordafrikanischen Kriegsschauplatz aufgefrischt, verstärkt und neu gegliedert, nachdem der britische Vorstoß gegen Fort Capuzzo und gegen Sollum Mitte Mai 1941 erfolglos war. Zu der jetzt aus fünf Divisionen und drei Brigaden bestehenden britischen 8. Armee (Gen. Cunningham) gehören eine Panzerdivision, zwei Panzerbrigaden und drei motorisierte Infanteriedivisionen für den Einsatz bei Sollum, während in Tobruk eine Panzerbrigade und eine Infanteriedivision stehen.

Zum gleichen Zeitpunkt verfügen die Achsenmächte in Nordafrika über die deutsche 15. und 21. Panzerdivision, die deutsche 90. leichte Division, die italienische Panzerdivision »Ariete« sowie sechs italienische Infanteriedivisionen.

Am Mittwoch, dem 5. November 1941, läuft eine zweite Welle deutscher U-Boote, die Gruppe »Arnauld«, aus westfranzösischen Häfen in Richtung Mittelmeer aus. Zu dieser Gruppe gehören die Boote U 81 (KptLt. Guggenberger), U 205 (KptLt. Reschke), U 433 (KptLt. Ey) und U 565 (Oberlt. z. S. Jebsen).

In der Nacht vom 8./9. November 1941 läßt Konteradm. Vian (Force K) aufgrund der Meldung eines englischen Maryland-Bombers der 69. RAF Squadron einen großen italienischen Geleitzug mit Nachschub für Nordafrika von den beiden Kreuzern »Aurora« (Capt. Agnew)

Colonel Geoffrey Keyes, der am 18. 11. 1941 bei dem Handstreich auf das vermeintliche Rommel-Hauptquatier in Beda Littoria gefallen ist

Am 18. 11. 1941 stößt die britische 8. Armee erfolglos gegen den Belagerungsring der Achsentruppen um Tobruk vor. Ein deutscher Gegenangriff wirft die britischen Kräfte zurück

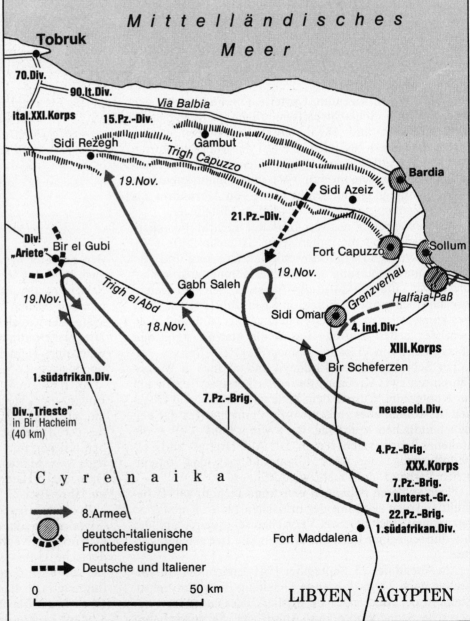

November 1941

und »Penelope« (Capt. Nicholl) sowie den Zerstörern »Lance« und »Lively« angreifen. Von dem aus sieben Transportern (39 055 BRT) bestehenden Konvoi werden alle Schiffe sowie zwei der sechs Geleitzerstörer versenkt und zwei weitere Zerstörer schwer beschädigt.

Da die italienischen Sicherungsfahrzeuge nicht über Radar verfügen, sind sie auch gegenüber schwächeren englischen Flottenverbänden im Nachteil. Aus diesem Grunde gelingt es der aus insgesamt zwei schweren Kreuzern und zehn Zerstörern bestehenden italienischen Deckungsgruppe nicht, die vier englischen Kriegsschiffe an der Versenkung des gesamten Geleitzuges zu hindern. Von den italienischen Besatzungen überleben nur 704 Mann.

Die Vernichtung des besonders stark gesicherten italienischen Konvois in der Nacht vom 8./9. November 1941 ruft beim italienischen Führungsstab der Supermarina große Verwirrung hervor. Was man jedoch in Rom nicht ahnt: Die Force K verdankt ihren Erfolg einem entzifferten Enigma-Bericht.

Der Überfall auf Beda Littoria

Am Sonntag, dem 9. November 1941, meldet Gen. Rommel dem Oberkommando des Heeres (OKH), daß die für Afrika bestimmten Geleitzüge nicht angekommen und von den versprochenen Verstärkungen in Höhe von 60 000 Soldaten bisher nur 8093 eingetroffen seien.

In Alexandria läuft am 10. November 1941 ein 59 Mann starker Commando-Trupp (Col. Laycock) an Bord der U-Boote »Talisman« und »Torbay« aus, mit dem Befehl, das Hauptquartier des Oberbefehlshabers der deutschen Truppen in Nordafrika, Gen. Rommel, zu überfallen. Damit will das britische Oberkommando in Kairo die Führung des Deutschen Afrika-Korps in derselben Nacht ausschalten, in der die britische Gegenoffensive (Operation »Crusader«) beginnen soll.

In der Nacht vom 17./18. November 1941 überfällt Col. Keyes mit den Freiwilligen der Long Range Desert Group, die einige Tage zuvor von den U-Booten »Talisman« und »Torbay« an der Cyrenaikaküste an Land gesetzt worden sind, das Präfekturgebäude in Beda Littoria. Nach unzutreffenden Informationen des britischen Geheimdienstes sollte sich dort das Hauptquartier von Gen. Rommel befinden. Während eines Unwetters mit wolkenbruchartigem Regen dringen ungefähr 30 Männer des Commando kurz nach Mitternacht in das Gebäude ein, das nicht von Posten abgesichert ist. Wegen heftigen deutschen Widerstands müssen sie sich jedoch nach kurzem Handgemenge und Schußwechsel wieder zurückziehen. Zu den Opfern des Überfalls gehört auch Col. Keyes.

Durch den orkanartigen Sturm können die Commando-Männer die wartenden U-Boote nicht erreichen. Sie werden bei Tagesanbruch von deutschen Soldaten eingekreist und gefangengenommen. Nur zwei Soldaten gelingt es, nach mehrtägigem Marsch durch die Wüste zu den britischen Stellungen zu gelangen.

Die geplante Gefangennahme des auch bei den britischen Soldaten angesehenen Generals sollte den Kampfgeist der britischen Soldaten stärken. Der Plan zu diesem Handstreich ist jedoch von vornherein zum Scheitern ver-

Raum Tobruk, November 1941: Vor dem Abtransport zu einem Hauptverbandsplatz erhalten die verwundeten Soldaten des Deutschen Afrika-Korps erste Hilfe und einen Schluck aus der Feldflasche zur Stärkung

1941 November

Treff in der endlosen Weite des Atlantiks. Zwei U-Boote brechen die Verfolgung der britischen Geleitzüge ab. Bald werden die neuesten Nachrichten gewechselt, Proviant und Treibstoff ergänzt

urteilt, weil sich Rommels Hauptquartier – früher tatsächlich in Beda Littoria – längst woanders befindet und er sich zudem am Tage des Überfalls gerade in Athen aufhält.

Nach Bekanntwerden der Vorgänge ordnet Rommel an, die Angehörigen der Commando-Truppen als normale Kriegsgefangene zu behandeln, obwohl ihr Kombattantenstatus zweifelhaft ist, da sie Overalls statt Uniformen tragen.

Am Donnerstag, dem 13. November 1941, befindet sich die Force H (Vizeadm. Somerville) nach der Überführung von Flugzeugen nach Malta jetzt wieder auf dem Rückweg nach Gibraltar. Vom Flugzeugträger »Ark Royal« (Capt. Maund) sind 37 Hurricanes zur Verstärkung der Fliegerstaffeln auf Malta geblieben. Um 15.41 Uhr durchdringen zwei deutsche U-Boote, U 205 (KptLt. Reschke) und U 81 (KptLt. Guggenberger), die Sicherung der Force H. Die von U 81 abgefeuerten Torpedos treffen den Flugzeugträger »Ark Royal« mittschiffs. Die Begleitschiffe versuchen, den schwerbeschädigten Träger ins Schlepp zu nehmen.

Am Freitag, dem 14. November 1941, sinkt, trotz einer mehrstündigen Rettungsaktion, die »Ark Royal« 25 Seemeilen vor Gibraltar. Die Besatzung kann gerettet werden. Eine Untersuchungskommission stellt als Ursache für den Verlust unzureichende Lecksicherung und voreiliges Aufgeben fest.

Durch den Ausfall der »Ark Royal« kann die Mittelmeerflotte nicht mehr durch Trägermaschinen geschützt werden, da der Einsatz eines anderen Flugzeugträgers gleicher Klasse zur Zeit nicht möglich ist: Die Flugzeugträger »Illustrious« und »Formidable« befinden sich gerade mit schweren Schäden im Reparaturdock, und der dritte Träger, die »Indomitable«, ist noch nicht gefechtsbereit. Die Trägerflugzeuge operieren bis auf weiteres von Landstützpunkten aus.

November 1941

General Sir Neil Ritchie, Nachfolger des Oberbefehlshabers der britischen 8. Armee, General Cunningham

Enthusiastisch meldet die Londoner Presse den Vormarsch der britischen Truppen in Libyen (oben links)

Britische Artillerie während der Operation »Crusader«

Britische Gegenoffensive

Am Dienstag, dem 18. November 1941, beginnt in Nordafrika die Gegenoffensive der britischen 8. Armee (GenLt. Cunningham), deren XIII. Armeekorps aus dem Raum um das Wüstenfort Maddalena in Richtung Tobruk vorstößt. Während Rommel noch den Angriff auf Tobruk vorbereitet, wollen die Engländer mit der »Operation Crusader« die Festung entsetzen und gleichzeitig das Deutsche Afrika-Korps vernichtend schlagen. Bei den nun einsetzenden Panzerkämpfen stehen den insgesamt 724 britischen Panzern nur insgesamt 558 deutsche und italienische Kampfwagen gegenüber.

Die Versuche der Besatzung von Tobruk, den deutschen Belagerungsring zu durchbrechen, scheitern. Die von Südosten auf Tobruk vorrückenden beiden britischen Divisionen werden nun von der deutschen 15. und 21. Panzerdivision an den Flanken und im Rücken angegriffen und erleiden schwere Verluste. Verwirrung löst ein deutscher Gegenstoß nach Osten aus. Angesichts dieser Entwicklung will Gen. Cunningham seiner Armee den Rückzugsbefehl erteilen. Dem kommt Gen. Auchinleck jedoch zuvor, läßt Cunningham ablösen und durch Maj. Gen. Neil M. Ritchie ersetzen.

Die materielle Überlegenheit der britischen Luftstreitkräfte ist auf dem nordafrikanischen Kriegsschauplatz noch größer als bei den Panzerkräften. Während den Engländern insgesamt 1072 einsatzbereite Flugzeuge zur Verfügung stehen, kann Gen. Rommel nur 120 deutsche und etwa 200 italienische Maschinen einsetzen. Außerdem ergeben sich für Rommel unüberwindbare Nachschubschwierigkeiten, die darauf zurückzuführen sind, daß auf die Eroberung von Malta verzichtet worden ist und von dort aus die Geleitzüge mit großem Erfolg angegriffen werden. Gerade in diesen Tagen hat der Nachschubmangel des Deutschen Afrika-Korps einen neuen Höhepunkt erreicht; denn seit fünf Wochen ist kein einziger Geleitzug mehr eingetroffen. Und diese Schwierigkeiten werden zunehmen, da die RAF jetzt die Luftherrschaft über dem gesamten nordafrikanischen Kampfgebiet besitzt.

Am Montag, dem 24. November 1941, greifen britische Kreuzer und Zerstörer der Force K (Konteradm. Vian) einen aus zwei Transportern bestehenden deutschen Ge-

1941 November

leitzug, der sich auf der Fahrt von der Ägäis nach Bengasi befindet, etwa 100 Seemeilen westlich von Kreta an. Der für die Rommel-Truppen bestimmte Konvoi wird von den beiden italienischen Torpedobooten »Lupo« und »Cassiopea« unter der Führung von FregKpt. Mimbelli gesichert. Trotzdem gelingt es dem britischen Zerstörer »Lively« und dem leichten Kreuzer »Penelope«, die beiden Transporter »Maritza« (2910 BRT) und »Procida« (1842 BRT) zu versenken.

Die Royal Navy verstärkt die Force K durch die Schlachtschiffe »Barham«, »Queen Elizabeth« und »Valiant«, die den italienischen Nachschub nach Nordafrika abschneiden sollen.

Am Dienstag, dem 25. November 1941, kann das deutsche U-Boot U 331 (Oberlt. z. S. Frhr. von Tiesenhausen) die Sicherung des britischen Schlachtschiffverbandes nördlich Bardia durchbrechen. Mit drei Torpedos bringt U 331 der »Barham« (Capt. Cooke) so schwere Treffer bei, daß das Schlachtschiff sofort Backbord-Schlagseite bekommt. Kurz darauf erschüttert eine gewaltige Detonation das riesige Schiff. Es wird in Einzelteile zerrissen und geht, in eine mächtige Qualmwolke gehüllt, unter, mit ihm der Kommandant und 861 Besatzungsmitglieder. Außer der »Barham« ist während des Krieges kein anderes alliiertes Schlachtschiff von einem deutschen U-Boot auf hoher See versenkt worden. Nunmehr stehen den fünf schweren italienischen Schiffseinheiten, die zu den modernsten der Welt gehören, im ganzen Mittelmeer nur noch zwei britische Schlachtschiffe gegenüber.

Die britische 8. Armee unternimmt am 26. November 1941 einen erneuten Angriff gegen den deutsch-italienischen Belagerungsring um Tobruk. Die Besatzung der Festung kann ausbrechen und sich bei Sidi-Rezegh mit den dort vorgehenden britischen Panzerverbänden vereinigen. Rommels Versuch, einen konzentrierten Gegenschlag zu führen, scheitert.

General Rommel erteilt letzte Befehle

Britische Infanterie stürmt eine verlassene Ortschaft an der libyschen Küste

Dezember 1941

In Nordafrika kann Gen. Rommel am 1. Dezember 1941 zwar die Stadt Tobruk noch einmal einschließen; doch er denkt bereits an Rückzug, weil das Afrika-Korps für weitere Angriffsoperationen zu sehr geschwächt ist und die Frage des Nachschubs immer problematischer wird, da die britischen Bomber und Kriegsschiffe im Mittelmeerraum fast alle aus Italien kommenden Konvois vernichten.

Am Dienstag, dem 2. Dezember 1941, befindet sich ein aus sechs Transportern bestehender und durch italienische Kriegsschiffe gesicherter Geleitzug mit Treibstoff, Munition und anderen Nachschubgütern an Bord auf dem Weg nach Bengasi; jedoch kann nur ein einziges Schiff sein Ziel erreichen. Drei Transporter mit 15 992 BRT werden durch britische und holländische Seestreitkräfte versenkt, zwei weitere so schwer beschädigt, daß sie sich nur durch sofortige Umkehr retten können.

Da es für Überwasserschiffe immer schwieriger wird, die englische Blockade vor der nordafrikanischen Küste zu durchbrechen, entschließt sich die deutsche Führung, auch Transportflugzeuge und U-Boote zur Beförderung von Nachschubgütern für die Panzergruppe Afrika einzusetzen.

Inzwischen läßt Hitler die Luftflotte 2 (GFM Kesselring) von der mittleren Ostfront in den Mittelmeerraum nach Sizilien und Libyen verlegen, weil durch die schweren Verluste der Konvois auf dem Seeweg nach Nordafrika die dort kämpfenden Rommel-Truppen kaum noch Nachschub erhalten.

Am Sonntag, dem 7. Dezember 1941, faßt Gen. Rommel den Entschluß, den Angriff auf Tobruk einzustellen und seine Verbände bis auf die Gazala-Linie zurückzunehmen. Obwohl die britische 8. Armee (Gen. Ritchie) die Verfolgung unverzüglich aufnimmt, ziehen sich die deutschen Truppen geordnet zurück und nehmen mehr als 9000 Gefangene mit.

Am 8. Dezember 1941 kann in Nordafrika die britische 8. Armee wieder Verbindung mit der seit April 1941 von deutschen Kräften belagerten Festung Tobruk herstellen.

Italienische Flotte bedrängt

In der Nacht vom 12./13. Dezember 1941 sichten im Mittelmeerraum RAF-Aufklärer um 2.30 Uhr – durch den Hinweis eines entzifferten Enigma-Berichtes – in der Nähe von Kap Bon (Tunesien) die italienischen leichten Kreuzer »Alberto di Giussano« und »Alberto da Barbiano«, die sich auf der Fahrt von Palermo nach Tripolis mit einer Ladung Treibstoff für die Rommel-Truppen befinden.

Um den Kurs der Kreuzer zu schneiden, werden die britischen Zerstörer »Sikh«, »Legion«, »Maori« und der Holländer »Isaac Sweers« dorthin beordert. Der von Kpt. Stokes kommandierte Verband ist gerade auf dem Weg von Gibraltar nach Alexandria. Die Zerstörer werden zwar von einem italienischen Flugzeug bemerkt, doch trifft diese Meldung mit Verspätung bei der Supermarina ein. Und dort ist man der Meinung, daß die beiden italienischen Kreuzer in einer Stunde das Kap Bon passieren werden, noch bevor die britischen Zerstörer dieses Seegebiet erreicht haben.

Doch hat sich die Supermarina genau um 40 Minuten verrechnet und die Kreuzer nicht rechtzeitig vor einem möglichen Zusammentreffen mit den britischen Zerstörern gewarnt. So gelingt es den Einheiten von Kommandant Stoke, durch erhöhte Geschwindigkeit rechtzeitig die an dieser Stelle zerklüftete Küste zu erreichen und in deren Schutz die italienischen Kreuzer an ihrer Heckseite

Auf einem deutschen Feldflugplatz auf Sizilien vor dem Einsatz gegen Malta. Links ein Bomber vom Typ Junkers Ju 88, im Hintergrund ein Fernaufklärer Focke-Wulf Fw 200 »Condor«

1941 Dezember

Ein britischer Kreuzer feuert eine Salve gegen italienische Kriegsschiffe während der Seeschlacht im Mittelmeer

Das britische Schlachtschiff »Queen Elizabeth« in voller Fahrt. Sie hat bereits 1915 im Ersten Weltkrieg bei der Dardanellen-Operation teilgenommen. Modernisiert dient sie im Zweiten Weltkrieg meist als Konvoi-Sicherung

anzugreifen. Die aus geringer Entfernung abgefeuerten gezielten Torpedosalven verursachen nach wenigen Augenblicken verheerende Brände auf den Kreuzern, die in kurzer Zeit mit insgesamt 900 Besatzungsmitgliedern untergehen.

Auf dem nordafrikanischen Kriegsschauplatz werden die Verbände der deutschen Panzergruppe Afrika durch eine neue Umfassungsoperation der britischen 8. Armee zum Aufgeben der Gazala-Stellung und zum Rückzug bis Agedabia gezwungen. Hier erst gelingt es nach Abschuß von 100 englischen Panzern, die gegnerische Verfolgung aufzuhalten.

Am 17. Dezember 1941 findet im Mittelmeer die »Erste Seeschlacht in der Syrte« statt: Eine britische Gruppe mit drei Kreuzern und 14 Zerstörern, unter dem Kommando von Konteradm. Vian, sichert das Großtransportschiff »Breconshire« (9776 BRT) mit Nachschubgütern von Alexandria nach Malta.

Von der Luftaufklärung wird Vian informiert, daß nördlich seiner Gruppe schwere italienische Einheiten beobachtet worden seien. Es befindet sich jedoch kein Flugzeugträger in der Nähe, um durch einen Aufklärer genauere Angaben über die Lage zu bekommen.

Um 17.45 Uhr entdecken die britischen Schiffe plötzlich die italienische Flotte (Adm. Iachino) mit den drei Schlachtschiffen »Littorio«, »Andrea Doria« und »Giulio Cesare« in Begleitung von zwei schweren Kreuzern und zehn Zerstörern, die vier große Transportschiffe nach Bengasi eskortieren.

Als die italienische Flotte sofort das Feuer eröffnet, befiehlt Konteradm. Vian seinen Kreuzern, mit Artillerie zu antworten, und läßt den Verband ein Manöver zum Torpedoangriff ausführen. Adm. Iachino entschließt sich jedoch, den Kampf abzubrechen und nach Norden zurückzukehren. Das Artillerieduell hat nur wenige Minuten gedauert und keinem der beiden Gegner ernsten Schaden zugefügt.

Debakel vor Malta

Am Donnerstag, dem 18. Dezember 1941, erreichen der Kreuzer »Neptune« sowie die Einheiten der Force K (Konteradm. Vian), die das Transportschiff »Breconshire« sichern, die Insel Malta. Sie verlassen mit einem Flottenverband sofort wieder den Hafen, um den italienischen Tripolis-Konvoi wiederzufinden.

Kurz nach Mitternacht geschieht das Debakel: Der Kreuzer »Neptune« läuft nur 20 Seemeilen von Malta entfernt auf zwei Minen, die eine der Schiffsschrauben und die Ruderanlage schwer beschädigen. Obwohl die anderen britischen Einheiten sofort ihren Kurs ändern, werden zwei weitere Kreuzer, die »Aurora« und »Penelope«, ebenfalls Opfer von Minen. Die »Aurora« wird schwer beschädigt nach Malta abgeschleppt.

Da die »Penelope« nur unbedeutend beschädigt ist, bleibt sie in der Nähe der manövrierunfähigen »Neptune«, die kurz danach noch auf eine dritte und vierte Mine stößt. Nach der letzten Detonation sinkt das Schiff und reißt die ganze Besatzung bis auf einen einzigen Mann in die Tiefe. Der Zerstörer »Kandahar« will der »Neptune« zu Hilfe kommen, gerät dabei selbst auf Mi-

Dezember 1941

nen und wird 36 Stunden später bereits sinkend vom Zerstörer »Jaguar« gefunden.

In der Nacht vom 18./19. Dezember 1941 startet die italienische Marine zu ihrem bemerkenswertesten Einsatz während des Zweiten Weltkrieges. Drei von dem italienischen U-Boot »Sciré« (FregKpt. Borghese) ausgesetzte Torpedoreiter-Gruppen (KptLt. Durand de la Penne) mit dem Feldw. Bianci, Hptm. Marceglia mit dem Obergefreiten Schergat sowie Hptm. Martellotta mit Feldw. Marino können in den streng gesicherten Hafen von Alexandria eindringen, als für die Rückkehr des englischen Flottenverbandes (Konteradm. Vian) die Sicherungssperre geöffnet wird.

Als Angriffsziele sind vorgesehen die Schlachtschiffe »Queen Elizabeth« (Capt. Barry) und »Valiant« (Capt. Morgan) sowie ein Flugzeugträger oder – falls er ausgelaufen ist – ein großer Tanker. Der italienischen Torpedoreiter-Gruppe gelingt es, die beiden Schlachtschiffe so schwer zu beschädigen, daß sie auf Grund gesetzt werden.

Da der Flugzeugträger tatsächlich ausgelaufen ist, greifen die Italiener den Flottentanker »Sagona« (7554 BRT) an, dem durch eine Explosion das Heck abgerissen wird; der zum Tanken längsseits liegende Zerstörer »Jervis« erleidet Beschädigungen.

Die vier italienischen Torpedoreiter haben mit diesem Einsatz zwei britische Schlachtschiffe für 12 Monate außer Gefecht gesetzt. Diese außergewöhnliche Leistung entspricht dem Erfolg einer gewonnenen Seeschlacht. Obwohl sich nun kein britisches Schlachtschiff mehr im Mittelmeer befindet, ist die italienische Flotte nicht in der Lage, strategische und taktische Vorteile der Situation zu nutzen.

Am Sonntag, dem 21. Dezember 1941, beginnen die von der Ostfront in den Mittelmeerraum verlegten Verbände der Luftflotte 2 eine Serie massiver Luftangriffe auf die Inselfestung Malta.

Das Hauptziel sind vor allem die britischen Flugplätze und der Flugbootstützpunkt Kalafrana. Die Engländer versuchen, die deutsche Luftoffensive durch den Einsatz von Hurricane-Jägern abzuwehren, und starten gleichzeitig Gegenangriffe mit Blenheim-Bombern auf sizilianische Flugplätze.

Im Mittelmeer werden im Dezember 1941 die Nachschubkonvois für die Panzergruppe Afrika kaum noch behindert, da den Engländern im östlichen Mittelmeer nur noch ein paar Kreuzer und Zerstörer zur Verfügung stehen. Die Alliierten können die Zahl der verlorengegangenen Schiffe durch Neubau nicht ausgleichen, weil die Kapazität der Werften erschöpft ist.

Auf dem nordafrikanischen Kriegsschauplatz steht die Panzergruppe Afrika zum Jahresende 1941 wieder dort, wo Rommel im Frühjahr 1941 zu seiner ersten Offensive angetreten war: westlich von El Agheila in der Marsa-Brega-Stellung an der Großen Syrte. Die Cyrenaika mit dem Hafen Bengasi ist wieder in britischer Hand, was zweifellos einen schweren Rückschlag für die Achsenmächte bedeutet. Jedoch sind im Wüstenkrieg Geländegewinne und -verluste grundsätzlich von geringerer Bedeutung – zumal wenn es gelingt, die Lage wieder zu stabilisieren, ohne hohe personelle oder materielle Einbußen zu erleiden. Zu einem nicht unerheblichen Teil sind Rommels Truppen mit erbeuteten Transportfahrzeugen, Material und Waffen ausgerüstet, und sie können manche Operation nur durchführen, wenn ihnen Treibstoff- und Versorgungslager in die Hände fallen.

1941 Januar

General Sir Alan Cunningham, Oberbefehlshaber der südafrikanischen Truppen

Raum Keren, Eritrea, Januar 1941: Ein britischer gepanzerter Wagen zwängt sich mühsam durch das unwegsame Gelände am Dongolaas-Paß

Italien verliert Ostafrika

In Ostafrika steht Monate zuvor eine bunt gemischte Truppe, darunter Engländer, Rhodesier, Inder, Somalis, Südafrikaner, Goldküsten-Afrikaner und äthiopische Freischärler, im Kampf gegen die Italiener, deren starke Kolonialarmee sich aus zahlreichen Eingeboreneneinheiten und einer Reserve ausgebildeter Soldaten sowie italienischer Siedler in Abessinien zusammensetzt. Diese in Gruppen eingeteilten Verbände sind paramilitärisch organisiert. Ein bemerkenswerter Aspekt des ostafrikanischen Feldzuges: die Rolle, die die RAF und die South African Air Force einerseits und die italienische Regia Aeronautica andererseits spielt.

Bereits Anfang des Jahres 1941 haben die Italiener nicht nur einige ihrer besten Luftstützpunkte verloren, sondern – was noch schwerwiegender ist – ihre Moral eingebüßt. Zwar kann die mögliche Dauer des ostafrikanischen Feldzuges an der Menge der italienischen Vorräte gemessen werden, doch bricht die Kampfmoral der Soldaten, schon lange bevor es an Versorgung und Ausrüstung mangelt, zusammen.

Der ostafrikanische Kriegsschauplatz ist wie kaum ein anderer vielschichtig: Es gibt dort drei, zeitweise sogar vier Hauptfronten. Im Norden teilt sich die aus dem Sudan nach Süden vorstoßende britische Streitmacht in zwei Richtungen. Die eine geht auf Keren (Eritrea) vor und die andere auf die abessinische Hochebene in Richtung Hauptstadt Addis Abeba.

In dem abessinischen Feldzug geht es weniger um einen Krieg zwischen England und Italien als um den Kampf der Äthiopier gegen die Besatzer. Das Ziel der britischen Truppen, die im Süden und Südosten operieren, ist die Einnahme von Italienisch-Somaliland. Sie beginnen mit dem Vorstoß gegen Kismayu, einen kleinen Hafen in der Mündung des Juba.

In Ostafrika flammen im Februar 1941 am Jubafluß, nahe der Grenze zu Kenia und Abessinien, die Kämpfe wieder auf. Die Italiener haben in einer Reihe von befestigten Stellungen an der Straße nach Mogadischu ihre besten Truppen, soweit sie diese von Keren abziehen konnten, in einer 250 Kilometer langen Abwehrfront aufgestellt. Als britische Panzereinheiten unter dem Oberbefehl Gen. Cunninghams angreifen, erweist sich die Verteidigungstaktik der italienischen Kommandeure als veraltet, und die Stellungen werden überrollt.

Die Niederlage wirkt sich auch moralisch aus: So haben zum Beispiel die Italiener, nach Befestigung des Brückenkopfes am Juba, den Einheimischen erklärt, daß die Briten nicht imstande sind, den Fluß zu überqueren; als dies dennoch am 20. Februar 1941 geschieht, setzen sich die einheimischen Truppen panikartig ab.

Die riesigen Vorräte, die die Engländer in Mogadischu vorfinden, beweisen, daß die italienische Niederlage in Italienisch-Somaliland kaum durch Versorgungsschwierigkeiten entstanden sein kann: Die Italiener haben nämlich die Blockade ihrer Seeverbindungen vorausgesehen

März 1941

Raum Dagga Bur, Abessinien, März 1941: Indische Truppen beim Stellungswechsel. Hier wird gerade ein Feldgeschütz auf einen Lkw verladen

Der Kriegsschauplatz Ostafrika im Frühjahr 1941: Nach anfänglichen italienischen Erfolgen im Herbst 1940 sind die britischen Truppen jetzt zu Angriffsoperationen übergegangen

und große Vorratsdepots angelegt. So benutzen jetzt auch die britischen Truppen bei ihrem Vorgehen nach Norden in Richtung Harar Mogadischu als Operationsbasis.

Am Montag, dem 10. Februar 1941, erscheinen vor der Küste von Somali in Italienisch-Ostafrika die britischen Kreuzer »Capetown«, »Ceres« und »Shropshire« der East-Indies-Flotte Force T (Vizeadm. Leatham) und nehmen italienische Truppenansammlungen unter Feuer. Die Swordfish-Maschinen vom Träger »Hermes« bombardieren die Hauptstadt Mogadiscio (Mogadischu) und den Hafen Chisimaio mit Erfolg.

Bereits am 14. Februar 1941 besetzen südafrikanische Einheiten den Hafen Chisimaio (Kismayu). Die Sicherung übernehmen der Träger »Hermes« (Capt. Onslow), vier Kreuzer und mehrere Zerstörer der Force T (Vizeadm. Leatham).

Die Supermarina verliert am 26. Februar 1941 im Indischen Ozean ihren einzigen Hilfskreuzer, die »Ramb I« (3667 BRT) unter KptLt. Bonezzi, bei einer Begegnung mit dem neuseeländischen leichten Kreuzer »Leander« (Capt. Bevan) südwestlich der Malediven.

Erst nach dem Einsatz von insgesamt sechs Brigaden gelingt es südafrikanischen Einheiten, die von den Italienern verteidigte Hauptstadt Somalilands zu erobern sowie den modernen Hafen zu besetzen und die Küstenstraße unter ihre Kontrolle zu bringen.

In Ostafrika überschreiten am Donnerstag, dem 6. März 1941, britische Einheiten die Grenze nach Abessinien und erobern nach vier Tagen Dagga Bur. Seit der Überschreitung des Juba haben die Italiener 31 000 Mann

1941 März

Britische Kolonialtruppen aus dem Sudan beteiligen sich an den Kämpfen gegen die Italiener

Eine äthiopische Guerillaabteilung unter Führung von Ras Seyoum während einer Kampfpause bei Amba Alagi, Ende Mai 1941

verloren. Im südwestlichen Abessinien nehmen die südafrikanischen Truppen Gen. Brinks unter harten klimatischen Bedingungen und trotz der überfluteten Flüsse die Städte Hoboka, Gorai und Mega ein.

Die letzten Verbände kapitulieren

Am 15. März 1941 beginnt mit intensivem Sperrfeuer und RAF-Bombenangriffen die Schlacht um Keren. Erstaunlicherweise zeigt sich, wie bereits bei den Kämpfen am Jubafluß, kein einziges italienisches Flugzeug. Das Kriegsglück scheint jetzt auf seiten der Briten, die ihren Angriff auf die sieben wichtigsten Anhöhen im Schutz des Nebels vorbereiten.

In der Nacht vom 15./16. März 1941 finden in Britisch-Somaliland nahe Berbera zwei britische Landungen statt: Im Westen wird der Angriff von indischen Elitetruppen, Pionieren und Artillerie durchgeführt, östlich von Berbera landen die Somalis und Araber.

Die Verteidigung Berberas, der Hauptstadt Britisch-Somalilands, hat für die Italiener psychologische Bedeutung; denn es ist das letzte von ihnen in Ostafrika eroberte Gebiet, das sich noch in ihrer Hand befindet. Einem konzentrischen Angriff britischer Luft-, See- und Bodenstreitkräfte können sie nicht standhalten. Am 16. März 1941 um 9.20 Uhr ist Berbera wieder unter britischer Kontrolle.

Am Montag, dem 17. März 1941, wird in Ostafrika Jijiga von britischen Truppen eingenommen, vier Tage später Jarabub und weitere drei Tage danach Marda Pass. Die britischen Verluste betragen bis zum 23. Februar 1941 nur 604 Tote und 2966 Verwundete. Die Italiener verlieren dagegen 200000 Mann, davon 180000 durch Gefangennahme.

Die südafrikanischen Truppen in Ostafrika nehmen am 19. März 1941 Diredawa ein. Damit bleibt den Italienern nur noch die seit dem 16. Februar 1941 belagerte Festung Keren als Stützpunkt in Eritrea. Der Herzog Amadeo d'Aosta hat seine besten Truppen, die Bersaglieri, Alpini und Grenadiers, dorthin beordert. Von den umliegenden Gebirgskämmen kann jeder Punkt durch schweres italienisches Feuer bestrichen werden. Die britischen Soldaten

November 1941

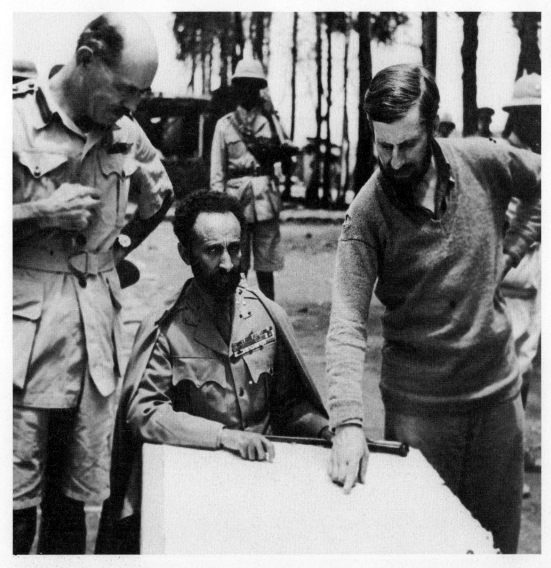

Herzog Amadeo d'Aosta, Oberbefehlshaber der italienischen Kräfte in Ostafrika

Colonel Wingate schildert dem Kaiser von Abessinien, Negus Haile Selassie, die Frontlage. Links: Brigadier D. A. Sandford

stehen vor einem Naturhindernis, das nur im Sturmangriff einzunehmen ist.

Nachdem die italienischen Sicherungsstellungen auf den umliegenden Anhöhen von britischen Einheiten gestürmt worden sind, kapituliert die Besatzung der Festung Keren in Eritrea am 27. März 1941.

In Ostafrika beschließt am 1. April 1941 Gen. Cunningham, den abessinischen Feldzug vor der Regenzeit zu beenden, da an diesem Tag der italienische Widerstand im Gebiet zwischen dem Tana- und dem Rudolfsee gebrochen und Gondar durch abessinische Freischärler abgeschnitten wird. In Panik haben sich die einheimischen Truppen unter italienischem Kommando nach Dessie zurückgezogen.

Am 2. April 1941 erobern die britischen Truppen Gen. Platts die eritreische Hauptstadt Asmara.

Britische Truppen nehmen am Dienstag, dem 8. April 1941, den wichtigsten italienischen Kriegshafen in Ostafrika, Massaua am Roten Meer, ein. Damit sind die Italiener in Eritrea vernichtend geschlagen. Fünf Zerstörer unternehmen zwar noch eine verzweifelte Aktion gegen Port Sudan, werden aber zehn Meilen vor der Stadt durch Maschinen des Trägers »Eagle« unschädlich gemacht.

Die Besatzungen mehrerer italienischer Schnellboote und 18 größerer Frachter mit insgesamt 94324 BRT geben ihre Schiffe durch Selbstversenkung auf. Vier U-Boote entkommen, umfahren das Kap der Guten Hoffnung und erreichen nach Wochen Bordeaux; daß das kleine Küsten-U-Boot »Perla« an dieser Reise bis zum Ende beteiligt ist, stellt eine besondere Leistung dar.

Kaiser Haile Selassie von Äthiopien trifft am 15. April 1941 an der Spitze seiner Truppen im Gebiet von Debra Marcos ein.

Am Sonntag, dem 18. Mai 1941, kapituliert am Amba Alagi in Abessinien der italienische Oberbefehlshaber in Ostafrika, Herzog Amadeo d'Aosta, mit dem Gros seiner Truppen, da weiterer Widerstand aussichtslos geworden ist. 18 000 Soldaten geraten in Gefangenschaft.

Britische Einheiten landen am 10. Juni 1941 überraschend bei Assab am Roten Meer und entreißen den Italienern ihren letzten Stützpunkt in Eritrea.

In Ostafrika kapitulieren am 28. November 1941 die letzten italienischen Verbände unter General Nasi. 23 000 italienische Soldaten geraten im Raum Gondar in Gefangenschaft. Der Traum vom italienischen Kolonialimperium in Ostafrika ist beendet.

AUF-STAND DER ARA-BER?

DER KAMPF UM DAS ÖL: ERSTE PHASE

Hitler versucht mit allen zur Verfügung stehenden Mitteln, die Engländer aus dem Nahen Osten zu verdrängen

Am Donnerstag, dem 3. April 1941, findet in Bagdad eine »Palast-Revolte« statt, und Rashid Ali el-Gailani ergreift die Macht. Gailani, Politiker und Jurist, der einer angesehenen Familie entstammt, wird dabei von der einflußreichen Gruppe hoher irakischer Offiziere, dem »Golden Square«, unterstützt: Salah ad-Din as Sabbagh, Befehlshaber der Western Army; Kamil Shabib, Kommandeur der 1. Division; Fami Said, Kommandeur der motorisierten Truppen, und Mahmud Salman, Befehlshaber der Air Force. Gailani war bis zu seinem Rücktritt am 31. Januar 1941 Premier der irakischen Regierung.

Die Intrigen der NS-Machthaber im Irak sind ein Teil des Plans der Achsenmächte mit dem Ziel, die Engländer aus dem Nahen Osten zu verdrängen. Die irakische Revolte ist die erste Phase dieses Plans; danach sollen Syrien, Iran und Ägypten folgen.

In der Strategie Großbritanniens, das zu Ende des ersten Halbjahres 1941 den alleinigen Kampf mit den Achsenmächten führt, spielt das Königreich Irak, ähnlich wie der ganze Nahe Osten, eine herausragende Rolle.

Die militärische Bedeutung des Irak liegt besonders in seinen Ölquellen, die die englische Mittelmeerflotte und die im Mittelmeerraum stationierten Einheiten der Royal Air Force zu einem beträchtlichen Teil mit Treibstoff versorgen. Geopolitisch wiederum sind die Engländer bemüht, die bedrohte Landverbindung zwischen Ägypten und Indien zu sichern, um so die Stärkung der Arabischen Halbinsel sowie der eigenen Position an den Grenzen der Türkei, des Iran und des von der Vichy-Regierung verwalteten Syriens zu erhalten.

Die politische Lage im Irak wird von zwei Faktoren bestimmt: den probritischen Strömungen unter dem ehemaligen Premier Nuri as-Said und den national-arabischen, deren wichtigster Repräsentant die Partei der »Vaterländischen Bruderschaft« ist, mit Rashid Ali el-Gailani an der Spitze. Das nominelle Oberhaupt des Staates ist der minderjährige König Feisal, in dessen Namen der Regent, Emir Abd al-Ilah, bekannt wegen seiner anglophilen Politik, die Regierungsgeschäfte bis jetzt wahrgenommen hat. Die Situation ändert sich schlagartig, als Gailani wieder an die Regierung gelangt.

Die Kamelreiter der »Arabischen Legion« auf dem Weg von Transjordanien nach dem Irak

1941 April

Vom Kamelrücken auf Geländewagen: Die »Arabische Legion« unter Colonel John Bayot Glubb ist eine der zuverlässigsten britischen Truppen im Nahen Osten. In Transjordanien sichert sie die strategisch wichtige Öl-Pipeline Mossul–Haifa

Rashid Ali el-Gailani, der irakische Ministerpräsident

Der Regent Emir Abd al-Ilah

Am Freitag, dem 18. April 1941, landen in Basra, dem Haupthafen des Königreichs Irak am Schatt el-Arab, dem Zusammenfluß von Euphrat und Tigris am Persischen Golf, britische und indische Truppen unter Maj. Gen. Fraser. Die Engländer verfügen in diesem Land laut Bündnisvertrag von 1930 über zwei Stützpunkte: Habbaniya im Euphrattal und Shaibach nahe Bassorak. Sie wahren die Interessen Großbritanniens im Irak und schützen die wichtigen Ölraffinerien in Mossul, um einen Übergriff fremder Mächte zu verhindern.

Die Hintergründe dieser Landungsoperation: Die innenpolitische Lage im Irak beginnt sich seit Anfang April 1941 zu verschärfen. Promotor der Unruhen ist kein Geringerer als Rashid Ali el-Gailani. Gailani, der Erzfeind Englands, zugleich Anführer der extremnationalen »Vaterländischen Bruderschaft«, gehört zu Hitlers Bewunderern und sympathisiert mit den Achsenmächten.

Gleichzeitig mit den britischen Truppenlandungen in Basra beginnt die Evakuierung englischer Spezialisten. Die irakische Regierung reagiert darauf mit Einschränkung der Bewegungsfreiheit englischer Fachkräfte der Ölindustrie.

Am Morgen des 30. April 1941 läßt die prodeutsche Regierung Gailani einen Teil ihrer Truppen, etwa 9000 Mann, gegen den RAF-Stützpunkt Habbaniya marschieren und mit 28 Geschützen Stellung auf dem umgebenden Plateau beziehen. Habbaniya, rund 90 Kilometer westlich von Bagdad, ist eines der wichtigsten Bollwerke Großbritanniens im Nahen Osten.

Im Irak beginnen am Freitag, dem 2. Mai 1941, offene Feindseligkeiten gegen die britischen Truppen. Die fünf Divisionen starke irakische Armee, mit insgesamt

Mai 1941

»Rashid Ali el-Gailani bittet Deutschland um Hilfe« – meldet die britische Presse am 3. 5. 1941

37 000 Mann, befindet sich zur Zeit noch im Aufbau, und die Soldaten sind mit überwiegend veralteten Waffen ausgerüstet. Die irakischen Luftstreitkräfte zählen 56 Flugzeuge, darunter 24 Jäger Gloster Gladiator, 12 Jäger Fiat G.50 und 12 leichte Bomber Douglas Dauntless. Die Marine besteht nur aus einigen Flußkanonenbooten.

Die britischen Truppen, obwohl zahlenmäßig um die Hälfte schwächer, werden von erfahrenen Offizieren geführt, sind motorisiert und profitieren von einem in Wüstengebieten unschätzbaren Vorteil: Sie werden von über 250 Jagd- und Bombenflugzeugen der RAF unterstützt.

Bereits an diesem Tag greift die Staffel der RAF-»Fliegerschule« in Habbaniya mit ihren Gloster-Gladiator- und Hurricane-Jagdmaschinen, unterstützt durch Wellington-Bomber vom Stützpunkt Shaibah am Persischen Golf, die irakischen Truppen in den kaum 1,5 Kilometer entfernten Stellungen an. Die Iraker erwidern den Angriff durch Beschießung des Lagers. Ihre Flugzeuge bombardieren Habbaniya und feuern aus Maschinengewehren.

Gegen Mittag bemächtigen sich die irakischen Truppen schlagartig des Forts und der Ortschaft Rutba, etwa 100 Kilometer südlich der syrischen Grenze. Rutba bildet zugleich eine bedeutende Station der strategisch äußerst wichtigen Pipeline Mossul–Haifa.

Noch am gleichen Tag bittet Rashid el-Gailani das Großdeutsche Reich um Waffenhilfe, und Hitler, der auf einen sich schnell ausbreitenden arabischen Aufstand hofft, verspricht seinen Beistand. 24 Stunden später erhält der deutsche Gesandte in Damaskus, Dr. Fritz Grobba, Order aus Berlin, er solle über Gen. Henri Dentz, den französischen Generalresidenten für die Le-

Der britische Admiral Bruce Fraser

General Henri Fernand Dentz, der französische Hochkommissar in Syrien

1941 Mai

Ein britischer Jäger kehrt von seinem Patrouillenflug zurück, stürmisch begrüßt von der Sicherungsmannschaft des Wüstenfeldflugplatzes

Auf der Straße nach Bagdad: Verbrannte Lkw markieren die Niederlage eines irakischen Truppenkonvois nach dem Feuergefecht mit der »Arabischen Legion«

vante, die Zustimmung der Vichy-Regierung für den Transport von Flugzeugen und Ausrüstungen über Syrien nach dem Irak erwirken.

Der britische Botschafter in Bagdad, Sir Kinahan Cornwallis, verlangt inzwischen die Rücknahme der irakischen Truppen um Habbaniya. Statt dessen werden sie verstärkt, und irakische Luftstreitkräfte versuchen immer wieder, den britischen Flugplatz anzugreifen. Gailani beschuldigt Großbritannien, die Verträge gebrochen zu haben, und ruft das Land zum »Heiligen Krieg um die Unabhängigkeit des Irak« auf.

Am Sonnabend, dem 3. Mai 1941, gelingt den Engländern der große Schlag: Mit einem Bombenteppich auf den Flugplatz Hinaidi (Moasca Rashid) bei Bagdad zerstören Kampfflugzeuge der RAF insgesamt 20 irakische Maschinen, ungefähr ein Drittel der Iraqi Air Force. Zugleich fliegt die RAF Tiefangriffe gegen die irakischen Streitkräfte vor Habbaniya und bringt deren Artillerie zum Schweigen.

Associated Press meldet inzwischen: »Von zuverlässiger Stelle in London wurde heute nacht bestätigt, daß Rashid el-Gailani in Berlin um Hilfe gegen die britischen Truppen ersucht habe. Informierte Kreise in der britischen Hauptstadt sind jedoch der Meinung, Gailani habe die Feindseligkeiten zu früh eröffnet, um in den weiteren deutschen Kriegsplänen eine Rolle zu spielen.«

Das Problem für Hitler liegt in den beschränkten Möglichkeiten, die irakische Armee zu unterstützen, da die

Mai 1941

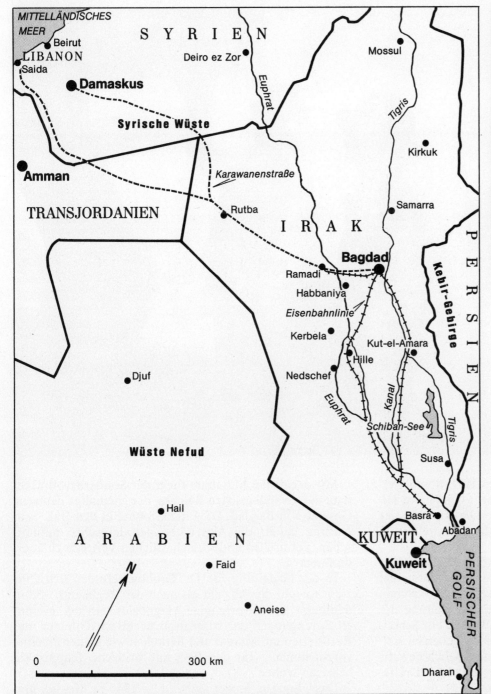

Ein Tomy ruft um Hilfe: So sieht die satirische Berliner Zeitschrift »Lustige Blätter« den Aufstand der Araber gegen die Engländer

Zwischen der Mittelmeerküste und dem Persischen Golf liegt der Schauplatz der Ereignisse im Mai und Juni 1941

großen Entfernungen sowie die politische Lage in den Nachbarstaaten eine Rolle spielen. Die Entsendung eines deutschen Expeditionskorps muß praktisch ausgeschlossen werden. Die Alternative: Lieferung von Kriegsmaterial und Unterstützung aus der Luft.

Die versprochene Teilnahme der Italiener ist in Anbetracht der angespannten Beziehungen zwischen Mussolini und der Vichy-Regierung eher erschwerend als hilfreich, weil Gen. Dentz nur mit Zustimmung Marschall Pétains die Nachschubwege durch Syrien benutzen lassen will. Dagegen ist die Türkei mit einem, wenn auch eingeschränkten, Transitverkehr von Transporten durch ihr Gebiet im Abschnitt der Eisenbahnlinie Beirut–Mossul einverstanden.

Vage deutsche Versprechungen

Am Sonntag, dem 4. Mai 1941, gibt Emir Abd al-Ilah – durch den Putsch von Gailani gezwungen, den Irak zu verlassen und sich nach Palästina zu retten – eine Erklärung ab, daß er zurückkehren werde, »um die beschmutzte Ehre« des Irak wiederherzustellen. Er fordert alle aufrichtigen Söhne des Landes auf, »die Bande von Verrätern zu vertreiben und in dem geliebten Vaterland wieder Freiheit und Unabhängigkeit einzuführen«.

433

1941 Mai

Die letzten Vorbereitungen: Das Bodenpersonal eines Wüstenfeldflugplatzes befestigt die Splitterbomben an den Tragflächen des Kampfflugzeuges vom Typ Bristol Blenheim

Am Freitag, dem 9. Mai 1941, fliegen RAF-Bomber erneut einen schweren Angriff gegen den Flugplatz in Hinaidi (Moascar Rashid) bei Bagdad. Die Verluste der Iraqi Air Force betragen bis zum 10. Mai 1941 weitere 25 Maschinen.

Am Sonnabend, dem 10. Mai 1941 (übrigens dem Jahrestag des Beginns des Frankreich-Feldzuges), überreicht ein Vertreter des Großdeutschen Reiches – im Rahmen der Bemühungen Hitlers, die antibritische Haltung der irakischen Regierung zu festigen – in Bagdad ein Schreiben mit der Erklärung, volle Unterstützung geben zu wollen, und der Zusicherung, so schnell wie möglich bewaffnete Aktionen für die Herstellung eines günstigen Kräfteverhältnisses im Nahen Osten zu leisten.

Tatsächlich beschränkt sich die so großsprecherisch angekündigte Hilfe letzten Endes auf lediglich 600 Tonnen Versorgungsgüter und Kriegsmaterial per Eisenbahntransport sowie ganzen 100 Tonnen Nachschub auf dem Luftweg.

Die Deutschen wollen bei dieser Gelegenheit Waffen und Ausrüstungen der französischen Armee, die seit der Kapitulation in Syrien lagern, verwenden und die dortigen Flugplätze benutzen. Der Regierung in Vichy werden als Gegenleistung »großzügig« einige Konzessionen politischer Art eingeräumt und Zusagen für die Verstärkung ihres Rüstungspotentials gemacht.

Die Luftbrücke bilden einige Transportmaschinen Junkers Ju 52 und eine Kette schwerer viermotoriger Großraumflugzeuge Junkers Ju 90.

Mit der ersten Maschine fliegt der Sonderbevollmächtigte des Großdeutschen Reiches, der ehemalige deutsche Gesandte in Bagdad, Dr. Fritz Grobba, in den Irak. Sein Auftrag lautet: die Aktivitäten der deutschen militärischen, politischen und wirtschaftlichen Vertreter zu koordinieren.

In der Begleitung von Dr. Grobba befinden sich Offiziere sowohl der Abwehr als auch des Regiments »Brandenburg«, deren vorrangige Aufgabe es sein soll, eventuell Sprengungen der strategisch wichtigen Ölfelder und Raffinerien um Mossul und Kirkuk sowie an der Pipeline vorzunehmen – für den Fall, daß britische Truppen sie besetzen wollen.

Das Flugzeug landet am 10. Mai 1941 in Mossul, und am nächsten Tag fährt Dr. Grobba mit einem Wagen weiter nach Bagdad.

Die Kampffliegereinheiten der Luftwaffe, die zur Unterstützung der irakischen Armee vorgesehen sind, sind die im rumänischen Silistea liegende 4. Staffel (Hptm. Schwanhäuser) des Kampfgeschwaders 4 sowie die im Reich stationierte 4. Staffel des Zerstörergeschwaders 76 (Oberstlt. Hobein).

Ebenfalls am 10. Mai 1941 setzt die RAF ihre Angriffe auf die von den Gailani-Anhängern besetzten Flugplätze und andere militärische Ziele fort. Dabei erhalten Kasernen und Gebäude des Flughafens und des Lkw-Parks von Mossul mehrere Volltreffer. Auch die Kasernen in Amara, Divanieh, Nasrieh und Davaghan werden beschädigt.

Mai 1941

Britische Truppen landen bei Basra an der Mündung des Tigris und Euphrat im Persischen Golf. Diese Operation, die aufgrund eines Abkommens zwischen dem Irak und Großbritannien stattfindet, wird »Tigris-Regatta« genannt

Das von Soldaten der »Arabischen Legion« bewachte Kampfflugzeug, Typ Bristol Blenheim, wird startklar gemacht

1941 Mai

Die Luftwaffe bringt Unterstützung

In Athen läuft das Unternehmen »Irak« an. Einige Zerstörer Messerschmitt Me 110, Kampfflugzeuge Heinkel He 111 und Transportmaschinen Junkers Ju 52 werden mit irakischen Hoheitszeichen versehen und für den Flug über Rhodos–Aleppo–Damaskus–Mossul nach Bagdad startklar gemacht.

Churchill: »Die Deutschen haben zu diesem Zeitpunkt tatsächlich eine Luftlandetruppe zur Verfügung gehabt, durch die sie sich in den Besitz Syriens, des Irak und Persiens mit ihren kostbaren Petroleumfeldern hätten setzen können. Hitlers Hand hätte sich weit in Richtung Indien ausstrecken und sich Japan entgegenstrecken können.«

Die Engländer merken Hitlers Vorhaben, die Luftwaffe im Irak einzusetzen, erst, als am 11. Mai 1941 die drei Messerschmitt Me 110 der 4. Staffel des Zerstörergeschwaders 76 von zwei Morane-406-Jägern (GCI/7) im syrischen Palmyra zur Landung gezwungen werden, da sie ungemeldet französisches Hoheitsgebiet überflogen haben.

Die 4. Staffel des Zerstörergeschwaders 76 bildet im Rahmen des Unternehmens »Irak« einen Teil des »Sonderkommandos Junck«, das in die Kämpfe im Irak eingreifen soll. Dort erobern die Engländer das Fort und die Ortschaft Rutba sowie die Pipelinestation Mossul–Haifa zurück.

Am 12. Mai 1941 landen sechs deutsche Bomber Heinkel He 111 unter Führung von Oberst Werner Junck in der syrischen Hauptstadt Damaskus auf ihrem Weg zum Irak. Oberst Junck: »Das Kommando wurde überstürzt mit Maschinen in den Einsatz geschickt, die gar nicht über eine Tropenausrüstung verfügten. Zum Teil fehlten sogar die für solche Einsätze notwendigen Karten.«

Nach zweitägigem Aufenthalt starten die deutschen Flieger in Richtung Mossul. Wegen Motorschaden und einiger anderer Vorfälle auf ihrem Flug über Athen, Rhodos und Damaskus oder Palmyra erreichen nur fünf Bombenflugzeuge Heinkel He 111 und 12 Zerstörer Messerschmitt Me 110 den Irak.

Da das Unternehmen streng geheim ist und nur wenige Einheiten der irakischen Armee über die Ankunft deutscher Maschinen informiert sind, geraten einige Flugzeuge trotz irakischer Hoheitszeichen unter Beschuß. Dabei kommt über Bagdad der Chef der »Nachrichtengruppe des Befehlshabers der Luftwaffe«, Maj. Axel von Blomberg, Sohn des ehemaligen Reichskriegsministers GFM von Blomberg, ums Leben. Er sollte den Einsatz der Luftwaffe mit den irakischen Streitkräften koordinieren.

Am Dienstag, dem 13. Mai 1941, trifft im Irak der erste Eisenbahntransport mit Waffen aus Syrien – weitere in Abständen von einer Woche – ein. Sie enthalten Ausrüstung für die Truppen: insgesamt 12 Geschütze, 200 Maschinengewehre, über 300 Maschinenpistolen, 13 000 Artilleriegeschosse, fünf Millionen Schuß Gewehr- und Pistolenmunition, 32 Kraftfahrzeuge sowie Ausrüstung für die Nachrichtentruppe.

Mai 1941

Am gleichen Tag greifen britische Flugzeuge die Kasernen von Amara im Irak, 80 Kilometer vom Persischen Golf entfernt, an. Eine Fabrik in Musaiyb, die Öltanks in Raschid und motorisierte Einheiten werden ebenfalls bombardiert.

Am Mittwoch, dem 14. Mai 1941, beobachtet morgens ein britischer Aufklärer den Start einer viermotorigen deutschen Transportmaschine Junkers Ju 90 in Palmyra (Syrien). Bei seinem zweiten Einsatz am Mittag stellt er fest, daß mehrere Transportflugzeuge der Achsenmächte dort gelandet sind.

Am späten Nachmittag greifen daraufhin drei Blenheim-Bomber, begleitet von zwei Jägern Curtiss Tomahawk, den Flugplatz im Tiefflug an. Dies ist der erste Kriegseinsatz der an England gelieferten US-Jagdmaschinen. Das »Sonderkommando Junck« erleidet hier seine ersten Verluste, als ein von zwei Hurricane-Jägern begleiteter Blenheim-Bomber den Flugplatz in Palmyra erneut angreift und dabei zwei Heinkel He 111 schwer beschädigt.

Nach Meldung des irakischen Hauptquartiers vom 14. Mai 1941 gibt es an der Westfront keine besonderen Vorkommnisse. An der Südfront sollen drei britische Flugzeuge über einer ungenannten Stadt mehrere Bomben abgeworfen haben. Der Bodenabwehr sei es gelungen, eine Wellington abzuschießen. Von den Aufklärungsflügen der irakischen Luftstreitkräfte über britischen Stützpunkten sind angeblich sämtliche Maschinen unversehrt zurückgekehrt. Die irakischen Flugzeuge sollen erfolgreich britische Panzerfahrzeuge im Raum von Rutba bombardiert haben. Angriffe britischer Flieger auf

Ein britisches Feldgeschütz nimmt irakische Truppen unter Feuer (ganz links)

Die Einfahrt zum Luftstützpunkt Habbaniya (links)

Der britische Luftstützpunkt Habbaniya im Bombenhagel irakischer Kampfflugzeuge (rechts)

irakische Kasernen hätten jedoch keinen größeren Schaden angerichtet. Der Bericht endet: »Vermutlich ist ein feindliches Flugzeug abgeschossen worden. Unsere Truppen in der Wüste kämpften den ganzen Tag über und beherrschen weiterhin die Lage.«

Am Morgen des 15. Mai 1941 befinden sich alle Transportmaschinen der Achsenmächte, die die irakische Armee unterstützen sollen, noch auf dem Flugfeld von Palmyra. Auch bei einem weiteren Angriff gelingt es den Blenheim-Bombern nicht, sie zu zerstören.

Das irakische Oberkommando meldet: »Keine Veränderung in der allgemeinen Lage, beschränkte Patrouillentätigkeit. Drei britische Maschinen überflogen unsere Städte und warfen mehrere Bomben ab, die nur geringen Schaden anrichteten. Irakische Flugzeuge führten zahlreiche Aufklärungsflüge durch und sind ohne eigene Verluste zurückgekehrt. Mehrere irakische Bomber griffen den Stützpunkt in Cineldebbana an. Ein britisches Flugzeug wurde abgeschossen und mehrere am Boden zerstört.«

1941 Mai

Das Wrack eines deutschen Kampfflugzeuges, Typ Heinkel He 111, vom »Sonderkommando Junck« auf dem Feldflugplatz bei Palmyra

Von der »Arabischen Legion« bewacht: Die irakischen Ölfelder zwischen Mossul und Kirkuk

Den Engländern ist inzwischen klar, daß die Vichy-Behörden der Luftwaffe die Erlaubnis erteilt haben, auf ihrem Weg nach dem Irak die syrischen Flugplätze zu benutzen. Als Vergeltung greifen die Engländer im Laufe des Tages mehrfach die Flugplätze in Damaskus, Palmyra und Rayak an. Die RAF fliegt außerdem mehrere Tiefangriffe auf Züge mit französischem Kriegsmaterial für irakische Aufständische.

Im Verlauf des Tages beginnt die Luftwaffe ihre ersten Aufklärungsflüge zur Unterstützung der irakischen Armee. Der Einsatz deutscher Flugzeuge von irakischen Luftstützpunkten aus bringt zahlreiche Schwierigkeiten mit sich; denn aus Zeitmangel wurden die Maschinen nicht für den Einsatz in der Wüste und den Tropen vorbereitet: Die Motoren haben keinen zusätzlichen Luftfilter und verstärkte Kühlsysteme, es gibt auch keine Spezialbereifung. Außerdem fehlt es an Bodenpersonal und Ersatzteilen. Die MG-Munition reicht zwar bis zum Ende des Unternehmens, aber die Anzahl der gelieferten Bomben steht in keinem Verhältnis zum Bedarf. Deshalb werden bis zum Abschluß des Unternehmens lediglich insgesamt 172 Bomben à 50 Kilogramm abgeworfen.

Selbst in dem an Öl so reichen Land gibt es Treibstoffprobleme: Das im Irak hergestellte Flugbenzin hat einen zu niedrigen Oktanwert. Um diesen Mangel auszugleichen, wird aus Deutschland per Luftbrücke die Anlage herbeigeschafft, in der man durch Beigabe einer bestimmten Menge Bleiverbindung den Oktanwert erhöhen kann.

Die ungenügende Flugabwehr zwingt dazu, die von der RAF wenig bedrohten, aber weit abgelegenen Flugplätze zu benutzen, was wiederum die Wirksamkeit der Einsätze bedeutend einschränkt.

Das Hauptquartier des britischen Oberbefehlshabers im Mittleren Osten, Archibald Wavell, gibt bekannt, daß auf dem Flugplatz Palmyra drei Junkers-Flugzeuge und zwei weitere unidentifizierte deutsche Maschinen sowie eine italienische Caproni 42 gesichtet worden seien. Drei dieser Maschinen habe man schwer beschädigt, eine vierte durch Brandbomben vernichtet.

Mai 1941

»Gailani muß aus Bagdad fliehen« – berichtet die britische Presse am 9. 5. 1941

Aus einem Kommuniqué von Gen. Dentz, dem französischen Hochkommissar in Syrien, erfährt das britische Hauptquartier, »daß innerhalb eines Vormittags allein auf einem syrischen Flugplatz 17, auf einem anderen fünf deutsche Maschinen notgelandet und nach dem Auftanken in Richtung Irak weitergeflogen seien«. Von einer Notlandung kann in Wirklichkeit keine Rede sein, da sich die deutschen Maschinen in einwandfreiem Zustand befanden. Bemerkenswerterweise verschweigt das Kommuniqué von Gen. Dentz das Ergebnis des britischen Angriffs auf den Flugplatz Palmyra.

Am Freitag, dem 16. Mai 1941, bombardieren im Irak drei Heinkel He 111 vom »Sonderverband Junck« den RAF-Luftstützpunkt Habbaniya. Daraufhin greifen die Maschinen der britischen Fleet Air Arm im Tiefflug den Flugplatz von Mossul an und vernichten einen deutschen Bomber Heinkel He 111 und zwei Zerstörer Messerschmitt Me 110. In Amara werden Öllager in Brand gesetzt.

Das Deutsche Nachrichtenbüro berichtet aus Damaskus, irakische Flugzeuge hätten einige britische Schiffe vor dem Hafen von Basra erfolgreich bombardiert.

Erst jetzt erreichen britische Entsatzkräfte Habbaniya, und zwar nicht die im Hafen von Basra gelandete indische 10. Infanteriedivision, sondern die von Jordanien aus im Rahmen der »Arabischen Legion« unter dem legendären Glubb-Pascha – der britische Col. John Bagot – operierende »Habforce«. Die nicht große, aber vollständig motorisierte und mit Kamelreitern verstärkte »Arabische Legion« sprengt bis zum 17. Mai 1941 den Ring um die sich erbittert verteidigende Garnison in Habbaniya und zieht danach in Richtung Bagdad weiter.

Am Sonnabend, dem 17. Mai 1941, erklärt die Agentur TASS (Moskau), ausländische Pressemeldungen, die Sowjetunion werbe freiwillige Piloten für die irakische Armee an, entbehrten jeder Grundlage.

Ein einzelner RAF-Wellington-Bomber greift den Flugplatz von Mossul an, vernichtet eine Heinkel He 111 und beschädigt einen Zerstörer Me 110.

Das irakische Hauptquartier gibt bekannt, irakische Bomber hätten britische Panzerverbände angegriffen und ihnen erhebliche Verluste an Menschen und Material zugefügt. RAF-Maschinen sollen die Umgebung von Bagdad überflogen und einige Bomben über dem Stützpunkt Raschid abgeworfen haben, ohne jedoch große Schäden zu verursachen.

Engländer vor Bagdad

Am 25. Mai 1941 wird plötzlich bekannt, daß nach anderen Ministern der irakische Verteidigungsminister Naji Shawkat Bagdad verlassen und in der Türkei Zuflucht gesucht hat, und daß sich auch die Familie Gailanis bereits in Ankara befindet: Berlin hat ihn nämlich wissen lassen, daß Deutschland für die nächsten zwei Monate nicht in der Lage sein würde, ihm militärische Hilfe zu leisten, obwohl am 23. Mai 1941 eine Weisung Hitlers ergangen war, den Irak zu unterstützen.

Bis zum 26. Mai 1941, das heißt innerhalb von zehn Tagen, hat im Irak Oberst Junck mit seinen letzten drei Heinkel-Bombern insgesamt sechs Luftangriffe auf Habbaniya durchgeführt. Die Messerschmitt-Zerstörer Me 110 haben auch andere Luftstützpunkte der Engländer sowie britische motorisierte Kolonnen angegriffen. Außerdem fliegen sie in dieser Zeit mehrere intensive Aufklärungseinsätze über der Wüste.

439

1941 Mai

Am Ziel ihrer Operation: Am 1. 6. 1941 erreichen die britischen Truppen Bagdad. Vom Ufer des Tigris aus betrachten sie die Minarette der Altstadt

Erst als die Kampfhandlungen sich dem Ende zuneigen, landen auf dem Flugplatz in Mossul elf italienische Jagdmaschinen Fiat CR.42 vom Jagdgeschwader 155a und eine einzige Transportmaschine vom Typ Savoia. Dieser italienische Verband soll nach Bakuba nahe Bagdad verlegt werden, doch läßt die sich stündlich verschlechternde Lage in dieser Region dies nicht mehr zu. So starten die Flugzeuge nach Kirkuk und von dort aus innerhalb der nächsten Tage lediglich zu zwei Einsätzen. Die Maschinen werden mit irakischen Emblemen versehen. Während dieser beiden Angriffe schießen sie einen britischen Jäger vom Typ Hawker Hardy ab und verlieren gleichzeitig eine CR.42.

Am Donnerstag, dem 29. Mai 1941, unternimmt im Irak der »Sonderverband Junck« seinen letzten Feindflug. In Anbetracht der undurchsichtigen Lage nach Aufnahme von Waffenstillstandsverhandlungen in Bagdad entschließen sich die deutschen Flieger, den Irak zu verlassen. Ihre Rückkehr findet in Abwesenheit des Kommandeurs Oberst Junck statt. Und die drei Heinckel He 111 sowie fünf Messerschmitt Me 110 landen in den Abendstunden auf Rhodos. Während der Kämpfe im Irak verliert die Luftwaffe über zehn Kampfflugzeuge und Transportmaschinen, die Hälfte davon am Boden.

Am selben Tag rollen zwei motorisierte Kolonnen mit britischen und indischen Truppen in Richtung Bagdad weiter, ohne auf größeren Widerstand zu stoßen. Andere britische Streitkräfte greifen mit Panzerunterstützung die Stellungen der irakischen Truppen bei Ramadi, rund 19 Kilometer nordwestlich von Habbaniya, an. Die RAF-Jagdstaffeln führen zum Schutz der vorrückenden Truppen den ganzen Tag über Patrouillenflüge durch, die italienische Flugzeuge zu behindern versuchen. Eine dieser Maschinen wird bei Khannucta abgeschossen. Mehrere Aufklärer und Bomber operieren im Zusammenwirken mit motorisierten Einheiten. Bei einem Angriff auf den französischen Flugplatz von Deiro ez Zor in Syrien werden die Hangars zerstört.

Am Freitag, dem 30. Mai 1941, stehen im Irak die britischen Truppen kurz vor den Toren Bagdads. Der Rebellenführer Rashid Ali el-Gailani sowie die deutschen und italienischen Diplomaten, ebenso Muhammad Amin al-Hussaini, der Großmufti von Jerusalem, fliehen in den Iran.

Mai 1941

»Royal Air Force bombardiert syrische Luftstützpunkte« – meldet am 17. 5. 1941 die britische Presse

Kavallerieeinheiten der »Arabischen Legion« unterstützen die britischen Truppen während der Kämpfe in Syrien

Am Sonnabend, dem 31. Mai 1941, wird nach Unterzeichnung des Waffenstillstands der probritische Regent des Irak, Abd al-Ilah, wiedereingesetzt und eine neue Regierung gebildet. Die letzten italienischen Jagdmaschinen des Geschwaders 155a landen in der Abenddämmerung auf Rhodos.

Am Sonntag, dem 1. Juni 1941, erreichen im Irak die britischen und indischen Truppen Bagdad. In den nördlichen Landesteilen halten die Kämpfe noch einige Tage an.

Am Mittwoch, dem 4. Juni 1941, endet im Irak mit der britischen Besetzung von Mossul dieser kleine Krieg von großer Bedeutung. An diesem Tag wird auch das neue irakische Kabinett unter dem Premier Said Jamil al-Midfai gebildet.

Der Versuch, aus den Ereignissen im Irak Vorteile zu ziehen, endet für die Achsenmächte als Fehlschlag. Die mißlungene Intervention zeigt den vielen Gegnern Englands in der arabischen Welt, daß man mit einer konkreten deutschen oder italienischen Hilfe nicht rechnen kann.

Andererseits ist neben der Rückkehr von Kaiser Haile Selassie nach Addis Abeba dieser kurze siegreiche Feldzug für Großbritannien – gerade in einer Zeit so vieler Niederlagen – ein bedeutender, dringend notwendiger Propagandaerfolg.

Französische Niederlage in Syrien

Die Engländer wenden jetzt ihre Aufmerksamkeit wieder Syrien und dem Libanon zu, die – unter Kontrolle der Vichy-Regierung – eine Bedrohung im Rücken der alliierten Streitkräfte in Ägypten sowie für die wichtigen britischen Erdöl-Nachschubquellen bedeuten.

Als am 18. Mai 1941 Verbände der Royal Air Force wiederholt die Flugplätze in Damaskus, Palmyra und Rayak sowie Eisenbahntransporte mit Kriegsmaterial angreifen, ruft Gen. Dentz zum Widerstand gegen die »kriminelle Aggression der Briten« auf.

Offensichtlich verfolgen die Deutschen in Syrien ein noch ehrgeizigeres Ziel als im Irak: die Errichtung eines Stützpunktes im Mittleren Osten.

Damit will man die Verteidigung von Zypern und allen anderen britischen Stützpunkten im Mittleren Osten massiv bedrohen, die englische Seemachtstellung im östlichen Mittelmeergebiet in Frage stellen und die britischen Positionen in Ägypten sowie Palästina untergraben, um somit letztendlich die Türkei, den Verbündeten Großbritanniens, zu isolieren.

1941 Mai

Am Mittwoch, dem 28. Mai 1941, haben die französischen Luftstreitkräfte in Syrien ihren ersten Luftsieg errungen: Es ist dem Piloten einer Morane 406 gelungen, einen englischen Blenheim-Aufklärer abzuschießen. Angesichts der starken Präsenz britischer Flugzeuge in diesem Raum hat Marschall Pétain beschlossen, die französischen Luftstreitkräfte in Syrien zu verstärken. So landet bereits an diesem Tag die in Algerien gestartete Staffel GC III/6 auf dem syrischen Flughafen Rayak. Sie ist mit den modernsten Jägern vom Typ Dewoitine D.520 ausgestattet. Zwei dieser Maschinen sind unterwegs über der Türkei verlorengegangen.

In Erwartung eines deutschen Entgegenkommens – zum Beispiel durch Entlassung von französischen Kriegsgefangenen – unterzeichnet Gen. Huntziger, Kriegsminister der Vichy-Regierung, ein Abkommen mit dem Oberkommando der Wehrmacht, das sowohl Syrien als Nachschubbasis für Transporte in den Irak wie Tunesien als Durchgangsland für die Versorgung des Afrika-Korps und Dakar als Stützpunkt für Marineunternehmen im Atlantik zur Verfügung stellt. Die Hoffnungen der Franzosen werden nicht erfüllt.

Am Donnerstag, dem 5. Juni 1941, wird in Aleppo (Syrien) der französische Flugplatz von drei englischen Blenheim-Maschinen angegriffen, nachdem hier die Anwesenheit mehrerer italienischer Jäger vom Typ CR.42 und Transportflugzeuge SM.79 festgestellt worden ist. Ein Hangar und ein Flugzeug werden dabei vernichtet. Der Versuch von drei französischen Morane-Jägern 406, den britischen Angriff abzuweisen, scheitert.

Am Sonntag, dem 8. Juni 1941, acht Tage nach Unterzeichnung des Waffenstillstandes im Irak, beginnt der Vorstoß australischer, britischer und indischer Truppen unter dem Befehl von Gen. Wilson sowie der 1. Division der »Freien Franzosen« (Gen. Catroux) nach Syrien und dem Libanon.

Nachdem die Achsenmächte bereits Mitte Mai Flugzeuge über Syrien in den Irak entsandt haben, die mit Duldung der Vichy-treuen Behörden auf den syrischen Flugplätzen zwischengelandet sind, halten sich seit einiger Zeit auch deutsche Stabsoffiziere, Bodenpersonal, Techniker und politische Agenten, darunter Gestapo-Angehörige, in Syrien auf.

Die Engländer werfen Flugblätter ab, in denen sie den Syrern und den Libanesen die Unabhängigkeit versprechen. Die Vichy-Truppen werden aufgefordert, sich den Einheiten der »Freien Franzosen« anzuschließen, was auch viele tun. Als die alliierten Truppen die Grenze überschreiten, kommt es zu hastigen Abreisen von Staatsbürgern der Achsenmächte.

Juni 1941

Der britische Vorstoß

Zu Beginn des Feldzuges gegen Syrien und den Libanon drängen die Engländer von ihren Stützpunkten in Palästina und Transjordanien aus nach Norden vor.

Der britische Vorstoß erfolgt gleichzeitig mit drei Kolonnen: einer im offenen Gelände von Mount Hermon auf Damaskus, einer zweiten über das Hochtal zwischen Hermon und der Libanon-Bergkette in Richtung Rayak und einer dritten entlang der Küstenstraße zwischen der Libanon-Bergkette und dem Meer in Richtung Beirut.

Die rechte und linke Kolonne haben das wichtigste Ziel: die syrische Hauptstadt und den Sitz der Vichy-treuen Regierung. Die mittlere, in Richtung Rayak vorgehende Kolonne soll die Verbindung zwischen den anderen beiden aufrechterhalten und ein mögliches Umfassungsmanöver der Vichy-treuen Truppen verhindern.

Die Vichy-Regierung hat seit langem die Gefahr eines britischen Einmarsches erkannt und Gen. Dentz entsprechende Maßnahmen treffen lassen: Seinem Kommando unterstehen etwa 33 000 Mann in 20 Infanteriebataillonen mit Kolonialtruppen und Fremdenlegionären sowie elf Bataillone Spezialtruppen, bestehend aus Syrern, Tscherkessen und Weißrussen. Die Streitmacht zählt mehr als 80 Geschütze und 90 Panzer, dazu einige Flugzeugstaffeln.

Während des Feldzuges treffen weitere 2000 Mann Verstärkung mit Flugzeugen ein. Die Hauptverteidigungsstellungen: die Linie Kiswe (südlich von Damaskus) über Rachaya al Waali und Jezzin bis Sidon. An der Mittelmeerküste befindet sich eine zweite Linie am Damour River. Die Masse der Verbände von Gen. Dentz halten die Stellungen und vorgeschobenen Posten bis zur palästinensischen Grenze.

Der französische Marinebefehlshaber in Syrien, Konteradm. Goutan, verfügt über die Zerstörer »Valmy« (KorvKapt. Guiot) und »Guépard« unter dem Flottillenchef Capt. de Lafond sowie über die U-Boote »Caiman«, »Morse« und »Souffleur«, den Aviso »Elan« und über mehrere schwach bewaffnete Suchboote.

Auf britischer Seite unterstehen Vizeadm. King die Kreuzer »Ajax« (Capt. McCarthy), »Coventry« und »Phoebe«, acht Zerstörer sowie etliche U-Boote.

In der Nacht vom 8./9. Juni 1941 beginnen die Engländer ihre amphibische Operation: Unter Sicherung durch zwei Zerstörer und den Flakkreuzer »Coventry« werden vom Landungsboot-Mutterschiff »Glengyle« Angehörige der 11. Commando-Einheit (Lt. Col. Pedder) vor der syrischen Küste abgesetzt. Sie haben den Auftrag, die Brücke über den Litanifluß an der wichtigen Küstenstraße 30 Kilometer nördlich der palästinensischen Grenze unbeschädigt in Besitz zu nehmen und so lange zu halten, bis die Angriffsspitzen der britischen Verbände eintreffen.

Es stellt sich jedoch heraus, daß die Franzosen die Brücke bereits gesprengt haben. Deshalb beschließt der Commando-Führer die Bildung eines Brückenkopfes am nördlichen Litaniufer, der den nachfolgenden Verbänden den Übergang über den Fluß erleichtern soll. Doch nur eine von drei Gruppen erreicht das Nordufer, und alle drei Commando-Trupps stoßen auf heftigen französischen Widerstand. Dann geraten sie auch noch in das Feuer der eigenen, inzwischen bis an den Fluß vorgedrungenen Angriffsspitzen; dabei verliert das 11. Commando ein Drittel seiner Männer.

Am Montag, dem 9. Juni 1941, kommt es vor der syrischen Küste zu einem Seegefecht zwischen den französischen Zerstörern »Valmy« und »Guépard« und dem englischen Zerstörer »Janus«, der dabei fünf schwere Treffer erhält. Zur Verstärkung der britischen Seestreitkräfte treffen der Kreuzer »Leander« und sechs Zerstörer ein.

Am gleichen Tag erobert in Syrien die indische 5. Brigade zusammen mit den Royal Fusiliers die Städte Dera, Sheikh-Miskine sowie Kuneitra und Ezra. Die »Freien Franzosen« rücken in Richtung Kiswe vor, wo sie jedoch auf Widerstand stoßen.

Inzwischen werden im irakischen Hafen Basra indische Soldaten und Kriegsmaterial auf improvisierte Transporter der »Tigris Regatta« verladen. Diese behelfsmäßige Transportflottille, zu der selbst alte Raddampfer und arabische Feluken gehören, bewegt sich unter dem

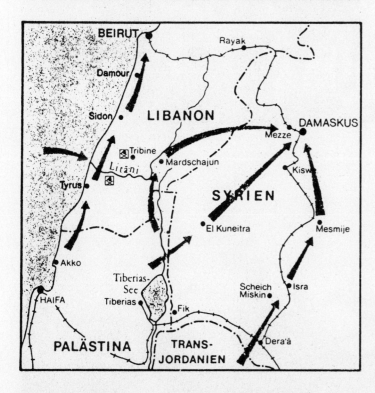

Der Vormarsch britischer Verbände aus Palästina und Transjordanien gegen die Vichy-Truppen

Das Stadtzentrum von Beirut nach einem britischen Bombenangriff

1941 Juni

Die berittenen Truppen der British Yeomanry durchziehen am 1. 7. 1941 den Vichy-Grenzposten Nakoura

Britische motorisierte Einheiten auf der Straße Sidon–Beirut. Rechts ein zerstörter französischer Panzerwagen

Juni 1941

Schutz der »Yarra«, einer Schaluppe der australischen Marine, tigrisaufwärts in Richtung Kut, um den strategisch wichtigen Ort zu besetzen.

Kampf um Syrien nimmt zu

Am Dienstag, dem 10. Juni 1941, wird der bekannte französische Flieger Capt. Jacobi (GC III/6) während eines Aufklärungsfluges über Dera in Syrien nahe der jordanischen Grenze von der englischen Luftabwehr abgeschossen. Am Nachmittag starten die Besatzungen der GC I/7 zu einem Einsatz gegen »kleine Einheiten der britischen Flotte«, die die syrische Küste ständig unter Feuer nehmen. Die Piloten müssen jedoch feststellen, daß es sich bei den »kleinen Einheiten« in Wirklichkeit um das gesamte 15. Kreuzergeschwader der Engländer handelt; daraufhin werden die eingesetzten Maschinen umgehend zurückbeordert.

Während der Kämpfe um Syrien erhalten beide Seiten beträchtliche Verstärkungen. So verfügt jetzt die französische Jagdwaffe über 159 Maschinen, die von ausgesuchten und besonders erfahrenen Piloten geflogen werden. Da die Engländer den modernen französischen Jägern Dewoitine D.520 keine gleichwertigen Flugzeuge entgegenschicken können, müssen ihre Staffeln empfindliche Verluste hinnehmen. Außerdem werden die englischen Truppenansammlungen immer wieder von den französischen Bombern Martin 167 angegriffen, so daß zum Beispiel eine englische Kolonne, die sich auf dem Weg vom

Eine Verteidigungsstellung der Vichy-Truppen im Raum El Kuneitra wehrt britische Angriffe ab

Eine Patrouille der berittenen Truppen der British Yeomanry auf dem Vormarsch entlang des Litani-Flusses in Syrien

1941 Juni

Irak nach Palmyra (Mittelsyrien) befindet, sogar mehrere Tage aufgehalten wird.

In Syrien überquert die australische 21. Brigade den Litanifluß und stößt etwa zehn Kilometer die Küste entlang bis an das andere Ufer der Mündung vor.

Am Mittwoch, dem 11. Juni 1941, erreicht in Syrien die Kavallerie der »Freien Franzosen« unter Col. Collet den Ort Kiswe, südlich von Damaskus, doch gelingt es ihnen nicht, hier die starken Befestigungen frontal anzugreifen.

Im Verlauf des Tages nehmen australische Verbände, die aus dem Frontvorsprung in Metulla vordringen, im Libanon den Ort Merj Ayoun an der Grenze zu Palästina nach heftigen Kämpfen und rücken dann nach Norden auf Nabatiyeh vor.

Entlang der Küste zieht die australische 21. Brigade mit der berittenen Cheshire Yeomanry an ihrer rechten Flanke. Die Yeomanry überwältigt den Widerstand bei dem dicht an der Küste gelegenen Ras en-Nakura und stößt mit einem Teil der australischen Brigade ins Landesinnere durch die Berge in Richtung Litanital vor, um dort mehrere Orte nördlich von Jezzin zu besetzen, trifft aber hier auf heftigen Widerstand.

Im Libanon gelingt es britischen Einheiten am 12. Juni 1941, bei Sidon zu landen und die Vichy-Franzosen zum Rückzug zu zwingen. An den Seegefechten zwischen Engländern und Pétain-treuen Franzosen vor der libanesischen Küste beteiligen sich auch die auf Kreta stationierten deutschen Bombenflugzeuge. Ihr Einsatz hindert die Royal Navy, die modernen französischen Zerstörer zu bekämpfen.

Vor der syrischen Küste fliegt die II. Gruppe des deutschen Lehrgeschwaders 1 (Hptm. Kollewe) mit ihren Bombern Ju 88 Einsätze zur Unterstützung der hart bedrängten französischen Flotteneinheiten. Es gelingt den deutschen Fliegern, auf den beiden britischen Zerstörern »Illex« und »Isis« schwere Treffer zu erzielen. Gegen Abend greifen auch Maschinen des französischen 4. Aero-Navale Groupement die englischen Kriegsschiffe an.

Am gleichen Tag gehen in Syrien die Truppen des Vichy-Generals Dentz zum Gegenangriff über. Dank der Überlegenheit an Panzerkampfwagen können sie zwei vollmotorisierte Einheiten der Transjordan Frontier Force aus Ezra herausdrängen. Auch Kuneitra wird von den französischen Panzer- und Infanteriekräften heftig angegriffen, so daß die Garnison der Royal Fusiliers aus Munitionsmangel kapitulieren muß. Und im Libanon, südlich von Sidon, halten die Vichy-Truppen unter starkem Einsatz von Mörsern und Panzern den britischen Vormarsch an der Küste auf.

Am Montag, dem 16. Juni 1941, wird 50 Seemeilen vor der syrischen Küste der als Munitionstransporter eingesetzte französische Großzerstörer »Chevalier-Paul« von einem britischen Torpedoflugzeug versenkt.

In Syrien gewinnen am 17. Juni 1941 die Soldaten der australischen 21. Brigade und der Queens Royal West Surreys den Ort Kuneitra zurück. Auch Ezra wird an diesem Tag von einem gemischten Verband »Freier Franzosen« und der Transjordan Frontier Force wiedergewonnen. Ein weiterer Angriff auf Merj Ayoun ist jedoch weniger erfolgreich. Weiter nördlich, im Gebiet von Jezzin (Libanon), fügen die britischen Einheiten den Vichy-Truppen ernste Verluste zu und erbeuten mehrere Panzerfahrzeuge.

Am gleichen Tag trifft zwar der zweite von Toulon kommende französische Zerstörer »Vauquelin« mit Munitionsnachschub in Beirut ein, doch wird er im Hafengebiet von britischen Bombern schwer beschädigt.

Das Hauptquartier des australischen I. Korps übernimmt die Führung der Operationen in Syrien am 18. Juni 1941. Obwohl die Position der Vichy-Truppen geschwächt ist, da eine beträchtliche Zahl der Drusen-Kavalleristen desertiert, kann die Zitadelle von Suweida noch bis zur allgemeinen Feuereinstellung gehalten werden.

Verstärkte Angriffe auf Damaskus

Inzwischen verstärkt sich auch der Angriff auf Damaskus. Die indische 5. Brigade zieht zusammen mit den Royal Fusiliers westlich von El-Kiswe an den Bergen entlang und besetzt nach schweren Kämpfen Mezze.

Am Sonnabend, dem 21. Juni 1941, rücken die »Freien Franzosen« in Damaskus, der Hauptstadt Syriens, ein. Eine motorisierte Kolonne der Vichy-Truppen, die sich auf der Straße zwischen Damaskus und Beirut befindet, wird von RAF-Maschinen angegriffen und verliert 36 Troßfahrzeuge.

Im mittleren Frontabschnitt, der die Staffordshire Yeomanry, die Scots Greys und die australische 21. Brigade umfaßt, toben weiterhin schwere Kämpfe in der Nähe von Merj Ayoun.

Die britischen Truppen liegen nördlich und westlich der Ortschaft, während sich die Franzosen in Merj Ayoun eingegraben haben und die Berge im Osten sowie entlang der Hasbayastraße halten.

Im libanesischen Küstenabschnitt sind die Engländer bis zu den Stellungen südlich Damour vorgestoßen, und die Australier befinden sich jetzt auf der Linie Jezzin-Ras Nebi Yunus.

Die von den Engländern aus den Stützpunkten im Irak angeforderten Verstärkungen durchqueren gerade die Syrische Wüste. Es sind Einheiten der Household Cavalry, der Wilts (Wiltshire) Yeomanry, Warwickshire Yeomanry, das Essex Regiment, ein Feldregiment der Royal Artillery und Teile der Arabischen Legion (Glubb Pasha) mit Panzerfahrzeugen.

Die aus dem Irak kommende Arabische Legion erreicht am 22. Juni 1941 den stark gesicherten Stützpunkt Palmyra, der von einer kleinen, aber hartnäckig kämpfenden Kompanie deutscher und russischer Fremdlegionäre sowie von einer Wüstenkompanie gehalten wird.

Juni 1941

Angehörige einer britischen Vorausabteilung überprüfen die Papiere der gefangenen Soldaten einer Kolonialkompanie der Vichy-Truppen

Die Vorhut einer britischen motorisierten Abteilung erreicht die Vororte der syrischen Hauptstadt

1941 Juni

Eine Kamelreiter-Patrouille der Vichy-Truppen durchquert eine antike Ruinenstätte nahe Palmyra

Vor der syrischen Küste kommt es am folgenden Tag zu einem Gefecht zwischen dem französischen Kreuzer »Guépard« und den britischen Kreuzern »Ajax« und »Phoebe« sowie 12 Zerstörern. Die »Guépard« erhält zwar einen Treffer, kann aber die britische Blockade durchbrechen und im Schutz der Dunkelheit entkommen.

In Syrien besetzen die Australier am 24. Juni 1941 erneut das im Mittelabschnitt liegende Merj Ayoun, während britische Yeomanry-Patrouillen an der Ostflanke mehrere Gefechte mit französischer Kavallerie führen.

Am Mittwoch, dem 25. Juni 1941, geht vor der syrischen Küste in der Bucht von Djounieh das französische U-Boot »Souffleur« durch einen Torpedotreffer des britischen U-Bootes »Parthian« (Cdr. Rimington) verloren. Wenig später bringt ein englisches Torpedoflugzeug dem französischen Tanker »Adour«, der den ganzen Treibstoffvorrat für die französischen Levante-Streitkräfte an Bord hat, schwere Beschädigungen bei.

Am 1. Juli 1941 zählt die Elite der Vichy-Truppen an der Südfront in Syrien immer noch etwa 12 000 Mann, deren Fahrzeuge jedoch stark dezimiert sind. Trotzdem gelingt es ihnen, an der Küste bei Damour eine starke Abwehrstellung zu halten, die aber keine Unterstützung von See her hat, da bereits das französische U-Boot »Souffleur« und zwei Zerstörer, darunter »Chevalier-Paul«, versenkt sowie der Zerstörer »Vauquelin« beschädigt worden sind.

Der erste Teil des Syrienfeldzuges, der direkte Vorstoß britischer Truppen quer durch die Berge, wird mit hohen Verlusten der Commonwealth-Truppen erkauft; aber dieser Bewegungskrieg macht es den Vichy-Truppen unmöglich, ihre Stellungen weiterhin zu halten.

Lage in Syrien spitzt sich zu

Im Verlauf des 2. Juli 1941 spitzt sich die Lage in Syrien zu: Eine kleine Vichy-französische Einheit in Suweida wird von der Wüstenseite her durch Drusen-Kavallerie eingekreist, eine weitere durch die »Arabische Legion« in Palmyra. Unter Kontrolle der Truppen des Gen. Dentz bleiben immer noch die Straße Damaskus–Beirut nördlich von Jebel Majar, dazu das gesamte Bekatal bis Hasbaya sowie der Libanon von Hasrout südwärts Bet ed Din bis zur Küste südlich von Damour.

In Syrien und im Libanon gehen die Kämpfe zwischen den englischen und Vichy-französischen Truppen allmählich dem Ende entgegen. Trotz des hartnäckigen Widerstandes dieser französischen Boden- und Luftstreitkräfte

Juli 1941

Am 4. 7. 1941 wird in Acre der englisch-französische Waffenstillstand unterzeichnet. In der Mitte General Sir H. Maitland Wilson, zu seiner Rechten General Catroux, Kommandeur der »Freien Franzosen«

erweist sich ihre Lage schließlich als aussichtslos. Daran können auch die letzten Verstärkungen durch 21 Dewoitine-Jäger D.520 der GC II/3 nichts mehr ändern, die noch am 3. Juli 1941 von Tunis aus über Brindisi und Athen den deutsch-italienischen Luftstützpunkt Rhodos erreichen: Kurz vorher haben die Vichy-Streitkräfte in Palmyra kapituliert.

Von dem Angebot, sich den de-Gaulle-Truppen anzuschließen, machen nur 5668 Unteroffiziere und Mannschaften der in Syrien kämpfenden Streitkräfte Gebrauch, während über 30 000 es vorziehen, in die Heimat zurückzukehren. Von den in Syrien eingesetzten 289 französischen Flugzeugen, darunter 200 der modernsten Maschinen, sind 179 verlorengegangen, während die Engländer nur 12 Flugzeuge eingebüßt haben.

Die französischen Zerstörer »Guépard«, »Valmy« und »Vauquelin« verlassen am 9. Juli 1941 den syrischen Hafen Banias, um in Saloniki Verstärkungen für die Vichy-Truppen an Bord zu nehmen, die mit deutscher Hilfe von Frankreich nach Griechenland transportiert worden sind. Zu dem Verband gehören auch zwei Frachter, die für den Nachschub an Flakgeschützen, Ausrüstung und Munition bestimmt sind. Als jedoch die Transportschiffe und Zerstörer bereits 206 Seemeilen von Syrien entfernt durch die Engländer entdeckt werden, ergeht der Befehl, den südfranzösischen Hafen Toulon anzulaufen.

Unterdessen erobern in Syrien australische Truppen – durch Schiffsartillerie der Royal Navy unterstützt – die gesamte Abwehrlinie der Vichy-Truppen im Küstengebiet nahe Damour und stoßen weiter nach Khalde, etwa acht Kilometer südlich von Beirut, vor.

In Syrien wird die Feuereinstellung am 11. Juli 1941 bekanntgegeben. Während des gesamten Feldzuges hat die RAF durch Unterstützung der Erdtruppen eine entscheidende Rolle gespielt. Im Küstenabschnitt wiederum ist die Armee wirksam von der Royal Navy unterstützt worden.

Als sich Gen. Dentz für eine Waffenruhe entschieden hat, ist zwar erst Damaskus gefallen, und das Viereck zwischen zwei Gebirgsketten nördlich von Damour-Bet ed Din und der Linie Merj Ayoun–Dimass befindet sich immer noch fest in der Hand der Vichy-Truppen, doch die gleichzeitige Bedrohung von Beirut, Rayak, Homs, Tripolis, Hama und Aleppo macht es den Pétain-treuen Franzosen unmöglich, die Verteidigung des gesamten Abschnittes weiterzuführen.

Am Montag, dem 14. Juli 1941, gehen die Kämpfe in Syrien nach etwa fünfwöchiger Dauer offiziell mit der Unterzeichnung eines englisch-französischen Waffenstillstandes zu Ende. Während die meisten französischen Schiffe neutrale Häfen ansteuern, entkommen die U-Boote »Caiman« und »Morse« in den tunesischen Kriegshafen Bizerta.

DER BALKAN-FELD-ZUG

SÜDOST-EUROPA IN FLAMMEN

Nach diplomatischen Mißerfolgen beginnt das Unternehmen »Marita«, die Besetzung Griechenlands und Jugoslawiens

Am 13. Januar 1941 trifft der bulgarische Zar Boris III., am folgenden Tag der rumänische Conducator Gen. Ion Antonescu bei Hitler ein. Während sich der Zar nach wie vor zurückhaltend über einen möglichen Beitritt seines Landes zum Dreimächtepakt ausspricht, bietet Antonescu die Hilfe seines Staates an, falls Deutschland von der Sowjetunion angegriffen werden sollte.

Einen blutigen Putsch der faschistischen »Eisernen Garde«, der in Rumänien zu Ausschreitungen gegen die Juden geführt hat, wirft Gen. Antonescu nach zwei Tagen am 23. Januar 1941 nieder. Die deutschen Wehrmachtseinheiten verhalten sich abwartend. Die Führer des Aufstandes kommen zum Teil ums Leben, andere fliehen nach Italien, wo ihnen Asyl gewährt wird.

Hitlers Bemühungen, den jugoslawischen Ministerpräsidenten Cvetković für den Dreimächtepakt zu gewinnen, bleiben Mitte Februar 1941 ohne Ergebnis.

Die neue griechische Regierung Korizis weist ein erneutes deutsches Angebot, im Krieg mit Italien zu vermitteln, zurück.

Das Königreich Bulgarien tritt am 1. März nun doch dem Dreimächtepakt bei. Bereits am Vortag ist zur Vorbereitung des Einmarsches deutscher Verbände bei Giurgiu ein Brückenschlag über die Donau begonnen worden. Die ersten deutschen Einheiten betreten am 2. März bulgarischen Boden. Die Regierung der Sowjetunion sieht in diesen Handlungen einen unfreundlichen Akt, da Bulgarien zum russischen Interessengebiet gehört.

Am Dienstag, dem 4. März 1941, landen in Piräus (Griechenland) im Rahmen der Operation »Lustre« die ersten Kampfeinheiten des britischen Expeditionskorps (Gen. Wilson).

Kurz vor Beginn der auf Sonntag, den 9. März 1941, angesetzten italienischen Offensive an der albanischen Front erscheint Mussolini bei seinen Truppen, um ihnen Mut zuzusprechen. Trotz ihrer zahlenmäßigen und materiellen Überlegenheit scheitert der Angriff an der zähen griechischen Verteidigung. Westthrakien wird von griechischen Truppen fast vollständig geräumt; sie konzentrieren sich um Saloniki, nachdem an der griechisch-bul-

Zar Boris III. von Bulgarien nimmt mit zwei Abgesandten vom Oberkommando des Heeres die Parade bulgarischer Truppen ab

1941 März

Im Hafen von Piräus werden die britischen Flakgeschütze ausgeladen

General Sir Henry Maitland Wilson und Alexander Korizis, griechischer Ministerpräsident

Der jugoslawische General Dusan Simović und Peter II., König von Jugoslawien

Der italienische General Vittorio Ambrosio und Generalfeldmarschall Wilhelm List

März 1941

garischen Grenze die ersten deutschen Vorausabteilungen gesichtet worden sind.

Die italienische Albanienoffensive bricht am Sonntag, dem 16. März 1941, unter hohen Verlusten endgültig zusammen; selbst die eigenen Verteidigungslinien können kaum noch gehalten werden.

In Wien unterzeichnet am Dienstag, dem 25. März 1941, der jugoslawische Ministerpräsident Cvetković den Beitritt zum Dreimächtepakt, nachdem von Deutschland bekräftigt worden ist, die »Souveränität und Integrität des jugoslawischen Territoriums immer zu respektieren«. Unmittelbar nach der Bekanntgabe setzen in Belgrad heftige Gegendemonstrationen ein, die sich auch gegen Prinzregent Paul richten, der das Abkommen befürwortet hat.

Am Donnerstag, dem 27. März 1941, kommt es in Belgrad zum Staatsstreich. Prinzregent Paul geht nach Griechenland, und der erst 17jährige König Peter II. besteigt den Thron. Der ehemalige Chef des Generalstabs, Gen. Simović, bildet sofort eine neue Regierung und annulliert den von Deutschland erzwungenen, zwei Tage zuvor in Wien unterzeichneten Beitritt Jugoslawiens zum Dreimächtepakt.

Noch am Abend befiehlt Hitler mit seiner Weisung Nr. 25 einen Blitzfeldzug gegen Jugoslawien und Griechenland. Der Angriff auf die Sowjetunion soll um vier Wochen verschoben werden.

So sieht ein englischer Karikaturist die Lage auf dem Balkan im Frühjahr 1941

Wien, 25. 3. 1941: Unterzeichnung des jugoslawischen Beitritts zum Dreimächtepakt

1941 März

Mit Genugtuung berichtet die NS-Presse über den neuesten politischen Schachzug Hitlers

General Alexander Löhr und General Franz Böhme

General Rudolf Veiel

Der deutsche Plan sieht vor, einen konzentrischen Panzervorstoß von Sofia, vom Banat und Österreich aus auf Belgrad zu unternehmen. Zuerst soll die 12. Armee (GFM List) aus Bulgarien vorgehen, einige Tage später die Verbände der 2. Armee (GenOberst Frhr. von Weichs), die gerade in Österreich aufgestellt worden ist. Teile der 12. Armee haben von bulgarischem und jugoslawischem Gebiet aus Griechenland anzugreifen.

Das italienische Oberkommando will von Istrien aus mit Kräften der 2. Armee (Gen. Ambrosio) auf Lubljana und entlang der adriatischen Küste gegen Griechenland vorrücken und gleichzeitig die Verteidigung Albaniens stützen.

Insgesamt werden gegen Jugoslawien und Griechenland etwa 85 Divisionen eingesetzt (35 deutsche, 45 italienische und fünf ungarische), davon 52 Divisionen gegen Jugoslawien (24 deutsche, 23 italienische und fünf ungarische) sowie 27 Divisionen gegen Griechenland (eine Division zur Sicherung gegen die Türkei und fünf Divisionen als Reserven des OKH).

Am Mittwoch, dem 2. April 1941, endet die Operation »Lustre«, die Verlegung der etwa 58 000 britischen Soldaten von Alexandria nach Griechenland. 25 Schiffe (115 026 BRT) sind bei der Operation durch das Eingreifen italienischer Seestreitkräfte und der Luftwaffe versenkt worden.

Unter dem Eindruck des bevorstehenden Angriffs auf Jugoslawien begeht in der Nacht vom 2./3. April 1941 der ungarische Ministerpräsident Graf Pal Teleki Selbst-

Meldung der amerikanischen Presse von Hitlers Überfall auf den Balkan

April 1941

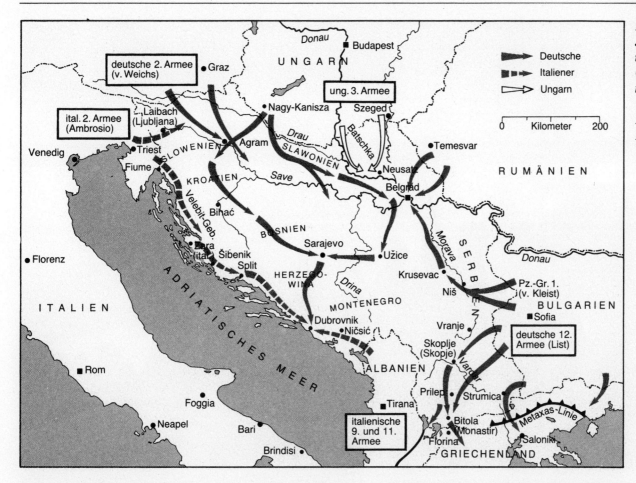

Die Lage in Jugoslawien und Griechenland in den ersten Tagen nach Beginn der Kämpfe

mord. Der extrem konservative Politiker richtet in seinem Abschiedsbrief schwere Vorwürfe gegen die Achsenmächte, da sie Ungarn dazu zwingen, den Freundschaftsvertrag mit dem Nachbarstaat zu brechen.

Die UdSSR und Jugoslawien schließen einen Freundschafts- und Nichtangriffspakt am 5. April 1941 ab.

Bomben auf Belgrad

Am Sonntag, dem 6. April 1941, rücken deutsche Truppen ohne Kriegserklärung in Jugoslawien und – von Bulgarien aus – in Griechenland ein. Die Luftflotte 4 (Gen. d. Fl. Löhr) unterstützt mit 210 Jägern, 400 Bombern und Stukas sowie 170 Aufklärern die Heeresverbände. Italien verfügt über insgesamt 666 Flugzeuge. Jugoslawien hat lediglich 400 Maschinen (darunter 144 Jäger, 160 Bomber, 40 Aufklärer), während Griechenland nur 80 Flugzeuge besitzt.

Die Offensive beginnt mit einem Bombardement auf Belgrad, zu dem 150 Bomber und Stukas unter starkem Jagdschutz von Österreich und Rumänien aus aufgestiegen sind. In drei Wellen werden insgesamt 484 Einsätze geflogen. Am Abend liegen nach fünf schweren Angriffen 17 000 Tote unter den Trümmern der jugoslawischen Hauptstadt.

Zwar greifen die italienischen Flieger mit mehreren hundert Einsätzen ebenfalls ein, aber bei vier Abschüssen verlieren sie fünf eigene Maschinen. Eine Koordination zwischen Luftwaffe und Regia Aeronautica findet in sinnvoller Art nicht statt.

In den Abendstunden des 7. April bombardieren die zum X. Fliegerkorps gehörenden elf Heinkel He 111 der 2. Staffel des KG 4 (Hptm. Kühl) den Hafen von Piräus. Das britische Munitionsschiff »Clan Frazer« erhält einen Treffer, und seine 250 Tonnen Sprengstoff jagen 12 Schiffe mit 51 569 BRT, dazu 60 Leichter und 25 Motorsegler in die Luft.

Dieser einzige gut ausgerüstete Nachschub- und Umschlaghafen, der den Engländern zur Verfügung steht, gleicht einer Wüste. »Ein erschütternder Schlag«, so Adm. Cunningham. Das britische Expeditionskorps und die griechischen Streitkräfte werden dadurch zu äußerst defensivem Vorgehen gezwungen.

Am Mittwoch, dem 9. April 1941, stößt auf dem Balkan die Panzergruppe 1 nach der Einnahme von Niš durch das Moravatal auf Belgrad vor, das von Einheiten der jugoslawischen 6. Armee verteidigt wird.

Am gleichen Tag marschiert in Griechenland die 2. Panzerdivision (GenLt. Veiel) in Saloniki ein.

Die griechische Ostmazedonienarmee kapituliert, nachdem das XVIII. Armeekorps (Gen. d. Inf. Böhme) von Stukas unterstützt die energisch verteidigten Gebirgsbefestigungen der Metaxas-Linie durchbrochen und damit die Ostmakedonienarmee abgeschnitten hat.

455

1941 April

Britische Soldaten bereiten sich nach dem Sonnenaufgang auf einen Stellungswechsel vor

Auf einer Gebirgsstraße in Bosnien: Deutsche Schützenpanzer während des Vormarsches

April 1941

Eine italienische Bersaglieri-Einheit rollt mit ihren Dreirad-Motorrädern an der dalmatinischen Küste entlang

Raum Sarajevo: Eine jugoslawische motorisierte Kolonne wird von deutschen Panzern überrascht

1941 April

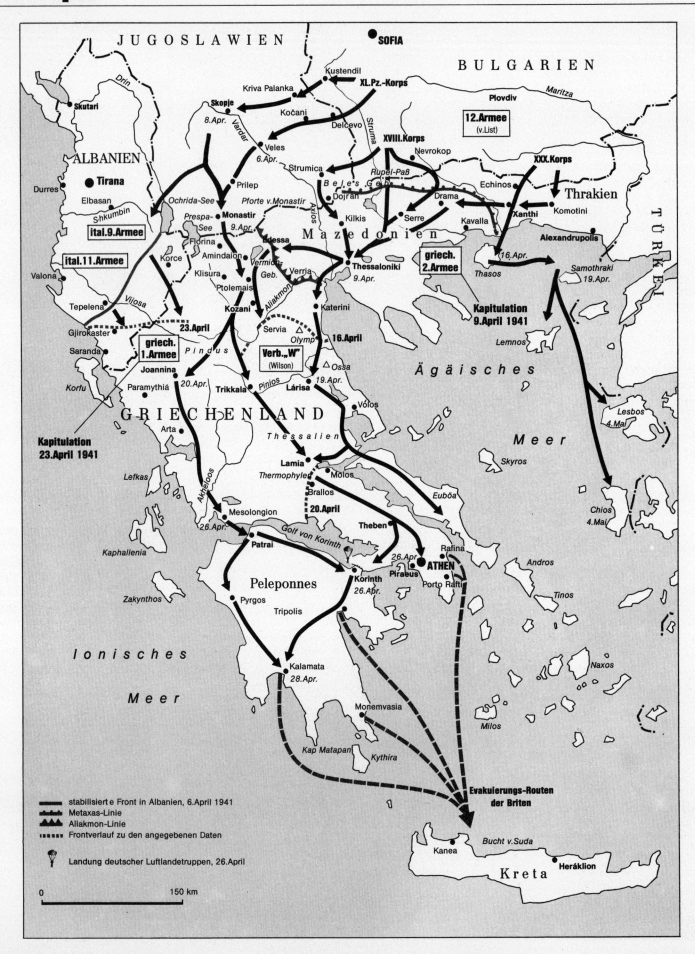

April 1941

Am Donnerstag, dem 10. April 1941, überqueren die deutschen Verbände den Fluß Vardar, stellen die Verbindung mit den Italienern am Ochridasee her und erreichen günstige Ausgangsstellungen für einen Vorstoß auf Griechenland von Norden her. Deutsche Truppen marschieren in Zagreb (Agram) ein. Dort wird von den aus Italien zurückkehrenden Mitgliedern der Ustascha-Bewegung das »Königreich« Kroatien ausgerufen und eine dem Faschismus verpflichtete Regierung gebildet.

In Jugoslawien rücken ungarische und italienische Truppen am 11. April 1941 ein, um die von ihren Regierungen beanspruchten Gebiete zu sichern.

Belgrad kapituliert unter dem Ansturm der von drei Seiten vorstoßenden Panzergruppe 1 am 12. April 1941.

Am Dienstag, dem 15. April 1941, befiehlt Gen. Wilson seinem Expeditionskorps den Rückzug vom Olymp zu den Thermopylen, um von hier aus die Evakuierung der Truppen in die Wege zu leiten.

Am gleichen Tag entkommen zehn jugoslawische Wasserflugzeuge aus Boka-Kotorska und steuern die Sudabucht auf Kreta an. Zwei jugoslawische Motor-Torpedoboote, die »Kajmakcalan« und »Durmitor«, sowie das U-Boot »Nebosja« schlagen sich nach Alexandria durch und bilden hier im Exil zusammen mit den Wasserflugzeugen die Royal Yugoslavian Navy.

Der griechische General Alexander Papagos und Georg II., König von Griechenland

Der neuseeländische General Sir Bernard Freyberg

Jugoslawische Streitkräfte kapitulieren

Am Donnerstag, dem 17. April 1941, um 21.00 Uhr, unterschreibt Gen. Kalafatovic als Vertreter des jugoslawischen Obersten Befehlsstabes in Belgrad die bedingungslose Kapitulation der jugoslawischen Streitkräfte. Insgesamt nehmen die Deutschen 6298 Offiziere, 337 864 Unteroffiziere und Mannschaften serbischer Abstammung gefangen. Die slowenischen, kroatischen und mazedonischen Soldaten werden freigelassen.

Am Mittwoch, dem 16. April 1941, haben deutsche Truppen den Metsovo-Paß besetzt und der griechischen Epirus-Armee den Rückzug abgeschnitten. Gleichzeitig wird in dem ausweglosen Gebirgsmassiv die westmazedonische Armee umzingelt. Von Osten her greifen deutsche, von Westen her italienische Verbände die beiden Armeen an.

Nach Rückzugsgefechten in Thessalien übernehmen die britischen Verbände die Verteidigung der Thermopylen am 19. April 1941.

Die Lage auf dem Balkan in den letzten Apriltagen des Jahres 1941

Am Montag, dem 21. April 1941, nimmt GFM List die Kapitulation der griechischen Streitkräfte entgegen. Rund 223 000 griechische Offiziere und Soldaten treten den Weg in die Gefangenschaft an.

Nach italienischem Protest über den Verlauf der bisherigen griechischen Kapitulationen ist ein offizieller Vertreter Italiens anwesend, als am 23. April 1941 die Truppen in Saloniki die Waffen strecken.

Am Donnerstag, dem 24. April 1941, überrennt das XVIII. Armeekorps (Gen. d. Inf. Böhme) die britische Verteidigungsstellung bei den Thermopylen. Die Rückführung des Expeditionskorps auf dem Seeweg (Operation »Demon«) läuft an.

An diesem Tag wird der letzte in Griechenland stationierte britische Jäger abgeschossen, so daß die Luftherrschaft über dem östlichen Mittelmeer nun völlig in die Hände der Deutschen übergeht. Diese Belastung wiegt im Hinblick auf die Operation »Demon« um so schwerer, da wegen der Zerstörung von Piräus die Rückführung von kleinen Fischerhäfen und von offenen Küstenabschnitten aus organisiert werden muß. Dennoch gelingt unter Zurücklassung aller schweren Waffen in fünf Nächten die Einschiffung von etwa 50 000 Soldaten, da die Luftwaffe nachts nicht startet und die italienischen Kriegsschiffe nicht eingreifen.

Auf der Überfahrt nach Ägypten versenken deutsche Flugzeuge zwei Zerstörer und vier Truppentransporter,

1941 April

Athen, 27. 4. 1941: Eine Vorhut der deutschen 6. Gebirgsdivision auf der Akropolis

Bulgarien 1941: Sonderausgabe anläßlich der Eingliederung Mazedoniens und Thrakiens

Deutsches Reich 1941: Deutsch-italienische Waffenbrüderschaft

insgesamt 40 480 BRT des Alexandria-Geschwaders Force H (Vizeadm. Somerville), das mit all seinen leichten Einheiten, sechs Kreuzern und 19 Zerstörern an der Rückführung beteiligt ist. 12 000 britische Soldaten sind in Griechenland gefallen oder in Gefangenschaft geraten.

Nach der Räumung von Griechenland übernimmt Lt. Gen. Freyberg mit neuseeländischen und griechischen Truppen die Verteidigung Kretas.

Am Sonnabend, dem 26. April 1941, besetzen die Deutschen Korinth. Vorausabteilungen der 5. Panzerdivision bereiten sich darauf vor, am darauffolgenden Tag in Athen einzurücken. Im Verlauf des Tages nehmen zwei Bataillone des Fallschirmjägerregiments 2 (Oberst Sturm) nach einem waghalsigen Einsatz aus der Luft die Brücke über den Kanal von Korinth. Da jedoch gegen Ende des Gefechts ein verirrtes britisches Flakgeschoß die Sprengladung der Brücke trifft, stürzt sie zusammen.

Da die motorisierten deutschen Verbände daraufhin am Isthmus festliegen, gewinnen die Engländer einen kurzen Zeitraum, um die Verteidigung Kretas vorzubereiten. Auch der deutsche Angriff auf die Insel verzögert sich, weil die Brückentrümmer den einzig sicheren Wasserweg für die Treibstoffversorgung deutscher Transportfliegergeschwader blockieren.

Am Dienstag, dem 29. April 1941, ist nach Besetzung von Kalamata an der Südküste des Peloponnes der griechische Feldzug für die deutschen Truppen abgeschlossen.

Mai 1941

Die deutschen Verluste des Balkanfeldzuges: 2559 Tote, 5820 Verwundete und 3169 Vermißte.

Der Widerstand der griechischen Armee hat in den sechs Monate währenden Kämpfen beachtliche Kräfte der Italiener gebunden und ihnen große Verluste zugefügt, was sich nachteilig auf ihre Einsatzstärke in Nordafrika ausgewirkt hat.

Vor dem Angriff auf Kreta: Deutsche Fallschirmjäger klettern in eine Transportmaschine Junkers Ju 52

General Wilhelm Süßmann (oben links), General Eugen Meindl (oben rechts), General Wolfram Freiherr von Richthofen (unten links) und General Kurt Student (unten rechts)

Unternehmen »Merkur«

Mitte Mai 1941 stehen auf Kreta die britisch-griechischen Truppen (42 500 Mann, davon etwas mehr als 10 200 Griechen) in höchster Alarmbereitschaft. Sie rechnen jederzeit mit einem deutschen Angriff.

Am Dienstag, dem 20. Mai 1941, beginnt um 7.15 Uhr das Unternehmen »Merkur«, die Eroberung Kretas, mit einem großangelegten Luftlandeeinsatz von Fallschirmtruppen und Gebirgsjägern. Die dabei eingesetzten Kräfte sind in drei Formationen gegliedert: die gegen Malemes angesetzte Gruppe West (GenMaj. Meindl), die bei Chania und an der Suda-Bucht landende Gruppe Mitte (GenLt. Süßmann) und schließlich die Gruppe Ost (GenMaj. Ringel), deren Einsatzgebiet der Raum Iraklion ist.

Die Gesamtleitung hat GenOberst Löhr, Oberbefehlshaber der Luftflotte 4. Ihm unterstehen dafür im einzelnen das VIII. Fliegerkorps (GenLt Frhr. von Richthofen), das XI. Fliegerkorps (Gen. d. Fl. Student) mit der 7. Flieger-(Fallschirm-)Division (GenLt. Süßmann) und der verstärkten 5. Gebirgsdivision (GenMaj. Ringel).

Als Reserve liegen Teile der 6. Gebirgsdivision bereit. Für die Überführung dieser Kräfte nach Kreta ist GenMaj. Konrad verantwortlich, dem hierfür zehn Kampfgeschwader z.b.V. (Luftlandegeschwader) mit insgesamt 493 Transportmaschinen Ju 52 sowie 100 Lastensegler

1941 Mai

zur Verfügung stehen. Zu den Kampfverbänden der Luftwaffe gehören 430 Bomber und 180 Jäger.

Die Kriegsmarine ist an dem Unternehmen »Merkur« mit zwei Dampferstaffeln und zwei Motorseglerstaffeln unter Leitung des »Admirals Südost« (Adm. Schuster) beteiligt. Die Sicherung der schwimmenden Landungsverbände übernimmt die italienische Marine (Kpt. z. S. Peccori-Giraldi) mit zwei Zerstörern und 12 Torpedobooten, dazu mehreren U-Booten, Schnellbooten und Minensuchern.

Fast ohne Schwierigkeiten gelingt das Absetzen der ersten Welle, nur sieben von den rund 500 aufgestiegenen Ju 52 gehen dabei verloren. Doch schon beim Niederschweben sind die Fallschirmjäger einem unerwartet starken Sperrfeuer ausgesetzt. Einige der zu weit verstreut gelandeten Kompanien haben derartig hohe Verluste, daß sie kaum noch einsatzfähig sind. Die sofortige Besetzung der von Neuseeländern hartnäckig verteidigten wichtigen Höhe 107 in der Nähe des Flugplatzes Malemes scheitert.

Ähnlich ergeht es den mit Lastenseglern abgesetzten Truppen beim Niedergehen über dem Felsgelände. Sie müssen gleich zur Verteidigung übergehen und haben dadurch keine Möglichkeit, einen Landungsraum für nachfolgende Verbände zu sichern. Da die Transportmaschinen der ersten Welle verspätet zu ihren Stützpunkten auf dem griechischen Festland zurückkehren und dort erst mühsam – zum Teil aus Fässern – aufgetankt werden müssen, verzögert sich der Start der zweiten Fallschirmjägerwelle, der auf 13.00 Uhr angesetzt war. In der Zwischenzeit haben britische Sabotageagenten die Fernsprechkabel zwischen dem XI. Fliegerkorps und den Transportgeschwadern gekappt, so daß weder der Einsatzzeitpunkt für die Fallschirmjäger verschoben werden kann noch der Start der Bombengeschwader, die das Landeunternehmen vorbereiten sollen.

Daher sind die planmäßig um 15.15 Uhr durchgeführten Angriffe der Kampfflieger gegen die Räume Rethymnon und Iraklion umsonst: Während der Bombereinsatz läuft, heben die ersten Transportmaschinen der zweiten Welle mit Verspätung ab. Ein geschlossener Start größerer Verbände und eine Versammlung der Transportmaschinen in der Luft erweist sich wegen der enormen Staubentwicklung beim Start als undurchführbar. Deshalb müssen die Ju 52 die Absatzplätze einzeln anfliegen, wodurch sich der Einsatz der zweiten Fallschirmjägerwelle zusätzlich verzögert.

Von den Geschehnissen auf Kreta hat der Kommandierende General des XI. Fliegerkorps (Gen. Student) auf seinem fernen Gefechtsstand in Athen kaum eine Ahnung; denn es existiert noch keine Funkverbindung zur Gruppe West (Malemes) oder zur Gruppe Mitte (Chania und Suda), weil die einzigen hierfür vorgesehenen 80-

Mai 1941

Das Unternehmen »Merkur«, die Luftlandung auf Kreta, ist eine der verlustreichsten deutschen Operationen des Jahres 1941

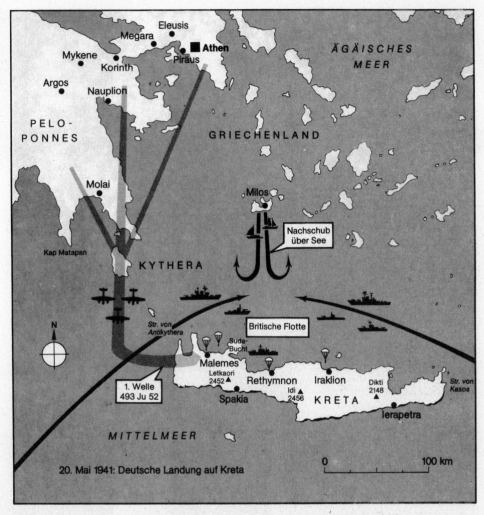

20. Mai 1941: Deutsche Landung auf Kreta

Beim Niederschweben unerwartet starkem Sperrfeuer ausgesetzt: Die erste Welle der Fallschirmjäger nach dem Absprung

und 200-Watt-Sender beim Aufprall eines Lastenseglers im Tavronitisbett zu Bruch gegangen sind.

Gen. Student hat keine Kenntnis davon, daß der Angriff auf den Flugplatz Malemes gescheitert ist, daß GenLt. Süßmann, Kommandeur der Fliegerdivision 7 (der Fallschirmdivision), Kreta gar nicht erst erreicht hat, da er mit seinem Lastensegler über der Insel Ägina abgestürzt ist, und daß manche Landeeinheiten nur noch über einen Bruchteil ihrer Sollstärke verfügen.

Und von der schweren Verwundung des GenMaj. Meindl, des Leiters der Gruppe West, weiß man in Athen ebensowenig wie von dem starken Feuer, dem die führerlosen Einheiten ausgesetzt sind.

Nicht anders ergeht es den Fallschirmjägern der zweiten Welle. Auch auf sie wartet schon ein abwehrbereiter Gegner. Überraschend auftauchende Panzer schießen die bei Rethymnon und bei Iraklion falsch abgesetzten deutschen Kompanien zusammen, noch ehe die Männer sich aus ihren Gurten lösen können; damit ist zugleich die Einnahme dieser beiden Flugplätze vereitelt. Erst gegen Abend wird das Fiasko auf Kreta in Athen bekannt.

Die Ursache des für die deutsche Führung nicht voraussehbaren Desasters: Der Gegner ist durch seinen Abhördienst bereits seit Wochen über die Vorbereitungen für das Unternehmen »Merkur« in allen Einzelheiten informiert, während umgekehrt den Deutschen die Stärke der britischen Verbände auf Kreta kaum bekannt war. Abgehört wurden alle Funksprüche zwischen dem Oberkommando der Luftwaffe und den in Griechenland mit der Planung und Vorbereitung befaßten Stäben, so daß die Alliierten in der Lage sind, rechtzeitig gezielte Abwehrmaßnahmen einzuleiten.

Nachdem Gen. Student endlich über die Lage auf Kreta informiert ist, entschließt er sich in der Nacht vom 20./21. Mai 1941, alle zur Verfügung stehenden Kräfte vordringlich auf die Einnahme von Malemes, dem wichtigsten Flugplatz der Insel, zu konzentrieren.

Harte Kämpfe um Kreta

Am Abend des 20. Mai 1941 muß die Luftwaffe ihre Versorgungsflüge in den Irak unterbrechen: Da während des Luftlandeunternehmens auf Kreta innerhalb kurzer Zeit über 150 Transportflugzeuge Junkers Ju 52 vernichtet worden sind, muß jetzt jede Maschine, die sich im Südosten Europas befindet, für den Transport von Nachschub für die schwer kämpfenden Fallschirmjäger zur Verfügung stehen.

463

1941 Mai

Nach drei Tagen erbitterter Kämpfe wird der Widerstand der britischen Truppen zusehends schwächer

General Julius Ringel, Kommandeur der 5. Gebirgsdivision

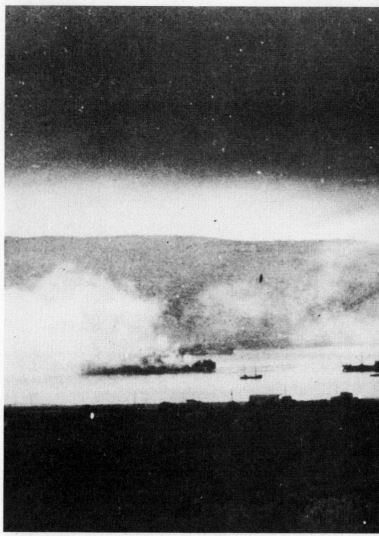

Am Mittwoch, dem 21. Mai 1941, springt der schon 52jährige Fallschirmjägeroberst Ramcke bei Malemes ab, um anstelle des verwundeten GenMaj. Meindl die Führung der Gruppe West zu übernehmen. Mit den Überlebenden des Sturmregiments greift er erfolgreich den Flugplatz an, dessen Einnahme um 17.00 Uhr abgeschlossen ist. Kurz danach landen bereits einige Transportmaschinen. Am gleichen Tag treffen auch die ersten Kompanien des Gebirgsjägerregiments 100 ein, obwohl Adm. Cunningham durch einen Flottenverband die Westküste Kretas sichern läßt und sieben Kreuzer sowie elf Zerstörer beordert, um die deutschen Transporter mit den Gebirgsjägern und schweren Waffen abzufangen.

In der Nacht vom 21./22. Mai 1941 wird die aus Piräus in Richtung Kreta ausgelaufene erste deutsche Motorseglerstaffel (Oberlt. z. S. Oesterlin) mit etwa 20 Fahrzeugen und 2300 Gebirgsjägern an Bord von drei britischen Kreuzern und vier Zerstörern der Force D (Konteradm. Glennie) angegriffen. Nur durch das entschlossene Eingreifen des italienischen Torpedobootes »Lupo« (FregKpt. Mimbelli) kann der deutsche Konvoi vor der völligen Vernichtung bewahrt werden. Mit zehn Motorseglern gehen von rund 2000 Soldaten 297 unter oder werden vermißt.

Die zweite deutsche Motorseglerstaffel – mit etwa 4000 Gebirgsjägern an Bord – wird von der aus vier Kreuzern und drei Zerstörern bestehenden englischen Force C (Konteradm. King) gestellt. Doch treffen rechtzeitig die Kampfflugzeuge des VIII. Fliegerkorps (Gen. d. Fl. Frhr. von Richthofen) ein, die die Angriffe der britischen Einheiten mit Bomben erwidern.

Hohe englische Verluste

Am Donnerstag, dem 22. Mai 1941, um 5.30 Uhr, steigen die Ju-87-Gruppen des Stuka-Geschwaders 2 »Immelmann« (OberstLt. Dinort) zu rollenden Einsätzen gegen die englische Mittelmeerflotte auf. 25 Meilen vor der Nordküste Kretas befinden sich die Schiffe der Force D (Konteradm. Glennie) und die zur Deckungsgruppe von Konteradm. Rawlings gehörenden Kreuzer »Gloucester« (Capt. Rowly) und »Fiji« (Capt. William-Powlett) sowie die Zerstörer »Greyhound« und »Griffin«. Schwere Nahtreffer setzen

Mai 1941

Die Suda-Bucht, der natürliche Hafen der britischen Flotte an der Nordküste Kretas, nach einem Stuka-Angriff

zwei Geschütztürme des Kreuzers »Naiad« (Force C) außer Gefecht, und der mit einem Bombenteppich belegte Zerstörer »Juno« sinkt innerhalb von zwei Minuten.

Um die Mittagsstunde geht die erste See-Luft-Schlacht zwischen den vereinigten britischen Forces A, B und D unter Konteradm. Rawlings und den Geschwadern des deutschen VIII. Fliegerkorps (Gen. d. Fl. Frhr. von Richthofen) ihrem Höhepunkt entgegen: Als erstes wird das Schlachtschiff »Warspite« (Force C), Adm. Rawlings Flaggschiff, schwer getroffen. Gegen 13.00 Uhr bringen zwei Volltreffer die »Greyhound« zum Sinken. Rottenweise greifen Ju 87 und Me 109 die einzeln fahrenden Kreuzer immer wieder an. Nach ersten Treffern gerät die »Gloucester« aus dem Steuer und sinkt um 16.45 Uhr nach einer Explosion im Schiffsinnern mit 45 Offizieren und 648 Mann.

Die Schlacht endet mit einem eindeutigen Erfolg der Luftwaffe, die der britischen Mittelmeerflotte so große Verluste beibringt, daß sie sich aus den Gewässern um Kreta zurückziehen muß. Ohne die deutsche Luftherrschaft hätten die über See nach Kreta transportierten Truppen kaum eine Chance gehabt, ihr Ziel zu erreichen.

Am Abend des 23. Mai 1941 wird Lt.Gen. Freyberg auf Kreta vom britischen Oberkommando angewiesen, die Insel zu räumen. 17 000 Soldaten des britischen Expeditionskorps sollen evakuiert werden. Der Kampf um Kreta hat die britische Mittelmeerflotte empfindlich hohe Opfer gekostet: Drei Kreuzer und sechs Zerstörer sind verlorengegangen, die beiden Schlachtschiffe »Barham« und »Warspite«, der Flugzeugträger »Formidable«, dazu sechs Kreuzer und sieben Zerstörer zum Teil schwer beschädigt.

Großbritannien hat rund 18 000 Soldaten des Heeres und der Marine verloren. Die deutschen Verluste: 6580 Tote, Vermißte und Verwundete. Von insgesamt 493 eingesetzten Transportmaschinen Ju 52 sind 271 abgeschossen oder so schwer beschädigt worden, daß sie nicht mehr einzusetzen sind. Diese erste großangelegte Luftlandeoperation der Weltgeschichte bleibt ohne wesentliche strategische Auswirkung auf die weitere Kriegführung der Achsenmächte.

1941 Mai

Deutsche Soldaten am Fluß Neretva. Im Hintergrund die berühmte Brücke von Mostar, Hauptstadt der Herzegowina

Die in der jugoslawischen Armee dienenden Deutsch-Jugoslawen sind die ersten, die zu den vorrückenden Wehrmachtsverbänden überlaufen

Der Widerstand formiert sich

Draža Mihailović, Monarchist und bisher Oberst im jugoslawischen Generalstab, nimmt am 10. Mai 1941 mit Gesinnungsfreunden, die sich um ihn in Westserbien gesammelt haben, den Widerstand gegen das deutsche Besatzungsregime auf.

Der Ustascha-Staat, das »Königreich« Kroatien, tritt am 13. Mai 1941 die Südsteiermark an das Deutsche Reich ab. In Italien erregt der gute Kontakt der politischen Führungen Deutschlands und Kroatiens Ärger.

Am Freitag, dem 4. Juli 1941, beschließt das Politbüro der KPJ, das sich im Belgrader Unterschlupf seines Generalsekretärs Josip Broz-Tito versammelt, einen Aufruf an die Völker Jugoslawiens zum Aufstand gegen die »Invasoren und deren Söldlinge«: »... Auf in den Kampf; denn das schulden wir den Sowjetvölkern, die auch für unsere Freiheit kämpfen.«

Auf dieser Sitzung legt das Politbüro des ZK der KPJ sowohl einen detaillierten Plan für den bewaffneten Kampf in Serbien als auch allgemeine Direktiven für die Partisanentätigkeit im ganzen Land fest.

Die strategischen Ziele und die Taktik der kommunistischen Partisanen beruhen auf den Erfahrungen des spanischen Bürgerkrieges (1936–1939) und enthalten zwei Grundregeln: 1. die Entfachung und Ausbreitung des

September 1941

*Serbien 1941:
Motiv über eine Anti-Freimaurer-Ausstellung in Belgrad*

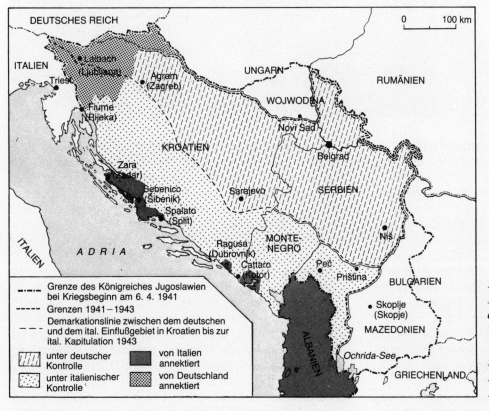

*Im Juli 1941 finden in
Montenegro die ersten
organisierten Aktionen der
Tito-Partisanen statt (oben links)*

*Die »Neuordnung« auf dem
Balkan nach dem Wunsch von
Hitler und Mussolini*

Aufstandes auf das ganze Gebiet des ehemaligen Königreiches Jugoslawien, um alle feindlichen Kräfte zu binden, und 2. die sukzessive Schaffung von sogenannten freien Territorien, die dann auch »befreite Gebiete« genannt werden. Faktisch bestehen dort schon freie Gebiete, wo wie in der Region zwischen Serbien, Montenegro und Südbosnien aus Mangel an Kräften die Besetzung durch deutsche oder italienische Truppen unterblieben ist.

Die Aufstellung der Partisanenverbände beginnt mit der Bildung von Überfallkommandos und Sabotagetrupps. Sie sind fünf bis 20 Mann stark. Ihre erste Tätigkeit: die Beschaffung von Waffen.

In Belgrad bildet GenOberst Nedić im Auftrag des deutschen Militärbefehlshabers eine serbische Marionettenregierung am 28. August 1941. Nedić hat sich nur auf Drängen mehrerer serbischer Honoratioren und mit Zustimmung aller Parteien zur Verfügung gestellt.

Einer der wichtigsten Erfolge von Nedić auf dem Gebiet der Partisanenbekämpfung: Es gelingt ihm, die in Südserbien operierende Tschetnik-Gruppe unter Kosta Pecanać für eine Zusammenarbeit zu gewinnen. Pecanać kämpft bereits seit Juli 1941 Hand in Hand mit SS-Einheiten gegen die Tito-Partisanen.

Am Freitag, dem 19. September 1941, findet in Jugoslawien im Dorf Strugarik am Nordrand der Ravna-Gora-

1941 September

Serbien 1941: Landespost unter deutscher Besatzung

Holzbrücken über Gebirgsflüsse sind die ersten bevorzugten Sabotageobjekte der Tito-Partisanen

Hochebene nahe Užice das erste Zusammentreffen zwischen Tito und dem Chef der königstreuen Guerillas, Tschetnik-Führer Mihailović, statt. Es wird beschlossen, im Kampf gegen die Deutschen militärisch und politisch zusammenzuarbeiten.

Mihailović beharrt auf seinem Standpunkt, daß es besser sei, die Kräfte zu schonen, bis man zu einem günstigeren Zeitpunkt zum entscheidenden Schlag ausholen könne. Nach eher stürmischen Verhandlungen wird man sich einig: Die Kriegsbeute soll zur Hälfte geteilt, die freie Entscheidung der Bevölkerung zugunsten der Tschetniks oder der Tito-Partisanen respektiert werden.

Der Versuch, eine gemeinsame Front von Tschetniks und Partisanen aufzubauen, scheitert aber am Führungsanspruch Titos. Außerdem ist Mihailović mit der gewalttätigen Politik der Partisanen nicht einverstanden.

Die Taktik, die Tito befohlen hat, kann nach Meinung von Mihailović nur zu grausamen deutschen Vergeltungsmaßnahmen bis zur Existenzbedrohung des serbischen Volkes führen. Gewaltsame Aktionen zu dieser Zeit, argumentiert er, werden mit einer Niederlage enden, weil die Angst vor Vergeltung alle Hoffnungen auf Unterstützung vom Volk zunichte machen würde. Allerdings steht fest, daß der Führer der Tschetniks schon Mitte September 1941 Verbindungen zu den Deutschen unterhält. Der Regierungschef der serbischen Marionettenregierung in Belgrad, GenOberst Nedić, erklärt später bei seinem Prozeß als Kollaborateur, daß sich Anfang September 1941 Abgesandte von Mihailović mit ihm in Verbindung gesetzt hätten, um Verhandlungen aufzunehmen. Mit deutschem Einverständnis seien Mihailović Finanzmittel zur Verfügung gestellt worden.

Am Sonnabend, dem 27. September 1941, kommt in Griechenland auf Betreiben der Nationalen Befreiungsfront (Ethniko Apeleftherotiko Metopo, EAM) eine Art Volksfront zustande, die sechs Linksparteien und eine Reihe von Politikern aus dem antiroyalistischen Lager der Liberalen umfaßt. Es gelingt den Kommunisten, längere Zeit das griechische Volk über ihre Führungsrolle in der EAM zu täuschen. Anfangs beschränkt sich die EAM auf Entfesselung von Streiks, durch die das deutsche Programm einer Verschickung der Griechen zur Arbeit im Reichsgebiet kaum zu realisieren ist. Ihre Nationale Volksbefreiungsarmee wird unter der Abkürzung ELAS (Ethnikos Laikos Apeleftherotikos Stratos) bekannt. Nichtkommunistische Bewegungen sind die National-Republikanische Griechische Liga, die EDES (Ethnikos Dimokratikos Ellinikos Syndesmos) unter Gen. Zervas und die kaum in Erscheinung tretende Nationale und Soziale Befreiung, die EKKA (Ethniki kai Koinoniki Apeleftherosis) unter Oberst Psaros.

Am Sonntag, dem 28. September 1941, beginnt in Serbien eine deutsche Aktion gegen Tito-Partisanen unter dem Namen »Erste Offensive«.

Am 21. Oktober 1941 erschießen deutsche Polizeieinheiten in den jugoslawischen Städten Kragujevac und Kraljevo etwa 9300 Geiseln als Abschreckung von weiteren Anschlägen der Partisanen. Tatsächlich wird dadurch die Stimmung gegen die deutsche Besatzung geschürt.

In der Nacht vom 1./2. November 1941 entbrennt zwischen den Tschetniks von Mihailović und den Partisanen Titos der offene Kampf: Nach der Version Titos greifen die Tschetniks die Partisanen nahe der Ortschaft Pozega, südlich des Ravna-Gora-Plateaus (westliche Morava), an.

Juli 1941

Bei diesem Städtchen, einem Stützpunkt der Tschetniks, liefern sich die beiden Guerillagruppen ein fast 24 Stunden dauerndes Gefecht.

Am Sonnabend, dem 8. November 1941, wird die Kommunistische Partei Albaniens gegründet, die beginnt, den moskautreuen Widerstand zu organisieren.

In einer deutschen Eisenhütte: Eisen und Stahl sind die wichtigsten Rohstoffe für die Rüstungsindustrie

In den Junkerswerken: Die Flugzeugproduktion des Jahres 1941 beträgt 12 401 Stück

Der Rüstungswirrwarr

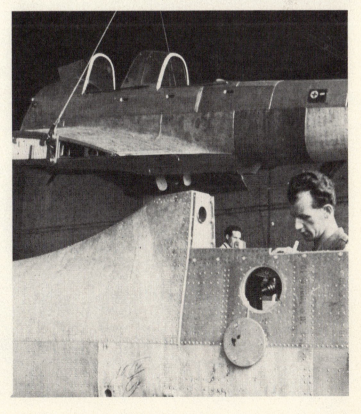

Mit Beginn des Jahres 1941 gelten in Deutschland die Schwerpunkte der Rüstungsanstrengungen immer mehr Heer und Luftwaffe: Die Vorbereitungen für das Unternehmen »Barbarossa« – den Überfall auf die Sowjetunion – haben absoluten Vorrang, hinter denen die Bedürfnisse der Kriegsmarine eindeutig zurückstehen müssen.

Hitler gibt in einem Erlaß vom 20. Juni 1941 seine Zustimmung für ein Sonderprogramm der Luftwaffe (Göring-Programm) auf Kosten der Heeresrüstung. Staatssekretär Gen. Milch zu diesem Plan: »... soll Luftwaffe innerhalb von drei Jahren vervierfachen.«

Das Oberkommando der Wehrmacht erteilt am 14. Juli 1941 die Weisung, den Rüstungsschwerpunkt wieder auf Luftwaffe und Kriegsmarine zu verlegen.

In Berlin wird als erste Entwicklungskommission des Ministeriums für Bewaffnung und Munition am 21. Juli 1941 die »Panzer-Kommission« gebildet. Ihr Chef: Professor Porsche, der VW-Konstrukteur. Am Freitag, dem

1941 August

22. August 1941, ordnet Reichsmarschall Göring dreistufige Strafen gegen säumige Arbeiter der Rüstungsbetriebe an. Die letzte Stufe: Versetzung zu einem Arbeits-Strafsonderkommando.

Am Montag, dem 15. September 1941, greift Hitler das ruhende Raketenwaffenprojekt »Peenemünde« (A-4-Projekt) wieder auf, um den britischen Bombenangriffen mit wirkungsvollen Vergeltungsmaßnahmen begegnen zu können. Der Entwicklung der Raketenwaffe wird die höchste Dringlichkeitsstufe »SS« (Sonderstufe) zugestanden. Sie erhält sogar Priorität vor U-Booten und Jagdflugzeugen. Der spätere Rüstungsminister Speer hat nachher dieses Vorhaben, das unter dem Namen V2 in die Geschichte eingegangen ist, als aufwendigstes, aber gleichzeitig sinnlosestes Projekt des Dritten Reiches bezeichnet.

Am Freitag, dem 28. November 1941, wird das bisherige Rüstungsprogramm durch Richtlinien des Oberkommandos der Wehrmacht aufgehoben: Die Freistellung der Arbeitskräfte durch eine geplante Auflösung von 49 Heeresdivisionen erweist sich als undurchführbar.

Im Verlauf des 3. Dezember 1941 wird Hitlers Erlaß über die Vereinfachung und Leistungssteigerung der Rüstungsproduktion bekanntgegeben, während gleichzeitig das Reichssicherheitshauptamt (RSHA) einen Arbeitskreis für sicherheitspolizeiliche Fragen des Ausländereinsatzes in der deutschen Kriegswirtschaft bildet.

Dr. Goebbels verliest am 21. Dezember 1941 über den deutschen Reichssender den Aufruf Hitlers zur Sammlung von Wintersachen und Skiern für die Ostfront. In der Bevölkerung breitet sich Unruhe aus, da unverkennbar keine Vorsorge für die Winterausrüstung der deutschen Soldaten getroffen ist.

Erbarmungsloser Luftkrieg

Seit Beginn des Jahres 1941 verfügt England über die Mittel, das deutsche Funknavigationssystem nachhaltig zu stören, während umgekehrt die Luftwaffe nicht in der Lage ist, sich der britischen Radarüberwachung zu entziehen. Hinzu kommt, daß Görings Luftwaffe für einen strategischen Bombenkrieg in keiner Weise gerüstet ist, so daß ihre Operationen zwangsläufig von hohen Verlusten begleitet werden. Daher werden die bislang bevorzugten Angriffe auf Industriezentren eingestellt und durch Bombardements der auch ohne Funknavigation erreichbaren Küstenstädte abgelöst.

Hitler erläßt seine »Weisung Nr. 23« am 6. Februar 1941, die Richtlinien für eine Kriegführung gegen die britische Rüstungswirtschaft enthält. Dieser Weisung zufolge ist der Handelskrieg das beste Mittel, England in die Knie zu zwingen. Um den Niedergang zu beschleunigen, sollen jetzt im verstärkten Ausmaß Angriffe auf Hafenanlagen, Werften und Schiffe geflogen werden.

Im März 1941 konzentrieren sich die Nachtangriffe der Luftwaffe wiederum auf die Londoner Hafenanlagen, doch die Einsätze sind mit hohen Verlusten verbunden. Allein in diesem Monat sind von der britischen Luftabwehr 43 Kampfflugzeuge und von der radargesteuerten Flak 21 Maschinen abgeschossen worden. Auf das Konto der Nachtjäger geht der Verlust weiterer 22 Flugzeuge.

In der »Luftschlacht um England« ändert die deutsche Luftwaffe in der ersten Aprilwoche ihre Taktik. So rich-

General Josef Kammhuber

Die letzten Vorbereitungen einer Besatzung des deutschen Kampfflugzeuges Heinkel He 111 vor dem Start

Mai 1941

ten in der Nacht vom 7./8. April 1941 einige hundert deutsche Bomber ihre Angriffe erstmals nicht mehr konzentrisch auf ein einziges Ziel, sondern auf eine ganze Anzahl Objekte, die sich von der Südküste Englands bis Schottland erstrecken.

In den fünf Nächten der ersten Maiwoche entfesselt die Luftwaffe einen Feuersturm über dem Hafen von Liverpool. 625 Kampfflugzeuge lösen insgesamt 905 Tonnen Spreng- und Brandbomben aus ihren Bombenschächten aus, zerstören damit 18 Handelsschiffe (35 605 BRT) und fügen weiteren 25 mit insgesamt 92 964 BRT schwere Schäden zu. Die Umschlagkapazität des Hafens reduziert sich auf 25 Prozent, und von den Ladedocks sind 50 Prozent unbrauchbar.

Im Laufe der ersten zehn Tage des Monats Mai 1941 steigert die Luftwaffe überraschend die Zahl ihrer nächtlichen Angriffe, die jetzt auch wieder RAF-Flugplätzen gelten.

In der Nacht vom 8./9. Mai 1941 werden vermeintlich 20 Luftstützpunkte und drei Nächte später sogar 45 Fliegerhorste gleichzeitig mit Bombenteppichen belegt; doch zwei Drittel der angeblichen Stützpunkte sind nur Scheinanlagen. Die unvermutete Aktivität der Luftwaffe soll den Eindruck einer nahenden Invasion der Insel erwecken, in Wahrheit jedoch die Vorbereitungen für den Überfall auf die Sowjetunion verschleiern.

In der Nacht vom 10./11. Mai 1941 starten deutsche Kampfverbände unter günstigsten Wetterbedingungen mit 507 Maschinen zu einem Großangriff auf London. Dieser Einsatz stellt den Höhe- und Wendepunkt in der »Luftschlacht um England« dar. 700 Tonnen Sprengbomben und 2393 Brandschüttkästen gehen über der britischen Hauptstadt nieder.

In einer Jagdfliegerleitstelle wird die Kursänderung des britischen Bomberverbandes eingetragen

Nach einem britischen Bombenangriff

471

1941 Mai

Dieser bislang schwerste Angriff hinterläßt 3000 Tote und Verletzte, von den deutschen Piloten werden 27 über England abgeschossen – Verluste, die sonst nur bei Tageinsätzen vorgekommen sind. Da auch den bisherigen Einsätzen der erhoffte Erfolg nicht beschieden ist, stellt die Luftwaffe ihre Angriffe allmählich ein. Insgesamt sind in den letzten zehn Monaten 5000 Einsätze über England geflogen und dabei ebenso viele Bomben abgeworfen worden. Eine Steigerung dieser Angriffe war unter Berücksichtigung der Fertigungskapazitäten der deutschen Industrie, des Wetters und auch angesichts der britischen Luft- und Bodenabwehr nicht möglich.

Für Deutschland kommt die »Luftschlacht um England« einer Niederlage gleich. Die Gründe dafür sind das Fehlen von geeigneten, gut bewaffneten schweren Bombern, von Jagdflugzeugen mit großer Reichweite und der Mangel einer zielbewußten strategischen Luftkriegführung. Zwar ist der Krieg damit noch nicht verloren, aber er kann auch nicht mehr gewonnen werden. Ohne die Luftherrschaft über England zu besitzen, ist die Invasion der Insel ein zweifelhaftes Unternehmen.

Massive Angriffe der Engländer

Donnerstag, der 1. Mai 1941, ist ein wichtiges Datum für die deutsche Luftverteidigung: Erstmals wird die Führung der Tag- und Nachtjagd in einer Kommandostelle zusammengefaßt. Dagegen unterstehen die Flakverbände im Reichsgebiet weiterhin den Luftgaukommandos. Im übrigen kann die »Reichsluftverteidigung« als eine einzige zusammenhängende militärische Organisation angesehen werden.

In der Nacht vom 8./9. Mai 1941 starten RAF-Verbände mit 359 Bombern zu ihrem bislang massivsten Einsatz gegen Deutschland. Allein 317 Maschinen werfen ihre Bomben über Hamburg und Bremen ab.

Neuerungen gibt es im Juli 1941 in der deutschen Luftverteidigung. Bezeichnend ist dafür die sogenannte »Kammhuber-Linie«, benannt nach GenMaj. Josef Kammhuber, dem Organisator der deutschen Nachtjagd. Diese Linie ermöglicht mit Einführung der Würzburg-Funkmeßgeräte ein System sich überlappender Abfangräume für Nachtjäger. Doch ist das System noch nicht ausgereift, da die Reichweite zu kurz ist. So kann vielfach nicht die Anflughöhe der feindlichen Bomber schnell genug festgestellt werden, um die deutschen Abfangjäger möglichst frühzeitig einsetzen zu können. Den Engländern entgeht jedoch nicht, daß der zunehmende Einsatz von Radargeräten in der deutschen Luftverteidigung steigende Bomberverluste verursacht.

Bei der »Dunklen« oder »Geführten Nachtjagd« können jetzt die Jagdpiloten dank der Funkmeßgeräte ohne Scheinwerferunterstützung an die Bomber herangeführt werden. In den westlichen Küstengebieten und um Berlin wird am Vorfeld der Scheinwerferriegel ein System sich gegenseitig überschneidender »Himmelbettkreise« errichtet. Jeder Kreis mit einem der Reichweite des Würzburg-Gerätes entsprechenden Durchmesser von etwa 65 Kilometern hat eine Führungs- und Auswertungszentrale, und jeder Nachtjäger wird von einem Jägerleitoffizier, der ein schnelles Reaktionsvermögen besitzen muß, von der Bodenstelle aus geführt.

Zusätzlich zu diesem Nachtjagdsystem koordiniert die Luftverteidigung ein Zusammenwirken der Jäger und der Flak: Nach Maßgabe des Jägerleitoffiziers wird immer dann das Flakfeuer unterbrochen, wenn ein Eingreifen der Abfangjäger als erfolgversprechend gilt. Diese Taktik der »Kombinierten Nachtjagd« bewährt sich vor allem über den mit starken Flakgürteln umgebenen Großstädten.

Etwa zur gleichen Zeit werden Ende Juli 1941 sowohl bei der Royal Air Force als auch bei der Luftwaffe zwei bemerkenswerte Flugzeugtypen in Dienst gestellt. Bei den Deutschen ist es die Focke-Wulf Fw 190, eines der meistgebauten Jagdflugzeuge der Luftwaffe neben der Me 109. Dieser erste moderne Jäger mit Sternmotor gilt vielfach als bestes herkömmliches Jagdflugzeug der Luftwaffe im Zweiten Weltkrieg. Die Engländer wiederum verfügen mit der De Havilland »Mosquito«, die auch das »hölzerne Wunder« genannt wird, über eine der vielseitigsten Maschinen des Krieges. Sie eignet sich nämlich nicht nur als Tag- und Nachtjäger, sondern auch als Aufklärer und Schnellbomber. Die in vielen Versionen gebaute »Mosquito« ist dank ihrer zwei Rolls-Royce-Merlin-Motoren so schnell, daß sie alle gegnerischen Jäger hinter sich läßt. Die ersten 50 Flugzeuge dieses Typs finden als Fernfotoaufklärer (Mk. I), als Nachtjäger (Mk. II) und auch als Bomber (Mk. IV) Verwendung.

Die Luftwaffe ist inzwischen – vor allem die Bomberverbände – an der Ostfront im Einsatz, so daß ab Juni 1941 fast nur noch Jägereinsätze gegen Angriffe der RAF geflogen werden. Hierfür stehen jedoch nur noch zwei Jagdgeschwader (JG 2 und JG 26) zur Verfügung. Die Hauptlast bei der Abwehr britischer Nachtangriffe hat im ersten Halbjahr 1941 weiterhin die »Helle Nachtjagd« getragen, die seit Juni 1941 mehr und mehr von einer anderen erfolgversprechenden Einsatztaktik abgelöst wird. Der Beginn des Ostfeldzuges bedeutet für die Entwicklung der Reichsluftverteidigung eine entscheidende Wende.

In der Nacht vom 12./13. August 1941 ist Berlin dem bisher schwersten englischen Luftangriff seit Kriegsbeginn ausgesetzt. 82 Tonnen Sprengbomben gehen in dieser Nacht auf die Reichshauptstadt nieder.

Am Freitag, dem 15. August 1941, unternimmt das RAF Bomber Command, nachdem das Gros der deutschen Flugzeuge an die Ostfront verlegt ist, mit 53 Blenheim-Kampfflugzeugen einen Tagesangriff auf die Elektrizitätswerke in der Nähe von Köln. Obwohl den Bombern bis zur holländischen Küste Jagdschutz zur Verfügung steht und andere Kampfflieger und Jäger gleichzeitig zur Ablenkung gestartet sind, büßt die RAF bei diesem Angriff insgesamt 12 Blenheims, mehr als ein Fünftel der beteiligten Maschinen, ein.

August 1941

Auf einem Feldflugplatz in Nordfrankreich: Jäger vom Typ Focke-Wulf Fw 190 (ganz oben)

Der britische leichte Bomber De Havilland Mosquito startet zu einem Nachteinsatz

Schweiz 1941: Wohltätigkeits- und Gedenkmarke

Der britische Air Marshal O. T. Boyd

1941 September

Das RAF Bomber Command setzt am 8. September 1941 zum erstenmal »Fliegende Festungen« Boeing B-17 C ein. Sie sollen bei diesem Einsatz Bomben auf Ziele an der norwegischen Küste abwerfen. Da die Deutschen durch Radar gewarnt sind, können sie den herannahenden »Flying Fortresses« gleichzeitig von Stavanger aus Jagdmaschinen Me 109 der 13. Staffel des Jagdgeschwaders 77 entgegenschicken. Den Jägern gelingt es, zwei »Fliegende Festungen« sofort abzuschießen und drei weitere zu beschädigen. Daraufhin drehen die anderen Maschinen ab. Nach diesem und weiteren Mißerfolgen hat das Bomber Command keine gute Meinung von den Boeing B-17 und bezeichnet sie als völlig ineffektiv. Sie werden vorerst vom Coastal Command und ein Teil sogar für Transporte im Mittleren Osten eingesetzt.

In der Zeit zwischen September und November 1941 intensiviert das RAF Bomber Command seine Angriffe gegen die Reichshauptstadt. Die Zahl der Opfer unter der Zivilbevölkerung und das Ausmaß der Schäden in den Wohnvierteln nehmen zu.

Seit Ende 1940 gehörten die Einsätze der Fernnachtjäger der I/NJG 2 (Hptm. Hayse) zu den erfolgreichsten Unternehmungen der Luftwaffe gegen das britische Bomber Command. Deutsche Nachtjäger lauerten im Dunkeln den vom Einsatz oft mit dem letzten Tropfen Benzin oder Trefferschäden heimkehrenden englischen Bombern über den Einsatzhäfen in Südostengland auf. Wenn sich die erschöpften Besatzungen gerade auf die Landung konzentrierten, konnten sie leicht von den deutschen Fernnachtjägern abgeschossen werden. Von Oktober 1941 an sind jedoch die englischen Bomberbesatzungen dieser Gefahr nicht mehr ausgesetzt, weil auf Befehl Hitlers die erfolgreiche Fernnachtjagdgruppe in den Mittelmeerraum verlegt wird.

In der Nacht vom 7./8. November 1941 verlieren die Engländer bei einem Luftangriff auf Berlin 21 von insgesamt 169 eingesetzten Maschinen (12,5 Prozent). Schlechte Witterungsbedingungen und die inzwischen wieder verbesserte deutsche Luftabwehr sind die Ursachen dafür, daß die britischen Luftstreitkräfte zunehmende Verluste an Bombern hinnehmen müssen. Deshalb läßt Churchill fünf Tage später zunächst einmal die Angriffe auf Berlin und ähnlich weit entfernte Ziele einstellen.

In Berlin erschießt sich am 17. November 1941 Generalluftzeugmeister GenO Ernst Udet. Ihm ist zum Vorwurf gemacht worden, daß die Erprobung deutscher Jagdmaschinen unzureichend gewesen sei. Hinter seinem Rücken sind außerdem in seinem Amt personelle Umbesetzungen vorgenommen worden. Schließlich lasten Hitler, Göring und Luftwaffengeneralinspekteur Erhard Milch, der Udets Nachfolger wird, ihm die mangelhafte Luftverteidigung gegen britische Bomberangriffe auf deutsche Städte an. Daraus zieht der als Bürogeneral völlig ungeeignete ehemalige Kunstflieger die Konsequenz. Der deutschen Öffentlichkeit wird die Lüge aufgetischt, er sei bei der Erprobung eines neuen Flugzeugtyps ums Leben gekommen.

Am Sonnabend, dem 22. November 1941, zerschellt in Breslau-Gandau eine He 111 an einem Fabrikschorn-

General Ernst Udet

Hitler zu Göring: ». . . und so sollen wir England auf die Knie zwingen?!« – britische Karikatur vom Sommer 1941

April 1941

stein. An Bord befindet sich Oberst Werner Mölders, einer der erfolgreichsten deutschen Jagdflieger, der an dem Staatsbegräbnis für Ernst Udet teilnehmen wollte. Um den Tod Mölders', der gläubiger Katholik gewesen ist, bildet sich schnell eine Vielzahl von Gerüchten.

In der Nacht vom 30. November/1. Dezember 1941 wird Hamburg von RAF-Bombern angegriffen. Von 129 gestarteten Maschinen erreichen jedoch nur 84, die 138 Tonnen Bomben abwerfen, ihr Ziel; die RAF verliert bei dem Angriff 13 Flugzeuge.

Massenmord im Auftrag des Staates

Am 18. Februar 1941 ordnet Reichsmarschall Göring den Masseneinsatz von Häftlingen aus dem Konzentrationslager Auschwitz im Buna-Werk an, wo synthetischer Kautschuk hergestellt wird. Die IG-Farben AG bezahlt der Lagerverwaltung des KZ Auschwitz für jeden ungelernten Arbeiter pro Tag vier Reichsmark und für jeden qualifizierten Arbeiter sechs Reichsmark pro Tag. Für die im Buna-Werk arbeitenden Häftlinge wird das Lager Monowitz, das größte von insgesamt 39 Außenkommandos des Konzentrationslagers Auschwitz, errichtet.

Am Sonntag, dem 23. Februar 1941, werden von Amsterdam aus die ersten 400 jüdischen Geiseln in das KZ Mauthausen bei Linz, Bezirk Perg/Oberösterreich, deportiert.

In Amsterdam bricht am 26. Februar 1941 unter massivem Einsatz von Polizei und SS der am Vortag ausgerufene Generalstreik zusammen, mit dem gegen die Gewaltmaßnahmen protestiert wurde, denen die niederländischen Juden ausgesetzt sind. Über 100 Amsterdamer werden als Rädelsführer verhaftet. Zum erstenmal ist es zu einer spontanen Aktion gegen die Besatzungsmacht und zu einer Solidarisierung mit den jüdischen Mitbürgern in einem von Deutschland eroberten Land gekommen.

Die Besatzungsbehörden verurteilen wegen Arbeitssabotage und Streik in Holland 18 Mitglieder der Widerstandsbewegung zum Tode, die damit ihre ersten Opfer bringt.

Am 1. März 1941 besucht Reichsführer SS Heinrich Himmler in Begleitung von höheren SS-Führern und Vertretern der IG-Farben AG zum erstenmal das KZ Auschwitz und erteilt dabei den Auftrag zum Bau eines Konzentrationslagers für 100000 Häftlinge in Brzezinka (Birkenau), drei Kilometer von Auschwitz entfernt.

In Deutschland werden vom 7. März 1941 an die ersten Juden zur Zwangsarbeit eingesetzt. Die Religiösen unter ihnen müssen gegen die Regel verstoßen, nach der am Sabbat jede Tätigkeit verboten ist.

Von Anfang Februar bis Ende April 1941 werden 72000 Juden aus der Umgebung der polnischen Hauptstadt ins Warschauer Ghetto deportiert. Das Warschauer Ghetto ist das erste, das mit einer großen Sperrmauer ver-

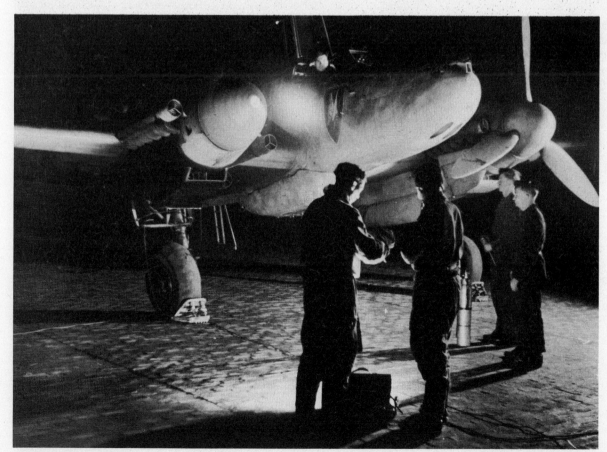

Ein Nachtjäger Messerschmitt Me 110 des Nachtjagdgeschwaders 4 kurz vor dem Start

1941 April

Frühjahr 1941: Juden werden aus der Umgebung der polnischen Hauptstadt in das Warschauer Ghetto deportiert

Ein vor Hunger Sterbender auf der Straße des Ghettos von Warschau

Juli 1941

Die wichtigsten in Mitteleuropa liegenden Konzentrations- und Vernichtungslager

sehen wird. Die Material- und Baukosten muß der Judenrat aus eigenen Mitteln an eine deutsche Baufirma zahlen. Im Warschauer Ghetto, in dem sich jetzt rund 1 500 000 Menschen befinden, herrschen Epidemien und Hungersnot. Vor der Auflösung des Ghettos beträgt die Monatsration 1 Kilogramm Brot, 250 Gramm Zucker, 100 Gramm Marmelade und 50 Gramm Fett pro Person.

Wann der Entschluß Hitlers, die »Endlösung« der Judenfrage zu betreiben, im Frühjahr 1941 gefaßt wurde, ist unbekannt. Da man einen schriftlichen Befehl Hitlers nicht gefunden hat, wird er ihn vermutlich nicht in dieser Form erteilt haben.

Am 14. Mai 1941 beginnt die Verfolgung der Juden im besetzten Teil Frankreichs: In Paris werden 3600 Juden bei einer großen Razzia verhaftet.

Am Freitag, dem 6. Juni 1941, trifft im Lager Auschwitz der erste Transport aus dem Ausland (60 politische Häftlinge aus dem Protektorat) ein. Von jetzt an werden nach Auschwitz Häftlinge aus fast allen Ländern Europas deportiert. Zu diesem Zeitpunkt werden sie überwiegend durch Erschießen, Erschlagen oder durch Giftinjektionen (Phenol) liquidiert.

Am Freitag, dem 13. Juni 1941, beginnt im unbesetzten Teil Frankreichs (Vichy) die Verfolgung der Juden: Die Regierung Pétain gibt bekannt, daß 12 000 Juden festgenommen und in Konzentrationslagern »interniert« worden seien. Ihre Aktivitäten hätten die guten Beziehungen zwischen Frankreich und Deutschland gestört. Antisemitische Rechtsbestimmungen der Vichy-Regierung ermöglichen die Beschlagnahme jüdischer Betriebe ohne Entschädigung.

Am Sonnabend, dem 28. Juni 1941, ist Kowno, die Hauptstadt von Litauen, Schauplatz eines Massakers an der jüdischen Bevölkerung. Das Pogrom fordert über 3800 Opfer, die zumeist von den durch SS aufgehetzten Mitbürgern erschlagen werden.

Die Kanzlei des Reichsführers SS gibt am 2. Juli 1941 die Empfehlung Himmlers bekannt, den »friedensmäßigen Ausbau« der Konzentrationslager vorzubereiten.

Am 8. Juli 1941 wird auf Anordnung der deutschen Besatzungsbehörden im Baltikum (Litauen, Lettland, Estland) der Judenstern eingeführt.

Am Sonnabend, dem 26. Juli 1941, wird ein neues KZ errichtet, diesmal in Natzweiler-Struthof (Elsaß).

Am Donnerstag, dem 31. Juli 1941, beginnt die »Endlösung«, der organisierte Massenmord an den europäischen Juden. Reichsmarschall Göring an SS-Obergruppenf. Heydrich: »In Ergänzung der Ihnen bereits mit Erlaß vom 24. 1. 1939 übertragenen Aufgabe, die Judenfrage in Form der Auswanderung oder Evakuierung einer den Zeitverhältnissen entsprechend möglichst günstigen Lösung zuzuführen, beauftrage ich Sie hiermit, alle erforderlichen Vorbereitungen in organisatorischer, sachlicher und materieller Hinsicht zu treffen für eine Gesamtlö-

1941 Juli

Ein durch Hunger gezeichneter Vater mit seinem Kind im Warschauer Ghetto

Umsonst sind die Bitten an das Erschießungskommando, sie am Leben zu lassen

sung der Judenfrage im deutschen Einflußgebiet in Europa. Sofern hierbei die Zuständigkeiten anderer Zentralinstanzen berührt werden, sind diese zu beteiligen.

Ich beauftrage Sie weiter, mir in Bälde einen Gesamtentwurf über die organisatorischen, sachlichen und materiellen Vorausmaßnahmen zur Durchführung der angestrebten Endlösung der Judenfrage vorzulegen.«

Massenerschießungen erscheinen den Einsatzgruppen der Sicherheitspolizei und des SD auf die Dauer als ungeeignet, da eine Geheimhaltung nicht möglich ist und die Erschießungskommandos psychisch zu stark belastet werden. Die sicherste und unauffälligste Methode ist die Vernichtung durch Vergasung – wie die Initiatoren des Holocaust meinen. Bereits im Juni 1941 hat Himmler – unter Berufung auf Hitler – dem Kommandanten des Lagers Auschwitz, Rudolf Höß, den Befehl erteilt, Großvergasungsanlagen bauen zu lassen. Das gleiche Verfahren wird später auch im Vernichtungslager Chelmno sowie in Belzec, Sobibor, Treblinka und Majdanek angewendet.

Im Lager Auschwitz findet am 3. September 1941 die erste Massenexekution von 600 sowjetischen Kriegsgefangenen und 250 Tbc-Kranken aus Rußland mit dem von IG-Farben AG entwickelten Giftgas Zyklon B, einem Blausäurepräparat, in dem zu Block 11 gehörenden Bunker statt.

Aufgrund von Verordnungen, die zu Monatsbeginn erlassen worden sind, müssen ab 19. September 1941 alle Juden vom sechsten Lebensjahr an im deutschen Herrschaftsgebiet den »Judenstern« tragen, eine Kennzeichnung, die bereits im Herbst 1939 in einzelnen von

Oktober 1941

Deutschland besetzten Gebieten Polens eingeführt worden ist und mit der die mittelalterliche Diskriminierung der Juden erneuert wird.

In Schitomir (Ukraine) findet die gewaltsame Liquidierung des Ghettos statt: 18 000 Menschen werden in den Vorstädten erschossen.

Am 29. September 1941 beruft Himmler einen Beauftragten für den Häftlingseinsatz beim Inspekteur der Konzentrationslager.

Ebenfalls am 29. September 1941 wird in den Schluchten des Baby Jar das rund 48 Stunden dauernde Massaker der jüdischen Bewohner Kiews beendet. Die Einsatzgruppe C (SS-Brigadef. Dr. Dr. Rasch) liquidiert mit Maschinengewehren 33 771 Menschen, vorwiegend Alte, Frauen und Kinder.

In der Umgebung von Dnjepropetrowsk (Ukraine) werden von Einsatzgruppen der Sicherheitspolizei und des SD am 11. Oktober 1941 rund 11 000 Juden erschossen. Am Dienstag, dem 14. Oktober 1941, wird mit dem Befehl des Chefs der Sicherheitspolizei und des SD zur Verschleppung deutscher Juden nach Lodz (Litzmannstadt) die allgemeine Deportation aus dem Deutschen Reich in das »Generalgouvernement« begonnen.

Himmler (rechts) bei der Besichtigung eines der von ihm errichteten Konzentrationslager

Bei jeder Gelegenheit ist die jüdische Bevölkerung dem Spott ausgesetzt

Majdanek wird errichtet

Am Mittwoch, dem 15. Oktober 1941, geben die deutschen Behörden im polnisch besetzten Gebiet bekannt, daß jeder Jude, der sich außerhalb eines Ghettos befindet, auf der Stelle erschossen wird.

Im Oktober 1941 wird auf Weisung von Himmler in Majdan Tatarski, einer Vorstadt von Lublin, eines der größten Konzentrations- und Vernichtungslager, Majdanek, errichtet. Bis 1943 wird es offiziell als Kriegsgefangenenlager und ab 1943 als Konzentrationslager Lublin bezeichnet, gebaut auf einer Fläche von 270 Hektar, vom Ostteil Lublins (3 km vom Stadtzentrum) bis zu den angrenzenden Dörfern Dziesiat, Abramowice und Kalinowka. Es entstehen sechs sogenannte Gefangenenfelder, von denen fünf mit 45 000 Insassen gleichzeitig belegt sind. Daneben werden Gaskammern, Krematorien, Magazine für das persönliche Hab und Gut der Gefangenen, Werkstätten, Verwaltungsgebäude und Kasernen für das SS-Personal gebaut.

Die ersten Häftlinge sind 5000 sowjetische Kriegsgefangene, die im Herbst 1941 hier eintreffen und im Laufe von etwa zehn Wochen ermordet werden.

Im gleichen Monat beginnt auch der Bau des Lagers Birkenau, ganz in der Nähe des Lagers Auschwitz. Bis Anfang 1942 wird die karteimäßige Erfassung aller im KZ Auschwitz eingelieferten Häftlinge minuziös abgewickelt: Jeder bekommt eine laufende Nummer, die man ihm auf den linken Unterarm eintätowiert, eine Prozedur, die nur im KZ Auschwitz stattfindet, dazu werden von je-

1941 November

Nach einer Treibjagd auf Menschen. Männer einer Einsatzgruppe der Sicherheitspolizei und des SD posieren vor den Kameras, nachdem sie in den Wäldern versteckte Juden ermordet haben

dem Häftling drei verschiedene Fotos gemacht, Fingerabdrücke entnommen und eine detaillierte Karteikarte ausgefüllt.

Am 6. November 1941 finden in Kowno, Minsk und Riga nach Ankunft der ersten Transporte mit deutschen Juden sofortige Erschießungen statt. Die alte Universität Straßburg wird am 24. November 1941 zur »Reichsuniversität« erklärt. Zu trauriger Berühmtheit gelangt das Anatomische Institut, dessen Leiter Professor Hirth für angebliche Rassenforschung Häftlinge des Lagers Natzweiler töten läßt und ihre Skelette lagert.

Im November 1941 wird in Nordböhmen in der alten k. u. k. Festungsstadt Theresienstadt (tschechisch: Terezin) ein KZ errichtet. In das KZ Theresienstadt werden alle böhmisch-mährischen Juden (76 000) deportiert, dazu 41 900 Juden aus dem Deutschen Reich, 15 300 aus Österreich und 4900 aus den Niederlanden. Vom Reichssicherheitshauptamt (RSHA) als »Vorzugslager« für Juden über 65 Jahre und im Ersten Weltkrieg mit dem Eisernen Kreuz 1. Klasse Dekorierte sowie Schwerkriegsbeschädigte bezeichnet, wird im KZ Theresienstadt ein gewisses begrenztes kulturelles Leben gestattet. Aus diesem Lager werden insgesamt 88 000 Häftlinge in die Vernichtungslager nach Auschwitz deportiert.

Am 8. Dezember 1941 veranstalten die Einsatzkommandos in Riga ein Massaker unter der jüdischen Bevölkerung: 27 000 Opfer.

In Chelmno, Gau Wartheland, wird ein Vernichtungslager (Sonderkommando Kulmhof) errichtet. In den ersten Monaten übernehmen speziell dafür gebaute Lkw – als Fahrzeuge des Roten Kreuzes getarnt – die Funktion der Gaskammern, in denen die Opfer durch Auspuffgase getötet und danach in den umliegenden Wäldern verbrannt werden. Da diese Vernichtungsmethode zu langsam erscheint und außerdem die an der Liquidation beteiligten SS-Männer durch die verzweifelten Schreie ihrer erstickenden Opfer psychisch belastet erscheinen, wird auch in Chelmno die Tötung mit Zyklon B aufgenommen.

Hier finden bis Juli 1944 rund 360 000 Menschen den Tod, darunter Juden und Zigeuner aus Lodz, Posen, Deutschland, Österreich, Frankreich, Belgien, Luxemburg, den Niederlanden und Ungarn sowie 82 Kinder aus den Dorf Lidice (ČSR) nach dem Attentat auf Heydrich.

In der Umgebung von Wilna werden am 21. Dezember 1941 von Einsatzkommandos 32 000 jüdische Einwohner der Stadt erschossen.

Am Dienstag, dem 30. Dezember 1941, erschießen die Einsatzkommandos in Simferopol (Krim) rund 10 000 jüdische Einwohner.

In allen katholischen Kirchen Deutschlands wird am 6. Juli 1941 ein gemeinsamer Hirtenbrief des evangelischen Bischofs Wurm sowie der Kardinäle Faulhaber und Galen, in dem gegen die Euthanasieaktion des NS-Regimes protestiert wird, verlesen.

Diese Aktion zur Ermordung Geisteskranker, mit Mißbildungen behafteter und erbkranker Personen, die in staatlichen, kirchlichen oder privaten Heil- und Pflegeanstalten untergebracht sind, geht auf den Euthanasiebefehl Hitlers vom Oktober 1939 (vordatiert auf den 1. September) zur »Vernichtung lebensunwerten Lebens« zurück.

Mit der Durchführung der Euthanasieaktion werden eine Reihe von Dienststellen und Organisationen, dazu etwa 50 Ärzte und Techniker, die zur strengsten Geheim-

März 1941

haltung verpflichtet sind, beauftragt. Die Führung haben Philipp Bouhler, Hitlers Leibarzt K. Brandt, Reichsgesundheitsführer Conti sowie V. Brack als Organisator.

Aufgrund der »Gutachten« dieser für das Programm ausgesuchten Ärzte (Leitung Dr. H. Linden) vollzieht sich die Erfassung der Opfer mit Hilfe von Tarnorganisationen wie »Reichsarbeitsgemeinschaft Heil- und Pflegeanstalten«, der »Gemeinnützigen Krankentransport GmbH«, der die SS zur Verlegung der Opfer in die Tötungsorte Wagen zur Verfügung stellt, und der »Gemeinnützigen Stiftung für Anstaltspflege«, die mit der Vermögensregelung der Opfer beauftragt ist.

Die Anstalten befinden sich in Kaufbeuren, in Hartheim bei Linz, in Bernburg, Brandenburg, Grafeneck in Württemberg sowie in Hadamar bei Limburg. Die Chemiker des Reichskriminalpolizeiamtes führen die Vergasungen mit Kohlenoxid durch. Die nachweisbare Zahl der Opfer beträgt zwischen 100 000 und etwa 275 000, darunter rund 5000 Kinder.

Bischof Clemens Graf Galen reicht am 29. Juli 1941 in Münster eine Strafanzeige wegen Tötung der Geisteskranken ein, in der er auf den § 211 des Strafgesetzbuches verweist, der für die Täter die Todesstrafe vorsieht. Der Schritt gewinnt große Beachtung in der Bevölkerung, die dem Geistlichen vielfach zustimmt.

Am Sonntag, dem 24. August 1941, wird auf Befehl Hitlers die Euthanasieaktion »offiziell« eingestellt. Dies geschieht aufgrund der gemeinsamen heftigen Proteste der evangelischen und katholischen Kirche. Die Anstalten, in denen die Euthanasieaktion bereits stattgefunden hat, werden jedoch weiterhin zu Mordaktionen an Juden, Zigeunern, Fürsorgezöglingen, Homosexuellen, Bewohnern von Altersheimen und Fremdarbeitern benutzt. Die »Euthanasie« hat einen so großen Umfang annehmen können, weil nach einer Weisung Martin Bormanns von den Ärzten der Begriff »unheilbar Kranke« bewußt auf gesunde Personen ausgedehnt worden ist.

In einer britischen Flakstellung auf Island: Ein Pony bringt den Nachschub

Kriegseintritt der USA

Am Donnerstag, dem 2. Januar 1941, gibt US-Präsident Franklin D. Roosevelt einen Plan zum Bau von 200 Frachtern, je 7500 BRT, bekannt, die in die Seefahrtsgeschichte unter dem Namen »Liberty Ships« eingehen.

In der Botschaft zum Jahresbeginn an den Kongreß verkündet der Präsident als Grundlagen seiner künftigen Politik vier Freiheiten: Freiheit der Rede, Freiheit der Religionsausübung, Freiheit von materieller Not, Freiheit von Furcht. Mit dieser Erklärung vom 6. Januar 1941 läßt er zugleich seine Parteinahme gegen die Achsenmächte deutlich werden.

Am Mittwoch, dem 29. Januar 1941, beginnt in Washington eine britisch-amerikanische Militärkonferenz, die drei Monate lang dauern wird. Es ist das Bestreben der Konferenzteilnehmer, eine gemeinsame Strategie im Atlantik und Pazifik festzulegen, um die von einer Aggression bedrohten Gebiete in militärische Verantwortlichkeiten aufzuteilen, Operationspläne zu entwerfen, gemeinsame Führungsstäbe zu bilden sowie militärische Stärken festzusetzen, die in den Kämpfen künftig eingesetzt werden sollen. Diese Verhandlungen laufen unter der Codebezeichnung »American-British Conversation« (ABC-1).

Am 1. Februar 1941 bildet die US-Navy die Atlantic Fleet unter Adm. King, der sofort einen Geleitschutzdienst und ein Abwehrsystem gegen U-Boote vorbereitet.

Am Sonnabend, dem 1. März 1941, stellt die US-Navy aus drei Zerstörerflottillen und vier Flugboot-Aufklärungsstaffeln die »Support Force Atlantic Fleet« (Konteradm. Bristol jr.) zusammen, die Nachschubkonvois nach Island, bestehend aus amerikanischen Transportern und Schiffen unter neutraler Flagge, sichert. Zu diesem Zeitpunkt hat die britische Admiralität bereits 3434 alliierte Handelsschiffe mit Geschützen ausgerüstet.

Am Dienstag, dem 11. März 1941, tritt in den USA das Leih- und Pacht-Gesetz in Kraft. Es gestattet Großbritannien, sich in den USA ohne Bezahlung mit allem zu ver-

1941 März

sorgen, was es zur Fortsetzung des Krieges benötigt. Die Bestimmungen, daß Waren und Güter mit Schiffen Kriegführender abgeholt werden müssen, bleibt vorerst noch bestehen.

In Washington beschließen am 27. März 1941 die Vertreter des britischen und des US-Generalstabs nach zweimonatigen Verhandlungen eine grundlegende strategische Konzeption, das sogenannte ABC-1 Staff Agreement, für den Fall eines Kriegseintritts der USA. Danach soll Deutschland zuerst niedergezwungen werden (»Germany first«).

Zum erstenmal kommt es am 10. April 1941 zu einer Begegnung zwischen US-Seestreitkräften und der Kriegsmarine: Der US-Zerstörer »Niblack« (Lt. Cdr. Durgin) greift, während er vor Island Überlebende eines Handelsschiffes rettet, ein deutsches U-Boot mit Wasserbomben an.

In Washington schließt ohne Kontakt zur Regierung in Kopenhagen der dänische Gesandte einen Vertrag mit dem US State Department, der den Vereinigten Staaten das Recht einräumt, auf Grönland See- und Flugstützpunkte zu errichten und damit die Verteidigung Grönlands zu sichern.

Roosevelt: Hilfe für UdSSR

Am 24. April 1941 erweitert die US-Navy den Aktionsradius ihrer Neutralitätspatrouillen im Atlantik bis auf 26 Grad West und 20 Grad Süd. Diese Linie zwischen der östlichen und der westlichen Hemisphäre bildet jetzt faktisch die Grenze der USA. Später wird Island zum Vorteil Englands miteinbezogen, da – so Churchill – die US-Navy nunmehr die Gewässer der westlichen Hemisphäre kontrollieren und jede Bewe-

Finnland 1941: Wohltätigkeitsmarke zugunsten des Bundes der finnischen »Waffenbrüder«

Auf dem Turm eines deutschen U-Bootes (oben rechts). Die Ausguckposten suchen in allen Richtungen den Horizont ab

Gespannt verfolgen Kapitäne von britischen Frachtern einen Vortrag über Einzelheiten ihrer Konvoiroute zwischen Kanada und Großbritannien

Juli 1941

gung in dieser Region an Großbritannien weitermelden kann.

Präsident Roosevelt ordnet am 14. Juni 1941 das »Einfrieren« sämtlicher deutschen Konten an; die gleichen Bestimmungen gelten auch gegenüber Italienern.

In Washington erklärt Roosevelt auf einer Pressekonferenz am 24. Juni 1941, er beabsichtige, der Sowjetunion entscheidende Hilfe zukommen zu lassen.

Ab Dienstag, dem 1. Juli 1941, beteiligen sich auch Flugzeuge der US-Marine an Patrouillenflügen gegen deutsche U-Boote. Maschinen des Wing 7 unternehmen an diesem Tag von ihrem Stützpunkt Argentia (Neufundland) aus einen Aufklärungsflug über dem Nordwestatlantik.

Am Montag, dem 7. Juli 1941, treffen die ersten US-Truppen auf europäischem Boden ein. Die 1. Brigade des US-Marinekorps – befehligt von Brig. Gen. Marston – löst auf Island die dort bisher stationierte englische Besatzung ab.

Harry L. Hopkins, Berater des amerikanischen Präsidenten Roosevelt

10. 8. 1941: Auf dem Deck des britischen Schlachtschiffes »Prince of Wales« in der Argentinia-Bucht nahe Neufundland. Premierminister Churchill und Präsident Roosevelt beraten über die »Atlantik-Charta«. Daneben US-General Marshall und US-Admiral King

1941 Juli

Präsident Roosevelt gibt bekannt, daß er Island besetzt habe, da diese Insel von höchster strategischer Bedeutung für die Schlacht im Atlantik sei. Außerdem erhält die US-Navy den Befehl, »alle notwendigen Schritte zu unternehmen, um die Sicherheit der Schiffsrouten zwischen Island und den Vereinigten Staaten zu gewährleisten«. Das bedeutet: Amerikanische Kriegsschiffe und Frachter werden von jetzt an durch ein Seegebiet fahren, das die Achsenmächte als Kriegszone bezeichnen und nicht die laut US-Neutralitätsakt (American Neutrality Act) festgelegte Zone umfaßt, deren Grenze östlich von Island verläuft.

In den USA ist am 10. Juli 1941 die von der Regierung gesetzte Frist abgelaufen, bis zu der die deutschen Konsulate zu schließen sind und deren Personal das Land verlassen haben muß.

Am Montag, dem 28. Juli 1941, trifft Harry Hopkins, der Berater von Präsident Roosevelt, in Moskau ein und übermittelt Stalin die Bereitschaft der US-Regierung, die Sowjetunion sofort mit Kriegsmaterial zu beliefern. Auf der Wunschliste Stalins stehen vor allem Flugzeuge, Panzer, Flak-Geschütze, schwere MG, Munition und Stahl.

Am Sonnabend, dem 2. August 1941, läuft das amerikanische Hilfsprogramm (Lend-Lease) für die Sowjetunion an.

Im Nordatlantik verhandeln seit dem 9. August Präsident Roosevelt und Premierminister Churchill an Deck des US-Kreuzers »Augusta« und des britischen Schlachtschiffes »Prince of Wales«. Sie unterzeichnen die »Atlantik-Charta«, eine Deklaration über die grundsätzlichen Ziele der USA und Großbritanniens während des Krieges, ohne daß aber Präsident Roosevelt offiziell die USA in den »Schießkrieg« eintreten läßt, wie Churchill gehofft hat.

Die »Atlantik-Charta« enthält acht Punke: 1. Beide Staaten verzichten auf territoriale Gewinne; 2. territoriale Veränderungen dürfen nicht gegen den Wunsch der interessierten Völker erfolgen; 3. alle Völker haben das Recht, über ihre innere Verfassung zu bestimmen; 4. alle Staaten sollen im Namen des wirtschaftlichen Fortschritts und Wohlstandes der Bevölkerung zusammenarbeiten; 5. alle Staaten sollen den gesicherten Zutritt zu den Rohstoffen haben; 6. Vereinbarung eines Friedens, der nach dem Sturz der NS-Herrschaft allen Ländern die Sicherheit garantiert; 7. Freiheit auf den Meeren; 8. allgemeine Rüstungsbeschränkung. Die »Atlantik-Charta« gilt als Vorläufer der Vereinten Nationen. Es wird damit gerechnet, daß alle Staaten, die auf seiten der Alliierten am Krieg teilnehmen, die »Atlantik-Charta« unterschreiben werden.

Seit Montag, dem 1. September 1941, setzt die US-Navy ihre Atlantikflotte zur Sicherung der schnellen Konvois im Nordatlantik ein, während die »Denmark Strait Patrol« (Konteradm. Griffin) mit den Schlachtschiffen »Mississippi«, »New Mexico« und »Idaho«, den beiden schweren Kreuzern »Tuscoloosa« und »Wichita« sowie 13 Zerstörern den Patrouillendienst in der Dänemarkstraße vom Stützpunkt Hvalfjordur (Island) aus übernimmt.

Der »Greer-Zwischenfall«

Am Donnerstag, dem 4. September 1941, kommt es in den isländischen Gewässern zwischen einem amerikanischen Zerstörer und einem deutschen U-Boot zu jener Begegnung, die als »Greer-Zwischenfall« Aufsehen erregt und von der US-Kriegspropaganda hochgespielt wird: Eine Hudson-Maschine der 269. Squadron des RAF Command Island gibt dem Kommandanten des US-Zerstörers »Greer« (Lt. Cdr. Frost) den Standort eines in der Nähe befindlichen getauchten deutschen U-Bootes durch. Während die »Greer« die gemeldete Position anläuft, hat der britische Bomber bereits U 652 (Oberlt. z.S. Fraatz) mit Wasserbomben belegt.

Der U-Boot-Kommandant, der der Meinung ist, er sei von dem US-Zerstörer angegriffen worden, schießt daraufhin Torpedos ab. Die »Greer« kann zwar ausweichen, bekämpft aber nun das deutsche U-Boot – wenn auch erfolglos – mit Wasserbomben.

Dieser Zwischenfall veranlaßt Präsident Roosevelt, nach »Plan Nr. 4 für die Verteidigung der westlichen Halbkugel« die Weisung zu erteilen, Einheiten der Achse zu vernichten, falls sie die Schiffahrt der Alliierten in den Gewässern zwischen der Küste Nordamerikas und Islands stören sollten. Die US-Flotte übernimmt ab sofort den Geleitschutz der nichtamerikanischen Konvois, und die US-Geleitzüge werden künftig von kanadischen Kriegsschiffen gesichert.

Am selben Tag nimmt Roosevelt den »Greer-Zwischenfall« zum Anlaß, den sogenannten »Schießbefehl« (shoot-on-sight-order) zu erlassen. Danach soll die amerikanische Marine in Gewässern, deren Schutz für die amerikanische Verteidigung notwendig ist, alle Schiffe der Achsenmächte angreifen. Hitler hält vorerst seinen Befehl noch aufrecht, daß gegen US-Schiffe von deutschen U-Booten nicht vorgegangen werden darf, obwohl die deutsche Seekriegsleitung die Aufhebung dieser Anweisung fordert. Im Nordatlantik können – außerhalb einer bestimmten Zone – lediglich Kriegsschiffe vom Kreuzer an aufwärts unter der Voraussetzung unter Feuer genommen werden, daß sie zweifelsfrei als gegnerische Einheiten zu erkennen sind.

US-Zerstörer und -Fregatten übernehmen am 16. November 1941 zum erstenmal die Sicherung eines britischen Geleitzuges im Nordatlantik zwischen Neufundland und Island. Nach Überführung des Konvois HX. 150 bis zur Position südlich von Island wird er von einer britischen Eskorte übernommen. Die fünf US-Einheiten kehren nach Ergänzung ihrer Treibstoffvorräte auf Island in die USA zurück.

Später wird die Grenze der US-Konvoisicherung näher nach Europa bis 22 Grad W und 55 Grad N verschoben. Diese Änderung ermöglicht es den britischen Sicherungsfahrzeugen, ohne Treibstoffergänzung auf Island die sofortige Rückfahrt anzutreten. Die strategische und takti-

Oktober 1941

Der schwer beschädigte US-Zerstörer »Kearny« neben dem Reparaturschiff »Vulcan« in Hvalfjordur. Die von deutschen Torpedos getöteten elf Besatzungsmitglieder sind die ersten Gefallenen der USA im Zweiten Weltkrieg

sche Führung der Operation im Atlantik bleibt weiterhin in den Händen der britischen Admiralität. Es werden lediglich Einzelheiten einer jeden Operation mit den US-Befehlshabern besprochen. Diese wichtigen Neuerungen tragen zur Verstärkung der alliierten Geleitzüge nach Süden in Richtung Sierra Leone und Gibraltar erheblich bei.

Am Mittwoch, dem 17. September 1941, begleiten fünf amerikanische Sicherungszerstörer der US Escort Group (Capt. Deyo) den englischen Konvoi HX.150 durch den Atlantik zwischen Neufundland und Island.

In den USA wird die erste Produktion von 14 Liberty-Schiffen vom Stapel gelassen. Nach dem neuesten Stand ist der Bau von 312 dieser Schiffe vorgesehen. Insgesamt: 2 000 000 BRT.

Im Herbst 1941 werden das für England bestimmte Kriegsmaterial und strategisch wichtige Versorgungsgüter vornehmlich auf amerikanischen Frachtern mit Geleitschutz durch die US-Navy befördert.

Am Freitag, dem 17. Oktober 1941, torpediert das deutsche U-Boot U 568 (Kptlt. Preuß) 350 Seemeilen südwestlich von Island den US-Zerstörer »Kearney« (Lt. Cdr. Davis), den der Kommandant irrtümlicherweise für ein britisches Schiff gehalten hat. Bei der Detonation eines durch die Steuerbordwand in den vorderen Kesselraum

485

1941 Oktober

Dezember 1941

Präsident Roosevelt (vorn links) und Henry J. Kaiser beim feierlichen Stapellauf des ersten, innerhalb von zehn Tagen gebauten »Liberty«-Schiffes

Präsident Roosevelts geheime Kriegspläne werden am 4. 12. 1941 von der amerikanischen Presse publik gemacht

eingedrungenen Torpedos werden elf amerikanische Matrosen getötet und 19 verwundet. Die havarierte »Kearney« wird von den US-Zerstörern »Greer« und »Monssen« nach Island in den Hval-Fjord geleitet.

Am Donnerstag, dem 6. November 1941, spitzt sich der deutsch-amerikanische Konflikt weiter zu: Der als US-Frachter getarnte deutsche Blockadebrecher »Odenwald« (5098 BRT) wird vor der brasilianischen Küste von dem amerikanischen Kreuzer »Omaha« (Capt. Chandler) gekapert.

Die von US-Präsident Roosevelt in Auftrag gegebenen »Liberty«-Schiffe werden in Rekordzahlen und in einer Rekordzeit gebaut: die ersten dieser Frachtschiffe innerhalb von sechs Monaten. Diese Zeitspanne wird sogar auf zwei und schließlich auf einen Monat reduziert. Den Rekord halten die Schiffswerften der »Kaiser Corporation« mit weniger als fünf Tagen: So kann zum Beispiel der Frachter »SS Robert E. Peary«, dessen Rumpf am 8. November 1941 aus schweren (250 t) vorgefertigten Teilen zusammengeschweißt wird, bereits eine Woche nach Beginn der ersten Arbeiten in See stechen.

Angehörige des deutschen konservativ-kirchlichen Widerstandes – der ehemalige GenOberst Ludwig Beck; Hptm. d.R. Dr. Hermann Kaiser; Kriegstagebuchführer beim Befehlshaber des Ersatzheeres, GenOberst Fromm; der der ehemaligen christlichen Arbeiterbewegung und der früheren Zentrumspartei nahestehende Berliner Rechtsanwalt Wirmer – bemühen sich Ende November 1941, über den Leiter des Berliner Büros von Associated Press, Louis P. Lochner, Kontakt zu US-Präsident Franklin D. Roosevelt zu bekommen. Der Versuch scheitert, als im nächsten Monat Deutschland den USA den Krieg erklärt.

In der ersten Dezemberwoche 1941 sorgen nicht die Japaner, sondern ein Capt. der US-Armee für Aufregung in den Vereinigten Staaten: Er hat eine Reihe von Geheimdokumenten aus der War Plans Division gestohlen und sie an den isolationistischen Senator Burton K. Wheeler weitergeleitet, der sie dann dem Korrespondenten Chesley Manly von der »Chicago Tribune« übergeben hat.

Millionen von Lesern finden am Morgen des 5. Dezember 1941 in den Tageszeitungen »Chicago Tribune«, »Washington Times-Herald« und »New York Daily News« Einzelheiten über geheime amerikanische Mobilisierungspläne. Darin heißt es u. a., daß »in den vom Joint Army- und Navy-Oberkommando verfaßten Geheimberichten gefordert wird, daß Washington eine Expeditionsstreitmacht von 5 000 000 Soldaten für eine endgültige Invasion gegen Deutschland und die anderen Achsenmächte zusammenzieht. Daher beabsichtigt man, Streitkräfte in einer Stärke von insgesamt 10 045 658 Mann aufzustellen.«

Dies ist der Entwurf für einen totalen Krieg, der sich zumindest über zwei Ozeane und Europa, Afrika und Asien erstreckt. Der Pressebericht enthält auch weitere detaillierte Angaben darüber, wie der Plan ausgeführt werden soll. US-Gen. Albert C. Wedemeyer (ein Isolationist): »... unwiderlegbarer Beweis dafür, daß eine amerikanische Intervention in diesem Krieg geplant ist und unmittelbar bevorsteht, und daß Präsident Roosevelts Versprechen, uns aus dem Krieg herauszuhalten, lediglich rethorische Bedeutung hätte.«

Der Pressesekretär des Weißen Hauses, Stephen T. Early, erklärt dazu, daß man aufgrund der Veröffentlichung dieses geheimen Materials keine Maßnahmen gegen die Presse ergreifen werde: »Ihr Recht, diese Neuigkeiten zu drucken, ist meines Erachtens unanfechtbar und nicht in Frage zu stellen. Es liegt schließlich im Ermessen eines Verlegers, ob er die Veröffentlichung für einen patriotischen Akt oder für Verrat hält.«

Für das Oberkommando der Wehrmacht, das sofort per Telegraph eine Zusammenfassung des Artikels von der deutschen Botschaft in Washington erhält, sind diese

1941 Dezember

Informationen von unschätzbarem Wert. Mit diesem Material können Hitlers Militärplaner ihre eigene Politik erneut überprüfen.

Einen Tag nach der deutschen Kriegserklärung an die USA, am Freitag, dem 12. Dezember 1941, tritt Premierminister Churchill trotz stürmischer See mit dem Schlachtschiff »Duke of York« seine Reise in die USA an, um in Washington an der »Arcadia«-Konferenz mit Präsident Roosevelt teilzunehmen. Unterwegs verfaßt Churchill eine Denkschrift über die Notwendigkeit einer großen alliierten Landeoperation auf dem von Deutschen besetzten europäischen Festland.

In Washington beginnt am 22. Dezember 1941 die Konferenz, in der US-Präsident Roosevelt und der britische Premierminister Churchill die weiteren strategisch-politischen Schritte gegenüber den Achsenmächten erörtern.

Propagandakampf um »V«

Am Abend des 14. Januar 1941 schlägt in London die Geburtsstunde der Aktion »V«, ohne Zweifel eine der größten und abenteuerlichsten Propagandakampagnen des Zweiten Weltkrieges. Tatsächlich handelt es sich um drei separate Aktionen: die antideutsche Tätigkeit der europäischen Widerstandsbewegung, die nach dem Aufruf der BBC startet, dann die Gegenaktion von Dr. Goebbels sowie die daraufhin spontan einsetzende Bekämpfung dieser Gegenaktion seitens der europäischen Widerstandsbewegungen in den besetzten Gebieten.

Zeitlich gesehen reicht die erste Aktion von Januar bis Juli 1941, die Dauer der zweiten und dritten fällt in den Zeitraum von Juli 1941 bis zum Ende des Krieges in Europa. Die Idee des V-Zeichens, das einerseits das gemeinsame Schicksal symbolisieren soll, andererseits die Existenz einer allgemeinen gesamteuropäischen Widerstandsbewegung gegen das NS-Regime signalisiert, entsteht zum Jahreswechsel 1940/41 in London. Der geistige Vater dieser alliierten Propagandaaktion ist Victor de Laveley, Leiter der belgischen BBC-Sektion.

An diesem frostigen 14. Januar ruft er seine Landsleute in einer Rundfunksendung auf, den Buchstaben »V« zu propagieren. Er symbolisiere das Wort »Sieg«, in der französischen Sprache »victoire« und in der englischen »victory« sowie in der flämischen Sprache »vrijheid«. Bald schließt sich das französische Team der BBC-Sektion dieser Propagandaaktion an.

Neben ungezählten Parolen und Slogans entsteht auch ein Lied mit dem Text von Maurice van Moppes – am Mikrophon von Jean Oberlè gesungen. Das Ergebnis: In Paris sind die Gänge der Metro mit Fahrkarten und Streichhölzern, die zu einem V, dem Siegeszeichen, geknickt worden sind, buchstäblich übersät. Selbst Blumen in den öffentlichen Anlagen sind dem V-Zeichen entsprechend angepflanzt.

Am Donnerstag, dem 12. Juni 1941, weitet sich die Propagandaaktion »V« auch auf Dänemark aus. Und über den Äther erklingt die neue Losung: »Vi Vil Vinde« (Wir wollen siegen). In einer ähnlichen Version wird die Lo-

Die NS-Propaganda beschwört die Franzosen ... und auf dem Eiffelturm kündet das haushohe Victoria-Zeichen »Deutschlands Sieg an allen Fronten«

Mai 1941

sung auch in Norwegen kolportiert. Selbst in Oslo steht auf den Mauern: »Vi Vil Vinne«.

Inzwischen wird der symbolträchtige Buchstabe mit einem Klangzeichen ergänzt. Es läßt sich nicht mehr feststellen, wer auf den Einfall kam, das V-Zeichen als Morsezeichen, und zwar dreimal kurz und einmal lang (...–), für die Aktion zu benutzen. Es verbreitet sich im besetzten Europa wie ein Buschfeuer und wird zum Symbol des Widerstandes: Mit diesem Takt werden die Kellner in den Restaurants und Caféhäusern herbeigerufen, wird in den Theatern geklatscht und auf den Straßen gepfiffen. Um die Sache zu vervollkommnen, verbindet ein BBC-Mitarbeiter, bisher Dozent für Geschichte in Oxford, den Gleichklang des Morsezeichens »V« mit den ersten Akkorden der Fünften Symphonie von Beethoven.

Am Freitag, dem 27. Juni 1941, läßt im Rahmen der Aktion »V« Col. Britton (Douglas E. Ritchie) zum erstenmal von London aus das Signal »Bum, bum, bum, buum« über BBC durchgeben, das von da an nicht nur zum Rufzeichen des britischen Senders, sondern auch zum verheißungsvollsten Signal für alle wird, die sich von dem NS-Regime unterdrückt fühlen.

Am 7. Juli 1941 ergreift Dr. Goebbels die ersten Gegenmaßnahmen gegen die alliierte Propagandaaktion »V«. Der Reichspropagandaminister fordert von allen deutschen Massenmedien sowie vom ganzen Propagandaapparat, die britische »V«-Aktion aufzugreifen. Er verkündet, daß der Buchstabe »V« nichts anderes als einen Triumph des Dritten Reiches bedeute...

Auch die deutsche Propagandaaktion »V« nimmt neue Dimensionen an: Hans Fritsche, der offizielle NS-Rundfunk-Kommentator, setzt sich am 17. Juli 1941 dafür ein, den Buchstaben »V« zum Symbol des »Vereinigten Europas« unter deutscher Schirmherrschaft zu machen.

Er gibt voller Überzeugung bekannt, daß dieser Einfall einem unbekannten deutschen Funker zu verdanken sei, der auf schnellstem Wege eine Siegesmeldung von der Ostfront habe übermitteln wollen und einfach diesen Buchstaben »V« in den Äther gesandt habe, in der Überzeugung, daß dieses Zeichen nur das Wort »Sieg« bedeuten könne.

In Holland holen die Deutschen am 19. Juli 1941 zu einem Gegenschlag im Rahmen der Aktion »V« aus: Auf dem Palast der Königin Wilhelmina in Den Haag werden »V«-Zeichen in riesigen Ausmaßen angebracht. Die Transparente mit der Aufschrift »Duitsland wint voor Europa op alle Fronten« flattern in allen holländischen Städten.

In der Nacht von 20./21. Juli 1941 schlägt im besetzten Frankreich die NS-Propaganda im Rahmen der Aktion »V« zu: In Paris werden Abertausende von Plakaten mit einem großen »V« in der Mitte an Mauern und Hauswände geklebt. Die Wehrmachtssoldaten pinseln das »V« auf Türen requirierter Gebäude sowie auf die eigenen Fahrzeuge. Vor dem Palais de Bourbon, Sitz der Deputiertenkammer, hängen riesige Transparente »Deutschland siegt an allen Fronten«. Selbst auf dem Eiffelturm wird ein aus Sperrholz angefertigtes riesengroßes »V«-Zeichen befestigt.

Rudolf Heß, Hitlers Stellvertreter

Der Flug des Rudolf Heß

Rudolf Heß, »Stellvertreter des Führers«, zweiter Mann in der Nachfolge Hitlers – hinter Göring – und Reichsminister ohne Geschäftsbereich springt in der Nacht vom 10./11. Mai 1941 mit einem Fallschirm nahe Eaglesham bei Glasgow (Schottland) aus dem von ihm gesteuerten Flugzeug ab. Heß hatte schon zuvor mehrfach versucht, diesen Flug zu unternehmen. Diesmal ist er in Augsburg-Haunstetten mit einer Maschine vom Typ Messerschmitt Me 110 gestartet. Seine Absicht ist, geheime Friedensverhandlungen mit britischen Persönlichkeiten (unter anderem Duke of Hamilton) aufzunehmen, um einen gemeinsamen Kampf gegen die Sowjetunion vorzubereiten. Unklar bleibt, ob möglicherweise Hitler von den Plänen Heß' gewußt oder sie sogar gebilligt hat. Nach dem Bekanntwerden des Flugs läßt Hitler seinen Stellvertreter für geisteskrank erklären, und Mitarbeiter wie Freunde, die den »Stellvertreter« unterstützt haben können oder ihn in seinem Vorhaben bestätigt haben mögen, werden verhaftet. In England ordnet Churchill die Gefangensetzung von Heß an, der keinen Gesprächspartner mit Interesse für seine Vorstellungen gefunden hat. In der weiteren Entwicklung des Krieges sieht die Führung der UdSSR in Heß ein potentielles Verbindungsglied für Verhandlungen der Westalliierten mit der nationalsozialistischen Reichsregierung.

DER FELDZUG IM OSTEN

UNTERNEHMEN »BARBA-ROSSA«

Der Führer des deutschen Volkes, Adolf Hitler, gibt den Befehl zum Überfall auf den Bündnispartner

Das OKH hat am 31. Januar 1941 die Vorarbeiten für den »Barbarossa«-Aufmarschbefehl abgeschlossen.

Die deutsche Führung nimmt am 17. Februar 1941 Planungen für die Zeit nach Beendigung des Unternehmens »Barbarossa« auf; vorgesehen ist, deutsche Truppen in Afghanistan bereitzustellen, um von dort aus Indien zu bedrohen.

Im Zusammenhang mit den Planungen für das Unternehmen »Barbarossa« erläßt der Chef des OKW am 13. März 1941 Richtlinien für die politische Verwaltung der zu besetzenden Ostgebiete. Dabei werden der SS von vornherein »Sonderaufgaben« zugebilligt, »die sich aus dem endgültig auszutragenden Kampf zweier entgegengesetzter politischer Systeme ergeben«.

In Berlin verlangt Hitler von GFM von Brauchitsch und Generalstabschef Halder am 17. März 1941 Abänderungen in den bisherigen Plänen für das Unternehmen »Barbarossa«, die unter anderem einen Schutz vor einem Gegenangriff auf Rumänien darstellen. Außerdem wird festgelegt, daß der Feldzug gegen Griechenland erst nach der Vertreibung aller Engländer beendigt werde.

Hitler erläßt am 13. Mai 1941 den Befehl über Kriegsgerichtsbarkeit während des Unternehmens »Barbarossa«. Damit wird von vornherein die Rechtlosigkeit der russischen Bevölkerung festgestellt und Angehörigen der künftigen Besatzungsmacht weitreichende Straffreiheit zugestanden.

Da die deutsche Führung am 25. Mai 1941 erwartet, daß sich Finnland als Verbündeter am bevorstehenden Krieg gegen die UdSSR beteiligen wird, unterrichtet Gen. Jodl, Chef des Wehrmachtsführungsstabes, den finnischen Generalstabschef Heinrichs über das Unternehmen »Barbarossa«.

Am Montag, dem 2. Juni 1941, wird Mussolini von Hitler persönlich informiert.

Am 3. Juni 1941 tritt ein Plan des Oberkommandos der Wehrmacht für die psychologische Kriegführung in Kraft: 12 Propagandakompanien (PK) des Heeres, vier PK-Kompanien der Luftwaffe, zwei PK-Einheiten der Kriegsmarine sowie sechs Kriegsberichter-Züge der Waffen-SS sind einsatzbereit.

Das Unternehmen »Barbarossa«, der Überfall auf die Sowjetunion, beginnt: Am Rande der verstaubten Vormarschstraße rollt eine Krad-Schützenkompanie. Für Hunderttausende deutscher Soldaten ist es ein Weg ohne Wiederkehr

1941 Juni

Im Frühjahr 1941 werden die Soldaten in unzähligen Ausbildungskursen mit der Bewältigung von Geländehindernissen und -befestigungen vertraut gemacht...

...während unterdessen endlose Züge mit Waffen, Ausrüstungen und Munition in die geheimen Bereitstellungsräume zwischen der Ostsee und den Karpaten rollen

1941 Juni

Auch die Kirche trägt zur Stärkung der Kampfmoral bei: Die Heilige Feldmesse irgendwo im besetzten Polen für die auf den Einsatz wartenden Truppen

Der »Kommissarbefehl«, den das OKW am 6. Juni 1941 herausgibt, verlangt, daß im bevorstehenden Feldzug Politische Kommissare, die bei allen Einheiten der Roten Armee eingesetzt sind, entweder sofort getötet werden, wenn sie mit der Waffe angetroffen werden, oder aber zur »Sonderbehandlung« der SS überstellt werden. Ohne daß bisher Kampfhandlungen stattgefunden haben, wird bereits von deutscher Seite behauptet, die Kommissare seien für die unmenschliche Kriegführung der UdSSR verantwortlich.

Die Luftwaffe zieht am 10. Juni 1941 für das Unternehmen »Barbarossa« ihre fliegenden Verbände aus den besetzten Ländern Westeuropas, von Sizilien, aus Griechenland und Jugoslawien zusammen. Unberührt von dieser Verlegung der Luftstreitkräfte bleiben nur die auf dem nordafrikanischen Kriegsschauplatz eingesetzten Geschwader.

Die deutlichen sowjetischen Bemühungen, das unübersehbar gespannte Verhältnis zum Deutschen Reich zu verbessern – u.a. Abbruch diplomatischer Beziehungen zu den von deutschem Militär besetzten Balkanstaaten, Anerkennung der irakischen Regierung el-Gailani –, lassen in London am 12. Juni 1941 die Besorgnis vor einer Festigung der deutsch-sowjetischen Beziehungen wachsen. Daher werden die Planungen für Angriffe auf die sowjetischen Erdölgebiete im Kaukasus erneut aufgenommen.

Zwischen Hitler und dem Chef der rumänischen Regierung, Marschall Antonescu, finden Gespräche über ein gemeinsames Vorgehen gegen die Sowjetunion statt. Ziel des rumänischen »Conducators« ist die Rückgewinnung Bessarabiens und Eroberung der Gebiete bis zur Hafenstadt Odessa.

Auf die ständig wachsende Zahl ausländischer Presseberichte und die vielen diplomatischen Warnungen hin, die alle die massiven deutschen Truppenkonzentrationen im Osten zum Inhalt haben, erklärt die Moskauer Nachrichtenagentur TASS am 13. Juni 1941, es handele sich um eine gezielte Propagandawelle mit der Absicht, die guten deutsch-sowjetischen Beziehungen erheblich zu stören.

Der Beginn wird festgelegt

Am Dienstag, dem 17. Juni 1941, wird von Hitler, der drei Tage zuvor die deutsche Generalität über seine Absichten orientiert hat, der Beginn des Überfalls auf die Sowjetunion endgültig auf den 22. Juni 1941, um 3.00 Uhr früh, festgelegt. Der Plan sieht vor, drei Panzerkeile in Richtung Leningrad, Smolensk und Kiew vorstoßen zu lassen. Gleichzeitig sollen die Hauptkräfte der Roten Armee durch Bildung großer Kessel in Grenzschlachten vernichtet werden, während die deutschen Armeen innerhalb von drei bis vier

1941 Juni

Monaten die Linie Archangelsk–Wolga erreicht haben sollen.

Hierfür stehen 153 Heeresdivisionen – darunter 19 Panzer- und zehn motorisierte Divisionen – bereit, dazu vier Divisionen und eine Brigade der Waffen-SS. Die für den Überraschungsangriff gegen die UdSSR vorgesehenen deutschen Truppen mit insgesamt 33 gepanzerten oder motorisierten Verbänden und 3,25 Millionen Mann entsprechen 75 Prozent des deutschen Feldheeres. Sie unterstehen dem Oberbefehlshaber des Heeres, GFM von Brauchitsch, und sind in drei Heeresgruppen gegliedert:

Die Heeresgruppe Nord (GFM Ritter von Leeb) – mit der 18. Armee (GenOberst von Küchler), der 16. Armee (GenOberst Busch) und der Panzergruppe 4 (GenOberst Hoepner) – ist von Ostpreußen aus mit Stoßrichtung auf die baltischen Länder und Leningrad angesetzt.

Die Heeresgruppe Mitte (GFM von Bock) – mit der 4. Armee (GFM von Kluge), der 9. Armee (GenOberst Strauß), der Panzergruppe 2 (GenOberst Guderian) und der Panzergruppe 3 (GenOberst Hoth) – soll aus dem südlichen Ostpreußen und dem nördlichen Generalgouvernement heraus in Richtung Minsk–Smolensk–Moskau antreten, um nach Vernichtung der sowjetischen Armeen in Weißrußland zusammen mit der Heeresgruppe Nord die sowjetische Hauptstadt anzugreifen.

Die Heeresgruppe Süd (GFM von Rundstedt) – mit der 11. Armee (GenOberst Ritter von Schobert), der 17. Armee (Gen. d. Inf. von Stülpnagel), der 6. Armee (GFM von Reichenau) und der Panzergruppe 1 (GenOberst von Kleist) – hat den Befehl, aus dem Raum Lublin in Richtung Kiew–Dnjepr-Bogen vorzustoßen. Der aus dem Moldauraum vorgehenden Armeegruppe Antonescu mit der rumänischen 3. und 4. Armee ist die deutsche 11. Armee unterstellt.

Die Luftwaffe tritt zum Unternehmen »Barbarossa« mit drei Luftflotten an: die Luftflotte 1 (GenOberst Keller) bei der Heeresgruppe Nord, die Luftflotte 2 (GFM Kesselring) bei der Heeresgruppe Mitte, die Luftflotte 4 (GenOberst Löhr) bei der Heeresgruppe Süd.

Insgesamt verfügen die drei Luftflotten über 2740 Flugzeuge, davon 1530 einsatzbereite: 510 Bomber, 290 Stukas, 440 Jäger, 40 Zerstörer, 120 Fernaufklärer und 150 Transportflugzeuge.

Die »Einsatzgruppen«

Bei der Planung des Unternehmens »Barbarossa« wird auch an die Ausrottung der jüdischen Bevölkerung in den besetzten Gebieten der Sowjetunion gedacht: Dafür sind vier Einsatzgruppen aus Angehörigen der Gestapo, der Kriminal- und Ordnungspolizei (Polizeibataillon 9), des SD und einem Bataillon der Waffen-SS aufgestellt.

Mitte Juni 1941: Das Wetter ist gut, und die Truppen in den Bereitstellungsräumen, die sich zu langweilen beginnen, werden mit Musik unterhalten

Juni 1941

»Einsatzgruppen« ist die Bezeichnung von Sondereinheiten der Sicherheitspolizei und des SD des Reichsführers SS. Ihre Aufgabe: in den annektierten und besetzten Gebieten die Gegner des NS-Regimes und Juden zu ermitteln, sie zu verhaften und das Vermögen sowie Akten ihrer Organisationen zu beschlagnahmen. Diese Gruppen können auch im Rahmen ihres Auftrages eigenständig alle notwendigen Exekutivmaßnahmen gegenüber der feindlichen Zivilbevölkerung treffen.

Erstmalig sind die Einsatzgruppen bei der Besetzung des Sudetenlandes (1938) aufgetreten. Man hat sie aus Angehörigen der Gestapo und des SD zusammengestellt. Bereits im Polenfeldzug war jeder der insgesamt fünf Armeen der Heeresgruppen Nord und Süd eine Einsatzgruppe zugeteilt, die in Einsatzkommandos (EK) gegliedert ist und sich bei jedem Armeekorps befindet.

Im Rahmen des Unternehmens »Tannenberg« operierten zusätzlich im Posener Land und in Oberschlesien zwei weitere Einsatzgruppen, um polnische Juden sowie Angehörige der polnischen Führungsschicht, vor allem aus dem Adelsstand und der Geistlichkeit sowie aus intellektuellen Kreisen, zu liquidieren.

Auch während des Norwegenfeldzuges und bei den Angriffen auf Belgien, Holland, Luxemburg und Frankreich folgten der kämpfenden deutschen Truppe Kommandos der Sicherheitspolizei und des SD. Besonders aktiv sind sie während und nach dem Balkanfeldzug, dem Tausende von Jugoslawen und Griechen zum Opfer fallen.

Da Hitlers Liquidierungsbefehl bisher vor den Stäben des Heeres geheimgehalten wurde, erweckt dies den Eindruck eines eigenmächtigen Vorgehens der SS. Der Militärbefehlshaber in Polen, GenOberst Blaskowitz, Nachfolger von GenOberst von Rundstedt, wendet sich in einer Denkschrift an Hitler, in der er scharf gegen die Greueltaten der Einsatzgruppen protestierte und seine Ablösung aus dem besetzten Gebiet forderte. Später wird er seines Postens enthoben. »Mit Heilsarmee-Methoden führt man keinen Krieg«, erklärt Hitler.

Die Gliederung der im Rahmen des Unternehmens »Barbarossa« aufgestellten Einsatzgruppen: Einsatzgruppe A (SS-Brigadef. W. Stahlecker, später H. Jost) bei der Heeresgruppe Nord (GFM Ritter von Leeb), Einsatzgruppe B (SS-Brigadef. A. Nebe, später E. Naumann) bei der Heeresgruppe Mitte (GFM von Bock), Einsatzgruppe C (SS-Brigadef. Dr. Dr. O. Rasch und Dr. M. Thomas) bei der Heeresgruppe Süd (GFM von Rundstedt), Einsatzgruppe D (SS-Brigadef. O. Ohlendorf, später W. Bierkamp) bei der 11. Armee (GenOberst Ritter von Schobert), jeweils mit vier oder fünf Einsatz- und Sonderkommandos. Das OKW hat den Einsatzgruppen ein weitgehend selbständiges Vorgehen im rückwärtigen Armee- und Heeresgebiet zugestanden. Sie sind an den Felduniformen der SS mit SD-Raute am linken Ärmel oder an ihren Polizeiuniformen erkennbar.

Nach Weisung von Heinrich Himmler sollen sie ». . . alle kommunistischen Berufspolitiker schlechthin, die höheren, mittleren und radikalen unteren Funktionäre, Volkskommissare, Juden in Partei- und Staatsstel-

Auf den Fliegerhorsten entlang der Weichsel treffen die letzten Einsatzbefehle ein, und die Karten werden mit den neuesten Luftaufnahmen verglichen

General Hermann Hoth, Befehlshaber der Panzergruppe 3

General Alfred Keller, Befehlshaber der Luftflotte 1

1941 Juni

lungen sowie sonstige radikale Elemente (Saboteure, Propagandeure, Hetzer usw.) exekutieren«. Die Einsatzgruppen sollen zugleich in Massenerschießungen die gesamte jüdische Bevölkerung in den Ostgebieten liquidieren, unterstützt dabei von Letten, Esten, Litauern und Ukrainern in sogenannten SD-Bataillonen. Die Leiter der Einsatzgruppen erhalten ihre Weisungen direkt vom Chef der Sicherheitspolizei und des SD.

Die Reaktionen des Heeres auf die Einsatzgruppen sind unterschiedlich. Es gibt Stäbe, die das Vorgehen gegen die Juden als Mord betrachten, aber einige Armeeführer lassen keinen Zweifel aufkommen, daß sie das Vorgehen gegen die Juden als Konsequenz der nationalsozialistischen Rassenideologie durchaus billigen. Generell gilt der Grundsatz, daß sich Angehörige der Wehrmacht nicht in die Aktionen der Einsatzgruppen und der Behandlung der Bevölkerung durch SS und NS-Funktionäre einzumischen haben.

Am Donnerstag, dem 19. Juni 1941, wird die Rote Flotte von Adm. Kusnezow in Alarmstufe 2 versetzt.

Am Freitag, dem 20. Juni 1941, hat die deutsche Wehrmacht eine Gesamtstärke von 7 234 000 Mann, darunter in Heeresfrontverbänden 3 800 000 und als Reserve 1 200 000 Mann. Die Waffen-SS verfügt über 150 000, die Luftwaffe über 1 680 000 und die Kriegsmarine über 404 000 Mann. Für den Krieg gegen die UdSSR stehen außerdem bereit: Finnland mit 16 Divisionen und drei Brigaden, Rumänien mit 13 Divisionen und neun Brigaden sowie Ungarn mit vier Brigaden.

Die Gesamtstreitmacht der Verbündeten beträgt 181 Divisionen und 18 Brigaden sowie 1000 Flugzeuge zu den 3800 Maschinen der Luftwaffe. Die Rote Armee hat noch keine Mobilmachung angeordnet, selbst ihre Streitkräfte an der Westgrenze weisen nur eine erhöhte Friedensstärke auf. Die für die Grenzverteidigung bereitstehenden Verbände gliedern sich in Fronten, die den deutschen Heeresgruppen entsprechen. Ihnen unterstehen jeweils mehrere Armeen, die sich jeweils aus zwei Infanteriekorps mit je drei Divisionen sowie einem motorisierten Korps mit je zwei Panzerdivisionen und einer motorisierten Division zusammensetzen (zweieinhalb Divisionen der Roten Armee entsprechen etwa einer deutschen Division). Die Gesamtstärke der sowjetischen Streitkräfte beläuft sich zu diesem Zeitpunkt auf etwa 4,7 Millionen Soldaten, 20 000 Panzer und 10 000 Flugzeuge.

Unternehmen »Barbarossa«

Am Sonntag, dem 22. Juni 1941, beginnt planmäßig um 3.15 Uhr das Unternehmen »Barbarossa«, der deutsche Angriff auf die Sowjetunion, ohne vorherige Kriegserklärung. Das Überraschungsmoment und die völlige Lufthoheit ermöglichen es den deutschen Panzerverbänden, 60 Kilometer

Die letzten Tage des Wartens: Die Waffen werden sorgfältig geputzt und geölt. Kaum jemand dieser Soldaten ahnt etwas von dem Schicksal, das ihnen im Osten bevorsteht

Juni 1941

General Werner Kempf

Am Morgen des 22. 6. 1941: Pioniere reparieren eine von den Sowjets teilweise beschädigte Brücke über den Grenzfluß Bug

Eine Sturmabteilung überquert in Schlauchbooten den Grenzfluß. Auf dem gegenüberliegenden Ufer ist noch alles ruhig

1941 Juni

Die in den Grenzgarnisonen liegenden Truppen der Roten Armee werden überrascht und ergeben sich fassungslos. Nur wenige von ihnen werden die Gefangenschaft überleben

weit vorzustoßen. Sie treffen nur stellenweise auf erbitterten Widerstand, während sich an anderen Abschnitten die Einheiten der Roten Armee fluchtartig zurückziehen.

In der Nacht vom 22./23. Juni 1941 gelingt es im Hafen von Libau (Lettland) dem sowjetischen Minensuchboot »Fugas« (Oberlt. Gillerman), in den Zufahrten zum Stützpunkt mehrere Sperren mit 207 Minen zu legen. In Libau liegen insgesamt 15 U-Boote, von denen gerade sechs überholt werden, der zur Zeit nicht einsatzbereite Zerstörer »Lenin«, 12 Wachkutter, sechs Torpedokutter und ein Minensuchboot. Da die Hafenstadt durch den schnellen deutschen Vorstoß von den sowjetischen Hauptkräften abgeschnitten ist, wird die Räumung angeordnet. Acht Transporter und sechs U-Boote können noch rechtzeitig verlegt werden. Mehrere kleinere Einheiten fallen deutschen Luftangriffen zum Opfer. Der sich gerade in der Überholung befindliche Zerstörer »Lenin« muß durch die eigene Besatzung versenkt werden. Weil Stalin nicht mit einem so schnellen Vormarsch der Deutschen gerechnet hat, sind für den baltischen Seestützpunkt von Land her keine Verteidigungsanlagen errichtet worden.

Nachdem kurz vor der deutschen Offensive im Osten bereits Massendeportationen aus dem Baltikum nach Sibirien durchgeführt worden sind, geht unter dem Eindruck des raschen deutschen Vorgehens der sowjetische Staatssicherheitsdienst dazu über, in grenznahen Gebieten und bedrohten Städten politische Häftlinge zu liquidieren; zu den Opfern gehören auch polnische Kriegsgefangene.

Sowjetische Verbände bedroht

Am Dienstag, dem 24. Juni 1941, kommt es im Raum Luzk/Dubno, nachdem die deutschen Panzerverbände bisher kaum auf Widerstand gestoßen sind, zu einer fünf Tage dauernden Panzerschlacht, an der auf beiden Seiten etwa 4000 Kampfwagen beteiligt sind. Dem III. Panzerkorps (Gen. d. Kav. von Mackensen) und dem XXXXVIII. Panzerkorps (Gen. d. Pz.Tr. Kempf) stehen mehrere sowjetische Verbände gegenüber, die ihnen empfindliche Verluste beibringen, aber ihren Angriff in Richtung Schitomir nicht auf Dauer aufhalten können. Westlich von Lemberg sind drei sowjetische Großverbände, die 6. Armee (GenLt. Muytschenko), die 26. Armee (GenLt. Kostjenko) und die 12. Armee (GenMaj. Poniedelin), von Einkesselung bedroht.

Der Vorstoß der deutschen 291. Infanteriedivision (GenLt. Herzog) kommt am 25. Juni 1941 vor Libau zum Stehen. An den Kämpfen zur Verteidigung der Stadt und des Hafens nimmt die Baltische Flotte mit Flugzeugen, Schiffsartillerie und einer Infanterieabteilung mit Marinesoldaten teil. Von See her versuchen vier sowjetische U-Boote – M 79, M 81, M 83 und L 3 –, die deutschen Angriffe abzuwehren.

Am Donnerstag, dem 26. Juni 1941, nehmen die sowjetischen Zerstörer »Charkow« und »Moskwa« die Öllager

Juni 1941

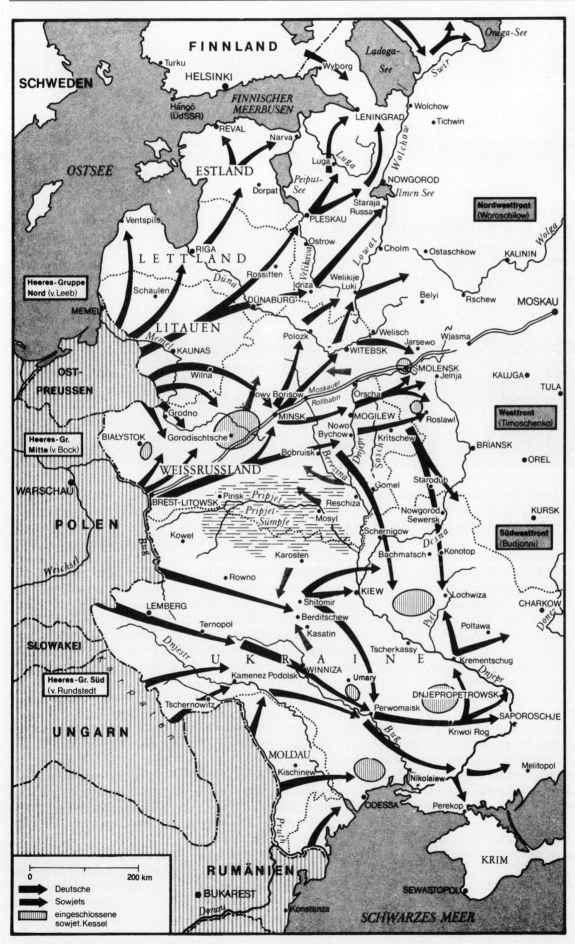

Von Finnland bis zum Schwarzen Meer befinden sich die deutschen Truppen und ihre Verbündeten im Sommer und Herbst 1941 auf dem Vormarsch

1941 Juni

und Bahnanlagen des rumänischen Hafens Konstanza unter Beschuß: Schon nach kurzer Zeit stehen mehrere Tanks in Flammen, während darüber hinaus ein Munitionszug in die Luft fliegt.

Von den Deutschen wird das Feuer durch eine nördlich des Hafens eingesetzte Batterie Eisenbahngeschütze sowie von der 28-cm-Batterie »Tirpitz« südlich von Konstanza erwidert. Bei einem Ausweichmanöver läuft die »Moskwa« auf eine schon vor dem Krieg angelegte Minensperre und geht unter. Die »Charkow« nebelt sich ein und kann entkommen.

Am Abend des 26. Juni 1941 wird die Rote Flotte durch das Vorrücken der deutschen Wehrmacht im Baltikum gezwungen, ihren U-Boot-Stützpunkt im lettischen Hafen Libau zu räumen, noch ehe die hier stationierten Boote zum Einsatz kommen können. Mit den baltischen Häfen gehen der sowjetischen Flotte die wichtigsten Ostseestützpunkte verloren. Die sowjetischen Seestreitkräfte müssen die Masse ihrer Schiffe zur Evakuierung ihrer von der Vernichtung bedrohten Truppen und zur Versorgung bereits eingeschlossener Teile der Roten Armee einsetzen.

In einem Hirtenbrief der deutschen katholischen Bischöfe wird der Krieg gegen die Sowjetunion als »Dienst am Vaterland« begrüßt.

Unter Hinweis auf sowjetische Luftangriffe tritt Finnland als »Waffengefährte« und nicht als Verbündeter Deutschlands in den Krieg gegen die UdSSR ein, um die im Winterkrieg 1939/40 verlorenen Territorien zurückzugewinnen. Zwei Tage zuvor hat die Slowakei der Sowjetunion schon den Krieg erklärt, und Luftangriffe von Flugzeugen nicht eindeutig identifizierter Nationalität veranlassen Ungarn am 27. Juni, in den Krieg auf deutscher Seite einzutreten.

Die 291. Infanteriedivision rückt in Libau ein. Um den Marinestützpunkt an der Dünamündung zu schützen, der nach dem Fall von Libau besonders gefährdet ist, versucht die Rote Flotte am 28. Juni 1941, das Eindringen deutscher Schiffe in die Rigaer Bucht zu verhindern, und errichtet in der Irben-Meerenge eine Minensperre, um den Zugang zur Rigaer Bucht abzuriegeln. In den Küstengebieten werden die Luftaufklärung und der Einsatz von Wachbooten verstärkt. Sowjetische U-Boote patrouillieren jetzt in den Meerengen von Irben und Muh, und in die südlichen Gewässer des Finnischen Meerbusens werden sowohl Wach- als auch Minensuchboote beordert.

Nach einem ersten Erstarren der sowjetischen Führung aufgrund des deutschen Überfalls ruft am 29. Juni das Zentralkomitee der KPdSU zum »Vaterländischen Krieg« auf, um alle Kräfte zur Verteidigung der Sowjetunion zu mobilisieren.

Während bei Minsk und Bialystok große Teile der sowjetischen »Westfront« eingeschlossen worden sind und im Süden deutsch-rumänische Verbände in Bessarabien kämpfen, versucht aus Nordfinnland heraus das Gebirgskorps von Gen. Dietl in Richtung Murmansk vorzudringen.

Juli 1941

Lemberg wird erobert

Deutsche Truppen nehmen am 30. Juni 1941 Lemberg ein, wo sogleich ukrainische Nationalisten eine Regierung bilden, die jedoch nicht von den Deutschen geduldet wird, da die NS-Politik eigene Pläne mit dem Gebiet hat. Unmittelbar nach der Eroberung Lembergs kommt es zu einem Massaker unter den jüdischen Einwohnern; denn die mit dem deutschen Überfall auf die Sowjetunion eingeleitete Ausrottungspolitik schließt die Judenfrage ein.

So erfolgen gleich zu Beginn des Rußlandfeldzuges Massenerschießungen durch die Einsatzgruppen. Seit Ende Juni 1941 finden in den Konzentrationslagern außerdem Massenexekutionen sowjetischer Kriegsgefangener statt, die erst gar nicht als Häftlinge erfaßt werden.

Der Vertrauensrat der deutschen evangelischen Kirche begrüßt den Feldzug gegen die Sowjetunion in einem Telegramm an Hitler als Kampf »gegen den Todfeind aller Ordnung und abendländisch-christlichen Kultur«.

Reichsaußenminister von Ribbentrop fordert am 1. Juli 1941 die japanische Regierung zum Angriff auf die Sowjetunion auf.

Am Mittwoch, dem 2. Juli 1941, muß an der Ostfront im Bereich der Heeresgruppe Nord die Panzeraufklärungsabteilung der 7. Panzerdivision (GenMaj. Frhr. von

Die Rückzugsstraßen der Roten Armee markieren zerschossene Autokolonnen und umherirrende herrenlose Pferde (ganz links oben)

Die Feldflugplätze der Roten Luftflotte im ehemaligen Ostpolen und im Baltikum sind die ersten Ziele der Luftwaffe (links oben)

Die Sturzkampfflugzeuge Junkers Ju 87 fliegen Tag für Tag rollende Angriffe auf sowjetische Widerstandspunkte und Truppenansammlungen (rechts oben)

General Walther Nehring und General Eduard Dietl

501

1941 Juli

Funck) die Einsatzleitung darüber informieren, daß das durch starken Regen völlig versumpfte und damit unbefahrbar gewordene Gelände einen weiteren Vormarsch unmöglich macht.

Am Donnerstag, dem 3. Juli 1941, meldet die deutsche 18. Panzerdivision (GenMaj. Nehring), daß ihr in einem Gefecht mit sowjetischen Panzern ein völlig neuartiger, im Aussehen von allen bekannten Typen abweichender sowjetischer Kampfwagen begegnet sei. Die herkömmlichen deutschen Panzerabwehrkanonen, vor allem die 3,7-cm-Pak, sind diesem Panzer gegenüber wirkungslos.

In Lemberg geht das seit 48 Stunden tobende Pogrom unter der jüdischen Bevölkerung zu Ende. Dem vom SD und den ukrainischen Nationalisten geführten Massenmord fallen rund 7000 Menschen, meist Alte, Frauen und Kinder, zum Opfer.

In Moskau proklamiert auch Stalin »den Vaterländischen Krieg gegen die faschistische Versklavung«. Erstmals nach dem deutschen Überfall hat sich damit der Vorsitzende des Verteidigungsrats an die Öffentlichkeit gewandt. Zugleich gibt das sowjetische Informationsbüro offiziell die Partisanentätigkeit in der UdSSR bekannt.

Am Sonnabend, dem 5. Juli 1941, stößt der linke (nördliche) Flügel der deutschen Heeresgruppe Süd (GFM von Rundstedt) vor, um die »Stalin-Linie« zu durchbrechen. Diese etwa 70 bis 100 Kilometer hinter der alten polnischen Grenze von 1939 durch Bunker verstärkte Verteidigungslinie erstreckt sich vom Ostufer des Dnjestr in den Raum westlich von Winniza über Berditschew, Schitomir, Korosten, ostwärts Sluzk, westlich Minsk, Polozk bis in den Raum westlich von Opatschka. 48 Stunden später ist den Verbänden des XXXXVIII. Panzerkorps (GenLt. Kempf) der Durchbruch südlich von Nowogrodek Wolynski gelungen.

Am Sonntag, dem 6. Juli 1941, kommt es in der Irben-Meerenge zu einem Feuergefecht zwischen einer deutschen Schiffsgruppe und den sowjetischen Zerstörern »Silnyj« und »Sierdityj« (KorvKpt. Abaschwili). Von den beiden Zerstörern, die der Minensucher M 31 und das Minenräumschiff M 11 beim Minenlegen überrascht haben, bekommt die »Silnyj« einen leichten Treffer. Trotz wiederholter Luftangriffe können die beiden deutschen Schiffe unbeschädigt die Rigaer Buch erreichen.

Die Operationspläne der Sowjetischen Baltischen Flotte enthalten keine direkten Anweisungen für die Bekämpfung der feindlichen Handelsflotte. Das wirkt sich in der ersten Zeit des Krieges auf die Ergebnisse der sowjetischen U-Boote aus, deren Kommandanten zwar den Befehl haben, deutsche Transportschiffe anzugreifen, doch werden sie nicht konzentriert eingesetzt, sondern patrouillieren zerstreut in dem großen Gebiet zwischen dem Finnischen Meerbusen, Bottnischen Meerbusen und Bornholm.

Am Dienstag, dem 8. Juli 1941, befiehlt Hitler der Heeresgruppe Nord (GFM von Leeb), mit starken Kräften unverzüglich vorzurücken und Leningrad einzukesseln. Erstmals gibt Hitler zu erkennen, daß Moskau wie Leningrad dem Erdboden gleichgemacht werden sollen.

Der sowjetische General Fjodor I. Kusnezow

Wilhelm Ritter von Leeb (ab 19. 7. 1940 Generalfeldmarschall)

Ein MG-Schütze wartet gefaßt auf den Einsatzbefehl. Die Infanterie hat überall die höchsten Verluste

Juli 1941

Die Sowjets haben für die Verteidigung der ehemaligen Zarenresidenz Sankt Petersburg und der estnischen Hauptstadt Reval (Tallin) die Reste der Nordfrontverbände (GenLt. Popow) eingesetzt, die zwar nach verlustreichen Kämpfen stark geschwächt und seitdem ohne Verstärkungen geblieben, aber keineswegs zerschlagen sind. Daher gelingt es der Roten Armee, die Operationen der aus dem Raum Pleskau in Richtung Luga–Nowgorod vorgehenden deutschen Panzergruppe 4 (GenOberst Hoepner) an der Luga zu stoppen. Und in Estland leistet die sowjetische 8. Armee (GenLt. Sobennikow) den Deutschen hartnäckigen Widerstand.

Die ersten Kesselschlachten

Am Mittwoch, dem 9. Juli 1941, wird an der Ostfront die Doppelschlacht von Bialystok und Minsk beendet. Das Gros der sowjetischen Westfront (Marschall Timoschenko) ist von deutschen Verbänden der Panzergruppe 3 (GenOberst Hoth) eingekesselt und zerschlagen worden; völlig aufgerieben werden auch die 3. Armee (GenLt. W. I. Kusnezow) und die 10. Armee (GenMaj. Golubjew), während von der 13. Armee (GenLt. Filatow) etwa ein Drittel der Vernichtung entgeht.

Insgesamt gehen 323 898 Rotarmisten in deutsche Gefangenschaft, die Zahl der Toten und Verwundeten ist nicht genau festzustellen. Die materiellen Verluste der Roten Armee in dieser ersten großen Kesselschlacht des Ostfeldzuges: 1809 Geschütze und 3332 Panzer.

Am gleichen Tag nehmen die Deutschen Berditschew ein. Ihre auf Kiew vorrückenden Panzerspitzen gefährden den linken Flügel der sowjetischen Südwestfront (GenOberst Kirponos). Dem Vordringen der deutschen Panzergruppe 1 (GenOberst von Kleist) wird erst durch Gegenangriffe mehrerer motorisierter Korps der Roten Armee Einhalt geboten.

In einem einigermaßen geordneten Rückzug können sich die sowjetische 6. Armee (GenLt. Musytschenko), die 26. Armee (GenLt. Kostjenko) und die 12. Armee (Gen. Poniedelin) auf die Linie Berditschew–Chmielnik zurückziehen. Die Sicherung der ukrainischen Hauptstadt Kiew wird von der 37. Armee (GenMaj. Wlassow) übernommen.

Nach Beendigung der Kämpfe in den einstigen ostpolnischen Gebieten sind die ursprünglich an der Grenze stationierten sowjetischen Truppen 350 bis 600 Kilometer ins Innere des Landes zurückgedrängt.

Der überraschend schnelle deutsche Vormarsch in Lettland, Litauen und Estland, Weißrußland, in einem Teil der Ukraine und Bessarabien ist den Panzerverbänden zu verdanken. Jedoch ist es nur im Raum Minsk/Bialystok gelungen, umfangreiche sowjetische Kräfte einzukesseln.

Marschall Semjon K. Timoschenko

Eine deutsche Pak in offener Stellung bekämpft die sowjetischen Panzer, die versuchen, den Einkesselungsring zu durchbrechen

1941 Juli

General Heinz Guderian, General Josef Harpe und Alfred Rosenberg, NS-Chefideologe und Reichsminister für die besetzten Ostgebiete

Lettland 1941: Die Landespost unter deutscher Besatzung. Freimarken der UdSSR mit Aufdruck

Zu dieser Zeit äußert GenOberst Halder, der Generalstabschef des deutschen Heeres, bereits die Ansicht, daß der Feldzug gegen die Sowjetunion praktisch entschieden ist.

Am Donnerstag, dem 10. Juli 1941, haben die deutschen Panzerkräfte das Ziel, die Masse der sowjetischen Westfront einzukesseln und zu zerschlagen. Dabei gelingt es der nördlich und südlich von Mogilew über den Dnjepr vorstoßenden Panzergruppe 2 (GenOberst Guderian), einen Teil der sowjetischen 13. Armee (GenLt. Filatow) einzukreisen, um dann nach Erreichen des Flusses Sosh nach Norden einzuschwenken.

Inzwischen geht die Panzergruppe 3 (GenOberst Hoth) mit dem XXXIX. Panzerkorps (Gen. d. Pz.Tr. Schmidt) von Witebsk aus in Richtung Jelnja vor und wird so zu einer Gefahr für die sowjetische 20. Armee (Gen. Kurotschkin) und die 16. Armee (GenLt. Lukin). Die sowjetische 22. Armee (GenLt. Jerschakow), die auf dem äußersten rechten Flügel der Westfront eingesetzt ist, gerät nun von zwei Seiten aus unter Druck: Im Süden wird sie von der Panzergruppe 3 und der 9. Armee (GenOberst Strauß) und aus dem Westen von der 16. Armee (GenOberst Busch) bedroht. Zu ihrer Rettung bleibt der 22. Armee nur der Rückzug auf Welikije-Luki.

Obwohl die Rote Luftflotte schon am ersten Tag des Unternehmens »Barbarossa« wegen Überlegenheit der Luftwaffe schwere Verluste hinnehmen muß, fliegt sie weiterhin zur unmittelbaren Unterstützung der sowjetischen Heeresverbände. Nach sowjetischen Angaben gelangt sie bis zum 10. Juli 1941 auf rund 47 000 Einsätze und hat dabei 10 000 Tonnen Bomben abgeworfen.

Am Freitag, dem 11. Juli 1941, überwindet die deutsche Panzergruppe 2 (GenOberst Guderian) den hartnäckigen Widerstand der sowjetischen 19. Armee (GenLt. Konjew) und überschreitet den Dnjepr bei Mogilew.

Am Sonntag, dem 13. Juli 1941, gelingt es einer sowjetischen Kavalleriegruppe der 21. Armee (GenLt. Jefremow), den Dnjepr zu überqueren und durch Gegenangriffe in Richtung Bobruisk die in Slobin und Rogatschew eingedrungenen deutschen Truppen zur Räumung dieser Orte zu zwingen.

Am Dienstag, dem 15. Juli 1941, setzt die Rote Armee im Raum Smolensk–Orscha gegen die deutsche 12. Panzerdivision (GenMaj. Harpe) zum erstenmal Raketenwerferbatterien M-8 »Katjuscha« ein. Die bei den Deutschen später als »Stalin-Orgel« bekanntgewordene und gefürchtete neuartige Waffe ist bisher ein streng gehütetes Geheimnis gewesen.

Ihre Bedienung besteht aus Elitesoldaten des NKWD, das heißt Spezialtruppen des berüchtigten Sicherheitsdienstes. Diese Soldaten müssen sich zuvor eidlich verpflichten, die geheimen Abschußgeräte auf keinen Fall in Feindeshand fallen zu lassen, sondern sie rechtzeitig zu zerstören und sich selbst gegebenenfalls durch Freitod einer Gefangennahme zu entziehen.

Auch vor Angehörigen hoher und höchster Stäbe bleiben die Raketenbatterien konsequent abgeschirmt. Nur der zuständige Armeebefehlshaber und Mitglieder des Kriegsrates dürfen die Stellungen der Geheimwaffe be-

Juli 1941

treten. Solche übertriebenen Vorsichtsmaßnahmen beeinträchtigen vorerst einen sinnvollen Einsatz der »Stalin-Orgel«.

Noch im Jahre 1944, nachdem den Deutschen schon einige Katjuscha-Batterien in die Hände gefallen sind, bekommen Militärattachés und Militärmissionen der westlichen Verbündeten keine Gelegenheit, die Raketenwerfer aus der Nähe kennenzulernen.

Kennzeichnend für diese Salvengeschütze ist ihre enorme Flächenwirkung. Deshalb wird die Katjuscha vor allem schwerpunktmäßig bei der artilleristischen Vorbereitung von Angriffsoperationen eingesetzt.

Der »Generalplan Ost«

Professor Meyer-Hetling vom Reichssicherheitshauptamt der SS legt am 15. Juli 1941 den »Generalplan Ost« vor. Die wichtigsten Punkte: Deportation von mehr als 30 Millionen Tschechen, Polen, Litauern, Esten, Letten, Weißrussen und Ukrainern, um für viereinhalb Millionen deutsche Siedler in den besetzten Ostgebieten Platz zu schaffen und die Rohstoffe Rußlands auszubeuten.

Am folgenden Tag beraten Hitler, Göring, Bormann und Rosenberg über die Ausplünderung und Aufteilung der besetzten sowjetischen Gebiete. Obwohl die Ernennung erst später bekanntgegeben wird, ist Alfred Rosenberg seither als »Reichsminister für die besetzten Ostgebiete« tätig. Schon in dieser Besprechung zeigt sich allerdings, daß ihm durch das Reichsinnenministerium, die SS und die Wehrmacht sowie durch die Reichs- und Generalkommissare machtpolitische Konkurrenten entstehen, denen er sich nicht gewachsen zeigt. Der »Wirtschaftsstab Ost«, deren oberster Chef Göring ist, hat bereits seine Tätigkeit begonnen.

An diesem Mittwoch, dem 16. Juli 1941, nimmt die deutsche 29. mot. Division (GenMaj. von Boltenstern) die Gebietshauptstadt Smolensk, 370 Kilometer südwestlich von Moskau, ein.

Am 17. Juli 1941 erläßt das Reichssicherheitshauptamt (RSHA) Richtlinien zur Überführung sowjetischer Kriegsgefangener in Konzentrationslager. Zugleich erteilt das RSHA den Befehl, »potentiell gefährliche Kriegsgefangene« zu ermorden.

Sowjetische Soldaten bringen ein Geschütz in Stellung. Obwohl auf dem Rückzug, liefert die Rote Armee mancherorts deutschen Verbänden harten Widerstand, der erst nach zähen Kämpfen gebrochen wird

1941 Juli

General Werner von Boltenstern

Noch ist alles in Ordnung. Der Vormarsch geht fast reibungslos weiter, und die Truppen werden mit Zeitungen versorgt

Eine Zugmaschine, die in dem weglosen Gelände der Ukraine nur schwer vorwärtskommt

August 1941

Am Freitag, dem 18. Juli 1941, wird Jelnja, ein wichtiger Verkehrsknotenpunkt südostwärts von Smolensk, von Einheiten des zur Panzergruppe 2 gehörenden XXXXVI. Panzerkorps (Gen. d. Pz.Tr. von Vietinghoff-Scheel) erobert. Mit dem Jelnja-Bogen verfügt jetzt die deutsche Mittelfront über einen weit nach Südosten vorgeschobenen Frontvorsprung.

Am selben Tag gibt in Moskau das ZK der KPdSU (B) den Beschluß »über die Organisation des Kampfes im Rücken der feindlichen Truppen« bekannt.

Eine Woche nach Abschluß des britisch-sowjetischen Bündnisvertrages vom 12. Juli fordert Stalin den britischen Premierminister Churchill auf, in Europa eine zweite Front gegen die Achsenmächte zu errichten, damit der starke Druck auf die sowjetischen Frontlinien gemildert wird.

Eine verhängnisvolle Entscheidung

Am Sonnabend, dem 19. Juli 1941, trifft Hitler mit seiner Weisung Nr. 33 eine für die deutsche Kriegführung im Osten verhängnisvolle Entscheidung: Er läßt die gepanzerten und sonstigen schnellen Verbände nach Norden und Südosten zur Unterstützung der Heeresgruppe Nord (GFM Ritter von Leeb) und der Heeresgruppe Süd (GFM von Rundstedt) abdrehen. Für den weiteren Vormarsch auf Moskau stehen damit der Heeresgruppe Mitte (GFM von Bock) nur noch Infanteriedivisionen zur Verfügung.

Die sowjetische 20. Armee (GenLt. Jerschakow) besetzt am 21. Juli 1941 während eines Gegenangriffs Welikije-Luki, das drei Tage zuvor von den Deutschen geräumt worden war, und drängt die bis hier vorgedrungenen Truppen der Panzergruppe 3 zurück.

In der Nacht vom 21./22. Juli 1941 ist Moskau erstmals einem Bombenangriff ausgesetzt. Von den Flugplätzen in der Nähe von Smolensk sind 127 deutsche Kampfflugzeuge in mehreren Wellen zum Angriff auf die sowjetische Hauptstadt gestartet. Bei ihrem Herannahen löst der Befehlshaber der Luftverteidigung, GenLt. Gromadin, den ersten Großalarm aus. Insgesamt werden 104 Tonnen Bomben abgeworfen.

Am Mittwoch, dem 23. Juli 1941, tritt im Raum Jelnja die sowjetische 24. Armee (GenMaj. Rakutin) zu einem Gegenangriff an, der jedoch vom deutschen XXXXVI. Panzerkorps zurückgewiesen wird.

Bis zum Freitag, dem 25. Juli 1941, ist es den deutschen Panzerkräften an der Ostfront gelungen, die »Stalin-Linie« in allen Abschnitten zu durchbrechen. Die Versuche der Sowjets, besonders im Südabschnitt die Linie zu halten und einen Stellungskrieg zu beginnen, bleiben ohne Erfolg.

Am Mittwoch, dem 30. Juli 1941, ordnet Hitler in seiner Weisung Nr. 34 an, daß die Heeresgruppe Mitte ihre offensiven Operationen einzustellen hat und zur Verteidigung übergehen soll. Diese Maßnahme geschieht unter dem Eindruck des überraschend starken sowjetischen Widerstandes nördlich und südlich von Smolensk.

Die 18 an der Ostfront eingesetzten Kampfgeschwader der Luftwaffe sind weitgehend aufgesplittert und dienen in der Hauptsache als verlängerter Arm der Artillerie oder finden als Nahkampfflieger Verwendung. Die operative Zusammenfassung der wertvollen Bombenflugzeuge erscheint unter diesen Umständen kaum noch durchführbar.

Am 3. August 1941 gelingt es an der Ostfront den Verbänden der deutschen Panzergruppe 2, im Raum Roslawl in einer dreitägigen Schlacht mehrere Divisionen der sowjetischen 28. Armee (GenLt. Katschalow) zu vernichten. Heftige Angriffe der neu herangeführten Kräfte von Marschall Timoschenko bei Rogatschew und Bobruisk werden von der gleichen Panzergruppe im Gegenangriff abgewiesen. Die Rote Armee verliert dabei 300 Geschütze und 250 Panzer; 38 000 Soldaten werden gefangengenommen. Danach rollt die Panzergruppe Guderian mit zunächst schwachen Kräften weiter nach Osten vor und wird im Raum Roslawl/Smolensk in mehrere massive, aber schlecht aufeinander abgestimmte sowjetische Gegenangriffe verwickelt.

Die Bevölkerung im Baltikum empfängt freudig die deutschen Truppen

1941 August

Immer wieder versuchen die sowjetischen Truppen, die deutsche Umzingelung zu durchbrechen, wie hier im Raum Smolensk

Ein verbrannter deutscher Panzer und daneben die Gräber der Besatzung. Die Soldaten waren kaum 20 Jahre alt

Trotz der deutschen Siegesmeldungen und des raschen Vorrückens der Wehrmacht in der UdSSR scheint ein unmittelbarer Zusammenbruch der Roten Armee, wie ihn einen Monat zuvor noch der Generalstabschef Halder vermutet hatte, nicht bevorzustehen. Der Generalquartiermeister Eduard Wagner beginnt, die Beschaffung von Winterkleidung für das Ostheer vorzubereiten.

Am Dienstag, dem 5. August 1941, ist die Kesselschlacht von Smolensk beendet. Die Heeresgruppe Mitte hat die sowjetische 16. Armee (GenLt. Lukin), Teile der 19. Armee (GenLt. Konjew) und die 20. Armee (GenLt. Kurotschkin) sowie das XXIII. mech. Korps zerschlagen. 310000 Rotarmisten werden von den Deutschen gefangengenommen sowie 3120 Geschütze und 3205 Panzer erbeutet.

Am Mittwoch, dem 6. August 1941, gelingt es einzelnen im Smolensker Kessel eingeschlossenen sowjetischen Truppenteilen, aus der Umzingelung auszubrechen. Unverkennbar ist auch, daß das deutsche Vormarschtempo erstmalig seit Feldzugsbeginn zurückgeht. Die Heeresgruppe Mitte sieht zur Zeit keine Möglichkeit, weitere Angriffsoperationen großen Stils erfolgreich durchzuführen. Immer noch fehlt der entscheidende Erfolg, der bis zum August 1941 eintreten soll.

Luftangriffe auf Berlin

Flugzeuge der Roten Flotte starten als Reaktion auf den deutschen Luftüberfall auf Moskau zum ersten Bombenangriff gegen Berlin. Es sind 18 Bomber vom Typ Il–4, die zum Torpedo-Minen-Fliegergeschwader der Baltischen Rotbannerflotte (Oberst Preobraschenski) gehören. Sie steigen gegen 21.00 Uhr vom Flugplatz Kagul auf der Insel Saaremaa (Ösel) auf, sammeln sich über dem Meer und nehmen

August 1941

Kurs auf Stettin. Nachdem sie in einer Flughöhe von 6000 Metern die deutsche Küste überflogen haben, erreichen sie die Reichshauptstadt und bombardieren Rüstungsbetriebe im Berliner Norden, hauptsächlich in Reinickendorf. Bevor die Maschinen gegen 2.00 Uhr zum Rückflug abdrehen, werfen sie noch Flugblätter ab.

Weitere Störangriffe gegen Berlin werden in den nächsten Wochen von Staffeln der 81. Luftdivision der Fernfliegerkräfte (Oberst Nowodranow) unternommen. Daran

»*Sowjetische Flugzeuge bombardieren Berlin – Die Royal Air Force lieferte die Zielfotos für den großen Überraschungsraid*«, *meldet die britische Presse*

In einer Vorstadt von Minsk. Die Frauen beobachten schweigend die vorbeiziehenden Kolonnen der gefangenen sowjetischen Soldaten

1941 August

Marschall Semjon M. Budjonny

Die während der Kämpfe im Raum Gomel führenden Generäle der Roten Armee: Links General A. P. Kostienko, rechts General F. I. Potapow

beteiligt sich auch eine von dem Polflieger Wodopjanow geführte Gruppe mit den neuesten viermotorigen sowjetischen Kampfflugzeugen vom Typ Petljakow Pe-8 (TB-7). Außer Berlin sind auch mehrere ostpreußische Städte, darunter Königsberg, Tilsit und Memel, das Einsatzziel dieser Verbände.

Am Donnerstag, dem 7. August 1941, erreichen deutsche Truppen den Finnischen Meerbusen westlich von Narwa. Von diesem Zeitpunkt an gewinnt der Seestützpunkt Reval für die Sowjets an Bedeutung, aber die Stadt und der Hafen sind für den Kampf kaum vorbereitet: Die Verteidigung zum Meer hin besteht lediglich aus Küsten- und Flakbatterien, die von Schiffsartillerie unterstützt werden.

Nachdem die Rote Armee in Reval von der übrigen Front abgeschnitten ist, bleibt nur noch die Möglichkeit, die Truppen über See zu evakuieren und die Hafenanlagen zu vernichten. Die Räumung erfolgt mit Hilfe aller zur Verfügung stehenden Frachter und Kriegsschiffe, die von Minenräumbooten begleitet werden. Unterdessen schirmen sowjetische Jagdflieger den Luftraum ab. Vom Ladogasee werden Schnellboote nach Reval beordert, um die Evakuierungsaktion vor den Angriffen deutscher U-Boote zu schützen.

Am Freitag, dem 8. August 1941, findet die Kesselschlacht bei Uman ihren Abschluß. Die Verbände der Panzergruppe 1 (GenOberst von Kleist) haben das Gros der sowjetischen 6. Armee (GenLt. Musytschenko) und der 12. Armee (GenMaj. Ponedelin) vernichtet. Gleichzeitig sind nahezu alle Truppen der sowjetischen 18. Armee (GenLt. Smirnow) zerschlagen worden. Durch diesen Sieg der Heeresgruppe Mitte, die aus der Bewegung heraus angetreten ist, werden 25 sowjetische Divisionen auf die Infanteriedivisionen der Heeresgruppe Süd (GFM von Rundstedt) abgedrängt.

Ein Versuch der Sowjets, nach Südosten auszubrechen, wird durch rasch vorgehende Panzerverbände vereitelt. Die Verluste der Kesselschlacht: 103000 gefangene Rotarmisten, darunter GenLt. Musytschenko, GenMaj. Ponedelin und der Kommandierende General des XIII. Schützenkorps, Kyrillow. 858 Geschütze, 242 Pak und Flak sowie 317 Panzer werden vernichtet oder erbeutet.

Eine weitere Schlacht bahnt sich an diesem Tag im Raum Gomel an. Teile der Panzergruppe 2 aus dem Raum Roslawl sind in Richtung Süden bis nach Klincy vorgestoßen, während die 2. Armee (GenOberst Frhr. von Weichs) von der Linie Bobruisk–Kritschew aus Gomel erreicht. Die ihnen gegenüberstehenden sowjetischen Kräfte sind außerstande, den deutschen Angriff abzuwehren. Sie werden entweder eingeschlossen oder vernichtet, so die 21. Armee (GenLt. Jefremow) und Teile der 5. Armee (GenMaj. Potapow), oder zum Rückzug gezwungen. Die 13. Armee (GenLt. Filatow) weicht nach Unetscha aus, und die Reste der 21. Armee ziehen sich nach Süden zurück, so daß die Panzergruppe 2 bis zur Desna vorstoßen kann.

Sechs Wochen nach Beginn des deutschen Angriffs auf die Sowjetunion machen sich bei den Panzerdivisionen der wachsende Materialverschleiß und die unerwartet hohen Kampfwagenverluste bemerkbar. Obwohl der Vormarsch noch anhält, kann keine Rede davon sein, daß die Rote Armee bereits geschlagen sei. Am Sonntag, dem 10. August 1941, unternehmen fliegende Verbände der sowjetischen Schwarzmeerflotte einen der am meisten aus dem Rahmen fallenden Luftangriffe des Zweiten Weltkrieges. Ihr Ziel ist die strategisch wichtige Eisenbahn-

August 1941

brücke bei Cernavoda (Rumänien), die den Schwarzmeerhafen Konstanza mit dem Erdölgebiet von Ploesti verbindet. Das Besondere dieses Unternehmens liegt darin, daß man den beiden unmodernen Bombenflugzeugen vom Typ TB-3 je zwei I-16-Rata-Jagdflugzeuge unterhalb der Tragflächen angehängt hat, die wiederum jeweils zwei 250-kg-Bomben mit sich führen. Die Jäger werden kurz vor dem Ziel ausgeklinkt und entledigen sich ihrer Sprengsätze im Sturzflug auf die Brücke. Allen beteiligten Maschinen gelingt die Rückkehr zu ihrem Stützpunkt auf der Halbinsel Krim.

Moskau soll erobert werden

Einige Kilometer von Minsk: Bombenvolltreffer auf einer Rollbahn. Nach dem Stuka-Angriff auf sowjetische Nachhuten wird der deutsche Vormarsch bis zur Beseitigung der Schäden gestoppt

General Eugen Ritter von Schobert

In Moskau wird ein Militärvertrag zwischen der sowjetischen und der polnischen Obersten Führung am 14. August 1941 unterzeichnet. Zum Oberbefehlshaber der polnischen Armee auf sowjetischem Territorium wird Gen. Wladyslaw Anders ernannt, der bis zu diesem Zeitpunkt Gefangener in der Moskauer »Lubljanka«, dem Zentralgefängnis des NKWD, ist.

Mitte August 1941 steht Hitler als oberster Befehlshaber der Wehrmacht vor der Entscheidung, ob er den Empfehlungen des Oberbefehlshabers des Heeres, GFM von Brauchitsch, und des Chefs des Generalstabs, Gen.-Oberst Halder, folgen und den Angriff auf Moskau fortsetzen soll oder ob er statt dessen der endgültigen Zerschlagung der vor den deutschen Heeresgruppen Nord

Generalfeldmarschall Fedor von Bock

511

1941 August

Deutsche Truppen marschieren in Minsk ein. Nach den Gefechten entlang der Ausfallstraße rollen die Panzer weiter in Richtung Smolensk

Finnland 1941: Gedenkausgabe

General Georg Stumme

und Süd stehenden starken feindlichen Kräfte den Vorrang gibt. Hitler entscheidet sich jedoch für die Eroberung von Leningrad und fordert die Besetzung des Kaukasus, um für Deutschland die dortigen Ölfelder zu sichern.

Am Sonnabend, dem 16. August 1941, besetzen Verbände der deutschen 11. Armee (GenOberst Ritter von Schobert) Nikolajew, einen der wichtigsten Stützpunkte der sowjetischen Schwarzmeerflotte. Dabei fallen den Deutschen auf der Marti-Werft und im Marinearsenal die zum Teil gesprengten Rümpfe des im Bau befindlichen Schlachtschiffes »Sovetskaja Ukraina« (45 000 t) und des schweren Kreuzers »Ordzonikidze«, außerdem vier Zerstörer, drei U-Boote und zwei Kanonenboote in die Hände.

Am Donnerstag, dem 21. August 1941, erteilt Hitler den Befehl, im Norden und Süden der Ostfront weiterhin offensiv vorzugehen, während die Heeresgruppe Mitte sich auf das Halten der erreichten Position beschränken soll. Es geht nun nicht mehr darum, vor Einbruch des russischen Winters Moskau zu erobern, sondern vielmehr im Norden Leningrad einzunehmen und im Südabschnitt die Krim sowie das Donezbecken in deutschen Besitz zu bringen. Daher muß die Heeresgruppe Mitte (GFM von Bock) die ihr bisher unterstellte 2. Armee (GenOberst Frhr. von Weichs) und die Panzergruppe 2 (GenOberst Guderian) an die Heeresgruppe Süd abgeben, die am unteren Dnjepr die Verbände der Roten Armee zerschlagen soll.

August 1941

Bereits Ende August 1941 beginnt der Ausbau von Feldbefestigungen und Panzersperren an den westlichen Zufahrtsstraßen nach Moskau

Am selben Tag sendet die britische Admiralität aus dem isländischen Hval-Fjord einen ersten Versuchskonvoi mit dem Codenamen »Dervish« nach Archangelsk. Dieser aus sieben Handelsschiffen bestehende Geleitzug wird von den schweren Kreuzern »Devonshire« und »Suffolk«, vom Flugzeugträger »Victorious« und sechs Zerstörern eskortiert:

Der alte Flugzeugträger »Argus« führt 24 Hurricane-Jäger mit sich, die im Rahmen des Lend-Lease-Abkommens für die sowjetische Luftflotte bestimmt sind. 15 weitere Jagdflugzeuge befinden sich, in Kisten verpackt als Deckladung auf anderen Schiffen.

Strategische Planungen gescheitert

Am Montag, dem 25. August 1941, treten die deutsche 2. Armee und die Panzergruppe 2 den Vormarsch nach Süden an. Nördlich von Konotop überqueren sie die Desna, nachdem sie die bei Brjansk stehenden Verbände der Roten Armee nach Osten zurückgeworfen haben. Damit endet der Versuch von GenLt. Jeremenko, dem seit dem 16. August 1941 neben der Brjansker Front auch die restlichen Truppen der Zentralfront unterstehen, das Vordringen der Deutschen in diesem Raum zu stoppen, als Niederlage.

Am Dienstag, dem 26. August 1941, geht ostwärts von Welikije-Luki eine Operation des deutschen XXXX. Panzerkorps (Gen. d. Pz.Tr. Stumme) erfolgreich zu Ende, durch die das Gros der sowjetischen 20. Armee (GenLt. Jerschakow), das LI. Schützenkorps (GenMaj. Markow) und das LXII. Schützenkorps (GenMaj. Karmanow) von fast allen Verbindungen abgeschnitten und aufgerieben werden. Das OKW gelangt in einer Hitler vorgelegten Denkschrift zu der Feststellung, daß es unmöglich ist, den Feldzug gegen die Sowjetunion noch im Jahre 1941 zu beenden und daß er ebenso wie die vorgesehene Operation gegen England daher auf 1942 verschoben werden muß. Diese Darlegungen finden schließlich auch Hitlers Zustimmung, bedeuten aber, daß die strategischen Planungen für einen »Blitzkrieg« gegen die UdSSR gescheitert sind.

Am Nachmittag des 27. August 1941 beginnt die Rote Armee mit Vorbereitungen für die Räumung von Reval (Estland). Während der Operation nehmen Schiffsartillerie und Küstenbatterien die deutschen Stellungen unter Feuer. Die wichtigsten Hafenanlagen sollen gesprengt, die Zugänge zum Hafen durch das Versenken alter Schiffe blockiert und nach dem Auslaufen der Evakuierungsflotte vor der Reede eine Minensperre gelegt werden.

Die Räumung des Stützpunktes Reval wird zu einer der verlustreichsten Operationen der Roten Flotte. In der darauffolgenden Nacht werden die Reste des sowjetischen X. Schützenkorps, die am nächsten Tag von Reval nach Kronstadt evakuiert werden sollen, eingeschifft.

1941 August

Die Einheiten der sowjetischen Baltischen Flotte nehmen mit ihrer Artillerie an den Kämpfen entlang der Küste teil

Ostgebiete 1941: Landespost unter deutscher Besatzung

In einem MG-Nest während der Kämpfe im Raum Smolensk

Auf der Reede von Reval sammeln sich vier Konvois mit 29 Transportern und 73 Begleit- und Sicherungsfahrzeugen, dazu 59 weitere Kriegsschiffe der Baltischen Flotte, die gegen Abend das Hafengebiet einzeln verlassen. Nach dem Auslaufen errichten die Eskortschiffe »Sneg«, »Burja« und »Ciklon« sowie der Minenleger »Vaindlo« eine Minensperre im Hafen und blockieren die Zufahrten durch die Versenkung von fünf Dampfern und Schleppern.

Bereits in den ersten Stunden, nachdem sich die Evakuierungsflotte auf See befindet, greift die Luftwaffe mit Ju-88-Maschinen an und versenkt drei Transporter und einen Eisbrecher. Von den insgesamt 160 Schiffen gehen auf der Fahrt nach Kronstadt 41 teils durch Bomben, die meisten aber beim Durchfahren der Minensperren verloren, rund 12 000 Mann können gerettet werden.

Hitler begibt sich mit Mussolini, der drei Tage zuvor im Führerhauptquartier »Wolfsschanze« bei Rastenburg eingetroffen war, um eine gemeinsame Fahrt an die Ostfront zu unternehmen, zur italienischen Division, die in der Nähe Umans steht. Hitler spielt sich als Oberbefehlshaber auf, dafür übernimmt Mussolini auf dem Rückflug die Steuerung der Condor D 2600. Der Versuch, dieses Treffen zum Gegenstück der Begegnung Churchill–Roosevelt zu machen, scheitert, da die internationale Öffentlichkeit kaum Notiz davon nimmt.

In London wird am 30. August 1941 zwischen der polnischen Exilregierung unter General Sikorski und dem sowjetischen Botschafter Majski ein Vertrag unterzeichnet, der die diplomatischen Beziehungen zwischen Polen und der UdSSR erneuert und beide Regierungen zur gemeinsamen Unterstützung im Kampf gegen die Deutschen verpflichtet.

Am Sonntag, dem 31. August 1941, erreicht der zehn Tage zuvor im Hval-Fjord von Island ausgelaufene erste

September 1941

englische Versuchskonvoi »Dervish«, ohne auf der Fahrt von deutschen Beobachtern gesichtet zu werden, seinen Bestimmungshafen Archangelsk.

Im August 1941 entsendet Großbritannien zum ersten- und letztenmal einen RAF-Jagdverband in die UdSSR, um zur Unterstützung der Roten Luftflotte direkt in den Luftkrieg gegen Deutschland einzugreifen.

Nachdem in Leconfield das 151. Wing aufgestellt worden ist, das sowjetisches Personal an Ort und Stelle in der Montage, Instandhaltung und Bedienung englischer Hurricane-Jäger zu schulen hat, werden 39 Hurricanes vom Typ Mark II B mit den erforderlichen Piloten und Bodenpersonal im Konvoi nach Murmansk in Marsch gesetzt. Von hier aus starten die auf dem alten Flugzeugträger »Argus« beförderten Hurricanes an Bord ihres Mutterschiffes nach Vianga. Dieser etwa 25 Kilometer von Murmansk entfernte Flughafen wird zum Hauptstützpunkt des 151. Wing während seines Einsatzes in der Sowjetunion.

Erster operativer Rückzug

In den Monaten Juli und August 1941 setzt die Sowjetführung zum erstenmal in kleinerem Umfang Luftlandetruppen ein. Sie sollen hinter der deutschen Frontlinie im Raum Kiew Brücken sowie Waffen- und Munitionslager in die Luft jagen. Außerdem werden in Gruppen bis zu 50 Mann Fallschirmjäger für Aufklärungs- und Spionageaufträge abgesetzt. Nach deren Erledigung müssen sie entweder durch die deutschen Linien zurückkehren oder sich den verstärkt auftretenden Partisanenverbänden anschließen.

Der ungarische Reichsverweser Admiral Nikolaus von Horthy entschließt sich Anfang September 1941, Gen. Szombathely zum neuen Generalstabschef zu ernennen. Er leitet damit eine vorsichtige Lösung vom Bündnis mit den Achsenmächten ein, denen er einen Sieg nicht mehr zutraut. Zugleich beginnt er Sondierungen mit dem Ziel, die ungarischen Truppen vom Einsatz gegen die UdSSR freizustellen.

Am Sonnabend, dem 6. September 1941, kommt es an der Ostfront zum ersten operativen Rückzug deutscher Truppen seit Kriegsbeginn: Die Heeresgruppe Mitte läßt unter dem Druck der Roten Armee den Frontvorsprung bei Jelna, südöstlich von Smolensk, räumen, so daß die sowjetische 24. Armee (GenMaj. Rakutin) dieses Gebiet wieder besetzen kann.

Am selben Tag erläßt Hitler die Weisung Nr. 35, in der die Heeresgruppe Mitte angewiesen wird, bis Ende September Vorbereitungen für den Angriff auf Moskau (Unternehmen »Taifun«) zu treffen.

Am Montag, dem 8. September 1941, greifen an der Leningrad-Front erstmals sowjetische Kriegsschiffe mit ihrer Artillerie in die Landkämpfe ein. Das Schlachtschiff »Marat« (Kpt. 1. Rg. Iwanow) nimmt vom Kronstadter Seekanal aus die jetzt südlich von Leningrad stehenden Vorausabteilungen der deutschen 18. Armee (GenOberst von Küchler) unter Beschuß, und der Kreuzer »Maxim Gorki« (Kpt. 2. Rg. Swjatow) eröffnet vom Leningrader Industriehafen aus das Feuer.

An diesem Tag kann das Jagdgeschwader 51 (Oberst Mölders) nach Beendigung der großen Kesselschlacht zwischen Smolensk und Wjasma seinen 2000. Luftsieg melden.

Am Dienstag, dem 9. September 1941, wird die vorgesehene Offensive von Verbänden der deutschen Heeresgruppe Nord in Richtung Leningrad mit rollenden Luftangriffen der Luftflotte 1 (GenOberst Keller) eingeleitet. Auch die Städte Kronstadt und Oranienbaum werden bombardiert, um die Bodentruppen zu unterstützen.

Am Donnerstag, dem 11. September 1941, übernimmt in der sowjetischen Hauptstadt W. A. Malyschew die Lei-

Deutsche Infanteristen gehen zum Angriff über

515

1941 September

Raum Kiew, September 1941: Im Schutz der Panzer sammelt sich die Infanterie zu einem Vorstoß

tung eines neu eingerichteten Volkskommissariats für die Panzerindustrie.

Die Panzergruppe 2 (GenOberst Guderian) stößt nach Süden in den Raum ostwärts von Kiew vor. Ungeachtet einer gewaltigen ungesicherten Ostflanke von 200 Kilometer Länge läßt Guderian vier von seinen insgesamt siebeneinhalb Divisionen frontal nebeneinander vorgehen, da er trotz des geringen Flankenschutzes und der Gefahr einer Einkreisung durch sowjetische Verbände den technischen Möglichkeiten, der Schnelligkeit und Beweglichkeit seiner gepanzerten Divisionen bei diesem Unternehmen vertraut.

Die im Raum Murmansk stationierten britischen Hurricane-Jäger fliegen ihren ersten Einsatz über der deutschen Ostfront. Rund 300 Kilometer nördlich des Polarkreises wird es im September kaum hell, so daß für ein derartiges Flugunternehmen kaum mehr als zwei bis drei Stunden zur Verfügung stehen. Erschwerend kommt hinzu, daß die Flugzeugmotoren infolge des schlechten Treibstoffs mitunter aussetzen.

Am Freitag, dem 12. September 1941, gelingt es fünf Hurricanes der Wing 151 im Raum Murmansk, drei deutsche Jäger vom Typ Me 109 abzuschießen und eine Henschel Hs 126 zu beschädigen. Die Engländer verlieren dabei eine Maschine. Außer dem einen, hierbei ums Leben gekommenen Hurricane-Piloten hat die Wing 151 während ihres Einsatzes in der Sowjetunion keine weiteren personellen Verluste zu beklagen. Zehn Wochen später werden die Hurricanes von der Roten Luftflotte übernommen und die Piloten nach Großbritannien zurückbeordert.

Schon während eines ersten Patrouillenfluges haben die Piloten von zwei Maschinen Mühe, heil zu ihrem Stützpunkt zurückzukehren.

Als am Sonnabend, dem 13. September 1941, deutsche und finnische Kriegsschiffe die 61. Infanteriedivision (GenLt. Haenicke) bei der Besetzung der Insel Ösel unterstützen, wird das finnische Küstenpanzerschiff »Ilmarinen« (FregKpt. Goransson) von einer Treibmine völlig zerstört. Von der 403 Mann starken Besatzung können nur 132 Überlebende gerettet werden.

Kiew wird besetzt

Am Sonntag, dem 14. September 1941, schließt sich der Kessel um die Verbände der sowjetischen Südwestfront (GenOberst Kirponos) ostwärts von Kiew, nachdem bei Lochwitza die Spitzen der Panzergruppe 1 (GenOberst von Kleist) mit der 9. Panzerdivision (GenLt. Ritter von Hubicki) und der Panzergruppe 2 (GenOberst Guderian) zusammengetroffen sind.

Nach der Niederlage der Roten Armee bei Kiew glaubt das Oberkommando des Heeres, daß der Gegner nun entscheidend geschwächt sei, und befiehlt daher der Heeres-

September 1941

General Alfred Ritter von Hubicki

Deutsche Truppen stehen bereits eine Autostunde vor Leningrad, der zweitwichtigsten Stadt der Sowjetunion, die jedoch trotz über dreijähriger Belagerung nicht erobert wird

gruppe Süd (GFM von Rundstedt), weiter in Richtung Donbas, Charkow und Rostow vorzustoßen. Nach Eroberung von Odessa und der Krim soll der Kaukasus das nächste Ziel sein.

Schwere Heeresküstenbatterien, die Stellung an der Kronstädter Bucht bezogen haben, nehmen am 16. September 1941 die vor Leningrad liegenden sowjetischen Kriegsschiffe unter Feuer. Das Schlachtschiff »Marat« sowie die schweren Kreuzer »Maxim Gorki« und »Petropawlowsk« werden getroffen. Nachdem die frühzeitig beschädigte »Petropawlowsk« bis zum Mittag weitere 53 Treffer hat hinnehmen müssen, bricht auf dem Kreuzer Feuer aus. Das Schiff legt sich auf die Seite, wird aber von der Kaimauer derart abgestützt, daß es nicht sinkt oder kentert. Unter der Besatzung sind zehn Tote und 20 Verwundete zu beklagen.

Das weit verzweigte System von Binnengewässern erlaubt es den Sowjets, ganze Schiffsflottillen schwerpunktmäßig in die Kampfgebiete zu verlagern. Im Herbst 1941 können Kanonenboote der Wolga-Flottille auf der Moskwa zur Verteidigung Moskaus eingesetzt werden. Für entsprechende deutsche Operationen fehlt es an geeigneten Fahrzeugen. In den Küstengewässern treten die sowjetischen Motor-Torpedoboote als gefährliche Gegner auf.

Am Sonnabend, dem 20. September 1941, stellt die deutsche Seekriegsleitung eine Baltenflotte (Vizeadm. Ciliax) zusammen, um zu verhindern, daß die in Kronstadt liegenden sowjetischen Seestreitkräfte ausbrechen. Zu diesem neugebildeten Flottenverband gehören das Schlachtschiff »Tirpitz« (Kpt. z. S. Topp), der schwere Kreuzer »Admiral Scheer« (Kpt. z. S. Meenden-Bohlken), die leichten Kreuzer »Nürnberg« (Kpt. z. S. v. Studnitz), »Köln« (Kpt. z. S. Hüffmeier) sowie drei Zerstörer, eine Torpedobootflottille und mehrere Minenschiffe.

Zu dieser Zeit darf die Luftwaffe an der Ostfront keine strategischen Ziele im sowjetischen Hinterland angreifen, da sie hauptsächlich zur Unterstützung der Bodentruppen gebraucht wird. So können die Sowjets über noch unzerstörte Eisenbahnlinien ihre Industrieanlagen hinter den Ural abtransportieren und in Sicherheit bringen; denn dort sind sie für deutsche Bomber unerreichbar.

Die 6. Armee unter GFM von Reichenau besetzt Kiew, das bald durch Sprengungen schwer erschüttert wird, die von der Roten Armee durch Fernzündung ausgelöst werden.

Am Dienstag, dem 23. September 1941, starten deutsche Kampffliegerverbände der Luftflotte 1 (GenOberst Keller) von den vorgeschobenen Absprunghäfen im Raum Minsk zu Angriffen gegen die auf der Reede und im Hafen von Kronstadt liegenden schweren Einheiten der Roten Flotte.

Um 8.45 Uhr steigen die 1. und die 3. Staffel des Sturzkampfgeschwaders 2 vom Feldflugplatz Tyrkowo auf, um die Schlachtschiffe »Marat« und »Oktjabrskaja Revoljucija« zu bombardieren. Dabei trifft eine 1000-kg-Bombe aus der Ju 87 von Oberlt. Rudel das 23 600-t-Schlachtschiff »Marat«, das vor der Hafenmole von Kronstadt

1941 September

liegt, so schwer, daß das Vorschiff zerstört wird. Nach diesem Volltreffer bricht das Schiff, das mit 12 30,5-cm- und 16 12-cm-Geschützen ausgestattet ist, in zwei Teile auseinander und sinkt. Zum erstenmal in der See- und Luftkriegsgeschichte ist ein Schlachtschiff durch ein Sturzkampfflugzeug versenkt worden.

Am Mittwoch, dem 24. September 1941, beginnt der Angriff der deutschen 11. Armee (Gen. d. Inf. von Manstein) auf die von der sowjetischen 51. Armee (GenLt. Batow) verteidigte Landenge von Perekop, den nördlichen Zugang zur Krim. Gleichzeitig überrollen Verbände der Panzergruppe 1 aus dem Raum Dnjepropetrowsk–Nowo-Moskowsk den rechten Flügel der sowjetischen 12. Armee (GenMaj. Korotijew). Sie dringen weiter in Richtung Mariupol vor und gelangen in den Rücken der sowjetischen 18. Armee (GenLt. Smirnow) und der 9. Armee (GenMaj. Charitonow), die der Südwestfront (GenOberst Kirponos) unterstehen.

Am Freitag, dem 26. September 1941, endet die große Kesselschlacht östlich von Kiew, die größte Vernichtungsschlacht des Sommers 1941. Auf deutscher Seite sind die 2. Armee (GenOberst Frhr. von Weichs), die 6. Armee (GFM von Reichenau) und die 17. Armee (GenOberst Hoth) sowie die Panzergruppen 1 und 2 beteiligt gewesen. Sie vernichten das Gros der sowjetischen Südwestfront (GenOberst Kirponos) mit der 5. Armee (GenMaj. Potapow), der 21. Armee (GenLt. W. I. Kusnezow), der 26. Armee (GenLt. Kostenko), der 37. Armee (GenMaj. Wlassow) und Teilen der 38. Armee (Gen. Feklenko).

Nur einer etwa 4000 Mann starken Kavalleriebrigade unter GenMaj. Borisow gelingt es, aus dem Kessel auszubrechen – 665 000 Rotarmisten werden gefangengenommen. Außerdem verlieren die Sowjets 3718 Geschütze und 884 Panzer.

Nach dem Erfolg von Kiew hält es Hitler für möglich, die operativen Ziele des Unternehmens »Barbarossa« – Einnahme von Leningrad, Moskau und des Kaukasusgebietes – doch noch vor dem Einbruch des Winters zu verwirklichen. Die deutsche Führung geht davon aus, daß die Rote Armee im Süden entscheidend geschlagen ist.

Die Kesselschlachten im Sommer und Herbst 1941 bilden den Höhepunkt des deutschen operativen Panzereinsatzes mit Luftunterstützung, durch den schnelle Entscheidungen herbeigeführt werden. Im weiteren Verlauf des Krieges können deutsche Panzerverbände derartige Erfolge nicht wiederholen.

Das Unternehmen »Taifun«

Aufgrund der Lagebeurteilung werden der Heeresgruppe Mitte (GFM von Bock) für den Angriff auf Moskau (Unternehmen »Taifun«) beträchtliche Verstärkungen zugeführt. Die Panzergruppe 2 (GenOberst Guderian) kehrt wieder zur Heeresgruppe Mitte zurück. Außerdem wird die Panzergruppe 4 (GenOberst Hoepner) für das Unternehmen »Taifun« von Leningrad zur Mittelfront abgezogen.

Siegesbewußte Meldungen der NS-Presse Ende September 1941

Norddeutsche Ausgabe
267. Ausg. / 54. Jahrg. / Einzelpreis 20 Pf. Ausland mit ermäß. Porto 25 Pf.

„Freiheit und Brot"

Norddeutsche Ausgabe
Berlin, Mittwoch, 24. September 1941

VÖLKISCHER BEOBACHTER

Kampfblatt der nationalsozialistischen Bewegung Großdeutschlands

Größte Vernichtungsschlacht aller Zeiten

Ungeheure Gefangenen- und Beutezahlen in dem Kessel ostwärts Kiew
Selbst Kutno, Flandern und Bialystok-Minsk sind schon übertroffen

Sowjetischer Oberbefehlshaber tot aufgefunden

Schwere Tages- und Nachtangriffe auf die Festung Kronstadt

V. B. Berlin, 23. September.

Schwerste Schläge auch gegen die Sowjetflotte

Aus dem Führerhauptquartier, 23. September.

Was uns Paracelsus sagt
Von Reichsgesundheitsführer Dr. Conti

September 1941

Die schweren sowjetischen MG der Luftverteidigung sollen die Städte vor den Angriffen der deutschen Bomber schützen

Sowjetische Soldaten marschieren auf dem Weg zur Front an ihrem Kommandierenden General vorbei (unten links)

Ungarn 1941: Wohltätigkeitsausgaben zugunsten des Heeres

519

1941 September

Raum Roslawl, September 1941: Deutsche Panzer rollen in ihre Bereitstellungen

Generalfeldmarschall Günther von Kluge, Oberbefehlshaber der 4. Armee

Zusammen mit der Panzergruppe 3 (GenOberst Hoth) bilden diese drei Panzergruppen neben drei Infanteriearmeen, die 2. Armee (GenOberst Frhr. von Weichs), die 4. Armee (GFM von Kluge) und die 9. Armee (GenOberst Strauß), das Hauptangriffspotential für die Moskau-Offensive. Unterstützung aus der Luft erhalten sie dabei von der Luftflotte 2 (GFM Kesselring) und Teilen der Luftflotte 4 (GenOberst Löhr). Insgesamt gehören zur Heeresgruppe Mitte 14 Panzerdivisionen, achteinhalb motorisierte Divisionen und 56 Infanteriedivisionen.

Für die Zeit vom 22. Juni bis zum 26. September 1941 belaufen sich die Verluste der deutschen Wehrmacht im Ostfeldzug auf 534086 Tote, Verwundete und Vermißte. Das sind 15 Prozent der Anfangsstärke.

Raum Welikije-Luki: Das Kommando einer Infanteriedivision bei der Rast am Rande einer Landstraße

Oktober 1941

Auflösung der Baltenflotte

Am Montag, dem 29. September 1941, wird die deutsche Baltenflotte wieder aufgelöst, da die sofortige Einnahme von Leningrad gescheitert ist und es sich herausgestellt hat, daß die Rote Flotte keinen Ausbruch in die Ostsee plant.

Inzwischen ist der erste für die Sowjetunion bestimmte Geleitzug mit Nachschubgütern vom isländischen Hafen Reykjavik nach Archangelsk unterwegs. Der aus zehn mit Waffen beladenen Frachtern bestehende und von einem Kreuzer sowie zwei Zerstörern gesicherte Geleitzug führt die Bezeichnung PQ.1.

Diese Kennbuchstaben gehen auf den Commodore P. Q. Roberts zurück, der von der britischen Admiralität mit der Organisation dieser Geleitzüge beauftragt wurde. Die für die Sowjetunion bestimmten Konvois führen die Kennbuchstaben PQ, während die aus der UdSSR heimkehrenden Schiffe in umgekehrter Reihenfolge durch die Buchstaben QP gekennzeichnet sind.

Der Geleitzug PQ.1 erreicht den Zielhafen Archangelsk ohne Verluste, obwohl die von ihm gewählte kürzeste Route am Nordkap dicht an der Packeisgrenze vorbeiführt und innerhalb der Reichweite der in Norwegen stationierten Maschinen der Luftwaffe liegt. Erstaunlich ist es, daß die Konvois in den ersten Monaten des Geleitzugverkehrs zwischen Reykjavik und Archangelsk von den Deutschen nicht angegriffen werden.

Das Gesamtvolumen der alliierten Hilfslieferungen (Lend-Lease) wird am selben Tag zwischen Stalin und Lord Beaverbrook als Vertreter Großbritanniens sowie Harry Hopkins als Bevollmächtigtem der USA in Moskau vereinbart. Stalin ist von der langen Lieferungsliste begeistert. Sein Dolmetscher bricht in den Ruf aus: »Jetzt werden wir den Krieg gewinnen!« Am Dienstag, dem 30. September 1941, stößt die Panzergruppe 2 (GenOberst Guderian) am Südflügel der Heeresgruppe Mitte aus dem Raum Putiwl/Gluchow in Richtung Orel vor und eröffnet damit die erste Phase der Schlacht um Moskau. Nach dem Durchbruch der gegnerischen Front schwenken die 17. Panzerdivision (GenLt. von Arnim) und die 18. Panzerdivision (GenMaj. Nehring) nach Norden und gelangen in den Rücken der sowjetischen Verbände, die Brjansk verteidigen. Seit Anfang Oktober 1941 läßt die Führung der Roten Armee auf der Linie Wolokolansk–Maschaisk–Kaluga Verteidigungsstellungen anlegen. Neben drei Hauptstellungen gehören dazu mehrere Sperriegel, bestehend aus Fallgruben, Panzergräben, breiten Minengürteln, elektrisch gesteuerten Flammenwerfern und Pak-Stellungen, die in erster Linie die deutschen Panzerangriffe aufhalten sollen.

Am Donnerstag, dem 2. Oktober 1941, setzt morgens um 5.00 Uhr die deutsche Heeresgruppe Mitte (GFM von Bock) aus dem Raum nordöstlich von Smolensk bis westlich von Orel zur Offensive in Richtung Moskau (Unternehmen »Taifun«) an. Nach einem erfolgreichen Durchbruch beiderseits Roslawl und nördlich Smolensk kesseln die Panzergruppe 3 (GenOberst Hoth) und die Panzergruppe 4 (GenOberst Hoepner) die sowjetische 6. Armee ein.

Die sowjetische Verteidigung wird immer härter. Selbst die Besatzungen einzelner Panzer leisten unerbittlichen Widerstand

Ungarn 1941: Wohltätigkeitsmarken zugunsten des Heeres

1941 Oktober

Die Schlagzeilen der NS-Presse vom 10. 10. 1941 sind reine Wunschgedanken

Anfang Oktober 1941, Beginn der Schlammperiode: Deutsche Schützenpanzerwagen kommen nur noch langsam voran

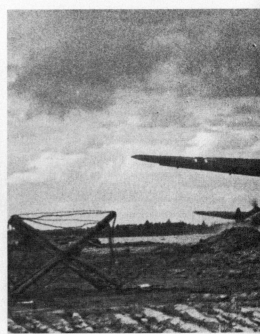

Oktober 1941

Gleichzeitig beginnt der Angriff der Armeen, Korps und Divisionen der Heeresgruppe Süd (GFM von Rundstedt) auf Kursk, Charkow und das Donezbecken.

Bereits am folgenden Tag, dem 3. Oktober 1941, kann die deutsche 3. Panzerdivision (GenLt. Model) Orel erobern.

An diesem Tag erklärt Hitler in seiner Sportpalast-Rede zur Eröffnung des Winterhilfswerks über die Lage an der Ostfront, »daß dieser Gegner bereits gebrochen ist und sich nie mehr erheben wird«. Da eine Woche später sich Reichspressechef Dietrich ähnlich äußert, keimt in der Bevölkerung die Hoffnung, ein weiterer Kriegswinter bleibe ihr und den Soldaten erspart.

Am Montag, dem 6. Oktober 1941, werden die bisherigen Panzergruppen in Panzerarmeen umbenannt: GenOberst Guderians Panzergruppe 2 heißt nun 2. Panzerarmee, während die frühere Panzergruppe 3 (zunächst GenOberst Hoth, jetzt GenOberst Reinhardt) als 3. Panzerarmee operiert.

Im Verlauf des 6. Oktobers wird die Operation der sowjetischen Schwarzmeerflotte abgeschlossen, die innerhalb von vier Tagen die 157. Schützendivision von Odessa nach Sewastopol evakuiert hat.

Die Schlammperiode

Am Dienstag, dem 7. Oktober 1941, schneit es an der Ostfront zum erstenmal. Stetiger Regen und der Beginn der Schlammperiode erschweren es der Heeresgruppe Mitte, den Vorstoß in Richtung Moskau entsprechend den Weisungen des OKH fortzusetzen. Trotz der widrigen Witterungsverhältnisse gelingt es den Verbänden der Heeresgruppe Mitte, den linken Flügel der sowjetischen Westfront (Marschall Timoschenko) und die Eingreifreserven der Roten Armee einzuschließen. Auch die Sturmtruppen der Brjansker Front (GenLt. Jeremenko) werden im Raum Brjansk eingekesselt.

Hitler weist das Oberkommando des Heeres an, eine Kapitulation Moskaus nach dessen Einschließung nicht anzunehmen. Wie er schon im Juli zu erkennen gegeben hatte, will er die deutsche Führung nicht mit dem Problem der Bevölkerungsversorgung belasten. Das heißt im Klartext, sie soll zugrunde gehen. Ähnlich wie er schon – angeblich auf finnische Anregung hin – erwogen hat, Leningrad durch Wasserumleitungen zu ertränken, plant er ein ähnliches Vorgehen gegenüber der Hauptstadt der Sowjetunion. Eine Woche nach dem Befehl über die Kapitulationsverweigerung ergeht eine Anordnung des OKH, die Heeresgruppe Mitte solle Moskau so eng einschließen, daß kein Mensch die Stadt verlassen kann. Nach Hitlers Ansicht soll auch auf Zivilisten geschossen werden, die versuchen, zu entkommen.

Am Freitag, dem 10. Oktober 1941, wird nach der fünf Tage dauernden »Schlacht am Asowschen Meer« im Raum Tschernigowka die sowjetische 18. Armee von Verbänden der Heeresgruppe Süd zerschlagen. Die Verluste der Roten Armee belaufen sich auf 100 000 Gefangene, 672 Geschütze und 212 Panzer. Unter den Toten ist auch der Oberbefehlshaber der 18. Armee, GenLt. Smirnow. Am Sonnabend, dem 11. Oktober 1941, steht GenOberst Reinhardt mit seiner 3. Panzerarmee bereits an der Wolga bei Pogoreloje-Gorodischtsche. In Moskau setzt die Evakuierung von Frauen und Kindern ein. Am Montag, dem 13. Oktober 1941, kann die deutsche 3. Panzerarmee nach hartnäckigen Kämpfen die sowjetische 31. Armee (GenLt. Juschkewitsch) aus Kalinin hinausdrängen.

Am Donnerstag, dem 16. Oktober 1941, beginnt die Evakuierung verschiedener sowjetischer Regierungsstellen, darunter auch des für die Luftfahrtindustrie zustän-

Besonders die Feldflugplätze der deutschen Bomberverbände sind von der Schlammperiode bedroht. Höchste Anforderungen an Piloten und Bodenpersonal werden gestellt

1941 Oktober

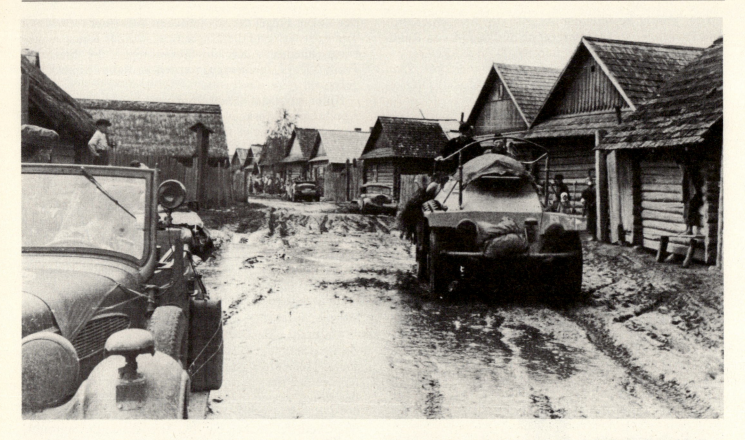

digen Volkskommissariats sowie des diplomatischen Korps von Moskau nach Kujbyschew an die Wolga.

Stalin selbst bleibt jedoch in Moskau. Er konzentriert jetzt rund um die sowjetische Hauptstadt fast 40 Prozent der sowjetischen Luftstreitkräfte. Auf diese Weise erhält die Rote Luftflotte erstmalig an einem wichtigen Frontabschnitt für längere Zeit die Luftüberlegenheit.

In der zweiten Oktoberhälfte 1941 verwandelt Dauerregen das Land in eine Schlammwüste. So kommt der deutsche Vormarsch zum Stillstand, und die auf Moskau vorstoßenden deutschen Panzer- und motorisierten Divisionen bleiben praktisch im Schlamm stecken. Am Südflügel kann die 2. Panzerarmee (GenOberst Guderian) zwar noch bis Tula vordringen, muß dann aber auch ihren Vormarsch einstellen.

Ebenfalls am 16. Oktober 1941 läßt Stalin die Hafenstadt Odessa endgültig räumen. Mit den Schiffen der sowjetischen Schwarzmeerflotte verläßt um 3.00 Uhr morgens die Nachhut der Roten Armee den Hafen in Richtung Sewastopol. Auf 15 Kriegsschiffen, darunter zwei Kreuzern, vier Zerstörern, 21 Transportern und mehreren Kleinfahrzeugen, werden fünf Divisionen mit 80 000 Soldaten und 15 000 Zivilpersonen (Parteimitglieder und Facharbeiter) evakuiert. Erst in den Nachmittagsstunden kommt es zu Angriffen der Luftwaffe auf die Räumungstransporte.

Am Montag, dem 20. Oktober 1941, gehen die von der Heeresgruppe Mitte seit dem 2. Oktober 1941 geführten Kesselschlachten von Wjasma und Brjansk gegen die Hauptkräfte Timoschenkos zu Ende. Diese Doppelschlacht ist das Beispiel einer erfolgreichen Zangenoperation. Drei deutsche Infanteriearmeen haben die gegne-

rischen Truppen gebunden, während die 2., 3. und 4. Panzerarmee den Durchbruch und die Einschließung vollendet haben. So werden im Raum Wjasma die sowjetische 19. Armee (GenLt. Lukin), die 20. Armee (GenLt. Jerschakow), die 24. Armee (GenMaj. Rakutin), die 30. Armee (GenMaj. Schomenko), die 32. Armee (GenMaj. Wischnewski) und die 43. Armee (GenLt. Akimow) zerschlagen. Im Kessel von Brjansk ist es den Deutschen gelungen, die sowjetische 3. Armee (GenMaj. Kreiser), die 13. Armee (GenMaj. Gorodnjanski) und die 50. Armee (GenMaj. Petrow) aufzureiben.

Die Rote Armee verliert bei dieser seit Beginn des Unternehmens »Taifun« tobenden Doppelschlacht rund 673 000 Gefangene, darunter die drei Armeeoberbefehlshaber Jerschakow, Lukin und Wischnewski, außerdem 5412 Geschütze und 1242 Panzer. Einige sowjetische Truppenteile, denen der Ausbruch aus dem Kessel gelingt, ziehen sich auf die Verteidigungslinie von Moshaisk zurück.

Nach Abschluß der Kämpfe bei Wjasma und Brjansk ist in der sowjetischen Front eine breite Lücke entstanden, in die schnelle deutsche Verbände bis zur Linie Mzensk, Kaluga, Borodino und Kalinin vorstoßen. Jetzt sind sie nur noch etwa 100 Kilometer von Moskau entfernt.

Am Freitag, dem 24. Oktober 1941, nimmt die im Rahmen der Heeresgruppe Süd kämpfende deutsche 6. Armee (GFM von Reichenau) Belgorod und Charkow ein.

Nach erbitterten Kämpfen mit der Roten Armee gelingt es am 27. Oktober 1941 der 11. Armee, ihre Gegner über den Tschetarlyk zurückzuwerfen und damit die Landenge von Perekop zu durchbrechen. In dem dek-

November 1941

Ab Mitte Oktober 1941 sind die Wege für die motorisierten Kolonnen kaum noch passierbar, da es nur einige wenige befestigte Rollbahnen gibt ...

... und die Fuhrwerke der deutschen Nachschubdienste bleiben im tiefen Morast stecken; eine Quälerei für Mensch und Tier

kungslosen Gelände waren die deutschen Angreifer vor allem Angriffen der Roten Luftflotte ausgesetzt. Nach dem Rückzug der 51. sowjetischen und der Odessa-Küsten-Armee stehen jetzt deutsche Truppen auf der Krim.

Bei Tschernigow tritt am 31. Oktober 1941 erstmals die Führung der Gebietsuntergrundbewegung zu einer Konferenz zusammen, um über operative und Sabotagemaßnahmen gegen die deutsche Besatzung und deutsche Nachschubtransporte zu beraten. Die Direktiven kommen aus Moskau.

Anfang November 1941 ist an der Ostfront die Schlammperiode immer noch nicht beendet, so daß die Verbände der deutschen Heeresgruppe Mitte weiter auf den ersten Frost warten müssen, ehe sie ihren Vorstoß auf die sowjetische Hauptstadt fortsetzen können.

Am Montag, dem 3. November 1941, fällt an der Ostfront im Bereich der Heeresgruppe Süd die Industriestadt Kursk in die Hände des XXXXVIII. Panzerkorps (Gen. d. Pz.Tr. Kempf). Am nächsten Tag gerät auf der Krim Feodosia in deutsche Hand.

Am Ende der ersten Novemberwoche 1941 gibt das Oberkommando des Heeres (OKH) bekannt, daß die Wehrmacht bisher 16 500 sowjetische Panzer abgeschossen oder erbeutet habe. Die Rote Armee beziffert dagegen ihre Panzerverluste bis zu diesem Zeitpunkt auf 7000.

Der finnische Oberkommandierende Feldmarschall Karl Gustav von Mannerheim ordnet Anfang November 1941 nach der Eroberung Wiborgs und eines für Verteidigungszwecke geeigneten Gebietes an, daß sich die Truppen auf die Defensive vorbereiten und entsprechend Stellung beziehen sollen. Trotz aller Anstrengungen des OKW sind die Finnen für künftige größere Angriffshandlungen nicht zu gewinnen, da sie die verlorenen Landesteile Kareliens zurückerobert haben.

Am Mittwoch, dem 7. November 1941, gibt Reichsmarschall Göring seine Richtlinien für die Zwangsarbeit von Sowjetbürgern bekannt. Hitler erklärt, daß die kaukasischen Ölfelder erst 1942 erobert werden können.

Im Bereich der Heeresgruppe Nord kann die 16. Armee trotz völliger Erschöpfung der Soldaten Tichwin am 8. November 1941 einnehmen; doch steht sie unter zunehmendem Angriffsdruck der Roten Armee, so daß an einen weiteren Vormarsch zunächst nicht zu denken ist.

Die Kämpfe vor Moskau

Am Sonnabend, dem 15. November 1941, geht an der Ostfront die Schlammperiode zu Ende. Anhaltender Frost mit Tagestemperaturen von 3 Grad minus und Nachttemperaturen bis zu 7 Grad haben den Boden hart und die Wege wieder befahrbar gemacht. Dies ist eine wichtige Voraussetzung für den Beginn der zweiten Phase des Unternehmens »Taifun«, der Schlacht um Moskau.

Jetzt kann die auf dem Nordflügel der Heeresgruppe Mitte (GFM von Bock) stehende Panzergruppe 4 (GenOberst Hoepner) den Angriff auf Moskau beginnen. Die 2. Panzerarmee von Generaloberst Guderian soll die sowjetische Hauptstadt im Südosten abriegeln und die 3. Panzerarmee (GenOberst Reinhardt) zusammen mit

525

1941 November

Immer mehr Grabkreuze markieren den deutschen Vormarsch an der Ostfront

Sichtlich bedrückt warten die Soldaten eines Infanterieregiments auf den neuen Einsatzbefehl

November 1941

der Panzergruppe 4 von Nordosten her Moskau einschließen. Gleichzeitig tritt die 4. Armee (GFM von Kluge) zum Frontalangriff an, während die 2. Armee (GenOberst Frhr. von Weichs) die Südflanke und die 9. Armee (GenOberst Strauß) die Nordflanke sichern.

Sofortige sowjetische Gegenangriffe bringen den Frontalangriff der 4. Armee zum Stehen. Als die 2. Panzerarmee trotz hartnäckiger Kämpfe bis Gorlowo–Michailow und eine ihrer Divisionen sogar bis Kaschira vordringen kann, gelingt es der Roten Armee, Tula zu halten. Am Montag, dem 17. November 1941, kann die 2. Panzerarmee im Rahmen des Unternehmens »Taifun« in der Ukraine ihren Vorstoß nach Norden beginnen, weil inzwischen auch auf dem Südflügel der Heeresgruppe Mitte der Boden gefroren ist.

Zur gleichen Zeit unternehmen die sowjetische 9. Armee (GenLt. Charitonow) und die 37. Armee (GenMaj. Lopatin) heftige Angriffe gegen die Flanken der auf Rostow vorgehenden 1. Panzerarmee (GenOberst von Kleist).

Am Sonntag, dem 23. November 1941, erobern Verbände der deutschen 3. Panzerarmee (GenOberst Reinhardt) nach erbitterten Straßenkämpfen mit Truppen der sowjetischen 30. Armee (GenMaj. Leljuschenko) die Kreisstadt Klin an der Bahnlinie Leningrad–Moskau. Die 1. Panzerarmee kann trotz der massiven Gegenwehr der sowjetischen 56. Armee Rostow einnehmen. Zur gleichen Zeit wächst aber der Druck der Roten Armee auf die Flanken der Heeresgruppe Süd.

Am Mittwoch, dem 26. November 1941, erobert das deutsche LIII. Armeekorps (Gen. d. Inf. Weisenberger) das südlich von Moskau liegende Stalinogorsk, das bis zum Abend von sowjetischen Truppen gesäubert ist. Die auf Klin und Soletschnogorsk vorgehende deutsche 3. Panzerarmee und die Panzergruppe 4 können trotz hartnäckigen Widerstandes sowjetischer Verbände nicht am Vormarsch zum Wolga-Moskwa-Kanal und nach Krasnaja Poljana sowie Kriukow gehindert werden. Sie sind jetzt nur noch 30 Kilometer von Moskau entfernt.

Truppen aus Sibirien

Unterdessen hat im Südabschnitt der Ostfront die deutsche 2. Panzerarmee von Osten her Tula umgangen und Kaschira erreicht. Damit sind die Verbände der sowjetischen Westfront im Raum Moskau von drei Seiten her zangenförmig umklammert. Um dieser Gefahr zu begegnen, verstärkt die sowjetische Führung ihre Reserven vor Moskau durch eiligst herangeführte, speziell für den Winterkrieg ausgebildete und ausgerüstete Elitetruppen aus Sibirien und dem Fernen Osten der Sowjetunion.

Am Freitag, dem 28. November 1941, zwingen energische Gegenangriffe der sowjetischen 37. Armee (GenMaj. Lopatin) die deutsche 1. Panzerarmee (GenOberst von Kleist), die in verlustreichen Kämpfen eroberte Halbmillionenstadt Rostow am Don wieder aufzugeben, um nicht von den rückwärtigen Linien abgeschnitten zu werden.

Nach einer Auseinandersetzung mit Hitler über taktische Fragen wird noch am selben Tag der bisherige Oberbefehlshaber der Heeresgruppe Süd, GFM von Rundstedt, abgelöst und durch GFM von Reichenau, der bisher die 6. Armee geführt hat, ersetzt.

Die Spitzen der zur Panzergruppe 4 gehörenden deutschen 2. Panzerdivision (GenLt. Veiel) erreichen die Moskauer Busendstation bei Chimki, nachdem sie auf dem Ostufer des Wolga-Moskwa-Kanals einen Brückenkopf gebildet haben. Zwei Monate nach Beginn der deutschen Offensive (2. Oktober 1941) hat sich die Wehrmacht bis auf knapp 20 Kilometer dem Kreml genähert, dessen Umrisse bereits durch die Scherenfernrohre der Panzerspähwagen zu erkennen sind.

An der Ostfront erreichen die Temperaturen Ende November 1941 minus 25 Grad. Die Einsatzmöglichkeiten der Wehrmacht und der Luftwaffe werden nicht nur durch die Kälte, sondern auch durch die laufenden Verstärkungen der Roten Armee empfindlich beeinträchtigt.

General Erich Hoepner

Raum Stalinogorsk, Ende November 1941: Die vorgeschobene Beobachtungsstelle einer Batterie

1941 November

Ein deutscher Spähtrupp in der zur Zeit noch seltenen Wintertarnbekleidung arbeitet sich nur schwer durch den ersten Schnee

General Rudolf Schmidt, Oberbefehlshaber der 2. Armee

General Konstantin K. Rokossowski, Oberbefehlshaber der sowjetischen 16. Armee

Auch die sowjetischen Flieger sind wesentlich im Vorteil, da sie von friedensmäßig ausgestatteten Flugplätzen starten können, während die deutschen Feldflugplätze tief verschneit sind. Eine weitere Beeinträchtigung durch den Frost: Die Motoren der deutschen Panzer frieren ein, das Schmierfett in den Schlössern der Maschinenwaffen erstarrt, und bei den Funkstellen fallen die Batterien aus. Der Nachschub kann nur noch mit Panjewagen notdürftig aufrechterhalten werden.

Die sowjetische Gegenoffensive

In der Zeit vom 22. Juni bis Ende November 1941 hat die Wehrmacht im Verlauf des Unternehmens »Barbarossa« zwar große Erfolge über die Rote Armee errungen und ihr schwere Verluste beigebracht, aber es ist ihr nirgendwo ein entscheidender Schlag gelungen. Bei Kriegsausbruch hat die Rote Armee eine Gesamtstärke von neun Millionen Mann, davon befanden sich 4,7 Millionen auf dem europäischen Kriegsschauplatz. Bis Ende November 1941 ist ihre Zahl auf 2,3 Millionen gesunken.

Am Montag, dem 1. Dezember 1941, meldet die Heeresgruppe Mitte (GFM von Bock) dem Oberkommando des Heeres, die Truppen seien völlig erschöpft, so daß nur noch kleinere örtliche Erfolge erzielt werden können.

Nachdem am Vortage Stalin entsprechende Pläne des sowjetischen Generalstabschefs Schaposchnikow gebilligt hat, trifft STAWKA, das Oberkommando der Roten

Dezember 1941

Raum Moskau, Anfang Dezember 1941: Die sowjetische Artillerie nimmt mit ihren schweren Geschützen die deutschen Truppenansammlungen unter Feuer

Ein deutsches Geschütz am Rande des Rückzugweges im Raum Moskau. Die Sowjets haben inzwischen alle verfügbaren Kräfte zur Verteidigung der Hauptstadt herangezogen

1941 Dezember

Bei klirrendem Frost, oft unter Minus 40 Grad, müssen die deutschen Verbände ihre Stellungen vor der sowjetischen Hauptstadt räumen

Armee, letzte Vorbereitungen für eine Großoffensive. Die Moskau aus Nordwesten und Süden bedrohenden Verbände der deutschen Heeresgruppe Mitte sollen von den sowjetischen Armeen der Westfront und denen der Kalinin- und Südwestfront zerschlagen werden.

Am Donnerstag, dem 4. Dezember 1941, kann die deutsche 2. Armee (Gen. d. Pz.Tr. Schmidt) die südöstlich von Orel liegende Stadt Jelez erobern. Zur gleichen Zeit muß jedoch die 4. Panzerarmee (GenOberst Hoepner) ihre in die Moskauer Schutzstellung eingebrochenen Panzerspitzen wieder zurücknehmen. Der Angriff auf Moskau ist somit endgültig gescheitert.

Obwohl das Schicksal zahlreicher polnischer Soldaten, insbesondere von Offizieren, die 1939 in sowjetische Kriegsgefangenschaft geraten waren, weiterhin in Dunkel gehüllt bleibt, unterzeichnet Gen. Sikorski bei seinem Besuch in Moskau am 4. Dezember 1941 einen Freundschaftsvertrag der polnischen Exilregierung, deren Ministerpräsident er ist, mit der UdSSR.

Unbeachtet bleibt zunächst, daß vier Tage zuvor in Saratow polnische Kommunisten einen Bund gegründet haben, der von der Kreml-Führung Unterstützung erhält, um in weiterer Zukunft die polnische Politik zu bestimmen.

Am Freitag, dem 5. Dezember 1941, tritt die sowjetische Kalininfront (GenOberst Konjew) mit der 22. Armee (GenMaj. Wostruchow), der 29. Armee (GenMaj. Schwezow), der 31. Armee (GenMaj. Juschkewitsch) und der 39. Armee (GenMaj. Maslennikow) zu einer Großoffensive gegen die deutsche Heeresgruppe Mitte an. GFM von Bock sieht sich daher gezwungen, die Angriffsoperationen der 3. und 4. Panzerarmee auf die Moskauer Vorstädte einzustellen und die Verbände auf eine von Istra bis ostwärts Klin verlaufende Verteidigungslinie zurückzunehmen. Auch die 2. Panzerarmee (GenOberst Guderian) stellt ihren Angriff auf Tula ein und räumt den hier entstandenen Frontvorsprung.

Hitler jetzt Oberbefehlshaber

Am Sonnabend, dem 6. Dezember 1941, beginnt auch die sowjetische Westfront (Armeegen. Schukow), die aus insgesamt 47 Schützendivisionen, 36 Schützenbrigaden, 15 Panzerbrigaden, zehn NKWD-Brigaden und drei Kavalleriedivisionen besteht, eine Offensive gegen die deutsche Heeresgruppe Mitte.

Der Westfront unterstehen: die 30. Armee (GenMaj. Leljuschenko), die 1. Stoßarmee (GenLt. Kusnezow), die 20. Armee (GenMaj. Wlassow), die 16. Armee (GenLt. Rokossowski), die 5. Armee (GenLt. Goworow), die 33.

Dezember 1941

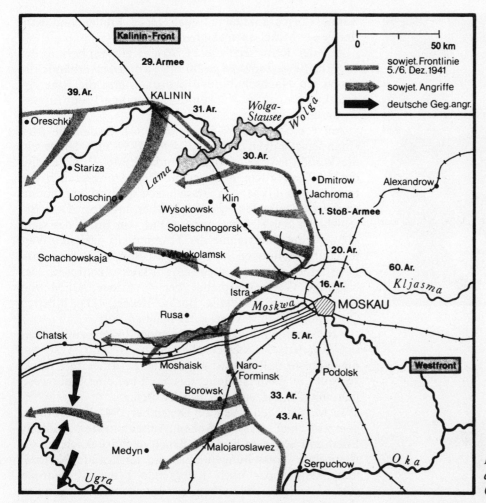

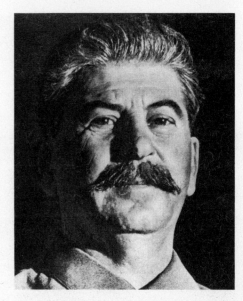

Josef W. Stalin bleibt trotz der deutschen Bedrohung die ganze Zeit über in Moskau

Die Lage im Raum Moskau in den ersten Tagen der sowjetischen Offensive

Armee (GenLt. Jefremow), die 43. Armee (GenMaj. Golubjew), die 49. Armee (GenLt. Sacharkin), die 50. Armee (GenLt. Boldin), das I. Gardekavalleriekorps (GenMaj. Below) und die 10. Armee (GenLt. Golikow). Die Stärke einer sowjetischen Armee entspricht etwa der eines deutschen Armeekorps.

Ebenfalls am 6. Dezember 1941 erklärt in London die Regierung Großbritanniens Finnland, Ungarn und Rumänien den Krieg, nachdem diese Staaten zuvor aufgefordert waren, die Kampfhandlungen gegen die UdSSR einzustellen.

Am Montag, dem 8. Dezember 1941, erläßt Hitler die Weisung Nr. 39, daß an der Ostfront zur Verteidigung übergegangen werden soll. Allerdings sind einzelne Angriffsoperationen während des Winters 1941/42 vorgesehen.

Am Dienstag, dem 9. Dezember 1941, muß an der Ostfront die deutsche 16. Armee (GenOberst Busch) im Nordabschnitt dem massiven Angriffsdruck der sowjetischen 4. Armee (GenMaj. Iwanow) weichen, Tichwin aufgeben und über den Wolchow zurückgehen. Südlich davon gelingt es der sowjetischen 13. Armee (GenMaj. Gorodnjanski), Chomutowo und Jelez zurückzuerobern. Damit ist die Gefahr einer Bedrohung Moskaus vom Süden her beseitigt.

Am Sonntag, dem 14. Dezember 1941, muß die deutsche 9. Armee (GenOberst Strauß) auf Druck der sowjetischen 29. Armee (GenMaj. Schwezow) und der 31. Armee (GenMaj. Juschkewitsch) Kalinin räumen.

Mit dem Wechsel der Frontlage im Osten verändert sich auch die Einsatzstrategie der deutschen Panzertruppe. Ihnen fällt nunmehr die Aufgabe zu, den Rückzug der langsameren Verbände zu decken und erst als letzte Einheit sich von den nachdrängenden Kräften der Roten Armee zu lösen.

Demgegenüber setzt die sowjetische Führung, die aus den deutschen Blitzkriegen gelernt hat, zwei Hauptschwerpunkte für den Vorstoß gegen die Heeresgruppe Mitte an, um diese einzukesseln. Mit diesem Ziel verstärkt der linke Flügel der sowjetischen Westfront ab Mitte Dezember 1941 seine Angriffsoperationen, kann Kaluga zurückgewinnen und schließlich die Linie Malojaroslawez–Belew erreichen. Gleichzeitig dringen die Verbände der Brjansker Front bis zur Linie Belew–Mzensk–Liwny vor.

Am Dienstag, dem 16. Dezember 1941, erteilt Hitler den Truppen der Heeresgruppe Mitte den Befehl, die Frontlinie in jedem Fall mit »fanatischem Widerstand« zu verteidigen. Das OKH beschließt zwar, die jetzt an der Ostfront erreichten Linien zu halten, doch müssen die Truppen trotz des Führerbefehls den sowjetischen Angriffen weichen und sich zurückziehen.

Im Verlauf dieses Tages gibt das Oberkommando der Wehrmacht die Weisung, im Hinterland der Ostfront

1941 Dezember

Der Kommandeur einer sowjetischen Division beobachtet das Fortschreiten des Angriffs seiner Regimenter (ganz oben)

In dem deckungslosen Gelände sind die vorstoßenden Rotarmisten ein leichtes Ziel für die deutschen MG-Schützen (oben)

»ohne Einschränkung... auch gegen Frauen und Kinder, jedes Mittel anzuwenden«.

Auf der Krim setzt die 11. Armee zur Eroberung der Festung Sewastopol an, während Partisanenverbände die deutschen Nachschublinien bedrohen und die Rote Armee Landungen im Rücken der deutschen Fronttruppen vorbereitet.

Am Freitag, dem 19. Dezember 1941, finden die Auseinandersetzungen zwischen dem OKH und Hitler ein die Verhältnisse charakterisierendes Ende. Hitler nimmt das 14 Tage zuvor eingereichte Entlassungsgesuch des herzkranken GFM von Brauchitsch an und übernimmt an dessen Stelle den Oberbefehl über das Heer. Dem Befehlshaber der Heeresgruppe, GFM von Bock, der ständig auf eine Rücknahme der Truppen auf geeignete Verteidigungsstellungen drängt, legt Hitler in Befehlsform nahe, einen längeren Genesungsurlaub anzutreten. Der bisherige Oberbefehlshaber der 4. Armee, GFM von Kluge, tritt an die Stelle Bocks. Hitler: »Das bißchen Operationsführung kann jeder machen.«

Am Sonnabend, dem 20. Dezember 1941, zwingen heftige Angriffe der sowjetischen Südwest- und Westfront die deutsche 2. Panzerarmee und die 2. Armee zum Rückzug auf die Winterstellung, das heißt auf eine Linie westlich von Tim/Mzensk bis südlich Belew.

In Moskau gehen am 20. Dezember 1941 Verhandlungen zwischen dem britischen Außenminister Anthony Eden und Stalin zu Ende, in denen nachdrücklich die sowjetischen Vorstellungen über die territoriale Neuordnung Osteuropas nach Kriegsende behandelt worden sind, u.a. die Beibehaltung der russisch-polnischen Grenze von 1939 und die Teilung Ostpreußens zwischen Polen und der UdSSR, wobei Tilsit und Königsberg unter sowjetische Verwaltung kommen sollen.

Am Donnerstag, dem 25. Dezember 1941, verfügt Hitler – nach heftigen Meinungsverschiedenheiten zwischen GenOberst Guderian und GFM von Kluge, dem Oberbefehlshaber der Heeresgruppe Mitte – die Ablösung von Guderian, dem Oberbefehlshaber der 2. Panzerarmee. Guderian, Initiator der deutschen Panzerwaffe, wird in die Reserve versetzt, und Gen. Rudolf Schmidt übernimmt die Führung der 2. Panzerarmee.

Bis Weihnachten 1941 haben die Verbände des rechten Flügels der sowjetischen Westfront im Raum Klin/Soletschnogorsk die Linie zwischen dem Lamafluß und Ruza erreicht. Bei den dort stattfindenden Kämpfen müssen die deutsche 3. Panzerarmee und die Panzergruppe 4 schwere Verluste hinnehmen. Durch diese Erfolge der Roten Armee ist der deutsche Frontvorsprung im Nordwesten von Moskau beseitigt.

Am Freitag, dem 26. Dezember 1941, überraschen Einheiten der sowjetischen 51. Armee (GenLt. Lwow) mit ihrer Landung vom Kaukasus aus auf der Halbinsel Kertsch. Der Angriff wird mit künstlichem Nebel getarnt. Boote und Barkassen setzen die Rotarmisten, Panzer und schweres Gerät über und werden von der Asow-Flottille (Konteradm. Gorskow) dabei unterstützt. Im Rücken der deutschen Truppen, die sich den Sowjettruppen entgegenstellen, operieren Partisaneneinheiten.

Dezember 1941

Am Sonntag, dem 28. Dezember 1941, wird ein zwei Tage zuvor im Führerhauptquartier formulierter Befehl Hitlers mit »Richtlinien für die Kampfführung« bekanntgegeben. In ihnen schlägt sich die Erinnerung an die Stellungskämpfe des Ersten Weltkriegs nieder. Keitel fordert im Namen Hitlers neben dem stützpunktartigen Ausbau von Ortschaften und Gehöften Gegenangriffe und Einsatz von Eingreiftruppen. In der Verteidigung soll um jeden Fußbreit Boden mit letztem Einsatz gekämpft werden. Unberücksichtigt bleibt bei diesem Befehl die tatsächliche Kampfkraft der erschöpften und ausgebluteten deutschen Soldaten.

Am Montag, dem 29. Dezember 1941, erreicht ein sowjetisches Geschwader Feodosia (Krim), um Teile der 44. Armee (GenMaj. Perwuchin) an Land zu setzen. Sie haben die Aufgabe, den auf der Halbinsel Kertsch stehenden deutschen Kräften, dem XXXXII. Armeekorps (GenLt. Graf Sponeck), in den Rücken zu fallen. Um die drohende Vernichtung seiner Truppen zu verhindern, be-

An den brennenden Dörfern vorbei vollzieht sich der deutsche Rückzug in napoleonischem Ausmaß

Anthony Eden, der britische Außenminister

1941 Dezember

August 1941

fiehlt Graf Sponeck den Rückmarsch, bei dem alles schwere Gerät zurückgelassen, aber die Verwundeten mitgenommen werden. Im Bewußtsein, gegen einen Führerbefehl verstoßen zu haben, läßt der Generalleutnant nach seiner Meldung an Gen. von Manstein die Funkantenne einziehen, um den Gegenbefehl nicht empfangen zu können. Dadurch gelingt es ihm, einen sowjetischen Stoß in den Rücken der vor Sewastopol liegenden 11. Armee unmöglich zu machen. Allerdings muß von Manstein die Eroberung der Festung verschieben. Sponeck wird später vor ein Kriegsgericht gestellt und wegen fahrlässigen Ungehorsams zum Tode verurteilt. Hitler begnadigt ihn jedoch zu einer sechsjährigen Festungshaft. In Germersheim wird Graf Sponeck dann nach dem 20. Juli 1944 von einem SS-Kommando ermordet.

Entgegen allen Erwartungen treffen bis Ende Dezember 1941 alle alliierten Konvois mit Lend-Lease-Lieferungen für die Sowjetunion ohne Verluste in den Zielhäfen Archangelsk und Murmansk ein. Wegen Hitlers Fehleinschätzung, daß die Sowjetunion bereits besiegt sei, hat die Kriegsmarine keine besonderen Maßnahmen ergriffen, um die PQ- und QP-Konvois abzufangen. Insgesamt zehn Geleitzüge haben unversehrt ihr Ziel erreicht. Von den 45 Schiffen der sechs PQ-Geleitzüge mußte nur ein Frachter umkehren, weil er durch Eisgang beschädigt worden ist. Aus demselben Grund sind auch vier der zurücklaufenden QP-Konvois ausgefallen. In den ersten vier Monaten sind u.a. 1400 Lkw, 600 Panzer und 800 Flugzeuge in Archangelsk und Murmansk eingetroffen.

Seit Beginn des Rußlandfeldzuges am 22. Juni 1941 bis zum Jahresende büßt die Luftwaffe an der Ostfront 2093 Flugzeuge, darunter 758 Bomber, 568 Jäger und 767 sonstige Flugzeuge total ein, dazu sind 473 Bomber, 413 Jäger und 475 sonstige Maschinen beschädigt. Das deutsche Ostheer verliert 830 903 Soldaten, etwa 25 Prozent der Durchschnittsstärke von anfänglich 3,2 Millionen Mann. Allein die Zahl der Gefallenen beträgt fast 174 000 Soldaten, außerdem nahezu 36 000 Vermißte und rund 604 000 Verwundete.

Trotz erheblicher Verluste führen die Verbände der Roten Armee energische Angriffe gegen die sich verzweifelt wehrenden deutschen Truppen (linke Seite oben)

Die deutsche schwere Artillerie richtet ihr Sperrfeuer gegen die vorstoßende sowjetische Infanterie (linke Seite unten)

Die Besetzung des Iran

Englische und sowjetische Truppen rücken am 24. August 1941 von Westen und Süden her in den neutralen Iran ein. Die Notwendigkeit, ähnlich wie einige Monate zuvor im Irak und in Syrien, den Aktivitäten der Achsenmächte in einem strategisch äußerst wichtigen Teil des Mittleren Ostens zuvorzukommen, veranlaßt Großbritannien und die Sowjetunion zu einer gemeinsamen Aktion im Iran. Es ist die einzige gemeinsame Operation britischer und sowjetischer Truppen im Zweiten Weltkrieg.

Bereits seit Monaten verstärkt sich der Einfluß der deutschen Politik im Iran. Die Zahl der deutschen und italienischen Techniker ist unverhältnismäßig angewachsen. Sie bekleiden inzwischen Schlüsselstellungen bei der Eisenbahn, den Fluglinien und den wichtigsten Industriezweigen, vor allem in den Ölraffinerien. Viele von ihnen sind hier nach der britischen Besetzung des Irak eingetroffen.

Weder Großbritannien noch die Sowjetunion wollen mit ansehen, daß das wichtigste Land zwischen dem Persischen Golf, dem Kaspischen Meer und dem Kaukasus sich ihrem Einfluß entzieht. Die Anwesenheit so vieler Deutscher im Iran bedeutet nach ihrer Meinung sowohl eine direkte Gefahr für die sowjetischen Ölfelder im Kaukasus als auch für die anglo-iranischen Ölfelder und die Sicherheit Indiens. Zudem geht es darum, die – neben dem Pazifik und der Murmansk-Archangelsk-Route im hohen Norden – wichtigste Verbindungslinie für alliierte Hilfslieferungen an die Sowjetunion zu sichern. Für das Eingreifen der UdSSR kann als rechtliche Hilfskonstruktion ein Vertrag aus dem Jahr 1921 herangezogen werden, der ihr gestattet, im Fall innerer Schwierigkeiten des Irans dort einzumarschieren.

Im Verlauf des 25. August 1941 überreichen Sir Reader Bullard, der britische Botschafter in Teheran, und sein sowjetischer Kollege Smirnow dem persischen Premierminister Protestnoten ihrer Regierungen. Die Note Moskaus bezieht sich auf antisowjetische und antipersische Aktivitäten, die »deutsch-faschistische Konspirativgruppen« auf persischem Territorium durchführen. Die Diplomaten führen weiterhin Beschwerde, daß deutsche Geheimagenten Persien als Basis für Aggressionen gegen die UdSSR nutzen und daß die persische Regierung die deutschen Agenten zur Fortsetzung ihrer kriminellen Tätigkeit noch ermuntere, weil sie keine Gegenmaßnahmen ergreife. Die Regierung der UdSSR habe sich genötigt gefühlt, entsprechend dem sowjetisch-persischen Vertrag von 1921 Truppen nach Persien zu entsenden, um die Sicherheit der Sowjetunion zu gewährleisten.

In der Nacht vom 25./26. August 1941 gibt Moskau bekannt, daß die Rote Armee die Grenze zum Iran am vorangegangenen Morgen überquert hat und in Richtung Ardebil–Täbris vorstößt. Britische und indische Truppen unter Lt. Gen. Quinan dringen von Süden her an drei

535

1941 August

Iran, Raum Abadan, 4. 9. 1941: Ein gefangener iranischer Offizier bei der Vernehmung durch britische Offiziere

Stellen, in Abadan, Khorramshahr und Bandar Shapur, in den Iran ein. Eine kombinierte See- und Luftoperation ermöglicht die Landung eines Truppenverbandes in Abadan, um die Ölraffinerien von Abadan und die Ölfelder von Ahwaz am Persischen Golf zu besetzen.

Ein kleines anglo-indisches Kommando sichert gleichzeitig den Hafen Bandar Shapur am Persischen Golf, wo fünf Schiffe der Achsenmächte beschädigt werden. Die Ölanlagen in Naft-i-Shah und in Qasr-i-Shirin werden ohne großen Widerstand eingenommen. Über Teheran und anderen Städten werfen RAF-Bomber Flugblätter ab, in denen die Gründe der Invasion erklärt werden.

Die anglo-indischen Truppen (Lt. Gen. Harvey) rücken von Basra aus in drei Richtungen vor:

Teile der indischen 18. Infanteriebrigade (Brig. Lochner) nehmen gegen 21.00 Uhr mit Motorbooten Kurs auf die 50 Seemeilen entfernten Ölraffinerien am Nordende des Persischen Golfes an der anderen Seite des Schatt AlArab. Die vorgesehene Landung im Morgengrauen verläuft auf Sandbänke, und die in Aussicht genommene Landestelle am Kai wird von zwei Tankschiffen versperrt. Die iranischen Sicherheitseinheiten eröffnen das Feuer, nachdem in den Raffinerien Alarm ausgelöst wurde. Bei dem nun ausbrechenden Gefecht versenkt die englische Schaluppe »Shoreham« das iranische Kanonenboot »Palang« (950 t). Persische Truppen leisten heftigen Widerstand. Der Raffineriebetrieb läuft zwar weiter, doch muß jeden Augenblick mit einer Ölexplosion

Die ersten Pressemeldungen über den britischen Einmarsch in den Iran

August 1941

Iran, Raum Teheran, September 1941: Treff eines sowjetischen Panzerverbandes mit britischen und indischen Truppen

Schah Resa Pahlawi und dessen Sohn Mohammed, der neue Schah des Iran

gerechnet werden. Erst gegen 20.00 Uhr können die Engländer die strategisch wichtige Ölraffinerie von Abadan besetzen. Die Verluste bei dieser Operation im südlichen Teil des Iran belaufen sich auf 22 Tote und 42 Verwundete.

Eine zweite anglo-indische Gruppe marschiert durch die Wüste und greift Khorramshahr von Norden her an. Englische Kolonialtruppen unterstützen den Kampf um den iranischen Marinestützpunkt. Der Chef der Persian Navy, Adm. Beyendor, fällt bereits in den ersten Angriffsstunden, als er den Widerstand bei Khorramshahr organisiert.

Die dritte Gruppe hat Ahwaz, eine wichtige Stadt an der Pipeline, einige hundert Kilometer weiter nördlich zum Ziel. Als die Soldaten sich auf 14 Kilometer genähert haben, übergibt Gen. Mohamed Shahbakhti die Stadt.

Neue Regierung in Teheran

Bandar Shapur wird ebenfalls von indischen Truppen besetzt. In diesem Hafen – rund 50 Seemeilen von Khorramshahr entfernt – gelingt es einem Commonwealth-Flottenverband, der aus dem australischen Hilfskreuzer »Kanimbla« (Capt. Adams) mit Kolonialtruppen an Bord, zwei Schaluppen, einem Kanonenboot, einer Korvette und mehreren Hilfsfahrzeugen besteht, vier deutsche Handelsschiffe mit zusammen 27 949 BRT, einen italienischen Tanker und drei Frachter mit 17 960 BRT zu kapern.

Den deutschen Frachter »Weißenfels« (7861 BRT) setzt die eigene Besatzung in Brand, um ihr Schiff nicht in feindliche Hände geraten zu lassen. 340 deutsche Staatsangehörige, die sich als Touristen bezeichnen, werden von englischen Soldaten im Hafen festgenommen.

Parallel zu den Operationen im Süden des Landes rollen die Truppen von Gen. Quinan einige hundert Kilometer nordöstlich von Bagdad, von Khanaquin an der irakisch-iranischen Grenze aus mit großem Tempo bis Kermanshah. Die Angriffsspitze bildet ein britisches Husarenregiment der indischen Panzerbrigade.

Eine weitere Kolonne bewegt sich in Richtung Gilan. Sie soll den persischen Widerstand in den starken Abwehrstellungen des Paitak-Passes brechen, wo die Straße die Zagros-Bergkette überquert. Östlich von Shahabad kommt es zu heftigen Kämpfen, als die Warwickshire Yeomanry etwa 13 Kilometer östlich am Zibiri-Gebirgskamm in einen Hinterhalt gerät.

537

1941 August

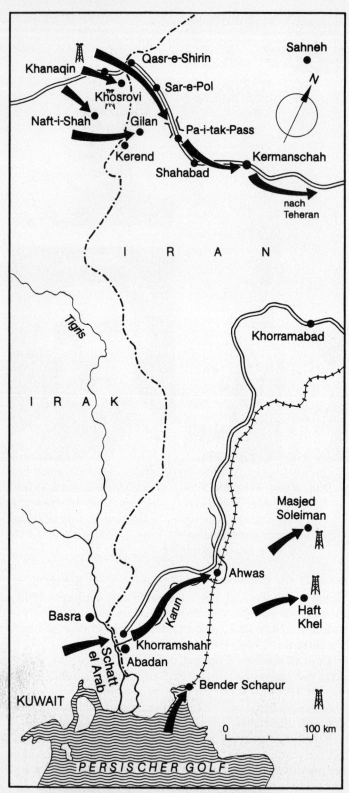

Vormarsch britischer und sowjetischer Truppen im Iran

Auch britische Luftstreitkräfte sind an der Operation beteiligt. So unternehmen vier RAF-Geschwader aus Sheiba und drei aus Habaniya Bombenangriffe gegen iranische Flugplätze und andere wichtige militärische Ziele. Die kleine persische Luftstreitmacht, die nur aus knapp 50 Maschinen besteht, wird beim ersten Angriff auf den Flugplatz Ahwaz unbrauchbar gemacht.

Britische Luftlandetruppen besetzen die Ölfelder von Baluchis. Wellington-Bomber fliegen Angriffe gegen persische Stellungen am Paitah-Paß, während Hurricane-Jäger noch über den Raffinerien von Abadan kreisen.

Die Schiffe der Roten Kaspischen Flottille setzen sowjetische Truppen in mehreren iranischen Küstenorten an Land, ohne daß es zu nennenswertem Widerstand kommt. Die hier vorgefundenen iranischen Schiffe, darunter die Luxusjacht des Schah, die Wachboote »Charokh« und »Simorgh« sowie einige Dampfer werden von den Sowjets beschlagnahmt.

In Teheran ist am 27. August 1941 die Regierung Ali Mansur zurückgetreten, und das neue Kabinett unter Mohamed Ali Furughi hat beschlossen, das Feuer einzustellen.

Am Freitag, dem 29. August 1941, gibt das britische Hauptquartier in Simla (Iran) bekannt, daß ein Abgesandter des Schah einer der britischen Vorausabteilungen mitgeteilt habe, daß der Widerstand iranischer Streitkräfte eingestellt worden sei.

Britische und sowjetische Truppen treffen sich in Kazvin, etwa 150 Kilometer nordwestlich von Teheran. Die indischen, aus dem Irak kommenden Verbände gewinnen in Sehneh Anschluß an die Rote Armee. Ein Sonderkorrespondent der Agentur Reuter berichtet aus Kazvin: »Es ist erstaunlich, daß die Sowjetunion in der Lage war, so viele Soldaten und so gute Ausrüstungen für ihre Operation im Iran abzustellen. Die Rote Armee hat hier Panzer, die sorgfältig vor neugierigen Augen geschützt werden, und dazu schwerbewaffnete Sechsrad-Panzerfahrzeuge sowie Feldgeschütze und Haubitzen, von Traktoren oder Lastwagen gezogen... Während der Mahlzeit im sowjetischen Hauptquartier gab es Trinksprüche auf Mr. Stalin und Mr. Churchill, schließlich sogar auf unser nächstes Treffen in Berlin.«

Der Iran wird aufgeteilt

Das Land wird in eine südliche britische und eine nördliche sowjetische Zone aufgeteilt, während die Mitte des Landes neutral bleibt. Damit ist die Voraussetzung geschaffen, daß bis zum Kriegsende 5 000 000 Tonnen amerikanisches und englisches Kriegsmaterial auf dem Wege über Persien an die Sowjetunion geliefert werden können.

Am Mittwoch, dem 10. September 1941, verkündet der neue iranische Premier, daß seine Regierung die Forderungen von Großbritannien und der UdSSR akzeptiert habe. Sie beinhalten: 1. Schließung der deutschen, italienischen und rumänischen Vertretungen; 2. Auslieferung von Staatsangehörigen der Achsenmächte an die Alliierten; 3. Rücknahme iranischer Truppen aus bestimmten Landstrichen, die von den Alliierten besetzt sind; 4. Freistellung von Eisenbahn- und Straßenanlagen für den Transport von Kriegsmaterial an die UdSSR.

Dezember 1941

Abadan, September 1941: Eine der wichtigsten iranischen Ölraffinerien wird durch britische Soldaten geschützt

Raum Teheran, September 1941: Britische Generäle bei der Lagebesprechung mit den Befehlshabern der sowjetischen Truppenkontingente

Die Alliierten einigen sich, die Kosten ihrer Besetzung selbst zu übernehmen sowie weitere Gebühren für die Ölrechte Großbritanniens zu entrichten und der UdSSR die Fischereirechte im Kaspischen Meer zu übertragen. Als Vergeltung für die Internierung der Deutschen durch die britischen und sowjetischen Truppen ordnet Hitler die Deportation der Engländer, die auf den Kanalinseln leben, an. OKW und Auswärtigem Amt gelingt es, diese Maßnahme bis 1942 zu verschleppen.

Die erste Gruppe von Deutschen wird aus Teheran in einem Internierungslager bei Ahwaz am 14. September 1941 untergebracht.

Vom Iran aus erfolgt am 16. September 1941 der Abtransport einer zweiten Gruppe von 241 Deutschen in sowjetische und indische Internierungslager. Schah Resa Pahlawi dankt unter britisch-sowjetischem Druck zugunsten seines Sohnes ab. Er erhält einen Aufenthaltsort in Südafrika angewiesen.

Aus Teheran werden am 20. September 1941 die letzten Deutschen, die in ihrer diplomatischen Vertretung Schutz gesucht haben, deportiert. Dem Personal der geschlossenen diplomatischen Vertretung wird es gestattet, in die Türkei zu fahren.

Zwischen Großbritannien, der UdSSR und dem Iran wird am 28. Dezember 1941 ein Bündnis unterzeichnet.

PEARL HARBOR

DER GLOBALE KRIEG

Das japanische Kaiserreich greift ohne Kriegserklärung den wichtigsten amerikanischen Stützpunkt außerhalb der USA an

Am Montag, dem 27. Januar 1941, erreicht das Weiße Haus ein chiffriertes Telegramm des US-Botschafters aus Tokio: »Mein peruanischer Kollege hört aus vielen Quellen, darunter einer japanischen, daß Japan für den Fall eines Konfliktes mit Amerika einen Überraschungsangriff auf Pearl Harbor plant . . . So phantastisch ihm diese Idee erscheint, will er uns die Information doch nicht vorenthalten . . .« Adm. Kimmel, Oberkommandierender der Pazifikflotte: »Der Abwehrdienst der Marine schenkte jedoch diesem Gerücht keinen Glauben.«

Am Mittwoch, dem 5. März 1941, gibt Tokio bekannt, daß japanische Verbände auf der Luichowhalbinsel in Südchina, gegenüber der von Japanern kontrollierten Insel Hainan, auf einer Länge von etwa 450 Kilometern gelandet seien. Sie wollen damit eine Nachschubstraße blockieren, die für die Versorgung von Chungking benutzt wird.

Den Japanern geht es nicht nur darum, den Nachschub für die Verbände Tschiang Kai-scheks zu unterbrechen, sondern sie beginnen mit umfangreichen Truppenkonzentrationen, so daß bald die chinesischen Verbände in diesem Raum an Stärke übertroffen sind. In Bias Bay nahe Hongkong entsteht eine japanische Marinebasis. Auf Hainan werden Luftgeschwader stationiert. Starke Landtruppen sammeln sich auf Formosa.

Die militärische Zusammenarbeit Deutschlands mit Japan regelt die Weisung Nr. 24, die Hitler am 5. März 1941 erläßt: Japan soll in Ostasien aktiv werden, um die USA von Europa abzulenken; dafür soll in Rüstungsfragen von Deutschland technologische Hilfe geleistet werden. Das deutsche Interesse richtet sich auf einen japanischen Angriff in Singapur. Dem Partner des Dreimächtepakts soll die Planung für das Unternehmen »Barbarossa« verborgen bleiben.

Am Mittwoch, dem 12. März 1941, startet Matsuoka, der japanische Außenminister, zu einer großangelegten Mission: Er verläßt Tokio in Richtung Europa und reist mit der transsibirischen Eisenbahn zu seinem ersten Gespräch nach Moskau.

In der sowjetischen Hauptstadt trifft Matsuoka am 17. März 1941 ein und führt hier »in einer sehr freundli-

Sonntag, der 7. 12. 1941: Die ersten Stunden des neuen Weltkrieges. Der japanische Bombenangriff auf den US-Marine- und Luftstützpunkt Pearl Harbor

1941 März

Der japanische Kaiser Hirohito und sein Kriegsminister, General Hideki Tojo, bei einer Zeremonie in Tokio. Die Militärs besitzen eine vollständige Kontrolle über die japanische Regierung

Yosuke Matsuoka, japanischer Außenminister

Marschall Tschiang Kai-schek, Präsident der Chinesischen Republik

chen Atmosphäre« eine zweistündige Unterredung mit Stalin und Molotow.

Im Verlauf des 26. März 1941 ist der japanische Außenminister in Berlin, wo er von Hitler empfangen wird. In einer Botschaft an das deutsche Volk erklärt Matsuoka, daß es der Wunsch Japans sei, »eine friedliche Gemeinschaft der Völker zu schaffen, die allen Nationen genügend Raum lasse, in dem sich Wünsche und Ambitionen erfüllen könnten«.

Matsukoa fährt am 1. April 1941 nach Unterredungen mit Hitler, Reichsaußenminister von Ribbentrop, Reichsmarschall Göring, GFM Keitel und Reichswirtschaftsminister Funk in seiner »Friedensmission« weiter nach Rom. Hier wird er von Mussolini und Graf Ciano sowie von König Victor Emanuel III. und Papst Pius XII. empfangen. Die Audienz beim Papst wird Matsuoka ermöglicht, da er zum Christentum übergetreten ist.

Am 4. April 1941 kehrt Matsuoka nach Berlin zurück und reist nach einer weiteren Besprechung mit Hitler wieder nach Moskau. Vor seiner Abfahrt versäumt er es nicht, dem Führer »viel Glück und Erfolg« für den Balkanfeldzug zu wünschen, der kurz bevorsteht.

Matsuoka ist am 7. April 1941 wieder in Moskau eingetroffen und hat im Kreml eine längere Aussprache mit dem sowjetischen Außenminister Molotow, die in den darauffolgenden Tagen fortgesetzt wird. Die sowjetische Regierung ist bereit, auf die bisherigen Forderungen – Verzicht Japans auf die Konzessionen in Sachalin – zu verzichten und einen Neutralitätsvertrag abzuschließen.

Matsuoka und Molotow unterzeichnen das japanisch-sowjetische Freundschafts- und Neutralitätsabkommen

April 1941

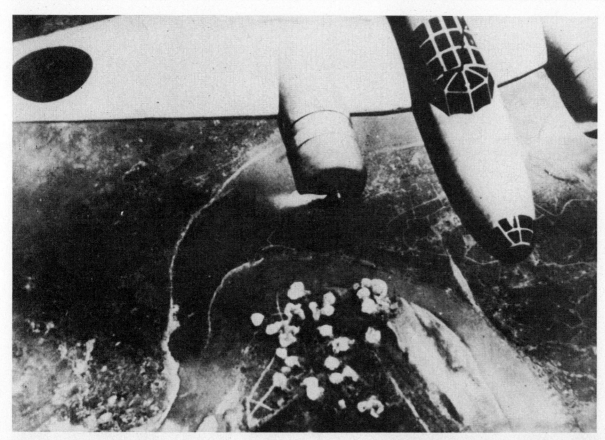

Japanische Kampfflugzeuge über Tschungking: Die militärischen Anlagen am Ufer des Jangtse im Bombenhagel. Des öfteren ist die provisorische Hauptstadt der chinesischen Regierung das Ziel japanischer Angriffe

Japanische Infanterie während der Kämpfe im Raum Shanghai

am 13. April 1941. Beide Staaten verpflichten sich, friedliche und freundschaftliche Beziehungen zu unterhalten, ihre territoriale Integrität zu achten und strikte Neutralität im Falle eines bewaffneten Konfliktes des einen oder anderen zu bewahren. Die UdSSR sichert zu, die Unabhängigkeit und die Integrität von Mandschukuo zu achten, und Japan soll die gleiche Verantwortung gegenüber der Mongolei übernehmen. Die Dauer des Paktes wird auf fünf Jahre festgesetzt.

Verhandlungen in Washington

Seit März 1941 bereitet sich die japanische Führung immer entschlossener auf die Eroberung Südostasiens vor. So drängt zum Beispiel Tokio die französische Vichy-Regierung, Japan das Monopol für den indochinesischen Reis zu überlassen und den Luftstützpunkt in Saigon abzutreten, da von hier aus japanische Flugzeuge im Kriegsfall Singapur bombardieren können.

In Washington beginnen am 16. April 1941 amerikanisch-japanische Geheimverhandlungen, um eine Lösung für die Konflikte beider Staaten in Ostasien zu finden. Die japanische Militärführung erwartet keine Besserung der Verhältnisse und führt ihre strategischen Vorbereitungen für einen Krieg im asiatisch-pazifischen Raum weiter.

1941 Mai

Eine chinesische Mutter beweint die von japanischen Fliegern getötete Tochter. Auch in China hat – wie überall – die Zivilbevölkerung besonders schwer unter dem Krieg zu leiden

Eine Offensive der Japaner Anfang Mai entlang den Ufern des Hwang Ho veranlaßt die Chinesen zu Angriffen in Shensi, Honan und Hupeh. Im Süden Chinas besetzen die Japaner eine Anzahl von Häfen, darunter Ningpo und Foochow, während Chungking, die Hauptstadt der nationalchinesischen Regierung (General Tschiang Kai-schek) das Ziel mehrerer schwerer japanischer Luftangriffe ist.

Am 26. Juni kommt es zwischen der japanischen Regierung und den französischen Behörden Indochinas zu einer Verständigung über gegenseitige Hilfe. Diesem Vertrag liegt die Absicht Japans zugrunde, die Lieferung amerikanischen Kriegsmaterials an China zu unterbinden und Siam zur Neutralität zu bewegen.

Japans Regierung und der japanische Generalstab kommen am 2. Juli 1941 zu dem gemeinsamen Ergebnis, daß militärische Handlungen gegen die USA und Großbritannien zu erwarten sind. Als Datum des Kriegsausbruchs ist der 1. Dezember 1941 vorgesehen.

Daraufhin werden vorbereitende Maßnahmen eingeleitet – wie zum Beispiel die Mobilisierung von einer Million Soldaten, das Zurückbeordern der japanischen Handelsschiffe in die Heimatgewässer, eine Einschränkung der Bewegungsfreiheit und Verschärfung der Zensurmaßnahmen.

Außenminister Matsuoka wird am 14. Juli 1941, einige Wochen nach seiner »Friedensmission« in Europa, abgesetzt. Er hat zwar in Moskau am 13. April 1941 einen Nichtangriffspakt unterzeichnet, zeigt sich aber im japanischen Kabinett als einer der schärfsten Gegner der Sowjetunion und drängt auf ein gemeinsames Vorgehen mit Deutschland gegen die UdSSR. Sein Nachfolger: Adm. Toyoda.

Aus Sorge vor dem verstärkten Engagement der USA in Europa schlägt Hitler am Donnerstag, dem 17. Juli 1941, der japanischen Regierung ein Bündnis zur »Vernichtung« der Vereinigten Staaten vor. Etwa gleichzeitig setzt verstärkt ein Werben ein, Japan solle auch gegen die UdSSR vorgehen.

Die Veröffentlichung der in Tokio geschlossenen japanisch-französischen Vereinbarungen ergibt am 25. Juli 1941, daß Japan und Vichy-Frankreich die Verteidigung Indochinas gemeinsam übernehmen wollen. Demgegenüber schlägt US-Präsident Roosevelt den Abzug der japanischen Truppen aus diesen Gebieten und deren Neutralisierung vor.

Nach der Sperrung der Bankkonten von Angehörigen der Achsenmächte Deutschland und Italien in den USA im Juni ergeht am 26. Juli 1941 ein entsprechender Erlaß gegenüber japanischen Konten in Großbritannien und den USA; dadurch wird die japanische Versorgung mit Roh- und Treibstoffen erheblich belastet.

Japanische Truppen besetzen am 28. Juli 1941 in Indochina alle strategisch wichtigen Punkte, darunter acht Flugplätze sowie zwei große Häfen, die den Japanern eine weitere Expansion nach Süden sichern. Die 65 000 Mann starke französische Streitmacht unternimmt kaum einen Versuch, Widerstand zu leisten.

Juli 1941

Die japanischen Fliegerverbände und die Kaiserliche Marine verfügen nun auch über den günstig gelegenen Stützpunkt in Cam Ranh, etwa 1200 Kilometer von Singapur entfernt. Einige der besetzten Flugplätze liegen nur 300 Kilometer von der malayischen Halbinsel entfernt. Die Japaner besitzen somit die Kontrolle des südchinesischen Meeres und der äußerst wichtigen Malakkastraße, durch die der kürzeste Seeweg von Europa nach Asien führt.

Tokio lehnt Bedingungen ab

Nachdem die Japaner Indochina sowie das relativ ruhige Hinterland besetzt halten und die Regierung in Siam bündnisbereit ist, hat Tokio keinen Anlaß, auf die von Präsident Roosevelt vorgeschlagenen Bedingungen einzugehen.

Am Dienstag, dem 29. Juli 1941, werden die zwischen der japanischen und der Vichy-Regierung getroffenen Vereinbarungen wegen einer gemeinsamen Verteidigung Indochinas unterzeichnet.

In Tokio legt Adm. Nagumo, Chef der japanischen Admiralität, Kaiser Hirohito am 30. Juli 1941 den Operationsplan der Kaiserlichen Marine vor. Er basiert auf dem Beschluß des Kronrates vom 2. Juli 1941, wonach

Französisch-Indochina, 28. 7. 1941: Die erste Einheit der japanischen Armee, eine Radfahrerabteilung, rollt in Saigon ein. Andere Truppenteile besetzen die strategisch wichtigen Punkte der Hauptstadt

Der japanische Admiral Chuichi Nagumo und Hideki Tojo, japanischer Ministerpräsident

545

1941 Juli

Japan »notfalls« bereit sei, den Krieg mit Großbritannien und den USA wegen seiner Annexionspläne in Südostasien in Kauf zu nehmen. Nachdem die Japaner Ende Juli 1941 die ihnen von der französischen Vichy-Regierung zugestandenen Militärstützpunkte in Südindochina besetzt haben, sind sie von hier aus ohne weiteres in der Lage, mit ihren Bombern die Philippinen, Singapur und Borneo zu erreichen.

Am Freitag, dem 1. August 1941, nimmt Washington die japanische Besetzung von Südindochina zum Anlaß, die Ausfuhr von Flugzeugbenzin und Öl in Länder außerhalb der westlichen Hemisphäre zu verbieten. Dieses Verbot trifft im besonderen das japanische Kaiserreich, das auch in Niederländisch-Indien und in Malaya kein Öl mehr einkaufen kann. Des weiteren untersagt Präsident Roosevelt sowohl die Be- als auch die Entladung japanischer Schiffe in amerikanischen Häfen sowie die Lieferung von Stahl und Schrott.

Japan steht nunmehr vor dem Dilemma, entweder Indochina und die damit verbundenen Pläne in Richtung Südasien aufzugeben oder einen Krieg mit den USA zu riskieren.

Am 27. August 1941 schlägt der japanische Premier, Fürst Konoye, Präsident Roosevelt ein Treffen auf den Hawaii-Inseln vor, um die Probleme des Friedens im Pazifik – insbesondere das japanisch-amerikanische Verhältnis – zu besprechen. Roosevelt nimmt diesen Vorschlag an, macht jedoch ein Treffen von Vorbereitungen abhängig, die positive Ergebnisse erwarten lassen. Tatsächlich kommt es zu dieser Begegnung nicht mehr, da beide Seiten sich stärker als auf diplomatische Bemühungen auf die strategischen Vorbereitungen für den immer unausweichlicher erscheinenden Konflikt konzentrieren, auch wenn Japan und Nordamerika etwa 8500 Kilometer auseinanderliegen. Die Operationen der kaiserlich-japanischen Flotte hängen, wie die japanische Marineleitung früh erkannt hat, wesentlich von der Existenz vorgeschobener Seebasen ab. In den Jahren von 1935 bis 1941 haben die Japaner im Inselgebiet von Mikronesien, etwa 200 Seemeilen im westlich-zentralen Pazifik, eine Reihe von See- und Luftstützpunkten sowie Garnisonen errichtet. Im nördlichen Teil dieser Region liegen japanische Stützpunkte im Marianen-Archipel, auf den Inseln Saipan und Tinian. Sie sind in der Lage, die US-Garnison auf der Insel Guam zu blockieren. Eine Reihe von Luftstützpunkten und günstigen Häfen besitzen die Japaner auch auf den Inseln Palau und Jap gegenüber den Philippinen. Zahlreiche japanische Basen befinden sich im Archipel der Marshall-Inseln, auf den Ponape-Inseln, Jaluit, Kwajalein und Enivetok sowie auf Wotje und Maloelab.

So sind die meisten See- und Luftstützpunkte der USA, Großbritanniens und der Niederlande in Reichweite der japanischen Bomber. Und die strategische Lage im Pazifik ist im Jahre 1941 für Japan sehr günstig: Großbritannien – durch den Krieg in Europa und Nordafrika gebunden – sieht sich nicht in der Lage, entsprechende Kräfte zur Verteidigung seiner Besitzungen im Fernen Osten zu entsenden.

Torpedoangriffe werden erprobt

Im August 1941 stellen die Japaner die Operationen ein, Landungstruppen an der chinesischen Küste abzusetzen. Sie sind im Rahmen der japanischen Vorbereitungen für die Aktionen auf den malaiischen Inseln durchgeführt worden.

Anfang September 1941 beginnen in Japan an der Kaiserlichen Marineschule sowie auf den in Sakumo, Saeki, Kagosima und Kanoya liegenden Kriegsschiffen die letzten Übungen der Führungsstäbe unter Leitung von Adm. Yamamoto für den Angriff auf Pearl Harbor.

Nach schwierigen Verhandlungen beschließen am 6. September 1941 der Kronrat des Kaiserreichs Japan, den Krieg gegen die USA zu beginnen, falls die stagnierenden Verhandlungen mit den USA bis zum 10. Oktober 1941 nicht zu einem die japanischen Interessen befriedigenden Ergebnis gelangt sind.

Mitte September 1941 beginnen amerikanisch-japanische Verhandlungen über eine Lockerung der Handelssperre gegen Japan. Nach hartnäckigen Gesprächen kommt es zu der Vereinbarung, daß die beiden japanischen Passagierschiffe »Tatuta Maru« und »Taijo Maru« nach den USA und Hawaii fahren dürfen, ohne allerdings Handelsgüter zu befördern. Damit erhält Japan die Möglichkeit, seine letzten Vorbereitungen für einen überraschenden Schlag im Pazifik zu beenden.

Ab Ende September 1941 beginnt in Japan Freg.Kpt. Genda mit der Ausbildung der Flotte 1 für den Überfall auf Pearl Harbor. Aus Bombern, Sturzkampfflugzeugen, Torpedoflugzeugen und Jägern wird in dieser Ausbildungsphase ein gemischter Angriffsverband gebildet, der Freg.Kpt. Futschida, einem Studienkollegen Gendas, untersteht. Als Übungsplatz dient die Bucht von Kagoschima auf der südjapanischen Insel Kiuschu, die große Ähnlichkeit mit der Bucht von Pearl Harbor aufweist. Schwerpunkt der Ausbildung ist die Erprobung von Torpedoangriffen in engen und flachen Gewässern.

In einer Versuchsanstalt der japanischen Marine wird ein Flachwassertorpedo mit Flossen und einem Stabilisierungssystem weiterentwickelt, der dem Torpedo entspricht, den die Engländer bei ihrem Angriff auf Tarent (11. November 1940) verwendet haben.

Ab Mittwoch, dem 1. Oktober 1941, führt der japanische Generalstab in der Kriegsakademie von Tokio ein fünftägiges Planspiel durch, das sich mit den operativen Problemen eines militärischen Vorgehens im südasiatischen Raum beschäftigt. Die Verantwortlichen gehen davon aus, daß die japanischen Luft- und Seestreitkräfte ihren möglichen Gegnern im Pazifik und in Südostasien eindeutig überlegen sind.

Die japanische Flotte verfügt zu diesem Zeitpunkt über zehn Schlachtschiffe, sechs Flugzeugträger, fünf Flugzeugmutterschiffe, sechs Hilfsflugzeugträger, 12 schwere Kreuzer, fünf Küstenpanzerschiffe, 28 leichte Kreuzer, zwei Minensucher, 127 Zerstörer und 69 U-Boote.

Oktober 1941

Die japanischen Truppenkontingente werden nach der Rückkehr in die Heimat von den Einwohnern der Garnisonsstadt stürmisch begrüßt

Auf dem Flughafen von Tokio, Oktober 1941: Eine Vorführung der japanischen Luftstreitkräfte für Vertreter des öffentlichen Lebens

1941 Oktober

Der japanische Admiral Jizaburo Ozawa

Japanische Panzereinheiten während einer Nachtübung

Am 16. Oktober 1941 wird in Tokio ein neues Kabinett berufen, an dessen Spitze jetzt GenLt. Tojo, ehemaliger Stabschef der Kwantung-Armee und früherer Kriegsminister, steht. Tojo befürwortet den Krieg gegen die USA und Großbritannien.

In Japan wird am 18. Oktober 1941 der Mitarbeiter der »Frankfurter Zeitung«, Richard Sorge, als sowjetischer Spion verhaftet. Sorge hat durch seine guten persönlichen Beziehungen zu japanischen Regierungskreisen und zur deutschen Botschaft tiefe Einblicke in die politischen und militärischen Planungen gewonnen und regelmäßig seine Erkenntnisse nach Moskau übermittelt. Daß er bereits seit den zwanziger Jahren Mitglied der kommunistischen Partei war, hat er erfolgreich zu verschleiern gewußt.

Hirohitos Einwände vergeblich

Inzwischen hat in Japan die Kaiserliche Marine in der Erwartung, daß die Verhandlungen mit den USA scheitern, den Überraschungsangriff auf Pearl Harbor vorbereitet. Die für eine Vernichtung der amerikanischen Flotte vorgesehenen Trägermaschinen und Torpedoflugzeuge proben mit scharfer Munition den Ernstfall.

Am 5. November 1941 bestätigt in Tokio der Geheime Kaiserliche Rat den grundlegenden Kriegsplan und die im einzelnen festgelegten Operationen. Sie beruhen auf der Voraussetzung, daß der Krieg noch vor Jahresende 1941 ausbrechen wird, um durch schnelles Handeln in den Besitz der Rohstoffgebiete – besonders in Holländisch-Indien und Borneo – zu gelangen und damit die Treibstoffversorgung zu sichern.

Im Fernen Osten bereiten sich sechs japanische Flugzeugträger mit mehr als 350 Maschinen am 6. November 1941 in einer den Bedingungen der geplanten Operation entsprechenden Übung, das heißt unter Berücksichtigung der Entfernung von 2000 Seemeilen, für den Angriff auf Pearl Harbor vor.

Am Montag, dem 10. November 1941, laufen die an der vorgesehenen Operation gegen Pearl Harbor teilnehmenden japanischen Schiffe einzeln aus dem Kriegshafen Kuwait in der Nähe von Tokio unter völliger Funkstille aus. Das Angriffsgeschwader untersteht dem Oberbefehlshaber der 1. Marine-Luftflotte, Vizeadm. Nagumo. Die auf den Flugzeugträgern »Akagi«, »Hiryu«, »Shokaku«, »Soryu« und »Zuikaku« stationierten 423 Flugzeuge stellen die größte Luftflotte dar, die bis dahin auf See eingesetzt wurde.

Der Unterstützungsverband (Vizeadm. Mikawa) besteht aus den Schlachtkreuzern »Hiei« und »Kirishima« sowie den schweren Kreuzern »Tone« und »Chikuma«. Ein leichter Kreuzer und neun Zerstörer übernehmen Sicherungsaufgaben. Drei U-Boote sowie acht Versorgungsschiffe und Tanker begleiten den Unterstützungsverband.

Die Schiffe versammeln sich vor einer der Kurileninseln in der abgelegenen Hittokappu-Bucht, die nahezu 1000 Seemeilen nördlich von Tokio liegt und wegen ihrer ständigen Nebelbänke als kaum befahrbar gilt. Um zu verbergen, daß man Nordkurs nimmt, werden die Flugzeugbesatzungen nicht nur mit Wintersachen, sondern

November 1941

Das im Ersten Weltkrieg gebaute japanische Schlachtschiff »Kirishma« wird 1938/39 völlig modernisiert

auch mit Tropenausrüstungen versehen. Das Funkpersonal der Flugzeugträger bleibt an Land, um den Eindruck zu erwecken, die Schiffe hätten die Gewässer um die Mutterinsel noch nicht verlassen.

In Tokio tragen Heeressoldaten Marineuniformen, um über die Abwesenheit des größten Teils der japanischen Kriegsflotte hinwegzutäuschen. Und um das gewohnte Bild in Tokios Straßen nicht zu verändern, erhalten die Besatzungen der noch im Hafen liegenden Kriegsschiffe Landurlaub. Schließlich werden andere Luftwaffenverbände in den Raum Tokio verlegt, damit das Fehlen der vielen Trägermaschinen nicht auffällt.

Am Nachmittag des 15. November 1941 trifft in Washington die Meldung ein, daß 30 bis 50 japanische Schiffe unter Vizeadm. Ozawa Shanghai verlassen haben. Sie sollen sich jetzt auf Fahrt entlang der chinesischen Küste in Richtung Taiwan befinden. Der US-Nachrichtendienst ist der Meinung, daß ein Angriff gegen Siam oder Singapur kurz bevorsteht.

In der Nacht vom 18./19. November 1941 verlassen die vier japanischen Transporter, J-16, J-18, J-22 und J-24 mit je fünf Klein-U-Booten vom Typ A an Bord den Flottenstützpunkt Yokosuka und nehmen Kurs auf das 3800 Seemeilen entfernte Pearl Harbor. Die auf dem Achterdeck der Transporter – auch U-Kreuzer genannt – befestigten Klein-U-Boote sind mit jeweils zwei Torpedos versehen, die aus übereinanderliegenden Bugrohren abgeschossen werden. Die Besatzung der Klein-U-Boote besteht aus einem Kommandanten und einem Elektroingenieur.

Als die japanischen Unterhändler Nomura und Kurusu die Vorschläge ihrer Regierung übergeben, die das äußerste Entgegenkommen bei Verhandlungen nach To-

Washington, 27. 11. 1941: Eine japanische Abordnung nach einer Konferenz mit Präsident Roosevelt

549

1941 November

Japans Premier Tojo kann sich nicht entscheiden, welche Richtung er einschlagen soll. Eine britische Karikatur von Ende November 1941

Cordell Hull, amerikanischer Außenminister

kioter Auffassung darstellen, ist der US-Regierung bereits bekannt, daß sich die Krise zugespitzt hat, da es gelungen ist, den japanischen diplomatischen Funkcode zu entschlüsseln.

Am 26. November 1941 läuft um 6.00 Uhr morgens der japanische Trägerverband unter dem Kommando von Adm. Yamamoto mit der für Pearl Harbor bestimmten Kampfgruppe aus der Hittokappu-Bucht aus. Dieses kampfkräftige Angriffsgeschwader besteht aus sechs Flugzeugträgern, zwei Schlachtschiffen, zwei schweren Kreuzern, einem leichten Kreuzer, neun großen Zerstörern, acht Tankern und Versorgungsschiffen sowie drei U-Booten. Elf Tage lang ist der Trägerverband (Vizeadm. Nagumo) bei Sturm und Nebel sowie völliger Funkstille aus Täuschungsgründen auf Ostkurs. Erst als der Schiffsverband in Richtung Südosten dreht, findet er besseres Wetter vor.

In Washington legt US-Außenminister Hull am 26. November 1941 den japanischen Unterhändlern, Nomura und Kurusu eine Erklärung der US-Regierung mit dem Ziel einer gegenseitigen politischen Deklaration vor: Die Regierungen der Vereinigten Staaten und Japans sind bestrebt, einen Nichtangriffspakt zwischen den USA, Großbritannien, China, Japan, der UdSSR und Siam zu unterzeichnen.

Aufgrund der Tatsache, daß es dem US-Nachrichtendienst gelungen ist, den streng geheimen japanischen diplomatischen Code zu entziffern, weiß jedoch die amerikanische Regierung unmißverständlich, daß die von Hull den japanischen Diplomaten vorgelegten Bedingungen eines Nichtangriffspaktes von Tokio auf keinen Fall anerkannt werden.

Durch das in Washington einlaufende Nachrichtenmaterial des US-Geheimdienstes erfährt der Generalstab der US-Armee, daß Japan nicht nur 25 000 Soldaten im Norden Indochinas, sondern auch rund 70 000 Soldaten und 150 Flugzeuge in Südindochina konzentriert hat.

In Anbetracht dieser Situation haben die US-Befehlshaber ihre Streitkräfte an der Westküste der USA, im Raum des Panamakanals, auf den Hawaii-Inseln und auf den Philippinen informiert, daß der Versuch, mit den Japanern zu verhandeln, beendet ist. Es muß im Verlauf der

Die erste Meldung der britischen Presse über das historische Ereignis: »Japan erklärt Großbritannien und den USA den Krieg«

Dezember 1941

nächsten Tage mit einem Angriff der japanischen Kräfte auf die Philippinen oder Borneo gerechnet werden.

Ebenfalls am 28. November 1941 informiert die japanische Regierung den Botschafter Oshima in Berlin über die Möglichkeit eines Krieges im Stillen Ozean. Das von dem US-Geheimdienst aufgefangene und entzifferte Funktelegramm lautet: »Es besteht höchste Gefahr eines unerwarteten Kriegsausbruchs zwischen Japan und den angelsächsischen Mächten. Der Krieg kann früher ausbrechen, als irgendwann erwartet...«

Ohne sichere Kenntnis vom Stand der japanisch-amerikanischen Verhandlungen ermuntert Reichsaußenminister von Ribbentrop den japanischen Botschafter Oshima, seiner Regierung den deutschen Vorschlag zu unterbreiten, daß Japan bald die USA angreife und beim Vorstoß nach Südosten die Philippinen umgehe. Oshima schließt aus von Ribbentrops Worten, das Deutsche Reich werde sich gegebenenfalls am Krieg gegen die USA beteiligen.

In einer Sitzung des Kronrats am 29. November 1941 bemüht sich Kaiser Hirohito vergeblich, den Beschluß zum Angriff auf die USA rückgängig zu machen. Am folgenden Tag gehen entsprechende Instruktionen an Oshima und den deutschen Botschafter in Tokio, Thomsen, wobei die japanische Regierung keinen Zweifel läßt, daß sie von Deutschland loyale Unterstützung erwartet.

Angriff auf Pearl Harbor

Im ostasiatischen Raum erhält der Befehlshaber der japanischen Kampfgruppe am 2. Dezember 1941 einen chiffrierten Funkspruch: Der Angriff auf den amerikanischen Flottenstützpunkt Pearl Harbor soll am 7. Dezember 1941 erfolgen.

Im Schutz einer Schlechtwetterfront nähern sich die japanischen Kriegsschiffe ungesehen ihrem Ziel. Der schwere Sturm hat ein solches Ausmaß angenommen, daß einige Matrosen über Bord gehen. Als Werbetext eines Rundfunksenders verschlüsselt, informiert der japanische Geheimdienst von Honolulu aus die Geschwaderführung, daß die eingetroffenen Sperrballons und Torpedonetze der Amerikaner noch nicht zum Einsatz gelangt sind.

Die Besatzung eines japanischen Flugzeugträgers verabschiedet die zum Angriff gegen Pearl Harbor startenden Torpedobomber

1941 Dezember

In den frühen Nachmittagsstunden des 4. Dezember 1941 wird den Mannschaften der sich auf dem Weg nach Pearl Harbor befindlichen japanischen Seestreitkräfte der Kriegserlaß des Tenno mitgeteilt. Zum Zeitpunkt der Bekanntgabe hat die Angriffsflotte mit ihren vollgetankten Schiffen Südostkurs genommen und steuert jetzt die Hawaii-Inseln an. Gegen Abend sind die Transporter der japanischen Klein-U-Boote auf der vorgesehenen Position – 10 Seemeilen südlich von Pearl Harbor – angelangt. Von hier aus sollen sie um Mitternacht in den Hafenkanal einlaufen, die vorhandenen Torpedonetze zerstören und das Auslaufen der US-Flotte ins offene Meer unmöglich machen. Das Unternehmen mißlingt jedoch, und die eingesetzten Klein-U-Boote kehren nicht mehr zurück.

Am 5. Dezember 1941 sagt Hitler den Japanern seine Hilfe im Kriegsfall zu.

Bereits um 5.30 Uhr am 7. Dezember 1941 starten vom Deck der japanischen schweren Kreuzer »Tone« und »Tschikuma« zwei Langstreckenaufklärer, die die Lage über dem amerikanischen Flottenstützpunkt Pearl Harbor erkunden sollen. Gleichzeitig gehen die japanischen Flugzeugträger auf Ostkurs, steigern ihre Geschwindigkeit bis auf 24 Knoten, so daß sie um 7.30 Uhr etwa 70 Seemeilen nördlich der Insel Oahu Position beziehen können. Von hier aus fliegen bereits 20 Minuten später insgesamt 353 Maschinen in Richtung Pearl Harbor. Es ist der größte Flugzeugverband, der bisher von Trägern aus eingesetzt wurde.

Der Überraschungseffekt ist so groß, daß die US-Luftabwehr kaum reagieren kann. Zwar ist ein Teil der leichten Flak auf den amerikanischen Kriegsschiffen besetzt, doch ist die in Kammern unter Verschluß liegende Munition nicht sofort greifbar. Die auf den Flugplätzen von Hawaii stationierten Maschinen der US Air Force werden fast restlos vernichtet.

Generalstabschef George C. Marshall hat Pearl Harbor als den einzigen vernünftig ausgerüsteten US-Stützpunkt

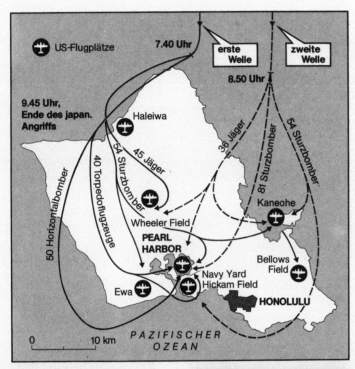

So spielt sich der japanische Angriff ab, der den wichtigsten amerikanischen Stützpunkt außerhalb der USA ausschalten soll

Pearl Harbor, 7. 12. 1941: Innerhalb weniger Minuten nur noch ein Inferno (ganz rechts)

General George C. Marshall, Generalstabschef der US-Armee

552

Dezember 1941

mit ausreichenden Möglichkeiten zur Abwehr eines japanischen Angriffs bezeichnet. Immerhin stehen hierfür 1017 Land- und Schiffsgeschütze sowie 227 Flugzeuge – darunter 152 Jäger – zur Verfügung.

Geringe japanische Verluste

Bei ihrem Überfall auf Pearl Harbor versenken japanische Trägermaschinen die fünf Schlachtschiffe »Arizona« (Flaggschiff, Konteradm. Kidd), »California« (Flaggschiff, Vizeadm. Pye), »Oklahoma« (Capt. Bode), »West Virginia« (Capt. Bennion) und »Nevada« sowie den Minenleger »Oglada« und das Zielschiff »Utah«. Drei weiteren Schlachtschiffen, der »Maryland« (Capt. Godwin), der »Pennsylvania« (Capt. Cooke) und der »Tennessee« (Capt. Reordan) werden schwere Schäden zugefügt.

Nach diesem Angriff sind 60 Prozent der US-Schlachtschiffe entweder versenkt oder beschädigt. Außerdem haben die leichten Kreuzer »Helena«, »Honolulu« und »Raleigh«, dazu drei Zerstörer, ein Flugzeugmutterschiff und ein Werkstattschiff zum Teil schwere Treffer erhalten. Die US Air Force hat insgesamt 188 Flugzeuge verloren. 2403 Offiziere und Mannschaften sind gefallen, 1178 verwundet.

Die Verluste der Japaner: fünf Torpedobomber, 15 Stukas und neun Jäger sowie fünf Klein-U-Boote mit ihren Besatzungen. 55 japanische Flieger sind bei diesem Angriff ums Leben gekommen. 138,5 Tonnen Bomben und Torpedos wurden auf den amerikanischen Stützpunkt abgeworfen.

Neben dem Überraschungseffekt hat auch dies noch eine Rolle gespielt: Japanischen Konstrukteuren ist es gelungen, Spezialtorpedos mit regulierbaren Seitenflossen

1941 Dezember

aus Holz zu entwickeln, die einen vorausbestimmbaren Tiefgang ermöglichen. Ähnliche Torpedos haben die Engländer im November 1940 bei ihrem Angriff auf den italienischen Flottenstützpunkt Tarent erstmalig eingesetzt.

Das japanische Unternehmen gegen Pearl Harbor hat seinen Zweck erreicht, die amerikanische Flotte auszuschalten und damit das japanische Vordringen in die südasiatischen Rohstoffgebiete zu sichern. Allerdings bleibt Pearl Harbor weiterhin als US-Marinestützpunkt von großer Bedeutung, da Werften und gewaltige Öllager mit Treibstoffvorräten von mehr als einer halben Milliarde Liter unversehrt geblieben sind.

Vier moderne US-Flugzeugträger sind der Vernichtung entgangen. Durch einen Sturm aufgehalten, konnten sie Pearl Harbor nicht termingerecht erreichen. So haben die japanischen Bomben und Torpedos lediglich die veralteten Schlachtschiffe der Amerikaner zerstört, und die modernen Träger übernehmen jetzt die zentrale Rolle im weiteren Kriegsverlauf.

Obwohl unter den Japanern Genugtuung über den Sieg von Pearl Harbor herrscht, vertritt ihr Flottenchef, Adm. Yamamoto, die Ansicht, daß dieser Krieg den Japanern in Zukunft noch viele Scherereien bereiten werde. Der »kleine Erfolg« bei Pearl Harbor bedeute nämlich nicht viel.

Inzwischen landen japanische Truppen in Siam (Thailand) und auf der malaiischen Halbinsel. Gen. Terauchi, Oberbefehlshaber der japanischen Heeresgruppe Süd, dessen Hauptquartier sich in Saigon (Französisch-Indochina) befindet, beabsichtigt, mit der 15. Armee von Thailand aus in Indochina einzumarschieren sowie weitere Gebiete Südostasiens durch Landoperationen zu erobern.

Zur gleichen Zeit werden auf den Philippinen die US-Stützpunkte auf Luzon und Mindanao angegriffen sowie die östlich von Japan liegende Insel Midway von den Zerstörern »Akebon« und »Ushio« unter Feuer genommen. Auch über der britischen Kronkolonie Hongkong werden Bomben abgeworfen.

Die Kommandanten der bei Kriegsbeginn im Pazifik stationierten 50 amerikanischen U-Boote erhalten gleich nach dem japanischen Überfall auf Pearl Harbor Befehl, den uneingeschränkten Seekrieg gegen Japan aufzunehmen. Die US-Navy ordnet jedoch an, daß weder die Namen der U-Boote und ihrer Kommandanten noch die der versenkten japanischen Schiffe bekanntgegeben werden, um kein Risiko einzugehen, daß in Gefangenschaft geratene amerikanische U-Boot-Besatzungen von den Japanern als Kriegsverbrecher behandelt werden.

Die amerikanischen U-Boote führen, obwohl man in den USA von den Erfolgen der Deutschen bei Überwasser-Nachtangriffen weiß, fast nur Unterwasser-Tagesangriffe durch. Während die japanischen U-Boote niemals für den Handelskrieg eingesetzt werden, erreichen die Amerikaner beträchtliche Versenkungsziffern bei Angriffen auf japanische Schiffe.

Nach dem japanischen Überfall auf Pearl Harbor regt sich kein Widerstand in den USA, als Präsident Roosevelt die Kriegserklärung gegen Japan am 8. Dezember 1941 unterschreibt. Allerdings beginnen bald Diskussionen über die Frage, ob der japanische Angriff vorsehbar gewesen wäre und welche Schwierigkeiten bestanden hätten, daß Warnungen und Meldungen über sich nähernde Flugzeuge zwischen Marine und Heer nicht ausgetauscht und weitergegeben worden seien.

Wie die USA erklärt auch Großbritannien dem japanischen Kaiserreich den Krieg.

Japanische Erfolge nehmen zu

In den Nachmittagsstunden des 8. Dezember 1941 verläßt ein britischer Flottenverband unter Adm. Philipps den Hafen von Singapur. Die Schlachtschiffe »Prince of Wales« (Capt. Leach) und »Repulse« (Capt. Tennant) sowie vier Zerstörer sollen die japanischen Landungstruppen auf Malaya von ihrem Nachschub abschneiden. Um das Überraschungsmoment zu wahren, wird bewußt auf die Sicherung von Flugzeugen verzichtet, zumal die »Prince of Wales« mit so starken Flakgeschützen bestückt ist, daß sie als unverwundbar gilt. Sie verfügt als erstes englisches Großkampfschiff über vier Batterien mit jeweils 25 Rohren, »Chicago-Klaviere« genannt, aus denen in jeder Minute 60 000 Schuß abgefeuert werden können. Auch die »Repulse« ist mit einer überdurchschnittlich starken Flugabwehr ausgestattet.

Ebenfalls am 8. Dezember 1941 überfallen morgens um 8.00 Uhr Soldaten der japanischen 38. Division das britische Pachtgebiet Hongkong, das schon immer als vorgeschobener Posten des britischen Empire angesehen wird. Der Flottenstützpunkt der Kronkolonie befindet sich in der Meerenge zwischen der Insel und der südlichen Küste der Halbinsel Kaulun; auf dieser Halbinsel befinden sich auch die wichtigsten Dockanlagen. Die Stadt ist in hohem Maße auf die Verbindung zum Festland angewiesen, da sie von dort mit Trinkwasser versorgt wird. Die Regenwasser-Reservoirs in Hongkong stellen daher das Ziel japanischer Artillerie- und Luftangriffe dar.

Nachdem die geplanten Zerstörungen durchgeführt sind, ziehen sich die schwachen britischen Kräfte unter dem Kommandanten der Garnison, Gen. Maltby, mit nur sechs Bataillonen und 28 Geschützen aus der weiteren Umgebung nach Hongkong zurück. Lediglich in der Nähe von Taipo und entlang der Castle-Peak-Straße, wo eine chinesische Pionierkompanie steht, werden die Stellungen noch gehalten.

Daß gleichzeitig japanische Verbände auf der philippinischen Insel Batan landen, zeigt die Weitflächigkeit des japanischen Angriffsplans.

Am Nachmittag des 8. Dezember 1941 gehen in Hongkong die britischen Truppen weiter auf die Gindrinkers-Linie zurück und ermöglichen es somit den Japanern, den Stadtteil südlich des Jubilee-Reservoirs einzukreisen.

Dezember 1941

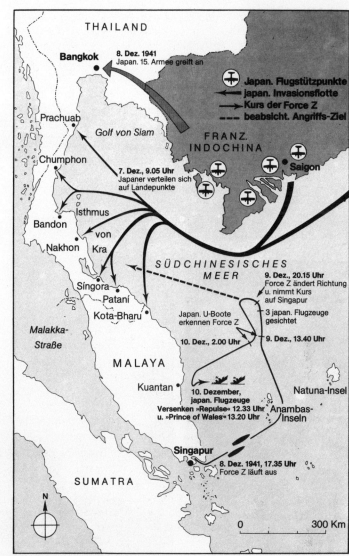

Im Schutz des künstlichen Nebels versucht die japanische Infanterie, in eine Stadt einzudringen

Die Einsätze der japanischen und der britischen Flotte in den Tagen vom 8. bis 10. 12. 1941

Das Feuer der japanischen MG unterstützt den Angriff der eigenen Infanterie

1941 Dezember

General MacArthur, Oberbefehlshaber der US-Truppen im Fernen Osten, und Sir Mark Aitchison Young, Gouverneur von Hongkong

Raum Kota-Baru, Dezember 1941: Die Landung der japanischen Truppen an einem unbewohnten Küstenabschnitt der riesigen, dschungelbedeckten malaiischen Halbinsel erfolgt fast ohne Widerstand

Dezember 1941

Das Ende der Schlachtschiffe

Am Mittwoch, dem 10. Dezember 1941, startet im malaiischen Raum das japanische 22. Marinefliegergeschwader (Konteradm. Matsunaga) mit 30 Bombern und Torpedoflugzeugen zu einem bewaffneten Aufklärungsflug und sichtet plötzlich die beiden englischen Schlachtschiffe »Prince of Wales« und »Repulse«. Innerhalb von 90 Minuten werden die als unsinkbar geltenden britischen Schlachtschiffe durch gezielte Bomben- und Torpedotreffer zum Sinken gebracht. Nur vier japanische Flugzeuge gehen dabei verloren.

Die britischen Begleitzerstörer »Electra«, »Express«, »Tenedos« und »Vampire« können 2081 Besatzungsmitglieder der Schlachtschiffe retten. Zu den Toten gehört auch der Geschwaderführer Adm. Philipps.

Der Untergang dieser beiden britischen Schlachtschiffe, die zu den modernsten der Royal Navy gehören, bestimmt nicht nur das Schicksal von Britisch-Malaya, sondern bedeutet zugleich das Ende des Schlachtschiff-Zeitalters. Es ist damit erwiesen, daß auch höchstarmierte Großkampfschiffe wenig Aussichten haben, sich gegen massierte Flugzeugangriffe zu wehren, wenn sie über keinen eigenen Jagdschutz verfügen.

Letzten Endes hat ein fataler Irrtum zum Untergang der beiden Schlachtschiffe geführt: Minenexplosionen, die von einer Büffelherde ausgelöst worden waren, sind irrtümlich als japanisches Artilleriefeuer gemeldet worden. Daraufhin haben die Schlachtschiffe und ihre Begleitfahrzeuge den Befehl erhalten, in das vermutete Kampfgebiet auszulaufen.

Auf den Philippinen finden weitere japanische Landunternehmen statt; sogleich werden an der Küste Luzons Feldflugplätze errichtet. US-General MacArthur, Oberbefehlshaber der amerikanischen Truppen im Fernen Osten (USAFFE), ist für die Verteidigung des Inselarchipels verantwortlich.

An diesem Tag versuchen die Japaner, von Hongkong aus in Richtung Taipo durchzubrechen. Die japanische Armee demonstriert damit ihre Überlegenheit in Ausbildung und Kenntnis des Dschungelkampfes. Ihre leichtbewaffneten Soldaten, von örtlichen Wegführern japanischer Abstammung geleitet, bewegen sich wie schemenhafte Gestalten durch den dichten Dschungel, schlüpfen unbemerkt durch britische Stellungen oder umgehen sie. Die japanischen leichten Panzer mit Infanterie-Kampfgruppen dringen auf den Dschungelpfaden so weit wie möglich vor und zwingen die britischen Soldaten zum permanenten Rückzug. Japanische Fliegerkräfte sind zur direkten Unterstützung der Artillerie eingesetzt.

Die unzureichend ausgebildeten und schlechtbewaffneten alliierten Verbände werden von einer Stellung zur anderen verdrängt. Um ihnen die Nachschubwege abzuschneiden, unternehmen die Japaner zahlreiche handstreichartige Landungsoperationen von See her sowie im Rücken der sich verteidigenden Gegner und benutzen zur Tarnung sowohl alte unbewaffnete Dampfer wie auch Dschunken oder Fischerboote.

In der Abenddämmerung müssen sich die Royal Scots bis zur Golden-Hill-Linie, in der Nähe der Lai-Chi-Tok-Halbinsel, zurückziehen und auch den Flughafen von Kaitak evakuieren.

Die Besetzung der Insel Guam durch die Japaner stellt einen weiteren Schlag gegen die USA dar.

Am Donnerstag, dem 11. Dezember 1941, erklären Deutschland und Italien den USA den Krieg. Den Mitarbeitern des Auswärtigen Amts erklärt von Ribbentrop: »Eine Großmacht läßt sich nicht den Krieg erklären, sie erklärt den Krieg.« Hitler begründet vor dem Reichstag den Kriegseintritt gegen die USA und verbindet dies in seiner Rede mit persönlichen Verunglimpfungen des US-Präsidenten (»geisteskrank«!). Kurz danach kommt es zum ersten Luftgefecht zwischen einer deutschen und amerikanischen Maschine. Einem von Island aus gestarteten Lightning-Jäger gelingt es, über dem Atlantik einen deutschen Fernaufklärer Focke-Wulf FW 200 C »Condor« abzuschießen.

An diesem Morgen greifen japanische Kräfte in Hongkong die linke Flanke der britischen Stellungen auf dem Festland an, die von den Royal Scots nur mit Mühe gehalten werden kann. Doch gegen Mittag fällt die Entscheidung: Das Festland – außer der Devil's-Peak-Stellung – wird in der kommenden Nacht geräumt, ebenso wie die den ganzen Tag über unter japanischem Beschuß liegende Stonecutters'-Insel.

Während die bisherigen japanischen Landungsoperationen durchweg gelungen sind, schlägt die US-Besatzung auf der Insel Wake im Pazifik die Japaner zurück. Zwei japanische Zerstörer werden während der Kampfhandlungen versenkt.

In Berlin wird ein Abkommen zwischen Deutschland, Italien und Japan über eine gemeinsame Kriegführung unterzeichnet. Es verpflichtet die drei Staaten u.a., keinen separaten Waffenstillstands- oder Friedensvertrag weder mit England noch mit den USA abzuschließen.

Die Japaner setzen am 12. Dezember 1941 mit einer zweiten Welle ihre Landungsoperationen auf den Philippinen fort. Allein im Süden der Insel Luzon gehen 2500 Mann der japanischen 16. Infanteriedivison bei Legaspi an Land.

Inzwischen haben sich alle britischen Streitkräfte auf die Insel Hongkong zurückgezogen. Obwohl sich die Zivilbevölkerung ruhig verhält, ist ihre Moral durch die sich verstärkenden japanischen Artillerie- und Bombenangriffe auf die Stadt erschüttert. Von der Halbinsel Kaulun aus wird beobachtet, wie die Japaner Dschunken und Barkassen requirieren und einen Sturm auf die Insel Hongkong vorbereiten.

Der japanische Kommandeur entsendet eine Abordnung mit dem Kapitulationsangebot, das bis 15.00 Uhr befristet ist. Das Ultimatum wird jedoch vom Gouverneur, Sir Mark Yong, mit den Worten abgelehnt: »Hongkong soll den Japanern nicht geschenkt werden,

1941 Dezember

General Hiroshi Oshima, japanischer Botschafter in Berlin

Changsha, China: Ein japanischer Sturmtrupp mit den Offizieren an der Spitze während der Straßenkämpfe

für dessen Eroberung sollten sie mit möglichst großen Opfern bezahlen.«

Am Sonnabend, dem 13. Dezember 1941, empfängt Hitler in der Berliner Reichskanzlei den japanischen Botschafter, Gen. Oshima, zu einer Aussprache über die deutschen und japanischen Kriegspläne. Hitler betont, daß seine vordringlichen Kriegsziele die Niederwerfung der Sowjetunion, der Vorstoß über den Kaukasus nach Süden und die Ausschaltung der angelsächsischen Kriegs- und Handelsflotte seien.

Er vertritt gegenüber Gen. Oshima die Auffassung, daß die Anglo-Amerikaner nicht über genügend Tonnage verfügen, um eine Invasionsarmee auf dem europäischen Kontinent zu landen. Der japanische Botschafter schlägt vor, deutsche und japanische Truppen sollten sich in Indien treffen. Während die Deutschen von Westen her angreifen, werden die Japaner im Osten Indiens einmarschieren.

Hitler betont auch die Notwendigkeit, die amerikanischen Kriegslieferungen für die Sowjetunion über Wladiwostok zu unterbinden, was Oshima als kaum problematisch hinstellt, da die amerikanischen Handelsschiffe Meerengen passieren müssen, die in der Reichweite japanischer Artillerie liegen. Er ist sogar der Ansicht, daß die Amerikaner über kurz oder lang ihre Lieferungen an die Sowjetunion einstellen werden.

In Südostasien können japanische Invasionstruppen Point Victoria besetzen. Sie haben damit den einzigen Flugplatz zwischen Singapur und Indien unter ihre Kontrolle gebracht.

Churchill funkt an den Gouverneur und Verteidiger von Hongkong am 14. Dezember 1941: »Wir verfolgen Tag für Tag und Stunde um Stunde Ihre hartnäckige Verteidigung des Hafens und der Festung Hongkong. Sie bewachen eine seit langem in der Zivilisation der Welt berühmte Verbindung zwischen dem Fernen Osten und Europa... Während Ihrer Heldentat sind alle unsere Herzen bei Ihnen. Jeder Tag Ihres Widerstandes bringt uns unserem sicheren Sieg näher.«

In Hongkong finden am 15. Dezember 1941 erneut Artillerieduelle statt. Der sich verstärkende japanische Beschuß liegt erstaunlich genau: Mehr als die Hälfte der Bunker zwischen Lye-mun und Bowrington werden zerstört. Auf der Insel Lamma, wo sich bereits seit zwei Tagen japanische Truppen befinden, sind weitere Einheiten gelandet, die sich jetzt der High Junk und Clear Water Bay nähern. Japanische Lkw- und Maulesel-Transportkolonnen am Customs Pass sowie Truppenkonzentrationen in Waterloo Road werden von den Engländern unter Feuer genommen.

Am 17. Dezember 1941 wird Hongkong wiederholt von den Japanern aufgefordert, Kapitulationsverhandlungen

Dezember 1941

Japanische Truppen auf dem Vormarsch in Malaya. Die meisten Ortschaften sind verbrannt, und die noch am Leben gebliebenen Einwohner halten sich in den umliegenden Dschungelgebieten versteckt

Eine Brücke bei Kuala Lumpur auf der malaiischen Halbinsel. Pioniere der britischen Kolonialtruppen bereiten die Sprengung der wichtigen strategischen Objekte vor

1941 Dezember

zu führen. Die Antwort von Sir Mark Young: »Der Gouverneur und Commander-in-Chief von Hongkong lehnt es entschieden ab, Verhandlungen über eine Kapitulation Hongkongs zu führen, und er nimmt dies zur Gelegenheit, um Lieutenant General Takaishi Sakai und Vizeadmiral Masaichi Miimi bekanntzugeben, daß er den Wunsch hat, darüber nichts mehr von ihnen zu hören.« Nach japanischen Berichten wird Hongkong an diesem Tag mehrfach durch Artillerie beschossen, aber der Regen, der am Nachmittag einsetzt, verhindert weitere Luftangriffe.

Hongkong in japanischer Hand

In der Nacht vom 18./19. Dezember 1941 überqueren in Hongkong japanische Truppen den engen Lye-mun-Kanal und landen auf der Insel bei Kai-ko und Lye-mun. Von hier aus dringen sie allmählich nach Wong Nei Chong und Tytam Gap vor. Die Frontlinie von der Stanley-Halbinsel bis Stanley Mound wird von einem kanadischen Bataillon, zwei Kompanien indischer Infanterie und MG-Schützen hartnäckig verteidigt. Lye-mun und Sai-wan werden jedoch von den Japanern überrannt. Die beiden Forts Collison und D'Aguilar müssen von den Briten aufgegeben werden, nachdem sie ihre Geschütze gesprengt haben.

Japanischen Berichten zufolge ist in dieser Nacht bereits um 21.35 Uhr eine Commando-Einheit im Nordteil der Insel Hongkong sowie nordöstlich von Victoria City und am Fuß des Jardine Hill abgesetzt worden. Um Mitternacht ziehen sich die britischen Truppen zum Victoria Peak zurück.

Am Nachmittag des 19. Dezember 1941 führen britische Truppen in Hongkong einen Gegenangriff, um Mount Parker, Mount Butler und den Jardine Hill zurückzugewinnen, was jedoch mißlingt. Da seit den Morgenstunden keine Telegraphenverbindung mehr von Hongkong zur Außenwelt besteht, hat London den Kontakt zu seiner Garnison verloren.

Die Regierung in London kann um den 20. Dezember 1941 über Chungking wieder die abgebrochene Verbindung mit Hongkong aufnehmen. Dort widerspricht Sir Mark Young der japanischen Meldung, daß er die Insel verlassen habe, in einem Aufruf an die Garnison von Hongkong: »Die Augen des Empire sind auf Sie gerichtet. Seien Sie stark, entschlossen, und erfüllen Sie Ihre Pflicht.« Die britischen Truppen unternehmen erneut einen, wenn auch erfolglosen, Gegenangriff von Stanley aus in Richtung Tytam Gap. Und die kanadischen Grenadiere versuchen, unter dem Schutz des konzentrierten MG-Feuers und der Salven von Mörsern, Wong Nei Chong Gap zurückzuerobern, werden aber mit schweren Verlusten zurückgeschlagen.

Auch am Montag, dem 22. Dezember 1941, setzt die britische Garnison in Hongkong ihre hartnäckigen Verteidigungsanstrengungen fort: Es gibt nur noch vereinzelten britischen Widerstand in Stanley. Während die Japaner das Gebiet östlich von Gap halten, verteidigen britische Truppen noch den westlichen Raum. Kleine Gruppen britischer Sodaten können sich noch in einigen bereits abgeschnittenen Stellungen halten; doch die Munition geht zu Ende, und es besteht kaum eine Möglichkeit, sie zu ergänzen.

In der Nacht vom 22./23. Dezember 1941 und am darauffolgenden Tag wird die Insel Hongkong von der Luft aus angegriffen und liegt unter ständigem Mörser- und Artilleriefeuer. Es gelingt zwar am Mount Cameron den Royal Marines, eine Stellung zurückzuerobern, doch alle Bemühungen der britischen Truppen in Stanley, die Japaner nach Stanley Mound zurückzudrängen, bleiben erfolglos. In Leighton Hill kann ein japanischer Angriff von Einheiten des Middlessex-Regiments zurückgeschlagen werden.

Am Dienstag, dem 23. Dezember 1941, kommen die einwöchigen Kämpfe japanischer Landungstruppen mit der Besetzung der US-Insel Wake im Pazifik zum Abschluß. Die Japaner haben auch diesen Stützpunkt unter ihre Kontrolle gebracht. Zur Unterstützung der Amerikaner ausgesandte Flugzeugträger gelangen aus Sorge vor einem japanischen Hinterhalt nicht zum Einsatz.

Am Mittwoch, dem 24. Dezember 1941, setzen japanische Bomber in Hongkong die Stadtteile um den Mount Cameron in Brand. Sturzkampfbomber fliegen rollende Angriffe, und die ganze Gegend liegt ständig unter schwerem Mörserfeuer. Inzwischen sind die wichtigen Trinkwasserreservoirs bereits in den Händen der Japaner. Sowohl die Garnison als auch die Siedlungen der Zivilbevölkerung sind dem ständigen Artilleriebeschuß vom Festland und auch von den Anhöhen der Insel ausgesetzt. Die Lebensmittel sind knapp und die Truppen erschöpft.

Am Morgen des 25. Dezember 1941 informieren in Hongkong die Befehlshaber der Royal Navy und der Heerestruppen den Gouverneur Sir Mark Young, daß kein weiterer wirksamer Widerstand mehr möglich ist. Sir Young bietet nun der japanischen Führung die bedingungslose Kapitulation an. Die Garnison erhält die Anweisung, am Mittag des 26. Dezember 1941 die Waffen niederzulegen.

Die japanischen Erfolge in Südostasien und im Pazifik beruhen auf einer gut abgestimmten Kombination massierter Operationen von Kampfflugzeugen und von Flugzeugträgerverbänden. Diese werden punktuell eingesetzt, so daß die japanische Flotte unter ihrem Schutz ungehindert manövrieren kann. Japan steht bei Kriegsbeginn eine starke, schlagkräftige Luftstreitmacht zur Verfügung; besonders gefährlich sind ihre Torpedobomber.

Japanische Bomber Mitsubishi 96 MK greifen die Einheiten der britischen Flotte an. Maschinen vom gleichen Typ haben das Schlachtschiff »Prince of Wales« und den Schlachtkreuzer »Repulse« versenkt

Dezember 1941

WAS AUSSERDEM GE-SCHAH

WICHTIGE EREIGNISSE IM JAHRE 1941

Quisling bittet um Hilfe · Wilhelm II. stirbt im Exil · Weitere Geschehnisse in Europa, Asien und Afrika

Der Kollaborateur Vidkun Quisling fühlt sich und seine Bewegung derart von den oppositionellen Landsleuten bedroht, daß er die deutsche Besatzungsmacht am 11. Januar 1941 bittet, gegen seine Gegner einzuschreiten.

Am Freitag, dem 31. Januar 1941, finden in Saigon die Abschlußverhandlungen für einen Waffenstillstand zwischen Vichy-Frankreich und Siam statt.

Der Staatschef Vichy-Frankreichs, Marschall Pétain, überträgt am 11. Februar 1941 seine Stellvertretung und den Vorsitz im Ministerrat Adm. Darlan. Das ist eine deutliche Brüskierung des von den Deutschen unterstützten Pierre Laval.

In der Nacht vom 11./12. Mai 1941 landen bei Bordeaux (Frankreich) mit Fallschirmen die ersten drei französischen Sabotageagenten (Forman, Varnier und Cobard) der britischen Special Operations Executive (SOE), eine auf persönliche Initiative von Churchill entstandene Sabotage- und Spionageorganisation. Aufgabe der SOE: Koordination und Unterstützung der Widerstandsbewegungen in Frankreich, Belgien, den Niederlanden, Dänemark, Norwegen, der Tschechoslowakei, Jugoslawien, Griechenland und Polen in ihrem Untergrundkampf gegen die Besatzung der Achsenmächte, vor allem Sabotageaktionen in Rüstungsbetrieben, Anschläge auf Kommunikationslinien etc.

Am Mittwoch, dem 18. Juni 1941, wird ein Freundschafts- und Nichtangriffspakt zwischen Deutschland und der Türkei unterzeichnet. Beide Staaten verpflichten sich, die Integrität und Unantastbarkeit der Territorien gegenseitig zu achten und an keinem direkten oder indirekten Konflikt teilzunehmen, der sich gegen die Signatarmächte dieses Vertrages richtet. Der Pakt sieht auch weitere, beide Seiten interessierende Kontakte vor und wird auf zehn Jahre abgeschlossen.

Am 4. Juni 1941 stirbt im Exil in den Niederlanden, in seinem Domizil Haus Doorn, der deutsche Exkaiser und

Auf der Prager Burg: SS-Obergruppenführer und General der Polizei, Reinhard Heydrich, stellvertretender Reichsprotektor von Böhmen und Mähren. Rechts von ihm SS-Gruppenführer Dr. Karl Hermann Frank

1941 Juni

Großbritannien, Ausbildung der Agenten der Special Operations Executive (SOE): Die Fallschirmspringerausbildung ist obligatorisch

Eduard Benesch, Präsident der tschechoslowakischen Exilregierung in London

Paul Reynaud, ehemaliger französischer Premier, von der Vichy-Regierung interniert

König von Preußen, Wilhelm II. Das Propagandaministerium verbietet Meldungen und Gedenkartikel.

Am Dienstag, dem 12. August 1941, erklärt Marschall Pétain in einer Ansprache an das französische Volk, daß »Deutschland im Osten im Kampf um die Verteidigung der Zivilisation« steht. Pétain kündigt neue Maßstäbe für die zugelassenen politischen Parteien an und eine Verschärfung der Verfolgung antideutscher Auswüchse. Gleichzeitig wird Admiral Darlan zum Minister für Verteidigung ernannt.

Unter dem Eindruck der wachsenden Widerstandtätigkeit in allen besetzten Gebieten seit Ausbruch des deutsch-sowjetischen Krieges befiehlt am 16. September 1941 GFM Wilhelm Keitel, der zur Niederschlagung jugoslawischer Partisanen bereits Truppen aus Frankreich herangezogen hat, daß für jeden bei einem Anschlag getöteten deutschen Soldaten 100 Geiseln erschossen werden sollen (»Geiselmord-Befehl«).

Am 24. September 1941 gründet Gen. de Gaulle in London das Nationalkomitee »Freies Frankreich«.

Da Hitler das Verhalten des Reichsprotektors in »Böhmen und Mähren«, Konstantin von Neurath, der nicht hart genug gegen Sabotage und Arbeitsverweigerung vorgehe, mißbilligt, läßt er ihn aus »Gesundheitsgründen« durch den SD-Chef Heydrich ablösen. Sofort setzt eine Verhaftungs- und Hinrichtungswelle ein, der unter anderem der Ministerpräsident der Protektoratsregierung, Gen. Elias, und zahlreiche Offiziere der früheren tschechoslowakischen Armee sowie prominente Bürgerliche

Dezember 1941

Frankreich 1941: Luftpostmarke des französischen Freiwilligenkorps an der Ostfront

Der Krieg an der Ostfront wird immer erbarmungsloser. Sowjetische Partisanen oder als Widerstandskämpfer verdächtigte Männer und Frauen werden an Ort und Stelle hingerichtet

zum Opfer fallen. Ihnen wird der zum Teil zutreffende Vorwurf gemacht, mit der Exilregierung Benesch zusammengearbeitet zu haben. Außerdem geht Heydrich gegen angebliche Wirtschaftsverbrecher vor. Eigentliche Absicht ist, Widerstandstätigkeit zu verhindern und zwischen Arbeiter und Bürgertum, einen Keil zu treiben. Mit Sonderrationen will der neue Protektor die Arbeitsleistung in der böhmischen Industrie anheben.

Am 16. Oktober 1941 werden in Vichy-Frankreich auf Befehl von Marschall Pétain die drei ehemaligen französischen Premierminister Blum, Reynaud und Daladier verhaftet. Sie sollen sich wegen der Niederlage Frankreichs vor einem Gericht verantworten. Dahinter steht die Absicht des autoritären Staatschefs, eine Abrechnung mit der parlamentarisch-republikanischen III. Republik durchzuführen, deren Demokratieverständnis er ablehnt.

Nachdem in Nantes ein deutscher Offizier einem Anschlag der Widerstandsbewegung zum Opfer gefallen ist, werden in Befolgung des »Geiselmordbefehls« 50 Geiseln – überwiegend Kommunisten – von einem deutschen Exekutionskommando am 21. Oktober 1941 erschossen. In den nächsten Wochen nehmen die deutschen Repressalien derart zu, daß Marschall Pétain nur mit Mühe daran zu hindern ist, sich selbst den Deutschen als Geisel zu stellen. Der Versuch der südamerikanischen Botschafter in Berlin, gegen das deutsche Vorgehen in Frankreich zu protestieren, wird von Außenminister von Ribbentrop zurückgewiesen.

Die deutsche Regierung, die mit großem Mißtrauen beobachtet hat, daß Gen. Weygand die französischen Kolonialtruppen in Afrika in voller Bereitschaft belassen hat und auf ihre ständige Ausbildung achtet, setzt seine Ablösung am 20. November 1941 durch.

Der 5. Jahrestag des »Antikominternpakts« wird in Berlin am 24. November 1941 zu einer großen politischen Demonstration gestaltet, die von dem wachsenden Druck auf die deutschen Fronten in Rußland und Nordafrika ablenken soll. Neue Signatarstaaten werden Bulgarien, Kroatien, Dänemark, Finnland, Rumänien, die Slowakei und der japanische Marionettenstaat »Nationalchina«.

Am Montag, dem 15. Dezember 1941, werden in Deutschland die Richter und Staatsanwälte vom Staatssekretär im Reichsjustizministerium, Schlegelberger (er nimmt seit Januar 1941 die Geschäfte des Ministers wahr), angewiesen, ab sofort härter vorzugehen. In den Pressemitteilungen erscheinen jetzt täglich ausführliche Berichte über Todes- und Zuchthausstrafen.

Der Chef des Oberkommandos der Wehrmacht, GFM Keitel, unterzeichnet am 22. Dezember 1941 den geheimen »Nacht-und-Nebel-Erlaß«, der eine verschärfte Unterdrückungspolitik in den deutsch besetzten Ländern einleiten soll. Damit werden Personen, die sich durch Straftaten gegen das Deutsche Reich schuldig gemacht haben, vor ein Sondergericht des Volksgerichtshofes gestellt. Bei Freispruch oder mangelndem Tatverdacht sind die Verhafteten der Gestapo zu überstellen und in ein KZ einzuweisen. Jegliche Verbindung dieser Häftlinge zur Außenwelt ist abgeschnitten. Den Angehörigen wird keinerlei Auskunft über das Verbleiben der bei »Nacht und Nebel« Abtransportierten gegeben.

Deutschland

10. Januar: Hitler revidiert die Weisung vom 14. Juli 1941 und verlegt den Schwerpunkt der deutschen Rüstung wieder auf das Heer.
20. Januar: Wannsee-Konferenz: Heydrich kündigt die »Endlösung der Judenfrage« an.
9. September: Führungskrise im deutschen OK: Hitler entläßt den OB der Heeresgruppe A, GFM List.
Am *24. September* Rücktritt des Chefs des Generalstabs des Heeres Generaloberst Halder nach Konflikt mit Hitler.

Europäisch-atlantischer Westkrieg

11. Januar: Beginn der deutschen U-Boot-Offensive im Atlantik (Operation »Paukenschlag«).
12. Februar: Unternehmen »Cerberus«: Die seit Monaten in Brest festliegenden Schlachtschiffe »Scharnhorst«, »Gneisenau« und »Prinz Eugen« brechen durch den Kanal in die Nordsee durch.
23. Februar: Air Chief Marshal Harris erhält den Befehl über die Bombereinheiten der RAF.
28./29. März: Das britische Bomber Command führt das erste Flächenbombardement auf eine deutsche Großstadt – Lübeck – durch.
8.–17. April: Besprechungen zwischen Churchill und Hopkins, dem Vertrauten Roosevelts – u. a. Annahme des US-Plans einer alliierten Landung in Nordfrankreich für 1943 (notfalls 1942).
18. April: Regierungsneubildung in Vichy: Laval wird Ministerpräsident, Darlan OB der französischen Streitkräfte.
30./31. Mai: Britischer Großangriff auf Köln.
25. Juni: General Eisenhower übernimmt den OB über die amerikanischen Truppen in Europa.
18. August: Überfall britisch-amerikanischer Verbände gegen Dieppe. Verschärfung der deutschen U-Boot-Operationen im Atlantik.
11. November: Deutscher Einmarsch im bisher unbesetzten Frankreich.
27. November: Selbstversenkung der französischen Flotte in Toulon nach deutscher Besetzung der Stadt.

Ostfront (I)

2. März: Mit der Eroberung von Juchnow erreicht die sowjetische Offensive in der Mitte der Front ihren Abschluß.
8.–18. Mai: Wiedergewinnung der im Dezember 1941 verlorengegangenen Halbinsel Kertsch durch die 11. deutsche Armee.
9.–28. Mai: Russische Gegenoffensive bei Charkow; wird ab 17. Mai zurückgeschlagen.
3. Juni–2. Juli: Einnahme der Festung Sewastopol durch die Deutschen. Damit ist die ganze Krim in deutscher Hand.
28. Juni: Beginn der großen deutschen Sommeroffensive gegen Wolga und Kaukasus (Operation »Blau«).
23. Juli: Zweite Einnahme Rostows durch die Deutschen. Hitler ändert in der »Weisung Nr. 45« den Operationsplan so ab, daß statt des vorgesehenen Nacheinanders nunmehr gleichzeitig ein deutscher Vorstoß gegen Stalingrad und ins Kaukasusgebiet vorgesehen sind. Ein kriegsentscheidender Befehl.
9. August: Deutsche nehmen Ölfelder von Maikop.
19. August: General Paulus erteilt Befehl zum Angriff auf Stalingrad.
3. September: Deutsche Stoßtruppen kommen bis 8 km vor Stalingrad.
10. November: Deutsche Verbände haben neun Zehntel von Stalingrad eingenommen. Die Offensive stockt.
19. November: Beginn der russischen Großoffensive bei Stalingrad.

Ostfront (II)

22. November: Rund 284 000 Deutsche im Raum Stalingrad eingeschlossen.
12.–23. Dezember: Vergeblicher Versuch der neugebildeten Heeresgruppe Don, Stalingrad zu entsetzen.

Nordafrika

21. Januar: Die Panzergruppe Afrika tritt wieder zum Gegenangriff an und gewinnt in der Cyrenaika rasch an Boden.
28. Januar: Rückeroberung von Bengasi.
7. Februar: Das Deutsche Afrika-Korps erreicht El Gazala (westlich Tobruk).
26. Mai: Fortsetzung der Offensive, die am 28. bei Bir-Hacheim stehenbleibt, wo das frei-französische Détachement Koenig Widerstand leistet.
10. Juni: Eroberung von Bir-Hacheim.
21. Juni: Einnahme von Tobruk.
30. Juni: Die deutsch-italienische Panzerarmee erreicht El Alamein.
3.–6. Juli: Vergebliche Versuche Rommels, die El-Alamein-Stellung zu durchbrechen. Stabilisierung der Front.
23. Oktober: Beginn der britischen Gegenoffensive unter Montgomery bei El Alamein.
7./8. November: Landung amerikanischer und britischer Truppen in Marokko und Algerien.
13. November: Die Briten erobern Tobruk.
20. November: Rommel räumt Bengasi.

1942

Ostasien und Pazifik

2. Januar: Die Japaner nehmen Manila, Kuala Lumpur *(11.),* Celebes *(25.),* Borneo und Rabaul (Neubritannien).
15. Februar: Britische Kapitulation in Singapur.
27. Februar: Seeschlacht in der Java-See; überwältigender japanischer Sieg.
7. März: Die Briten räumen Rangun.
17. März: McArthur wird alliierter OB im SW-Pazifik.
9. April: Die amerikanisch-philippinischen Verteidiger der Halbinsel Bataan kapitulieren.
18. April: US-Luftangriff auf Tokio.
4.–8. Mai: »Seeschlacht im Korallenmeer« zwischen Neuguinea und Australien.
3.–7. Juni: See-Luft-Schlacht bei den Midway-Inseln.
7. Juni: Japanische Landung auf den Aleuteninseln Attu und Kiska.
21. Juli: Japanische Truppen landen in Buna und Gona (Neuguinea).
7. August: US-Landung auf der japanisch besetzten Salomoninsel Guadalcanal.
9. August: Japanischer Seeangriff bei Savo.
23.–25. August: Schlacht zwischen Flugzeugträgern östlich der Salomonen endet unentschieden.
15. September: Japanische Kreuzer versenken bei Guadalcanal unter anderem den US-Flugzeugträger »Wasp«.
11./12. Oktober: Seeschlacht bei Kap Esperance (Guadalcanal).
25.–27. Oktober: See-Luft-Schlacht bei Santa Cruz.
12. und 15. November: Schwere Nacht-Seeschlachten bei Guadalcanal.

Sonstige Ereignisse

1. Januar: Washington-Pakt der »Vereinten Nationen«.
18. Januar: Militärpakt Deutschland, Italien und Japan.
12. Mai: Erste exakt datierbare Massenvernichtungsaktion durch Gas in Auschwitz-Birkenau.
26. Mai: Britisch-sowjetischer Bündnispakt.
27. Mai: Attentat auf Heydrich († 4. Juni) in Prag.
29. Mai–1. Juni: Besuch Molotows in Washington: Amerikanische Zusagen über wirtschaftliche Hilfen für die UdSSR.
10. Juni: Zur »Vergeltung« für das Heydrich-Attentat wird das Dorf Lidice dem Erdboden gleichgemacht; alle männlichen Einwohner werden ermordet, Frauen und Kinder verschleppt.
11. Juni: Abkommen über Prinzipien der gegenseitigen Hilfeleistung zwischen USA und UdSSR.
18. Juli: Erfolgreicher Testflug des ersten serienmäßig gebauten Düsenjägers der Welt (Me 262) bei Ulm.
22. Juli: Die Deportierung der im Warschauer Ghetto zusammengedrängten 350 000 Juden in das Vernichtungslager Treblinka beginnt.
12.–15. August: Churchill-Harriman-Stalin-Konferenz in Moskau.
31. August: Zerschlagung der deutschen Widerstandsorganisation »Rote Kapelle«; alle Verhafteten werden hingerichtet.
2. Dezember: In Chicago wird der erste Atomreaktor in Gang gesetzt.

DER FELDZUG IM OSTEN

»KAMPF UM SEIN ODER NICHTSEIN«

Nach der nicht einkalkulierten Niederlage bei Moskau bahnt sich die verheerende Katastrophe von Stalingrad an

Am Donnerstag, dem 1. Januar 1942, steht in den Morgenstunden die Masse der für die Operation auf der Halbinsel Kertsch bestimmten sowjetischen Streitkräfte in ihren Ausgangsstellungen und wartet auf den Einsatzbefehl. Es sind Einheiten der 386. Schützendivision, die die Rote Flotte mit dem schweren Kreuzer »Molotow«, dem Zerstörer »Taschkent« und zwei Transportern von Noworossisk nach Sewastopol herangeführt hat.

Der in Richtung Ak-Manaj einsetzende sowjetische Vorstoß kann von den Deutschen nicht aufgehalten werden, obgleich sie bei Feodosia verstärkt worden sind und außerdem von den vor Sewastopol eingesetzten Verbänden unterstützt werden. Der Zugang von der Krim zur Halbinsel Kertsch ist damit gesperrt.

Am Sonnabend, dem 3. Januar 1942, wird die sowjetische Rückeroberung der Halbinsel Kertsch abgeschlossen, obwohl die den Hafen von Feodosia anlaufenden Transporter wegen fehlender eigener Luftunterstützung empfindliche Verluste hinnehmen müssen. Da es an Landungsbooten fehlt, können die für das Unternehmen vorgesehenen Verbände der Roten Armee von den Kriegsschiffen nur unmittelbar an der Pier entladen werden, wo sie unter direktem Artilleriebeschuß liegen. Dennoch bringt der mit äußerster Verbissenheit geführte Einsatz der Rotarmisten den angestrebten Erfolg.

In der Nacht vom 4./5. Januar 1942 werden Einheiten der im Süden von Moskau in Stellung liegenden deutschen 4. Armee durch den blitzartigen Einsatz sowjetischer Fallschirmspringer in Bataillonsstärke überrascht. Ehe die deutschen Posten, die in tief verschneiten Etappendörfern bei bitterer Kälte am Ufer des Flusses Urga Wache stehen, sich von ihrem Schrecken erholt haben, sind 416 Fallschirmspringer der Roten Armee unter Führung von Hptm. Starschak gelandet. Sie sollen den nahe der Stadt Juchnow gelegenen Flugplatz Bolschoje Fatjanowo sichern und ihn bis zum Eintreffen der Luftlandetruppen halten.

Das ist der Auftakt zu einer Reihe weiterer Aktionen dieser Art, die als Unterstützung der Gegenoffensive des linken Flügels der sowjetischen Westfront (Armeegen. Schukow) dienen.

Sommer 1942, irgendwo im Donbogen: Deutsche bespannte Artillerie auf dem Vormarsch

1942 Januar

Sowjetische Fallschirmjäger im Einsatz. Ihr Auftrag: Unterstützung der Gegenoffensive der Roten Armee

An der Schwarzmeerküste: Die Bedienung eines Flugabwehrgeschützes auf einem sowjetischen Zerstörer hält Ausschau nach feindlichen Flugzeugen

In derselben Nacht landet zur Entlastung der Verteidiger von Sewastopol in Jewpatoria auf der Krim ein 800 Mann starkes sowjetisches Marineinfanteriebataillon, das in der nächsten Nacht noch weiter verstärkt wird und Verbindung zu Partisaneneinheiten in diesem Raum aufnimmt. Ein deutscher Gegenangriff bringt jedoch das Unternehmen zum Scheitern und zwingt dazu, einen Teil der Landungstruppen wieder einzuschiffen.

Rückzug gegen Befehl Hitlers

Zur gleichen Zeit droht bei der Heeresgruppe Mitte dem XX. Armeekorps (Gen. d. Inf. Materna) die Einkesselung durch nördlich von Borowsk eingebrochene und nun nach Norden schwenkende starke Verbände der Roten Armee. Die Lage erscheint ernst, denn der Feind hat damit die Versorgung des Korps unterbrochen. GenOberst Hoepner, als Oberbefehlshaber der 4. Panzerarmee für diesen Frontabschnitt verantwortlich, bittet am 6. Januar die Heeresgruppe Mitte um die Erlaubnis, durch Rücknahme des Korps seine Front zu verkürzen und zu stabilisieren. Doch GFM von Kluge, der Oberbefehlshaber der Heeresgruppe, verweigert unter Berufung auf eine vom 20. Dezember 1941 stammende Weisung Hitlers, grundsätzlich keinen Schritt zu weichen, sondern bis zum Äußersten zu halten und zu kämpfen, seine Zustimmung. Er empfiehlt Hoepner, sich direkt an Hitler zu wenden. Nach einem Tag vergeblicher Versuche der Verbindungsaufnahme mit dem Führerhauptquartier gibt Hoepner am 8. Januar den Befehl zur Absetzbewegung seines stark unter Druck geratenen Südflügels auf die »Winterstellung«. Seiner Überzeugung nach bedeutet dieser Entschluß die einzige noch verbleibende und unaufschiebbare Möglichkeit zur Rettung seiner Truppen und zur Stabilisierung der Lage.

Am gleichen Tag ringt von Kluge bei einer Lagebesprechung im Führerhauptquartier Hitler die Zustimmung zum schrittweisen Absetzen der 4. Armee ab, meldet dabei aber auch Hoepners Eigenmächtigkeit. Hitler ist aufgebracht, handelt es sich dabei doch bereits um den zweiten Fall dieser Art innerhalb weniger Tage, nachdem am 29. Dezember 1941 Gen. Graf Sponeck auf der Krim den Führerbefehl zum Halten um jeden Preis ebenfalls ignoriert und seinem XXXXII. Armeekorps in fast aussichtsloser Lage den Befehl zum Rückzug auf bessere und sicherere Stellungen auf der Landenge von Parpatsch gegeben hatte. Hitler will ein Exempel statuieren. Er enthebt den fähigen und im Verlauf des Krieges bis dahin hervorragend bewährten Panzergeneral Hoepner umgehend seines Kommandos und verfügt seine Entlassung aus der Wehrmacht.

Am Freitag, dem 9. Januar 1942, tritt auch der linke Flügel der sowjetischen Nordwestfront (GenLt. Kurotschkin) mit der 3. Stoßarmee (GenLt. Purkajew) und

Januar 1942

der 4. Stoßarmee (GenLt. Jeremenko) aus dem Raum Ostaschkow über das Seengebiet der Waldai-Höhen zur Offensive an. Diese Truppen durchstoßen die deutschen Linien an der Nahtstelle der Heeresgruppen Nord und Mitte und dringen bis in den Raum Toropez vor. Nach Überschreiten des Lowat droht nun die Einschließung der kleinen Stadt Cholm an dessen Oberlauf.

Offensive der sowjetischen Nordwestfront: Der Angriff wird erst kurz vor Toropez von deutschen Truppen abgefangen

Nach beschwerlichem Rückzug von mehreren Kilometern baut eine deutsche Einheit in steinhartem Boden neue Verteidigungsstellungen

1942 Januar

Sowjetische Truppen in Wintertarnanzügen und mit erstklassiger Ausrüstung bei ihrem Vorstoß im Raum Wolokolamsk

Rückzug auf die »Winterstellung«

Am darauffolgenden Tag zwingen heftige Angriffe von Panzerverbänden der sowjetischen 16. Armee (GenLt. Rokossowski) bei Wolokolamsk die deutsche 3. Panzerarmee (GenOberst Reinhardt), zur Verteidigung überzugehen.

Unterdessen erteilt Hitler den Befehl zur Umstellung der für das Jahr 1942 geplanten Rüstung: »Neubildung und Auffrischung starker Offensiv-Verbände« bis zum 1. Mai 1942. Rüstung und Schiffbau der Kriegsmarine werden stark gedrosselt. Das Programm der Luftwaffe soll »zeitweilig zurückgestellt« und die Produktion von Bomben reduziert werden.

Am Donnerstag, dem 15. Januar 1942, gelingt es dem OKH und dem Oberbefehlshaber der Heeresgruppe Mitte (GFM von Kluge) nach längeren Bemühungen, Hitler dazu zu bewegen, einer Zurücknahme der deutschen Front im Raum westlich von Moskau auf die »Winterstellung« zuzustimmen. Dies ermöglicht es der Heeresgruppe Mitte, zunächst die vorspringenden Frontbogen bei Kaluga, Rusa und Wolokolamsk zu räumen, um dann bis zum 24. Januar 1942 auch in den übrigen Frontabschnitten die Hauptkampflinie bis auf die »Winterstellung« zurückzunehmen.

Hitler will sich noch immer nicht mit der strategischen Niederlage abfinden: »Es ist das erste Mal, daß in diesem Krieg von mir der Befehl zum Zurücknehmen eines größeren Frontabschnittes gegeben wird. Ich erwarte, daß dieses Zurücknehmen sich in einer Form vollzieht, die des deutschen Heeres würdig ist. Das Überlegenheitsgefühl der Truppe über den Gegner und der fanatische Wille, ihm den größtmöglichen Schaden zuzufügen, muß auch die Rückwärtsbewegung beherrschen.«

Am Sonntag, dem 18. Januar 1942, werden Teile des II. Armeekorps (Gen. d. Inf. Graf von Brockdorff-Ahlefeldt) und die Truppen des X. Armeekorps (Gen. d. Art. Hansen) von der sowjetischen 34. Armee (Gen. Bersarin) und der 11. Armee (GenLt. Morosow) südöstlich des Ilmensees im Raum Demjansk auf einer Fläche, die etwa den Ausmaßen Groß-Berlins entspricht, eingekesselt. Auch die Besatzung der Stadt Cholm wird vier Tage später eingeschlossen.

Vier Monate lang übernehmen nun 350 Transportmaschinen vom Typ Ju 52 die Versorgung der fast 100 000 im Kessel befindlichen Soldaten. Bis zu 300 Tonnen Nachschub, bei durchschnittlich 500 Landungen pro Tag, werden anfangs von der Luftwaffe eingeflogen. Die Maschinen bringen auch Verstärkungen und transportieren Verwundete ab.

Die Versorgung der beiden Kessel erweist sich als die bis zu diesem Zeitpunkt größte Luftbrücke des Zweiten Weltkrieges.

Januar 1942

Raum Moskau, westlich von Istra: Hier und da gelingt es den deutschen Truppen, unter größten Opfern den sowjetischen Vormarsch aufzuhalten (ganz oben)

Deutsches Reich 1942: Eine Briefmarke zum Heldengedenktag

Deutsche Schützenpanzerwagen: Immer wieder versuchen die deutschen Truppen, die feindlichen Einbruchstellen abzuriegeln

1942 Januar

Im Rücken der Deutschen

Zur gleichen Zeit wird auch die größte sowjetische Luftlandeoperation vom IX. Luftlandekorps (Gen. Kazakin) eingeleitet. Im Raum Schelanje, 40 Kilometer südlich von Wjasma, landen zwei Bataillone der 201. Luftlandebrigade und das 250. Luftlanderegiment mit viermotorigen Maschinen vom Typ Petljakow Pe-8 (TB-7). Sie sollen die Eisenbahnlinie Smolensk–Wjasma, besonders aber die Rollbahn Minsk–Moskau im Rücken der Deutschen, unterbrechen.

Zu einer zusätzlichen Bedrohung für die Heeresgruppe Mitte werden die sowjetischen Fallschirmtruppen dadurch, daß sie sich mit dem bereits hinter der deutschen Front befindlichen sowjetischen I. Garde-Kavalleriekorps (GenMaj. Below) und örtlichen Partisanengruppen verbinden. Bereits vier Tage später wird diese Kampfgruppe noch durch 2000 Mann der sowjetischen 8. Luftlandebrigade verstärkt.

Die Sowjets, die mit 100 000 Mann über die größten Fallschirmjägerverbände der Welt verfügen, setzen diese gut ausgebildeten Truppen außer bei dieser Operation im Verlauf des Krieges kaum noch ein.

Ebenfalls am 18. Januar 1942 schafft es das zur deutschen 11. Armee (Gen. d. Inf. von Manstein) gehörende Infanterieregiment 105 (Oberst F.-W. Müller), den Hafen Feodosia auf der Krim wieder zurückzuerobern. Damit ist Gen. von Manstein in der Lage, mit drei seiner Divisionen die Halbinsel Kertsch an der schmalsten Stelle abzuriegeln.

Deutschen Einsatztruppen gelingt es am 24. Januar 1942, bei Suchinitschi Teile der 216. Infanteriedivision, die dort seit dem 3. Januar eingekesselt sind, freizukämpfen.

Am 1. Februar 1942 beginnt der Angriff der sowjetischen 33. Armee (GenLt. Jefremow) auf Wjasma.

Zwei Tage später führen deutsche Gegenangriffe von Panzerverbänden der 4. Armee (Gen. d. Inf. Heinrici) und der 4. Panzerarmee (Gen. d. Inf. Ruoff) bei Juchnow

Transportmaschinen Junkers Ju 52 versorgen mit der bis dahin größten Luftbrücke des Zweiten Weltkrieges die eingekesselten deutschen Verbände im Raum Demjansk

General Walter Graf von Brockdorff-Ahlefeldt, General Gotthard Heinrici und General Friedrich-Wilhelm Müller (von links)

Januar 1942

Raum Demjansk, Winter 1942: Im Kessel werden mit Fliegertüchern die Abwurfstellen für Versorgungscontainer gekennzeichnet

Raum Wjasma, die letzte Lagebesprechung vor der Aktion: Die im Rücken der deutschen Front operierenden sowjetischen Partisanen sind eine ernst zu nehmende Gefahr

1942 Februar

Raum Juchnow, März 1942: Eine deutsche Kompanie auf dem Rückzug versucht, noch vor Einbruch der Nacht eine Unterkunft zu finden

Die Lage an der Ostfront im Winter 1942, wie sie der britische Karikaturist sieht: Hitler bemüht sich verzweifelt, das Thermometer steigen zu lassen

im Raum südöstlich von Wjasma zur Einschließung dieser sowjetischen Armee sowie des I. Garde-Kavalleriekorps (GenMaj. Below) und des IV. Luftlandekorps. Die eingeschlossenen Verbände können auf dem Luftweg nur notdürftig mit Munition und Verpflegung versorgt werden.

Am Montag, dem 23. Februar 1942, erklärt Stalin in Moskau in seinem Befehl Nr. 55: »... Die Hitlers kommen und gehen, das deutsche Volk und der deutsche Staat bleiben bestehen.«

Hohe Verluste der Sowjets

Am Dienstag, dem 3. März 1942, gelingt es der sowjetischen 50. Armee (GenLt. Boldin), die deutsche 4. Armee (Gen. d. Inf. Heinrici) nach schweren, blutigen Kämpfen zur Aufgabe von Juchnow zu zwingen. Die Operationen von GenLt. Boldin zielen darauf ab, die Verbindung zu der seit dem 3. Februar 1941 eingeschlossenen 33. Armee, dem I. Garde-Kavalleriekorps und dem IV. Luftlandekorps freizukämpfen.

Am Sonnabend, dem 4. April 1942, eröffnet im Norden der Ostfront das deutsche I. Fliegerkorps (Gen. d. Fl. Förster) mit den Maschinen des Stuka-Geschwaders 1 sowie der Kampfgeschwader 1 und 4 das Unternehmen »Eisstoß«. Im Laufe des Monats April werden wiederholt in Leningrad Schiffe der Baltischen Flotte (Vizeadm.

576

März 1942

Der Blick durch das Fernrohr aus einer deutschen Stellung auf das belagerte Leningrad: Rechts die monumentale Kuppel der berühmten Peter-und-Paul-Kathedrale (1733), das Wahrzeichen der Stadt

General Richard Ruoff

Im Frühjahr 1942 fliegen die Stukas Tag für Tag ihre rollenden Einsätze auf wichtige Ziele in Leningrad (ganz links)

Der sowjetische General Iwan W. Boldin

1942 April

Bulgarien 1942: Sonderausgaben für die Invalidenhilfe. Rechts: Am Grab des Vaters. Darunter: Kriegsinvalide

Am Südabschnitt der Ostfront: Deutsche Infanterie durchkämmt eine Ortschaft. Zur Bekämpfung einzelner Widerstandsnester werden auch Flammenwerfer eingesetzt

Tribuc) bombardiert, um noch vor der Tauperiode die im Hafen liegenden sowjetischen Seestreitkräfte zu vernichten. Der schwerste dieser Angriffe gilt bereits am ersten Tag des Unternehmens auch dem Hafen von Kronstadt.

In der Nacht vom 4./5. April 1942 werden erneut Bomber vom Typ Heinkel He 111 des Kampfgeschwaders 4 gegen die Baltische Flotte im Leningrader Hafen eingesetzt. Das Schlachtschiff »Oktjabrskaja Revoljucija«, die Kreuzer »Maxim Gorki«, »Petropawlowsk« (vorher »Lützow«) und »Kirow« sowie die Zerstörer »Silnyj« und »Grosjaščij« werden zum Teil schwer beschädigt.

Am Sonntag, dem 5. April 1942, erläßt Hitler die Weisung Nr. 41, in der das Vorgehen und die Ziele für die geplante deutsche Sommeroffensive 1942 an der Ostfront festgelegt werden. Die Weisung sieht den Vorstoß zum Kaukasus mit der Eroberung des Erdölgebietes von Baku-Batum und das Erreichen der Grenze zum Iran vor.

In Moskau nimmt der Roosevelt-Berater Hopkins am 8. April 1942 Verhandlungen mit der sowjetischen Regierung auf. In den Gesprächen, die über zehn Tage geführt werden, verlangt Stalin nachdrücklich die Errichtung einer zweiten Front in Europa, die zu einer Entlastung der Roten Armee führen müsse, da sie derzeit dem Druck der deutschen Streitkräfte allein ausgesetzt sei.

Am Mittwoch, dem 15. April 1942, vollendet sich im Raum südostwärts von Wjasma das Schicksal der dort seit dem 3. Februar 1941 eingeschlossenen sowjetischen

April 1942

Truppen. Die Reste der 33. Armee (GenLt. Jefremow), des I. Garde-Kavalleriekorps und des IV. Luftlandekorps werden zerschlagen. Während 6000 Rotarmisten in deutsche Gefangenschaft gehen, zieht GenLt. Jefremow den Freitod vor. Die Verluste der Roten Armee: 128 Panzer und 170 Geschütze.

Überraschender sowjetischer Angriff

Am Sonnabend, dem 18. April 1942, finden wegen der nun einsetzenden Frühjahrs-Schlammperiode die Winterkämpfe nahezu überall ihr Ende. Auf beiden Seiten kommen fast alle Bewegungen motorisierter Verbände vorerst zum Stillstand. Außer gelegentlicher Artillerie- und Patrouillentätigkeit gibt es keine nennenswerten Aktionen.

Ab Montag, dem 27. April 1942, können das deutsche II. Armeekorps und Teile des X. Armeekorps, die seit Mitte Januar bei Demjansk eingeschlossen sind und seither von der Luftwaffe versorgt werden, wieder eine direkte Verbindung zur Heeresgruppe Nord herstellen; dagegen wird der Entsatz der bei Cholm eingekesselten Truppen noch zurückgestellt.

Ungarn 1941/42: Sonderausgabe zugunsten des Fliegerfonds und Wohltätigkeitsausgabe zugunsten des Roten Kreuzes

Deutsche Panzerkampfwagen III auf dem Weg in die Bereitstellungen

1942 Mai

Alexander Nowikow, Marschall der Roten Luftflotte

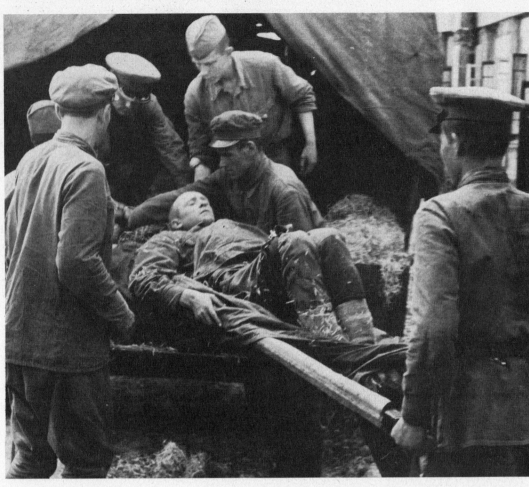

Ein verwundeter sowjetischer Soldat auf dem Weg zum Hauptverbandsplatz

Am Freitag, dem 8. Mai 1942, eröffnet die deutsche 11. Armee (GenOberst von Manstein) mit fünf deutschen Infanteriedivisionen, einer Panzerdivision und drei rumänischen Divisionen, unterstützt durch das VIII. Fliegerkorps (GenOberst Frhr. von Richthofen), das Unternehmen »Trappenjagd«, den Angriff auf die Halbinsel Kertsch, um dort die sowjetische Krim-Front (GenLt. Koslow) zu zerschlagen. Zur Krim-Front, die etwa der Stärke einer deutschen Heeresgruppe entspricht, gehören die sowjetische 44. Armee (GenLt. Tschernjak), die 47. Armee (GenMaj. Kolganow) und die 51. Armee mit zusammen 17 Schützen- und zwei Kavalleriedivisionen, drei Schützen- und vier Panzerbrigaden.

Da die deutschen Heeresgruppen nicht mehr über genügend Kräfte verfügen, um wieder an der gesamten Ostfront offensiv zu werden, hat man sich zunächst auf das Unternehmen »Trappenjagd« im Südabschnitt beschränkt. Dagegen hat das sowjetische Oberkommando für das Frühjahr 1942 Vorbereitungen für gleichzeitige Angriffsoperationen bei Leningrad, Demjansk, Charkow, Donbas und auf der Krim vorbereitet, um die deutschen Truppen entscheidend zu schlagen.

Am Sonnabend, dem 9. Mai 1942, tritt Marschall Timoschenko gegen die Heeresgruppe Süd mit drei Armeen und starken Panzerverbänden der »Südwestfront« aus dem Raum Isjum zur Gegenoffensive in Richtung Charkow an. Die deutschen und verbündeten Divisionen, die sich gerade in der Umgruppierung befinden, werden stellenweise überrannt. Da greift GenOberst Halder, Chef des Generalstabs des Heeres, in das Geschehen ein und faßt den Entschluß, ohne Rücksicht auf den feindlichen Durchbruch die vorbereitete Zangenoperation von Süden her schon am 17. Mai zu beginnen.

Kertsch wird erobert

Am Freitag, dem 15. Mai 1942, ist es der deutschen 11. Armee (GenOberst von Manstein), die am 8. Mai 1942 das Unternehmen »Trappenjagd« begonnen hat, gelungen, die tiefgegliederten sowjetischen Stellungen frontal zu durchbrechen und zwei Tage später die Halbinsel Kertsch zu erobern. Die Rote Armee verliert bei dieser Operation 169 198 Gefangene sowie 3800 Kraftfahrzeuge, 1397 Geschütze, 284 Panzer und 320 Flugzeuge. Die noch verbliebenen Verbände der Krim-Front werden von den Sowjets auf die Halbinsel Taman zurückgenommen. Daher kann die deutsche 11. Armee nun auf den Kampf um Sewastopol konzentriert werden.

Die sowjetische Führung hat für die Verteidigung dieser wichtigsten Hafen- und Festungsstadt eine aus sieben Infanteriedivisionen und vier Brigaden bestehende selb-

Mai 1942

Schwarzes Meer 1942: An Bord eines Zerstörers bereiten deutsche und rumänische Matrosen das Auslegen einer Minensperre vor

»Ich hatt' einen Kameraden« – ein kleiner Blumenstrauß als Zeichen der Freundschaft

Eine Kolonne gefangener sowjetischer Soldaten auf dem Weg zur nächsten Sammelstelle. Auch ihr Bewacher, ein italienischer Soldat, ist müde und abgespannt

1942 Mai

Auf der Krim: Mit einem Überraschungsangriff versucht ein sowjetisches Schützenregiment, den Vorstoß der deutschen Truppen zurückzuschlagen

Slowakei 1941/42: Ein Bild aus dem Tatragebirge vom Schloß Bojnice

Rumänien 1942: Wohltätigkeits-Gedenkausgabe

ständige Küstenarmee eingesetzt, der zehn deutsche Divisionen, verstärkt durch großkalibrige Belagerungsartillerie, gegenüberstehen, während Einheiten der Kriegsmarine die Seeverbindung des Hafens blockieren.

Besonders im Winterkrieg haben an der Ostfront die Verluste der Luftwaffe erheblich zugenommen. Seit Beginn des Feldzuges bis Mitte Mai 1942 sind es nahezu 3000 Maschinen, davon 1026 Bomber, 762 Jäger und 1163 Stukas, Aufklärer, Transporter etc. Hinzu kommen etwa 2000 beschädigte Flugzeuge.

Daß die sowjetischen Luftstreitkräfte während der ersten Kriegsmonate vor der vollständigen Vernichtung bewahrt blieben, ist nicht zuletzt das Verdienst von GenOberst Nowikow, der bei Kriegsbeginn Generalstabschef der Roten Luftflotte war. Dieser noch verhältnismäßig junge, energische Offizier, ein Protegé von Marschall Timoschenko, wird nun im Mai 1942 anstelle von Gen. Schigarew Chef der Hauptverwaltung der Luftstreitkräfte.

Nowikow sorgt nicht nur für die reibungslose Bereitstellung moderner Flugzeugtypen, sondern tritt auch für die Anwendung einer neuen Strategie und Taktik beim Einsatz der Roten Luftflotte ein, die im Mai 1942 über 3164 Maschinen verfügt, von denen 2115 zu den neuesten Typen gehören. Bei den Kämpfen um Charkow Mitte Mai 1942 stehen etwa 1500 deutsche Maschinen zirka 3000 sowjetischen Flugzeugen im Einsatz gegenüber.

Am Sonntag, dem 17. Mai 1942, treten die deutsche 1. Panzerarmee (GenOberst von Kleist) und die 17. Armee (GenOberst Hoth) zum Gegenangriff auf die seit dem 9. Mai in Richtung Charkow vorstoßenden Armeen von Marschall Timoschenko an.

Mai 1942

Der deutsche schwere Mörser »Thor«, Kaliber 60 cm: Dieser Riese, von dem sieben Stück gebaut wurden, ist zur Bekämpfung von Sewastopol im Einsatz

Einziger Einsatz des schweren Eisenbahngeschützes »Dora« zur Beschießung der Festung Sewastopol. Das Geschoß, Kaliber 80 cm, wiegt 7,1 Tonnen. Für den Bau der Feuerstellung, der etwa fünf Wochen dauert, werden über 4000 Mann benötigt

Am Tag darauf findet das Unternehmen »Trappenjagd« seinen Abschluß. Der weitaus größte Teil der sowjetischen Krim-Front ist von der deutschen 11. Armee (GenOberst von Manstein) aufgerieben worden.

Das Unternehmen »Störfang«

Am Freitag, dem 22. Mai 1942, trifft im Raum Balakleja der von Süden her vordringende Angriffskeil der deutschen 1. Panzerarmee (GenOberst von Kleist) auf die Vorhuten der 6. Armee (Gen. d. Pz.Tr. Paulus). Damit sind die sowjetischen Angriffsverbände der Südwestfront von ihren rückwärtigen Linien abgeschnitten. Nur vereinzelten Truppenteilen der Roten Armee gelingt es am nächsten Tag, aus dem jetzt geschlossenen Kessel auszubrechen.

Am Donnerstag, dem 28. Mai 1942, findet die große Kesselschlacht im Raum südlich von Charkow ihren Abschluß. Die zur Befreiung Charkows eingesetzten sowjetischen Kräfte, bestehend aus der 6. Armee (GenLt. Gorodnjanski), der 57. Armee (GenLt. Podlas) und dem Gros der 9. Armee (GenMaj. Charitonow), werden zerschlagen, und die beiden Befehlshaber Gorodnjanski und Podlas finden dabei den Tod. Die Verluste der Sowjets: 239 306 Gefangene, 2026 Geschütze und 1249 Panzer.

Am Sonnabend, dem 30. Mai 1942, wird in Moskau der Zentrale Stab der sowjetischen Partisanenbewegung im Hauptquartier des Oberkommandos der Roten Armee ge-

1942 Juni

bildet, der in den einzelnen Sowjetrepubliken Partisanenstäbe gründen soll.

Am Sonnabend, dem 7. Juni 1942, beginnt die 11. Armee (GenOberst von Manstein) mit siebeneinhalb deutschen und anderthalb rumänischen Divisionen auf der Halbinsel Krim das Unternehmen »Störfang«, den Angriff auf Sewastopol, die stärkste Festung der Welt. Der 11. Armee stehen zur Unterstützung ihres Angriffs 24 Werferbatterien, 86 leichte Batterien sowie 81 schwere und schwerste Batterien zur Verfügung. Dazu gehören auch die Mörser »Thor« und »Odin« mit einem Kaliber von 61,5 Zentimetern sowie das Riesengeschütz »Dora« – das größte Geschütz der Welt – mit einem Kaliber von 80 Zentimetern und einem Granatengewicht von 7,1 Tonnen, das hier zum ersten und einzigen Mal zum Einsatz kommt. Auf einer Frontbreite von 35 Kilometern stehen insgesamt etwa 600 Geschütze. Unterstützt wird die 11. Armee von sieben Kampfflugzeuggruppen, drei Stuka-Gruppen und vier Jagd-Gruppen des VIII. Fliegerkorps (GenOberst Frhr. von Richthofen), die Angriffe auf die einzelnen Forts der Festung Sewastopol fliegen.

Inzwischen haben Schiffe der sowjetischen Schwarzmeerflotte (Vizeadm. Oktjabrski) die Besatzung der Festung durch neue Truppen verstärkt, sie mit Nachschub versorgt und Verwundete sowie Zivilpersonen aus Sewastopol abtransportiert.

Am Sonntag, dem 28. Juni 1942, läuft um 2.15 Uhr das Unternehmen »Blau«, die deutsche Sommeroffensive im Osten, an. Zu der im Raum Kursk stehenden Armeegruppe gehören die 2. Armee (GenOberst Frhr. von Weichs), die 4. Panzerarmee (GenOberst Hoth) und die ungarische 2. Armee (GenOberst von Jány) mit elf deutschen Infanteriedivisionen, drei Panzerdivisionen, drei motorisierten Divisionen und zehn ungarischen Divisionen. Luftunterstützung erhalten die Heeresverbände durch das VIII. Fliegerkorps (jetzt GenLt. Fiebig), dessen Stukas und Bomber unmittelbar in die Kämpfe eingreifen. Bereits im Laufe des Nachmittags ist es der Armeegruppe von Weichs gelungen, tief in die Stellungen der zur »Brjansker Front« (GenLt. Golikow) gehörenden sowjetischen 13. Armee (GenMaj. Puchow) und der 40. Armee (GenLt. Parsegow) einzudringen.

Am Dienstag, dem 30. Juni 1942, geht nun auch die deutsche 6. Armee (Gen. d. Pz.Tr. Paulus) mit 16 Infanteriedivisionen und zwei Panzerdivisionen sowie einer mot. Division aus dem Raum südostwärts von Bjelgorod zum Angriff über, der sich gegen den Südflügel der sowjetischen »Südwestfront« (Marschall Timoschenko) richtet. Unterstützt durch das IV. Fliegerkorps (Gen. d. Fl. Pflugbeil), schaffen es die Divisionen, die sowjetische 21. Armee (GenMaj. Gordow) und die 28. Armee (GenLt. Rjabyschew) zurückzuwerfen.

Am selben Tag ordnet Stalin die Räumung der Festung Sewastopol an.

Die deutsche Sommeroffensive von 1942: Im Mittelabschnitt der Ostfront stoßen die deutschen Panzerverbände schnell vorwärts

Juli 1942

Sewastopol in deutscher Hand

Am 1. Juli 1942 wird auf der Halbinsel Krim die Festung Sewastopol von der deutschen 11. Armee (GenOberst von Manstein) erstürmt, nachdem 46 750 Granaten und 20 000 Tonnen Bomben niedergegangen sind. Von Manstein wird noch am selben Tag von Hitler zum Generalfeldmarschall befördert. An der Eroberung dieser hartnäckig verteidigten Festungswerke sind die Verbände des VIII. Fliegerkorps (GenLt. Fiebig) mit 23 751 Einsätzen maßgeblich beteiligt.

Der Fall von Sewastopol ist nicht nur ein militärischer Sieg, sondern er zieht auch wichtige politische Folgen nach sich: Die Türkei gibt nun den Schiffen der Achsenmächte den Weg durch den Bosporus ins Schwarze Meer frei.

Am Donnerstag, dem 2. Juli 1942, ist die deutsche 4. Panzerarmee (GenOberst Hoth) bis zur Bahnlinie Kastornoje–Stary Oskol vorgestoßen und umfaßt damit den linken Flügel der 40. Armee (GenLt. Parsogow).

Am Sonnabend, dem 4. Juli 1942, enden die Kämpfe auf der Krim mit der Einnahme der Halbinsel Chersones. Die deutsche 11. Armee hat seit Beginn des Sturmangriffs auf Sewastopol 97 000 Gefangene gemacht und 631 Geschütze sowie 26 Panzer erbeutet oder vernichtet.

Am Dienstag, dem 7. Juli 1942, wird die bisherige Heeresgruppe Süd (GFM von Bock) in die neuen Heeresgruppen A (GFM List) und B (GFM von Bock) aufgegliedert. Zur Heeresgruppe A gehören jetzt die 17. Armee (GenOberst Ruoff), die 1. Panzerarmee (GenOberst von Kleist) und die rumänische 3. Armee (GenOberst Dumitrescu). Die neue Heeresgruppe B besteht aus der 2. Armee (GenOberst Frhr. von Weichs), der 6. Armee (Gen. d. Pz.Tr. Paulus), der 4. Panzerarmee (GenOberst Hoth) und der ungarischen 2. Armee (GenOberst von Jány).

Auch auf sowjetischer Seite kommt es an diesem Tag zu einer Umgliederung der im Südabschnitt eingesetzten Verbände der Roten Armee. Aus den Großverbänden des linken Flügels der bisherigen »Brjansker Front«, die einer deutschen Heeresgruppe entspricht, wird von dem sowjetischen Oberkommando STAWKA die »Woronesch-Front« (GenLt. Watutin) zusammengestellt. Zu ihr gehören nun die 6., 40. und 60. Reservearmee sowie das IV., XVII., XVIII. und XXIV. Panzerkorps. Die »Brjansker Front« (GenLt. Tschibisow) besteht jetzt aus der 3., 13. und 48. Armee, der 5. Panzerarmee, dem I. und XVI. Panzerkorps sowie dem VIII. Kavalleriekorps.

Die deutsche 6. Armee hat inzwischen den Raum Bokowskaja/Nowoaleksandrowsk im großen Donbogen erreicht. Damit ist dem Gros der sowjetischen Südfront (Armeegen. Malinowski) der weitere Rückzug nach Osten abgeschnitten, da es von Norden und Nordosten her von deutschen Kräften umfaßt wird. Die sowjetischen Ver-

General Martin Fiebig

In jedem der von den deutschen Truppen eingenommenen größeren Häfen auf der Krim läuft die Arbeit in den Werften bis zuletzt. Hier der mächtige Rumpf eines im Bau befindlichen sowjetischen Kreuzers

1942 Juli

Ungarn 1942: Trauermarke zum Gedächtnis des am 20. 8. 1942 gefallenen Stephan Horthy, Sohn des Reichsverwesers Admiral N. Horthy

Bis Ende Juli 1942 dauern die harten Kämpfe zwischen Don und Donez. In jeder Ortschaft kommt es zu erbitterten Feuergefechten

bände müssen deshalb bei Kantemirowka unter recht ungünstigen operativen Bedingungen gegen die vordringenden Deutschen kämpfen.

Am Mittwoch, dem 8. Juli 1942, endet die erste Operationsphase der am 28. Juni 1942 angelaufenen deutschen Sommeroffensive mit Teilerfolgen: Zwischen Don und Donez ist die sowjetische Frontlinie zurückgedrängt worden, die angestrebte Vernichtung der Masse der sowjetischen Verbände ist jedoch mißlungen. Dem größten Teil von ihnen war ein geordneter Rückzug möglich. Die Zahl der sowjetischen Gefangenen beläuft sich bei der Armeegruppe von Weichs auf 28 000 und bei der 6. Armee auf 45 000. 1200 Geschütze und ebenso viele Panzer sind zerstört oder erbeutet worden.

Am Sonntag, dem 12. Juli 1942, hat die deutsche 9. Armee (GenOberst Model) die am 2. Juli 1942 begonnene Angriffsoperation gegen den Frontbogen westlich von Sytschewka, nachdem Teile der sowjetischen 39. Armee (GenLt. Maslennikow) sowie des XI. Kavalleriekorps zerschlagen sind, abgeschlossen. Die sowjetischen Verluste betragen 591 Geschütze und 218 Panzer. Etwa 30 000 Rotarmisten geraten in Gefangenschaft.

Nach und nach werden auch die im Winter 1941/42 durch die Front der deutschen Heeresgruppe Mitte (GFM von Kluge) durchgestoßenen und nun in ihrem Rücken operierenden sowjetischen Verbände aufgerieben. Bei Sytschewka sowie südlich Wjasma und Jelnja haben sich bis jetzt Teile von annähernd zehn sowjetischen Schützen- und vier Kavalleriedivisionen mit rund 20 000 Mann gehalten. Im Raum Jelnja können Reste davon in den Wäldern von Brjansk Zuflucht finden.

Säuberung des Wolchow-Kessels

Am 12. Juli 1942 hat das sowjetische Oberkommando STAWKA eine weitere Umgliederung seiner Kräfte vorgenommen und die bisherige »Südfront« (Armeegen. Malinowski) aufgelöst. Aus der strategischen STAWKA-Reserve werden jetzt die 62. Armee (GenMaj. Kolpaktschi), die 63. Armee (GenLt. W. I. Kusnezow) und die 64. Armee (GenLt. Tschuikow) mit der bisher am Don eingesetzten 21. Armee (GenMaj. Danilow) zur neugebildeten »Stalingrad-Front« vereinigt, deren Führung ab 23. Juli 1942 GenLt. Gordow übernimmt. Chef der politischen Abteilung der »Stalingrad-Front« wird das Mitglied des Kriegsrates Nikita S. Chruschtschow.

Am selben Tag endet nach wochenlangen erbitterten Kämpfen, in denen etwa 100 000 Rotarmisten den Tod gefunden haben, die Säuberung des Wolchow-Kessels durch die deutsche 18. Armee (GenOberst Lindemann). In diesem schwer zugänglichen Sumpfgebiet haben Teile der sowjetischen 52. Armee (GenLt. Klykow), der 59. Armee (GenLt. Galinin) und der 2. Stoßarmee (GenLt. Wlassow) den Deutschen zähen Widerstand geleistet. Unter den bei diesem Unternehmen in deutsche Gefangenschaft geratenen 32 759 Rotarmisten befindet sich auch A. Wlassow. Die materiellen Verluste der Roten Armee betragen 2150 Kraftfahrzeuge, 649 Geschütze und 171 Panzer.

Juli 1942

Nachdem am Montag, dem 13. Juli 1942, die deutsche 1. Panzerarmee (GenOberst von Kleist) bis Kamiensk vorgedrungen ist und die 4. Panzerarmee (GenOberst Hoth) nach unaufhaltsamem Vorstoß vor Millerowo und Morosowskaja steht, befiehlt Hitler, der im Raum Rostow eine Kesselschlacht anstrebt, daß die beiden Panzerarmeen zusammen mit der 17. Armee (GenOberst Ruoff) dorthin einschwenken. Mit dieser Einkreisungsoperation will Hitler die sowjetische »Südfront« zerschlagen.

Am Mittwoch, dem 15. Juli 1942, ersetzt Hitler den bisherigen Oberbefehlshaber der Heeresgruppe B, GFM von Bock, durch GenOberst Frhr. von Weichs. An die Spitze der 2. Armee rückt jetzt Gen. d. Inf. von Salmuth. Grund der Ablösung ist Hitlers Unzufriedenheit mit dem bisherigen Ergebnis der Sommeroffensive.

Die berittenen Verbände der Roten Armee, vor allem die Kosaken, bewähren sich besonders im unwegsamen Gelände. Hier ein Erkundungsritt der Kosaken am Fluß Manytsch östlich von Rostow

Der sowjetische General Rodion J. Malinowski

Serbien 1942: Das serbische Kloster Sopotschani (ganz links)

General Walter Model

1942 Juli

Juli 1942: Straßenkämpfe in dem von Sowjets hartnäckig verteidigten Rostow. Erst nach hohen Verlusten gelingt es den Deutschen, diese strategisch wichtige Stadt am Don zu erobern

General Traugott Herr

Der Marsch auf Stalingrad

Am Freitag, dem 17. Juli 1942, haben die Deutschen zehn Tage nach Einnahme von Woronesch überraschend schnell den mittleren Don erreicht. Mit den Kämpfen am Fluß Tschir wird nun der Vorstoß auf Stalingrad eingeleitet. Das zügige Vordringen der deutschen gepanzerten Verbände bringt nicht nur Erfolge, sondern auch Schwierigkeiten mit sich. Die Fahrzeuge unterliegen starken Abnutzungserscheinungen, die Nachschubwege werden immer länger, so daß sich mitunter Verzögerungen in der Versorgung der kämpfenden Verbände ergeben. Und nicht überall gelingt es, die sowjetischen Armeen restlos zu zerschlagen oder sie gefangenzunehmen, bevor sie sich absetzen können. Auch gibt es andere Frontabschnitte, an denen die Rotarmisten besonders zähen Widerstand leisten.

Am Dienstag, dem 21. Juli 1942, überquert die deutsche 4. Panzerarmee (GenOberst Hoth) östlich von Rostow den Don. In Überschätzung der deutschen Erfolge im großen Donbogen verzichtet Hitler nun auf sein ursprüngliches Vorhaben, an dem Vorstoß auf Stalingrad neben der 6. Armee (Gen. d. Pz.Tr. Paulus) auch die 4. Armee zu beteiligen, und läßt sie statt dessen wieder nach Süden abdrehen. Die Aufgabe, die linke Flanke der 6. Armee abzusichern, übernimmt nunmehr die bisher in Reserve gehaltene italienische 8. Armee (GenOberst Gariboldi), die jetzt am mittleren Don zwischen die ungarische 2. Armee (GenOberst von Jány) und die deutsche 6. Armee eingeschoben wird.

Am Mittwoch, dem 22. Juli 1942, brechen vor der sowjetischen Hauptkampflinie im kleinen Donbogen erbitterte Kämpfe aus. Die deutsche Führung verfolgt damit die Absicht, einen Einschließungsring um die sowjetische 62. Armee (GenMaj. Kolpaktschi) und die 64. Armee (GenLt. Tschuikow) zu bilden und deren Verbände zu vernichten. Die 6. Armee dringt zwar an zwei Stellen bis zum Don vor, doch wird ihr weiterer Angriff durch den hartnäckigen Widerstand gegnerischer Kräfte vorerst aufgehalten – so auch durch die 1. und 4. Panzerarmee der Sowjets, die sich beide noch in der Aufstellung befinden. Dies veranlaßt Hitler zu einer abermaligen Umgruppierung seiner Armeen. Während die 6. Armee Weisung erhält, die Brückenköpfe der Roten Armee auf dem rechten Ufer des Don zurückzudrücken und dann von Westen her Stalingrad anzugreifen, muß die 4. Panzerarmee ihre Vorbereitungen zu dem geplanten Vorstoß in Richtung Kaukasus beenden, um statt dessen am linken Ufer des Don von Südwesten her auf Stalingrad vorzugehen.

Am Donnerstag, dem 23. Juli 1942, gelingt es der zur Armeegruppe Ruoff gehörenden 125. Infanteriedivision (GenLt. Friebe) im Zusammenwirken mit der 13. Panzerdivision (GenMaj. Herr) und der 22. Panzerdivision (Oberst Rodt), nach blutigen Straßenkämpfen mit den NKWD-Elitetruppen die jetzt zu einer starken Festung ausgebaute Stadt Rostow am Don erneut zu erobern.

Juli 1942

General Otto Deßloch, Befehlshaber des I. Flak-Korps

Die deutsche Frühjahrs- und Sommeroffensive 1942 (Operation »Blau«) hat ihr Ziel verfehlt: Die entscheidende Zerschlagung der Roten Armee wird nicht erreicht

Eine leichte Flak wird in Stellung gebracht. Sie soll vor Angriffen sowjetischer Tiefflieger Schutz bieten

General Wolfram von Richthofen

1942 Juli

Eine Lagebesprechung während der Marschpause. Der Vorstoß in Richtung Kaukasus birgt – vor allem wegen des Problems der Treibstoffversorgung – manche Gefahr in sich

Die Panzer der 6. Armee auf dem Weg nach Stalingrad. In diesen Tagen scheint es, als würden sie bald die Wolga erreichen

Panzer auf dem Vormarsch

In seiner »Weisung Nr. 45« befiehlt Hitler am 23. Juli 1942 für die Fortsetzung der deutschen Sommeroffensive (Operation »Braunschweig«) das gleichzeitige Vorgehen in Richtung Kaukasus und Stalingrad.

Am Sonnabend, dem 25. Juli 1942, steht das deutsche XIV. Panzerkorps (Gen. d. Inf. von Wietersheim) der 6. Armee nordwestlich von Kalatsch am Don.

Am Sonntag, dem 26. Juli 1942, beginnt die Heeresgruppe A (GFM List) aus den Donez-Brückenköpfen heraus ihre Angriffsoperationen in Richtung Kaukasus. Dafür stehen ihr zur Verfügung: die 17. Armee (GenOberst Ruoff) mit vier Infanterie- und zwei Gebirgsdivisionen sowie die rumänische 3. Armee (GenOberst Dumitrescu) mit einer Gebirgs- und drei Kavalleriedivisionen und die deutsche 1. Panzerarmee (GenOberst von Kleist) mit drei Panzerdivisionen, zwei mot. Divisionen, zwei Infanteriedivisionen, zwei Jägerdivisionen und einer slowakischen Division. Die 4. Panzerarmee (GenOberst Hoth) nimmt am Kaukasus-Unternehmen nicht teil. Luftunterstützung

Juli 1942

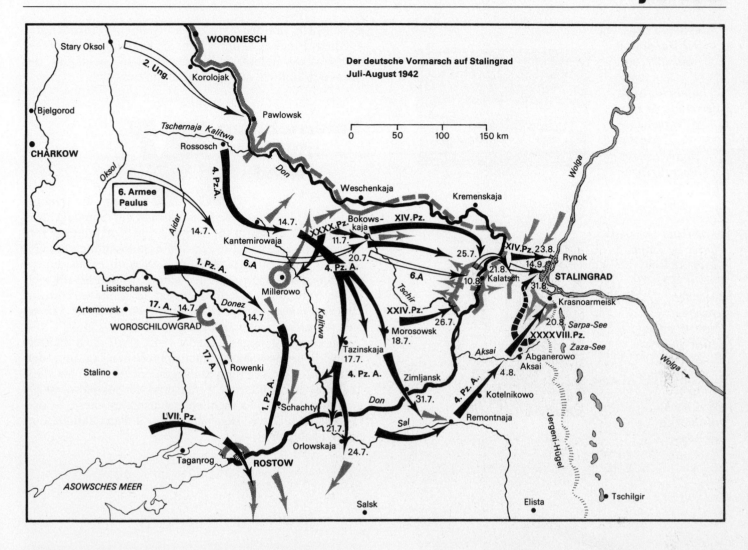

erhält die Heeresgruppe A durch das zur Luftflotte 4 (GFM Frhr. von Richthofen) gehörende IV. Fliegerkorps (Gen. d. Fl. Pflugbeil), das I. Flakkorps (Gen. d. Fl. Deßloch) und Teile des VIII. Fliegerkorps (GenLt. Fiebig).

Bis zum Dienstag, dem 28. Juli 1942, haben die deutschen Angriffsarmeen im Südabschnitt den Durchbruch durch die sowjetischen Verteidigungslinien am unteren Don erzielt. Damit sind die Voraussetzungen für einen Vorstoß in Richtung Kaukasus geschaffen. Die sowjetische Führung bildet nun aus den zurückgedrängten Verbänden die neue »Nordkaukasus-Front« (Marschall Budjenny). Kampf bis zum letzten Mann fordert Stalin von der sowjetischen »Stalingrad-Front« (GenLt. Gordow) und erteilt den ausdrücklichen Befehl, keinen Schritt zurückzuweichen.

Am Freitag, dem 31. Juli 1942, befiehlt Hitler, die zur Heeresgruppe A gehörende 4. Panzerarmee jetzt der Heeresgruppe B zu unterstellen. Sie soll südlich des Don durch die Kalmückensteppe bis zur Wolga in Richtung Stalingrad vordringen. Schon am nächsten Tag tritt die 4. Panzerarmee im Raum südlich von Nikolewskaja zu ihrer Offensive an.

Die gerade erst an diesem Tag der Stalingrad-Front unterstellte sowjetische 51. Armee (GenMaj. Kolomnjez) ist

Der deutsche Vormarsch auf Stalingrad erfolgt aus zwei Richtungen: Von Westen her durch die 6. Armee und ab Ende Juli 1942 südlich des Don durch die 4. Panzerarmee

Marschall Semjon M. Budjenny und der sowjetische General Fedor I. Tolbuchin

1942 August

Finnland 1942: Der Hafen von Helsinki (aus einer Landschaftsbilderserie) und eine Wohltätigkeitsausgabe zugunsten des Roten Kreuzes

Zerstörte sowjetische Panzer im Raum Aksai, Anfang August 1942: Trotz der schweren Verluste gelingt es den Sowjets, die deutsche 4. Panzerarmee in ihrem Vormarsch ernsthaft zu behindern

zu schwach, um den vorwärtsdrängenden Verbänden der 4. Panzerarmee zu widerstehen. Sie kann nur ein Verzögerungsgefecht liefern, in dessen Verlauf sie hinter die Seenkette südlich von Stalingrad zurückweicht.

Unternehmen »Wirbelwind«

Nachdem die Hauptkräfte der deutschen 4. Panzerarmee am Sonntag, dem 2. August 1942, bis in die Gegend von Kotelnikowo vorgedrungen sind, droht damit Stalingrad unmittelbare Gefahr aus südwestlicher Richtung. Deshalb erhält die sowjetische 64. Armee (GenLt. Tschuikow) den Befehl, sich in die Verteidigungsstellungen am Myschkowa-Fluß im kleinen Donbogen zurückzuziehen, wo auch die 57. Armee (GenMaj. Tolbuchin) eingesetzt ist.

Am Dienstag, dem 4. August 1942, greift die 4. Panzerarmee über den Aksai nach Nordosten an, um den Durchbruch in Richtung Stalingrad einzuleiten. Sie stößt aber hier auf erbitterten Widerstand der sowjetischen 57. und 64. Armee. Tatsächlich schaffen es diese beiden Großverbände zwei Tage später, der 4. Panzerarmee Einhalt zu gebieten.

August 1942

Am 5. August nimmt das sowjetische Oberkommando STAWKA eine erneute Umgliederung der im Raum Stalingrad eingesetzten Kräfte vor und bildet unter GenOberst Jeremenko die neue »Südwestfront«. Aus Teilen der bisherigen »Stalingrad-Front« werden ihr folgende Verbände zugeordnet: Die 21. Armee, die 57. Armee (jetzt GenMaj. Nikischew) und die 64. Armee (GenLt. Tschuikow) sowie aus der STAWKA-Reserve die 1. Gardearmee (GenMaj. Moskalenko) und die 8. Luftarmee.

Am Donnerstag, dem 6. August 1942, nähert sich die 1. Panzerarmee (GenOberst von Kleist) nach Überwindung des Kuban bei Armawir den Ölfeldern von Maikop am Fuß des Kaukasus.

Am Sonntag, dem 9. August 1942, besetzen im Kaukasus Einheiten der deutschen 1. Panzerarmee Maikop, während die Armeegruppe Ruoff Krasnodar am Kuban und den Hafen Jejsk an der Ostküste des Asowschen Meeres erobert. Schwere Kämpfe liefern sich diese beiden deutschen Armeen und weitere Verbände der Heeresgruppe A (GFM List) mit der sowjetischen 18. Armee (GenLt. Kamkow), der 56. Armee (GenMaj. Ryschow) sowie der 47. Armee (GenMaj. Kotow) und dem XVII. Kavalleriekorps der »Transkaukasus-Front«.

Am Dienstag, dem 11. August 1942, tritt die zur Heeresgruppe Mitte gehörende 2. Panzerarmee (GenOberst Rudolf Schmidt) im Raum Bjelow zur Offensive an, um den sowjetischen Frontbogen bei Suchinitschi abzuschnüren (Unternehmen »Wirbelwind«). Nach gewissen Anfangserfolgen muß dieser Versuch jedoch elf Tage später aufgegeben werden.

Am 8. 8. 1942 treffen sich im großen Donbogen westlich Kalatsch die Vorhuten der von Norden vorstoßenden 16. Panzerdivision und der von Süden angreifenden 24. Panzerdivision. Sie schließen 18 sowjetische Großverbände ein. Die erste Phase der Schlacht um Stalingrad beginnt

General Paulus bei Kalatsch

Ebenfalls am 11. August 1942 gelingt der deutschen 6. Armee (Gen. d. Pz.Tr. Paulus) im Raum westlich von Kalatsch durch seit vier Tagen unternommene, gleichzeitige Angriffe von Norden und Süden her die Zerschlagung der sowjetischen 62. Armee (GenMaj. Kolpaktschi) sowie der neu aufgestellten 1. Panzerarmee (jetzt GenMaj. Moskalenko). Die erfaßbaren sowjetischen Verluste belaufen sich auf 35650 Gefangene, 567 Geschütze und 273 Panzer.

Während der mehrtägigen Kämpfe kommt es im großen Donbogen bei Kalatsch immer wieder zu erbitterten Gefechten von bis dahin unbekannter Härte. Gegen die überlegenen deutschen Angreifer kämpfen die sowjetischen Soldaten mit zum Teil verzweifeltem Opfermut. In einem Fall werfen sich vier Rotarmisten, denen die Munition ausgegangen ist, mit geballten Ladungen vor die anrollenden deutschen Panzer.

1942 August

Im mittleren Frontabschnitt: Die leichte Flak und Panzer sichern einige der wenigen intakten Brücken in diesem Raum

Am Mittwoch, dem 12. August 1942, dringen die durch die Kalmückensteppe vorgehenden Panzerspitzen der deutschen 4. Panzerarmee in Elista ein. Doch der weitere Vormarsch in Richtung Grosny verlangsamt sich, da der erforderliche Treibstoff fehlt und erst von der Luftwaffe eingeflogen werden muß. Teile der motorisierten Einheiten der 4. Panzerarmee warten bereits seit mehreren Tagen in Piatigorsk auf Nachschub.

Mitte August 1942 kommt es zu einer Umgruppierung der in Richtung Kaukasus eingesetzten deutschen Kräfte, da gleichzeitig Vorstöße auf Baku und Batum geplant sind.

Die 1. Panzerarmee soll aus dem Raum Piatigorsk/Prochladnoje in Richtung Grosny/Machaschala und nach Baku vorgehen, während für die 17. Armee (GenOberst Ruoff) ein Vorrücken aus dem Raum Krasnodar über Noworossisk bis zum Schwarzen Meer nach Batum und Tiflis vorgesehen ist. Den Vormarsch von Tscherkesk über den kaukasischen Gebirgskamm nach Suchum soll das XXXXIX. Gebirgskorps (Gen. d. Geb.Tr. Konrad) übernehmen.

Am Sonnabend, dem 15. August 1942, drängt die deutsche 6. Armee die den Brückenkopf im kleinen Donbogen verteidigenden Kräfte am linken Flügel der sowjetischen 5. Panzerarmee (GenLt. Romanienko) zurück.

Doch den Verbänden der 1. Gardearmee, die den rechten Flügel der 5. Panzerarmee verstärken, gelingt es, bei Kremenskaja weiterhin einen Brückenkopf zu halten.

Nachdem die strategische Initiative wieder auf seiten der Deutschen ist, sieht sich STAWKA gezwungen, die noch nicht in voller Stärke neu aufgestellten Panzerverbände sofort in den Kampf zu werfen. Die deutsche Absicht, Stalingrad aus der Bewegung heraus zu nehmen, scheitert. Vorgesehen ist, daß sich die 6. Armee nach Überquerung des Don bei Kalatsch Stalingrad von Nordwesten her nähert, während von Süden her die 4. Panzerarmee die Stadt erreichen soll.

Am Montag, dem 17. August 1942, werden die noch intakten Verbände der sowjetischen 4. Panzerarmee (GenMaj. Krjutschenkin) und der 21. Armee (GenMaj. Danilow) zum Rückzug über den Don gezwungen, nachdem die deutsche 6. Armee ihnen in den erbitterten Gefechten der beiden letzten Tage empfindliche Verluste beigebracht hat. Die Deutschen nehmen hier 12 800 Rotarmisten gefangen und können 252 Geschütze sowie 47 Panzer zerstören oder erbeuten.

Unterdessen wird der deutsche Vormarsch im westlichen Kaukasus von der sowjetischen Küstengruppe (GenOberst Tscherewitschenko) zum Stehen gebracht. Ebenso ergeht es den deutschen Verbänden vor Naltschik

August 1942

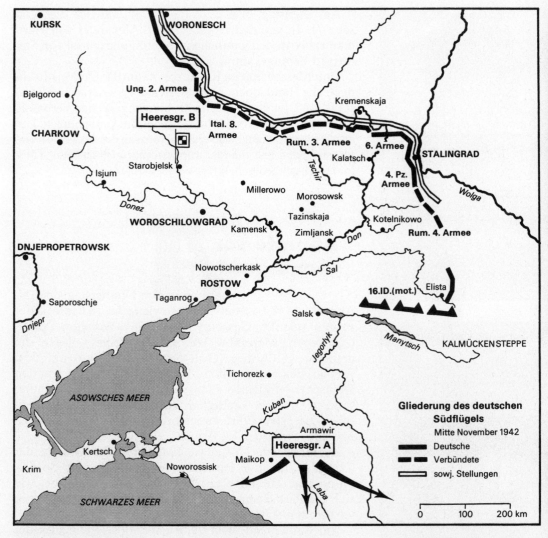

Während sich die deutsche 6. Armee und 4. Panzerarmee im Weichbild von Stalingrad befinden, stoßen die Verbände der Heeresgruppe A in Richtung Kaukasus vor

General Konrad Rudolf und General Hans Hube

am Baskan-Fluß, die von der 37. Armee (GenMaj. Koslow) bedroht werden.

Am Mittwoch, dem 19. August 1942, erteilt Gen. Paulus der 6. Armee den Befehl, jetzt unmittelbar zum Angriff auf Stalingrad anzutreten.

Am nächsten Tag wird von STAWKA angeordnet, daß vier sowjetische Fernfliegerdivisionen von Moskau aus an die »Südostfront« verlegt werden sollen. Im Raum Stalingrad kommt an diesem Tag die sowjetische 287. Jagdfliegerdivision (Oberst S. P. Danilin) zum Einsatz, die als erster Verband der Roten Luftflotte mit dem neuen Lawotschkin-Jäger La-5 ausgerüstet ist. Auch im Südabschnitt der Front reagieren die Sowjets auf die Massierung deutscher Luftgeschwader ebenfalls mit einer Verstärkung ihrer dortigen Fliegerkräfte. Daß GenLt. Nowikow, Oberbefehlshaber der Roten Luftflotte, nun persönlich die Führung aller am Südflügel bereitstehenden Luftstreitkräfte übernimmt, macht deutlich, welchen Wert die sowjetische Führung der Stalingrad-Front zu diesem Zeitpunkt beimißt. Permanente Angriffe der sowjetischen Bomber auf deutsche Flugplätze sollen die Luftwaffe zwingen, ihre vorgeschobenen Stützpunkte aufzugeben.

Am Sonntag, dem 23. August 1942, gelingt es den Spitzen der zum XIV. Panzerkorps (Gen. d. Inf. Gustav von Wietersheim) gehörenden 16. Panzerdivision (GenLt. Hans Hube), mit Unterstützung des VIII. Fliegerkorps (GenLt. Fiebig) bei Rynok, nördlich von Stalingrad, die Wolga zu erreichen. Damit entsteht zwischen den beiden gleichzeitig auf Stalingrad und in Richtung Kaukasus angesetzten deutschen Angriffsoperationen eine Lücke von mindestens 300 Kilometern. Die von der 6. Armee zunächst zur Sicherung ihrer Flanken während des Vormarsches zurückgelassenen Verbände werden jetzt von Truppen verbündeter Armeen abgelöst, so daß auch sie zum direkten Angriff auf Stalingrad zur Verfügung stehen. Der Sicherung nach Norden hin dient eine Riegelstellung zwischen Don und Wolga.

Am selben Tag wird auf Anweisung Hitlers die 11. Armee (GFM von Manstein) von der Krim nach Norden verlegt, um die Eroberung von Leningrad (Unternehmen »Nordlicht«) vorzubereiten.

595

1942 August

Am Dienstag, dem 25. August 1942, hat sich die deutsche 71. Infanteriedivision (GenLt. Alexander von Hartmann) bis an den westlichen Verteidigungsgürtel von Stalingrad herangekämpft.

Unterdessen fällt im Kaukasus-Raum der Ort Mosdok in deutsche Hand, doch verhärtet sich der gegnerische Widerstand am Ufer des Terek, da die hier eingesetzten Verbände der Roten Armee die Höhenzüge geschickt ausnutzen. Um das Schwarze Meer zu erreichen, müssen die deutschen Gebirgstruppen erst die fast unpassierbaren Kaukasus-Täler und die hochgelegenen Pässe überwinden.

Die Kämpfe vor Leningrad

Am Donnerstag, dem 27. August 1942, treten die sowjetische »Leningrader Front« (GenLt. Goworow) und die »Wolchow-Front« (Armeegen. Merezkow) zur Gegenoffensive gegen die deutsche 18. Armee (GenOberst Lindemann) mit dem Ziel an, den sogenannten »Flaschenhals«, einen von den Deutschen erreichten Frontvorsprung bei Schlüsselburg, südostwärts von Leningrad, zu beseitigen. Die sowjetische Offensive führt zu mehreren Einbrüchen in den Frontabschnitt der 18. Armee.

Ebenfalls am 27. August 1942 erteilt in Moskau der Zentrale Stab der Partisanenbewegung in der Sowjetunion eine Direktive an die Chefs der Frontstäbe, wie sich die Partisanenabteilungen auf den Kampf im Winter vorbereiten sollen.

Am Sonnabend, dem 29. August 1942, gelingt es der deutschen 4. Panzerarmee nordwestlich von Abganerowo, in den Frontabschnitt der sowjetischen 64. Armee (GenLt. Schumilow) einzubrechen und gleichzeitig die 62. Armee (GenMaj. Kolpaktschi) von den anderen Verbänden der Stalingrad-Front abzuschneiden.

Am 31. August 1942 erteilt das Oberkommando des Heeres Richtlinien für die Bildung von Jagdkommandos zur Partisanenbekämpfung.

Ende August 1942 kommt es zu Entlastungsangriffen von Großverbänden der Roten Armee in den Abschnitten der deutschen Heeresgruppen Mitte und Nord bei Rshew-Gschatsk, Demjansk und Schlüsselburg. Es ist den Deutschen jedoch möglich, diese Angriffe – wenn auch zum Teil unter Einsatz der letzten Reserven – abzuschlagen.

Am Frontabschnitt bei Leningrad, Ende August 1942: General Lindemann, Oberbefehlshaber der 18. Armee, im Gespräch mit seinen Soldaten

Die Rundfunksendungen sind eine willkommene Abwechslung in den dienstfreien Stunden

So sieht bereits im August 1942 ein britischer Karikaturist den deutschen Vormarsch in Richtung Stalingrad

September 1942

Inzwischen unternehmen im Raum Stalingrad die 6. Armee und die 4. Panzerarmee den Versuch, die Reste von zwei sowjetischen Armeen über die Wolga zurückzudrängen. Diese Bewegungen verlaufen jedoch langsamer als erwartet, weil die Infanterie und die bespannten Einheiten den Panzerspitzen nicht schnell genug folgen können. Ohne die ständige Rücksicht auf die langsamere Infanterie – so meint GenOberst Hoth – wäre es ihm schon im Juli 1942 möglich gewesen, Stalingrad sozusagen »im Vorbeifahren« einzunehmen.

Am Mittwoch, dem 2. September 1942, endet in Moskau die zwei Tage zuvor im Kreml begonnene Konferenz, zu der Stalin und das ZK der KPdSU (B) alle Kommandeure der großen sowjetischen Partisanenverbände einberufen haben, um die bisherigen Kampferfahrungen auszuwerten und weitere Entwicklungen des Partisanenkrieges in der UdSSR zu besprechen.

Am Donnerstag, dem 3. September 1942, kämpfen sich Stoßtruppen der 71. Infanteriedivision (GenLt. von Hart-

Die sowjetischen Generäle Kyrill A. Merezkow und Leonid A. Goworow

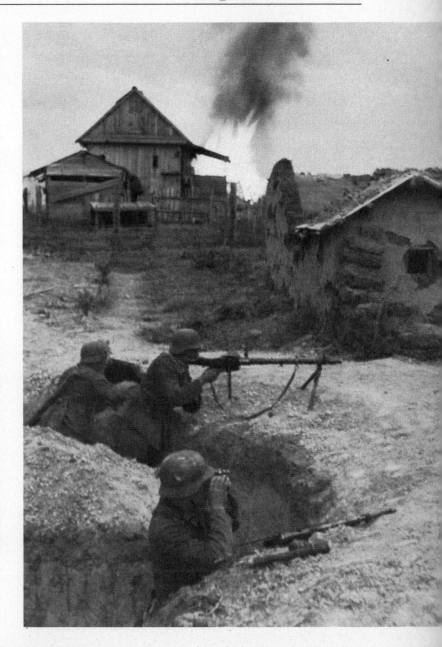

Ein deutscher Stoßtrupp hat bereits die Vorstädte von Stalingrad erreicht. Aus einem ehemals sowjetischen Schützengraben wird der Feind unter MG-Feuer genommen

Im Brückenkopf am Don: Eine Batterie leichter Feldhaubitzen nimmt die sowjetischen Stellungen unter Beschuß, die den Zugang zu Stalingrad sichern sollen

1942 September

Ein deutscher Stoßtrupp versucht, durch einen Vorort in das Stadtzentrum von Stalingrad zu gelangen. Jede Unvorsichtigkeit kann tödliche Folgen haben

In einem vorgeschobenen Beobachtungsposten: General von Seydlitz-Kurzbach (links) und General Paulus

Der Vorstoß in das Stadtzentrum kann nur schrittweise erfolgen, und es kommt immer wieder zu heftigem Feuerwechsel

Bereits Anfang September 1942 liegt nach starken deutschen Bombenangriffen das Zentrum von Stalingrad in Schutt und Asche. Die Bevölkerung verläßt mit dem Rest ihrer Habe die Stadt

mann) des LI. Armeekorps (Gen. d. Art. von Seydlitz-Kurzbach) bis auf 8 Kilometer an den Stadtkern von Stalingrad heran.

Am Sonntag, dem 6. September 1942, wird in Moskau vom Staatlichen Verteidigungskomitee der UdSSR Marschall Woroschilow zum Oberkommandierenden der Partisanenbewegung ernannt.

Am Donnerstag, dem 10. September 1942, löst Hitler GFM List als Oberbefehlshaber der Heeresgruppe A ab und ernennt sich selbst zu dessen Nachfolger, da er der Ansicht ist, die Heeresgruppe habe bei den Offensiven zu viel Zeit vergeudet.

An diesem 10. September 1942 erreicht das deutsche XXXXVIII. Panzerkorps (Gen. d. Pz.Tr. Werner Kempf) die Wolga am südlichen Stadtrand von Stalingrad zwischen den beiden Vororten Jelschanka und Kuporosnoje.

September 1942

Am Sonnabend, dem 12. September 1942, übernehmen auf Weisung von STAWKA die Oberbefehlshaber der 62. und 64. Armee, GenLt. Tschuikow und Schumilow, die Verteidigung von Stalingrad.

In den Straßen von Stalingrad

Am Sonntag, dem 13. September 1942, beginnt der deutsche Angriff auf das Stadtgebiet von Stalingrad. Die Offensive wird eingeleitet mit dem Durchbruch der 44. Infanteriedivision (GenLt. Deboi) durch das tiefgestaffelte Vorfeld der festungsartig ausgebauten Stadt an der Wolga und Zariza. Nach Einnahme der vor der Stadt liegenden Höhe erreichen die Einheiten der 44. Infanteriedivision die Wolga. Nikita Chruschtschow, der politische Kommissar der Stalingrad-Front, wird zum Organisator des Widerstandes. 75 000 Einwohner von Stalingrad werden in Arbeiterwehren und Milizverbänden erfaßt, darunter 3000 Mädchen und 7000 Jungen, und der sibirischen 62. Armee unterstellt.

Am Montag, dem 14. September 1942, kommt es in Stalingrad zu Panzer-Straßenkämpfen, in denen die deutschen Angreifer versuchen, den strategisch wichtigen Mamai-Hügel, der einen weiten Blick über die Stadt und das jenseitige Wolga-Ufer gestattet, zu besetzen. Den von Norden, Westen und Süden aus in Gruppen von zehn bis 15 Panzern angreifenden Einheiten schickt die Rote Armee meistens etwa drei bis fünf Kampfwagen zusammen mit Infanterie und Pionieren entgegen. Sie bringen in direktem Beschuß Mauern zum Einsturz und kehren gleich nach ihrem Einsatz zurück oder bleiben gut getarnt in Deckung. Diese Taktik schwächt die deutschen Panzerverbände erheblich. Durch sowjetische Nahkampfmittel

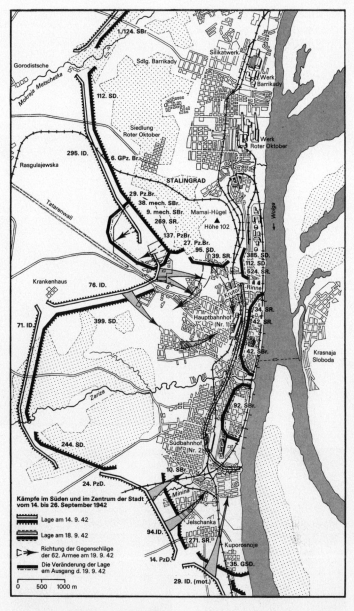

In den Tagen zwischen dem 14. und 26. September 1942 scheint es nach den ständigen deutschen Angriffen doch zu gelingen, Stalingrad einzunehmen

Auch die NS-Presse ist voller Zuversicht. Der Sieg an der Wolga ist offenbar in greifbare Nähe gerückt

599

1942 September

Eine leichte Feldhaubitze nimmt Ziele im südlichen Stadtteil unter Feuer. Im Hintergrund die Getreidesilos. Dieser Bau aus Beton und Eisen, der wie eine Festung über die Vorstadt herausragt, wird von den Sowjets bis zum letzten Mann verteidigt

General Heinrich Deboi und General Bruno von Hauenschild

General Kurt Zeitzler

werden viele deutsche Panzer während der Straßenkämpfe zerstört.

Am Mittwoch, dem 16. September 1942, dringt die 24. Panzerdivision (GenMaj. Ritter von Hauenschild) in Stalingrad bis zum Hauptbahnhof im Südteil der Stadt und zur Wolga vor.

Am Donnerstag, dem 24. September 1942, trennt sich Hitler von dem bisherigen Generalstabschef des Heeres, GenOberst Halder, mit dem er schon seit den Kämpfen vor Moskau im Herbst 1941 immer wieder Meinungsverschiedenheiten hatte. Halders Nachfolger wird Gen. d. Inf. Zeitzler, der bisherige Generalstabschef des Oberbefehlshabers West (GFM von Rundstedt).

Am Montag, dem 28. September 1942, ordnet das sowjetische Oberkommando STAWKA die Umbenennung der bisherigen »Stalingrad-Front« in »Don-Front« (GenLt. Rokossowski) an. Die Bezeichnung »Stalingrad-Front« erhält nun die bisherige »Südwestfront« (GenOberst Jeremenko).

Der Kampf um jedes Haus

Am Sonntag, dem 4. Oktober 1942, geht es bei den Kämpfen in Stalingrad nicht mehr um Stadtviertel oder Straßenzüge, sondern um einzelne Gebäude und Fabrikhallen. Das Zentrum und der Südteil von Stalingrad sind inzwischen in deutscher

September 1942

Pausenlos greifen die Luftwaffe und schwere Artillerie Stalingrads Stadtkern und Industrieanlagen an. Riesige schwarze Rauchwolken über der Geschützfabrik »Roter Oktober« sind kilometerweit zu sehen

General Alexander Edler von Daniels

Es geht nicht mehr um Stadtviertel und Straßenzüge, sondern um einzelne Häuser oder Werkhallen. Selbst in den Ruinen der Geschützfabrik »Roter Oktober« entbrennen heiße Kämpfe

General Eberhard von Mackensen

1942 Oktober

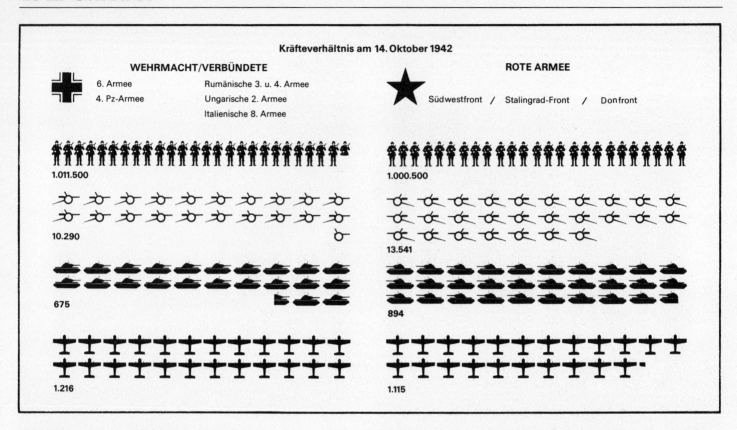

Die Truppenstärke der beiden Gegner an der Stalingradfront ist etwa gleich

Frankreich 1942: Feldpostmarken der gegen den Bolschewismus kämpfenden Legion der französischen Freiwilligen

Hand. In den Arbeiter- und Industrievierteln des Nordens werden erbitterte Barrikaden- und Häuserkämpfe geführt. Sie zählen zu den blutigsten des ganzen Krieges. Mit Handgranaten und Gewehrkolben, Spaten und Messern kämpft jetzt Mann gegen Mann, unterstützt durch Panzer, Sturmgeschütze, Flammenwerfer, Artillerie und Stukas. In der Nordstadt verteidigen unterdessen Rotarmisten der 62. Armee das Traktorenwerk »Dserschinski«, die Geschützfabrik »Rote Barrikade« sowie die Straßenzüge im nordöstlichen Stadtzentrum, während die sowjetische 64. Armee den Deutschen in den südlichen Stadtteilen erbitterten Widerstand leistet.

Am Dienstag, dem 6. Oktober 1942, erobert die 13. Panzerdivision (GenMaj. Herr) des III. Panzerkorps (Gen. d. Kav. von Mackensen) die Stadt Malgobek im Terekbogen.

Am Freitag, dem 9. Oktober 1942, ordnet Stalin die Abschaffung der Kriegskommissare in der Roten Armee an. Damit sollen die Befehlshaber nicht mehr von den meist wenig qualifizierten Politruks in ihrer operativen und taktischen Entscheidung behindert werden.

Tags darauf, am 10. Oktober 1942, werden die letzten Verbände der aus dem Westkaukasus abgezogenen rumänischen 3. Armee (GenOberst Dumitrescu) an die Nahtstelle zwischen der italienischen 8. Armee (GenOberst Gariboldi) und der deutschen 6. Armee (Gen. d. Pz.Tr. Paulus) in der Nähe des Don eingeschoben. Diese Entscheidung Hitlers wird sich später für das Schicksal der deutschen im Raum Stalingrad kämpfenden Truppen als verhängnisvoll erweisen. Die Rumänen sind mit ihren veralteten Waffen, unzureichender Panzerabwehr und mangelhafter Versorgung nicht in der Lage, an diesem kritischen Frontabschnitt einem massiven sowjetischen

November 1942

Stalingrad, Mitte November 1942: Ein sowjetisches MG-Nest in den Ruinen der Panzerfabrik »Roter Oktober«. Der Kampf von Haus zu Haus und Mann zu Mann wird mit einer Verbissenheit geführt, wie ihn die moderne Kriegsgeschichte bisher nicht gekannt hat

Angriff zu widerstehen, geschweige denn die Flanke der 6. deutschen Armee wirksam zu schützen.

Am Sonntag, dem 18. Oktober 1942, erteilt Hitler die Weisungen 46 a und b, nach denen Angehörige feindlicher Spezialeinheiten, sogenannter Commandos, sofort zu erschießen sind.

Die Rote Armee schlägt zu

Am Donnerstag, dem 19. November 1942, treten die sowjetische »Südwestfront« (GenLt. Watutin) und die »Don-Front« (GenLt. Rokossowski) um 5.00 Uhr morgens bei Schneetreiben und Nebel aus den Don-Brückenköpfen von Kletskaja und Serafimowitsch zu einer Großoffensive gegen die Deutschen und ihre Verbündeten zwischen Don und Wolga an. Der »Südwestfront« unterstehen die 1. Gardearmee (GenLt. Leljuschenko), die 5. Panzerarmee (GenLt. Romanienko), die 21. Armee (GenLt. Tschistjakow) und das VIII. Kavalleriekorps. Die Offensive wird durch die Luftstreitkräfte der 2. Luftarmee (GenMaj. Smirnow) und der 17. Luftarmee (GenMaj. Krassowski) unterstützt. Zur »Don-Front« gehören die 24. Armee (GenLt. Galanin) und die 65. Armee (GenLt. Batow), deren Luftsicherung die 16. Luftarmee (GenMaj. Rudenko) übernimmt. Dem ersten massiven Einsatz sowjetischer Panzerkräfte ist die rumänische 3. Armee (GenOberst Dumitrescu) keineswegs gewachsen. Sie verfügt weder über entsprechende Erfahrungen noch über ausreichende Panzerabwehrwaffen und wird durch den Panzeransturm

Der sowjetische General Dimitri D. Leljuschenko

Der sowjetische General Nikolai F. Watutin

General Walther von Seydlitz-Kurzbach

1942 November

Maßgebend an der Durchführung der Luftversorgung für Stalingrad beteiligt: Oberst Fritz Morzik

Raum Stalingrad, November 1942: Ein Verband Transportmaschinen Ju 52 in Kettenformation mit Nachschub für Stalingrad

Raum Bokowskaja: Soldaten der sowjetischen 1. Gardearmee (Gen. Leljuschenko) in den ersten Tagen der Offensive. Die rumänischen Divisionen ziehen sich zurück

In den ersten Tagen der sowjetischen Offensive, als das Wetter es noch zuläßt, werden Verstärkungen nach Stalingrad eingeflogen. Bald müssen jedoch die Transportmaschinen ausschließlich für die Versorgung der kämpfenden Truppen eingesetzt werden

November 1942

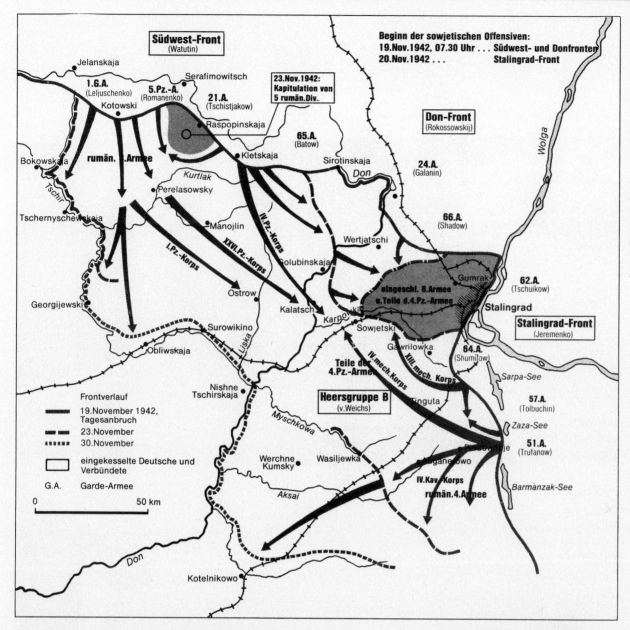

Die Lage im Raum Stalingrad während der sowjetischen Offensive. »Der Führer ist hinsichtlich der Lage der 6. Armee in Stalingrad zuversichtlich«, vermerkt das Kriegstagebuch des Wehrmachtführungsstabes

demoralisiert, nachdem bereits durchgebrochene Panzer sie unerwartet von rückwärts angreifen. Schon nach kurzer Zeit ist dieser Frontabschnitt auf der ganzen Linie zusammengebrochen, und die rumänischen Divisionen ziehen sich panikartig zurück.

Am nächsten Morgen greifen die Sowjets auch südlich von Stalingrad an. Die Offensive der »Stalingrad-Front« (GenOberst Jeremenko) mit der 51. Armee (GenMaj. Trufanow) und der 57. Armee (GenMaj. Tolbuchin) mit Hilfe der 8. Luftarmee (GenMaj. Chrjukin) richtet sich gegen den Frontabschnitt der rumänischen 4. Armee. Die rumänischen Truppen – lediglich mit pferdebespannter 3,7-cm-Pak ausgerüstet – sind dem starken Gegner hoffnungslos unterlegen. Die sofort einsetzenden Gegenangriffe der deutschen 22. Panzerdivision scheitern jedoch ebenso wie die Abriegelungsversuche der aus fünf Divisionen in Eile gebildeten Gruppe Hollidt. Bis zum Abend des 30. November 1942 befindet sich der linke Flügel der rumänischen 4. Armee in voller Auflösung.

Der Ring schließt sich

Am Sonntag, dem 22. November 1942, schließt sich bei Kalatsch durch die Begegnung der von Norden und Süden vordringenden sowjetischen Großverbände der Ring um die im Raum zwischen Don und Stalingrad versammelten deutschen und verbündeten Truppen. Im Kessel befindet sich die 6. Armee mit dem IV. Armeekorps, mit Teilen der 4. Panzerarmee, der rumänischen 20. Division sowie der rumänischen 1. Kavalleriedivision, insgesamt etwa 260 000 Soldaten, 50 000 Pferde, 10 000 Fahrzeuge, 1800 Geschütze und 100 Panzer. Dieser gesamte Raum umfaßt etwa 1500 Quadratkilometer, hat eine Ausdehnung von 60 Kilometer Länge und 37 Kilometer Breite und liegt im Bereich der weittragenden sowjetischen Artillerie.

605

1942 November

Am 10. 12. 1942, im Raum Kotelnikowo: Die Verbände der 4. Panzerarmee sollen die in Stalingrad eingeschlossene 6. Armee entsetzen

Eine deutsche Panzerabwehrkanone in Feuerstellung

General Erhard Raus

Dezember 1942

In dieser Situation nimmt Hitler am 22. November wiederum einschneidende Veränderungen in den Befehlsverhältnissen an der Ostfront vor. Die von ihm selbst seit dem 9. September 1942 übernommene Führung der Heeresgruppe A überträgt er GenOberst von Kleist, bisher Oberbefehlshaber der 1. Panzerarmee, die jetzt Gen. von Mackensen, der Kommandierende General des III. Panzerkorps, übernimmt.

In den Abendstunden trifft bei Gen. Paulus ein persönlicher Funkspruch Hitlers mit dem Befehl ein, sich einzuigeln und Entsatz von außen abzuwarten.

Am Dienstag, dem 24. November 1942, wird Stalingrad durch Führerentscheid zur Festung erklärt und jeder Ausbruch strengstens untersagt.

Die Luftversorgung beginnt

Am Mittwoch, dem 25. November 1942, beginnt mit der Landung erster Transportverbände des VIII. Fliegerkorps (GenLt. Fiebig) auf dem Flugplatz Gumrak die Luftversorgung des Kessels von Stalingrad. Da die Transportmaschinen von sowjetischen Jägern angegriffen werden, sieht sich die Luftflotte 4 (GFM Frhr. von Richthofen) gezwungen, auch deutsche Jagdflieger in den Kessel zu verlegen. In aller Eile werden jetzt die beiden großen, 180 Kilometer westlich von Stalingrad gelegenen Flugplätze Tazinskaja und Morosowskaja-West für die Luftversorgung des riesigen Kessels vorbereitet. Tazinskaja kann 600 Transportflugzeuge aufnehmen, weitere 400 Transportmaschinen werden in Morosowskaja stationiert. Für den Stalingrad-Nachschub hat man große Depots angelegt, in denen Verpflegung, Munition, Bekleidung und Sanitätsmaterial für mehrere Monate lagern. Zusätzliche Transportverbände sollen von Stalino, Nowotscherkask und Makejewka aus in den Kessel fliegen, doch lassen es die schlechten Witterungsbedingungen nur selten zu.

Im Raum Stalingrad gibt es zwar drei Flugplätze, doch sind davon nur Bassargino und Pitomnik mit den erforderlichen Startbahnen ausgestattet. Je nach Wetterlage fliegen die Transportmaschinen entweder in geschlossener Formation mit Jagdschutz oder ohne Jägerbegleitung im Einzeleinsatz. Das Jagdgeschwader 3 »Udet« (Maj. Wilcke) übernimmt den Jagdschutz der Transportmaschinen. Zwei Staffeln dieses Geschwaders liegen auf dem Flugplatz Pitomnik, um das Entladen der Transportflugzeuge vor sowjetischen Jägern und Bombern zu schützen. Doch schon bald erweist sich dieser Jagdschutz als unzulänglich.

GenLt. Nowikow, Chef der Roten Luftflotte, versucht jetzt mit einer Luftblockade – die erste Operation dieser Art im Zweiten Weltkrieg – die Versorgungsflüge der Luftwaffe zu stören. Bomben- und Schlachtflieger der 17. Luftarmee (GenLt. Krassowski) werden von den frontnahen Flugplätzen aus eingesetzt. Nur 60 bis 80 Kilometer

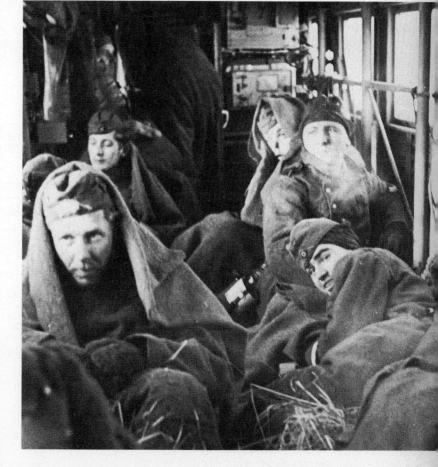

Die Transportmaschinen, die den Nachschub in den Kessel von Stalingrad bringen, nehmen auf dem Rückflug Verwundete und Spezialisten mit – bis zum 24. 12. 1942 etwa 34 000 Mann

vom inneren Einschließungsring entfernt sind die Jagdfliegerdivisionen der 16. (GenLt. Rudenko) und der 8. Luftarmee (GenMaj. Chrjukin) stationiert, die die deutschen Transportmaschinen auf den Haupteinflugschneisen abfangen sollen. Tag und Nacht patrouillieren sowjetische Maschinen über den Anflugschneisen, und in etwa 10 Kilometer Entfernung vom inneren Einschließungsring haben die Sowjets Flaksperren errichtet, die die zur Landung ansetzenden Transportmaschinen unter Feuer nehmen.

Am Freitag, dem 27. November 1942, wird GFM von Manstein Oberbefehlshaber der neuen Heeresgruppe Don, zu der die 6. Armee, die 4. Panzerarmee sowie die rumänische 3. und 4. Armee gehören. Bei der Heeresgruppe B (GenOberst Frhr. von Weichs) verbleiben die deutsche 2. Armee, die ungarische 2. Armee und die italienische 8. Armee.

Am Sonnabend, dem 12. Dezember 1942, beginnt GenOberst Hoth mit Teilen seiner 4. Panzerarmee aus dem Raum um Kotelnikowo einen Vorstoß nach Osten, um die bei Stalingrad eingekesselte 6. Armee zu entsetzen.

1942 Dezember

Frankreich 1942: Eine Abbildung von Angers mit der Maine-Brücke; im Hintergrund das alte Schloß

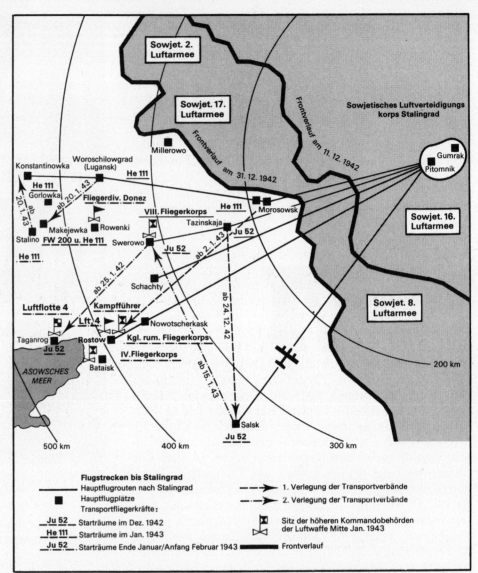

Die Luftbrücke zur Versorgung von Stalingrad: Mit jedem sowjetischen Vorstoß müssen die Flugplätze der Transportverbände immer weiter nach Westen verlegt werden

Morosowsk, Dezember 1942: Eine vollbeladene Ju 52 startet auf der verschneiten Rollbahn zum Flug nach Stalingrad

608

Dezember 1942

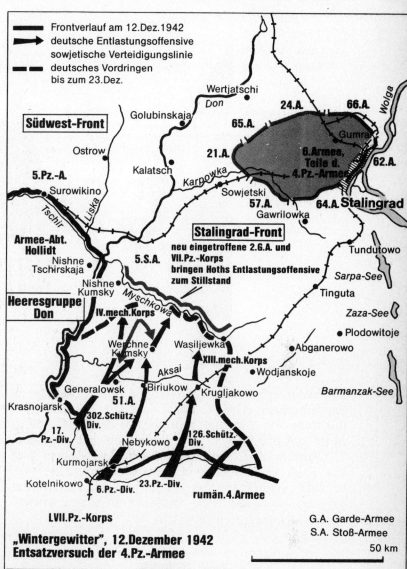

„Wintergewitter", 12. Dezember 1942
Entsatzversuch der 4. Pz.-Armee

Durch die erschwerten Landemöglichkeiten im Kessel von Stalingrad wird der Nachschub mit Fallschirmen abgeworfen. Hier werden die Versorgungsbehälter in eine Maschine He 111 verladen

Das erfolglose Unternehmen »Wintergewitter« wird 48 Kilometer vor Stalingrad von den Sowjets gestoppt

Zahlreiche Soldaten, die aus dem Kessel von Stalingrad ausgeflogen werden, haben schwere Erfrierungen

1942 Dezember

Ein letzter Versuch der 4. Panzerarmee, von Wassiljewka aus in Richtung Stalingrad vorzustoßen, scheitert an der Übermacht der sowjetischen Truppen

Die dafür gebildete Angriffsgruppe besteht aus der 6. Panzerdivision (GenLt. Raus), der 23. Panzerdivision (GenMaj. von Vormann) und der von der Heeresgruppe Mitte abgezogenen 17. Panzerdivision mit insgesamt 230 Panzern. Auf dem etwa 100 Kilometer langen Weg von Salsk nach Stalingrad kommt der Entsatzversuch trotz der Vernichtung von 385 sowjetischen Panzern nur langsam voran, da seine Ostflanke ständigen sowjetischen Gegenangriffen ausgesetzt ist.

Im Kessel von Stalingrad

Ab Dienstag, dem 15. Dezember 1942, müssen die Tageseinsätze geschlossener deutscher Transportverbände zur Versorgung von Stalingrad bei klarem Himmel ganz eingestellt werden, da die langsamen und praktisch wehrlosen Ju 52 inzwischen unersetzliche Ausfälle zwischen 50 und 90 Prozent erlitten haben. Seitdem wird tagsüber nur noch bei starker Bewölkung oder nachts geflogen. Die zunehmenden Störangriffe der Roten Luftflotte auf Pitomnik und Bassargino sowie auf die Abflugbasen verursachen hohe Verluste an Flugzeugen und Bodenpersonal. Die deutschen Verbände sind so dezimiert, daß außer den in Makejewka und Stalino liegenden Spezialgruppen nur noch von einsatzbereiten oder fluguntauglichen Maschinen gesprochen werden kann. Mangelnde Wartung, Ausfall der Funkanlagen durch feuchte Witterung und besonders Splitterschäden führen zu erheblichen Ausfällen.

Am Mittwoch, dem 16. Dezember 1942, beginnt die sowjetische »Woronesch-Front« (GenLt. Golikow) mit der 1. Gardearmee (GenLt. W. I. Kusnezow), der 3. Gardearmee (GenLt. Leljuschenko) sowie der 6. Armee (GenMaj. Charitonow) ihre Offensive gegen den Frontabschnitt der italienischen 8. Armee (GenOberst Gariboldi). Zahlreiche italienische Verbände sind bereits am Abend von den Angreifern überrollt und aufgerieben. Nachdem die sowjetischen Verbände etwa 240 Kilometer weit vorgestoßen sind, bedrohen sie nun den Rücken der deutschen Tschir-Front. Auch die Armeegruppe Hollidt und die rumänische 3. Armee werden innerhalb weniger Tage zerschlagen.

In der Woche vor Weihnachten verschlechtert sich das Wetter derart, daß nur noch Piloten mit besonderen Erfahrungen im Blindflug in der Lage sind, die Landebahnen im Kessel von Stalingrad zu erreichen. Von zehn in Tazinskaja oder Morosowskaja gestarteten Maschinen kommen durchschnittlich nur sechs zu den eingeschlossenen Truppen durch, und davon kehren im günstigsten Fall nur drei bis vier wieder zu den Abflugbasen zurück.

Am Montag, dem 21. Dezember 1942, befinden sich die zum Entsatz der eingekesselten 6. Armee vorstoßenden Divisionen der 4. Panzerarmee (GenOberst Hoth) trotz heftigen Widerstandes der sowjetischen 51. Armee (GenMaj. Trufanow) am Fluß Myschkowa, 48 Kilometer vor Stalingrad. Hier müssen sie jedoch zur Verteidigung übergehen, da die sowjetischen Kräfte inzwischen Verstärkung durch die 2. Gardearmee (GenLt. Malinowski) erhalten haben. Nachdem im Rücken der 4. Panzerarmee die sowjetischen Angriffsoperationen gegen die deutschen Truppen im Kaukasus fortschreiten und Hitler dem geplanten Ausbruch der 6. Armee in Richtung Myschkowa (Unternehmen »Donnerschlag«) nicht zustimmt, muß die 4. Panzerarmee ihren Vorstoß auf Stalingrad abbrechen und unter schweren Kämpfen nach Süden eindrehen.

Dezember 1942

Unterdessen zeichnet sich im großen Donbogen eine besondere Gefahr ab. Der im Kaukasus-Raum operierenden Heeresgruppe A (GenOberst von Kleist) und der Heeresgruppe Don (GFM von Manstein) droht die Abschnürung, wenn es der Roten Armee gelingen sollte, bis Rostow vorzustoßen. Daher entschließt sich GFM von Manstein, die zur 4. Panzerarmee gehörende 6. Panzerdivision (GenLt. Raus) in Richtung Potjemskinskaja in Marsch zu setzen. Damit besteht für die geschwächte 4. Panzerarmee keine Chance mehr, Stalingrad zu entsetzen.

Um nicht durch die ständigen Angriffe der sowjetischen 2. Gardearmee und der 51. Armee völlig aufgerieben zu werden, muß sich die 4. Panzerarmee zurückkämpfen und wird dabei teilweise von sowjetischen Verbänden überrollt. Der Vorstoß von acht sowjetischen Korps in Richtung Rostow, die einen zweiten Zangenarm bilden sollen, geht unaufhörlich weiter.

Am Donnerstag, dem 24. Dezember 1942, beginnt nun auch die sowjetische »Stalingrad-Front« (GenLt. Jeremenko) ihre Offensive und greift mit der 2. Gardearmee, der 51. Armee und der 5. Stoßarmee (GenLt. Popow) die im Abschnitt Kotelnikowo eingesetzte rumänische 4. Armee (GenOberst Racovitza) an. Die ohnehin schon in Auflösung begriffenen rumänischen Verbände leisten kaum noch Widerstand.

In den Abendstunden des 24. November 1942 stehen die sowjetischen Panzer der »Woronesch-Front« bereits vor Tazinskaja, jenem für die Luftversorgung des Stalingrad-Kessels so überaus wichtigen Nachschubstützpunkt. Die erfolgreiche Offensive der »Stalingrad-Front« leitet die Niederlage der deutschen Heeresgruppe Don ein, macht die Fortsetzung des sowjetischen Angriffs in Richtung Rostow möglich und rückt den Zeitpunkt einer Zerschlagung der deutschen 6. Armee näher. Die bisherige »Stalingrad-Front« wird nun in »Südfront« umbenannt und soll nach Zuführung weiterer Verstärkungen Rostow zurückerobern.

Am Montag, dem 28. Dezember 1942, befiehlt Hitler der Heeresgruppe A den Rückzug aus dem Kaukasus. Vorgesehen ist auch eine Zurücknahme der Heeresgruppe Don.

Stalingrad, Ende Dezember 1942: Trotz der Hungerrationen Tag und Nacht im Einsatz. In der kurzen Kampfpause müssen die Waffen gesäubert werden

Der sowjetische General Pjotr P. Popow

»Der Rückblick auf das Jahr 1942«: Hitler nimmt die Parade der Gefallenen ab – unter anderem von Stalingrad, von Nordafrika, vom Kaukasus und von der Schlacht um Moskau

DER SEEKRIEG 1942

AUF ALLEN WELT-MEEREN

Geleitzugkämpfe im Atlantik, Nordmeer und Mittelmeer sowie die See-Luft-Schlachten im Pazifik halten die Welt in Atem

Am Freitag, dem 2. Januar 1942, geht das erste Schiff des alliierten Murmansk-Konvois PQ.7 verloren. U 134 (KptLt. Schendel) gelingt es, den britischen Frachter »Waziristan« (5135 BRT) mit Torpedotreffern zu versenken.

Am Montag, dem 12. Januar 1942, eröffnet U 123 (KptLt. Hardegen) mit der Versenkung des britischen Dampfers »Cyclops« (9076 BRT) vor dem Hafen von New York das Unternehmen »Paukenschlag«, das die bis Juli 1942 dauernde vierte Phase der Schlacht im Atlantik einleitet. Bei dieser Operation geht es um die Bekämpfung der amerikanischen Schiffahrt unmittelbar vor der Ostküste der Vereinigten Staaten, wo für die deutschen U-Boote gute Erfolgschancen bestehen.

Da es in New York und anderen Küstenstädten noch keinerlei Verdunkelung gibt, können die bei Nacht auftauchenden U-Boote die als Beute ausersehenen Frachter deutlich in ihren Umrissen erkennen, ehe sie ihre Torpedos abschießen oder sie artilleristisch bekämpfen. Hinzu kommt noch, daß sich hier der Schiffsverkehr zumeist ohne Begleitschutz und mit geringer Luftsicherung abwickelt. Außerdem haben die Amerikaner bis jetzt noch kaum Erfahrungen im Kampf gegen U-Boote.

Am Donnerstag, dem 22. Januar 1942, findet im Hauptquartier »Wolfsschanze« bei Rastenburg (Ostpreußen) eine Aussprache über aktuelle Seekriegsprobleme statt, an der Großadm. Raeder und Adm. Fricke, Chef des Stabes der Seekriegsleitung, teilnehmen. Da Hitler Norwegen für die »Schicksalszone des Krieges« hält, besteht er darauf, daß man dort unter allen Umständen das Angriffspotential verstärken und alle U-Boote nach Norwegen verlegen müsse, damit eine ausreichende Aufklärung des eventuell anrückenden Gegners und dessen wirksame Abwehr gewährleistet sei.

Auch die Schlachtschiffe »Scharnhorst« und »Gneisenau« sowie der schwere Kreuzer »Prinz Eugen« sollen in den norwegischen Gewässern patrouillieren. Seit fast einem Jahr liegen diese Schiffe im westfranzösischen Hafen Brest, wo sie inzwischen mehr als 300 Angriffen britischer Bomber ausgesetzt waren und dabei auch mehrfach beschädigt wurden.

Mittelmeer 1942: Der Flugzeugträger »Indomitable« und der Träger »Eagle« (im Hintergrund) sichern die britischen Nachschubkonvois von Gibraltar nach Malta

1942 Jaunar

Die Verteidigung Norwegens erscheint Hitler so dringlich, daß er dem Oberbefehlshaber der Kriegsmarine erklärt, es sei »am zweckmäßigsten, die Schiffe abzuwracken und ihre Geschütze und Besatzungen zur Verstärkung der Abwehr in Norwegen zu verwenden«, falls ein überraschender Durchbruch dieser schweren Einheiten durch den Ärmelkanal nicht möglich sein sollte.

Damit steht die deutsche Seekriegsleitung vor der Entscheidung, ihre kampfstärksten Schiffe entweder abwracken zu lassen oder einen Durchbruch durch den Kanal in Richtung Norwegen zu wagen. Man faßt den Entschluß, das Risiko einzugehen.

Zur Abwehr der erwarteten Invasion Norwegens stehen aufgrund eines Hitler-Befehls schon 12 Boote vom neuen Typ VII der U-Boot-Gruppe »Schlei« seit dem 15. Januar 1942 westlich der Hebriden und der Färöer-Inseln bereit. Dies ist jedoch nicht im Sinne von Dönitz, der diese Boote lieber vor der amerikanischen Ostküste einsetzen möchte, wo deutsche U-Boote bei dem Unternehmen »Paukenschlag« beträchtliche Versenkungsziffern erreichen.

Am Freitag, dem 23. Januar 1942, wird 15 Seemeilen östlich von Trondheim im Aas-Fjord das Schlachtschiff »Tirpitz« von britischen Aufklärern gesichtet. Um unnötige Gefahren zu vermeiden, beschließt die britische Admiralität daraufhin, nur jeweils einen Konvoi auf der Island-Murmansk-Island-Route einzusetzen.

Am Sonnabend, dem 24. Januar 1942, genehmigt Hitler auf Drängen von Dönitz den Abzug der U-Boot-Gruppe »Schlei« von den Hebriden in den Golf von Biskaya. Schon zwei Tage später zieht er die Genehmigung zurück und beordert die Gruppe »Schlei« wieder zurück in das Gebiet der Hebriden.

Im Januar 1942 versenken deutsche U-Boote im Atlantik und im Nordmeer insgesamt 49 Handelsschiffe mit 276 173 BRT, bei einem Verlust von drei eigenen U-Booten.

Am Sonntag, dem 1. Februar 1942, wird für den Funkverkehr der Kriegsmarine der Schlüsselbereich »Hydra« durch den Bereich »Triton« ersetzt. Die Front-U-Boote werden gleichzeitig mit der neuen Schlüsselmaschine »Enigma M4«, die über eine zusätzliche vierte Walze »Alpha« verfügt, ausgerüstet. Erst Ende 1942 gelingt es den englischen Kryptologen, diesen Schlüssel zu entziffern.

Unternehmen »Cerberus«

In den Abendstunden des 11. Februar 1942 verlassen die Schlachtschiffe »Gneisenau« (Kpt. z. S. Fein) und »Scharnhorst« (Kpt. z. S. Hoffmann), mit Vizeadm. Ciliax an Bord, sowie der schwere Kreuzer »Prinz Eugen« (Kpt. z. S. Brinkmann), einige Zerstörer und Schnellboote den an der französi-

Februar 1942

Der schwere Kreuzer »Prinz Eugen« während des Kanaldurchbruchs (Unternehmen »Cerberus«)

Ein deutsches Schlachtschiff in Begleitung von drei Zerstörern (unten links). Die schweren Einheiten der Kriegsmarine werden durch die britische Luftherrschaft in ihren Einsätzen stark behindert

Admiral Otto Ciliax und Konteradmiral Erich Bey

1942 Februar

Unternehmen »Cerberus«: Das Schlachtschiff »Scharnhorst« wird von einem Zerstörer eskortiert; ein Wasserflugzeug vom Typ Heinkel He 115 sichert die beiden Schiffe vor britischen U-Booten

schen Atlantikküste gelegenen Hafen Brest. Damit beginnt das Unternehmen »Cerberus«, eine der gewagtesten Operationen der Kriegsmarine im Zweiten Weltkrieg: der Durchbruch durch den Ärmelkanal in die Nordsee.

Eine Reihe von Zufällen ermöglicht die Ausfahrt aus dem Hafen: Ein in alliiertem Dienst stehender französischer Beobachtungsposten versagt, das die Ausfahrt des Hafens überwachende U-Boot »Sealion« muß wegen Beschuß tauchen, ein Hudson-Aufklärer, der vom Coastal Command zu Beobachtungszwecken eingesetzt ist, kehrt wegen eines defekten Radargerätes nach England zurück, ebenso eine weiter nördlich fliegende Maschine.

Die deutschen Großkampfschiffe werden durch sechs Zerstörer und 14 Torpedoboote, drei S-Boot-Flottillen, 21 Minensucher, 22 Räumboote, 21 U-Jäger und 37 sonstige Fahrzeuge abgeschirmt. Die Luftsicherung hat die Luftflotte 3 (GFM Sperrle) übernommen und insgesamt 176 Zerstörer und Jagdflugzeuge zur Verfügung gestellt, die hauptsächlich den Jagdgeschwadern 2 und 26, im weiteren Verlauf der Operation aber auch dem Jagdgeschwader 1 unter Oberst Galland angehören. Mindestens 16 deutsche Flugzeuge befinden sich ständig über den Schlachtschiffen im Einsatz. Obwohl die Engländer über ein dichtes Radarsystem verfügen, kann der Verband den Kanal unbemerkt passieren.

Erst am nächsten Tag, dem 12. Februar 1942, wird der deutsche Schiffsverband gegen Mittag auf der Höhe von Gravelines durch sechs Torpedoflugzeuge der Swordfish-Squadron Nr. 835 (Lt. Cdr. Esmonde) angegriffen, doch werden alle sechs Maschinen abgeschossen. Zur gleichen Zeit eröffnen die Küstenbatterien das Feuer, und Adm. Sir Ramsay versucht mit dem Einsatz von Schnellbooten und Zerstörern, die deutschen Schiffe zu stoppen, was aber nicht gelingt.

Mit äußerster Kraft voraus hat der deutsche Flottenverband fast die Nordsee erreicht. Versuche des Bomber Command, ihn mit mehr als 240 Flugzeugen zu verfolgen, scheitern am diesigen Wetter.

In England gehen die Meinungen über das deutsche Flottenunternehmen auseinander: Die Öffentlichkeit sieht darin weithin eine Niederlage. Die »Times«: »In den Heimatgewässern ist seit dem 17. Jahrhundert nichts geschehen, was den Stolz der Seemacht mehr demütigte.« Demgegenüber verbreitet sich bei der Admiralität und der Royal Navy Erleichterung, daß eine Sonderbewachung von Brest, um einen Ausbruch der deutschen Schiffe in den Atlantik zu unterbinden, nicht mehr erforderlich ist.

Februar 1942

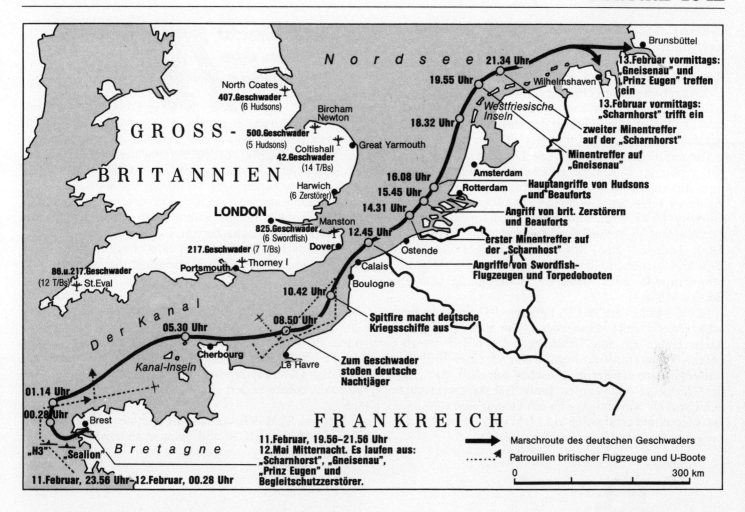

Der Verlauf des Unternehmens »Cerberus« mit stündlichen Eintragungen

Mit großem Propaganda-Aufwand wird das Unternehmen »Cerberus« im Deutschen Reich gefeiert, doch verschweigt man, daß diese Operation in strategischer Hinsicht ein Rückzug ist: Die deutsche Seekriegsleitung muß jetzt auf weitere Operationen dieser Schiffe im Ozean verzichten.

Unternehmen »Neuland«

In der Nacht vom 16./17. Februar 1942 beginnt eine Gruppe deutscher U-Boote mit dem vier Wochen andauernden Unternehmen »Neuland«, das sich gegen die Schiffahrt in der Karibischen See richtet. Vizeadm. Dönitz hat die Operation von Teilen seiner U-Boot-Flotte in die Karibik verlagert, weil infolge des verstärkt ausgebauten Geleitschutzes für die Schiffahrt vor der nordamerikanischen Ostküste die Erfolgschancen dieser Boote geringer geworden sind.

Die Aktion beginnt mit der Beschießung von Ölanlagen in karibischen Häfen. Beteiligt sind daran U 502 (KptLt. von Rosenstiel) mit einem Angriff auf Maracaibo (Venezuela), U 156 (KorvKpt. Hartenstein) nimmt den Hafen der Insel Aruba unter Feuer, und U 67 (KptLt. Müller-Stöckheim) richtet seinen Angriff gegen Curaçao, eine Insel der Antillen, die ebenso wie Aruba zum niederländischen Kolonialbesitz gehört. Die Wirksamkeit des Unternehmens »Neuland« bestätigt Churchill eines Tages, nachdem er festgestellt hat, daß sich die deutschen U-Boote mit Vorliebe Tanker als Opfer aussuchen und sich ihre Erfolge von Woche zu Woche steigern.

Am Dienstag, dem 17. Februar 1942, nimmt ein fünfwöchiges japanisches Aufklärungsunternehmen über Australien und mehreren Inseln im südlichen Pazifik seinen Anfang. Ausgangspunkt ist jeweils das U-Boot I-25 (FregKpt. Tagami), das mit einem Bordflugzeug ausgestattet ist. Der erste Erkundungsflug, den Feldw. Fujita als Pilot unternimmt, gilt Sydney. Danach werden auch Aufklärungsflüge über Melbourne und anderen Städten durchgeführt. Ebenfalls am 17. Januar 1942 gelingt es dem zur deutschen U-Boot-Gruppe »Ulan« gehörenden Boot U 454 (KptLt. Hackländer), aus dem Nordmeer-Konvoi PQ.8 den englischen Zerstörer »Matabele« zu vernichten und den Dampfer »Harmatris« (5395 BRT) zu torpedieren. Die aus U 134, U 454 und U 584 bestehende

617

1942 Februar

U-Boot-Gruppe »Ulan« ist das erste gegen einen Nordmeer-Konvoi operierende deutsche U-Boot-Rudel.

In der Nacht vom 17./18. Februar 1942 geht das bei Kriegsausbruch größte U-Boot der Welt, der französische U-Kreuzer »Surcouf« (FregKpt. Blaison), auf unkriegerische Weise verloren. Während seiner Fahrt zum Panamakanal kollidiert es im Dunkel der Nacht vor den Antillen mit dem amerikanischen Frachter »Thomson Lykes«.

Der zur Freien Französischen Flotte (Vizeadm. Musilier) gehörende U-Kreuzer geht mit der gesamten 118köpfigen Besatzung unter. Die »Surcouf« ist das erste mit mehreren schweren Geschützen bestückte Unterwasserfahrzeug. Es hat über Wasser eine Verdrängung von 3000 Tonnen und in getauchtem Zustand nicht weniger als 4300 Tonnen. Die Bewaffnung besteht aus zwei 20,3-cm-Geschützen, zwei 3,7-cm-Flak, vier MG und zehn Torpedorohren, dazu ein Bordflugzeug vom Typ Besson MB 411.

In der Nacht vom 26./27. Februar 1942 wird das deutsche Schlachtschiff »Gneisenau« (Kpt. z. S. Fein), das im Kieler Hafen seit dem Durchbruch durch den Ärmelkanal im Reparaturdock liegt, während eines britischen Luftangriffs so schwer im Vorschiff getroffen, daß es außer Dienst gestellt werden muß. Der ausgeschlachtete Schiffsrumpf wird im April nach Gotenhafen (Gdingen) geschleppt und schließlich am 27. März 1945 zur Blockierung der dortigen Hafeneinfahrt versenkt.

Seeschlacht in der Java-See

Am Freitag, dem 27. Februar 1942, kommt es im Gebiet von Niederländisch-Indien zur »Seeschlacht in der Java-See«, der ersten Seeschlacht im Pazifik, die gleichzeitig den Endkampf um Java einleitet. Die alliierten Seestreitkräfte der ABDA-Striking Force unter dem Befehl des holländischen Konteradm. Doorman patrouillieren in diesem Seegebiet, um die japanische Invasionsflotte vor Java abzufangen. Nachdem der britische Zerstörer »Electra« um 16.12 Uhr das japanische Geschwader sichtet, beginnt schon vier Minuten später das Gefecht zwischen den gegnerischen Flottenverbänden.

Bei einem Torpedoangriff japanischer Zerstörer werden um 17.07 Uhr sowohl die »Electra« als auch der holländische Zerstörer »Kortenaer« versenkt und kurz danach der britische schwere Kreuzer »Exeter« durch Artillerievolltreffer in die Maschinenanlage schwer beschädigt. Die einsetzende Dunkelheit beendet vorerst den Kontakt zwischen den sich bekämpfenden Seestreitkräften.

Erst um 23.30 Uhr stoßen die Japaner wieder auf die alliierten Kriegsschiffe und nehmen sie erneut unter Be-

Der amerikanische Konteradmiral Robert Ghormley

Der Stolz der französischen Flotte – »Surcouf«, das größte U-Boot der Welt – wird von einem amerikanischen Frachter gerammt und versenkt

März 1942

schuß. Nach einer Explosion der Munitionskammer sinkt der niederländische Kreuzer »Java«, während der Kreuzer »De Ruyter« nach einem Torpedotreffer untergeht. Von den Besatzungen beider Schiffe können sich zunächst 60 Überlebende auf Flöße retten. Das aus Surabaja eintreffende Lazarettschiff kann jedoch niemanden mehr finden. Von einem holländischen U-Boot sind nur zwei schwerverletzte Matrosen an Bord genommen worden.

Die »Seeschlacht in der Java-See« endet für die Alliierten mit einer schweren Niederlage und dem Verlust von drei Kreuzern und vier Zerstörern. Auch der Befehlshaber der ABDA-Striking Force, Konteradm. Doorman, befindet sich unter den Gefallenen. Dieser verlustreiche Kampf hat die japanische Landung auf Java lediglich um einen Tag hinausgezögert.

Im Monat Februar 1942 belaufen sich die Versenkungsziffern der deutschen U-Boote auf 70 Handelsschiffe mit insgesamt 411 560 BRT bei nur zwei eigenen Verlusten.

Churchill bezeichnet diese Zahlen als »höchste Verlustziffer im bisherigen Kriegsverlauf«.

Am Freitag, dem 6. März 1942, beginnt das von drei Zerstörern gesicherte deutsche Schlachtschiff »Tirpitz« – mit Vizedadm. Ciliax an Bord – vom norwegischen Hafen Trondheim aus eine Operation gegen die alliierten Geleitzüge PQ.12 und QP.8. Diese beiden Konvois sind

Schweden 1942: Gedenkausgabe zum 200. Geburtstag des Chemikers Carl W. Scheel; Norwegen 1942: Gedenkausgabe zum 200. Geburtstag des Dichters Johan H. Wessel; Dänemark 1942: Gedenkausgabe zur Gründung der astronomischen Station »Runder Turm« vor 300 Jahren

Der holländische Konteradmiral Karel Doorman

Das Schlachtschiff »Tirpitz« mit Sicherungseinheiten auf dem Marsch in das neue Operationsgebiet

1942 März

Ein deutsches U-Boot verläßt seinen Stützpunkt an der Atlantikküste. Oft dauert es Wochen bis zur Rückkehr

Korvettenkapitän Wolfgang Lüth

Der japanische Vizeadmiral Shigeyoshi Miwa

von einer starken englischen Deckungsgruppe (Vizeadm. Curteis) geschützt, die nach Vereinigung mit Teilen der Home Fleet unter Adm. Tovey aus drei Schlachtschiffen, einem Flugzeugträger, zwei Kreuzern und 12 Zerstörern besteht. Das Wetter ist jedoch so schlecht, daß die deutsche Kampfgruppe an den Konvois vorbeistößt und diese erste Aktion der »Tirpitz« gegen alliierte Handelsschiffe in nördlichen Gewässern ergebnislos endet.

Am 11. März 1942 versenkt U 565 (Oberlt. z. S. Jebsen) im Mittelmeer bei Sollum den britischen Kreuzer »Naiad« (Capt. Graham), der mit einem Flottenverband aus Malta nach Alexandria laufende Schiffe geleiten sollte.

Ab Sonnabend, dem 14. März 1942, treffen weitere elf deutsche U-Boote vom Typ VII A, B und C als vierte Welle des Unternehmens »Paukenschlag« vor der nordamerikanischen Ostküste ein, um hier einzeln gegen die alliierte Handelsschiffahrt zu operieren.

Am Freitag, dem 20. März 1942, läuft das Schiff 28 »Michel« (FregKpt. d. Res. von Ruckteschell) als erster deutscher Hilfskreuzer der zweiten Welle aus dem westfranzösischen Hafen La Pallice aus, um im Atlantik sowie im Indischen und Pazifischen Ozean Handelskrieg zu führen. Das Schiff 28 »Michel« ist das 1939 in Danzig erbeutete ehemalige polnische Motorschiff »Bielsko« (4740 BRT).

Bei der Überführung des Hilfskreuzers in den Atlantikhafen eine Woche zuvor ist es im Kanal zwischen den deutschen Begleitschiffen und britischen Schiffseinheiten zu anhaltenden Gefechten gekommen, bei denen zwei britische Zerstörer Beschädigungen erlitten haben.

März 1942

Der französische Atlantikhafen St. Nazaire am 28. 3. 1942: Der im Schleusentor verkeilte Zerstörer »Campbeltown« nach der Operation »Chariot«

»Milchkühe« im Einsatz

Am Dienstag, dem 24. März 1942, kommt es rund 500 Seemeilen nordostwärts der Bermudas zur ersten Treibstoffversorgung deutscher U-Boote, die vor der nordamerikanischen Küste im Einsatz sind, durch einen U-Boot-Tanker. Es ist U A (KorvKpt. Cohausz), das ehemals unter dem Namen »Batiray« für die türkische Marine bestimmte U-Boot, das für Versorgungszwecke umgerüstet wurde. U A ist einer der zehn von den Matrosen oft als »Milchkühe« bezeichneten deutschen U-Boot-Tanker, die in den Bunkern ihrer verbreiterten Druckkörper 432 Tonnen Dieselöl zusätzlich aufnehmen können und darüber hinaus vor dem Turm noch vier Torpedos in druckfesten Behältern an Deck mitführen.

In den Gewässern vor der amerikanischen Ostküste finden die deutschen U-Boote im ersten Vierteljahr 1942 so viele Ziele, daß sie sich darauf beschränken können, nur voll beladene Frachter anzugreifen. Kein einziges U-Boot geht in diesem Zeitraum verloren.

Am Donnerstag, dem 26. März 1942, unternimmt ein japanisches Geschwader (Vizeadm. Nagumo) mit fünf Flugzeugträgern, vier Schlachtschiffen, drei schweren Kreuzern, einem leichten Kreuzer und acht Zerstörern von Kendari (Celebes) aus einen Vorstoß in den Indischen Ozean. Gleichzeitig sticht von dem burmesischen Stützpunkt Mergui die japanische Malaya-Gruppe (Vizeadm. Ozawa) in See, nachdem die Eroberung der malaysischen Halbinsel abgeschlossen ist. Diese Kampfgruppe besteht aus einem Flugzeugträger, fünf schweren Kreuzern, einem leichten Kreuzer und vier Zerstörern.

Nach diesem demonstrativen Ausbruch japanischer Flottenkräfte in Richtung Ceylon erhält die British Eastern Fleet (Vizeadm. Somerville) die Anweisung, von Colombo nach Südwesten zu dem etwa 600 Seemeilen entfernten Addu-Atoll (Malediven) als provisorischem Stützpunkt zu verlegen. Die Hauptkräfte der British Eastern Fleet, der nicht genügend Flugzeuge für eine wirksame Bekämpfung der japanischen Flottenverbände zur Verfügung stehen, setzen sich aus fünf veralteten Schlachtschiffen, drei Flugzeugträgern, zwei schweren und fünf leichten Kreuzern, 15 Zerstörern und fünf U-Booten zusammen.

In der Nacht vom 27./28. März 1942 gelingt es dem britischen Zerstörer »Campbeltown« (Lt. Cdr. Beattie), der früher als »Buchanan« unter amerikanischer Flagge fuhr, das Schleusentor des französischen Hafens St. Nazaire zu rammen. Dieser als Operation »Chariot« bezeichnete geheime englische Commando-Raid hat das Ziel, das zur Zeit größte Trockendock der Welt in St. Nazaire zu zerstören, um eine eventuelle Verlegung des Schlachtschiffes »Tirpitz« von Norwegen an die französische Atlantikküste zu verhindern. Außerdem befindet sich am Westufer des Hafenbassins ein gewaltiger Schutzbunker für 18 U-Boote.

Noch am Tag zuvor hat Adm. Dönitz den Hafen von St. Nazaire besucht, um sich über den derzeitigen Bauabschnitt der U-Boot-Bunker zu informieren. Gleichzeitig

1942 März

erkundigt er sich bei dem deutschen Kommandanten, welche Maßnahmen vorgesehen seien, falls die Engländer St. Nazaire angreifen sollten. Man berichtet ihm zwar von vorsorglichen Alarmvorschriften, entgegnet aber, daß man einen Angriff für unwahrscheinlich halte, was Dönitz mit den Worten kommentiert: »Also, ich würde da ja nicht so sicher sein.«

Die »Campbeltown« und ihre Begleitschiffe, darunter 16 Motorbarkassen, haben für diese Commando-Operation unter dem Befehl von Lt. Col. Newman 621 Mann an Bord. Die »Campbeltown«, einer der 50 aus dem Ersten Weltkrieg stammenden alten Zerstörer, die Großbritannien von den USA bekommen hat, ist für den vorgesehenen Einsatz so umgerüstet worden, daß ihre Silhouette der eines deutschen Torpedobootes der »Möwe«-Klasse gleicht. Ihre Sprengladung besteht aus 24 Wasserbomben Mark VII mit je 180 Kilogramm Gewicht, die zwischen Geschützunterbau und Brücke installiert sind.

Nach Mitternacht läuft um 1.30 Uhr der britische Verband – jedes Boot hat eine deutsche Flagge aufgezogen – in die Loire-Mündung ein. Plötzlich erhellt Scheinwerferlicht den Zerstörer und die anderen Schiffe. Da kein deutscher Geleitzug gemeldet ist, erhält der Zerstörer einen Warnschuß vor den Bug. Doch ehe das schwere Geschützfeuer der Flakbatterien einsetzt, befinden sich die Schiffe bereits 1500 Meter vor dem Ziel. Trotz des deutschen Abwehrfeuers, das bereits Opfer unter den dicht gedrängten Commandos fordert, gibt der Kapitän der »Campbeltown« den Befehl zum Rammen des Schleusentores, das gleichzeitig der Senkkasten des Trockendocks ist.

Die Commandos kommen zwar an Land, doch sie schaffen es nicht, den sofort einsetzenden Widerstand der im Nahkampf ausgebildeten deutschen Schiffsbesatzungen zu überwinden. Nur wenige von ihnen können sich retten, die meisten geraten in Gefangenschaft oder fallen. Vier Barkassen gelingt der Durchbruch zu den vor der Loire-Mündung wartenden britischen Zerstörern und die Rückkehr nach England.

Dennoch ist dieser Überfall ein Erfolg von hoher strategischer Bedeutung, da acht Stunden später die vorbereiteten Zeitzünder die mit Sprengstoff beladene »Campbeltown« in die Luft jagen, wodurch das Schleusentor völlig zerstört wird. Damit gibt es an der Atlantikküste kein Dock mehr, das in der Lage wäre, die »Tirpitz« aufzunehmen.

Im Hafengelände von St. Nazaire am Morgen nach dem Gefecht mit britischen Commandos

März 1942

Führungswechsel bei der US-Navy

Ende März 1942 kommt es bei der US-Navy zu einem bedeutsamen Kommandowechsel. Adm. Kimmel, der bisherige Oberbefehlshaber der amerikanischen Flotte, dem während des Überfalls auf Pearl Harbor darüber hinaus die Pazifische Flotte unterstand, wird von Präsident Franklin D. Roosevelt seines Postens enthoben, der gleichzeitig das Amt des Oberbefehlshabers der US-Navy von den einzelnen Flottenkommandos löst.

Oberbefehlshaber der US-Navy anstelle von Adm. Kimmel und gleichzeitig Chef der Seekriegsleitung wird Adm. King – mit Sitz in Washington. Den Oberbefehl der Pazifischen Flotte erhält Adm. Nimitz – mit Sitz in Pearl Harbor –, während der nach London versetzte Adm. Stark den Befehl über die US-Seestreitkräfte in Europa übernimmt.

Im März 1942 versenken deutsche U-Boote 84 Handelsschiffe mit insgesamt 446 044 BRT bei sechs eigenen Verlusten.

Im ersten Quartal 1942 schaffen es die deutschen Werften, in Akkordarbeit monatlich jeweils 26 U-Boote mit zusammen 28 635 Tonnen herzustellen.

Die Operation »Chariot«, die Zerstörung des Schleusentors von St. Nazaire, in den Augen eines britischen Karikaturisten

Der amerikanische Admiral Chester W. Nimitz

Im Indischen Ozean greifen am 9. 4. 1942 rund 80 japanische Sturzkampfflieger den britischen Träger »Hermes« an. Das Schiff sinkt nach mehreren Bombentreffern

1942 April

Der japanische Marineminister Admiral Shigetaro Shimada

Der japanische Vizeadmiral Kiyohide Shima

Bereits im Frühjahr 1942 erobern die Japaner eine Reihe strategisch wichtiger Inseln und Gebiete in Südostasien – eine zeitgenössische Karikatur

Zwischen Ende März und Anfang April 1942 befinden sich im Nordatlantik kaum noch deutsche U-Boote im Einsatz, nachdem die meisten von ihnen nach den großen Geleitzugkämpfen den Rückmarsch in ihre Stützpunkte antreten mußten, um sich mit Brennstoff und Torpedos zu versorgen.

Kriegsschauplatz Ceylon

Am Sonnabend, dem 4. April 1942, werden auf Ceylon in den Häfen Colombo und Trincomalee alle dort liegenden britischen Schiffe aufgefordert, die Häfen sofort zu verlassen, nachdem ein englisches Aufklärungsflugboot die Annäherung des japanischen Flottenverbandes (Vizeadm. Nagumo) gemeldet hat.

Am nächsten Tag starten 180 Maschinen des japanischen Trägerverbandes (Vizeadm. Nagumo) zum Angriff gegen die beiden britischen Marinestützpunkte auf Ceylon. Dem Bombardement japanischer Trägermaschinen fallen in den Gewässern vor der Insel die schweren Kreuzer »Dorsetshire« (Capt. Agar) und »Cornwall« (Capt. Mangwaring) zum Opfer. Bei einem gleichzeitigen Vorstoß des japanischen Malaya-Geschwaders (Vizeadm. Ozawa) in den Golf von Bengalen werden innerhalb von vier Tagen 23 englische Handelsschiffe mit insgesamt 112 312 BRT versenkt und von japanischen U-Booten weitere fünf Schiffe vernichtet.

Am Donnerstag, dem 9. April 1942, gelingt es vor Ceylon 80 japanischen Trägermaschinen des Flottenverbandes von Vizeadm. Nagumo, durch Bombenwürfe den britischen Flugzeugträger »Hermes« (Capt. Onslow), dazu den Zerstörer »Vampire« und die Korvette »Hollyhock« sowie zwei Tanker zu versenken. Mit diesem Erfolg im Seegebiet um Ceylon hat die japanische Flottenoperation ihren Höhepunkt erreicht. Danach ziehen sich die beiden japanischen Geschwader in die Straße von Malakka zurück. Nach diesem ersten und einzigen Vorstoß japanischer Seestreitkräfte in den Indischen Ozean setzt die japanische Admiralität dort nur noch einige Hilfskreuzer und U-Boote ein.

In der Nacht vom 13./14. April 1942 kann im Nordatlantik die zum Geleitschutz des Konvois OG.82 gehörende britische Korvette »Vetch« das deutsche U-Boot U 252 (KptLt. Lerchen) aufgrund ihres neuen 9-cm-Radargerätes Typ 271 orten und gemeinsam mit der Schaluppe »Stork« durch Wasserbomben versenken.

Am Dienstag, dem 14. April 1942, wird vor der libyschen Küste bei Tripolis das bisher erfolgreichste britische U-Boot »Upholder« (Lt. Cdr. Wanklyn) von dem italienischen Torpedoboot »Pegaso« versenkt, als es gerade einen von Italien kommenden Geleitzug angreifen will. Lt. Cdr. Wanklyn und seine Besatzung haben auf 24 Feindfahrten rund 140 000 BRT an feindlichem Schiffsraum vernichtet.

April 1942

Der amerikanische Admiral Frank J. Fletcher

Zentralpazifik, April 1942: Der US-Zerstörer »Fanning« und zwei Schwesterschiffe auf der Jagd nach japanischen U-Booten

Die Schlacht im Korallenmeer, 8. 5. 1942: Zwei US-Zerstörer der Sims-Klasse versuchen, die brennende »Lexington« zu retten

625

1942 April

Am selben Tag gelingt es zum erstenmal einem amerikanischen Überwasserschiff, dem US-Zerstörer »Roper«, unmittelbar vor der Ostküste Nordamerikas ein deutsches U-Boot, und zwar U 85 (Oberlt. z. S. Greger), zu versenken.

Mitte April 1942 erfahren die Amerikaner, nachdem es ihren Kryptologen vor Wochen gelungen ist, den japanischen Marinecode zu knacken, aus entzifferten Funksprüchen die ersten Informationen über einen geplanten japanischen Angriff auf Port Moresby (Neuguinea). Daraufhin setzt Adm. Nimitz alle ihm zur Verfügung stehenden Einheiten nach Süden in Marsch: Die Task Force 17 (Konteradm. Fletcher) verläßt Pearl Harbor mit den Flugzeugträgern »Lexington« und »Yorktown« mit 42 Jägern und 99 Bombern an Bord und als Begleitschutz zwei Kreuzergruppen. Auch die beiden Flugzeugträger »Enterprise« und »Hornet«, die sich noch auf dem Rückweg von einem anderen Einsatz befinden, werden ins Korallenmeer beordert. Doch treffen sie dort zu spät ein, um an der Träger-Luftschlacht im Korallenmeer teilnehmen zu können.

Im April 1942 haben die deutschen U-Boote bei ihren Einsätzen im Atlantik, Nordmeer und im Mittelmeer 72 Handelsschiffe mit insgesamt 394 760 BRT versenkt. Drei U-Boote sind dabei verlorengegangen.

In australischen Gewässern

Am Donnerstag, dem 7. Mai 1942, wird der japanische Flottenverband von Vizeadm. Takagi durch japanische Aufklärer von der Anwesenheit eines gegnerischen Flugzeugträgers und eines Kreuzers in den nordaustralischen Gewässern unterrichtet. Takagi befiehlt daraufhin einen Großangriff gegen diese Schiffe, die beide versenkt werden. Danach stellt sich allerdings heraus, daß Takagi falsch informiert worden ist, denn tatsächlich handelt es sich lediglich um einen Tanker sowie einen ihn begleitenden Zerstörer.

Und in den Abendstunden erweist sich ein von Takagi befohlener Einsatz von Trägerflugzeugen geradezu als verhängnisvoll, da 21 der insgesamt 27 gestarteten Maschinen nicht mehr zurückkehren.

Falschmeldungen gibt es aber auch auf amerikanischer Seite, wo man Geleitschiffe des auf Port Moresby angesetzten japanischen Invasionsverbandes irrtümlich für die Hauptkräfte der Japaner hält und sie von 93 Trägerflugzeugen angreifen läßt. Bei diesem Einsatz erhält der leichte japanische Flugzeugträger »Shoho« (Kpt. z. S. Izawa) einen Volltreffer, der ihn innerhalb von zehn Minuten zum Sinken bringt. Die »Shoho« ist der erste von US-Trägermaschinen versenkte japanische Flugzeugträger. Die unerwartete Begegnung mit US-Schiffen in australischem Gewässer veranlaßt die Japaner, trotz taktischer Erfolge auf die bei Port Moresby geplante Landung zu verzichten und die für die Invasion vorgesehenen Flotteneinheiten zunächst zur Vernichtung der alliierten Seestreitkräfte einzusetzen.

Am Freitag, dem 8. Mai 1942, sichten sowohl amerikanische als auch japanische Aufklärungsflugzeuge die jeweils feindlichen Trägerverbände. An der Zahl der zur Verfügung stehenden Einheiten gemessen, ist die Stärke der Gegner nahezu gleich. Während der japanische Flottenverband sich aus 121 Flugzeugen, vier schweren Kreuzern und sechs Zerstörern zusammensetzt, hat die US-Navy 122 Trägerflugzeuge, fünf schwere Kreuzer und sieben Zerstörer hier im Einsatz. Obwohl die Amerikaner bei ihrem Trägerverband über mehr Bomber verfügen, sind die Japaner durch bessere Torpedos und größere Kampferfahrung im Vorteil. Außerdem befinden sich die japanischen Einheiten in einem Dunstgürtel, während sich die US-Flugzeuge gegen den klaren Himmel deutlich abheben.

So kann es geschehen, daß den US-Maschinen der kleine japanische Träger »Zuikaku« entgeht. Sie können zwar den Flugzeugträger »Shokaku« durch drei Bombentreffer zum Abdrehen zwingen, doch verliert die US-Navy bei diesem Kampf ihren Flugzeugträger »Lexington« (Capt. Sherman), der nach mehreren Bomben- und Torpedotreffern aufgegeben werden muß und durch eigene Torpedos versenkt wird. Auch der Träger »Yorktown« erhält Bombentreffer, kann sich aber noch in Sicherheit bringen, weil er kleiner und wendiger als die »Lexington« ist.

Am Nachmittag des 8. Mai 1942 gibt Adm. Nimitz seinem Trägerverband den Befehl, sich aus dem Korallenmeer zurückzuziehen, da mit einer japanischen Landung bei Port Moresby (Neuguinea) vorerst nicht mehr zu rechnen ist. Die Japaner verlassen ebenfalls dieses Seegebiet, zumal sie davon überzeugt sind, außer der »Lexington« auch den Flugzeugträger »Yorktown« vernichtet zu haben. Ihr großer Flugzeugträger »Shokaku« ist so schwer beschädigt worden, daß er für zwei Monate ausfällt. Selbst die »Zuikaku« ist vorerst nicht mehr einsatzbereit, da ein erheblicher Teil ihrer Trägermaschinen verlorengegangen ist.

In der Schlacht im Korallenmeer hat die US-Navy wesentlich stärkere Verluste hinnehmen müssen als die japanische Flotte, und besonders der Untergang des Flugzeugträgers »Lexington« bedeutet einen empfindlichen Verlust. So ist diese erste Trägerschlacht der Seekriegsgeschichte als taktischer Sieg der Japaner zu werten.

Strategisch gesehen ist es jedoch ein amerikanischer Erfolg, denn zum erstenmal seit Pearl Harbor hat die US-Navy eine beabsichtigte japanische Invasion verhindert, da Adm. Yamamoto von seinem Plan, Port Moresby zu erobern, abgebracht worden ist. Der Ausgang der Schlacht im Korallenmeer gibt den Amerikanern nach der Kapitulation von Corregidor am 6. Mai wieder einen moralischen Auftrieb. Zwei Fakten sind für diese erste Träger-Luftschlacht der Geschichte von Bedeutung: Es standen sich hier Flottenverbände gegenüber, die zu keinem Zeitpunkt in Sichtweite zueinander operierten und deren Trägerflugzeuge allein den Ausgang des Gefechts entschieden haben.

Mai 1942

Nach zahlreichen Bomben- und Torpedotreffern muß der Träger »Lexington« aufgegeben werden. Ein US-Zerstörer rettet die Besatzung

Während der Schlacht im Korallenmeer starten US-Jagdbomber F4U »Corsair« zur Bekämpfung japanischer Bomber

1942 Mai

In der Nacht vom 20./21. Mai 1942 kann der deutsche Hilfskreuzer Schiff 23 »Stier« (FregKpt. Gerlach) trotz patrouillierender britscher Schnellboote vor der Girondemündung, nördlich von Bordeaux, in den Atlantik auslaufen. Dieser zur zweiten Welle gehörende zweite Hilfskreuzer ist die ehemalige »Cairo« (4778 BRT), die vor dem Krieg für die Bremer Atlas-Levante-Linie gefahren ist. Die Besatzung des Schiffes beträgt 324 Mann. Bewaffnet ist es mit sechs 15-cm-Geschützen, zwei 3,7-cm-Flak, vier 2-cm-Flak und zwei Torpedorohren. Außerdem befinden sich zwei U-Boot-Versuchsflugzeuge Typ AR 231 an Bord.

Nach dem deutschen Überfall auf die UdSSR im Sommer 1941 sind Großbritannien und die USA bemüht, ihre sowjetischen Verbündeten über die Häfen Murmansk und Archangelsk mit Kriegsmaterial zu versorgen, wenn sich auch Churchills Hoffnungen nicht erfüllen, in regelmäßigen Abständen von zehn Tagen einen Konvoi durch das Nordmeer und die Barents-See zu entsenden. Da die deutsche Luftwaffe von norwegischen Stützpunkten aus operieren kann, bedeutet sie eine große Gefahr für die alliierten Geleitzüge, denn mindestens zwei Drittel der Konvoiroute liegen innerhalb der Reichweite deutscher Kampfflugzeuge.

Dies gilt besonders für die Sommermonate, wenn sich die Packeisgrenze weiter nach Süden verschiebt. Außerdem können die alliierten Luftstreitkräfte den Geleitzügen nur bis zur Insel Jan Mayen Deckung geben, so daß der zweite und längste Teil der Strecke bis Murmansk ungeschützt ist.

Aus politischen Rücksichten kann die Royal Navy den Geleitzugverkehr auch in Zeiten größter Gefährdung nicht einstellen, sondern muß ihn eher noch verstärkt fortsetzen.

Das Ziel heißt Midway

Im Laufe des Monats Mai 1942 beginnt der japanische Flottenchef Adm. Yamamoto mit der Planung einer vergleichbar wirkungsvollen handstreichartigen Operation wie seinerzeit beim Angriff auf Pearl Harbor. Ziel dieses Unternehmens sind die Midway-Inseln, die auf halbem Weg zwischen Japan und Hawaii liegen.

Die beiden baumlosen Eilande gehören zu den kleineren Atollen im Pazifischen Ozean und haben nur einen Durchmesser von etwa 9 Kilometern. Mit ihren wichtigen militärischen Anlagen, darunter ein Seefliegerhorst, ein Flughafen, eine Funkstation, Munitionsdepots und große Treibstofflager, stellen die Midway-Inseln zu dieser Zeit noch den einzigen stärkeren US-Stützpunkt im Mittelpazifik westlich von Hawaii dar.

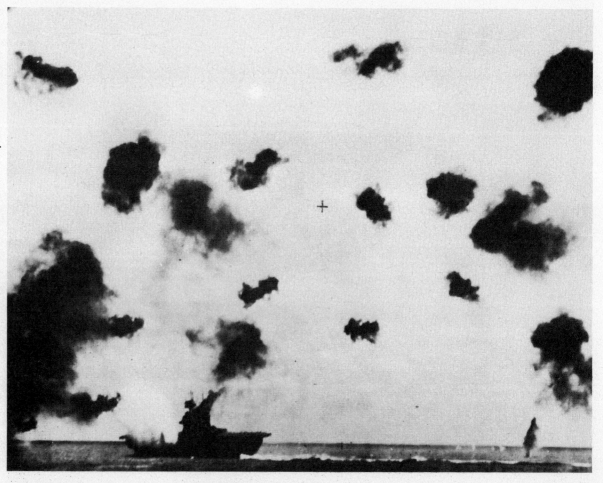

Die Seeschlacht bei Midway, 4. 6. 1942: Die von dem japanischen Träger »Hiryu« gestarteten Maschinen erzielen drei Bomben- und zwei Torpedotreffer auf dem US-Träger »Yorktown«. Zwei Tage später versucht das japanische U-Boot I-168 (KorvKpt. Tanabe) die beschädigte »Yorktown« und den längsseits liegenden Zerstörer »Hammann« zu versenken

Mai 1942

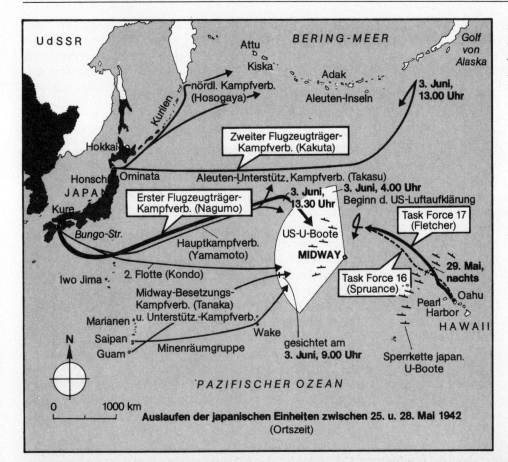

Die Seeschlacht bei Midway: Durch hohe Verluste werden die Japaner bei dieser Schlacht in die Defensive gedrängt

Südpazifik, Juni 1942: Der US-Zerstörer »Hazelwood« sichert einen Träger der Essex-Klasse, dessen Flugzeuge bei Einbrechen der Dunkelheit an Deck landen. Der Zerstörer ist die letzte Rettungschance für Piloten, die wassern müssen

629

1942 Mai

Der von Adm. Yamamoto geplante Handstreich soll die gegnerische Flotte zu einer Entscheidungsschlacht herausfordern und letztlich, nach weiteren Operationen gegen Hawaii, die absolute Seeherrschaft Japans sichern. Genaue Anweisungen über den Ablauf der Operation gegen Midway hat die japanische Flotte von ihrem Oberbefehlshaber Yamamoto schon am 20. Mai 1942 über Funk erhalten. Da man jedoch einen Code benutzt hat, den die Amerikaner bereits entziffert haben, bleiben die Absichten Adm. Yamamotos dem Leiter der US-Funkaufklärung auf Hawaii, Capt. J. J. Rochefort, nicht verborgen. Lediglich das genaue Angriffsziel ist ihm noch unbekannt, weil in den japanischen Funksprüchen nur von dem »Objekt« die Rede ist.

Nun bedient sich Rochefort eines ebenso einfachen wie genialen Tricks, um dem Gegner das Geheimnis zu entlocken. Alle amerikanischen Pazifik-Stützpunkte erhalten Anweisung, etwaige Schwierigkeiten per Funk mit einem Code zu verschlüsseln, den die Japaner bereits geknackt haben. Als daraufhin Midway Störungen bei der Wasserversorgung meldet, da die Destillationsanlage nicht mehr funktioniert, und diese Information von japanischen Funkstationen aufgegriffen, mit dem Kennwort »das Objekt« weitergeleitet, aber ebenso auch von den Amerikanern mitgehört wird, weiß Capt. Rochefort Bescheid. Und am folgenden Tag erfährt er außerdem von dem geplanten Täuschungsmanöver gegen Dutch Harbor auf den Aleuten.

Adm. Yamamoto rechnet nicht mit stärkerem amerikanischen Widerstand bei Midway, weil er der Meinung ist, die US-Navy habe in der Schlacht im Korallenmeer (3. bis 8. Mai 1942) die Flugzeugträger »Lexington« und »Yorktown« verloren. Außerdem glaubt er zu wissen, daß sich die Träger »Enterprise« und »Hornet« noch in südpazifischen Gewässern aufhalten. Yamamoto hat in diesem Augenblick noch keine Ahnung davon, daß der amerikanische Oberbefehlshaber Adm. Nimitz schon die drei Flugzeugträger »Enterprise«, »Hornet« und »Yorktown« in Pearl Harbor versammelt hat, nachdem die stark beschädigte »Yorktown« bereits innerhalb von drei Tagen wiederhergestellt worden ist.

Nach seinen Informationen und Berechnungen erwartet Yamamoto, daß Nimitz das Gros seiner Flotte nach Norden zur Abwehr des japanischen (Schein-)Vorstoßes in Richtung auf die Aleuten in Marsch gesetzt hat. Unter diesen Umständen, so kalkuliert er, würde Midway schon von Einheiten seiner Marine besetzt sein, ehe die Hauptkräfte der US-Navy hier erscheinen könnten.

Ein US-Jäger vom Typ F6F Hellcat fängt während der Landung auf dem Deck des Trägers »Enterprise« Feuer

Juni 1942

Die Seeschlacht bei Midway

Yamamoto bricht mit einer in drei Kampfgruppen gegliederten Streitmacht nach Midway auf. Vizeadm. Nagumo führt die Trägergruppe mit vier großen Trägern, zwei Schlachtschiffen, zwei schweren Kreuzern und elf Zerstörern. Unter dem Kommando des Vizeadm. Kondo steht der zur Besetzung der Inseln vorgesehene Verband, bestehend aus einer Gruppe von vier schweren Kreuzern und zwei Zerstörern für die Beschießung als Vorbereitung zum Landeunternehmen, einer Transportgruppe mit 15 Transportschiffen für die 5000 Mann Landungstruppen, einem leichten Kreuzer und zehn Zerstörern, einer Seeflugzeuggruppe mit zwei Seeflugzeugtendern und zwei Zerstörern sowie einer Minensuchgruppe als Vorausabteilung mit sieben Minensuchern und 15 U-Booten. Als Deckungsstreitkräfte hat Kondo außerdem zwei Schlachtschiffe, vier schwere Kreuzer, einen leichten Träger und acht Zerstörer zur Verfügung.

Die Hauptflotte mit sieben Schlachtschiffen, einem leichten Träger, drei leichten Kreuzern, 21 Zerstörern, zwei Schnellbooten und sechs Klein-U-Booten befehligt Adm. Yamamoto selbst.

Am 3. Juni 1942 operiert wie vorgesehen die Ablenkungsgruppe (Konteradm. Kakuta), zu der auch die Flugzeugträger »Junyo« und »Ryujo« gehören, gegen Dutch Harbor (Aleuten), wenn auch wegen vorzeitiger Entdeckung wenig erfolgreich. Damit gehen die Japaner in eine Schlacht, die sich über ein Gebiet von 1800 Seemeilen vom Nord- bis zum Zentralpazifik zwischen den Aleuten und Midway abspielt und die mit einer bisher noch nicht dagewesenen Konzentrierung von Schiffen und Flugzeugen geführt wird.

Am Sonntag, dem 31. Mai 1942, schicken die japanischen Transport-U-Boote I-22, I-24 (FregKpt. Hanabusa) und I-27 (FregKpt. Yoshimura) nach vorheriger Luftaufklärung ihre Klein-U-Boote in die Bucht von Sydney zu einem Angriff auf die im dortigen Hafen liegenden Schiffe. Einige gelangen zwar in die Bucht hinein, können aber nur das australische Wohnschiff »Kuttabul« versenken, während ihre Torpedos den amerikanischen schweren Kreuzer »Chicago« knapp verfehlen. Alle hier eingesetzten Klein-U-Boote gehen bei dieser Aktion verloren.

Am Donnerstag, dem 4. Juni 1942, eröffnen in den Morgenstunden 108 japanische Trägermaschinen des Verbandes von Vizeadm. Nagumo den Angriff auf Midway. Ein weiterer, ebenso starker Flugzeugverband hält sich zu Angriffen auf jedes gesichtete gegnerische Kriegsschiff bereit. Da die durch Radar gewarnten Amerikaner

Die Schlacht bei Midway, 6. 6. 1942. Der japanische Kreuzer »Mikuma« sinkt nach mehreren Treffern amerikanischer Sturzbomber

1942 Juni

Während der Schlacht bei Midway, 6. 6. 1942: Im Hangardeck eines amerikanischen Trägers bereitet die Besatzung Bomben für den nächsten Einsatz vor

ihren auf Midway stationierten Flugzeugen rechtzeitig den Start freigeben können, hält sich der Schaden, den die erste Angriffswelle der Träger »Akagi«, »Kaga«, »Hiryu« und »Soryu« anrichtet, in Grenzen.

Während auf den von Konteradm. Fletcher befehligten drei US-Flugzeugträgern, die nordostwärts von Midway versammelt sind, die Flugzeuge für den Angriff gegen die japanische Flotte vorbereitet werden, läßt Nagumo die Maschinen seiner vier Träger zum ersten großen Schlag gegen Midway starten. Der amerikanische Befehlshaber hat die Hoffnung, daß die vom Luftstützpunkt Midway aus eingesetzten Flugzeuge den japanischen Flottenverband entdecken, noch ehe die Japaner die Position der US-Flugzeugträger ausgemacht haben.

Eine fatale Entscheidung

Da der einleitende japanische Bombenangriff auf Midway die Verteidigungsanlagen nicht ausgeschaltet hat, empfiehlt der Führer der ersten Welle, KptLt. Tomonaga, ein erneutes Bombardement. Die zum Gegenschlag auf die japanischen Flugzeugträger von Midway aus gestarteten amerikanischen Maschinen erzielen bei 17 eigenen Verlusten keinen nennenswerten Treffer. Dennoch hat ihr Einsatz den japanischen Vizeadm. Nagumo zu einer äußerst fatalen Entscheidung veranlaßt: Die auf den Decks seiner Träger

Amerikanische Jagdbomber in der Schlacht bei Midway nach dem Start von ihrem Träger

Juni 1942

bereitstehenden 93 Reserveflugzeuge, die alle mit Torpedos für die Bekämpfung amerikanischer Kriegsschiffe ausgestattet sind, läßt Nagumo jetzt mit Bomben versehen, um sie ebenfalls gegen Midway einzusetzen. Dieser Befehl hat zur Folge, daß die japanischen Flugzeugträger während der sich über 60 Minuten hinziehenden Umrüstung eventuellen Überraschungsangriffen hilflos ausgesetzt sind, da die inzwischen von Midway zurückkehrenden Bomber erst betankt werden müssen und alle in der Luft befindlichen Jäger mit der Abwehr der von Midway aus gestarteten US-Maschinen beschäftigt sind.

Als bei Nagumo die Meldung eingeht, daß sich in einer Entfernung von etwa 280 Seemeilen eine amerikanische Schiffsgruppe befindet, glaubt er zunächst, es handele sich um Kreuzer und Zerstörer. Erst ein um 8.20 Uhr eingehender Funkspruch bestätigt ihm, daß sich unter den entdeckten amerikanischen Schiffen auch ein Träger im Anmarsch befindet. Es ist Nagumo unmöglich, sofort die Bekämpfung der gegnerischen Schiffe aufzunehmen, da seine Flugzeuge gerade an Deck mit Bomben ausgerüstet werden und der Rest über Midway eingesetzt ist.

Jetzt werden die japanischen Träger in drei Wellen von US-Trägermaschinen ohne Jagdschutz angegriffen. Die insgesamt 41 US-Torpedobomber können jedoch keinen einzigen Treffer erzielen, während japanische Jäger und Flak 35 US-Maschinen abschießen. In dem Augenblick, als die japanischen Jäger die US-Torpedoflugzeuge bekämpfen, tauchen 37 von den Flugzeugträgern »Enterprise« und »Yorktown« gestartete Sturzkampfbomber über den japanischen Schiffen auf und lassen im Sturzflug aus 6000 Meter Höhe ihre Bombenlast fallen.

Gerade jetzt, als die ersten nun wieder von Bomben auf Torpedos umgerüsteten japanischen Flugzeuge vollgetankt an das Oberdeck gehievt werden, auf dem sich Bomben, Bordmunition und Torpedos befinden, ist jede Gegenwehr ausgeschlossen. Die ersten Bombentreffer lösen auf dem Flaggschiff von Vizeadm. Nagumo, dem Träger »Akagi«, zwischen den startbereiten Flugzeugen auf dem Oberdeck eine Serie von Explosionen aus, so daß das Schiff aufgegeben werden muß. Auch der Träger »Soryu« sinkt innerhalb von 20 Minuten nach drei Volltreffern, ebenso der Träger »Kaga«, der ein paar Stunden später brennend untergeht.

Nur die »Hiryu« bleibt vorläufig noch intakt, so daß ihre Maschinen starten und der »Yorktown« so schwere Bomben- und Torpedotreffer beibringen können, daß sie aufgegeben werden muß. Nach einem Gegenangriff von 24 US-Sturzkampfbombern auf die »Hiryu« gerät auch der letzte dieser vier japanischen Flugzeugträger in Brand und sinkt in den Morgenstunden des 5. Juni 1942.

Nach dem Verlust der vier Träger sieht sich Adm. Yamamoto gezwungen, die Schlacht bei Midway abzubrechen. Selbst die Besetzung der beiden Aleuten-Inseln Attu und Kiska kann über diesen Mißerfolg nicht hinwegtäuschen. Mit dem Ausgang der Schlacht geht die Seeherrschaft im Pazifik an die Amerikaner über und ermöglicht ihnen acht Wochen später die Offensive auf Guadalcanal im Südwestpazifik. Es ist die erste größere Niederlage der japanischen Flotte seit mehreren hundert Jahren. Selbst der japanischen Regierung und der Öffentlichkeit wird dieses Desaster verschwiegen.

Die Verluste der US-Navy umfassen 307 Mann, einen Flugzeugträger, einen Zerstörer und 150 Flugzeuge. Dagegen zählen die Japaner 3500 Tote, von denen allein 2155 mit den Flugzeugträgern untergegangen sind, und etwa 330 Maschinen.

Am 5. Juni 1942 erklären die Vereinigten Staaten Bulgarien, Rumänien und Ungarn den Krieg.

Am 11. Juni 1942 beginnen deutsche U-Boote mit der Verminung der Gewässer vor der amerikanischen Ostküste.

Die Geleitzugschlachten

Am Freitag, dem 12. Juni 1942, fahren in einer parallellaufenden Aktion zwei britische Geleitzüge – der Westkonvoi (Operation »Harpoon«) aus Gibraltar und der Ostkonvoi (Operation »Vigorous«) aus Alexandria kommend – Malta an, um die Insel mit Nachschub zu versorgen. Beide Einheiten

Nach erfolgreichem Einsatz eines deutschen Kampfflugzeuges: Die torpedierten oder versenkten britischen Schiffe werden sorgfältig auf das Leitwerk gemalt

1942 Juni

werden von Flakkreuzern, Zerstörern und zahlreichen kleineren Schiffen begleitet. Die aus zwei verschiedenen Richtungen anlaufende Doppeloperation soll die See- und Luftstreitkräfte der Achsenmächte dazu zwingen, ihr Abwehrpotential zu zersplittern, damit wenigstens ein Teil des Nachschubs in Malta eintrifft.

Tatsächlich kommen nur zwei von insgesamt 17 Frachtern und Tankern an. Die schweren Verluste der Royal Navy haben deutsche Bomber verursacht, die einen Tanker, vier Frachter und zwei Zerstörer versenkten. Der Kreuzer »Hermione« wird von U 205 (KptLt. Reschke) torpediert und sinkt ebenso wie der vom Schnellboot S 55 (Oberlt. z. S. Weber) schwer getroffene Zerstörer »Hasty«. Das niederländische Motorfrachtschiff »Tanimbar« (8168 BRT) fällt den Bomben italienischer Kampfflugzeuge zum Opfer. Zwei englische Zerstörer gehen nach Beschuß durch italienische Kriegsschiffe und durch Auflaufen auf Minen unter.

Die Achsenmächte zur See und in der Luft haben damit ihr operatives Ziel erreicht: Die Versorgung von Malta bleibt weiterhin problematisch. Die britische Admiralität verzichtet nach diesem Mißerfolg darauf, weitere Geleitzüge nach Malta zu entsenden. Erst nach Beendigung der Kämpfe in Nordafrika verlassen wieder Konvois mit Versorgungsgütern für Malta den Hafen von Alexandria. Die italienische Marine hat bei der Bekämpfung der Doppelkonvoi-Operation den Kreuzer »Trento« verloren. Das Schlachtschiff »Littorio« ist durch Torpedotreffer beschädigt worden.

In der Nacht vom 12./13. Juni 1942 unternehmen fünf sowjetische U-Boote den Versuch, die deutsche Minensperre »Seeigel«, die den freien Zugang vom Finnischen Meerbusen zur Ostsee blockiert, zu durchbrechen. In den darauffolgenden sieben Tagen gelingt es jedoch nur fünf von 33 U-Booten, in die Ostsee zu gelangen. Im Laufe des Sommers 1942 operieren schließlich neun U-Boote der Roten Flotte in der Ostsee.

Am Sonntag, dem 14. Juni 1942, setzt das deutsche U-Boot U 202 (KptLt. Poser) am Strand von Amagansett/Long Island (USA) das erste, aus vier Mann bestehende Sabotagekommando der deutschen Abwehr unter Leitung des Agentenführers Dasch (Unternehmen »Pastorius«) ab.

Am Freitag, dem 26. Juni 1942, verläßt der bisher größte Geleitzug mit Nachschub für die Sowjetunion, der aus 36 Frachtern bestehende und stark gesicherte Konvoi PQ.17 (FregKpt. Dowding), den Hafen von Reykjavik mit Kurs auf Archangelsk. Die deutsche Seekriegsleitung wird über das Auslaufen des Geleitzuges frühzeitig durch eine Agentenmeldung aus Reykjavik informiert.

In der Nacht vom 26./27. Juni 1942 unternimmt der sowjetische Zerstörer »Taschkent« (Kpt. 3. Rg. Eroschenko) seine letzte der insgesamt 40 Fahrten von Noworossisk nach Sewastopol zur Verstärkung und Versorgung der dortigen Besatzung. Diesmal hat die »Taschkent« 944 Soldaten an Bord sowie Munition, Medikamente und Lebensmittel. Auf der Rückfahrt nimmt sie 2300 Verwundete und Zivilisten mit. Auch das berühmte Panoramabild, auf dem die Verteidigung Sewastopols in den Jahren 1854/55 festgehalten ist, wird auf dem Zerstörer in Sicherheit gebracht.

Die von den Deutschen belagerte Festung kann jetzt nur noch von sowjetischen U-Booten und Flugzeugen erreicht werden. Auf insgesamt 77 Fahrten haben allein die sowjetischen U-Boote Sewastopol mit 3300 Tonnen Ausrüstung und Medikamenten sowie mit 600 Tonnen Treibstoff versorgt und etwa 1300 Verwundete, Frauen und Kinder evakuiert.

Die Chancen auf Operationserfolge deutscher U-Boote vor der Ostküste der USA reduzieren sich drastisch, da zwischenzeitlich in den amerikanischen Gewässern das Küstengeleit eingeführt worden ist.

Die deutschen U-Boot-Stützpunkte an der französischen Atlantikküste haben jetzt tagsüber immer häufiger unter den Angriffen der US-Bomber und in den Nachtstunden unter den Einsätzen der RAF zu leiden. Wenn auch den stark geschützten U-Boot-Bunkern diese Angriffe nicht viel ausmachen, verwandeln sich die französischen Hafenstädte allmählich in Trümmerfelder. Dabei offenbart sich, wie Adm. Dönitz anmerkt, das Versäumnis in der britischen Luftkriegführung, die deutschen U-Boot-Bunker an der Biskaya-Küste nicht schon während der Bauzeit angegriffen zu haben, als sie sich in einem besonders verletzlichen Zustand befanden. Dönitz gibt nun Anweisung, den weiteren U-Boot-Einsatz im Atlantik verstärkt und unter ökonomischen Gesichtspunkten zu führen, um möglichst schnell hohe Versenkungszahlen zu erreichen. So soll der Einsatz von Tank-U-Booten die An- und Abmarschwege der U-Boote verkürzen. Größere Erfolge wären nach Churchills Meinung zu verzeichnen gewesen, wenn die deutsche Seekriegführung zusätzlich ihre zur Zeit untätig in norwegischen Fjorden liegenden Großkampfschiffe wieder im Atlantik eingesetzt hätte. Hitler sei jedoch von der Idee besessen gewesen, Großbritannien strebe die baldige Invasion Nordnorwegens an.

Im Atlantik und im Mittelmeer haben im Monat Juni 1942 deutsche U-Boote 131 Schiffe mit insgesamt 616 904 BRT versenkt und dabei nur drei eigene Boote verloren.

Nachschub für die UdSSR

Am 4. Juli 1942 hat der alliierte Konvoi PQ.17 die Hälfte der Route nach Archangelsk hinter sich und befindet sich zur Zeit im Seegebiet nördlich der Bäreninsel. Hier erreicht die Nahdeckungsgruppe unter Konteradm. Hamilton um 20.11 Uhr ein »äußerst dringender« Funkspruch des Ersten Seelords, Großadm. Pound, mit der Weisung: »Kreuzerverband mit Höchstfahrt nach Westen ablaufen.« Dieser Befehl basiert auf einer der Admiralität zugegangenen Meldung, daß inzwischen auch das deutsche Schlachtschiff »Tirpitz« von dem norwegischen Hafen Trondheim in Richtung Alta-Fjord, etwa 300 Kilometer nördlich von Nar-

Juli 1942

In einem Stützpunkt der Kriegsmarine an der Atlantikküste: Die bombensicheren Bunker schützen die U-Boote, die für ihren nächsten Einsatz vorbereitet werden. Dank dieser Bunker wird bis 1944 kein U-Boot durch Bombenangriff versenkt

In Murmansk, dem sowjetischen U-Boot-Stützpunkt im nördlichen Eismeer, werden Torpedos in eines der U-Boote verladen

1942 Juli

Nikolaj A. Lunin, sowjetischer Kapitän 2. Ranges

Das Schlachtschiff »Tirpitz« läuft zu einem Unternehmen in das Nordmeer aus

vik, ausgelaufen sei, wo sich bereits die schweren Kreuzer »Admiral Hipper« und »Admiral Scheer« aufhalten, um dem Geleitzug PQ.17 aufzulauern.

Die aus vier Kreuzern und sechs Zerstörern bestehende Sicherungsgruppe von Konteradm. Hamilton bringt sich daraufhin mit Höchstgeschwindigkeit vor der angekündigten Gefahr durch die deutschen Großkampfschiffe in Sicherheit. Hamilton hat den Befehl, mit seinen Kreuzern kein Risiko einzugehen, und ist der Meinung, daß diese Anweisung erst recht für seine noch schwächeren sechs Zerstörer gilt. Um 21.23 Uhr trifft ein weiterer dringender Funkbefehl der Admiralität ein, daß der Konvoi wegen Bedrohung durch Überwasserschiffe aufzulösen sei und die einzelnen Frachter unabhängig voneinander sowjetische Häfen anlaufen sollen.

Diesen Auflösungsbefehl hat Adm. Tovey, Befehlshaber der zwischen Island und der Bäreninsel kreuzenden Ferndeckungsgruppe, später als »nackten, blutigen Mord« bezeichnet, da ein Konvoi nur dann Aussicht hat, einem Angreifer zu entkommen, wenn er möglichst eng zusammenbleibt. Nun beginnt die bisher größte Geleitzugschlacht des Zweiten Weltkrieges. Deutsche Torpedoflugzeuge, Stukas und U-Boote greifen die wehrlosen, nur noch von ein paar bewaffneten Fischdampfern und Korvetten geschützten 36 Frachter an, die sich durch die von deutschen See- und Luftstreitkräften beherrschte Barents-See durchschlagen sollen.

Unternehmen »Rösselsprung«

Erst am Sonntag, dem 5. Juli 1942, laufen gegen 11.00 Uhr die deutschen Großkampfschiffe, nachdem sie zwei Tage untätig im Alta-Fjord gelegen haben, zum Unternehmen »Rösselsprung« aus, dem Angriff auf den Konvoi PQ.17, der sich bereits vor 12 Stunden aufgelöst hat. Außer dem Schlachtschiff »Tirpitz« (Kpt. z. S. Karl Topp) gehören zum Geschwader des Flottenchefs GenAdm. Schniewind die schweren Kreuzer »Admiral Hipper« (Kpt. z. S. Meisel) und »Admiral Scheer« (Kpt. z. S. Meenden-Bohlken) sowie sieben Zerstörer und zwei Torpedoboote. Auf ihrem Weg in das Nordmeer werden die deutschen Schiffe im Laufe des 5. Juli 1942 – nach Angaben des sowjetischen Flottenoberbefehlshabers Adm. Kusnezow – von dem U-Boot K 21 (Kpt. 2. Rg. Lunin) gesichtet. Komm. Lunin habe die »Tirpitz« mit vier Torpedos angegriffen – dafür wird er mit dem Rotbanner-Orden ausgezeichnet – und dadurch die deutsche Führung veranlaßt, das Geschwader zum Stützpunkt zurückzubeordern. Im Kriegstagebuch der »Tirpitz« sowie in den Akten der deutschen Seekriegsleitung ist allerdings kein Vermerk über diesen angeblichen sowjetischen Torpedoangriff zu finden. Die Flottenun-

Juli 1942

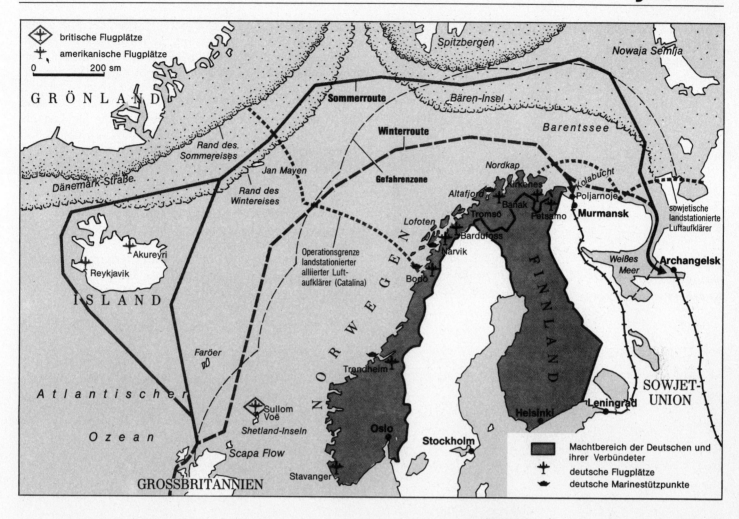

Die Konvoi-Routen zwischen Großbritannien und der Sowjetunion. Die umfangreichen Lieferungen aus den USA und England, besonders an Lkw, Lebensmitteln, Ausrüstung, Waffen und Rohstoffen, sind für die UdSSR von enormer Wichtigkeit

Nordmeer-Unternehmen »Rösselsprung«, Juli 1942: Ausguckwachen auf einem der deutschen Kriegsschiffe

1942 Juli

Admiral Sir Dudley Pound, First Sealord und Chef des britischen Admiralstabs

Ein für die Sowjetunion bestimmter alliierter Konvoi in schwerer See

ternehmung wird vom Oberbefehlshaber der Kriegsmarine gemäß der Führerweisung, kein Risiko einzugehen, abgebrochen, als deutlich wird, daß der deutsche Verband von einem englischen Flugboot aufgeklärt worden ist.

In den Tagen zwischen dem 5. und 10. Juli 1942 sind die in der Barents-See versprengten Frachter des Konvois PQ.17 verheerenden Angriffen ausgesetzt, an denen 130 Sturzkampfbomber Ju 88, 43 Kampfflugzeuge He 111 und 29 Schwimmerflugzeuge He 115 der Luftflotte 5 (GenOberst Stumpff) beteiligt sind, die in mehreren Einsatzwellen acht Schiffe versenken. Neun U-Boote der Gruppe »Eisteufel« vernichten neun weitere Frachter, dazu sieben bereits von deutschen Flugzeugen beschädigte mit Fangschüssen.

Mit 24 Transportern (143 969 BRT) verliert der Konvoi PQ.17 insgesamt zwei Drittel seines Schiffsbestandes, so daß in Murmansk nur noch 12 Schiffe eintreffen. Auf

August 1942

Ein deutsches U-Boot kehrt nach seinem Einsatz zum Stützpunkt La Pallice an der französischen Atlantikküste zurück

U-Boote im Nordatlantik

Ab Sonntag, dem 19. Juli 1942, wird der Schwerpunkt des deutschen U-Boot-Einsatzes erneut auf die Route der Nordatlantik-Konvois verlegt. Die letzten fünf noch in den amerikanischen Küstengewässern operierenden deutschen U-Boote, die dort fast keine Erfolgsaussichten gegenüber den stark gesicherten Geleitzügen haben, erhalten von Dönitz Anweisung, ihr Einsatzgebiet weiter ostwärts zu verlagern. Auch Churchill ist sich darüber im klaren, daß sich die Hauptaktivitäten jetzt abermals entläng der großen Schiffahrtsrouten des Nordatlantiks abspielen werden. Damit läuft die Mitte Januar 1942 mit dem Unternehmen »Paukenschlag« eingeleitete vierte Phase der Atlantikschlacht aus. Charakteristisch waren für sie die Einzeloperationen der deutschen U-Boote vor der nord- und mittelamerikanischen Küste. Dabei standen durchschnittlich 54 Boote im Einsatz.

Den deutschen U-Booten gelingt es im Monat Juli 1942, im Atlantik, Mittelmeer und Nordmeer 93 alliierte Handelsschiffe mit insgesamt 454 535 BRT zu versenken.

Am 2. August 1942 läuft bei den Westalliierten die Operation »Bolero« an, die eine verstärkte Überführung amerikanischer Soldaten nach Nordirland und England vorsieht. Für diese Truppentransporte werden die größten Passagierdampfer der Welt eingesetzt, darunter die »Queen Elizabeth« (83 673 BRT), »Queen Mary« (81 235 BRT), der holländische Luxusliner »Nieuw Amsterdam« (36 287 BRT) und die französische »Pasteur« (29 253 BRT).

Der Einsatz dieser Ozeanriesen wirft jedoch taktische Probleme auf, weil es wegen ihrer außerordentlichen Geschwindigkeit (bis zu 28 Knoten) nicht möglich ist, ihnen auf dem ganzen Weg hinreichenden Geleitschutz zu gewähren. Daher werden sie einzeln in Marsch gesetzt, wobei die britische Admiralität für die taktische Führung zu-

den versenkten Frachtern befanden sich 3350 Lkw und Jeeps, 430 Panzer, 210 Flugzeuge und 99 316 Tonnen Ersatzteile, Verpflegung, Panzerplatten, Munition und anderes für die Sowjetunion bestimmtes Material. Die Luftwaffe hat bei diesem Großeinsatz nur fünf Flugzeuge eingebüßt.

Ebenfalls am 5. Juli 1942 durchläuft der aus Archangelsk kommende alliierte Konvoi QP.13 die Dänemarkstraße und gerät dort bei nebligem Wetter in ein Minenfeld, das die Royal Navy gelegt hat. Dabei gehen fünf Transporter (30 909 BRT) und ein Minensucher verloren. Seit der Geleitzugschlacht in der Barents-See fürchten die alliierten Seeleute die Nordmeer-Route als Todesstrecke. Churchill bezeichnet die Ereignisse als »eine der schlimmsten Episoden des ganzen Seekrieges«. Der Vorschlag von Adm. Tovey an Churchill, die Nordmeer-Konvois sofort einzustellen, bis die Flugplätze in Norwegen ausgeschaltet seien oder aber der anbrechende Polarwinter größere Sicherheit gewähre, stößt auf schärfsten Protest Stalins, der nachdrücklich darauf hinweist, daß die Rote Armee Waffen, Munition und Gerät angesichts der gerade angelaufenen deutschen Sommeroffensive nötiger als je zuvor brauche.

Die britische Admiralität ist trotz Verstärkung ihrer Sicherungskräfte durch schwere Einheiten der US-Marine nicht in der Lage, für eine hinreichende Sicherung der Konvois genügend Geleitschutzfahrzeuge aufzubringen. Obwohl schon wieder 108 vollbeladene Frachtschiffe in Island zum Auslaufen bereitliegen, werden die Konvois bis zum Beginn der Polarnächte zurückgehalten und ein Teil der Versorgungsgüter über den Iran umgeleitet. Stalin, der in der persischen Route keinen gleichwertigen Ersatz sieht, weist darauf hin, daß es Kriegführung ohne Risiko nicht gebe.

1942 August

Der japanische Vizeadmiral Gunichi Mikawa

Der britische Konteradmiral L. St. G. Lyster Tarant

Der amerikanische Admiral Richmond K. Turner und der britische Vizeadmiral Sir E. Neville Syfret

ständig ist. So können bei jeder Überfahrt von den USA nach Großbritannien bis zu 15000 Soldaten – also nahezu eine vollständige Division – transportiert werden. Aufgrund der entzifferten »Enigma«-Berichte ist es der britischen Admiralität möglich, die Route für jeden Truppen-Großtransport so festzulegen, daß sie von deutschen U-Booten kaum gefährdet ist. Tatsächlich kommt es zu keinem einzigen deutschen U-Boot-Angriff auf einen dieser Ozeanriesen. So werden auf diese Weise innerhalb von einigen Monaten mehr als zwei Millionen amerikanische Soldaten nach Europa befördert.

Am 5. August 1942 trifft im deutschen U-Boot-Stützpunkt Lorient an der französischen Atlantikküste das japanische Transport-U-Boot I-30 (FregKpt. Endo) ein. Dieses Boot hat bereits am 20. April 1940 von Penang aus im Indischen Ozean operiert und dann im Juni/Juli 1942 mit seinem Bordflugzeug an dem Unternehmen japanischer Klein-U-Boote in den Gewässern vor Madagaskar teilgenommen.

Im Mittelmeer ist die britische Admiralität vordringlich darum bemüht, die Festung Malta kampffähig zu erhalten. Die Insel mit ausreichendem Nachschub zu versorgen soll nun mit dem Unternehmen »Pedestal« gelingen, nachdem die Doppelkonvoi-Operation »Harpoon« und »Vigorous« (12. bis 16. Juni 1942) mit einem Mißerfolg geendet ist.

Unterdessen verläßt den etwa 550 Seemeilen nordwestlich von Guadalcanal liegenden Marinestützpunkt Rabaul (Neubritannien) ein starker Verband der japanischen 8. Flotte (Vizeadm. Mikawa), um die amerikanische Invasionsflotte (Adm. Turner) abzufangen. Es sind die schweren Kreuzer »Aoba«, »Chokai«, »Furutaka«, »Kako« und »Kinugasa«, dazu die leichten Kreuzer »Tenryu« und »Yubari« sowie ein Zerstörer. Durch eine Reihe unglücklicher Zufälle wird die Invasionsflotte von den japanischen Einheiten völlig überrascht: Obwohl bereits in den Morgenstunden des 9. August 1942 ein australischer Aufklärer die japanischen Kreuzer gesichtet hat, erreicht diese Meldung Adm. Turner erst acht Stunden später, dazu erheblich verstümmelt, denn in dem Bericht ist nur von drei Kreuzern die Rede, die für die alliierten Sicherungskräfte kaum eine Gefahr darstellen. Adm. Turner erteilt daraufhin seinen schweren Einheiten den Befehl, ihre üblichen nächtlichen Patrouillen durchzuführen.

In der Nacht vom 9./10. August 1942, fährt um 1.30 Uhr der japanische Verband – unbemerkt von den US-Wachzerstörern – um die nördlich von Guadalcanal liegende Insel Savo Island. Erst als gegen 2.00 Uhr der australische Kreuzer »Canberra« unter dem Feuer der schweren Schiffsartillerie liegt und durch zwei Torpedos getroffen ist, wird auf den Einheiten der Invasionsflotte Alarm gegeben. Die stark beschädigte »Canberra« geht brennend unter. Die anderen, im Norden stehenden US-Kreuzer können zwar das Geschützfeuer sehen, vermuten aber, daß es mit einem japanischen Luftangriff zusammenhängt. Die Kräfte von Vizeadm. Mikawa drehen nun nach Norden ab und greifen die amerikanischen Kriegsschiffe an. Die Kreuzer »Astoria«, »Quincy« und »Vincennes« gehen verloren. Jetzt sichern nur noch drei Kreuzer und ein paar Zerstörer die Truppentransporter und Landungsschiffe. Anstatt die US-Invasionsflotte vor Guadalcanal anzugreifen und zu zerschlagen, befiehlt Mikawa überraschenderweise seinem Verband, abzudrehen und sich in Richtung Rabaul zurückzuziehen. Dabei gelingt es dem amerikanischen U-Boot S 44, den Kreuzer »Kako« zu torpedieren und zu versenken.

An diesem 10. August 1942 beginnt die Operation »Pedestal« mit dem Auslaufen eines aus 13 Transportern und einem Tanker bestehenden Konvois aus dem Hafen

August 1942

von Gibraltar mit Kurs auf Malta. Die Transporter stehen unter dem Schutz einer starken Sicherungsgruppe (Konteradm. Burrough) und einer weiteren Deckungsgruppe (Vizeadm. Syfret) mit den Schlachtschiffen »Nelson« und »Rodney« und einem Flugzeugträgerverband (Konteradm. Lyster) mit der »Victorious«, der »Indomitable«, der »Eagle« und der »Furious« sowie drei Kreuzern und 14 Zerstörern.

Zur Ablenkung wird gleichzeitig von Alexandria aus ein zweiter Geleitzug unter Konteradm. Vian in Marsch gesetzt. Doch in den Mittagsstunden entdeckt ein deutscher Aufklärer den westlichen Konvoi.

Am nächsten Tag gelingt es U 73 (KptLt. Rosenbaum), den britischen Träger »Eagle« (Capt. Mackintosh) durch Torpedotreffer zu versenken. Der verstärkte Einsatz deutscher Bomber und italienischer U-Boote fügt der Royal Navy weitere Verluste zu. Bei der Operation »Pedestal« gehen neben acht Frachtern zwei Kreuzer und ein Zerstörer verloren. Der Flugzeugträger »Indomitable« fällt nach drei schweren Stuka-Treffern für den Flugbetrieb aus. Nur fünf Transporter können Malta erreichen. Nach diesem erneuten Desaster entschließt sich die britische Admiralität, für die Versorgung von Malta hauptsächlich U-Boote einzusetzen, die man speziell für diesen Zweck umgerüstet hat.

Am 16. August 1942 verläßt der schwere Kreuzer »Admiral Scheer« (Kpt. z. S. Meenden-Bohlken) unter dem Schutz von drei Kreuzern den Hafen von Narvik mit Kurs auf die Barents-See. Er soll den Seeweg von Fernost nach Sibirien unterbinden (Unternehmen »Wunderland«). Zur Unterstützung der Operation übernehmen die U-Boote U 251 (KptLt. Timm) und U 601 (KptLt. Grau) die Aufklärung an der Packeisgrenze.

Am Montag, dem 24. August 1942, verläßt das am 5. August 1942 in den deutschen U-Boot-Stützpunkt Lorient eingelaufene japanische Transport-U-Boot I-30 (FregKpt. Endo) wieder den Biskaya-Hafen mit Kurs auf Penang.

Die Wetterstationen in der Arktis

Am 24. August 1942 nimmt das deutsche U-Boot U 435 (KptLt. Strelow) an der Küste von Spitzbergen den dort ab 25. September 1941 eingesetzten Wetterbeobachtungstrupp »Knospe« wieder an Bord. Diesem in Signehamma stationierten deutschen Wettertrupp verdankt die Seekriegsleitung unter anderem die präzisen Wettervorhersagen für das Unternehmen »Cerberus«, dem erfolgreichen Kanaldurchbruch der Großkampfschiffe »Scharnhorst«, »Gneisenau« und »Prinz Eugen« in der Nacht vom 12./13. Februar 1942.

Zur Errichtung einer stationären Wetterbeobachtungsstelle auf Spitzbergen entschloß sich die Kriegsmarine zu einer Zeit, als der Einsatz von Wetterschiffen kaum mehr möglich war, nachdem alliierte Langstreckenaufklärer eine zunehmende Kontrolle des Luftgebietes über dem Atlantik ausübten. Um jedoch auf die für weiträumige

Spitzbergen, September 1942: Das Zeltlager des deutschen Wetterbeobachtungstrupps »Knospe«

1942 August

Marineoperationen unentbehrlichen Wettervorhersagen nicht verzichten zu müssen, hat die Seekriegsleitung am Rande des Polargebietes mehrere Wetterstationen eingerichtet, so zum Beispiel nicht nur auf Spitzbergen, sondern auch in Ostgrönland. Die dort arbeitenden Männer geben ihre mit den modernsten Geräten ermittelten Beobachtungen im Schutz der Polarnacht über Funk durch.

Außer diesen mit Wettertrupps besetzten Beobachtungsstationen gibt es sowohl im Nordmeer als auch im Atlantik automatisch arbeitende unbemannte Wetterstationen, deren Meßgeräte bis zu zwei Monate ohne Wartung auskommen. In Abständen von 12 Stunden tauchen sie auf und übermitteln Daten von Lufttemperatur, Luftfeuchtigkeit sowie Luftdruck, Windrichtung und Windstärke. Eine Prämie in Höhe von 1000 Pfund Sterling hat die britische Admiralität jedem Fischer zugesagt, dem es gelingt, einen dieser Hochpräzisionsautomaten einzufangen, da es auf alliierter Seite zur Zeit nichts Gleichwertiges gibt.

Am Montag, dem 24. August 1942, kommt es im Pazifik, und zwar ostwärts der Salomonen, gegen 16.00 Uhr zum erstenmal seit den Luftkämpfen bei Midway (3. bis 7. Juni 1942) wieder zu einer Begegnung japanischer und amerikanischer Seestreitkräfte. Sie beginnt mit einem Angriff der Maschinen des US-Flugzeugträgers »Saratoga« auf den japanischen Flugzeugträger »Ryujo«. Ein Torpedo und zehn Bomben erzielen auf der »Ryujo« so schwere Treffer, daß sie innerhalb kurzer Zeit sinkt. Vizeadm. Nagumo befiehlt unterdessen den Sturzkampfbombern der Träger »Shokaku« und »Zuikaku«, einen Angriff unter Jagdschutz auf den US-Flugzeugträger »Enterprise« zu unternehmen. Die aus 5000 Meter herabstürzenden Maschinen verursachen auf der »Enterprise« so starke Beschädigungen, daß sie sich brennend zurückziehen und durch den Träger »Wasp« ersetzt werden muß. Doch die Japaner verzichten auf die Herbeiführung einer Entscheidung und brechen die Operation ab. Dies veranlaßt die Amerikaner, die Trägerschlacht ostwärts der Salomonen als Sieg zu werten.

Am 25. August 1942 trifft nach Einfahrt in die Kara-See der schwere Kreuzer »Admiral Scheer« (Kpt. z. S. Meenden-Bohlken) nördlich von Nowaja Semlja auf den sowjetischen Eisbrecher »Sibirjakow« (Kpt. Kazarew). Nachdem Kpt. Kazarew der Aufforderung des deutschen Kommandanten, sofort zu stoppen, nicht nachkommt, wird die »Sibirjakow« von dem schweren Kreuzer unter Artilleriebeschuß genommen. Der Eisbrecher setzt sich bis zuletzt zur Wehr und erwidert das Feuer der schweren deutschen Schiffsgeschütze aus seinen drei alten 7,6-cm-Kanonen bis zum Untergang.

Am 27. August 1942 hält sich die »Admiral Scheer« (jetzt Kpt. z. S. Krancke) in der Nähe von Dickson, einem der wichtigsten sowjetischen Häfen am nördlichen Seeweg, auf und nimmt die an der Reede liegenden sowjetischen Handelsschiffe »Dieschnew«, »Rewoljuzionär« und »Kara«, danach die Hafenanlagen von Dickson und die Großfunkstation auf der Insel unter Beschuß. Als eine sowjetische Küstenbatterie das Feuer auf die »Admiral Scheer« eröffnet, verzichtet Kpt. Krancke auf die beabsichtigte Landung auf der Insel.

Am Freitag, dem 28. August 1942, erreicht Kpt. Krancke die Anweisung der Seekriegsleitung, das Unternehmen »Wunderland«, die Operationen der »Admiral Scheer« im Weißen Meer, wegen zu geringer Erfolge abzubrechen und nach Narvik zurückzukehren.

Die Schlacht im Atlantik tritt im Monat August 1942 in ihre bis Mai 1943 dauernde fünfte Phase. Die deutschen U-Boote müssen jetzt wieder auf hoher See operieren, um den alliierten Schiffsverkehr zwischen den USA und England zu bekämpfen, nachdem die verstärkte See- und Luftüberwachung vor der amerikanischen Ostküste wei-

Pazifik, August 1942: Nach dem Angriff japanischer Bomber auf einen der amerikanischen Flugzeugträger: Bestattung der gefallenen Besatzungsmitglieder

September 1942

tere Erfolge verhindert hat. Kennzeichnend für diese fünfte Phase sind gruppenweise Einsätze der U-Boote gegen die durch den Nordatlantik fahrenden Konvois sowie Einzeloperationen im Süd- und Mittelatlantik. Im Durchschnitt sind 102 U-Boote im Einsatz.

Die deutschen U-Boote versenken im August 1942 im Atlantik und Mittelmeer 105 Handelsschiffe mit 517 295 BRT. Die eigenen Verluste betragen neun U-Boote.

Anfang September 1942 entschließen sich Churchill und Roosevelt, den Geleitzugverkehr nach dem sowjetischen Hafen Murmansk trotz aller Gefahren wiederaufzunehmen, da die deutsche Doppeloffensive in Richtung Stalingrad und Kaukasus für die Entwicklung der militärischen Lage der UdSSR zu den schlimmsten Befürchtungen Anlaß gibt.

Das Schicksal des Konvois PQ.18

Am Sonnabend, dem 12. September 1942, wird der aus 39 Frachtern und einem Tanker bestehende alliierte Geleitzug PQ.18 im Nordmeer, unweit der Insel Jan Mayen, von einem deutschen Flugboot BV-138 der Küstenfliegergruppe 906 gesichtet. Vier Zerstörer, zwei Flakschiffe, vier Korvetten, zwei U-Boote, drei Minensuchboote und vier Trawler sichern den Geleitzug, ebenso der Geleitträger »Avenger«, der 12 alte, noch aus der ersten Vorkriegsproduktion stammende Hurricanes und etliche U-Jagdflugzeuge an Bord hat, die zum Konvoischutz kaum geeignet sind. Adm. Tovey, Befehlshaber der Home Fleet, kritisiert zu Recht daß ausgerechnet diese veralteten Jagdflugzeuge zum Schutz

»Feind hört mit« – ein US-Plakat warnt vor offenen Reden in den Häfen

Der alliierte Konvoi PQ.18 im Nordmeer. Zehn Schiffe versinken im Bombenhagel

Der japanische Konteradmiral Raizo Tanaka

1942 September

von Frachtern eingesetzt werden, während der Konvoi die modernsten Hurricanes in die Sowjetunion befördert.

Zur Nahsicherung gehören ein leichter Kreuzer und 16 Zerstörer, dazu als Deckungsgruppe drei schwere Kreuzer. Die Fernsicherung übernehmen zwei Schlachtschiffe, ein leichter Kreuzer und fünf Zerstörer. Diese enormen Schutzmaßnahmen können jedoch nicht verhindern, daß durch Luftangriffe zehn Schiffe mit 55 915 BRT vernichtet und von deutschen U-Booten weitere drei Schiffe mit 19 742 BRT versenkt werden. 20 deutsche Flugzeuge und drei U-Boote gehen verloren.

Dieser schwere Schlag gegen den Geleitzug PQ.18 veranlaßt Churchill, die Konvoifahrten durch das Nordmeer erneut einzustellen. Bis zum Dezember 1942 werden nur noch Einzelfahrten nach Archangelsk und Murmansk unternommen. Der Weg über das Nordkap ist zwar der kürzeste, aber auch gefährlichste, da er in der Reichweite der deutschen Kriegsmarine und Luftwaffe liegt. Um die Sowjetunion weiterhin mit alliierten Rüstungsgütern zu versorgen, laufen die Frachtschiffe jetzt über die beiden anderen Routen. Die eine führt von den USA durch den Pazifik nach Wladiwostok und die zweite von den amerikanischen Atlantikhäfen um Südafrika durch den Persischen Golf und über den Iran nach Südrußland. Bei diesem mehr als 15 000 Seemeilen langen Weg brauchen die

Südatlantik, September 1942: Ein deutsches U-Boot nimmt die gerettete Besatzung eines versenkten italienischen Frachters an Bord

Im Herbst 1942 sorgt die Schlacht im Atlantik für Schlagzeilen in der NS-Presse

In dem deutschen Flugboot BV-138 von Blohm & Voss ist der Beobachter zugleich MG-Schütze

Schiffe etwa 75 Tage und verursachen enorme Transportkosten.

Die Pazifikroute nach Wladiwostok hat wiederum den Nachteil, daß die Sowjets nur über einige Pazifikhäfen verfügen und die Leistungsfähigkeit der Transsibirischen Eisenbahn begrenzt ist. Die USA setzt auf dieser Route 100 Frachter mit mehr als einer halben Million BRT ein, die jedoch aus politischen Gründen unter sowjetischer Flagge fahren müssen, weil seit dem 13. April 1941 zwischen der Sowjetunion und Japan ein Neutralitätsabkommen besteht. Es kommt jedoch vor, daß diese »sowjetischen« Schiffe von amerikanischen U-Booten im Rahmen des uneingeschränkten U-Boot-Krieges im Pazifik versenkt werden.

September 1942

Rotkreuzflagge wird ignoriert

In der Nacht vom 12./13. September 1942 torpediert das deutsche U-Boot U 156 (KorvKpt. Hartenstein) im Südatlantik, 500 Seemeilen nördlich der Insel Ascension, den auf der Fahrt nach Kanada befindlichen britischen Truppentransporter »Laconia«, der rund 3000 Mann, darunter 1800 italienische Kriegsgefangene aus Nordafrika sowie 103 polnische Soldaten zur Bewachung und zahlreiche Frauen mit Kindern an Bord hat. Bewaffnet ist die »Laconia« (19 695 BRT) mit zwei Schiffsgeschützen, mehreren schweren Flak, Schnellfeuerflak sowie Raketen- und Wasserbombenwerfern.

Bereits während die »Laconia« sinkt, bemüht sich KorvKpt. Hartenstein um die Rettung der Überlebenden. Er wendet sich in einem offenen Funkspruch an alle in der Nähe befindlichen Schiffe mit der Bitte um Unterstützung bei der Rettungsaktion. Er nehme kein Schiff unter Beschuß, sofern er nicht selbst von Schiffen oder Flugzeugen angegriffen werde. Nachdem U 156 bereits 90 Schiffbrüchige aufgenommen hat, treffen U 506 (KptLt. Würdemann), U 507 (KorvKpt. Schacht) und das italienische U-Boot »Cappellini« (KptLt. Revedin) an der Unglücksstelle ein. Auch die in Westafrika stationierten französischen Kriegsschiffe werden um Mithilfe bei der Bergung gebeten. Die britische Admiralität entsendet den Hilfskreuzer »Corinthian« und den Frachter »Empire Haven«. U 156 und die übrigen U-Boote nehmen zusätzlich noch Rettungsboote ins Schlepp, so daß sie nicht

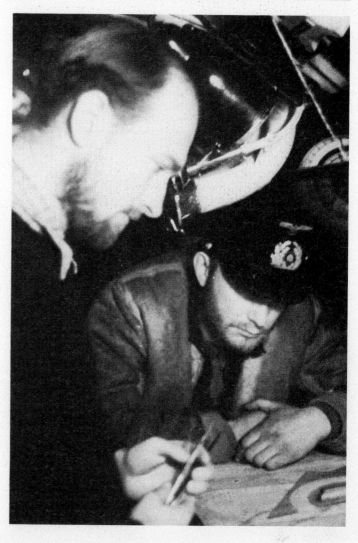

U-Boot-Kommandant und Erster Steuermann am Kartentisch. Erst die genaue Navigation kann einen Erfolg ermöglichen

Im Südatlantik, Herbst 1942: Das Rettungsboot eines versenkten Schiffes legt an einem deutschen U-Boot an. Für die Besatzung ist es selbstverständlich, den Schiffbrüchigen zu helfen und sie für die Fahrt bis zur nächstliegenden Küste zu versorgen

645

1942 September

Pazifik, Herbst 1942: Der leichte US-Kreuzer »Santa Fé« der Cleveland-Klasse. Das Schiff ist mit 12 schweren Geschützen ausgerüstet und erreicht eine Geschwindigkeit von 33 Knoten

mehr tauchen können. Das Deckgeschütz von U 156 wird mit einer Rotkreuzflagge versehen.

Trotzdem greift ein Liberator-Bomber der US Air Force die U-Boote an, obwohl dem Piloten die besondere Situation im internationalen Code bekanntgegeben worden ist. Bei dem fünfmaligen Bombenabwurf sind mehrere Rettungsboote vernichtet und viele Schiffbrüchige getötet worden. U 506, mit 142 Überlebenden an Bord, wird ebenfalls von einem alliierten Flugzeug angegriffen.

Dieses Geschehen veranlaßt Adm. Dönitz vier Tage später zu dem sogenannten »Laconia«-Befehl, der in Zukunft jegliche Rettungsversuche von Angehörigen versenkter Schiffe verbietet. Dönitz erklärt dazu später, daß er nach Versenkung der »Laconia« seine eigenen U-Boote aufs Spiel gesetzt habe, um Schiffbrüchige zu retten, während der Gegner das Leben der in Not befindlichen Menschen außer acht ließ, um die deutschen U-Boote selbst bei der Rettungsaktion zu vernichten.

Mit dem »Laconia«-Befehl will Dönitz derartige Fälle für die Zukunft ausschließen. Insgesamt fordert die »Laconia«-Tragödie nahezu 1600 Menschenleben. 1083 Schiffbrüchige werden gerettet und von drei französischen Kriegsschiffen, dem schweren Kreuzer »Gloire«, dem Kanonenboot »Dumont d'Urville« und dem Minenleger »Annamite« an der afrikanischen Küste abgesetzt. Unter den Geretteten befinden sich italienische, polnische und englische Soldaten sowie Frauen und Kinder.

Am Dienstag, dem 15. September 1942, gelingt dem japanischen U-Boot I-19 (FregKpt. Narahara) in den Gewässern vor Guadalcanal im Einsatz gegen zwei US Task Groups der erfolgreichste Torpedotreffer der bisherigen Seekriegsgeschichte: Von dem gegen die US-Sicherungsgruppe abgefeuerten 6er-Fächer beschädigt ein Torpedo das moderne Schlachtschiff »North Carolina« so schwer, daß es für längere Zeit ausfällt. Der zweite Torpedo trifft den Zerstörer »O'Brien«, der später sinkt, und der Träger »Wasp« wird gleich dreimal getroffen, so daß er ebenfalls aufgegeben werden muß. Nur der letzte Torpedo verfehlt sein Ziel, den Träger »Hornet«.

Mitte September 1942 erreicht der deutsche U-Boot-Einsatz im Nordatlantik einen neuen Höhepunkt. Erstmals sollen jetzt 20 U-Boote gleichzeitig operieren. Dem deutschen B-Dienst gelingt es ab Herbst 1942 immer häufiger, gegnerische Anweisungen für die Konvoi-Routen abzuhören und die Meldungen zu entziffern. Aufgrund dieser Informationen können die U-Boote an einer Stelle konzentriert werden, die von den alliierten Langstreckenflugzeugen nicht erreichbar ist. Wenn nun ein Konvoi dieses ungesicherte »Loch« in der Mitte des Atlantiks durchfährt, wird er so lange von den U-Booten angegriffen, bis er wieder unter den Schutz der von der anderen Seite des Atlantiks ihm entgegenfliegenden alliierten Flugzeuge gerät. Erst die im Herbst 1942 aufgestellten ersten »Support Groups« können die Konvois auf dieser Route wirkungsvoll gegen U-Boote schützen.

September 1942

An der Nordküste von Neu-Guinea: Ein US-Bomber B-25 »Mitchel« greift ein japanisches Küstenversorgungsschiff an

Der Handstreich gegen Tobruk

In der Nacht vom 13./14. September 1942 starten die Engländer ein Commando-Unternehmen gegen Tobruk (Operation »Agreement«), um die in schwere Kämpfe mit den Achsenkräften verwickelte britische 8. Armee zu unterstützen. An diesem Raid nehmen die Zerstörer »Sikh« (Capt. Micklewait) und »Zulu« mit 350 Marineinfanteristen an Bord teil. Zu den aus Alexandria kommenden Zerstörern stoßen noch zehn Schnellboote und drei Schaluppen mit weiteren 150 Mann. Den Geleitschutz übernehmen der Flakkreuzer »Coventry« und die 5. Zerstörer-Flottille.

Die 500 Mann starken Commando-Trupps erweisen sich aber als zu schwach, um nach der Landung im Frontalangriff in die Festung Tobruk einzudringen. Das Feuer der deutschen Küstenbatterien erstickt das Landungsunternehmen bereits im Ansatz. Nur zwei Schnellbooten gelingt es, kleinere Trupps an Land zu setzen, die allerdings völlig aufgerieben werden. Der Zerstörer »Sikh« versucht, zur Unterstützung der Schnellboote in den Hafen von Tobruk einzudringen. Er wird jedoch von Geschützen der deutschen Flakabteilung 1./43 (Maj. Wegener) in Küstennähe versenkt. Der Zerstörer »Zulu« und der Flakkreuzer »Coventry« fallen deutschen und italienischen Bomben zum Opfer. Auch fünf Schnellboote gehen teils durch Flak-, teils durch Jabo- oder Stuka-Treffer verloren. Ein weiteres Schnellboot wird von der deutschen 6. Räumbootflottille (KptLt. Reischauer) mit 117 Mann an Bord erbeutet. Das gleichzeitig von Land aus angesetzte Commando-Unternehmen scheitert ebenfalls. Bei Anbruch des Tages müssen sich die Überlebenden des Unternehmens »Agreement«, insgesamt 576 Commando-Männer, ergeben.

Durch die als »Tokio-Expreß« bezeichneten nächtlichen Zerstörereinsätze gelingt es den Japanern im September 1942, nahezu eine komplette Division auf Guadalcanal an Land zu setzen. Und die Amerikaner sehen sich gezwungen, ihre Truppen auf Guadalcanal ebenfalls zu verstärken. Um dies aber zu verhindern, operieren vor Guadalcanal ständig 12 japanische U-Boote.

Am Sonntag, dem 27. September 1942, stößt im Südatlantik bei trüber Sicht der deutsche Hilfskreuzer Schiff 23 »Stier« (Kpt. z. S. Gerlach), das ehemalige Frachtmotorschiff »Cairo« der Bremer »Atlas-Levante-Linie«, auf den bewaffneten US-Frachter »Stephen Hopkins« (7181 BRT). Der deutsche Hilfskreuzer kann zwar die »Stephen Hopkins« (Capt. Buck) versenken, doch wird er selbst durch 30 Treffer so schwer beschädigt, daß er aufgegeben werden muß. Die rund 320 Mann des Handelsstörers »Stier«, der während seines Einsatzes im Südatlantik vier Schiffe mit 29 409 BRT vernichtet hat, werden von dem Blockadebrecher »Tannenfels« gerettet.

Ab Herbst 1942 beginnt die Kriegsmarine auf Befehl von Großadm. Raeder mit der Überführung leichter Seestreitkräfte aus der Nord- und Ostsee auf dem Landweg in das Schwarze Meer. Im Rahmen dieser Aktion werden die bisher in Gdingen beheimateten U-Boote U 9 (KptLt. Petersen), U 18 (Oberlt. z. S. Arendt), U 20 (Oberlt. z. S.

1942 September

Grafen), U 23 (Oberlt. z. S. Wahlen) und U 24 (Oberlt. z. S. Lenzmann) zunächst nach Kiel verlegt. Es ist die erste Zwischenstation auf dem 2400 Kilometer weiten Landweg bis zum Schwarzen Meer. In Kiel werden die Dieselmotoren, die E-Maschinen und Batterien ausgebaut und die Türme mit Hilfe von Schneidbrennern abmontiert. Die leeren Hüllen der sechs U-Boote, die jeweils 112 bis 138 Tonnen wiegen, werden auf Schwerst-Lkw der Reichsbahn (sog. Kuhlemeyer-Wagen) fest verankert und um 90 Grad gekantet, damit sie ungehindert die Autobahnbrücken durchfahren können.

Die Idee stammt von Ingenieur Baumgarten, einem Abteilungsleiter im Schiffsbau-Konstruktionsbüro der Deutschen Werke Kiel AG. Die Kuhlemeyer-Wagen werden von den stärksten in Deutschland verfügbaren Zugmaschinen (Kaelble-Trecker und Faun-Maschinen), die von der Luftwaffe ausgeliehen sind, gezogen. Zunächst legt man die gekippten U-Boot-Rümpfe in schwimmfähige Pontonkästen und läßt sie durch den Kaiser-Wilhelm-Kanal und weiter elbaufwärts bis Übigau bei Dresden schleppen. Die nächsten 450 Kilometer geht es unter 150 Brücken hindurch mit Überwindung vieler Steigungen, Kurven und bergigen Strecken bis Ingolstadt im 8-km-Tempo über die Reichsautobahn.

Hier werden die Boote abermals in Pontonkästen verstaut und auf der eigentlich nicht schiffbaren Donau bis Regensburg transportiert. Erst in Linz beginnt das Fluten der Pontonkästen, um die Boote wieder aufzurichten. Dann erfolgt die Montage der Maschinen und aller übrigen ausgebauten Teile. Aus Tarnungsgründen werden die wieder einsatzbereiten Boote zwischen zwei großen Flußkähnen befestigt und im Schleppzug auf der Donau nach Galatz gebracht. Jetzt können sie mit eigener Kraft den Schwarzmeerhafen Konstanza erreichen. KptLt. Rosenbaum, der durch die Versenkung des britischen Flugzeugträgers »Eagle« im Mittelmeer bekanntgewordene Kommandant von U 73, erhält das Kommando über die deutsche Schwarzmeer-Flottille.

Nach dieser in der deutschen Marinegeschichte einzigartigen Überführung von Kriegsschiffen über die Reichsautobahn und die Donau ins Schwarze Meer erfolgen bis zum Sommer 1944 auf demselben Weg zahlreiche weitere Transporte von Schiffseinheiten: 30 Schnellboote, 23 Räumboote, 50 Marinefährprähme, 26 U-Boot-Jäger (KFK), 84 Barkassen, 30 Schlepper, 18 Motorboote, vier Bagger, zwei Raddampfer, zwei Eisbrecher und 153 Küstenfahrzeuge.

Im September 1942 versenken deutsche U-Boote im Atlantik, Nordmeer und Mittelmeer insgesamt 97 Handelsschiffe mit 472 653 BRT. Die eigenen Verluste betragen elf U-Boote.

Am Donnerstag, dem 15. Oktober 1942, setzt U 377 (KptLt. Köhler) in Signehamma auf Spitzbergen den sechs Mann starken Wettertrupp »Nussbaum« unter Führung des Meteorologen Dr. F. Nusser an Land. Die Männer besetzten die bisher vom Wettertrupp »Knospe« vom 25. September 1941 bis zum 24. August 1942 betreute Station und sollen erst im Verlaufe des Jahres 1943 wieder abgelöst werden.

Die Kämpfe um Guadalcanal

Am Sonnabend, dem 24. Oktober 1942, erhält im Südpazifik der US-Flottenverband (Adm. Halsey), bestehend aus den beiden Flugzeugträgern »Enterprise« und »Hornet«, dem Schlachtschiff »South Dakota«, sechs Kreuzern und 14 Zerstörern, den Befehl, einen weiten Kreis um die Santa-Cruz-Inseln zu bilden, um den japanischen Schiffen den Weg nach Guadalcanal zu versperren. Am nächsten Mittag entdeckt zwar ein US-Flugboot des Typs »Catalina« zwei japanische Flugzeugträger, doch kann die US-Kampfgruppe die japanischen Einheiten nicht finden.

Am Sonntag, dem 25. Oktober 1942, nähern sich dem Norden der Insel Guadalcanal die japanische Vorausgruppe (Vizeadm. Kondo) mit zwei Schlachtschiffen, einem Flugzeugträger, vier schweren Kreuzern, einem leichten Kreuzer und 14 Zerstörern sowie die Hauptgruppe (Vizeadm. Nagumo) mit zwei Schlachtschiffen, drei Flugzeugträgern, vier schweren Kreuzern, einem leichten Kreuzer und 14 Zerstörern der heiß umkämpften Insel, da der japanische Gen. Hyakutake bereits die Einnahme des Flugplatzes »Henderson Field« voreilig gemeldet hat. Der Besitz dieses Flugplatzes würde die Japaner in die Lage versetzen, den Seeweg von Amerika nach Australien ständig zu kontrollieren, und die japanischen Trägermaschinen hätten die Möglichkeit, auf »Henderson Field« zu landen. Diesen Kräften stehen auf amerikanischer Seite unter dem Kommando von Adm. Halsey nur zwei Flugzeugträger, ein Schlachtschiff, sechs Kreuzer und 14 Zerstörer gegenüber.

Am Montag, dem 26. Oktober 1942, beginnt in den frühen Morgenstunden bei ruhiger See und leichtem Südwind die See-Luft-Schlacht bei Santa Cruz. Während um 6.58 Uhr die ersten Staffeln von den japanischen Flugzeugträgern »Shokaku«, »Zuikaku« und »Zuiho« abheben, starten eine halbe Stunde später US-Sturzkampfbomber von der »Enterprise« und der »Hornet« zu einem bewaffneten Aufklärungsflug. Als um 8.22 Uhr die japanischen Trägermaschinen die »Hornet« angreifen, bombardieren inzwischen die amerikanischen Sturzkampfbomber den japanischen Träger »Zuiho«, der in Brand gerät und zum Rückzug gezwungen ist. Die »Hornet« wird von sechs Bomben und zwei Torpedos getroffen und muß, nachdem zwei abgeschossene japanische Maschinen auf das Deck gestürzt sind, von der Besatzung aufgegeben werden. Inzwischen haben die amerikanischen Bomber den japanischen Träger »Shokaku« so schwer beschädigt, daß er ebenfalls abdrehen muß. Auf dem Träger »Enterprise« haben zwei Bomben das Hallendeck und den vorderen Aufzug total zerstört, doch sind dadurch weder Manövrierfähigkeit noch Geschwindigkeit eingeschränkt. Als Adm. Halsey in den Abendstunden die Annäherung eines weiteren aus Schlachtschiffen und Kreuzern bestehenden japanischen Verbandes gemeldet wird, entschließt er sich, nachdem auch das

Oktober 1942

Die Landung einer Maschine auf dem Deck des Flugzeugträgers ist immer eine nervenaufreibende Angelegenheit. Der Pilot muß die Zeichensignale des Einweisers strikt befolgen

Der amerikanische Admiral William F. Halsey

Der japanische Vizeadmiral Shoji Nishimura

Die See-Luft-Schlacht bei Santa Cruz, 26. 10. 1942: Ein Sturzbomber Douglas SBD Dauntlees verfehlt die Landung auf dem Deck des Trägers »Enterprise«

1942 Oktober

Schlachtschiff »South Dakota«, der Kreuzer »San Juan« und mehrere andere Schiffe beschädigt sind, zum Rückzug.

Obwohl die Trägerschlacht von Santa Cruz als taktischer Erfolg der japanischen Flotte zu werten ist, können ihn die Japaner nicht ausnutzen, denn »Henderson Field« ist wieder in amerikanischer Hand, und die dort zerstörten Flugzeuge sind bereits durch neue Maschinen ersetzt. Doch der Kampf um Guadalcanal ist noch immer nicht entschieden.

Am 31. Oktober 1942 gelingt es 60 Seemeilen nordöstlich vom ägyptischen Hafen Port Said den britischen Zerstörern »Dulverton« und »Hurworth« zusammen mit einer RAF-Maschine der 47. Squadron, das deutsche U-Boot U 559 (KptLt. Heidtmann) zu versenken. Bei einer Durchsuchung des U-Boot-Wracks fällt dem britischen Geheimdienst die neueste deutsche Schlüsselmaschine »Enigma M4« in die Hände. Damit können die Engländer auch den seit dem 1. Februar 1942 angewandten Schlüsselbereich »Triton« entziffern.

Unternehmen »Regenbogen«

Im Laufe der Monate September und Oktober 1942 wenden die deutschen U-Boote wieder ihre frühere Taktik an, Unterwasserangriffe bei Tage durchzuführen. Im westlichen und östlichen Atlantik stehen bis Ende Oktober 1942 insgesamt 40 U-Boote im Einsatz, die als »Wolfsrudel« operieren. Und die immer noch unzureichenden Geleitschutzeinheiten können es nicht verhindern, daß die verstärkten »Wolfsrudel«-Einsätze den alliierten Konvois erhebliche Verluste beibringen.

Im Oktober 1942 versenken deutsche U-Boote im Atlantik, vor Südafrika und im Indischen Ozean insgesamt 91 Handelsschiffe mit 585360 BRT. Die eigenen Verluste betragen 15 U-Boote.

Der November 1942 endet mit den höchsten alliierten Schiffsverlusten des ganzen Krieges. Im Atlantik, im Mittelmeer, im Nordmeer, vor Südafrika und im Indischen Ozean versenken deutsche U-Boote insgesamt 118 Handelsschiffe mit 743320 BRT. Die eigenen Verluste betragen 13 U-Boote. Adm. Dönitz führt dieses hohe November-Ergebnis vor allem darauf zurück, daß die Alliierten die Sicherung ihrer Handelskonvois zugunsten der Landungsoperation in Nordafrika geschwächt hätten.

Ebenso wie der Nachrichtendienst der britischen Admiralität, der durch Entziffern des Schlüsselsystems »Triton« seit Anfang Dezember 1942 in der Lage ist, die Anweisungen von Adm. Dönitz auszuwerten, und damit über die Standorte der deutschen U-Boote informiert ist, weiß auch die deutsche Seekriegsleitung durch das Mithören gegnerischer Funkanweisungen über die jeweiligen Positionen der alliierten Konvois Bescheid. Dies verdankt sie dem B-Dienst unter Kpt. z. S. Bonatz, der es im Jahre 1942 geschafft hat, nahezu die Hälfte aller Nordatlantik-Geleitzüge zu erfassen.

Am Mittwoch, dem 30. Dezember 1942, läuft aus dem Alta-Fjord in Norwegen ein deutscher Flottenverband zur Bekämpfung des am 24. Dezember südlich der Bäreninsel (Nordmeer) gesichteten britischen Konvois JW.51 B (Unternehmen »Regenbogen«) aus. Zu der von Adm. Kummetz geführten Kampfgruppe gehören die schweren Kreuzer »Admiral Hipper« (Kpt. z. S. Hartmann) und »Lützow« (Kpt. z. S. Stange) sowie sechs Zerstörer der 5. Zerstörerflottille (Kpt. z. S. Schemmel). Der aus 14

Der amerikanische Träger »Enterprise« während der Schlacht bei Santa Cruz. Der Himmel ist übersät mit Explosionswolken der Flakgeschosse

Dezember 1942

Frachtern bestehende Geleitzug ist nur durch sechs Zerstörer, zwei Korvetten, einen Minensucher und zwei Trawler gesichert, da die vorgesehene Verstärkung durch Einheiten der sowjetischen Nordmeerflotte (Adm. Golowko) ausgeblieben ist. Die britische Zerstörergruppe (Capt. Sherbrooke) verliert zwar im Gefecht mit den überlegenen deutschen Kräften den Zerstörer »Achates« und den Minensucher »Bramble«, verteidigt sich jedoch so geschickt, daß die Nahsicherung unter Adm. Burnett mit den leichten Kreuzern »Sheffield« und »Jamaica« eingreifen kann. Bei diesem Gefecht erhält die »Admiral Hipper« drei Treffer und dreht daraufhin auf Anweisung der Seekriegsleitung ab, weil »ein Eingehen größeren Risikos für Kreuzer unerwünscht ist«. Der Zerstörer »Friedrich Eckoldt« (KorvKpt. Bachmann) wird durch Artilleriebeschuß des Kreuzers »Sheffield« so schwer beschädigt, daß er mit der gesamten Besatzung, darunter der Flottillenchef Kpt. z. S. Schemmel, untergeht. Der schwere Kreuzer »Lützow« verfehlt dagegen durch schlechte Sicht den englischen Geleitzug, so daß alle 14 Frachter ohne Gefechtsberührung unversehrt den Hafen von Murmansk erreichen.

Im Dezember 1942 versenken deutsche U-Boote im Atlantik, vor Südafrika und im Mittelmeer 59 Handelsschiffe mit insgesamt 315 670 BRT. Die eigenen Verluste betragen sechs U-Boote. Dazu Churchill: »... im Atlantik sollte es sich als das schlimmste Jahr des ganzen Krieges erweisen.« Die britische Admiralität hat zu dieser Zeit bereits erkannt, daß es einer neuen Taktik bedarf, um der strategischen Beweglichkeit der zentralisierten deutschen U-Boot-Führung erfolgreich zu begegnen.

Der deutschen Seekriegsleitung bereitet die Sicherung des Küstenbereichs der Festung Europa zunehmend Sorgen. Dabei wirken sich die sprunghaft gestiegenen Verluste der deutschen U-Boote beim An- und Abmarsch von den Stützpunkten in der Biskaya äußerst bedrohlich aus, da sie von den alliierten Langstreckenmaschinen Tag und Nacht überwacht werden. Während seit Kriegsbeginn bis Ende 1941 nur sechs deutsche U-Boote Flugzeugen zum Opfer gefallen sind, haben dagegen im Jahre 1942 die RAF und US Air Force insgesamt 38 U-Boote versenkt. Wenn auch Adm. Dönitz bis Ende 1942 steigende Erfolge aufweisen kann, so beginnt sich bereits eine Änderung der Situation im Atlantik abzuzeichnen. Die deutsche Seekriegsleitung muß schließlich feststellen, daß trotz beachtlicher U-Boot-Erfolge in der zweiten Hälfte des Jahres 1942 nicht mehr daran zu zweifeln ist, daß »der Gegner gegenüber den U-Boot-Angriffen in taktischer Beziehung die Oberhand gewonnen hat«.

Obwohl die Entzifferung der deutschen Enigma-Funksprüche es den Engländern im zweiten Halbjahr 1942 ermöglicht hat, durch Konvoi-Steuerung eine Reduzierung der Tonnage-Verluste auf den Routen im Nordatlantik um rund 65 Prozent zu erreichen, so gingen den Alliierten im gesamten Jahr 1942 doch noch 7,71 Millionen BRT verloren, davon 6,25 Millionen BRT durch U-Boote und 1,06 Millionen BRT durch Flugzeuge, Überwasserschiffe und Minen. Mit dem Bau von 7,2 Millionen BRT neuen Schiffsraumes zwischen September 1939 und dem Jahresende 1942 haben es die Alliierten nicht geschafft, wenigstens 50 Prozent ihrer Gesamtverluste zu ersetzen.

Seit dem deutschen Angriff auf die Sowjetunion im Juni 1941 bis Ende 1942 sind insgesamt 219 alliierte Schiffe mit Hilfslieferungen für die Sowjetunion in den Nordmeerhäfen eingetroffen. So hat die Rote Armee bis zu diesem Zeitpunkt 3276 Panzer, 2665 Flugzeuge, 24 400 Fahrzeuge, 615 000 Tonnen Munition und Kriegsmaterial sowie 69 500 Tonnen Benzin erhalten. Mit den 64 versenkten Schiffen ist rund ein Viertel der für die UdSSR bestimmten Lieferungen untergegangen.

Der britische Konteradmiral R. L. Burnett

Raum Guadalcanal, 12. 11. 1942: Der US-Truppentransporter »President Jackson« während des japanischen Luftangriffs

DER LUFTKRIEG 1942

BEGINN DER GROSS-ANGRIFFE

Churchill: ». . . der Vorbote dessen, was Deutschland von nun an, Stadt für Stadt, erleben wird.«

Im Januar 1942 hat die RAF ihre nächtlichen Störangriffe gegen deutsches Reichsgebiet in etwas größeren zeitlichen Abständen und in breiter, aufgelockerter Formation fortgesetzt. Es gelingt ihren Bombern aber nicht mehr, dem Abwehrriegel, der sogenannten »Kammhuber-Linie«, auszuweichen. Außerdem erweist es sich als unmöglich, ihn mit der größtmöglichen Geschwindigkeit zu unterfliegen.

Am Mittwoch, dem 21. Januar 1942, startet die Luftwaffe einen ihrer spektakulärsten Angriffseinsätze auf dem afrikanischen Kriegsschauplatz. Morgens um 8.00 Uhr hebt auf dem einsamen Wüstenflugplatz Campo Uno, nahe der Oase Hun, eine mit 5000 Liter Benzin aufgetankte He 111 zum Flug nach Fort Lamy ab, dem etwa 2500 Kilometer südlich gelegenen Sammel- und Ausgangspunkt französischer Aktivitäten in Zentralafrika. Am Steuerknüppel der Maschine sitzt Lt. Franz Bohnsack, ihm zur Seite Feldw. Geisler als Bordmechaniker und Uffz. Wichmann als Bordfunker. An Bord befinden sich der Wüstenforscher Hptm. Theo Blaich, deutscher Sportflieger und Afrikakenner, dazu der italienische Wüstenspezialist Maj. Roberto Conte Vimercati-Sanseverino sowie Kriegsberichter Lt. Fritz Dettmann.

Nachdem gegen 12.00 Uhr die östlichen Ausläufer des Tschadsees überflogen sind, kann die He 111 um 14.30 Uhr ihre Bomben über Fort Lamy abwerfen. Alle dort vorhandenen Öllager, dazu 400 Tonnen Flugbenzin und zehn startbereite Flugzeuge, gehen in Flammen auf. Damit ist der Stützpunkt Fort Lamy für mehrere Wochen ausgeschaltet.

Einbrechende Dunkelheit und Mangel an Treibstoff zwingen den Piloten auf dem Rückflug zu einer Notlandung in der Wüste. Erst nach einer Woche können die Vermißten von Oberlt. Becker, der mit einer Ju 52/3m der Wüsten-Notstaffel das Gelände täglich abgesucht hat, gerettet werden.

Am Sonnabend, dem 14. Februar 1942, erhält das britische Bomber Command von Churchill und dem Air Ministry eine neue Anweisung, in der die »Schwächung der Moral der feindlichen Zivilbevölkerung und vor allem der Industriearbeiter« als Hauptziel der Bombereinsätze

Auf einem Luftstützpunkt der Royal Air Force in Mittelengland laufen die Vorbereitungen für einen Angriff über Deutschland auf Hochtouren. Aus einem unterirdischen Depot werden die Bomben zu den Maschinen gerollt

1942 Februar

Flugplatz Thruxton: Die im Rahmen der Operation »Biting« teilnehmenden Commandos besteigen einen der Whitley-Bomber

genannt wird. Diese schicksalsträchtige Entscheidung, die von nun an den Luftkrieg gegen Deutschland bestimmt, gehört zu einer Reihe weiterer Geschehnisse, die den Februar 1942 zum Wendepunkt des alliierten Luftkrieges gegen Deutschland werden lassen.

Am Sonntag, dem 22. Februar 1942, wird von dem zwei Tage zuvor in London eingetroffenen amerikanischen Brigadegen. Eaker das erste US Army Bomber Command gebildet. Als Hauptquartier dient Eaker und seinen sechs Stabsoffizieren das ehemalige exklusive Mädchenpensionat in High Wycombe nahe London. Es erhält den Decknamen »Pinetree« und ist nur 7 Kilometer vom Hauptquartier der RAF entfernt. Es werden sofort die ersten Vorbereitungen getroffen, um US-Bomberverbände von England aus über dem Festland einzusetzen.

Der neue Befehlshaber

Am selben Tag wird Air Chief Marshal Arthur Harris der Befehlshaber des britischen Bomber Command. Seine Ernennung hat eine weitere Eskalation des Luftkrieges in Europa zur Folge, denn Harris ist ein entschiedener Anhänger der Theorien des italienischen Fliegergen. Douhet, wonach es möglich sei, einen Krieg mit strategischen Bombern zu gewinnen. Um seine These zu beweisen, kommt es Harris äußerst gelegen, daß ihm zum Zeitpunkt seiner Ernennung verbesserte Flugzeuge und Navigationshilfen einsatzbereit zur Verfügung stehen.

Am Abend des 27. Februar 1942 heben vom englischen Flughafen Thruxton 12 Whitley-Bomber ab. Damit beginnt die streng geheime Commando-Operation »Biting«, ein Luftlandeunternehmen gegen die deutsche Radarstation Bruneval an der Kanalküste, 20 Kilometer nördlich von Le Havre. Die 119 Mann starke Commando-Einheit unter Maj. Frost soll Teile des neuen deutschen Funkmeßgerätes »Würzburg« nach England bringen und den Rest vernichten. Mit diesem Gerät ist es den deutschen Flakbatterien möglich, ein gezieltes Feuer auf gegnerische Objekte zu richten.

Die Radarstation befindet sich auf einem 90 Meter hohen Felsen. Für die gut vorbereitete Operation ist das Commando in vier Gruppen eingeteilt: Die erste Gruppe (40 Mann) soll zunächst die MG-Stellungen vernichten, die zum Schutz auf dem 90 Meter hohen Felsen aufgestellt sind, dann das Gebäude stürmen, in dem etwa 100 Soldaten einquartiert sind, die die Anlage schützen. Die zweite Gruppe (50 Mann) soll die Anlage des »Würzburg«-Gerätes besetzen und Teile davon ausbauen, die für die britischen Radarspezialisten von Interesse sind, und den Rest der Anlage in die Luft sprengen. Eine dritte Gruppe (29 Mann) soll das Fort Bruneval besetzen, Gefangene nehmen und den Rückzug sicherstellen. Eine vierte Gruppe (32 Mann), die mit Schiffen an Land gesetzt wird, hat am Strand Verteidigungsposition zu beziehen, um das reibungslose Einschiffen der Fallschirmjäger auf Schnell- und Torpedoboote zu sichern.

Nach Mitternacht, um 2.15 Uhr, erreichen die Commando-Trupps mit den erbeuteten Teilen des »Würzburg«-Gerätes (Funkmeßgerät MG 62) der Luftwaffe sowie einigen Gefangenen – unter ihnen der mit dem Gerät vertraute Funker – den Strand. Während des Abtransports wird das Commando von einem deutschen schweren MG vom Felsen her beschossen. Ein Soldat wird getötet, und sieben werden verwundet. Weitere sieben Soldaten vom Commando müssen als vermißt gelten, da

März 1942

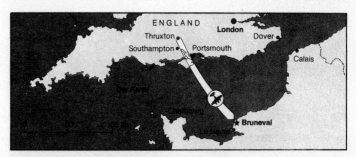

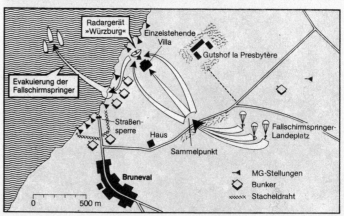

sie nicht rechtzeitig am Strand sind. Die Rückfahrt der Gruppen wird von zwei Zerstörern und Jagdfliegern geschützt. Noch vor Morgengrauen treffen sie in Portsmouth ein.

Nach dieser ersten gelungenen britischen Luftlandeoperation des Krieges können die englischen Radarspezialisten feststellen, auf welcher Wellenlänge das »Würzburg«-Gerät arbeitet und daß eine Umschaltung auf andere Frequenzen nicht möglich ist, wenn das Gerät einmal durch Frequenzstörungen aktionsunfähig wird.

Auf alliierter wie auf deutscher Seite hat man längst in Erfahrung gebracht, daß derartige Geräte durch einfache Stanniolstreifen, die elektromagnetische Impulse auf Radarschirmen reflektieren, gestört werden können. Dieser Störeffekt ist am größten, wenn die Stanniolstreifen der halben Wellenlänge des zu störenden Radargerätes entsprechen. Von den Deutschen werden die Stanniolstreifen »Düppel« genannt, während die Engländer sie als »Window« bezeichnen. Aus der Besorgnis heraus, die gegnerische Seite könnte ebenfalls von dieser Störtechnik Gebrauch machen, wird diese Erkenntnis in England wie auch in Deutschland als Geheimnis behandelt.

In der Nacht vom 3./4. März 1942 greifen 223 britische Bomber die Renault-Werke in Billancourt bei Paris an, werfen 462 Tonnen Bomben ab und zerstören damit zwei Drittel der Produktionsanlagen dieses wichtigen Rüstungsbetriebes, der monatelang ausfällt. Ein Teil der Bomben geht auch auf die umliegenden Arbeiterwohnbezirke nieder. Bei diesem Angriff kommen 251 Franzosen ums Leben. Dieser erste Großeinsatz des britischen Bomber Command unter Harris ist das Beispiel eines wirkungsvollen Präzisionsangriffs, bei dem lediglich zwei britische Maschinen verlorengehen, aber die Opfer sind nicht Arbeiter aus dem gegnerischen Deutschland, sondern aus dem ehemals verbündeten Frankreich.

Einer der in Bruneval gefangenen Soldaten der Bedienungsmannschaft des »Würzburg«-Gerätes

Lagekarten mit dem Verlauf der Operation »Biting«

Belgien 1942: Aufbrauchsausgabe einer Vorkriegsmarke und Wohltätigkeitsausgabe zugunsten der Tuberkulosebekämpfung mit dem Historiker Joh. Ballandus

Der amerikanische General Ira C. Eaker

655

1942 März

Ein Offizier der Luftwaffe erklärt die Bedienung des Funkmeßgerätes MG 62 »Würzburg«

Der britische schwere Bomber »Short Stirling« wird mit Brandbomben-Behältern beladen

In den Nächten vom 8. bis zum 10. März 1942 greifen 389 britische Bomber die Stadt Essen an. Dabei wird von der RAF erstmals die Radar-Navigationshilfe »Gee« in größerem Maße eingesetzt, da in jeder vierten Maschine dieses Gerät installiert ist. Auch andere taktische Neuerungen werden hierbei erprobt: die Zielbeleuchtung (Shaker) und Blindabwürfe (Sampson).

Köln, März 1942, am Morgen nach einem britischen Nachtangriff: Mit dem Rest der Habe vor einer ungewissen Zukunft

März 1942

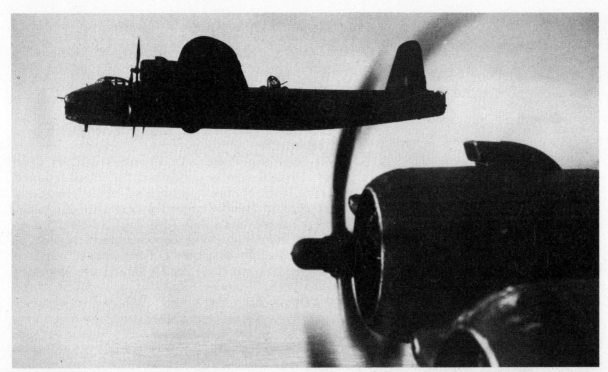

Britische schwere Bomber »Short Stirling«: Diese Maschine, seit Ende 1941 im Einsatz, ist der erste viermotorige britische Bomber

Obwohl das Gee-System noch Störungen aufweist und nur bis etwa an das Ruhrgebiet heranreicht, können mit seiner Hilfe die Bomber so dicht an die Ziele herangeführt werden, daß deren Auffinden den Besatzungen bei Mondschein keine Schwierigkeiten bereitet. Vier und fünf Nächte später (12./13. und 14./15. März) finden Luftangriffe auf Kiel und Köln statt.

Die neue Angriffstaktik

Ende März 1942 ändert Air Chief Marshal Harris die Angriffstaktik der RAF-Geschwader: Um eine möglichst große Wirkung zu erzielen, läßt er anstelle der bisherigen Einsätze in mehreren Wellen Flächenbombardements mit starken Verbänden durchführen. Zuvor muß allerdings eine Reihe logistischer Probleme gelöst werden, um mehrere hundert Maschinen gleichzeitig starten und landen lassen zu können.

Die von der Nordsee her leicht auszumachende und relativ gefahrlos anzufliegende Hansestadt Lübeck wird als erstes Ziel des »Area bombing« ausgewählt. Das alte Lübecker Stadtzentrum mit seinen leicht gebauten hölzernen Dachstühlen bietet geradezu ideale Voraussetzungen für einen wirkungsvoll kombinierten Einsatz von Spreng- und Brandbomben. Für die Planung dieser Operation orientiert sich Harris am Beispiel des deutschen Großangriffs auf Coventry (14./15. November 1940).

In der Nacht vom 28./29. März 1942 starten 234 Wellington-, Stirling- und erstmals auch Lancaster-Maschinen, die 304 Tonnen Brand- und Sprengbomben über Lübeck abwerfen.

Zum erstenmal erprobt werden bei diesem Luftangriff auch die neuartigen Flüssigkeitsbrandbomben. 32 Stunden lang wüten die Brände und vernichten fast völlig die historische Altstadt Lübecks. Es zeigt sich, daß Brandbomben etwa die sechsfache Zerstörungskraft von Sprengbomben haben.

Das nächtliche Bombardement von Lübeck stellt insofern eine Wende dar, weil die bisherige Form des Luftkrieges in einen Luftbrandkrieg übergeht. Unter der Zivilbevölkerung gibt es 320 Tote und 791 Verwundete. Die Verluste der Angreifer belaufen sich auf 13 Maschinen.

Die maßgeblichen englischen Politiker legen keinen Wert darauf, öffentlich bekanntwerden zu lassen, daß mit dieser neuen Form der Luftoffensive bewußt Terror auf die gegnerische Zivilbevölkerung ausgeübt werden soll.

Am Montag, dem 30. März 1942, legt der 1886 in Baden-Baden als Sohn des dortigen Bauunternehmers Samuel Lindemann geborene Professor Frederick A. Lindemann (später: Lord Cherwell) Churchill eine Analyse über den Sinn und die Wirkung von Flächenbombardements vor. Professor Lindemann ist mit dem Premierminister bereits seit 1921 bekannt und genießt dessen besonderes Vertrauen. Es sind vor allem diese Ratschläge und Berechnungen von Lindemann, die Churchill veranlassen, seine Zustimmung zum totalen Bombenkrieg gegen deutsche Städte zu geben. In Lindemanns Ausführungen heißt es unter anderem, daß jede Tonne an abgeworfenen Bomben 100 bis 200 Menschen obdachlos machen werde, und es sei erwiesen, daß Menschen durch die Vernichtung ihrer Wohnung moralisch stärker erschüttert würden als durch den Tod von Freunden und Verwandten. Deshalb erscheine es ihm möglich, durch Konzentration aller Kräfte auf die Herstellung und den Einsatz von Bombenflugzeugen den Widerstandswillen des deutschen Volkes zu brechen.

1942 April

Bruno Loerzer, General des deutschen II. Fliegerkorps

Der amerikanische Lieutenant Colonel James H. Doolittle

Nordfrankreich, April 1942: Diesmal haben sie noch Glück! Die Besatzung einer Junkers Ju 88 – mit zerschmettertem Fahrgestell vom Einsatz über England – nach einer Bruchlandung auf ihrem Luftstützpunkt

Mitte 1943 könnten auf diese Weise in den deutschen Großstädten 50 Prozent aller Häuser zerstört sein. Hinzu kämen noch Schäden an Fabriken und Verkehrseinrichtungen sowie der Zusammenbruch der öffentlichen Dienste. Zweckmäßig sei es, Flächenbombardierungen vornehmlich gegen deutsche Arbeiterwohnviertel zu richten, weil »die Häuser der bessergestellten Klassen zu aufgelockert stehen« und deshalb einen größeren Bombeneinsatz erforderten.

Mit derartigen Thesen, die Churchill und Air Chief Marshal Harris überzeugen, gehört der Physiker Lindemann zu jenen Männern in England, deren verhängnisvoller Einfluß Hunderttausenden deutscher Zivilpersonen das Leben kostet, aber auch die Vernichtung unersetzlicher kultureller Werte bewirkt. Doch ist nicht zu übersehen, daß die deutschen Luftangriffe auf Warschau (1939) und Belgrad (1941) und während der »Battle of Britain« bereits ähnliche Terrorwirkung ausüben sollten.

Am Donnerstag, dem 2. April 1942, beginnt das deutsche II. Fliegerkorps (Gen. d. Fl. Loerzer) zusammen mit den Verbänden der Regia Aeronautica eine neuntägige Luftoffensive gegen die Inselfestung Malta. Es gelingt ihnen, die drei britischen Zerstörer »Gallant«, »Kingston« und »Lance« sowie drei U-Boote und den Tanker »Plumleaf« (5916 BRT) im Hafen zu versenken. Durch diese permanenten Luftangriffe sieht sich die Royal Navy gezwungen, die restlichen Boote der britischen 10. U-Boot-Flottille Mitte des Monats von Malta abzuziehen.

Am Dienstag, dem 14. April 1942, ordnet Hitler als Vergeltung für die Vernichtung historischer Bauten in Lübeck und Rostock durch Luftangriffe der RAF jetzt die

April 1942

sogenannten »Baedeker-Angriffe« an, Bombardements auf historische Städte in England wie Bath, Canterbury und Exeter.

An diesem Tag wird Pierre Laval zum Ministerpräsidenten der Vichy-Regierung ernannt, doch bleibt Marschall Pétain weiterhin Regierungschef.

Am Freitag, dem 17. April 1942, starten in England elf Bomber der 44. und 97. Lancaster Squadron im Rahmen der im Frühjahr 1942 aufgenommenen Tagesfernflüge mit Präzisionsangriffen auf kriegswichtige Ziele in Deutschland, um die Augsburger MAN-Werke zu bombardieren, in denen U-Boot-Motoren gebaut werden. Die Bomben verfehlen jedoch ihr Ziel. Von den elf Maschinen kehren nur sieben zurück.

Der Angriff auf Tokio

Während die Japaner sich im April 1942 weiterhin an allen Fronten auf dem Vormarsch befinden und die letzte Bastion auf den Philippinen, die Inselfestung Corregidor, kurz vor der Kapitulation steht, beschäftigt sich Lt. Col. Doolittle (US Air Force) mit den Vorbereitungen zu einem Bombenangriff auf die japanische Hauptstadt. Für dieses Unternehmen sind 16 Kampfflugzeuge vom Typ B-25 Mitchell vorgesehen. Sie sollen von dem Flugzeugträger »Hornet« aus starten, der eine Position beziehen wird, die etwa 650 Meilen von Tokio entfernt ist. Da die Reichweite der Maschinen eine Rückkehr auf den Träger ausschließt, sollen sie nach dem Bombardement auf Flugplätzen in China landen. Trotz des schlechten Wetters müssen alle Bomber auf dem Oberdeck untergebracht werden, weil sich ihre Tragflügel nur zur Seite abklappen lassen.

Am 18. April 1942, um 3.00 Uhr morgens, sind auf dem Radarschirm der »Enterprise« zwei feindliche Kriegsschiffe zu erkennen. Um 7.38 Uhr wird plötzlich bei starkem Regen ein japanisches Patrouillenboot entdeckt, das kaum eine Meile entfernt ist. Vizeadm. Halsey (US Task Force 16), der die Operation leitet, läßt sofort den Kreuzer »Nashville« das japanische Patrouillenboot angreifen, das nach einer halben Stunde und dem Beschuß von 938 Granaten sinkt. Es bleibt Vizeadm. Halsey noch genügend Zeit, um dem Träger »Hornet« eine Funkwarnung und den Befehl »Launch planes!« zu übermitteln.

Die »Hornet« dreht daraufhin gegen den Wind und erhöht ihre Geschwindigkeit. So vergrößert sich die Neigung des Schiffes und damit die der Startbahn auf dem Deck. Lt. Col. Doolittle hebt um 8.20 Uhr als erster mit seiner Maschine ab, die anderen starten in einem Abstand von drei bis fünf Minuten, das letzte Flugzeug verläßt um 9.20 Uhr den Träger.

Genau eine Stunde später erhält der japanische Befehlsstab der Luftsicherung folgende Meldung: Der am Morgen entsandte Aufklärer habe ein unbekanntes zweimotoriges Flugzeug gesichtet, das auf entgegengesetztem Kurs fliegt. Diese Nachricht ruft jedoch keinen Alarm hervor, da es bekannt ist, daß die Amerikaner auf ihren Flugzeugträgern keine mehrmotorigen Flugzeuge haben.

Die Kampfflugzeuge vom Typ B-25 Mitchel auf dem Deck des Flugzeugträgers »Hornet«

1942 April

Erst dem Befehlshaber der japanischen 26. Luftflotte, Vizeadm. Yamagata, erscheint die Nachricht etwas ungewöhnlich. Nachdem er um 10.30 Uhr noch keine Meldung von dem im verdächtigen Abschnitt patrouillierenden Flugboot erhalten hat, entsendet er drei weitere Aufklärungsmaschinen. Ohne die Ergebnisse der Aufklärung abzuwarten, läßt er einen Verband von 25 Torpedoflugzeugen starten, der von 24 Jagdmaschinen begleitet wird.

Während über Japan sonniges Wetter herrscht, erstreckt sich zwischen den japanischen Stützpunkten und der amerikanischen Flotte eine Wolkenfront, die die Flughöhe und Sichtweite auf ein Minimum reduziert. So verschwindet die US-Flotte aus dem Sichtwinkel der Japaner.

Nur geringe US-Verluste

Unterdessen beginnen in Tokio nach 9.00 Uhr die bereits vor Tagen angesagten Luftalarmübungen. Feuerwehren jagen durch die Stadt, die Zivilverteidigung ist wachsam auf ihrem Posten, Jagdmaschinen täuschen Luftkämpfe vor, und über dem Hafen läßt man Sperrballons hochgehen.

Die US-Bomber, die sich auf dem Anflug auf Tokio befinden, fliegen getrennt in lang unterbrochener Reihe und versuchen, Blickverbindung nur mit der einzelnen Flugformation zu halten. Um von den Radarstationen nicht entdeckt zu werden, halten sie die Flughöhe so niedrig wie möglich, nur knapp über den Wellen. Ein Teil der Maschinen überfliegt die Insel Honsiu nördlich von Tokio, um den Angriff von der Landseite her zu unternehmen, andere greifen direkt von der Tokio-Bucht aus an. Doolittle wirft um 12.30 Uhr Ortszeit als erster seine Bomben auf Tokio ab und fliegt, ohne eine Gegenaktion hervorzurufen, direkt an den japanischen Maschinen vorbei, die rings um Tokio ihre Flugübungen abhalten.

Die letzte über Tokio erscheinende US-Besatzung muß dagegen die Angriffe von 16 Jagdmaschinen abwehren und wird von Splittern des inzwischen einsetzenden Artilleriefeuers getroffen. Der japanischen Luftabwehr gelingt es jedoch nicht, einen der Bomber abzuschießen. Die Bomberbesatzungen melden, daß ihnen der Abschuß einiger feindlicher Jagdmaschinen gelungen sei. Danach umfliegen alle B-25 den am weitesten nach Süden vorgeschobenen Zipfel Japans und nehmen Kurs auf das asiatische Festland.

Drei andere B-25 bombardieren inzwischen Ziele in Yokohama und den in der Nähe gelegenen Marinestützpunkt Jokosuka. Zwei weitere Maschinen greifen Objekte in Nagoja und Kobe an. Der anschließende Flug in Richtung China erfolgt ohne Störungen bei günstigem Rückenwind. Vergeblich warten die Flieger auf Signale der chinesischen Funkstation. Die dortigen Flugplätze sind jedoch nicht auf die Ankunft vorbereitet worden.

Doolittle betont später, daß eine Landung wegen der in China herrschenden Wetterlage dort auch tagsüber kaum möglich gewesen sei. Die Küste erreichen die einzeln ankommenden Maschinen erst bei Dämmerung oder in der Nacht. Da sie keine Funkverbindung mit den Bodenstationen haben, müssen die Besatzungen tief ins Innere des Landes fliegen. Um sicher zu sein, daß sie sich außerhalb des von Japanern kontrollierten Territoriums befinden, springen sie nach dem Verbrauch des letzten Treibstoffs mit dem Fallschirm ab. Eine Maschine kann notlanden, und drei andere stürzen in Küstennähe ins Meer. Die Flugdauer schwankt zwischen zehn und 15½ Stunden. Ein Teil der Besatzung meldet sich sofort bei der nächsten chinesischen Behörde. Andere, die im japanisch besetzten Gebiet landen, werden von chinesischen Partisanen durch die schwach besetzte Frontlinie geführt. Nur die Besatzung des Flugzeuges Nr. 16 und drei Gerettete der Besatzung von Nr. 6, die ins Wasser gestürzt ist, geraten in japanische Hände.

Mai 1942

Der historische Augenblick: Am 18. 4. 1942, um 8.20 Uhr, startet James H. Doolittle mit seiner Maschine zum Angriff auf Tokio

Für den spektakulären Einsatz rollt ein Bomber nach dem anderen auf dem Deck des Trägers »Hornet« zum Start

Der schwere Bomber »Avro Lancaster«. Die Existenz dieser 30 Tonnen schweren Maschine wird erst publik, als sie 1942 an einem Tagesangriff auf die Dieselwerke in Augsburg, wo die Motoren für U-Boote hergestellt werden, teilnimmt

Das Flugzeug Nr. 8 fliegt, nachdem ein Fehler am Vergaser festgestellt wurde, in das näherliegende Gebiet der UdSSR. Nach einer Flugstrecke von über 2250 Kilometern landet der Pilot auf einem Feldflugplatz unweit Wladiwostok, die Besatzung wird dort interniert.

Nach japanischen Quellen sind bei dem Angriff 50 Gebäude zerstört und 50 beschädigt worden, an Menschen sind 12 Tote und über 100 Verwundete zu beklagen. Entscheidend ist jedoch der moralische Effekt. Die amerikanische Bevölkerung, die die Katastrophe in Pearl Harbor noch im Bewußtsein hat, glaubt nun wieder an die militärische Stärke der Alliierten, während der Glaube der Japaner an ihre Unbesiegbarkeit erschüttert ist. Der Angriff auf Tokio zählt zu den aufsehenerregendsten des Zweiten Weltkrieges.

Lt. Col. Doolittle, der diese Operation vorbereitet hat, ist einer der besten und sicherlich erfahrensten US-Flieger, Sieger vieler internationaler Wettbewerbe, Inhaber zahlreicher Rekorde und, was damals unter Fliegern noch eine Seltenheit war, Absolvent des Technologischen Instituts in Massachusetts im Bereich Fliegertechnik.

Über Details des »Special Aviation Project No. 1« sind vorher nur fünf Personen informiert worden. Sogar Präsident Roosevelt hat erst kurz vor dem Einsatz von der Operation erfahren. Die 4500 Liter Treibstoff, mit denen jede Maschine vollgetankt war, reichen für eine Flugstrecke von 3800 Kilometern (die normale Reichweite der B-25 A beträgt 2150 Kilometer). Um die japanischen Jäger zu täuschen und abzuschrecken, hat man im Rumpfende der Maschinen die Attrappe eines großkalibrigen Maschinengewehrs angebracht. Außerdem hat man die Funkanlagen aus den Flugzeugen ausgebaut, um das Gesamtgewicht der Maschine zu reduzieren.

Die üblichen Bomben-Zielvorrichtungen sind entfernt und durch einfache Winkeleisen ersetzt worden, weil sie für den Bombenabwurf im Tiefflug ungeeignet sind. Dagegen hat man die Bomber mit automatischen Kameras ausgestattet, die von dem Augenblick an, wenn die Flugzeuge auf Angriffskurs gehen, Aufnahmen im Zweisekundentakt anfertigen sollen. Das Gesamtgewicht der Flugzeuge vergrößerte sich von 12,3 auf 14 Tonnen. Die endgültige Kontrolle der Maschinen ist auf dem Flugplatz Alameda durchgeführt worden. Dort wurden auch die 16 geeignetsten Maschinen ausgewählt und an Bord der »Hornet« genommen.

Mögen diese ersten amerikanischen Bombenangriffe auf japanische Städte, was die angerichteten Schäden betrifft, letztlich nur von symbolischer Bedeutung gewesen sein, so wirken sie sich doch auf die weitere Kriegführung der Japaner aus. Das japanische Oberkommando zieht aus diesen Angriffen die Konsequenz, von allen Fronten einen Teil der Jagdfliegerverbände zum Schutz des Mutterlandes abzuziehen, was gleichzeitig für die in harte Kämpfe verwickelten US-Truppen eine gewisse Entlastung bedeutet.

Am Donnerstag, dem 21. Mai 1942, geht der deutschen Seekriegsleitung eine Agentenmeldung aus Reykjavik (Island) zu, in der es heißt, daß der alliierte Konvoi PQ.16 auslaufbereit sei. Vier Tage später kann die deutsche Luftaufklärung den aus 35 Schiffen bestehenden Geleitzug, der sich auf dem Weg nach Murmansk befindet, erfassen.

Am Mittwoch, dem 27. Mai 1942, fliegt die Luftwaffe bis zum Abend ununterbrochen Einsätze gegen den durch das Nordmeer fahrenden britischen Konvoi PQ.16. Mit 101 Flugzeugen Junkers Ju 88, die zum Kampfgeschwader 30 (KG 30) gehören, und sieben Heinkel He 111 der I./KG 26 wird dieser bisher größte Geleitzug südöstlich der Bäreninsel angegriffen. Dabei versenken die deutschen Kampfflieger bei drei eigenen Verlusten insgesamt sieben Frachter mit rund 37 000 BRT und beschädigen weitere Handelsschiffe schwer. Doch auch an den folgenden Tagen können die Sturzkampf- und Torpedobomber trotz weiterer Angriffe nicht erreichen, daß die Sicherungseinheiten den Konvoi auflösen.

Drei Tage später erreicht der ziemlich angeschlagene britische Geleitzug PQ.16 die Kola-Bucht bei Murmansk. Die Schiffe sind hier noch einmal einem Angriff deut-

1942 Mai

scher Bomber ausgesetzt, der jedoch durch Flakfeuer und sowjetische Jäger vereitelt wird. Dabei findet der erfolgreichste Flieger der sowjetischen Nordflotte, Oberstlt. Safanow, den Tod. Durch die Angriffe deutscher Kampfflugzeuge und U-Boote auf den Konvoi PQ.16 sind 32400 Tonnen des für die Sowjetunion bestimmten Kriegsmaterials, darunter 770 Lkw, 147 Panzer und 77 Flugzeuge, verlorengegangen.

1000 Bomber über Köln

In der Nacht vom 30./31. Mai 1942 erreicht der Luftkrieg gegen Deutschland mit dem ersten »Tausend-Bomber-Angriff« der RAF auf Köln einen Höhepunkt. Die von 52 Flugplätzen in England gestarteten 1046 Maschinen sollen hier die Wirkung des »Area bombing«, des Flächenbombardements gegen eine Großstadt, erproben. 868 Flugzeuge erreichen ihr Angriffsziel und lassen 1455 Tonnen Bomben, darunter zwei Drittel Brandbomben, über dem Stadtzentrum fallen. Die tief fliegenden Maschinen bekämpfen die deutschen Flakbatterien mit Splitterbomben, während die höher fliegenden die Flakbedienung ablenken und deren Feuer auf sich ziehen. Danach stellt sich heraus, daß dieser 90-Minuten-Angriff, bei dem mehr als 5000 Brände entstanden sind, viermal größeren Schaden angerichtet hat als 70 vorangegangene Angriffe mit insgesamt 2000 Flugzeugen. 3330 Häuser sind in Schutt und Asche gelegt, 9510 weitere Gebäude schwer beschädigt. 45 000 Menschen haben ihr Heim verloren, 474 Einwohner sind in den Trümmern umgekommen, weitere 5000 schwer verletzt. Ohne den rechtzeitigen Ausbau von Luftschutzräumen wären die Verluste gewiß noch weitaus höher ausgefallen.

Die enorme Angriffswirkung ist im wesentlichen auf die neuartigen Brandkanister zurückzuführen sowie auf den gezielten Einsatz von Sprengbomben, die die Ausdehnung der Flächenbrände verursacht haben. Die 200 Wellington-Bomber der letzten Angriffswelle haben die Löscharbeiten stark behindert.

Das Bomber Command verliert bei dem Angriff auf Köln nur 43 Maschinen. 116 weitere Flugzeuge werden schwer getroffen – und gehen fast alle bei der Landung in England zu Bruch.

Mai 1942

Mit diesem Einsatz hat Air Chief Marshal Harris die Kritik an den bisher eher bescheidenen Erfolgen des Bombenkrieges zum Verstummen gebracht. Seine neue Taktik: Alle Staffeln eines Bomberstromes nehmen den gleichen Weg. So können bei einer Angriffsdauer von zweieinhalb Stunden jeweils sieben Maschinen pro Minute ihre Bombenlast abwerfen. Da der dichte Bomberstrom nicht auf gleicher Höhe anfliegt, hat es die deutsche Luftabwehr schwer, den Kurs und die Höhe der einzelnen Staffeln exakt zu ermitteln. Damit vermindert sich auch die Wirkung des Flaksperrfeuers.

Diese neue Einsatztaktik erfordert von den Bomberbesatzungen ein hohes Maß an Kaltblütigkeit, denn sie müssen erleben, daß bei Massenabwürfen von Brandbomben durch höher fliegende Maschinen eigene Flugzeuge getroffen werden.

Auch die Gefahr des Zusammenstoßes mit anderen Maschinen des Verbandes ist bei der Bomberstromtaktik erheblich größer. Doch beträgt dieses Risiko nur etwa 0,5 Prozent gegenüber der drei- bis vierprozentigen Wahrscheinlichkeit, von der deutschen Luftabwehr abgeschossen zu werden.

Nach dem ersten »Tausend-Bomber-Angriff« auf Köln stellt Harris fest, daß nicht nur größere Zerstörungen an-

Eine Mainacht wird zum Inferno – Köln, 31. 5. 1942. Churchill: »Unter der energischen Führung von Air Chief Marshal Harris wurden höchst eindrucksvolle Ergebnisse erzielt.«

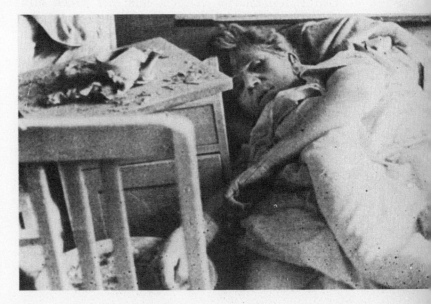

1942 Mai

Der amerikanische General Carl Spaatz

Der schwere Bomber »Short Stirling« wird beladen. Er kann bis zu acht Tonnen der mörderischen Last mitnehmen. Diesmal wird er mit den bewährten Brandbomben beladen

gerichtet werden, sondern auch die eigenen Flugzeugverluste geringer sind als bei der bisher üblichen Angriffstaktik.

Dieser erste Großangriff auf Köln beweist der deutschen Führung, daß das »Himmelbett-Verfahren« der Kammhuber-Linie bei dicht geschlossenen Bomberströmen versagt, weil von den Nachtjagd-Leitständen immer nur jeweils ein Jäger an das Ziel herangeführt werden kann. Außerdem beeinträchtigen die störanfälligen Radargeräte die Wirksamkeit der »Himmelbett-Stellungen«, so daß eine Ortung des Gegners und gleichzeitige Heranführung der Abwehrjäger nahezu unmöglich werden.

GenLt. Kammhuber versucht nun, der neuen britischen Bomberstromtaktik entgegenzuwirken, und läßt seine Linie durch zusätzliche Stationen erweitern. Die Scheinwerferriegel werden aufgelöst und die freiwerdenden Bedienungen der Bodenabwehr zum Schutz von Einzelobjekten zugeteilt. Eine weitere Reaktion auf den ersten »Tausend-Bomber-Angriff« der RAF, um die Rüstungskapazitäten zu sichern, ist die Verlagerung der Produktionsstätten in Orte nach Mittel-, Ost- und Süddeutschland, die außerhalb der Reichweite englischer Bomber liegen. Die moralischen Auswirkungen solcher vernichtenden Schläge versucht Dr. Joseph Goebbels durch eine verstärkte Propaganda abzuschwächen.

In der Nacht vom 11./12. Juni 1942 greifen zum erstenmal amerikanische Flugzeuge in den Luftkrieg über Europa ein. Sie unternehmen von Fayid am Suezkanal aus einen Angriff auf den Hafen Konstanza und die rumänischen Ölfelder von Ploesti. Von den daran beteiligten 23 Bombern vom Typ B-24 »Liberator« der 9. US-Heeres-Luftflotte* finden infolge der dichten Bewölkung nur wenige Maschinen das Einsatzziel, richten dort aber keinen Schaden an. Auf dem Rückflug müssen vier Maschinen in der Türkei niedergehen und werden dort interniert. Damit ist der erste amerikanische Langstreckeneinsatz über Europa zu Ende.

Am Donnerstag, dem 18. Juni 1942, bezieht GenMaj. Carl Spaatz, Befehlshaber der amerikanischen 8. Luftflotte, in der Nähe von Schloß Hampton Court sein Hauptquartier im Bushy Park. Spaatz soll im Rahmen der Operation »Bolero« amerikanische Land- und Luftstreitkräfte in England aufstellen und für 1943 eine alliierte Landung in Nordfrankreich vorbereiten. Nach und nach werden die ihm unterstehenden Fliegerverbände der 8. US Army Air Force** nach England verlegt. Ein 1800 Mann starkes Vorkommando (Brigadegen. Eaker) hat hier inzwischen 127 von der RAF zur Verfügung gestellte Luftstützpunkte übernommen. Mit Ausnahme der Jäger und anderer leichter Flugzeuge, die, auf Schiffen verladen, England erreichen, werden die größeren amerikanischen Maschinen mit Zwischenlandungen auf den Flugbasen in Labrador, Grönland und Island nach Schottland überführt. Die ersten viermotorigen US-Bomber treten am Dienstag, dem 23. Juni 1942, ihren 6000 Kilometer weiten Flug an. Das sonstige Material reist zusammen mit dem Bodenpersonal auf dem ehemaligen Luxus-Passagierdampfer »Queen Elizabeth« (83 673 BRT).

* Im folgenden »US-Luftflotte« genannt
** US Army Air Force = USAAF; im folgenden »US Air Force« genannt

Juni 1942

In einem Luftstützpunkt der Royal Air Force: Die Bomberbesatzungen warten der Reihe nach auf den Start

Tod per Druckknopf: In wenigen Sekunden fallen Spreng- und Brandbomben auf eine deutsche Stadt

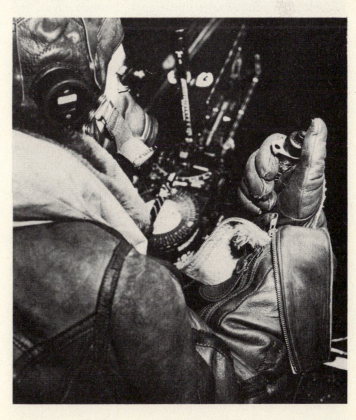

Amerikanische Tagesangriffe

Die 8. US-Luftflotte, auf deren Einsatzprogramm insgesamt 154 Ziele auf deutschem Boden stehen (U-Boot-Werften, Docks und sonstige Hafenanlagen, Flugzeugwerke und Munitionsfabriken sowie Verkehrsknotenpunkte), plant – im Gegensatz zur RAF – keine Nachtangriffe, sondern will Präzisionsangriffe bei Tage durchführen. Während die Engländer grundsätzlich Nachtangriffe bevorzugen, weil sie mit geringeren Verlusten verbunden sind, fliegen die Amerikaner Tagesangriffe in großen geschlossenen Formationen und setzen dafür die schweren Bomber B-24 »Liberator« oder B-17 E »Flying Fortress« ein. Sie halten es für einen Fehler, daß die RAF mit zu kleinen Verbänden in zu großen Höhen operiert, und sind der Meinung, daß sich die Maschinen bei einem Masseneinsatz gegenseitig Feuerschutz geben können. Durch die unterschiedliche Auffassung ergibt sich eine Spezialisierung im alliierten Luftkrieg gegen Deutschland: Die US Air Force übernimmt die Tagesangriffe, während die RAF weiterhin Nachteinsätze fliegt.

Die britischen Piloten haben inzwischen erkannt, daß die seit Juli 1941 erstmals an der Kanalküste eingesetzten neuen deutschen Jäger Focke-Wulf 190 eine besondere Gefahr darstellen. Bei den ersten Begegnungen mit diesen Maschinen haben die Engländer sie zunächst für amerikanische »Curtiss-Hawk«-Jäger gehalten, von de-

1942 Juni

Die schweren Bomber »Short Stirling« vor dem Start zu neuen Einsätzen

nen die Deutschen während des Frankreichfeldzuges 1940 einige erbeutet hatten. Auf den ersten Blick kann man die »Curtiss Hawk« leicht mit der FW 190 verwechseln. Die Kampfkraft der an Schnelligkeit und Wendigkeit sogar den »Spitfires« deutlich überlegenen FW 190 ist der RAF-Führung vor allem beim Unternehmen »Cerberus«, dem Kanaldurchbruch der Schlachtschiffe »Scharnhorst«, »Gneisenau« und des schweren Kreuzers »Prinz Eugen« im Februar 1942, bewußt geworden. Seitdem versucht das War Office mit allen Mitteln, in den Besitz einer FW 190 zu gelangen, um deren technische Einzelheiten genauestens studieren zu können. Der Chefpilot der Vickers-Flugzeuge und sein Freund haben die Idee, über Frankreich mit dem Fallschirm abzuspringen, um sich mit Hilfe der Résistance einer FW 190 zu bemächtigen und sie von einem deutschen Luftstützpunkt aus nach England zu entführen. Der Zeitpunkt für dieses streng geheime Unternehmen wird auf den 23. Juni 1942 festgelegt.

Am 23. Juni 1942 landet versehentlich Oberlt. Arnim Faber, Adjutant des III./JG 2, mit seiner Focke-Wulf 190 in England. Er hat nach einem Luftkampf mit einer Spitfire den Bristolkanal mit dem Ärmelkanal verwechselt und den RAF-Stützpunkt Pembrey für einen deutschen Fliegerhorst gehalten. Damit ist das gewagte Unternehmen des Vickers-Chefpiloten, in Frankreich zu landen, überflüssig geworden.

Am Nachmittag des 25. Juni 1942 unternimmt die RAF mit 1027 Flugzeugen vom Bomber und Coastal Command ihren letzten Großeinsatz im ersten Halbjahr 1942. Er gilt der deutschen Hansestadt Bremen, die trotz der Navigationshilfen durch das »Gee«-Gerät infolge widriger Witterungsverhältnisse nur von 713 Maschinen erreicht wird. Die in der Nacht abgeworfenen 400 Tonnen Bomben fügen unter anderem den Focke-Wulf-Werken schwere Schäden zu. Da es der deutschen Abwehr gelingt, 49 angreifende Bomber abzuschießen, betrachtet die RAF-Führung den Angriff auf Bremen als mißglückt und zieht daraus die Konsequenz, die »Tausend-Bomber-Operationen« vorläufig einzustellen.

In den Abendstunden des 28. Juni 1942 startet die erste Staffel der Küstenfliegergruppe 406 (1./K.Fl.Gr. 406) mit sieben Heinkel-Torpedoflugzeugen He 115 T zu einem Angriff auf den vor zwei Tagen aus Reykjavik ausgelaufenen Konvoi PQ. 17. Dieser Einsatz endet jedoch ohne Erfolg.

Jubel in Schottland

Die deutschen Nachtjäger vom Typ Me 110 sind bis zum Sommer 1942 durchweg mit dem von der Firma Telefunken entwickelten ersten bordeigenen Nachtjagd-Suchradar »Lichtenstein B/C« ausgerüstet. Die geweihartigen Antennen-Dipole beeinträchtigen zwar die Geschwindigkeit der Nachtjagdmaschinen, erleichtern ihnen aber auf 1000 Meter die Ortung bei der letzten Annäherung an die feindlichen Bomber und führen im Laufe des Jahres 1942 zu steigenden Abschußergebnissen. Ein Jägerleitoffizier kann vom Boden aus mit dem »Würzburg-Gerät« mehrere Nachtjäger zu gleicher Zeit an die gegnerischen Maschinen heranführen. Das »Lichtenstein«-Bordfunkmeßgerät komplettiert das Verfahren zu einer fast perfekten Nachtjagd.

Am 1. Juli 1942 entdeckt der deutsche Luftwaffen-Uffz. E. Reper von der 3./K.Fl.Gr. 906 während eines Aufklärungsfluges mit seinem Flugboot BV 138 C über dem Nordmeer nahe der Insel Jan Mayen den alliierten Konvoi PQ.17. Da der deutschen Seekriegsleitung das Auslaufen dieses bisher größten Geleitzuges aufgrund

Juli 1942

Ein Bomber »Short Stirling« landet nach erfülltem Auftrag. Durch seine geringe Gipfelhöhe (3660 Meter) bei maximaler Bombenlast ist er als Standardbomber wenig geeignet und wird daher später als Transporter eingesetzt

Das sowjetische Schlachtflugzeug Iljuschin Il-2 Sturmowik, mit großem Erfolg zur Erdkampfunterstützung eingesetzt

Der sowjetische General Juri K. Sacharow

1942 Juli

Die von den britischen Pfadfinder-Maschinen bei Nachtangriffen abgeworfenen Zielmarkierungs-Leuchtbomben sinken langsam zu Boden

Generalfeldmarschall Erhard Milch

von Agentenmeldungen schon bekannt ist, können sich Kriegsmarine und Luftwaffe rechtzeitig auf seine Bekämpfung einstellen.

Auf dem schottischen Flugplatz Prestwick landet am 1. Juli 1942 unter dem Jubel der Bevölkerung der erste schwere Bomber der 8. US Air Force, die Fliegende Festung B 17 E »Jarring Jenny«, auf europäischem Boden.

Am Nachmittag des 4. Juli 1942 starten amerikanische Piloten des VIII. Fliegerkorps ihren ersten Einsatz über Europa mit sechs von der RAF übernommenen Kampfflugzeugen Douglas A-20 Boston. Sie sollen vier Flugplätze im deutsch besetzten Holland im Tiefflug angreifen. Doch nur zwei Maschinen gelingt es, ihre Bombenlast über dem Operationsziel abzuwerfen. Drei Maschinen fallen der deutschen Flak zum Opfer, eine weitere, die ihr Ziel verfehlt hat, bringt ihre Bomben wieder mit zurück.

Am Sonnabend, dem 11. Juli 1942, starten 44 Lancaster-Bomber der 5. Group des RAF Bomber Command zu einem Tagesfernangriff gegen deutsche U-Boot-Werften in Danzig und Gotenhafen (Gdingen), der jedoch keinen Erfolg bringt, da nur ein Drittel der eingesetzten Maschinen das Ziel erreicht, zwei Bomber durch Flak abgeschossen und acht weitere beschädigt werden.

Die Luftkämpfe an der Ostfront

Die ständig zunehmende Verstärkung der anglo-amerikanischen Luftstreitkräfte hat inzwischen dazu geführt, daß die Luftwaffe ab Sommer 1942 nahezu zwei Drittel ihrer Flugzeuge im Westen einsetzen muß, die wiederum an der Ostfront fehlen. Auch die bewährten deutschen Jagdpiloten und die jeweils neuesten Maschinen sind überwiegend im Westen konzentriert. Im Rahmen der Sommeroffensive an der Ostfront werden vorwiegend Einsätze zur unmittelbaren Unterstützung des Heeres geflogen, dem die schwerbewaffneten und gepanzerten Schlachtflugzeuge vom Typ Iljuschin Il-2 »Sturmowik« viel zu schaffen machen.

Doch die Rote Luftflotte unternimmt in den Sommermonaten 1942 kaum strategische Angriffe, obwohl sich das Zahlenverhältnis der beiderseitigen Flugzeugbestände inzwischen deutlich zugunsten der Sowjets verschoben hat. Die Rote Luftflotte ist zu dieser Zeit etwa dreimal so stark wie die Luftwaffe, der 2350 bis 2500 Flugzeuge aller Typen an der Ostfront zur Verfügung stehen. Bei der Jagdfliegerei besteht sogar eine vielfache Überlegenheit der Sowjets. Aber noch ist die Luftwaffe ihrem Gegner im Osten technisch und taktisch überlegen, wenn auch die Armeegruppe von Weichs während der Kämpfe im Raum Woronesch im Juli 1942 eine uneingeschränkte Luftherrschaft der Sowjets hinnehmen muß.

Am Sonnabend, dem 1. August 1942, landen auf dem schottischen Flugplatz Prestwick die letzten der aus den USA überführten Flugzeuge der 8. US Air Force.

August 1942

Am Morgen nach einem Terror-Bombenangriff auf eine deutsche Stadt im Ruhrgebiet. Manche Einwohner können nur ihr Leben retten. Das Hab und Gut wird meist ein Opfer der Flammen

In der Nacht vom 9./10. August 1942 werfen 192 Maschinen vom RAF Bomber Command 457 Tonnen Bomben über Osnabrück ab. Sie machen dabei die überraschende Erfahrung, daß es den Deutschen möglich ist, gleichzeitig alle Gee-Geräte durch Störsender außer Betrieb zu setzen. Der massierte Einsatz dieser mit dem Tarnnamen »Heinrich« versehenen wirkungsvollen Störgeräte im gesamten deutsch besetzten Europa und sogar auf dem Eiffelturm führt binnen weniger Wochen dazu, daß die englischen Gee-Geräte praktisch nutzlos werden. Nun beginnen die Engländer in aller Eile mit der Entwicklung einer neuen Navigationshilfe unter der Bezeichnung »Oboe«.

Winston Churchill bemerkte in seinen Memoiren über sein Gespräch mit Stalin im Moskauer Kreml am 12. August 1942: »Dann kam ich auf die Bombardierung Deutschlands zu sprechen und löste damit allgemeine Befriedigung aus. Stalin betonte, daß er es für sehr wichtig halte, die Bevölkerung Deutschlands zu demoralisieren. Er messe unseren Luftangriffen größte Bedeutung bei und wisse, welche Wirkung diese Angriffe in Deutschland ausübten.«

Schweiz 1942: Werbeausgabe zur Bundesfeier und Wohltätigkeitsausgabe »Pro Juventute«

1942 August

Seit Sommer 1942 das fast alltägliche Bild in deutschen Städten: Die Opfer des letzten Bombenangriffs kurz vor ihrer Bestattung

Die Flächenangriffe

Am 15. August 1942 ändern die Alliierten ihre Taktik im Bombenkrieg gegen Deutschland. Nach dem Vorbild der deutschen Pfadfindergruppe K.Gr. 100 aus der Zeit der »Schlacht um England« bedient sich nun auch die RAF solcher Pfadfinderverbände. Das bedeutet für das Bomber Command eine wesentliche Verbesserung der bisherigen Nachtangriffsmethoden. Air Cdre. D.L.T. Bennett ist für diese neuen Einheiten zuständig. Zur Vorbereitung der ersten großen RAF-Offensive gegen deutsche Industriezentren und Rüstungsbetriebe werden die besten Piloten, Navigatoren und Bombenschützen zusammengezogen und mit ihren Maschinen den eigentlichen Angriffsverbänden vorausgeschickt. Es ist ihre Aufgabe, die Flächenziele schnellstmöglich zu finden und durch abgeworfene Leuchtzeichen zu markieren.

Die Pfadfinder sind in »Finder« und »Beleuchter« unterteilt. Die »Finder« (»Zeremonienmeister«) müssen etwa 15 Kilometer vor dem Ziel damit beginnen, auf der Einflugschneise für die nachfolgenden Bomber alle 30 Sekunden eine Leuchtbombe abzuwerfen. Die inzwischen bereits über dem Zielgebiet kreisenden »Beleuchter« lassen ebenfalls erst Leuchtbomben (»Christbäume«) und danach Brandbomben fallen. Nun müssen die »Finder« quer zur Markierungslinie weitere Leuchtbomben abwerfen, damit die anfliegenden Kampfflugzeuge ihre Bomben genau über dem Schnittpunkt auslösen können. Eine weitere Pfadfinderstaffel, die dem Bomberstrom vorausfliegt, soll nach Bedarf weitere Leuchtbomben absetzen.

Auf diese Weise wird es den meist unerfahrenen Bomberbesatzungen ermöglicht, ihr Ziel tatsächlich zu erreichen und Fehlwürfe zu vermeiden. Durch das Vorausfliegen der Pfadfinderstaffeln verringert sich jetzt die Anflugzeit der Bomber bis zum Zielgebiet von ehemals zwei Stunden auf weniger als 60 Minuten.

Am 17. August 1942 heben um 15.20 Uhr von einem Stützpunkt in Südengland 12 Maschinen B-17 E »Flying Fortress« der 97. Bomber Group, geschützt von vier Spitfire-Staffeln der RAF, zu ihrer ersten Operation über dem europäischen Festland ab.

Mit diesem Feindflug, einer Art Training, will man den amerikanischen Piloten die Möglichkeit geben, sich mit den Einsatzbedingungen vertraut zu machen. Die Maschinen sind mit insgesamt 16,5 Tonnen Bomben beladen, die sie über dem wichtigen Verschiebebahnhof von Le Havre, Sotteville-Les-Rouen, aus 7000 Metern abwerfen sollen. In Begleitung des Group Commanders befindet sich auch Brigadegen. I. C. Eaker, ein 46jähriger erfahrener Berufsflieger aus Texas, der jetzige Befehlshaber des VIII. Bomber Command. Seine Maschine hat bezeichnenderweise den Namen »Yankee Doodle«. Diese Operation bestätigt die Konzeption der Tagesangriffe, welche die Luftwaffe und die RAF wegen zu hoher Verluste aufgegeben haben.

September 1942

In der Nacht vom 18./19. August 1942 erproben die Engländer ihre neue Pfadfindertaktik zum erstenmal bei einem Bombenangriff auf die Flensburger Schiffswerften. Der Einsatzplan sieht vor, daß die mit Gee-Navigationsgeräten ausgerüsteten zweimotorigen Mosquito-Kampfflugzeuge dieses Flächenziel vorab mit Leuchtbomben markieren. Trotz präziser Vorbereitungen läuft alles anders als geplant: Schon etliche Kilometer vor Flensburg fallen die Gee-Geräte durch Störung aus, so daß die Leuchtmarkierungen nicht an den richtigen Stellen niedergehen.

Obwohl im Laufe des Sommers 1942 in England und in Deutschland die Versuche mit Stanniolstreifen, sogenannten »Düppeln«, zur Lahmlegung von Radargeräten fortgesetzt werden, sind sich die Wissenschaftler beider Staaten darüber einig, daß der Gegner auf keinen Fall etwas von dieser höchst wirkungsvollen Störmöglichkeit erfahren dürfe, da ihr Einsatz jeweils das eigene, auf der Radartechnik basierende Luftverteidigungssystem unwirksam machen würde. Als Reichsmarschall Göring ein von Gen. Martini, dem Chef des Nachrichtenverbindungswesens der Luftwaffe, verfaßter Bericht über die »Düppel«-Versuche vorliegt, erschreckt ihn dies so sehr, daß er die sofortige Vernichtung des Berichtes anordnet. Damit der Gegner unter keinen Umständen von dieser Störmöglichkeit erfährt, werden sogar alle Experimente zur Schaffung von Gegenmitteln ausdrücklich untersagt.

Während in Europa die beiden Gegner diese Störmöglichkeit wie ein Staatsgeheimnis hüten, wenden die Japaner bereits bei ihren Luftangriffen auf Guadalcanal im August 1942 fast jede Nacht die auch ihnen bekannte Technik an, um konsequent die radargeleitete amerikanische Flak auszuschalten. KorvKpt. Hajime Sudo, Leiter der Funkabwehr der Kaiserlich-Japanischen Marine, hat ebenfalls die »Giman-shi«-Technik entwickelt, bei der dünne Elektrodrähte zwischen Papierstreifen von 3 Zentimeter Breite und 75 Zentimeter Länge geklebt werden. Diese Ausmaße entsprechen der halben Wellenlänge von US-Flak-Zielgeräten. Dank dieser in Bündeln von jeweils 20 Streifen abgeworfenen Störmittel halten sich die Verluste der japanischen Luftstreitkräfte bei ihren Nachtangriffen in Grenzen.

Daß es derartige, bereits praktisch erprobte Möglichkeiten zur Ausschaltung des Radars gibt, verraten weder die Amerikaner noch die Japaner ihren jeweils Verbündeten. Erst etwa ein Jahr später bereiten die Engländer der Geheimnistuerei um ihre »Window«-Stanniolstreifen ein Ende, als sie dieses wirksame Störmittel von der Liste geheimzuhaltender Entwicklungen streichen und zum erstenmal bei ihren nächtlichen Bombenflügen über Deutschland anwenden.

In der Nacht vom 1./2. September 1942 gibt es abermals beim Einsatz eines RAF-Pfadfinderverbandes eine Panne: Die Piloten verfehlen das vorgeschriebene Angriffsziel Saarbrücken und werfen ihre Leuchtmarkierungen irrtümlich über Saarlouis ab. Auf das alte historische Städtchen fallen 120 Tonnen britische Bomben, darunter mehrere 3,6-t-Luftminen, die hier zum erstenmal eingesetzt werden und Saarlouis fast völlig zerstören. Das erneute Versagen des Pfadfindersystems veranlaßt die RAF zur Entwicklung einer neuen Taktik: Zwei mit Gee-Empfängern ausgestattete Mosquito-Schnellbomber fliegen voraus und übermitteln den nachfolgenden Pfadfindern per Funk, wo die deutschen Scheinwerfer- und Flakbatterien stationiert sind und wo sie ihre Markierungsleuchtbomben für den Bombereinsatz abwerfen können. Als »Master-Bomber« lenken sie den Bomberstrom zum Einsatzgebiet und korrigieren falsche oder ungenaue Markierungen. In der darauffolgenden Nacht wird diese neue Taktik bei einem Angriff auf Frankfurt/Main zum erstenmal angewandt.

»... in Schutt und Asche«

Am Nachmittag des 10. September 1942 steht fest: Das Ziel des RAF Bomber Command für die kommende Nacht heißt »Düsseldorf«. Gegen 20.45 Uhr rollen auf fünf Luftstützpunkten in Südostengland die ersten der rund 150 schweren viermotorigen Bomber vom Typ Short Stirling und Halifax an den Start.

Genau um 22.53 Uhr heulen in Düsseldorf die Sirenen auf: Fliegeralarm.

Um 23.17 Uhr kreisen die ersten »Pfadfinder«-Maschinen über der Stadt und werfen purpurfarbene Zielmarkierungsbomben über dem Zentrum ab. Das gleiche geschieht auch über dem auf der anderen Rheinseite liegenden benachbarten Neuss.

Eine Minute später eröffnen die in den Vorstädten stationierten Flakbatterien das Sperrfeuer, und Scheinwerfer erhellen den mit Wolken bedeckten Himmel.

Es fallen bereits mit gewaltigem Getöse die ersten Bomben, der Boden beginnt zu zittern. Zugleich mit den Explosionswolken flackern die Brände auf. Die Straßen sind im Nu mit klirrenden Glassplittern übersät, und über der Stadt steigen rötliche Qualmwolken auf.

Der Bombenangriff dauert von 23.19 Uhr bis 0.34 Uhr. Dann wird das Dröhnen der Motoren immer schwächer, und es setzt eine fast unheimliche Stille ein. Nur vereinzelt schießt noch die Flak. Um Punkt 1.19 Uhr geben die Sirenen Entwarnung. Die Luftgefahr ist vorbei. Frau Maria Schmitz, die den Angriff miterlebt hat, erinnert sich: »Stundenlang tobte das Feuer, und in der sengenden Glut wuchs der Wind zu einem Orkan. Die Hölle schien ausgebrochen zu sein. Mit einem eigenartigen monotonen, beinahe klagenden Geräusch verwandelten sich ganze Straßenzüge, Treppen, Gardinen und Möbel in Schutt und Asche.

Wir zwängten uns über schwelende Balken und durch ein Gestrüpp von zerrissenen Stromkabeln und Straßenbahn-Oberleitungen. Es regnete glühende Flugasche, Funken prasselten uns ins Gesicht.

Der alles fressende Brand kochte, polterte und peitschte. Die Hitze packte uns mit einer Gewalt, der

671

1942 September

Diesmal ist Düsseldorf das Angriffsziel: In der Nacht vom 10./11. 9. 1942 stehen nach dem Bombenangriff Kunsthalle und Andreas-Kirche in hellen Flammen

Am nächsten Tag werden im Stab des britischen Bomber Command aufgrund der Reihenluftaufnahmen die Ergebnisse des Nachtangriffs überprüft

Die schweren Bomber Handley-Page Halifax kurz nach dem Start zu neuen Einsätzen über Deutschland

man kaum widerstehen konnte. Eine irrsinnig gewordene Frau stürmte durch die brennende Straße, sie schrie und gestikulierte wild um sich. Einen Augenblick später rannte sie in eines der in hellen Flammen stehenden Häuser. Ich sah noch, wie eine Wand des Hauses zusammensackte. Die Decken neigten sich, und über ihren Rand rutschten brennende Polstermöbel und ein Piano. Ich höre noch seine sonderbaren Klänge, als das Haus in sich zusammenstürzte und alles unter den Trümmern begrub...

Ein fahler Morgen dämmerte langsam herauf. Wir alle waren grau vom Mörtelstaub, mit Tränenspuren auf den Wangen, manche trugen die seltsamsten Kleidungsstücke. Wo man hinsah, Trümmerhügel und noch rauchende Mauerreste. Es roch nach Brand, Kalk- und Mörtelstaub, wir atmeten schwer in der ausgedörrten Luft. Überall suchten Menschen noch in den zerstörten Häusern nach den Resten ihrer Habseligkeiten. An allen Ecken waren Männer des Arbeitsdienstes und von der Organisation Todt im Einsatz, um die Trümmerberge von den Straßen wegzuschaffen...«

Der Luftangriff in der Nacht vom 10./11. September 1942 ist einer der unzähligen »leichten« Bombenangriffe, die zwar in der Erinnerung der Menschen, die sie erlebt haben, unvergessen bleiben, aber in den Geschichtsbüchern kaum Erwähnung finden. Man zählt »nur« 132 Tote, darunter 41 Frauen und 20 Kinder, sowie 552 Verletzte und 116 Vermißte. Es wurden »lediglich« 421 Sprengbomben, 36 Luftminen, 11040 Phosphorbrandbomben, 36750 Stabbrandbomben und 741 Phosphorka-

September 1942

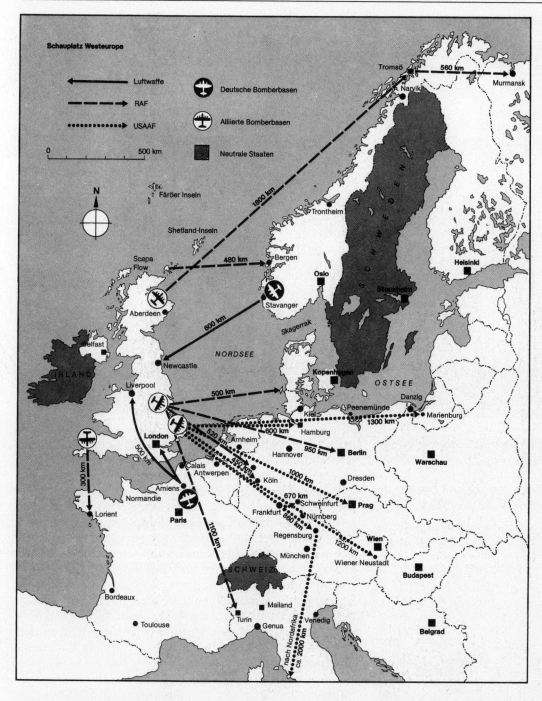

Schauplatz Westeuropa: Die Hauptrouten der alliierten und deutschen Bomberverbände

nister abgeworfen. Sie haben in Düsseldorf und Neuss insgesamt 566 Großbrände entfacht, 911 Wohngebäude total zerstört und 9846 schwer beschädigt. Dagegen sind nur 30 Industrieanlagen total zerstört und 103 beschädigt worden.

Dies soll aber erst der Anfang sein.

Seit dem Sommer 1942 wird in England der »Mandrel«-Störsender zur Ausschaltung der von den Deutschen »Freya«-Geräten gebildeten Frühwarnkette in Serie hergestellt. Der Mandrel-Störsender strahlt ein breites Band von Geräuschen aus und überdeckt damit die Frequenz von »Freya« (118 bis 128 MHz). Ab Ende September 1942 werden die Defiant-Maschinen der 55. Group mit diesen Sendern ausgestattet, die in einer Entfernung von rund 40 Kilometer vor der deutschen Nordseeküste 300 Kilometer lange Schleifen fliegen und damit das in diesem Küstengebiet befindliche deutsche Frühwarnsystem unwirksam machen. Auch einige der an Nachtangriffen beteiligten Maschinen haben von nun an »Mandrel«-Störsender an Bord, so daß sie auch im Landesinneren das deutsche Frühwarnsystem ausschalten können.

Am Montag, dem 28. September 1942, kann das XII. Fliegerkorps (GenLt. Kammhuber) seinen 1000. Nachtjagd-Abschuß melden.

Ab Herbst 1942 sind die besonders ausgebildeten Besatzungen der in Tempsfort stationierten 138. Squadron Nacht für Nacht mit ihren schweren Halifax-Bombern im Einsatz. Sie gehören zu der im Sommer 1940 in England aufgebauten Geheimorganisation SOE (Special Operations Executive), die die nationale Untergrundbewegung

1942 September

Die einsatzbereite Besatzung eines Halifax-Bombers

Die deutschen Jäger Fw 190 warten auf den Startbefehl

Dem Inferno entkommen: Den ersten Tag ohne ein Dach über dem Kopf verbringen die Kinder oft auf dem Bürgersteig

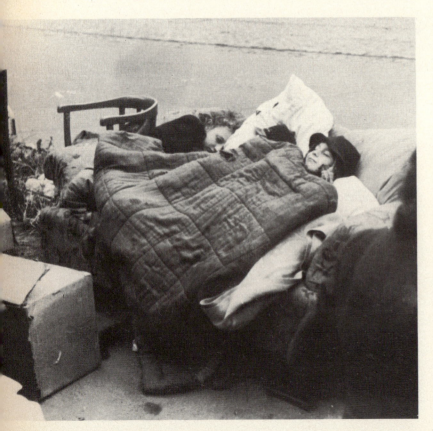

in den deutsch besetzten Ländern Europas unterstützt und ihre Aktionen koordiniert. Die in zahlreichen Trainingslagern ausgebildeten und gut organisierten Agentengruppen werden auf dem Luft- oder Seeweg in die deutsch besetzten Länder eingeschleust. Bereits im Herbst 1941 sind die ersten SOE-Angehörigen über Westpolen abgesprungen. Die bei der RAF dafür errichteten Sonderstaffeln versorgen bei Nacht die Widerstandsgruppen auf dem Kontinent mit Sprengmitteln, Waffen und Munition.

Ein umfangreicher Apparat, ähnlich einem riesigen Versandhaus, muß aufgebaut werden, um den in Containern verpackten Nachschub per Fallschirm pünktlich und zuverlässig an ganz bestimmten Abwurfplätzen den dort mit Leuchtzeichen wartenden »Empfangskomitees« liefern zu können.

Eine Sonderfunktion innerhalb der SOE hat die 161. Squadron in Tangenmere an der englischen Südküste. Sie ist für sogenannte »Pick-up«-Aktionen zuständig und hat die Aufgabe, SOE-Agenten und führende Leute der französischen Résistance von England nach Frankreich zu bringen oder sie von dort abzuholen. Für diese Aktionen werden Flugzeuge vom Typ Westland-Lysander MK 5 eingesetzt, die besonders dafür geeignet sind, weil sie auch auf unvorbereiteten Äckern landen und starten können. Diese robusten Maschinen haben einen schwarzen Anstrich und sind durch rautenförmige, hoch angesetzte Tragflächen sowie ein ungewöhnlich breites »Gamaschen«-Fahrwerk gekennzeichnet. Sie haben einen abwerfbaren Langstreckentank und eine Einsteigleiter. Ihre Lande- und Startplätze sind vor allem Weiden in der Gegend von Châteauroux, an den Loire-Ufern, im Raum Dijon und nördlich von Lyon.

Dezember 1942

Die Piloten wissen vorher nie genau, was sie erwartet, da die Landebahnen in der Regel erst im letzten Augenblick vorbereitet werden, um die deutsche Gestapo nicht argwöhnisch zu machen. Die Abflugzeiten erscheinen einen Tag zuvor im täglichen BBC-Programm, als persönliche Botschaft verschlüsselt. Bevor die Piloten ihren Auftrag ausführen können, müssen sie mitunter mehrmals den Kanal oder die Nordsee überqueren. Witterungsunbilden, unzureichende Bodensicht im Zielgebiet, Angriffe durch deutsche Nachtjäger oder Flakbeschuß führen nicht selten zum Abbruch des Fluges.

Mit dem im Herbst/Winter 1942 entwickelten »S-Phone«, einem Vorläufer des Walkie-talkie, ist es den Lysander-Piloten möglich, vor der Landung Funksprechverbindung mit dem auf dem Boden bereitstehenden »Empfangskomitee« aufzunehmen. Oftmals kommen die »Pick-up«-Flugzeuge mit Spuren von Flaktreffern oder Hochspannungsdrähten im Fahrwerk von ihrem abenteuerlichen Einsatz zurück.

Am Freitag, dem 9. Oktober 1942, unternehmen 108 US-Bomber einen Angriff auf die nordfranzösische Industriestadt Lille, von denen vier Flugzeuge der deutschen Abwehr zum Opfer fallen. Danach werden die Verbände der 8. US Air Force hauptsächlich an der französischen Atlantikküste eingesetzt, um die im Rahmen der Operation »Torch« nach Nordafrika gehenden Transportkonvois zu stützen und die deutschen U-Boot-Stützpunkte anzugreifen. Gleichzeitg verlagert die RAF den Schwerpunkt ihrer Operationen in den Mittelmeerraum.

Unterdessen nimmt die Luftwaffe eine Umorganisation ihrer Verteidigungskräfte vor: Die getrennten Tag- und Nachtjäger-Verbände werden in fünf Jagddivisionen zusammengefaßt und dem »Luftwaffenoberbefehlshaber Mitte« unterstellt. Dies ist besonders wichtig für die in Frankreich stationierte Luftflotte 3, das Vorfeld der Reichsverteidigung, die bisher über keine Nachtjäger verfügte.

Am 10. Oktober 1942 setzt im Mittelmeerraum eine neue deutsch-italienische Luftoffensive gegen die Inselfestung Malta ein. GFM Kesselring läßt bis zum 19. Oktober 1942 von den frühen Morgenstunden bis in die Nacht hinein täglich 200 bis 270 Einsätze gegen Malta fliegen. Nach einem Verlust von 70 Flugzeugen werden die Angriffe wieder eingestellt. Dies hat jedoch zur Folge, daß Rommel in der Zwischenzeit auf ausreichenden Luftschutz verzichten muß. Währenddessen leitet Gen. Montgomery durch Bombenangriffe auf Flugstützpunkte, Abladeplätze, Transportkolonnen und Versorgungslager der Rommel-Armee seine Gegenoffensive bei El Alamein ein.

Im Laufe des Oktobers 1942 vermindern sich Zahl und Intensität der von England aus durchgeführten US-Bombereinsätze gegen Deutschland und die deutsch besetzten Gebiete, weil die 8. Luftflotte (8. US Air Force) aus ihren Beständen die 12. Luftflotte (12. US Air Force) bilden soll. Die 12. Luftflotte, unter Führung von Gen. James H. Doolittle, dem Anführer des Tokio-Raid, ist für das Unternehmen »Torch«, die für Anfang November 1942 vorgesehene Landung in Nordafrika, bestimmt.

Die neuen Navigations-Verfahren

Seit dem Spätherbst 1942 ist das britische Bomber Command in der Lage, den deutschen Nachtjägern bei ihren Einsätzen Schwierigkeiten zu bereiten. Mit einem sehr einfachen, aber um so wirksameren Rauschstörer, »Tinsel« genannt, kann es den wichtigen Boden-Bord-Funksprechverkehr zwischen dem Nachtjäger und der Nachtjagd-Führung ausschalten, wenn der Bordfunker mit seinem Sprechfunkgerät auf die von den Deutschen benutzte Frequenz geht. Ein an der Triebwerkbucht angebrachtes Mikrofon überträgt dann einen höllischen Lärm, der den gesamten Funksprechverkehr der deutschen Nachtjäger mit seiner Geräuschkulisse überdeckt und eine wirkungsvolle Leitung des Nachtjäger-Einsatzes kaum noch möglich macht.

Am Sonntag, dem 20. Dezember 1942, wenden sechs britische Mosquito-Flugzeuge der 109. Squadron bei ihrem Angriff auf ein Kraftwerk im ostholländischen Lutterade zum erstenmal das Radar-Fernführungssystem »Oboe« an. Das Präzisions-Bombenzielsystem »Oboe« (Observer bombing over enemy) ermöglicht genaue Abwürfe ohne Sicht aus großen Höhen und tritt an die Stelle der störempfindlichen Navigationshilfe »Gee«.

Bei dem »Oboe«-Zielfindungssystem wird das Flugzeug durch zwei Bodensender (»Katze« und »Maus«) auf kürzestem Wege an das Ziel herangeführt. Kommt die Maschine vom Kurs ab und nähert sich der »Katze«, dann empfängt der Pilot in seinem Kopfhörer eine Serie von Punktsignalen, während er bei zu großer Annäherung an die »Maus« Strichsignale hört. Ein Dauerton zeigt ihm dagegen an, daß er sich auf dem richtigen Kurs befindet. Der große Vorteil des »Oboe«-Verfahrens: Wird eine Maschine durch Flak oder gegnerische Jäger behindert, kann sie sich weit genug vom Kreisbogen des Leitstrahls entfernen und danach durch Orientierung an den Punkt- und Strichsignalen wieder auf den vorgeschriebenen Kurs zurückfinden. Lediglich die Krümmung der Erdkugel schränkt die Reichweite des »Oboe«-Gerätes ein, die jedoch 450 Kilometer beträgt und für Angriffe auf das Ruhrgebiet bis in den Raum Dortmund ausreicht.

Um deutschen Störversuchen vorzubeugen, können die Sender kurz vor dem Angriff plötzlich die Wellenlänge wechseln. In Dover und Cromer stehen die beiden ersten »Oboe«-Sender, die als »Katze« und auch als »Maus« einsetzbar sind. Nähert sich das Flugzeug seinem Angriffsziel, strahlt die »Maus«-Station ein Warnsignal aus. Im Schnittpunkt der Radarstrahlen von »Katze« und »Maus« werden dann automatisch die Leuchtmarkierungen oder Bomben ausgelöst.

Air Chief Marshal Harris kennzeichnet das Jahr 1942 als »ein Jahr der Vorbereitungen, das dem Gegner wenig Schaden zufügte«. Er sieht sich aber in seiner Überzeugung bestärkt, daß es ihm mit seiner Bombertaktik gelingen wird, die Deutschen zu Boden zu zwingen.

IST ROMMEL NOCH ZU STOP-PEN?

VON BENGASI BIS EL ALAMEIN

Nachdem der Nachschub fast ungestört eintrifft, gewinnen die Achsenmächte verlorenes Terrain in Nordafrika zurück

Im Verlauf des 2. Januar 1942 muß in Nordafrika Gen-Maj. Arthur Schmitt, Führer der Kampfgruppe Ost (Sollum) der Panzergruppe Afrika, zugleich Kommandeur der italienischen Division »Bardia«, mit den in Bardia eingeschlossenen deutsch-italienischen Truppen vor den überlegenen englischen Belagerern kapitulieren.

Am Sonnabend, dem 17. Januar 1942, strecken die zwischen Sollum und dem Halfaya-Paß eingekesselten Truppen der Achsenmächte unter dem italienischen GenLt. de Georgis die Waffen.

Am Mittwoch, dem 21. Januar 1942, tritt die Panzergruppe Afrika (Gen. d. Pz. Tr. Rommel) aus der Stellung zwischen Marada und Marsa-el-Brega zur Gegenoffensive an. Rommel will mit diesem Angriff die Cyrenaika zurückerobern und nach Ägypten vorstoßen. Eine Verbesserung des Nachschubs hat inzwischen den deutsch-italienischen Verbänden ihre alte Kampfkraft wiedergegeben, denn seit dem Jahresende haben die Aktivitäten der Royal Navy und RAF im Mittelmeer merklich nachgelassen, nachdem die Luftwaffe deren Stützpunkte auf der Insel Malta in rollenden Einsätzen bombardiert hat. So können die Nachschubkonvois aus Italien nahezu ungestört ihre nordafrikanischen Zielhäfen anlaufen. Gegenüber den Alliierten, die im wesentlichen auf dem Landweg aus Ägypten versorgt werden müssen, verfügen die Deutschen nunmehr über weitaus kürzere Nachschubwege.

Die im Raum Agedabia-Sollum zusammengezogenen Kräfte des englischen XXX. Korps (Lt. Gen. Norrie), das hier Teile der 7. Panzerdivision (Maj. Gen. Gott) und der südafrikanischen 1. Division (Maj. Gen. Brink) eingesetzt hat, sind schnell überrannt.

Am Sonnabend, dem 24. Januar 1942, haben die deutschen Panzerkeile die vordersten englischen Stellungen überrollt und dringen zügig in Richtung Agedabia vor. Sie sind dabei bemüht, den Rückzug der südafrikanischen 1. Panzerdivision zu vereiteln.

Am Donnerstag, dem 29. Januar 1942, gelingt der Panzergruppe Afrika nach einem Frontalangriff die Rückeroberung der wichtigen Hafenstadt Bengasi. Nun kann der deutsch-italienische Vormarsch über die Küsten-

Cyrenaika, Januar 1942: Ein Soldat der italienischen Kolonialtruppen bewacht gefangene Engländer in einem Durchgangslager

1942 Januar

Deutsche Panzer haben entscheidenden Anteil an der Wiedereroberung der Cyrenaika

General Arthur Schmitt, der erste deutsche General, der im Zweiten Weltkrieg gefangen wird

Oberst Hans Cramer, Kommandeur des Panzerregiments 8 (am 1. 5. 1943 zum General befördert)

straße in Richtung Derna weitergeführt werden. Die britischen Truppen haben sich jetzt in die Gazala-Stellung zurückgezogen, die von der Mittelmeerküste bis tief nach Süden nahe Bir-Hacheim verläuft. Gut ausgebaute Stellungen und Wüstenforts bilden hier eine Verteidigungslinie, die – so hofft das britische Oberkommando – die Deutschen aufhalten wird. Doch vorerst herrscht für einige Monate Kampfpause.

Seit Sonntag, dem 22. Februar 1942, führt Rommels bisherige Panzergruppe Afrika die Bezeichnung Panzerarmee Afrika. Zu ihr gehören zu diesem Zeitpunkt zwei deutsche Panzerdivisionen, eine deutsche leichte Division, eine italienische Panzerdivision, eine italienische motorisierte Infanteriedivision sowie vier italienische Infanteriedivisionen.

Damit ist die Panzerarmee Afrika personell stärker als die ihr gegenüberstehende britische 8. Armee, die über zwei Panzerdivisionen, drei motorisierte Infanteriedivisionen und einige verstärkte Brigaden verfügt. Sie übertrifft jedoch die Achsenkräfte an Artillerie fast um das Doppelte und an Panzern um die Hälfte.

Am Donnerstag, dem 2. April 1942, beginnt das deutsche II. Fliegerkorps (Gen. d. Fl. Loerzer) zusammen mit den Verbänden der Regia Aeronautica eine neuntägige Luftoffensive gegen die Inselfestung Malta.

Die Bombardements auf Malta bewirken zwar eine spürbare Besserung der Nachschubsituation für die Achsentruppen in Nordafrika. Versäumt wird allerdings die zu diesem Zeitpunkt günstige Gelegenheit, Malta durch eine kombinierte See- und Luftlandeoperation der Achsenmächte zu erobern. Rommels Entscheidung, von El

April 1942

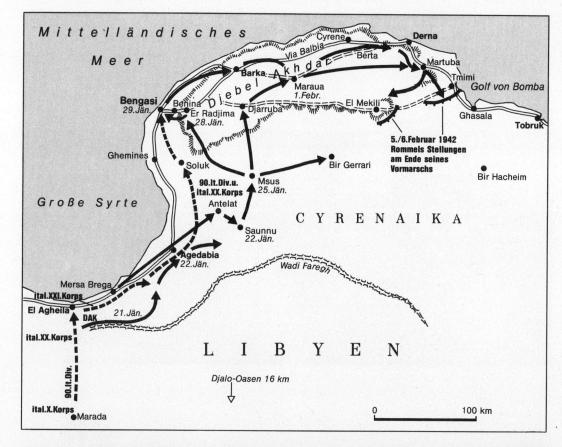

Die Kämpfe in Libyen im Januar und Februar 1942, die mit einer Wiedereroberung der Cyrenaika enden

Der britische General Sir William Gott

Der italienische mittelschwere Torpedobomber Savoia-Marchetti SM.79 Sparviero auf einem Patrouillenflug über dem Küstengebiet der Cyrenaika

1942 Mai

Die Schützenpanzerwagen und Panzer des Deutschen Afrika-Korps auf dem Weg in neue Bereitstellungen

General Rommel erteilt die letzten Anweisungen vor dem neuen Einsatz (unten rechts)

General Ludwig Crüwell und General Hans Seidemann

Mai 1942

Raum Gazala, 26. 5. 1942, das Unternehmen »Theseus« beginnt: Die Achsen-Verbände rollen in Richtung Bir Hacheim, das von den Freien Franzosen gehaltene Wüstenfort

Gazala in Richtung Suezkanal mit Unterstützung der gesamten im Mittelmeerraum vorhandenen Achsen-Luftstreitkräfte vorzustoßen, bringt wiederum erneute Angriffe der Alliierten auf die Nachschub-Konvois zwischen Italien und Nordafrika mit sich.

Die wochenlange Kampfpause auf dem nordafrikanischen Kriegsschauplatz haben die Engländer dazu benutzt, eine größere Anzahl mittlerer amerikanischer Kampfpanzer M 3 (Grant und Lee) – als Lastkraftwagen getarnt – unbemerkt in die Gazala-Stellung einzuschleusen. Mit 7,5-cm-Langrohrpanzerkanonen bewaffnet, werden sie zusammen mit der neuen 5,7-cm-Pak für die Deutschen zu einer unliebsamen Überraschung.

Das Hauptziel: Tobruk

Am Dienstag, dem 26. Mai 1942, startet Rommel an der Gazala-Front mit seiner deutsch-italienischen Panzerarmee zu einer neuen Offensive, dem Unternehmen »Theseus«. Außer den beiden Panzerdivisionen und einer leichten Division des Deutschen Afrika-Korps mit 333 Panzern stehen ihm noch das italienische XX. Korps mit einer Panzerdivision und einer mot. Division mit 228 Panzern, das XXI. Korps mit zwei Panzerdivisionen und einer mot. Brigade sowie das XIII. Korps mit drei mot. Divisionen zur Verfügung. Das Hauptziel dieser Offensive ist Tobruk, da der Hafen für die Versorgung der Rommel-Truppen von großer Bedeutung ist. Auch erhofft man sich durch die Eroberung der riesigen britischen Versorgungslager in Tobruk eine reiche Beute.

Bei der Durchführung des Unternehmens »Theseus« erweist sich Rommel wieder als besonders einfallsreich: Während er die italienische Infanterie angreifen läßt, wirbeln umherfahrende Panzer und Lkw riesige Staubwolken auf, um starke Panzerbereitstellung vorzutäuschen. Tatsächlich aber sollen die Panzer und motorisierten Verbände während des Frontalangriffs der italienischen Infanterie in breitem Bogen die südliche Flanke der Gazala-Linie umgehen.

Am Nachmittag werden jedoch die deutschen Marschbewegungen in Richtung Südosten von Panzerspähwagen der britischen 7. mot. Brigade entdeckt. Doch ihre Meldung an das zuständige Korps wird nicht an das Hauptquartier der 8. Armee weitergegeben. Gen. Ritchie (8. Armee) ahnt noch stundenlang nichts von dem Angriff.

Nachdem es Rommels Panzern und motorisierten Verbänden gelungen ist, die Südflanke der Engländer zu umgehen, schwenken sie nach Norden ein. Hier treffen sie aber überraschend auf einen Verband neuer US-Panzer mit 7,5-cm-Kanonen, die selbst dem deutschen Panzer IV ebenbürtig sind. Die jetzt im Rücken der Gazala-Linie vorgehenden deutschen Panzerverbände müssen im Kampf mit den Grant-Panzern beträchtliche Verluste hinnehmen und geraten danach in das Feuer eines britischen Pak-Sperriegels. Durch den Einsatz der neuen englischen Pak, deren Leistung sich mit der deutschen 5-cm-Pak messen kann, gehen weitere deutsche Panzer verloren.

Die Verteidiger der Gazala-Linie werden zwar von Rommels Truppen bis in den Raum El Adem zurückgeworfen, doch hier kann sich die britische 4. Panzerbrigade so lange halten, bis die schnell herangeführten Verstärkungen eintreffen.

Gegen Abend nähert sich die aus etwa 10 000 Fahrzeugen bestehende deutsch-italienische Angriffsgruppe bei ihrem Vorstoß nach Südosten dem stark befestigten und

1942 Mai

von der 1. Brigade der »Freien Franzosen« verteidigten Wüstenfront Bir Hacheim. Ein britischer Aufklärer entdeckt die deutsche Marschkolonne, die Maschine kann jedoch noch vor Absetzen einer Meldung abgeschossen werden.

Am Mittwoch, dem 27. Mai 1942, steht die Panzerarmee Afrika im Morgengrauen bereits südlich von Bir Hacheim und stößt von hier aus nach kurzer Rast weiter ins Hinterland vor. Einem Teil der Verbände begegnen um 11.00 Uhr am alten Karawanenweg Trigh el Abd, nordöstlich von Bir Hacheim, mit Grant-Panzern ausgestattete Einheiten der britischen 4. Panzerbrigade und der indischen 3. mot. Brigade. Es kommt zu einer erbitterten Panzerschlacht, die mit schweren Verlusten auf beiden Seiten endet.

Seit dem 28. Mai 1942 verschlechtert sich die Situation der Panzerarmee Afrika bedenklich, da die Engländer unter Heranziehung aller überhaupt verfügbaren Kräfte bemüht sind, die getrennt voneinander kämpfenden deutschen und italienischen Gruppen aufzureiben.

Am 30. Mai 1942 kommt ein weiterer Vorstoß der Rommel-Truppen, die sich gerade in den Minenfeldern der britischen El-Gazala-Linie befinden, zum Erliegen, da sie plötzlich der bisher unerkannt gebliebenen Verteidigungsstellung der britischen 150. Brigade gegenüberstehen. Nahezu ohne Treibstoff, Munition und Verpflegung liegen die deutschen Panzer hier fast hilflos fest. Am Montag, dem 1. Juni 1942, gelingt es den Rommel-Verbänden nach massivem Stuka-Einsatz, die britische Verteidigungsstellung »Box«, die ihren Vormarsch behindert hat, zu überrennen. Sie machen 3000 Gefangene, zerstören oder erbeuten 101 Panzer und Panzerspähwagen sowie 124 Geschütze, darunter eine ganze Anzahl von 5,7-cm-Pak vom neuesten Typ. Die deutschen Angriffsverbände, von denen die Engländer vermuten, sie seien dem Zusammenbruch nahe, können nun nach Überwindung dieser Sperre weiter ostwärts in Richtung Ägypten vordringen.

Aber es halten sich immer noch feindliche Kräfte im Rücken der deutschen Truppen. Die zu Beginn der Offensive auf das Wüstenfort Bir Hacheim angesetzte italienische Division »Ariete« hat entgegen Rommels Erwartungen die Stellung nicht nehmen können. Dort leistet nach wie vor Gen. Koenig mit der 1. frei-französischen Brigade hartnäckigen Widerstand. Was Rommel in seiner Operationsplanung als eine Angelegenheit von wenigen Stunden angesehen hatte, dauert bereits elf Tage, als er sich am 5. Juni persönlich an die Spitze einer Kampfgruppe aus der 15. Panzerdivision sowie Teilen der 90. leichten Intanteriedivision und der italienischen Division »Trieste« setzt, mit diesen Verbänden wieder nach Süden marschiert und Bir Hacheim einschließt. Gen. Koenig lehnt Rommels Forderung nach Übergabe des Platzes ab und kämpft weiter, obwohl er längst das britische Oberkommando gedrängt hat, seine Truppe zurückzuziehen und Bir Hacheim aufzugeben.

Bir Hacheim wird genommen

Am 10. Juni 1942 erst gelingt es dem Panzergrenadierregiment 115 (Oberst von Herrf) im Laufe des Nachmittags, von Norden her tief in die Verteidigungswerke des Wüstenforts einzudringen.

Der italienische General Ettore Bastico

Die italienischen Elitetruppen Bersaglieri mit leichtem Geschütz

Juni 1942

Trotz aller Sicherungsmaßnahmen kann aber nicht verhindert werden, daß in der folgenden Nacht im Schutz der Dunkelheit ein Teil der Garnison unter Führung von Gen. Koenig einen erfolgreichen Ausbruch nach Westen unternimmt und bis zu den Stellungen der britischen 7. mot. Brigade gelangen kann.

Am nächsten Morgen besetzt die 90. leichte Infanteriedivision die letzten Teile des Wüstenforts und nimmt 500 verwundete Franzosen und Polen gefangen.

Die nächsten Kämpfe entwickeln sich im Raum ostwärts von El Adem. Bei Knightsbridge kommt es zu einer mehrtägigen Panzerschlacht, wobei die Verbände der Panzerarmee Afrika durch den Einsatz amerikanischer Grant-Panzer und britischer 5,7-cm-Pak schwere Verluste hinnehmen müssen. Auf deutscher Seite erweist sich wiederum die 8,8-cm-Flak als besonders wirksame Waffe gegen die englischen Panzerkampfwagen, von denen so viele abgeschossen werden, daß die in diesem Gefecht beteiligten beiden britischen Panzerdivisionen zerschlagen werden. Materialeinbuße und Erschöpfung führen schließlich dazu, daß sich die restlichen englischen Kräfte am 13. Juni zum Teil in Richtung Tobruk und auch bis zur libysch-ägyptischen Grenze zurückziehen.

An diesem Tag beschließt das britische Kabinett, eine Landung in Französisch-Nordafrika vorzubereiten.

Am Dienstag, dem 16. Juni 1942, kommt es zwischen der Panzerarmee Afrika und den Verteidigern der britischen Gazala-Stellung erneut zu hartnäckigen Kämpfen, in denen die 8. Armee schwere Verluste hinnehmen muß. Gen. Ritchie entschließt sich daraufhin, den Verteidigungsschwerpunkt in den Raum Tobruk zu verlagern und Stadt sowie Festung mit 30 000 Mann zu besetzen. Rommel erweist sich wieder einmal als der listenreiche »Wüstenfuchs«, der seine vorrückenden Truppen überraschend anhält und in aller Eile in Richtung Tobruk kehrtmachen läßt. Die noch von den Kämpfen um die Gazala-Linie arg mitgenommene Besatzung von Tobruk, die sich in der Festung einigermaßen sicher wähnt, steht dem plötzlichen Auftauchen deutscher motorisierter Verbände ziemlich unvorbereitet gegenüber.

Am Sonntag, dem 21. Juni 1942, kann die Panzerarmee Afrika aus der Bewegung heraus die Festung Tobruk wieder einnehmen. Damit geraten 32 220 Soldaten der südafrikanischen 2. Division und anderer Commonwealth-Einheiten mit ihrem Festungskommandanten, Maj. Gen. Klopper, in deutsche Gefangenschaft.

Der Sieg von Tobruk bringt Rommel die Beförderung zum Generalfeldmarschall. Nach eigenem Bekunden hätte er sich von Hitler statt des Marschallstabes jedoch lieber eine weitere Division gewünscht.

Am 23. Juni 1942 überquert die Panzerarmee Afrika die libysch-ägyptische Grenze mit dem Ziel, innerhalb einer Woche Alexandria und den Suezkanal zu erreichen.

Am Donnerstag, dem 25. Juni 1942, übernimmt der britische Oberbefehlshaber im Mittleren Osten, Gen. Auchinleck, anstelle von Ritchie die unmittelbare Führung der 8. Armee im Kampf gegen Rommels Panzerarmee Afrika. Als erstes befiehlt er den Rückzug der Empire-Truppen auf El Alamein, der letzten Bastion in Nordägypten vor dem 100 Kilometer entfernten Alexandria. Diese auf 75 Kilometer Breite gut befestigte Stellung reicht vom Mittelmeer bis zu der für Panzer wegen Flugsandes unpassierbaren El-Kattara-Senke.

Die großen Entfernungen und der Mangel an geeigneten Rollbahnen für die Unterstützung durch die Luftwaffe machen ein Umgehen der El-Alamein-Linie durch

Ein deutsches 10,5-cm-Geschütz nimmt britischen Panzer unter Feuer

1942 Juni

Die überraschende Einnahme von Tobruk wird durch die NS-Presse geradezu überschwenglich gefeiert

Im Hafen von Tobruk am 21. 6. 1942: Die erbeuteten, reich versorgten britischen Nachschub- und Treibstofflager ermöglichen Rommel die Weiterführung der Operation in Richtung Ägypten

General Gustav von Vaerst

Eine britische Panzerabwehrkanone bekämpft die italienischen Panzer mit direktem Feuer

684

Juli 1942

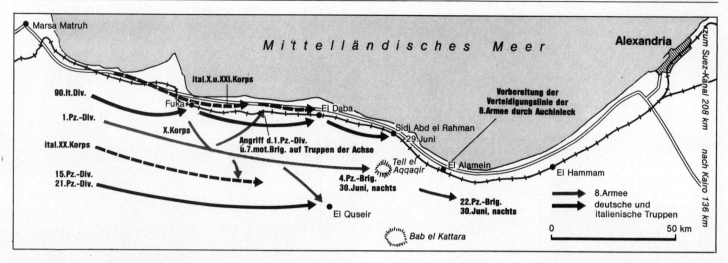

Die Vormarschroute der Panzerarmee Afrika in Richtung Alexandria

die deutschen Verbände fast unmöglich. Zudem haben die Engländer den Vorteil kurzer Versorgungswege, während die deutschen Truppen sich immer weiter von ihren Nachschubbasen entfernen. Trotz hoher Verluste können die britischen Verbände ihre Kampfkraft bewahren, zumal sie laufend verstärkt werden. Als Rommel nach zügigem Vormarsch Ende Juni vor El Alamein ankommt, verfügt er nur noch über 70 Panzer und Panzerspähwagen.

Am Montag, dem 29. Juni 1942, rückt die deutsche 90. leichte Division (GenMaj. Veith) in die ägyptische Hafenstadt Marsa Matruh ein, nachdem 5000 Engländer die Waffen gestreckt haben.

Rommel vor El Alamein

Am 30. Juni 1942 steht die Panzerarmee Afrika vor El Alamein und ist damit nur noch ungefähr 95 Kilometer vor Alexandria entfernt. Der zunehmende Widerstand vereitelt jedoch einen sofortigen Durchbruchsversuch.

Am 1. Juli 1942 hat sich nach anfangs zügigem Vorgehen die deutsche Offensive bei El Alamein festgefahren, denn Gen. Auchinleck hat, noch bevor die Reste der britischen 8. Armee hier wieder eintreffen, rechtzeitig Reserven aus Ägypten herangeführt. Er ist auch der festen Überzeugung, Rommels Verbände daran hindern zu können, den geplanten Durchstoß auf Alexandria weiter fortzusetzen. GFM Rommel ist sich darüber im klaren, daß seine bisherigen Erfolge auf dem Spiel stehen, wenn es ihm nicht gelingt, unverzüglich die englischen Stellungen zwischen der Mittelmeerküste und der El-Kattara-Senke zu überwinden. Doch seine Truppen sind abgekämpft, und die langen Nachschubwege haben empfindliche Versorgungsschwierigkeiten zur Folge. So müssen die Streitkräfte zum Teil aus britischen Beuteständen versorgt werden. Dagegen trennen die britische 8. Armee nur etwa 65 Kilometer von ihren vollgefüllten Versorgungslagern in Alexandria, aus denen sie laufend mit allen erforderlichen Nachschubgütern eingedeckt werden.

Am Freitag, dem 3. Juli 1942, gibt die stark geschwächte Panzerarmee Afrika den Versuch auf, in die britischen Stellungen bei El Alamein einzudringen. Sie ist jetzt gezwungen, zur Verteidigung überzugehen.

Die Operationen der Panzerarmee Afrika sind seit der Sommeroffensive auf dem 50 Kilometer breiten Gelände zwischen dem Mittelmeer bei El Alamein im Norden und der für Panzer undurchlässigen El-Kattara-Senke im Süden am 12. Juli zum Stillstand gekommen. Nach Heranführung italienischer Verstärkungen besteht die Panzerarmee Afrika nunmehr aus je zwei deutschen und italienischen Panzerdivisionen sowie aus acht Infanteriedivisionen, darunter zwei deutschen.

Auch die britische 8. Armee (Gen. Auchinleck) ist inzwischen durch zwei Divisionen, Artillerie auf Selbstfahrlafetten und amerikanische Sherman-Panzer verstärkt worden, so daß sie jetzt aus drei Panzerdivisionen, sieben Panzerbrigaden und sieben Infanteriedivisionen besteht. Damit ist das Kräfteverhältnis etwa gleich, nur die Luftherrschaft besitzen die Engländer.

Rommel muß Mitte Juli 1942 einsehen, daß die Kräfte für eine Fortsetzung der Offensive nicht ausreichen. Die meisten Kampfwagen seiner Panzerarmee sind inzwischen so weit abgenutzt, daß sie in den Frontwerkstätten nur noch mit Mühe wieder in einen einsatzfähigen Zustand gebracht werden können. Beide Gegner richten sich zu dieser Zeit auf Verteidigung ein und beginnen mit der Anlage ausgedehnter Minenfelder vor ihren Stellungen.

Am Donnerstag, dem 16. Juli 1942, gelingt es Einheiten der britischen 8. Armee, bei einzelnen Angriffen aus der El-Alamein-Stellung heraus in den italienischen Frontabschnitt einzudringen und das X. Korps nahezu aufzureiben. Damit ist vorerst auch die Kampfkraft der 8. Armee ausgeschöpft.

1942 August

Mann		Panzer		Geschütze		Flugzeuge	
104 000	**195 000**	**489**	**1 029**	**1 219**	**2 311**	**675**	**750**
Deutsche 50 000		Deutsche 211		Deutsche 644		Deutsche 275 (150 einsatzbereit)	davon 530 einsatzbereit
Italiener		Italiener 278		Italiener 575		Italiener 400 (200 einsatzbereit)	

Die Truppen und Waffen der Gegner vor der entscheidenden Schlacht

Der Kommandeur der 15. Panzerdivision, General von Vaerst, in dem rechten Schützenpanzerwagen stehend, bei der Lagebesprechung mit den Regimentskommandeuren

Rommel in seinem Kommando-Panzerspähwagen auf einer Erkundungsfahrt entlang der neuen Frontlinie

Oktober 1942

General Fritz Bayerlein

Am Rande der großen Schlacht: Ein britischer Spähtrupp nach dem überraschenden Feuerwechsel mit einer deutschen motorisierten Einheit

Am Mittwoch, dem 12. August 1942, übernimmt Lt. Gen. Montgomery, Nachfolger von Gen. Auchinleck, den Oberbefehl über die in Ägypten stehende britische 8. Armee. Auch als Oberbefehlshaber im Mittleren Osten wird Gen. Auchinleck am gleichen Tag von Gen. Alexander abgelöst. Montgomerys erste Maßnahme ist die Verminung der zu erwartenden feindlichen Stoßrichtung im Süden der britischen Verteidigungsstellungen, die ihm aufgrund der entzifferten »Enigma«-Funksprüche bekannt ist.

Am 17. August 1942 ergeht an GFM Rommel die Weisung, die britische 8. Armee westlich des Nildeltas anzugreifen, Alexandria und Kairo zu erobern und danach mit den Verbänden bis zum Suezkanal vorzudringen.

In der Nacht vom 30./31. August 1942 unternimmt Rommel mit seiner Panzerarmee Afrika noch einmal den Versuch, die Initiative zurückzugewinnen. Mit Panzern und anderen motorisierten Kräften setzt er im Süden von El Alamein nach Umgehung der Stellungen am Rande der El-Kattara-Senke zu einer Offensive an, die jedoch in den ausgedehnten Minenfeldern steckenbleibt und in ein mehrtägiges frontales Gefecht ausartet.

So scheitert schließlich in Nordafrika der letzte Versuch der Rommel-Truppen, die britische 8. Armee zu überrollen und bis Alexandria sowie in Richtung Suezkanal vorzustoßen.

Am Mittwoch, dem 2. September 1942, sieht sich Rommel gezwungen, seine gegen die 8. Armee (Lt. Gen. Montgomery) gerichtete Offensive abzubrechen und den Rückzug anzutreten, da der zugesagte Nachschub – vor allem an Treibstoff – ausgeblieben ist. Rommels Verhängnis ist es, daß sein Gegner Montgomery durch die entzifferten »Enigma«-Berichte rechtzeitig darüber informiert war, wo die Achsenmächte angreifen werden. So bleiben die Deutschen im heftigen britischen Artilleriefeuer vor den Höhen von Alam Halfa liegen, nachdem sie durch konzentrierte Panzerangriffe dorthin abgedrängt worden sind.

Das Scheitern der deutschen Offensive verhindert endgültig, daß Rommel mit seinen Truppen bis zum Suezkanal vorstoßen kann. Nun geht die Initiative in britische Hände über.

Die Schlacht bei El Alamein

Nur ein Wort, »Zip«, steht auf dem Telegramm, das Winston Churchill am Nachmittag des 23. Oktober 1942 von Gen. Sir Harold Alexander, dem Oberbefehlshaber im Nahen Osten, bekommt. Das verabredete Kennwort bedeutet, daß die seit Monaten mit äußerster Sorgfalt vorbereitete Operation »Lightfoot«, die Offensive der britischen 8. Armee bei El Alamein, wie geplant noch am gleichen Abend beginnt.

Die unter britischem Kommando stehenden Verbände zählen insgesamt rund 220000 Mann mit 1100 Panzern, davon über 500 schwere US-Panzer vom Typ Sherman und Grant, sowie 530 einsatzfähige Flugzeuge. Die deutsch-italienischen Kräfte sind 104000 Mann stark,

687

1942 Oktober

Um 21.40 Uhr wird am gesamten britischen Frontabschnitt der Befehl »Feuer frei« gegeben

Italien 1942: Briefmarke mit dem Kopf von Gaius Iulius Caesar

Kirchenstaat 1942: Wohltätigkeitsausgabe für die Opfer des Krieges

darunter 54000 Italiener. Sie haben 489 Panzer, davon 278 restlos veraltete italienische Kampfwagen und nur 30 der neuen Panzer IV Ausf. F 2 mit der langen 7,5-cm-Kanone. Durch den akuten Treibstoffmangel stehen jedem Panzer lediglich drei Tankfüllungen zur Verfügung, obwohl 30 als Mindestreserve gelten. Die Luftstreitkräfte der Achse verfügen nur noch über 350 einsatzfähige Flugzeuge. Der erfahrene Heerführer Rommel weilt um diese Zeit im österreichischen Kurort Simmering und wird von dem von der Ostfront nach Nordafrika versetzten Gen. d. Pz.Tr. Stumme vertreten.

Um 21.40 Uhr wird am gesamten britischen Frontabschnitt der Befehl »Feuer frei!« gegeben. Das ohrenbetäubende Trommelfeuer läßt stundenlang die Erde erzittern. Ein einziges Flammenband zeichnet den Frontverlauf. Auf einer Frontbreite von 60 Kilometern feuern nun 1500 britische Geschütze und Werfer, darunter 540 mit Kalibern über 10,5 Zentimetern, ihre Granaten auf den Abschnitt zwischen Bir el Atash und Bir Abu Sifai. Noch in dem 100 Kilometer entfernten Alexandria vibrieren die Fensterscheiben. Die Bomberverbände der RAF unterstützen das Trommelfeuer der Artillerie durch Bomben, die sie im Flächenwurf abladen.

Die deutschen und italienischen Soldaten liegen in einem Inferno von Explosionen und Staub. Im Nordabschnitt der Front, wo Montgomery den entscheidenden Durchbruch erzwingen will, ist sozusagen die Hölle ausgebrochen. Alle Nachrichtenverbindungen sind zerschlagen. An welcher Stelle die Engländer jetzt angreifen, ist aus den einlaufenden ersten Meldungen kaum zu erkennen.

Oktober 1942

»Nach 15 Minuten massivstem Feuer, wohl dem heftigsten seit dem Ersten Weltkrieg, beginnt der Infanterieangriff«

In ein deutsches Minenfeld geratene britische Soldaten eines Stoßtrupps. Das nachfolgende Minensuchkommando bemüht sich, die noch vorhandenen Minen aufzuspüren

Die britischen Generäle Herbert Lumsden und Sir Oliver Leese

1942 Oktober

Eine Abteilung mittlerer US-Panzer M3. Diese Kampfwagen – für die britische Armee modernisiert – tragen den Namen »Grant« und sind erstmals bei Gazala im Mai 1942 im Einsatz

Nach 15 Minuten massivstem Feuer, wohl dem heftigsten seit dem Ersten Weltkrieg, beginnt der Infanterieangriff. Eine Feuerwalze, die alle fünf Minuten um 100 Meter vorrückt, setzt sich in Bewegung. Die deutsche und die italienische Artillerie schweigen: Sie haben den strikten Befehl, Munition zu sparen. Die Granaten beginnen nun die vor den deutsch-italienischen Stellungen angelegten Minensperren umzupflügen. Hinter dieser von Schwärmen von Bombern und Kampfflugzeugen verstärkten Feuerwalze rücken das XXX. Korps (Lt. Gen. Leese), das X. Korps (Gen. Lumsden), das XIII. Korps (Lt. Gen. Horrocks) sowie die 1. französische Brigade vor.

Das XXX. Korps versucht, an einer Angriffsfront von vier Divisionen zwei Breschen durch den feindlichen Befestigungsgürtel zu schlagen. Unterdessen herrscht an der gesamten deutsch-italienischen Front immer noch völlige Verwirrung. Bei jedem Granateinschlag – 900 pro Minute – gehen Dutzende von Minen hoch. Sand, Felsbrocken und zerfetzte Drahtsperren wirbeln durch die Luft. Auf dem Gefechtsstand des Deutschen Afrika-Korps und des italienischen XX. Korps, etwa in der Mitte der Alamein-Front, hat man weiterhin kaum eine Übersicht. Außerdem liegen die deutschen gepanzerten und motorisierten Verbände, die von hier aus geführt werden sollen, im Norden und im Süden der Front.

Montgomerys neue Taktik

Die Kanoniere der britischen 8. Armee sind fast taub vom Geschützdonner. Ihre dicken Lederhandschuhe schmoren an den glühenden Rohren. Inzwischen überrennt die britische Infanterie die in den Minenfeldern versteckten, vorgeschobenen Maschinengewehr- und Widerstandsnester. Von Zeit zu Zeit durchdringt schrille Musik den Kanonendonner: Ungeachtet des dichten Feuers marschieren bei der schottischen 51. Highland-Division die Dudelsackpfeifer voraus.

Und während bei Nacht die Infanterie der Feuerwalze folgt, arbeiten fieberhaft die Minenräumkommandos. Westlich von Bir Abu Sifai stoßen die Infanteriedivisionen des britischen XXX. Korps auf die Reste der Bataillone und Kompanien des Panzergrenadierregiments 125. Der britische Angriff wird zwar an diesem Abschnitt gestoppt, doch weiter südlich, im Abschnitt des Panzergre-

Griechenland 1942: Aus der Landschaftsbilderserie die Brücke bei Koritsa

Oktober 1942

Nach der Schlacht: Ein unendlicher Strom gefangener italienischer und deutscher Soldaten auf dem Weg ins Sammellager

»Eine große Schlacht entbrennt an der Front vor El Alamein« – meldet die italienische Presse

Ein italienischer Soldat ergibt sich

1942 Oktober

Deutsche Kriegsgefangene tragen ihre verwundeten Kameraden zur Verbandsstelle

nadierregiments 382, wo die schottische 51. Highland-Division und die australische 9. Division vorstoßen, verlassen drei italienische Bataillone des Regiments 62 panikartig ihre Stellungen. Die Verbände des XXX. Korps (Lt. Gen. Leese) brechen hier durch. Mit größter Mühe gelingt es einem Bataillon des Regiments 433, unterstützt durch eine Abteilung Divisionsartillerie, den Vorstoß erst hinter der Hauptkampflinie abzuriegeln.

Auch im mittleren Frontabschnitt, nördlich von Bir el Atash, können britische Panzerverbände sowie neuseeländische und südafrikanische Divisionen die umfangreichen deutschen Minenfelder überwinden.

Entgegen allen strategischen Grundsätzen greift Montgomery die Alamein-Front an der stärksten Stelle, nicht wie üblich an der schwächsten, an. Logischerweise hätte er im Süden den Hauptstoß führen müssen. Statt dessen setzt er im Norden an, dort, wo die deutschen Minenfelder am breitesten und am dichtesten sind. Der britische Oberbefehlshaber hat sich eine neue Taktik ausgedacht: erst die deutsch-italienische Infanterie in einer gewaltigen Materialschlacht in ihren Verteidigungsstellungen vernichten, dann mit Panzerkräften durchbrechen, um die feindlichen Panzerdivisionen zu zerschlagen. Der Minenräumtrupp arbeitet sich unterdessen mühsam vorwärts: Die Pioniere bemühen sich, ungeachtet der hohen Verluste, mehrere breite Gassen zu räumen, durch die zwei Panzer nebeneinander rollen können. Jede dieser Gassen wird mit weißem Markierungsband und farbigen Punktleuchten gekennzeichnet, die freie Durchfahrt signalisiert. Dank neuartiger Minensuchgeräte, die auf vergrabene Metallgegenstände reagieren, können die Pioniere bei etwas Glück pro Stunde bis zu 200 Meter Wüste räumen.

Genau eine Stunde nach Mitternacht, am 24. Oktober 1942, gehen vier britische Infanteriedivisionen an der Nordfront zum Angriff über. Eine fünfte Infanteriedivision soll ein Ablenkungsmanöver durchführen. Als die vorstoßende Infanterie durch unerwarteten Widerstand aufgehalten wird, setzt Montgomery zwei Panzerdivisionen in Marsch: 700 Kampfwagen rollen nun durch zwei in den Minensperren geöffnete Gassen. Es gelingt ihnen jedoch nicht, den Durchbruch bis zur Morgendämmerung zu schaffen. Sie bleiben im starken Sperrfeuer der deutsch-italienischen Artillerie liegen. Auch im Süden haben die vom XIII. Korps durchgeführten Scheinangriffe zur Bindung gegnerischer Reserven kaum Erfolg. Und ganz im Süden ist die französische 1. Brigade bei ihrem Vorstoß auf die Ebene von Himmeinat unerwartet im lockeren Sand steckengeblieben. Rommel, zur Stunde in einem Sanatorium in Simmering, wird durch ein Blitzgespräch von GFM Keitel über die britische Offensive unterrichtet. Kurz darauf befiehlt ihm Hitler persönlich, auf seinen Posten zurückzukehren.

Achsentruppen ohne Führung

Bis zum Sonnenaufgang kann die britische Infanterie mehrere tiefe Einbrüche erzielen. Zwar säubern hinter den Angriffsspitzen die Pioniere sofort weitere Minenfelder, doch ist diese Arbeit noch lange nicht abgeschlossen, und es besteht für die britischen Panzer wenig Aussicht, kurzfristig durchzubre-

692

November 1942

chen: Die Tiefe und Dichte der Minenfelder ist ein höheres Hindernis als erwartet, so daß sich bei Tagesanbruch das Gros der britischen Panzer immer noch in den Schneisen befindet.

Auch im Südteil der Front bemühen sich die Verbände des britischen XIII. Korps (Lt. Gen. Horrocks) vergeblich, einen Durchbruch zu erzwingen. Es gelingen ihnen mit allergrößter Mühe nur zwei Einbrüche in die östlichen Minenfelder, aber die Hauptkampflinie, verteidigt von der deutschen 21. Panzerdivision, der italienischen Division Ariete, den Bersaglieri-Bataillonen und den Verbänden der Division Brescia sowie Folgore, hält hier stand.

Zu dieser Zeit beschließt der von seinen Truppen abgeschnittene Gen. d. Pz.Tr. Stumme, selbst die Lage an der Front zu erkunden. Er macht sich mit Oberst Andreas Büchting, dem Armee-Nachrichtenführer, und seinem Fahrer auf den Weg zu den vorderen Linien. Nach einigen Kilometern gerät sein Befehlswagen plötzlich in das MG-Feuer einer australischen Einheit. Büchting sackt tödlich getroffen zusammen, und der Fahrer rast zurück. Er bemerkt dabei nicht, daß Stumme in diesem Augenblick einen Herzanfall erlitten hat und tot aus dem Fahrzeug fällt. Jetzt, wenige Stunden nach Ausbruch der Schlacht, haben die Achsenstreitkräfte keinen Oberbefehlshaber mehr. Vorläufig übernimmt GenMaj. Wilhelm Ritter von Thoma die Führung der deutsch-italienischen Panzerarmee.

Im Oktober 1942 fallen 40 Prozent der Versorgungstransporte für Nordafrika gegnerischen Luftangriffen zum Opfer. Nur ein Drittel des Treibstoffnachschubs erreicht die Panzerarmee Afrika. Außerdem hat die RAF in der zweiten Oktoberhälfte 1942 fast 700 Bomber im Einsatz, die von England aus strategische Angriffe auf Vorratslager und Hafenanlagen in Italien unternehmen.

Am Montag, dem 2. November 1942, treten die Verbände der britischen 8. Armee bei El Alamein zum Durchbruch durch die Stellung der Panzerarmee Afrika an (Operation »Super Charge«). Um einer drohenden Einkreisung zu entgehen, beschließt Rommel den Rückzug und begründet die Notwendigkeit in seiner Meldung an das Führerhauptquartier. Nachdem der Abmarsch bereits eingeleitet ist, erhält Rommel am nächsten Morgen einen Befehl Hitlers, der »Halten um jeden Preis« verlangt. Doch den Engländern ist inzwischen bei El Alamein der Durchbruch gelungen und damit letztlich der Krieg in Nordafrika entschieden. Bei der Überlegenheit des Gegners bleibt den Deutschen und Italienern nur noch das Ausweichen nach Westen.

Am Nachmittag des. 4. November 1942 befiehlt Rommel seinen Truppen in eigener Verantwortung, sich weiter in Richtung Sollum zurückzuziehen.

Am Freitag, dem 6. November 1942, lautet die Meldung der britischen 8. Armee nach der erfolgreichen Operation »Super Charge«: Seit dem 23. Oktober 1942 30 000 Gefangene, 400 Geschütze und 350 Panzer erbeutet oder zerstört; sechs italienische Divisionen sind zerschlagen, und die Panzerarmee Afrika verfügt nur noch über 38 Panzerkampfwagen.

General Montgomery. Unter seiner Führung erringt die 8. Armee für Großbritannien den größten Erfolg seit Beginn des Zweiten Weltkrieges

Die Operation »Torch«

In der Nacht vom 7./8. November 1942 landen alliierte Truppen unter dem Befehl von Gen. Eisenhower an den Küsten von Marokko und Algerien (Operation »Torch«): Im Raum Casablanca sind es insgesamt 35 000 Mann und 250 Panzer unter Lt. Gen. Patton, in der Nähe von Oran 39 000 Mann und 120 Panzer unter Maj. Gen. Fredendall und im Raum Algier die Verbände von Lt. Gen. Anderson, insgesamt 33 000 Mann und 80 Panzer. In Marokko und Oran stoßen die Alliierten auf Widerstand der französischen Vichy-Truppen.

Am Montag, dem 9. November 1942, beginnen in den frühen Morgenstunden über Casablanca heftige Luftkämpfe zwischen französischen Jägern und den Flugzeugen des US-Trägers »Ranger« (Lt. Cdr. Durgin). Die im Hafen von Casablanca liegenden französischen Einheiten, darunter das noch nicht fertiggestellte Schlachtschiff »Jean Bart« (Capt. Barthes), eröffnen das Feuer auf die alliierten Kriegsschiffe. Nach kurzer Zeit gleicht das Hafenbecken einem Trümmerfeld. Zehn große Transporter, drei im Dock liegende Zerstörer und drei U-Boote sind gesunken oder gekentert. Am Abend kommt es zu einer Feuereinstellung. Der Versuch der amerikanischen Truppen, gleich nach der ersten Landung Tunesien zu besetzen, scheitert jedoch.

Unterdessen versuchen vor dem Hafen von Algier die beiden britischen Zerstörer »Malcolm« und »Broke« die Hafensperren zu durchbrechen und Commando-Truppen

1942 November

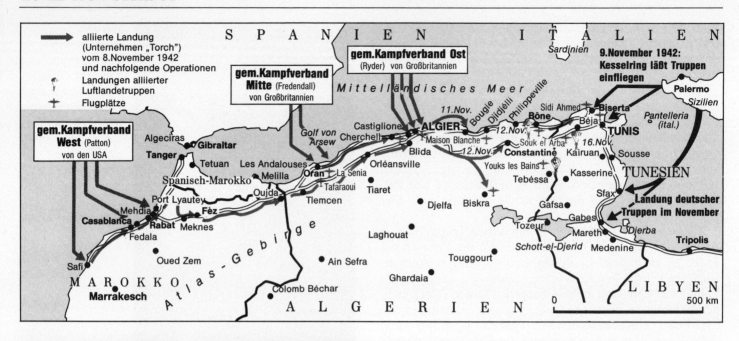

Nordafrika, November 1942: Verlauf der Operation »Torch« und der deutschen Gegenaktionen

Die US-Generäle Dwight D. Eisenhower und George S. Patton

Oran, Algerien, am Morgen des 8. 11. 1942: Die ersten amerikanischen Truppen gehen an Land. Im Hintergrund die Invasionsflotte

November 1942

Bereits am darauffolgenden Tag reagiert die deutsche Führung auf die alliierte Landung in Nordafrika: Am 9. 11. 1942 werden Truppen von Sizilien aus nach Bizerta und Tunis eingeflogen. Ein Verband von Transportmaschinen Junkers Ju 52 in der Nähe von Kap Bon

an Land zu setzen. Küstenartillerie und französischen Kriegsschiffen gelingt es, den Zerstörer »Broke« zu versenken, während sich die »Malcolm« unter schwerem Feuer zurückziehen muß. 200 US-Commando-Männer werden von den Franzosen gefangengenommen.

Im Hafen von Oran versenken alliierte Kriegsschiffe fünf französische Zerstörer, sechs U-Boote, einen Minensucher und mehrere kleine Fahrzeuge.

Am selben Tag beordert der Oberbefehlshaber Süd, GFM Kesselring, einige Alarmeinheiten des neuernannten »Fliegerführers Tunesien« (Oberst Harlinghausen) nach Nordafrika, die auf dem Flugplatz El Aouina bei Tunis landen, um eine Besetzung durch die Alliierten zu vereiteln und um den Rückzug Rommels zu decken. Der Flugplatz von Sidi Ahmed bei Bizerta wird genommen.

Als die 284 Soldaten, unterstützt durch Teile des Fallschirmjägerregiments 5 und des 11. Fallschirm-Pionier-Bataillons, nun in das Landesinnere vordringen, um eine Verteidigungslinie zu bilden, ziehen sich die etwa 25 000 französischen Soldaten der Tunesien-Division zurück.

Am 11. November 1942 erfolgt die Landung britischer Truppen in Bougie, 200 Kilometer östlich von Algier, während am darauffolgenden Tag alliierte Luftlandeeinheiten die wichtige Hafenstadt Bône besetzen und damit den deutschen Fallschirmjägern zuvorkommen. Nun sind die Alliierten in der Lage, von Ostalgerien aus auf dem Landweg nach Tunis vorzustoßen. Am selben Tag muß die Panzerarmee Afrika der britischen 8. Armee Sollum, Fort Capuzzo und Bardia überlassen.

Britische Panzer in Sicht: Ein 10,5-cm-Geschütz wird blitzartig in Stellung gebracht

1942 November

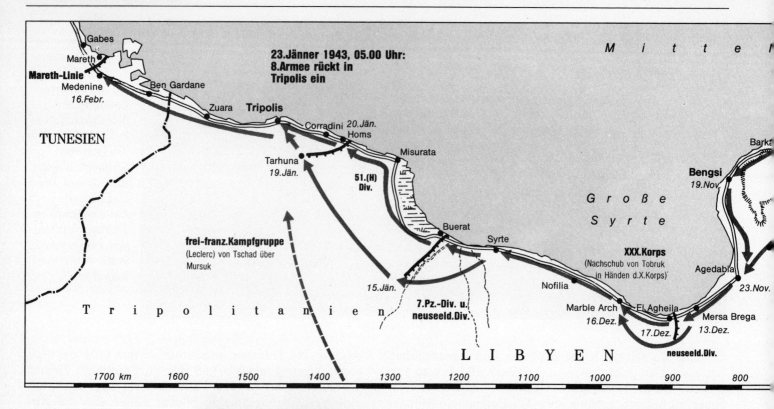

Rückzug der Panzerarmee Afrika von El Alamein am 4. 11. 1942 bis Medenine (16. 2. 1943)

Der Vormarsch der britischen 8. Armee. Sowohl bei der Schlacht von El Alamein als auch bei der Verfolgung von Rommels Verbänden spielen die US-Panzer vom Typ Sherman eine bedeutende Rolle

Am 13. November 1942 treffen die Verbände von Montgomery bei der Besetzung Tobruks, um das früher monatelang hartnäckig gekämpft worden ist, kaum noch auf Widerstand.

Am Sonntag, dem 15. November 1942, übernimmt in Tunis Gen. Nehring die Führung des XC. Armeekorps und damit den Oberbefehl über alle deutschen Truppen im Brückenkopf Tunesien, die freilich erst noch eintreffen sollen. Hitler ist inzwischen bereit, diesem Vorposten weitere starke Kräfte – darunter ein ganzes Bataillon mit neuen Tiger-Panzern – zuzuführen, um die sich hier abzeichnenden militärischen und politischen Gefahren abzuwehren. Inzwischen dringt die britische 1. Armee (Lt. Gen. Anderson) in Tabarga an der tunesischen Nordwestküste ein. Gleichzeitig werden zur Unterstützung des alliierten Vormarsches auf Tunis US-Luftlandetruppen in Youks les Bains abgesetzt, und am 16. November springen britische Fallschirmjäger über Souk el Arba ab. Trotzdem wird das Wettrennen nach Tunis von den Achsenmächten gewonnen. Die Deutschen ziehen etwa 400 Flugzeuge von der Ostfront ab, um sie direkt nach Tunis zu verlegen. Während die Maschinen der Luftwaffe und der Regia Aeronautica von Sardinien aus auf festen Rollbahnen starten, haben sich die den Alliierten in Nordafrika zur Verfügung stehenden Flugplätze nach heftigen Regenfällen in Schlamm und Morast verwandelt. Fast

Dezember 1942

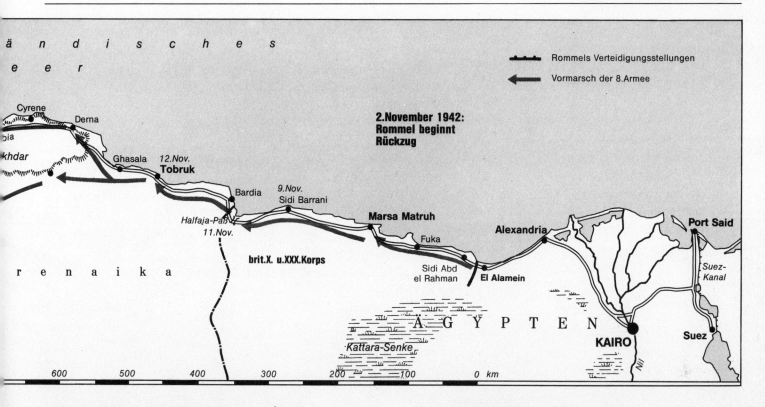

täglich werden jetzt die alliierten Flugplätze in Algier, Bougie, Oran und Bône von den auf Sizilien startenden Flugzeugen bombardiert.

Zwei Tage später kommt es 50 Kilometer westlich von Bizerta zwischen deutschen und alliierten Verbänden zu ersten Kampfhandlungen in Tunesien.

Bengasi wird aufgegeben

Am 20. November 1942 muß die Panzerarmee Afrika Bengasi aufgeben. Damit befindet sich die gesamte Cyrenaika wieder in britischer Hand.

Am Freitag, dem 4. Dezember 1942, gelingt dem deutschen XC. Korps trotz des hartnäckigen Widerstandes der 1. US-Panzerdivision und der britischen 11. Brigade in Tunesien der erste größere Erfolg, die Eroberung von Tebourba, 30 Kilometer westlich von Tunis.

Am Mittwoch, dem 9. Dezember 1942, wird in Tunesien unter Führung von GenOberst von Arnim die deutsche 5. Panzerarmee aufgestellt, die jedoch nur der Stärke eines Korps entspricht. Sie setzt sich aus zwei deutschen und drei italienischen Infanteriedivisionen, einer mot. Grenadierdivision sowie der 10. und 21. Panzerdivision zusammen.

Am Freitag, dem 11. Dezember 1942, greift die britische 8. Armee die sich jetzt in den Mersa-Brega-Stellungen verteidigende Panzerarmee Afrika an, die schließlich unter dem gegnerischen Druck noch weiter nach Westen auf die Buerat-Stellungen zurückweichen muß.

General Henri Giraud (links), der Hochkommissar für Französisch-Nordafrika, trifft sich mit General Charles de Gaulle, dem Führer der Freien Franzosen

Großbritannien 1942: Feldpostmarke, die auch in Nordafrika und dem Nahen Osten verwendet wird

UNTER DEUTSCHER BESATZUNG

FRANKREICH IM ZWIE-SPALT

Zwischen deutscher Besatzung und der Vichy-Regierung: Die Franzosen werden in ihrem Nationalstolz gekränkt

Am Neujahrstag spricht Marschall Pétain über den Rundfunk zur französischen Nation. Wieder einmal erwähnt er die Gefahren, denen Frankreich ausgesetzt ist, und erklärt, eine ernsthafte »Wiederannäherung« zwischen Deutschland und Frankreich sei nur durch eine Abänderung der Statuten zu erreichen, die man Frankreich auferlegt habe.

Pétain betont, daß »die Würde der Franzosen wieder aufleben und sich die Wirtschaft eines Tages bessern werde«. Um die Kosten der Besatzung zu decken, seien ungefähr 50 Prozent des gesamten französischen Etats erforderlich. Man müsse befürchten, daß das Deutsche Reich rücksichtslos die schlechte Lage ausnutzen werde, um Frankreich zur Anpassung zu zwingen, indem es unter anderem weiterhin die französische Landwirtschaft ausbeute. Noch immer befänden sich über 1 250 000 Franzosen in deutscher Kriegsgefangenschaft.

Am Montag, dem 23. März 1942, gibt Hitler seine Weisung Nr. 40 zur Verteidigung der europäischen Küsten im deutschen Befehlsbereich heraus.

Ein gigantisches Vorhaben zur Verteidigung der westeuropäischen Küsten stellt der Bau des Atlantikwalls mit einer Ausdehnung von etwa 3000 Kilometern dar. Das beabsichtigte größte Bauvorhaben der Welt übersteigt aber die Kräfte der Organisation Todt. So müssen Zwangsarbeiter aus allen besetzten Ländern herangeholt und dafür eingesetzt werden.

Der allgemeine Verteidigungsplan sieht den Bau von 15 000 Verteidigungswerken vor, darunter 4000 Hauptwerke, dem 1000 weitere folgen sollen, 1000 Stützpunkte und 550 Batterien entlang der Küste Frankreichs, Belgiens und Hollands: Von Spanien bis an die Loire (360 km Frontlinie) sollen 2000 Bunker, von der Loire bis zur Seine (900 km Frontlinie) 3400 Bunker sowie von der Seine bis zur holländischen Grenze (380 km Frontlinie) 5600 Bunker und in Holland (360 km Frontlinie) 2000 Bunker errichtet werden.

Die Ernennung des deutschfreundlichen Pierre Laval am 14. April 1942 zum Ministerpräsidenten der Vichy-Regierung durch Staatschef Marschall Pétain veranlaßt die US-Regierung, ihren Botschafter aus Vichy abzuberufen.

Nordfrankreich, Kap Gris-Nez 1942: Bau der offensiven Fernkampfbatterie »Lindemann« – eine Kulisse für die NS-Propaganda! Mehr noch als dem Gegner soll dem deutschen Volk vorgetäuscht werden, daß der gesamte Atlantikwall diese Stärke hat

1942 April

Nordfrankreich, Raum Calais 1942: Die schweren Geschütze eines im Bau befindlichen Teils des Atlantikwalls

Die französische Kanalküste im Raum Dieppe am Morgen des 19. 8. 1942, von einem britischen Landungsboot aus gesehen

August 1942

Unterdessen gelingt es Gen. Giraud, dem Oberbefehlshaber der französischen 7. Armee, der am 19. Mai 1940 in deutsche Gefangenschaft geraten ist, aus dem besonders abgesicherten Kriegsgefangenenlager auf der in der Sächsischen Schweiz gelegenen Festung Königstein unter abenteuerlichen Umständen zu entkommen.

Am 22. Juni 1942 bekräftigt Laval in einer Rundfunkansprache seinen Glauben an den Sieg Deutschlands und ruft die Franzosen auf, sich freiwillig zur Arbeit in der deutschen Industrie zu melden.

Landung bei Dieppe

Am Donnerstag, dem 9. Juli 1942, teilt Hitler dem Oberbefehlshaber West, GFM von Rundstedt, seine Befürchtungen mit, daß in Kürze mit feindlichen Landungen an der französischen und belgischen Kanalküste zu rechnen sei. Er stützt sich dabei auf Agentenmeldungen und andere nachrichtendienstliche Erkenntnisse, in denen von starken Schiffsansammlungen in Südengland die Rede ist. Dazu paßt – nach Hitlers Einschätzung – auch die merkliche Zurückhaltung der RAF in letzter Zeit. Für besonders bedroht hält er die Kanalküste zwischen Dieppe und Le Havre (Normandie).

Die ihm vorliegenden Informationen über englische Landungsabsichten im Raum Dieppe veranlassen Hitler, unverzüglich Eliteverbände von der Ostfront abzuziehen und nach Frankreich zu verlegen.

Am 11. August 1942 erklärt in einer öffentlichen Ansprache Vichys Regierungchef Pierre Laval: »... Die Stunde der Befreiung für Frankreich ist die Stunde, in der Deutschland den Krieg gewinnt.«

Am 17. August 1942 gehen die Vorbereitungen für einen britisch-kanadischen Raid gegen Dieppe (Operation »Jubilee«) zu Ende, der unter dem Befehl von Adm. Lord Louis Mountbatten, Chef der Combined Operations, mit 6000 Soldaten durchgeführt werden soll. Der Zufall will es, daß zur gleichen Zeit in Angers, der Hauptstadt des französischen Departements Maine-et-Loire, im Hauptquartier der deutschen 3. Luftflotte (GFM Sperrle) Sandkastenspiele zum Thema »die britische Landung bei Dieppe« abgehalten werden. Danach meint der als Schiedsrichter eingeteilte Gen. Fröhlich, daß die Deutschen die gelandeten alliierten Truppen in weniger als fünf Tagen wieder aus Frankreich hinausgejagt haben würden.

Die englischen Vorbereitungen für die Operation »Jubilee« sind der deutschen Führung nicht verborgen geblieben. Dies verdankt sie unter anderem dem B-Dienst der Kriegsmarine, der einige Codes der Royal Navy geknackt hat und laufend den Funkverkehr im Raum Newhaven/Portsmouth abhört. So kann der Leiter der Operationsabteilung beim Oberbefehlshaber West, GenLt. Kessler, in einer Lagebesprechung seinen führenden Offizieren mitteilen, daß die Stadt Dieppe das Hauptziel des englischen Landeunternehmens sein wird. Dabei müsse man auf beiden Seiten der Stadt mit Unterstützungsangriffen rechnen. Den Wert solcher Vorkenntnisse bekommen die an dem Landungsunternehmen beteiligten Engländer und Kanadier zwei Tage später empfindlich zu spüren.

Dieppe, 19. 8. 1942: Die unmittelbar nach ihrer Ausschiffung zerschossenen britischen Panzer vom Typ »Churchill« einer kanadischen Abteilung

1942 August

Dieppe, 19. 8. 1942: Die Überzeugung Churchills, daß eine Invasion Europas im Herbst 1942 – zu der Stalin die Alliierten ständig drängt – völlig unmöglich ist, bestätigt sich

In den frühen Morgenstunden des 19. August 1942 wird das Seebad Dieppe an der französischen Kanalküste zum Schauplatz des bisher größten britischen Landeunternehmens in Westeuropa (Operation »Jubilee«). Beiderseits des Hafens von Dieppe werden 6100 Soldaten der kanadischen 2. Division (Maj. Gen. Roberts), unterstützt durch Commando-Truppen und eine Panzereinheit, von neun Infanterie-Landungsschiffen abgesetzt. Von See her gewähren nicht weniger als 252 Kriegsschiffe Feuerschutz, darunter acht Zerstörer, zahlreiche Torpedo- und Kanonenboote sowie mehrere leichte Einheiten. Das Bomber Command und die 8. US Air Force unterstützen die Landungstruppen durch rollende Einsätze von 74 alliierten Bomber- und Jagdstaffeln.

Der deutsche Widerstand ist jedoch härter als erwartet, denn der britische Geheimdienst hat lediglich mit einem einzigen Bataillon älterer Jahrgänge gerechnet. Statt dessen gelingt es den deutschen Truppen, innerhalb kürzester Zeit alle englischen Panzer abzuschießen, noch bevor sie die Strandbefestigungen überwinden können. So müssen die englischen und kanadischen Infanteristen ohne Deckung vorgehen und sind nicht imstande, die deutschen MG-Nester auszuräumen.

Das deutsche Infanterieregiment 571 (Oberstlt. Bartel) reagiert so schnell, daß es mit Unterstützung von Jagdfliegern und Küstenbatterien die Reste der gelandeten Truppen bereits drei Stunden später zur Wiedereinschiffung zwingt. Außer den 30 Churchill-Panzern verlieren die britisch-kanadischen Truppen 68 Prozent der hier eingesetzten Soldaten, insgesamt 4359 Mann, darunter 1179 Tote und 2190 Gefangene. Zu den Gefallenen zählt auch der bei den Kämpfen um eine deutsche Funkmeßstation bei Berneval/Dieppe eingesetzte US-Lt. E. Loustalot, der erste amerikanische Soldat, der auf französischem Boden gefallen ist.

Die weiteren alliierten Verluste umfassen einen Zerstörer, 33 Landungsfahrzeuge, 106 britische Flugzeuge und acht US-Jäger. Die Verluste auf deutscher Seite betragen 591 Mann, davon 311 Tote und Vermißte, dazu 48 Kampfflugzeuge, ein U-Boot-Jäger und ein Motorschiff.

Die NS-Propaganda versucht nun mit allen Mitteln, die britisch-kanadische »gewaltsame Erkundung« als einen »vergeblichen Invasionsversuch« hinzustellen.

Am Dienstag, dem 10. November 1942, schließt Adm. Darlan, Oberbefehlshaber der französischen Vichy-Streitkräfte, mit heimlicher Zustimmung von Marschall Pétain einen allgemeinen Waffenstillstand mit den Alliierten in Nordafrika. Die französische Garnison von Oran wird durch US-Panzerverbände zur Kapitulation gezwungen.

Am selben Tag trifft Ministerpräsident Laval auf Einladung Hitlers in München ein. Hitler möchte erfahren, ob die Vichy-Regierung auf deutscher Seite gegen die in Nordafrika gelandeten Westalliierten kämpfen würde.

Am Mittwoch, dem 11. November 1942, läßt Hitler aufgrund der Geschehnisse in Nordafrika morgens um 7.00 Uhr die deutsche 1. Armee (GenOberst Blaskowitz) und die Armeegruppe Felber (Gen. d. Inf. Felber) über die Demarkationslinie in die bisher freie Zone Frank-

Dezember 1942

Flottenstützpunkt Toulon, am Morgen des 27. 11. 1942: Zwei Tage lang brennen die Schiffe völlig aus

Der französische Admiral Jean de Laborde und der französische Vizeadmiral André Marquis

reichs einrücken (Unternehmen »Anton«) und die Mittelmeerküste besetzen.

Am 18. November 1942 erklärt Marschall Pétain Ministerpräsident Laval zu seinem Stellvertreter und designiertem Nachfolger. Damit steigt das Prestige des deutschfreundlichen Laval. Darlan, der sich zur Zeit in Nordafrika aufhält, ist von Pétain bereits zwei Tage zuvor aller seiner Ämter enthoben worden.

Selbstversenkung einer Flotte

Am 27. November 1942 beginnt das Unternehmen »Lila«, die Besetzung des an der Mittelmeerküste gelegenen wichtigen französischen Flottenstützpunktes Toulon. Bereits vor Sonnenaufgang rollen um 4.25 Uhr die ersten deutschen Panzer in Richtung Fort Lamalgue, im französischen Kriegshafen Toulon. Es ist die Vorausabteilung des II. SS-Panzerkorps (SS-Obergruppenf. Hausser), das die französische Kriegsflotte in Besitz nehmen soll. Dem Stellvertreter von Adm. Marquis gelingt es noch rechtzeitig, den Flottenchef, Adm. Comte de Laborde, auf seinem Flaggschiff »Strasbourg« zu verständigen, der sofort den Befehl zur Selbstversenkung aller im Hafen liegenden Kriegsschiffe erteilt. Mehr als 100 Schiffe mit insgesamt 230 000 Tonnen werden von den eigenen Besatzungen versenkt. Darunter befinden sich die drei Schlachtschiffe »Strasbourg«, »Dunkerque« und »Provence«, der Flugzeugträger »Commandant Teste«, sieben Kreuzer, 29 Zerstörer, drei Torpedoboote und 16 U-Boote. Vier französische U-Boote schaffen es, den Hafen zu verlassen.

Adm. Comte de Laborde geht erst dann von Bord seines Flaggschiffes, nachdem Marschall Pétain ihm per Funk den Befehl übermittelt, das sinkende Schiff unverzüglich zu verlassen. Erst durch diesen Funkspruch erfahren die Westalliierten in Nordafrika, was sich gerade in Toulon abgespielt hat: das Ende der mächtigsten Flotte, die Frankreich seit den Zeiten Ludwigs XIV. besessen hat.

In Algier wird am 24. Dezember 1942, um 15.00 Uhr, Darlan, der frühere Oberbefehlshaber der französischen Vichy-Streitkräfte, beim Betreten seines Büros das Opfer eines Attentats, an dessen Folgen er kurz darauf stirbt. Auf Befehl von Gen. Giraud, der bereits am nächsten Tag die Nachfolge von Darlan als Hoher Kommissar für Nordafrika antritt, wird der 21jährige, einer angesehenen Familie entstammende Mörder, Fernand Bonnier de la Chapelle, erschossen.

DIE JAPANISCHE OFFEN-SIVE

DER STURM ÜBER SÜDOSTASIEN

Die Söhne aus dem Land der aufgehenden Sonne erobern Malaya, Burma, Indonesien und die Philippinen

Zu Beginn des Jahres 1942 besetzten Teile der japanischen 48. Division kampflos Manila, die Hauptstadt der Philippinen, da die amerikanischen Truppen zusammen mit den philippinischen Einheiten sich auf die Halbinsel Bataan und die festungsartig ausgebaute Felseninsel Corregidor, am Eingang zur Bucht von Manila, zurückgezogen haben.

Für die Verteidigung der Philippinen ist der amerikanische Oberbefehlshaber im südpazifischen Raum, Gen. MacArthur, verantwortlich. Bereits 1935 wurde MacArthur, damals Stabschef der amerikanischen Armee, von der philippinischen Regierung als Berater mit dem Aufbau der Verteidigung des Archipels betraut. Daraufhin hat man ihm am 26. Juli 1941 den Oberbefehl im Südpazifik (US Army Forces in the Far East, USAFFE) übertragen.

Am Sonnabend, dem 3. Januar 1942, nimmt in Niederländisch-Indien das neugebildete alliierte Oberkommando ABDA (American-British-Dutch-Australian) unter dem britischen Gen. Wavell seine Tätigkeit auf.

Auf dem Vormarsch in Malaya besetzen die Japaner Kuala Lumpur, wo sie von einem Teil der Einwohner sogar als Befreier vom britischen Kolonialismus begrüßt werden.

Am Sonntag, dem 11. Januar 1942, beginnt der japanische Angriff auf Niederländisch-Indien mit Landungen auf der Ölinsel Tarakan und im Nordosten von Celebes bei Menado. Die Besetzung von Tarakan wird durch einen Flottenverband unter Konteradm. Hirose unterstützt. Zehn Transporter des Flottenverbandes, der Vizeadm. Takahashi untersteht, setzen ihre Landungstruppen bei Menado ab. Zum Gelingen des Unternehmens tragen einerseits der Geleit- und Deckungsschutz der Flotte, andererseits der Einsatz von Fallschirmtruppen bei.

Die 334 Fallschirmspringer der Marine werden von 28 mittleren Bombern vom Typ Mitsubishi G3M abgesetzt, die zur 21. Luftflottille gehören. Dies ist die erste im Pazifikkrieg durchgeführte Luftlandeoperation. Ihre praxisnahe Ausbildung verdanken die japanischen Fallschirmjäger 100 deutschen Kreta-Kämpfern, die ihnen im Herbst 1941 als Ausbilder zugeteilt wurden.

Malaiische Halbinsel, Januar 1942: Japanische Truppen auf dem Vormarsch. In einem Dorf werden sie von den Bauern als »neue Herren« mißtrauisch betrachtet

1942 Januar

Der Vorstoß nach Burma

Am Freitag, dem 16. Januar 1942, startet die japanische 16. Armee von Siam (Thailand) aus ihre Offensive in Richtung Burma. Dieses exotische, kaum zugängliche Land wird bald zum Hauptkriegsschauplatz der Landoperationen im Fernen Osten. Die schnelle Besetzung von Siam und das entschlossene Vorgehen auf der malayischen Halbinsel haben es den Verbänden der japanischen 15. und 25. Armee ermöglicht, innerhalb von 14 Tagen die Ostgrenze von Burma zu erreichen, die sich über eine Länge von 2574 Kilometern erstreckt.

Burma bildet mit seinen nahe der indischen Grenze liegenden über 3000 Meter hohen, dschungelbewachsenen Gebirgsketten eine natürliche Verteidigungslinie, die nur von drei Straßen durchzogen wird. Wegen der steil aufragenden Anhöhen und der Feuchtgebiete in den Tälern ist es schwierig, die Berge mit Fahrzeugen zu überwinden.

Die Nordwände vom Himalaja bestimmen von Oktober bis Mai das vorherrschend trockene Klima. In der übrigen Jahreszeit wehen von Süden in Richtung Himalaja Monsunwinde, die vom Indischen Ozean starke Regenfälle bringen. Die Straßen verändern sich dann in reißende, mit Schlamm gefüllte Bäche. Während der Regenzeit ist es kaum möglich, zu marschieren oder im Freien zu kampieren, so daß Kampfhandlungen ungeheuer erschwert werden.

General Wavell, oberster britischer Befehlshaber im Fernen Osten: »Ich habe noch einige Steine für meine Schleuder« – eine Karikatur vom Januar 1942

Japanische Panzer vom Typ 89-OTSU drängen von Siam nach Burma

Januar 1942

Auf den ständig feuchten Uniformen und auf den Schuhen bildet sich grüner Schimmel. Die Nächte sind bitter kalt. In der Feuchtigkeit rosten die Waffen, und elektrische Geräte funktionieren nicht einwandfrei. Im sumpfigen Gelände schwirren Wolken von Malariamücken, Wasser und Schlamm sind voll von Blutegeln, die sich – einmal am Körper festgebissen – nur schwer entfernen lassen.

Während der Regenzeit werden viele Soldaten von Malaria, Ruhr oder Typhus infiziert und müssen wegen mangelnder ärztlicher Versorgung daran sterben. Die durch diese Krankheiten verursachten Todesfälle liegen bei den alliierten Soldaten 120mal höher als die Verluste durch japanische Kugeln.

Die Engländer unternehmen für die Verteidigung Burmas nicht viel. Man glaubt, daß dieses Land weit genug von Japan entfernt liege und ein direkter Angriff nicht zu befürchten sei. Erst während der japanischen Invasion in Siam und auf der malayischen Halbinsel werden zwei schwache Divisionen an Burmas Ostgrenze verlegt: Die burmesische 1. Infanteriedivision (Maj. Gen. B. J. Scott) übernimmt die Verteidigung der Gebirgspässe entlang des nördlichen Teils der Grenze. Die Truppen sind jedoch unzureichend bewaffnet, besitzen so gut wie keine Artillerie, weder Nachrichtenübermittlungsgeräte noch Flugabwehrwaffen.

Die indische 17. Infanteriedivision (Maj. Gen. J. G. Smyth) besteht zu einem Viertel aus jungen Männern unter 18 Jahren, die als Rekruten erst einige Monate beim Militär und im Kampf unerfahren sind. Sie übernehmen die Verteidigung des südlichen Teils der burmesisch-sia-

Burma, Januar 1942: Ein britisches MG wird aufgestellt. Mehr als der Gegner macht das Klima zu schaffen

Nachdem die Flüsse durch die Regenzeit über die Ufer getreten sind, gestaltet sich der Rückzug der britischen Truppen aus Burma besonders schwierig

707

1942 Januar

Baron Giichi Tanaka, ein militanter einflußreicher japanischer Politiker

Japan 1942: Briefmarken mit den Motiven »Rüstungsarbeiterin« und »Holzschiffbau«

Der britische General Arthur E. Percival

Der britische General Gordon Bennett, Befehlshaber der australischen Truppen in Singapur

mesischen Grenze und schützen den Küstenabschnitt bis Rangun. Beide Divisionen sind nicht im Dschungelkampf ausgebildet.

Auch die anglo-indischen Divisionen, die man auf den Kampf in der Wüste vorbereitet hat, besitzen weder Erfahrungen im Dschungelkampf, noch sind sie mit entsprechenden Transportmitteln ausgerüstet. Die Auffassung der britischen Truppenführer, daß modernes Militär auch im Dschungel kämpfen könne, erweist sich als falsch.

Am 16. Januar 1942 ist das erste Angriffsziel der japanischen 15. Armee in Burma der Hafen Tavoy im Grenzgebiet der malayischen Halbinsel, den nur ein Bataillon der 17. Infanteriedivision verteidigt.

Das nächste Bataillon befindet sich 180 Kilometer weiter südlich im Hafen Mergui. Die burmesisch-indischen Streitkräfte der britischen Armee, die auf ein großes Gebiet verteilt sind, können dem massierten Angriff der Japaner nicht standhalten.

Am Sonntag, dem 18. Januar 1942, erobern die Japaner mühelos den Hafen und Flughafen von Tavoy. Der Garnison in Mergui wird der Weg nach Norden abgeschnitten, so daß sie über See evakuiert werden muß. Während des Rückzugs der indischen Abteilungen unterstützen burmesische Nationalisten die japanischen Truppen, damit sie den Dschungel gefahrlos durchqueren können, um den Flughafen Moulmein zu erreichen.

Nach vierwöchigen ununterbrochenen Kämpfen ziehen sich die Truppen der indischen 17. Infanteriedivision 128 Kilometer vor den Japanern in das Innere von Burma zurück. Nahe der Flußmündung des Sittang kommt es zu einer der dramatischsten Schlachten während des burmesischen Feldzuges.

Nachdem eine Woche später japanische Truppen auch auf Neuguinea und Neu-Mecklenburg landen, rechnen die Australier ebenfalls mit einem Angriff auf ihren Kontinent. Bedrohte Gebiete wie Port Darwin werden zur Räumung vorbereitet und die Herden fortgetrieben. Die Regierung ruft die Generalmobilmachung aus und fordert die USA sowie Großbritannien zu Hilfeleistungen auf.

Der Fall von Singapur

Dreißigster Januar 1942: Nach blutigen Kämpfen unter schwersten klimatischen Bedingungen und bei katastrophalen Geländeverhältnissen ziehen sich die erschöpften britischen Verbände des II. Korps (Maj. Gen. Heath) an die Südspitze der malayischen Halbinsel zurück. Kurz vor Mitternacht überquert die letzte Nachhut bei strömendem tropischen Regen die schmale Meerenge, die zur Insel Singapur führt. Nur 54 Tage brauchen die Japaner, um das riesige weglose, dschungelbedeckte Gebiet von Malaya ganz zu erobern.

Februar 1942

Die Belagerung »der stärksten Seefestung der Welt« beginnt. Seit Jahren pflegt Großbritannien die Legende von der unbezwingbaren Festung Singapur. Auf einer Insel an der Südspitze der Halbinsel Malakka gelegen und durch einen Damm mit dem Festland verbunden, ist sie der Stolz des Empire, das fest an ihre Uneinnehmbarkeit glaubt. Dieses mächtige Bollwerk im Fernen Osten hat die britischen Steuerzahler bei seiner Entstehung dem heutigen Wert entsprechend fast eine Milliarde DM gekostet. Und nur einige militärische Fachleute, darunter die Mitglieder des Kriegskabinetts, kennen die volle Wahrheit: Seit Kriegsausbruch werden keine Landbefestigungen mehr gebaut, es entstehen keine Panzerhindernisse, die Meerenge ist nicht vermint, und die umliegenden Sümpfe, die man für ein Naturhindernis hält, sind für den Angreifer eher von Vorteil. Singapur besitzt fast keine Luftabwehr, abgesehen von einigen Dutzend meist veralteten Doppeldeckern. Das allerschlimmste dabei ist, daß die Geschütze der schwersten Kaliber dem jetzigen Angreifer nichts antun können: Sie sind nur auf See gerichtet, und die Japaner kommen von Land her aus dem Dschungel.

Winston Churchill hat am 29. Januar durch ein Telegramm von Gen. Wavell, dem Oberbefehlshaber in Südostasien, die entscheidende Nachricht erhalten, daß Singapur in Wirklichkeit nicht verteidigt werden kann.

Am Sonntag, dem 1. Februar 1942, schließt sich der Belagerungsring um Singapur noch enger. »Das wäre unverantwortlicher Verrat...«, telegrafiert der Premierminister

Die schweren Geschütze der Festung Singapur sollen die strategisch wichtige Stadt vor den Angreifern schützen. Ihr entscheidender Fehler: Sie können nur in Richtung See schießen. Doch die Japaner greifen von der Landseite her an!

Australiens, John Curtin, an Churchill, als er von der Absicht erfährt, Singapur zu räumen. Nun sendet London den Befehl zur Verteidigung Singapurs und betont darin ausdrücklich, daß eine Übergabe nicht in Frage komme und die Garnison notfalls mit der Stadt untergehen müsse.

Die Befehlsgewalt über die Insel und Festung obliegt Lt. Gen. Arthur E. Percival, einem erfahrenen Kolonialoffizier. Ihm untersteht das abgekämpfte III. Korps (Maj. Gen. Heath), das sich aus der britischen 18. Division (Maj. Gen. Beckwith-Smith), deren Gros am Vortag die Festung erreicht hat, und der britisch-indischen 11. Division (Maj. Gen. Key) zusammensetzt. Das III. Korps verteidigt die Nordküste der Insel bis zum Damm, ohne diesen einzuschließen. Hier steht die australische 8. Division (Maj. Gen. Gordon Bennett), verstärkt durch die indische 44. Brigade, die sich aus jungen und nur teilweise ausgebildeten Truppen zusammensetzt.

Die Verteidigung der Südküste wird von den Festungsmannschaften, zwei malakkischen Infanteriebrigaden und der Freiwilligentruppe unter Maj. Gen. Simmons übernommen.

1942 Februar

Ein japanisches MG in Stellung: »Die kühne und geschickte japanische Taktik« demoralisiert die Verteidiger von Singapur restlos

Der japanische General Takaishi Sakai, Eroberer von Hongkong

Der japanische General Tomoyoku Yamashita

Das Kriegsministerium zählt zwar auf dem Papier immer noch 106000 Mann, mitgerechnet Etappen-, Verwaltungs- und nicht kämpfende Einheiten, davon stehen aber schätzungsweise nur 70000 Soldaten unter Waffen. Ständige Befestigungen an der angriffsbedrohten Front existieren nicht. Und selbst die schweren Geschütze der Küstenbefestigung, die im Notfall auch nach Norden schießen können, richten gegen die sich im Dschungel zum Sturm vorbereitenden Japaner wenig aus: Zur Vernichtung von Seezielen vorgesehen, sind sie ausschließlich mit panzerbrechender Munition ausgestattet. Nur ein einziger Flugplatz ist noch übriggeblieben, und eine einzige Jagdfliegerstaffel soll die rollenden Angriffe der japanischen Bomber abwehren.

Der Kampfgeist der Soldaten ist nach dem wochenlangen Rückzug und den verlustreichen schweren Kämpfen auf der Halbinsel völlig geschwunden.

In der Nacht des 8. Februar 1942 gelingt es der japanischen 5. und 18. Division der Invasionsarmee (GenLt. Tomoyoku Yamashita) nach intensiver Artillerievorbereitung, westlich des Flusses Kranji die schmale Meerenge Johore zwischen der Insel Singapur und dem Festland zu überqueren. Der Übergang findet an einer Stelle statt, wo die Meerenge nur gut einen Kilometer breit und bei Ebbe etwa 1,20 Meter tief ist. Gepanzerte Landefahrzeuge, die von den Japanern quer über die malayische Halbinsel unter größten Mühen durch den Dschungel bis hierher geschafft worden sind, bringen die ersten Angriffswellen an Land.

Februar 1942

»Dieser Schuh wird ganz schön drücken« – eine Karikatur vom Februar 1942

Erst nach der Landung japanischer Truppen auf der malaiischen Halbinsel werden rings um Singapur behelfsmäßige Küstenverteidigungsstellungen gebaut

Ab Januar 1942 greifen die japanischen Bomber immer öfter den Hafen und die Stadt Singapur an

1942 Februar

Manche Japaner schwimmen sogar in ihrer vollen Kampfausrüstung mit Gewehr und Munition über die Meerenge.

Dieser Küstenabschnitt wird lediglich von drei Bataillonen der australischen 22. Infanteriebrigade gehalten. Da die Küstenscheinwerfer nicht eingesetzt werden, die Nachrichtenverbindungen durch das japanische Feuer ausgefallen sind und die eigene Artillerie nur schleppend mit dem geplanten Sperrfeuer beginnt, können die meisten japanischen Truppen fast ungehindert landen.

Bis zum Sonnenaufgang sind 13 000 Japaner gelandet und haben einen 15 Kilometer breiten Brückenkopf gebildet. Die australische Infanterie zieht sich auf Stellungen landeinwärts zurück. Bis zum Mittag sind es schon 20 000 Japaner, die sich im nordwestlichen Teil der Insel sofort verschanzen. Mit einer dritten Division, die später landet, wächst die Stärke der sich bereits auf der Insel befindenden Japaner auf über 30 000 Mann. Zwar stehen dicht dahinter noch zwei weitere Divisionen auf dem Festland, aber zahlenmäßig sind die Verteidiger auf der Insel zur Stunde mehr als stark genug, um die japanische Invasion zurückschlagen zu können.

Am Abend greifen die Japaner die Front der australischen 27. Brigade im Raum zwischen der Kranji-Mündung und dem ostwärts davon liegenden Eisenbahndamm an. Außer den Eisenbahngleisen führt auch noch die für die Versorgung Singapurs wichtige Pipeline von Gunong Pulai über den Damm und überquert gemeinsam mit der Trasse die Meerenge der Straße von Johore. Als es dem Feind wiederum gelingt, Fuß zu fassen, entsteht zwischen der Brigade und der Kranji-Jurong-Linie eine erhebliche Lücke. Die zwei von Westen her auf diese Linie zurückgehenden Brigaden verfehlen die ihnen anbefohlenen Haltepunkte. Bevor sie zurückbeordert werden können, haben die Japaner die Enge bereits passiert.

Am Dienstag, dem 10. Februar 1942, bereiten sich die Truppen Yamashitas darauf vor, die Mitte der Insel zu stürmen. Wie in einem Samurai-Ritual wechseln Offiziere und Soldaten das erstemal seit Beginn des Feldzuges ihre Wäsche. Sie weinen gerührt und voller Stolz, daß es ihnen gegeben ist, die sagenumwobene Insel zu erobern.

Am Mittwoch, dem 11. Februar 1942, dauern den ganzen Tag über an der gesamten Frontlinie schwere Kämpfe an. Der Damm wird auf der Festlandseite von britischen Räumkommandos auf etwa 50 Meter Länge gesprengt. Die Deckungstruppen sind noch nicht zurückgezogen, als japanische Pioniere ihn bereits wieder instandgesetzt haben. Eine Elitetruppe der zur Kaiserlichen Garde gehörenden Division überschreitet als erste den Damm und rückt noch in der Nacht bis zum Dorf Nee Soon vor. Die letzte Verteidigungslinie ist nun in den Händen der Japaner.

»Eine Unglücksnacht«, verzeichnet der britische Heeresbericht. Die Riesengeschütze, die die Festung unbezwingbar machen sollten, jagen britische Pioniere jetzt in die Luft. Sie haben nicht einen einzigen Schuß abgefeuert.

»Schlacht um Singapur entwickelt sich schlecht. Die Japaner kommen mit ihrer üblichen Infiltrationstaktik im Westen der Insel viel schneller voran, als anzunehmen war«, telegrafiert Gen. Wavell an Churchill. Der Oberbefehlshaber liegt zur Stunde in einem Lazarett. Er ist nach einer Inspektion der Garnison beim Verlassen von Singapur unglücklich gestürzt. Wavell: »Das größte Elend liegt in der mangelnden Ausbildung einiger Verstärkungseinheiten und in der Mutlosigkeit, die die kühne und geschickte japanische Taktik und die japanische Luftüberlegenheit verursacht haben.«

Singapur unter Feuer

In der Tat, die heftigen, von Sonnenaufgang bis zur Dämmerung dauernden japanischen Bombenangriffe demoralisieren die Verteidiger restlos. Im Hafen stürmen Deserteure mit der Waffe in der Hand die Evakuierungsschiffe, und in der City werden Geschäfte geplündert. Ganze Straßenzüge stehen in Flammen, faulende Leichen verpesten die Luft. Lt. Gen. Percival läßt die Alkoholvorräte vernichten und Whisky, Gin, Raki und Wein, insgesamt 25 Millionen Liter, in die Kanäle schütten. Vom Himmel rieseln japanische Flugblätter, die die Bevölkerung zu einer Revolte gegen die britischen Kolonialherren aufrufen.

In flammenden Appellen bekunden Churchill und seine militärischen Berater, daß die Schlacht »unter allen Umständen bis zum bitteren Ende ausgekämpft werden soll«. Die Offiziere sollen »zum höheren Ruhm des britischen Empire mit ihren Truppen sterben«. Die Taktik der verbrannten Erde soll angewendet werden, um alles zu zerstören, was für den Angreifer von Nutzen sein könnte, »ohne Schonung der Truppen oder Rücksicht auf die Bevölkerung«. Doch der Kampfgeist der Soldaten wird durch den Anblick schwarzer Rauchwolken aus brennenden Öltanks nicht gestärkt.

Am Donnerstag, dem 12. Februar 1942, geht das III. Korps (Maj. Gen. Heath) auf eine Linie zurück, die von der Bukit-Timah-Straße zu den beiden von der 53. Division gehaltenen Wasserreservoiren und von da bis zu den Dörfern Baya Lebar und Kallang verläuft. Auch die Festungstruppen vom Vorgebirge Changi müssen sich hinter diese Linie zurückziehen.

Am Freitag, dem 13. Februar 1942, erlebt der Hafen von Singapur ein wahrhaft dantesches Inferno: Es beginnt die panikartige Evakuierung von etwa 3000 als amtlich bezeichneten Personen nach Java. Die Einschiffungserlaubnis bekommen nur Spezialisten, Techniker, überzählige Stabsoffiziere und Krankenpflegerinnen. Mit ihnen schiffen sich samt ihren Stäben auch Air Vice Marshal Pulford und Rear Adm. Spooner, die bisherigen Befehlshaber der Luft- und Flottenstreitkräfte der Festung, ein. Es soll ihre letzte Reise sein: Die Evakuierungsschiffe stoßen auf einen japanischen Flottenverband und werden eines nach dem anderen versenkt oder aufgebracht.

Februar 1942

Haiti: Briefmarke aus dem Jahre 1942

Da sich die japanischen Truppen in Eilmärschen durch den malaiischen Dschungel Singapur nähern, werden britische Beamte und Offiziere mit Frauen und Kindern evakuiert

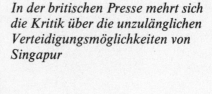

In der britischen Presse mehrt sich die Kritik über die unzulänglichen Verteidigungsmöglichkeiten von Singapur

Die Artilleriegeschosse der Japaner legen ganze Stadtviertel in Trümmer

713

1942 Februar

Ein britischer Parlamentär erscheint vor den Stellungen der Japaner

Im Hauptquartier der Japaner: General Yamashita im Gespräch mit General Percival (mit dem Rücken zur Kamera)

Mit weißer Fahne und dem Union Jack müssen die Verteidiger von Singapur zur Kapitulationsunterzeichnung gehen. Rechts General Percival

An diesem Tag funkt Percival an Wavell: »Feind steht jetzt nur noch 5000 Meter von der Meeresfront. Ganz Singapur-City liegt im Schußbereich seiner Feldartillerie. Auch stehen wir in Gefahr, von den Wasser- und Lebensmittelvorräten abgeschnitten zu werden. Alle bereits eingesetzten Einheiten sind nach Ansicht der Befehlshaber zu erschöpft, um schwere Angriffe abzuwehren oder selbst Gegenangriffe zu führen... In einem Umkreis von 5 Kilometern befindet sich jetzt eine Million Menschen.

Februar 1942

»Die Garnison von Singapur gibt auf«– meldet das Massenblatt »Daily Mail« am 16. 2. 1942

Wasserleitungen arg beschädigt, dürften kaum noch über 24 Stunden betriebsfähig bleiben. In den Straßen viele Tote, deren Beerdigung unmöglich. Es droht völliger Wassermangel, der zu Seuchen führen muß.«

Die Antwort von Gen. Wavell läßt nicht auf sich warten: »Sie müssen weiterhin wie bisher den Kampf bis zum Ende durchstehen. Nachdem aber das Menschenmögliche getan ist, mag es ein paar beherzten Leuten immer noch gelingen, auf Kleinfahrzeugen zu entkommen und sich durch die Inseln hindurch nach Süden und Sumatra durchzuschlagen...«

Am Sonnabend, dem 14. Februar 1942, toben erbitterte Häuserkämpfe in den südlichen Vororten beiderseits der Bukit-Timah-Straße.

Die britischen Truppen werden nun auf die letzte Linie zurückgedrängt. In der City von Singapur gehorcht die Bevölkerung nicht mehr den Anordnungen der Behörden. Der Zusammenbruch der Wasserversorgung steht bevor. Weil die Japaner die meisten Depots erobert haben, werden Verpflegung und Munition für die Truppen immer knapper.

Die Stunde der Entscheidung

Die Hafenanlagen, Docks, die restlichen Geschütze und Munitionsdepots werden von den Sprengtrupps zerstört. Unterdessen funkt Gen. Wavell von seinem Krankenbett aus an Lt. Gen. Percival: »Sie müssen fortfahren, dem Feind so lange wie möglich allergrößten Schaden zuzufügen, notfalls im Kampf von Haus zu Haus. Es mag wesentlichen Einfluß auf andere Kriegsschauplätze haben, wenn Sie den Feind binden und ihm Verluste zufügen. Verstehe Ihre Lage gut, aber Fortsetzung der Kampfhandlungen von größter Bedeutung.«

Am Sonntag, dem 15. Februar 1942, genau eine Woche nach der japanischen Landung, ist es soweit: Die Verteidiger von Singapur, in den an der Südküste von Singapur gelegenen Stadtrand zurückgedrängt, sind am Ende ihrer Kräfte angelangt. Churchill und Gen. Wavell stellen dem Kommandanten Singapurs frei, wann er den Kampf aufgeben will. Lt. Gen. Percival entschließt sich zur Kapitulation und funkt an Gen. Wavell: »Nach den großen Verlusten durch Feindeinwirkung sind Munition, Proviant, Wasser und Benzin so gut wie nicht mehr vorhanden. Kann daher den Kampf nicht länger fortsetzen.«

Maj. Wilde soll mit einer in Eile aus Tischtüchern angefertigten weißen Fahne dem Feind den Kapitulationsvorschlag überbringen.

Das japanische Oberkommando hat übrigens damit gerechnet, daß die Kämpfe mindestens einen ganzen Monat dauern werden, um die Festung zu bezwingen. Auf ausdrückliches Verlangen Yamashitas soll Percival bei Übergabe neben der weißen auch die britische Fahne tragen. Der Eroberer von Singapur will nämlich das Foto, das dabei gemacht wird, als Symbol der endgültigen Niederlage des weißen Mannes in die Geschichte eingehen lassen. Um 20.30 Uhr werden die Feindseligkeiten eingestellt.

Damit ist die Niederlage auf Malaya vollständig. Die japanischen Verluste während der gesamten Kampagne: 9824 Gefallene. Dagegen die britischen Verluste: 138 708 Tote, Verwundete und Gefangene, dazu unübersehbare Mengen an Kriegsmaterial. Churchill bezeichnet den Fall Singapurs als größtes Unglück, das jemals die britische Armee getroffen hat.

1942 Februar

Die Repressalien der japanischen Besatzungsmacht schrecken Tausende von Chinesen auf. Viele von ihnen flüchten in die noch freien Provinzen

Zwei australische Briefmarken aus dem Jahre 1942. Links König Georg VI.

Der Name Singapur wird in Shonan (jap.: Licht des Südens) umgeändert. In der britischen Geschichtsschreibung heißt es, für die unzureichende Verteidigung von Singapur und Malaya sei in erster Linie Churchill selbst verantwortlich gewesen. Er hat nämlich auf eine vorzeitige Offensive in Nordafrika gedrängt und so die Streitkräfte im Fernen Osten entblößt. Die strategischen Auswirkungen des Falls von Singapur: in schneller Folge die japanische Eroberung von Burma und – begünstigt durch die Vernichtung der alliierten Flotte unter Konteradm. Karel Doorman am 27. Februar 1942 – von Niederländisch-Indien. Sie gelangen dadurch bedrohlich nah an Indien und Australien heran.

März 1942

Als viel verhängnisvoller erweisen sich jedoch die langfristigen Auswirkungen des Falls von Singapur: Die Festung hatte man zum herausragenden Symbol westlicher Macht im Fernen Osten emporstilisiert, doch ihre symbolische Bedeutung war weitaus größer als ihr strategischer Wert.

Die Eroberung dieser »uneinnehmbaren« Festung durch die Japaner innerhalb nur einer Woche erschüttert das europäische Prestige in ganz Asien zutiefst. Der weiße Mann hat damit seine Vormachtstellung verloren. Und gerade diese Erkenntnis seiner Verwundbarkeit soll nach dem Krieg die Asiaten ermutigen, sich gegen die Kolonialherrschaft zu erheben.

Churchill: »Während des Kriegsbrandes erschien es mir unmöglich, eine Königliche Kommission die Umstände, unter denen Singapur fiel, untersuchen zu lassen.«

In Südostasien und im Pazifik setzten die Japaner ihren Vormarsch fort: Am 8. Februar landen sie auf Bali; am 19. Februar wird das australische Port Darwin Ziel eines schweren Luftangriffs, der die Sorge vor einer bevorstehenden Invasion verstärkt; am folgenden Tag besetzen die Japaner Timor.

Am Sonntag, dem 1. März 1942, landen nach dem Scheitern des alliierten Abwehrversuchs japanische Truppen auf Java im Raum Surabaja.

Gut zwei Monate eher als geplant und unter weitaus geringeren Verlusten als erwartet haben die Japaner bis Anfang März 1942 – bereits drei Monate nach dem Überfall auf Pearl Harbor – ganz Malaya und die südlich davon gelegenen Inseln erobert. Auch die Besetzung von Burma bereitet ihnen keine wesentlichen Schwierigkeiten, nachdem sie die burmesische Hauptstadt Rangun eingenommen haben und von dort aus weiter nach Norden vorstoßen. Die Verteidiger von Burma, die den Angreifern weder zahlenmäßig noch in der Ausrüstung gewachsen sind, müssen sich abgekämpft aus Burma nach Indien zurückziehen.

Landung nahe Rangun

Am Freitag, dem 6. März 1942, landen die Japaner auf den burmesischen Inseln, die vor der Hafeneinfahrt von Rangun liegen, und nähern sich nun von Süden her der Hauptstadt. Gen. Alexander und der Gouverneur von Burma, Reginald Dorman-Smith, beschließen, Rangun zu evakuieren. Vorher werden jedoch die Ölraffinerien, die Docks und Munitionsdepots vernichtet. Nach Churchills Auffassung ist der Verlust von Rangun mit einem Verlust von Burma gleichzusetzen. Das Ende des Feldzuges ist für die Japaner, die nicht in die Regenperiode geraten wollen, lediglich eine Zeitfrage.

Nach der Räumung Ranguns durch indische und burmesische Einheiten wird die Stadt am 7. März von den Japanern besetzt. Kurz danach treffen die japanische 15. und 18. Infanteriedivision auf dem Seeweg in Malaya ein. Um die guten Beziehungen zwischen Großbritannien und China zu unterstreichen, überschreiten zur gleichen Zeit zwei chinesische Armeen mit rund 30 000 Mann die Grenze zu Burma.

Im Anschluß an die Landung von Abteilungen des japanischen »Südsee-Detachements« auf Neuguinea entwickeln sich erbitterte Landkämpfe, und bei Luftangriffen von amerikanischen Trägerflugzeugen hat die japanische Landungsflotte Verluste zu verzeichnen.

Nachdem am 8. März 1942 die niederländischen Truppen auf Java kapituliert haben, ist ein wesentlicher Teil der strategischen Planung der Japaner zur Sicherung ihrer Rohstoffversorgung gelungen. Niederländisch-Indien befindet sich in ihrer Hand.

Der bisherige Befehlshaber der US-philippinischen Verbände, Gen. MacArthur, wird am 17. März 1942 zum Oberbefehlshaber der Alliierten im Südwestpazifik ernannt. Er verläßt seine Truppen auf Bataan mit den Worten: »Ich schwöre es, ich komme wieder.« Die hoffnungslose Verteidigung der Halbinsel wird unter dem Befehl Gen. Wainwrights fortgesetzt.

Die aus den drei besten Divisionen Kuomintang-Chinas gebildete 5. Armee übernimmt am Donnerstag, dem 19. März 1942, die Verteidigung des Flußtals Sittang im Raum Toungou, etwa 250 Kilometer nördlich von Rangun, während die chinesische 6. Armee, ebenfalls in Stärke von drei Divisionen, das Flußtal des Salween und die von Burma nach China führende Straße schützt.

Der britische General William J. Slim und Mahatma Gandhi, 1942 einer der Führer der indischen Kongreß-Partei

Vereinigte Staaten von Amerika 1942: Kriegspropagandamarke

1942 März

Amerikanische Bomber vom Typ Martin 139 W-H2 der Niederländisch-Ostindischen Luftstreitkräfte. Diese veralteten Maschinen sind die einzigen verfügbaren Bomber, die im Februar 1942 gegen die Japaner eingesetzt werden können

Philippinen, Frühjahr 1942: Siegesfeier in einer von japanischen Soldaten besetzten Ortschaft

April 1942

Den Befehl über beide chinesische Armeen erhält der amerikanische Lt. Gen. Joseph Stilwell, bisher Stabschef bei Tschiang Kai-schek. Aus der 1. burmesischen und der 17. indischen Infanteriedivision wird unter dem Kommando des britischen Lt. Gen. William Slim das I. Korps gebildet. Es hat, in das Erdölgebiet von Yenangyang verlegt, die Aufgabe, Vorbereitungen zur Verteidigung der Stadt Prome zu treffen.

Japanische Verbände landen am 23. März 1942 auf den Andamanen und besetzen damit den westlichsten Posten im Indischen Ozean, der im Kriegsverlauf in japanische Hand fällt.

In Neu-Delhi nimmt unterdessen der Labour-Politiker Sir Stafford Cripps im Auftrag der britischen Regierung Verhandlungen mit den Führern der Kongreß-Partei (Gandhi und Nehru) auf, um ihre Unterstützung für die Verteidigung des bedroht erscheinenden Subkontinents zu gewinnen. Da die indischen Forderungen, die auf ein Ende der britischen Kolonialherrschaft abzielen, in London keine ausreichende Resonanz finden, sind die Unterredungen zum Scheitern verurteilt.

Kampf auf den Philippinen

Am Mittwoch, dem 8. April 1942, müssen auf der Halbinsel Bataan die amerikanischen und philippinischen Streitkräfte (Gen. Wainwright) vor den Japanern kapitulieren. Nur die Eliteeinheit Philippine Scouts und das Marinepersonal können in letzter Minute auf die Insel Corregidor evakuiert werden.

Am darauffolgenden Tag überfallen die Japaner die philippinische Insel Cebu. Es gelingt ihnen, die dort stationierten einheimischen und US-Truppen nach zwei Tagen zur Kapitulation zu zwingen.

Nach dem ersten Luftangriff amerikanischer Bomber auf das japanische Mutterland am 18. April 1942 tritt jetzt Feldm. Hajimo Sugiyama mit zwei Armeen zu einer großen Offensive gegen China an und erobert nach wochenlangen schweren Kämpfen schließlich alle Flugplätze, die für eine Landung der US-Maschinen in Betracht kämen. Auch das seit Wochen von Adm. Yamamoto geforderte Unternehmen zur Eroberung der Midway-Inseln gewinnt noch mehr an Bedeutung. Eine weit nach Osten reichende Luftaufklärung soll die japanischen Inseln sichern.

Am Mittwoch, dem 29. April 1942, bereiten die Japaner ihre Landung auf der Insel Corregidor vor und verstärken den Beschuß. Der größte Teil der amerikanischen Batterien verstummt. Die Versuche der amerikanischen und philippinischen Soldaten, die Schutzräume zu verlassen und die nicht beschädigten Geschütze zu besetzen, enden im gegnerischen Feuer und fordern viele Opfer.

Am selben Tag erobert in Burma die durch ein Panzerregiment verstärkte japanische 56. Infanteriedivision die Stadt Lashio. Danach stoßen die Japaner nach Mandalay vor, so daß die alliierten Truppen südlich der Stadt mit einer Einkesselung rechnen müssen. Gen. Alexander sieht ein, daß eine weitere Verteidigung von Burma hoffnungslos ist. Viele burmesische Soldaten desertieren und laufen zu den Japanern über. In dieser Situation sind die Engländer gezwungen, das Erdölgebiet in Yenangyang, das auf halbem Weg zwischen den Städten Prome und Mandalay liegt, aufzugeben.

Über 5000 Bohrtürme fördern hier Erdöl, das in drei Raffinerien verarbeitet wird. Hier steht auch das größte Elektrizitätswerk von Burma. Die Reste der burmesischen 1. und der hindustanischen 17. Infanteriedivision ziehen sich zusammen mit Gen. Alexander durch das Flußtal Tschindwin in Richtung Kalew und weiter nach Westen bis Indien zurück.

Die von der japanischen Regierung in den besetzten Gebieten Asiens herausgebrachten Geldscheine

Der japanische General Masaharu Homma

1942 April

Über eine provisorische Hängebrücke ziehen sich die chinesischen Nationaltruppen vor den nachdrängenden Japanern zurück

Der Fall von Burma

Mit der Besetzung von Lashio haben die Japaner auch die Burmastraße, die bisherige Hauptnachschublinie für Tschiang Kai-schek, durchschnitten. Dies veranlaßt die Alliierten dazu, eine Luftbrücke von Assam nach Kunming (China) einzurichten, um auf diese Weise wenigstens notdürftig sowohl die Truppen von Tschiang Kai-schek als auch die eigenen Stützpunkte mit Nachschub zu versorgen. In den folgenden drei Jahren transportieren aus dieser 884 Kilometer langen Strecke (»Hump-Route«) quer über den Himalaja Maschinen vom Typ Douglas C 47 »Dakota« Tag und Nacht Nachschubmaterial und Soldaten.

Am Mittwoch, dem 6. Mai 1942, führt auf den Philippinen der Einsatz japanischer Fallschirmjäger (Gen. Homma) zur Kapitulation des letzten amerikanischen Widerstandsnestes, der befestigten Felseninsel Corregidor. Zu den 11574 durch Hunger und Malaria völlig erschöpften Gefangenen gehört auch US-Gen. Wainwright, der Nachfolger von Gen. MacArthur. Den später als »Todesmarsch von Bataan« bezeichneten Weg in die Gefangenschaft überleben nur wenige der Verteidiger von Corregidor.

Bis zum 17. Mai 1942 erreichen die Reste der Commonwealth-Truppen in Burma und mehr als 500000 hindustanische Flüchtlinge nach einem 1445 Kilometer langen strapaziösen Marsch durch Dschungel und unwegsames Gebirge die indische Grenze.

Mit der Eroberung von Burma haben die Japaner China von den alliierten Hilfslieferungen abgeschnitten, und man befürchtet in Großbritannien, daß China dadurch gezwungen sein wird, einen separaten Frieden mit Japan zu schließen. Eine Wiederaufnahme der Landverbindung zwischen Indien und China ist von der Befreiung Burmas abhängig. Die einzige Möglichkeit, Versorgungsgüter für die chinesische Armee zu liefern, ist der Luftweg von den hindustanischen Flughäfen der Provinz Assam über den Himalaja nach Kunming im Süden Chinas. Erstaunlicherweise unternehmen die Japaner keinen ernsthaften Versuch, diese Versorgungsluftbrücke zu unterbrechen.

Der bewaffnete Konflikt zwischen China und Japan ist nicht mit dem Krieg in Europa zu vergleichen, denn die chinesische Armee ist keine mit modernen Waffen ausgerüstete Streitmacht. Außerdem bekämpfen sich gerade zu dieser Zeit in verschiedenen Landesteilen die nationalchi-

August 1942

nesischen Truppen des Kuomintang und die chinesischen Revolutionsbrigaden. Die Japaner beschränken sich daher lediglich auf einzelne Aktionen, um die Reisernte einzubringen und Partisanengruppen zu bekämpfen. An manchen Frontabschnitten kommt es sogar monatelang zu keinen Kampfhandlungen.

Am Freitag, dem 7. August 1942, beginnt mit der überraschenden Landung von 11 000 Soldaten des US-Marinekorps auf Guadalcanal die Operation »Watchtower«. Dieses amphibische Unternehmen auf der zweitgrößten Salomoneninsel, die seit Mai 1942 von den Japanern besetzt ist, bildet den Auftakt der neuen amerikanischen Strategie des »Island hopping« (Inselspringen) mit Flugzeugträgern als jeweiliger Operationsbasis. Auf diese Weise können die Amerikaner nach und nach den Japanern die Pazifikinseln wieder entreißen. Der sechs Monate dauernde Kampf um Guadalcanal zählt zu den blutigsten des Zweiten Weltkrieges. In Unterschätzung der amerikanischen Stärke haben die Japaner anfangs nur relativ schwache Kräfte gegen die US-Landungstruppen eingesetzt.

Am Sonnabend, dem 8. August 1942, gelingt es Einheiten des US-Marinekorps, den noch im Bau befindlichen Flugplatz von Guadalcanal einzunehmen. Er erhält zu Ehren eines bei Midway gefallenen US-Fliegeroffiziers den Namen »Henderson Field«. Zwar bleibt der um die Startbahn herum gebildete Landekopf der Amerikaner ständigen Angriffen japanischer Infanteristen aus dem Dschungel ausgesetzt, doch hat die Einnahme dieses Flugplatzes die Voraussetzung dafür geschaffen, über Guadalcanal die Luftherrschaft zu erringen. Ohne den Besitz von »Henderson Field« wäre eine regelmäßige und ausreichende Versorgung der auf der Insel kämpfenden Marine-Infanteristen unmöglich.

Am selben Tag werden US-Schiffe mit Nachschub für Guadalcanal von 26 japanischen Trägerflugzeugen angegriffen. Nicht weniger als 17 dieser Flugzeuge gehen dabei durch Flak- und Jäger-Beschuß verloren. Treffer in ihren Maschinen hindern die Piloten von zwei japanischen Stukas Aichi D3A »Val« nicht daran, sich mit ihrer gesamten Bombenlast gezielt auf den amerikanischen Transporter »G. F. Elliott« (8378 BRT) zu stürzen, der dabei in Brand gerät und schließlich aufgegeben werden muß. Dies ist der erste von japanischen Fliegern unternommene Kamikaze-Einsatz (Selbstmordangriff).

Am Sonnabend, dem 15. August 1942, schaffen es die US-Schnelltransporter »Colhoun«, »Gregory«, »Little« und »McKean« zum erstenmal, die auf Guadalcanal kämpfenden Marine-Infanteristen mit Nachschub zu versorgen.

Durch die als »Tokio-Expreß« bezeichneten nächtlichen Zerstörer-Einsätze gelingt es den Japanern im Laufe des Monats September 1942, nahezu eine komplette Division auf Guadalcanal an Land zu setzen. Daher sehen sich die Amerikaner gezwungen, ihre Truppen auf Guadalcanal ebenfalls zu verstärken. Um dies wiederum zu verhindern, operieren vor der Insel ständig 12 japanische U-Boote.

Ein chinesisches Mädchen auf der Flucht vor japanischen Truppen

Vor Guadalcanal, 8. 8. 1942: Flakgeschütze eines US-Kreuzers eröffnen das Feuer auf japanische Sturzkampfbomber

LANDUNG AUF MADA-GAS-KAR

ENGLANDS ERSTER ERFOLG

Um den Achsenmächten vorzugreifen, besetzen die Engländer nach heftigen Kämpfen mit den Franzosen die Insel Madagaskar

Mehrere britische Transporter verlassen am 23. März 1942 den schottischen Flottenstützpunkt Clyde mit Kurs auf Madagaskar, das noch zum Kolonialbereich Vichy-Frankreichs gehört. Zu dieser Operation »Ironclad«, die auf die Besetzung Madagaskars abzielt, sieht sich Churchill veranlaßt, weil er befürchtet, diese Insel könnte nach den japanischen Erfolgen im Indischen Ozean zu einem Stützpunkt der Achsenmächte werden.

Bereits im Februar 1942 hat der britische Generalstab, nachdem Malaya, die Philippinen, Indonesien sowie Burma, Indien und Australien von den Japanern bedroht werden, einen Plan ausgearbeitet, um wenigstens Madagaskar rechtzeitig vor den Achsentruppen zu sichern. Die Engländer sind der festen Ansicht, daß diese strategisch wichtige Insel – würde man sie nur der Verwaltung von Vichy-Frankreich überlassen – auch den Japanern in die Hände fallen könnte.

Madagaskar, die drittgrößte Insel der Welt, hat 3 798 000 Einwohner, darunter 25 000 Franzosen, und verfügt über mehr Gesamtfläche als Frankreich. Der Inselgouverneur, M. Annet, ist zwar Vichy-freundlich eingestellt, doch kommt den Alliierten Mitte Februar 1942 zu Ohren, daß er bereit sei, den Japanern zu gestatten, Stützpunkte auf der Insel einzurichten.

Mr. Haye, der französische Gesandte in Washington, gibt bekannt, daß seine Regierung fest entschlossen sei, die Insel Madagaskar gegen jeden feindlichen Überfall zu schützen. Auch der amerikanische Botschafter in Vichy, Adm. Leahy, wird in ähnlicher Weise von Marschall Pétain unterrichtet. Der strategische Wert von Madagaskar ist offensichtlich: Mit Diego Suarez besitzt es einen der besten Häfen der Welt und einen befestigten Marinestützpunkt. Die Insel liegt genau auf dem Seeweg der Alliierten nach Ägypten, Indien, China und der Sowjetunion (über den Iran).

Sollte Madagaskar in japanische Hände geraten, würde dies eine ständig wachsende Gefahr sowohl für Südafrika als auch für Indien darstellen. Angesichts der japanischen Bedrohung dieser Insel äußert Churchill: »Während die Truppen auf See waren, muß ich ihnen sagen, daß ich jedesmal einen Schauer fühlte, wenn ich das

Raum Andriba. Britische Offiziere erkunden von einem ausgetrockneten Flußbett aus den geeignetsten Weg für den Marsch auf die Hauptstadt von Madagaskar. Im Hintergrund eine von französischen Truppen gesprengte Eisenbahnbrücke

723

1942 Mai

Diego Suarez, 5. 5. 1942: Die erste Landungswelle der britischen Truppen auf Madagaskar

Die späteren Landungen auf Madagaskar werden sorgfältig vorbereitet. Hier nähern sich die Landungsboote unter dem Schutz des künstlichen Nebels der Küste

Wort ›Madagaskar‹ in den Zeitungen las. Alle diese Artikel mit Diagrammen und Karten, die aufzeigten, wie wichtig es für uns war, Madagaskar zu erobern und den Japanern zuvorzukommen und somit für immer die ersten zu sein, wie sie sagten, erfüllten mich mit Besorgnis...«

Am Montag, dem 4. Mai 1942, treffen an der Nordküste von Madagaskar britische Truppentransporter ein, die sechs Wochen zuvor aus dem schottischen Hafen Clyde zur Operation »Ironclad« ausgelaufen sind. Zu dem aus

Mai 1942

In manchen Abschnitten kommt es im Dschungel zu erbitterten Kämpfen mit den Franzosen

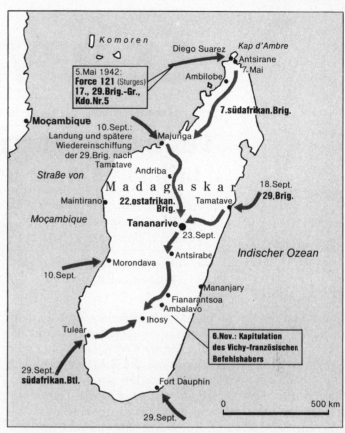

Die Lage auf Madagaskar zwischen Mai und November 1942

34 Schiffen bestehenden Flottenverband gehören außer den neun Transportern ein Kreuzer, vier Zerstörer, sechs Korvetten, sechs Minensucher, ein Tanker und sieben Landungsschiffe. Als Sicherungsgruppe begleiten den Verband das Schlachtschiff »Ramillies« (Konteradm. Syfret, Leiter der Operation), die Flugzeugträger »Illustrious« und »Indomitable« sowie ein Kreuzer und sieben Zerstörer. Die Landungstruppen sind Gen. Sturges unterstellt, der mit seinen nicht für amphibische Operationen ausgebildeten Soldaten den französischen Marinestützpunkt Diego Suarez, die Festung Antsirane und den nur durch eine enge Zufahrt zugänglichen Hafen besetzen soll.

...»bis zum letzten verteidigt«

Am Dienstag, dem 5. Mai 1942, überraschen die Engländer morgens um 4.30 Uhr die französischen Streitkräfte auf Madagaskar durch ihre Landung in der Courrier-Bucht. Von hier aus wollen sie gegen das von nur etwa 4000 Soldaten, darunter 800 Europäern, verteidigte Diego Suarez vorstoßen und von der Landseite her angreifen.

Den Kern der Landungstruppen bilden die Royal-Welsh-Füsiliere, die sich der 30 Kilometer entfernten Stadt mit einem kleinen gepanzerten Fahrzeug und auf Motorrädern nähern. Einen französischen Marineoffizier, der ihnen mit drei Unteroffizieren in einem Auto begegnet, halten sie an und übergeben ihm einen für das

USA 1942: Gedenkausgaben zur 150-Jahr-Feier des Staates Kentucky und zur Erinnerung an den fünfjährigen Widerstand des chinesischen Volkes gegen die Japaner

1942 Mai

»Britische Truppen greifen den Marinestützpunkt von Diego Suarez an« – meldet die Presse in Frankreich am 6. 5. 1942

Hauptquartier von Madagaskar bestimmten Brief, in dem zur bedingungslosen Kapitulation aufgefordert wird.

Der Vichy-treue Befehlshaber, Col. Claerebout, gibt wenig später über den Rundfunk die Erklärung ab, daß Diego Suarez – getreu der Tradition der französischen Streitkräfte – bis zum letzten verteidigt werde. Daraufhin starten um 5.10 Uhr britische Trägerflugzeuge zum Angriff auf den Hafen Diego Suarez und die umliegenden Luftstützpunkte. Über Diego Suarez gehen nicht nur Bomben nieder, sondern auch Tausende von Flugblättern, mit denen die Verteidiger nochmals zur bedingungslosen Kapitulation aufgefordert werden.

Opfer dieses Bombardements sind der im Hafen liegende französische Hilfskreuzer »Bougainville« sowie das U-Boot »Béveziers«. Alle französischen Flugzeuge werden bereits am Boden zerstört, ehe sie die Möglichkeit haben zu starten. Nur das Kanonenboot »D'Entrecasteaux« kann sich vor den englischen Torpedos in Sicherheit bringen.

Durch die unvorhergesehene starke Verminung der Courrier-Bucht und die damit verbundenen Räumungsarbeiten verzögert sich das Landungsunternehmen, noch dazu als gegen Mittag die Korvette »Auricula« (Lt. Cdr. Maybury) auf eine Mine läuft und sinkt. Erst nach Mitternacht gelingt es den britischen Truppen, die französische Verteidigungslinie zu durchbrechen und in Richtung Antsirane vorzustoßen.

Nachdem am Mittwoch, dem 6. Mai 1942, der britische Zerstörer »Antony« bei Antsirane Marine-Infanteristen an Land gesetzt hat, treffen sie auf heftigen französischen Widerstand, an dem sich auch die Besatzungen der versenkten französischen Schiffe beteiligen und der erst nach mehrstündigem Kampf zusammenbricht. Unter den rund 4000 französischen Gefangenen befinden sich mehrere höhere Beamte sowie der Kommandant des Marinedepots. Gleichzeitig gelingt es, etwa 50 englische Gefangene zu befreien. Das zunächst entkommene Kanonenboot »D'Entrecasteaux«, das am Vortag versucht hat, die Landungstruppen unter Beschuß zu nehmen, wird jetzt von Trägerflugzeugen angegriffen und mit Bomben versenkt. Churchill, über die gelungene Operation »Ironclad« erfreut, bezeichnet sie als einen »glänzenden Handstreich«.

In der Nacht vom 6./7. Mai 1942 ist der Kampf um Madagaskar nahezu entschieden. Lediglich die Küstenbatterien am Hafeneingang von Antsirane haben ihr Feuer noch nicht eingestellt. Daher setzt sich Lt. Col. Stockwell in seinen durch eine weiße Fahne gekennzeichneten Jeep, nimmt einen Trompeter und zwei Flaschen Gin mit und fährt so zu dem französischen Kommandanten der Batterien. Wenig später schweigen auch hier die Waffen. Nun ist für Konteradm. Syfret die Stunde gekommen, mit seinem Flottenverband in die Bucht von Diego Suarez einzulaufen. Doch das französische U-Boot »Héros« versucht erneut, die englischen Schiffe zu torpedieren. Einem sofort von der »Illustrious« gestarteten Trägerflugzeug Fairy Swordfish gelingt es, das französische U-Boot zu versenken.

Am 8. Mai 1942 kommt es vor Diego Suarez auf Madagaskar zu einem verwegenen Torpedoangriff des französischen U-Bootes »Monge« auf den englischen Flugzeugträger »Indomitable«, der allerdings scheitert. Das U-Boot wird daraufhin von dem englischen Zerstörer »Active« durch Wasserbomben unschädlich gemacht. Von den dort stationierten französischen Flottenteilen gelingt es nur dem U-Boot »Le Glorieux« und dem Kanonenboot »D'Iberville«, zuerst nach Dakar und dann nach Toulon zu entkommen.

Für die britische Führung ist die Besetzung der Insel Madagaskar dank des Gelingens der Operation »Ironclad« die erfolgreichste militärische Operation seit Kriegsanfang. Churchill sieht darin den seit Monaten dringend erwarteten Erfolg als Bestätigung für die Tüchtigkeit der obersten Kriegsleitung.

Die Verluste bei der Eroberung von Diego Suarez betragen auf englischer Seite 109 Tote und 284 Verwundete, für die Franzosen etwa 200 Tote und 500 Verwundete. Bis nach wechselvollen Kämpfen der Widerstand aller französischen Streitkräfte auf der Insel endgültig gebrochen ist, vergeht allerdings noch ein halbes Jahr.

Dezember 1942

Madagaskar, 19. 10. 1942: Der britische Vormarsch wird bei Antsirane durch Straßenhindernisse gestoppt

Der amerikanische Admiral William D. Leahy, US-Botschafter in Vichy, und der französische General Legentilhomme

Französische Parlamentäre auf dem Weg ins britische Hauptquartier (ganz unten)

Am Freitag, dem 29. Mai 1942, kreist gegen 22.30 Uhr über dem Hafen von Madagaskar, Diego Suarez, ein von dem japanischen U-Boot I-16 (FregKpt. K. Yamada) aufgestiegenes Flugzeug, um die Bucht von Diego Suarez aufzuklären. Wenig später werden von den japanischen Transport-U-Booten I-16 und I-20 Klein-U-Boote ausgesetzt.

In der Nacht vom 30./31. Mai 1942 torpedieren die in die Bucht von Diego Suarez im Norden von Madagaskar eingedrungenen japanischen Klein-U-Boote das englische Schlachtschiff »Ramillies« und den Tanker »British Loyalty« (993 BRT). Daß es den Besatzungen dieser Kleinkampfmittel möglich ist, durch eine ganz enge Zufahrt von nur etwa 0,6 Seemeilen Breite in die geschlossene Bucht einzudringen und ihre Torpedos erfolgreich ins Ziel zu lenken, zeugt von dem bemerkenswerten Ausbildungsniveau dieser japanischen Seeleute.

In den frühen Morgenstunden des 10. September 1942 nehmen die Engländer ihre Operationen wieder auf. Bei Majunga, das nur von wenigen französischen Bataillonen verteidigt wird, setzen die Transporter »Dilwara«, »Dunera« und »Empire Pride« die britische 29. Brigade an Land. Nachdem Majunga erobert ist, trifft die 22. East African Brigade (Brig. Dimoline) ein, die mit Panzerunterstützung gegen die Hauptstadt Antananarivo vordringen soll. Die zahlenmäßig unterlegenen französischen Verteidiger bemühen sich, den britischen Vormarsch in dem unwegsamen Gelände durch Brückensprengungen so lange wie möglich aufzuhalten.

Am Donnerstag, dem 5. November 1942, müssen die Vichy-treuen Truppen auf Madagaskar den Widerstand gegen die gelandeten Engländer endgültig einstellen. Der französische Gouverneur Annet nimmt die Bedingungen an und kapituliert mit dem Rest seiner Truppen.

Am Montag, dem 14. Dezember 1942, treffen der britische Außenminister Eden und Gen. de Gaulle eine Abmachung über die Verwaltung von Madagaskar. Die Administration der Insel geht endgültig in die Hände der »Freien Franzosen« über, und Gen. Legentilhomme wird zum Hohen Kommissar ernannt.

DIE LAGE IMMER BE-DRÜCKENDER

EREIGNISSE IM REICH

An der Schwelle des totalen Krieges · Das Attentat auf Heydrich · Das Massaker von Lidice

Am Sonnabend, dem 10. Januar 1942, gibt Hitler den Erlaß über die für das Jahr 1942 geplante Rüstung heraus: »Neubildung und Auffrischung starker Offensiv-Verbände« bis zum 1. Mai 1942. Rüstung und Schiffsbau der Kriegsmarine werden stark gedrosselt. Das Programm der Luftwaffe soll »zeitweilig zurückgestellt« und die Produktion von Bomben reduziert werden.

Zwei Tage danach verlangt Reichsminister für Bewaffnung und Munition, Ingenieur Fritz Todt, vor dem Großen Beirat der Reichsgruppe Industrie eine stärkere Belastung des ganzen deutschen Volkes.

Unterdessen beschließen in London die Vertreter der Alliierten, nach Beendigung des Krieges die Kriegsverbrecher der Achsenmächte zu verfolgen und zu bestrafen.

Am Sonntag, dem 25. Januar 1942, erläßt Hitler den Geheimbefehl zur Verwaltungs-Vereinfachung: »Einsatz aller verfügbaren Kräfte für die Wehrmacht und die Rüstungsindustrie.«

Am Sonntag, dem 8. Februar 1942, wird der 37jährige Architekt Albert Speer als Nachfolger des bei einem Flugzeugabsturz ums Leben gekommenen Fritz Todt zum Reichsminister für Bewaffnung und Munition ernannt. Speer, der bisherige Generalbauinspekteur für die Reichshauptstadt Berlin, genießt im besonderen Maße das Vertrauen Hitlers und verfügt dadurch über ausreichende Vollmachten, um aus seinem Ministerium eine gut funktionierende zentrale Leitstelle der deutschen Rüstungsproduktion zu machen.

Im Reichsgebiet wird am 7. März 1942 die Verordnung zum »Einsatz zusätzlicher Arbeitskräfte für die Ernährungssicherung des deutschen Volkes« veröffentlicht. Dieser Erlaß ermöglicht den Ortsbauernführern, neben Frauen auch Jugendliche und nicht zum Militär eingezogene Männer zwangszuverpflichten. Um die Ernte zu sichern, können die Hilfskräfte auch aus den Städten auf das Land geschickt werden.

Am Sonntag, dem 15. März 1942, hält Hitler anläßlich des Heldengedenktages eine Rede, in der es unter anderem heißt: »Die bolschewistischen Horden, die die deutschen und verbündeten Soldaten in diesem Winter nicht zu besiegen vermochten, werden von uns in dem kom-

Berlin, 8. 6. 1942: Hitler am Sarg von SS-Obergruppenführer Reinhard Heydrich, dem Chef des Reichssicherheitshauptamtes und stellvertretenden Reichsprotektor von Böhmen und Mähren

1942 März

Robert Ley, Leiter der Deutschen Arbeitsfront

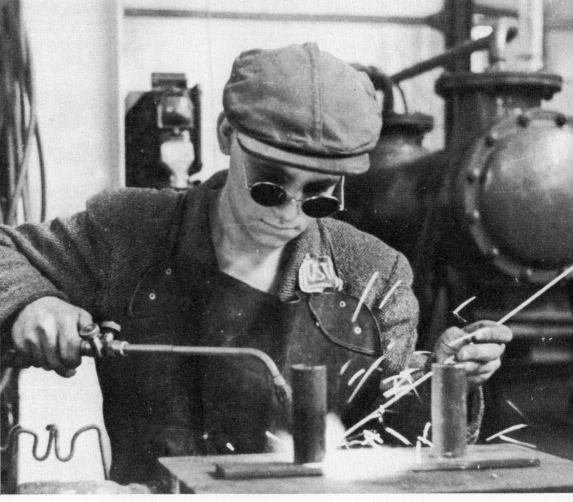

Ein Zwangsarbeiter aus den Ostgebieten in einem deutschen Rüstungsbetrieb

menden Sommer bis zur Vernichtung geschlagen sein.« Ein von Widerständlern geplantes Attentat auf den Diktator mißlingt.

Am Sonnabend, dem 21. März 1942, wird Fritz Sauckel, Gauleiter und Reichsstatthalter von Thüringen und SS-Obergruppenf., zum Generalbevollmächtigten für den Arbeitseinsatz ernannt. Ihm werden wesentliche Bereiche des Arbeitsministeriums unterstellt, dazu in den besetzten Ländern Europas die »Anwerbe-Kommissionen«. Sauckel ist für die Deportation von ausländischen Arbeitskräften zur Zwangsarbeit in Deutschland verantwortlich.

Am Dienstag, dem 31. März 1942, gibt Sauckel als Generalbevollmächtigter für den Arbeitseinsatz die Anordnung, Deportationen aus den Ostgebieten zur Zwangsarbeit in Deutschland zu verdreifachen.

In Deutschland werden vom 6. April 1942 an die Grundnahrungsmittel für Normalverbraucher drastisch gekürzt. Ein Erwachsener erhält künftig pro Woche 2 Kilogramm Brot, 206 Gramm Fett und 300 Gramm Fleisch- und Wurstwaren.

Am Sonntag, dem 26. April 1942, bestätigt der Reichstag Hitler als »Obersten Gerichtsherrn« ohne Bindung an Rechtsnormen.

Am Donnerstag, dem 7. Mai 1942, wird laut Hitlers Erlaß das Wehrwirtschafts- und Rüstungsamt des OKW in zwei Behörden unterteilt: Das Rüstungsamt übernimmt jetzt das Ministerium von Reichsminister Speer, während das Wehrwirtschaftsamt beim OKW verbleibt.

Am Mittwoch, dem 27. Mai 1942, verüben die im englischen Exil ausgebildeten tschechischen Fallschirmagenten Jan Kubiš und Josef Gabčik ein Bombenattentat auf Reinhard Heydrich, den Chef des Reichssicherheitshauptamtes und stellvertretenden Reichsprotektor in Böhmen und Mähren, als er im offenen Wagen zum Hradschin fährt. Heydrich stirbt am 4. Juni 1942 an den Folgen des Attentats.

Am Mittwoch, dem 10. Juni 1942, ist die Vernichtung und das Massaker von Lidice beendet. Obwohl den Einwohnern von Lidice eine Beteiligung am Attentat auf Reinhard Heydrich am 27. Mai 1942 nicht nachgewiesen werden kann, haben Gestapo und SD auf Befehl vom Staatssekretär beim Reichsprotektorat von Böhmen und Mähren, SS-Gruppenf. Karl H. Frank, das bei Kladno westlich von Prag gelegene Arbeiterdorf restlos zerstört. Alle 172 anwesenden männlichen Einwohner über 16 Jahre hat man umgebracht, Frauen und Kinder in KZ-Lager verschleppt. Dort sind 52 Frauen umgekommen, während man die Kinder größtenteils in Lager der SS deportiert oder zum Teil deutschen Familien im Reichsgebiet zur »Eindeutschung« übergeben hat.

Dezember 1942

Reichsminister Albert Speer wird am 8. 2. 1942 Nachfolger des verunglückten Reichsministers für Bewaffnung und Munition, Fritz Todt

Am 18. August meldet in Krakau GenGouv. Dr. Hans Frank den 800 000. polnischen Zwangsarbeiter, der ins Reichsgebiet deportiert worden ist.

Am 18. September 1942 vereinbaren der Präsident des Volksgerichtshofes, Dr. Otto Thierack, und Himmler die Überführung von Häftlingen der Justiz in die KZ-Lager »zur Vernichtung durch Arbeit«. Die Strafsachen von Juden, Zigeunern, Russen, Ukrainern und Polen soll die SS »erledigen«.

Am 20. September 1942 befiehlt Hitler, die Aufstellung einer Flak-Hilfstruppe aus Jugendlichen in die Wege zu leiten. Damit sollen etwa 120 000 Luftwaffensoldaten der Flakbatterien im Reichsgebiet für den Einsatz an der Ostfront freigestellt werden.

Am 3. Oktober 1942 verlangt der Generalbevollmächtigte für den Arbeitseinsatz, F. Sauckel, vom Reichsminister für die besetzten Ostgebiete, A. Rosenberg, weitere 450 000 Zwangsarbeiter für die deutsche Rüstungsindustrie.

Am Dienstag, dem 8. Dezember 1942, ordnet Himmler die Bildung »Großer Sonderkommissionen« gegen Sabotage und »andere politische Gewaltverbrechen« bei allen Gestapo-Leitstellen an.

Am Sonnabend, dem 12. Dezember 1942, erteilt Hitler einen Erlaß über die Rechtsstellung der NSDAP. Damit wird der Parteiapparat über den staatlichen Verwaltungsapparat gestellt.

Am 17. Dezember 1942 wird zwischen der Parteikanzlei und dem Oberbefehlshaber der Luftwaffe ein Abkommen geschlossen, das die NSDAP allein verantwortlich für die Versorgung der Bombengeschädigten macht.

Am Freitag, dem 18. Dezember 1942, wird in einem Rundschreiben der Parteikanzlei die allgemeine Stimmungsverschlechterung unter der Bevölkerung registriert. Bormann verlangt, jeden Zweifel am Sieg »mit massiven Mitteln zum Schweigen« zu bringen.

Am Donnerstag, dem 31. Dezember 1942, wird unter der Leitung von Dr. Goebbels ein interministerieller Ausschuß gegen Luftkriegsschäden gebildet. Der Ausschuß verfügt über motorisierte Hilfszüge zur Versorgung und für Notreparaturen sowie über Lazarettzüge und Warenlager.

DIE MASCHINERIE DES TODES

›ENDLÖSUNG‹ DER JUDENFRAGE

Der organisierte Völkermord, eines der dunkelsten Kapitel in der Geschichte der Menschheit

Am Dienstag, dem 20. Januar 1942, findet im Gebäude der deutschen Dienststelle der Internationalen Kriminalpolizeilichen Kommission (Interpol) am Großen Wannsee Nr. 56/58 in Berlin die sogenannte »Wannsee-Konferenz« statt.

Unter dem Vorsitz des Chefs der Sicherheitspolizei und des SD, SS-Obergruppenführers und Generals der Polizei, Stellvertretenden Reichsprotektors von Böhmen und Mähren, Reinhard Heydrich, treffen sich die Staatssekretäre des Reichsinnen- und Reichsjustizministeriums, Dr. Wilhelm Stuckart und Dr. Roland Freisler, Martin Luther vom Auswärtigen Amt und Gauleiter Alfred Meyer vom Reichsministerium für die besetzten Ostgebiete sowie Reichsamtsleiter Dr. Georg Leibbrandt. Des weiteren finden sich ein: der Beauftragte für den Vierjahresplan, Erich Neumann, von der Reichskanzlei Friedrich Wilhelm Kritzinger, der NSDAP Dr. Gerhard Klopfer, der SS und Gestapo Heinrich Müller, vom Generalgouvernement Dr. Bühler sowie als Protokollführer SS-Obersturmbannführer Adolf Eichmann.

Auf Befehl Hitlers und Anweisung Görings vom 31. Juli 1941 werden Maßnahmen zur »Endlösung der europäischen Judenfrage« im besetzten Europa vereinbart. Damit soll die »Säuberung« von West nach Ost mittels Deportation der Juden in die besetzten Ostgebiete zum »Arbeitseinsatz« und vor allem zur »entsprechenden Behandlung«, das heißt zur Ausrottung in Vernichtungslagern, stattfinden.

Auf der Konferenz werden auch die Behandlung von Juden über 65 Jahren, »Vorzugsjuden«, »Mischlingen« im Sinne der Nürnberger Gesetze (freiwillige Sterilisierung oder Zwangsdeportation bei »Mischlingen« 1. Grades) sowie Zwangsscheidungen bei »Mischehen« und Zurückstellung von jüdischen Rüstungsarbeitern von der Deportation festgelegt.

Die Wannsee-Konferenz leitet den größten Völkermord der Geschichte ein. Mit der bürokratischen Gesamtplanung der »Endlösung der europäischen Judenfrage« wird Adolf Eichmann beauftragt. In den im Osten zu errichtenden Vernichtungslagern sollen die dort aus ganz Europa herangeschafften Ghettoeinwohner in kür-

Im Ghetto von Warschau, Frühjahr 1942: Eine gut bewachte hohe Mauer und Stacheldrahtzäune teilen das Ghetto vom arischen Teil der polnischen Hauptstadt

1942 Januar

Eine Holzbrücke verbindet die beiden Ghettoviertel in Warschau. Die Straße gehört zum arischen Stadtteil

Himmler besichtigt ein Konzentrationslager. Rechts im Bild der Nachfolger von Heydrich, Ernst Kaltenbrunner, nunmehr Chef der Sicherheitspolizei, des SD und Reichssicherheitshauptamtes

»Jedem das Seine«

zester Zeit einer »Sonderbehandlung« unterzogen, das heißt ermordet werden.

Das Gelände eines Konzentrationslagers besteht aus drei Bereichen: Kommandantur, SS-Siedlungen und dem eigentlichen Lager. Zur Kommandantur gehören die Verwaltungsgebäude, die Kasernen, die Häuser der Lagerführung, in einiger Entfernung davon Wirtschafts- beziehungsweise Rüstungsbetriebe. Der eigentliche Lagerbereich ist von einem elektrisch geladenen hohen Drahtzaun umgeben, zusätzlich von Wachtürmen mit Maschinengewehren gesichert. Dahinter befindet sich eine mehrere Meter breite Sperrzone.

Den Lagereingang bildet ein einstöckiges Gebäude mit einem Turmaufbau in der Mitte und einem Tor mit der Aufschrift wie »Arbeit macht frei« (Vernichtungslager Auschwitz und KZ Dachau), »Jedem das Seine« (KZ Buchenwald). Die Lager sind einheitlich gegliedert: Zur Kommandantur (Verwaltung) und Lagerführung gehören auch die Politische Abteilung, Wachtruppe und Lagerarzt. Der Kommandant mit seiner Adjutantur verfügt über volle Verfügungsgewalt und ist dem Wirtschaftsverwaltungshauptamt (WVHA) unterstellt. Der Verwaltungsführer ist der Kommandantur gegenüber verantwortlich und sorgt für alle wirtschaftlichen Angelegenheiten des Lagers.

Dem Lagerführer untersteht das Häftlingslager. Der Rapportführer bildet das Verbindungsglied zwischen dem Lagerführer und dem Lager selbst. Über seine Schreibstube werden sämtliche Angelegenheiten der Häftlinge dem Lagerführer zugeleitet. Dem Rapportführer unterstehen die Blockführer, die die einzelnen Wohnblocks der Häftlinge unter ihrer Aufsicht haben. Der Arbeitseinsatz obliegt einem Arbeitsdienstführer bzw. einem Arbeitseinsatzführer. Er weist den Häftlingen die Arbeitsplätze zu, teilt ihnen die Arbeitsbedingungen mit und stellt die Transporte für die Arbeits-Außenkommandos zusammen.

Die Politische Abteilung, der Gestapo direkt unterstellt, erledigt die Einweisungen und Entlassungen von Häftlingen. Die Selbstverwaltung der Häftlinge führt der Lagerälteste, ein von der SS eingesetzter und ihr gegenüber verantwortlicher Vertreter der Häftlinge. Die Schreibstube beschäftigt sich mit Karteiführung, Einweisung in die Wohnblocks, Appellvorbereitung, Verpflegungszuteilung etc.

Für die einzelnen Wohnblocks gibt es Blockführer und Blockälteste. Zu ihrer Unterstützung haben sie für jeden Wohnflügel die Stubenältesten, die das Essen an die Blockinsassen verteilen. Die Blockältesten müssen Statistik über die Arbeitsleistung führen und Häftlinge für eine bestimmte Arbeit oder einen Transport zusammenstellen.

Die Oberkapos oder Kapos, den SS-Kommandoführern verantwortlich, haben die Arbeitskommandos unter

Eines der zahlreichen Konzentrationslager in Hitlers Machtbereich. Durch einen stromgeladenen Zaun und Wachtürme gesichert, werden diese Lager zu Hinrichtungsstätten für Millionen Menschen

1942 Januar

Massenexekution in einer Warschauer Vorstadt im Herbst 1942: Die außerhalb des Ghettos aufgespürten Juden werden mit dem Tode bestraft. Die örtliche Bevölkerung wird gezwungen, der Exekution beizuwohnen

Beginn des Völkermords

Nach dem 1. September 1939 verändert sich der Charakter der Konzentrationslager. Die bisherigen Isolierzentren für Regimegegner werden jetzt zu einem Instrument der biologischen Ausrottung unterworfener Völker. Anzahl, Zusammensetzung und Größe der Lager wachsen beträchtlich. Bereits seit Ende des Polenfeldzuges (September 1939) werden die Lager sowohl von der SS als auch von der Sicherheitspolizei als Hinrichtungsstätte für Exekutionen ohne Gerichtsurteile verwendet. Proportional zu der steigenden Zahl ausländischer und jüdischer Häftlinge sinkt die der deutschen Lagerinsassen, die 1945 nur etwa 5 bis 10 Prozent beträgt.

Es entstehen jetzt verschiedene Sonderlager: Vernichtungslager, die zur Ausrottung von Juden dienen, Arbeitslager, Strafarbeitslager, Arbeitserziehungslager, Strafuntersuchungslager, Durchgangslager und Umsiedlungslager. Die Konzentrationslager und ihre Varianten sind über den gesamten europäischen NS-Machtbereich verteilt, vor allem im Reichs- und ehemals polnischen Gebiet. Das Tempo der Häftlingsvernichtung wird durch die Ostpolitik Hitlers und die Bedürfnisse der Kriegswirtschaft bestimmt. Je länger der Krieg dauert, desto mehr steigert sich die wehrwirtschaftliche Bedeutung der Lager.

Die Häftlinge werden zunehmend für den Bau unterirdischer Industriestätten, in der Flugzeugherstellung, in

sich. Sie teilen die Häftlinge zur Arbeit ein und beaufsichtigen sie dabei; sie selbst arbeiten nicht. Mehrere Vorarbeiter helfen ihnen bei der Erfüllung ihrer Aufgaben.

Alle sogenannten Funktionshäftlinge sind durch schwarze Binden mit weißer Aufschrift »in Funktion« am linken Ärmel gekennzeichnet. In der Regel sind es deutsche Kriminelle (Grüne), nicht weniger brutal als die Wachmannschaften. Die Häftlinge sind je nach Kategorie mit farbigem Stoffdreieck am rechten Hosenbein und an der linken Brustseite ihrer weiß-blau-gestreiften Häftlingskleidung gekennzeichnet.

Auf dem Dreieck sind stets Namen und Nummer der Häftlinge angebracht. Die Farben: Blau = Emigrant, Braun = Zigeuner und bestimmte Asoziale, Grün = Kriminelle, Lila = Bibelforscher, Rosa = Homosexuelle, Rot = Politische, Schwarz = Asoziale. Jüdische KZ-Häftlinge tragen zusätzlich ein gelbes Dreieck. Nach Ausbruch des Zweiten Weltkrieges kommen noch die Nationalitätskennzeichen hinzu.

Januar 1942

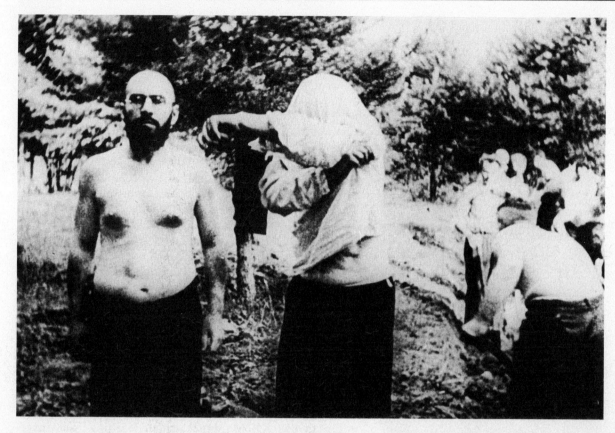

In einem Wald bei Lemberg, Sommer 1942: Die Juden müssen vor ihrer Erschießung ihre Gräber selbst ausheben und sich ausziehen

chemischen Werken, im Bergbau oder in den Produktionsstätten der V-Waffen eingesetzt. Dies bringt eine Verknüpfung der Vernichtungsaktion eines Konzentrationslagers und der Kriegsrüstung mit sich. Die Arbeit der Häftlinge erbringt den deutschen Großkonzernen erhebliche Gewinne.

Die Entscheidungen über Einweisung, Deportation, Liquidierung oder Entlassung liegen jedoch weiterhin beim Reichssicherheitshauptamt (RSHA), dessen Bestreben es ist, die Häftlinge sofort zu liquidieren. Weil das WVHA dagegen an der Ausbeutung der Arbeitskraft der Häftlinge interessiert ist, kommt es zwischen den beiden Hauptämtern zu Auseinandersetzungen.

Im Jahre 1942 entstehen auch für die geplante Judenvernichtung Lager, die dem RSHA unterstellt werden. Sie erfüllen im Rahmen der »Aktion Reinhard« die Rolle der Vernichtungslager. Es sind Auschwitz (ab 1942), Belzec, Chelmno, Majdanek, Treblinka und Sobibor. Zum festen Personal zählen die Lagerärzte, mit dem Standortarzt der Waffen-SS an der Spitze, der Amtsgruppe D III »Leitender Arzt Konzentrationslager« (dem WVHA unterstellt).

Ab 1942 führen sie mit Genehmigung Himmlers Versuchsreihen in Konzentrationslagern durch: Fleckfieber-Impfstoff-Versuche (Buchenwald und Struthof), Sulfonamid-Versuche und Knochen-Transplantationen (Frauenlager Ravensbrück), Phlegmonen-Versuche (Dachau), Lost- und Phosgen-Versuche (Sachsenhausen und Struthof), Malaria-Versuche sowie Höhendruck- und Unterwasser-Versuche (Dachau), Sterilisations-Versuche (Auschwitz). Die Versuchspersonen finden dabei den Tod oder werden zeitlebens verstümmelt.

Bei Errichtung der Lager werden Besonderheiten des Standortes berücksichtigt: günstige Transportverbindungen, die Nähe wichtiger Rüstungsbetriebe oder Steinbrüche, besonders ungesunde klimatische Bedingungen (sumpf- oder malariagefährdete Landstriche). Die Häftlinge erhalten eine Verpflegung von nur 800 bis 1000 Kalorien pro Tag und müssen Schwerstarbeit nicht unter 12 Stunden täglich – auch an Feiertagen – verrichten. Für die geringste Abweichung von den Lagerverordnungen oder auch ohne jeglichen Grund werden grausame Strafen verhängt, die eine besondere Methode der Vernichtung bilden.

Die hohe Sterblichkeit wird durch brutale Lebensbedingungen beschleunigt. In unbeheizten Baracken zusammengepfercht, müssen die Häftlinge auf mehrstöckigen Pritschen zu drei bis vier Personen schlafen, oft auch auf nacktem Beton. Sie besitzen keine Unterwäsche, und ihre Bekleidung besteht aus der gestreiften pyjamaähnlichen Sträflingskleidung und Holzschuhen. Sie werden durch Erschöpfung, Seuchen und Krankheiten dezimiert, am häufigsten durch Typhus, Ruhr, Lungenentzündung, Wassersucht, Furunkulose, Phlegmone und Krätze.

So sterben in den vom WVHA geführten Lagern (die Vernichtungslager sind dabei nicht berücksichtigt) im zweiten Halbjahr 1942 von etwa 95 000 Häftlingen 57 503 (laut Angaben des Amtes Sanitätswesen im WVHA). Arbeitsunfähige oder kranke Häftlinge (sogenannte Muselmanen) werden von SS-Ärzten und deren Gehilfen durch Phenolspritzen getötet bzw. dem Vernichtungslager überstellt, die Leichen verbrannt. In den 20 KZ-Lagern und 165 Arbeitslagern sind insgesamt 524 286 Häftlinge (darunter 145 119 Frauen).

1942 Januar

Die »Umsiedlungsaktion«

Auch die Neugeborenen haben keine Chance, im Ghetto zu überleben

In Lodz beginnt Mitte Januar 1942 die »Umsiedlungsaktion« aus dem Ghetto mit dem Abtransport in das Vernichtungslager Chelmno.

Am Freitag, dem 31. Januar 1942, berichtet die Einsatzgruppe A (SS-Brigadef. Dr. Stahlecker) über die Liquidierung von 229 052 Juden in den baltischen Ländern. Zur gleichen Zeit beginnen auch die Deportationen der jüdischen Bevölkerung aus dem Gebiet der ehemaligen Tschechoslowakei in das KZ Theresienstadt.

Am Mittwoch, dem 4. Februar 1942, erteilt Himmler dem Wirtschaftsverwaltungshauptamt der SS (Leiter: SS-Obergruppenf. Oswald Pohl) den Auftrag, die Rüstungskonzerne durch Häftlingsarbeit zu unterstützen.

Ab 12. Februar 1942 beginnt im Vernichtungslager Majdanek der Zustrom polnischer, vorwiegend politischer Häftlinge sowie von Bauern, die ihre Zwangsabgaben nicht erfüllt haben, Opfern von Razzia- und Säuberungsaktionen, Arbeitsunwilligen, illegalen Händlern und Geiseln aus den Reihen der polnischen Intelligenz. Und ab Frühjahr 1942 wird auch die jüdische Bevölkerung in dieses Lager gebracht.

Durch das KZ Majdanek gehen Häftlinge aus insgesamt 26 Nationen. Die Lagerführung ist ähnlich wie in anderen Konzentrationslagern. Zwischen 1942 und 1943 werden sieben Gaskammern zur Tötung durch Kohlenstoffmonoxidgas (CO) und Zyklon-B-Gas gebaut, dazu Krematorien (mit fünf Feuerkammern und Leichenverbrennungsrosten). Neben der Vergasung gibt es von 1942 bis Mitte 1943 Massenexekutionen zahlreicher Häftlingsgruppen im nahegelegenen Krepicki-Wald, später im Krematorium. 1942 entsteht eine Sonderabteilung für Frauen (1943 sind es 11 000 Personen). Kinder, die zusammen mit ihren Müttern in Majdanek eintreffen, werden auf dem gleichen »Häftlingsfeld« untergebracht, jedoch durch hohe Zäune getrennt. Aus Kindern im Alter von 8 bis 12 Jahren bildet man besondere Arbeitsgruppen, von denen die Jüngeren bzw. Arbeitsunfähigen liquidiert werden.

Am Montag, dem 16. März 1942, wird das Amt des Inspekteurs KZ auf Himmlers Anordnung dem WVHA angegliedert und damit das gesamte Lagersystem auf Zwangsarbeit umgestellt.

Am selben Tag beginnt das KZ Belzec, südlich von Lublin (Polen), seine Tätigkeit als Vernichtungslager. Nach Belzec werden Juden aus polnischen Städten und aus verschiedenen Ländern Europas gebracht.

Am Sonnabend, dem 21. März 1942, ist in Lublin die Umsiedlung des Ghettos (26 000 Menschen) nach Belzec, Majdanek und in andere Lager abgeschlossen.

Fünf Tage später treffen im Lager Auschwitz auf Veranlassung von Eichmann der erste Frauentransport aus dem KZ Ravensbrück (999 politische Häftlinge) und zwei Stunden später der erste Transport des Reichssicherheitshauptamtes (999 Jüdinnen aus der Slowakei) ein.

Juli 1942

Am Montag, dem 30. März 1942, kommt im Lager Auschwitz der erste Judentransport mit 1112 Personen aus Frankreich, darunter überwiegend polnische, in Paris lebende Juden, an.

Im März 1942 wird in Sobibor, Kreis Wlodawa, in dem zum Generalgouvernement gehörenden Lubliner Land ein Vernichtungslager errichtet.

In den Monaten Februar und März 1942 fallen in Charkow (Ukraine) dem Massenmord 14 000 jüdische Bewohner dieser Stadt zum Opfer.

Am Mittwoch, dem 1. April 1942, werden laut Anordnung von Himmler die Zigeuner den Juden gleichgestellt.

Immer neue Vernichtungslager

Der am 12. Mai 1942 im Vernichtungslager Auschwitz eingetroffene Transport, bestehend aus etwa 1500 Juden, Männern, Frauen und Kindern aus Sosnowietz, wird direkt in die Gaskammer geleitet, die in Bunker 1 auf einem verlassenen polnischen Gehöft im Abschnitt B. III, dem zukünftigen Lager Birkenau, errichtet worden ist. Von diesem Tag an wird das Konzentrationslager Auschwitz in ein Vernichtungslager umfunktioniert.

Am Sonnabend, dem 16. Mai 1942, gelingt im Lager Auschwitz den beiden Häftlingen Bielecki (Nr. 12 692) und Gawrow (Nr. 11 237) die erste, von der polnischen Heimatarmee (Armia Krajowa) organisierte Flucht, um der Führung des polnischen Widerstandes in Warschau einen detaillierten Bericht über das Lager Auschwitz zu erstatten.

Zwei Tage später treffen im Vernichtungslager Sobibor die ersten Judentransporte aus Ostpolen, Österreich, der Tschechoslowakei, Frankreich, Holland und den Ostgebieten ein. Sie werden sofort nach Ankunft in die Gaskammern überführt. Einzelne aus den Todestransporten ausgesuchte Häftlinge müssen in den Werkstätten und Sortierbetrieben das Eigentum der Ermordeten sichten. Nach der Vergasung mit Zyklon-B werden die Leichen vergraben und ab Winter 1942 auf Rosten aus Eisenbahnschienen verbrannt. Innerhalb von 18 Monaten seit Bestehen des Vernichtungslagers Sobibor kommen mindestens 250 000 Juden in den Gaskammern um. In einem Teil des Lagers befinden sich auch sowjetische Kriegsgefangene.

Im Generalgouvernement läuft die Judenvernichtung unter dem Decknamen »Aktion Reinhard«, die der SS- und Polizeiführer von Lublin, O. Globocnik, im Auftrag Himmlers durchführt. Die Weisung für das Anlaufen der Aktion kommt unmittelbar aus der Reichskanzlei des Führers.

Am Sonntag, dem 31. Mai 1942, ist der Bau des Lagers Auschwitz-Monowitz für die Buna-Werke fertiggestellt.

Am 1. Juni 1942 wird in Frankreich und Holland der Judenstern eingeführt.

Am Sonnabend, dem 20. Juni 1942, erfolgt die spektakulärste Flucht aus dem KZ Auschwitz: Die Häftlinge E. Bendera (Nr. 8502), S. G. Jaster (Nr. 6438), J. Lempart (Nr. 3419) und K. Piechowski (Nr. 918) verlassen in Uniformen von SS-Führern und SS-Unteroffizieren, dazu bewaffnet, mit dem Pkw (Steyr 220) vom Chef des Hauptwirtschaftslagers (SS-Hauptsturmf. Kreuzmann) das Lager. Selbst den Wachtposten ist nichts Außergewöhnliches aufgefallen. Der Wagen und ein Teil der Waffen werden einige Tage später auf einem Feldweg bei Makow Podhalanski gefunden. Zwischen 1940 und 1945 ist 666 Häftlingen (darunter 16 Frauen) die Flucht aus dem Lager Auschwitz und seinen Zweigstellen gelungen: 230 Polen, 95 Russen und 76 Juden. 270 Häftlinge sind nach ihrer Flucht wieder aufgegriffen worden.

Am Dienstag, dem 23. Juni 1942, findet im Lager Auschwitz die erste Selektion der Transporte aus den Ghettos für die Gaskammern statt.

Bis zum Juli 1942 wird im Generalgouvernement die »Umsiedlung« der jüdischen Bevölkerung auf das ganze Land ausgedehnt. Und aus dem Deutschen Reich treffen fast täglich neue Judentransporte in den Vernichtungslagern im deutsch besetzten Polen ein.

Am Mittwoch, dem 8. Juli 1942, trifft im KZ Auschwitz der erste Transport mit 1170 politischen Gefangenen aus Compiègne (Frankreich) ein.

Selektion an der Rampe

Am Sonnabend, dem 11. Juli 1942, erfolgt im Vernichtungslager Auschwitz die erste Selektion an der Rampe: Von einem Judentransport aus der Slowakei werden 182 arbeitsfähige Männer und 148 Frauen in das KZ-Lager überführt. Alte und kranke Menschen sowie Kinder werden direkt in die Gaskammern geleitet und die Leichen anschließend vergraben. Von diesem Tag an wird zur Regel, daß die Transporte mit Juden im Rahmen der »Endlösung« sofort bei ihrem Eintreffen an der Rampe selektiert werden. Ein kleiner Teil, etwa 10 bis 15 Prozent, wird als billige Arbeitskraft für die umliegenden Industriebetriebe abgesondert und – wie die üblichen politischen Häftlinge – karteimäßig erfaßt, fotografiert und bekommt eine Nummer eintätowiert. Für alle anderen führt der Weg direkt in die Gaskammer. Danach werden die Dokumente der Getöteten in den Abfallverbrennungsöfen vernichtet. Im Lager Auschwitz sind zwischen 1940 und 1945 404 000 Häftlinge in eine Kartei eingetragen worden, davon haben 340 000 nicht überlebt.

Bereits vier Tage später fährt aus Holland der erste Deportationszug mit jüdischen Einwohnern in das Vernichtungslager Auschwitz. Gleichzeitig findet in Paris eine Großrazzia im jüdischen Viertel statt.

Am 17. und 18. Juli 1942 besucht Himmler zum zweitenmal das Lager Auschwitz. Während seiner eingehen-

1942 Juli

Der Alltag im Ghetto von Warschau: Ein Mitglied der jüdischen Ordnungspolizei versucht, dem deutschen Wachtposten das Anliegen einer Ghettobewohnerin zu erklären

Nordhausen, Regierungsbezirk Halle an der Saale, Sommer 1942: In einem riesigen Steinbruch entsteht das von Häftlingen gebaute Konzentrationslager »Dora«, wo später die deutschen V-Waffen produziert werden

Juli 1942

den Inspektion aller Lagereinrichtungen sowie der Buna-Werke beobachtet er eine Selektion an der Rampe sowie eine Vergasung in Bunker Nr. 2 und läßt sich im Frauen-KZ Birkenau eine Auspeitschung vorführen.

Am 22. Juli 1942 beginnt im Ghetto von Warschau die »Umsiedlung« von etwa 350 000 Juden in die Vernichtungslager Bélzec und Treblinka. Bestimmte Gruppen von Ghettobewohnern werden aufgefordert, sich an den Sammelplätzen für den Transport zum Arbeitseinsatz im Osten bereitzuhalten. Anfangs melden sich zahlreiche Obdachlose freiwillig, um die drei Kilogramm Brot und eine Dose Marmelade zu erhalten, die man jedem für die Reise versprochen hat. Mitgenommen werden darf lediglich Proviant für zwei Tage, ein Eßnapf, kein Messer, ein Löffel, zwei Decken, warme Kleidung und ein Paar derbe Schuhe. Das Höchstgewicht darf 25 Kilogramm nicht überschreiten. Alles muß in einem Koffer oder Karton verpackt und mit dem Namen versehen sein. Niemand ahnt zu dieser Zeit, daß das Reiseziel ein Vernichtungslager ist.

Jeder der überfüllten Güterzüge faßt rund 5000 Personen, von denen ein Teil bereits die Fahrt nicht überlebt. Selbst der Ausfall dieser Güterzüge für den dringend an der Ostfront benötigten Nachschub sowie die damit verbundene Blockierung der Rückzugslinien kann die NS-Regierung nicht davon abhalten, ihre »Endlösungsaktion« durchzuführen.

In einigen Ländern, wie in Dänemark und Norwegen, gelingt es den Behörden, größere Deportationen zu verhindern. Auch in Ungarn und der Slowakei werden die Transporte wenigstens auf längere Zeit hinausgezögert. In Schweden, der Schweiz und einigen anderen neutralen Staaten stellt man den Juden Pässe aus, um sie vor dem Zugriff der Gestapo zu bewahren. In Italien, dem besetzten Teil Frankreichs und in Jugoslawien erhalten die Verfolgten Schutz, solange die Wehrmacht noch nicht einmarschiert ist. Bulgarien liefert nur die »staatenlosen« Juden aus den annektierten Gebieten Makedoniens und Thrakiens aus.

Den aus dem Reichsgebiet deportierten Juden entzieht man mit der 11. Verordnung zum Reichsbürgergesetz die Staatsangehörigkeit und schafft so eine Rechtsgrundlage für die Beschlagnahme jüdischen Vermögens.

Ein glänzendes Geschäft...

Der von SS-Obersturmbannf. Eichmann und seiner Dienststelle entworfene Plan für die Deportation von Millionen Juden aus den besetzten Teilen Europas in die Massenvernichtungslager funktioniert reibungslos. Auch die Reichsbahn ist an der »Endlösung« maßgeblich beteiligt. Eine mangelnde Mitarbeit der Reichsbahn hätte zumindest zu erheblichen Verzögerungen geführt. Ohne den energischen

Vernichtungslager Auschwitz, Sommer 1942: Ein neuer Transport aus dem Ghetto wartet auf den Marsch in die Gaskammern

1942 Juli

Das Ghetto von Warschau, Herbst 1942: Ein Mensch stirbt verhungert auf der Straße

Einsatz der Deutschen Reichsbahn wären diese Massenmorde wahrscheinlich kaum möglich gewesen. Die Reichsbahn macht dabei ein glänzendes Geschäft, denn das Reichssicherheitshauptamt muß für jeden transportierten Juden bezahlen, und dies nicht schlecht: Dem Preis zugrunde gelegt wird der Beförderungstarif für Reisen in Dritte-Klasse-Personenwagen, eingesetzt werden aber nur Viehwaggons. Der Preis je Schienenkilometer beträgt vier Reichspfennig pro Person, Kinder unter vier Jahren kosten die Hälfte, Kleinkinder fahren kostenfrei. Das Oberkommando des Heeres muß dagegen für Soldaten nur 1,5 Pfennig je Person und Kilometer bezahlen.

Werden Juden aus westeuropäischen Staaten mit der Reichsbahn in die Vernichtungslager befördert oder wird das Schienennetz der Reichsbahn benutzt, kassiert die Bahn auch dafür. Sie räumt allerdings einen Rabatt von 25 Prozent ein.

Ein großes Problem bildet bei Massendeportationen von Juden stets der Lokomotiv- und Waggonpark. Trotz des ungeheuren Bedarfs vor allem der Wehrmacht, der Rüstungsindustrie und Wirtschaft hat es zu keiner Zeit unüberwindliche Schwierigkeiten für Eichmann gegeben, Viehwaggons zu bekommen. Wenn anfangs in jeden Zug 1000 Menschen gepfercht wurden, so treibt man bereits Anfang 1942 2000 Menschen in einen Zug. Auf kürzeren Strecken, wie zwischen Warschau und dem Vernichtungslager Treblinka, preßt die SS bis zu 5000 Menschen in einen Güterzug: Etwa ein viertel Quadratmeter je Person muß dabei ausreichen. Für Eimer zur Verrichtung der Notdurft bleibt da klein Platz mehr.

Oft gibt es in den Waggons bei der Ankunft in einem Lager mehr Tote als Überlebende. Trifft im Vernichtungslager ein Zug ein, in dem die Leichen bereits in Verwesung übergegangen sind, so lautet die Anordnung der Reichsbahn: »Nach jeder Vollfahrt sind die Waggons gut zu reinigen, erforderlichenfalls zu entwesen.«

Als wegen Überlastung der einzelnen Wagen und der langen Züge die Fahrtgeschwindigkeit sinkt, brauchen die Deportationszüge für etwa 400 Kilometer bis zu 23 Stunden. Da Wehrmachts- und Materialtransporte selbstverständlich Vorfahrt haben, müssen die Deportationszüge auf Abstellgleisen warten, im Sommer in glühender Hitze und im Winter bei klirrendem Frost. Die zusammengepferchten Opfer schreien nach Wasser und Brot.

Das Bahnpersonal weiß in den meisten Fällen, daß Juden transportiert werden. Es handelt sich keineswegs um eine geheime Angelegenheit, denn Judentransporte tragen die von der Reichsbahn vorgeschriebenen Kennzeichen wie »Da« für David oder »PJ« für polnische Juden.

Die Ghettos werden geräumt

Am Dienstag, dem 28. Juli 1942, teilt der Staatssekretär im Reichsverkehrsministerium, Dr. Ing. Albert Ganzenmüller, verantwortlich für die Deutsche Reichsbahn, dem Chef des Persönlichen Stabes von Himmler, SS-Obergruppenf. Karl Wolff, mit: »Seit dem 22. Juli fährt täglich ein Zug mit 5000 Juden von Warschau über Malkinia nach Treblinka, außerdem zweimal wöchentlich ein Zug mit 5000 Juden von Przemysl nach Belzec.«

Dezember 1942

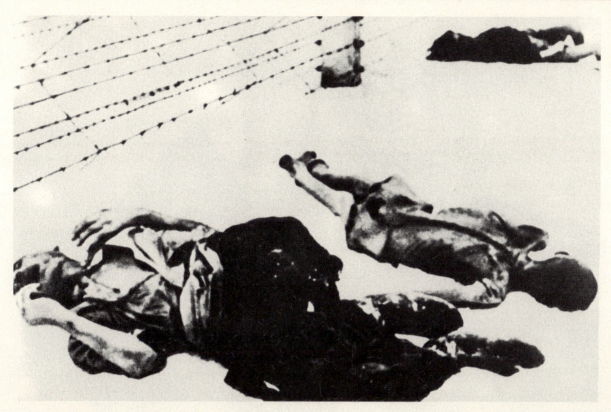

Winter 1942 in einem Konzentrationslager in Ostpolen: Die Opfer durch Hitlers Wahnsinn

Der oberste Chef der Reichsbahn reagiert mit diesem Schreiben auf die dringende Bitte Wolffs, die Reichsbahn möge doch mit Sonderzügen helfen, die Warschauer Juden in die Vernichtungslager zu transportieren.

Am Dienstag, dem 4. August 1942, fährt in Belgien der erste Judentransport in das Lager Auschwitz ab.

Am darauffolgenden Tag erfolgt im Warschauer Ghetto die Auflösung eines Waisenhauses. Die Kinder werden über einen Umschlagplatz in das Vernichtungslager Treblinka deportiert. Der Leiter des Waisenhauses, Kinderarzt Dr. Janusz Korczak, begleitet freiwillig seine Schützlinge in den Tod, obwohl er auf dem Umschlagplatz die Möglichkeit hat, von der Deportation ausgeschlossen zu werden.

In den Tagen vom 20. bis zum 22. August 1942 wird in Lemberg die »Umsiedlung« der Ghettoeinwohner in die Vernichtungslager Treblinka und Majdanek abgeschlossen.

Am Freitag, dem 28. August 1942, werden in Vichy-Frankreich rund 7000 staatenlose Juden verhaftet und in ein Lager deportiert.

Am 4. September 1942 erreicht die Zahl der aus den Ostgebieten zwangsweise in NS-Haushalte im Reichsgebiet deportierte Frauen und Mädchen bereits 500 000.

Am 8. September 1942 wird der Kommandeur der Militärregion Lyon, Gen. Robert de Saint-Vincent, von den Vichy-Behörden abgesetzt, weil er sich weigert, Razzien gegen Juden in seinem Verwaltungsgebiet zu organisieren.

In Lodz ist am 16. September 1942 die »Umsiedlung« des Ghettos beendet, insgesamt 55 000 Juden sind in die Vernichtungslager Belzec und Treblinka deportiert worden.

Am 30. September 1942 befinden sich bereits mehr als 54 000 Justizhäftlinge zum Arbeitseinsatz in den Außenstellen verschiedener Lager. Zu dieser Zeit wiederholt Hitler öffentlich seine Drohung, das Judentum zu vernichten.

In den Monaten August und September 1942 finden ebenfalls von Zagreb (Kroatien) aus Judendeportationen in das Vernichtungslager Auschwitz statt. Und Juden aus Theresienstadt werden bei Pinsk (Weißrußland) vergast.

Am 3. Oktober 1942 ist mit dem Abtransport von 310 000 Juden aus dem Ghetto in Warschau in die Vernichtungslager Treblinka, Majdanek und Belzek die »Umsiedlungs«-Aktion beendet. Und am Tag darauf werden alle jüdischen Häftlinge aus den deutschen Lagern in das Vernichtungslager Auschwitz verlegt.

Am Mittwoch, dem 28. Oktober 1942, sind bereits über 50 Ghettos in Polen »umgesiedelt« worden. Damit ist der erste Teil der »Aktion Reinhard« abgeschlossen. Und am nächsten Tag findet in Pinsk eine Massenexekution von 16 000 Juden statt.

Am 14. Dezember 1942 befiehlt Himmler die Überstellung von mindestens 35 000 Justizhäftlingen in Konzentrationslager.

Am Donnerstag, dem 17. Dezember 1942, geben sich die Alliierten das feierliche Versprechen, die Judenausrottung zu sühnen.

Ende 1942 werden im Vernichtungslager Auschwitz die Leichen von etwa 107 000 vergasten Juden exhumiert. Ein aus 300 Häftlingen bestehendes Sonderkommando muß die Leichen in ausgehobenen Gruben auf Scheiterhaufen verbrennen. Alle Mitglieder des Sonderkommandos werden anschließend ebenfalls vergast und verbrannt.

743

WAS AUSSERDEM GE- SCHAH

WICHTIGE EREIGNISSE IM JAHRE 1942

Pakt der 26 Staaten · Die »Arcadia«-Konferenz · Der Bündnisvertrag von Washington

Am 1. Januar 1942 erfolgt in den USA ein wichtiger Schritt auf dem Weg zur Gründung der Vereinten Nationen: In Washington schließen 26 Staaten einen Pakt, in dem sie sich verpflichten, im Kampf gegen die Achsenmächte keinen Separatfrieden mit ihnen zu schließen. Als Grundlage für eine künftige gemeinsame Politik dient den Vertragsstaaten die »Atlantik-Charta« (14. August 1941).

Am Mittwoch, dem 14. Januar 1942, geht in Washington die am 20. Dezember 1941 begonnene »Arcadia«-Konferenz zwischen Churchill und Roosevelt sowie deren Stabsschefs zu Ende. Zur Koordinierung der Kriegführung wird das »Combined Chiefs of Staff Committee« gegründet, das seinen Sitz in Washington haben soll. Vor allen Dingen aber wird der strategische Grundsatz »Germany first« getroffen, das heißt, zunächst alle alliierten Kräfte auf die Bezwingung Hitler-Deutschlands zu konzentrieren.

Großbritannien soll die RAF verstärkt zu Bombenangriffen auf Deutschland ansetzen, an denen sich im zweiten Halbjahr 1942 auch amerikanische Luftstreitkräfte beteiligen werden, nachdem ihnen bis dahin eigene Luftstützpunkte in England zur Verfügung stehen. Diese Maßnahmen zielen zugleich darauf ab, Stalins Wunsch nach einer »zweiten Front« zu verwirklichen. Im pazifischen Raum ist dagegen vorerst an ein eher defensives Operieren gedacht.

Am Sonntag, dem 18. Januar 1942, wird in Berlin ein Militärpakt zwischen Deutschland, Italien und Japan unterzeichnet. Die wichtigsten Punkte: Festlegung der Operationszonen. Die östliche Hemisphäre wird entlang des 70. Längengrades Ost zwischen Deutschland und Japan geteilt. Offiziell bedeutet dies, daß Madagaskar im deutschen und Indien im japanischen Interessenbereich liegen.

Tatsächlich bestehen jedoch Meinungsunterschiede fort, in welchem Umfang beispielsweise Japan tatsächlich in Indien Fuß fassen soll oder was aus den ehemaligen deutschen Kolonien wird, wer Anspruch auf die nieder-

König Georg VI. besucht mit seiner Gemahlin, Queen Elizabeth, und seiner Tochter, Princess Elizabeth, ein Geschwader des RAF Bomber Command

745

1942 Januar

London, 26. 5. 1942: Unterzeichnung des Bündnisvertrages zwischen Großbritannien und der Sowjetunion über gegenseitige Militärhilfe

ländischen und portugiesischen Besitzungen erheben kann. Eine wirkliche Absprache über eine gemeinsame Strategie kommt nicht zustande. Es bleibt bei Absichtserklärungen. Japan wird weiterhin gegen die UdSSR keinen Krieg führen.

Am Mittwoch, dem 28. Januar 1942, endet in Rio de Janeiro die Panamerikanische Konferenz der Vertreter von 21 amerikanischen Staaten. 19 Länder, darunter Argentinien und Chile, haben dem Beschluß nicht zugestimmt, die diplomatischen Beziehungen mit den Achsenmächten abzubrechen.

Am Dienstag, dem 14. April 1942, wird anläßlich einer britisch-amerikanischen Stabsbesprechung über das weitere Vorgehen gegen die Achsenmächte diskutiert sowie dem seit 27. März vorliegenden Plan von US-Kriegsminister Henry Stimson und Generalstabschef George Marshall einer alliierten Landung in Nordfrankreich zugestimmt. Dieser Plan stellt die Vorstufe zum Aufbau der »zweiten Front« dar. Als Termin ist der 1. April 1943 vorgesehen.

Am Dienstag, dem 26. Mai 1942, hält sich der sowjetische Außenminister Molotow zu Gesprächen mit seinem britischen Kollegen Anthony Eden und Premierminister Churchill in London auf. Es kommt zu einem Bündnispakt über gegenseitige Militärhilfe zwischen Großbritannien und der UdSSR im Kampf gegen Deutschland und seine Verbündeten. Das Abkommen enthält auch die Verpflichtung beider Mächte, keine Verhandlungen mit der Hitler-Regierung oder auch einer anderen deutschen Regierung zu führen, die sich nicht deutlich von einer deutschen Aggressionspolitik abhebt.

Mit diesem Pakt wollen Großbritannien und die UdSSR ihren Willen bezeugen, nach Beendigung des Krieges gemeinsam dafür einzutreten, jegliches Aufrüsten Deutschlands oder seiner Verbündeten zu verhindern. Mit dem Vertrag verbindet sich auch eine politische und wirtschaftliche Zusammenarbeit nach dem Kriege, und er enthält für beide Staaten die Auflage, kein Bündnis abzuschließen, das sich gegen die Interessen des anderen richten sollte. Der Vertrag hat eine Laufzeit von 20 Jahren.

Am 2. Juni 1942 unterzeichnen in Washington US-Außenminister Cordell Hull und Außenminister Soong von der nationalchinesischen Regierung das »Lend-Lease«-Hilfsabkommen, das Tschiang Kai-schek amerikanische Lieferungen von Lebensmitteln, Waffen und Ausrüstungen für den Kampf gegen Japan zusichert.

Am 11. Juni 1942 wird in Washington zwischen den USA und der UdSSR ein Bündnisvertrag unterzeichnet, der ähnlich lautet wie das Londoner Abkommen vom 26. Mai 1942.

Dezember 1942

Der amerikanische General Leslie R. Groves

Oak Ridge in Tennessee, USA. Das Laboratorium für Nuklearforschung, die Geburtsstätte der Atombombe

Das »Manhattan-Projekt«

Am 26. Juni 1942 werden in Washington die seit acht Tagen dauernden Gespräche zwischen Roosevelt und Churchill abgeschlossen. Die Themen: Planung einer zweiten Front in Europa (Invasion in Frankreich) und beiderseitige Unterstützung bei der Nuklearforschung. Für den Bau der Atombombe, der seit 1941 ohne Wissen des US-Kongresses betrieben wird, sind bereits zwei Milliarden Dollar ausgegeben worden. Die unter der Bezeichnung »Manhattan-Projekt« laufenden Forschungsarbeiten erhalten ab Spätsommer 1942 Priorität vor allen anderen kriegswichtigen Unternehmen.

Im September 1942 wird Gen. L. R. Groves Leiter des »Manhattan District Project«. Nur aus Gleichungen, Theorien und wissenschaftlichen Ideen, ohne erprobte Verfahrenstechniken, soll Groves in Oak Ridge (Tennessee) eine brauchbare Waffe entwickeln lassen. Die Arbeiten an diesem Projekt nehmen einen immensen Umfang an. 600 000 Beschäftigte, die zu irgendeinem Zeitpunkt für das »Manhattan-Projekt« gearbeitet haben, müssen sich schriftlich zur strengsten Geheimhaltung verpflichten.

Am Mittwoch, dem 2. Dezember 1942, gelingt es dem italienischen Physiker Professor Enrico Fermi, im Rahmen des »Manhattan-Projekts« (Bau der Atombombe) im Laboratorium der Universität Chicago in einem Uranbrenner (Atomreaktor) zum erstenmal eine kontrollierte Kernreaktion auszulösen. In der Wüste bei Los Alamos (New Mexico) wird eine Versuchsanlage gebaut, deren Leitung im Jahre 1943 Dr. J. R. Oppenheimer übernimmt. Zu seinem Team gehören die wohl anerkanntesten Physiker der Welt, wie N. Bohr, H. Bethe, O. Frisch und J. Chadwick.

Nach diesem gelungenen Versuch sind sich die daran beteiligten Wissenschaftler einig, daß es möglich ist, Plutonium für die geplante Herstellung von Atombomben zu gewinnen, obwohl der Grundstoff nur in geradezu mikroskopisch kleinen Mengen hergestellt werden kann.

Ein Jahr später dann, im Dezember 1943, besteht der gesamte Vorrat an Plutonium in den Vereinigten Staaten aus knapp zwei Milligramm. Als Ergebnis des erfolgreichen Versuchs von Professor Fermi wird der Bau weiterer zweier Werke vorgesehen. In Hanford, im Staat Washington, soll reines Plutonium produziert und in Los Alamos (New Mexico) die Atombombe schließlich hergestellt werden.

Alle diese Arbeiten unterliegen strengster Geheimhaltung nach dem Prinzip von Gen. Groves, niemand soll mehr wissen, als für die Ausführung seiner direkten Arbeit erforderlich ist.

Die Lebensläufe der leitenden Angestellten werden vorher genau überprüft, und je weiter die Produktion im Werk fortschreitet, um so schärfer werden die Schutzbestimmungen.

Die Wissenschaftler dürfen die nähere Umgebung ihres Wohnortes ohne Erlaubnis nicht verlassen, und ihre Korrespondenz unterliegt einer scharfen Zensur. Die Versuchsanstalten sind mit hohen Mauern umgeben und durch Wachtposten nach außen hin streng gesichert. Die erste Kontrolle erfolgt schon einige Kilometer vor der Einfahrt zum eigentlichen Versuchsgelände.

Deutschland

13. Januar: Erlaß Hitlers über den Einsatz der Männer und Frauen für die Aufgaben der Reichsverteidigung: erste »totale Mobilisierung«.
18. Februar: Goebbels proklamiert den »totalen Krieg«.
24. Februar: Hitler erläßt den »Befehl Nr. 7.«: Demnach hat ein militärischer Vorgesetzter »Ungehorsame auf der Stelle zu erschießen«.
27. August: In einer Aussprache zwischen Hitler und Generalfeldmarschall von Manstein beharrt Hitler darauf, überall stehenzubleiben, »bis der Feind von der Nutzlosigkeit seiner Angriffe überzeugt« ist.

Europäisch-atlantischer Westkrieg

27. Januar: Die USAAF (United States Army Air Force) führt von Großbritannien aus ihren ersten Tages-Fliegerangriff auf deutsches Gebiet. Von nun an Tagesangriffe durch amerikanische, Nachtangriffe durch britische Bomberverbände.
24. Mai: Dönitz bricht nach schweren Mißerfolgen die Schlacht im Atlantik ab: entscheidende Wende im U-Boot-Krieg.
10. Juni: Beginn der in Casablanca (14.–25. Januar 1943) beschlossenen »Combined Bomber Offensive« der Alliierten: nochmalige Verschärfung des Bombenkriegs gegen Deutschland.
24.–30. Juli: Schwerste Bombardierung Hamburgs (über 30 000 Tote).
18. November–3. Dezember: Beginn einer Serie von fünf Großangriffen britischer Bomber auf Berlin.
25./26. Dezember: Die »Scharnhorst«, letztes kampffähiges großes Schlachtschiff der deutschen Kriegsmarine, wird im Gefecht mit britischen Verbänden im Eismeer versenkt.

Ostfront

10. Januar: Beginn heftiger Angriffe auf die 6. deutsche Armee im Stalingrad-Kessel.
18. Januar: Nach der Rückeroberung von Schlüsselburg besteht eine breite Landverbindung der Roten Armee zum eingeschlossenen Leningrad.
25. Januar: Sowjetische Truppen spalten den Kessel von Stalingrad.
31. Januar: General Paulus kapituliert trotz Verbot mit der Südgruppe in Stalingrad.
2. Februar: Mit der Kapitulation des Nordkessels ist der Kampf um Stalingrad beendet.
8./9. Februar: Die Rote Armee nimmt Kursk und Bjelgorod.
16. Februar: Ein SS-Korps gibt entgegen Hitlers Befehl Charkow auf.
1.–16. März: Räumung des Frontbogens um Rshew; am *12. März* von Wjasma.
6. März: Beginn eines deutschen Gegenstoßes.
16. März: Rückeroberung Charkows, am *21. März* Bjelgorods.
5. Juli: Beginn des Unternehmens »Zitadelle« mit dem Ziel, die sowjetischen Kräfte im Kursker Bogen einzuschließen.
13. Juli: Abbruch des Unternehmens »Zitadelle«.
17. Juli: Beginn einer sowjetischen Generaloffensive am Donez.
5. August: Einnahme von Orel und Bjelgorod durch die Rote Armee.
22. August: Charkow wird geräumt, am *17. September* Brjansk, am *24. September* Smolensk.
6. November: Räumung von Kiew.
24. Dezember: Beginn einer sowjetischen Offensive an der Straße Kiew–Schitomir.

Nordafrika und Italien

23. Januar: Die deutsch-italienische Panzerarmee räumt Tripolis.
14.–24. Februar: Erfolgloser deutscher Vorstoß Richtung Ostalgerien.
9. März: Rommel, der zweifelt, den »Brückenkopf Tunesien« lange halten zu können, wird von Hitler abberufen.
19./20. März: Beginn einer britischen Großoffensive gegen die italienische Armee an der Mareth-Linie.
27. März: Rückzug der italienischen Truppen.
7. April: Alliierte Truppen schließen einen engen Ring um die »Heeresgruppe Afrika« im Norden Tunesiens.
12./13. Mai: Kapitulation der »Heeresgruppe Afrika«.
11. Juni: Die Alliierten nehmen die Insel Pantelleria zwischen Tunesien und Sizilien.
10. Juli: Alliierte Landung auf Sizilien.
25. Juli: Absetzung Mussolinis. Nachfolger Badoglio.
5. August: Die Deutschen müssen Catania aufgeben.
14. August: Die italienische Regierung erklärt Rom zur »Offenen Stadt«.
3. September: Italienisch-alliierter Sonderwaffenstillstand.
8. September: Verkündung des Waffenstillstands. Deutsche Gegenmaßnahmen, u. a. Besetzung Roms (10.).
9. September: US-Armeeeinheiten landen in Salerno.
1. Oktober: Die deutsche Armee räumt Neapel.
13. Oktober: Die Badoglio-Regierung erklärt Deutschland den Krieg.

1943

Internationale Politik

24.–26. Januar: Konferenz von Casablanca zwischen Roosevelt und Churchill: Forderung nach bedingungsloser Kapitulation Deutschlands, Italiens und Japans.
7.–10. April: Mussolini drängt Hitler, einen Kompromißfrieden mit der UdSSR zu schließen. Hitler lehnt ab.
12./13. April: Unterredung des rumänischen Marschalls Antonescu mit Hitler. Hitler lehnt den Vorschlag ab, mit den Westmächten Kontakt aufzunehmen.
12.–25. Mai: Konferenz zwischen Roosevelt und Churchill in Washington: Beschluß, in Süditalien zu landen, Invasion in Frankreich erst 1944.
14.–24. August: Konferenz von Quebec zwischen Roosevelt und Churchill über Invasion in Frankreich im Mai 1944.
19.–30. Oktober: Moskauer Außenministerkonferenz: Molotow, Eden und Hull beraten über Nachkriegsplanungen.
22.–26. November: 1. Konferenz von Kairo zwischen Roosevelt, Churchill und Tschiang Kaischek über Nachkriegspläne.
28. November–1. Dezember: Konferenz von Teheran: Roosevelt, Stalin und Churchill vereinbaren u. a. die Teilung Deutschlands nach dem Krieg.
3.–6. Dezember: 2. Konferenz von Kairo: Roosevelt und Churchill bieten dem türkischen Staatspräsidenten Inönü militärische Unterstützung für den Kriegseintritt 1944 an. Die Türkei bleibt abwartend.

Sonstige Ereignisse

18. Februar: Letzte Flugblattaktionen der Widerstandsbewegung »Weiße Rose«. Die Geschwister Scholl und mehrere ihrer Freunde werden verhaftet und hingerichtet.
13. März: Eine von Mitgliedern der Widerstandsbewegung in Hitlers Flugzeug angebrachte Zeitbombe versagt.
21. März: Hitler verläßt vorzeitig eine Ausstellung in Berlin und entgeht einem geplanten Attentat.
26. März: Geheime Denkschrift Carl Goerdelers an die Generalität über die Notwendigkeit eines Staatsstreichs.
19. April (–19. Mai): Aufstand im Warschauer Ghetto, der in blutigen Kämpfen von SS- und Polizeiverbänden niedergeschlagen wird.
11. Juni: Himmler befiehlt die »Liquidierung« sämtlicher polnischer Ghettos (am *21. Juni* auch aller Ghettos auf besetztem sowjetischen Gebiet).
30. Juni: US-Landung auf Randova (Salomonen) und Neuguinea. Beginn einer alliierten Großoffensive im Südpazifik.
4. September: Große US-Landung auf Neuguinea.
1.–3. November: Großasiatische Konferenz in Tokio (»Asien den Asiaten«).
3. November: Blutmittwoch in den KZs des Raums Lublin: 42 000 jüdische Häftlinge werden allein an diesem Tag erschossen.
20.–25. November: US-Landung auf den Gilbertinseln Tarawa und Makin.
15.–26. Dezember: Australisch-amerikanische Landungen auf Neu-Britannien.

DER FELDZUG IM OSTEN

NACH STALINGRAD AUF DEM RÜCKZUG

Generalfeldmarschall von Manstein: »... die Initiative endgültig auf die sowjetische Seite übergegangen.«

Am Freitag, dem 1. Januar 1943, beginnt die deutsche 4. Panzerarmee (GenOberst Hoth) mit der Räumung von Elista den Rückzug aus der Kalmückensteppe. Gleichzeitig setzt sich die 1. Panzerarmee (Gen. d. Kav. von Makkensen) vom Terek und aus den Bergen des Hochkaukasus ab.

Am Sonntag, dem 10. Januar 1943, eröffnet westlich von Stalingrad die sowjetische Don-Front (GenOberst Rokossowski) ihre Offensive mit einem 55minütigen Trommelfeuer aus 7000 Geschützen und Granatwerfern. An diesem Großangriff, mit dem die deutsche 6. Armee im Kessel von Stalingrad zerschlagen werden soll, sind sieben Armeen beteiligt: die 21. Armee (GenLt. Tschistjakow), die 24. Armee (GenMaj. Galanin), die 57. Armee, die 62. Armee (GenLt. Tschuikow), die 64. Armee (GenLt. Schumilow), die 65. Armee (GenLt. Batow) und die 66. Armee (GenLt. Schadow). Der Angriff führt schon bald zum Verlust der für die Versorgung des Kessels unerläßlichen Flugplätze Pitomnik und Bassargino, nachdem es der Luftwaffe kurz vorher gelungen ist, noch rechtzeitig das gesamte Spezialpersonal zu evakuieren.

Auch an der Kaukasus-Front ist die Rote Armee im Vormarsch. Ihre Verbände überschreiten jetzt den Fluß Manytsch und stoßen bis Salsk vor.

Zwei Tage später, am 12. Januar 1943, tritt am oberen Don die Woronesch-Front (Armeegen. Merezkow) mit starker Panzerunterstützung ihre Offensive gegen die am Don beiderseits Swoboda eingesetzte ungarische 2. Armee (GenOberst Jány) und die daran im Süden anschließende italienische 8. Armee (GenOberst Gariboldi) an. Armeegen. Merezkow unterstehen die 3. Panzerarmee (GenMaj. Rybalko), die 40. Armee (GenMaj. Moskalenko) und das selbständige XVIII. Schützenkorps (GenMaj. Sykow). Außerdem nimmt auch die zur Südwestfront (GenOberst Watutin) gehörende 6. Armee (GenMaj. Charitonow) an den Angriffen der Woronesch-Front teil.

Das strategische Ziel dieser Offensive ist es, im weiten Bogen in den Rücken der deutschen Heeresgruppe B (GFM Frhr. von Weichs) und der Heeresgruppe Don (GFM von Manstein) vorzustoßen und ihnen die Rück-

Ostfront, Raum Charkow, Frühjahr 1943: Jäger IAR.80 der Königlich Rumänischen Luftstreitkräfte. Diese leistungsstarken Maschinen sind eine Weiterentwicklung des polnischen Jägers PZL P-24

1943 Januar

Stalingrad-Nord: Vorgeschobener Artillerie-Beobachtungsposten einer deutschen Division

Sowjetische Sturmgeschütze beim Stellungswechsel während der Offensive der Don-Front

zugsmöglichkeit zum Dnjepr zu nehmen. Die von dem Angriff überraschten ungarischen und italienischen Verbände werden in wenigen Tagen aufgerieben. Durch die entstandene Frontlücke können die sowjetischen Angriffsarmeen nach Westen vordringen.

Kämpfe um Leningrad

Auch im Norden der Ostfront geht die Rote Armee zur Offensive über, um Leningrad zu entsetzen. Obwohl sich die deutschen Truppen auf den Sinjawino-Höhen vorerst halten können, gelingt es der Roten Armee doch, zu der seit 17 Monaten eingeschlossenen Stadt einen etwa zehn Kilometer breiten Zugang herzustellen, nachdem am 18. Januar 1943 Schlüsselburg zurückerobert worden ist.

Während im Kaukasus-Raum sich die deutschen Divisionen auf dem Rückzug befinden, geht der Kampf um Stalingrad seinem Ende entgegen.

Am Sonnabend, dem 16. Januar 1943, müssen die Deutschen Salsk räumen und das Gros ihrer für die Versorgung von Stalingrad eingesetzten Transportgruppen der Luftwaffe nach Swerowo, über 300 Kilometer von Stalingrad entfernt, verlegen.

Am nächsten Tag werden westlich des Don das deutsche XXIV. Panzerkorps (GenLt. Eibl) und das italienische Alpini-Korps durch Verbände der sowjetischen Woronesch-Front eingekesselt. Nur unter schwersten Verlusten können kleinere Teile aus dem Kessel ausbrechen und schließlich bei Waluiki die deutschen Linien erreichen.

Am Freitag, dem 22. Januar 1943, beginnt morgens um 8.00 Uhr der letzte, entscheidende Vorstoß der sowjetischen Don-Front (Gen. Rokossowski) gegen die in Stalingrad eingeschlossene 6. Armee. Am Abend fällt der Flugplatz Gumrak den Sowjets in die Hand, und so bleibt als einzige Verbindung zur Außenwelt nur noch der kleine, am Stadtrand gelegene Flugplatz Stalingradski.

Januar 1943

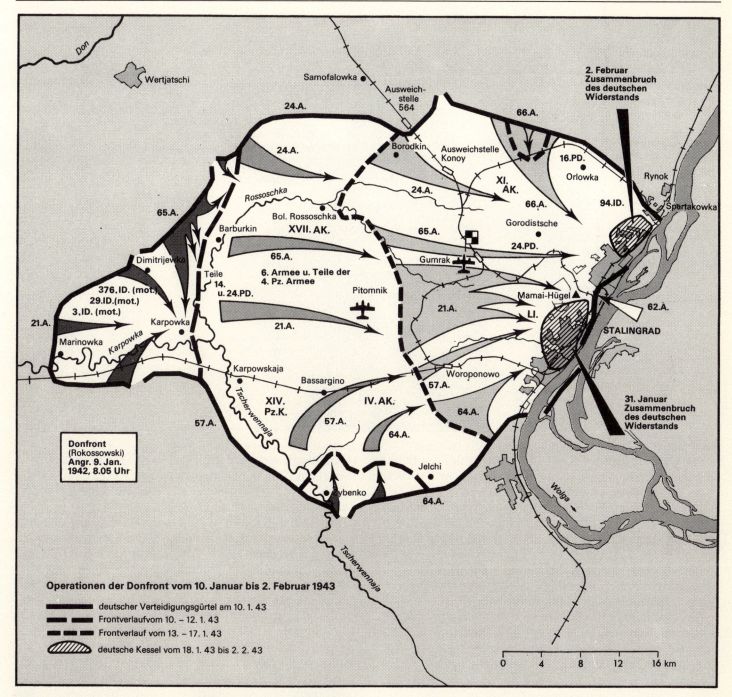

Der Kessel von Stalingrad in der Zeit vom 10. 1. 1943 bis zum Zusammenbruch des deutschen Widerstandes

Die sowjetischen Generäle Pawel S. Rybalko und Nikolaj F. Watutin

753

1943 Januar

Im Norden von Stalingrad, Januar 1943: Ein deutsches Widerstandsnest am Rande der Stadt

Zur gleichen Zeit erreicht GenOberst Paulus ein Funkspruch Hitlers mit dem erneuten ausdrücklichen Verbot, in der zur Festung erklärten Stadt zu kapitulieren. In den Abendstunden erfolgt der letzte Start einer deutschen Maschine von einem kleinen Feldflugplatz am Stadtrand von Stalingrad. Lt. Krausse und seine Besatzung fliegen mit ihrer He 111, deren Höhenruder schon zur Hälfte weggeschossen ist, neun Verwundete aus. Von jetzt an können die deutschen Kampfflugzeuge nur noch Versorgungsbomben über der Stadt abwerfen.

Am Nachmittag des 26. Januar 1943 gelingt es den sowjetischen Verbänden der Don-Front, die deutschen Stalingrad-Verteidiger in eine Nordgruppe (Gen. d. Inf. Strecker) und eine Südgruppe (GenOberst Paulus) aufzuspalten. Zur gleichen Zeit wird die deutsche 2. Armee (GenOberst von Salmuth) von der sowjetischen 40. Armee (GenMaj. Moskalenko) und der 60. Armee (GenLt. Tschernjachowski) dermaßen bedrängt, daß sie Woronesch aufgeben muß.

Am Mittwoch, dem 27. Januar 1943, wird die aus dem Kaukasus abgezogene deutsche 1. Panzerarmee (Gen. d. Kav. von Mackensen) der Heeresgruppe Don (GFM von Manstein) unterstellt. Innerhalb von vier Wochen hat sich diese Panzerarmee durch den Flaschenhals Rostow, zum Teil auch über das Asowsche Meer, aus dem Kaukasus zurückgezogen. Mit besonderer Genehmigung Hitlers können vier Divisionen über den Don zurückgenommen werden. Die übrigen Einheiten der Armee gelangen zusammen mit der 17. Armee (GenOberst Ruoff) im Kuban-Brückenkopf zum Einsatz. Sie sollen nun der zwi-

Die NS-Presse bereitet am 27. 1. 1943 die Öffentlichkeit auf die Niederlage an der Wolga vor

Januar 1943

schen Don und Mius in harten Abwehrkämpfen stehenden Armeeabteilung Hollidt zu Hilfe kommen.

Im Mittelabschnitt der Ostfront greifen die Sowjets mit besonders starken Kräften immer wieder den Rshew-Bogen an, wobei es auf beiden Seiten zu schweren Verlusten kommt. Trotzdem können die Sowjets keinen Durchbruch erzielen.

In der Nacht vom 30./31. Januar 1943 erreicht Gen-Oberst Paulus in Stalingrad die Nachricht aus dem Führerhauptquartier, daß er zum Generalfeldmarschall befördert worden ist. Doch bereits einige Stunden später gibt es für ihn keinen anderen Ausweg mehr, als sich mit seinem Stab in sowjetische Kriegsgefangenschaft zu begeben und damit den Kampf der von ihm zuletzt geführten Südgruppe zu beenden.

Raum Stalingrad, Ende Januar 1943: Unter dem Druck der sowjetischen Offensive ziehen sich die restlichen deutschen Verbände zurück

Der sowjetische General Iwan D. Tschernjachowski

General Friedrich Paulus, General Karl-Adolf Hollidt und General Karl Strecker

1943 Januar

Die Kaukasus-Verbände der 17. Armee (GenOberst Ruoff) haben nach vierwöchigen Absetzbewegungen den Kuban-Brückenkopf erreicht. Trotz starker Partisanentätigkeit südlich von Krasnodar ist 400 000 Soldaten, 110 000 Pferden, 26 500 motorisierten Fahrzeugen – darunter mehr als 1000 Panzer – und 2000 Geschützen der Rückzug gelungen.

Stalingrad kapituliert

Am Dienstag, dem 2. Februar 1943, strecken morgens um 8.40 Uhr auch die Verteidiger des Nordkessels von Stalingrad (Gen. Strecker) die Waffen. Damit ist der Kampf um Stalingrad beendet. Als am Abend noch einige He 111 mit Versorgungsbehältern die Stadt überfliegen, liegt völlige Stille über den verschneiten Trümmern. In 72 Tagen und Nächten bis zum 2. Februar 1943 hat die Luftwaffe im Schnitt täglich ungefähr 100 Tonnen Nachschub in den Kessel eingeflogen. Das entspricht zwar nur einem Drittel der erforderlichen Mindestmenge, doch sind auf dem Rückweg 24 000 Verwundete mitgenommen und damit vor Tod oder Gefangenschaft bewahrt worden. Die Luftwaffe hat auf dem An- und Abflug 495 Transportflugzeuge eingebüßt – das entspricht einem überstarken Fliegerkorps – und ebenso viele Maschinen am Boden verloren. Etwa 1000 Mann vom fliegenden Personal sind gefallen.

Stalingrad: Verzweifelt versuchen die deutschen Kanoniere, den Angriff der sowjetischen Panzer abzuwehren

Die ganze Nacht hindurch dauert das Artillerieduell: Die deutschen Batterien verschießen ihre letzten Munitionsbestände

Februar 1943

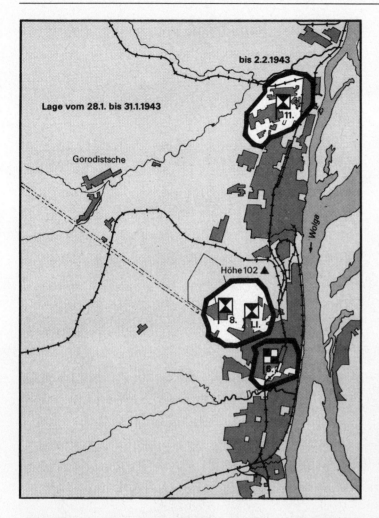

Das Ende: In drei kleinen Kesseln leisten die Deutschen in den Trümmern von Stalingrad noch einige Tage lang Widerstand

Beketowka, im Hauptquartier von General Schumilow: Generalfeldmarschall Paulus trifft zu einem Gespräch ein

Von den seit 22. November 1942 im Kessel eingeschlossenen rund 260 000 Soldaten sind am Tag der Kapitulation nur noch etwa 90 000 bis 95 000 Mann am Leben. Die übrigen, wenn nicht als Verwundete oder Spezialisten ausgeflogen, sind gefallen, durch Erschöpfung und Unterkühlung gestorben oder verhungert. Zu den in Stalingrad untergegangenen Verbänden gehören: das XIV. Panzerkorps (GenLt. Schlömer), das IV. Armeekorps (Gen. d. Art. Pfeffer), das VIII. Armeekorps (GenOberst Heitz), das XI. Armeekorps (Gen. Strecker) und das LI. Armeekorps (Gen. d. Art. von Seydlitz-Kurzbach). Damit haben folgende Divisionen aufgehört zu existieren: die 14., 16. und 24. Panzerdivision, die 3., 29. und 60. mot. Division, die 44., 71., 76., 79., 94., 100. (Jäger), 113., 295., 297., 305., 371., 376., 384. und 389. Infanteriedivision. Aufgerieben sind ferner die 9. Flakdivision (mot.), die rumänische 1. Kavalleriedivision und die rumänische 20. Infanteriedivision sowie kroatische Einheiten. Durch ihr monatelanges Ausharren hat die 6. Armee etwa 80 sowjetische Verbände an diesem Frontabschnitt gebunden, dadurch die Rückführung der deutschen Divisionen aus dem Kaukasus wesentlich erleichtert und die hartnäckige Verteidigung von Rostow ermöglicht. Nach der Kapitulation von Stalingrad wird die 4. Panzerarmee hinter den Don zurückgenommen.

Am Montag, dem 8. Februar 1943, können Truppen der sowjetischen 60. Armee (GenLt. Tschernjachowski) den wichtigen Eisenbahnknotenpunkt Kursk zurückerobern. Und am Tag darauf besetzt die 40. Armee (GenLt. Moskalenko) Bjelgorod.

Am Sonntag, dem 14. Februar 1943, nimmt Hitler eine Umgliederung aller im Süden der Ostfront eingesetzten deutschen Verbände vor. Die bisherige Heeresgruppe Don wird in »Heeresgruppe Süd« unter dem Oberbefehl von GFM von Manstein umbenannt und die Heeresgruppe B (GFM von Weichs) aufgelöst. Die Heeresgruppe Süd, der jetzt alle deutschen Verbände aus dem Raum westlich von Kursk bis zum Asowschen Meer unterstehen, muß an diesem Tag Rostow und Woroschilowgrad räumen.

Am Montag, dem 15. Februar 1943, erreichen die Reste des VII. Armeekorps (Gen. d. Art. Hell) und des XIII. Armeekorps (Gen. d. Inf. Straube) wieder die deutschen Linien. Die seit dem 26. Januar 1943 von der Roten Armee bei Kastornoje eingekesselten beiden Armeekorps haben es – wenn auch unter hohen Verlusten – geschafft,

1943 Februar

Bei grimmiger Kälte ziehen die Verteidiger von Stalingrad in langen Kolonnen in die Gefangenschaft

General Helmuth Schlömer

sich durch die sowjetische 40. Armee (GenLt. Moskalenko) nach Westen durchzuschlagen.

Charkow wird geräumt

An diesem 15. Februar 1943 gibt SS-Obergruppenf. Hausser seinem Panzerkorps (später II. SS-Panzerkorps) den Befehl, die 900 000 Einwohner zählende Stadt Charkow zu räumen, um seine Soldaten vor einer drohenden Einkesselung zu bewahren.

Februar 1943

Raum Bjelgorod, Februar 1943: In einer improvisierten Verteidigungslinie versuchen die deutschen Truppen, die vordrängenden sowjetischen Verbände aufzuhalten

Bevor die Vorstädte von Rostow geräumt werden, steckt man die Häuser in Brand

Hausser setzt sich damit über den ausdrücklichen Befehl Hitlers hinweg, Charkow »bis zum letzten« zu halten.

Durch die Vorausabteilungen der Roten Armee, die nur noch 60 Kilometer vom Dnjepr entfernt sind, entsteht eine bedrohliche Situation. Drei deutsche Heeresgruppen mit sieben Armeen und einer Million Soldaten sind jetzt der Gefahr einer Einkesselung durch die achtfach überlegenen sowjetischen Kräfte ausgesetzt. Schon klafft zwischen Woroschilowgrad und Bjelgorod eine 300 Kilometer breite Lücke, als Hitler endlich einer Räumung von Demjansk und Rshew zustimmt, damit Kräfte frei werden, um diese Lücke zu schließen. Nachdem die Don-Brücken gesprengt sind, ziehen sich die Deutschen auch aus Rostow zurück.

Die Verteidigung am Mius übernimmt jetzt die in »6. Armee« umbenannte bisherige Armeeabteilung Hollidt. Im Süden von Charkow hat die sowjetische 6. Armee (GenMaj. Charitonow) die Front in einem großen Bogen westwärts vorverlegt. Inzwischen bereitet GFM von Manstein eine deutsche Gegenoffensive vor, für die ihm im Bereich der Heeresgruppe Süd größere Panzerverbände zur Verfügung stehen.

Am Montag, dem 22. Februar 1943, beginnt die Heeresgruppe Süd zwischen Dnjepr und Donez mit der 1. Panzerarmee (Gen. d. Kav. von Mackensen), der 4. Panzerarmee (GenOberst Hoth) und der Armeeabteilung Kempf ihre Offensive gegen die Woronesch- und Südwestfront. Die erforderliche Luftunterstützung gibt die

1943 Februar

»Der Seiltanz nähert sich dem Ende« – *eine sowjetische Karikatur aus dem Jahre 1943*

Am Frontbogen um Rshew

Am Montag, dem 1. März 1943, erläßt das OKH die durch Hitler lange verzögerte Anweisung, den Frontbogen um Rshew, Gschatsk sowie Wjasma zu räumen und die dort eingesetzten Verbände der 4. und 9. Armee bis auf die sogenannte »Büffel«-Stellung zurückzunehmen. Durch diese Begradigung, die bis zum 16. März dauert, wird die Frontlinie im Bereich der Heeresgruppe Mitte (GFM von Kluge) um etwa 230 Kilometer verkürzt. Das bedeutet eine Einsparung von 20 bis 22 Divisionen, die nun für den Einsatz bei künftigen Großoperationen bereitstehen.

Am Dienstag, dem 2. März 1943, führt die am 22. Februar angelaufene deutsche Gegenoffensive zur Einnahme von Slawjansk und Bogoroditschno durch die 1. Panzerarmee (Gen. d. Kav. von Mackensen). Gleichzeitig gelingt es der 4. Armee (GenOberst Heinrici), bei Balakleja einen Brückenkopf über den Donez zu bilden.

Am Sonnabend, dem 6. März 1943, treten im Raum westlich Charkow die 4. Panzerarmee (GenOberst Hoth) und die Armeeabteilung Kempf zu einem Gegenstoß gegen die sowjetische 3. Panzerarmee (GenMaj. Rybalko) und die 69. Armee (GenLt. Kasakow) an.

Am Dienstag, dem 16. März 1943, gelingt es dem zur Heeresgruppe Süd gehörenden II. SS-Panzerkorps (SS-Obergruppenf. Hausser), Teile der sowjetischen 3. Panzerarmee aufzureiben und Charkow zurückzuerobern. Damit haben in diesem Frontbereich die Deutschen wieder die Initiative an sich gerissen. Für den Oberbefehlshaber der Heeresgruppe Süd (GFM von Manstein) geht es darum, seine Offensive möglichst schnell und erfolgreich durchzuführen, solange noch winterliche Temperaturen herrschen und der Boden gefroren ist, da die zu erwartende Schneeschmelze alle Bewegungen über Wochen hinaus unmöglich machen wird.

Am selben Tag findet auch die am 1. März begonnene »Büffel«-Bewegung, die Räumung des Frontbogens um Rshew, ihren Abschluß. Die Hälfte der 4. Armee (GenOberst Heinrici) und fast die gesamte 9. Armee (GenOberst Model) – zusammen 29 Divisionen mit rund 250 000 Mann – gehen staffelförmig 160 Kilometer in die neue Linie Spas-Demensk-Byelyi-Newel zurück. Das zwischen ihnen und dem Gegner liegende Gelände ist von den Nachhuten vermint worden. Trotz eines Zwischenhalts von ein bis zwei Tagen ist die Rücknahme der Front in weniger als drei Wochen abgeschlossen.

Die sofort einsetzenden sowjetischen Panzerangriffe auf die neuen deutschen Stellungen werden unter schweren Verlusten für die Rotarmisten zurückgewiesen. Die Ende Februar zwischen der deutschen 2. Armee und der 2. Panzerarmee durchgebrochenen Sowjets können sofort von einem Teil der durch Frontbegradigung freigewordenen deutschen Divisionen abgefangen werden.

Am Donnerstag, dem 18. März 1943, werden im Raum südostwärts Charkow die Reste der sowjetischen 3. Pan-

Luftflotte 4 (GFM von Richthofen). Dabei stellt sich heraus, daß die deutsche Gegenoffensive in eine gerade anlaufende Angriffsoperation der Sowjets hineinstößt, die das Ziel hat, den Dnjepr zu erreichen.

GFM von Manstein täuscht jedoch zunächst die Führung der Roten Armee, indem er seine gepanzerten und motorisierten Verbände noch zurückhält, um beim Gegner den Eindruck zu erwecken, er wolle nur hinhaltenden Widerstand leisten. Erst kurz vor Angriffsbeginn beziehen die deutschen Panzerdivisionen ihre Bereitstellungen. Damit ist von Manstein, der als bester Stratege der Wehrmacht gilt, in der Lage, die vom eigenen Angriff erschöpften Verbände der Roten Armee, die nur noch über unzulängliche Treibstoffreserven verfügen, mit seinen sieben schnellen Divisionen in die Zange zu nehmen. Das sowjetische Oberkommando STAWKA erkennt die sich hier abzeichnende Bedrohung zu spät, um verhindern zu können, daß die Panzergruppe des GenLt. Popow und die sowjetische 6. Armee in einer geradezu klassischen Panzerschlacht aufgerieben werden.

Am Sonntag, dem 28. Februar 1943, stehen die Divisionen der Heeresgruppe Süd wieder in breiter Front am Donez. Auf sowjetischer Seite entsteht eine 200 Kilometer breite Frontlücke, die die STAWKA veranlaßt, die Angriffsoperationen der Woronesch-Front einzustellen.

März 1943

Deutsches Reich 1943: Drei Sondermarken zum Tag der Jugend und zum Heldengedenktag

Kampfflugzeuge Junkers Ju 88 im Anflug auf ein sowjetisches Industriezentrum

In einem Schützengraben zwischen gefallenen Kameraden wartet ein Stoßtrupp auf den Einsatzbefehl

1943 März

General Otto von Knobelsdorff und General Joachim Lemelsen

Ostfront, Frühjahr 1943: Der Beginn der Schlammperiode bedeutet eine willkommene Kampfpause für Freund und Feind

Auf einem Feldflugplatz im mittleren Frontabschnitt: Die letzten Vorbereitungen für den Einsatz gegen sowjetische Industriezentren

April 1943

zerarmee vom deutschen XXXXVIII. Panzerkorps (Gen. d. Pz.Tr. von Knobelsdorff) vernichtet. Unterdessen setzt ein konzentrischer Angriff der 4. Panzerarmee (GenOberst Hoth) und des II. SS-Panzerkorps gegen Bjelgorod ein. Mit Unterstützung der Luftflotte 4 wird der hartnäckige Widerstand der sowjetischen 69. Armee niedergekämpft und die Stadt in deutsche Hand gebracht.

Nach dieser offensiven Beseitigung des gefährlichen sowjetischen Frontvorsprungs zum Dnjepr sind insgesamt 52 Großverbände der Roten Armee – darunter vier Armeen mit sieben Panzerkorps und zwei Kavalleriekorps – aufgerieben. Die daran beteiligten 12 deutschen Panzerdivisionen haben damit die noch vorhandene Schlagkraft der Wehrmacht bewiesen.

Schlammperiode setzt ein

Mit Beginn der Ende März einsetzenden Schlammperiode geht die Winterschlacht an der Ostfront nach vier Monaten zu Ende. Die Verbände der Roten Armee haben nicht verhindern können, daß die erfolgreiche Offensive der Wehrmacht im Südabschnitt dazu geführt hat, eine neue Frontlinie zu bilden. Die Heeresgruppe Süd hat bis zum Frühjahr 1943 durch Stabilisierung einer geraden Verteidigungslinie von Tanganrog bis Bjelgorod einen Frontverlauf zurückgewonnen, der etwa dem Stand vor der deutschen Sommeroffensive 1942 entspricht.

Nicht weniger erfolgreich gehen Ende März die deutschen Abwehrkämpfe an den übrigen Frontabschnitten zu Ende. Mindestens 10 000 Tote und 423 Panzer betragen die Verluste der Roten Armee beim Kampf um Demjansk. Ein deutscher Plan, in den Kursker Bogen vorzustoßen, muß jedoch wegen Erschöpfung der Truppe und der einsetzenden Schlammperiode aufgegeben werden. Doch gerade diese Schlammperiode läßt die deutschen Divisionen nach Monaten schwerster Kämpfe wieder etwas zur Ruhe kommen und gibt ihnen Gelegenheit zur personellen und materiellen Auffrischung.

Am Donnerstag, dem 1. April 1943, werden die Panzereinheiten strukturell verändert. Die schnellen Truppen erhalten die Bezeichnung Panzertruppen, und aus den mot. Infanteriedivisionen werden Panzergrenadierdivisionen.

Am Montag, dem 5. April 1943, schließt die 17. Armee (GenOberst Ruoff) die Verlegung ihrer Verbände ab. Das V. Armeekorps (Gen. d. Inf. Wetzel), das XXXXIV. Armeekorps (Gen. d. Art. de Angelis) sowie das XXXXIX. Gebirgskorps (Gen. d. Geb.Tr. Konrad) befinden sich jetzt in den Verteidigungsstellungen des sogenannten »Gotenkopfes«.

Am Sonntag, dem 18. April 1943, gibt Hitler dem Drängen Mussolinis nach und läßt das der Heeresgruppe Mitte unterstellte italienische II. Armeekorps in die Heimat zurückverlegen. Das bedeutet das Ende des Einsatzes italienischer Truppen an der Ostfront.

Die Opfer von Katyn

Am 13. April 1943 entdecken deutsche Truppen in der Nähe des Dorfes Katyn bei Smolensk auf dem Gelände eines Erholungszentrums der sowjetischen Geheimpolizei Massengräber mit 4005 Leichen polnischer Offiziere, von denen 2730 später identifiziert werden können. Eine Ärztekommission aus den mit Deutschland verbündeten und besetzten Ländern sowie aus der Schweiz stellt fest, daß der Tod – durch Genickschuß verursacht – bereits im Frühjahr 1940 erfolgt ist.

Nach Angaben der polnischen Exilregierung in London, die eine neutrale Kommission fordert, gehören diese Toten zu den 15 000 polnischen Offizieren, die seit September 1939 in der Sowjetunion vermißt werden. Stalin beantwortet diese Erklärung am 26. April 1943 mit dem ihm willkommenen Abbruch der diplomatischen Beziehungen zur polnischen Exilregierung. Moskau belastet dagegen die deutsche Seite mit dem Verbrechen. Die NS-Propaganda ihrerseits nutzt die Entdeckung der Massengräber zur verstärkten antisowjetischen Propaganda.

1943 April

Im April 1943 konzentrieren sich die sowjetischen Luftangriffe auf die stark belegten Flugplätze der Deutschen auf der Krim sowie auf den Schiffsverkehr über die Straße von Kertsch zum Brückenkopf am Kuban. Die rollenden Einsätze der Sowjets verhindern die von den Deutschen beabsichtigte Erweiterung des Brückenkopfes.

Abgesehen vom Kuban-Brückenkopf herrscht im Mai 1943 an der Ostfront relative Ruhe. Lediglich im Kursker Bogen verstärken die Sowjets und auch die Deutschen ihre Verbände und beginnen mit dem Ausbau ihrer Verteidigungsstellungen. Unterdessen werden im Bereich der Heeresgruppe Mitte gegen die immer stärker werdenden Partisaneneinheiten umfangreiche Aktionen durchgeführt: bei dem XXXXVII. Panzerkorps (Gen. d. Pz.Tr. Lemelsen) der 2. Panzerarmee das Unternehmen »Zigeunerbaron«, bei dem LV. Armeekorps (Gen. d. Inf. Jaschke) die Operation »Freischütz«, bei der 3. Panzerarmee das Unternehmen »Maigewitter« und bei der 4. Armee die Operation »Nachbarschaftshilfe«.

Bomben auf Gorki

Am Donnerstag, dem 3. Juni 1943, starten um 20.00 Uhr 168 Maschinen – überwiegend He 111 – der zur Luftflotte 4 (GFM Frhr. von Richthofen) gehörenden Kampfgeschwader KG 3, KG 4, KG 27, KG 55 und KG 100 zu einem operativen Einsatz, der sich gegen eine der größten sowjetischen Panzerproduktionsstätten diesseits des Urals, das Molotow-Kombinat in Gorki, richtet. Angeblich sollen dort jede Woche

Ostfront 1943, im Mittelabschnitt: Zwangsverpflichtete Frauen aus den umliegenden Dörfern müssen beim Ausladen der Munition helfen

Sowjetische Partisanen auf einem Streifzug hinter der deutschen Frontlinie im Sommer 1943

Juli 1943

800 Kampfwagen der berühmten Baureihe T-34 hergestellt werden. Als Navigationshilfe dient den Kampfgeschwadern der Moskauer Sender. Um nicht in den Flakriegel der sowjetischen Hauptstadt zu geraten, wird Moskau in großem Bogen umflogen und das Ziel gegen Mitternacht erreicht. Aus 4000 bis 6000 Meter Höhe werden 224 Tonnen Bomben abgeworfen. Fünf Maschinen kehren nicht zurück. Dieser Angriff ist der Auftakt einer Serie von Bombardements, mit der die Luftwaffe noch vor Beginn der deutschen Sommeroffensive die Molotow-Werke ausschalten will.

Bereits in der Nacht vom 4./5. Juni 1943 erfolgt der zweite Angriff auf das Molotow-Kombinat, diesmal mit 128 Maschinen, die 179 Tonnen Bomben an Bord haben. Und in der darauffolgenden Nacht gehen weitere 242 Tonnen Bomben auf die Molotow-Werke nieder.

Zum vierten Angriff auf Gorki starten die Bomberverbände in der Nacht vom 7./8. Juni 1943, diesmal allerdings nur mit 20 Maschinen, die 39 Tonnen Bomben geladen haben. Agentenmeldungen zufolge hat man nach diesem Bombardement die Produktion für sechs Wochen einstellen müssen – in Wahrheit läuft sie unverändert weiter. Zu einem erneuten Einsatz starten 109 Bomber der Luftflotte 4 in der Nacht vom 9./10. Juni 1943 mit 190 Tonnen Sprengbomben. Das Ziel ist diesmal das Kombinat für synthetischen Gummi in Jaroslawl.

Hitler legt am Freitag, dem 25. Juni 1943, den Termin für die Sommeroffensive fest; Anfang Juli sind die Vorbereitungen abgeschlossen. Das Unternehmen »Zitadelle«, der Angriff gegen die sowjetischen Stellungen im Raum Kursk/Orel, soll am 5. Juli 1943 beginnen. Mit diesem Unternehmen will das Oberkommando der Wehrmacht die strategische Initiative und zugleich die Luftherrschaft an der Ostfront zurückgewinnen.

Die Deutschen haben für die Offensive in dem nur 150 Kilometer langen Kursker Bogen 50 Divisionen, darunter 14 Panzerdivisionen und zwei mot. Divisionen, mit insgesamt 900 000 Mann, 10 000 Geschützen, 800 Sturmgeschützen sowie etwa 2000 Panzern, davon 205 Panther und 90 Tiger, bereitgestellt. Die Gruppe Nord umfaßt die Heeresgruppe Mitte (GFM von Kluge) mit der 9. Armee (GenOberst Model) und der 2. Panzerarmee (Gen. d. Pz.Tr. Rudolf Schmidt), dazu sieben Infanteriedivisionen, sechs Panzerdivisionen und zwei Panzergrenadierdivisionen. Zur Unterstützung des beabsichtigten Zangenangriffs der Heeresverbände hat die Luftwaffe aus dem Reich sowie aus den meisten Kampfgebieten der Ostfront Verbände zusammengezogen und mit 1800 Flugzeugen zwei Schwerpunkte gebildet. Mit der erprobten Blitzkriegtaktik sollen die sowjetischen Luftstreitkräfte schon am Boden überrascht und vernichtet werden, danach die deutschen Panzerdivisionen beim Angriff Hilfe erhalten.

Die Luftflotte 4 (jetzt GenOberst Deßloch) mit dem I. Fliegerkorps (Gen. d. Fl. Förster), dem IV. Fliegerkorps (Gen. d. Fl. Pflugbeil) und dem VIII. Fliegerkorps (Gen. d. Fl. Seidemann), dazu zwei Gruppen und drei Staffeln der ungarischen Luftstreitkräfte sowie starke Flakverbände gelangen bei der 4. Panzerarmee (GenOberst Hoth) und der Armeeabteilung Kempf zum Einsatz. Die

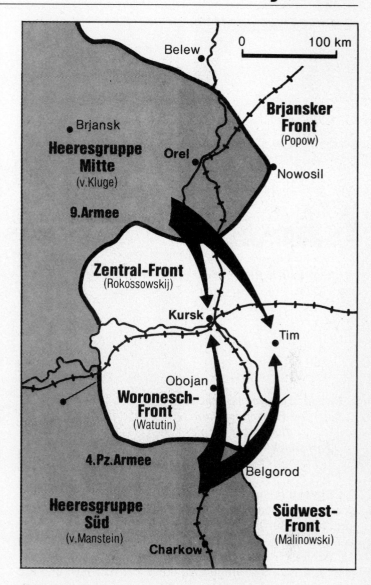

Die geplante deutsche Offensive gegen Kursk und Orel

General Maximilian de Angelis   *General Walter Model*

1943 Juli

General Robert Ritter von Greim

Razzia in einem russischen Dorf: Die Feldgendarmerie durchsucht die als Partisanen verdächtigten Bauern

Luftflotte 6 (GenOberst Ritter von Greim) mit der 1. Fliegerdivision (Gen. d. Fl. Deichmann) und der 12. Flakdivision (Gen. Buffe) steht der 9. Armee (GenOberst Model) zur Verfügung. Die 9. Armee wird gegen die sowjetische 13. Armee (GenLt. Puchow) und die 70. Armee (Armeegen. Rokossowski) eingesetzt, die 4. Panzerarmee und die Kampfgruppe Kempf gegen die sowjetischen Gardearmeen 6 (GenLt. Tschistjakow) und 7 (GenLt. Schumilow).

Unternehmen »Zitadelle«

Am Sonntag, dem 4. Juli 1943, beginnt um 15.00 Uhr im Südabschnitt des Kursker Bogens die deutsche Artillerie mit dem Beschuß der sowjetischen Linien. GenOberst Zeitzler, Chef des Generalstabs des Heeres, hat den Plan für das Unternehmen »Zitadelle« erarbeitet, das die Sowjets entscheidend schwächen soll. GenOberst Model, Oberbefehlshaber der 9. Armee, die nördlich des Frontvorsprungs von Kursk steht, äußert größte Bedenken gegen den Plan. Er geht davon aus, daß die Sowjets den Angriff gerade hier erwarten und deshalb mit solcher Kraft Widerstand leisten werden, daß der Plan scheitern muß. Dagegen hält GFM Keitel den Angriff aus politischen Gründen für unabdingbar. Dazu GenOberst Guderian: »Es ist der Welt völlig gleichgültig, ob wir Kursk haben oder nicht ... Wozu wollen wir im Osten in diesem Jahr überhaupt angreifen?« Guderian möchte 1943 auf jeden Angriff verzichten, statt dessen die Panzerdivisionen auf ihre alte Sollstärke von je 400 Panzern auffüllen und dann 1944 erfolgversprechende Großangriffe beginnen. Er kann sich aber mit seinem Konzept nicht durchsetzen.

Später erweist sich, daß Model recht hatte: Die Sowjets sind nämlich sehr gut vorbereitet, um die deutschen Angriffe abwehren zu können. STAWKA ist durch seinen Geheimdienst über die Planung des OKW genau informiert und kann daher die erforderlichen Gegenmaßnahmen treffen, und da die Sowjets im Raum Kursk recht stark sind, kommt ihnen ein deutscher Angriff gerade in diesem Bereich durchaus gelegen. Die Zentralfront (Armeegen. Rokossowski) und die Woronesch-Front (Armeegen. Watutin) verfügen über 1,3 Millionen Mann, nahezu 20 000 Geschütze und Granatwerfer, etwa 3600 Panzer und Selbstfahrlafetten sowie 2600 Flugzeuge. An Menschen und Material sind die Sowjets eindeutig überlegen. Die rückwärtigen Linien verteidigen die Reservearmeen der Steppenfront (Armeegen. Konjew).

Die Rote Armee ist auch in dem Vorteil, daß sie in den vergangenen Monaten am Kursker Frontabschnitt außerordentlich starke, tief in den zu verteidigenden Raum reichende Befestigungsanlagen errichtet hat, die kaum zu erstürmen sind. Vor allem aber sind dem sowjetischen Nachrichtendienst Tag und Stunde des Angriffs bekannt.

Juli 1943

Am Montag, dem 5. Juli 1943, nimmt die sowjetische Artillerie noch vor Sonnenaufgang die deutschen Bereitstellungen unter massiven Beschuß, was bereits beträchtliche Verluste auf deutscher Seite verursacht. Das Unternehmen »Zitadelle« hat begonnen.

Der neue Panzertyp »Panther« erlebt hier seine Feuertaufe. Da er sehr übereilt produziert wurde, fallen mehr »Panther« durch technische Mängel als durch die sowjetische Pak aus. Auch die schweren Jagdpanzer »Ferdinand« (68 t), ausgerüstet mit nahezu unzerstörbarer Panzerung und einer schwerkalibrigen 8,8-cm-Kanone, erweisen sich als wenig vorteilhaft für die Bekämpfung sowjetischer Infanterie, weil ihnen ein Maschinengewehr zur Selbstverteidigung fehlt. So müssen die Besatzungen mit ihren schweren 8,8-cm-Kanonen sogar auf einzeln angreifende Infanteristen feuern. Im nördlichen Frontabschnitt setzen die Deutschen sechs Panzerdivisionen und zwei Panzergrenadierdivisionen ein, im südlichen Raum elf Panzerdivisionen und drei Sturmgeschützbrigaden. Weitere Verbände halten sie in der Reserve. Minenfelder und starkes sowjetisches Abwehrfeuer machen den Panzerregimentern schwer zu schaffen. Entscheidende Durchbrüche gelingen den Panzerverbänden auf der ganzen Frontlinie nicht, weder durch den Einsatz von Tigern noch von Panthern. Wo einzelne Panzer, besonders vom Typ Tiger 1 und Ferdinand, durchbrechen können, geraten sie schnell in die Isolierung und werden zerstört. Die nachrückenden Panzergrenadiere empfängt heftiges sowjetisches MG-Feuer.

Deutsche Panzer und Artillerie in Erwartung eines sowjetischen Vorstoßes

Der sowjetische General Ivan S. Konjew

Der sowjetische General Konstantin K. Rokossowski

1943 Juli

Ostfront 1943: Der asymmetrisch gebaute Aufklärer von Blohm & Voss, BV.141, am Start

Das Sturzkampfflugzeug Junkers Ju 87 ist für die sowjetischen Panzerfahrer ein gefürchteter Gegner

Finnland 1943: Wohltätigkeitsausgabe zugunsten der Nationalhilfe

Rumänien 1943: Sondermarke zugunsten des Roten Kreuzes

Juli 1943

Deutsche Panzer rollen in die Bereitstellung. Die äußerst starken sowjetischen Feldbefestigungen sowie die Panzerabwehr im Raum Kursk/Orel erweisen sich als unüberwindliches Hindernis während des Unternehmens »Zitadelle«

Gewaltige Panzerschlacht

Am Sonntag, dem 11. Juli 1943, erzielen die Verbände der 4. Panzerarmee und die Armeeabteilung Kempf bei ihrem Vorstoß auf Prochorowka Anfangserfolge, die sie am nächsten Tag erweitern sollen. Demgegenüber drängen die Panzerspitzen der sowjetischen Brjansker Front (GenOberst Popow) sowie der linke Flügel der Westfront (Armeegen. Sokolowski), danach die Sturmverbände der beiden Fronten, gegen die 2. Panzerarmee (Gen. d. Pz.Tr. Rudolf Schmidt), deren Aufgabe es ist, Orel von Osten und Norden her abzusichern.

Um der 4. Panzerarmee den Durchbruch durch die stark befestigten sowjetischen Verteidigungslinien zu ermöglichen, setzt die Luftwaffe Stukas, Bomber, Schlachtflieger und Panzerjägerstaffeln in einer Gesamtstärke von 800 Maschinen ein. Sie stehen am 5. Juli um 3.00 Uhr morgens einsatzbereit, als von der Luftaufklärung gemeldet wird, daß sich 132 sowjetische Schlacht- und 285 Jagdmaschinen der 17. Luftarmee (Gen. Sudez) im Anflug auf die Flugplätze des VIII. Fliegerkorps befinden. Die Jäger des JG 3 »Udet« starten sofort und schießen innerhalb kurzer Zeit 120 sowjetische Flugzeuge ab. Die Rote Luftflotte verliert an diesem Tag 432 Maschinen, die Luftwaffe dagegen nur 26. Damit haben die Deutschen im Südabschnitt die Luftherrschaft errungen.

Am Donnerstag, dem 8. Juli 1943, können die neuen Henschel Hs 129 der IV. (Panzerjäger-)Gruppe des Schlachtgeschwaders 9 (Hptm. B. Meyer) eine sowjetische Panzerbrigade fast vollständig aufreiben. Trotzdem ist die Luftwaffe nicht mehr wie früher in der Lage, den Ablauf der Bodenkämpfe entscheidend zu beeinflussen.

Tags darauf, am 9. Juli 1943, finden die schwersten Kämpfe im südlichen Abschnitt des Kursker Bogens statt. Hier gelingt es der 4. Panzerarmee, in Richtung Obojan vorzustoßen und trotz erbitterten Widerstandes 35 Kilometer tief in die sowjetischen Linien einzubrechen.

Am Montag, dem 12. Juli 1943, beginnen im Raum Orel die West- und die Brjansker Front ihre Offensive. Gleichzeitig greift im Süden des Kursker Bogens die Woronesch-Front (Armeegen. Watutin) an. Diese prekäre Situation zwingt die Heeresgruppe Mitte, den Vormarsch der 9. Armee anzuhalten und einen Teil ihrer Kräfte für die Unterstützung der 2. Panzerarmee einzusetzen. Die Angriffe der drei sowjetischen Fronten bei Prochorowka führen zu der größten und wohl auch blutigsten Panzerschlacht des Zweiten Weltkrieges, in der das II. SS-Panzerkorps (SS-Obergruppenf. Hausser) und das III. Panzerkorps (Gen. d. Pz.Tr. Breith) mit der sowjetischen 5. Garde-Panzerarmee (GenLt. Rotmistrow) und der 5. Gardearmee (GenLt. Schadow) aufeinanderstoßen. Mehrere tausend Panzer operieren bei dieser Schlacht auf sehr engem Raum, unterstützt von starken Fliegerkräften. Als auch noch die Steppenfront (Armeegen. Konjew) in die Kämpfe eingreift, wird die Lage der deutschen Verbände immer kritischer. Inzwischen besitzen die Sowjets auch

1943 Juli

Der sowjetische General Wassilij D. Sokolowski

Noch am 10. 7. 1943 verschweigt die NS-Presse das Mißlingen der deutschen Sommeroffensive

Panzerkampfwagen IV mit Schürzen, die sie vor den Geschossen der sowjetischen Pak schützen sollen. Dieser Panzertyp trägt die Hauptlast der Kämpfe

Raum Orel, Juli 1943: Deutsche Panzer im Kampf mit einem sowjetischen motorisierten Verband

Juli 1943

Raum Kursk, Juli 1943, nach einem überraschenden Angriff sowjetischer Schlachtflieger: Deutsche Infanterie formiert sich zu einem neuen Vorstoß

die Luftherrschaft über diesem Raum, da sie 60 Prozent ihrer Fliegerkräfte hierher verlegt haben.

Eine wesentliche Ursache für das Mißlingen des deutschen Vorstoßes gegen den Südteil des Kursker Frontvorsprungs ist sicher in dem kräftigen Gegenvorstoß der Woronesch-Front zu sehen, zu der die 5. Garde-Panzerarmee und die 5. Gardearmee gehören. Nachdem es der Roten Armee gelungen ist, die deutschen Verbände zum Stehen zu bringen, müssen diese bereits am Abend sogar zur Verteidigung übergehen.

Obwohl die beiden deutschen Angriffskeile aus dem nördlichen und südlichen Abschnitt des Kursker Bogens nur noch 200 Kilometer voneinander entfernt sind, befiehlt Hitler am 13. Juli 1943 den Abbruch des Unternehmens »Zitadelle«, und am Donnerstag, dem 15. Juli 1943, erhalten die deutschen Verbände im Kursker Bogen den Befehl zum Rückzug in die Ausgangsstellungen. Damit ist die deutsche Offensivkraft an der Ostfront endgültig verloren, und das Gesetz des militärischen Handelns diktiert von nun an bis zum Ende des Krieges die Rote Armee. In der Schlacht von Kursk und Orel haben zwar die deutschen Fliegerkräfte und Bodenverbände noch einmal eng zusammengewirkt, doch ist die Entscheidung zugunsten der Sowjets ausgefallen, da sie über weitaus mehr Panzerabwehrgeschütze, verstärkt durch US-Panzer und eingegrabene T-34, verfügen und riesige Minenfelder sowie Panzerfallen angelegt haben. Auch die sowjetischen Schlachtflieger sind zahlenmäßig den deutschen Kampfflugzeugen überlegen. Die operativen Erfahrungen aus der Schlacht um Kursk und Orel nutzen die Sowjets in der anschließenden Sommeroffensive. Das Unternehmen »Zitadelle« hat enorme, unersetzliche Verluste an Menschen und Material gekostet und erweist sich als katastrophaler Fehlschlag, da dem Operationsplan in strategischer und taktischer Hinsicht jedes Überraschungsmoment fehlte.

Sowjetische Gegenoffensive

Am Sonnabend, dem 17. Juli 1943, gehen die Südwestfront (Armeegen. Malinowski) und die Südfront (GenOberst Tolbuchin) zur Offensive über und greifen am Donez, bei Isjum und am Mius die deutschen Stellungen an. Damit gerät jetzt die gesamte Ostfront in Bewegung.

771

1943 Juli

Frontabschnitt Kursk, Juli 1943: Sowjetische Infanterie geht mit Unterstützung der Artillerie zum Angriff vor

Im Raum Bjelgorod, Juli 1943: Soldaten der sowjetischen 7. Gardearmee der Südwestfront durchqueren den Donez

September 1943

Auf dem Rückzug: Deutsche Panzer versuchen südlich von Tomarowka im Raum Bjelgorod, über einen morastigen Bach zu gelangen

Die deutsche Führung entschließt sich am Montag, dem 26. Juli 1943, den Frontvorsprung bei Kursk und Orel endgültig zu räumen. Durch die ständigen Angriffe der Sowjets kann der Rückzug nicht mehr geordnet vor sich gehen.

Am Montag, dem 2. August 1943, gelingt es der 1. Panzerarmee (GenOberst von Mackensen) zusammen mit der 6. Armee (Gen. d. Inf. Hollidt), die Verbände der Südwestfront und der Südfront, die am 17. Juli im Donez-Gebiet eine Offensive begonnen haben, zu zerschlagen. Die sowjetischen Verluste betragen 18000 Gefangene, 200 Geschütze und 700 Panzer.

Aus dem Raum nördlich und südlich von Bjelgorod gehen am nächsten Tag die Woronesch-Front (Armeegen. Watutin) und die Steppenfront (Armeegen. Konjew) gegen den Nordflügel der Heeresgruppe Süd (GFM von Manstein) zum Angriff in Richtung Bjelgorod/Charkow/Poltawa über. Mehr als 300 Partisanenabteilungen operieren gleichzeitig hinter den deutschen Linien und legen mit schlagartig einsetzenden Sprengungen von Bahnkörpern für zwei Tage den Schienenverkehr in das rückwärtige Gebiet der Heeresgruppe Süd lahm.

Am Donnerstag, dem 5. August 1943, beginnt auch die sowjetische Offensive gegen die Heeresgruppe Mitte (GFM von Kluge). Am selben Tag werden Bjelgorod von der 53. Armee (GenLt. Managorow) und Orel von den Panzereinheiten der 3. Armee (GenLt. Kolpaktschi) genommen. Nach diesen Erfolgen läßt Stalin in Moskau zum erstenmal in diesem Krieg von der Artillerie einen Siegessalut zu Ehren der Roten Armee abfeuern. Unterdessen befreien nach heftigen Straßenkämpfen die sowjetische 69. Armee (GenMaj. Krjutschenkin) und die 7. Gardearmee (GenLt. Schumilow) die wichtige ukrainische Stadt Charkow.

Vorstoß am Mius

Am Montag, dem 16. August 1943, geht die Südwestfront am Mius mit fünf Armeen gegen die deutsche 6. Armee vor und drängt sie in Richtung Stalino.

Zehn Tage später, am 26. August 1943, stößt die sowjetische Zentralfront (Armeegen. Rokossowski) mit den Hauptkräften am rechten Flügel in Richtung Nowgorod/Sewersk vor, kann dort aber wegen des starken Widerstandes keinen Einbruch erzielen. Dagegen gelingt es ihr am linken Flügel drei Tage später, Gluchow zu erobern. Daraufhin gruppiert Rokossowski seine Verbände um und setzt sie in Richtung Gluchow/Konotop ein. Diese Verbände können die Einbruchstelle auf 100 Kilometer Breite und 60 Kilometer Tiefe vergrößern.

In den ersten Septembertagen 1943 führen die Sowjets ihren größten Lastensegler-Einsatz durch. In 12 Nächten starten vom Flugplatz Staraja Tropa, nahe Welikije-Luki,

1943 September

Reiter einer Kosaken-Division der 4. Ukrainischen Front (Gen. Tolbuchin) verfolgen die sich zurückziehenden deutschen Verbände

Spätherbst 1943, in einem Dorf nahe Smolensk: Nach dem Rückzug deutscher Truppen

insgesamt 35 Lastensegler vom Typ Antonow A-7 mit je einem Piloten und sieben Mann und vom Typ Gribowski G-29 mit je einem Piloten und elf Mann, die von Maschinen 1–4 oder SB.250 geschleppt werden, um die Partisanenverbände im Bereich der 3. Stoßarmee (GenLt. Purkajew) massiert zu versorgen.

Sie landen in einer Waldschneise westlich von Idriza im Rücken der deutschen 16. Armee (GFM Busch) an der Nahtstelle zwischen der Heeresgruppe Nord (GFM von Küchler) und der Heeresgruppe Mitte (GFM von Kluge) auf improvisierten Landeplätzen. Außer dem Nachschub von 50 Tonnen befinden sich auch Spezialisten, Funker und Pioniere sowie militärische und politische Ausbilder an Bord, die die Partisanen unterstützen sollen.

Der Kuban-Brückenkopf wird am 7. September 1943 von der 17. Armee (GenOberst Jaenecke) planmäßig geräumt. Marine- und Pioniereinheiten sollen Truppen und Ausrüstung auf die Krim überführen.

Am 21. September 1943 überschreiten Panzerverbände der Zentralfront den Dnjepr beiderseits der Pripjet-Mündung in einer Breite von 80 Kilometern. Die neue deutsche Verteidigungslinie, die kaum befestigte Panther-Stellung, ist damit durchbrochen.

Oktober 1943

Rückzug an der gesamten Ostfront

Am Sonnabend, dem 24. September 1943, droht nördlich von Smolensk der Heeresgruppe Mitte die Umfassung durch die sowjetische 31. Armee (GenMaj. Gluzdowski), die 5. Armee (GenLt. Polenow) und die 68. Armee (GenLt. Schurawljew). Daher räumen die Deutschen Smolensk und Roslawl, um sich auf die Linie Rudnia–Kritschew zurückzuziehen. Auch die Westfront und die Kalinin-Front (Armeegen. Jeremenko) greifen an, wenn auch ohne Erfolg.

Südlich von Dnjepropetrowsk schafft es drei Tage später die sowjetische 7. Gardearmee (GenLt. Schumilow), einen Brückenkopf am Westufer des Flusses zu bilden. Gegenangriffen einer deutschen Panzerdivision und einer Panzergrenadierdivision gelingt es jedoch nicht, den Brückenkopf zu beseitigen.

Am Freitag, dem 1. Oktober 1943, rückt die Kalinin-Front in Richtung Newel, Witebsk und Orscha vor. Sieben Tage später nimmt die 3. Stoßarmee (GenLt. Giarasimow) Newel ein, während sich andere Verbände Polozk nähern und von drei Seiten in Richtung Witebsk vorstoßen. Von der STAWKA werden die sowjetischen Armeegruppen am Mittwoch, dem 20. Oktober 1943, umbenannt, und zwar die Woronesch-Front in Steppenfront, die Südwestfront und die Südfront in 1., 2. und 4. Ukrainische Front, die Kalinin-Front und die Baltische Front

Abschnitt Dnjepropetrowsk, September 1943: Ein nicht endender Flüchtlingsstrom zieht mit den deutschen Nachhuten in Richtung Westen

Griechenland 1943: Zuschlagsmarke zugunsten tuberkulöser Postbeamter

Bulgarien 1944: Sonderausgabe zu Ehren des verstorbenen Zaren Boris III.

1943 Oktober

Tieffliegerangriff eines sowjetischen Schlachtflugzeuges auf einen Flugplatz der Transportverbände: Die Flugzeugbesatzungen verstecken sich unter den Leitwerken

Immer weiter geht der Rückzug in Richtung Westen: Deutsche Soldaten ziehen an einem brennenden Dorf vorbei

Deutsches Reich 1943 Gedenkausgabe zum achtjährigen Bestehen des Reichsarbeitsdienstes

Dezember 1943

in 1. und 2. Baltische Front. Aus der Zentralfront wird jetzt die Weißrussische Front. Am Sonnabend, dem 23. Oktober 1943, greift die 4. Ukrainische Front (Armeegen. Tolbuchin) die Stellungen der 6. Armee (Gen. d. Inf. Hollidt) zwischen Saporoshje und Melitopol an, durchbricht sie und stößt weiter nach Südwesten vor. Erst die einsetzende Schlammperiode stabilisiert die Front wieder. In der Nacht vom 1./2. November 1943 gelingt der sowjetischen Nordkaukasus-Front (GenOberst Petrow) eine amphibische Landeoperation: Bei Jenikale nördlich von Kertsch landen Divisionen der 56. Armee (GenLt. Melnik) und in der Nähe von Eltigen südlich von Kertsch Verbände der 18. Armee (GenLt. Lesselidze), um über den Siwasch einen Brückenkopf zu bilden. Diese Operationen bewirken, daß die 17. Armee, die auf Weisung Hitlers die Räumung der Krim abbrechen mußte, im Norden abgeschnitten und gleichzeitig von Osten her bedroht wird. Am Mittwoch, dem 3. November 1943, rücken die Panzerverbände der 1. Ukrainischen Front (Armeegen. Watutin) aus ihren Brückenköpfen nördlich von Kiew gegen die 4. Panzerarmee (GenOberst Hoth) vor und durchbrechen deren Linien. Die Deutschen müssen daraufhin drei Tage später die ukrainische Hauptstadt Kiew aufgeben. GFM von Manstein versucht der bedrängten deutschen Panzerarmee am 11. November 1943 durch eine entlastende Offensive zu helfen. Mehrere deutsche Divisionen greifen am Sonnabend, dem 13. November 1943, Schitomir an. Der beabsichtigte weitere Vormarsch bleibt jedoch stecken. Am Montag, dem 15. November 1943, unternimmt das XXXXVIII. Panzerkorps (Gen. d. Pz.Tr. Balck) der 1. Panzerarmee einen Vorstoß gegen die sowjetische 1. Gardearmee (GenOberst Gretschko) und erobert Schitomir wieder zurück. Nach eigenen Meldungen werden 603 sowjetische Panzer und über 1200 Pak erbeutet oder vernichtet. Nördlich von Schitomir bringen die sowjetischen Truppen jedoch den deutschen Vorstoß wieder zum Stehen. Zwischen Witebsk und Newel beginnt am 13. Dezember 1943 die erste einer ganzen Serie von Abwehrschlachten: Gegen die sowjetische 1. Baltische Front (GenOberst Jeremenko) und die Westfront (GenOberst Sokolowski) werden die Verbände der 3. Panzerarmee (GenOberst Reinhardt) eingesetzt.

Am Mittwoch, dem 24. Dezember 1943, eröffnet westlich des Dnjepr zwischen Kiew und Schitomir die 1. Ukrainische Front ihre Offensive gegen die 4. Panzerarmee (jetzt Gen. d. Pz.Tr. Raus). Nachdem die Sowjets ihre Offensive durch vier Ukrainische Fronten sowie die 2. Weißrussische Front verstärkt haben, greifen sie jetzt in einer Breite von 800 Kilometern zwischen dem Pripjet-Gebiet und dem Schwarzen Meer an.

Die Konferenz von Teheran

Wichtigste politische Konferenz des Jahres 1943 wird die Begegnung Roosevelts, Churchills und Stalins in Teheran (28. November bis 1. Dezember). Verhandelt wird über die künftigen Grenzen in Osteuropa und die Möglichkeiten einer Aufteilung des Deutschen Reiches in Einzelstaaten. Als Führer des Widerstandes in Jugoslawien wird künftig nur noch Tito anerkannt. Außerdem besteht Einverständis darüber, daß der Iran nach Kriegsende seine Unabhängigkeit und Souveränität zurückerhält.

1943 Januar

Die Hölle auf Erden

Im Ghetto von Warschau kommt es am 18. Januar 1943 zum ersten Widerstand gegen die Deportation. Etwa 70 000 in Rüstungsbetrieben arbeitende Juden setzen sich – oft mit der Waffe in der Hand – gegen die systematische Räumung des Ghettos zur Wehr.

Zwei Tage später, am 20. Januar 1943, beginnen die Transporte aus dem Ghetto von Theresienstadt in das Vernichtungslager Auschwitz.

Seit dem 5. Februar 1943 finden acht Tage lang die ersten »Umsiedlungs«-Aktionen aus dem Ghetto von Bialystok statt, die meist in das Vernichtungslager Treblinka gehen.

Am Sonnabend, dem 27. Februar 1943, werden in Berlin Transporte mit jüdischen Rüstungsarbeitern zusammengestellt, die für das Vernichtungslager Auschwitz vorgesehen sind.

Während des ganzen März 1943 erfolgen Deportationen von Juden aus Prag und Wilna, aus Mazedonien und Luxemburg in das Vernichtungslager Treblinka; und die Juden aus Holland kommen in das Vernichtungslager Sobibor. In Kroatien wird bereits die zweite »Umsiedlung« der Juden durchgeführt.

Zu dieser Zeit entstehen in Auschwitz-Birkenau vier weitere Gaskammern und vier Krematorien. So wird es der NS-Führung ermöglicht, innerhalb von 24 Stunden etwa 60 000 Menschen umbringen und verbrennen zu lassen. Die Transporte werden nach ihrem Eintreffen in dem Vernichtungslager direkt aus den Zügen ohne Registrierung in die Gaskammern geleitet.

Alle Einwohner des am 13. März 1943 in Krakau aufgelösten Ghettos werden in das Vernichtungslager Auschwitz deportiert.

Am Montag, dem 15. März 1943, beginnt in Griechenland, vor allem aus Saloniki und Thrakien, der Abtransport jüdischer Bewohner in die Vernichtungslager im Generalgouvernement.

Als am 19. April 1943 die auf Befehl Himmlers mit der gewaltsamen Räumung des Warschauer Ghettos beauftragten Einheiten der Waffen-SS und der Polizei (SS-Brigadef. Stroop) in das Ghetto einmarschieren, eröffnen die Mitglieder der jüdischen Kampforganisation ZOB unter Führung von M. Anielewicz das Feuer. Bei dem Aufstand, der bis zum 16. Mai 1943 geführt wird, finden die meisten Ghettoeinwohner den Tod. Fast alle übrigen werden nach ihrer Gefangennahme in das Vernichtungslager Treblinka abtransportiert. Das Stadtviertel wird systematisch niedergebombt. Von den völlig unzureichend bewaffneten Aufständischen, etwa 2000 Männern und Frauen, überleben nur einige wenige.

Am 11. Juni 1943 befiehlt Himmler die Liquidierung aller Ghettos, die sich auf dem ehemaligen polnischen Gebiet befinden. Und zehn Tage später beginnt die Auflösung des Ghettos in Lemberg. Die dort noch verbliebenen 20 000 Menschen werden in Vernichtungslager deportiert.

November 1943

Am 25. Juni 1943 leisten die noch im Ghetto von Tschenstochau verbliebenen Juden Widerstand gegen die Deportation. Nach der blutigen Zerschlagung des Aufstandes wird das Ghetto vernichtet.

Am 2. August 1943 bricht in Treblinka, dem größten Vernichtungslager neben Auschwitz, in dem etwa 800 000 Juden ermordet worden sind, ein Aufstand aus, an dem etwa 1000 sogenannte Arbeitshäftlinge unter Führung des polnischen Hauptmanns Dr. Leichert beteiligt sind. Nach dem ungleichen Kampf mit den SS-Wachmannschaften gelingt es einem Teil der Häftlinge, das Lager in Brand zu stecken und zu entkommen. Danach werden von der SS die Gaskammern und Krematorien gesprengt und das Vernichtungslager dem Erdboden gleichgemacht, um die Spuren des Massenmordes zu verwischen.

Am 16. August 1943 kommt es auch während der Liquidation des Ghettos in Bialystok zum Aufstand. Die Mitglieder der jüdischen Widerstandsorganisation unter M. Tennenbaum liefern der SS mehrere Tage blutige Kämpfe.

Am 11. September 1943 beginnen die deutschen Behörden in Nizza und in anderen Städten an der französischen Mittelmeerküste mit Razzien auf Juden. Und am selben Tag tritt die SS zur Liquidierung des Ghettos in Lida und Minsk (Weißrußland) an. Ebenfalls am 11. September 1943 finden von Theresienstadt aus die »Familientransporte« in das Vernichtungslager Auschwitz statt.

Während am 23. September 1943 das Ghetto von Wilna liquidiert wird, organisiert die jüdische Widerstandsorganisation einen bewaffneten Aufstand. Der aussichtslose Kampf muß jedoch bereits am nächsten Tag aufgegeben werden.

Am 14. Oktober 1943 bricht auch in dem Vernichtungslager Sobibor, nahe Lublin, in dem etwa 250 000 Juden ermordet worden sind, ein Aufstand aus. Den Häftlingen – unter Führung des sowjetischen Offiziers A. Pieczorski – gelingt es, das Waffenlager der SS-Wachmannschaft zu erobern und den Stacheldrahtzaun zu durchbrechen. Etwa 300 Häftlinge entkommen aus dem Lager in die umliegenden Wälder, ein Teil von ihnen wird jedoch wieder eingefangen. Nach dem Aufstand zerstört die SS das Vernichtungslager völlig, um auch hier die Spuren des Massenmordes zu beseitigen.

Am 18. Oktober 1943 treffen im Lager Auschwitz die ersten Transporte mit Juden aus Rom ein.

Die im Vernichtungslager Majdanek noch verbliebenen 18 400 Juden werden im Rahmen der Aktion »Erntefest« am 3. November 1943 ermordet. Am selben Tag wird auch das Ghetto in Riga liquidiert; der Rest seiner Einwohner findet in den umliegenden Wäldern den Tod.

DER SEEKRIEG 1943

DIE WENDE AUF DEN WELTMEEREN

Zusammenbruch der deutschen U-Boot-Kriegführung · Die alliierte Großoffensive im Pazifik beginnt

In der Nacht zum 1. Januar 1943 erfährt Hitler aus einer Meldung von BBC London, daß das Flottenunternehmen der beiden schweren Kreuzer »Admiral Hipper« und »Lützow« in Begleitung von sechs Zerstörern gegen den britischen Geleitzug JW.51 B im Nordmeer gescheitert sein soll. Durch eine Störung der Nachrichtenverbindung zwischen Norwegen und Deutschland liegt dem Führerhauptquartier bisher noch kein offizieller Bericht der Seekriegsleitung vor.

Zwei Nächte später, in der Nacht vom 2./3. Januar 1943, starten die englischen U-Boote »Thunderbolt« (Cdr. Crouch) und »Trooper« (Lt. Wraight) von Malta aus einen Überraschungsangriff auf den italienischen Hafen Palermo (Sizilien). Die beiden Boote haben zwei in Druckzylindern befestigte, bemannte »Chariots«-Torpedos an Bord. Die den italienischen »Maiala«-Torpedoreitern ähnelnden Kleinkampfeinheiten sollen unter Führung von Capt. Sladen vor der Reede von Palermo ausgesetzt werden und nach Durchschneiden der Netzsperren in den Hafen eindringen, um Haftladungen an dem modernen italienischen Kreuzer »Ulpio Traiano« (3342 t) und dem Transporter »Viminale« (8657 BRT) zu befestigen. Die Explosion der Haftladungen verursacht an beiden Schiffen schwere Schäden, die bei »Ulpio Traiano« nicht mehr zu beheben sind. Von den »Chariots«-Besatzungen finden zwei den Tod, während die übrigen in Gefangenschaft geraten.

Am Mittwoch, dem 6. Januar 1943, läßt sich Großadm. Raeder in den Abendstunden zum Vortrag über die Seekriegslage bei Hitler melden. Ehe Raeder zu Wort kommen kann, wird er von Hitler mit derartigen Vorwürfen wegen des angeblichen Versagens der Überwassereinheiten, die nach seiner Meinung abzuwracken seien, überfallen, daß der Großadmiral um seine Ablösung als Oberbefehlshaber der Kriegsmarine bittet. Als Termin für den Rücktritt einigt man sich auf den 30. Januar 1943.

Am Freitag, dem 8. Januar 1943, unternimmt die aus sechs deutschen U-Booten bestehende Gruppe »Delphin« mit zwei weiteren U-Booten südlich der Azoren einen Angriff auf den schwach gesicherten, aus neun Tankern bestehenden Konvoi TM.1, der sich auf dem Weg

Deutsche Küstensicherungsfahrzeuge auf dem Marsch in ihr Einsatzgebiet

781

1943 Januar

Norwegen, Winter 1943: Der schwere Kreuzer »Admiral Hipper« wartet in seinem Stützpunkt nach dem gescheiterten Unternehmen gegen den Geleitzug JW.51 B auf einen neuen Einsatz

ins Mittelmeer befindet. Innerhalb von drei Tagen gelingt es der U-Boot-Gruppe, sieben von neun Tankern zu versenken. Besorgt muß Churchill feststellen, daß bis Ende 1942 die deutschen U-Boote mehr alliierte Schiffe versenkt haben, als durch Neubauten zu ersetzen sind. Zur Zeit hat der BdU 235 U-Boote im Einsatz, mehr als je zuvor.

Am Sonntag, dem 31. Januar 1943, verläßt der deutsche Hilfskreuzer Schiff 14 »Coronel« (Kpt. z. S. Thienemann) mit 350 Mann Besatzung an Bord die Ostsee, um im Mittel- und Südatlantik Handelskrieg zu führen. Der Hilfskreuzer »Coronel« ist das ehemalige, 1938 gebaute Frachtmotorschiff »Togo« – jetzt als holländischer Dampfer »Utrecht« getarnt –, ausgerüstet mit sechs 15-cm-Geschützen, sechs 4-cm-Flak, vier 2-cm-Zwillingsflak und mit vier Torpedorohren. An Bord befinden sich auch ein Flugzeug, ein Schnellboot und 93 Minen.

Am selben Tag wird Adm. Dönitz von Hitler zum Oberbefehlshaber der Kriegsmarine ernannt und gleichzeitig zum Großadmiral befördert, während Raeder formell den Titel »Admiralinspekteur der Kriegsmarine« erhält. Dönitz kann Hitler davon überzeugen, daß die großen Schiffe nicht abgewrackt werden, sondern nur dann zum Einsatz gelangen, wenn Aussichten auf Erfolg bestehen.

Ende Januar 1943 verfügt die deutsche U-Boot-Waffe über 400 Boote und hat damit ihren zahlenmäßigen Höchststand erreicht. Bei dieser Stärke ist es dem BdU möglich, gleichzeitig drei Gruppen mit entweder sieben, 17 oder 18 Booten einzusetzen. Doch wirken sich die Januarstürme im Nordatlantik auf die Versenkungsziffern aus. Im Januar 1943 versenken deutsche U-Boote im Atlantik, Mittelmeer und Nordmeer insgesamt 42 Handelsschiffe mit 218 449 BRT. Die eigenen Verluste betragen sechs U-Boote.

Die Geleitzugschlachten

Die Erfolge der im Februar 1943 beginnenden großen Geleitzugschlachten sind nicht zuletzt dem gut funktionierenden deutschen B-Dienst zu verdanken, dem es möglich ist, die Kursanweisungen der britischen Admiralität für die Geleitzüge zu entziffern. Selbst die täglichen Funkberichte über die U-Boot-Lage, die allen im Atlantik fahrenden alliierten Schiffen zugehen, werden vom B-Dienst abgehört.

Am Montag, dem 1. Februar 1943, wird im Nordatlantik der alliierte Schnellkonvoi HX.224, der von dem kanadischen Hafen Halifax nach England unterwegs ist, gesichtet. Daraufhin wird ein konzentrierter Angriff mehrerer deutscher U-Boote gegen den Konvoi eingeleitet. Die Rettung Schiffbrüchiger durch U 632 (KptLt. Karpf) läßt

Februar 1943

Deutsches Reich 1943, zwei Sondermarken zum Heldengedenktag: Ein U-Boot und ein Schnellboot

Nordmeer, Februar 1943, nach der Geleitzugschlacht: Ein brennender amerikanischer Transporter, mit Waffen und Ausrüstung für die Sowjetunion an Bord, sinkt

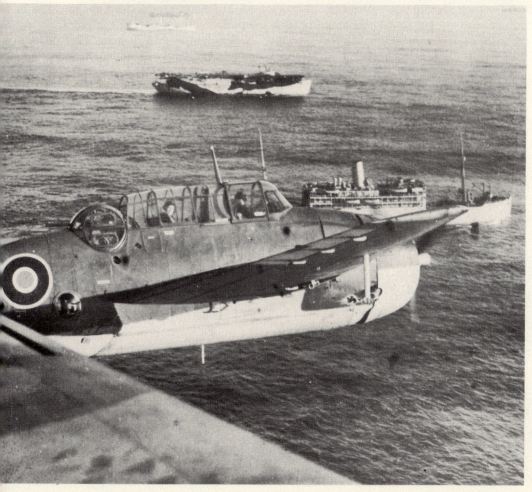

Der Torpedobomber Grumman TBF Avenger sichert einen alliierten Konvoi. Im Hintergrund der britische Träger »Tracker«

1943 Februar

weitere deutsche Erfolge in der Geleitzugbekämpfung erwarten; denn die Geretteten sagen aus, daß in Kürze ein langsam fahrender zweiter Konvoi SC.118 den gleichen Weg nehmen wird.

Am darauffolgenden Tag kommt es nach der Meldung von Karpf über die Annäherung des alliierten Konvois SC.118 zu einer Geleitzugschlacht zwischen 20 U-Booten der beiden Gruppen »Haudegen« und »Pfeil« und 12 Schiffen der Sicherungseskorte des Konvois. Den U-Booten gelingt es, 13 Schiffe bei nur drei eigenen Verlusten zu versenken. Die britische Admiralität nimmt die schwere Niederlage des stark gesicherten Konvois SC.118 zum Anlaß einer gründlichen Untersuchung der Ursachen. Es wird beschlossen, zur offensiven Taktik und einem verstärkten Zusammenwirken von Escort Groups und Support Groups überzugehen, die anstelle der Flugzeuge künftig die an den Konvoistrecken lauernden U-Boote angreifen sollen.

Kurs auf Trondheim

Am Sonntag, dem 14. Februar 1943, erhält der jetzt in Dünkirchen liegende deutsche Hilfskreuzer Schiff 14 »Coronel« Anweisung zur Rückkehr in die Ostsee, da er bei dem Versuch, durch den Ärmelkanal in den Atlantik durchzubrechen, bei Bombenangriffen alliierter Flugzeuge mehrere Treffer erhalten hat. Damit ist der letzte Versuch eines deutschen Hilfskreuzers, in den Atlantik zu gelangen, mißlungen. Die »Coronel« wird nun auf der Kieler Kriegsmarine-Werft umgebaut und unter dem alten Namen »Togo« als erstes Luft-Nachtjagd-Leitschiff im Großen Belt, nördlich von Langeland, eingesetzt.

Nach Kriegsende gehört die »Togo« übrigens zu den ersten Schiffen, die bereits ab dem 13. August 1945 wieder als Frachter fahren.

Am Donnerstag, dem 18. Februar 1943, erfährt der BdU aufgrund entzifferter Funksprüche des B-Dienstes, daß sich der Konvoi ON.166 auf dem Weg von England nach Halifax befindet. Daraufhin werden die starken U-Boot-Gruppen »Knappen« und »Ritter« in das betreffende Seegebiet entsandt, um diesen Geleitzug abzufangen. Als sich der Konvoi aus der Reichweite des Coastal Command entfernt hat, setzen die deutschen U-Boote zum Angriff an. Sie vernichten innerhalb von sechs Tagen nicht weniger als 14 Schiffe aus dem 40 Einheiten zählenden Konvoi.

Im Februar 1943 versenken deutsche U-Boote im Nordmeer, Atlantik, Mittelmeer sowie im Indischen Ozean insgesamt 68 Handelsschiffe mit 380 835 BRT. Die eigenen Verluste betragen 20 U-Boote.

Die alliierte Handelsschiffs-Produktion hat allerdings in diesem Monat zum erstenmal die von U-Booten versenkte Tonnage überschritten. Die monatlichen Neubauten übersteigen bereits 1 000 000 BRT.

Ab März 1943 wird der alliierte Geleitzugverkehr nach Murmansk bis zum Jahresende eingestellt. Die Lieferungen im Rahmen des »Lease-Lend«-Abkommens laufen

Golf von Biskaya, Frühjahr 1943: Ein leichter Bomber De Havilland Mosquito greift ein aufgetauchtes deutsches U-Boot an

März 1943

jetzt nahezu unbehelligt und mit nur geringen Verlusten durch das Mittelmeer, den Suezkanal bis zum Persischen Golf. Die zeitweilig nicht benötigten Sicherungseinheiten können nun zur Verstärkung der Support Groups eingeteilt werden.

In der Nacht vom 4./5. März 1943 versucht in der Biskaya ein Wellington-Kampfflugzeug der 172. RAF Squadron, das deutsche U-Boot U 333 (Oberlt. z. S. Schwaff) anzugreifen. Als das Flugzeug seine Scheinwerfer einschaltet, nutzt U 333 die Chance, es mit seiner 2-cm-Flak unter Feuer zu nehmen und den Wellington-Bomber abzuschießen.

Am Sonntag, dem 7. März 1943, kommt es im Nordatlantik wieder zu einer größeren Geleitzugschlacht, bei der zwei deutsche U-Boot-Gruppen den auf dem Weg von Halifax nach England befindlichen Großkonvoi SC.121 angreifen. Die U-Boote treffen auf einige Nachzügler, die durch heftigen Sturm dem Konvoi nicht folgen können. Davon gehen durch Torpedotreffer 13 Schiffe mit 62 000 BRT mit der gesamten Besatzung unter, ohne den U-Booten Verluste zufügen zu können.

Am Tag darauf verläßt das deutsche Schlachtschiff »Scharnhorst« (Kpt. z. S. Hoffmann) den Hafen von Gdingen (Gotenhafen) und nimmt Kurs auf Trondheim. Das stürmische Wetter schützt das Schlachtschiff vor Entdeckung, so daß es sich – wie vorgesehen – nahe dem norwegischen Hafen mit dem Schlachtschiff »Tirpitz« (Kpt. z. S. Topp) treffen kann.

Der gerade beendeten Verfolgung des Konvois SC.121 folgt am Donnerstag, dem 11. März 1943, eine weitere Geleitzugschlacht, bei der die aus 13 U-Booten beste-

Nordatlantik, Frühjahr 1943, ein Großkonvoi auf dem Weg von Kanada nach England: Bald wird es dunkel, und die U-Boot-Gefahr wächst

Mittelatlantik, Frühjahr 1943: Oft werden Träger und Schlachtschiffe als Konvoi-Sicherungskräfte eingesetzt. Vorn auf dem Deck des Trägers eine Fairey Albacore, dahinter eine Fairey Fulmar und im Hintergrund das Schlachtschiff »Duke of York«

1943 März

Nordatlantik, Frühjahr 1943: Mit hoher Fahrt und Kursänderungen versucht ein deutsches U-Boot, sich vor den Bomben und Bordwaffen eines britischen Flugbootes zu retten

Niederlande 1943: Sondermarke mit dem Porträt des holländischen Seehelden Tierk Hiddes de Vries

Niederlande 1943: Der holländische Seeheld Cornelis Everten jr.

hende Gruppe »Neuland« auf den Großkonvoi HX.228 stößt. Unter den 60 Frachtern dieses Geleitzuges, der mit einer Geschwindigkeit von 10 Knoten nach England unterwegs ist, befinden sich auch einige Truppentransporter. Da die Angreifer – bedingt durch den starken Geleitschutz – sehr stark behindert sind, gelingt es ihnen lediglich, 24174 BRT zu versenken, wobei jedoch zwei eigene U-Boote verlorengehen.

Am Dienstag, dem 16. März 1943, treffen 40 U-Boote der Gruppen »Dränger«, »Raubgraf« und »Stürmer« im Nordatlantik gleich auf zwei Großkonvois, den aus New York ausgelaufenen Schnellkonvoi HX.229 mit 38 Schiffen und den langsameren Geleitzug SC.122, der mit 61 Schiffen etwa die gleiche Route benutzt, um von Kanada nach England zu gelangen. Bis zum Abend ist es den U-Booten gelungen, 12 Schiffe zu versenken, davon hat allein U 338 (KptLt. Kinzel) mit fünf Torpedos vier Handelsschiffe zum Sinken gebracht.

Am nächsten Tag hat der Konvoi HX.229 den noch langsamer als vorgesehen fahrenden Geleitzug SC.122 eingeholt. Sie bilden nun eine nicht übersehbare, völlig ungeordnete und schwer zu manövrierende Schiffsansammlung, deren Sicherung kaum noch möglich ist. Nachdem die deutschen U-Boote in den nächsten drei Tagen weitere neun Schiffe versenkt haben, belaufen sich die alliierten Verluste in dieser großen Geleitzugschlacht auf insgesamt 21 Schiffe mit 141 000 BRT, bei dem nur U 384 (Oberlt. z. S. von Rosenberg-Gruszcynski) verlorengeht.

März 1943

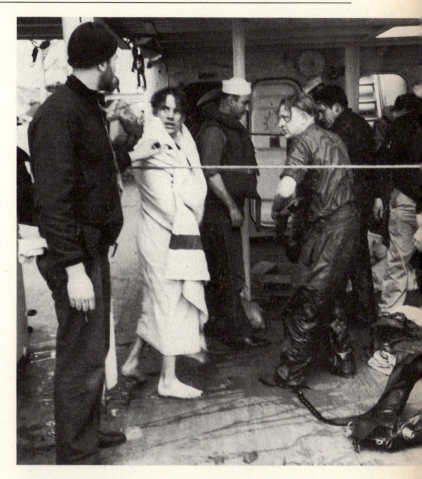

Die Lage spitzt sich zu

Angesichts derartiger Verluste, die sich zu 70 Prozent bei stark gesicherten Geleitzügen ereignen, zweifelt die britische Admiralität an der Zweckmäßigkeit des bisherigen Konvoisystems. Sie muß feststellen, daß die U-Boote ihrem Ziel, die Verbindungen zwischen der Alten und der Neuen Welt zu unterbrechen, noch nie so nahe waren wie in den ersten 20 Tagen des März 1943.

Dieser Zeitraum bildet den Höhepunkt der Atlantikschlacht; denn bald danach macht sich ein Umschwung deutlich bemerkbar. Die Engländer versuchen durch den Einsatz von Geleitträgern, weiteren »Atlantic Support Groups« und durch erhöhte Langstrecken-Aufklärung die U-Boot-Bekämpfung zu intensivieren. Obwohl Position und Kurs der Konvois dem BdU durch die Meldungen des B-Dienstes bekannt sind, gelingt es den U-Booten immer seltener, die Konvoisicherungen zu durchbrechen. Hinzu kommt, daß nach Beendigung der Operation »Torch«, der alliierten Landung in Nordafrika, die freigewordenen Geleitschutzverbände in den Nordatlantik zurückkehren. Das gleiche gilt für die alliierten U-Boot-Jagdverbände, die von jetzt an in der Lage sind, einmal geortete U-Boote bis zur völligen Vernichtung zu verfolgen.

Nordatlantik, 17. 4. 1943: Eines der überlebenden Besatzungsmitglieder des versenkten U 175 (KptLt. Bruns) ruft um Hilfe...

... die geretteten Besatzungsmitglieder des U 175 an Deck des britischen Sicherungsfahrzeuges »Spencer«, von dem das U-Boot versenkt worden ist

Niederlande 1943: Porträts der holländischen Seehelden Maarten H. Tromp und Piet Hein

787

1943 April

Seit Mitte April 1943 werden die Angriffe der im Atlantik operierenden U-Boote zunehmend schwieriger und kosten immer höhere Verluste, da alliierte Trägerflugzeuge, Langstrecken-Liberators und Flugboote das sogenannte »schwarze Loch« im Atlantik jetzt absichern können. Außerdem ordnet Großadm. Dönitz an, daß die U-Boote bei ihrer Fahrt durch die Biskaya auftauchen und alliierte Flugzeuge mit ihrer Flak bekämpfen sollen. Diese taktische Fehlentscheidung ermöglicht dem britischen Coastal Command außergewöhnliche Erfolge im Kampf gegen die U-Boote. Auch die von den Engländern verwendeten, mit Zentimeterwellen arbeitenden Radargeräte, dazu verbesserte Wasserbomben und Suchscheinwerfer zur Beleuchtung der nachts erfaßten U-Boote, nehmen diesen fast jede Chance.

Am Freitag, dem 30. April 1943, kann U 515 (KptLt. Henke) vor Freetown (Westafrika) in zwei Angriffen acht Frachter versenken. Sie gehören zu dem aus Trinidad kommenden Konvoi TS.37, der 18 Schiffe umfaßt. Dieser erfolgreichste Einsatz eines U-Bootes gegen einen Geleitzug gelingt KptLt. Henke mit nur neun einzeln abgefeuerten Torpedos, die mit verbesserten Magnetpistolen ausgestattet sind.

Ende April 1943 setzen die Alliierten im U-Boot-Krieg eine Reihe von verbesserten Geräten und Waffen ein, darunter das magnetische Flugzeug-Ortungsgerät »MAD«, mit dem das Magnetfeld eines U-Bootes bis in 100 Meter Tiefe geortet werden kann. Ferner verwendet die RAF sogenannte Rückwärtsbomben (Retrobomben), die mit Hilfe einer Rakete zur Flugrichtung auf ein durch »MAD« geortetes U-Boot abgeworfen werden können. Neu ist auch das Gerät »Sonoboje«, ein kleiner schwimmender Funksender, der über ein meterlanges Kabel mit einem hochsensiblen Horchgerät verbunden ist. Die aus dem Wasser herausragende Sendeantenne übermittelt den Flugzeugen die Motorengeräusche des U-Bootes.

Im April 1943 versenken deutsche U-Boote im Atlantik sowie im Mittelmeer insgesamt 48 Handelsschiffe mit 276 517 BRT. Die eigenen Verluste betragen 15 U-Boote.

Am Abend des 4. Mai 1943 liegen 51 U-Boote der Gruppe »Fink« südlich von Grönland auf der Lauer, um den nach Halifax fahrenden Konvoi ONS.5 abzufangen. Während der Kämpfe mit den Sicherungseinheiten greifen die U-Boote in Rudeln an und versenken 30 Prozent der Schiffe aus dem Geleitzug. Vier U-Boote gehen dabei verloren.

Zwischen dem 7. und 10. Mai 1943 muß die U-Boot-Waffe schwere Verluste hinnehmen. Neun U-Boote werden versenkt und vier weitere schwer beschädigt.

Am Mittwoch, dem 12. Mai 1943, setzen die Alliierten zum erstenmal das neue Lufthorch-Torpedo ein. Dieser akustisch zielsuchende Lenktorpedo »Mark 24 Mine«, auch »Fido« genannt, folgt einem getauchten U-Boot aufgrund der Schraubengeräusche. Einem RAF-Langstreckenbomber »Liberator« der 120. Squadron gelingt es mit dem »Fido«, U 456 (KptLt. Teichert) so schwer zu beschädigen, daß es auftauchen muß und am nächsten Tag von dem britischen Zerstörer »Pathfinder« gesichtet und versenkt wird.

Mitte Mai 1943 bahnt sich im Atlantik eine Entscheidung an: 60 deutsche U-Boote stehen jetzt im Kampf gegen 12 Escort Groups, sechs Support Groups mit Geleitträgern und insgesamt 40 Langstreckenbombern vom Typ Liberator B-24.

Am Dienstag, dem 18. Mai 1943, meldet der B-Dienst den aus 38 Schiffen bestehenden Geleitzug SC.130 auf dem Weg von Halifax nach Großbritannien; gegen ihn setzt Dönitz sofort die U-Boot-Gruppe »Donau« an. Der Konvoi wird von der Escort Group B-7 gesichert, die von Cdr. Gretton, einem der besten ehemaligen britischen U-Boot-Kommandanten, geführt wird. Die Luftsicherung übernehmen die Langstreckenbomber »Liberator« der auf Island stationierten 120. RAF Squadron.

Bereits am nächsten Tag treffen die U-Boote östlich von Kap Farvel auf den Konvoi SC.130. Dabei wird U 954 (Oberlt. z. S. Loewe) von einer Liberator mit zwei zielsuchenden Torpedos »Fido« getroffen und versenkt. Der zur Besatzung gehörende Lt. z. S. Peter Dönitz, ein Sohn des Großadmirals, findet dabei den Tod.

Inzwischen greift die U-Boot-Gruppe »Mosel« den mit 42 Schiffen nach Großbritannien fahrenden Schnellkonvoi HS.239 an, ohne einen Erfolg zu erzielen. Obwohl der B-Dienst fast jeden Konvoi meldet, sind die U-Boote nicht mehr in der Lage, diesen Vorteil zu nutzen, da sie trotz aufopfernden Einsatzes der Taktik einer offensiven Verteidigung der Escort und Support Groups, unterstützt durch Trägermaschinen und Langstreckenbomber, nicht gewachsen sind.

In der entscheidenden Phase der Schlacht im Atlantik, die sich zwischen dem 6. April und dem 19. Mai 1943 über sechs Wochen hinzieht, passieren 22 Konvois mit 912 Transportschiffen in beiden Richtungen den Nordatlantik. 14 dieser Geleitzüge kommen ohne Feindberührung durch, der Rest büßt insgesamt 24 Frachter mit 129 750 BRT ein. Zwischen dem 17. Mai und Ende September 1943 geht im Atlantik kein einziges alliiertes Schiff mehr verloren.

Immer neue Waffen gegen U-Boote

Die Engländer setzen erstmalig am Sonntag, dem 23. Mai 1943, eine Rakete zur Bekämpfung der U-Boote ein. Sie soll bis zu 50 Meter unter Wasser den Druckkörper eines U-Bootes treffen, um ein weiteres Tauchen unmöglich zu machen. Danach wird das U-Boot mit konventionellen Waffen bekämpft. An diesem Tag startet von dem als Geleitschutz fahrenden Flugzeugträger »Archer« eine Swordfish-Maschine zu einem Aufklärungsflug über dem Nordatlantik, an Bord eine 7,6-cm-Rakete. Der Pilot sichtet 750 Seemeilen westlich von Irland U 752 (KptLt. Schroeter). Die abgefeuerten acht Raketen treffen den Rumpf, und kurz danach versenkt eine andere Trägermaschine vom Typ Wildcat das tauchunfähige U-Boot.

Mai 1943

Der Kriegsmarinestützpunkt Lorient, Mai 1943, das Ende einer Feindfahrt: Die U-Boot-Besatzung grüßt ihren Kommandanten

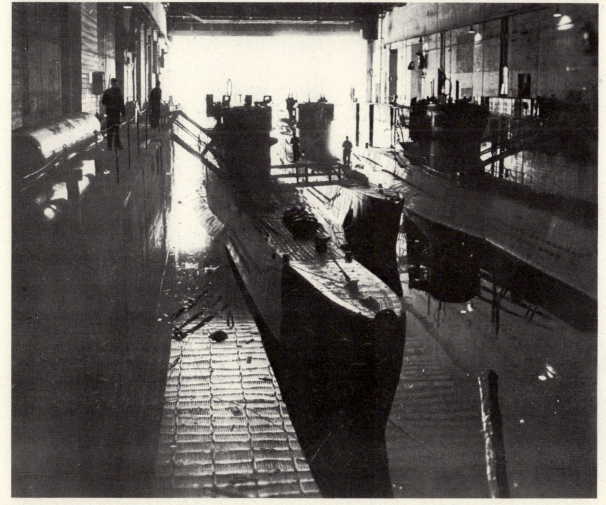

In den mächtigen Betonbunkern des Stützpunktes Lorient kann die Überholung der U-Boote nach dem Einsatz in Ruhe erfolgen

1943 Mai

Großadm. Dönitz zieht am Montag, dem 24. Mai 1943, die Konsequenz aus der sich dramatisch zuspitzenden Lage im Nordatlantik. Nachdem in den vorangegangenen drei Wochen 33 U-Boote verlorengegangen sind und ein Zahlenvergleich ergibt, daß auf jeweils 10 000 versenkte BRT ein deutsches U-Boot kommt, läßt der Großadmiral die Einsätze im Nordatlantik abbrechen und seine einsatzfähigen U-Boote in das Seegebiet südwestlich der Azoren verlegen. Es soll erst eine neue Kampftaktik ausgearbeitet und die U-Boote mit modernen, verbesserten Geräten ausgestattet werden. Lediglich drei Boote bleiben zurück, die durch regen Funkverkehr dem Gegner eine massierte Ansammlung von U-Booten vortäuschen sollen.

Unterdessen wird aus den 17 vom Nordatlantik abgezogenen U-Booten die Gruppe »Trutz« gebildet, die nun einen von Gibraltar nach Westen gehenden Konvoi angreifen soll. Durch die entzifferten Funkanweisungen des BdU gewarnt, beordert die britische Admiralität in das bedrohte Gebiet starke Sicherungsfahrzeuge, darunter auch den Geleitträger »Bogue«.

Am Montag, dem 31. Mai 1943, wird Rüstungsminister Speer die gesamte Rüstung der Kriegsmarine von Großadm. Dönitz übertragen.

Am selben Tag gelingt es den Maschinen des Coastal Command, die beiden U-Boote 440 (Oberlt. z. S. Schwaff) und U 563 (Oberlt. z. S. Borchardt) zu versenken. Sie hatten auf Befehl von Dönitz den Kampf gegen Flugzeuge mit Flakwaffen aufgenommen.

Ende Mai 1943 wird der erste Hilfsgeleitträger (Merchant Aircraft Carrier), das MAC-Schiff »Empire MacAlpine« (8000 BRT), zur Konvoi-Luftsicherung eingesetzt. Der Schnellfrachter kann auf seinem 130 Meter langen und 20 Meter breiten Deck vier Swordfish-Maschinen unterbringen und trotzdem 80 Prozent der üblichen Fracht an Bord nehmen.

Trotz aller Verluste verfügt der BdU zu diesem Zeitpunkt über 400 U-Boote, da seit Kriegsbeginn die deutschen Werften 608 U-Boote gebaut haben. Etwa ein Drittel der fahrbereiten U-Boote befindet sich im Operationsgebiet, ein Drittel ist jeweils auf dem An- oder Abmarsch, und ein Drittel liegt in den Werften zur Überholung oder

Golf von Biskaya, Mai 1943: Ein Aufklärungsflugzeug Consolidated PBY Catalina des britischen Coastal Command sucht nach deutschen U-Booten

Ein von der norwegischen Widerstandsbewegung herausgegebener Aufkleber, Oslo 1943 (unten rechts)

Belgien 1943: Leopold III., belgischer König

Portugal 1943: Karavelle aus dem 15. Jahrhundert

Juni 1943

dient zur Schulung. Die U-Boot-Waffe verfügt nun endlich über die Stärke, die Großadm. Dönitz bereits vor dem Krieg gefordert hat.

Im Mai 1943 versenken deutsche U-Boote im Nordatlantik, im Mittelatlantik, im Mittelmeer und vor Südafrika insgesamt 44 Handelsschiffe mit 225 772 BRT. Die eigenen Verluste betragen 41 U-Boote.

Dönitz ändert die Taktik

Die Schlacht im Atlantik haben im wesentlichen die Langstreckenflugzeuge mit ihren Radargeräten sowie die Trägermaschinen mit den modernen akustischen Lufthorch-Torpedos, den Raketen und schweren Wasserbomben entschieden. Zu dieser waffentechnischen Überlegenheit tritt die konzentrierte Nahsicherung aus den speziell dafür geschulten Support und Escort Groups, die außerdem über die neuesten Ortungsgeräte vom Typ »Huff-Duff« verfügen. Schließlich haben auch die Erfolge der Funkaufklärung (Ultra-Berichte) dazu beigetragen. Dönitz: »All das machte den weiteren Kampf an den Geleitzügen nicht mehr möglich.«

Auf deutscher Seite mangelt es an einer koordinierten Seestrategie. Die U-Boote müssen ohne logistische Unterstützung von Überwasserschiffen, ohne Luftaufklärung und nur auf sich selbst gestellt operieren.

Am Freitag, dem 4. Juni 1943, läuft in den Hafen von Liverpool der Konvoi HX.240 ein, der als siebter Geleitzug unter den in den letzten Wochen ein- und ausgelaufenen ohne Feindberührung die Nordatlantik-Passage überstanden hat.

Dienstfreie Zeit in der Enge eines U-Bootes: Seltene Augenblicke der Entspannung

Die Ausguckwache auf der Brücke eines U-Bootes ist eine nervenaufreibende Sache

791

1943 Juni

Am selben Tag verläßt der deutsche Hilfskreuzer Schiff 28 »Michel« (Kpt. z. S. Gumprich), früherer Kommandant von »Thor«, den Hafen von Batavia. Es soll das letzte Unternehmen eines deutschen Hilfskreuzers sein.

Am Sonnabend, dem 5. Juni 1943, greift die U-Boot-Gruppe »Trutz« den Geleitzug GUS.7A etwa 600 Seemeilen westlich der Azoren an. Die Flugzeuge des bereits Ende Mai in dieses Seegebiet abkommandierten Trägers »Bogue« starten zu einem Gegenangriff, versenken U 217 (KptLt. Reichenbach-Klinke), und der Konvoi entkommt, ohne weiter behelligt zu werden.

Zwei Tage später erhöht der BdU die Zahl der im Nordatlantik stationierten U-Boote auf acht Einheiten. Sie sollen, wie bereits die ersten drei Ende Mai dort verbliebenen U-Boote, wenigstens durch Funksignale die Anwesenheit mehrerer starker U-Boot-Gruppen vortäuschen.

Am Donnerstag, dem 10. Juni 1943, stellt die US Air Force ihre seit dem 27. Januar des Jahres geflogenen Schwerpunktangriffe auf deutsche Marinestützpunkte an der Atlantikküste ein. Die Bombardements galten zweimal La Pallice, dreimal Brest, viermal Lorient und fünfmal St. Nazaire. Zusätzlich zu den Tages-Präzisionsangriffen der US Air Force fliegt die RAF mit 300 bis 500 Maschinen Nachteinsätze gegen die gleichen Ziele. Im Verlauf eines einzigen Monats werden Lorient neunmal und St. Nazaire sogar elfmal bombardiert. Allein auf die deutschen U-Boot-Bunker sind in diesem Zeitraum 11 000 Tonnen Spreng- und 8000 Tonnen Brandbomben niedergegangen, jedoch ohne die geringste Wirkung. Kein U-Boot wird beschädigt, keine Werft muß das Bauprogramm reduzieren oder gar einstellen. Dabei haben die Amerikaner 63 Prozent und die Engländer 30 Prozent ihrer Angriffe gegen die kriegswichtigen U-Boot-Basen und Werften geführt.

Im Juni 1943 versenken deutsche U-Boote im Mittelmeer und im Indischen Ozean insgesamt 20 Handelsschiffe mit 86 807 BRT. Die eigenen Verluste betragen 17 U-Boote.

Zwischen Januar und Juni 1943 büßen die Alliierten durch Minen in den Gewässern um Großbritannien sowie durch Angriffe der deutschen Luftwaffe acht Schiffe mit 14 413 BRT ein. Deutschen Schnellbooten gelingt es, zwei Schiffe mit 6580 BRT zu versenken. Ende Juni 1943 patrouillieren die alliierten Luftstreitkräfte mit mehr als 1000 Maschinen über dem Atlantik und machen Jagd auf deutsche U-Boote. Und nun kann die britische Admiralität ihre Support Groups sowie die U-Boot-Jagdflieger aus diesem Raum abziehen und in die Biskaya verlegen, mit dem Auftrag, die An- und Abmarschwege der deutschen U-Boote zu blockieren.

Inzwischen wenden die U-Boote eine neue Taktik an: Um sich bei Angriffen feindlicher Maschinen gegenseitig mit Flakwaffen unterstützen zu können, passieren sie die Biskaya in Gruppen bis zu fünf Booten.

Ende Juni 1943 beordert Dönitz seine einsatzbereiten U-Boote in noch weiter entfernte Operationsräume, in denen er nur schwache alliierte Abwehrkräfte vermutet. Begleitet von Versorgungs-U-Booten, kreuzen die Unterwassereinheiten jetzt im Indischen Ozean, in der Karibik, vor Brasilien und den Küsten des westlichen sowie südöstlichen afrikanischen Kontinents.

Am Donnerstag, dem 8. Juli 1943, versenkt eine viermotorige Liberator nordöstlich von Finisterre das deutsche U-Boot U 514 (KptLt. Auffermann).

Die neue Phase

Ende Juli 1943 beginnt die 6. Phase der Schlacht im Atlantik, die bis Ende August 1943 dauert. Die US Navy hat unterdessen selbständig operierende Kampfgruppen für die Jagd auf U-Boote und vor allem auf U-Boot-Tanker gebildet. Meistens bestehen diese »Hunter-Killer-Groups« aus einem Geleitträger und fünf oder mehr Zerstörern. Diese Kampfgruppen vernichten innerhalb von drei Monaten 15 U-Boote, davon acht U-Boot-Tanker. Sie selbst verlieren dabei nur drei Trägermaschinen.

Zu weiteren U-Boot-Verlusten kommt es durch alliierte Luftangriffe in der Biskaya. Zwischen dem 28. und 31. Juli 1943 wird U 404 (Oberlt. z. S. Schönberg) von einer Liberator, U 614 (KptLt. Sträter) von einer Wellington und U 199 (KorvKpt. Krauss) von einer Maschine der Brazilian Air Force (BAF) versenkt. Lediglich der Kommandant von U 199 und 11 Mann seiner Besatzung können gerettet werden.

Im Indischen Ozean erhöht sich die Zahl der von deutschen U-Booten im Juli versenkten Schiffe auf 17. In diesem Seegebiet haben die Alliierten zu wenig Geleitfahrzeuge, so daß die Konvois nur auf den wichtigsten Routen zwischen Südafrika, der Arabischen Halbinsel und Indien gesichert werden. Auf anderen Routen gibt es keinen Geleitschutz, selbst eine genaue Luftaufklärung ist kaum möglich, da der Bestand an Flugzeugen dafür nicht ausreicht.

Im Juli 1943 versenken deutsche U-Boote im Atlantik, Mittelmeer und Indischen Ozean insgesamt 46 Handelsschiffe mit 245 178 BRT. Die eigenen Verluste betragen 37 U-Boote, etwa die Hälfte davon in der Biskaya; die meisten werden von alliierten Flugzeugen vernichtet. Auch eine Offensive im Mittel- und Südatlantik bringt den U-Booten kaum größere Erfolge. Ab August 1943 überschreiten die alliierten Tonnageverluste nicht mehr 200 000 BRT.

Am Sonntag, dem 1. August 1943, werden von britischen Thunderlands U 383 (KptLt. Kremser) und U 454 (KptLt. Hackländer) versenkt. Und am Tag darauf gehen U 106 (Oberlt. z. S. Damerow) und U 706 (KptLt. von Zitzewitz) durch Luftangriffe verloren.

Am Montag, dem 2. August 1943, läuft U 255 (Oberlt. z. S. Harms) in die stille, abgelegene Bucht bei Sporyi Nawolok, an der Nordküste von Nowaja Semlja, ein. Aus Treibholzstämmen errichtet die Besatzung ein Blockhaus, bringt Fässer mit Treibstoff, Munition und Verpflegung

August 1943

an Land. Das Flugboot BV 138 der Seeaufklärungsgruppe (SaGr.) 130 soll von diesem Stützpunkt aus Aufklärungsflüge unternehmen, und zwar über dem Gebiet von Dickson, der Belij-Insel (Weiße Insel) und bis tief in die Wilkizki-Straße nordöstlich des Urals hinein. Die Aufklärung dient der Vorbereitung einer Operation gegen den sibirischen Seeweg (Unternehmen »Wunderland II«). Die aus drei Booten bestehende deutsche U-Boot-Gruppe »Wiking« und der im Alta-Fjord liegende schwere Kreuzer »Lützow« sowie die U-Boote U 255 (Oberlt. z. S. Harms) und U 601 (KptLt. Grau) sollen die gefährliche Operation durchführen. Als jedoch bekannt wird, daß das Flugboot BV 138 vernichtet worden ist, bleibt die »Lützow« im Alta-Fjord, und das Unternehmen wird eingestellt.

Am selben Tag verfügt Großadm. Dönitz, daß kein Boot aus den U-Boot-Stützpunkten in der Biskaya auslaufen darf. Und gleichzeitig werden die zurückkehrenden U-Boote angewiesen, sich dicht unter der spanischen Küste zu halten.

Unter Führung von Korv.Kpt. Notari starten in der Nacht vom 3./4. August 1943 drei Gruppen italienischer Torpedoreiter einen erneuten Angriff auf die Handelsschiffe an der Reede von Gibraltar. Als geheimer Stützpunkt dient den Torpedoreitern der im spanischen Algeciras ankernde Frachter »Olterra«. Die Italiener schaffen es, sich Gibraltar zu nähern und den US-Frachter »Harrison Gray Otis« (7176 BRT) sowie den norwegischen Frachter »Thorshøvdi« (9944 BRT) zu vernichten und den Frachter »Stanridge« (5975 BRT) schwer zu beschädigen.

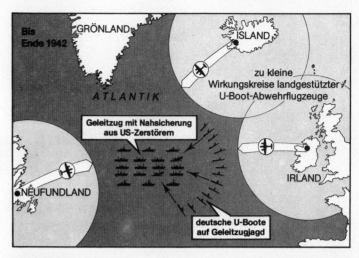

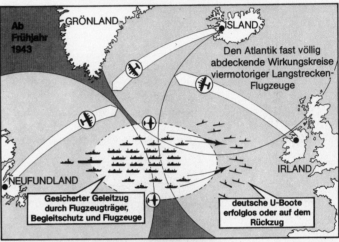

Geleitzugschlachten 1942/1943: Das in der Mitte des Atlantiks liegende »Schwarze Loch« ist zur Todeszone der alliierten Konvois geworden. Ab Frühjahr 1943 ändert sich die Situation grundlegend: Der Einsatz von Langstreckenflugzeugen verstärkt die Geleitsicherung

Ab Sommer 1943 ein immer selteneres Bild: Ein alliierter Tanker brennt nach einem Torpedotreffer

1943 August

Ein Langstreckenaufklärer Focke Wulf Fw 200 startet zum Einsatz gegen die alliierte Schiffahrt im Atlantik

Irland 1943: Eine Sonderbriefmarke zum Gedenken des Gelehrten R. Hamilton

Schweden 1943: Gedenkausgabe zum 85. Geburtstag von König Gustav V.

Norwegen 1943: Wohltätigkeitsausgabe für die Volkshilfe

Erst nach diesem Zwischenfall fällt den britischen Behörden in Gibraltar die »Olterra« als möglichen Ausgangspunkt für derartige Unternehmungen auf. Mit Zustimmung Spaniens wird das Schiff von britischen Geheimspezialisten gekapert und nach Gibraltar überführt. Die Mannschaft kann sich jedoch rechtzeitig absetzen. Die Engländer entdecken auf der »Olterra« einige Räume für die Montage von bemannten Torpedos sowie die Ausfahrtöffnung unter der Wasseroberfläche.

Gleitbomben sorgen für Verwirrung

In der letzten Augustwoche 1943 kommt aus dem deutschen Arsenal an Geheimwaffen die Gleitbombe Henschel Hs 293 zum Einsatz. Die mit einem Walter-Triebwerk und einem Sprengsatz von 500 Kilogramm »Trialen 106« versehene Flüssigkeitsrakete wird per Funk ferngesteuert. Der erste mit diesen ferngelenkten Angriffswaffen ausgerüstete Verband ist das Kampfgeschwader 100 (KG 100). Die Gleitbombe wird erstmals am Mittwoch, dem 25. August 1943, im Aufmarschgebiet des Golfs von Biskaya verwendet. Dort wollen sich die Deutschen vom Druck befreien, den das RAF Coastal Command und die Royal Navy auf die deutsche U-Boot-Waffe ausüben; aber der erste Kampfeinsatz bringt wenig Erfolg, denn lediglich vier der neuen Bomben erreichen annähernd ihr Ziel. Die britische Sloop »Landguard« erhält zwar einige Nahtreffer, die aber nur geringfügige Schäden anrichten.

Am Freitag, dem 27. August 1943, greifen 18 Dornier Do 217 der II. Gruppe des KG 100 mehrfach eine britische U-Boot-Jagdgruppe bei Kap Finisterre mit Hs 293 an. Zwei Volltreffer mit Gleitbomben bringen die Fregatte »Egret« zur Explosion. Der kanadische Zerstörer »Athabaskan« wird schwer beschädigt. Während er ins Dock von Devonport abgeschleppt wird, sichern Spezialisten Splitter und Teile der neuen Bombe.

September 1943

Dieser Erfolg bringt der U-Boot-Waffe den erhofften Effekt. Bis man in Großbritannien eine Möglichkeit zur Abwehr der Hs 293 gefunden hat, befiehlt die britische Admiralität allen ihren Einheiten in der Biskaya, sich mindestens 200 Seemeilen von der französischen Küste entfernt zu halten. Das macht es den deutschen U-Booten zeitweilig wieder möglich, den Golf zu durchfahren, ohne Angriffe von See her befürchten zu müssen.

Im August 1943 haben sich die Verluste bei der alliierten Handelsschiffahrt erheblich verringert. Im Atlantik, Mittel- und Nordmeer sowie im Indischen Ozean gehen 17 Handelsschiffe mit 88957 BRT verloren. Dagegen werden 25 deutsche U-Boote versenkt. Zum erstenmal muß die Kriegsmarine höhere Verluste an U-Booten als die Alliierten an Handelsschiffen hinnehmen; dazu zählt auch eine Reihe von Versorgungs-U-Booten. Deshalb gruppiert die Seekriegsleitung ihre U-Boote um und zieht sie aus dem westlichen Atlantik zurück. Damit endet die im Juli 1943 begonnene 6. Phase der Schlacht im Atlantik. Die in der Biskaya patrouillierenden alliierten Flugzeuge können in der Zeit vom 1. Mai bis zum 2. September 1943 insgesamt 28 U-Boote versenken und 22 weitere beschädigen. Das Coastal Command verliert dabei 57 Maschinen.

Anfang September 1943 beabsichtigt der BdU, den Geleitzugkampf im Nordatlantik bald wieder zu beginnen. 20 U-Boote, alle mit dem neuen Torpedo »Zaunkönig« (T5) ausgerüstet, stehen einsatzbereit. Die akustische Zielsteuerung dieses Horchtorpedos reagiert auf Schraubengeräusche, besitzt magnetische Abstandzündung und erreicht eine Geschwindigkeit von 24,5 Knoten. Dazu soll ein neu entwickeltes Funkmeßbeobachtungsgerät, »Wanze« genannt, die U-Boote rechtzeitig vor dem 10-cm-Radar der alliierten Flugzeuge warnen. Erfolge ver-

In einem britischen Marinestützpunkt Herbst 1943: Die gerettete Besatzung eines deutschen U-Bootes wird an Land gebracht. Aus Sicherheitsgründen verbindet man ihnen die Augen

1943 September

Vor Spitzbergen, September 1943: Das Unternehmen »Sizilien«, die Beschießung der Bergwerksiedlung in der Barentsborg-Bucht. Ein Beobachtungsposten meldet die Wirkung

Loch Cairnbawn, Nordschottland, September 1943: Die Besatzung eines britischen Klein-U-Bootes vor dem Auslaufen

sprechen sich die Deutschen auch von einer neuen Einsatztaktik: Sobald ein Konvoi gesichtet wird, sollen die U-Boote auftauchen und mit ihren verstärkten Flakgeschützen die Luftsicherung der Alliierten angreifen. Damit beginnt die 7. Phase der Schlacht im Atlantik, die im Mai 1944 endet.

In den ersten Septembertagen 1943 verlassen 13 U-Boote die französischen Häfen, sechs weitere die deutschen und norwegischen Stützpunkte, um zusammen die Gruppe »Leuthen« zu bilden. Bis auf ein U-Boot erreichen alle ihr Operationsgebiet im Nordatlantik. U 669 (Oberlt. z. S. Köhl) wird in der Biskaya von einem Flugzeug bombardiert und sinkt. An der Südspitze von Grönland, etwa 800 Seemeilen östlich von Kap Farvel, nimmt die Gruppe »Leuthen« die vorgesehene Position ein. Die Boote stehen etwa 17 Seemeilen voneinander entfernt und lauern auf den Konvoi ON.202 und den langsameren Geleitzug ONS.18, insgesamt 84 Schiffe.

Einsatz der Schlachtschiffe

Am Abend des 6. September 1943 läuft aus dem Alta-Fjord die deutsche Kampfgruppe (Adm. Kummetz) mit den beiden Schlachtschiffen »Tirpitz« (Kpt. z. S. Meyer) und »Scharnhorst« (Kpt. z. S. Hüffmeier) sowie neun Zerstörern, mit dem Ziel, die alliierten Stützpunkte auf Spitzbergen anzugreifen (Unternehmen »Sizilien«). Zwei Tage später erreicht die Kampfgruppe gegen 7.00 Uhr morgens den Grön-Fjord und die Adventsbucht. Ein Bataillon des Grenadierregiments 349 landet auf Spitzbergen, sprengt Funk- und Wetterstation sowie das Kohlebergwerk und steckt die Halden in Brand. Unterdessen beschießen die »Tirpitz« und die restlichen Zerstörer mit ihren schweren Geschützen die in der Bucht von Barentsborg gelegene Bergwerkssiedlung. Schon um 11.00 Uhr ist das Unternehmen »Sizilien« beendet. Für die »Tirpitz« ist dies der letzte Einsatz.

Sechs britische Klein-U-Boote (Midget) werden von sechs großen U-Booten am Donnerstag, dem 11. September 1943, aus dem nordschottischen Stützpunkt Loch Cairnbawn geschleppt. Damit beginnt die Operation »Source«, der Angriff auf die deutsche Kampfgruppe mit den Schlachtschiffen »Tirpitz«, »Scharnhorst« und dem Kreuzer »Lützow« im Alta-Fjord (Norwegen).

Am Montag, dem 20. September 1943, trifft die im Nordatlantik auf der Lauer liegende deutsche U-Boot-Gruppe »Leuthen« auf die beiden aus 84 Schiffen bestehenden Konvois ON.202 und ONS.18. Trotz des orkanartigen Sturms gelingt es ihnen, mit den neuen akustischen Zielsuch-Torpedos T5 »Zaunkönig« sechs Schiffe und drei Geleitfahrzeuge zu versenken.

Von den sechs britischen Klein-U-Booten, die elf Tage zuvor den nordschottischen Hafen Loch Cairnbawn verlassen haben, treffen am Mittwoch, dem 22. September

September 1943

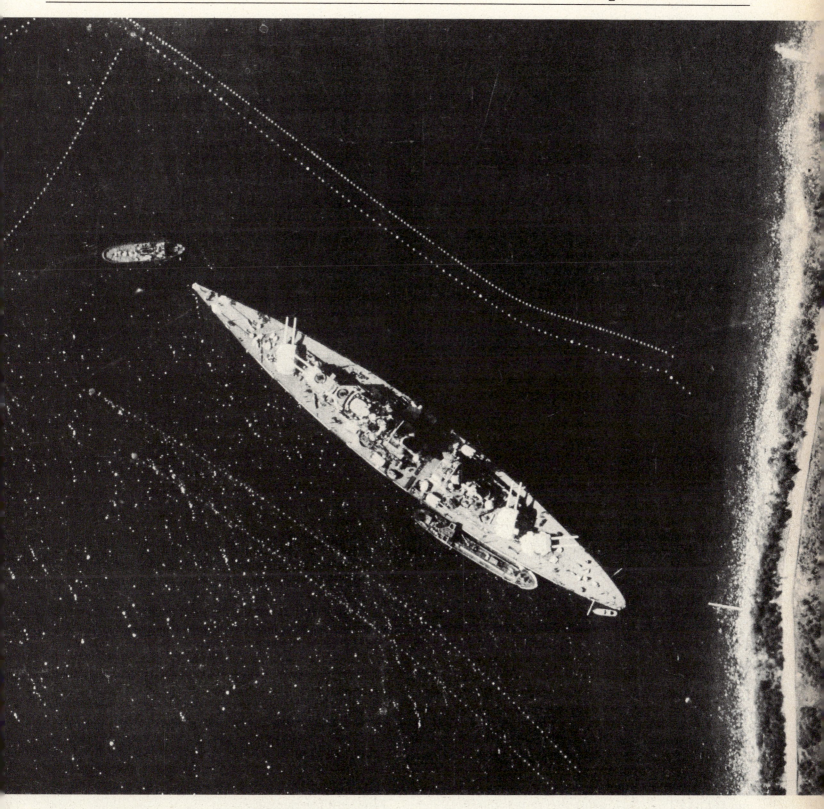

1943, zwei Boote vor der norwegischen Küste ein. Ein Boot ist inzwischen wegen technischen Defekts umgekehrt, und drei Midgets sind auf der Anfahrt verlorengegangen. Die beiden letzten Klein-U-Boote X6 (Lt. Cameron) und X7 (Lt. Place) können bis zum Netzkasten der »Tirpitz« im Alta-Fjord vordringen und unter dem Rumpf des deutschen Schlachtschiffes ihre Minen anbringen, die 20 Minuten später detonieren und das Schiff

In einem der Norwegen-Fjorde: Das von einem britischen Fernaufklärer aufgespürte Schlachtschiff »Tirpitz«

1943 September

Das Mittelschiff des deutschen schweren Kreuzers »Prinz Eugen«

Im Hamburger Hafen: U 793, eines der fünf Walter-Versuchsboote. Die Walter-U-Boote erreichen die kaum glaubhafte Unterwassergeschwindigkeit von 26 Knoten und stellen den Höhepunkt der U-Boot-Entwicklung im Zweiten Weltkrieg dar

schwer beschädigen. Durch starke Risse im Boden des Schiffes, verbogene Schraubenwellen, gelockerte Turbinen in den Lagern und gebrochene Spanten – dazu sind 500 Tonnen Wasser eingedrungen – büßt das Schiff seine Seetüchtigkeit ein und verliert zwei Drittel seiner Geschwindigkeit. Die aus vier Mann bestehende Besatzung der beiden Klein-U-Boote wird gefangengenommen.

Ende September 1943 beginnen mehrere neue U-Boote, ausgerüstet mit den akustischen Zielsuch-Torpedos T5 »Zaunkönig« und ein Versorgungs-U-Boot, ihren Einsatz im Atlantik. Vom B-Dienst mit wertvollen Informationen über die Konvois versorgt, sollen sie zunächst mit den T5 die Geleitfahrzeuge ausschalten und dann den Konvoi mit den bisher üblichen Torpedos angreifen. Der BdU muß jedoch bald erkennen, daß die Hoffnung auf einen Erfolg im Atlantik immer geringer wird. Um den gefährlichen Horchtorpedos die Wirksamkeit zu nehmen, wenden die Alliierten schon nach kurzer Zeit eine einfache Methode an: Mit der Geräuschboje »Foxer« im Schlepp werden die Schraubengeräusche der Geleitfahrzeuge übertönt.

Im September 1943 versenken deutsche U-Boote im Atlantik, Mittelmeer und Indischen Ozean insgesamt 19 alliierte Handelsschiffe mit 106 820 BRT. Die eigenen Verluste betragen zehn U-Boote.

Nachdem am 8. Oktober 1943 die aus 18 U-Booten bestehende Gruppe »Roßbach« aus dem von Halifax nach Großbritannien laufenden Konvoi SC.143 nur ein Schiff mit 5612 BRT versenkt, selbst aber durch Angriffe alliierter Flugzeuge drei U-Boote – U 419 (Oberlt. z. S. Giersberg), U 610 (KptLt. Frhr. von Freyberg) und U 643 (KptLt. Speidel) – verliert, untersagt der BdU weitere Angriffe gegen den Konvoi SC.143. Auch die Gruppe »Schlieffen« verliert im Nordatlantik bei der Bekämpfung der Konvois ONS.20 und ON.206 sechs U-Boote und kann dagegen nur ein Handelsschiff mit 6625 BRT vernichten. Dennoch geht die Schlacht im Atlantik weiter.

Am selben Tag beginnt vor den Azoren-Inseln Fayal und Teiceira die Operation »Alacrity«. Die unter dem Schutz des Geleitträgers »Fencer«, neun Zerstörern, vier Korvetten und Sloops eingetroffenen britischen Truppentransporter, Tanker und Frachter sollen See- und Luftstützpunkte auf den Azoren errichten. Von dieser strategisch besonders wichtigen Insel aus kann das »schwarze Loch« im Atlantik durch Luftüberwachung geschlossen werden. Diese Verkürzung der Lufttransportwege erspart den Engländern eine Million BRT an Schiffsraum und über 450 000 Tonnen Treibstoff für Flugzeuge, eine Menge, die ausreicht, Operationen der Luftstreitkräfte von Großbritannien aus zwei Monate lang zu versorgen.

Etwa 500 Seemeilen von Neufundland sind am Montag, dem 11. Oktober 1943, neue deutsche U-Boote eingetroffen, mit dem Auftrag, einen Abfangstreifen zu bilden und die nachfolgenden Konvois ON.207, ONS.21, HX.263 und ON.208 zu vernichten. Die Konvois können allerdings die Strecke ohne Verluste passieren, während U 274 (Oberlt. z. S. Jordan), U 282 (Oberlt. z. S. R. Müller) und U 420 (Oberlt. z. S. Reese) verlorengehen.

Am Sonntag, dem 17. Oktober 1943, wird der letzte deutsche Hilfskreuzer, Schiff 28 »Michel« (Kpt. z. S. Gumprich), von dem amerikanischen U-Boot »Tarpon« (Cdr. Wogan) 90 Seemeilen östlich von Yokohama torpediert und versenkt. Von den 300 Mann Besatzung können 116 in Rettungsbooten Japan erreichen. Der Handelsstörer hat bei seinem zweiten Unternehmen drei Schiffe mit 27 632 BRT vernichtet.

Im Oktober 1943 haben deutsche U-Boote im Atlantik, Mittelmeer, Nordmeer und Indischen Ozean insgesamt 29 Handelsschiffe mit 82 199 BRT versenkt. Großadm. Dönitz verlegt daraufhin den Schwerpunkt seiner U-Boot-Operationen in den Raum Gibraltar.

Am Dienstag, dem 9. November 1943, kann das Coastal Command von der RAF-Basis auf den Azoren seinen ersten Erfolg melden: Östlich der Inseln hat die Flie-

November 1943

gende Festung B-17 »J-for-Johnny« (22. Squadron) das schwerbeschädigte U-Boot U 707 (Oberlt. z. S. Gretschel) vernichtet. Die gesamte Besatzung geht dabei unter.

Ein deutscher Agent in Algeciras (Spanien) meldet am 13. November 1943 der Luftwaffenführung, daß der Geleitzug MKS.30 Gibraltar mit Kurs auf Liverpool verläßt. Am darauffolgenden Tag soll er mit dem Konvoi SL.139 zusammentreffen. Dieser Großgeleitzug wird dann 66 Frachter umfassen, den die 40. Escort Group und sieben andere Einheiten, darunter der stark bestückte kanadische Flakkreuzer »Prince Robert«, schützen.

Die neuen U-Boot-Typen

In Kiel wird der Marine am Sonntag, dem 14. November 1943, das erste einsatzbereite Walter-Versuchs-U-Boot U 794, Typ Wa 202, übergeben. Seit Beginn des Krieges experimentieren deutsche Techniker an dem sogenannten Walter-U-Boot-Antrieb, der den Unterwasserkrieg revolutionieren soll. Ziel ist es, statt des tauchfähigen Torpedoträgers ein richtiges Unterwasserschiff zu bauen, das nach dem Prinzip einer Dampfturbine mit geschlossenem Kreislauf angetrieben wird. Die Verbrennung von versetztem Wasserstoffsuperoxid und Dieselöl erzeugt ein Gemisch aus Gas und Dampf. Die errechnete Geschwindigkeit unter Wasser soll bei etwa 25 Knoten (45 km/h) liegen.

Als Übergangslösung offeriert Professor Walter dem BdU einen verblüffend einfachen Ausweg: ein mit automatischem Ventil (Schnorchel) versehenes Rohr, das dem Dieselmotor Frischluft zuführt, für die Durchlüftung im U-Boot sorgt und außerdem noch weitgehend den Betrieb der Elektromotoren überflüssig macht. Die ersten Schnorchel-U-Boote kommen jedoch erst im Frühjahr 1944 zum Einsatz.

Die Lücke zwischen den U-Booten mit Walter-Antrieb (Typ XVII) und den alten mit Schnorchel versehenen Diesel-Elektro-Booten soll ein Elektro-U-Boot (Typ XXI) überbrücken helfen. Es entstehen zwei Elektro-U-Boote: Typ XXI für ozeanischen Einsatz, 1600 Tonnen schwer, stromlinienförmiger Bootskörper und mit verstärkten Elektrobatterien. Typ XXIII (300 t) ist für den Einsatz in Küstengewässern gedacht. Jedoch sind diese Typen erst im Herbst 1944 fertig.

Am Montag, dem 15. November 1943, sichtet die viermotorige Ju 290 der Fernaufklärergruppe FAGr.5 (Maj. Fischer) südlich von Kap Sao Vincente (Portugal) den Doppelkonvoi SL.139 und MKS.30, der mit 66 Schiffen Kurs auf Großbritannien hält. Zwischen dem 15. und 22. November 1943 setzt der BdU für die geplante Geleitzugschlacht insgesamt 34 U-Boote ein. Da die Alliierten jedoch ihre Sicherungskräfte von zunächst nur sieben Einheiten auf insgesamt 19 Zerstörer, Fregatten und Korvetten verstärken, können sie alle U-Boot-Angriffe abwehren; sie versenken sogar drei U-Boote, U 21 (KptLt. Hause), U 536 (KptLt. Schauenburg) und U 538 (KptLt. Goßler). Dagegen verliert der Konvoi nur den Frachter »Marsa« durch einen Treffer mit einer Hs-293-Gleitbombe des deutschen Fernbombers He 177.

Am Freitag, dem 26. November 1943, greifen im Mittelmeer 21 He 177 der II. Gruppe (Maj. Mons) des Kampfgeschwaders 40 mehrfach mit ferngelenkten Bomben Hs 293 den alliierten Konvoi KMF.26 auf der Höhe des Kap Bougie (Algerien) an. Da der Konvoi jedoch über eine starke Luftsicherung durch die 153. RAF Squadron, die 350. US Air Force Fighter Group und die französische GCI/7 verfügt, schießen die alliierten Jäger sechs He 177, darunter auch die Maschine von Maj. Mons und Hptm. Nuss, ab. Ein Volltreffer auf den britischen Truppentransporter »Rohna« gelingt einer Hein-

1943 November

kel, die schon auf dem Rückflug ist. Mehr als 1000 US-Soldaten ertrinken, weil Dunkelheit und schwere See die Rettungsaktionen stark behindern. Dagegen scheitern die Angriffe auf den aus England kommenden Doppelkonvoi MKS.30/OS.59, weil die Gruppen »Weddingen« und »Schill« zusammen mit 16 U-Booten die Geleitzüge nicht mehr finden. Statt dessen geraten sie in das Feuer der britischen Escort Group, das die beiden U-Boote U 648 (Oberlt. z. S. Stahl) und U 600 (KptLt. Zurmühlen) versenkt. Zwei weitere U-Boote, U 542 (Oberlt. z. S. Coester) und U 86 (KptLt. Schug), gehen bei Angriffen auf die Konvois SL.140 und MKS.31 verloren. Von den alliierten Schiffen wird lediglich die Korvette »Dahlia« beschädigt.

In der Nacht vom 27./28. November 1943 kann U 764 (Oberlt. z. S. von Bremen) eine einmalige Leistung vollbringen: Es gelingt ihm, eine Fliegende Festung B-17 der 220. Squadron des Coastal Command abzuschießen.

Im November 1943 versenken deutsche U-Boote im Atlantik insgesamt 14 Schiffe mit 66 585 BRT. Die eigenen Verluste betragen 21 U-Boote.

Am Sonnabend, dem 25. Dezember 1943, trifft im Hafen von Bordeaux der letzte deutsche Blockadebrecher, das Motorschiff »Osorno« (Kpt. Hellmann), ein, das am 14. Oktober 1943 den japanischen Hafen Kobe verlassen hat. Bis zum Dezember 1943 haben innerhalb von drei Jahren die Blockadebrecher insgesamt 103 509 Tonnen Güter herangeschafft, darunter 44 495 Tonnen Kautschuk, 15 158 Tonnen Fette und Öle, 6666 Tonnen Metall und Erze, 86 Tonnen Chinin, 611 Tonnen Heizöl und 10 789 Tonnen Diverses. Doch die deutsche Seekriegsleitung muß dafür einen hohen Preis zahlen: 65 Prozent der eingesetzten Schiffe werden auf dem Weg von Japan nach Europa versenkt. Der »Osorno« und dem italienischen Blockadebrecher »Pietro Orseolo« gelingt das Außergewöhnliche, zweimal den Weg von Japan nach Europa und einmal in umgekehrter Richtung zurückzulegen, ohne von den Alliierten aufgebracht oder versenkt zu werden. Wegen der starken alliierten Luftaufklärung über dem Atlantik sieht sich jetzt die Seekriegsleitung gezwungen, die Fahrten der Blockadebrecher einzustellen. Der Plan, an deren Stelle U-Boote einzusetzen, läßt sich nicht verwirklichen, da die Kriegsmarine keine für Gütertransporte gebauten Handels-U-Boote besitzt. Statt dessen werden die im Indischen Ozean operierenden deutschen Front-U-Boote nach mehrmonatigen Patrouillen in das von den Japanern besetzte Indochina beordert; sie müssen nach Überholung, mit kriegswichtigen Gütern beladen, die Rückfahrt nach Europa antreten.

Das Ende der Scharnhorst

Am ersten Weihnachtsfeiertag 1943 setzt die Seekriegsleitung unter Führung von Konteradm. Bey das letzte noch kampffähige Schlachtschiff »Scharnhorst« (Kpt. z. S. Hinze) sowie

Dezember 1943

fünf Zerstörer der 4. Z-Flottille (Kpt. z. S. Johannesson) gegen die beiden Murmansk-Konvois JW.55B und RA.55A ein. Da alle anderen Nachrichtenübermittlungen ausgefallen sind, muß der »Admiral Nordmeer« seine Befehle per Funk durchgeben. Dank der entzifferten Funksprüche läßt die britische Admiralität die Murmansk-Konvois nach Norden umleiten und setzt gleichzeitig eine Kreuzergruppe in Marsch, um das deutsche Schlachtschiff im Kampf zu stellen.

Am nächsten Morgen schickt Bey seine fünf Zerstörer auf die Suche nach den Konvois. Sie kommen jedoch durch das schlechte Wetter vom Kurs ab und können später die »Scharnhorst« nicht mehr wiederfinden. Inzwischen hat die britische Kreuzergruppe das Seegebiet erreicht und kann trotz des außerordentlich heftigen Sturmes über Radar so lange Fühlung mit dem deutschen Schlachtschiff halten, bis weitere Einheiten der Home Fleet eintreffen und der »Scharnhorst« den Rückweg nach Norwegen abschneiden. Nun ist das Schlachtschiff ohne seine fünf Begleitzerstörer ganz auf sich allein gestellt und wird von der feindlichen Schiffsartillerie unter Feuer genommen. Nach 15 Torpedotreffern sinkt die »Scharnhorst« am Abend des 26. Dezember 1943 um 19.45 Uhr in Höhe des Nordkaps. Von den 1800 Mann Besatzung können die Engländer lediglich 36 Seeleute aus dem eiskalten Wasser bergen.

Der Untergang der »Scharnhorst« ist zugleich auch das Ende der deutschen Hochseeflotte. Dönitz: »Der Verlust der ›Scharnhorst‹ war von weittragender Bedeutung für unsere strategische Situation in Nordnorwegen.«

Im Dezember 1943 versenken deutsche U-Boote im Atlantik, Mittelmeer und Indischen Ozean insgesamt neun Handelsschiffe mit 63 038 BRT. Die eigenen Verluste betragen acht U-Boote.

Nach sowjetischen Angaben soll im Jahre 1943 die Baltische Flotte (Adm. Tribuc) mit Unterstützung der Roten Luftflotte in der Ostsee 32 deutsche Schiffe mit 77 261 BRT versenkt haben.

Noch vor Ende des Jahres stellt die Kriegsmarine einen Kleinkampfverband mit zunächst 30 Freiwilligen auf. Die Leitung übernimmt Adm. Weichold, Sonderbeauftragter des Oberkommandos der Marine (OKM). Dieser Kleinkampfverband macht in den kommenden Monaten durch seine aufsehenerregenden Operationen viel von sich reden.

Die Engländer können in der zweiten Hälfte des Jahres 1943 durch das »Huff-Duff«-System, das heißt durch das Anpeilen funkender U-Boote, deren Positionen ermitteln und durch Versenkungen die deutsche U-Boot-Waffe empfindlich schwächen. Der bisherige Vorteil der U-Boote, ihre Unsichtbarkeit, geht mit dieser technischen Erfindung der Alliierten verloren. Deshalb muß Dönitz die Aktionen in großen Rudeln aufgeben und läßt ab sofort nur noch Gruppen von zwei bis drei U-Booten operieren.

Die Kurzwellen-Peilgeräte der alliierten Geleitfahrzeuge erweisen sich in der Schlacht im Atlantik als zuverlässigste Geheimwaffe. Ihre Bedeutung erkennen zu diesem Zeitpunkt weder die Nachrichtendienste der Kriegsmarine noch die Seekriegsleitung.

Das Schlachtschiff »Scharnhorst« 1943 im Nordmeer. Die verschlüsselten Enigma-Funksprüche werden ihm zum Verhängnis: Nach deren Entzifferung beordert die britische Admiralität starke Kräfte gegen den deutschen Verband

Auf dem Deck des Schlachtschiffes »Scharnhorst«

DER LUFTKRIEG 1943

DER KÜRZESTE WEG ZUM SIEG?

Die systematischen Tages- und Nachtangriffe auf Städte und Industriezentren sollen das Reich in die Knie zwingen

Auf der am 14. Januar 1943 in Casablanca beginnenden Konferenz werden zwischen Roosevelt, Churchill und deren Führungsstäben unter anderem auch die wichtigsten Ziele für die alliierte Bomberoffensive gegen Deutschland (Combined Bomber Offensive) festgelegt: 1. U-Boot-Stützpunkte und -Produktionsstätten, 2. Flugzeugwerke, 3. Hauptverkehrsknotenpunkte, 4. Ölraffinerien und Produktionsstätten für synthetische Treibstoffe, 5. Kugellagerwerke und Rüstungsfabriken.

Da die Amerikaner der Ansicht sind, nur bei Tagesangriffen Erfolge zu erzielen, sind sie nicht bereit, die RAF-Angriffstaktik der Flächenbombardierungen deutscher Städte zu übernehmen. Daher werden US-Bomber tagsüber gegen Industrieanlagen eingesetzt, während die RAF weiterhin Nachtangriffe auf Wohnviertel durchführt. Diese Strategie erhält den Codenamen »Pointblank-Directive«. In dem Schlußkommuniqué von Casablanca wird diese Form des Luftangriffs »als mutmaßlich entscheidendes Mittel der Kriegführung« gerechtfertigt. Air Chief Marshal Harris, Chef des Bomber Command: »Casablanca beseitigte die letzten moralischen Hemmungen; wir erhielten für den Bombenkrieg völlig freie Hand.« Unbedingte Priorität erhält allerdings die Bekämpfung der U-Boote und deren Stützpunkte, weil erst ein alliierter Sieg in der Schlacht im Atlantik Großoperationen gegen die Festung Europa ermöglicht.

Vor den Einsätzen gegen den Kontinent werden die RAF-Besatzungen angewiesen, falls sie abgeschossen werden, sich der Gefangennahme nach Möglichkeit zu entziehen oder zu versuchen, aus dem Kriegsgefangenenlager auszubrechen. Als Fluchthilfe erhalten sie eine Grundausbildung, dazu das »Escape kit« mit Landkarten, Kompaß, Lebensmitteln und Geld. Bereits seit 1940 bestehen in Frankreich, Belgien und Holland mehrere Fluchthilfe-Organisationen, die den abgeschossenen Fliegern der Alliierten helfen sollen, sich vor den Deutschen zu retten. Die von Ostholland über Frankreich und die Pyrenäen bis nach Gibraltar gehenden Fluchtwege sind genau vorgezeichnet, ebenso die Möglichkeit, in die Schweiz zu gelangen. Die MI 9, eine Sonderabteilung des britischen Geheimdienstes, unterstützt diese Fluchtunter-

In einer britischen Gießerei: Hier werden die Gehäuse für schwere Bomber hergestellt

1943 Januar

nehmen, vermittelt den Funkkontakt mit der Londoner Zentrale, läßt die Personalien der geflüchteten Flieger überprüfen und besorgt falsche Dokumente sowie Geld. Die deutsche Abwehr und auch die Sicherheitsbehörden sind ständig bemüht, die Fluchthilfe-Organisationen zu unterwandern, was ihnen aber nur in den seltensten Fällen gelingt.

Angriff auf Lorient

In der Nacht vom 15./16. Januar 1943 starten 147 Maschinen des RAF Bomber Command zu einem ersten Flächenangriff auf den deutschen U-Boot-Stützpunkt Lorient. 130 Flugzeuge erreichen ihr Ziel und werfen 300 Tonnen Bomben über der westfranzösischen Hafenstadt ab. Trotz dieses massiven Einsatzes wird die deutsche U-Boot-Basis nicht wesentlich beeinträchtigt.

In der Nacht vom 17./18. Januar 1943 fliegen 118 deutsche Kampfflugzeuge zum erstenmal seit fast zwei Jahren wieder einen Nachtangriff auf London. Sechs Maschinen kehren von diesem Einsatz nicht zurück.

Bereits am 27. Januar 1943 erlebt das Reichsgebiet den ersten Tagesangriff einer US-Bomber-Formation, bestehend aus 64 viermotorigen B-17 Flying Fortresses und B-24 Liberators. Das Angriffsziel sind die Hafenanlagen und der U-Boot-Stützpunkt von Wilhelmshaven, dem schon die ersten britischen Tagesangriffe im Jahre 1939 gegolten haben. Obwohl die Amerikaner auf Jagdschutz verzichten, verlieren sie nur drei Maschinen.

Am Sonnabend, dem 30. Januar 1943, unternehmen sechs englische Mosquito-Schnellbomber der 105. Squadron (Bourn) den ersten Tagesangriff gegen die deutsche Reichshauptstadt und werfen aus 9000 Meter Höhe zwei Luftminen (2 t) direkt auf das Funkhaus in der Masurenallee. Mit diesem überraschenden Einsatz um die Mittagszeit stören sie die Feierlichkeiten zum 10. Jahrestag der Machtergreifung und damit die Ansprache von Reichsmarschall Göring, der gerade seine berüchtigte Stalingrad-Rede hält.

In der Nacht vom 2./3. Februar 1943 starten 61 Maschinen des Bomber Command zu einem Angriff auf Köln. 137 Maschinen erreichen ihr Ziel und werfen 460 Tonnen Bomben auf die Domstadt ab. Von diesem zweiten britischen Angriff auf Köln kehren nur fünf Flugzeuge nicht zurück, darunter eine Sterling-Pfadfindermaschine der 7. Gruppe, die bei Rotterdam von einem deutschen Nachtjäger abgeschossen wird. Aus den Trümmern dieses RAF-Bombers wird ein Radargerät mit 10-cm-Wellenlänge geborgen. Auf diese Weise erfährt auch die Seekriegsleitung, daß die zur U-Boot-Jagd eingesetzten britischen Flugzeuge über Funkmeßgeräte verfügen, die in diesem Wellenbereich arbeiten.

In der darauffolgenden Nacht läuft bei der 19. Group des Coastal Command (Air Vice Marshal Bromet) unter der Bezeichnung Operation »Gondola« die erste Biskaya-Offensive an, mit der eine ständige Überwachung eines größeren Seegebietes quer zum Anmarschweg der deutschen U-Boote beginnt.

In der Nacht vom 4./5. Februar 1943 wird der U-Boot-Stützpunkt Lorient an der französischen Atlantikküste erneut von 120 Flugzeugen des Bomber Command angegriffen. Und zwei Nächte später ist Lorient das Ziel von diesmal 294 Flugzeugen des Bomber Command, die insgesamt 760 Tonnen Bomben abwerfen. Dabei gehen sieben britische Maschinen verloren.

Im Februar 1943 gewinnt die Rote Luftflotte endgültig die Lufthoheit über der Ostfront, die sie auch bis zum Kriegsende behält.

Zu diesem Zeitpunkt muß die Luftwaffe zwei Drittel ihrer Jäger für die Verteidigung des Reichsgebietes gegen die alliierten Bomber einsetzen, so daß ihre Verbände an der Ostfront nur noch 20 Prozent der sowjetischen Luftstreitkräfte ausmachen.

Februar 1943

„Wir werden das Ruhrgebiet auch nicht einer einzigen Bombe feindlicher Flieger ausliefern."
9 : VIII : 1939

„Wenn die britische Luftwaffe 2 oder 3 oder 4 Tausend Kilo Bomben wirft, dann werfen wir in einer Nacht 150 000, 180 000, 230 000, 300 000, 400 000 und mehr Kilogramm."
4 : IX : 1940

Die deutschen Bomber Do 217E: Maschinen dieses Typs werden zu Nachtjägern umgebaut (oben links)

Ein britisches Flugblatt, Frühjahr 1943 (oben)

Großbritannien, in einem RAF-Stützpunkt: Die schweren Bomber Avro Lancaster vor dem Start zu einem neuen Einsatz (linke Seite)

Ein Kanonier am Zielgerät einer Flakbatterie (links)

Mit den ersten Sonnenstrahlen kehren die schweren Bomber Handley-Page Halifax von ihrem Einsatz über Deutschland zurück

805

1943 März

In der Nacht zum 1. März 1943 ist die französische Atlantikküste erneut das Ziel englischer Bombenangriffe. Diesmal fallen 1120 Tonnen Bomben auf den U-Boot-Stützpunkt St. Nazaire.

Die Schlacht an der Ruhr

Mit einem Angriff auf Essen beginnt am 5. März 1943 um 20.58 Uhr die als »Battle of the Ruhr« bezeichnete neue Luftoffensive des RAF Bomber Command gegen die deutsche Schwerindustrie. Das für die deutsche Rüstungsproduktion äußerst wichtige Ruhrgebiet hat besonders starken Flakschutz, den die britischen Piloten »The Flak-Valley« nennen. Die neue Taktik des Bombenkrieges mit Leucht-Zielmarkierungen ermöglicht den Piloten, auch bei schlechter Sicht das Ziel genau zu treffen. Ein Pfadfinderverband mit 22 Lancasters und sechs Mosquitos wirft über den im Zentrum gelegenen Krupp-Werken Zielmarkierungsbomben ab, um den 369 nachfolgenden Bombern den Abwurf bei Dunkelheit zu erleichtern. Bei diesem Angriff auf Essen, dem ersten einer Serie von Terrorbombardements, werden mehr als 5000 Häuser zerstört oder schwer beschädigt. Die Bevölkerung hat 400 Tote und über 1000 Verletzte zu beklagen. Der Luftabwehr ist es gelungen, 14 Maschinen abzuschießen.

Am Sonntag, dem 4. April 1943, starten US-Kampfflugzeuge der 8. US Air Force von Großbritannien aus zu

Die Bugnase einer Fliegenden Festung B-17G mit Waffenturm unter dem Bug und rahmenloser Plexiglaskuppel

Eine Flak- und Scheinwerferbatterie während eines britischen Nachtangriffs

September 1943

Der totale Krieg

Ab Donnerstag, dem 11. Februar 1943, werden im Deutschen Reich die Oberschüler der Jahrgänge 1926/27 zum Dienst als Luftwaffenhelfer (Flakhelfer) eingezogen. Diese 15- bis 16jährigen Jungen bilden den Mannschaftsbestand der neu aufzustellenden leichten, mittleren und schweren Heimat-Flakbatterien. Sie kommen vorerst in der Nähe ihrer Wohnorte zum Einsatz und erhalten weiterhin nebenbei Schulunterricht. Die jungen Flakhelfer bleiben selbst danach als kämpfende Soldaten Angehörige der Hitlerjugend (HJ).

Nachdem sie sich in der Luftabwehr bewährt haben, wobei es auch Verluste gibt, entfällt allmählich auf die Luftwaffenhelfer die Hauptlast des Flakeinsatzes in der Heimat-Luftverteidigung. Neben ihnen sind Angehörige älterer Jahrgänge als »Flakwehrmänner« ebenfalls im Einsatz; sie leisten bei Tage Fabrikarbeit und schieben nachts in den Flakstellungen Wache oder schaffen während der Angriffe Munition herbei.

Außerdem gibt es bei der Heimatflak immer mehr »Hilfswillige« – auch »Hiwis« genannt –, meistens sowjetische Kriegsgefangene, die als Freiwillige der Flak den kärglichen Lebensbedingungen in den Gefangenenlagern entgehen möchten.

Am Donnerstag, dem 18. Februar 1943, proklamiert Reichspropagandaminister Dr. Goebbels im Berliner

Sportpalast den »totalen Krieg«. Es ist die Antwort auf die von den Alliierten während der Konferenz von Casablanca erhobenen Forderungen nach einer »bedingungslosen Kapitulation«.

Am selben Tag werfen in den Lichthof der Münchner Universität Mitglieder der Widerstandsorganisation »Weiße Rose«, die Studenten Geschwister Hans und Sophie Scholl, Flugblätter mit einem Aufruf gegen das NS-Regime. Sie werden von der Gestapo festgenommen und drei Tage später mit ihrem Freund Christoph Probst zum Tode verurteilt.

Unter dem Eindruck der Zerstörung von Hamburg gibt Dr. Goebbels am 6. August 1943 bekannt, daß die Zivilbevölkerung Berlins mit Ausnahme der Berufstätigen bald evakuiert wird.

Am Donnerstag, dem 2. September 1943, wird wegen stärkerer Konzentration der Kriegswirtschaft auf Weisung Hitlers das Ministerium für Bewaffnung und Munition (Albert Speer) in »Reichsministerium für Rüstung und Kriegsproduktion« umgewandelt.

1943 April

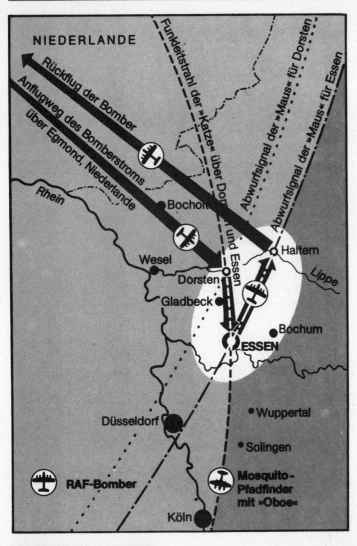

einem Angriff auf die Renault-Werke in Billancourt nahe Paris. Und am Tag darauf greifen Verbände der 8. US Air Force Antwerpen an. Es entstehen erhebliche Schäden im Stadtzentrum sowie im Hafen- und Industrieviertel. Über 2000 Zivilisten kommen bei dem Angriff ums Leben.

Ein amerikanischer Bomberverband wird am Donnerstag, dem 15. April 1943, im Anflug auf die holländische Küste gemeldet. 25 sofort aufsteigende deutsche Abfangjäger Focke-Wulf Fw 190 versuchen, über der Schelde-Mündung in 8500 Meter Höhe die 65 US-Begleitjäger P 47 Thunderbolt von dem Bomberverband zu lösen. So kommt es zwischen den deutschen und amerikanischen Jägern, die erst seit einer Woche auf dem europäischen Kriegsschauplatz sind, tätig zum ersten erbitterten Luftkampf.

An diesem Tag informiert Gen. Ismay, Churchills persönlicher Stabschef, den englischen Premier von den Versuchen der Deutschen mit Flügelbomben: »Der Umstand, daß seit Ende 1942 fünf Berichte eingegangen sind, weist darauf hin, daß es sich um eine Tatsache handelt, selbst wenn Einzelheiten ungenau sind.«

Verluste der RAF steigern sich

In der Nacht vom 16./17. April 1943 ist Mannheim das Ziel von 225 RAF-Bombern. Gleichzeitig sollen 242 Maschinen die Skoda-Werke in Pilsen (ČSR) angreifen. Durch einen Navigationsfehler geht jedoch der größte Teil der 617 Tonnen

In der Nacht vom 5./6. 3. 1943 eröffnet die RAF ihre neue Luftoffensive gegen das Ruhrgebiet

Der britische General Sir Hastings Ismay

Begleitjäger North American P-51D Mustang

April 1943

Essen, 28. 5. 1943: In der vorangegangenen Nacht sind über 1400 Tonnen Bomben auf die Stadt niedergegangen

Ein Dutzend Weckgläser mit Obst und ein paar Koffer – das ist alles, was dieser Mann retten konnte

1943 April

Mittlere Bomber vom Typ North American B-25 Mitchell starten zum Angriff gegen Ziele in Nordfrankreich

Die deutschen Jäger Focke-Wulf Fw 190 werden zwischen zwei Einsätzen gründlich überprüft

Bomben auf eine Kleinstadt südwestlich von Pilsen nieder. Bei diesem Einsatz gehen 53 Maschinen verloren.

Nur einige Stunden später, am 17. April 1943, führt die 8. US Air Force unter dem Begleitschutz von Lightning-Jägern P-38 ihren ersten schweren Tagesangriff über dem Reichsgebiet durch. Das Ziel sind die Focke-Wulf-Werke in der Hansestadt Bremen. Die Produktionsanlagen des für die Luftwaffe so wichtigen Jägers werden entweder vernichtet oder stark beschädigt. 30 Maschinen FW 190, die kurz vor der Auslieferung stehen, gehen in Flammen auf. Fast 20 Prozent der eingesetzten US-Bomber werden von der Luftabwehr abgeschossen.

Am Montag, dem 19. April 1943, erhalten in Medmenham die Experten der Luftbild-Auswertungseinheit die erste Anweisung, das Material über die deutschen Geheimwaffen »mit Hilfe der Luftaufklärung genau zu untersuchen«. Das Objekt in der Peenemündung wird erst jetzt in das Programm der britischen Luftaufklärung einbezogen, obwohl die Versuchsanlage und Prüfstände in Peenemünde bereits seit sechs Jahren bestehen. Und am Dienstag, dem 20. April 1943, wird der Schwiegersohn Churchills, Duncan Sandys, offiziell mit der Prüfung aller verfügbaren Materialien über die deutsche Arbeit an fliegenden Bomben beauftragt.

Die Nacht vom 27./28. April 1943 stellt den Höhepunkt der RAF-Minenoperation dar. Allein in dieser einen Nacht werden vor der deutschen und holländischen Nordseeküste sowie im Golf von Biskaya von den Maschinen des Bomber Command 459 Minen abgeworfen.

Trotz Bomberstrom-Taktik, neuer Navigationsgeräte und verschiedenartiger Störmaßnahmen steigen im Frühjahr 1943 die Verluste der RAF ständig an: Nacht für Nacht kehren viele der Bomberbesatzungen vom Einsatz nicht mehr zurück. Bomberchef Harris, durch diese Nachricht alarmiert, versucht nun mit allen Mitteln, hinter das Erfolgsgeheimnis der deutschen Nachtjäger zu kommen.

In der Nacht vom 13./14. Mai 1943 unternimmt das RAF Bomber Command erneut den Versuch, die Skoda-Werke in Pilsen anzugreifen. Doch auch diesmal verfehlen die Piloten ihr Ziel. So werfen die 141 Maschinen fast die gesamte Bombenlast von 527 Tonnen einige Kilometer entfernt vom Angriffsziel ab. Neun Maschinen kehren von diesem Einsatz nicht zurück.

Mai 1943

Die Möhne-Talsperre, am Morgen des 17. 5. 1943: Von der Zerstörung dieser wichtigsten Talsperre im Ruhrgebiet verspricht sich Churchill entscheidende Auswirkungen auf die deutsche Stahlproduktion

Am Sonnabend, dem 15. Mai 1943, erfährt das Transportwesen der Luftwaffe eine Umorganisation. Das Debakel bei der Versorgung der in Stalingrad eingeschlossenen 6. Armee und bei der des Brückenkopfes Tunis zwingen zu durchgreifenden Maßnahmen. Die Leitung des Transportwesens, das jetzt in Aufbau und Gliederung den anderen Verbänden der Luftwaffe angepaßt wird, übernimmt ein General der Transportflieger. Neue Geschwader werden aufgestellt und alle Flugzeuge, Staffeln, Gruppen und Geschwader mit taktischen Kennzeichen versehen.

Der Angriff auf die Talsperren

Am Sonntag, dem 16. Mai 1943, starten in den Abendstunden 19 Lancaster-Bomber der 617. Squadron (W./Cdr. G. P. Gibson) zu einer außergewöhnlichen Operation: die Zerstörung der Talsperren im Ruhrgebiet durch nächtliche Präzisionsangriffe auf die Staudämme der Möhne, Sorpe und Eder. Die Alliierten wollen damit die Wasserversorgung des deutschen Industriezentrums für Monate unterbrechen, die zu zwei Dritteln durch die Möhne- und Sorpe-Talsperre gedeckt wird, während der Eder-Stausee den Pegel der Weser und der Fulda reguliert.

Der Einsatz stellt höchste Anforderungen an das fliegerische Können der Piloten, die aus nur 18 Meter Höhe die speziell dafür konstruierten Wasserbomben abwerfen, um die Staumauern zum Bersten zu bringen. Mehr als 2000 Menschen sterben in den Fluten der entfesselten Wassermassen; dennoch können die Möhne- und Eder-

811

1943 Mai

Dr. Barnes Wallis, Konstrukteur der Spezial-Wasserbomben gegen die Talsperren

Air Chief Marshal Arthur T. Harris

Die alliierten Angriffe gegen deutsche Städte fordern immer mehr Opfer

Talsperre innerhalb von acht Wochen wiederhergestellt werden. Der Damm der Sorpe-Talsperre wird zwar mehrfach getroffen, hält aber stand, und die Talsperren der Ennepe und der Lister bleiben gänzlich verschont. Der entstandene Schaden wirkt sich kaum auf die Produktionskapazität des Ruhrgebietes aus.

In der Nacht vom 23./24. Mai 1943 erfährt Dortmund den zweiten schweren Luftangriff in diesem Monat. 2042 Tonnen an Spreng- und Brandbomben werden von 724 RAF-Maschinen über den Wohngebieten und dem Industrieviertel abgeworfen. Da bei diesem Überfall die 100000. Tonne Bomben auf das Ruhrgebiet fällt, übermittelt Air Chief Marshal Harris per Funk seine Glückwünsche an die Besatzungen: »1939 hat Göring versichert, daß keine einzige Bombe auf das Ruhrgebiet fallen wird. Gratuliere zu der soeben gelieferten ersten 100000. Tonne Bomben als Antwort an den Reichsmarschall.«

Für die Nacht vom 29./30. Mai 1943 hat die RAF Wuppertal-Barmen als Angriffsziel vorgesehen. 719 Maschinen starten zu einem der massivsten Angriffe im Rahmen der »Battle of the Ruhr«. 624 Flugzeuge erreichen das Ziel und richten mit 1822 Tonnen Bomben verheerende Schäden an. Von der Zivilbevölkerung werden 2450 Menschen unter den Trümmern begraben, und 118000 verlieren ihr Obdach. Durch deutsche Nachtjäger und Flakbeschuß gehen 33 Bomber verloren.

Obwohl 3568 Flugzeuge der alliierten Luftstreitkräfte zwischen Januar und Mai 1943 insgesamt 5429 Tonnen Spreng- und 3704 Tonnen Brandbomben auf die U-

Juni 1943

Boot-Stützpunkte an der Atlantikküste abgeworfen haben, sind die Decken der U-Boot-Bunker kaum beschädigt. Die im gleichen Zeitraum von der RAF und US Air Force auf deutsche U-Boot-Werften abgeworfenen fast 19000 Tonnen Spreng- und Brandbomben haben weder den Betrieb in den Werften stillgelegt noch die in Bau befindlichen U-Boote beschädigt. Bei diesen Angriffen auf U-Boot-Stützpunkte sowie Werften haben die Alliierten 266 Maschinen eingebüßt.

Die neue Phase des Luftkrieges

Am Donnerstag, dem 10. Juni 1943, nehmen die Alliierten ihre im Januar in Casablanca vereinbarte »Combined Bomber Offensive« gegen das Deutsche Reich wieder auf. Die RAF fliegt weiterhin nächtliche Flächenbombardements und die US-Luftflotte Präzisionsangriffe bei Tag. Priorität haben weiterhin die Flugzeugindustrie sowie Stützpunkte der Jagdgeschwader, danach Kugellager- und Kfz-Werke, U-Boot-Werften sowie das Verkehrsnetz, Herstellungsbetriebe für synthetischen Gummi und Benzin sowie andere Rüstungsbetriebe.

Der schwerste Luftangriff auf Düsseldorf findet in der Nacht vom 11./12. Juni 1943 statt. Der aus 693 Maschinen bestehende RAF-Bomberstrom löst innerhalb von einer dreiviertel Stunde durch den Abwurf von 1968 Tonnen Spreng- und Brandbomben ein Flammeninferno aus. Obwohl die Dachstühle vieler Häuser mit gelöschtem Kalk feuerfest gemacht worden sind, verlieren 120000 Einwohner in dieser Nacht ihr Zuhause. Durch ein Täuschungsmanöver abgelenkt, treffen die deutschen Jäger erst ein, als sich die Bomber bereits auf dem Rückflug befinden. Es gelingt ihnen noch, 27 Maschinen abzuschießen; elf weitere fallen der Flak zum Opfer.

Das »Shuttle bombing« (Pendelverkehr) erprobt die RAF erstmals in der Nacht vom 20./21. Juni 1943. Diese neue Angriffsart sieht vor, daß die Bomber wie üblich in den Abendstunden in England starten, bei Nacht ihre Bombenlast über den vorbestimmten Zielen abwerfen und dann nach Nordafrika weiterfliegen, da die kurzen Sommernächte eine gefahrlose Rückkehr im Schutz der Dunkelheit nicht mehr erlauben. Auf den nordafrikanischen Stützpunkten sollen die Flugzeuge dann gewartet, aufgetankt und erneut mit Bomben für den Rückflug beladen werden.

Der erste Einsatz, den die Maschinen der 5. Group des Bomber Command fliegt, gilt den Zeppelin-Werken in Friedrichshafen am Bodensee, die die Radargeräte »Würzburg« herstellen. Ohne es zu wissen, versetzen die Piloten mit der Zerstörung der Zeppelin-Werke dem deutschen Geheimwaffenprogramm einen empfindlichen Rückschlag: Das Vorhaben, hier künftig V2-Raketen fertigen zu lassen, muß aufgegeben werden.

Am Morgen nach dem Bombenangriff auf eine deutsche Stadt: Die Überlebenden schreiben auf die Wände ihrer verbrannten Häuser ein Lebenszeichen

1943 Juni

Am Mittwoch, dem 23. Juni 1943, kehrt gegen Mittag Flight-Sgt. E. P. H. Peck mit seiner Mosquito von einem Aufklärungsflug zum britischen Stützpunkt Leuchars zurück. In den Filmdosen seiner Kameras warten die ersten gestochen scharfen Luftaufnahmen vom Raketenversuchsgelände Peenemünde und dem Prüfstand VII auf ihre Auswertung.

Die Erfolge der Nachtjäger

In der Nacht vom 24./25. Juni 1943 fliegt die RAF mit 554 Bombern einen weiteren Angriff auf Wuppertal-Elberfeld. Durch den Abwurf von 1663 Tonnen Bomben werden 95 Prozent der Stadt zerstört, so daß sie nur noch einem Trümmerfeld gleicht. Bei dem Angriff büßt das Bomber Command 43 Maschinen ein.

Köln wird erneut in der Nacht vom 28./29. Juni 1943 bombardiert. 540 RAF-Maschinen, die die Domstadt erreichen, werfen in dieser Nacht 1614 Spreng- und Brandbomben ab, die ganze Straßenzüge in Schutt und Asche legen. Die deutsche Luftabwehr kann 25 Lancasters abschießen. Mit diesem Angriff endet die seit vier Monaten dauernde Ruhr-Offensive, deren Auswirkungen verheerend sind. Die Zentren von Bochum, Dortmund, Duisburg, Essen, Köln und Wuppertal liegen in Trümmern oder sind ausgebrannt. Unberührt davon bleibt jedoch die Rüstungsproduktion, die weiter auf Hochtouren läuft. Die RAF bezahlt ihre 18 506 Einsätze im Rahmen der »Battle of the Ruhr« mit dem Verlust von 872 abgeschossenen und 2126 beschädigten Maschinen.

In diesem Monat kann die deutsche Flugzeugindustrie erstmals seit Kriegsbeginn mehr als 1000 Jäger an die Luftwaffe ausliefern, aber im Verhältnis zu dem Produktionsausstoß der Gegner ist diese Zahl verschwindend gering.

Im Juni 1943 erzielt die deutsche Luftverteidigung die höchste Abschußzahl von RAF-Bombern. Dank der »Kammhuber-Linie«, deren Nachtjagdräume sich von Dänemark bis zum Bodensee erstrecken, gelingt es deutschen Jägern, 235 gegnerische Maschinen abzuschießen. Hinter dieser Erfolgszahl steckt die Leistungsfähigkeit des relativ neuen Bordsuchradarsystems »Lichtenstein BC«, das Telefunken entwickelt hat und seit Februar 1942 im Einsatz ist. Während die »Würzburg«- und »Freya«-Geräte der »Kammhuber-Linie« die Position der anfliegenden RAF-Bomber ausmachen, führt »Lichtenstein BC« die Abfangjäger bis auf Schußweite an das Ziel heran.

Obwohl sich die RAF auf nächtliche Großangriffe konzentriert hat, scheut sie die kurzen, mondhellen Sommernächte aus Furcht vor deutschen Nachtjägern. Da die deutsche Luftwaffe nur über ein geringes Kontingent an zweimotorigen Nachtjägern verfügt, schlägt Maj. H. Herzmann Gen. Kammhuber vor, zur Verstärkung auch einmotorige Tagjäger vom Typ Me 109 und FW 190 zur Bekämpfung der britischen Nachtbomber über dem Zielgebiet einzusetzen.

Ein Nachtjäger Messerschmitt Me 110 der Reichsverteidigung mit Funkmeß-(Radar-)Hirschgeweih-Antenne

Juni 1943

Der Bordwart eines deutschen Jagdgeschwaders lädt die MG-Gurte in eine Jagdmaschine

So sieht ein amerikanischer Karikaturist die Abenteuer der Besatzung einer abgeschossenen Fliegenden Festung

815

1943 Juli

Opfer des Feuersturms von Hamburg

Mit einer unvorstellbaren Wucht haben die alliierten Bomberverbände Hamburg angegriffen

Schwere Angriffe gegen Hamburg

In der Nacht vom 24./25. Juli 1943 beginnt bei gutem Flugwetter und klarer Sicht die Operation »Gomorrha«, die erste »Combined Bomber Offensive« gegen die Stadt und Hafenanlagen von Hamburg. 741 Kampfflugzeuge erreichen die Stadtteile Barmbek, Hoheluft, Eimsbüttel, Altona und den Hafen. Als am frühen Morgen des 25. Juli 1943 in Hamburg die Sirenen aufheulen, ahnt noch kein Mensch etwas von der Katastrophe, die sich in kurzer Zeit abspielen wird. Bei ihrem Anflug auf die Stadt werfen die Flugzeugbesatzungen pro Minute 2000 lose gebündelte Stanniolstreifen ab. Jedes dieser Bündel wirkt etwa 15 Minuten lang auf den Radarschirmen wie das Schattenbild eines Flugzeuges. Damit täuscht man der Luftabwehr etwa 11 000 Maschinen vor. Gleichzeitig stören die Stanniolstreifen die radargesteuerten Scheinwerfer und Flugabwehrgeschütze derart, daß gezieltes Feuer unmöglich ist. Auf die gleiche

Dazu bietet sich die erste Gelegenheit in der Nacht vom 3./4. Juli 1943, als 589 RAF-Bomber Köln angreifen. Fünf Tagjäger Focke-Wulf Fw 190 und sieben Messerschmitt Me 109 schießen über der Domstadt innerhalb weniger Minuten 12 der insgesamt 30 in dieser Nacht vernichteten Bomber ab. Den Einsatz hat die durch Leuchtbomben erzielte Helligkeit begünstigt, behindert hat ihn dagegen das Flakfeuer.

In den Vormittagsstunden des 19. Juli 1943 befinden sich 158 Fliegende Festungen B-17 aus Tunesien und Pantelleria sowie 112 Liberator B-24 aus Bengasi auf dem Anflug nach Rom. Sie greifen die Bahnhöfe Lorenzo und Littorio sowie den Flugplatz von Littorio an. Am Nachmittag bombardieren sie auch den Flugstützpunkt Ciampino. 166 Tote und 1659 Verletzte sind die Opfer dieses Angriffs.

Juli 1943

Weise werden die »Würzburg«-Geräte der Bodenleitstellen lahmgelegt, so daß kein Nachtjäger an die Bomber herangeführt werden kann. Auch die Bordradargeräte »Lichtenstein BC« der Nachtjäger versagen ihren Dienst. In 2½ Stunden gehen 2300 Tonnen Bomben auf Hamburg nieder und setzen 87 Kilometer Häuserfronten in Brand. Hitler, der am frühen Morgen von der Katastrophe in Hamburg erfährt, wird in der Mittagsbesprechung zusätzlich über den Einsatz der britischen Stanniol-Störstreifen unterrichtet. Als Reaktion darauf befiehlt er die Serienfertigung der Fernrakete A4, die später als V2 bezeichnet wird. Jeden Monat sollen davon 900 Stück produziert werden. Reichsminister für Rüstung und Kriegsproduktion Speer: »Es dürfte wohl einer meiner schwerwiegenden Fehler in der Leitung der deutschen Rüstung gewesen sein, dieser Entscheidung Hitlers nicht nur zugestimmt, sondern sie befürwortet zu haben, während wir besser unsere Anstrengungen auf die Fertigung einer Boden-Luft-Abwehrrakete konzentriert hätten.«

Am Tag darauf starten 122 Fliegende Festungen nach Hamburg, um durch weitere Angriffe die Lösch- und Bergungsarbeiten zu stören. Eine riesige Qualmwolke, die die Sonne verdunkelt, schlägt den Bomberbesatzungen entgegen.

Auch in der Nacht vom 27./28. Juli 1943 erzittert Hamburg unter weiteren schweren Angriffen. 739 britische Flugzeuge laden nochmals 2312 Tonnen Bomben über der Stadt ab. 16 000 Häuser stehen in hellen Flammen. Nach der Rückkehr berichtet ein Pilot: »Die Wolken sahen aus wie ein blutdurchtränkter Wattebausch.« In der Stadt entstehen Flächenbrände von bisher nicht gekanntem Ausmaß. Da die atmosphärische Hitze etwa 1200 Grad beträgt, entsteht ein Sog wie in einem riesenhaften Kamin, so daß die von der Erde angesaugte und nachstürzende Frischluft einen orkanartigen Feuersturm bewirkt, dessen Kraft noch in 6000 Meter Höhe zu spüren ist. Die dadurch entstandene Windstärke beträgt mehr als 120 Kilometer pro Stunde. Mächtige alte Bäume brechen wie Streichhölzer um. Drei Viertel des Straßenbaumbestandes werden in den kurz aufeinanderfolgenden Angriffen vernichtet. Nur die Menschen, die rechtzeitig geflüchtet sind oder die sich gerade am Rand des Feuermeeres befinden, können dem Tod oder schweren Verletzungen entgehen. Etwa 70 Prozent der 30 482 Toten sind

1943 Juli

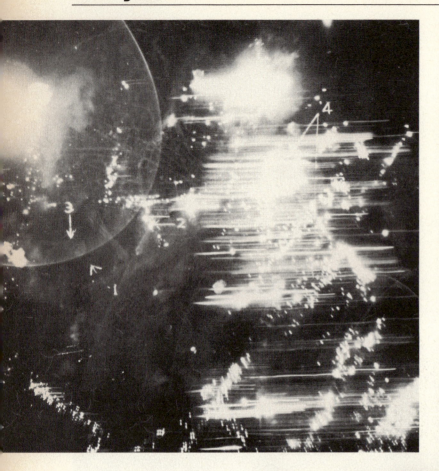

Hamburg in der Nacht vom 24./25. 6. 1943, von einem britischen Bomber aus gesehen: 1. Außenalster – 2. Zum Hauptbahnhof führende Brücke – 3. Flakbatterie an der Alster – 4. Leuchtbomben und Brände

Auch diese drei Knaben versuchen, die Stadt zu retten

Nach der grauenvollen Nacht: Die Erlebnisse der letzten Stunden haben ihre Gesichter gezeichnet

August 1943

zum größten Teil durch Kohlenoxydgase erstickt oder unter Trümmern begraben.

Erneut erscheinen in der Nacht vom 29./30. Juli 1943 726 RAF-Bomber über Hamburg und werfen in die noch brennenden und qualmenden Trümmer weitere 2277 Tonnen Bomben. Trotz des Infernos gelingt es der Luftabwehr, von den an- und abfliegenden Maschinen 28 abzuschießen.

US-Bomber gegen ein Ölzentrum

Im August 1943 werden von den alliierten Stützpunkten in Nordafrika verstärkt Einsätze gegen die von Deutschland besetzen Gebiete und mit ihm verbündeten Staaten in Europa geflogen. So starten auch am frühen Morgen des 1. August 1943 von Bengasi aus 178 Maschinen B-24 Liberator der 9. US Air Force zu einem Präzisionsangriff auf das rumänische Erdölgebiet Ploesti. Für den etwa 3500 Kilometer langen Hin- und Rückflug muß jeder Bomber mehr als 9 Tonnen Treibstoff mitführen. Um das deutsche Radarsystem zu unterfliegen und die einzelnen Raffinerien möglichst genau zu treffen, soll der Verband in Baumwipfelhöhe angreifen.

Es ist der erste Fall in der Geschichte des Luftkrieges, daß das Angriffsdatum anhand einer entzifferten Funkmeldung des Gegners festgelegt wird. Einen Monat zuvor ist es den Alliierten gelungen, den Wettercode der Luftwaffe zu brechen, eine der wichtigsten Voraussetzungen für die geplante Operation. Man hat jedoch nicht bedacht, daß GenLt. Gerstenberg, verantwortlich für den Schutz des Ölzentrums, Ploesti zu der am stärksten verteidigten Anlage Europas ausgebaut hat.

Durch die Entzifferung einer Funkmeldung an die alliierten Luftbereiche, die die Kampfflugzeuge überfliegen werden, weiß die Luftabwehr im Raum Ploesti, daß sich ein großer US-Bomberverband über dem Mittelmeer befindet und Kurs nach Nordosten nimmt. Als der Verband fast das Ziel erreicht hat, unterläuft den Piloten ein fataler Irrtum: Durch eine falsche Wendung fliegen die beiden führenden Gruppen anstatt nach Ploesti zu dem 50 Kilometer entfernt liegenden Bukarest. Das sofort einsetzende starke Flakfeuer warnt die Verteidiger von Ploesti, die nun noch Zeit haben, sich auf einen Angriff vorzubereiten. Als die beiden Gruppen ihren Fehler bemerken, drehen sie zwar um, doch beginnen sie nun ihren Anflug auf Ploesti genau von der falschen Seite. So kreuzen die anderen drei Gruppen im Tiefflug ihre Richtung, und jede versucht verzweifelt, der anderen auszuweichen. Das einsetzende konzentrierte Flakfeuer aus allen Richtungen vergrößert noch das Chaos. Eine Liberator rammt einen Schornstein, einer anderen reißt das Seil eines

Die amerikanischen Bomber B-24 Liberator über den brennenden Ölraffinerien von Ploesti

819

1943 August

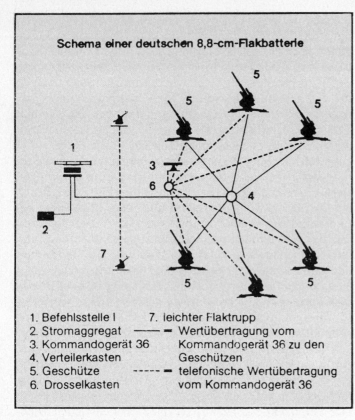

Eine Flakbatterie ist, um wirksam eingesetzt zu werden, eine recht komplizierte Anlage

Ploesti, 1. 8. 1943: Die rumänische Feuerwehr versucht, die brennende Anlage zu löschen

Sperrballons die Tragfläche ab, und die dritte, die nicht rechtzeitig hochziehen kann, rast in einen Öltank.

Nach dem 27 Minuten dauernden Angriff auf Ploesti drehen die übriggebliebenen Bomber ab. Die Hälfte der Flugzeuge ist stark beschädigt. Es gibt Tote und Verwundete an Bord. Nur elf Maschinen können Bengasi wieder erreichen, denn 54 werden über Rumänien abgeschossen, drei über See, andere stürzen ab, und sieben landen in der Türkei. Die Operation kostet 532 Mann das Leben und endet mit dem Ergebnis, daß die Raffinerien in Ploesti einige Monate lang nur 60 Prozent der bisherigen Ölmenge produzieren können.

In der Nacht vom 2./3. August 1943 endet die Operation »Gomorrha« mit dem vorerst letzten Angriff auf Hamburg, bei dem 939 Tonnen Bomben auf die Hansestadt niedergehen. Dieser Operation fallen in neun Angriffen zwischen dem 24. Juli und dem 2. August 1943 55 000 Tote und Vermißte der Bevölkerung zum Opfer, das sind 84 Prozent der in Hamburg und 13 Prozent aller in Deutschland während des Krieges durch Luftangriffe umgekommenen Menschen. Nach den Angriffen sind in Hamburg 36 000 Gebäude zerstört, 230 Quadratkilometer bebaute Fläche und Straßenzüge von 500 Kilometer Länge ausgebrannt und 600 000 Menschen obdachlos. Im Hafen betragen die Verluste an Schiffsraum 180 000 BRT, darunter auch drei U-Boot-Neubauten in der Werft von Blohm & Voss. Die Hamburger Industrie ist dagegen nicht so schwer betroffen, sie hat nach fünf Monaten wieder 80 Prozent ihrer früheren Kapazität erreicht.

Mit der Luftschlacht um Hamburg gelingt den Alliierten der entscheidende Einbruch in die Reichsverteidi-

August 1943

gung: Sie erringen die fast vollständige Luftüberlegenheit. Die zuerst in Hamburg angewandte »Combined Bomber Offensive« ist der Beginn einer neuen Phase im Luftkrieg gegen das Dritte Reich und für die RAF das Modell aller späteren Terrorangriffe auf weitere deutsche Städte. Die Führung der Luftwaffe erkennt an den Folgen deutlich, daß die Luftverteidigung der Heimat die allerwichtigste Aufgabe ist.

Am Freitag, dem 13. August 1943, starten auf den Stützpunkten in Nordafrika 61 schwere Bomber der 9. US Air Force, um zum erstenmal ein Ziel in Österreich, die Messerschmitt-Flugzeugwerke in Wiener Neustadt, anzugreifen. Das Bombardement kostet 181 Tote und 850 Verletzte. Nachdem die US-Bomber jetzt auch Ziele in Mittel- und Süddeutschland verstärkt angreifen, ruft die Luftwaffenführung ihre erfahrensten Piloten von allen Frontabschnitten zurück.

Schwarzer Tag der US-Bomber

Am Dienstag, dem 17. August 1943, dem Jahrestag des ersten europäischen Einsatzes, fliegen 376 Bomber der 8. US Air Force den sogenannten »Jubiläumsangriff« auf Schweinfurt und Regensburg. In der Operation »Double Strike« sollen gleichzeitig die Schweinfurter Kugellagerindustrie und ein Messerschmitt-Montagewerk in Regensburg angegriffen werden. Der entscheidende Fehler dabei ist, daß sich die Bomberverbände nicht auf ein Objekt konzentrieren, sondern ihre Kräfte zersplittern. Die Operation »Double Strike« ist nicht nur der größte Tagesangriff der US-Verbände seit Anfang des Krieges, sondern zugleich der erste Pendeleinsatz (»Shuttle bombing«) der 8. US Air Force. Alle für den Angriff auf Regensburg bestimmten Bomber sind mit »Tokyo-tanks«, zusätzlichen Treibstoffbehältern, versehen, da sie anschließend über Italien und das Mittelmeer nach Bône in Nordafrika weiterfliegen sollen.

Wegen ihrer begrenzten Reichweite müssen jedoch die Begleitjäger P 47 Thunderbolt schon vor Aachen umkehren. Danach stürzen sich die deutschen Jäger, die auf diesen Augenblick gewartet haben, auf die Bomberverbände. Zwischen Belgien, Luxemburg und dem Rhein-Main-Gebiet entwickelt sich die größte Luftschlacht des Krieges. Die Luftwaffe setzt hier zum erstenmal die Kampfflugzeuge Ju 88, Do 21 und He 111, die über Luft-Luft-Raketen verfügen, in Gruppen und einzeln ein. Die deutschen Nachtjagd-Verbände verlieren 25 Maschinen; aber die Amerikaner kostet »Double Strike« 59 »Fliegende Festungen«, und 100 weitere werden beschädigt. Der »Jubiläumsangriff«, der ein großer Erfolg werden sollte, bedeutet die bisher schwerste Niederlage der US-Luftstreitkräfte in Europa. Jedes fünfte Besatzungsmitglied kommt bei dieser Operation um. Diese schweren Verluste veranlassen die 8. US Air Force, in den nächsten fünf Wochen keine Einsätze mehr über dem Reichsgebiet zu fliegen. Die Amerikaner konzentrieren sich auf weniger wichtige Ziele in Westeuropa, die in der Reichweite ihrer Begleitjäger liegen.

Raum Lüttich, 17. 8. 1943: Deutsche Soldaten betrachten neugierig die notgelandete Fliegende Festung B-17

821

1943 August

Deutsches Reich 1943, Sondermarken zum Heldengedenktag: Sturzkampf-flugzeuge und Fallschirmjäger

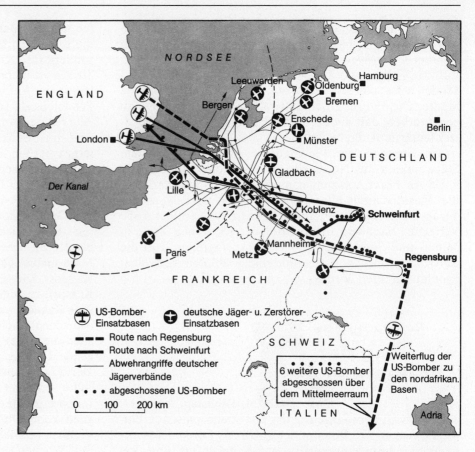

17. 8. 1943: Der Angriff auf Schweinfurt und Regensburg wird zu einem Debakel

Eine Fliegende Festung B-17 landet nach dem Angriff auf Schweinfurt auf ihrem Stützpunkt in England

August 1943

Der Angriff auf Peenemünde

Unterdessen bereitet Air Chief Marshal Harris einen neuen Einsatz für das Bomber Command, die Operation »Hydra«, vor. Das Ziel dieses außergewöhnlich wichtigen Angriffs ist die Versuchsanstalt für V-Waffen in Peenemünde auf der Halbinsel Usedom. Es ist der erste Präzisions-Nachtangriff der Hauptkräfte der RAF mit Zielmarkierungen und genauen Funkanweisungen des über dem Ziel kreisenden »Master«-Bombers (»Zeremonien-Meister«). Der Angriff läuft genau nach Plan ab: 20 Mosquitos täuschen mit massenhaftem Abwurf von Leuchtmarkierungen einen Großangriff auf Berlin vor und binden so 203 deutsche Jäger, die über der Reichshauptstadt vergeblich nach den Bomberverbänden suchen. Inzwischen greifen – von deutschen Jägern unbehelligt – 597 Lancaster- und Halifax-Bomber in Peenemünde das Raketenversuchsgelände an. In drei Wellen werden 1593 Tonnen Spreng- und 281 Tonnen Brandbomben abgeworfen. Viel zu spät erfahren die Jäger, was wirklich geschehen ist. Ein Teil von ihnen kann gerade noch die dritte Welle der RAF-Maschinen auf dem Rückflug erreichen und 40 Flugzeuge abschießen.

735 Menschen kommen bei der Operation »Hydra« um, zumeist sowjetische Kriegsgefangene und polnische Zwangsarbeiter aus dem Lager Trassenheide. Auch deutsche Arbeiter und Spezialisten werden getötet, darunter Dr. Walter Thiel, Chef der Raketentriebwerk-Abteilung. Dagegen überstehen den Angriff ohne Schaden der Windkanal, Prüffelder und Meßhaus, also alle wichtigen Anlagen einschließlich der Pläne. Überhaupt nicht getroffen werden die Erprobungsstelle der Luftwaffe in Peenemünde-West, das Entwicklungszentrum der V1 und der Strahlflugzeuge, so daß die Arbeit sofort weitergehen kann. GenOberst Jeschonnek, der engste Mitarbeiter Görings und seit über vier Jahren Generalstabschef der Luftwaffe, nimmt sich unter dem ersten deprimierenden Eindruck des Angriffs auf Peenemünde am 19. August 1943 das Leben.

Am selben Tag beginnen die alliierten Luftstreitkräfte auch in Italien jene berüchtigte »Round-the-clock«-Bomberoffensive, die sie schon 14 Tage zuvor in Hamburg angewandt haben: US-Maschinen bombardieren Foggia am Tage, während die RAF nachts angreift.

In der Nacht vom 23./24. August 1943 erleidet das RAF-Bomber Command seine bisher schwersten Verluste bei einem Angriff auf Berlin: Von 727 viermotorigen Bombern erreichen zwar 625 Maschinen die Reichshauptstadt und werfen 1765 Tonnen Spreng- und Brandbomben ab – 35 000 Berliner werden bei diesem Angriff obdachlos –, aber den deutschen Nachtjägern gelingt es, 33 Maschinen, etwa 20 davon über Berlin, abzuschießen, während durch Flakbeschuß 24 weitere britische Flugzeuge verlorengehen.

Die Verbände der 8. US Air Force, die nach ihrem Angriff auf Regensburg in Nordafrika gelandet sind und sich jetzt auf dem Rückflug nach England befinden, greifen am Dienstag, dem 24. August 1943, den Stützpunkt der Kampfgeschwader 40 (KG 40) in Bordeaux-Mérignac an. Die Pendelangriffe, auf die die Alliierten so große Hoffnungen gesetzt haben, erweisen sich als wenig erfolgversprechend, da sich der feine afrikanische Wüsten-

General Hans Jeschonnek

Versuchsanstalt des Heeres für Gleitbomben und Raketenwaffen in Peenemünde am 17./18. 8. 1943

1943 August

Raum Stuttgart, Herbst 1943: Nach einem amerikanischen Bombenangriff auf einen Fliegerhorst

Ungarn 1943: Der Nationalheld N. Zrinyi

Slowakei 1943: Der Dichter Martin Razus

sand für die nicht tropentauglichen Motoren gefährlicher als deutsche Jäger erweist.

In der Nacht vom 31. August/1. September 1943 erfolgt ein neuer Großangriff auf Berlin. Von den 613 gestarteten Bombern erreichen nur 512 die Hauptstadt und werfen 1359 Tonnen Spreng- und Brandbomben ab. Der größte Teil der Bombenlast geht jedoch 20 Kilometer vor der Hauptstadt nieder, weil die Markierungen falsch plaziert worden sind. 47 Flugzeuge werden durch Jäger oder von der Flak abgeschossen.

Zum erstenmal wird in dieser Nacht ein neues Verfahren angewandt: Eine deutsche Bombereinheit setzt sich über die britischen Bomberformationen und wirft Leuchtbomben an Fallschirmen ab, deren Licht zusammen mit den Kursmarkierungen der Mosquito-Pfadfinder die deutschen Nachtjäger zu ihrem Vorteil ausnutzen. Künftig geht die RAF daraufhin immer häufiger zu Scheinangriffen über, um die deutschen Nachtjäger vom Hauptverband und damit vom Einsatz über dem tatsächlichen Angriffsziel abzulenken.

Im September 1943 gibt die Luftwaffenführung auf Weisung Hitlers dem VW-Werk in Wolfsburg und den Fieseler-Werken in Kassel den Auftrag, die fliegende Bombe Fi 103 (V1) in Massenproduktion herzustellen. Geplant sind zunächst 50 000 Geschosse, von denen die ersten schon in drei Monaten, also im Dezember 1943, auf London niedergehen sollen.

September 1943

RAF-Angriffe nehmen zu

Ab September 1943 intensiviert Air Chief Marshal Harris die nächtlichen Angriffe des Bomber Command auf das Reichsgebiet. Die zwischen 350 und 700 Maschinen umfassenden Bomberformationen werfen fast jede Nacht ihre todbringenden Spreng- und Brandbomben über deutschen Städten ab. Es geht nicht nur darum, die Produktionsstätten der Rüstungsindustrie zu vernichten, sondern systematisch und ohne Rücksicht auf die Zivilbevölkerung Zerstörungen herbeizuführen. Damit sollen vor allem die deutschen Frontsoldaten in Sorge um die Familien in der Heimat versetzt und demoralisiert werden.

Im September 1943 wird Kammhuber wegen Differenzen mit der Luftwaffenführung als General der Nachtjagdverbände seines Postens enthoben und nach Norwegen als Oberbefehlshaber der Luftflotte 5 versetzt. Seine Nachfolge tritt General Galland an, der bereits General der Jagdflieger ist.

Die 8. US Air Force führt im September 1943 eine Serie von Nachteinsätzen über dem Reichsgebiet durch, in denen etwa 30 Flying Fortresses der 422. Squadron Flugblätter mit NS-feindlichen Aufrufen abwerfen.

München, am Morgen des 7. 9. 1943: In der Nacht haben britische Flugzeuge über 1000 Tonnen Bomben auf die Isar-Metropole abgeworfen (links oben)

Nach dem Nachtangriff auf Düsseldorf am 10./11. 9. 1943 (rechts oben)

Dänemark 1943: Gedenkmarke zum 25jährigen Bestehen der Dänischen Luftfahrtgesellschaft

Deutsches Reich 1943, zum Heldengedenktag: Leichte Flak

1943 September

Nach dem Vorbild der RAF werden in diesem Monat die in England stationierten amerikanischen Luftstreitkräfte auch mit Pfadfinder-Squadrons ausgerüstet. Die dafür vorgesehenen Maschinen erhalten alle das der britischen Navigations- und Bombenwurfhilfe »H2S« nachgebaute »Meddo«-Gerät. Der erste Einsatz dieser US-Pfadfinderflugzeuge erfolgt am 27. September 1943 beim Angriff auf Emden: Sie kennzeichnen den nachfolgenden Kampfverbänden den Bombenauslösepunkt durch Rauchsignale.

Seit dem 1. Oktober 1943, das heißt vier Tage nach Eroberung der Flugplätze im Raum Foggia, starten die US-Bomber der Strategic Air Force (Maj. Gen. J. Doolittle) von hier aus ihre Angriffe auf die deutsch besetzten Länder. Das erste Ziel sind die Messerschmitt-Werke in Wiener Neustadt.

In der ersten Oktoberhälfte 1943 werden die US-Jagdmaschinen P-47 Thunderbolt mit Zusatztanks ausgerüstet, um den Bomberverbänden bis zur Linie Frankfurt/Main–Hannover–Hamburg Geleitschutz geben zu können. Unter diesem Schutz unternimmt daraufhin die 8. US Air Force nach der im Januar 1943 in Casablanca festgelegten Strategie (»Pointblank-Directive«) sofort eine Serie von vier Großeinsätzen gegen Verkehrszentren und die deutsche Flugzeugindustrie.

noch die eingebaute Schrägbewaffnung, die sogenannte »schräge Musik«, wecken bei der Luftwaffe die Hoffnung, den nächtlichen Terrorangriffen der RAF ein Ende zu bereiten.

Am Donnerstag, dem 14. Oktober 1943, knapp zwei Monate nach dem ersten Bombardement auf Schweinfurt, befinden sich wiederum 291 US-Bomber auf dem Anflug, um erneut das Zentrum der Kugellagerindustrie zu treffen. Gleich nach dem Abdrehen der Begleitjäger P-47 Thunderbolt tauchen die ersten deutschen Jägergeschwader auf. Die Luftwaffe hat alle verfügbaren Jäger der Reichsverteidigung und mehrere Staffeln der Luftflotte 3 (GFM Sperrle) aus Frankreich zusammengezogen und gegen die schweren viermotorigen Bomber eingesetzt. Der strahlendblaue Himmel begünstigt den deutschen Gegenangriff, der den US-Piloten so perfekt erscheint, daß sie den Verdacht haben, ihr Unternehmen sei verraten worden, denn bereits auf dem Weg nach Schweinfurt werden 29 Fliegende Festungen abgeschossen. Auf dem Rückflug greifen 160 Jäger die angeschlagenen Bomberformationen von allen Seiten an. Die stundenlangen Kämpfe erstrecken sich über die gesamte Flugroute, selbst noch über den Kanal.

Die Luftwaffe hat allein 375 Tag- und Nachtjäger sowie Zerstörer im Einsatz, von denen 50 Flugzeuge verlorengehen.

Die neue Taktik der Nachtjäger

Anfang Oktober 1943 werden die ersten Nachtjäger der Luftwaffe mit dem neuen Weitwinkelerfassungs-Bordradargerät von Telefunken ausgerüstet. Dieses »Lichtenstein SN-2« (FuG 220) genannte Gerät ist in der Lage, auf eine Entfernung von 6,5 Kilometern feindliche Bomber auszumachen. Sein Vorteil: Es ist immun gegen abgeworfene »Window«-Stanniolstreifen. Mit Hilfe dieses neuen Radargerätes sind konzentrierte Masseneinsätze der Nachtjäger möglich. Wenn sie auf ihren Radargeräten ein Ziel erfaßt haben, werden die Nachtjäger aus der Führung der Bodenstation entlassen und gruppenweise in den Bomberstrom eingeschleust. Diese neue Taktik bringt dem Bomber Command schwere Verluste und macht es der Luftwaffe möglich, anstelle der Objekt- nun die Raumverteidigung zu beginnen. Damit ist das alte »Himmelbett«-Verfahren überflüssig geworden. Auch die »Serrate«-Radarempfänger, mit deren Hilfe die britischen Nachtjäger bisher die Strahlung der deutschen Bordradargeräte zur Zielfindung genutzt haben, sind mit Einführung der »Lichtenstein-SN-2«-Geräte nicht mehr zu gebrauchen. Die deutschen Nachtjäger erhalten zusätzlich noch die Zielfindungsgeräte »Flensburg« (FuG 227) und »Naxor« (FuG 350), die ähnlich dem »Serrate«-Prinzip arbeiten. So können die Deutschen die britischen Maschinen schneller orten und ohne Bodenführung angreifen. Diese zuverlässigen Bordradargeräte, mehr aber

Großbritannien, im Hauptquartier der US-Luftstreitkräfte: Die ersten Vorbereitungen zu einem Angriff auf Frankfurt/Main

Oktober 1943

Während die alliierten Bombenangriffe ganze Stadtviertel in deutschen Städten verwüsten...

...steigt die Produktion der deutschen Rüstungsbetriebe

1943 Oktober

Von diesem Einsatz kehren lediglich 93 amerikanische Bomber nach Großbritannien zurück. Gen. H. H. Arnold, Oberbefehlshaber der US-Luftstreitkräfte, muß feststellen, daß Tagesangriffe ohne ausreichenden Jagdschutz zu viele Verluste einbringen, und stellt sie ab sofort ein, bis ihm die neuen Langstreckenjäger zur Verfügung stehen, die die viermotorigen Bomber den ganzen Flug über schützen können.

Für die Nacht vom 22./23. Oktober 1943 ist ein Großangriff auf Kassel geplant, da der britische Geheimdienst erfahren hat, daß »die gleiche Geheimwaffe wie in Peenemünde« in den Fieseler-Werken in Kassel hergestellt wird. Um die deutsche Luftabwehr zu täuschen, führen zur selben Zeit Stirling-Bomber einen Scheinangriff auf Frankfurt/Main, und 12 Mosquitos werfen Leuchtzielmarkierungen über Köln ab; außerdem gelingt es sogenannten Jagdleitoffizieren aus Kingstown, die deutschen Nachtjagd-Staffeln durch gut gefälschte Anweisungen über diese beiden Städte zu lenken. So bleiben die Pfadfinder des Hauptverbandes von Angriffen deutscher Nachtjäger verschont und setzen über Kassel die größte im Krieg vorgenommene Konzentration von Zielmarkierungsbomben. Nach dem Abwurf von riesigen Mengen an Brandbomben geht der Stadtkern von Kassel innerhalb von 15 Minuten in Flammen auf. Dem ähnlich wie in Hamburg einsetzenden Feuersturm fallen 12 000 Menschen zum Opfer. Die Bildauswerter aus Medmenham melden: »Rund 100 000 Wohnungen und wenigstens neun wichtige Fabriken liegen in Trümmern. Die Fieseler-Werke sind durch Bombentreffer schwer beschädigt.« Wie die Aufklärungsfotos beweisen, schwelen die Brände in Kassel noch sieben Tage nach dem Angriff.

Am Sonntag, dem 24. Oktober 1943, strahlt der von dem Journalisten Sefton Delmer ins Leben gerufene britische Geheimsender, der »Soldatensender Calais«, seine erste Sendung aus. Er ist neben dem schon bestehenden »Deutschen Kurzwellensender Atlantik« mit seiner 600-Kilowatt-Leistung der stärkste in Europa. Aus dem Studio in Milton Bryan wird ein regelmäßiges Programm für die deutsche Luftwaffe gesendet, dessen Abschluß ein Bericht der ehemaligen Besatzungsmitglieder einer Ju 88, die am 9. Mai 1943 in Dyle gelandet ist, bildet. Empört äußern sie sich über die unmöglichen Bedingungen, unter denen ihre Kameraden kämpfen müssen. Zu dem Team des Senders gehört auch Wing Cdr. N. Roffy (Air Intelligence 3), der für die allerneuesten technischen Nachrichten aus dem Bereich der deutschen Luftwaffe zuständig ist.

Um die Moral der Luftwaffenangehörigen zu schwächen, gibt »Calais« auch neueste Informationen über die Wirkung der alliierten Bombenangriffe. Es werden sogar Namen der in den betroffenen Städten zerstörten Straßen, selbst Hausnummern von Gebäuden, genannt. Diese präzisen Angaben lassen manchen deutschen Schwarzhörer vermuten, daß britische Agenten diese Nachrichten direkt aus deutschen Städten nach England übermitteln. Sefton Delmer: »Die Hauptquelle für diese Berichte waren Fotos. Sie stammten von den Mosquitos, die unmittelbar nach jedem Angriff die betroffenen Gebiete über-

Tragischer Augenblick für die Besatzungen der US-Bomber über Bayern: Zwei B-24 Liberator sind durch Flakbeschuß in Brand geraten

flogen, um die angerichteten Schäden fotografisch festzuhalten... Meine Freunde bei der Nachrichtenabteilung der RAF schickten mir die Bilder, sobald sie entwickelt und abgezogen waren, unverzüglich durch einen Kraftfahrer nach Milton Bryan, und dann machte sich eine Sondersektion darüber her, um sie mit Hilfe von Stereoskopen auszuwerten. Wir hatten uns zu diesem Zweck eine ganze Bibliothek von deutschen Stadtplänen und Baedekern zugelegt.«

November 1943

Schlacht um Berlin

Mitte November 1943 plant Air Chief Marshal Harris eine neue Luftoffensive, die »Battle of Berlin«. Die Reichshauptstadt soll durch Großangriffe »von einem Ende zum anderen in Schutt und Asche« gelegt werden. Harris prophezeit sogar, er werde mit seinen Bombenangriffen eine Kapitulation Hitlers bis zum 1. April 1944 erreichen. Die erste große Luftschlacht um Berlin legt Harris für den 18. November 1943 fest. Während an diesem Abend 402 RAF-Bomber die Reichshauptstadt angreifen, befinden sich zur Ablenkung der Luftabwehr weitere 325 Bomber im Anflug auf Ludwigshafen; zwei parallellaufende Großangriffe auf verschiedene deutsche Städte, noch dazu bei Nacht, hat es bisher nicht gegeben. Und außerdem läßt Harris durch 13 Lancasters die Flakstellungen an der Nordseeküste und durch 28 Mosquito-Schnellbomber den Flakgürtel um die Reichshauptstadt angreifen.

Die Berlin anfliegenden Bomberverbände werden von zahlreichen Mosquito-Fernnachtjägern geschützt, um die deutschen Nachtjäger über der Mark Brandenburg abzuwehren. Durch eine dichte Wolkendecke über dem Ziel sind die Leuchtmarkierungsbomben der Pfadfinder kaum zu erkennen. So müssen die Bomberbesatzungen die 1600 Tonnen Spreng- und Brandbomben fast »blind« abwerfen. Dabei stellt sich heraus, daß außerhalb der Reich-

1943 November

Berlin, am Morgen des 23. 11. 1943: Es war der schwerste Bombenangriff, den die Reichshauptstadt bis dahin erlebt hat

Deutsches Reich 1943: Gedenkausgabe zum 20. Jahrestag des Hitler-Putsches in München

weite von »Oboe« die Angriffe nicht mit gleicher Zielgenauigkeit wie etwa im Ruhrgebiet durchzuführen sind.

Am Abend des 22. November 1943 erlebt Berlin den verheerendsten Luftangriff seit Kriegsbeginn. Während des zweistündigen Angriffs von 631 britischen und kanadischen Stirling- und Lancaster-Bombern fallen 1132 Tonnen Sprengbomben und 1334 Tonnen Brandbomben auf die Reichshauptstadt. Die Stadtmitte und der Bezirk Moabit sind besonders schwer davon betroffen. Rings um den Bahnhof Zoo brennen ganze Straßenzüge. Obwohl wegen des schlechten Wetters mehrere deutsche Nachtjägerstaffeln nicht starten können, fallen der Flak und den Nachtjägern 26 alliierte Maschinen zum Opfer.

In der darauffolgenden Nacht ist Berlin wiederum das Ziel eines Großangriffs. Diesmal gehen die 1334 Tonnen Bomben der 325 britischen Maschinen hauptsächlich über den Stadtteilen Lankwitz und Südende nieder.

Dezember 1943

Vor einem neuen Einsatz: Der Bomber Avro Lancaster bekommt die todesbringende Ladung

70 000 Häuser in Schutt und Asche

Der amerikanische General Henry H. Arnold

Am Freitag, dem 26. November 1943, setzt die 8. US Air Force für einen Tagesangriff auf die Hafen- und Industrieanlagen in Bremen 1000 Bomber und Jäger ein. Und am Abend des gleichen Tages beginnt die RAF mit 407 Lancasters den vierten Großangriff der »Battle of Berlin«. Zu gleicher Zeit wird auch Stuttgart bombardiert. Die beiden Großangriffe versetzen die Reichsverteidigung in beträchtliche Verwirrung, zumal die Berlin anfliegenden Verbände zur Täuschung zunächst einen Umweg über Frankfurt/Main machen, um die deutschen Jagdstaffeln dort hinzuziehen. Erst als die britischen Bomber die nördlichen Stadtteile von Berlin heimgesucht haben und sich bereits auf dem Rückflug befinden, treffen die Jäger über der Reichshauptstadt ein.

Am Sonntag, dem 28. November 1943, zwei Tage nach dem vierten RAF-Großangriff auf Berlin, soll eine Mosquito (Squ. Ldr. J. Merifield) der Bildaufklärer-Einheit die Bombenschäden der letzten Nachtangriffe fotografieren. Da die dichte Wolkendecke keine Aufnahmen ermöglicht, sucht sich Merifield ein Ausweichziel an der Ostseeküste und überfliegt das Dorf Zemplin, 12 Kilometer südlich von Peenemünde. Gerade zu diesem Zeitpunkt werden in Zemplin vom Flakregiment 155 (W), Tarnbezeichnung für die Flugbombeneinheit (Oberst Wachtel), Abschußversuche mit der Fi 103 (V1) unternommen. Und bereits am Mittwoch, dem 1. Dezember 1943, kommt die junge Bildauswerterin in Medmenham, Constance Babington-Smith, hinter eines der am besten gehüteten deutschen Kriegsgeheimnisse. Es geht um bisher unerklärliche Bauten in Nordfrankreich. Die Auswerterin stellt an einem der Bilder, die Merifield am 28. November 1943 aufgenommen hat, fest, daß die Bauten in Zemplin mit denen von Nordfrankreich identisch sind, und erkennt die Startrampen der Fi 103 (V1).

In der Nacht vom 2./3. Dezember 1943 findet der fünfte Großangriff im Rahmen der »Battle of Berlin« statt. Air Chief Marshal Harris setzt seinen ganzen Ehrgeiz darein, Berlin ebenso schwer zu zerstören wie Hamburg; doch hat er dabei nicht bedacht, daß diese Stadt eine weitere Ausdehnung besitzt, großflächiger angelegt ist, außerhalb der Reichweite von »Oboe« liegt und als Reichshauptstadt von den Deutschen bis zum Äußersten verteidigt wird.

1943 Dezember

Während der fünf Großangriffe auf Berlin sind 8656 Tonnen Bomben niedergegangen. 70 000 Häuser liegen in Schutt und Asche, etwa 250 000 Menschen sind obdachlos und 2700 Einwohner dabei umgekommen. Die RAF hat 123 Maschinen eingebüßt.

Bomber gegen Geheimwaffen

Am Freitag, dem 3. Dezember 1943, ist sich das für Aktionen gegen deutsche Geheimwaffen zuständige Komitee »Crossbow« einig, daß die von Constance Babington-Smith auf den Luftaufnahmen entdeckten Abschußrampen für die V1, die sogenannten »Ski-Stellungen«, durch Angriffe schwerer Bomber vernichtet werden müssen. Aufgrund von Agentenberichten schätzt das Komitee die Zahl der Abschußstellen auf etwa 100.

Die zweite Taktische Luftflotte und Verbände der 8. US Air Force starten am Sonntag, dem 5. Dezember 1943, trotz des schlechten Wetters ihren ersten Angriff gegen die »Ski-Stellungen«. US-General Brereton: »Es wurden alle Anstrengungen unternommen, sämtliche Informationen im Zusammenhang mit diesen Zielen streng geheimzuhalten, um keine Panik in der Öffentlichkeit hervorzurufen. Auf Befehl des Premierministers [Churchill] selbst durften diese Ziele in der Presse nur als ›militärische Anlagen‹ bezeichnet werden.«

Am Montag, dem 13. Dezember 1943, setzt die 8. US Air Force bei einem Angriff auf Kiel erstmals 45 der soeben in England eingetroffenen neuen Langstreckenjäger P-51 Mustang als Begleitschutz der Bomberverbände ein. Dank der abwerfbaren Treibstofftanks können sie 1400 Kilometer weit operieren. Sie fliegen jeweils den Bombern voraus, um so die deutschen Jäger abzufangen und danach den Kampfflugzeugen über dem Ziel den erforderlichen Schutz zu bieten. Mit dieser neuen Taktik wird verhindert, daß deutsche Jäger an die Bomber herankommen. Die Idee, Langstreckenjäger mit Zusatztanks auszurüsten, beweist, wie eine einzige technische Neuerung die Situation im Luftkrieg ändern kann.

Zwei Tage später, am 15. Dezember 1943, fordert in London das »Crossbow«-Komitee mit Nachdruck den Einsatz schwerer Bomber der 8. US Air Force, die einen »Vernichtungsangriff auf die Abschußstellen« der Fi 103 (V1) fliegen sollen.

Am Abend des 20. Dezember 1943 starten Verbände der RAF und US Air Force zu mehreren schweren Angriffen auf diese Abschußrampen zwischen dem Pas-de-Calais und Cherbourg sowie auf die Großbunker bei Wizernes; dabei ist unbekannt, daß hier gerade Abschußstellen für A-4 (V2) im Bau sind. Innerhalb der nächsten zehn Tage gehen auf die bis dahin bekannten 83 »Ski-Stellungen« 300 Tonnen Sprengstoff nieder. Die Arbeiten an den Abschußrampen gehen trotz der schweren Angriffe ohne Unterbrechung weiter. Sorgfältige Tarnung

Die Langstrecken-Höhenbegleitjäger Republic P-47 Thunderbolt sind, wenn auch mehr als doppelt so schwer wie die Me 109, der ideale Begleitschutz für Fliegende Festungen bei den Angriffen auf Deutschland

und der Einsatz von Flak ermöglichen den weiteren Ausbau. Das Flakregiment 155 (W) von Oberst Wachtel verliert keinen einzigen Mann; allerdings kommen 30 französische Arbeiter bei den Angriffen um.

Der letzte Großangriff des Jahres 1943, in der Nacht vom 29./30. Dezember, richtet sich noch einmal gegen Berlin. In der Zeit vom 18. November bis zum 31. Dezember 1943 sind auf die Reichshauptstadt rund 14 000 Tonnen Bomben gefallen. Obwohl die RAF und US Air Force in diesem Jahr drei große Luftoffensiven gegen Berlin, Hamburg und das Ruhrgebiet durchgeführt haben, ist die deutsche Rüstungsindustrie davon kaum betroffen. Doch die Engländer ziehen daraus nicht die notwendige Konsequenz, sondern setzen im Gegenteil auf einen noch härteren und grausameren Bombenkrieg. Reichsminister Speer: »... Tatsächlich hätte man, wie ich frühzeitig erkannte, den Krieg schon im Jahre 1943 weitgehend entscheiden können, wenn man statt ausgedehnten, aber sinnlosen Flächenbombardierungen versucht hätte, Zentren der Rüstungsproduktion auszuschalten...«

Dezember 1943

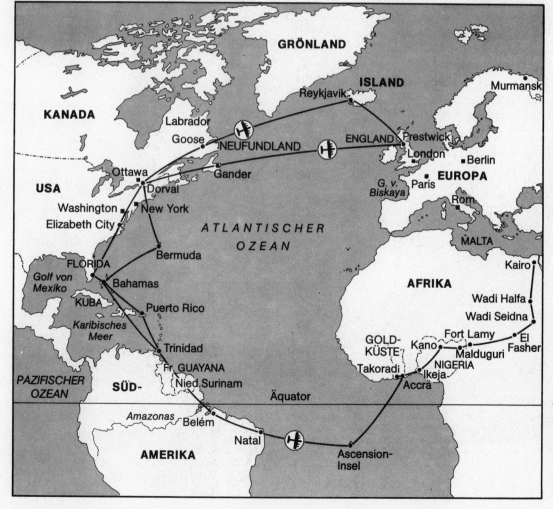

Ungarn 1943: Diese Sondermarke zeigt die Basilika in Estergom

Auf zwei direkten Wegen bekommen die alliierten Luftstreitkräfte in Europa und in Nordafrika Verstärkung: Durch die Luftbrücken über den Nord- und Südatlantik

1943 Dezember

DAS ENDE IN NORD-AFRIKA

WECHSEL-VOLLE KÄMPFE IN TUNESIEN

Die Alliierten auf dem Vormarsch. Hitler: ». . . das deutsche Volk erwartet, daß Sie bis zur letzten Patrone kämpfen.«

Zu Beginn des Jahres 1943 kommt es in Tunesien immer häufiger zu überfallartigen Angriffen der anglo-amerikanischen Tiefflieger (Tank-Buster) auf deutsche Flugplätze: So werden am 18. Januar 1943 bei einem alliierten Jabo-Angriff auf den Flugplatz von Tunis mit einem Schlag 23 Maschinen vom Typ Ju 52 am Boden vernichtet. Für die Luftversorgung der deutschen Tunesien-Verbände stehen auf dem italienischen Festland und Sizilien rund 200 Transportmaschinen Ju 52 und Großraumtransporter Me 323 »Gigant« zur Verfügung. Allerdings sind Flugzeuglandungen in Tunis und Bizerta nur tagsüber möglich, während nachts nur vereinzelt eine Landung in Gabes und Sfax erfolgen kann. Zur Verstärkung der in Tunesien eingesetzten Kräfte verlegt die deutsche Führung ungefähr 400 Flugzeuge von der Ostfront nach Tunis. Ungewollt verschafft sie damit den sowjetischen Truppen eine gewisse Erleichterung.

Am Sonnabend, dem 23. Januar 1943, hat sich der Druck der britischen 8. Armee (Lt. Gen. Montgomery) auf die Panzerarmee Afrika derart verstärkt, daß Rommels Verbände Tripolis räumen und sich in Richtung auf die libysch-tunesische Grenze zurückziehen müssen.

Trotz des gegnerischen Versuchs, seinen Truppen den Rückzugsweg zu versperren, kann Rommel am Dienstag, dem 26. Januar 1943, mit dem Gros der Panzerarmee Afrika Tunesien erreichen und sich hier mit der 5. Panzerarmee (GenOberst von Arnim) vereinen. Und Montgomery hat mit der 8. Armee innerhalb von 80 Tagen mehr als 1500 Kilometer zurückgelegt, um Rommels Verbände von El Alamein bis Tripolis zu verfolgen. Ende Januar 1943 tritt Rommel in Verbindung mit der 5. Panzerarmee zu einer deutsch-italienischen Angriffsoperation in Richtung Westen an. Zwar mißlingt die Eroberung von Le Kef, doch fällt der Faid-Gebirgspaß in deutsche Hand, so daß der Weg in Richtung Tebessa frei ist. Nach der Einnahme von Sbeitla und Gafsa wird der Kasserine-Paß überwunden. Bei einem weiteren Vorstoß auf Thala werden die Rommel-Truppen jedoch von englischen Panzerverbänden zurückgeworfen.

Die verbesserte Nachschublage ermöglicht es Rommel, die zum Teil bis auf ein Drittel ihres ursprünglichen Stan-

Abschnitt Médenine, Tunesien: Ein toter deutscher Kanonier an seinem Geschütz

1943 Januar

Wichtige politische Konferenzen des Jahres 1943

Am Donnerstag, dem 14. Januar 1943, treffen sich in der marokkanischen Hafenstadt Casablanca Churchill und Roosevelt in Begleitung ihrer militärischen Berater zu einer Konferenz, die am 25. Januar 1943 mit folgenden wichtigen Ergebnissen endet:

1. Beschluß über eine alliierte Landung auf Sizilien im Sommer 1943 nach Eroberung Tunesiens;
2. Terminierung einer anglo-amerikanischen Landung in Frankreich auf frühestens August/September 1943;
3. Proklamierung der Formel von der »bedingungslosen Kapitulation« (Unconditional Surrender) Deutschlands;
4. Vermittlung zwischen den französischen Generälen de Gaulle und Giraud über die Verwaltung Französisch-Nordafrikas;
5. Direktiven über eine verstärkte alliierte Luftoffensive gegen Deutschland (»Combined Bomber Offensive«, CBO).

Auf der 1. Konferenz in Kairo (22. bis 26. November 1943) einigen sich Roosevelt, Churchill und Tschiang Kai-schek über die Richtlinien der strategischen Bombenangriffe im pazifischen Raum. Betroffen sind davon vor allem japanische Nachschublinien in China und die Inseln des japanischen Mutterlandes. Die neu aufgestellte 20. US-Luftflotte übernimmt diese Aufgabe. Der Chef der US Air Force, Gen. H. H. Arnold, wird ihr Befehlshaber.

Die Regierungschefs vereinbaren außerdem, daß nach der Niederlage Japans Formosa und die Pescadores an China fallen und daß Korea wieder selbständig wird.

Der Versuch Churchills und Roosevelts während der 2. Kairoer Konferenz (2. bis 6. Dezember 1943), die Türkei in den Krieg gegen Deutschland hereinzuziehen, scheitert an der ablehnenden Haltung des Staatspräsidenten Ismet Inönü.

des zusammengeschmolzenen Verbände der 15. Panzerdivision (GenLt. von Vaerst) und der 21. Panzerdivision (GenMaj. Hildebrandt) nach langer Zeit erstmalig wieder voll aufzufüllen. Außerdem wird ihm noch die neu in Afrika eingetroffene, voll ausgestattete 10. Panzerdivision (GenMaj. von Broich) zur Verfügung gestellt. Auch von den neuen Tiger-Panzern, dem die Alliierten nichts Gleichwertiges entgegenzusetzen haben, verspricht sich Rommel – vor allem gegen die taktisch unterlegenen Amerikaner – einige Erfolge.

Am Sonntag, dem 14. Februar 1943, beginnt GenLt. Ziegler mit der 10. und 21. Panzerdivision das Unternehmen »Frühlingswind«, den Angriff gegen das II. US-Korps (Maj. Gen. Fredendall), das westlich vom Faid-Paß eingesetzt ist. Aber Mitte Februar 1943 wird die Lage für die Panzerarmee Afrika kritisch, weil die britische 8. Armee inzwischen ihren Vormarsch fortgesetzt und Stellungen zwischen Ben-Gardane, Médenine und Tatahouine bezogen hat. Die Engländer stehen damit zum Angriff gegen die von der italienischen 1. Armee bezogene befestigte Mareth-Linie bereit. In der Nacht vom 16./17. Februar 1943 ist daher Ziegler gezwungen, das Unternehmen »Frühlingswind« abzubrechen, weil seine Kampfgruppe am Vorstoß der Panzerarmee Afrika über den Kasserine-Paß auf Tebessa teilnehmen soll. Immerhin hat die deutsche 21. Panzerdivision in diesen beiden Tagen die 2. mot. US-Division bei Sbeitla in so arge Bedrängnis gebracht, daß die Amerikaner ihre Stellungen nur mit größten Anstrengungen halten können.

Am Dienstag, dem 23. Februar 1943, erfolgt im Brückenkopf Tunesien eine Umgliederung der deutsch-italienischen Verbände. Aus der bisherigen Panzerarmee Afrika entsteht nun die italienische 1. Armee (GenOberst Messe), die mit den übrigen auf tunesischem Boden eingesetzten Verbänden der Achsenmächte die neu geschaffene Heeresgruppe Afrika unter Rommels Führung bildet.

Rommels letzte Offensive

Am Sonnabend, dem 6. März 1943, versucht Rommel, noch einmal eine Offensive gegen die britische 8. Armee an der Mareth-Stellung in Tunesien zu führen. Daran beteiligt sind die deutsche 10. und 15. sowie 20. Panzerdivision, die deutsche 90. und 164. leichte Division sowie Teile von drei italienischen Divisionen. Konzentriertes englisches Abwehrfeuer stoppt jedoch den Angriff schon vor Metamyr. Die hohen Ausfälle der deutschen Divisionen – 55 Panzer, etwa 500 Tote und Verwundete – zwingen Rommel zum Abbruch der Offensive. Zum Scheitern hat nicht zuletzt die Tatsache beigetragen, daß noch vor Beginn des deutschen Angriffs Gen. Montgomery durch entzifferte Enigma-Berichte über die gegnerischen Absichten bis ins einzelne informiert war.

März 1943

Der italienische General Giovanni Messe

Ein Feldflugplatz der Transportverbände nach einem alliierten Luftangriff

Gafsa, Tunesien, Februar 1943: Gefangene US-Soldaten auf dem Weg in das KG-Sammellager

1943 März

Fériana, Tunesien: Deutsche Verbände bei ihrem Vorstoß auf den Kasserine-Paß

Deutsche Infanterie greift mit Unterstützung von Sturmgeschützen die alliierten Stellungen am Kasserine-Paß an

Die Lage in Tunesien von Ende 1942 bis Anfang 1943

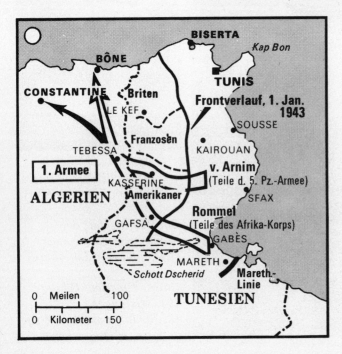

Am Sonntag, dem 7. März 1943, übernimmt GenOberst von Arnim die Führung der Heeresgruppe Afrika, da der erkrankte GFM Rommel eine Kur in Deutschland antreten muß. Zuvor meldet er sich noch im Führerhauptquartier. Hitler: »Erholen Sie sich, damit Sie bald wieder in Form kommen. Ich garantiere Ihnen, Sie werden die Operation gegen Casablanca führen.«

Am Abend des 20. März 1943 beginnt Montgomery seine Offensive gegen die von der italienischen 1. Armee (GenOberst Messe) besetzte Mareth-Stellung. Seine Operationen werden durch rollende Einsätze der Spitfire-Jäger, Kitty-Bomber und Hurricane-Schlachtflugzeuge unterstützt. Rund 300 Flugzeuge der Achsenmächte stehen etwa 5000 alliierten Maschinen gegenüber.

Unter dem starken Druck der britischen 8. Armee wird am Sonnabend, dem 27. März 1943, die italienische 1. Armee zur Aufgabe der Mareth-Stellung gezwungen. Die Truppen von GenOberst Messe ziehen sich bis nördlich von Gabès auf die etwa 30 Kilometer breite neue Verteidigungslinie zwischen dem Wadi Akarit und Schott-el-Fedjedj zurück.

April 1943

Die Artillerie des britischen V. Korps eröffnet das Feuer auf die deutschen Stellungen im Tebega-Tal

Hohe Verluste der Achsenmächte

Am Dienstag, dem 6. April 1943, stößt die britische 8. Armee nach Westen gegen diese neuen Verteidigungsstellungen der italienischen 1. Armee vor. Gleichzeitig rückt das II. US-Korps über die Linie Gafsa–Funduk nach Osten vor. Daraufhin ziehen sich die deutsch-italienischen Verbände auf Sfax und Sousse zurück und treffen bei Pont-du-Fahs mit der 5. Panzerarmee (jetzt Gen. d. Pz.Tr. von Vaerst) zusammen, die die Anhöhen westlich von Bizerta und Tunis hält. Im Brückenkopf von Tunis sind nun die deutschen und italienischen Truppen auf engstem Raum zusammengedrängt.

Einen Tag später vereinigt sich 25 Kilometer östlich von El Guetar im Süden Tunesiens ein Infanteriebataillon der britischen 8. Armee, die am 23. Oktober 1942 noch bei El Alamein gestanden hat, mit Aufklärungspan-

Tunis 1943: Zulassungsmarke für Feldpostpäckchen

1943 April

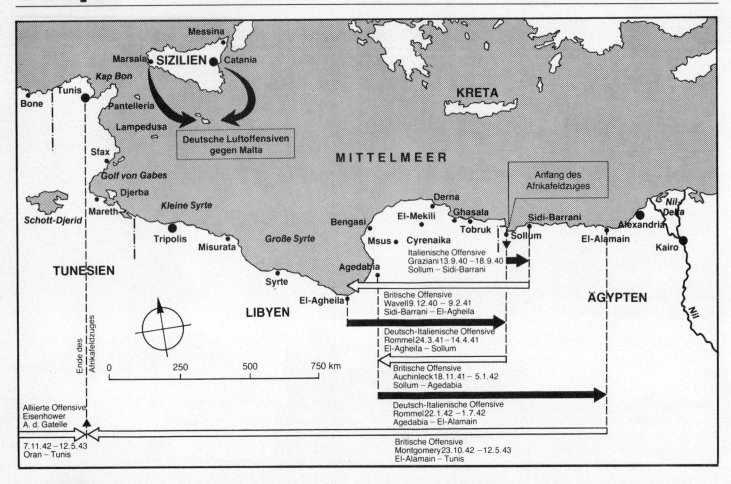

Omar N. Bradley, amerikanischer General

Der Feldzug in Nordafrika 1940–1943

Wadi Akarit (Tunesien), 5. 4. 1943: Gurkhas, die britischen Kolonial-Elitetruppen, greifen an

April 1943

zern des am 8. November 1942 in Marokko gelandeten II. US-Korps, die jetzt von Gabès vorgedrungen sind. Durch die Vereinigung dieser beiden Truppenteile ist die Heeresgruppe Afrika eingeschlossen. Unterdessen zieht sich die italienische 1. Armee aus den Stellungen am Wadi Akarit nach Norden zurück. Die Versorgung der deutschen Truppen in Tunesien von See her und aus der Luft ist inzwischen wegen der massiven Luftüberlegenheit der Alliierten im Mittelmeerraum fast unmöglich: Am Sonnabend, dem 10. April 1943, schießen alliierte Jäger fünf Ju 52 ab. Und am nächsten Tag stürzen 18 Transportmaschinen, vollgeladen mit Nachschubgütern, ins Meer. Da die Alliierten immer mehr Flugzeuge einsetzen können, darunter auch die gefürchteten amerikanischen Langstreckenjäger P-38 Lightning, steigen die deutschen Verluste trotz des verstärkten Jagdschutzes immer mehr an.

Die italienische 1. Armee muß sich am Dienstag, dem 13. April 1943, auf die Linie Enfidaville–Pont du Fahs zurückziehen. Der Brückenkopf Tunesien umfaßt nun ein Gebiet von 130 Kilometer Länge und 60 Kilometer Breite.

Auf Sizilien startet am Sonntag, dem 18. April 1943, ein Verband von 65 Transportmaschinen Ju 52 unter dem Begleitschutz von 16 Jägern Me 109 und fünf Zerstörern Me 110 mit Nachschubgütern für den Brückenkopf Tunesien.

Aus diesem Verband schießen alliierte Jäger 34 Flugzeuge über dem Meer ab, darunter 24 Ju 52. Weitere 35 Ju 52 sind so schwer beschädigt, daß die nur unter größten Anstrengungen der Piloten gerade noch den Flugplatz Tunis erreichen können.

Am Donnerstag, dem 22. April 1943, gelingt es alliierten Jägern, nördlich von Tunis 16 mit Treibstoff beladene Transportmaschinen Ju 52 zu vernichten und aus diesem Verband 18 von 20 noch in diesem Raum verfügbaren Großtransportern Me 323 Gigant abzuschießen. Die Versorgungsaktion für die Truppen in Tunis ist nach Stalingrad die verlustreichste der Achsenmächte; insgesamt gehen 400 Maschinen Ju 52, Savoia M 82 und Me 323 verloren.

12. 5. 1943: General Hans-Jürgen von Arnim, Oberbefehlshaber der Heeresgruppe Tunis, auf dem Weg in die Gefangenschaft

»Tunesien hat kapituliert« – meldet die britische Presse am 13. 5. 1943

1943 April

Die letzten Kämpfe

Ende April 1943 beginnen die alliierten Truppen ihre letzte Offensive gegen die deutsch-italienischen Verbände im Brückenkopf Tunesien. Während das frei-französische XIX. Korps (Gen. Koelte) in Richtung Djebel Zaghouan vordringt, verlegt das II. US-Korps seine Einheiten nach Norden und nähert sich nun Bizerta.

Am Sonnabend, dem 1. Mai 1943, dringt die 9. US-Infanteriedivision (Maj. Gen. Eddy) über die Küstenstraße nördlich von Tunis vor. Zu diesem Zeitpunkt stehen der Heeresgruppe Afrika nur noch 86 Panzerkampfwagen zur Verfügung. Trotz aller Schwierigkeiten, die die Luftwaffe mit der Versorgung des Brückenkopfes hat, sind die Transportmaschinen Ju 52 ständig im Einsatz, solange noch die Möglichkeit besteht, auf dem Flugplatz von Tunis zu landen. Obwohl die Angriffe der alliierten Jäger auf dem Anflug zwischen Sizilien und Nordafrika der Luftwaffe schwere Verluste zufügen und der Brückenkopf immer mehr eingedrückt wird, schaffen es die Ju 52, noch in den Tagen vom 3. bis zum 5. Mai 1943 insgesamt

»Die Rache Churchills für Dünkirchen 1940« – so sieht ein englischer Karikaturist Hitlers Niederlage in Tunesien

Das Ende in Nordafrika: Ein Teil der von den alliierten Truppen in Tunesien erbeuteten deutschen und italienischen Ausrüstung

138 Tonnen Treibstoff, 70 Tonnen Munition und 3,5 Tonnen Ersatzteile einzufliegen.

Die an der Westgrenze Tunesiens stehende britische 1. Armee (Lt. Gen. Anderson) beginnt am Donnerstag, dem 6. Mai 1943, ihren Angriff auf die Reste der deutschen 5. Armee (Gen. d. Pz.Tr. von Vaerst), durchbricht deren Verteidigungslinien und zersprengt die 5. Panzerarmee in zwei Teile. Den Vorschlag des Generalinspekteurs der Panzerwaffe, GenOberst Guderian, mit den zurückfliegenden Ju-52-Transportern jene Panzerbesatzungen aus dem Brückenkopf zu evakuieren, die keine Kampfwagen mehr hätten, weist Hitler kategorisch zurück.

Mai 1943

Am Nachmittag des 7. Mai 1943 rücken die Vorausabteilungen der britischen 1. Armee in Tunis ein, und kurz darauf erreichen amerikanische Verbände die Hafenstadt Bizerta. Hitler fordert seine dezimierten Truppen auf, Widerstand bis zum letzten Mann zu leisten und sich auf Kap Bon einzuigeln. Doch die Soldaten sind einfach zu erschöpft, um noch auf Durchhalteappelle zu reagieren.

Am Donnerstag, dem 13. Mai 1943, strecken die Reste der Heeresgruppe Afrika (GenOberst von Arnim) die Waffen, und am nächsten Morgen erfolgt die Kapitulation der italienischen 1. Armee (GenOberst Messe). Damit sind die Kämpfe in Nordafrika beendet. 250 000 Soldaten gehen in Gefangenschaft. Insgesamt betragen die Verluste der Achsenmächte im »Afrikafeldzug«: 975 000 Mann, 7600 Flugzeuge, 624 Schiffe, 2550 Panzer, 6200 Geschütze und 70 000 Lkw.

Nach der Eroberung Nordafrikas, die statt der zunächst vorgesehenen sechs Wochen ein halbes Jahr gedauert hat, konzentrieren sich die Alliierten auf den Sprung nach Sizilien. Massive Bombardements der See- und Luftstützpunkte sowie der Eisenbahnknotenpunkte auf der Insel und in Süditalien dienen der Vorbereitung einer geplanten Invasion.

DER SCHAUPLATZ ITALIEN

MUSSOLINI WIRD GESTÜRZT

Nachdem der Krieg in Nordafrika beendet ist, beginnt der mühsame Weg der Anglo-Amerikaner von Sizilien nach Rom

In der Morgendämmerung des 10. Juli 1943 beginnt die Landung alliierter Verbände unter dem Oberbefehl von Gen. Eisenhower an der Südostküste Siziliens (Operation »Husky«). Oberbefehlshaber der Landstreitkräfte ist Gen. Alexander, dem die britische 8. Armee (Gen. Montgomery) und die 7. US-Armee (Lt. Gen. Patton) unterstehen. Die Seestreitkräfte, 280 Kriegsschiffe, 320 Transporter und 2125 Landungsfahrzeuge aller Art, befehligt Adm. Cunningham.

Die RAF (Air Chief Marshal Tedder) und die US-Luftstreitkräfte (Lt. Gen. Spaatz) setzen 3680 Bomber und Jagdflugzeuge sowie 400 Transportmaschinen und 170 Lastensegler ein.

Nach Ausschiffung der britischen 8. Armee mit fünf Divisionen im Landeabschnitt zwischen Syrakus und Kap Passero sowie der 7. US-Armee mit drei Infanteriedivisionen und einer Panzerdivision im Raum Gela/Licata erfolgt das erste alliierte Luftlandeunternehmen mit 400 Dakotas und 170 Lastenseglern, das beinahe mißlungen wäre: 97 Segler werden zu früh ausgeklinkt und stürzen ins Meer; weitere 24 gelten als vermißt. Das Einsetzen starken Flakfeuers irritiert die Fallschirmjäger der Dakota-Transportmaschinen, so daß sie bereits vor dem Ziel abspringen und über einem Gebiet von fast 100 Kilometern verstreut niedergehen.

Zur Verteidigung stehen in diesem Raum: die italienische 6. Armee (Gen. Guzzoni) mit vier Infanteriedivisionen und fünf Küstenschutzdivisionen, ferner die Fallschirm-Panzerdivision »Hermann Göring« und die 15. Panzergrenadierdivision.

Da die italienischen Küstendivisionen nur schwachen Widerstand leisten, gelingt es einem 73 Mann starken britischen Fallschirmjäger-Trupp, sich bis zum Ponte Grande durchzuschlagen, um an dieser wichtigen Brücke, über die die Straße nach Syrakus verläuft, die dort angebrachten Sprengladungen zu beseitigen und ungeachtet des schweren Artilleriefeuers bis zum Nachmittag auszuhalten.

Am Montag, dem 12. Juli 1943, rollt die britische 8. Armee an der Ostküste Siziliens entlang und besetzt Syrakus. Danach stößt sie auf harten Widerstand deutscher

Operation »Husky«, Sizilien, 10. 7. 1943: Soldaten des britischen XIII. Korps (General Dempsey) gehen im Abschnitt Syrakus bei Cassible an Land

1943 Juli

Messina, 17. 8. 1943: Nach Einnahme der Stadt durch die 3. US-Division rücken britische Verbände ein

Schweiz 1943: Bundeshaus in Bern. Wohltätigkeitsausgabe zur Bundesfeier 1943

Serbien 1943: Das Kloster Zubostiza. Eine Wohltätigkeitsausgabe für Bombengeschädigte

Truppen, die die Verlegung ihrer Kampfverbände auf das Festland über die Straße von Messina sichern.

Auf der am 18. Juli 1943 in Feltre bei Verona stattfindenden Konferenz einigen sich Hitler und Mussolini auf die Räumung Siziliens. Aus der Erkenntnis, daß es unmöglich ist, ganz Italien zu verteidigen, wollen sie sich auf den Schutz der Poebene und des Industriegebietes in Norditalien beschränken. Es soll jedoch überall hinhaltender Widerstand geleistet werden, um das Vorrücken der Alliierten zu verzögern, besonders an der sogenannten »Gustav-Linie«, bis die Verteidigungsstellungen der von Pisa bis Rimini gehenden »Goten-Linie« ausgebaut sind.

Die »Gustav-Linie«, die an der engsten Stelle der Apenninenhalbinsel (120 Kilometer) von der Mündung des Garigliano bis zur Sangro-Mündung reicht, führt durch gebirgiges, fast wegloses Gebiet und ist für eine Verteidigung besonders geeignet. Hier können die Panzer nur auf den schmalen Küstenstraßen vorankommen, die im Winter durch das Hochwasser der Flüsse überschwemmt sind und den Vormarsch außerordentlich erschweren. Der Vorteil für die Achsenmächte ist ferner, daß ein Rückzug auf die als Winterstellung vorgesehene »Gustav-Linie« ohne Schwierigkeiten erfolgen kann und daß sie den Zugang nach Rom abriegelt.

Am 22. Juli 1943 kann die 7. US-Armee (Lt. Gen. Patton) Palermo, die Hauptstadt Siziliens, erobern.

September 1943

Sir Richard McCreery, britischer General

Reggio di Calabria, 2. 9. 1943: Die letzten deutschen Truppen, denen es gelungen ist, aus Sizilien zu entkommen, nach Überquerung der Straße von Messina

Die neue Lage in Italien

In der letzten Sitzung des »Großen Faschistischen Rats« in Rom am 25. Juli 1943 werden von der Mehrzahl der führenden Parteimitglieder – unter ihnen auch Mussolinis Schwiegersohn Graf Ciano – schwere Vorwürfe gegen den »Duce« wegen seiner Politik und Kriegführung erhoben. Er begibt sich daraufhin zu König Viktor Emanuel, um seine Demission einzureichen. Beim Verlassen des Palastes wird Mussolini verhaftet. An seiner Stelle ernennt der König den 1940 entlassenen Generalstabschef Marschall Pietro Badoglio zum neuen Ministerpräsidenten. Damit ist der Zusammenbruch des faschistischen Systems in Italien besiegelt. In zahlreichen großen Städten, wie etwa in Mailand, kommt es zu zustimmenden Massendemonstrationen. Offiziell versichert Marschall Badoglio, daß er den Krieg an der Seite des Deutschen Reiches fortsetzen werde, insgeheim verhandelt er jedoch mit den Alliierten, um den Krieg für sein Land »so bald wie möglich und mit allen Mitteln zu beenden«.

Am Donnerstag, dem 29. Juli 1943, erfährt die deutsche Abwehr aus einem Funkgespräch zwischen Roosevelt und Churchill, daß sich Gen. Eisenhower wegen Waffenstillstandsverhandlungen mit einer Proklamation an die italienische Regierung wenden will. Hitler reagiert darauf am 31. Juli 1943 mit Einsatzbefehlen zur Besetzung Italiens durch deutsche Truppen, falls das Land sich vom Achsenpakt löse.

Am Dienstag, dem 17. August 1943, ist das Unternehmen »Lehrgang«, die Räumung Siziliens über die Straße von Messina, abgeschlossen. 62 000 Italiener und 39 569 Deutsche befinden sich jetzt auf dem Festland, dazu 9832 Fahrzeuge, 135 Geschütze und 47 Panzer. Geleitet hat diese Operation, bei der auch das schwere Gerät überführt worden ist, Gen. Hube.

Fünf Tage später, am 22. August 1943, übernimmt Gen. von Vietinghoff-Scheel den Oberbefehl über die deutschen Truppen in Süditalien.

In den Morgenstunden des 3. September 1943 beginnt die Invasion des europäischen Festlandes: An der Südküste Kalabriens zwischen Reggio und San Giovanni landen zwei Divisionen der britischen 8. Armee (Gen. Montgomery). Sie können rasch nach Norden auf Catanzaro und Nicastro vorstoßen, weil die deutsche 29. Panzergrenadierdivision (GenMaj. Fries) kaum nennenswert Widerstand leistet.

Am selben Tag kommt es in Cassibile auf Sizilien nach äußerst langwierigen Verhandlungen zwischen dem italienischen Brigadegen. Castellano, dem Beauftragten von Marschall Badoglio, und den Alliierten zu einem Waffen-

847

1943 September

Rom, nach Besetzung durch deutsche Truppen im Rahmen des »Fall Achse«: Italienische Offiziere und Soldaten werden entwaffnet

stillstandsvertrag, der aber vorerst noch geheimgehalten wird.

Am Mittwoch, dem 8. September 1943, gibt Gen. Eisenhower um 18.30 Uhr – entgegen der in Cassibile getroffenen Vereinbarung – über Rundfunk bekannt, daß mit Italien ein Waffenstillstand geschlossen sei. Kurze Zeit danach laufen die deutschen Gegenmaßnahmen unter der Bezeichnung »Fall Achse« an: Rom wird im Handstreich besetzt, das italienische mot. Korps (Gen. Garboni) ausgeschaltet, und alle italienischen Truppen im Mutterland einschließlich Sardinien, in Südfrankreich sowie auf Korsika, ferner in Jugoslawien, Albanien und Griechenland werden entwaffnet, gefangengenommen oder entlassen. Es kommt auch zu örtlichen Gefechten, als verschiedene italienische Einheiten Widerstand leisten.

Das Unternehmen »Fall Achse« richtet sich gegen 42 italienische Divisionen und vier selbständige Kampfgruppen sowie gegen starke Verbände der italienischen Marine. 300 Maschinen der italienischen Luftstreitkräfte gelingt es, auf alliierten Flugplätzen zu landen. Sie kämpfen später als »Co-Belligerent Italian Forces« gegen die Deutschen. Für die Entwaffnung der Italiener werden zunächst 17 deutsche Divisionen, eine Brigade sowie Teile der Luftflotte 2 eingesetzt, davon jedoch sechs Divisionen und nahezu die gesamten Luftstreitkräfte für den Kampf gegen die alliierte Invasion wieder abgezogen. Den größten Nutzen aus der italienischen Kapitulation zieht die jugoslawische Befreiungsarmee unter Tito. Ihnen fällt fast die gesamte Ausrüstung und Munition der in Dalmatien stehenden italienischen 2. Armee in die Hände.

Am Donnerstag, dem 9. September 1943, landen gegen 4.25 Uhr in der Bucht von Salerno (Operation »Avalanche«) vier Divisionen der 5. US-Armee (Lt. Gen. Clark) und das britische X. Korps (Lt. Gen. McCreery). Das erste Operationsziel heißt Neapel; denn über diesen Hafen sollen die auf Rom vorrückenden Truppen mit Nachschub versorgt werden. Weihnachten, so hoffen die Alliierten, wollen sie in Rom sein. Zur gleichen Zeit landet auch die erste Luftlandedivision der britischen 8. Armee in Tarent.

Der Einsatz »Eiche«

Am frühen Nachmittag des 9. September 1943 verläßt Adm. Bergamini mit den Schlachtschiffen »Roma«, »Italia« und »Vittorio Veneto«, dazu drei Kreuzern und acht Zerstörern, gerade die Bucht von La Spezia, als deutsche Truppen in den Flottenstützpunkt eindringen. Dem italienischen Verband schließen sich später drei Kreuzer und zwei Zerstörer aus Genua an. Offiziell heißt es, dieser Verband solle die alliierte Invasionsflotte vor Salerno angreifen, in Wirklichkeit will der Verband jedoch nach Malta, um sich dem Schutz der Engländer zu unterstellen. Das modernste Schlachtschiff der italienischen Marine, das Flaggschiff »Roma« (46 215 t), ist noch nicht einmal ein Jahr alt und der ganze Stolz der Italiener.

Die in Instres bei Marseille stationierte III. Gruppe (Maj. Jope) des Kampfgeschwaders 100 (KG 100) erhält den Befehl, den italienischen Flottenverband abzufangen. 12 Kampfflugzeuge Do 217 K-2, mit je einer Gleitbombe vom Typ Fritz X 1400 (FX 1400) ausgerüstet, die bei diesem Unternehmen erstmalig eingesetzt wird, starten kurz nach 14.00 Uhr. Diese neue Waffe ist eine nor-

September 1943

malfallende Bombe (1400 kg), die keinen eigenen Antrieb besitzt, aber deren Fallbahn durch ein UKW-Steuergerät korrigiert werden kann.

Adm. Bergamini hält die deutschen Maschinen erst für Flugzeuge der Alliierten und ist der Meinung, man habe sie ihm zur Luftsicherung geschickt. Doch als die ersten Bomben fallen, erkennt er den Irrtum und läßt verzweifelte Ausweichmanöver ausführen. Das Schlachtschiff »Roma« wird von einer FX 1400 getroffen, die das Deck durchschlägt und im Inneren explodiert. Eine zweite Bombe trifft fünf Minuten später das Vordeck des Schiffes, löst eine Explosion in den Munitionskammern aus und reißt die »Roma« in zwei Teile. Das Schlachtschiff geht mit Adm. Bergamini und seiner 1254 Mann starken Besatzung unter. Eine weitere FX 1400 schlägt das Schwesterschiff »Italia« leck, das trotz des Wassereinbruchs noch mit eigener Kraft Malta erreichen kann.

Am Freitag, dem 10. September 1943, rückt der Oberbefehlshaber Süd, GFM Kesselring, mit seinen Truppen in Rom ein.

Der Luftwaffe gelingt am Sonntag, dem 12. September 1943, eines ihrer wohl waghalsigsten und spektakulärsten Unternehmen, der Einsatz »Eiche«: Neun Lastensegler DFS 230 landen genau um 14.00 Uhr mit der 1. Kompanie des Fallschirmjäger-Lehrbataillons (Oberlt. Frhr. von Berlepsch) und dem SD-Sonderkommando »Friedenthal« (Sturmbannf. Skorzeny) auf einem Hochplateau im Gran-Sasso-Massiv (Abruzzen). Im Handstreich besetzen sie das Berghotel Campo Imperatore und befreien Mussolini, der nach seiner Verhaftung im Juli schließlich dorthin gebracht und gefangengehalten worden ist. Nach einem gewagten Start bringt Maj. Gerlach den »Duce« und Skorzeny mit einem Fieseler Storch nach Rom. Über Wien wird Mussolini dann in Hitlers ostpreußisches Hauptquartier gebracht.

Malta, 10. 9. 1943: Eine schwere Einheit der italienischen Marine erreicht nach der Kapitulation La Valetta

Gran Sasso, 12. 9. 1943: Mussolini mit seinen Befreiern vor dem Hotel »Campo Imperatore«

1943 September

Golf von Salerno, 14. 9. 1943: Ein amerikanischer Zerstörer nebelt einen Kreuzer ein

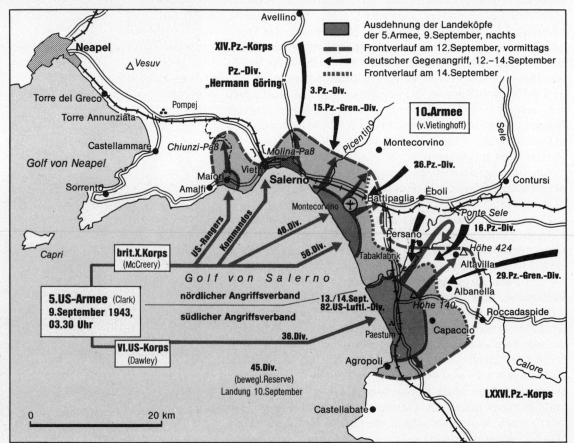

Die Lage im Golf von Salerno und an den Landungsstränden zwischen dem 9. und 14. 9. 1943

September 1943

Auf einem Strandabschnitt südlich von Salerno, 15. 9. 1943: Amerikanische Soldaten gehen während eines Feuerüberfalls deutscher Artillerie in Deckung

Deutsche Gegenangriffe

Am Montag, dem 13. September 1943, unternehmen die 26. Panzerdivision (GenLt. Frhr. von Lüttwitz), die Fallschirm-Panzerdivision »Hermann Göring« (GenLt. Conrath) und die 15. Panzergrenadierdivision (GenMaj. Rodt) einen Angriff gegen die amerikanischen Truppen im Brückenkopf bei Salerno. Die Angriffe auf das VI. US-Korps (Maj. Gen. Dawley) sind so schwer und verlustreich, daß sich die Amerikaner an den Strand der Bucht zurückziehen und Lt. Gen. Clark sich bereits mit seinem Hauptquartier auf eine Wiedereinschiffung vorbereitet. Doch ein kühner Entschluß von Adm. Cunningham ändert die prekäre Situation der Amerikaner schlagartig. Cunningham läßt die Schlachtschiffe »Warspite« und »Valiant« nahe an die Küste heranfahren und nimmt mit den 38-cm-Geschützen die Deutschen unter schweres Feuer.

Doch am Donnerstag, dem 16. September 1943, kann die III. Gruppe des deutschen KG 100 über Salerno einen großen Erfolg verbuchen. Zwei FX 1400 treffen das britische Schlachtschiff »Warspite« (Capt. Crutchley), wobei der vierte Kesselraum und der Schiffsrumpf schwer beschädigt werden. Zwei Schleppern gelingt es nur mit erheblicher Mühe, die »Warspite« nach Malta zu

General Smilo Freiherr von Lüttwitz

Kroatien 1943: Dr. Ante Pavelić, Staatspräsident

1943 September

Torre Annunziata, südlich von Neapel, 1. 10. 1943: In vielen Ortschaften kommt es zu erbitterten Straßenkämpfen

Kirchenstaat: Gedenkausgabe zum 25. Jahrestag der Bischofsweihe des Papstes Pius XII.

bringen. Die Schäden sind so groß, daß das Schlachtschiff für ein Jahr ausfällt.

Am Freitag, dem 17. September 1943, treffen die Einheiten der britischen 1. Luftlandedivision mit den Panzerspitzen der aus Kalabrien vorstoßenden britischen 8. Armee und der 5. US-Armee zusammen, die am 9. September bei Salerno gelandet ist. Einen Tag später müssen sich unter dem Druck der britischen 8. Armee, die an der Küste des Tyrrhenischen Meeres vordringt, die deutschen Truppen nach Nordwesten zurückziehen. Am selben Tag gelingt es den Engländern, Foggia einzunehmen. Damit verfügen die RAF und US Air Force jetzt in diesem Raum über 13 Flugplätze, von denen sie die rumänischen Erdölfelder und Ziele in Ungarn, Österreich und Süddeutschland angreifen.

Die deutsche 10. Armee (GenOberst von Vietinghoff-Scheel) muß am Freitag, dem 1. Oktober 1943, Neapel aufgeben. Das Tempo des alliierten Vormarsches verlangsamt sich jedoch mit jedem Tag. Zur Adria hin, wo das Bergmassiv bis zur Küste reicht und die Flüsse direkt ins Meer münden, nutzen die Deutschen die natürlichen Hindernisse geschickt für ihre Verteidigungsstellungen aus.

Oktober 1943

Am 13. 10. 1943 erklärt Marschall Badoglio im Namen seiner Regierung Deutschland den Krieg (links im Bild US-General M. Taylor). Italien wird von den Alliierten als »Mitkriegführender« anerkannt

»Beinschmerzen« – eine amerikanische Karikatur vom Herbst 1943

Am Montag, dem 11. Oktober 1943, beginnt die 5. US-Armee (Lt. Gen. Clark) ihre Offensive nördlich des Volturno. Nach einem amphibischen Commando-Landeunternehmen fällt Termoli an der Adriaküste in die Hand der britischen 8. Armee, die ihre Operationen auf dem Apennin fortsetzt.

An den beiden darauffolgenden Tagen können die Verbände der 5. US-Armee am nördlichen Ufer der Volturno-Mündung einen Brückenkopf bilden. Unterdessen läßt GFM Kesselring, Oberbefehlshaber der Heeresgruppe C, Capua räumen und nimmt seine Truppen bis zur »Gustav-Linie« zurück, um hier den alliierten Vormarsch nach Norden in Richtung Rom zum Stehen zu bringen. Nach mehreren Vorstößen kann die britische 8. Armee am Sangro einige Brückenköpfe bilden und Ortone einnehmen. Damit existiert jetzt am Matese-Bergmassiv eine direkte Verbindung zwischen der britischen 8. und der 5. US-Armee.

Die Badoglio-Regierung, die sich jetzt im süditalienischen, von den Engländern besetzten Brindisi befindet, erklärt dem Deutschen Reich am Mittwoch, dem 13. Oktober 1943, den Krieg.

Den Volturno überschritten

Am Freitag, dem 15. Oktober 1943, können die Verbände der 5. US-Armee trotz schwerer Regenfälle den Volturno überschreiten, doch müssen sie in den weglosen Bergen ihren Vormarsch sehr oft anhalten. Die Deutschen wenden jetzt immer wieder dieselbe Taktik an: Sie verteidigen ihre Stellungen, bis die Angriffe der Gegner übermächtig sind, und sprengen in der Zwischenzeit Brücken, errichten Straßensperren und legen Minenfelder an. Dann ziehen sie sich in das nächste Bergdorf zurück und gewinnen so Zeit für den Ausbau der nächsten Verteidigungslinie. Am Dienstag, dem 19. Oktober 1943, bleibt die alliierte Offensive nördlich des Volturno stecken.

Drei Tage später rollen die Verbände der britischen 8. Armee an der Adria-Front nach Norden auf die »Gustav-Linie« zu, und es gelingt ihnen, den Trigno zu überqueren.

1943 Oktober

Am Montag, dem 25. Oktober 1943, steht die 5. US-Armee vor der Linie Raviscanina–Francolise und macht nördlich der Agena-Mündung halt, um Vorbereitungen zum Sturm auf die »Reinhard-Linie« zu treffen. Durch den strömenden Regen und die versumpften, kaum passierbaren Wege wird der Vormarsch der Alliierten immer wieder unterbrochen, so daß die Moral der seit Wochen im Kampf stehenden alliierten Verbände mehr und mehr sinkt.

Die fünf Divisionen der 5. US-Armee und drei britische Divisionen haben am 5. November 1943 die Flüsse Sangro und Garigliano erreicht und stehen nun kurz vor Mignano. Von hier aus sind die Paßhöhen zu erreichen.

Am nächsten Tag wollen die Amerikaner die vorgeschobene Stellung der »Reinhard-Linie« in der Enge von Mignano erobern. Auf dieser fast 10 Kilometer langen Gebirgsstrecke, durch die die Via Casilina verläuft, können zwar einige Höhen im Norden der Mignano-Enge erkämpft werden, doch im Süden der Enge ist der deutsche Widerstand unerbittlich. Obwohl es der auf acht Divisionen verstärkten 5. US-Armee gelingt, in Richtung Mignano vorzudringen, wird sie in hartnäckig geführten Nachhutgefechten mit dem deutschen XIV. Panzerkorps zum Ausweichen gezwungen. Durch das zu beiden Seiten der Enge von Mignano aufsteigende Bergmassiv mit dem Monte Camino und dem Monte Sammucro zieht sich ein Teil der »Reinhard-Linie« südlich von Cassino. An dem zwischen Mittel- und Süditalien gelegenen Garigliano gehen die Deutschen jetzt unter Ausnutzung des unwegsamen Gebirges zur starren Verteidigung über.

Als auch am Montag, dem 15. November 1943, es den Amerikanern nicht gelingt, die Deutschen aus der »Reinhard-Stellung« zu verdrängen, hält Gen. Alexander eine Kampfpause für erforderlich, die es wiederum den Einheiten des deutschen XIV. Panzerkorps ermöglicht, die »Gustav-Linie« weiter auszubauen.

Am Sonntag, dem 21. November 1943, wird von Hitler GFM Kesselring die Verteidigung Italiens übertragen und GFM Rommel, bisher Oberbefehlshaber der Heeresgruppe B in Norditalien, nach Westeuropa beordert. Anstelle Rommels übernimmt jetzt GenOberst von Mackensen die Heeresgruppe B.

Die innerhalb von fünf Tagen wieder aufgefrischte US-Armee beginnt in den ersten Dezembertagen des Jahres 1943 ihren Angriff in Richtung Rapido. Der zur gleichen Zeit von der britischen 8. Armee geplante Vorstoß muß zunächst verschoben werden, da die Ufer des Sangro durch ständige Regenfälle überschwemmt sind.

Das Inferno von Bari

Am Donnerstag, dem 2. Dezember 1943, starten in den frühen Abendstunden von den Flugplätzen Villaorba und Aviano bei Mailand 96 Bomber Ju 88 der jeweils I. und II. Gruppe der beiden Kampfgeschwader 54 und 76 zum Angriff auf die 250 000 Einwohner zählende adriatische Hafenstadt Bari. Zu die-

Schweiz 1943: Wohltätigkeitsausgabe »Pro Juventute«

Caserta, Oktober 1943: Auch hier werden die alliierten Soldaten herzlich empfangen

Dezember 1943

Kämpfe an der deutschen Verteidigungslinie im Raum Presenzano: Deutsches Geschütz in Feuerstellung

Die Soldaten der amerikanischen 45. Division während der Kämpfe um Piedimonte D'Alife

1943 Dezember

*Air Marshal Sir
Arthur Tedder*

*Field Marshal Sir
Henry Maitland Wilson*

*Hafen von Bari, 2. 12. 1943, nach dem deutschen
Bombenangriff: Von Giftgasen verseucht*

*Schweiz 1943:
Wohltätigkeitsausgabe
»Pro Juventute«*

*Frankreich 1943:
Wappen der
Provinz Lyonnais*

sem Zeitpunkt liegen dort 30 alliierte Schiffe, deren wichtige Ladungen an Nachschubgütern und Kriegsmaterial gerade gelöscht werden. Als die deutschen Kampfverbände nach 19.00 Uhr ihr Zielgebiet erreichen, stellen sie überrascht fest, daß der Hafen hell erleuchtet ist. Zwei der Maschinen, die als Pfadfinder fliegen, werfen erst ihre Düppel-Störstreifen ab, um die Radargeräte der Alliierten auszuschalten, und markieren anschließend das Ziel mit Leuchtbomben. Erst nach 19.30 Uhr, als die ersten Bomben niedergehen, setzt Flakbeschuß ein. Zwei Munitionstransporter erhalten Volltreffer und explodieren mit gewaltiger Wucht, eine Ölleitung wird zerstört, und das auslaufende Öl entzündet sich an dem Benzin eines brennenden Tankers. Dadurch geraten weitere, bisher nicht getroffene Schiffe in Brand. Der Angriff dauert zwar nur 20 Minuten, doch wird er von der Luftwaffe als einer der erfolgreichsten des Krieges bezeichnet. Mit Ausnahme des Überfalls auf Pearl Harbor sind noch nie so viele Schiffe einem Bombardement zum Opfer gefallen: 19 Transporter mit 73 343 BRT total vernichtet, sieben schwer beschädigt. Über 1000 Seeleute und Wachmannschaften kommen bei diesem Angriff ums Leben. Erst nach mehreren Wochen kann Bari, der für die Al-

Dezember 1943

liierten zur Zeit wichtigste Versorgungshafen auf dem europäischen Festland, wieder in Betrieb genommen werden.

Eine gefährliche Ladung

Die anschließende Tragödie ist allerdings noch viel schlimmer und wird über Jahrzehnte hinaus geheimgehalten: Unter den im Hafen befindlichen Schiffen ist auch der Frachter »SS John Harvey«, der nicht nur Munition, sondern auch 100 Tonnen Bomben – jede 45,5 Kilogramm schwer – mit Gelbkreuzgas (schweres Senfgas) an Bord hat. Diesen gefährlichen und völkerrechtswidrigen Kampfstoff haben die Alliierten »für alle Fälle« auf dem italienischen Kriegsschauplatz deponiert. Gleich zu Beginn des Angriffs wird die »SS John Harvey« durch Volltreffer vernichtet und geht mit der gesamten Besatzung unter. Da viele der Gasbomben durch die Explosion geborsten sind, breitet sich der gefährliche Kampfstoff im Hafenbecken aus. Obwohl das an der Wasseroberfläche schwimmende Gift zum größten Teil aufs Meer hinaustreibt, wird es für die aus dem Wasser gezogenen Überlebenden zur tödlichen Bedrohung. Erst als 12 Stunden nach dem Angriff einige Senfgasbomben im Hafengewässer entdeckt werden, kann die Hafenbehörde die Krankenhäuser alarmieren und entsprechende Hinweise geben. Der erste Todesfall tritt 18 Stunden nach dem Angriff ein. 617 Vergiftete werden registriert, von denen 18 sterben. Hätten die Rettungsmannschaften und Spitäler rechtzeitig davon gewußt, wären die Todesfälle zu vermeiden gewesen. Durch den Ausfall von Bari als Nachschubhafen verzögert sich die Landung der Alliierten bei Anzio und Nettuno ebenfalls um Wochen.

Am Mittwoch, dem 24. Dezember 1943, erhält Gen. Eisenhower den Oberbefehl über die alliierten Truppen für eine geplante Invasion in Frankreich, sein Stellvertreter wird der britische Air Marshal Tedder.

Den Oberbefehl über die alliierten Streitkräfte im Mittelmeerraum übernimmt Gen. Maitland Wilson, und Gen. Alexander wird Oberbefehlshaber der alliierten Streitkräfte in Italien.

DIE LAGE IM SÜD-PAZI-FIK

DIE ALLIIERTE GROSSOFFEN-SIVE BEGINNT

Die ersten Erfolge der US-Landungstruppen · Die Strategie des »Island hopping«, der Inselsprünge

Auf Veranlassung von Gen. MacArthur werden am 14. Januar 1943 fünf US-Geheimagenten unter Führung von Maj. J. Villamore von dem amerikanischen U-Boot »Gudgeon« (Lt. Cdr. Stoval jr.) auf der zu den Philippinen gehörenden Insel Negros abgesetzt. Das ist der Beginn einer Serie von »Special Submarine Missions«, in deren Rahmen die Agenten auf den japanisch besetzten Philippinen militärische Spionage organisieren und Verbindungen zu den hier schon seit einem Jahr tätigen Guerillagruppen anknüpfen sowie ein Netz von Küstenwachstationen aufbauen sollen. Ihre Arbeit hat größte Bedeutung: Von den Stationen aus, die in ständigen Funkkontakt mit MacArthurs Hauptquartier stehen, werden die Bewegungen der japanischen Marine- und Luftstreitkräfte rund um die Uhr beobachtet. Villamore kümmert sich auch um eine regelmäßige Versorgung der philippinischen Partisanen durch amerikanische U-Boote. Das gut eingespielte Agententeam beendet seine Tätigkeit erst am 23. Januar 1945.

Anfang Februar 1943 verschiebt sich das Kräfteverhältnis zwischen Amerikanern und Japanern immer mehr zugunsten der US-Luftstreitkräfte, und dies ist die wichtigste Voraussetzung, um strategische Operationen gegen die Japaner einzuleiten und die bei Kriegsbeginn verlorenen Gebiete wieder zurückzugewinnen. Die amerikanischen Luftstreitkräfte sind nun in der Lage, ihre Kriegs- und Transportschiffe gegen japanische Bomber zu sichern und bei Landungen auch in die Erdkämpfe wirksam einzugreifen. Im pazifischen Raum spielt die alliierte Luftüberlegenheit eine weitaus größere Rolle als bei den Kämpfen: denn im Pazifik ist die Einsatzmöglichkeit der Flotte für den Nachschub über See nur gewährleistet, wenn die Luftüberlegenheit gegeben ist. Dagegen müssen die Luftstreitkräfte über dem asiatischen Festland hauptsächlich die Kämpfe der Bodentruppen unterstützen und den Transport von Menschen und Material in die Dschungelgebiete Burmas und in die unwegsamen Gegenden Chinas übernehmen.

In der Nacht vom 7./8. Februar 1943 werden die Reste der japanischen Besatzung von Guadalcanal von 18 Zerstörern nach Rabaul evakuiert. Damit sind die sechs Mo-

Hafen von Rabaul, Neu-Britannien (Südwestpazifik), 2. 11. 1943: Amerikanische Bomber B-25 Mitchell greifen japanische Frachter an

1943 Februar

Vereinigte Staaten von Amerika 1943: Gedenkausgabe zur Verkündung der »Vier Freiheiten«

Mandschukuo 1943: Sonderausgabe anläßlich der Freundschaft mit Japan (»Japans Fortschritt ist auch Mandschukuos Fortschritt«)

Japan 1943: Der Berg Fuji mit Kirschblüten

Der japanische Admiral Kutuku Sato

Der japanische General Takeo Kurita

nate anhaltenden verlustreichen Kämpfe um Guadalcanal zu Ende. Japanische Propaganda verbreitet daraufhin, den »Yankees« werde wohl bald der Atem ausgehen, wenn sie für die Inbesitznahme der übrigen Salomon-Inseln ebensoviel Zeit benötigen würden wie für die Einnahme von Guadalcanal.

Nach Monaten intensiver Vorbereitung tritt auch die US-Navy im Pazifik nunmehr offensiv auf. Ihr strategisches Ziel ist es, den Sperriegel im Bismarck-Archipel zu brechen und Rabaul, das Zentrum zwischen dem westlichen Teil der Salomonen und Neuguinea, zu erobern.

Bei der Besetzung der Salomonen kommt der Coastwatching-(Küstenwache-)Organisation eine besondere Bedeutung zu. Bereits am Ende des Ersten Weltkrieges hat die australische Marine einen solchen zivilen Küstenbeobachtungsdienst eingesetzt, dessen Aufgabe es war, Bewegungen fremder Schiffe zu beobachten und den Nachrichtendiensten zu melden. Diese Organisation wird zu Beginn des Zweiten Weltkrieges von Cdr. E. A. Field der Royal Australian Navy reaktiviert, und mehr als 100 dieser Küstenbeobachter-Stationen werden über eine Länge von 4600 Kilometern errichtet.

Seit 1941/42 warnen diese Beobachter per Funk vor japanischen Luftangriffen, vor Bewegungen feindlicher Luft- und Seestreitkräfte und übernehmen Aufklärungsdienste. Ferner helfen sie geflohenen Kriegsgefangenen, retten mehrere hundert abgeschossene Flieger, dazu schiffbrüchige Seeleute, und kämpfen sogar als Guerillas.

Am Sonnabend, dem 27. März 1943, kommt es bei den Komandorski-Inseln, in der Nähe der Halbinsel Kamtschatka, zu einem dreieinhalbstündigen Seegefecht zwischen einer Kampfgruppe der US-Navy (Konteradm. McMorris) und einem für Attu (Aleuten) bestimmten japanischen Nachschubkonvoi. Dabei greift Konteradm. McMorris mit seinen zwei Kreuzern und vier Zerstörern den aus vier Kreuzern und fünf Zerstörern bestehenden japanischen Verband (Vizeadm. Hosogaya) an. Hier findet die letzte Seeschlacht im Pazifik nach alter Taktik, nur mit Artillerie und Torpedos, ohne Beteiligung von Flugzeugen, statt. Doch aus Furcht vor dem möglichen Einsatz amerikanischer Flugzeuge läßt Vizeadm. Hosogaya trotz der Überlegenheit seiner Kräfte das Gefecht abbrechen und ordnet den Rückzug an.

Der Tod des Admirals Yamamoto

Aufgrund der beunruhigenden Nachrichten von den Salomon-Inseln beschließt der japanische Adm. Yamamoto, die dort für den 7. April 1943 vorgesehenen Luftangriffe (Operation »I«) selbst zu leiten. Er hat zur Verstärkung der japanischen 11. Luftflotte vier Träger mit 160 Jägern und Sturzbombern nach Rabaul und Buka beordert. Auf der Reede von Tulagi und Lunga (Guadalcanal) greifen die Trägermaschinen wie vorgesehen die US-Schiffe an.

April 1943

Am Dienstag, dem 13. April 1943, gibt Vizeadm. T. Sameijma, Befehlshaber der japanischen 8. Flotte, um 17.55 Uhr in einem Funkspruch Einzelheiten über den Inspektionsflug von Adm. Yamamoto den zuständigen Befehlshabern bekannt. Da diese Mitteilung äußerst bedeutsam ist, wird ein Code von höchster Sicherheitsstufe verwendet. Der Meldung zufolge beabsichtigt Yamamoto, fünf Tage später, am 18. April um 6.00 Uhr morgens, in einem Bomber von Rabaul aus zu starten, um die japanischen Stützpunkte auf Ballale und Shortland, nahe dem südlichen Ausläufer der Insel Bougainville, zu inspizieren. Yamamotos Flugzeug soll von sechs Jägern begleitet werden.

Gleich mehrere Abhörstellen der US-Navy fangen den geheimen Funkspruch auf. Bereits 14 Stunden später liegt diese Meldung im Klartext Adm. Nimitz in Pearl Harbor vor. Der Oberbefehlshaber der US-Pazifikflotte erkennt sofort die einmalige Gelegenheit, seinen gefährlichsten Gegner für immer auszuschalten. Doch liegt das Reiseziel Yamamotos von der nächsten US-Flugbasis, dem Henderson Field (Guadalcanal), rund 650 Kilometer entfernt.

Am Abend des 17. April 1943 treffen auf dem Henderson Field vier Liberator-Maschinen ein, die Spezialzusatztanks für die an der Operation »Vengeance« teilnehmenden Lightning-Jäger bringen.

Unter Führung von Maj. J. W. Mitchell verlassen am nächsten Morgen um 7.25 Uhr 16 Lightning P-38 der 399. Squadron den Flugplatz Henderson Field. Sie haben den Auftrag, die Maschine von Adm. Yamamoto vor dessen Landung auf der Insel Ballale bei Bougainville abzufangen. Um nicht in den Bereich der Radarstationen auf den

Guadalcanal, Flugplatz Henderson Field: Eine Jagdmaschine P-38 Lightning vor dem Start

Der japanische Admiral Isoroku Yamamoto

Vereinigte Staaten von Amerika 1943: Zum Gedenken an die von den Achsenmächten besetzten Länder

861

1943 April

Eine der wichtigsten Geheimoperationen im pazifischen Raum: Abschuß der Maschine von Admiral Yamamoto

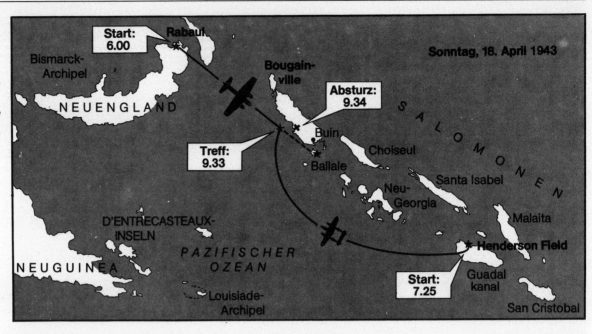

japanisch besetzten Inseln zu geraten, ist eine Strecke von 1000 Kilometern im Tiefflug über See vorgesehen, was einen sehr hohen Treibstoffverbrauch erfordert. Pünktlich um 6.00 Uhr startet Yamamoto mit einem Bomber Mitsubishi-G4M-Betty in Rabaul unter dem Begleitschutz einer weiteren Betty-Maschine und sechs Zero-Jägern. Nach genauen Berechnungen von Maj. Mitchell wird sich sein Verband um 9.35 Uhr mit den japanischen Maschinen kreuzen. Die Lightnings, aufgeteilt in vier Schwärme von je vier Flugzeugen, haben bis zum Sichten der japanischen Maschinen strengstes Funkverbot. Als die Betty-Bomber die anfliegenden US-Lightnings bemerken, unterläuft ihnen ein verhängnisvoller Fehler. Sie gehen im Sturzflug auf den Dschungel von Bougainville nieder und verlieren dadurch den Vorteil der Flughöhe. Nach einem kurzen Luftkampf explodiert Yamamotos Flugzeug über dem Dschungel, etwa 65 Kilometer nördlich von Ballale. Erst einen Monat später gibt das Hauptquartier in Tokio seinen Absturz bekannt. Um ihre scheinbare Unwissenheit zu demonstrieren, melden die Amerikaner, der Admiral sei »auf einem der Flugzeugträger gefallen«.

Landung auf Neugeorgia

Am Morgen des 1. Juli 1943 landen an der Küste von Neugeorgia (Zentralsalomonen) Truppen der US Task Force 31 (Konteradm. Turner). Zu ihrer großen Überraschung treffen sie jedoch auf keinerlei japanischen Widerstand. Zum erstenmal haben hier die Amerikaner eine mit den modernsten Geräten ausgestattete Landungsflotte eingesetzt.

Mitte des Jahres 1943 haben die im Pazifik fahrenden amerikanischen U-Boote die Rudeltaktik der Deutschen übernommen. Da sie mit modernen Radargeräten ausgestattet sind, bleibt der Kurs dieser meist aus drei Booten zusammengestellten Gruppen ungefährdet: denn die japanischen Geleitschiffe verfügen noch nicht über Funkmeßgeräte.

Am Freitag, dem 13. August 1943, rollen neun Bomber B-24 Liberator der 5. Air Force auf dem Luftstützpunkt Darwin (Australien) an den Start. Sie sollen auf Balik-Papan (Borneo) die Ölraffinerien angreifen. Für das 4000 Kilometer entfernte Ziel sind 17 Stunden Flugzeit vorgesehen: Es ist der längste Einsatz, den strategische Bomber im Zweiten Weltkrieg geflogen sind.

Am Donnerstag, dem 11. November 1943, unternehmen die Maschinen der gerade in Dienst gestellten Träger »Essex«, »Bunker Hill« und »Independence« einen Angriff auf Rabaul (Neubritannien). Für diese Operation werden zum erstenmal zum Schutz der Schiffsverbände landgestützte Jägerstaffeln eingesetzt, die für einen ungehinderten Start der Trägerflugzeuge sorgen. Während die Maschinen ihre Bombenlast über Rabaul abwerfen, versuchen 67 japanische Jäger, 27 Stukas und 14 Torpedoflugzeuge, die Schiffseinheiten anzugreifen. Sie können jedoch durch den starken Jagdschutz keinen Treffer landen und verlieren selbst 33 Maschinen. Von den über Rabaul eingesetzten Trägermaschinen kehren alle zurück.

Den taktischen und technischen Vorsprung der japanischen Flieger haben die Amerikaner und Engländer bis Ende 1943 eingeholt und sogar übertroffen. Von den kampferprobten japanischen Piloten, die in der Regel 300 bis 600 Flugstunden absolviert haben, sind die meisten gefallen, und die Nachwuchspiloten kommen nach einer viel zu kurzen Ausbildung bereits in den Einsatz. Daraus resultiert die immer klarere Überlegenheit der Amerikaner auf dem pazifischen Kriegsschauplatz.

Rendowa im Südpazifik (Neugeorgia), Juni 1943: Die Munition wird per Hand aus den US-Landungsschiffen entladen

November 1943

Die Operation »Galvanic«

Mitte November 1943 bereiteten die Amerikaner einen Angriff auf die Gilbert-Inseln (Operation »Galvanic«) vor. Die Nachrichtendienste und die Luftaufklärung haben ermittelt, daß im Gegensatz zu der stark befestigten Insel Betio im Atoll Tarawa die nördlich davon liegende Insel Makin nur schwach geschützt ist. Adm. Spruance beschließt daraufhin, für diese Operation die Task Force 52 (Konteradm. Turner) und Task Force 53 (Konteradm. Hill) einzusetzen, zu denen sieben Schlachtschiffe, acht Geleitträger, acht Kreuzer und mehrere Truppentransporter gehören. Die Sicherung übernimmt die Task Force 50, die von Konteradm. Pownall befehligt wird, mit einem großen Kontingent: Insgesamt werden elf Flugzeugträger, sechs Schlachtschiffe, sechs Kreuzer und 21 Zerstörer aufgeboten.

Admiral Sir Henry Pownall *Der amerikanische Admiral Raymond A. Spruance*

1943 November

Der amerikanische Trägerbomber Curtiss SB2C Helldiver: Ebenso gefürchtet wie die deutschen Stukas Junkers Ju 87

Der Hafen von Rabaul, 2. 11. 1943: Volltreffer auf einen von amerikanischen Bombern angegriffenen japanischen Frachter

November 1943

Landung amerikanischer Truppen auf einer der Gilbert-Inseln (Mittelpazifik), 20. 11. 1943: Trotz mehrfacher Überlegenheit nur schrittweises Vorankommen

Am Freitag, dem 19. November 1943, landen wie geplant Verbände der Task Force 52 auf Makin. Obwohl die Insel nur von 300 japanischen Soldaten und 500 Zivilarbeitern verteidigt wird, brauchen die Amerikaner trotz 30facher Überlegenheit volle fünf Tage, um die Insel zu besetzen.

Das andere Eiland, die 5 Quadratkilometer große Insel Betio, umgibt ein breites Korallenriff, das bei Ebbe aus dem Wasser ragt. Die Japaner haben die Insel zu einer der stärksten pazifischen Festungen ausgebaut. Die Garnison umfaßt 5000 Soldaten und verfügt über mehrere in Singapur erbeutete Geschütze vom Kaliber 20,3 Zentimeter. In der Inselmitte liegt ein Flugplatz für Jagdflugzeuge und Bomber. Die Japaner haben an der Küste mächtige Hindernisse errichtet und so geschickt plaziert, daß Landungsfahrzeuge nur bestimmte Strandabschnitte anlaufen können, die im Bereich der Küstenartillerie liegen. An den Stränden entlang läuft ein mannshoher Wall aus Stämmen von Kokospalmen, den nur schwere Artillerie zerstören könnte. Dahinter befinden sich die mit Sandsäcken und Palmenstämmen abgedeckten oder durch Stahlbetonbunker gesicherten Feuerstellungen. An mehreren Stellen der Insel stehen weitere Bunker mit Küstenartillerie, Feldgeschützen und Flak.

Trotz wiederholter Luftaufklärung ist dem US-Generalstab zum Zeitpunkt der Planung einer Landung noch nichts von dem Ausmaß der Befestigungen und der Stärke der Verteidiger bekannt, weil die Japaner es verstanden haben, ihre Verteidigungsanlagen vorzüglich zu tarnen. Nach mehreren vorangegangenen starken Bombenangriffen wirkt die Insel wie menschenleer.

Eine verlustreiche Landung

In der Morgendämmerung des 20. November 1943 beginnt in der Lagune von Betio die Operation der Task Force 53 mit der Feueröffnung durch drei Schlachtschiffe, vier Kreuzer und neun Zerstörer. 18 600 Mann (zwei US-Marinedivisionen) erwarten auf zwei Truppentransportern ihren Einsatzbefehl. Als die Schiffsartillerie den Beschuß der Insel unterbricht, damit die Trägermaschinen zum Angriff starten können, steigt kein einziges Flugzeug auf. Durch die Erschütterungen, die die Geschütze verursacht haben, ist die Funkanlage auf dem Flaggschiff von Konteradm. Hill ausgefallen, so daß niemand die Trägergruppe verständigen kann. Nachdem in der Morgendämmerung die Maschinen sieben Minuten lang Betio bombardiert haben, gehen zweieinhalb Stunden lang 300 000 Tonnen Geschosse der Task Force 53 nieder. Überall auf der Insel lodern Brände auf, und Konteradm. Hill glaubt, es könne keinen Widerstand mehr auf Betio geben.

Die jetzt die Insel anfahrenden Landungsboote sitzen plötzlich auf Korallenriffen fest, die vorher nicht zu sehen waren, und die Infanteristen versuchen, schwimmend den Strand zu erreichen, geraten aber in das mörderische Feuer der Verteidiger und müssen außerordentlich hohe Verluste hinnehmen. Die meisten Landungsboote werden zerstört. Erst nach erbitterten Nahkämpfen können die US-Marineinfanteristen die Bunker und Un-

1943 November

Auf der Gilbert-Insel Tarawa, 25. 11. 1943: Der mit Leichen und Ausrüstung amerikanischer Soldaten bedeckte Landestrand

Admiral Shigetaro Shimada, japanischer Marineminister

terstände der Japaner erobern. Der letzte Widerstand auf Betio erlischt erst am späten Nachmittag des 23. November 1943. Nur ein Offizier und 16 Mann der japanischen Besatzung ergeben sich den Amerikanern. Unter den amerikanischen Landungstruppen zählt man 1009 Tote und 2101 Verwundete. Bei der Landung auf Betio können die Amerikaner die Angriffstaktik einer amphibischen Operation erproben und erkennen dabei, daß man auf gepanzerte amphibische Landungsfahrzeuge nicht verzichten kann und Schiffsartillerie die Verteidiger bis zum Augenblick der Landung niederhalten muß. Die aus der Operation »Galvanic« gewonnenen Erfahrungen sind später ausschlaggebend für die Eroberung der stark verteidigten Inselküsten im Zentralpazifik. Man gelangt auch zu der Erkenntnis, daß die Japaner noch nicht dazu

Dezember 1943

bereit sind, ihre Flotte maßgeblich zur Verteidigung der Inseln einzusetzen.

Die Kaiserlich-Japanische Marine geht trotz hervorragender Torpedos ihrer U-Boot-Waffe im pazifischen Raum niemals planmäßig gegen die Handelsschiffahrt vor. Auch lassen die Japaner bis Ende 1943 keine Truppentransporter oder Handelsschiffe im Konvoi fahren. Diese Tatsache gibt den amerikanischen U-Booten die Möglichkeit, die japanische Schiffahrt schwer zu schädigen. Nach dem Verlust zahlreicher Handelsschiffe wird es für Japan allmählich schwierig, die Inselstützpunkte zu versorgen, wodurch die strategischen Pläne in Frage gestellt sind. Um die Nachschubtransporte aufrechtzuerhalten, beginnt die japanische Armee den Bau von Versorgungs-U-Booten.

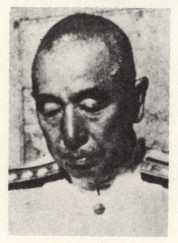

Cape Gloucester, Neu-Britannien (Südwestpazifik), 26. 12. 1943: Amerikanische Soldaten gehen aus den Landungsschiffen an den bereits vom Feind gesäuberten Strand

Der japanische Admiral Mineichi Koga

867

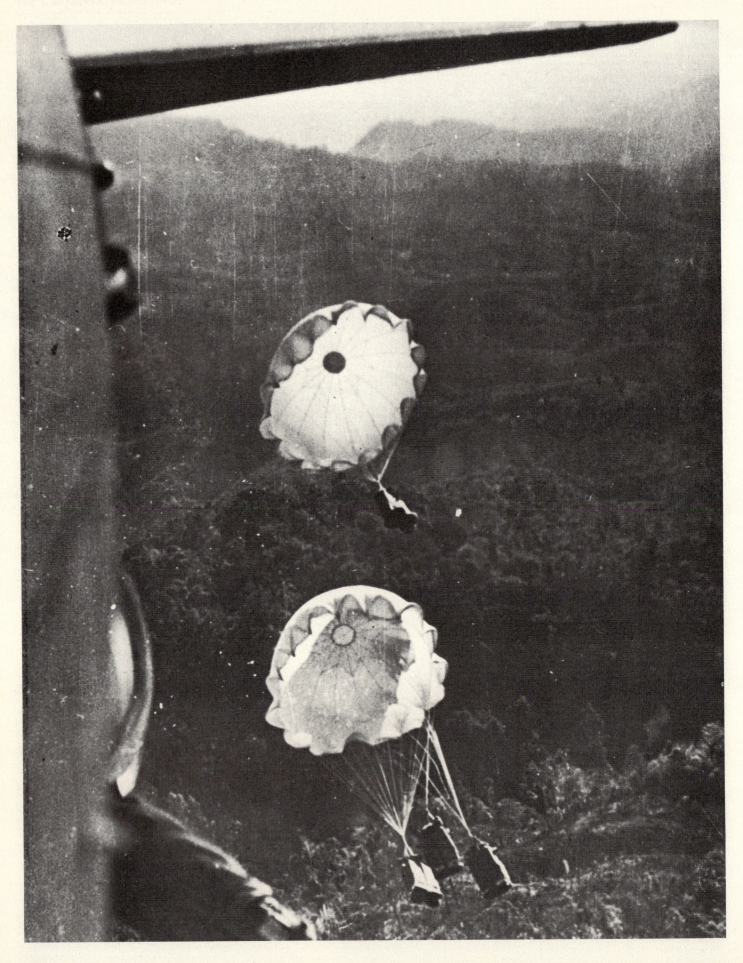

DER SCHAUPLATZ SÜD-OST-ASIEN

Über den unwegsamen, dschungelbedeckten Bergen von Burma schweben Fallschirme mit dem Nachschub für die Chindits

DIE KÄMPFE IN BURMA

Die erbittert geführten See-Luft-Schlachten und Inselkämpfe im Pazifik binden die japanische Kampfkraft

Das seit einem Jahr von den Japanern besetzte Burma hat für die japanische Kriegführung besondere Bedeutung: Seitdem die Burma-Straße unterbrochen ist, ist Tschiang Kai-schek von dem Hauptnachschubweg für Lieferungen aus den USA abgeschnitten. Wegen der im Mai beginnenden Monsunzeit, die Lufteinsätze sinnlos macht, verlegen die Japaner einen großen Teil ihrer Luftstreitkräfte in den Südwestpazifik. Dies ermöglicht es den Alliierten, ihre ziemlich angeschlagenen Fliegerverbände in diesem Raum relativ ungestört aufzufrischen und zu verstärken. Eine noch wichtigere Aufgabe sieht Großbritannien in der Reorganisation der indischen Armee, um sie auf eine Offensive in Nord- und Zentralburma vorzubereiten. Die Moral der anglo-indischen Truppen soll durch eine neuartige Luft-Boden-Operation gehoben werden, die den besonderen Verhältnissen am nördlichen Rand des dschungelbedeckten burmesischen Kriegsschauplatzes angepaßt ist.

Die Organisation dieser neuen Kampftruppen wird Brig. Orde C. Wingate anvertraut, der als bester britischer Spezialist für irreguläre Kampfführung gilt. Er hat schon in den dreißiger Jahren zur Bekämpfung arabischer Terroristen in Palästina die »Special Night Squads« aus jüdischen Ansiedlern und englischen Soldaten aufgebaut. Und als Kaiser Haile Selassie 1940 sein Land von den Italienern befreien wollte, hat Wingate mit einem Guerillaverband unter der Bezeichnung »Gideon Force« entscheidende Hilfe geleistet.

Für den Kampf in Burma stellt Wingate die »Long Range Penetration Group« auf. Nach dem burmesischen Fabeltier »halb Löwe, halb Adler« gibt er dieser Kommandoeinheit den Namen »Chindit« als Symbol für das enge Zusammenwirken zwischen Luftstreitkräften und Bodentruppen. Die Chindits sollen in der Lage sein, längere Zeit hinter den japanischen Linien zu operieren, dort Aufklärung zu betreiben sowie Verwirrung zu stiften und den japanischen Nachschub zu stören. Wingates Idee ist etwas völlig Neues in der Kriegsgeschichte; denn noch nie zuvor ist eine starke mobile Truppe mit mehr als 3000 Soldaten und einigen Tragtieren ausschließlich aus der Luft unterstützt und versorgt worden.

1943 Februar

Kriegsschauplatz Burma und die benachbarten Staaten

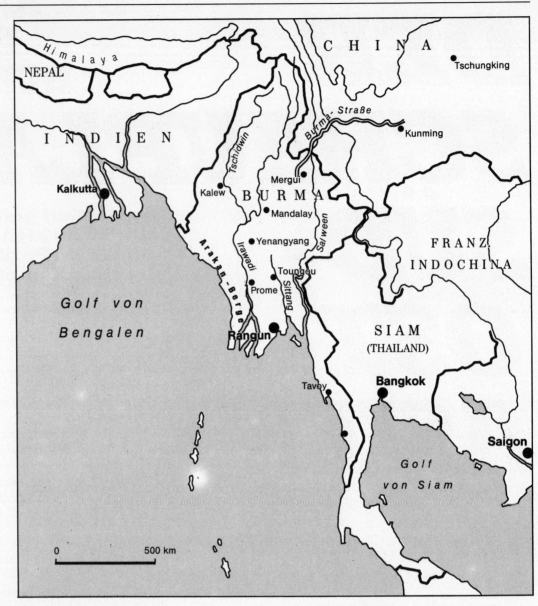

Marschall Tschiang Kai-schek

Im Rücken der Japaner

In der Nacht vom 14./15. Februar 1943 geht Brig. Wingate mit seiner Kommandotruppe, offiziell als 77. Brigade bezeichnet, über den Fluß Chidwin (Tschidwin). Der aus englischen, indischen und Gurkha-Soldaten bestehenden, in zwei Gruppen unterteilten Brigade haben sich erfahrene RAF-Piloten zur Verfügung gestellt, die per Funk mit den Lufttransporteinheiten Verbindung halten, die Luftversorgung leiten, Meldungen über Bombenziele durchgeben und Informationen über den Gegner liefern.

Auf 1100 Maultieren und ein paar Dutzend Elefanten führt die Truppe all das mit, was nicht durch Flugzeuge herangeschafft werden kann.

Mehr als 30 Tonnen Nachschubgüter werfen RAF-Flugzeuge der 31. und 194. Squadron bereits in den er-

Mai 1943

Masakazu Kawabe, ab 8. 4. 1943 japanischer Oberbefehlshaber der Feldarmee in Burma, Renya Mutaguchi, japanischer Oberbefehlshaber der 15. Armee, und Brigadier Orde C. Wingate

März 1943: Chindits in einer von den Japanern befreiten Ortschaft in Burma

sten zwei Nächten zwischen dem 15. und 17. Februar 1943 in der Nähe von Myene auf burmesisches Gebiet ab. Da auch einige der Versorgungsbehälter, darunter Post für die Soldaten, in die Hände der Japaner geraten, wissen sie bereits nach drei Tagen, was hinter ihrem Rücken vorgeht.

Schon bald bekommen die japanischen Truppen den Einsatz der Chindits zu spüren, denn sie haben die einzige Eisenbahnlinie nach Mandalay an 70 Stellen unterbrochen und vier Brücken vernichtet.

Ende März 1943 beginnen die Chindits ihren Rückmarsch, nachdem sie einen Teil ihrer Tragtiere geschlachtet und die nicht mehr benötigte Ausrüstung vergraben haben. Zur Täuschung der Japaner bereiten sie Hinterhalte vor, legen falsche Fährten an, verminen sogar die Dschungelwege und lassen Maultiere frei.

Der Vorstoß der Chindits nach Burma hinein hat zwar keine großen spektakulären strategischen Erfolge gezeigt, aber er hat immerhin bewiesen, daß englische und indische Einheiten in den unzugänglichen Dschungeln operieren und bei ausschließlicher Versorgung aus der Luft überleben können.

Die erbittert geführten See-Luft-Schlachten und Inselkämpfe im Pazifik binden die japanische Kampfkraft in einem unvorhergesehenen Ausmaß. Daher müssen sie bis Mitte Mai 1943 auf größere Operationen in China verzichten. Doch jetzt zieht Japan sechs Divisionen und sechs Panzerbrigaden am Yangtse zwischen Jotschu und Itschang zusammen, die Tschungking, den chinesischen Regierungssitz, einnehmen sollen. Auf ihrem Vormarsch fallen den japanischen Truppen im Gebiet des Tungting-Sees riesige Reisvorräte in die Hände.

Am Dienstag, dem 25. Mai 1943, müssen die Japaner ihren Vorstoß auf Tschungking stoppen, da sich 450 Kilometer vor ihrem Ziel Nachschubprobleme einstellen, die sich aufgrund der chinesischen Überfälle auf ihre rückwärtigen Versorgungseinheiten noch verstärken. Nicht weniger zermürbend als die chinesischen Gegenangriffe wirken sich die ständigen Bombardierungen durch die US-Luftstreitkräfte aus.

Deutschland

19. März: Übergabe einer Loyalitätserklärung aller Feldmarschälle an Hitler.
20. Juli: Bombenattentat Graf Schenk von Stauffenbergs auf Hitler im Hauptquartier »Wolfsschanze« tötet mehrere Anwesende, verletzt Hitler jedoch nur leicht.
25. September: Erlaß Hitlers über die Bildung des »deutschen Volkssturms«, der die Erfassung aller »waffenfähigen Männer im Alter von 16 bis 60 Jahren« anordnet.

Italien und Westfront (I)

3.–15. Januar: Kämpfe an der »Gustav-Linie«, Einnahme des Monte Santa Croce durch ein französisches Korps.
22. Januar: Überraschende US-Landungen bei Anzio und Nettuno südlich Roms.
16. Februar: Erfolglose deutsche Gegenangriffe auf den alliierten Landekopf Anzio-Nettuno.
15.–24. März: Vergeblicher 2. alliierter Durchbruchsversuch bei Cassino.
18. Mai: Die Alliierten nehmen Cassino ein.
4. Juni: Die Alliierten besetzen Rom.
6. Juni: Beginn der alliierten Großlandung in der Normandie.
10. Juni: Massaker von Oradour: eine SS-Einheit zerstört das französische Dorf Oradour-sur-Glane und tötet sämtliche Einwohner als Vergeltungsmaßnahme für Überfälle der französischen Résistance.

Italien und Westfront (II)

12./13. Juni: Erster V1-Angriff gegen London.
30. Juni: Die verbliebenen deutschen Kräfte in der Festung Cherbourg kapitulieren.
18. Juli: Einnahme von St. Lô durch US-Einheiten.
26. Juli: US-Truppen nehmen Pisa.
31. Juli: Durchbruch der Amerikaner bei Avranches.
4.–10. August: Deutsche Räumung von Florenz.
15. August: Landung von US-Einheiten und eines französischen Korps zwischen Cannes und Toulon.
25. August: Einrücken amerikanischer und französischer Streitkräfte in Paris.
3.–6. September: Befreiung von Brüssel.
8. September: Erster Abschuß von V2-Fernraketen gegen London und Antwerpen.
17. September: Alliierte Luftlandung bei Arnheim und Nimwegen.
21. Oktober: Aachen fällt.
22./23. November: US-Einheiten nehmen Metz und Straßburg ein.
16. Dezember: Beginn der deutschen Ardennenoffensive.

Ostfront und Balkan (I)

14. Januar: Beginn eines sowjetischen Großangriffs. Endgültige Entsetzung Leningrads.
28. Januar: Der deutsche Frontbogen bei Tscherkassy wird von der Roten Armee eingekesselt.
12. Februar: Befreiung von Luga.

Ostfront und Balkan (II)

17. Februar: Deutscher Teilausbruch bei Tscherkassy.
18. Februar: Einnahme von Staraja Russa durch die Rote Armee.
22. Februar: Befreiung von Kriwoj Rog.
4. März: Beginn der russischen Frühjahrsoffensive in der Ukraine.
28. März: Sowjetische Truppen erreichen den Pruth.
7. April: Beginn einer erfolgreichen sowjetischen Krim-Offensive.
10. April: Befreiung Odessas.
15. April: Tarnopol fällt.
9. Mai: Einnahme Sewastopols.
12. Mai: Die Krim ist befreit.
9. Juni: Beginn einer sowjetischen Offensive gegen die finnische Front.
19. Mai: Durchbruch der Mannerheim-Linie auf der Karelischen Landenge.
20. Mai: Einnahme von Wiborg.
22. Juni: Beginn der russischen Sommeroffensive gegen die Heeresgruppe Mitte, von der starke Kräfte bei Witebsk und Bobruisk eingekesselt werden. (23.–26. Juni).
3. Juli: Die Sowjets nehmen Minsk.
24. Juli: Einnahme von Lublin.
1. August: Beginn des Warschauer Aufstands der national-polnischen »Heimatarmee«.
20.–24. August: Beginn der sowjetischen Offensive in Rumänien, am *30./31. August* Einmarsch in Bukarest.
19. September: Waffenstillstand zwischen der UdSSR und Finnland.

Ostfront und Balkan (III)

2. Oktober: Der Warschauer Aufstand ist niedergeschlagen.
13. Oktober: Die Deutschen räumen Riga.
20. Oktober: Befreiung Belgrads durch die Rote Armee und jugoslawische Korps.
7. Dezember: Die Rote Armee erreicht den Plattensee.
27. Dezember: Die Sowjets schließen Budapest ein.

Ostasien und Pazifik (I)

2. Januar: US-Landung bei Saidor (Neuguinea).
31. Januar: US-Landung auf Kwajalein (Marshallinseln).
17. Februar: Alliierter Angriff auf Truk (Karolinen). Einnahme des Atolls Eniwetok (Marshallinseln) durch US-Truppen.
5. März: Beginn des Einsatzes der »Long Range Penetration Groups« an der Burma-Front.
30. März/1. April: US-Luftangriff auf Palan, Yap und Woleai.
21./22. April: Landung starker US-Verbände bei Hollandia (West-Neuguinea).
12.–15. Juni: US-Landung auf Saipan (Marianen).
19./20. Juni: Japanisch-amerikanische See-Luft-Schlacht in der Philippinensee; große japanische Schiffsverluste.
21.–24. Juli: US-Landung auf den Inseln Guam und Tinian (Marianen).
11. August: Rückeroberung Guams.

1944

Ostasien und Pazifik (II)

31. August–14. September: Schwere US-Luftangriffe gegen Iwo Jima, die Bonininseln, die Westkarolinen, Palau, Mindanao und die Zentralphilippinen.
15. September: US-Landung auf Palau-Peleliu und Morotai.
21.–24. September: US-Angriffe gegen Luzon (Philippinen) und den Visayas-Archipel.
19. Oktober: Beginn der US-Offensive zur Wiedereroberung der Philippinen. Dabei erste japanische Kamikaze-Angriffe.
22.–25. Oktober: See-Luft-Schlacht von Leyte. Schwere Schiffsverluste besiegeln das Ende Japans als Seemacht.
11. November: Japanische Eroberung der letzten großen Flugbasen der USA in Südchina.
24. November: Neue US-Luftoffensive gegen das japanische Mutterland. Bombenangriffe auf Tokio.
7. Dezember: US-Landung in der Ormoc Bay (West-Leyte).

Internationale Politik (I)

19. März: Besetzung Ungarns durch deutsche Verbände.
21. Juli: Bildung des »Polnischen Komitees der Nationalen Befreiung« in Chelm. Am *25. Juli* Übersiedlung des Komitees nach Lublin (Lubliner Komitee).

Internationale Politik (II)

21. August (–7. Oktober): Konferenz von Dumbarton Oaks: USA, Großbritannien, UdSSR und China vereinbaren, den Völkerbund durch die neue internationale Organisation der Vereinten Nationen zu ersetzen.
2. September: Vorlage des Morgenthau-Plans: Zerteilung Deutschlands, Rückführung auf die Stufe eines Agrarlandes.
11.–16. September: Englisch-amerikanische Konferenz von Quebec; u. a. Festlegung der künftigen deutschen Zonengrenze zwischen Ost und West.
10. Dezember: Unterzeichnung eines französisch-sowjetischen Bündnisvertrages in Moskau.

Sonstige Ereignisse

15. Mai: Beginn der Judendeportationen aus dem besetzten Ungarn durch das Sonderkommando Eichmann: Bis 27. Juni werden 380 000 Menschen größtenteils in das Vernichtungslager Auschwitz gebracht.

DER FELDZUG IM OSTEN

ROTE ARMEE AN DEUTSCHLANDS GRENZE

Zusammenbruch der Heeresgruppe Mitte – eine Niederlage, die selbst Stalingrad in den Schatten stellt

Zu Beginn des Jahres 1944 befinden sich an allen Frontabschnitten Verbände der deutschen Heeresgruppen auf dem Rückzug. Die Heeresgruppe Süd (GFM von Manstein) wird am 4. Januar 1944 von der 1. Ukrainischen Front (Armeegen. Watutin) in Wolhynien über die polnisch-sowjetische Grenze von 1939 zurückgedrängt.

Und am Freitag, dem 14. Januar 1944, eröffnet die Rote Armee ihre Offensive im Raum Leningrad. Nach einer mehrere Monate dauernden Kampfpause treten die verstärkten und aufgefrischten Verbände der Leningrader Front (Armeegen. Goworow), der Wolchow-Front (Armeegen. Merezkow) sowie die 2. Baltische Front (Armeegen. Popow) zu einer Operation an, die den deutschen Belagerungsring um Leningrad sprengen soll.

Die im September 1941 begonnene Blockade dauert bereits 900 Tage. In den Wintermonaten kann die Stadt nur notdürftig über den gefrorenen Ladoga-See, die sogenannte »Straße des Lebens«, versorgt werden. Fast die ganze Zeit über liegt Leningrad unter dem Artilleriebeschuß aller Kaliber oder wird von der Luftwaffe angegriffen. Die Zahl der Einwohner, die sich an der Verteidigung aktiv beteiligen, hat im September 1941 drei Millionen Menschen betragen. Während dieser größten und längsten Belagerung, die je eine moderne Stadt ausgehalten hat, sterben etwa 900 000 Menschen, die meisten an Hunger, durch Kälte oder Granaten und Bomben. Nach fünf Tage dauernden Kämpfen haben die Truppen der Leningrader Front die deutschen Verbände der Heeresgruppe Nord (GFM von Küchler) bei Zarskoje-Selo eingekreist, zerschlagen oder zum Rückzug gezwungen.

Am Dienstag, dem 18. Januar 1944, findet die seit mehr als einem Monat im Raum Witebsk verbissen geführte Abwehrschlacht der 3. Panzerarmee (GenOberst Reinhardt) ihr Ende. Nach Angaben der Wehrmacht belaufen sich die sowjetischen Verluste auf 40 000 Tote, 1203 Panzer und 349 Geschütze.

Hitler löst nach dem Desaster von Leningrad am Freitag, dem 28. Januar 1944, den Oberbefehlshaber der Heeresgruppe Nord, GFM von Küchler, ab. Er benennt als Nachfolger den äußerst tatkräftigen und in kritischen Situationen erfahrenen GenOberst Walter Model.

Raum Winniza (Ukraine), Ende März 1944: Nach dem deutschen Rückzug

1944 Januar

Der Blockadering um Leningrad ist durchbrochen: Sowjetische Panzerverbände greifen aus dem Raum Wolchow die Truppen der deutschen Heeresgruppe Nord an

Raum Zarskoje-Selo: Sowjetische Truppen versuchen, den Rückzug der deutschen Verbände zu erschweren

Deutsche Infanterie in verzweifelten Rückzugskämpfen im Raum Proskurow

An diesem 28. Januar 1944 gelingt es der 1. Ukrainischen Front und der 2. Ukrainischen Front (Armeegen. Konjew), sich in einer Zangenoperation bei Svenigorodka zu vereinen.

Damit sind die im Frontbogen bei Tscherkassy befindlichen Teile der deutschen 8. Armee (Gen. d. Inf. Wöhler) mit dem XI. Armeekorps (Gen. d. Art. Stemmermann) und dem XXXXII. Armeekorps (GenLt. Lieb) eingekesselt. Doch glückt Mitte Februar nach erbitterten Kämpfen mit hohen Verlusten 30000 der 54000 Eingeschlossenen der Ausbruch.

Sowjetische Frühjahrsoffensive

Die sowjetische Frühjahrsoffensive beginnt am Sonnabend, dem 4. März 1944, mit dem Vorstoß der 1. Ukrainischen Front (seit 2. März Marschall Schukow) auf einer Frontbreite von 180 Kilometern gegen die östlich des Dnjestr stehende 1. Panzerarmee (Gen. d. Pz.Tr. Hube) und gegen die am Nord-

März 1944

Auf einem Feldflugplatz im Raum Witebsk: Deutsche Sturzkampfflugzeuge Junkers Ju 87 starten zu einem Nachtangriff

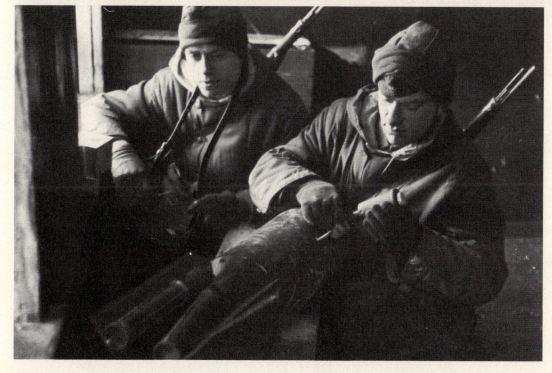

Cherson an der Dnjepr-Mündung: Ein deutsches Sprengkommando bereitet Fliegerbomben zur Sprengung eines kriegswichtigen Objektes vor

flügel der Heeresgruppe Süd (GFM von Manstein) bei Schepetowka westlich Berditschew stehende 4. Panzerarmee (GenOberst Hoth). Die sowjetischen Panzerverbände durchbrechen die deutschen Stellungen und rollen noch über die Linie Proskurow–Tarnopol in westlicher und südlicher Richtung hinaus.

Am nächsten Tag, dem 5. März 1944, tritt auch die 2. Ukrainische Front zum Angriff gegen die 1. und 4. Panzerarmee an. Sie durchstößt bei Uman die Nahtstelle der deutschen 8. Armee sowie der 1. Panzerarmee und rückt westwärts vor.

Nur 24 Stunden später setzt die 3. Ukrainische Front (Armeegen. Malinowski) auf einer Frontbreite von 800 Kilometern zu einer Großoffensive gegen die Heeresgruppe A (GFM von Kleist) an. Zur 3. Ukrainischen Front gehören die 1. Panzerarmee (GenLt. Katukow), die 3. Garde-Panzerarmee (GenOberst Rybalko), die 5. Garde-Panzerarmee (GenOberst Rotmistrow) sowie Schützen- und Stoßarmeen, die von der Roten Luftflotte durch starke Kräfte unterstützt werden.

Am Mittwoch, dem 15. März 1944, werden die weiter nördlich stehenden Verbände des linken Flügels der

877

1944 März

Cherson, Mitte März 1944: Gewaltige Detonationen markieren den deutschen Rückzug. Die von Hitler befohlene Taktik der »verbrannten Erde« wird rücksichtslos verfolgt

Raum Kamenez/Podolsk, 24. 3. 1944: Ein Schienenwolf reißt vor den nachfolgenden sowjetischen Truppen die Eisenbahnschwellen auf

März 1944

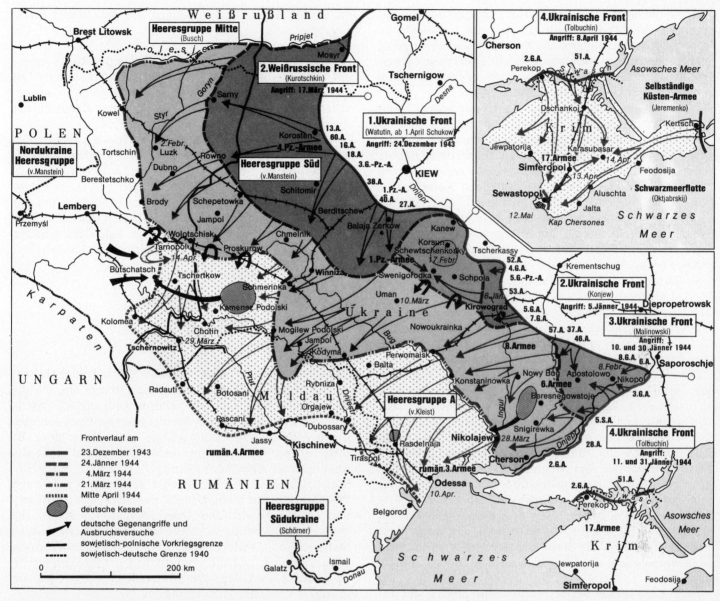

8. Armee (Gen. d. Inf. Wöhler) aufgerieben, so daß die Panzerspitzen der Roten Armee den Bug überqueren können. Auf Befehl Hitlers beginnt am 15. März 1944 das Unternehmen »Margarethe I«, der Einmarsch deutscher Truppen (GFM von Weichs) in Ungarn.

Kampflos rollen die Panzereinheiten in Budapest ein. Der neue Regierungschef Sztójay erklärt seine Bereitschaft, weiterhin Deutschland im Kampf gegen die UdSSR militärisch zur Seite zu stehen.

Am Freitag, dem 24. März 1944, werden die Verbände der 1. Panzerarmee (Gen. d. Pz.Tr. Hube), die sich nicht rechtzeitig aus dem Raum Kamenez/Podolsk haben zurückziehen können, von den Einheiten der 1. Ukrainischen Front eingekesselt.

Als am Donnerstag, dem 30. März 1944, die Heeresgruppe Süd (GFM von Manstein) gerade versucht, durch ein Täuschungsmanöver den Ausbruch der eingekesselten 1. Panzerarmee vorzubereiten, wird von Manstein auf Befehl Hitlers abgelöst. GFM Model, der seit dem 21. Januar 1944 die Führung der Heeresgruppe Nord übernommen hat, wird jetzt Oberbefehlshaber der Heeresgruppe

Südabschnitt der Ostfront zwischen Odessa und Brest-Litowsk in der Zeit von Dezember 1943 bis August 1944. Oben rechts: Die Lage auf der Krim im April 1944

General
Erwin Jaenecke

General
Ferdinand Schörner

1944 März

Süd, die die neue Bezeichnung Heeresgruppe Nordukraine erhält. An Models Stelle tritt bei der Heeresgruppe Nord GenOberst Lindemann. Auch die Heeresgruppe A, jetzt Heeresgruppe Südukraine, erhält einen neuen Oberbefehlshaber: GFM von Kleist wird seines Postens enthoben und durch GenOberst Schörner ersetzt.

Während die Einheiten der 1. Ukrainischen Front Tschernowitz einnehmen, beginnt die deutsche 1. Panzerarmee ihren Ausbruchversuch, den die Sowjets in Richtung Süden erwarten. Doch der Plan Mansteins sieht eine andere Richtung vor. Links am Dnjestr entlang setzen sich die Einheiten in einem »wandernden Kessel«, den Gen. Hube äußerst umsichtig organisiert, nach Westen ab. Als der Treibstoff ausgeht, läßt Gen. Hube sämtliche Fahrzeuge mit Ausnahme der Panzer sowie der wichtigsten Befehls- und Gefechtsfahrzeuge sprengen.

Am Freitag, dem 7. April 1944, greift die sowjetische 5. Stoßarmee (GenOberst Zwiatajew) mit Unterstützung der 8. Luftflotte (GenLt. Chrjukin) die deutsche 17. Armee (GenOberst Jaenecke) an, um die Landverbindung zur Krim zurückzugewinnen. Nachdem die rumänische 10. Infanteriedivision überrannt ist, rollen starke sowjetische Panzerverbände in Richtung Simferopol.

Das II. SS-Panzerkorps (SS-Obergruppenf. Hausser), das die eingeschlossene 1. Panzerarmee entsetzen soll, trifft an diesem Tag auf den »wandernden Kessel«. Nach dem gelungenen Ausbruch kann Gen. Hube berichten, daß seine Truppen auf dem Rückzug 352 Panzer und Sturmgeschütze der Roten Armee vernichtet haben. Da seine Panzerarmee nur wenige Kampfwagen und Geschütze eingebüßt hat, ist das Gros der 1. Panzerarmee nach kurzer Auffrischung wieder einsatzbereit.

Die deutsche 6. Armee (Gen. d. Art. de Angelis) ist am Montag, dem 10. April 1944, gezwungen, da Odessa nicht mehr zu halten ist, die Stadt und den Hafen zu räumen. Es ist vorgesehen, die Einheiten auf den Dnjestr zurückzunehmen.

Zwei Tage später, als bereits die Einschiffung der auf der Krim abgeschnittenen 17. Armee mit ihrer Ausrüstung für den Abtransport nach Konstanza angelaufen ist, fordert Hitler den sofortigen Abbruch dieser Rückzugsbewegung und befiehlt, »daß Sewastopol auf die Dauer zu halten ist«.

Ende April 1944 haben die Verbände der Roten Armee ein Gebiet von 450 Kilometer Tiefe zurückerobert: Die Ukraine westlich des Dnjepr ist wieder ganz in sowjetischer Hand. Der Vormarsch in Richtung Karpaten hat die deutsche strategische Front gespalten.

Am Sonntag, dem 7. Mai 1944, eröffnet die sowjetische 27. Armee mit mehr als 200 Panzern einen Sturmangriff auf die Festung Sewastopol. Und im Laufe des Nachmittags gelingt es ihnen, das Zentrum und den Hafen einzunehmen. Fünf Tage später geben auch die noch auf der Halbinsel Chersones verbliebenen letzten deutschen Verteidiger von Sewastopol den Kampf auf. Zum gleichen Zeitpunkt ist die Räumung der Krim abgeschlossen.

Die Ruhe vor dem Sturm

Ab Mitte Mai 1944 tritt an der gesamten Ostfront eine Kampfpause ein, die die Rote Armee nutzt, um ihre bisher umfangreichste Operation, die Zerschlagung der Heeresgruppe Mitte, vorzubereiten. Und als die Heeresgruppe Mitte Hitler über die sowjetischen Vorbereitungen informiert, deutet er die Bewegungen als Ablenkungsmanöver und erklärt Sluck, Bobruisk, Mogilew, Orscha, Witebsk und Poloszk zu »festen Plätzen«, die mit allen Mitteln zu halten seien. Tatsächlich ist das sowjetische Oberkommando bestrebt, die deutsche Aufklärung zu täuschen, der es nicht gelingt, Stellungsbau, Verlegungen und Funkverkehr sowie Schanzarbeiten und die Gruppierung der Verbände richtig einzuschätzen, denn alle Maßnahmen der Sowjets unterliegen strengster Geheimhaltung.

Der strategisch wichtige mittlere Abschnitt zwischen Witebsk und den Karpaten wird von zwei deutschen Hee-

Budapest, 16. 3. 1944, Unternehmen »Margarethe I«: Deutsche Panzer auf den Straßen der ungarischen Hauptstadt

Juni 1944

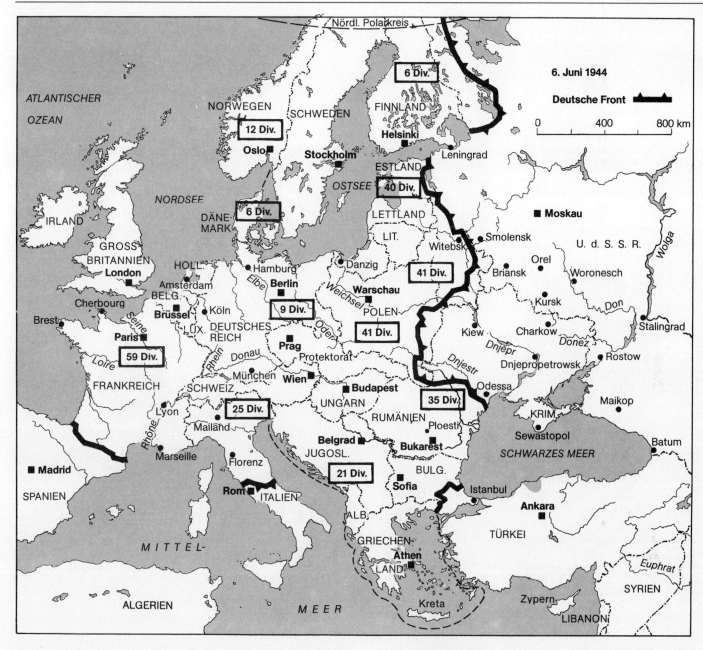

resgruppen gehalten: Weißrußland von der Heeresgruppe Mitte (GFM Busch) und die Westukraine von der Heeresgruppe Nordukraine (GFM Model). In Erwartung einer sowjetischen Großoffensive aus dem Raum Polesje in Richtung Süden beordert das Oberkommando des Heeres während der jetzt herrschenden Waffenruhe die Mehrzahl der Panzerdivisionen in dieses Gebiet. Die in Weißrußland stehenden Einheiten sind lediglich als Postenketten auf die weit ausgedehnte Frontlinie verteilt, und nur geringe Kräfte stehen ihnen im rückwärtigen Raum als taktische oder als strategische Reserve zur Verfügung.

Gegen die Front auf der Karelischen Landenge gelingt völlig überraschend am 9. Juni 1944 der sowjetischen 21. Armee (GenLt. Gusjew) und der 23. Armee (GenLt. Tscherepanow) nach monatelanger Kampfpause ein durch Flieger und Artilleriebeschuß unterstützter massiver Schlag. Den fünfeinhalb Infanteriedivisionen, einer

Die Lage der deutschen Divisionen und die der Verbände ihrer Bundesgenossen, Anfang Juni 1944

Marschall Georgi K. Schukow

1944 Juni

Großdeutsches Reich 1944, drei Sondermarken zum Heldengedenktag: Gebirgsjäger, Eisenbahngeschütz und Minenwerfer

Raum Tarnopol, Anfang 1944: Bei der Räumung werden auch die spärlichen Viehbestände nach Westen getrieben

Raum Bobruisk, Juni 1944: Eisenbahnpioniere bei der Sprengung einer strategisch wichtigen Strecke

Raum Witebsk, Juni 1944: Eine deutsche Transportkolonne nach dem Angriff durch sowjetische Tiefflieger

Juni 1944

Panzerdivision und einer Kavalleriebrigade des finnischen IV. Korps (GenLt. Laatikainen) bleibt nur noch die Möglichkeit, der Übermacht zu weichen und die Frontlinie zurückzunehmen.

In der Nacht vom 19./20. Juni 1944 holen an der Ostfront sowjetische Partisanen zum wohl größten Sabotageanschlag des Zweiten Weltkrieges aus. Nach sowjetischen Angaben zünden zu gleicher Zeit 143 000 Freischärler im Rücken der Heeresgruppe Mitte 10 500 Sprengsätze an Eisenbahnen, größeren Brücken und Nachrichtenverbindungen zwischen Dnjepr und dem Gebiet westlich von Minsk. Tagelang sind die Nachschublinien unterbrochen. Weitaus fataler wirkt sich aus, daß das Oberkommando des Heeres in diesen Aktionen keinen Zusammenhang mit der anstehenden sowjetischen Sommeroffensive erkennt.

Am Donnerstag, dem 22. Juni 1944, dem dritten Jahrestag des deutschen Angriffs auf die UdSSR, eröffnet die Rote Armee mit einer in dieser Größenordnung noch nie erreichten Truppenkonzentration ihre Gegenoffensive. Es treten vier Fronten (Armeegruppen) mit 10 Armeen sowie vier Luftarmeen, insgesamt 200 Divisionen, an. Dazu stehen 6000 Panzer und Selbstfahrlafetten, 45 000 Geschütze und Werfer sowie etwa 7000 Flugzeuge bereit. Sowjetischen Quellen zufolge bedeutet dies eine Überlegenheit von 2:1 bezüglich der Mannschaftsstärke, von 3:1 im Hinblick auf die Artillerie, von 4:1, was die Zahl der Panzer angeht, und schließlich eine fünffache Überlegenheit bei den Flugzeugen.

Nach deutschen Angaben ist das Verhältnis noch ungünstiger: Demnach hat die Rote Armee rund 2,5 Millionen Soldaten aufgeboten – sechsmal soviel wie die deutschen Heeresgruppen, und die Überlegenheit bei den Waffen liegt in einer Größenordnung von 10:1.

Nicht weniger beeindruckend als diese Zahlen ist die Nachschuborganisation der Roten Armee. 12 000 Lkws transportieren den Bedarf an Versorgungsgütern, Munition und Dieselöl, der auf 25 000 Tonnen pro Tag veranschlagt wird.

Heeresgruppe Mitte zerschlagen

Der gestaffelte sowjetische Angriff erfolgt von Norden nach Süden: Am 22. Juni 1944 geht die 1. Baltische Front (Armeegen. Bagramjan) mit Teilen der 3. Weißrussischen Front (Armeegen. Tschernjachowski) gegen die deutsche 3. Panzerarmee (GenOberst Reinhardt) beiderseits von Witebsk vor.

Am Freitag, dem 23. Juni 1944, tritt die 2. Weißrussische Front (GenOberst M. W. Sacharow) zur Offensive gegen die deutsche 4. Armee (Gen. d. Inf. von Tippelskirch) an. Und etwa 24 Stunden später erfolgt der Angriff der 1. Weißrussischen Front (Armeegen. Rokossowski) gegen die deutsche 9. Armee (Gen. d. Inf. Jordan). Mehrere tausend Geschütze und die Bombardements der Roten Luftflotte haben auf einer Frontbreite von über 1000 Kilometern den Angriff der in Wellen vorstürmenden Schützendivisionen eingeleitet. Die Linien der Heeresgruppe Mitte (GFM Busch) sind bald durchbrochen – Panzer und mechanisierte Verbände überrollen auch die letzten Widerstandsnester und dringen kilometerweit vor.

Ab Freitag, dem 23. Juni 1944, gelingt es der Roten Armee, an den sechs Durchbruchstellen zu einer Zangenbewegung anzusetzen. Umfangreiche deutsche Truppenverbände werden bei Witebsk, Orscha, Mogilew und Bobruisk und allen anderen festen Plätzen eingekesselt.

Die sowjetische 3. Armee (GenLt. Beloborodow) legt nach ihrem Durchbruch bei Witebsk und Bobruisk am Montag, dem 26. Juni 1944, den zweiten Umfassungsring um die Heeresgruppe Mitte. 35 000 Soldaten verliert die deutsche 3. Panzerarmee allein bei dem Versuch, aus Witebsk auszubrechen.

Sechs Tage nach Beginn der sowjetischen Großoffensive, das heißt am Mittwoch, dem 28. Juni 1944, existiert in Weißrußland keine deutsche Front mehr. Die 3. Pan-

Raum Brest-Litowsk, Juli 1944: Sowjetische Panzer und Infanterie bekämpfen deutsche Widerstandsnester

1944 Juni

Raum Wilna, Juli 1944: Ein Versorgungslager des deutschen Heeres wird von den zurückziehenden Truppen in Brand gesetzt

zerarmee und die 9. Armee sind vernichtet, die 4. Armee ist von Norden und Süden her umfaßt.

An diesem Tag wird auf Befehl Hitlers der Oberbefehlshaber der Heeresgruppe Mitte, GFM Busch, durch GFM Model abgelöst. Model behält daneben den Oberbefehl über die Heeresgruppe Nordukraine, die er sofort aus der Westukraine nach Weißrußland beordert, um die deutsche 4. Armee zu retten und den sowjetischen Vormarsch aufzuhalten.

Deutsche 9. Armee kapituliert

Am Donnerstag, dem 29. Juni 1944, kapituliert die deutsche 9. Armee bei Bobruisk. Allerdings gelingt es 30 000 Mann, sich zu den deutschen Linien nach Westen durchzuschlagen.

Ende Juni 1944 hat die Rote Armee die deutschen Linien auf einer Breite von 350 Kilometern durchbrochen und stößt in Richtung Westen vor. Die Überreste von drei deutschen Armeen verlieren sich zwischen den Fronten. Die Luftflotte 6 muß ihre Maschinen zurücknehmen und ist danach nicht mehr in der Lage, die eingekesselten Bodentruppen zu versorgen.

Am Montag, dem 3. Juli 1944, wird Minsk von dem sowjetischen I. und II. Garde-Panzerkorps, unterstützt durch Einheiten der sowjetischen 3. Armee (GenLt. Gorbatow), zurückerobert.

Am selben Tag läßt Hitler den Oberbefehlshaber der Heeresgruppe Nord, GenOberst Lindemann, durch GenOberst Frießner ablösen.

Die Rote Armee ist in der Zeit vom 22. Juni 1944, dem Beginn der sowjetischen Großoffensive, bis zum 3. Juli 1944 etwa 300 Kilometer weit nach Westen vorgestoßen und steht nun bereits weit in Polen; sie hat damit die deutsche Ostfront in einer Länge von 350 Kilometern von der Düna bis Polozk im Norden bis zum Pripjet bei Pinsk im Süden aufgerissen. Die Heeresgruppe Mitte verfügt nur noch über acht einsatzbereite Verbände, die deutsche 4. wie die 9. Armee existieren nicht mehr. Die Verluste im Bereich der Heeresgruppe Mitte betragen jetzt schon das Doppelte der Katastrophe von Stalingrad: 28 Divisionen mit rund 350 000 Mann sind verlorengegangen.

Obwohl GFM Model Anfang Juli 1944 versucht, durch die aus der nördlichen Ukraine und dem Baltikum herangeführten Reserven eine Auffangstellung zwischen Baranowitschi und Molodetschno aufzubauen, sind die nach Westen vorstoßenden sowjetischen Panzerverbände nicht aufzuhalten.

Am Sonnabend, dem 8. Juli 1944, gelingt der 1. Weißrussischen Front (Armeegen. Rokossowski) die Einnahme des strategisch bedeutenden Eisenbahnknotenpunktes Baranowitschi.

Am Donnerstag, dem 13. Juli 1944, setzt die 1. Ukrainische Front (jetzt Marschall Konjew) auf dem Höhepunkt

Juli 1944

der sowjetischen Sommeroffensive mit 80 Divisionen, zehn Panzer- und mechanisierten Brigaden (1 200 000 Mann, 13 000 Geschütze und Mörser, dazu 2220 Panzer und Sturmgeschütze) zum »zweiten Schlag« gegen die Heeresgruppe Nordukraine (GFM Model) an. Diese zweite Großoffensive wird von der Roten Luftflotte durch die Verbände der 2. Luftarmee (GenLt. Krassowski) und der 8. Luftarmee (GenLt. Chrjukin) mit dem Einsatz von 2800 Flugzeugen unterstützt.

Am Sonntag, dem 16. Juli 1944, kann die sowjetische 50. Armee (GenLt. Boldin) die Stadt Grodno in Polen erobern. Vier Tage später fällt Gen. d. Fl. Korten, Chef des Generalstabs der Luftwaffe, dem Attentat auf Hitler vom 20. Juli 1944 zum Opfer. Hitler benennt anstelle des von ihm entlassenen GenOberst Zeitzler den GenOberst Guderian, Generalinspekteur der Panzerwaffe, zum Generalstabschef des Heeres.

Am Sonntag, dem 23. Juli 1944, nimmt Hitler einen weiteren Wechsel unter den Oberbefehlshabern seiner Heeresgruppen vor: GenOberst Schörner wird jetzt die Führung der im Baltikum operierenden Heeresgruppe Nord übertragen, während GenOberst Frießner den Oberbefehl über die Heeresgruppe Südukraine (Ostrumänien) erhält.

Lublin wird von der sowjetischen 2. Panzerarmee (GenLt. Bogdanow) und der 8. Gardearmee (GenOberst Tschuikow) am Montag, dem 24. Juli 1944, besetzt. Bereits am nächsten Tag bestimmt das von Stalin gegen die Exilregierung in London gebildete »Polnische Komitee

Östlich von Warschau, 30. 7. 1944: Die deutschen Verbände stehen in harten Kämpfen mit den vordringenden sowjetischen Truppen

General Günther Koch

Großdeutsches Reich 1944, Sondermarke zum Heldengedenktag: Waffen-SS

885

1944 Juli

Raum Wolomin, 1. 8. 1944: Deutsche Panzer auf der Fahrt in neue Bereitstellungen

Karl Decker (am 1. 1. 1945 zum General der Panzertruppen befördert)

Sowjetische Offensive gestoppt

Am Sonntag, dem 30. Juli 1944, bricht östlich von Warschau eine heftige Panzerschlacht aus. Dem deutschen XXXIX. Panzerkorps (Gen. d. Pz.Tr. Decker) gelingt es, das zur 1. Weißrussischen Front (Marschall Rokossowski) zählende sowjetische III. Panzerkorps, das nördlich der polnischen Hauptstadt in Richtung Radzymin vorstößt, um die Bug- und Narew-Übergänge zu erreichen, zu stoppen. Im Gegenangriff bringen die Fallschirm-Panzerdivisionen »Hermann Göring« sowie Teile der 4. Panzerdivision, der 19. Panzerdivision und der SS-Panzerdivision »Wiking« den Sowjets beträchtliche Panzerverluste bei und drängen sie auf Wolomin zurück.

Am nächsten Tag rücken sowjetische Vorausabteilungen in Kowno ein und können erst bei Suwalki, unmittelbar vor der Grenze zu Ostpreußen, durch einen Gegenstoß aufgehalten werden.

Am Dienstag, dem 1. August 1944, hat der Vorstoß des sowjetischen III. Panzerkorps in die Nähe von Warschau tragische Auswirkungen. Obwohl das Korps nicht den Befehl hat, die polnische Hauptstadt zu befreien, sondern an den östlichen Außenbezirken vorbei auf die Bugbrücke bei Zegrze vorzurücken, möchte der Oberbefehlshaber der polnischen Heimatarmee (Gen. Graf Bor-Komorowski) dem Einmarsch der Roten Armee zuvorkommen und die Stadt mit eigenen Kräften befreien. Nur darin sieht er die Gewähr für die kommende Gründung einer mit den Westalliierten zusammenarbeitenden Regierung. Deshalb erteilt er den Befehl zum Aufstand gegen die Deutschen.

Im Verlauf des Tages verbreitet Radio Moskau – fünf Wochen nach Beginn der sowjetischen Sommeroffensive – die Meldung, daß 28 Divisionen der Heeresgruppe

der Nationalen Befreiung«, das später die Regierung der Volksrepublik Polen bildet, die Stadt zu seinem provisorischen Hauptsitz.

Am Donnerstag, dem 27. Juli 1944, nimmt die zur 1. Ukrainischen Front gehörende 1. Garde-Panzerarmee (GenOberst Gretschko) Stanislawow in Galizien ein, während die 38. Armee (GenOberst Moskalenko) sowie die 3. Garde-Panzerarmee (GenOberst Rybalko) Lemberg, Przemysl und Przeworsk erobern.

Die zur 2. Weißrussischen Front (GenOberst Kurotschkin) gehörende 3. Armee (GenLt. Gorbatow) besetzt unterdessen Bialystok, während die 4. Stoßarmee (GenLt. Malyschew) der 1. Baltischen Front in Dünaburg eindringt.

Nur zwei Tage später, am 29. Juli 1944, bilden die sowjetische 1. Garde-Panzerarmee (GenLt. Katukow) sowie die 13. Armee (GenLt. Puchow) nach Überquerung der Weichsel im Raum Baranow einen Brückenkopf. Bei den sofort eingeleiteten deutschen Gegenangriffen kommt erstmals der schwerste, bestgepanzerte und stärkste Kampfpanzer des Zweiten Weltkrieges, Tiger II »Königstiger«, zum Einsatz.

August 1944

Marienburg (Ostpreußen), Anfang August 1944: Greise und Knaben sollen Schutzgräben ausheben, um die Rote Armee aufzuhalten

Großdeutsches Reich 1944: Sondermarke und Wohltätigkeitsausgabe

Mitte aufgerieben und dabei 158 480 Gefangene, darunter 22 Generäle, gemacht worden seien. Der Gesamtverlust dieser Heeresgruppe dürfte 350 000 Mann betragen. Auch nach deutschen Quellen ist dies die schwerste der Wehrmacht je zugefügte Niederlage.

Bis Anfang August 1944 ist die Rote Armee im Mittelabschnitt der Ostfront bereits 720 Kilometer weit nach Westen vorgedrungen und steht in diesen Tagen im Norden vor Ostpreußen sowie vor Warschau und im Süden vor Belgrad.

Am Sonntag, dem 6. August 1944, rücken die Verbände der sowjetischen 1. Garde-Panzerarmee (GenOberst Gretschko) sowie der 18. Armee (GenLt. Tschurawlew) in Drohobycz ein, nachdem sie die deutschen Einheiten gezwungen haben, dieses wichtige Ölzentrum in Galizien zu räumen.

In der Nacht vom 8./9. August 1944 erscheinen erstmals über Warschau in Italien gestartete alliierte Maschinen, um Versorgungsbehälter mit Waffen und Munition für die polnische Heimatarmee abzuwerfen, die sich seit dem 1. August 1944 in harten Kämpfen gegen die deutsche Besatzungsmacht zur Wehr setzt.

Während am Donnerstag, dem 17. August 1944, die Panzerspitzen der sowjetischen 5. Armee (GenOberst Krylow) bis zur ostpreußischen Grenze vordringen, gelingt es der 8. Gardearmee (GenOberst Tschuikow) und der 69. Armee (GenLt. Kolpaktschi), die Brückenköpfe an der Weichsel im Raum Magnuszew und Polawy auf eine Breite von 75 Kilometern und eine Tiefe von 50 Kilometern zu vergrößern.

Am Sonntag, dem 20. August 1944, beginnt die Rote Armee den »dritten Schlag« ihrer am 22. Juli 1944 begonnenen Sommeroffensive. Die 2. Ukrainische Front (Armeegen. Malinowski) und die 3. Ukrainische Front (Armeegen. Tolbuchin) eröffnen aus dem Raum westlich Jassy und südlich Terespol mit elf Panzer- und Schützenarmeen eine neue Offensive mit dem Ziel, die deutsche 6. Armee (Gen. d. Art. Fretter-Pico) bei Kischinew einzukesseln. Die angreifenden sowjetischen Verbände werden von der 5. Luftarmee (GenLt. Goriunow) und der 17. Luftarmee (GenLt. Sudez) durch Bombenangriffe unterstützt. Unterdessen werden die abgeschnittenen Einheiten der Heeresgruppe Nord bei Tukkum am Rigaischen Meerbusen von der Schiffsartillerie des schweren Kreuzers »Prinz Eugen« und vier Zerstörern sowie zwei Torpedobooten unterstützt. Bis zum Kriegsende setzt die Seekriegsleitung in zunehmendem Maße schwere Überwasserschiffe entlang der Ostseeküste ein, um den bedrängten Heeresverbänden zu Hilfe zu kommen.

Am Donnerstag, dem 24. August 1944, ereilt die neuaufgestellte deutsche 6. Armee das gleiche Schicksal wie die ehemalige in Stalingrad vernichtete 6. Armee: Sie wird von den beiden ukrainischen Fronten eingeschlossen und bis zum Monatsende völlig aufgerieben.

In der mittleren Slowakei bricht am 29. August 1944 ein nationaler Aufstand aus, der früher als geplant beginnt, da meuternde slowakische Soldaten am Tage zuvor 22 deutsche Offiziere der aus Rumänien zurückkehrenden Wehrmachtsmission ermordet haben. Die deutsche Führung befürchtet den Abfall ihres Bundesgenossen

1944 August

Beim Schutzstellungsbau im Raum Tilsit (Ostpreußen), September 1944: Einwohner umliegender Dörfer beim Ausheben der Panzergräben...

...die Hitler-Jugend marschiert zu ihrem Bauabschnitt

September 1944

und läßt Alarmeinheiten (SS-Obergruppenf. Berger) in die Westslowakei einmarschieren. Sie stoßen hier auf den erbitterten Widerstand des 1. Slowakischen Armeekorps (GenMaj. Malar). Das Zentrum des Aufstandes liegt im Raum Banska Bystrica (Neusohl). Die Aufständischen unter Führung von Oberstlt. Golian bekommen seitens der sowjetischen Armee, die jetzt in den Karpaten kämpft, kaum Unterstützung und sind – bis auf wenige sowjetische Fallschirmjäger – auf die eigenen Kräfte angewiesen, die sich bis in den Oktober halten.

Sowjetische Truppen besetzen am Mittwoch, dem 30. August 1944, die Ölfelder von Ploesti in Rumänien, das von den Deutschen bisher am stärksten verteidigte Ölgebiet. Bereits am nächsten Tag rollen die sowjetischen Verbände der 53. Armee (GenLt. Managorow) in Bukarest ein; und am darauffolgenden Tag dringen die Vorausabteilungen der 3. Ukrainischen Front (Armeegen. Tolbuchin) bis zur rumänischen Stadt Giurgiu an der Donau vor.

Der sowjetische General Iwan C. Bagramjan

Der exil-tschechische General Ludowik Swoboda

Die Lage im Nordabschnitt

Am Montag, dem 4. September 1944, stellen die finnischen Truppen entlang der gesamten Front den Kampf ein. Im hohen Norden, in einem Abschnitt von 800 Kilometer Länge, der sich von der Barentssee nach Süden erstreckt und etwa 50 bis 100 Kilometer östlich der finnischen Grenze auf sowjetischem Territorium liegt, befinden sich die Stellungen der deutschen 20. Gebirgsarmee (GenOberst Rendulic). Die Armee umfaßt neun Divisionen mit 200 000 Mann, 60 000

Ein hoher NS-Parteifunktionär inspiziert einen Bauabschnitt der Schutzstellungen

Ungarn 1944: Wohltätigkeitsausgabe zugunsten des Roten Kreuzes und eine Gedenkausgabe zum 50. Todestag des Politikers Lajos Kossuth

1944 September

Eine Stadt in Ostpreußen wird in eine Festung verwandelt: Pioniere der Panzergrenadierdivision »Großdeutschland« bringen an den Mauern Schießscharten an

General Friedrich Hoßbach

Pferden und Tragtieren und ist für volle neun Monate mit Versorgungsgütern ausgestattet. Rendulic bekommt nun die Anweisung, die Südgruppe seiner Armee nach Nordlappland auf die Linie Petsamo–Ivalo–Skibottn zurückzuziehen (»Birke-Bewegung«).

Die Rote Armee eröffnet am Donnerstag, dem 14. September 1944, mit der Leningrader Front (Marschall Goworow) sowie der 1., 2. und 3. Baltischen Front eine Großoffensive gegen die Heeresgruppe Nord (GenOberst Schörner). Bereits beim ersten Vorstoß gelingt es, die deutschen Stellungen auf der Landenge bei Narwa zu durchbrechen.

Am Montag, dem 2. Oktober 1944, müssen nach 63 Tagen unvorstellbar erbitterter und verlustreicher Verteidigung die Aufständischen der polnischen »Heimatarmee« (Gen. Graf Bor-Komorowski) in Warschau vor der deutschen Korpsgruppe (SS-Obergruppenf. v.d. Bach-Zelewski) kapitulieren.

Die polnische 138. RAF Squadron (Special Duties), die von ihrem süditalienischen Stützpunkt Bari aus in 23 Nächten Versorgungsbehälter für die Aufständischen über Warschau abgeworfen hat, büßt 90 Prozent der eingesetzten Maschinen, 32 Bomber vom Typ Halifax mit 234 Mann fliegendem Personal, ein. Die zwei an diesen Aktionen beteiligten südafrikanischen Staffeln verlieren 24 von 33 B-24 Liberators. Diese ungewöhnlich hohen Verluste sind um so schmerzlicher, da die Maschinen der weiten Entfernung wegen lediglich mit relativ wenigen Abwurfbehältern beladen und so die Aufständischen nur mit 40 Tonnen Nachschub versorgt werden konnten.

Am Dienstag, dem 5. Oktober 1944, tritt die 1. Baltische Front (Armeegen. Bagramjan) mit sechs Armeen im Raum Raseinen zu einem Großangriff auf die zur Heeresgruppe Nord gehörende deutsche 3. Panzerarmee (GenOberst Raus) an.

Die deutschen Truppen müssen am nächsten Tag in den Karpaten den strategisch wichtigen Dukla-Paß aufgeben, nachdem es der sowjetischen 38. Armee (GenOberst Moskalenko) gelungen ist, den tagelang andauernden erbitterten Widerstand der Deutschen zu brechen.

Das der 38. Armee unterstellte tschechoslowakische I. Armeekorps (GenMaj. Swoboda) steht nach Erreichen der Paßhöhe wieder auf heimatlichem Boden.

Am Dienstag, dem 10. Oktober 1944, erreichen die sowjetischen Panzereinheiten der 1. Baltischen Front die Ostsee bei Polangen und beginnen, die Stadt Memel einzukreisen. Damit ist die deutsche 3. Panzerarmee von der Heeresgruppe Nord abgeschnitten und wird jetzt der Heeresgruppe Mitte (GenOberst Reinhardt) unterstellt.

In Jugoslawien erreichen die Panzer des sowjetischen IV. mech. Gardekorps (GenMaj. Shdanow) zusammen mit der 1. Proletarischen Division der Volksbefreiungsarmee Jugoslawiens (Oberst Vaso Jovanović), die sich der Roten Armee angeschlossen hat, am 14. Oktober 1944 die Außenbezirke von Belgrad.

Die Kämpfe in Ostpreußen

Am Montag, dem 16. Oktober 1944, leitet die 3. Weißrussische Front (Armeegen. Tschernjachowski) mit fünf Armeen von Litauen aus eine Offensive gegen die zwischen den Städten Memel und Suwalki stehende 4. Armee (Gen. d. Inf. Hoßbach)

Dezember 1944

Ein Ausbilder der Panzergrenadierdivision »Großdeutschland« übt mit Volkssturmmännern das Vorgehen im Gelände

ein. Zusammen mit mehreren Panzerverbänden und Schlachtflieger-Unterstützung dringen etwa 40 sowjetische Schützendivisionen auf einer Breite von 140 Kilometern nach Ostpreußen ein. Ziel dieses Großangriffs ist Königsberg.

Unterdessen gelingt es der deutschen Heeresgruppe Süd, die von Siebenbürgen über die Theiß nach Westen vorstoßenden Einheiten der 2. Ukrainischen Front (Armeegen. Malinowski) aufzufangen. GenOberst Guderian hat hier starke Panzerkräfte zusammengezogen und gibt den Befehl, von Debrecen aus die Nordflanke der Sowjets anzugreifen. Durch die über eine Woche andauernde Panzerschlacht wird der sowjetische Vormarsch im Osten Ungarns vorübergehend aufgehalten.

Am Sonntag, dem 22. Oktober 1944, erobern Panzerverbände der sowjetischen 11. Gardearmee (GenOberst Galizki) im Zuge der Offensive der 3. Weißrussischen Front (Armeegen. Tschernjachowski) die ostpreußischen Städte Goldap, Eydtkuhnen sowie Stallupönen, dringen bis zur Straße von Nemmersdorf vor und überrollen eine Reihe von Flüchtlingstrecks. Es kommt zu schweren Ausschreitungen.

Am Dienstag, dem 10. Oktober 1944, findet der Kampf der deutschen 1. Panzerarmee (GenOberst Heinrici) gegen den am 29. August 1944 begonnenen nationalen Aufstand in der Slowakei seinen Abschluß. An diesen vorwiegend von slowakischen Truppen geführten Gefechten haben auch sowjetische Fallschirmjäger teilgenommen, während die Anfang Oktober bis zum Dukla-Paß vorgedrungenen sowjetischen Truppen dort aufgefangen worden sind und den slowakischen Aufständischen keine Hilfe leisten konnten.

Die deutsche 4. Armee (Gen. d. Inf. Hoßbach) kann die ostpreußische Stadt Goldap am Donnerstag, dem 2. November 1944, zurückerobern. Bei ihrer Verteidigung und dem Versuch eines Gegenangriffs büßen die Sowjets 1000 Panzer und 300 Geschütze ein. GenOberst Guderian bemüht sich bei Hitler vergeblich darum, die in Kurland eingeschlossene Heeresgruppe Nord (GenOberst Frießner) nach Ostpreußen ausbrechen zu lassen. Im sogenannten Kurland-Brückenkopf westlich von Riga, zwischen Libau, Moscheiki und Tukkum, müssen die deutsche 16. Armee (GenOberst Hilpert) und die 18. Armee (Gen. d. Inf. Boege) sowie Teile der 3. Panzerarmee, insgesamt etwa 26 Divisionen, verbleiben.

In Ungarn wird Budapest am Sonntag, dem 24. Dezember 1944, durch die 4. Garde-Schützenarmee (GenMaj. Ryschow) und von Teilen der 53. Armee (GenLt. Galanin) nun auch nach Westen hin abgeschnitten. Damit hat sich der Ring um die »Festung« Budapest (Kommandant: SS-Obergruppenf. Pfeffer von Wildenbruch) endgültig geschlossen. Die Stadt wird von dem IX. SS-Gebirgskorps und dem ungarischen I. Armeekorps (GenLt. von Hindy) mit insgesamt etwa 70 000 Mann verteidigt.

DER SEEKRIEG 1944

ENDE DER KONVOI-SCHLACHTEN

Operation »Neptune«, das größte Landeunternehmen der Geschichte. Churchill: »Die Würfel sind gefallen.«

Die im Südatlantik zum Jahresbeginn liegende US Task Force 41 (Konteradm. Reid) operiert bereits seit einigen Wochen in fünf Gruppen mit je einem Kreuzer und einem Zerstörer, um die aus Ostasien kommenden deutschen Blockadebrecher abzufangen.

Am Neujahrsmorgen sichtet eine von der Insel Ascension gestartete Liberator-Maschine die »Weserland« (Kpt. Krage), deren Besatzung das Flugzeug sofort unter Feuer nimmt und schwer beschädigt.

Die am nächsten Tag erscheinende zweite Maschine kann zwar von der »Weserland« abgeschossen werden, doch ist nun die Position des deutschen Blockadebrechers bekannt, und die Einheiten der US Task Force 41 nehmen die Verfolgungsjagd auf.

In der Nacht vom 2./3. Januar 1944 wird die »Weserland« von dem Zerstörer »Somers« durch schweren Artilleriebeschuß versenkt. 133 Überlebende der Besatzung werden gerettet.

Am Dienstag, dem 4. Januar 1944, entdeckt ein Bordflugzeug des amerikanischen Kreuzers »Omaha« den zweiten Blockadebrecher »Rio Grande« (6062 BRT). Die Salven der schweren Artillerie des Kreuzers »Omaha« und des Zerstörers »Jouett« verursachen auf der »Rio Grande« so schwere Beschädigungen, daß sie mit Kpt. von Allwörden und der gesamten Besatzung untergeht. Lediglich ein Matrose überlebt die Katastrophe.

Der letzte aus Ostasien zurückkehrende, mit Kautschuk und anderen dringend benötigten Rohstoffen beladene deutsche Blockadebrecher »Burgenland« (7320 BRT) wird am 5. Januar 1944 vor der südafrikanischen Küste von Natal durch ein amerikanisches Catalina-Flugboot aufgespürt. Als der US-Kreuzer »Omaha« und der Zerstörer »Jouett« in Schußweite gelangen, läßt Kpt. Schütz die »Burgenland« von der eigenen Mannschaft versenken; aber die riesige Ladung von 2000 Ballen Kautschuk können in den darauffolgenden Tagen der Kreuzer »Omaha«, drei US-Zerstörer und zwei brasilianische Schiffe bergen.

Im Januar 1944 versenken deutsche U-Boote im Atlantik, Nordmeer und Mittelmeer insgesamt elf Handelsschiffe. Die eigenen Verluste betragen 15 U-Boote.

Am Morgen des 6. 6. 1944 vor der Normandieküste: Amerikanische Infanteristen warten in Landungsbooten auf den Einsatzbefehl

1944 Februar

Ein britischer Bomber greift im Tiefflug einen deutschen Transporter an

Großdeutsches Reich 1944, Sondermarke zum Heldengedenktag: Ein U-Boot-Kommandant am Periskop

In der Nacht vom 11./12. Februar 1944 befinden sich 15 schwere sowjetische Bomber Petljakow Pe-8 mit 1000-kg-Bomben im Anflug auf das im Alta-Fjord im äußersten Norden Norwegens liegende Schlachtschiff »Tirpitz« (Kpt. z. S. Karl Topp). Jedoch können nur vier Maschinen das Ziel ausfindig machen, und der einzige Treffer richtet kaum nennenswerte Schäden an.

In der Nacht vom 18./19. Februar 1944 versenken die beiden britischen Geleitschiffe »Woodpecker« und »Starling« der 2. Escort Group (Capt. Walker) aus der südwestlich von Irland operierenden, aus 21 Booten bestehenden U-Boot-Gruppe »Hai« das erste mit einer Schnorchelanlage im Einsatz befindliche U-Boot, U 264 (KptLt. Looks).

Im Februar 1944 versenken deutsche U-Boote im Atlantik, Mittelmeer und Indischen Ozean insgesamt 20 Handelsschiffe mit 75 027 BRT. Die eigenen Verluste betragen 20 U-Boote.

Am Montag, dem 13. März 1944, torpediert U 852 (KptLt. Eck) zwischen Freetown und der Insel Ascension den griechischen Handelsdampfer »Peleus« (4695 BRT). Einige Überlebende können sich auf Flöße retten. Um die Versenkung des Frachters vor der alliierten Luftaufklärung zu verbergen und um die Zeugen des Zwischenfalls zu beseitigen, läßt KptLt. Eck ein MG 15 sowie eine Kiste Handgranaten an Deck bringen und befiehlt dem Bordarzt Dr. Weißpfennig, die Flöße unter Feuer zu nehmen. 25 Tage später rettet der portugiesische Frachter »Alexandre« die letzten drei Schiffbrüchigen aus der See. Dadurch wird dieser Fall doch noch publik, der als der einzig bekannte eines derartigen Kriegsverbrechens durch ein deutsches U-Boot gilt. Die Besatzung von U 852 gerät am 2. Mai 1944 in englische Gefangenschaft. Nach dem Krieg eröffnet ein britisches Militärgericht am 17. Oktober 1945 in Hamburg den Prozeß. KptLt. Eck, Dr. Weißpfennig und Lt. z. S. Hoffmann werden zum Tode durch Erschießen verurteilt.

Am Sonnabend, dem 18. März 1944, stellt der Geheimdienst der britischen Admiralität (Operational Intelligence Centre, OIC) angesichts der kürzer werdenden Sommernächte die im Oktober 1943 angelaufene Operation »Bridford« ein. Als die »abenteuerlichste Reederei der Welt« hat das OIC mit Schnellbooten eine Nachschubverbindung zwischen Hull und Lysekil (Schweden) unterhalten, um kriegswichtige Rüstungsgüter nach England zu schaffen. Im Laufe des Winters können in mehreren Nachteinsätzen 347 Tonnen Material aus Schweden eingeführt werden, darunter Präzisionsmaschinen und Werkzeuge für die geplante Kugellagerfabrik, ebenso fertige Kugellager, Wolframdraht und verschiedene Ersatzteile. In umgekehrter Richtung transportieren die Schnellboote 76 »Passagiere«, meist Agenten des Secret Intelligence Service, SIS. Lord Leathers, Minister für Kriegstransporte: ». . . Ich glaube, ich brauche die Wichtigkeit dieser Einsätze nicht zu unterstreichen.«

Im März 1943 versenken deutsche U-Boote im Atlantik, Mittelmeer und Indischen Ozean insgesamt 17 Handelsschiffe mit 99 497 BRT. Die eigenen Verluste betragen 22 U-Boote.

April 1944

In Nebel und Tarnnetze gehüllt, liegt der Stolz der Kriegsmarine, das Schlachtschiff »Tirpitz«, in einem norwegischen Fjord

Das Ziel: Die »Tirpitz«

Am Montag, dem 3. April 1944, beginnt ein britischer Flottenverband (Vizeadm. H. R. Moore) die Operation »Tungsten«, einen Angriff auf das im Alta-Fjord (Nordnorwegen) liegende Schlachtschiff »Tirpitz«. Außer den Trägern »Furious« und »Victorious« mit 41 Barracuda-Bombern gehören auch ein Schlachtschiff, vier Geleitträger, drei Kreuzer und fünf Zerstörer zu dem Verband. Um 4.38 Uhr hebt die erste Welle (Lt. Baker-Faulkner) der Barracudas ab. Die Begleitmaschinen, 21 Corsairs, 20 Hellcats und zehn Wildcats, sollen die Decks und Flakstände der »Tirpitz« unter MG-Feuer nehmen. Die Barracudas sind Trägermaschinen, die ihre Bombenlast ebenso aus großer Höhe wie im Sturzflug auslösen können und zusätzlich mit einer Abwurfanlage für Torpedos ausgestattet sind.

Ohne in Luftkämpfe mit deutschen Jägern verwickelt zu werden, kehren die Bomber zurück. Unterdessen ist um 5.25 Uhr die zweite Welle (Lt. Rance) gestartet. Eine Barracuda, die wegen Motorschaden das Deck der »Victorious« blockiert, wird über Bord geschoben, eine zweite hebt nicht rechtzeitig ab und stürzt mit der Besatzung ins Meer. Außer diesen beiden Barracudas geht noch eine Jagdmaschine verloren, der die Landung nicht gelingt; aber der Pilot kann gerettet werden.

Vizeadmiral Sir Henry R. Moore

Niederlande 1944, eine Briefmarke der Exilregierung: Der Kreuzer »De Ruyter«

1944 April

Nordatlantik, 10. 3. 1944: Ein britisches Flugboot Short Sunderland hat das aufgetauchte U 625 gesichtet und greift es an

Ein Teil der Besatzung des versenkten U 625 wartet in Schlauchbooten auf die Rettung

Mai 1944

Die »Tirpitz« erhält bei den Angriffen 14 Treffer und ist so stark beschädigt, daß sie für drei Monate ausfällt. 122 Besatzungsmitglieder finden den Tod, 316 werden zum Teil schwer verwundet. Großadm. Dönitz trifft daraufhin eine folgenschwere Entscheidung: Die »Tirpitz« soll zwar in eine Reparaturwerft, aber nicht mehr gegen Geleitzüge eingesetzt werden, da durch die von RAF und Royal Navy ausgehende Gefahr das Risiko eines Totalverlustes zu groß ist.

Am Freitag, dem 7. April 1944, wird der in Bergen (Norwegen) ankernde deutsche Dampfer »Bärenfels« (7569 BRT) das Opfer eines Sprengstoffanschlags, den das englische Klein-U-Boot X-24 (Lt. Shean) durchführt. Im Schlepp des U-Bootes »Sceptre« hat X-24 seinen Einsatzort erreicht und neben der »Bärenfels« noch ein weiteres Schiff mit 1923 BRT in die Luft gejagt. Dadurch wird auch das Großschwimmdock der Laksevag-Werft beschädigt.

Neue U-Boot-Generation

Am Donnerstag, dem 20. April 1944, meldet die Kriegsmarine den Stapellauf des ersten U-Bootes der Baureihe XXI. und bereitet damit Hitler ein Geburtstagsgeschenk besonderer Art, denn erst einen Monat zuvor ist U 3501 in der Danziger Schichau-Werft auf Kiel gelegt worden.

Im April 1944 versenken deutsche U-Boote im Atlantik, Mittelmeer und Indischen Ozean insgesamt zehn Handelsschiffe mit 61 807 BRT. Die eigenen Verluste betragen 20 U-Boote.

Der US-Begleitzerstörer »Francis M. Robertson« kann nordwestlich der Azoren am 13. Mai 1944 das japanische U-Boot RO-501 (KptLt. Norital) orten und versenken. RO-501 ist das ehemalige deutsche U 1224, ein Geschenk der Deutschen an die japanische Marine.

Am Sonntag, dem 14. Mai 1944, greift die deutsche 5. Schnellbootflottille alliierte Landungsschiffe vor der Isle of Wight an. Dem französischen Zerstörer »La Combattante« (die ehemalige britische »Haldon«) gelingt es, das Schnellboot S 141 zu versenken. Mit der Besatzung bleibt der zweite Sohn des Großadmirals, Lt. Klaus Dönitz, auf See.

Den letzten Erfolg aus dem Mittelmeerraum kann ein deutsches U-Boot am Freitag, dem 19. Mai 1944, melden. U 453 (Oberlt. z. S. Lührs) versenkt aus dem Konvoi HA. 43, der von vier italienischen Torpedobooten und britischen Korvetten gesichert ist, einen Handelsdampfer mit 7147 BRT. In der anschließenden Verfolgungsjagd wird U 453 zwei Tage später von britischen Zerstörern vernichtet.

Am Mittwoch, dem 31. Mai 1944, meldet der bei der U-Boot-Jagd erfolgreichste US-Zerstörer »England« (Lt. Cdr. Pendleton) die sechste Versenkung eines gegnerischen Bootes innerhalb von 12 Tagen. Diesmal ist das japanische U-Boot RO-105 das Opfer, das die »England«, nachdem sie es geortet hat, nordwestlich von Neuirland (Pazifik) versenkt.

Das britische Torpedoflugzeug Fairey Barracuda startet zu einem Aufklärungseinsatz vom Deck des Trägers »Furious«

Schweden 1944: Gedenkausgabe zum 300. Jahrestag des Sieges der schwedischen Flotte bei Fehmarn und Sonderausgabe zur Erinnerung an die erste schwedische Seekarte (1644)

1944 Mai

Bordeaux, Juni 1944: Nur noch in Ausnahmefällen dient dieser französische Hafen den U-Booten als Stützpunkt

Auf der Brücke eines deutschen U-Bootes: Ein Besatzungsmitglied mit schußbereiter Maschinenpistole

Im Mai 1944 geht die im September 1943 angelaufene siebte Phase der Schlacht im Atlantik zu Ende. Selbst mit den neuen Waffensystemen, die den U-Booten seit Herbst 1943 zur Verfügung stehen, sind die Rudel nicht mehr in der Lage, erfolgreiche Einsätze gegen die alliierten Geleitzüge zu fahren, da diese jetzt von Geleitträgern auf der gesamten Nordatlantikroute abgeschirmt werden. Großadm. Dönitz untersagt zum 1. Juni 1944 allen Booten, die noch nicht mit Schnorcheln ausgestattet sind, jegliche Operation im Atlantik.

Im Mai 1944 versenken deutsche U-Boote im Atlantik und im Mittelmeer insgesamt vier Handelsschiffe mit 24 424 BRT. Die eigenen Verluste betragen 23 U-Boote.

Letzte Phase der Schlacht im Atlantik

Anfang Juni 1944 beginnt in der Schlacht im Atlantik die achte und letzte Phase, die erst mit der Kapitulation im Mai 1945 endet. Im Durchschnitt operieren jetzt 48 mit Schnorcheln ausgerüstete U-Boote einzeln in den stark befahrenen Gewässern vor den Küsten Großbritanniens und der USA. Diese Beschränkung hat vor allem technische Gründe: Ein Schnorchel setzt die Unterwassergeschwindigkeit der Boote entscheidend herab. Doch die erwartete Wende im U-Boot-Krieg bleibt aus, denn die gegnerische U-Boot-Abwehr ist allzu dicht gestaffelt.

Juni 1944

Am Sonntag, dem 4. Juni 1944, wird U 505 (Oberlt. z. S. Lange) auf seinem Rückmarsch entlang der afrikanischen Küste, nachdem es seit dem 1. Mai 1944 aufgrund einer »Huff-Duff«-Peilung gesucht wird, etwa 100 Seemeilen westlich von Kap Blanco entdeckt. Die Task Group 22.3 (Capt. Gallery) nimmt mit dem Träger »Guadalcanal« und fünf Zerstörern die Jagd auf. Als die ersten Trägerflugzeuge gegen 11.20 Uhr gerade vom Deck der »Guadalcanal« starten, gelingt es dem US-Zerstörer »Chatelain«, einen Wasserbombenteppich zu legen und das beschädigte U-Boot zum Auftauchen zu zwingen. Unter dem Beschuß der Zerstörer »Chatelain«, »Jenks« und »Pillsbury« geht die Mannschaft von Bord, nachdem sie die Flutventile geöffnet hat. Beim Verlassen des Bootes wird ein Matrose tödlich getroffen, andere – darunter auch Oberlt. z. S. Lange – erleiden schwere Verletzungen.

Die Schiffbrüchigen wissen nicht, daß man auf ihr Boot nur mit leichten Maschinenwaffen geschossen hat, damit der Druckkörper unverletzt bleibt und U 505 geborgen werden kann. Das acht Mann starke Enterkommando, das auf Befehl von Capt. Gallery von der »Pillsbury« aus mit einer Barkasse das sinkende U-Boot ansteuert, kann im letzten Augenblick die Wassereinbrüche stoppen und wichtige Schlüsselunterlagen sicherstellen. Die »Guadalcanal« nimmt U 505 ins Schlepp und bringt es zu den 1000 Seemeilen entfernten Bermudas. Von hier aus wird es in die Vereinigten Staaten überführt.

Seeoperation »Neptune«

Als Teil der Operation »Overlord« beginnt vor der Küste der Normandie in der Nacht vom 5./6. Juni 1944 die Seeoperation »Neptune«, an der 4126 Landungsfahrzeuge teilnehmen. Ihre Aufgabe besteht darin, die alliierten Truppen über den Kanal zu befördern und an den Stränden der Normandie an Land zu setzen. Die Landungszonen der einzelnen Verbände tragen die Decknamen: »Sword« (britische 3. Division), »Juno« (kanadische 3. Division), »Gold« (britische 50. Division), »Omaha« (1. US-Division) und »Utah« (4. US-Division).

Außer den Landungsschiffen sind am D-Day als Invasionsflotte beteiligt: 138 Kriegsschiffe als Artillerieunterstützung, 221 Zerstörer, Fregatten und Korvetten als Konvoisicherung, 287 Minensuch- und Räumboote, 936 Kleinkampfschiffe (Schnellboote, Kanonenboote, Motorbarkassen) für diverse Aufgaben, 58 U-Boot-Jäger, 864 Handels- und Transportschiffe sowie über 300 diverse Klein-Amphibien-Fahrzeuge. Die Stärke dieser Armada beträgt insgesamt etwa 6900 Einheiten gegenüber 407 deutschen Einheiten an der Atlantik- und an der Kanalküste (darunter nur fünf Zerstörer).

Die für diese größte amphibische Operation der Geschichte bereitgestellten Einheiten sind aufgeteilt in die Eastern Task Force (Konteradm. Sir Philip Vian), die die britische 2. Armee (Lt. Gen. Dempsey) transportieren soll, und die Western Task Force (Konteradm. Kirk), der die 1. US-Armee (Lt. Gen. Bradley) zugeteilt ist. Die schweren Einheiten unterstützen die Landungsoperationen durch Beschießen der Ziele an der Küste, vor allem der deutschen Batterien. Die leichten Einheiten sichern die Eingänge zum Kanal und schützen die Invasionsflotte vor zu erwartenden Angriffen der deutschen U-Boote und Schnellboote.

Kurz nach Mitternacht nähern sich gegen 1.00 Uhr die Einheiten der alliierten Marine auf etwa 18 Seemeilen der Normandieküste und setzen die ersten Landungsboote der Hindernisräumtrupps (Landing Craft Obstacle Clearence Units, LCOCU) ab. Mehrere Gruppen Kampfschwimmer der Marine-Sprengkommandos fahren in kleinen Motorbooten bis dicht an die Küste und beginnen bei Dunkelheit die schwer verminten Vorstrandhindernisse wegzuräumen. Zu diesem Zeitpunkt sind die Landungsschiffe noch etwa sechs Seemeilen vom britischen und zehn Seemeilen von den US-Landungsstränden entfernt. Die fünf Schlachtschiffe und 923 Kreuzer gehen auf ihre Positionen.

Ärmelkanal, Raum Le Havre: Der Ausguck auf einem deutschen Küstenwachboot verfolgt die Bewegungen der alliierten Invasionsflotte

1944 Juni

Verlauf der Operation »Neptune«: Das größte Landungsunternehmen der Geschichte

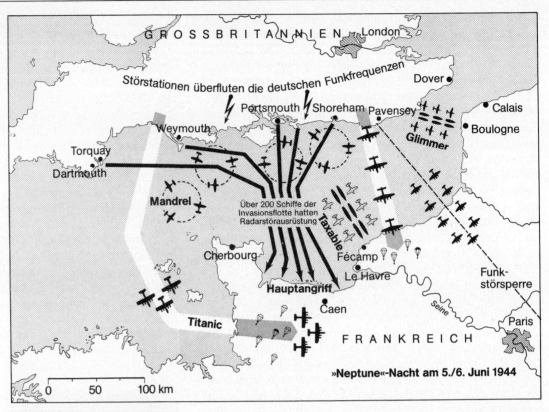

General Sir Miles Dempsey

Vor der Orne-Mündung: Britische Zerstörer, von einem deutschen Beobachtungsposten aus gesehen

Über die Reichweite der alliierten Schiffsartillerien landeinwärts hat sich das Marinegruppenkommando West getäuscht: Man hat bei Steilküsten 15 Kilometer, bei Flachküsten 20 Kilometer geschätzt, tatsächlich aber liegt sie zwischen 35 und 40 Kilometern. Zur gleichen Stunde wird von den Fallschirmjägern der britischen 6. Luftlandedivision Ranville als erster Ort in Frankreich befreit.

Tausende von Landungsbooten nehmen jetzt Kurs auf die etwa 14 Seemeilen entfernt liegende Küste. Dabei kentern 291 Boote in der schweren See oder werden durch Vorstrandhindernisse zerstört.

Kurz nach 5.00 Uhr richtet der britische leichte Kreuzer »Black Prince« das Feuer seiner Artillerie auf die

Juni 1944

Das britische Schlachtschiff »Warspite« nimmt die deutschen Befestigungen an der Normandieküste unter Feuer

Heeres-Küstenbatterie Morsalines, deren Ersatzgeschütze – anstelle der durch Luftangriffe beschädigten – noch nicht einsatzbereit sind. Gleichzeitig nimmt der US-Kreuzer »Tuscaloosa« die Heeres-Küstenbatterie Quinéville unter Beschuß. Die Marine-Küstenbatterie Marcouf eröffnet das Feuer zunächst mit drei Geschützen, das sofort vom US-Kreuzer »Quincy« erwidert wird: Bereits die ersten Salven decken das Batteriegelände. Die Schiffe nebeln sich nun ein, und die Batterie wechselt mehrfach das Ziel. Das Gelände der Heeres-Küstenbatterie Ste. Madeleine wird von dem britischen leichten Kreuzer »Hawkins« beschossen. Zwischen 5.00 Uhr und 6.25 Uhr eröffnen aus etwa zehn Seemeilen Entfernung die US-Schlachtschiffe »Texas« und »Arkansas« sowie einige Zerstörer das Feuer auf die Heeres-Küstenbatterie Pointe du Hoc. Jetzt treffen auch die Landungsboote mit den speziell ausgebildeten Sturmtrupps, drei Kompanien des 2. Ranger-Bataillon (Lt. Col. Rudder), ein. Die 220 Mann sollen mit Raketenleitern und vielseitigen Spezialgeräten die Steilküste erklettern und die Heeres-Küstenbatterie Pointe du Hoc einnehmen.

Um 5.15 Uhr nähert sich der britische Schiffsverband, Gruppe Sword, der Heeres-Küstenbatterie Houlgate auf Schußweite. Als die Schiffe Position beziehen und die Landungsboote auf den Strand zusteuern, nehmen die deutschen Geschütze sie von Houlgate aus unter Feuer. Die britischen Schlachtschiffe »Ramillies«, »Warspite« und der Monitor »Roberts« feuern mehrere hundert Ge-

Alliierte schwere Einheiten liegen im Feuer einer deutschen Küstenbatterie

901

1944 Juni

Ein britischer Jagdbomber vom Typ Bristol Beaufighter greift Seeziele mit Raketen an

Schweden 1944: Gedenkausgabe zum 300. Jahrestag des Sieges der schwedischen Flotte bei Fehmarn

Finnischer Meerbusen: Ein sowjetisches U-Boot wirft Wasserbomben

schosse vom Kaliber 13 Zentimeter bis 40,6 Zentimeter auf die Batterie ab, die durch wiederholten Stellungswechsel nur unwesentliche Schäden erleidet.

Etwa ab 5.30 Uhr tauchen aus dem Dunst Torpedoboote der in Le Havre stationierten 5. T-Flottille (KorvKpt. Hoffmann) auf. Die T 28, »Jaguar«, »Möwe« und »Falke« greifen die britischen schweren Einheiten an und drehen unter heftigem Geschoßhagel nach dem Abfeuern mehrerer Torpedos sofort ab. Die Torpedos laufen direkt zwischen den Schlachtschiffen »Ramillies« und »Warspite« hindurch und verfehlen knapp das Führungsschiff »Largs«; dagegen wird der norwegische Zerstörer »Svenner« versenkt.

Juni 1944

Landung in der Normandie

Ab 5.37 Uhr führt die Marine-Küstenbatterie Longues ein Feuerduell mit dem US-Schlachtschiff »Arkansas« und dem Zerstörer »Emmons«. Dazu bekommt die Marine-Küstenbatterie Salven von den britischen Kreuzern »Ajax« und »Argonaut« – aus etwa zehn Seemeilen Entfernung – sowie von den französischen Kreuzern »Georges Leyjues« und »Montcalm«. Um 5.57 Uhr nehmen die Geschütze der Marine-Küstenbatterie Longues das Flaggschiff »Bulolo« von Cdr. C. E. Douglas-Pennant, dem Kommandierenden der Seestreitkräfte Abschnitt Gold, und auch den Kreuzer »Ajax« – Entfernung etwa sechs Seemeilen – unter Feuer. Bei Beginn der Landung am »Sword«-Strand um 6.22 Uhr richtet der norwegische Zerstörer »Stord« das Feuer auf die Stellung der Heeres-Küstenbatterie Riva Bella und belegt sie mit 362 Granaten.

Um 7.00 Uhr erhält das 3. Geschütz der Heeres-Küstenbatterie Azeville vom Schlachtschiff »Nevada« einen Volltreffer in den Schartenstand und fällt aus: Die 3,5 Meter dicke Betondecke stürzt zusammen und begräbt Geschütz und Kanoniere.

Um 9.00 Uhr erzielt das Schlachtschiff »Nevada« mit einem 35,6-cm-Geschoß einen Volltreffer in die Schießscharte von Geschütz 2 der Marine-Küstenbatterie Marcouf. Nun kann diese Batterie keine Seeziele mehr bekämpfen und eröffnet mit ihrem letzten freistehenden 21-cm-Geschütz das Feuer auf den zehn Kilometer entfernten Utah-Strand.

Von 8.00 Uhr bis 8.45 Uhr führt die Marine-Küstenbatterie Longues mit den Kreuzern »Ajax« und »Argonaut« einen heftigen Feuerwechsel. Mit je einem Volltreffer durch 15-cm-Granaten werden die Schutzschilde der Scharten bei den deutschen Geschützbunkern 2 und 3 durchschlagen und dabei drei von vier Geschützen und ihre Bedienungen außer Gefecht gesetzt. Die beiden Volltreffer des Kreuzers »Ajax« in die Schießscharten werden als Meisterstück von Feuerwechsel zwischen einem Schiff und der Küstenbatterie gewertet. Der Prozentsatz

Der deutsche Ein-Mann-Torpedo »Neger« auf dem Marsch in das Einsatzgebiet (oben)

Im Ärmelkanal: Ein Fahrzeug der Kriegsmarine versucht, dem Raketenangriff eines Beaufighter zu entkommen

1944 Juni

der im Ziel sitzenden Salven der »Ajax« ist am D-Day der höchste unter allen alliierten Einheiten. Das Feuer leitet ein Artillerie-Beobachtungsflugzeug.

Die von den Kreuzern »Orion« und »Belfast« beschossene Heeres-Küstenbatterie Graye muß nach dem Ausfall eines nicht verbunkerten Geschützes landeinwärts verlegt werden.

Die großangelegte und gut vorbereitete Seeoperation »Neptune« ist nur durch die Vorherrschaft der Alliierten auf allen Weltmeeren ermöglicht worden. Ohne diese Überlegenheit wäre die Heranführung derart umfangreicher Truppenkontingente über See nicht denkbar gewesen.

Im Juni 1944 versenken deutsche U-Boote im Atlantik und im Indischen Ozean insgesamt sechs Handelsschiffe mit 51 684 BRT. Die eigenen Verluste betragen 26 U-Boote.

In der Nacht vom 5./6. Juli 1944 setzt die Kleinkampfmittel-Flottille 363 (Kpt. z. S. Böhme) vom Badeort Villers-sur-Mer (Normandie) aus 30 Ein-Mann-Torpedos vom Typ »Neger« gegen die in der Orne-Mündung liegenden alliierten Schiffe ein. Zwar gelingt es, die Minensuchboote »Cato« und »Magic« zu versenken, doch gehen bei dieser Operation 16 »Neger«-Torpedos verloren.

Am Sonntag, dem 30. Juli 1944, wird U 250 (KptLt. W. K. Schmidt) von den beiden sowjetischen U-Boot-Jägern MO. 103 (Oberlt. Kolenka) und DS. 910 in der Koivisto-Enge am Finnischen Meerbusen mit Wasserbomben angegriffen und geht mit der ganzen Besatzung unter. In dem seichten Gewässer gelingt es jedoch der Roten Flotte, das U-Boot zu bergen und nach Kronstadt abzuschleppen. Man stößt in dem Boot nicht nur auf Geheimunterlagen der Chiffriermaschine »Enigma M 4«, sondern auch auf den neuesten zielsuchenden Torpedo »Zaunkönig«.

Im Juli 1944 haben deutsche U-Boote im Atlantik und Indischen Ozean insgesamt 16 Handelsschiffe mit 76 199 BRT versenkt. Die eigenen Verluste betragen 31 U-Boote.

Am Freitag, dem 18. August 1944, erhalten die Kommandanten von U 123 (Oberlt. z. S. von Schroeter) und U 129 (Oberlt. z. S. von Harpe) in Lorient sowie von U 178 (KptLt. Spahr) und U 188 (KptLt. Lüdden) in Bordeaux den Befehl, ihre nicht mehr seeklaren U-Boote von den eigenen Besatzungen versenken zu lassen.

In den letzten Augusttagen 1944 laufen 17 U-Boote aus den Stützpunkten an der Biskaya aus, um den seit der Landung in der Normandie vordringenden Alliierten nicht in die Hände zu fallen. Die lange Fahrt um Nordschottland bis zu den norwegischen Häfen Bergen, Trondheim, Kristiansund und Narvik ist besonders schwierig, da die U-Boote vorwiegend getaucht fahren müssen, um nicht von den ständig operierenden Verbänden des Coastal Command gesichtet zu werden; nur eines, U 445 (Oberlt. z. S. Graf von Treuberg), geht verloren.

In diesem Monat gelingt es 12 sowjetischen U-Booten, aus dem Kriegshafen Kronstadt auszubrechen. Damit operieren erstmals sowjetische Front-U-Boote in der Ostsee.

Tromsö-Fjord, 12. 11. 1944: Das Schlachtschiff »Tirpitz« nach einem Volltreffer

Im August 1944 versenken deutsche U-Boote im Atlantik und Indischen Ozean insgesamt 18 Handelsschiffe mit 98 876 BRT. Die eigenen Verluste betragen 31 U-Boote.

Am Dienstag, dem 5. September 1944, endet die Arbeit in der Kriegsmarine-Werft Lorient mit dem Auslaufen des zuletzt dort instandgesetzten U-Bootes U 155 (Oberlt. z. S. von Friedeburg).

September 1944

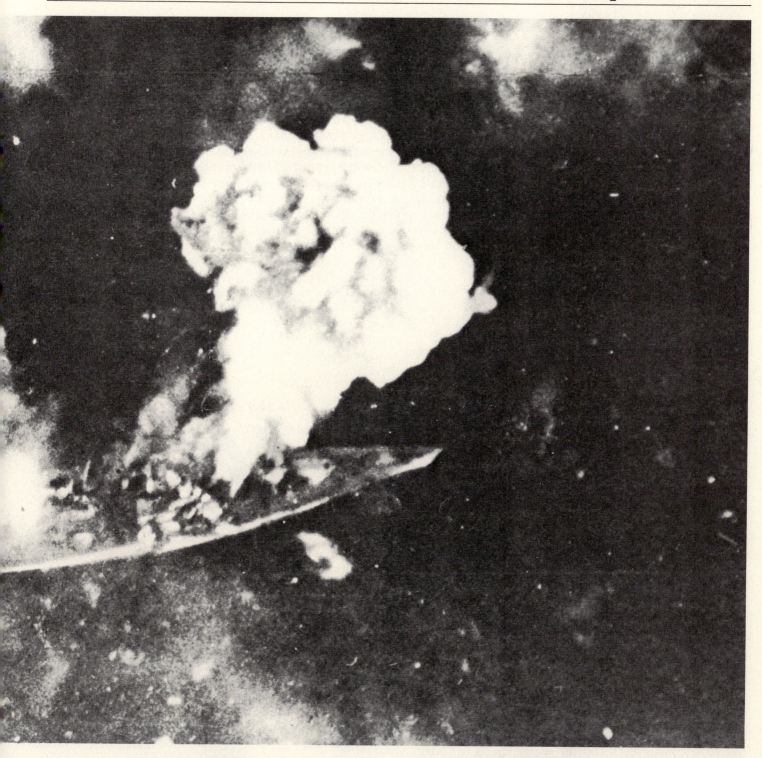

Jagd auf die »Tirpitz«

Am Freitag, dem 15. September 1944, starten von dem etwa 35 Kilometer von Murmansk entfernt gelegenen Flugplatz Jagodnik 28 britische Lancaster-Bomber (Group-Capt. G. T. Tait) mit 6-t-»Tallboy«-Bomben an Bord zum Angriff auf das deutsche Schlachtschiff »Tirpitz« im Alta-Fjord. Um nicht entdeckt zu werden, beträgt die Flughöhe südlich des Inari-Sees nur 300 Meter. Erst 20 Minuten vor Erreichen des Ziels steigen die Maschinen auf 3500 Meter und formieren sich zum Angriff.

Da die »Tirpitz« jedoch durch künstlichen Nebel verhüllt ist, müssen die Bomben ohne Sicht abgeworfen werden. Eine der ersten »Tallboys« durchschlägt an der Steuerbordseite das Vorschiff und detoniert in den unteren Räumen. Obwohl alle Abteilungen vor dem Panzerquerschott zerstört werden, bleibt das Schlachtschiff manövrierfähig. Zwei Tage nach dieser Operation treten

1944 September

die britischen Maschinen von Jagodnik aus den Rückflug nach Schottland an.

Am selben Tag unternimmt das britische Kleinst-U-Boot XE-24 (Lt. Westmacott) – von dem U-Boot »Sceptre« (Lt. Cdr. McIntosh) zur norwegischen Küste geschleppt – einen Angriff gegen das Reparaturdock der Laksevag-Werft in Bergen. Nachdem dieses einzige norwegische Schwimmdock für größere Schiffe versenkt ist, müssen die deutschen Schlachtschiffe und schweren Kreuzer zu Reparaturen nach Deutschland geschleppt werden. Dadurch sind sie verstärkt den Angriffen der U-Boote und den Flugzeugen des Coastal Command ausgesetzt.

Im September 1944 versenken deutsche U-Boote im Atlantik und im Indischen Ozean insgesamt sieben Handelsschiffe mit 43 368 BRT. Die eigenen Verluste betragen 28 U-Boote.

Am Sonntag, dem 15. Oktober 1944, trifft das Schlachtschiff »Tirpitz« nach seinem Rückzug aus dem Alta-Fjord im Sund von Tromsö ein und geht vor Anker. Sie soll nach dem Befehl von Großadm. Dönitz in eine schwimmende Festung umfunktioniert werden. Allerdings bietet die nähere Umgebung wegen der nur niedrigen Hügel ungleich weniger Schutz als die steil abfallenden Berghänge am Alta-Fjord. Die Luftabwehr übernehmen ein altes norwegisches Küstenwachschiff mit ein paar Geschützen und einige am Ufer stehende Flakbatterien. Noch am selben Tag funkt ein SOE-Agent der norwegischen Sektion aus Tromsö nach London die Nachricht vom Eintreffen der »Tirpitz«, die am 29. Oktober 1944 erfolglos von 32 Lancaster-Bombern angegriffen wird.

Im Oktober 1944 versenken deutsche U-Boote nur ein Handelsschiff mit 6131 BRT, obwohl 141 Front-U-Boote im Eismeer, im Atlantik, in der Ostsee und dem Indischen Ozean im Einsatz stehen. Die eigenen Verluste betragen 14 U-Boote.

Matrosen der Roten Flotte machen Torpedos einsatzklar

Das Ende der »Tirpitz«

Am Sonntag, dem 12. November 1944, starten von Lossiemouth in Schottland erneut Lancaster-Bomber zu einem Angriff gegen das im Tromsö-Sund liegende Schlachtschiff »Tirpitz«. Beteiligt an diesem Unternehmen sind 21 Lancasters der 9. und 617. Squadron. Von den über der »Tirpitz« abgeworfenen 6-t-»Tallboy«-Bomben gehen die meisten in unmittelbarer Nähe des Schiffes nieder. Zwei Bomben treffen die »Tirpitz« am Backbord: Die eine vernichtet die Katapultvorrichtung für das Bordflugzeug, durchschlägt dann das Panzerdeck und explodiert; die andere trifft den Geschützturm »Cäsar«. Wenige Minuten später kentert die »Tirpitz«. 28 Offiziere und 874 Matrosen kommen ums Leben, 880 werden gerettet. Der Mannschaft des Werkstattschiffes »Neumark« gelingt es durch pausenlosen Einsatz bei Tag und Nacht, 28 im Wrack Eingeschlossene mit Schneidbrennern zu befreien. Nachdem das letzte deutsche »Dickschiff« versenkt ist, verliert die Kriegsmarine für die letzten Kriegsmonate erheblich an Bedeutung.

Im November 1944 versenken deutsche U-Boote im Atlantik und Indischen Ozean insgesamt vier Handelsschiffe mit 18 026 BRT. Die eigenen Verluste betragen sieben U-Boote.

Auch im zweiten Halbjahr 1944 zeigen sich in der Ostsee keine größeren sowjetischen Kriegsschiffe, obwohl es für die Rote Flotte ein leichtes wäre, die langsamen und zumeist unzureichend gesicherten deutschen Konvois anzugreifen, so können diese Geleitzüge nahezu ungehindert die Ostsee durchlaufen. In den beiden letzten Mona-

Dezember 1944

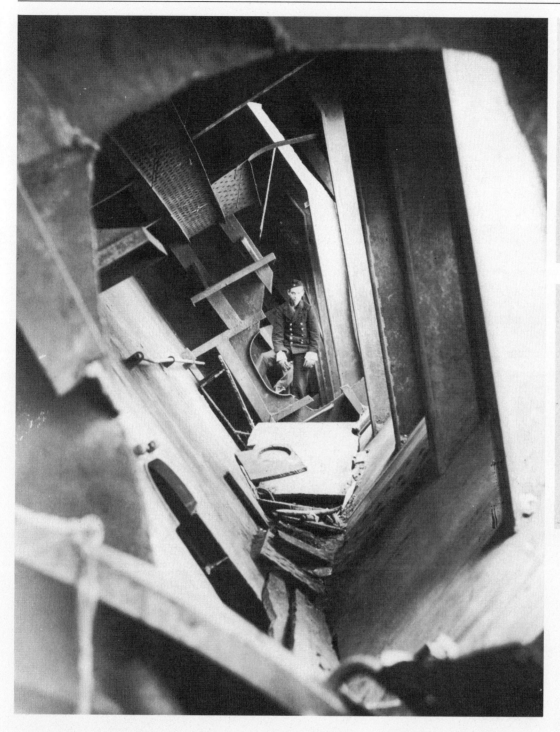

Frankreich 1944: Wohltätigkeitsausgabe für den Aufbau zerstörter Kirchen und Sondermarke zum Gedenken des Sieges bei Isly (14. 8. 1844)

Argentinien 1944: Eine Gedenkausgabe zum 20. Jahrestag der Sparkasse

ten des Jahres 1944 geht von insgesamt 1279 Schiffen mit 2,7 Millionen BRT lediglich ein Fischdampfer verloren.

Ende 1944 nehmen die deutschen U-Boote ihre in der ersten Phase der Atlantikschlacht (1939/40) verfolgte Taktik wieder auf. Sie operieren in den seichteren Gewässern unmittelbar vor der britischen Küste, da dort die gegnerischen U-Boot-Jagdverbände nur selten erfolgreich eingesetzt werden können. Außerdem greifen sie unter Wasser und zumeist einzeln an.

Im Dezember 1944 versenken deutsche U-Boote im Atlantik, Nordmeer und Indischen Ozean insgesamt 12 Handelsschiffe mit 72 051 BRT. Die eigenen Verluste betragen 18 U-Boote.

Nachdem es gelungen ist, in den Rumpf des gekenterten Schlachtschiffes zu gelangen, werden 28 Männer der Besatzung gerettet

907

DER LUFTKRIEG ÜBER EUROPA

KOMBINIERTE BOMBER-OFFENSIVE

»... Bald werden wir jeden Tag und jede Nacht erscheinen – bei Regen, Sturm und Schnee ... wir und die Amerikaner.«

Im Führungsstab der amerikanischen 8. Luftflotte erfolgt am 1. Januar 1944 ein Wechsel. Lt. Gen. James H. Doolittle, der sich durch den Tokio-Raid im April 1942 einen Namen gemacht hat, wird Nachfolger von Lt. Gen. Ira C. Eaker, der nun als Oberbefehlshaber die alliierten Mittelmeer-Luftstreitkräfte übernimmt.

Ebenfalls am Neujahrstag 1944 bilden die Amerikaner in England ein Hauptquartier der United States Strategic Air Forces in Europa (USSTAF), dessen Führung Lt. Gen. Carl Spaatz übertragen wird. Ihm unterstehen jetzt die 8. und die in Italien stationierte 15. Luftflotte, während die 9. US Air Force, die primär mit strategischen Aufgaben betraut ist, Maj. Gen. Lewis H. Brereton befehligt, der sein Hauptquartier im Sunning Hill Park bei Ascot hat.

Da in der ersten Januarwoche über West- und Mitteleuropa ausgesprochen schlechtes Wetter herrscht, können die sonst ständig durch Fliegeralarm gestörten Einwohner deutscher Städte etwas aufatmen. Dagegen sind die NS-Sicherheitsbehörden in diesen Tagen voll im Einsatz, um nach den von der RAF massenweise abgeworfenen Lebensmittelkarten zu suchen, die den echten täuschend ähnlich sind. Anfang Januar 1944 versucht an der Ostfront das IV. Fliegerkorps (GenLt. Meister) mit den auf 400 Maschinen verstärkten Bombergeschwadern der Kampfgruppen 3, 4 und 55, die am 24. Dezember 1943 begonnene Offensive der 1. Ukrainischen Front (Armeegen. Watutin) westlich von Kiew durch konzentrierte Bombenangriffe auf Verkehrswege und Bahnknotenpunkte zu stoppen. Ab Freitag, dem 7. Januar 1944, werden in Nordfrankreich die 96 anhand von Aufklärungsfotos identifizierten Abschußrampen für fliegende Bomben erneut von alliierten Luftstreitkräften angegriffen. Obwohl 25 Prozent der Rampen beschädigt werden, gelingt es der Luftwaffe – ohne daß die Alliierten es bemerken – unter Einsatz von etwa 10 000 Arbeitern, 50 einfacher konstruierte, vorfabrizierte Katapultanlagen aufzubauen, von denen jetzt die fliegenden Bomben abgeschossen werden sollen. Am Dienstag, dem 11. Januar 1944, unternehmen 633 viermotorige Kampfbomber der 8. US Air Force, unter dem Begleitschutz von Langstreckenjägern

Amerikanische Bomber vom Typ Douglas A-20 Havoc über der Normandieküste

1944 Januar

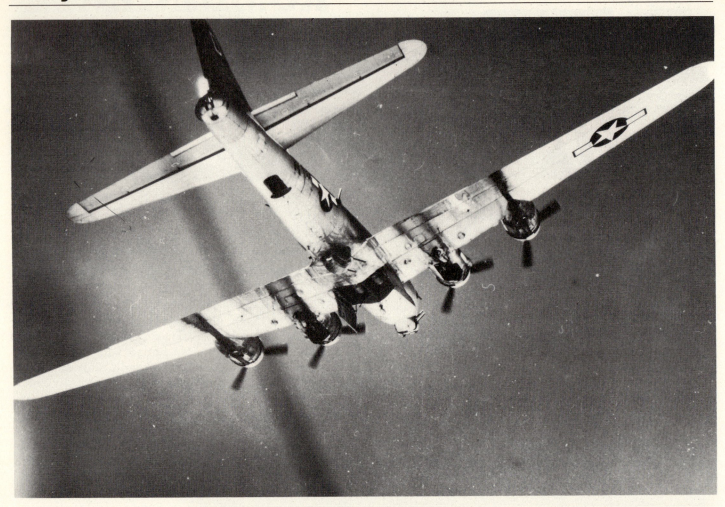

Eine Boeing B-17 »Fliegende Festung« beim Anflug auf das Ziel: Es sind nur noch wenige Augenblicke bis zum Bombenabwurf – die Klappen sind bereits geöffnet

Auf dem Dach eines Flakbunkers in Berlin: Ein schweres Flakgeschütz kurz vor der Feuereröffnung

Februar 1944

P-51 Mustang, Angriffe auf die Flugzeugwerke in Halberstadt, Braunschweig, Magdeburg und Oschersleben. Da die Mustangs durch das ungünstige Wetter stark behindert sind, können die deutschen Jäger während der Luftkämpfe – zum Teil mit den neuen Luftkampfraketen Wgr-21 – 60 Bomber und fünf Mustangs zum Abschuß bringen.

In der Nacht vom 20./21. Januar 1944 sind Berlin und Kiel wieder das Angriffsziel des Bomber Command. 697 RAF-Kampfflugzeuge werfen auf die beiden Städte 2300 Tonnen Bomben ab und verlieren bei ihrem An- und Abflug 35 Maschinen. 24 Stunden später wird erstmals Magdeburg von 585 RAF-Bombern angegriffen, die 2025 Tonnen Spreng- und Brandbomben über der Stadt abwerfen. In dieser Nacht kann die deutsche Luftabwehr 55 feindliche Maschinen vernichten.

Die Führung der Luftwaffe verlangt eine verstärkte Produktion von Jagdflugzeugen sowie ein Übergehen zur Defensive. Hitler denkt dagegen an die geplanten Vergeltungsschläge und besteht darauf, die Fabrikation der neuen Bombertypen Ju 188 und He 177 zu beschleunigen.

Unternehmen »Steinbock«

Unterdessen bereitet in Nordfrankreich der jetzt als »Angriffsführer England« eingesetzte GenMaj. Peltz (IX. Fliegerkorps) eine Großoffensive gegen London und Südengland (Unternehmen »Steinbock«) vor und verstärkt drei Bombergeschwader auf 524 Maschinen, einschließlich der Schnellbomber Me 410, dazu 46 Flugzeuge He 177 »Greif«.

In der Nacht vom 21./22. Januar 1944 beginnt diese von Hitler persönlich angeordnete Vergeltungsaktion mit einem ersten Großangriff gegen London und Ziele im Süden Englands. Jedoch finden nur 95 von 270 eingesetzten Flugzeugen, die nach der britischen Bomberstromtaktik in zwei Wellen operieren, ihr Ziel und werfen 268 Tonnen Bomben ab. Die in dieser Nacht gestartete Operation ist der Auftakt zu einer Folge von Störangriffen auf die britische Hauptstadt und Südostengland, die sich über vier Monate hinziehen.

In der Nacht vom 27./28. Januar 1944 starten 481 Bomber der RAF zu einem Angriff auf die Reichshauptstadt. Durch die extrem schlechten Wetterbedingungen kollidieren einige Lancasters über dem Ziel und stürzen ab. In dieser Nacht fallen 1761 Tonnen Spreng- und Brandbomben auf Berlin. Von Jägern und Flakartillerie werden 33 Flugzeuge abgeschossen, während in der folgenden Nacht bei einem weitaus schwereren Angriff auf die deutsche Reichshauptstadt 46 Bomber abgeschossen werden.

Am Sonntag, dem 13. Februar 1944, werden in London die drei Dringlichkeitsstufen für die strategischen Einsätze der »Combined Bomber Offensive« neu definiert.

Ein amerikanischer Bomber vom Typ Martin B-26 Marauder stürzt brennend ab

Niederlande 1944: Eine Briefmarke der Exilregierung

Großdeutsches Reich 1944: Eine Sondermarke zum Heldengedenktag

1944 Februar

Amiens, 18. 2. 1944: Britische Bomber beim Angriff auf das Stadtgefängnis

Eine amerikanische B-26 Marauder beim Bombenabwurf

Mexiko 1944: Eine Flugpost-Gedenkausgabe

Italien 1944: Gedenkausgabe zum 100. Todestag der Gebrüder Bandiera

Als vorrangig gelten jetzt die deutsche Flugzeugproduktion und Kugellagerindustrie, danach die Abschußrampen für Geheimwaffen und erst zuletzt andere wichtige Industriegebiete sowie Berlin.

In der Nacht vom 15./16. Februar 1944 gelingt es 806 Bombern der RAF, innerhalb von 40 Minuten 2643 Tonnen Spreng- und Brandbomben über der Reichshauptstadt abzuwerfen. Es ist der bisher schwerste und intensivste Angriff während der ganzen »Schlacht um Berlin«. Die größten Schäden sind in den Bezirken Charlottenburg und Siemensstadt entstanden. 43 britische Maschinen kehren von diesem Einsatz nicht zurück.

RAF-Operation »Jericho«

Am Freitag, dem 18. Februar 1944, starten 19 kanadische und australische RAF-Mosquitos zu einem Sondereinsatz (Operation »Jericho«). Sie sollen im Auftrag der SOE (Special Operations Executive) rund 700 zum Tode verurteilten Angehörigen der Résistance den Ausbruch aus dem Gefängnis von Amiens ermöglichen. Bei dieser von Group-Capt. P. G. Pickard geführten Operation müssen die Maschinen im Tiefflug ihre Bomben genau in das Zentrum des kreuzför-

Februar 1944

mig angelegten Gebäudes werfen sowie Teile der Gefängnismauer zerstören. Man geht davon aus, daß sich die Bewacher fluchtartig in Sicherheit bringen und die vorher von der SOE verständigten Gefangenen die entstandene Panik zur Flucht nutzen werden. Als gegen 11.00 Uhr der Luftangriff in drei Wellen wie geplant erfolgt, gelingt 258 Gefangenen die Flucht, 100 andere, darunter auch Kriminelle sowie 50 Deutsche vom Wachpersonal, fallen den Bomben zum Opfer.

In der Nacht vom 18./19. Februar 1944 erscheinen 187 Kampfflugzeuge des IX. Fliegerkorps (GenMaj. Peltz) über der britischen Hauptstadt und werfen beträchtliche Mengen von Brandbomben ab. Nach Angaben des War Office ist dies der schwerste Angriff auf London seit 1941. Das RAF Bomber Command muß in der darauffolgenden Nacht trotz aller Störmaßnahmen schwere Verluste hinnehmen: Von 730 englischen Maschinen, die über Leipzig 2290 Tonnen Brand- und Sprengbomben abwerfen, werden 78 Flugzeuge durch Nachtjäger und die Flak abgeschossen. Dagegen verliert die Luftwaffe nur 17 Jäger.

Am Sonntag, dem 20. Februar 1944, beginnt die alliierte Tages-Luftoffensive »Big Week«. In einem Zeitraum von zehn Tagen sollen US-Bomber die deutsche Flugzeugindustrie und deren maßgebliche Zulieferbetriebe vernichten. Den ersten Einsatz fliegen 1000 viermotorige Kampfflugzeuge, unter dem Begleitschutz von US- und RAF-Fernjägern, gegen Werke in Braunschweig,

Einer der amerikanischen Bombenangriffe im Rahmen der »Double-Blow«-Taktik. In der Nacht führen britische Bomber den »Doppelschlag« weiter

General Dietrich Peltz

Italien 1944: Kloster Monte Cassino

913

1944 Februar

Oschersleben, Tutow, Hamburg, Posen, vor allem aber gegen Herstellungsbetriebe im Raum Leipzig, da dort 32 Prozent der Jagdflugzeuge Me 109 und Me 110 produziert werden.

Taktik des doppelten Schlages

Seit Februar 1944 praktizieren die US Air Force und die RAF verstärkt die sogenannte »Double-Blow«-Taktik, Angriffe auf dasselbe Ziel in kurz hintereinander folgenden Zeitabständen, ähnlich wie die Operation »Gomorrha« im Juli 1943 gegen Hamburg. In Tag- und Nachteinsätzen fliegen die Maschinen der US Air Force und des RAF Bomber Command wechselseitig mehrere Male das gleiche Ziel an, um auszuschließen, daß die beim ersten Bombardement noch nicht zerstörten kriegswichtigen Einrichtungen evakuiert werden können.

Der erste Angriff einer solchen »Double-Blow«-Aktion, den die US Air Force mit 266 Fliegenden Festungen B-17 unternimmt, richtet sich am 24. Februar 1944 gegen die Kugellagerwerke in Schweinfurt. Wegen des starken Jagdschutzes durch Mustang- und Thunderbolt-Jäger werden lediglich elf Flugzeuge abgeschossen.

Nur etwa zehn Stunden danach befinden sich 662 englische Bomber im Anflug auf Schweinfurt. Aber dieser zweite Teil der »Double-Blow«-Aktion mißlingt: Nur 22 Maschinen können das Ziel ausfindig machen, und sie werfen ihre Bomben rund 10 Kilometer davon entfernt ab. Die übrigen 640 Flugzeuge laden ihre Bombenlast von etwa 2000 Tonnen über den Dörfern und Orten der weiteren Umgebung ab. 33 britische Bomber werden bei diesem Einsatz abgeschossen.

Am nächsten Tag, dem 25. Februar 1944, bricht die US Air Force die Luftoffensive »Big Week« wegen einer Schlechtwetterperiode vorzeitig ab. Bei den Tagesangrif-

März 1944

fen zwischen dem 20. und 25. Februar sind 90 Prozent der abgeworfenen insgesamt 10 000 Tonnen auf Anlagen der deutschen Luftfahrtindustrie gefallen. Die angerichteten Schäden führen jedoch nur zu einem vorübergehenden Produktionsausfall, da man den größten Teil der Flugzeugindustrie bereits nach den Angriffen im Herbst 1943 in bombensichere Bergwerke oder Tunnels verlagert hat. Die Verluste der Amerikaner während der Luftoffensive »Big Week« betragen 2600 Mann fliegendes Personal, dazu 226 Bomber und 28 Jäger.

Am Montag, dem 6. März 1944, fliegt die 8. US Air Force mit 1526 Maschinen, darunter 730 Bomber B-17 und B-24 sowie 796 Langstreckenjäger, ihren ersten schweren Tagesangriff auf Berlin. Die meisten der 1500 Tonnen Bomben fallen auf den Süden der Stadt, einige davon auch auf den Sender Königswusterhausen. Bei diesem Einsatz erleidet die 8. US Air Force ihre bisher schwersten Einbußen. Den deutschen Jägern gelingt es, während der Luftkämpfe 68 US-Bomber und elf Jagdmaschinen bei nur 18 eigenen Verlusten abzuschießen.

Für die Nacht vom 30./31. März 1944 hat das Bomber Command einen Vernichtungsangriff mit 795 Maschinen auf Nürnberg vorgesehen. Es wird der für die RAF verlustreichste Nachteinsatz: Sturmartige Böen aus ständig wechselnden Richtungen verursachen schon beim Anflug über der Nordsee Navigationsfehler, so daß ein Teil der Maschinen vom Kurs abkommt; manche verlieren sogar den Kontakt zum Geschwader. Dagegen kommen den deutschen Jagdverbänden das Wetter und die mondhelle Nacht gerade gelegen. Die Täuschungsmanöver der den Bombern vorausfliegenden Mosquitos, die die deutsche Luftabwehr auf eine falsche Fährte locken wollen, bleiben ohne Erfolg. Auf der 450 Kilometer langen Flugstrecke über deutschem Boden greifen die deutschen Jäger pausenlos an. Und ihre Zahl wird immer größer, als sich das Angriffsziel der Bomber vermuten läßt.

Von Aachen kommend, überquert der Bomberstrom zwischen Bonn und Bingen den Rhein und nimmt, nachdem Fulda und Hanau überflogen sind, Kurs auf Nürnberg. Bei diesem Anflug trifft es am schwersten die Hali-

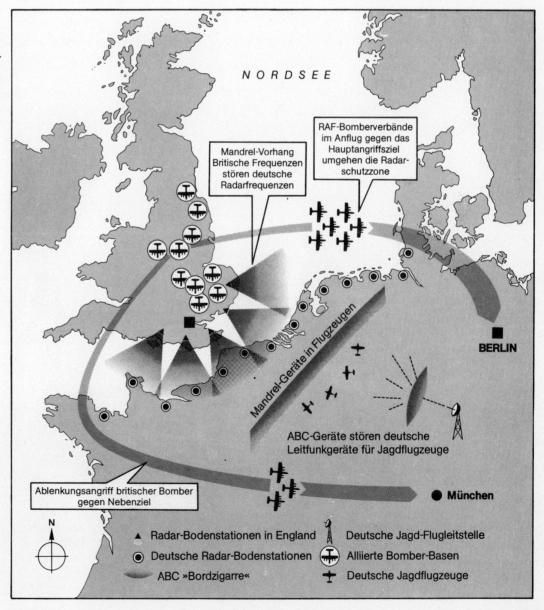

Angriffstaktik der britischen Bomberverbände während ihrer Bombardements auf deutsche Städte und die Verteidigungsmaßnahmen der deutschen Luftabwehr

Schweinfurt, 25. 2. 1944: In der vorangegangenen Nacht haben britische Flugzeuge über 2150 Tonnen Bomben auf die Stadt abgeworfen

915

1944 März

Amerikanische Bomber vom Typ Consolidated B-24 Liberator während ihres Angriffs auf Ziele in Nordfrankreich

Nürnberg, 31. 3. 1944: Am Morgen nach dem schweren britischen Bombenangriff

April 1944

Ein Jäger vom Typ Messerschmitt Me 109 mit Zusatztank startet gegen amerikanische Bomberverbände

Er hat die Bombenangriffe überlebt und wird jetzt aufs Land evakuiert

fax-Verbände; denn 30 der 93 Maschinen gehen bereits nach dem Schwenk hinter Aachen verloren. Weitere 187 Bomber kommen erst gar nicht dazu, ihren Auftrag zu erfüllen. Hunderte von Bombern warten 47 Minuten lang über dem Einsatzraum auf die verspäteten Pfadfindermaschinen; denn nur mit ihren Leuchtmarkierungen wären präzise Treffer möglich, da eine dichte, über Nürnberg liegende Wolkendecke die Sicht versperrt. Zermürbt durch den langen Anflug und die ständigen Luftkämpfe, bei denen die deutschen Jäger mit dem Abschuß von 79 Maschinen zu einem Rekordergebnis gelangen, klinken die RAF-Besatzungen ihre Ladung nach Gutdünken aus.

Durch den Zufall, daß ein britisches Geschwader, das nicht mit H2S-Geräten ausgestattet, noch dazu vom Wind abgetrieben ist, sich über Nürnberg wähnt, wird die Kugellagerstadt Schweinfurt ein Opfer der Bomben. Insgesamt ist jedoch der Schaden, den die von den britischen Bombern bei ihrem mißlungenen Angriff abgeworfenen 2460 Tonnen Bomben angerichtet haben, vergleichsweise gering. 60 Deutsche und 15 ausländische Zwangsarbeiter kommen ums Leben.

Während die deutsche Luftwaffe nur zehn Maschinen verloren hat, kehren von 795 Bombern 95 überhaupt nicht und 71 schwerbeschädigt zurück; von ihnen gehen 12 bei der Landung zu Bruch. Das Endergebnis lautet: 108 britische Bomber sind entweder vernichtet oder nicht mehr einsatzfähig.

Als die Engländer die Gründe für den Fehlschlag ihres Angriffs untersuchen, finden sie heraus, daß die deutschen Leitzentralen eine neue Verteidigungstaktik eingeführt haben: Die Bomberströme werden, da ihr Angriffsziel nicht im voraus zu erfassen ist, bereits auf dem Anmarsch bekämpft und nicht erst über dem Einsatzort.

Die RAF legt vorläufig eine Pause ein; denn die Bomberstrom-Taktik hat sich überlebt und wird künftig nicht mehr angewandt.

Neuer Abwurfrekord

Am Mittwoch, dem 5. April 1944, fliegt die 15. US Air Force von Foggia (Süditalien) aus erstmals die Ölfelder von Ploesti sowie die deutschen Nachschublinien in Rumänien an. Dies ist der Auftakt einer strategischen Bomberoffensive der alliierten Mittelmeer-Luftstreitkräfte (Italien). Weitere Ziele dieser Verbände sind Ölraffinerien und Produktionsanlagen für synthetischen Treibstoff in der Nähe von Wien, Budapest, Blechhammer und Odenthal (Oberschlesien). Parallel dazu unternehmen Mustangs P-51 der 8. US Air Force im Tiefflug Bombenangriffe auf die Flughäfen München und Berlin.

1944 April

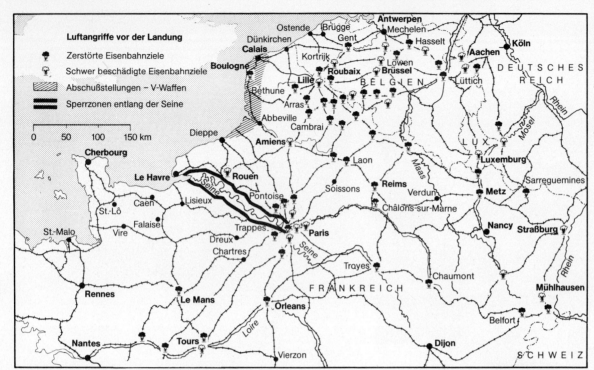

Die schweren alliierten Bombenangriffe im Frühjahr 1944 konzentrieren sich vor allem auf Nordfrankreich und den Raum Paris

Bahnhofsanlagen einer französischen Stadt im Pas-de-Calais nach dem Bombenangriff

Sechs Mosquitos der 613. Squadron (Wing-Cdr. R. N. Bateson) starten am Dienstag, dem 11. August 1944, erneut zu einem Spezialeinsatz im Auftrag der SOE. Diesmal gilt der spektakuläre Tiefangriff der Kunstgalerie in Den Haag, in der auch die Einwohnermeldekartei verwahrt ist. Die SOE will verhindern, daß die Unterlagen in die Hände der Gestapo fallen und es ermöglichen, gezielte Maßnahmen gegen die holländische Widerstandsbewegung zu unternehmen. Wiederum dient den Piloten – wie schon bei der Operation »Jericho« am 18. Februar 1944 – ein Modell des Stadtviertels zur Vorbereitung der Aktion, die mit minuziöser Präzision durchgeführt werden muß.

Am Donnerstag, dem 13. April 1944, befinden sich 2000 Maschinen der 8. US Air Force im Anflug auf Ziele im süddeutschen Raum. Von dem Angriff sind in erster Linie Augsburg und Schweinfurt betroffen; aber wiederum gelingt es den Piloten nicht, die Kugellager-Produktionsstätten in Schweinfurt zu treffen.

Mehr als 2000 US-Flugzeuge und RAF-Bomber befinden sich am Dienstag, dem 18. April 1944, im Einsatz über dem Reichsgebiet. Die 4000 Tonnen Spreng- und Brandbomben, die an diesem Tag abgeworfen werden, sind die bisher größte Abwurfmenge seit Kriegsbeginn. 40 Maschinen gehen im Feuer der deutschen Luftabwehr verloren.

In der darauffolgenden Nacht unternimmt das IX. Fliegerkorps mit 125 Flugzeugen den letzten größeren Angriff im Rahmen des Unternehmens »Steinbock« über London. In den nächsten vier Wochen fliegt die Luftwaffe nur noch mit jeweils 100 Bombern Einsätze über den verschiedenen Hafenstädten in Südostengland.

Die RAF erreicht in der Nacht vom 19./20. April 1944 einen neuen Abwurfrekord: Etwa 1200 Maschinen werfen 4500 Tonnen Bomben auf Eisenbahnknotenpunkte

Mai 1944

Alliierte Luftlandeoperationen in der Nacht vom 5./6. 6. 1944 in der Normandie

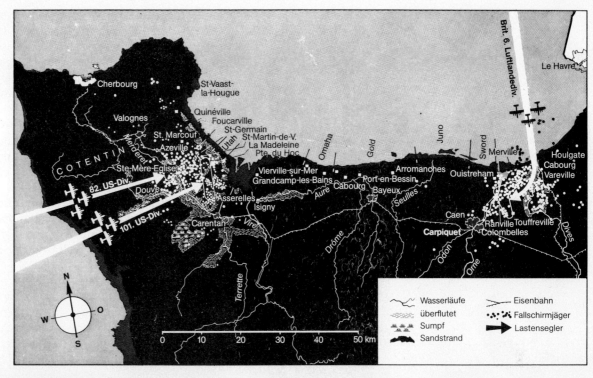

Nach einem schweren alliierten Luftangriff besucht der Reichsminister für Volksaufklärung und Propaganda, Dr. Joseph Goebbels, die leidgeprüfte Bevölkerung

andere Verkehrsziele in Nordfrankreich, Belgien und Deutschland.

Die sich ständig abwechselnden Tages- und Nachtangriffe der US Air Force und des RAF Bomber Command nehmen an Intensität zu. Dabei werden allmählich die Hauptverkehrsziele im Reichsgebiet und in den deutsch besetzten Ländern Westeuropas zerstört sowie die deutschen Städte in Schutt und Asche gelegt. Aber am Montag, dem 24. April 1944, müssen die Führungsstäbe der US Air Force eine merkwürdige Spitzenleistung ihrer Bomberpiloten verzeichnen: Innerhalb von 115 Minuten landen 13 Flying Fortresses B-17 G und eine Liberator B-24 J auf Schweizer Flughäfen, vorzugsweise in Dübendorf/Zürich. Die Flieger begeben sich lieber in Internierungslager, als weiterhin an den zermürbenden Feindflügen in riesigen Bomberformationen teilzunehmen.

Krieg ist technisch entschieden

Am Nachmittag des 12. Mai 1944 führen 935 Bomber der 8. US Air Force vernichtende Schläge gegen die Herstellungsanlagen für synthetisches Benzin. Die Leuna-Werke bei Merseburg werden zu 60 Prozent, bei Tröglitz zu 100 Prozent und bei Böhlau zu 50 Prozent zerstört. Das Hydrierwerk in Brüx (bei Prag) wird vollständig ausgebombt. Dazu Rüstungsminister Speer: ». . . An diesem Tag wurde der technische Krieg entschieden.«

In der Nacht vom 29./30. Mai 1944 starten die Bomber des IX. Fliegerkorps zum letztenmal zu einem Angriff auf London. Das Unternehmen »Steinbock«, von den Eng-

1944 Mai

Dänemark 1944: Sondermarke zum 300jährigen Geburtstag des Astronomen O. Römer

Norwegen 1944: Eine Sonderbriefmarke für die Opfer des Seekrieges, daneben eine Wohltätigkeitsausgabe für die Volkshilfe

ländern spöttisch als »Baby-Blitz« bezeichnet, läuft damit aus. In 31 Einsätzen, von denen 14 sich gegen die britische Hauptstadt gerichtet haben, sind 329 Maschinen des IX. Fliegerkorps verlorengegangen.

Am Freitag, dem 2. Juni 1944, erprobt nach der RAF nun auch die US Air Force im Rahmen der Operation »Frantic Joe« erstmals die Taktik des »Shuttle bombing«, des Bombardements im Pendelverkehr. 130 Fliegende Festungen B-17 und 70 Mustang-Jäger P-51 der 15. US Air Force steigen in Foggia (Italien) auf – in der ersten Maschine Gen. Eaker, Oberbefehlshaber der US-Luftstreitkräfte im Mittelmeerraum – und nehmen Kurs auf Ungarn. Ihr Auftrag lautet, die Verkehrswege im Raum Debrecen zu zerstören. Planmäßig landen die Verbände anschließend auf Flugbasen in der Ukraine. Die Bomber finden sich in Poltawa, die Mustangs in Mirgorod und Pirjatin ein.

Vier Tage später, am 6. Juni 1944, nehmen die amerikanischen Bomber von sowjetischen Flughäfen in der Ukraine Kurs auf Galatz (Rumänien), um den dortigen deutschen Luftwaffenstützpunkt anzugreifen. Nach dem Angriff kehren die Maschinen wieder in die Sowjetunion zurück.

Köln, Sommer 1944: Nach einem amerikanischen Bombenangriff werden die Toten von deutschen Soldaten geborgen

Juni 1944

Die V1-Offensive beginnt

In den frühen Morgenstunden des 13. Juni 1944 beginnt das Flakregiment 155 (Oberst Wachtel) in Sâleux (Amiens) das Unternehmen »Rumpelkammer« mit dem Abschuß der ersten Flugkörper V1 gegen London. Um 4.15 Uhr macht ein Mitarbeiter einer Luftbeobachtungsstation in der südenglischen Grafschaft Kent einen »rauschenden Lärm« aus und erkennt ein »winziges Flugzeug«, aus dessen Auspuffrohr orangefarbene Flammen schlagen. »Knatternd wie ein uralter Ford, der einen Berg hinauffährt«, nimmt das Geschoß seinen Weg und schlägt drei Minuten später in dem kleinen Städtchen Swanscombe ein. Das eigentliche Ziel, die Tower-Bridge, hat es damit um 32 Kilometer verfehlt.

Das Herannahen der fliegenden Bomben geschieht so schnell, daß weder Flak noch Jäger eingreifen können. Eine zweite Rakete geht in Cuckfield, eine dritte im Londoner Stadtteil Bethnal Green nieder. Sie legt eine Eisenbahnbrücke in Trümmer und tötet sechs Menschen. Eine vierte V1 kommt über Sevenoaks, ebenfalls einem Londoner Stadtteil, herunter. Alle anderen stürzen bereits über dem Kanal ab. Oberst Wachtel erhält keinerlei Informationen über Erfolg oder Mißerfolg des Unternehmens »Rumpelkammer«, da ein zur Beobachtung eingesetzter Aufklärer Me 410 der Luftflotte 3 bei Barking durch

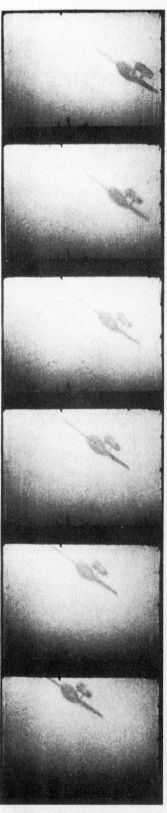

Nordfrankreich, Mitte Juni 1944: Der unbemannte Flugkörper Fieseler Fi 103 »Kirschkern«, von der deutschen Propaganda Vergeltungswaffe 1 (V1) genannt, wird an den Start gerollt

Von der automatischen Filmkamera eines britischen Jägers aufgenommene V1

1944 Juni

Ein Verband amerikanischer Begleitjäger P-51 »Mustang« sichert die US-Bomber während ihres Einsatzes über Deutschland

Poltawa (Ukraine), am Morgen des 22. 6. 1944: Die durch einen überraschenden deutschen Luftangriff zerstörten amerikanischen Fliegenden Festungen

Flakbeschuß verlorengeht. Einem Mosquito-Jäger der 605. (County of Warwick) Squadron gelingt es in der Nacht vom 14./15. Juni 1944 zum erstenmal, eine V1 abzuschießen.

In der folgenden Nacht und bis zum Mittag des 16. Juni 1944 ist das Flakregiment 155 voll im Einsatz. 244 fliegende Bomben werden in Richtung London abgefeuert, von denen jedoch 45 gleich nach dem Start abstür-

Juni 1944

Finnland 1944: Eine Sonderbriefmarke zugunsten des Roten Kreuzes

Über Österreich am 16. 6. 1944: Bei einem Angriff auf die Ölraffinerie nahe Wien wird eine B-24 Liberator von einer Me 109 in Brand geschossen

zen. Noch am selben Tag werden in Großbritannien scharfe Abwehrmaßnahmen gegen die deutschen Geschosse getroffen (Plan »Diver«). In den Grafschaften Kent und Sussex (Südostengland) werden 192 schwere und 246 leichte Flugabwehrgeschütze aufgestellt, die zusammen mit 480 Sperrballons den Großraum London abschirmen sollen. Dazu stehen acht Jäger-Squadrons startbereit, die anfliegenden Projektile bereits vor der Kanalküste abzufangen.

Operation »Frantic Joe«

Am Mittwoch, dem 21. Juni 1944, befinden sich etwa 2500 Bomber und Jäger der 8. US Air Force im Anflug auf die Reichshauptstadt. Das Ziel ihres Angriffs ist diesmal das Regierungsviertel sowie Flugzeugwerke und Eisenbahnanlagen in der Umgebung von Berlin. In Luftkämpfen und durch Flakbeschuß gehen 44 Bomber verloren. Noch bevor der Angriff zu Ende ist, drehen 114 Fliegende Festungen und 70 Mustang-Jäger nach Süden ab, um die Hydrierwerke Ruhland in Niederschlesien anzugreifen.

Als sie danach in Richtung Osten weiterfliegen, folgt ihnen ein in Schlesien aufgestiegener deutscher Fernaufklärer He 177 der 2. Staffel (F.) des Kampfgeschwaders 100 und kann ihr Verbleiben erkunden. 73 Maschinen dieses Verbandes landen in den Abendstunden auf dem für das Unternehmen »Frantic Joe« zur Verfügung gestellten sowjetischen Stützpunkt Poltawa, weitere 41 gehen in Mirgorod nieder, und die Mustang-Jäger fliegen bis Pirjatin. Der Kommandierende General des IV. Fliegerkorps, GenLt. Meister, bringt es in wenigen Stunden fertig, 200 Heinkel He 111 und 88 Bomber Ju 88 der Kampfgeschwader 3, 4, 53 und 55 zusammenzuziehen und einen improvisierten Blitzeinsatz zu organisieren, der zu einer der letzten deutschen Lufterfolge im Zweiten Weltkrieg führt.

Um 23.35 Uhr unterrichten die Sowjets das US-Luftflottenkommando über den Anflug deutscher Maschinen in Richtung Poltawa. Doch die Amerikaner treffen keinerlei Vorbereitungen zur Abwehr eines möglichen Angriffs deutscher Kampfflugzeuge. Als um 0.15 Uhr 80 Bomber über Poltawa kreisen, die restlichen über Mirgorod und Pirjatin, erkennen die deutschen Besatzungen im Feuer der Leuchtbomben, daß die Flying Fortresses in Reih und Glied beiderseits der Startpiste abgestellt sind. Zwar heben noch von einer in der Nähe liegenden Basis vier der dort stationierten 40 sowjetischen Jak-Nachtjäger ab, doch können weder diese Jäger noch Flakbeschuß den deutschen Verband daran hindern, innerhalb einer Stunde 47 Fliegende Festungen, 14 Mustang-Jäger und eine Jak-9 zu vernichten. Den Tiefflugangriffen einiger Ju 88 fallen anschließend noch die Bombenvorratslager und Treibstofftanks auf dem Luftstützpunkt Poltawa zum Opfer.

Die Gesamtverluste des von der Sowjetunion aus gestarteten US-Verbandes belaufen sich auf 91 Bomber und 14 Jäger. Es ist die höchste bekannt gewordene Verlustquote, die die US Air Force bei einer einzigen Operation hinnehmen muß. Von diesem Tag an wird das »Shuttle bombing« im Rahmen des Unternehmens »Frantic Joe« bis auf weiteres eingestellt.

923

1944 Juli

Anfang Juli 1944 ist der Höhepunkt der von RAF-Bombern geflogenen Einsätze gegen Abschußrampen und Depots der V1 erreicht. Das Bomber Command setzt bei diesen Angriffen auch die neuen 5400 Kilogramm schweren und hochexplosiven Sprengbomben »Tallboy« ein, die im freien Fall Überschallgeschwindigkeit erzielen.

Am Dienstag, dem 4. Juli 1944, wird die aus dem Mai 1943 bekannte 617. »Dambuster«-Squadron zu mehreren Luftangriffen auf die von deutscher Flak abgesicherten Champignon-Höhlen von St. Leu d'Esserent eingesetzt, da hier, rund 50 Kilometer nordwestlich von Paris, statt der Pilzkulturen große Mengen fliegender Bomben lagern.

Am Donnerstag, dem 6. Juli 1944, gibt Premierminister Churchill vor dem englischen Unterhaus bekannt, daß nach dem ihm vorliegenden Zahlenmaterial bis zum Morgen des 6. Juli 2745 fliegende Bomben gegen England abgefeuert worden sind, die 2752 Zivilisten getötet haben. Nach dieser Rechnung hat jede V1 wenigstens ein Menschenleben gekostet.

Am Freitag, dem 7. Juli 1944, werfen fast 1100 Fliegende Festungen und Liberator-Bomber der 8. US Air Force, unter starkem Begleitschutz von Lightning-Jägern, mehrfach Bombenteppiche über dem Raum Leipzig ab. Die aufsteigenden deutschen Jagdflugzeuge, vor allem der Sturmgruppe IV./JG3, die gepanzerte Maschinen vom Typ FW 190 fliegen, sollen aus kürzester Entfernung und in geschlossener Staffelformation die alliierten Bomberverbände angreifen. Zur Taktik dieser Sturmpiloten gehört es auch, die feindlichen Maschinen gegebenenfalls durch Rammstoß zum Absturz zu bringen und sich selbst danach mit dem Fallschirm zu retten. In der erbitterten Luftschlacht über dem Raum Magdeburg/Oschersleben/Leipzig verliert die 8. US Air Force insgesamt 58 Bomber und 24 Langstreckenjäger. Allein der Sturmgruppe IV./JG3 gelingt es, 30 Liberators sowie vier Begleitjäger abzuschießen und einige Bombenflugzeuge durch Rammen zu zerstören. Es ist der größte Erfolg, den eine deutsche Tagjagd-Gruppe während des ganzen Krieges erreicht.

Verstärkte Luftabwehr gegen V1

Am Montag, dem 10. Juli 1944, werden in England alle Flakbatterien an die Kanalküste verlegt. Diese Maßnahme erfolgt wegen des verstärkten Einsatzes von V1-Geschossen und aus der Erfahrung heraus, daß die Geschütze bisher mit Rücksicht auf die eigenen Jäger nicht voll wirksam werden konnten.

Juli 1944

Ungarn 1944: Eine Sondermarke mit der Heiligen Elisabeth

Bulgarien 1944: Zar Simeon II. (reg. 1944–1946)

Budapest, Sommer 1944: Die amerikanischen Fliegenden Festungen werfen ihre tödliche Last über der ungarischen Hauptstadt ab (linke Seite)

Die britische Kanalküste, Sommer 1944, Alarm bei einer Flakbatterie: V1 im Anflug (oben links)

Ungarische Feuerwehrmänner versuchen, die entstandenen Brände zu löschen (links)

1944 Juli

Luftgefecht zwischen Deutschen und Amerikanern: Aus einer abgeschossenen Fw 190 steigt im letzten Augenblick der Flugzeugführer aus

Schweiz 1944: Wohltätigkeitsausgabe »Pro Juventute«, Gedenkausgabe zur 50jährigen Wiedereinführung der Olympischen Spiele und Werbeausgabe zur Bundesfeier mit dem Kastell in Misox

Die 616. RAF Squadron (South Yorkshire) erhält am Mittwoch, dem 12. Juli 1944, die ersten Maschinen »Gloster Meteor«, des einzigen alliierten Düsenjägers in diesem Krieg, der sofort zur Bekämpfung der fliegenden Bombe eingesetzt wird.

Am Mittwoch, dem 19. Juli 1944, ist die Umgruppierung der britischen Flakbatterien abgeschlossen. Östlich von Dover stehen jetzt in einem fünf Kilometer breiten Streifen entlang der Kanalküste zwischen Beachy Head (Sussex) und St. Margareth's Bay 412 schwere und 1184 leichte Flak sowie 200 Raketenwerfer. Die Geschosse der britischen Flak sind mit dem neuesten von der US Navy entwickelten Annäherungszünder MK 45 »Proximity Fuse«, einem winzigen Radargerät, versehen. Treffen dessen Wellen im Umkreis von 30 Metern auf ein Zielobjekt, so explodieren die Projektile automatisch. Die Erfolge sind verblüffend. Innerhalb weniger Wochen wächst der Anteil der durch Flak abgeschossenen V1 von 43 auf 83 Prozent. Durchschnittlich genügen 77 Flakgranaten, um eine fliegende Bombe zu vernichten.

Die bisher größte Anzahl an V1-Geschossen, nämlich 316, schießt das Flakregiment 155 (Oberst Wachtel) am Mittwoch, dem 2. August 1944, von den 38 Katapulten der am Pas-de-Calais aufgestellten Abschußrampen in Richtung London ab. Trotz der über dem Kanal patrouillierenden Abfangjäger, starken Flakfeuers und Hunderten von Sperrballons gehen 107 fliegende Bomben über der britischen Hauptstadt nieder.

Einsatz der V1 scheitert

Am Freitag, dem 4. August 1944, unternehmen rund 1200 schwere Bomber der 8. US Air Force Angriffe auf einige Städte an der deutschen Nord- und Ostseeküste, darunter Bremen, Hamburg, Rostock, Wismar, sowie auf die Arado-Flugzeugwerke in Anklam. Einige Fliegende Festungen B-17 werfen ihre Bombenlast über der Raketenversuchsanstalt Peenemünde ab.

Eine in East-Barnet, einem nördlichen Stadtteil von London, einschlagende V1 fordert am Mittwoch, dem 23. August 1944, mit 211 Toten und mehreren hundert Verletzten die bisher größte Zahl an Opfern.

Am Montag, dem 28. August 1944, können britische Jäger und die Flak ihr bestes Ergebnis bei der Bekämpfung der fliegenden Bombe melden. Von den insgesamt 97 gegen London abgefeuerten V1 erreichen lediglich vier ihr Ziel. Der Flak gelingt es, 65 V1 abzuschießen, Jäger können 23 vernichten, zwei werden durch Sperrballons zerstört, und drei weitere fallen auf unbebautes Gebiet. Da den alliierten Truppen auf ihrem Vormarsch in Nordfrankreich immer mehr Abschußrampen in die Hände fallen, verringert sich gegen Ende August zusehends die Zahl der abgefeuerten V1.

August 1944

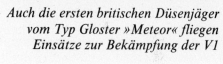

Auch die ersten britischen Düsenjäger vom Typ Gloster »Meteor« fliegen Einsätze zur Bekämpfung der V1

In einer Flakstellung bei London, Sommer 1944: Churchill beobachtet mit seiner Frau (vorn) und seiner Tochter die Bekämpfung der V1 durch die britische Luftabwehr

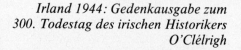

Irland 1944: Gedenkausgabe zum 300. Todestag des irischen Historikers O'Clélrigh

1944 August

Eine deutsche Fernrakete A-4 (V2) wird startbereit gemacht

Die Bedienungsmannschaft schließt den Verbindungsschlauch zwischen Treibstofftankwagen und der V2

In der Nacht vom 29./30. August 1944 sind Ziele des RAF Bomber Command Stettin und Königsberg, dessen mittelalterliches Zentrum durch den Abwurf von 492 Tonnen Brandbomben größtenteils ein Raub der Flammen wird.

Am Nachmittag des 1. September 1944 geht die letzte von insgesamt 8564 fliegenden Bomben, die aus dem Raum Pas-de-Calais abgefeuert worden ist, über England nieder. Nach der Eroberung der letzten Abschußrampe durch die Alliierten geht die Luftwaffe dazu über, die V1 von Heinkel He 111 aus einzusetzen. Doch müssen wegen der starken britischen Luftabwehr fast alle Angriffe nachts erfolgen. Um der Radarkette zu entgehen, fliegen die Maschinen dicht über der Wasseroberfläche und gehen erst 60 Kilometer vor der britischen Küste auf 500 Meter Höhe. Nach dem Start der V1 kehren die He 111 sofort im Tiefflug zum Festland zurück.

Hitler setzt die V2 ein

Am Freitag, dem 8. September 1944, beginnt bei Den Haag die Artillerieabteilung (mot.) 485 (Oberst Hohmann) um 18.38 Uhr von Wassenaar aus mit dem Abschuß der ersten von über 1100 Fernraketen A-4 (V2), die bis Ende März 1945 über London und Südengland niedergehen. Nur fünf Minuten später schlägt diese erste Fernrakete nach einem Flug von 320 Kilometern in der Haveley Road im Londoner Vorort Chiswick ein. Eine heftige Detonation hat die Einwohner erschreckt, »die wie ein Donnerschlag klang, dem das Geräusch eines schweren Körpers, der unmittelbar durch die Luft rauschte, folgte«. Die V2 hat ihren Zielpunkt, die Londoner Feuerwehrwache in der Southwark Bridge Road, zwar um 10 Kilometer verfehlt, dafür aber in dem Wohngebiet sechs Häuser völlig zerstört und eine Anzahl weiterer Gebäude schwer beschädigt. Drei Menschen sind getötet, 17 weitere lebensgefährlich verletzt. Die unter der Bevölkerung zunächst kursierenden Vermutungen, eine Hauptgasleitung sei explodiert, werden nicht dementiert. Obwohl sich seit diesem Tag die mysteriösen Explosionen im Südosten von England häufen, nimmt zwei Monate lang weder die britische noch die deutsche Regierung offiziell Stellung dazu.

In der Nacht vom 22./23. September 1944 erfolgt der erste schwere RAF-Bombenangriff auf den Dortmund-Ems-Kanal, auf dem vorgefertigte Teile für den Bau von U-Booten zu den Endmontage-Werften an der Küste verschifft werden. Wegen des Einsturzes eines Aquädukts über den Fluß Glan bei Münster wird die Binnenschiffahrt auf diesem Kanal in einer Länge von zehn Kilometern unterbrochen. Die Auswirkungen dieser empfindlichen Störung: Mehr als die Hälfte der bis Ende Februar 1945 geplanten 290 U-Boote vom Typ XXI können nicht hergestellt werden.

November 1944

London, Herbst 1944: Nach dem Einschlag einer V1 werden in einem Wohnviertel der britischen Hauptstadt die ersten Opfer geborgen

Vom 23. September 1944 an ist das vorrangige Ziel aller alliierten Bombenangriffe, wenn immer das Wetter strategische Punktzielangriffe zuläßt, die systematische Vernichtung der Hydrierwerke und des Verkehrsnetzes. In diesem Monat macht sich bereits Treibstoffmangel bemerkbar; denn die Produktion an synthetischem Benzin beträgt nur noch 7000 Tonnen, obwohl monatlich 150 000 Tonnen benötigt werden. Dies hat vor allem strategische Auswirkungen, da die Einsätze der Luftwaffe bedeutend reduziert werden müssen.

Von Ende September 1944 an kann das Bomber Command der RAF eigenständig operieren, da es nicht mehr dem Oberbefehlshaber der alliierten Truppen in Europa (Supreme Headquarters Allied Expeditionary Force, SHAEF) unterstellt ist. Air Chief Marshal Harris hat nun wieder freie Hand und steigert die Anzahl der nächtlichen Großangriffe, die sich zunehmend jetzt auch gegen mittelgroße und sogar kleinere Städte richten.

Am Dienstag, dem 3. Oktober 1944, wird das Erprobungskommando »Lechfeld« gebildet, das dem jungen, aber sehr erfolgreichen Jagdflieger Maj. W. Nowotny untersteht. Es verfügt über zwei in Achmer und Hesepe (Raum Osnabrück) stationierte Staffeln mit 40 Maschinen des Typs Messerschmitt Me 262. Daß dieser Düsenjäger jetzt endlich zum Einsatz gelangt, ist nicht zuletzt dem energischen Eingreifen von GenMaj. Galland zu verdanken.

Der bisher schwerste Tagesangriff auf das Reichsgebiet findet am Sonnabend, dem 7. Oktober 1944, statt. Mehr als 3000 Flugzeuge der RAF und der 8. US Air Force bombardieren gleichzeitig verschiedene deutsche Städte.

In der Nacht vom 14./15. Oktober 1944 sind 233 Lancasters und sieben Mosquitos der RAF im Anflug auf Braunschweig. Sie wenden erstmals die neue Technik des Fächerangriffs an. Die aus mehreren Richtungen fächerförmig das Ziel anfliegenden Maschinen lösen die Bomben einzeln und in verschiedenen Abständen aus. Auf diese Weise wird ein Bombenteppich von nahezu gleichmäßiger Dichte über jeden Quadratmeter des bombardierten Gebietes gelegt.

Am Mittwoch, dem 8. November 1944, genau zwei Monate nach dem Abschuß der ersten V2 auf London, gibt Propagandaminister Dr. Goebbels vor der Presse bekannt, man habe die Vergeltungsangriffe gegen England mit Fernraketen begonnen. Auch Churchill kann diese Tatsache nun nicht mehr länger verschweigen und muß 24 Stunden später die britische Öffentlichkeit darüber informieren, daß die Deutschen Großbritannien mit Raketen beschießen.

929

1944 November

Bis zum Montag, dem 20. November 1944, sind 210 Fernraketen V2 auf Großbritannien niedergegangen, 96 davon allein über London. Die schneller als der Schall fliegende und von Radar nicht wahrnehmbare V2 ist, noch ehe eine Warnung gegeben werden kann, bereits über dem Ziel. Sie hat in England bis zu diesem Tag 456 Menschenleben gefordert. Duncan Sandys, der im Auftrag der englischen Regierung alles Material über deutsche Geheimwaffen sammelt und prüft, muß drei Tage später erklären, es sei bisher nicht gelungen, die Funkfernsteuerung der V2 zu stören. »Die Abschußstellen sind so beweglich und leicht zu tarnen, daß sie keinerlei greifbare Bomberziele bieten. Das einzige, was man unternehmen kann, ist die Zerstörung der feindlichen Transportwege und des Nachrichtennetzes in den Abschußgebieten...«

160 Menschen werden getötet, als am Sonnabend, dem 25. November 1944, eine V2 in einem stark besuchten Kaufhaus in der New Cross Road des Londoner Vororts Deptford explodiert.

Essen, 29. 11. 1944: Am Morgen nach dem Angriff. In der Nacht haben britische Flugzeuge über 1400 Tonnen Bomben abgeworfen

Die Angriffe dauern an

Noch vor Sonnenaufgang ist am Montag, dem 27. November 1944, München Ziel des RAF Bomber Command. Erstmals werden gegen eine Stadt die bei der Versenkung der »Tirpitz« benutzten 6 Tonnen schweren »Tallboy«-Bomben eingesetzt. Bei diesem Angriff kommen 180 Menschen ums Leben, 20 000 sind obdachlos, 273 Gebäude werden völlig zerstört und 332 schwer beschädigt.

Ab Montag, dem 4. Dezember 1944, fliegen 12 Tage lang alliierte Jagdbomber im Tiefflug Störangriffe gegen die geschickt getarnten Abschußrampen der V2 in Wassenaar. Obwohl die Artillerieabteilung (mot.) 485 bei diesen Angriffen nur zwei Fernraketen verliert, zieht sie es vor, die V2 fast nur noch nachts abzuschießen.

Beispielhaft für den verschärften alliierten Luftkrieg ist der Angriff des RAF Bomber Command auf Heilbronn in der Nacht vom 4./5. Dezember 1944. Die Altstadt wird nahezu völlig zerstört. Dabei finden 7147 Menschen den Tod.

Laibach 1944: Landespost unter deutscher Besetzung

Großdeutsches Reich 1944: Sonderausgabe zum 7. Landesschießen in Innsbruck

Griechische Briefmarke aus dem Jahre 1944

Dezember 1944

Am Freitag, dem 15. Dezember 1944, hebt um 13.45 Uhr eine Maschine Noordyun C-64 vom US-Luftstützpunkt in Twinwood Farms nahe der englischen Stadt Bedford ab. Der einmotorige Hochdecker, ein leichtes Kurierflugzeug mit zwei Mann Besatzung und acht Passagieren, darunter Maj. Glenn Miller, Posaunist und Chef der US Air Force Big Band, befindet sich auf dem Flug nach Paris. Kurz nach dem Überfliegen von Newhaven bricht über dem Ärmelkanal die Funkverbindung mit der C-64 ab. Seither wird der weltberühmte Musiker vermißt. Wahrscheinlich ist sein Flugzeug von Bomben getroffen worden, die britische Maschinen während der Rückkehr von einem zwischenzeitlich abgesagten Angriff auf Deutschland über dem Kanal abgeworfen haben. Das jedenfalls behauptet der ehemalige britische Navigator Fred Shaw gegenüber der US-Zeitschrift »National Enquirer« Anfang Juni 1984. Shaw hat damals zur Besatzung einer der zurückkehrenden Bomber gehört.

Vom Januar bis Dezember 1944 haben die Alliierten über Deutschland und den deutsch besetzten Gebieten 1 188 580 Tonnen Bomben abgeworfen, davon 250 000 Tonnen auf Verkehrsanlagen. Allein in den drei letzten Monaten des Jahres 1944 sind mehr Bomben auf das Reichsgebiet gefallen als im gesamten Jahr 1943. Während die RAF fast ausschließlich die Taktik der ungezielten Flächenbombardements bei Nacht angewendet hat, konzentrierten sich die Angriffe amerikanischer Bomberverbände auf deutsche Flugzeugwerke, Munitionsfabriken, Raffinerien, Hydrierwerke und Verkehrsknotenpunkte. Doch im Gegensatz zur Annahme der Alliierten hat sich keine der bei ihren Luftangriffen praktizierten Taktiken psychologisch auf den Widerstandswillen der deutschen Bevölkerung ausgewirkt. Im Gegenteil, die zunehmende Zerstörung deutscher Städte trägt bei vielen Menschen eher dazu bei, ihre Bindung an das NS-Regime zu festigen.

In der offiziellen Chronik über die Aktivitäten der RAF im Zweiten Weltkrieg heißt es, Churchill und seine Regierung hätten bereits im Sommer 1944 die Flächenbombardierung deutscher Städte als falsch erkannt und Air Chief Marshal Harris angewiesen, sie einzustellen und statt dessen die Treibstoffindustrie und das Verkehrsnetz lahmzulegen. In der Tat üben die Flächenangriffe kaum eine Wirkung auf die deutsche Rüstungsindustrie aus – es können im Jahre 1944 noch 25 285 Jagd-, 5496 Schlacht- und 1041 Düsenflugzeuge produziert werden. Katastrophale Folgen hat dagegen die Zerschlagung der Treibstoffindustrie und des Verkehrssystems.

Im Großraum Berlin, Herbst 1944: Die Eisenbahn-Flakbatterie eröffnet das Feuer gegen die anfliegenden britischen Bomber

ENT-SCHEIDUNG IM WE-STEN

DIE BEFREIUNG WEST-EUROPAS

Der Oberbefehlshaber des Heeres, Adolf Hitler: ». . . wenn nötig, werden wir am Rhein kämpfen. Das ist mir gleichgültig.«

Zu Beginn des Jahres 1944, am 15. Januar, übernimmt GFM Rommel als Oberbefehlshaber die Führung der Heeresgruppe B, die dem Oberbefehlshaber West (GFM von Rundstedt) unterstellt ist. Zur Heeresgruppe B gehören die 15. Armee (GenOberst von Salmuth), die 7. Armee (GenOberst Dollmann) sowie die Truppen (LXXXVIII. Korps) des Wehrmachtbefehlshabers Niederlande (Gen. d. Fl. Christiansen).

Im alliierten Hauptquartier SHAEF finden am Dienstag, dem 8. Februar 1944, die abschließenden Gespräche über die Landung in der Normandie (Operation »Overlord«) statt. Als wichtigste Maßnahme innerhalb des »Overlord Outline Plan« gilt die Errichtung eines ersten Brückenkopfes zwischen den Flüssen Vire und Orne.

Am Sonnabend, dem 12. Februar 1944, wird Gen. Eisenhower offiziell zum Oberbefehlshaber der alliierten Invasionsstreitkräfte ernannt. Die vier Tage vorher endgültig festgelegte Direktive sieht vor: im Mai 1944 Landung auf dem europäischen Kontinent; nach Absicherung von geeigneten Häfen entlang der Kanalküste einen auf breiter Front angelegten Angriff bis ins Innere des Deutschen Reiches und die völlige Zerschlagung der deutschen Wehrmacht.

Die Führungsstruktur und Einsatzweise des RAF Bomber Command werden am Sonnabend, dem 1. April 1944, den Erfordernissen der Operation »Overlord«, der für Anfang Juni geplanten Invasion in Nordfrankreich, angepaßt: Air Chief Marshal Harris untersteht in den kommenden fünf Monaten nominell Gen. Eisenhower, und der Oberbefehl über das Bomber Command wird dem Obersten Hauptquartier der Alliierten Expeditionsstreitkräfte (SHAEF) übertragen. Das heißt, Harris muß den Umfang seiner Luftoffensive gegen Deutschland mit den Einsätzen abstimmen, die im Rahmen der übergeordneten Operation »Overlord« zu fliegen sind, und daher erscheint die RAF in den kommenden Wochen kaum noch über dem Reichsgebiet. Um so mehr intensiviert die US Air Force ihre Tagesangriffe.

Am Freitag, dem 14. April 1944, erhält Gen. Eisenhower den Oberbefehl über die taktischen Luftstreitkräfte der Alliierten in Europa. Am darauffolgenden Tag wer-

Normandie, Sommer 1944: Britische motorisierte Verbände rücken aus dem Raum Caen nach Süden vor

1944 April

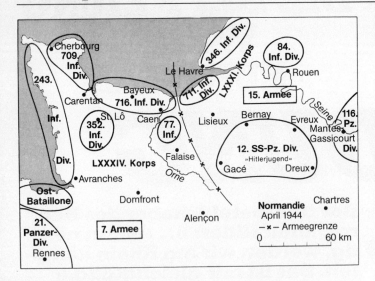

Aufstellung der in der Normandie im Frühjahr 1944 liegenden deutschen Verbände

Nordfrankreich, Frühjahr 1944: Generalfeldmarschall Rommel besichtigt auf einer Inspektionsreise die zur Landung gezwungene amerikanische Fliegende Festung B-17

den die Schwerpunktziele der strategischen Bomberverbände festgelegt. Die RAF und US Air Force müssen jetzt primär zur Vorbereitung der Invasion Transport- und Verkehrswege im Reich angreifen. Aber Eisenhower kann die strategischen Bomberverbände auch zur Unterstützung der Land- und Seeoperationen heranziehen, so daß die 8. und 9. US Air Force sowie die Bomber der RAF strategische und auch taktische Aufgaben zur Unterstützung der Bodentruppen bei dem geplanten Unternehmen »Overlord« fliegen werden. Von Anfang Mai 1944 an unternehmen die taktischen Luftflotten der Alliierten schwere Bombenangriffe auf Straßen- und Eisenbahnbrücken im Nordosten Frankreichs. Betroffen davon ist ein Gebiet, das sich vom Süden der Hauptstadt über das Pariser Becken bis hin zum nordöstlichsten Departement Pas-de-Calais erstreckt. Diese Angriffe geben jedoch keinen Aufschluß über das mutmaßliche Invasionsgebiet.

Am Donnerstag, dem 11. Mai 1944, werden von den Alliierten in 500 Kilometer Umkreis der Normandie 100 deutsche Luftstützpunkte bombardiert; doch die Luftwaffe büßt keine Maschinen ein, da die Flugplätze nicht belegt sind. Weitere Angriffe gelten dem Atlantikwall (Operation »Fortitude«), auf den 23 000 Tonnen Bomben niedergehen. Schwerpunktziele sind die Festungswerke beiderseits von Calais, um dem Gegner vorzutäuschen, daß an diesem Küstenabschnitt die Invasion geplant sei.

Verteidigungsstrategie

Anfang Juni 1944 lassen die intensiven Bombardements der alliierten Luftstreitkräfte auf Verkehrswege und Küstenanlagen entlang der Kanalküste in Nordfrankreich, Belgien und Holland keinen Zweifel mehr daran, daß eine großangelegte amphibische Landungsoperation bevorsteht. Um einer solchen Gefahr von vornherein zu begegnen, plädiert GFM Rommel dafür, die Abwehr bereits an der Küstenlinie zu organisieren und dazu die Verteidigung zu verstärken. Dagegen sieht der Plan GFM von Rundstedts vor, den Gegner nach der erfolgten Landung durch Panzerverbände ins Meer zurückzudrängen. Beide Vorschläge haben ihre Vor- und Nachteile, und Hitler kann sich zu keiner klaren Entscheidung durchringen. Da Zeit und Ort der Landung ungewiß sind und auch über die am meisten erfolgversprechende operative Gegenmaßnahme keine Einigkeit besteht, bleibt sowohl eine Konzentration der Abwehrkräfte als auch eine Verstärkung der Verteidigungsstellungen aus. Tatsache ist, daß der Atlantikwall in keiner Weise dem Bollwerk entspricht, zu dem es die deutsche Propaganda macht. Der Ausbau ist erst zum

Aufstellung sowie Gliederung der deutschen und alliierten Verbände am 6. 6. 1944

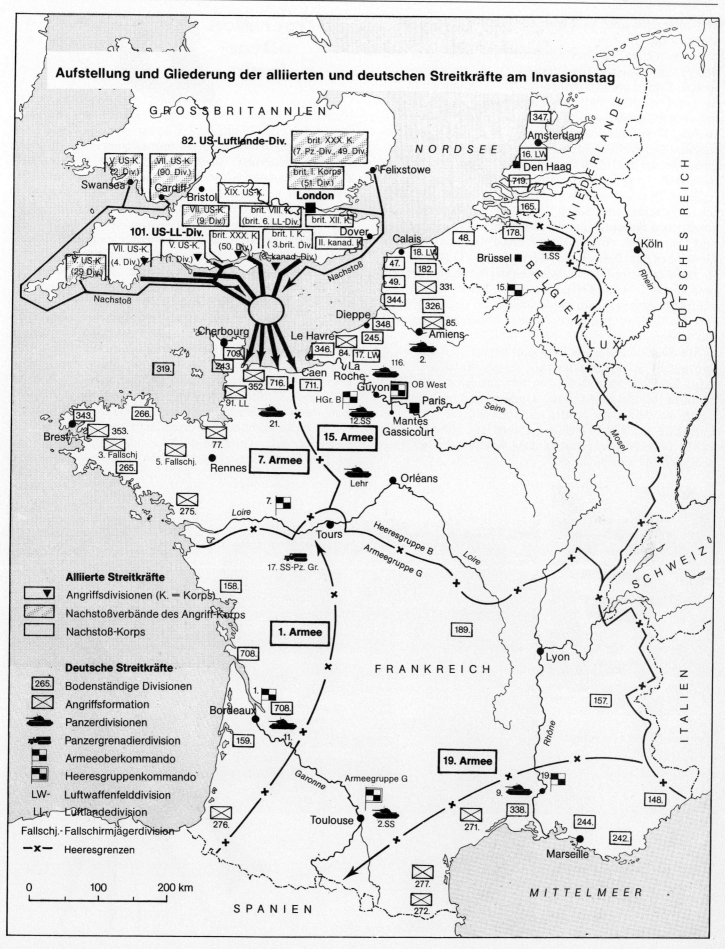

1944 Juni

Teil abgeschlossen, und die Ausstattung läßt zu wünschen übrig.

Von den etwa 300 Großverbänden der Wehrmacht sind derzeit 160 an der Ostfront eingesetzt, 27 stehen in Norwegen, Dänemark und Polen, weitere 47 kämpfen in Italien und auf dem Balkan. Dagegen sind in Frankreich nur 59 Divisionen stationiert, darunter zehn Panzerdivisionen, 17 Infanteriedivisionen, 32 bodenständige Heeres- und Luftwaffenfelddivisionen. Je drei Panzerdivisionen dienen dem Oberbefehlshaber West (GFM von Rundstedt) und der Heeresgruppe B (GFM Rommel) als Reserve. Drei weitere Divisionen stehen in Holland. Zwischen Schelde und Seine liegen die 15. Armee (GenOberst von Salmuth) mit 17 Divisionen, zwischen Seine und Loire die 7. Armee (GenOberst Dollmann) mit acht Divisionen. Im Bereich der Heeresgruppe G (GenOberst Blaskowitz) befindet sich zwischen der Loire und den Pyrenäen die 1. Armee (Gen. d. Pz.Tr. Lemelsen), an der südfranzösischen Küste wiederum die 19. Armee (Gen. d. Inf. von Sodenstern), beide Armeen haben zusammen 21 Divisionen.

Aus dieser Kräfteverteilung geht hervor, daß das OKW von einem Schwerpunktangriff an der Kanalküste ausgeht. 30 Divisionen befinden sich im Raum zwischen Mont-St. Michel und Calais, dagegen sind im Landesinneren die deutschen Kräfte nur schwach vertreten. Der Luftwaffe mit 448 Maschinen stehen auf alliierter Seite 12837 Flugzeuge gegenüber. Das Kräfteverhältnis liegt demnach bei nahezu 1 : 29.

Operation »Overlord«

Die Invasion in der Normandie (Operation »Overlord«) läuft am Dienstag, dem 6. Juni 1944, um 0.15 Uhr mit der alliierten Landungsoperation »Neptune« an. Gleichzeitig springen über der Halbinsel Cotentin die ersten Commando-Trupps hinter den Küstenbefestigungen ab. Und um 3.30 Uhr gehen noch im Dunkeln drei Luftlandedivisionen mit Fallschirmjägern und Lastenseglern hinter den Küstenbefestigungen nieder. Bei Tagesanbruch setzen Landungsboote zunächst acht Regimenter und 6500 Transportfahrzeuge am Strand ab, von See her durch die Feuerkraft von fünf Schlachtschiffen, 23 Kreuzern und 105 Zerstörern gesichert. Die Kriegsmarine verfügt nur über drei Zerstörer, 36 Schnell- und 34 U-Boote.

Die sofort eingeleiteten deutschen Abwehrmaßnahmen gegen die eindringenden britischen Truppen bleiben an den Landungsabschnitten »Gold«, »Juno« und »Sword« ohne Wirkung. Gegen Abend sind bereits die Landeköpfe auf einem bis zu sechs Kilometer tiefen Streifen ausgebaut. Größere Probleme stellen sich der 1. US-Armee, da die beiden Landestrände »Omaha« und »Utah« bisher nicht verbunden worden sind und außerdem die Besetzung von »Omaha« noch keineswegs abgeschlossen ist. Den inzwischen gelandeten acht alliierten Divisionen

General Edgar Feuchtinger

Normandieküste, Frühjahr 1944: Ein Bunker des in diesem Abschnitt besonders schwachen Atlantikwalls

Juni 1944

Normandieküste, am Morgen des 6. 6. 1944: Landung der amerikanischen Infanterie

An manchen Landungsstränden stößt gerade die amerikanische Infanterie auf harten deutschen Widerstand und erleidet starke Verluste

1944 Juni

General Sir Robert Gale, Kommandeur der britischen 6. Luftlandedivision

Der alliierte Vormarschplan weicht erheblich von dem tatsächlich Erreichten ab

Arromanches, der künstliche Hafen »Mulberry-B«: Die im britischen Landeabschnitt gebaute Anlage mit der Kapazität des Hafens von Dover ist für den Erfolg der Invasion von großer Bedeutung

mit 14 Panzerbataillonen können die Deutschen nur eineinhalb bodenständige Divisionen entgegensetzen.

Als einzige unverzüglich abrufbare Einheit tritt in der Nacht vom 6./7. Juni 1944 die deutsche 21. Panzerdivision (GenLt. Feuchtinger) zu einem Gegenangriff auf den britischen Landesektor an, schlägt zwar westlich von Caen eine Bresche in die gegnerische Linie, bleibt dann aber an der Küste liegen, aufgehalten durch das Trommelfeuer der alliierten Schiffsartillerie. Nur mühsam kön-

Juni 1944

nen die Deutschen weitere Verstärkungen heranbringen. Die Reserven, vor allem die aus dem Pariser Becken anrückenden Panzerdivisionen, sind aufgrund der alliierten Luftüberlegenheit sowie wegen der Vielzahl zerstörter Brücken und Verkehrswege außerstande, das erwünschte Tempo anzuschlagen. Und wenn sie ihr Einsatzgebiet erreicht haben, müssen sie, statt im Verband, sogleich einzeln den Kampf aufnehmen.

Den endgültigen Erfolg der Operation »Overlord« sichern in den folgenden Tagen der Aufbau künstlicher Häfen (Mulberry) und die Anlage von Ankerplätzen. Landungsschiffe und Küstenfahrzeuge fahren bei Flut auf den Strand auf und werden bei Ebbe zügig entladen.

Erfolge der Alliierten

Am Mittwoch, dem 7. Juni 1944, gelingt es den Deutschen nicht, die Anlandung der Alliierten aufzuhalten und deren Brückenköpfe zu zerschlagen. Dagegen schaffen es die Spitzen der britischen und amerikanischen Einheiten im Laufe des Tages, näher zusammenzurücken und Verbindung untereinander aufzunehmen. Die alliierten Luftangriffe gehen unterdessen unvermindert weiter. Eisenbahnen und motorisierte deutsche Kolonnen werden unaufhörlich im Tiefflug angegriffen. Jagdbomber der RAF schießen in der Nähe von Alençon (nördlich von Le Mans) in kürzester Zeit mehr als 200 Kampfwagen einer deutschen Panzerdivision in Brand.

Verbände der Panzergruppe West (Gen. d. Pz.Tr. Frhr. Geyer von Schweppenburg) greifen am 9. Juni 1944 vergeblich den von britischen Truppen besetzten Sektor in der Umgebung von Caen an.

Alle deutschen Verteidigungsanstrengungen in der Normandie werden am Sonnabend, dem 10. Juni 1944, mit einem Schlag zunichte gemacht. Alliierte Jagdbomber setzen die Befehlszentrale der Panzergruppe West in Schloß Thury-Harcout an der Orne durch einen gezielten Bombenangriff außer Gefecht. Dabei wird zwar Gen. Frhr. von Schweppenburg nur leicht verletzt, doch nahezu alle maßgebenden Stabsoffiziere fallen dem Bombardement zum Opfer, und katastrophal wirkt sich die Zerstörung der Fernmeldeverbindungen aus. Der eilig aus einem Heimaturlaub zurückgekehrte GFM Rommel muß nach diesem Zwischenfall die Hoffnung aufgeben, in einer großangelegten Panzeroperation die Landungstruppen ins Meer zurückzudrängen.

Bei der Niederschlagung eines Aufstandes der Résistance treiben am selben Tag Angehörige der 2. SS-Panzerdivision »Das Reich« alle 600 Einwohner des französischen Dorfes Oradour-Sur-Glane zusammen und töten sie. Die Ortschaft wird niedergebrannt.

Auf einer Wiese in der Normandie: Britische (rechts) und amerikanische Lastensegler, die in der Invasionsnacht die ersten Stoßtrupps gebracht haben

1944 Juni

Am Montag, dem 12. Juni 1944, stehen in der Normandie bereits 13 gelandete Divisionen mit 24 Panzerbataillonen und insgesamt 326 000 alliierten Soldaten. Die künstlich angelegten Häfen erlauben es, Truppenkontingente und Material in großem Umfang heranzuschaffen. Die deutschen Verteidiger verfügen dagegen nur über neun Divisionen; es ist ihnen unmöglich, Verstärkungen kurzfristig heranzuführen, da alle Hauptverkehrswege in Richtung Caen durch Bombardements zerstört und dadurch unpassierbar sind.

Die amerikanischen Truppen rücken am Mittwoch, dem 14. Juni 1944, aus ihrem inzwischen gesicherten Landekopf über Ste. Mère-Église vor, durchqueren die Halbinsel Cotentin und drängen vier deutsche Divisionen auf Cherbourg zurück.

Die Oberbefehlshaber im Westen, von Rundstedt und Rommel, bemühen sich, am Samstag, dem 17. Juni 1944, während der Erörterung über einen deutschen Gegenstoß, Hitler die Unhaltbarkeit der Situation im Westen zu verdeutlichen.

Am Montag, dem 19. Juni 1944, sind die ersten behelfsmäßigen Flugbasen im Invasionsraum fertiggestellt. Die alliierten Jagdbomber intensivieren jetzt ihre rollenden Angriffe auf deutsche Panzerverbände. Daher sind die deutschen motorisierten Einheiten gezwungen, fast alle Bewegungen auf die Nachtstunden zu verlegen.

Die britische 2. Armee (Lt. Gen. Dempsey) tritt am Sonntag, dem 25. Juni 1944, mit Panzerverbänden westlich und südlich von Caen zu einer Großoffensive an und dringt in den Bereitstellungsraum der deutschen Panzerkräfte vor. Die Panzereinheiten, die sich zu diesem Zeitpunkt gerade in der Aufstellung für eine Gegenaktion befinden, werden vorzeitig in Kämpfe verwickelt.

Festung Cherbourg kapituliert

Am darauffolgenden Tag kapituliert GenLt. von Schlieben, Kommandant der Festung Cherbourg, mit seiner von ursprünglich 21 000 auf wenige tausend Mann zusammengeschmolzenen Garnison, nachdem – zusätzlich zum Angriff des VII. US-Korps (Maj. Gen. Collins) von der Landseite her – der Hafen durch die Salven der Schiffsartillerie und durch rollende Bombenangriffe völlig zerstört ist.

Lediglich kleinere deutsche Einheiten, die sich auf die Halbinsel de la Hague zurückgezogen haben, leisten noch bis zum Monatsende Widerstand.

Ende Juni 1944 stehen bereits 850 279 alliierte Soldaten, dazu 148 803 Fahrzeuge und 570 505 Tonnen Material, in der Normandie. 30 Infanteriedivisionen und 13 Panzerdivisionen der Alliierten befinden sich jetzt im Kampf gegen die erbitterte Abwehr deutscher Truppen. In den unübersichtlichen Bocages westlich von Caen gelingt es den Deutschen, die Offensive vorerst aufzuhalten und den Invasionstruppen mit Pak, Sturmgeschützen und Panzernahbekämpfungsmitteln schwere Panzerverluste zuzufügen.

Da GFM von Rundstedt auf die Frage des Chefs des OKW, GFM Keitel, nach der militärischen Lage in der Normandie zum Frieden geraten hat, wird er am Montag, dem 3. Juli 1944, auf Hitlers Weisung abgelöst und durch GFM von Kluge ersetzt.

Die 8. und 9. US Air Force fliegen in der Normandie weiterhin mit schweren Bomberverbänden Einsätze zur taktischen Unterstützung der Bodentruppen. Nur wenige hundert Meter breite Frontabschnitte der deutschen Verteidigungslinien werden mit Bombenteppichen belegt, um den eigenen Panzer- und Infanterieverbänden die Durchbruchsversuche zu erleichtern. Zuerst haben die Engländer diese Angriffe praktiziert, da jeder Vorstoß auf Caen im deutschen Sperrfeuer steckenbleibt.

Am Abend des 7. Juli 1944 werfen 450 Lancasters des RAF Bomber Command innerhalb von 40 Minuten 2363 Tonnen Bomben auf den nördlichen Stadtrand von Caen. Um das dort eingesetzte britische I. Korps nicht in Gefahr zu bringen, legt man den Bombenteppich etwa fünf bis sechs Kilometer vor die eigene Front. Während der Nordteil von Caen nach dem Angriff in Trümmern liegt und 350 Einwohner getötet sind, haben die Deutschen kaum Verluste erlitten, da ihre Verbände nördlich der Abwurfzone stehen.

Am nächsten Morgen erscheinen über dem gleichen Frontabschnitt 2000 mittlere und schwere Kampfflugzeuge der 9. US Air Force. Um das Vorrücken der eigenen Panzer nicht durch Bombentrichter zu behindern, werden vorwiegend Sprengbomben mit Aufschlagzündern abgeworfen.

Zu diesem Zeitpunkt sind bereits eine Million alliierter Soldaten in der Normandie gelandet. Aber trotz gewaltiger materieller Überlegenheit und massiver Luftunterstützung haben es die Alliierten innerhalb von vier Wochen nicht geschafft, mehr als ein Prozent französischen Bodens zu erobern.

Am Freitag, dem 14. Juli 1944, dem Nationalfeiertag der Franzosen, leistet die US Air Force ihre umfangreichste Hilfsaktion für die Résistance. 200 schwere Maschinen B-17 und B-24, unter dem Begleitschutz von 60 Spitfires, werfen sechs Stunden lang Container mit Waffen und Munition zur Ausrüstung von etwa 7000 Widerstandskämpfern über dem Zentralplateau im Bereich des Caussee de Loubressac ab. Während Col. Collignon und 1500 seiner Widerstandskämpfer die etwa 20 Quadratkilometer große und durch Bettlaken gekennzeichnete Abwurfzone sichern, schleppen die Bauern aus dem Umkreis die Versorgungsbehälter sofort in Verstecke.

Hitler vermutet auch am Sonntag, dem 16. Juli 1944, immer noch – durch die alliierte Operation »Bodyguard« getäuscht – eine Landung im Raum Calais und widersetzt sich mit Nachdruck der Forderung, weitere Verstärkungen von der 15. Armee (GenOberst von Salmuth) aus dem Raum Pas-de-Calais an die Invasionsfront zu verlegen. Die großangelegte Täuschungsoperation »Bodyguard« soll die Deutschen verunsichern und sie von der tatsächlichen Invasion in der Normandie ablenken.

Juli 1944

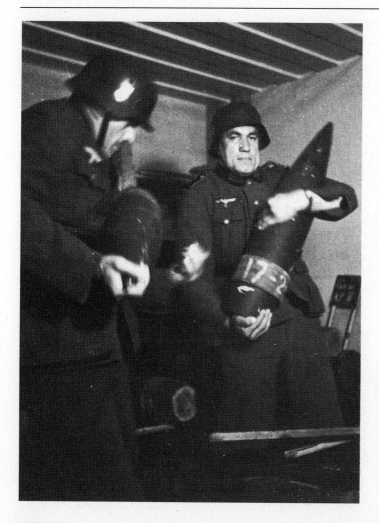

Kanoniere einer Küstenbatterie schleppen schwere Geschosse. Bereits einige Stunden nach dem Invasionsbeginn verstummen die meisten Küstenbatterien

General Leo Freiherr Geyer von Schweppenburg

Der amerikanische General Lawton Collins

Britische Infanteristen, unterstützt durch Panzer, greifen deutsche Stellungen im Raum Caen an

1944 Juli

Bis zuletzt von deutschen Truppen hartnäckig verteidigt: Caen und seine Umgebung wird erst 33 Tage nach der Landung von den britischen Verbänden eingenommen

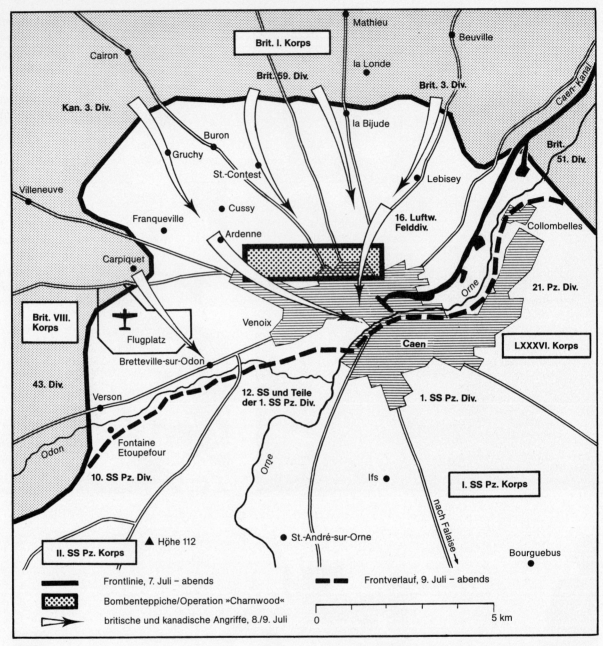

Eine Spitfire der 602. Squadron (City of Glasgow) greift am Montag, dem 17. Juli 1944, den Pkw von Rommel und dessen Begleitung in der Nähe des Ortes St. Foy-de-Montgomery im Tiefflug an. Als der schwerverwundete Fahrer die Kontrolle über das Fahrzeug verliert, prallt der Wagen gegen einen Baum. Neben anderen Verletzungen trägt Rommel einen Schädelbasisbruch davon. So muß GFM von Kluge, der Oberbefehlshaber West, zusätzlich die Führung der Heeresgruppe B übernehmen.

Am Dienstag, dem 18. Juli 1944, versuchen britische Einheiten – nach vorangegangenem Bombardement der deutschen Stellungen –, zusammen mit der Garde-Panzerdivision des englischen VIII. Korps aus dem Raum Caen in Richtung Cagny vorzustoßen, um einen Ausbruch aus dem Landekopf zu erzielen (Operation »Goodwood«). Drei deutsche Panzerdivisionen, die durch Tiger- und Sturmgeschützverbände verstärkt sind, können jedoch den Angriff abwehren und mehr als 200 englische Panzer in Brand schießen. Britische und amerikanische Truppen setzen am selben Tag in einer Großoffensive zur Überquerung der Orne an. Ein ungeheures Aufgebot alliierter Luftstreitkräfte gibt den Auftakt zu diesem Unternehmen: Über 2200 Maschinen, darunter 1600 viermotorige Bomber, werfen fast 8000 Tonnen Bomben auf die deutschen Stellungen in Colombelles, einer Vorstadt von Caen, ab. Die Bevölkerung hat annähernd 2000 Tote und 1300 Verletzte zu beklagen.

Nach sechswöchigen erbitterten und verlustreichen Kämpfen gelingt es endlich den Einheiten der britischen 2. Armee (Lt. Gen. Dempsey), am Mittwoch, dem 19. Juli 1944, Caen zu erobern.

Schwere Stürme vom 19. bis zum 22. Juli 1944 zerstören die künstlichen Häfen vor den Invasionsstränden. Dadurch wird der alliierte Nachschub derart behindert, daß sich der Durchbruch durch die deutsche Frontlinie verzögert.

Juli 1944

Die alliierten Jagdbomber, hier eine Maschine Hawker Typhoon, fügen den deutschen Panzerverbänden starke Verluste zu

Normandieküste, Juli 1944: Alliierte Landungsboote bringen die Verwundeten zu einem der Lazarettschiffe

Eine deutsche Nachschubkolonne nach einem Jagdbomberangriff. Bald ist der Verkehr auf den Straßen nur noch nachts möglich

1944 Juli

Gefangene deutsche Soldaten warten auf die Einschiffung nach England

Mehrere deutsche Panzerverbände sollen auf Hitlers Befehl die alliierten Truppen ins Meer zurückwerfen

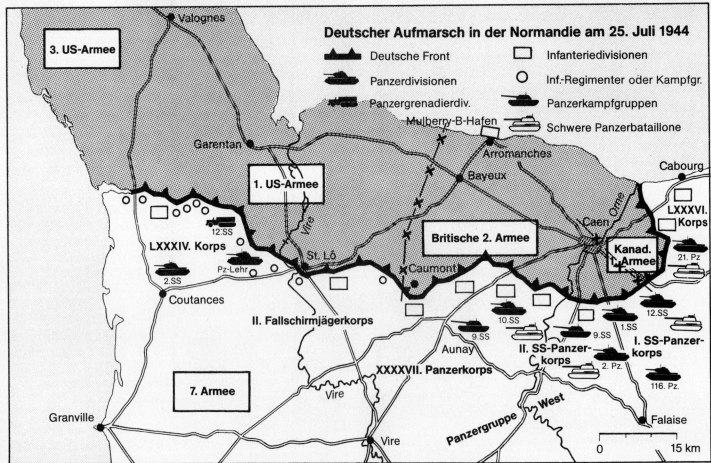

August 1944

General Hans-Heinrich Eberbach

Lessay, eine Ortschaft an der Westküste der Halbinsel Cotentin: Die Übermacht der alliierten Kräfte läßt der deutschen Verteidigung kaum eine Chance

Erbitterter deutscher Widerstand

Westlich von St. Lô beginnen vier amerikanische Panzerdivisionen und elf mot. Divisionen am Dienstag, dem 25. Juli 1944, eine Offensive (Operation »Cobra«) gegen die noch verbliebenen Teile von 13 deutschen Divisionen. Ein zu gleicher Zeit im Raum südlich von Caen in Richtung auf Falaise von kanadischen Verbänden eingeleiteter Angriff (Operation »Spring«) kommt nach erbitterten Kämpfen mit deutschen Panzerdivisionen zum Erliegen.

Die 1. US-Armee (Lt. Gen. Bradley) durchbricht in der Nacht vom 27./28. Juli 1944 den von der deutschen 7. Armee (SS-Obergruppenf. Hausser) verteidigten Frontabschnitt westlich von St. Lô. Um der Gefahr, abgeschnitten zu werden, zu entgehen müssen die deutschen Truppen sich nach Südosten zurückziehen, während die Amerikaner auf Avranches vorstoßen. Bradley faßt am 31. Juli 1944 seine 1. Armee und die 3. Armee (Lt. Gen. Patton) zur 12. US-Heeresgruppe zusammen. Sie durchstößt die deutschen Stellungen bei Avranches. US-Panzereinheiten rollen durch eine Frontlücke von nur 20 Kilometern in Richtung Rennes und bis zur unteren Loire. Gleichzeitig treiben sie auch einen Keil nach Osten und gelangen in den Rücken der in der Normandie stehenden Heeresgruppe B.

Parallel zur Neugruppierung der amerikanischen Truppen bildet Gen. Montgomery aus der britischen 2. Armee (Lt. Gen. Dempsey) und der kanadischen 2. Armee (Lt. Gen. Crerar) die britische 21. Heeresgruppe.

Am Freitag, dem 4. August 1944, besetzt die 1. US-Armee Rennes. Während sich die deutschen Einheiten in der Bretagne an die Küste nach Lorient und St. Nazaire zurückziehen, dringen Teile der 3. US-Panzerarmee nach Westen in Richtung Brest vor. Eine zu gleicher Zeit eingeleitete Offensive britischer Panzerkräfte südlich von Caen in Richtung Falaise kommt dagegen nur schleppend voran.

Am Montag, dem 7. August 1944, beginnt kurz nach Mitternacht ein Gegenangriff der deutschen 5. Panzerarmee (Gen. d. Pz.Tr. Eberbach) nach einem von Hitler persönlich mit allen Details ausgearbeiteten Plan, um die bei Avranches in die deutsche Front eingebrochenen Panzerkeile der 3. US-Armee (Lt. Gen. Patton) abzuschneiden. Schon nach wenigen Stunden gelingt den Verbänden der 2. SS-Panzerdivision ein zehn Kilometer tiefer Vorstoß und die Rückeroberung der Stadt Mortain. Bei Sonnenaufgang sollen rund 300 deutsche Jäger unterstützend in die Bodenkämpfe eingreifen. Sie werden jedoch schon bald nach dem Start aus dem Raum Paris in Luftkämpfe verwickelt und größtenteils abgeschossen. Keine dieser Maschinen kann den eigentlichen Kampfraum erreichen. Statt dessen werden die deutschen Panzereinheiten von raketenfeuernden britischen Jagdbombern Hawker »Typhoon« angegriffen. In nur wenigen Minuten sind 90

1944 August

Der kanadische General Henry D. Crerar

Der erfolgreiche Durchbruch amerikanischer Panzerverbände bei Avranches: Jetzt stoßen sie nach Westfrankreich vor

deutsche Panzer und 200 Fahrzeuge vernichtet. Zum erstenmal wird hier die Operation eines starken Panzerverbandes fast ausschließlich durch den Einsatz alliierter Jabos entschieden.

Am selben Tag wird GenLt. Dietrich von Choltitz, Führer des LXXXIV. Armeekorps, zum Kommandierenden General und Wehrmachtbefehlshaber von Paris ernannt. Choltitz, der Eroberer von Sewastopol, löst damit GenLt. Frhr. von Boineburg-Lengsfeld ab, den beim Putschversuch vom 20. Juli die Panzer-SS hat verhaften lassen.

In der Nacht vom 7./8. August 1944 bleibt der Durchbruchsversuch (Operation »Totalize«) des kanadischen II. Korps (Lt. Gen. Simonds) in Richtung Falaise wegen des starken deutschen Widerstandes bei Bretteville stecken, obwohl die RAF erstmals auch bei Dunkelheit viermotorige Bomber zur direkten Unterstützung der Bodentruppen einsetzt.

Invasion in Südfrankreich

Am Dienstag, dem 15. August 1944, läuft an der französischen Mittelmeerküste zwischen Toulon und Cannes die von Vizeadm. Hewitt geleitete Operation »Dragoon« an. Nach heftigen Bombenangriffen werden die 7. US-Armee (Lt. Gen. Patch) mit dem VI. US-Korps (Maj. Gen. Truscott) und das französische II. Korps (Gen. de Lattre de Tassigny) an Land gesetzt. Zusätzlich werden rund 14 000 Mann Luftlandetruppen von Korsika angeflogen. 32 Truppentransporter, 466 Landungsschiffe und -boote, 111 Zerstörer, Fregatten, Korvetten und andere Geleitfahrzeuge sowie 100 Minensucher der Task Forces 84, 85, 86 und 87 sind beim Transport und an der Landung beteiligt. Von See her schirmen fünf Schlachtschiffe, 23 Kreuzer und 29 Zerstörer das Unternehmen ab, während zur Luftsicherung Maschinen von neun Geleitträgern der Task Force 88 (Konteradm. Troubridge) zur Verfügung stehen.

Die Stärke der eingesetzten alliierten Luftstreitkräfte beträgt insgesamt etwa 5000 Maschinen, die der Luftwaffe dagegen nur 200 Flugzeuge. Ohne auf ernsthaften Widerstand zu stoßen, kommen die gelandeten Truppen nach Norden voran. Von Trägern startende Jabos unterstützen die Aktion. Erstmals werden, wie bereits im Pazifik, jetzt in Europa Marine-Trägerflugzeuge zur taktischen Unterstützung der Landetruppen eingesetzt.

Mitte August 1944 stehen alliierte Einheiten bereits vor den Atlantikhäfen Brest, Lorient und St. Nazaire.

Hitler erteilt am 16. August 1944 den Befehl zum langsamen Rückzug aus Südfrankreich für die Armeegruppe G (GenOberst Blaskowitz) mit der 1. Armee (Gen. d. Pz.Tr. Lemelsen) und der 19. Armee (Gen. d. Inf. von Sodenstern) von der spanischen Grenze und Atlantikküste – die Saône und obere Marne entlang in Richtung schweizerische Grenze.

Am selben Tag kann die kanadische 1. Armee (Lt. Gen. Crerar) Falaise einnehmen und – zusammen mit der 1. US-Armee (Lt. Gen. Bradley) – beginnen, die deutsche 7. Armee (SS-Oberstgruppenf. Hausser) und Teile der 5. Panzerarmee (Gen. d. Pz.Tr. Eberbach) einzukesseln.

August 1944

Die französische Mittelmeerküste, 15. 8. 1944: Amerikanische Landungsschiffe setzen die Truppen bei Cannes an Land. Sie treffen hier kaum auf Widerstand

Am Donnerstag, dem 17. August 1944, übernimmt auf Anordnung Hitlers der bisherige Oberbefehlshaber der Heeresgruppen Mitte und Nordukraine, GFM Model, jetzt in Frankreich die Funktion des OB West und gleichzeitig des OB der Heeresgruppe B. An der Ostfront wird die Führung der Heeresgruppe Mitte GenOberst Reinhardt, die der Heeresgruppe Nordukraine GenOberst Harpe übertragen.

Am Freitag, dem 18. August 1944, wird GenOberst Deßloch Befehlshaber der 3. Luftflotte. Er löst GFM Sperrle ab, dem nach Hitlers Ansicht die erforderliche Einsatzbereitschaft fehle.

Am Sonnabend, dem 19. August 1944, stoßen die im Rahmen der Operation »Totalize« vorrückenden Panzerspitzen der kanadischen 1. Armee (Lt. Gen. Crerar) bei Chambois auf die Panzereinheiten der 1. US-Armee (Lt.

Der amerikanische General Alexander M. Patch

US-General Lucian K. Truscott

Der französische General Jean de Lattre de Tassigny

Der amerikanische Admiral Henry K. Hewitt

1944 August

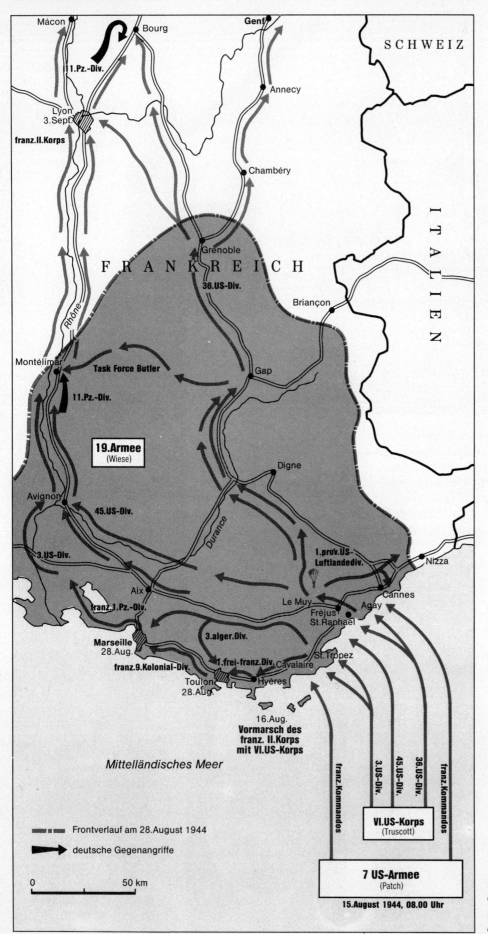

Dôle, eine Stadt im französischen Jura, von einem Fenster aus beobachtet: Am Vormittag verlassen die letzten deutschen Truppen die Stadt, am Nachmittag rollen die ersten alliierten Panzer ein

Operation »Dragoon«, die Landung der amerikanischen und französischen Truppen an der Mittelmeerküste und der Vormarsch in das Landesinnere

August 1944

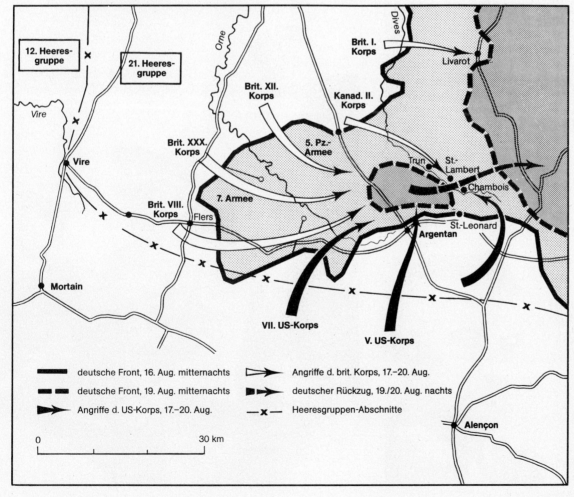

Der Kessel von Falaise, der den alliierten Truppen jedoch nur einen Teilerfolg bringt: Einer Anzahl deutscher Einheiten gelingt es, aus der Umkreisung zu entkommen

1944 August

Gen. Hodges). Damit sind im Raum Falaise die deutsche 7. Armee (SS-Oberstgruppenf. Hausser), Verbände der 5. Panzerarmee (Gen. d. Pz.Tr. Eberbach) sowie der Rest von zehn Divisionen, etwa 150 000 Mann, eingekesselt.

Ohne schwere Waffen und unter beträchtlichen Verlusten versuchen die Deutschen, durch einen engen Korridor zwischen dem von der polnischen 1. Panzerdivision (Maj. Gen. Maczek) besetzten Mount Ormel und St. Leonard an der Dives auszubrechen. Es können jedoch nur 20 000 Mann und 62 Panzer entkommen. 407 Panzer und Sturmgeschütze, über 7000 Kraftfahrzeuge und 990 Geschütze werden im Kessel zurückgelassen.

Paris ist frei

Am Freitag, dem 25. August 1944, wird Paris von den Alliierten befreit. Um die Stadt vor der Zerstörung zu bewahren, widersetzt sich der deutsche Stadtkommandant, Gen. von Choltitz, einer strikten Anweisung Hitlers und kapituliert vor der von Süden her einrückenden französischen 2. Panzerdivision (Maj. Gen. Leclerc) und der 4. US-Infanteriedivision (Maj. Gen. Barton).

Am Sonnabend, dem 26. August 1944, bereitet die Bevölkerung der französischen Hauptstadt Gen. de Gaulle, dem Begründer des Komitees der Nationalen Befreiung, bei seinem Einzug in Paris einen triumphalen Empfang.

Ende August 1944 haben die Deutschen durch die Kesselschlacht von Falaise und während des Rückzugs auf die Seine 2000 Panzer und Sturmgeschütze verloren. Das entspricht nahezu 15 Prozent einer gesamten Jahresproduktion. Zu dieser Zeit ist der deutsche Widerstand in Frankreich von den Invasionstruppen endgültig gebrochen worden. Nur 100 der in der Schlacht um die Normandie eingesetzten 2300 Panzer sind noch vorhanden. Da die an der Seine vorgesehene deutsche Auffangstellung nicht mehr zu halten ist, können die alliierten Panzerverbände fast mühelos in Richtung Belgien vorstoßen. Ausschließlich an der überlegenen Technik der Alliierten ist die deutsche Abwehr gescheitert. Die modernen amphibischen Transportmittel haben es ermöglicht, mehr Truppen und vor allem wesentlich schneller zu landen, als es die deutsche Führung erwartet hatte. Die Bewältigung der Versorgungsprobleme durch Anlegen künstlicher Häfen und eine durch den Ärmelkanal verlegte Pipeline hat ebenso zum Gelingen der alliierten Operationen beigetragen.

Paris, 25. 8. 1944: General von Choltitz auf dem Weg zur Unterzeichnung der Kapitulation

Der amerikanische General John N. Hodges

Der französische General Pierre Leclerc de Hautecloque

Generalfeldmarschall Walter Model

September 1944

Paris, 25. 8. 1944: Im Stadtzentrum ergeben sich die deutschen Soldaten

Belgien, September 1944: Die Bevölkerung begrüßt die alliierten Truppen enthusiastisch. Zwei Mädchen schreiben ihren Dank auf einen Panzer

Ende August 1944 stehen der Wehrmacht nur noch 327 000 Tonnen an Treibstoffreserven zur Verfügung. Schon zu diesem Zeitpunkt ist es erforderlich, die Zuteilungen an die Truppenteile um die Hälfte zu kürzen.

Die Befreiung Belgiens

Am Sonntag, dem 3. September 1944, macht Hitler GFM von Rundstedt wieder zum OB West, während GFM Model den Oberbefehl über die Heeresgruppe B behält. Am selben Tag rücken Teile der britischen 2. Armee (Lt. Gen. Dempsey) in Brüssel ein.

Die britische 11. Panzerdivision (Maj. Gen. Roberts) überquert am Montag, dem 4. September 1944, bei Tagesanbruch im Raum Tournai die Grenze nach Belgien. Sie soll in Richtung Antwerpen vorrücken und dort die Hafenanlagen besetzen. Mit Hilfe von Angehörigen des belgischen Widerstandes können die Engländer bereits bis zum Abend den Hafen und die Docks der Stadt unzer-

1944 September

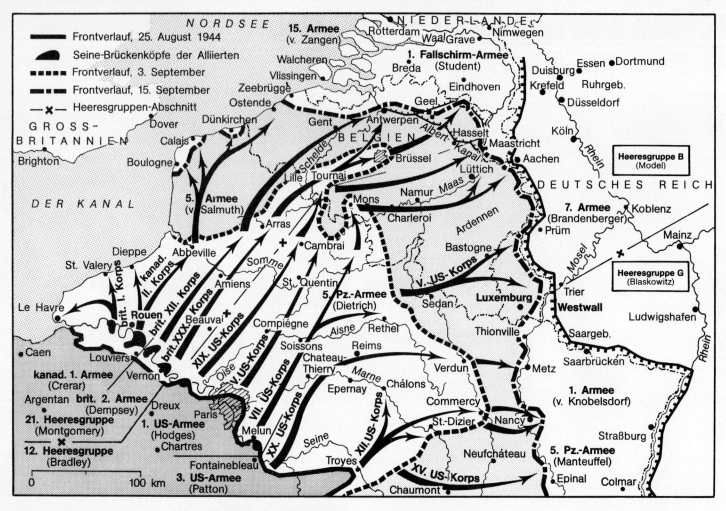

Vormarsch der Alliierten von der Seine bis zur holländischen Grenze

Niederlande 1944: Briefmarken der Exilregierung: Infanterist und Königin Wilhelmina

stört einnehmen. Bei ihrem schnellen Vordringen haben sie es allerdings unterlassen, auch die am Nordrand von Antwerpen über den Albert-Kanal führenden Brücken in ihre Gewalt zu bringen. Als sie dieses Versäumnis nachholen wollen, können die deutschen Verteidiger sie zurückschlagen. Über die nördlichen Stadtteile von Antwerpen gelangen die Engländer nicht hinaus; deshalb bleibt die wichtige Verbindung zur Insel Walcheren in deutscher Hand. Deutschen Truppen gelingt es, in erbitterten Kämpfen ihre Positionen an beiden Ufern der Schelde-Mündung und damit die Verbindung von Antwerpen zur Nordsee unter Kontrolle zu halten. Noch während der nächsten drei Monate ist die Schelde als Zugang zum Hafen für die Alliierten versperrt.

Anfang September 1944 läßt der notdürftig wieder instandgesetzte Westwall das Zurückfluten deutscher Truppen zum Stillstand kommen. Die Frontlinie verläuft nun im Norden an der Schelde-Mündung bei Antwerpen, ostwärts bis zur Maas, dann südlich nach Aachen mit Anschluß an den Westwall, der bis in den Trierer Raum reicht. Im südlichen Teil erstreckt sich die Front dann über Metz und Belfort bis zur Schweizer Grenze.

Am Montag, dem 11. September 1944, stößt die britische 2. Armee (Lt. Gen. Dempsey) von Belgien aus nach Holland vor. Und um 18.55 Uhr überschreitet ein von Sgt. Holzinger geführter amerikanischer Spähtrupp der 1. US-Armee (Lt. Gen. Bradley) bei Stolzenbourg in Lu-

September 1944

Raum Arnheim, 17. 9. 1944: Amerikanische Transportflugzeuge Douglas Dakota setzen Fallschirmjäger ab

Luftlandung bei Arnheim

Am Sonntag, dem 17. September 1944, erfolgt im Raum Arnheim/Nimwegen/Eindhoven unter dem Codenamen »Market Garden« die bisher größte Luftlandeoperation dieses Krieges, an der insgesamt rund 35 000 Mann beteiligt sind. Mit drei Divisionen und einer Brigade ist die Zahl der Luftlandetruppen fast doppelt so groß wie bei der Invasion in der Normandie. Die alliierten Luftstreitkräfte setzen 1500 Transportflugzeuge und Gleiter, 1000 Bomber und 1240 Jäger ein. Das Ziel des Unternehmens ist, zunächst starke Brückenköpfe am Wilhelmina-Kanal und Zuid-Wilems-Waart sowie an Maas, Waal und Rhein zu errichten, um danach den Rhein bei Arnheim zu überqueren und von Norden gegen das Ruhrgebiet vorzustoßen.

Die 101. US-Luftlandedivision (Maj. Gen. Taylor) wird zwischen Veghel und Zon abgesetzt, die 82. US-Luftlandedivision (Maj. Gen. Gavin) südlich von Nimwegen und die britische 1. Luftlandedivision (Maj. Gen. Urquhart) nördlich des Rheins bei Arnheim. Zwar werden die Deutschen von der Operation der Alliierten überrascht, doch leiten GFM Model (OB der Heeresgruppe B) und GenOberst Student (OB der 1. Fallschirm-Armee) unver-

xemburg unbehelligt die deutsche Reichsgrenze nördlich von Trier.

In der Nacht vom 15./16. September 1944 unternehmen drei deutsche Kampfschwimmer des Marine-Einsatzkommandos 60, MEK 60 (Oberlt. Prinzhorn), einen Angriff auf die Hauptschleuse des Hafens von Antwerpen, die am 4. September 1944, wie auch alle übrigen Hafenanlagen, durch das unerwartet schnelle Vorrücken englischer Panzereinheiten unversehrt in deren Hände gefallen ist. Schwimmend überwinden die Männer die Netzsperren und arbeiten sich zu dem 35 Meter breiten Schleusentor vor. Dort angelangt, fluten sie die mitgeführte Torpedomine, deponieren sie auf der 15 Meter tiefen Schleusensohle, stellen den Zeitzünder ein und schwimmen zu dem Führungsboot, das sie 1000 Meter vor der Kreuzschanzschleuse abgesetzt hat, zurück. Um 5.00 Uhr morgens explodiert die Torpedomine und zerstört die Schleuse. Für die nächsten sechs Wochen können keine Seeschiffe mehr den Hafen von Antwerpen anlaufen.

953

1944 September

Der britische General F. A. M. Browning, Kommandeur des alliierten I. Luftlandekorps

SS-Obergruppenführer Wilhelm Bittrich

Die Bedienung einer deutschen leichten Flak verfolgt den Anflug der alliierten Transportflugzeuge

Eindhoven, 19. 9. 1944: Holländische Krankenschwestern begrüßen die vorbeirollenden britischen Truppen

September 1944

züglich wirksame Gegenmaßnahmen ein. An den während der nächsten zehn Tage tobenden Kämpfen nimmt vor allem das II. SS-Panzerkorps (SS-Obergruppenf. Bittrich) entscheidend teil. Einheiten dieses bei Arnheim liegenden Korps können die britische 1. Luftlandedivision so vernichtend schlagen, daß deren noch verbliebene Fallschirmeinheiten schließlich kapitulieren. Den bei Nimwegen niedergegangenen US-Luftlandetruppen gelingt es dagegen, eine Verbindung zu den aus Südholland vorrückenden Panzerverbänden der britischen 2. Armee herzustellen und diesen Korridor allmählich zu erweitern. Von den an diesem Tag über Holland eingesetzten 4603 alliierten Flugzeugen sind nur 73 durch Flakeinwirkung verlorengegangen. Deutsche Jäger haben überhaupt nicht in die Kämpfe eingegriffen.

Nach der alliierten Luftlandung bei Arnheim treten die niederländischen Eisenbahner von Montag, dem 18. September 1944, an in einen Streik zur Behinderung der deutschen Transporte, den sie bis Kriegsende aufrechterhalten. SS und Polizei gehen massiv gegen den niederländischen Widerstand vor.

Der Atlantikhafen Brest wird am Dienstag, dem 19. September 1944, von dem VIII. US-Korps erobert.

Am Mittwoch, dem 20. September 1944, besetzen Fallschirmjäger der 82. US-Luftlandedivision (Maj. Gen. Gavin) und Panzer des XXX. Korps (Lt. Gen. Horrocks) die unzerstört gebliebene Rheinbrücke bei Nimwegen. Ihr Versuch, weiter vorzustoßen, um der am Rande von Arnheim stark bedrängten britischen 1. Luftlandedivision (Maj. Gen. Urquhart) zu Hilfe zu kommen, wird von den Deutschen vereitelt.

Wegen schlechten Wetters verzögert sich bis zum Donnerstag, dem 21. September 1944, der Einsatz der polnischen 1. Fallschirmjäger-Brigade (GenMaj. Sosabowski) im Rahmen der Operation »Market Garden«. Unglücklicherweise springen die Polen auf der linken Rheinseite bei Arnheim ab, so daß es nur einigen Dutzend Mann gelingt, gegen die starke Strömung des Flusses anzukämpfen und zu den in dem Arnheimer Villenvorort Oosterbeek erbittert kämpfenden Resten der britischen 1. Luftlandedivision vorzudringen.

»Market Garden« gescheitert

Am Montag, dem 25. September 1944, gibt Urquhart den noch verbliebenen Teilen der britischen 1. Luftlandedivision den Befehl, aus Oosterbeek über den Rhein auszubrechen. Jedoch erreichen während der Nacht nur 2398 von seinen 10095 Soldaten das Südufer des Flusses, an dem gerade erst zu dieser Zeit Vorausabteilungen des XXX. Korps (Lt. Gen. Horrocks) angelangt sind.

Das großangelegte Luftlandeunternehmen der Alliierten wird für die Wehrmacht zum letzten Abwehrsieg dieses Krieges und läßt die deutsche Führung noch einmal hoffen, zumal sich auch im Osten wieder eine zusammenhängende Front gebildet hat. Eine eindeutige Unterschätzung des Gegners durch die alliierten Nachrichtendien-

Arnheim, 19. 9. 1944, Utreehrseweg, gegenüber dem Gemeindemuseum: Britische Fallschirmjäger ergeben sich nach dem aussichtslosen Kampf und werden zur Gefangenensammelstelle geführt

1944 September

ste, die schlechte Wetterlage, vor allem aber der schnelle Einsatz des schlagkräftigen II. SS-Panzerkorps (SS-Obergruppenf. Bittrich) machen die von der alliierten Führung an die Operation »Market Garden« geknüpften strategischen Folgerungen zunichte.

Während die Schlacht um Arnheim für die Alliierten gescheitert ist, können die übrigen bei dem Unternehmen gewonnenen Positionen verteidigt werden. Das wird fast ausschließlich durch die schmale, 82 Kilometer lange Bresche ermöglicht, die die britische 2. Armee (Lt. Gen. Dempsey) mit ihrem XXX. Korps von der Front im Süden Hollands nach Norden bei Nimwegen geschlagen hat.

Am Sonnabend, dem 14. Oktober 1944, wird Aachen als erste größere Stadt in Deutschland von Panzerverbänden der 9. US-Armee (Lt. Gen. Simpson) eingeschlossen und schließlich am 21. Oktober besetzt.

Eroberung von Walcheren

Am Mittwoch, dem 1. November 1944, beginnt in der Schelde-Mündung die alliierte Operation »Infatuate« mit dem Ziel, durch die Eroberung der Insel Walcheren von See her Zugang zum Hafen von Antwerpen zu erlangen. Ab 5.45 Uhr landen das britische 4. Commando (Lt. Col. Dawson), verstärkt durch eine holländische Gruppe vom 10. Interalliierten Commando, die 4. Special Service Brigade (Brig. Leicester) sowie die 152. Brigade der britischen 52. Infanteriedivision (Maj. Gen. Hakewell-Smith) auf Walcheren. Der Angriff wird von dem englischen Schlachtschiff »Warspite« und den zwei Monitoren »Erebus« und »Roberts« durch Artillerie unterstützt. Die stark befestigte Insel, zu deren Küstenbatterien auch schwere britische und französische Beutegeschütze gehören, wird von der deutschen 70. Infanteriedivision (GenLt. Daser) erbittert verteidigt; aber nach einer Woche müssen die Deutschen auf Walcheren die Waffen strecken.

Im Raum Jülich greifen Einheiten der 9. US-Armee (Lt. Gen. Simpson) am Donnerstag, dem 16. November 1944, die Stellungen der deutschen 5. Panzerarmee (jetzt Gen. d. Pz.Tr. Hasso von Manteuffel) an. Damit beginnt die drei Wochen dauernde »Schlacht an der Roer«.

Um den Befehl über die Ardennen-Offensive zu übernehmen, verläßt Hitler am Montag, dem 20. November 1944 sein Hauptquartier »Wolfsschanze«, in dem er sich seit Juni 1941 hauptsächlich aufgehalten hat. Der weitere Kriegsverlauf macht ihm eine Rückkehr dorthin unmöglich.

Am Donnerstag, dem 23. November 1944, erobert die 7. US-Armee Straßburg und erreicht damit den Rhein.

Der Reichsinnenminister und Reichsführer SS Heinrich Himmler wird am Sonntag, dem 26. November 1944, auch noch zum OB »Oberrhein« ernannt.

In der Schelde-Mündung, November 1944, Operation »Infatuate«. Dramatische Augenblicke beim Kampf um die Insel Walcheren: Ein britisches Landungsschiff sinkt nach dem Volltreffer einer deutschen Küstenbatterie

November 1944

Berlin, 12. 11. 1944, nach der feierlichen Vereidigung von Einheiten des Volkssturms: Vorbeimarsch an Reichsminister Dr. Joseph Goebbels

Der amerikanische General William H. Simpson

Insel Walcheren, November 1944: Britische Landungsfahrzeuge arbeiten sich während der Ebbe mühsam an den Strand

957

1944 November

»Feind völlig überrascht« — meldet die NS-Presse nach dem Beginn der Ardennen-Offensive

VÖLKISCHER BEOBACHTER

Deutsche Offensive im Westen
In breiter Front: Stoß aus dem Westwall
Die USA.-Stellungen zwischen Hohem Venn und Nordteil Luxemburgs überrannt

Die zweite Phase
Von Major Ritter v. Schramm

Feind völlig überrascht
Aus dem Führerhauptquartier, 18. Dezember.
Das Oberkommando der Wehrmacht gibt bekannt:
Starke deutsche Kräfte sind am 16. Dezember, um 5.30 Uhr, in breiter Front aus dem Westwall nach einer kurzen, aber gewaltigen Feuervorbereitung zum Angriff angetreten, und haben die vorderen amerikanischen Stellungen zwischen dem Hohen Venn und dem Nordteil Luxemburgs

Der Gegenschlag

Am Dienstag, dem 28. November 1944, kann der erste alliierte Konvoi mit 18 Schiffen den Hafen von Antwerpen anlaufen. Mehr als zehn Wochen haben die Reparaturarbeiten an der Mitte September von deutschen Kampfschwimmern gesprengten Kreuzschanzschleuse in Anspruch genommen.

Von Ende November bis Anfang Dezember 1944 haben die Deutschen ihre Front im Westen stabilisieren können. Im Norden verläuft sie entlang der holländischen Flüsse und Kanäle, dann über den Niederrhein sowie den Westwall bis zum Oberrhein.

Die Ardennen-Offensive

Am Sonnabend, dem 16. Dezember 1944, beginnt im Abschnitt der Westfront zwischen dem Hohen Venn in der Eifel und dem Norden von Luxemburg die deutsche Ardennen-Offensive unter dem Decknamen »Wacht am Rhein«. Auch »Rundstedt-Offensive« bezeichnet, stellt sie den letzten deutschen Versuch dar, im Westen die Initiative wiederzugewinnen und die alliierten Invasionstruppen zurückzuschlagen. Operatives Ziel der Offensive ist es, einen Keil zwischen die britischen und amerikanischen Einheiten zu treiben, dadurch die Frontlinien der Alliierten aufzuspalten, möglichst viele gegnerische Verbände einzukesseln und Antwerpen zurückzuerobern.

Dem Oberbefehlshaber West, GFM von Rundstedt, stehen zum Angriff auf die 1. US-Armee (Lt. Gen.

Ardennen. Bereits nach einigen Tagen der Offensive müssen die deutschen Verbände zur Verteidigung übergehen: Panzergrenadiere in Erwartung eines feindlichen Angriffs

Dezember 1944

Ardennen, 17.12.1944: Der Stoßtrupp eines SS-Verbandes greift an. Am Straßenrand ein brennender amerikanischer Schützenpanzerwagen

Hodges) zur Verfügung: die Heeresgruppe B (GFM Model) mit der 6. SS-Panzerarmee (SS-Oberstgruppenf. Dietrich), die 5. Panzerarmee (Gen. d. Pz.Tr. von Manteuffel) sowie die 7. Armee (Gen. d. Art. Brandenberger) mit insgesamt 12 Infanteriedivisionen, zwei Fallschirmjägerdivisionen und sieben Panzerdivisionen. In Reserve stehen: vier Infanteriedivisionen, zwei Panzerdivisionen und eine Panzergrenadierdivision mit 1750 Panzern und Sturmgeschützen.

Das Luftkommando West (GenLt. Joseph Schmid) soll mit 1492 Jägern, 171 Bombern, 91 Schlachtflugzeugen und 40 Aufklärern die Luftsicherung der Offensive übernehmen.

Der Angriff der 6. SS-Panzerarmee stößt sofort auf energischen Widerstand und gelangt nur 10 Kilometer weit, während es der 5. Panzerarmee gelingt, 30 Kilometer weit vorzustoßen.

General Erich Brandenberger

1944 Dezember

Zur selben Stunde beginnt das Flakregiment 155 (Oberst Wachtel) von Mittelholland aus die ersten V1 und V2 gegen Antwerpen abzuschießen. Eine der ersten Fernraketen schlägt am Abend nahe dem Hauptbahnhof in das vollbesetzte Rex-Kino ein. 271 Menschen kommen dabei um.

Nachdem schon zu Beginn der Invasion Angehörige der SS-Division »Hitler-Jugend« in der Normandie Kriegsgefangene getötet haben, eröffnet bei Malmedy am Sonntag, dem 17. Dezember 1944, eine Kampfgruppe der 1. SS-Panzerdivision »Leibstandarte Adolf Hitler« unter Obersturmf. Jochen Peiper das Feuer auf eine Abteilung Gefangener und zum Teil verwundeter Amerikaner, von denen 71 getötet werden.

Das strategische Ziel des zweiten Tages der Ardennen-Offensive, Brückenköpfe über die Maas zu bilden, wird nicht erreicht. Zwar gelingt es der 6. SS-Panzerarmee und der 5. Panzerarmee, bis Clervaux und kurz vor Malmedy vorzustoßen, doch gewinnt die 7. Armee kaum an Boden. Am nächsten Tag gerät die Ardennen-Offensive bereits ins Stocken, vor allem im Bereich der 6. SS-Panzerarmee.

Am Sonnabend, dem 23. Dezember 1944, läßt die Wetterlage in den Ardennen nach einer Reihe neblig-trüber Tage zum erstenmal einen massiven Einsatz der alliierten Luftstreitkräfte zu. 3170 Maschinen greifen in die Bodenkämpfe ein und bombardieren besonders Verkehrsknotenpunkte und Truppenansammlungen.

Am selben Tag gehen auf Antwerpen 26 V2-Raketen nieder, eine Rekordzahl, die sich drei Tage später wiederholen wird.

Die alliierten Luftstreitkräfte fliegen gegen die deutschen Truppen und Nachschubwege in den Ardennen am Sonntag, dem 24. Dezember 1944, insgesamt 6000 Einsätze.

Die Luftwaffe hat in den acht Tagen seit dem 16. Dezember 1944 1088 Flugzeuge verloren.

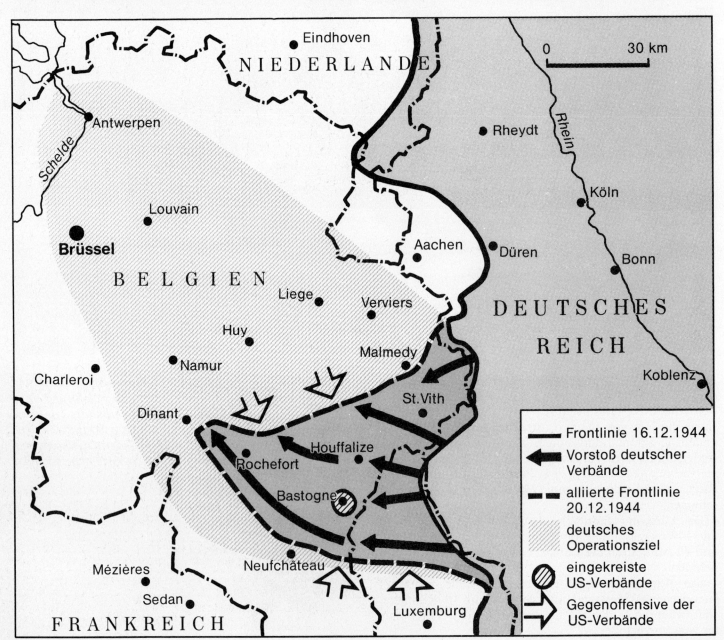

Dezember 1944

Offensive wird gestoppt

Am Montag, dem 25. Dezember 1944, gelangt GFM von Rundstedt zu der festen Überzeugung, daß mit der Ardennen-Offensive nicht das angestrebte operative Ziel zu erreichen ist. Darum rät er Hitler dringend, die Offensive einzustellen und die Truppen wieder auf den Westwall zurückzunehmen. Hitler verlangt jedoch, das Unternehmen fortzuführen, da der für Anfang Januar beabsichtigte Angriff der Heeresgruppe G aus dem nördlichen Elsaß heraus (Operation »Nordwind«) eine Änderung der augenblicklichen Situation bringen werde.

Am Freitag, dem 29. Dezember 1944, sprengen vier Divisionen der 3. US-Armee den Ring um das im Rahmen der Ardennen-Offensive von der deutschen 5. Panzerarmee belagerte Bastogne. Deshalb muß die am weitesten nach Westen vorgestoßene 2. Panzerdivision auf Rochefort zurückgenommen werden, und aus der deutschen Offensive entwickelt sich langsam eine Niederlage.

Zur gleichen Zeit läßt auch die strategische Gruppierung deutscher Panzerverbände an der Ostfront unter militärischen Aspekten wenig Gutes erwarten, da die zahllosen weit verstreuten Einsätze und Hitlers Befehl, kleinere Gebiete wie etwa Kurland unbedingt zu halten, zu einer Überbeanspruchung dieser Kräfte führen müssen.

Ardennen-Offensive: Das deutsche Operationsziel und die Lage am 20. 12. 1944 (linke Seite)

Nach Überwindung des ersten Schocks versteift sich der Widerstand der US-Truppen: Ein leichtes Flakgeschütz bei der Bekämpfung der deutschen Panzerfahrzeuge

DER KRIEG IN ITA-LIEN

SÜDLICH DER ALPEN:

Der Vormarsch der Alliierten ist einfach nicht mehr zu stoppen: Aus dem Raum um Anzio und Nettuno über Rom nach Norden

An der Front in Italien tritt am 3. Januar 1944 die 5. US-Armee (Lt. Gen. Clark) mit zwei amerikanischen, drei britischen und zwei französischen Divisionen erstmals im Vorfeld der deutschen Hauptverteidigungslinie nördlich des Garigliano zum Angriff an. Die deutsche 10. Armee (GenOberst von Vietinghoff-Scheel) mit sieben Divisionen muß bei ihren Nachhutgefechten über den Rapido zurückweichen.

Die Alliierten setzen an der Mündung des Garigliano in der Nacht vom 17./18. Januar 1944 zu einem zweiten Angriff an, der durch die Landung kleinerer Einheiten hinter der deutschen Front unterstützt wird.

In der Nacht vom 21./22. Januar 1944 beginnt die Operation »Shingle«, die Landung des amerikanischen VI. Korps (Maj. Gen. Lucas) bei Anzio und Nettuno südlich von Rom, nachdem zuvor die Nachschubwege von der italienischen Hauptstadt bis zum Garigliano verstärkt aus der Luft angegriffen worden sind. An der Landungsoperation sind beteiligt: neun Transportschiffe, 226 Landungsfahrzeuge, ein Tanker und vier Lazarettschiffe. Die US-Einheiten stoßen an Land zunächst nur vereinzelt auf deutschen Widerstand, doch nutzen sie den Überraschungseffekt nicht aus.

Schwere Bomber Heinkel He 177 des Kampfgeschwaders 40 und Dornier Do 217 des Kampfgeschwaders 100 versuchen, mit Gleit- und ferngesteuerten Bomben (FX 1400 und Hs 293) die Landungstruppen anzugreifen. Allerdings trifft nur ein Teil der Bomben ins Ziel, da es den US-Zerstörern »Woolsey«, »Frederick C. Davis« und »Herbert C. Jones« durch starke Störsender gelingt, die Fernsteuerung der Gleitbomben funktionsunfähig zu machen.

Am Sonntag, dem 23. Januar 1944, wird von den vor Anzio kreuzenden Schiffen der britische Zerstörer »Jervis« durch eine ferngelenkte Hs-293-Bombe schwer beschädigt, doch kann er noch mit eigener Kraft den Hafen von Neapel anlaufen.

In den letzten Januartagen 1944 haben die Deutschen eine Panzerdivision von der Adria, zwei Divisionen aus Oberitalien, eine Division aus Frankreich sowie eine Division vom Balkan herangezogen und sie in der 14. Ar-

Soldaten des polnischen II. Korps erklimmen einen Bergrücken im Raum Cassino

1944 Januar

Süditalien, Januar 1944: Britische Amphibien-Fahrzeuge steuern die Küste an der Mündung des Garigliano an

Der amerikanische General Mark W. Clark

Der amerikanische General John P. Lucas

Die Schlacht am Monte Cassino

Am Dienstag, dem 15. Februar 1944, werfen 299 amerikanische Maschinen 453 Tonnen Bomben auf das 529 n. Chr. erbaute Benediktinerkloster Monte Cassino und zerstören es völlig. Der Kommandeur der neuseeländischen 2. Division (Lt. Gen. Freyberg) hat zu dieser Aktion gedrängt, obwohl bis dahin das Kloster nicht in die deutschen Verteidigungsstellungen der Gustav-Linie einbezogen war.

Unterdessen wird von alliierter Seite der Versuch unternommen, durch stärkeren Einsatz von Panzern das Tempo der eingeleiteten Offensive zu forcieren, um möglichst schnell einen Durchbruch in Richtung Rom zu erzwingen. Diese Bemühungen bleiben jedoch erfolglos, da das von den Flüssen Rapido, Liri und Garigliano durchzogene Gebiet, und damit der Weg von Minturno über Cassino nach Rom, ein für Panzer kaum zu bewältigendes Hindernis darstellt. Während der wochenlangen Durchbruchsversuche der Alliierten an der Cassino-Front kommt es fast nie zu einem Zusammenwirken von Infanterie und Panzereinheiten, da sowohl die Geländeverhältnisse als auch wirksame Waffen zur Panzernahbekämpfung Operationen größerer Panzerverbände ausschließen.

Die deutsche 14. Armee (GenOberst von Mackensen) beginnt am 16. Februar 1944 ihren Großangriff auf den Landekopf im Raum Anzio/Nettuno. Sie will den Brückenkopf eindrücken und damit die Alliierten zum Rückzug zwingen. Doch die alliierte Luftüberlegenheit und vor allen Dingen der Artilleriebeschuß von den vor der Küste liegenden Kriegsschiffen behindern den deutschen Vorstoß.

mee (GenOberst von Mackensen) zusammengefaßt, um sie mit den Infanterieregimentern der 10. Armee gegen den Landekopf der Alliierten im Raum Anzio/Nettuno einzusetzen.

Am Sonnabend, dem 29. Januar 1944, sind der nahe der Küste bei Anzio zur Luftabwehr ankernde englische Flakkreuzer »Spartan« sowie der Frachter »Samuel Huntington« (7181 BRT) das Ziel der II. Gruppe des Kampfgeschwaders 100. Kurz nach 19.00 Uhr werden beide Schiffe von ferngesteuerten Hs-293-Bomben getroffen. Während die »Spartan« unmittelbar danach kentert und versinkt, wird der Frachter zunächst in Brand gesetzt, explodiert aber wenige Stunden nach Mitternacht, als die Flammen die Munitions- und Treibstoffvorräte erreicht haben.

Februar 1944

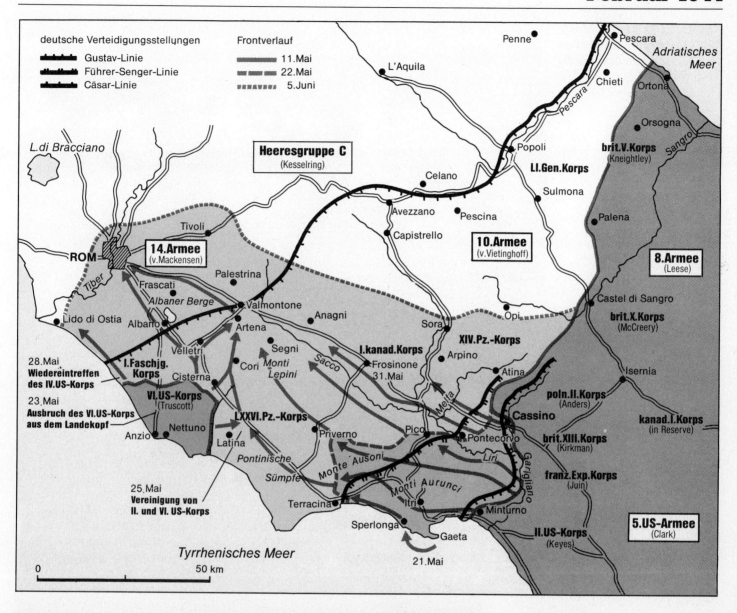

Die deutschen Verteidigungslinien südlich von Rom. Der Frontabschnitt um Cassino wird zum Schauplatz monatelanger blutiger Kämpfe

Der einzige Überlebende einer Familie aus Cassino nach den schweren alliierten Luftangriffen

1944 Februar

Das Kloster Monte Cassino während eines alliierten Bombenangriffs

»Kloster Cassino in Trümmern« – berichtet die britische Presse am 16. 2. 1944

Deutsche Fallschirmjäger während eines Gefechts in den engen Gassen von Cassino

April 1944

Am selben Tag kann die Luftwaffe bei Anzio ihren letzten Erfolg mit ferngelenkten Bomben verzeichnen. Der amerikanische Frachter »Elihu Hale« (7176 BRT) sowie das längsseits liegende Landungsboot LCT-35 werden von der II. Gruppe des Kampfgeschwaders 100 versenkt.

Das LXXVI. Panzerkorps (Gen. d. Pz.Tr. Herr) treibt zusammen mit dem I. Fallschirmjägerkorps (Gen. d. Fl. Schlemm) am 17. Februar 1944 zwar einen tiefen Keil in den Brückenkopf bei Anzio/Nettuno; beide Korps werden aber durch Gegenangriffe der Amerikaner wieder zurückgeworfen. Ohne zu wissen, daß die Alliierten schon erwägen, den Landekopf aufzugeben, stellt die 14. Armee ihren Angriff ein.

Da die deutschen Operationen gegen den Brückenkopf Anzio Modellcharakter für die Abwehr der 1944 erwarteten alliierten Invasion in Westeuropa haben sollen, kommt es nach dem trotz Konzentration starker Kräfte gescheiterten Angriff zu Differenzen zwischen den Oberbefehlshabern im Westen, von Rundstedt und Rommel.

Am Sonntag, dem 20. Februar 1944, sind die amerikanischen Truppen an der Front bei Cassino gezwungen, ihre heftigen, wenn auch erfolglosen, Angriffe wegen des erbitterten deutschen Widerstandes einzustellen.

Mit vier deutschen Divisionen erfolgt am 29. Februar 1944 der zweite Großangriff auf den Landekopf Anzio/Nettuno, der aber bereits nach 24 Stunden wegen ungewöhnlich hoher Verluste beendet wird.

Sir Bernard Freyberg, neuseeländischer General

General Fridolin von Senger und Etterlin sowie Generalfeldmarschall Albert Kesselring

Schwerste Kämpfe um Cassino

Die Alliierten unternehmen am Mittwoch, dem 15. März 1944, bei Cassino einen erneuten Großangriff. Nachdem in den Morgenstunden schwere US-Bomber B-17 vier Stunden lang 2500 Tonnen Sprengbomben auf Cassino abgeworfen haben und kurz danach die Artillerie ein Trommelfeuer aus 746 Rohren auf die Stadt und ihre Umgebung eröffnet, glaubt niemand auf alliierter Seite, daß auch nur ein deutscher Soldat das Inferno überlebt hat. Doch als am Nachmittag die Infanterie und Panzer vorstoßen wollen, treffen sie völlig überraschend auf erbitterten deutschen Widerstand. So scheitert unter hohen Verlusten auch der dritte Durchbruchversuch der alliierten Truppen bei Cassino, der sich bis zum 24. März 1944 hinzieht.

Nachdem am Donnerstag, dem 23. März 1944, Angehörige der italienischen Widerstandsbewegung einen Anschlag auf eine deutsche Polizeikompanie ausgeführt haben, bei dem 33 Polizisten getötet und 60 verletzt worden sind, werden am folgenden Tag in den Adriatinischen Höhlen 335 Italiener, darunter auch Frauen und zwei vierzehnjährige Jungen, von einem Exekutionskommando unter SS-Obersturmbannf. Kappler erschossen.

Am Donnerstag, dem 20. April 1944, wird erstmals ein deutscher Kleinkampfverband (Vizeadm. Heye) zur Bekämpfung alliierter Schiffe, die bei Anzio/Nettuno vor Anker liegen, eingesetzt. 30 Ein-Mann-Torpedos vom Typ »Neger«, unter dem Bootskörper mit einem Torpedo G7E versehen, sind gerade fertiggestellt und befinden sich auf dem Eisenbahntransport in Richtung Torre Vaianica (Italien). Die Besatzungen hat man in der Torpedoversuchsanstalt Eckernförde und in Langenargen (Bodensee) im Schnellverfahren auf ihre Aufgabe vorbereitet. 500 Soldaten des Heeres müssen helfen, die 30 »Neger« ins Wasser zu bugsieren, doch nur 17 können starten und den 18 Seemeilen langen Weg bis zur Reede von Anzio/Nettuno antreten, der Rest wird bei Sonnenaufgang gesprengt. Das Unternehmen endet mit einem totalen Mißerfolg.

Ende April 1944 herrscht an der italienischen Front eine Kampfpause, die bis Anfang Mai dauert. Grund dafür ist die auf beiden Seiten eingetretene Erschöpfung der Kräfte. Trotzdem fliegen die Amerikaner unablässig Luftangriffe gegen die deutschen Nachschubwege. Unterdessen baut die 14. Armee (GenOberst von Mackensen) rund um den Landekopf Anzio/Nettuno ein tiefgestaffeltes Verteidigungssystem mit Riegelstellungen aus.

Auf Anforderung von Gen. Alexander muß die an der Adria liegende britische 8. Armee (Gen. Montgomery)

1944 April

Monte Cassino, 18. 5. 1944: Der Hang, auf dessen Gipfel das verwüstete Kloster liegt, trägt Spuren schwerer Kämpfe

General Heinrich-Gottfried von Vietinghoff-Scheel

General Richard Heidrich (hier als Oberst)

Der französische General Alphonse Juin

Der polnische General Wladyslaw Anders

mehrere Divisionen abgeben, die mit von Cassino abgezogenen Einheiten auf Rom angesetzt werden. Auf diese Weise wird die 5. US-Armee (Lt. Gen. Clark) auf fünf Korps vergrößert, die sich aus den unterschiedlichsten Einheiten zusammensetzen: Amerikanern, Engländern, Kanadiern und Franzosen, Neuseeländern, Südafrikanern, selbst Italienern und Jugoslawen, dazu Maoris, Indern, Gurkhas, Algeriern, Marokkanern, Tunesiern, Berbern, Juden, Polen, Brasilianern und sogar amerikanisierten Japanern. Die Hauptlast des Vorstoßes trägt an der Küste des Tyrrhenischen Meeres das amerikanische II. Korps gemeinsam mit dem auf vier Divisionen verstärkten französischen Expeditionskorps (Gen. Juin).

Beiderseits von Cassino haben das britische XIII. und das polnische II. Korps Stellung bezogen, ein weiteres Korps mit drei Divisionen steht als Reserve bereit. Dagegen müssen die deutsche 10. Armee (GenOberst von Vietinghoff-Scheel) und die 14. Armee (GenOberst von Makkensen) fünf Divisionen in der Reserve belassen, da eine Offensive sowohl an der Hauptfront als auch am Landekopf Anzio/Nettuno zu erwarten ist.

Am späten Abend des 11. Mai 1944 leitet an einem Frontabschnitt von 30 Kilometer Länge zwischen der Küste und dem oberen Rapido-Tal ein Trommelfeuer aus 1600 Geschützen die Offensive der britischen 8. Armee und der 5. US-Armee ein. Danach drängen amerikanische und französische Verbände die 10. Armee etwa 20 Kilometer zurück. Erst nach dem Eintreffen von zwei deutschen Reservedivisionen stabilisiert sich die Lage.

Dezember 1944

Der Druck englischer und polnischer Verbände wird in der Nacht vom 17./18. Mai 1944 vor Cassino so stark, daß die Deutschen ihre Einheiten notgedrungen zurücknehmen müssen.

Amerikanische Infanterie im Straßenkampf: Den ganzen Sommer und Herbst 1944 hindurch ist Italien nördlich von Rom Kriegsschauplatz erbitterter Kämpfe zwischen den alliierten und deutschen Truppen

Der Fall von Rom

Fünf Divisionen der 5. US-Armee (Lt. Gen. Clark) durchbrechen den von der 14. Armee gebildeten Riegel um den Landekopf Anzio/Nettuno am Dienstag, dem 23. Mai 1944. Der Angriff wird von massiver Luft- und Artillerieunterstützung eingeleitet. Zwei Tage später erreicht die 5. US-Armee die Hauptfront bei Terracina. Bei Cassino brechen gleichzeitig Engländer und Franzosen durch, ohne den Gegner weiter zu verfolgen. Gegenangriffe deutscher Panzereinheiten versuchen nochmals, den schrittweisen Vormarsch der Alliierten auf Rom aufzuhalten.

Am Sonntag, dem 4. Juni 1944, marschiert die 5. US-Armee (Lt. Gen. Clark) in Rom ein. Es ist der erste alliierte Verband, der die Ewige Stadt erreicht. Um sie nicht einem Bombardement oder Zerstörungen durch Straßenkämpfe auszusetzen, hat GFM Kesselring sie zur »Offenen Stadt« erklärt und seine Truppen aus dem Zentrum zurückgenommen.

In den Nachmittagsstunden des 4. August 1944 leitet das deutsche I. Fallschirmjägerkorps (GenLt. Heidrich) der 14. Armee die Räumung von Florenz ein und läßt bis auf die Ponte Vecchio alle Brücken über den Arno sprengen.

Am Dienstag, dem 29. August 1944, gibt Hitler endlich seine Einwilligung, die in erbitterte Abwehrkämpfe verwickelte deutsche 10. Armee (GenOberst von Vietinghoff-Scheel) auf die Apennin-Stellung (»Goten-Linie«) zurückzunehmen.

Ende des Jahres 1944 halten die deutschen Truppen in Italien noch eine Frontlinie von La Spezia am Ligurischen Meer über den Apennin bis zur Adria nördlich von Ravenna.

DER PAZIFIK 1944

DIE GROSSEN SEE-LUFT-SCHLACHTEN

Die Lage der Japaner verschlechtert sich. Entscheidend sind die Kämpfe bei den Marianen und im Golf von Leyte

Anfang 1944 verschlechtert sich die Lage der Japaner. Während im Südwestpazifik die Streitkräfte von Gen. McArthur auf den Admiralitätsinseln und dem Bismarck-Archipel Fuß fassen, rüstet sich im Mittleren Pazifik Adm. Nimitz zur Befreiung der Marshall- und Gilbertinseln. Zugleich wird der japanische Stützpunkt Truk auf den Karolinen das Ziel schwerer Luftangriffe. Damit werden die strategisch äußerst wichtigen Verteidigungszonen Japans ins Wanken gebracht.

Am Sonntag, dem 13. Februar 1944, unternehmen Bomber der 14. US Air Force (Maj. Gen. C. Chennault) einen Angriff auf den wichtigen, nahe Hongkong gelegenen japanischen Luftstützpunkt Kai Tak.

Erstmals wird am Mittwoch, dem 23. Februar 1944, die von Japanern besetzte Inselgruppe der Marianen durch Trägerflugzeuge der US Task Force 58 (Vizeadm. Mitscher) angegriffen. Es gelingt ihnen, Frachtschiffe und Tanker mit insgesamt 45 000 BRT zu versenken und 168 japanische Flugzeuge abzuschießen.

Die 20. US Air Force (Gen. H. H. Arnold) wird am Dienstag, dem 4. April 1944, aufgestellt. Sie soll mit den schweren Langstreckenbombern Boeing B-29 »Superfortress« von China und Indien aus strategische Bombenangriffe gegen Japan fliegen. Dem Befehlshaber dieser 20. US-Luftflotte, Gen. Arnold, untersteht gleichzeitig die gesamte US Air Force in Ostasien und dem Pazifik.

Obwohl die Japaner am 17. April 1944 in Südchina eine großangelegte Offensive gegen US-Flugbasen und zur Herstellung einer Landbrücke zwischen Hankow und Indochina eröffnen, beginnt die Verlegung der ersten Boeing B-29 »Superfortress« (58. Wing) der 20. US Air Force aus Indien nach Kwangan erst am 20. April 1944. Mehrere Transportverbände müssen diese Bomber über eine Entfernung von etwa 2000 Kilometern quer über den Himalaja mit allen Nachschubgütern versorgen, darunter tonnenweise Treibstoff und Bomben.

Die weiterhin in Indien stationierten Boeing B-29 »Superfortresses« der 20. US Air Force starten von ihrem Stützpunkt im Raum Kharagpur (westlich von 'Kalkutta) am Montag, dem 5. Juni 1944, zum ersten Angriff auf Eisenbahnanlagen im Raum Bangkok (Thailand).

Das Ulithi-Atoll, der neue Marinestützpunkt der US-Navy, 3700 Seemeilen westlich von Hawaii, Dezember 1944: Träger, Schlachtschiffe und Kreuzer der Task Force 38 laufen zu einem neuen Einsatz aus

1944 Juni

Südchina: Mit primitiven Mitteln und großem Arbeitsaufwand entstehen mehrere Luftstützpunkte für US-Bomber

Ein unbekannter japanischer Soldat am Strand einer der Marianen-Inseln

An der Küste von Saipan (Zentral-Pazifik), einer Insel der Marianen, 12. 6. 1944: Amerikanische Truppen bereiten sich nach der geglückten Landung zum Angriff auf japanische Stellungen vor

Juni 1944

Hauptträger der Luftoffensive gegen Japan: Die Boeing B-29 Superfortress, der schwere Langstrecken-Höhenbomber. Die B-29 ist um ein Drittel größer als die Fliegende Festung B-17 (oben im Bild)

Der amerikanische General Claire Chennault

Nach mehrtägigem Beschuß der Marianeninsel Saipan landet das zur Task Force 52 (Vizeadm. Turner) gehörende amphibische V. Korps (Lt. Gen. H. M. Smith) auf der Insel (Operation »Forager«). Als Vizeadm. Ozawa davon erfährt, verläßt er mit seiner Flotte den Liegeplatz bei Tawi-Tawi, um die Invasion der für die Japaner strategisch so wichtigen Insel zu verhindern, denn mit dem Besitz der Marianen wäre die US Air Force in der Lage, das nur 2400 Kilometer entfernte japanische Mutterland zu erreichen und die Industriezentren anzugreifen, das heißt, auch Tokio läge dann in der Reichweite der US-Langstreckenbomber B-29. Außerdem besteht die Gefahr, daß die japanischen Verbindungslinien zu den Philippinen und zum ostasiatischen Festland unterbrochen werden.

In der Nacht vom 15./16. Juni 1944 starten von dem inzwischen ausgebauten Luftstützpunkt Tschöngtu (China) 67 B-29 »Superfortresses« der 20. US Air Force zu ihrem ersten Einsatz gegen das japanische Mutterland. Jede der Maschinen hat vier 250-kg-Bomben an Bord, mit denen die 2480 Kilometer entfernt liegenden riesigen Stahlwerke von Jawata auf der Insel Kiuschu angegriffen werden sollen. Bereits auf dem Anflug müssen zehn B-29 wegen Motorschadens umkehren, sieben weitere gehen während des Angriffs verloren.

Eine schicksalhafte Schlacht

Am Montag, dem 19. Juni 1944, beginnt in der Philippinen-See eine erbitterte See-Luft-Schlacht zwischen der japanischen Flotte (Vizeadm. Ozawa) mit neun Flugzeugträgern sowie landgestützen Marine-Luftstreitkräften und der US Task Force 58 (Vizeadm. Mitscher) mit 15 Flugzeugträgern.

Als sich in den frühen Morgenstunden Ozawa mit seiner Flotte südwestlich von Guam befindet und der strahlend blaue Himmel unbegrenzte Fernsicht erlaubt, haben japanische Aufklärer die US Task Force 58 bereits gesichtet. Den Amerikanern ist dagegen die Position des anrückenden japanischen Verbandes nicht bekannt. Damit befinden sich die Japaner zunächst im Vorteil; denn ihre leichten, nicht gepanzerten Flugzeuge besitzen eine um 150 Kilometer größere Reichweite als die der amerikanischen Maschinen.

Um 8.30 Uhr verlassen 64 Flugzeuge der ersten Welle die Träger »Chiyoda«, »Shitose« und »Zuiho«, und knapp eine halbe Stunde später starten die nächsten 28 Maschinen des Hauptverbandes, den die Träger

1944 Juni

Angaur, Insel der Palau-Gruppe (Zentral-Pazifik), September 1944: Eine Beobachtungsmaschine der US-Navy vom Typ Vought Kingfisher über der Landungsflotte

Japan 1944: Briefmarke mit dem Hyuga-Denkmal und dem Heiligen Berg Fuji

China 1944: Briefmarke mit dem Porträt von Dr. Sun-Yat-Sen, dem Gründer der Kuomintang

Juli 1944

Die japanischen Piloten wissen nicht, daß sie bereits 150 Seemeilen vor dem Ziel durch Radar geortet werden. So können die US-Jäger die japanischen Flugzeuge schon beim Anflug in schwere Luftkämpfe verwickeln und 218 Maschinen abschießen. Von den wenigen japanischen Flugzeugen, denen es gelingt, sich der US Task Force zu nähern, schafft es lediglich ein Pilot, das Schlachtschiff »South Dakota« durch Treffer leicht zu beschädigen. Dagegen muß das Flaggschiff von Vizeadm. Ozawa sechs Stunden, nachdem dem U-Boot »Albacore« doch ein Torpedotreffer gelungen ist, der eine riesige Explosion verursacht, aufgegeben werden. Ozawa, dem die enormen Verluste an Trägermaschinen bis dahin nicht bekannt sind, will keinesfalls aufgeben. Er läßt seine Flotte lediglich auf Nordwestkurs gehen, um die Treibstoffvorräte zu ergänzen.

Niederlage bei den Marianen

Ein US-Aufklärer entdeckt am 20. Juni 1944 gegen 15.00 Uhr die japanische Flotte wieder. Vizeadm. Mitscher läßt sofort 216 Sturzbomber und Torpedoflugzeuge starten. Die nur noch durch 35 Jäger gesicherten japanischen Einheiten werden bei der Treibstoffaufnahme angetroffen. Trotz heftigen Flaksperrfeuers können die US-Bomber den Träger »Hiyo« und zwei Tanker versenken sowie die Träger »Zuikaku« und »Chiyoda«, das Schlachtschiff »Haruna« und den schweren Kreuzer »Maya« schwer beschädigen. 20 US-Maschinen gehen bei dem Einsatz verloren.

In der folgenden Nacht wird Vizeadm. Ozawa von dem Oberkommandierenden der Kaiserlich Japanischen Flotte aufgefordert, den Rückzug anzutreten. Inzwischen haben die Japaner bereits 480 Flugzeuge eingebüßt.

In der Schlacht in der Philippinen-See, offiziell auch »Truthahnschießen bei den Marianen« (The Marianas Turkey Shoot) genannt, ist die japanische Trägerwaffe fast völlig zerstört worden, und der äußere Verteidigungsgürtel der Japaner hat seine Bedeutung verloren. Jetzt können die Amerikaner ihre Landeoperation auf den Marianen fortsetzen.

Die japanische Militärkonferenz legt am 24. Juli 1944 als neuen Verteidigungsbereich folgenden Raum fest: Philippinen, Formosa, Riukiuinseln, japanisches Mutterland und Kurilen.

65 B-29 »Superfortresses« der 20. US Air Force fliegen am Sonnabend, dem 29. Juli 1944, von ihrem chinesischen Stützpunkt Tschöngtu aus einen Angriff auf die Eisenhütten in Anschan bei Mukden (Mandschurei). Da alle Maschinen zurückkehren, wird diese Aktion zum ersten erfolgreichen Tageseinsatz. Ein anderer Verband mit 30 B-29, der vom gleichen Stützpunkt startet und ein Ziel in Chenhsien bombardiert, verliert dagegen durch japanische Jäger und Flak elf Flugzeuge.

»Taiho«, »Shokaku« und »Zuikaku« bilden. Unterdessen hat allerdings das amerikanische U-Boot »Albacore« die gegnerische Flotte geortet und einen Torpedo auf den Träger »Taiho«, das Flaggschiff von Vizeadm. Ozawa, abgeschossen. Doch der Pilot einer Trägermaschine bemerkt dies rechtzeitig und stürzt sich mit seinem Flugzeug auf den Torpedo, um den Träger zu retten.

Gegen 10.00 Uhr steigen weitere 47 Maschinen auf, und um 11.00 Uhr befiehlt Vizeadm. Ozawa den Start der nächsten 114 Flugzeuge. Dadurch verbleiben nur noch einige Dutzend Jäger zum Schutz des japanischen Flottenverbandes – eine schwere Fehlentscheidung, die sich bitter rächt.

1944 August

Am Freitag, dem 11. August 1944, haben US-Truppen die Rückeroberung der Insel Guam (Marianen) abgeschlossen und es zusammen mit den Australiern geschafft, die Japaner wieder von den Salomoninseln zu verdrängen. Danach bereitet MacArthur mit seinen Streitkräften die Befreiung der Philippinen vor.

Die erste B-29 «Superfortress» trifft am Donnerstag, dem 12. Oktober 1944, auf der Insel Saipan ein. Parallel zu der in Indien und China stationierten 20. US Air Force soll jetzt auf den Marianen die 21. US Air Force aufgebaut werden. Wie die beiden Verbände der 20. US Air Force soll sie die schweren Maschinen erhalten, um mit diesen Langstreckenbombern strategische Angriffe gegen Japan zu fliegen. Sie unterstehen dem operativen Befehl von Adm. Ch. Nimitz, dem Oberbefehlshaber der US-Pazifikflotte.

Peleliu (Zentral-Pazifik): Amerikanische Kriegsschiffe unterstützen mit Raketenfeuer die Landung der Truppen

Philippinen wieder befreit

Am Sonnabend, dem 14. Oktober 1944, starten 104 »Superfortresses« der 20. US Air Force von ihrem Stützpunkt Tschöngtu zu einem Angriff auf die Flugplätze der japanischen 2. Luftflotte im Raum von Okayama auf Formosa. Mit dem Abwurf von 650 Tonnen Bomben will man kurz vor der Landung der US-Streitkräfte auf Leyte (Philippinen) die dort startbereit stehenden Flugzeuge der Japaner zerstören.

Die Rückeroberung der Philippinen beginnt am Freitag, dem 20. Oktober 1944, mit Truppenlandungen auf Leyte, einer schmalen, dschungelbedeckten und von Sümpfen durchzogenen Insel. Während die 5. US Air Force sowie die Maschinen von 32 Flugzeugträgern die Luftsicherung übernehmen, schirmt die Task Force 38 (Vizeadm. Mitscher) die gesamte Offensive ab.

Inzwischen werden die Divisionen der 6. US-Armee (Lt. Gen. Krueger) von den Landungsbooten der 7. US-Flotte (Vizeadm. Kinkaid) abgesetzt. Die Invasion der Insel erweist sich als äußerst schwieriges Unternehmen. Die im gemeinsamen Kampf mit Panzern ungeübten Infanteristen kommen nur schrittweise voran, da tropische Re-

Oktober 1944

Die japanischen Todesflieger Kamikaze melden sich zum Einsatz ab

Philippinen, Golf von Leyte, Ende Oktober 1944: Amerikanische leichte Einheiten wehren einen Angriff japanischer Bomber ab

1944 Oktober

Eine Kamikaze-Maschine, durch amerikanische Schiffsflak getroffen, stürzt sich brennend auf ihr Ziel

genfälle und die Kampftaktik der Japaner ihr Vorgehen stark behindern. Japanische Pak, Panzernahbekämpfungsmittel sowie Panzerfallen und Minen, die in dem unwegsamen Gelände von den Suchtrupps kaum auszumachen sind, führen zu schweren Verlusten. In der Zwischenzeit bringen die Japaner mit Zerstörern und Leichtern Verstärkung von den Nachbarinseln heran, um mit allen Mitteln die Landungstruppen wieder zurückzudrängen. Ein japanischer Bomber verursacht am 21. Oktober durch einen Kamikaze-Angriff schwere Beschädigungen auf dem australischen Kreuzer »Australia« (Capt. E. F. Dechaineux). Der Kapitän und 18 Mann der Besatzung kommen dabei ums Leben, 54 werden schwer verwundet.

Die japanische Flotte mit neun Schlachtschiffen, vier Flugzeugträgern, 13 schweren und sechs leichten Kreuzern sowie 34 Zerstörern beginnt am 22. Oktober 1944 einen drei Tage dauernden Großangriff gegen die aus 32 Flugzeugträgern, 12 Schlachtschiffen, 23 Kreuzern, 94 Zerstörern und etwa 1000 Landungsschiffen bestehende US-Landungsflotte vor Leyte.

Der Befehlshaber der japanischen Marine-Luftstreitkräfte auf den Philippinen, Adm. Onishi, stellt am

Auf dem Deck eines britischen Flugzeugträgers nach einem japanischen Kamikaze-Angriff

978

Oktober 1944

23. Oktober 1944 das Kamikaze-(»Göttlicher-Wind«-)Todesfliegerkorps auf. Die ersten Piloten sind Freiwillige der 201. Marine-Fliegergruppe vom Stützpunkt Clark Field, rund 80 Kilometer nördlich der philippinischen Hauptstadt Manila.

Von der philippinischen Hauptinsel Luzon starten am Dienstag, dem 24. Oktober 1944, japanische Flugzeuge zu einem Angriff auf den US-Flottenverband Task Group 38.1 (Vizeadm. McCain). Nur einer Maschine gelingt es, den sichernden amerikanischen Jägern zu entkommen und eine 250-kg-Bombe auf den leichten Träger »Princeton« abzuwerfen. Eine Detonation im Innern des Schiffes setzt im Hangardeck die aufgetankten Flugzeuge in Brand. Dadurch explodieren die an den Maschinen angebrachten Torpedos, was wiederum eine Kettenreaktion auslöst. Trotz aller Löschversuche der sich in der Nähe befindlichen anderen Einheiten brennt die »Princeton« völlig aus und muß aufgegeben werden.

Die Schlacht um Leyte

Zwei Kamikaze-Staffeln (Lt. Yuhiho Seki) greifen am nächsten Tag, dem 25. Oktober 1944, die amerikanische Flotte vor Leyte an und beschädigen die Geleitträger »Santee«, »Suwannee«, »Sangamon«, »Kitkun Bay«, »White Plains« und »Kilinin Bay«. Danach stürzt sich Lt. Seki mit seiner Zero-Maschine auf das Deck des Trägers »Saint Lo«. Von sieben mächtigen Explosionen erschüttert, geht das Schiff brennend mit der gesamten Besatzung unter.

Die vier Tage andauernden Seegefechte, an denen auf japanischer und auf alliierter Seite Luftstreitkräfte und

Golf von Leyte, 25. 10. 1944: Der US-Träger »Saint Lo« explodiert nach einem Kamikaze-Angriff

Der US-Admiral Thomas C. Kinkaid

Vereinigte Staaten von Amerika 1944: Gedenkausgaben zur 75-Jahr-Feier der Vollendung der Transkontinentalen Eisenbahn und zum 50jährigen Bestehen des Kinos

1944 Oktober

U-Boote beteiligt sind, gelten als die größte Seeschlacht der Geschichte. An ihr haben auf alliierter Seite 216 amerikanische und vier australische Schiffe teilgenommen, von denen sieben US-Schiffe verlorengehen: der Flugzeugträger »Princeton«, zwei Geleitträger, zwei Zerstörer, ein Geleitzerstörer und ein U-Boot. Von den 64 japanischen Einheiten werden versenkt: die vier Flugzeugträger »Zuikaku«, »Zuiho«, »Chitose« und »Chiyoda« sowie drei Schlachtschiffe, sechs schwere und drei leichte Kreuzer sowie neun Zerstörer. Damit sind den Japanern nicht nur die höchsten Verluste seit Kriegsbeginn zugefügt worden, sondern den Amerikanern wird zugleich die Rückeroberung der Philippinen ermöglicht. Nach dieser Schlacht treten die japanischen Flottenverbände kaum noch in Erscheinung.

Die Langstreckenbomber B-29 der auf Saipan neugebildeten 21. US Air Force fliegen am Sonnabend, dem 28. Oktober 1944, ihren ersten Einsatz: einen Angriff gegen den japanischen U-Boot-Stützpunkt Truk auf den Karolinen.

Zum erstenmal seit dem »Doolittle Raid« vom 18. April 1942 erscheint am Mittwoch, dem 1. November 1944, wieder eine amerikanische Maschine über Tokio. Es ist die von den Marianen gestartete F-13 (Capt. R. D. Steakly), eine für Fotoaufklärung umgerüstete B-29 »Superfortress«.

Gleichfalls von Saipan aus unternimmt die 21. US Air Force, am Freitag, dem 24. November 1944, ihren ersten Angriff gegen die Insel Hondo im Herzen Japans. Während 17 der insgesamt 111 gestarteten B-29 ihre Bombenlast bereits vor der Küste auslösen müssen, setzen 88 Superfestungen den Anflug nach Tokio fort. Wegen schlechter Sicht durch tiefhängende Wolken können nur 24 Maschinen das eigentliche Ziel, die Nakajima-Werke bei Tokio, finden und dort ihre Bomben abwerfen. Obwohl 125 japanische Jäger den US-Verband angreifen, geht nur eine B-29 durch Rammstoß verloren.

Am gleichen Tag endet die im April 1944 begonnene Offensive der japanischen Truppen unter Gen. Okamura – die das Ziel hatte, die amerikanischen Flugbasen in Südchina auszuschalten – mit der Eroberung von Nanning, rund 160 Kilometer nordöstlich von Französisch-Indochina, und der Besetzung des dortigen Luftstützpunktes der 14. US Air Force.

Am Montag, dem 27. November 1944, befinden sich die B-29 der 21. US Air Force erneut über Japan. Diesmal gilt der Angriff den Mitsubishi-Werken bei Nagoja. Unterdessen bombardieren japanische Kampfflugzeuge den Stützpunkt Saipan. Vier »Superfortresses« werden bei dem Angriff zerstört, 13 weitere erheblich beschädigt.

Zum ersten Nachtangriff auf Tokio starten 35 B-29 der 21. US Air Force in der Nacht vom 29./30. November 1944 von Saipan.

Das japanische Schlachtschiff »Yamashiro«, das in der Seeschlacht in der Surigao-Straße (Südwest-Pazifik) versenkt wird

Dezember 1944

Invasion auf Leyte

Am Mittwoch, dem 6. Dezember 1944, dem Jahrestag von Pearl Harbor, führen die japanischen Streitkräfte letztmals ein Luftlandeunternehmen durch. Nahe den amerikanischen Flugstützpunkten San Pablo, Buri und Bague auf der philippinischen Insel Leyte springen um 18.00 Uhr 409 Fallschirmjäger des »Katori-Shimpei«-Verbandes aus 30 zweimotorigen, von Jägern geschützten Topsy-Transportflugzeugen ab. Drei der Maschinen mit Sabotagetrupps an Bord landen auf offenem Gelände.

Der Auftrag lautet, das Hauptquartier, die Versorgungsdepots und die drei Flugplätze der 11. US-Luftlandedivision zu zerstören. Da diese schlagkräftige amerikanische Einheit bei der Invasion auf Leyte eine wesentliche Rolle gespielt hat, setzen die Japaner alles daran, sie zu vernichten.

Die ganze Nacht hindurch liefern sich die amerikanischen und japanischen Fallschirmjäger die heftigsten Nahkämpfe. Einzelne Gruppen fanatischer Japaner vernichten eine Reihe von Lkw und Jeeps; anschließend zerstören sie einige Versorgungslager sowie Flugzeuge, die nicht mehr rechtzeitig starten konnten. Sechs Tage später sind alle auf Leyte eingesetzten japanischen Fallschirmjäger getötet oder gefangengenommen.

Am Donnerstag, dem 7. Dezember 1944, können die Amerikaner auf Leyte einen japanischen Angriff der 26. Infanteriedivision, die sich seit Beginn der Invasion in den Bergen versteckt gehalten hat, erfolgreich abwehren.

Verbände der 5. US Air Force mit Kampfflugzeugen B-25 Mitchells fliegen am Sonntag, dem 24. Dezember 1944, einen Angriff gegen die Stützpunkte der 201. Gruppe der japanischen Marine-Luftstreitkräfte in Clark Field bei Manila und vernichten durch eigens dafür konstruierte und im Tiefflug abgeworfene Fallschirm-Splitterbomben 72 Kamikaze-Zero-Jäger des Sonderkorps von Adm. Onishi.

Erneut greifen in der Nacht vom 25./26. Dezember 1944 japanische Flugzeuge den Stützpunkt der 21. US Air Force auf Saipan an und zerstören vier B-29.

Am Dienstag, dem 26. Dezember 1944, unternimmt ein japanischer Flottenverband (Konteradm. Kimura) mit zwei Kreuzern und sechs Zerstörern im Südwestpazifik einen letzten Vorstoß in die philippinischen Gewässer, um den amerikanischen Landekopf auf der Insel Mindoro unter Feuer zu nehmen.

In der Bucht von Leyte (Philippinen): Das amerikanische Schlachtschiff »Pennsylvania« unterstützt mit seiner schweren Artillerie die Landungstruppen

DER BURMA-FELD-ZUG

DIE BRITEN WEHREN SICH

Erbitterte Kämpfe kennzeichnen die japanische Offensive gegen die britisch-indischen Truppen

Die Einheiten der japanischen 15. Armee (GenLt. Renya Mutaguchi) eröffnen am 4. Februar 1944 in Westburma eine Offensive gegen Indien. Mit Unterstützung von Panzerverbänden werden Anfang April in den Städten Imphal und Kohima drei britische Divisionen eingeschlossen. Schon zuvor setzt das Alliierte Oberkommando die chinesische 22. und 38. Division ein, die aus dem Raum Ledo (Indien) in Richtung Myitkyin vorstoßen und in schwere Kämpfe mit der japanischen 18. Division (GenLt. Tanaki) geraten.

Anfang März 1944 trifft der jetzt zum Major General beförderte Orde C. Wingate die letzten Vorbereitungen für seine zweite Expedition in den Rücken der japanischen Invasionstruppen (Unternehmen »Thursday«). Es ist die größte und längste alliierte Luftlandeoperation des Zweiten Weltkrieges, die sich über fünf Monate hinzieht. Bereits im Frühjahr 1943 hat Wingate für seine erste Expedition Chindit-Truppen zusammengestellt, auf die er jetzt zum Teil wieder zurückgreifen kann. Diesmal nehmen auch britische Soldaten regulärer Regimenter daran teil – meist Reservisten älteren Jahrgangs –, die erst vor kurzem aus England eingetroffen sind und weder eine Spezialausbildung noch Erfahrung im Dschungelkrieg haben. Mit insgesamt 20 000 Mann und 5000 Tragtieren beginnt Wingate das abenteuerliche Unternehmen. Aufgrund seiner Erfahrungen aus der ersten Expedition läßt Wingate im Rücken der Japaner eine Reihe von Stützpunkten, sogenannter Strongholds, einrichten, die als Basislager für weite Vorstöße dienen. Dakota-Transporter und Lastensegler setzen auf einer Landepiste in der unzugänglichen Wildnis zwischen Mogaung und Indaw neben einigen tausend Tonnen Ausrüstung sogar Bulldozer und schwere Straßenbaugeräte ab.

Von hier aus unternimmt die neu aufgestellte indische 3. Division (Special Forces), die später die Offensive der chinesischen Truppen unter US-Gen. Stilwell in Nordburma unterstützen soll, ihre weiträumigen Stoßtruppunternehmen gegen die Nachschublinien der Japaner. Den Special Forces steht mit dem 1. Air Command unter US-Col. P. G. Cochran (33), einem brillanten Jagdflieger, sogar eine eigene Luftstreitmacht zur Verfügung, die aus elf

In den Arakan-Bergen, April 1944:
Die neue Offensive der indischen
Armee wird durch einige wenige
britische Panzereinheiten unterstützt

1944 März

Südwestchina: Die Verbände von Marschall Tschiang Kai-schek überschreiten auf dem Weg zur Front den Salween-Fluß

Der japanische Konteradmiral Raizo Tanaka

Der amerikanische General Joseph W. Stilwell

Squadrons mit Jagd-, Transport- und Sanitätsmaschinen sowie einer Squadron mit schweren Liberator-Bombern B-24 besteht.

Am späten Nachmittag des 6. März 1944 starten in Hailakandi die ersten Dakotas mit je zwei Lastenseglern im Schlepp und den Männern der 77. Infanteriebrigade (Brig. J. M. Calvert) und der 111. Infanteriebrigade (Brig. W. D. Lentaigne) an Bord. Ihr Einsatzgebiet sind die 400 Kilometer entfernten Strongholds »Broadway«, »Piccadilly« und »Chowringshee«. Für den Transport der Truppen setzen RAF und US Air Force zusätzlich 100 Dakotas ein.

Im Dschungel von Burma

In sechs Nächten setzt das 1. Air Command 9052 Soldaten, 1458 Tragtiere und 242 Tonnen Material im Stronghold »Broadway« ab. Am letzten Tag treffen sechs Spitfire-Jäger ein, um den Stronghold vor japanischen Überfällen aus der Luft zu schützen.

In »Aberdeen«, einem weiteren Stronghold im Norden Burmas, landen am Mittwoch, dem 22. März 1944, sechs Lastensegler mit schwerem Pioniergerät an Bord. In Rekordzeit wird eine Landepiste angelegt, auf der bereits am folgenden Tag Lastensegler mit Teilen der 14. Bri-

Dezember 1944

Burma: Während der Monsun-Zeit verwandelt sich das spärliche Straßennetz in Morast, und Elefanten müssen die Aufgabe der Nachschubbeförderung übernehmen

gade (Brig. T. Brodie) niedergehen können. Wingate verläßt »Aberdeen« noch am selben Tag mit einem Mitchell-Bomber und fliegt zum Stronghold »White City«, der von den Japanern angegriffen worden ist. Doch kommt die Maschine nie an. Ein Suchtrupp findet die Wrackteile des Bombers und die zehn toten Insassen in den Bishanpur-Bergen. Nur anhand des unverkennbaren Tropenhelms kann die Leiche von Wingate identifiziert werden. Die Unglücksursache bleibt jedoch ungeklärt. Nachfolger Wingates wird der Brigadier der 111. Brigade, W. D. Lentaigne, der den Major General nie ganz ersetzen kann.

In der Nacht vom 4./5. April 1944 erreicht die letzte Einheit der 14. Brigade den Stronghold »Aberdeen«. Während 463 Flügen haben die Dakotas 3756 Soldaten, 609 Tiere und 274 Tonnen Material in das von japanischen Truppen besetzte Hinterland transportiert. Als auch alle Soldaten der westafrikanischen 3. Brigade (Brig. Gillmore) auf diesem Stronghold gelandet sind, ist die erste Phase der Operation »Thursday« beendet.

Die indische 7. Armee tritt am 6. April 1944 in Arakan (Indien) zu einer Offensive an, die sich gegen den Ostteil Assams richtet, um die von den Japanern bedrohten Städte Imphal und Kohima zu entsetzen.

Es folgen Monate harter, wechselvoller Kämpfe in den unwegsamen, mit Urwald bedeckten Bergen der Provinz Manipur zwischen Dimapur, Kohima und Imphal. Der Nachschub wird für beide Seiten zu einem kaum lösbaren Problem. Die Soldaten leben nur noch von Hungerrationen. Erst als Lt. Gen. Slim auf dem Luftweg Verstärkung bekommt und die britischen Truppen im Raum Imphal rund 100 000 Mann zählen, gelingt es am 22. Juni 1944, den japanischen Belagerungsring um Imphal nach 88 Tagen zu sprengen. Die japanische 15. Armee muß sich – verfolgt durch britische Truppen und Luftstreitkräfte – hinter den Fluß Tschidwin zurückziehen und büßt bei den Rückzugskämpfen etwa 65 000 Soldaten ein.

Am Montag, dem 3. Juli 1944, kann die britische 14. Armee (Lt. Gen. Slim) mit Unterstützung von Panzerkräften den japanischen Stützpunkt Ukhrul an der Grenze zwischen Burma und Indien zurückerobern.

Die im März 1944 noch unter Maj. Gen. Wingate begonnene Operation »Thursday« findet am Sonnabend, dem 26. August 1944, ihren Abschluß, als die letzten Chindits der 14. Brigade (Brig. T. Brodie) der »Special Forces« ausgeflogen werden. Während der fünf Monate anhaltenden Kämpfe und Aktionen bis weit hinter die gegnerischen Linien hat das 1. Air Command (Col. P. G. Cochran) die »Special Forces« ständig unterstützt. Es hat etwa 2000 Tonnen Nachschub pro Monat auf dem Luftweg transportiert und mehr als 3000 Verwundete oder Kranke zurückgeholt. Die zu Beginn der Operation im Stronghold »Broadway« mit Lastenseglern abgesetzte Flakbatterie hat mehr japanische Flugzeuge zum Abschuß bringen können als alle Flakeinheiten in Indien und Burma im gesamten Jahr 1944.

Zum Jahresende hat sich im Bereich des Iriwadi eine Frontlinie gebildet. Zwischen den anglo-indischen Truppen und den chinesischen Divisionen Stilwells ist Kontakt hergestellt.

EREIGNISSE IM REICH

WIDERSTAND ERREICHT HÖHEPUNKT

Nach dem mißglückten Attentat vom 20. Juli 1944: Die Bluturteile des Volksgerichtshofes stehen von vornherein fest

Der Mitbegründer des Kreisauer Kreises, Kriegsverwaltungsrat Helmuth James Graf von Moltke, wird im Januar 1944 verhaftet. Nach seinem niederschlesischen Gut ist die christlich-soziale Widerstands- und Debattiergruppe benannt, der Persönlichkeiten unterschiedlicher sozialer Gruppen und oft gegensätzlicher Weltanschauung angehören. Mit Moltkes Verhaftung endet die Tätigkeit des Kreisauer Kreises; viele Mitglieder schließen sich jetzt dem aktivistischen Widerstandskreis um Claus Graf Schenk von Stauffenberg an.

Wegen nachrichtendienstlicher Pannen läßt Hitler am 12. Februar 1944 das bisherige Amt Ausland/Abwehr im OKW zum größten Teil aus der Wehrmacht ausgliedern und den Leiter, Adm. Canaris, seines Amtes entheben. Der Geheimdienst wird nunmehr als »Amt Mil« innerhalb des Reichssicherheitshauptamtes mit dem Auslands-SD unter dem Kommando von SS-Oberf. Walter Schellenberg verbunden. Diese Konstruktion ist einzigartig, denn weltweit hat jede andere Streitmacht ihren Spionagedienst und kann im Ausland Tiefenaufklärung in eigener Regie betreiben.

In der Nacht vom 22./23. März brechen alliierte Fliegeroffiziere aus dem Luftwaffen-Gefangenenlager Stalag III im niederschlesischen Sagan aus; nur 26 können endgültig entkommen. Hitler, der sich davon eine abschreckende Wirkung auf andere Fluchtwillige verspricht, gibt am Freitag, dem 24. März 1944, den Befehl, 50 wieder ergriffene Offiziere zu exekutieren.

Göring legt vergebens Protest ein. Er tritt für fairen Umgang mit gefangenen Fliegern ein, soweit sie in der Obhut der Luftwaffe sind.

Am Dienstag, dem 30. Mai 1944, erläßt Hitlers Sekretär Martin Bormann einen Runderlaß an alle NS-Reichs-, Gau- und Kreisleiter, gegen die Lynchjustiz an abgeschossenen alliierten Fliegern nicht einzuschreiten.

Im Monat Juni 1944 fällt der Ausstoß an synthetischem Treibstoff auf 107 000 Tonnen zurück. Gegenüber dem Vormonat bedeutet dies einen Rückgang um zwei Drittel. Es ist daher nur noch eine Frage der Zeit, wann an allen Fronten die Flugzeuge und motorisierten Kolonnen mangels Treibstoff stehenbleiben.

Berlin, Oktober 1944: Die Männer des »Deutschen Volkssturms« machen sich mit dem soeben ausgehändigten Gewehr vertraut

1944 Juli

Claus Graf Schenk von Stauffenberg

»Noch härter!« - ruft die NS-Presse einen Tag nach dem Attentat auf Hitler. Damit ist die Verfolgung der Gegner des Regimes gemeint

Führerhauptquartier Wolfsschanze (Rastenburg), 20. 7. 1944: Einige Stunden nach dem Attentat besichtigt Mussolini als Gast von Hitler die zerstörte Baracke. Im Hintergrund der Dolmetscher Dr. Paul Schmidt

Am Donnerstag, dem 20. Juli 1944, unternimmt Oberst Graf Claus Schenk von Stauffenberg (seit dem 1. Juli 1944 Stabschef des Befehlshabers des Ersatzheeres) im Führerhauptquartier »Wolfsschanze« in Rastenburg (Ostpreußen) ein Attentat auf Hitler. In der Überzeugung, ihn getötet zu haben, löst Stauffenberg nach seiner Rückkehr mit einer He 111 in Berlin vereinbarungsgemäß den Staatsstreich aus, der jedoch in wenigen Stunden scheitert. Stauffenberg wird auf Befehl von GenOberst Fromm, dem Befehlshaber des Ersatzheeres, vor ein Standgericht gestellt, zum Tode verurteilt und zusammen mit mehreren Mitverschworenen in der Nacht erschossen.

In der ersten Augustwoche 1944 verfügt die zur Reichsverteidigung eingesetzte Flakartillerie über 154 schwere, 644 mittlere und leichte Batterien sowie 376 Scheinwerfer und 57 Luftsperreinheiten. Zahlenmäßig ist dies zwar ein absoluter Höhepunkt, doch sind viele Geschütze veraltet oder durch zu häufige Inanspruchnahme nicht voll funktionsfähig. Um einen viermotorigen Bomber zum Abschuß zu bringen, benötigt man im Durchschnitt 4940 Schuß der leichten und 3343 Schuß der schweren Flak; das bedeutet, daß der Abschuß eines Bombers 267 440 Reichsmark kostet. An Bedienungspersonal benötigt man nahezu eine Million »Mann«; doch neben Soldaten zählen dazu jugendliche Luftwaffenhelfer, Frauen und Mädchen, ja selbst Kriegsgefangene. Zum Schutz strategisch besonders wichtiger Objekte erhält die Flak die Feuererlaubnis für alle Wirkungshöhen.

Hitlers furchtbare Rache

Am Montag, dem 7. August 1944, findet vor dem Volksgerichtshof in Berlin gegen acht führende Verschwörer des 20. Juli 1944 der erste Prozeß unter dem Vorsitz von Roland Freisler, dem Präsidenten des Volksgerichtshofes, statt. Laut Anordnung von Hitler werden die Todesurteile innerhalb von zwei Stunden nach ihrer Verkündung vollstreckt. Die Verurteilten, unter anderem GFM von Witzleben, GenOberst

November 1944

Hoepner und Gen. d. Inf. Olbricht, werden an Haken im Gefängnis Plötzensee aufgehängt. Die sterblichen Überreste der Hingerichteten dürfen den Angehörigen zur Bestattung nicht überlassen werden, sondern werden dem Anatomischen Institut (Leiter: Geheimrat Professor Stieve) der Berliner Universität übergeben. Da Professor Stieve mit einigen der Verschwörer befreundet war, läßt er die Toten einäschern und in aller Verschwiegenheit auf einem nahegelegenen Friedhof beisetzen. Fast alle der unmittelbaren Teilnehmer der Verschwörung, rund 200 Personen, werden hingerichtet; außerdem zählt man im Offizierskorps etwa 700 Opfer des mißlungenen Staatsstreichs. Insgesamt fordert das Mißlingen des Attentats vom 20. Juli 1944 mehr als 5000 Opfer aus allen Bevölkerungskreisen. Die Hinrichtungen ziehen sich bis in die letzten Tage vor dem Zusammenbruch im Mai 1945 hin.

Das Vordringen der alliierten Truppen in Frankreich macht im August 1944 eine Umorganisation der Luft-Verteidigung des Reiches notwendig. 20 Tagjagd-Gruppen, ein Nachtjagd-Geschwader und mehrere Flakbatterien sind in Holland und damit unmittelbar vor der deutschen Grenze stationiert; aber eine ausreichende Zeitspanne, um angreifende feindliche Fliegerverbände zu melden, ist im Westen kaum noch gegeben. Dadurch ist das Ruhrgebiet den alliierten Bombenangriffen schutzlos ausgeliefert. Dennoch erzielt die deutsche Rüstungsproduktion im August 1944 ihren absoluten Höchststand. Obwohl mehr und modernere Waffen geliefert werden, können auch sie die sich deutlich abzeichnende Niederlage nicht verhindern.

Am Sonnabend, dem 14. Oktober 1944, stirbt in Herrlingen bei Ulm GFM Erwin Rommel, der populärste deutsche Heerführer des Zweiten Weltkrieges: Die Generäle Burgdorf und Maisel überbrachten ihm Hitlers Ultimatum, das die Wahl zwischen einem Verfahren vor dem Volksgerichtshof oder Selbstmord ließ. Für den Fall der Verweigerung des »Freitodes« wurden Repressalien gegen seine Familie angedroht. Rommel sollte damit seine angebliche Verbindung zu dem Verschwörerkreis vom 20. Juli 1944 büßen. Der Generalfeldmarschall hatte zwar ein Attentat abgelehnt, war aber dafür gewesen, Hitler wegen seiner unverantwortlichen Kriegführung und Unrechtspolitik verhaften und aburteilen zu lassen. Als die alliierte Invasion in Frankreich nicht mehr zu stoppen gewesen war, hatte Rommel in einer Denkschrift am 15. Juli 1944 Hitler aufgefordert, den Krieg zu beenden.

»Es wirkt in drei Sekunden«, sagte Gen. Burgdorf zu Rommel, als er ihm das Gift überreichte, mit dem der Generalfeldmarschall Selbstmord begehen sollte. Hitler ehrt Rommel, der angeblich einer schweren Kopfverletzung erlegen ist, in zynischer Weise mit einem Staatsbegräbnis.

Am Mittwoch, dem 18. Oktober 1944, wird der bereits gegen Ende September von Hitler erlassene Aufruf zur Bildung des Volkssturms publik gemacht. Der »Deutsche Volkssturm« ist in vieler Hinsicht bezeichnend für die Praktiken der deutschen Kriegführung in dieser Endphase: Da alle gesundheitlich intakten Männer zwischen 16 und 60 Jahren zum Volkssturm einberufen werden können und sich an militärischen Übungen beteiligen müssen, gewinnt der Einsatz von Arbeitskräften für militärische Belange Vorrang gegenüber dem für die Rüstungsproduktion, so daß diese notwendigerweise reduziert werden muß; zum Beispiel ergibt sich eine deutliche Zäsur in der deutschen Panzerproduktion.

Mitte November 1944 verfügt die gesamte deutsche Westfront lediglich über 775 einsatzbereite Panzer und Sturmgeschütze, während die Westalliierten mit dem zehnfachen Material operieren.

In der Zeit vom September bis November 1944 hat die deutsche Rüstungsindustrie 1764 Panzerfahrzeuge hergestellt, von denen allerdings nur 1371 eingesetzt werden können, da die restlichen auf dem Transport zur Front vernichtet werden.

Berlin, Volksgerichtshof, August 1944: Friedrich Graf von der Schulenburg, ehemaliger Botschafter in Moskau, einer der Hauptangeklagten im Prozeß der Verschwörer des 20. Juli 1944. Rechts, mit dem Rücken zur Kamera, Roland Freisler, der Präsident des Volksgerichtshofes

1944 März

Die Befreiung der Vernichtungslager

Auf Veranlassung des Sonderkommandos Eichmann beginnen die deutschen Behörden am 15. März 1944 auf dem gesamten griechischen Festland mit dem Aufspüren von mehr als 10 000 griechischen Juden. Obwohl es einem Teil gelingt, in die Berge zu flüchten oder über See in die neutrale Türkei zu entkommen, werden mehr als 5000 Juden festgenommen. Der erste Judentransport geht am Freitag, dem 14. April 1944, von Athen zum Vernichtungslager Auschwitz.

Nach der Besetzung Ungarns durch deutsche Truppen schlägt auch hier das Sonderkommando Eichmann zu und beendet Mitte Mai die am 15. April 1944 begonnene »Umsiedlung« der Juden in Ghettos. Danach fängt die Deportation der 476 000 ungarischen Juden nach Auschwitz an. Hunderte von Juden aus Miskolc werden erschossen, da sie sich dem Abtransport widersetzen.

Einheiten der sowjetischen 1. Weißrussischen Front (Marschall Rokossowski) befreien am Montag, dem 24. Juli 1944, das Vernichtungslager Majdanek bei Lublin. Noch während die Rote Armee sich dem Lager nähert, versuchen SS-Kommandos, die Spuren des Massenmordes zu beseitigen. Die Lageranlagen werden teilweise gesprengt, die überlebenden Häftlinge nach Auschwitz evakuiert. Majdanek ist das erste große Vernichtungslager auf polnischem Gebiet, das befreit wird. Dort sind etwa 1 500 000 Menschen aus 26 Nationen ermordet worden, meistens Juden.

Das Ghetto von Kowno evakuiert die SS vor der sich nähernden Roten Armee am 25. Juli 1944. Die Juden kommen in das Lager Stutthof bei Danzig.

Aus verschiedenen Lagern östlich der Weichsel werden bis zum 6. August 1944 27 000 Juden in das Reichsgebiet nach Dachau, Bergen-Belsen oder Auschwitz deportiert.

Am Sonntag, dem 20. August 1944, fliegen 127 amerikanische viermotorige Bomber einen Flächenangriff auf die Anlagen zur Herstellung von synthetischem Treibstoff im Gelände des Konzentrationslagers Auschwitz-Birkenau, westlich von Krakau. Die Einrichtungen werden teilweise schwer beschädigt und mehrere der dort arbeitenden KZ-Häftlinge getötet. Wären die Bomben nur ein paar Kilometer weiter gefallen, so hätten sie die schrecklichste »Todesfabrik« des NS-Regimes mit ihren Gaskammern und Krematorien vernichtet und wahrscheinlich vielen Menschen das Leben gerettet.

November 1944

Immer wieder haben Amerikaner – vor allem Juden – an das War Department in Washington die vergebliche Bitte gerichtet, die US-Luftstreitkräfte auch gegen Lager einzusetzen, um so die Tötung von Millionen von Menschen zumindest zu erschweren. Warum die Verantwortlichen auf alliierter Seite keinen einzigen Luftangriff auf die ihnen von der Lage her genau bekannten Objekte oder auf Bahnlinien, über die die Transporte aus den europäischen Ghettos in die Vernichtungslager rollten, angeordnet haben, bleibt eine der bisher ungelösten Fragen dieses Krieges.

Am Mittwoch, dem 23. August 1944, wird das im Nordwesten von Paris liegende Sammellager Drancy, aus dem bis zuletzt die Transporte mit Juden nach Auschwitz gingen, von alliierten Truppen befreit.

70 000 Einwohner des letzten noch »funktionierenden Ghettos« in Lodz werden am Dienstag, dem 5. September 1944, nach Auschwitz deportiert.

Im September 1944 gehen die letzten Transporte mit Juden aus Frankreich und, kurz bevor die alliierten Truppen einrücken, aus Holland noch in die Lager Auschwitz und Theresienstadt.

Im KZ Kluga (Estland) wird – einige Stunden bevor am Sonnabend, dem 23. September 1944, die Rote Armee das Lager befreit – ein Blutbad angerichtet; fast 4000 Menschen werden ermordet.

Am selben Tag beginnt im Rahmen der deutschen Vergeltungsaktionen für den Aufstand die Deportation von 8000 Juden aus der Slowakei. Sie werden in einem Todesmarsch nach Auschwitz gebracht.

Am Sonnabend, dem 7. Oktober 1944, scheitert in Auschwitz-Birkenau der Versuch der Juden eines in den Gaskammern arbeitenden Todeskommandos – mit Hilfe von jüdischen Mädchen, die in der nahegelegenen Munitionsfabrik tätig sind –, vier Krematorien in die Luft zu sprengen. Alle Beteiligten werden anschließend von der SS getötet.

Kurz vor Eintreffen der sowjetischen Truppen werden – auf Anordnung Eichmanns – aus Budapest von Donnerstag, dem 2. November 1944, an rund 10 000 Juden westwärts in Richtung Wien getrieben. Insgesamt sind bis zum 18. November 1944 etwa 38 000 Juden in die Lager Ravensbrück, Buchenwald und andere deportiert worden. Etwa 4000 Menschen können durch Intervention des schwedischen Diplomaten Raoul Wallenberg gerettet werden.

Am Sonntag, dem 26. November 1944, befiehlt Himmler, die Krematorien und Gaskammern im Vernichtungslager Auschwitz-Birkenau zu sprengen.

Die letzte Vergasung in Auschwitz findet auf Anordnung Himmlers am 28. November 1944 statt. Die Juden, die bisher überlebt haben, werden Anfang Januar 1945 auf die Konzentrationslager innerhalb des Reiches verteilt.

DIE POLITIK 1944

WICHTIGE POLITISCHE EREIGNISSE

Der Prozeß von Verona · Rumänien erklärt den Krieg · Der Waffenstillstand UdSSR/Finnland · Das Manhattan-Projekt

In Verona beginnt am 8. Januar 1944 der Prozeß gegen Mitglieder des »Faschistischen Großrats«, die im August 1944 Mussolini gestürzt haben. Die Gnadengesuche werden Mussolini, dem italienischen Schattendiktator von deutschen Gnaden, nicht vorgelegt. Zu den Verurteilten, die am 11. Januar 1944 hingerichtet werden, gehört auch sein Schwiegersohn Graf Ciano.

In der Zeit vom 21. August bis zum 7. Oktober 1944 findet eine Konferenz in Dumbarton Oaks bei Washington statt. Das Ziel: die Bildung einer Organisation, die den Frieden und die Sicherheit der Nationen sichern soll. Die Teilnehmer sind Vertreter der USA, Englands, der UdSSR und Chinas. Ein erarbeiteter Entwurf sieht vor, die geplante Organisation als »Organisation der Vereinten Nationen« zu benennen. Die Verantwortlichkeit für die Erhaltung des Friedens soll der ständig amtierende Sicherheitsrat übernehmen. Auch die Bildung eines »Internationalen Tribunals« ist vorgesehen. Das Projekt verpflichtet die vier Großmächte noch nicht, es dient zunächst als Grundlage für die Konferenz aller Vereinten Nationen in San Francisco. Dauer des Paktes: 20 Jahre.

Am Freitag, dem 25. August 1944, erklärt Rumänien Deutschland den Krieg, nachdem zwei Tage zuvor Marschall Antonescu und sein Regime gestürzt worden sind und die deutsche Luftwaffe Bukarest angegriffen hat. Daraufhin räumen die deutschen Kriegsschiffe den Hafen von Konstanza.

Die bulgarische Regierung erklärt am Freitag, dem 8. September 1944, Deutschland den Krieg. Und einen Tag später gelangt in Bulgarien durch einen Handstreich das Moskau-orientierte Kabinett Georgieff an die Macht. Die deutschen Truppen in Bulgarien stehen vor der Alternative, sich internieren zu lassen oder zu versuchen, nach Serbien zu entkommen.

In Moskau erfolgt am Dienstag, dem 19. September 1944, die Unterzeichnung des Waffenstillstandes zwischen der UdSSR und Finnland. Das Abkommen schreibt der finnischen Regierung vor, innerhalb von 15 Tagen alle deut-

Berlin, Herbst 1944:
Luftwaffenhelferinnen im Einsatz am
Scheinwerfer-Richtungsweiser 35

1944 September

Raum Bukarest, Herbst 1944: Auf riesigen Tafeln informieren sowjetische Truppen die Landeseinwohner über die neueste Kriegslage

Eine amerikanische B-29 Superfortress startet auf dem Stützpunkt Saipan im Zentral-Pazifik

Dezember 1944

schen Truppen des Landes zu verweisen. (Dönitz: »Damit wurden unsere Sperren, die den Finnischen Meerbusen abgeriegelt hatten, wirkungslos.«)

Präsident Roosevelt zieht nach erbitterten Diskussionen zwischen seinen Ministern und nach Protest des britischen Außenministers Eden am 12. September 1944 seine Unterschrift unter dem Plan des US-Finanzministers Morgenthau zurück. Auf einer Konferenz in Quebec hat wenige Tage zuvor auch der britische Premierminister dieser Aufzeichnung über die Planungen für ein Nachkriegs-Deutschland, die einen radikalen Charakter hatten, eine Absage erteilt.

Am Sonntag, dem 17. Dezember 1944, beginnt die 509. Bombergruppe (Col. P. W. Tibbets) der 20. US Air Force 200 Kilometer westlich von Salt Lake City, sich auf einem weiträumigen Wüstengebiet bei Wendover in Utah für geheime Übungszwecke einzurichten. Sie hat den Auftrag, Probeflüge und Abwurfübungen im Zusammenhang mit der in den USA entwickelten Atombombe zu unternehmen, deren Herstellung seit 1941 ohne Wissen der Regierung vorangetrieben worden ist. Die 509. Gruppe ist eine völlig unabhängige Einheit mit höchster Geheimhaltungsstufe und umfaßt nur einen einzigen Kampfverband, die 393. Bomber Squadron (Maj. Ch. W. Sleeney). Sie verfügt über Maschinen eines verbesserten Typs der B-29 »Superfortress«.

Der 29jährige Col. Tibbets, der sich als Pilot bei Bombeneinsätzen über Deutschland hervorgetan hat, leitet die flugtechnische Ausbildung der Gruppe.

US-Finanzminister Henry Morgenthau

Der amerikanische General George C. Marshall

Gen. Groves, Leiter des »Manhattan-Projekts«, teilt am Sonnabend, dem 30. Dezember 1944, dem Generalstabschef der US-Armee, Gen. G. C. Marshall, den voraussichtlichen Termin der Fertigstellung der ersten Atombomben (»Little Boy« mit Uran 235 und »Fat Man« mit Plutonium) mit: 1. August 1945.

Vereinigte Staaten von Amerika 1944: Gedenkausgaben an die erste Atlantiküberquerung mit einem Dampfschiff vor 125 Jahren und zur Erinnerung an Alfred E. Smith

1944 August

Der Balkan wird aufgegeben

König Peter II. von Jugoslawien setzt am Montag, dem 28. August 1944, Gen. Mihailović als Kriegsminister der jugoslawischen Exilregierung ab und erkennt damit Tito als alleinigen Oberbefehlshaber in Jugoslawien an.

Am Dienstag, dem 12. September 1944, erteilt König Peter II. den Tschetnik-Partisanen von Mihailović über BBC London den Befehl, sich ab sofort den Partisaneneinheiten Titos anzuschließen. Damit ist Mihailović jede Chance genommen, mit seinen Tschetniks für ein monarchistisches Jugoslawien zu kämpfen. Er selbst versucht jetzt mit seinen wenigen Getreuen, sich in den Bergen Bosniens vor den Partisanen Titos zu retten.

Im Mittelmeerraum beginnen die deutschen Truppen am selben Tag, ihre Stützpunkte in der Ägäis und auf den Ionischen Inseln zu räumen.

Am Dienstag, dem 3. Oktober 1944, wird Athen von den Deutschen zur »offenen Stadt« erklärt und gleichzeitig Kontakt zu den Vertretern des Schweizer und Schwedischen Roten Kreuzes sowie mit Erzbischof Damaskinos aufgenommen. Der Oberbefehlshaber der Heeresgruppe E, GenOberst Löhr, will den Engländern die griechische Hauptstadt kampflos überlassen und befolgt auch nicht den Befehl des OKW, die Versorgungslager sowie den Staudamm des Marathon-Sees zu zerstören.

Am Dienstag, dem 3. Oktober 1944, befiehlt Hitler, auch die bisher noch gehaltenen Positionen in Griechenland, Südmazedonien und Südalbanien zu räumen. Daraufhin kommt es auf dem Balkan zu weiträumigen Rückzugsbewegungen der Heeresgruppe E.

Am Freitag, dem 30. Oktober 1944, wird über Radio Moskau der Fall von Belgrad bekanntgegeben. Diese Nachricht bedeutet für die Tito-Partisanen die Krönung ihrer Kämpfe gegen die Besatzer. Daß die sowjetische Kampfgruppe ihren Vorstoß in Richtung Westen auf Kraljevo eingestellt hat, um entlang der Morava über Belgrad weiter vorzugehen, rettet die zurückflutende Heeresgruppe E. Während die Verbände der Roten Armee nach Ungarn marschieren, übernehmen die Tito-Partisanen das Gebiet zwischen Donau und Save. Der Partisanenkrieg ist mit der Einnahme von Belgrad beendet, und die Partisanen werden jetzt als Kombattanten im Sinne der Haager Konventionen anerkannt.

Während am 31. Oktober 1944 die letzten deutschen Einheiten Saloniki räumen, beginnt gleichzeitig der Rückzug aus Albanien. Und einen Tag später verlassen die letzten deutschen Soldaten Griechenland.

Oktober 1944

Deutschland

12. Februar: Alle Frauen und Mädchen werden zum Hilfsdienst für den Volkssturm aufgerufen.
5. März: Der Jahrgang 1929 wird eingezogen.
19. März: Hitler erläßt seinen Befehl Verbrannte Erde (»Nero-Befehl«).
20. März: Hitlers letzte Ordensverleihung an kämpfende Hitlerjungen.
12. April: Die Nachricht vom Tod Roosevelts löst in Hitlers Umgebung noch einmal Hoffnung auf eine Kriegswende aus.
29. April: Hitler ernennt in seinem »politischen Testament« Dönitz zum »Reichspräsidenten und Obersten Befehlshaber der Wehrmacht«.
30. April: Selbstmord Hitlers.
2.–5. Mai: Dönitz verlegt sein Hauptquartier nach Flensburg und bildet eine »Geschäftsführende Reichsregierung«.

Westfront

16. Januar: Schließung des amerikanischen Zangenangriffs gegen deutschen Frontvorsprung in den Ardennen.
3. Februar: Schwere Bombardierung Berlins (22 000 Tote).
13./14. Februar: Schwere Bombardierung Dresdens. Größtes und verheerendstes Angriffsinferno alliierter Bomber.
23. Februar: Beginn einer vehementen alliierten Großoffensive, die zum Sturz der deutschen Verteidigungspositionen links des Rheins führt.
6. März: Die Alliierten nehmen Köln ein. Am *7. März* Überschreitung des Rheins bei Remagen.
22. März: Die Amerikaner nehmen Mainz und setzen am 24. bei Oppenheim und Wesel über den Rhein.
25. März: Besetzung von Darmstadt durch amerikanische und französische Truppen, am 29. Mannheim, Wiesbaden und Frankfurt.
1. April: Schließung des »Ruhrkessels«, dessen deutsche Verteidigung am
18. April kapituliert.
22.–24. April: Französische Truppen erobern Stuttgart und Ulm.
25. April: Sowjetische und amerikanische Divisionen treffen bei Torgau an der Elbe zusammen.
30. April: US-Streitkräfte besetzen München.
4. Mai: Kapitulation sämtlicher deutscher Truppen in Holland, Dänemark, Norwegen und NW-Deutschland.
7. Mai: Unterzeichnung der bedingungslosen Gesamtkapitulation der deutschen Wehrmacht in Reims.

Ostfront (I)

12. Januar: Von Westgalizien aus Beginn der sowjetischen Großoffensive.
17. Januar: Einnahme Warschaus.
30. Januar: Die Rote Armee erreicht die Oder, Einnahme Oberschlesiens, Überschreitung der Grenze Pommerns.
5. Februar: Beginn der Massenaustreibung der deutschen Bevölkerung aus den außerdeutschen Gebieten und östlichen Reichsteilen.
11. Februar: Budapest fällt.
15. Februar: Breslau wird von den Sowjets eingeschlossen.
19. Februar: Die Verbindung Königsberg–Pillau wird durch einen deutschen Angriff freigekämpft.
1.–4. März: Sowjetischer Vorstoß nach Pommern.
6. März: Beginn der letzten deutschen Offensive in Ungarn; am 15. abgebrochen; am 22. Einbruch der deutschen Front.
30. März: Einnahme von Danzig durch die Rote Armee.
9. April: Königsberg kapituliert.
13. April: Einnahme Wiens durch die Rote Armee.
16. April: Beginn des sowjetischen Großangriffs mit dem Ziel, Berlin einzuschließen, was am 25. gelingt.
28. April: Vergeblicher deutscher Entsatzangriff auf Berlin.
2. Mai: Berlin kapituliert.
6. Mai: Die »Festung« Breslau kapituliert.

Ostfront (II)

9. Mai: Wiederholung der Unterzeichnung der Gesamtkapitulation der deutschen Wehrmacht im sowjetischen Hauptquartier in Berlin-Karlshorst.

1945

Ostasien und Pazifik

3. Januar: Die Briten besetzen Akyab (Burma).
9. Januar: US-Landung auf Luzon.
23. Januar: Öffnung der Assam-Straße Indien–Burma.
15./16. Februar: US-Landung auf der Bataan-Halbinsel und Corregidor.
19. Februar: US-Landung auf Iwo Jima (Bonininseln).
9. März: Entwaffnung und Internierung der französischen Truppen in Indochina durch die Japaner.
9./10. März: Großangriff auf Tokio durch US-Bomber (ca. 84 000 Todesopfer).
1. April: US-Landung auf Okinawa.
7. April: Versenkung der letzten großen japanischen Kriegsschiffe.
3. Mai: Einnahme Ranguns durch eine britisch-indische Division.
23./24. und 25./26. Mai: Schwere Bombardierungen Tokios durch US-Angriffe.
26. Juli: Alliiertes Ultimatum an Japan.
6. August: Abwurf der ersten amerikanischen Atombombe auf Hiroshima.
8. August: Sowjetische Kriegserklärung an Japan.
9. August: Abwurf der zweiten amerikanischen Atombombe auf Nagasaki.
2. September: Japanische Kapitulation.

Internationale Politik

1. Januar: Frankreich wird als vollberechtigtes Mitglied der Alliierten Kommission anerkannt und erhält als Mitsieger einen permanenten Sitz im Sicherheitsrat der Vereinten Nationen. Das »Lubliner Komitee« erklärt sich zur »Provisorischen polnischen Regierung«.
4.–12. Februar: Konferenz von Jalta zwischen Stalin, Roosevelt und Churchill: u. a. Beschluß über die Aufteilung Deutschlands in vier Besatzungszonen und deutsche Reparationsleistungen.
5. April: Die UdSSR kündigt den sowjetisch-japanischen Neutralitätsvertrag vom 13. April 1941.
12. April: Tod Roosevelts. Nachfolger wird Vizepräsident Truman.

DER FELDZUG IM OSTEN

VON DER WEICHSEL BIS ZUR ELBE

Die sowjetischen Verbände nähern sich der Reichshauptstadt: Die Schlacht um Berlin beginnt

Zu Beginn des Jahres 1945 stehen an der 1200 Kilometer langen Ostfront von der Ostsee bis zum Plattensee in Ungarn 145 deutsche Divisionen, Divisionskampfgruppen und Brigaden. Dazu zählen 16 schnelle Verbände (einer in Aufstellung), 12½ Panzerdivisionen mit 318 Panzern, 616 Sturmgeschützen und Jagdpanzern sowie 793 Pak.

Die Heeresgruppe A (GenOberst Harpe) hat in ihrem 700 Kilometer langen Frontabschnitt am Weichselbogen je Frontkilometer nur 133 bis 137 Infanteristen im Einsatz, die Rote Armee dagegen 1500 Infanteristen. GenOberst Harpe verfügt nur über vier Panzerdivisionen, eine Panzergrenadierdivision und eine gepanzerte Kampfgruppe in Brigadestärke (Reste der 10. Panzerdivision) als operative Reserve. Dagegen ist die Heeresgruppe Süd in Ungarn beträchtlich verstärkt worden.

Die Sowjets haben an ihrer Westfront insgesamt 55 einsatzbereite Armeen, sechs Panzerarmeen, ferner 35 Panzer- und mechanisierte Korps mit 6 289 000 Soldaten. Nach offiziellen sowjetischen Angaben stehen ihnen mehr als 115 100 Geschütze und Granatwerfer, 15 100 Panzer und Selbstfahrlafetten und 158 150 Kraftfahrzeuge zur Verfügung.

GenOberst Guderian, Generalstabschef des Heeres, fordert mehrfach die Räumung Kurlands. Um einen Abwehrschwerpunkt im Raum Litzmannstadt (Lodz) und Hohensalza (Inowraclaw) zu bilden, will er Truppen aus Norwegen und der Westfront hierher verlegen. Seine eigenen Panzerdivisionen gedenkt das Oberkommando des Heeres so lange von einem Gegenangriff abzuhalten, bis klar erkennbar ist, wohin die sowjetischen Angriffe zielen. Die wertvollen Panzerreserven sollen keinesfalls zu früh vergeudet, sondern taktisch geschickt zur Abwehr des Gegners eingesetzt werden.

Die Deutschen glauben, daß die Sowjets erstens einen Durchbruch über Ostpreußen und zweitens einen massiven Angriff über die Slowakei beabsichtigen. Diese Annahme erweist sich später als schwerwiegender Fehlschluß der deutschen Führung, denn die STAWKA bereitet einen Hauptstoß auf Berlin vor, und zwar aus dem 70 Kilometer südlich von Warschau liegenden Magnuszew-Brückenkopf über Lodz–Kutno–Posen. Die nach-

Berlin, nach der Kapitulation:
Gefallene Soldaten auf dem Platz vor
dem zerbombten Reichstagsgebäude
neben einer zerstörten 8,8-cm-Flak

1945 Januar

Raum Baranow, Mittelpolen, Anfang Januar 1945: Deutsche Panzer riegeln den sowjetischen Brückenkopf an der Weichsel ab

Hermann Breith (am 1. 3. 1943 zum General befördert)

Sowjetische Winteroffensive

Am Freitag, dem 12. Januar 1945, eröffnen die Sowjets den ersten Teil ihrer Winteroffensive. Noch vor Sonnenaufgang setzt aus dem Brückenkopf Baranow die 1. Ukrainische Front (Marschall Konjew) mit der 3. Garde-Panzerarmee (GenOberst Rybalko), der 4. Panzerarmee (GenOberst Leljuschenko), der 3. Gardearmee (GenOberst Gordow), der 5. Gardearmee (GenOberst Schadow) sowie der 13. Armee (GenOberst Puchow), der 52. Armee (GenOberst Korotejew) und der 60. Armee (GenOberst Kurotschkin), insgesamt 60 Infanteriedivisionen und acht Panzerkorps, zum Vorstoß an und überrollt die Verteidigungslinien der 4. Panzerarmee (Gen. d. Pz.Tr. Graeser).

folgenden Divisionen sollen dann erst die deutschen Truppen im Weichselbogen zwischen Magnuszew und dem Baranow-Brückenkopf angreifen und zerschlagen. Die deutsche Führung ahnt noch nicht, daß sie durch ein großangelegtes sowjetisches Täuschungsmanöver zu ihrer Fehleinschätzung verleitet worden ist.

Am Sonnabend, dem 6. Januar 1945, unternimmt das IV. SS-Panzerkorps (SS-Obergruppenf. Gille) von Komorn aus den vergeblichen Versuch, in östlicher Richtung vorzustoßen, um der Festung Budapest zu Hilfe zu kommen.

Am Sonntag, dem 7. Januar 1945, simulieren die Sowjets im Baranow-Brückenkopf an der Weichsel ein Vorziehen ihrer Artillerie auf breiter Front in neue Feuerstellungen. Mit 180 Schuß aller Kaliber wird von verschiedenen Orten aus das Einschießen auf die deutschen Linien vorgenommen. Die Artillerie verlegt aber erst in ihre vorgesehenen Stellungen, nachdem sie 550 Geschützattrappen an den bisherigen Punkten aufgebaut hat.

Bereits am nächsten Tag, dem 13. Januar 1945, beginnt aus dem Raum Pillkallen (Ostpreußen) auch die 3. Weißrussische Front (Armeegen. Tschernjachowski) mit der 11. Gardearmee (GenOberst Galizki), der 5. Armee (GenOberst Krylow), der 28. Armee (GenLt. Lutschinski), der 39. Armee (GenLt. Ludnikow) sowie der 2. Gardearmee (GenLt. Tschantschibadze), der 31. Armee (GenLt. Schafranow), dem I. und II. Garde-Panzerkorps ihren Großangriff in Richtung Kurisches Haff, um die 3. Panzerarmee (GenOberst Raus) zu zerschlagen.

Am selben Tag mißlingt auch der zweite deutsche Versuch, durch einen Vorstoß des III. Panzerkorps (Gen. d. Pz.Tr. Breith) vom Plattensee aus die Festung Budapest zu entsetzen.

Der Kriegsmarine stehen jetzt in der Ostsee enorme Aufgaben bevor. Sie soll von See her das Heer unterstützen, die Truppen- und Nachschubtransporte gegen so-

Januar 1945

Seit Ende Dezember 1944 zieht das sowjetische Oberkommando entlang der Front, besonders in Ostpreußen und an der Weichsel, immer neue Panzerverbände zusammen

Sowjetische Raketenwerfer, von den Deutschen »Stalinorgel« und von den Rotarmisten »Katjuscha« genannt, auf dem Weg in die Bereitstellungen

1945 Januar

Hunderttausende von Deutschen aus den Ostprovinzen des Reiches flüchten in den kalten Wintertagen des Jahres 1945 vor der Roten Armee

Seestadt Pillau (Ostpreußen), Januar 1945: Einschiffung der Flüchtlinge auf das Schiff »Wedel«

Januar 1945

wjetische U-Boote, Schnellboote, Flugzeuge und Minen sichern sowie die größte Evakuierungsaktion aller Zeiten bewältigen. Unter dem Kanonendonner der sich nähernden sowjetischen Armeen entsteht bei der deutschen Zivilbevölkerung in Ostpreußen eine Massenfluchtbewegung, die anfangs von den NS-Stellen rigoros unterbunden wird. Nun hat das Marineoberkommando Ost (GenAdm. Kummetz) die Gesamtleitung der Flüchtlingstransporte übernommen. Für die Bereitstellung der Handelsschiffe sorgt der Chef des Seetransports der Wehrmacht (Konteradm. Engelhardt), und die 9. Sicherungsdivision (FregKpt. von Blanc) sowie die 10. Sicherungsdivision (Konteradm. Butow) sichern und organisieren mit 24 Flottillen und 350 kleineren Kriegsfahrzeugen den Geleitzug. In allen größeren Häfen verfügen sie über Zweigstellen und Sonderstäbe.

Der großen Disziplin der Flüchtlinge selbst und der guten Organisationsfähigkeit aller an der Durchführung der Evakuierung Beteiligten der Marine ist es zu verdanken, daß der Massenaufbruch von Millionen von Flüchtlingen nicht im Chaos endet. Die physische und psychische Belastung für die Flüchtlinge – in der Mehrzahl Frauen, Kinder und Greise sowie Kranke – ist kaum zu beschreiben. Bei strenger Kälte müssen sie in Massenunterkünften oder unter freiem Himmel kampieren, dazu mangelhafte Verpflegung, Artilleriebeschuß oder Fliegerangriffe.

Oft unter schwierigsten Wetterbedingungen müssen die Handelsschiffe in die engen Häfen einlaufen, und der Einsatz überwiegend kleiner Sicherungsfahrzeuge wird durch grobe See und Winterwetter sowie zunehmenden Treibstoffmangel erschwert. Selbst die großen bisher als Wohnschiffe verwendeten Passagierdampfer und Kriegsschiffe jeder Art und Größe werden von den Häfen Pillau, Danzig, Gdingen (Gotenhafen) und Kolberg aus für die Evakuierung eingesetzt.

Am Sonntag, dem 14. Januar 1945, beginnt die sowjetische Hauptoffensive: der Schlag der 1. Weißrussischen Front (Marschall Schukow) mit der 2. Garde-Panzerarmee (GenLt. Bogdanow) aus den Weichsel-Brückenköpfen Magnuszew und Pulawy. Mit dem Vorstoß der 61. Armee (GenLt. Below), der 5. Stoßarmee (GenLt. Bersarin), der 47. Armee (GenMaj. Perchorowitsch) und der polnischen 1. Armee (DivGen. Poplawski) in Richtung Westen und Nordwesten wird die Frontlinie der deutschen 9. Armee (Gen. d. Inf. Jordan) durchbrochen. Die Hoffnung der Heeresgruppe A, die sowjetische Großoffensive noch vor den deutschen Grenzen unter Kontrolle zu bringen, endet in einer katastrophalen Niederlage.

Einen Tag zuvor beginnt auch die 2. Weißrussische Front (Marschall Rokossowski) aus beiden Brückenköpfen am Narew ihre Offensive. Rokossowski unterstehen die 5. Garde-Panzerarmee (GenOberst Wolski), die 2. Stoßarmee (GenLt. Fedjuninski) sowie die 48. Armee (GenLt. Gusjew), die 49. Armee (GenOberst Grischin), die 65. Armee (GenOberst Batow), die 70. Armee (GenOberst Popow) und das III. Garde-Kavalleriekorps, das VII. mech. Korps, das I. Garde-Panzerkorps und das VIII. Garde-Panzerkorps. Der Angriff richtet sich auf Elbing und besonders gegen die 2. Armee (GenOberst Weiß).

Am Montag, dem 15. Januar 1945, stößt die zur 4. Ukrainischen Front (Armeegen. Petrow) gehörende 38. Armee (GenOberst Moskalenko) aus dem Raum Jaslo gegen den Südflügel der deutschen 17. Armee (GenOberst Jaenecke) in Richtung Krakau vor.

Am selben Tag wird Kielce von der 13. Armee (GenOberst Puchow) zusammen mit der 4. Panzerarmee (Gen-

General Walter Weiß

Rund 420 000 Menschen, darunter über 100 000 Verwundeten, gelingt es, sich über Pillau nach Westen zu retten

1945 Januar

Oberst Ljeljuschenko) und der 3. Gardearmee (GenOberst Gordow) erobert. Im Norden von Warschau überschreitet gleichzeitig die zur 1. Weißrussischen Front zählende 47. Armee die Weichsel.

Während am Mittwoch, dem 17. Januar 1945, Einheiten der polnischen 1. Armee in Warschau die letzten deutschen Widerstandsnester ausheben, haben die Verbände der 1. Weißrussischen Front bereits die deutschen Linien auf einer Breite von 270 Kilometern durchbrochen und bis zu 130 Kilometer Gelände gewonnen. Die deutsche Verteidigung an der Weichsel existiert damit nicht mehr. Von den ehemaligen Divisionen sind nur noch Kampfgruppen in Bataillons- oder Kompaniestärke geblieben. Den Rückzug der langsameren Wehrmachtseinheiten müssen auch jetzt die Panzer decken.

Am Donnerstag, dem 18. Januar 1945, versucht die 2. Weißrussische Front, die in den Raum Mlawa/Ostrolenka zurückgenommenen Verteidigungslinien der 2. Armee (GenOberst Weiß) zu durchbrechen.

Unterdessen müssen die Deutschen auch Krakau räumen, um der drohenden Einkesselung durch die 59. Armee (GenLt. Korownikow) und die 60. Armee (GenOberst Kurotschkin) zu entgehen. Am gleichen Tag wird GenOberst Schörner von Hitler zum Nachfolger von GenOberst Harpe und zum Oberbefehlshaber der Heeresgruppe A ernannt.

Der linke Flügel der 1. Ukrainischen Front umgeht ebenfalls am 18. Januar 1945 Krakau im Nordosten, Norden und Nordwesten, und Brigaden des IV. Panzerkorps besetzen am nächsten Tag die Stadt.

Raum Kielce: Sowjetische Panzer nach dem Durchbrechen der deutschen Verteidigungslinie

Die Ostfront bricht zusammen

Am Freitag, dem 19. Januar 1945, wird die Industriestadt Lodz (Litzmannstadt) von der 1. Weißrussischen Front (Marschall Schukow) erobert.

Am Montag, dem 22. Januar 1945, stehen die Panzerspitzen der 3. Garde-Panzerarmee (GenOberst Rybalko) bereits im Süden und Norden von Breslau in Oberschlesien.

Am Dienstag, dem 23. Januar 1945, erobert die 1. Weißrussische Front Bromberg (Bydgoszcz), und am Tag darauf fällt Oppeln in die Hand der 3. Garde-Panzerarmee, während Gleiwitz von der 21. Armee (GenOberst Gusjew) besetzt wird.

Am Mittwoch, dem 24. Januar 1945, wird Reichsf. SS Himmler Oberbefehlshaber der neuen Heeresgruppe Weichsel.

Am Freitag, dem 26. Januar 1945, löst Hitler den bisherigen Oberbefehlshaber der Heeresgruppe Mitte, GenOberst Reinhardt, ab und ernennt GenOberst Rendulic als Nachfolger.

Im Rahmen einer grundlegenden Umgliederung wird aus der Heeresgruppe Mitte jetzt die Heeresgruppe Nord, aus der Heeresgruppe Nord die Heeresgruppe Kurland und aus der Heeresgruppe A die neue Heeresgruppe Mitte.

Am Sonnabend, dem 27. Januar 1945, mißlingt wegen ständiger sowjetischer Angriffe auch der dritte und massivste Versuch des IV. SS-Panzerkorps (SS-Obergruppenf. Gille), Budapest zu entsetzen, im Raum Dunapentele an der Donau.

Januar 1945

Die sich zurückziehenden deutschen Truppen versuchen vergeblich, den übermächtigen Feind aufzuhalten. Hier eine improvisierte Verteidigungsstellung in einem Grubengelände bei Gleiwitz

Noch am 27. 1. 1945 verharmlost die NS-Presse den Zusammenbruch der Ostfront

Am Sonntag, dem 28. Januar 1945, erreichen die Sowjets Kattowitz und besetzen tags darauf das ganze oberschlesische Kohlengebiet. Die 1. Weißrussische Front und die 1. Ukrainische Front beenden mit dem Erreichen der Oder und der Bildung von Brückenköpfen westlich der Oder ihre Operationen.

Am Dienstag, dem 30. Januar 1945, stoßen die 2. Garde-Panzerarmee (GenOberst Bogdanow) und die 5. Stoßarmee (GenLt. Bersarin) bis zur Oder vor und bilden am westlichen Ufer zwischen Küstrin und Frankfurt/Oder Brückenköpfe.

Am späten Abend, bei schwerem Seegang und 18 Grad Kälte, macht der Ausguckposten des halb getauchten so-

Soldaten einer sowjetischen Schützendivision gehen in der Nähe von Lodz zum Angriff über

1007

1945 Januar

Raum Küstrin, Ende Januar 1945: Soldaten einer aufgeriebenen Division auf dem Rückzug

Über das zugefrorene Frische Haff versuchen die Flüchtlingstrecks, Danzig zu erreichen

wjetischen U-Bootes S-13 (KorvKpt. 3. Reg. Marinesko), das im Gebiet der Stolper Bank auf Lauer liegt, die Umrisse eines großen Schiffes aus. Es ist das ohne Geleitschutz fahrende ehemalige »Kraft-durch-Freude«-Passagierschiff »Wilhelm Gustloff« (25 484 BRT) mit etwa 6000 Menschen an Bord, darunter viele Flüchtlinge, Verwundete und Marinesoldaten. Das Schiff sinkt nach drei Torpedotreffern des sowjetischen U-Bootes. SOS-Rufe können nur über Kurzwellensender abgegeben werden, da man in Gdingen vergessen hat, die Akkus für die Bordfunkstation zu laden. Die an der Unglücksstelle eintreffenden Kriegsschiffe können nur noch 838 Menschen lebend aus dem eiskalten Wasser bergen.

Durch die Winteroffensive der Roten Armee ist die ganze Ostfront ins Wanken geraten. Die sowjetischen Truppen sind im Mittelabschnitt schon 60 Kilometer vor Berlin. Das wichtige Industriezentrum in Oberschlesien muß aufgegeben werden. Nachdem die Heeresgruppe Kurland abgeschnitten ist, versucht die in drei Teile zerfallene Heeresgruppe Nord, Ostpreußen zu halten. Die daran anschließende, gerade aufgestellte Heeresgruppe Weichsel (Reichsf. SS Himmler) soll die Danziger Bucht, Westpreußen und das Vorfeld von Berlin verteidigen. Die Front entlang der Oder bis zu den Karpaten wird von der Heeresgruppe Mitte gehalten, die Slowakei und Ungarn von der Heeresgruppe Süd. Die lange Frontlinie führt zu einer starken Zersplitterung der deutschen Kräfte (175 Divisionen, 22 Brigaden und ungarische Verbände) und verhindert jegliches operatives Zusammenwirken. Die Schlagkraft der sowjetischen Panzerverbände fällt immer deutlicher ins Gewicht. Die 2. Garde-Panzerarmee (Gen-Oberst Bogdanow) legt allein innerhalb von 16 Tagen – bis zum 1. Februar 1945 – rund 700 Kilometer zurück, das heißt im Schnitt 43 Kilometer pro Tag.

Februar 1945

*Suche nach versprengten deutschen Soldaten:
Eine Kosaken-Patrouille auf dem Streifzug bei Elbing*

Marschall Schukow, Oberbefehlshaber der 1. Weißrussischen Front, in seinem Gefechtsstand an der Oder

Rote Armee an der Oder

Die Stoßkeile der Roten Armee sind Ende Januar 1945 an mehreren Stellen bis zur Oder vorgedrungen. Im Raum Samland, Königsberg und Elbing kämpfen noch die Reste der deutschen Truppen in Ostpreußen. Die intakten schweren Einheiten der Kriegsmarine greifen immer wieder durch Artilleriebeschuß in die Landkämpfe ein. So beschießt zum Beispiel am Montag, dem 29. Januar 1945, und am darauffolgenden Dienstag der schwere Kreuzer »Prinz Eugen« – gemeinsam mit zwei Zerstörern und zwei Torpedobooten – zur Unterstützung eines deutschen Gegenangriffs Landziele im Südwesten von Cranz im Samland.

Durch den schnellen Vormarsch bis zur Oder sind den sowjetischen Verbänden etwa 120 unzerstörte Eisenbahn- und Straßenbrücken in die Hände gefallen, lediglich 12 haben deutsche Pioniere noch sprengen können.

Anfang Februar 1945 werden fast alle Flieger- und Flakverbände der Luftwaffe an die Ostfront verlegt. Sie sollen durch ständige Angriffe versuchen, die sowjetischen Armeen am Überqueren der Oder zu hindern. Es gelingt den Bombergeschwadern sogar, für einige Tage die Luftherrschaft zu erringen, da die Rote Luftflotte keine wetterbeständigen Flugplätze in Frontnähe hat.

Am Donnerstag, dem 8. Februar 1945, beginnt die 1. Ukrainische Front aus den Brückenköpfen Leubus und Steinau (Schlesien) heraus eine Offensive. Die Vorausabteilung der 5. Gardearmee (GenOberst Schadow) beginnt vom Süden und die der 6. Armee (GenLt. Gluzdowski) vom Norden her mit der Einschließung Breslaus.

1945 Februar

General Hans von Ahlfen

General Hermann Balck

Breslau, Mitte März 1945: Bereits über einen Monat dauern hier die schweren Straßenkämpfe

In der Nacht vom 9./10. Februar 1945 versenkt kurz nach Mitternacht das sowjetische U-Boot S-13 (KorvKpt. 3. Marinesko) den Passagierdampfer »General von Steuben« (14660 BRT). Er war am Tag zuvor aus Pillau ausgelaufen. Nur etwa 600 von den über 5000 Flüchtlingen und verwundeten Soldaten an Bord können gerettet werden.

Am Montag, dem 12. Februar 1945, rücken die Truppen der 2. Ukrainischen Front (Marschall Malinowski) und der 3. Ukrainischen Front (Marschall Tolbuchin) in Budapest ein.

Drei Tage später, am 15. Februar 1945, hat die 1. Ukrainische Front die zur »Festung« erklärte Stadt Breslau (Kommandant: GenMaj. von Ahlfen) nach einer sieben Tage dauernden Operation eingekesselt.

Am Freitag, dem 2. März 1945, gelingt es der Panzergruppe Nehring (Gen. d. Pz.Tr. Nehring), mit dem XXXIV. Panzerkorps (Gen. d. Pz.Tr. Kirchner) in einer überraschenden Angriffsaktion in Niederschlesien unter schweren Verlusten für das sowjetische LXXXXIX. mech. Korps Lauban zurückzuerobern.

Am Dienstag, dem 6. März 1945, beginnen nördlich vom Plattensee die 6. SS-Panzerarmee (SS-Oberstgruppenf. Dietrich) und die 6. Armee (Gen. d. Pz.Tr. Balck) die letzte Offensive in Ungarn. Sie wollen zusammen mit der Heeresgruppe E (GenOberst Löhr) und der 2. Panzerarmee (Gen. d. Art. Angelis) die 3. Ukrainische Front (Marschall Tolbuchin) zum Rückzug in das westlich der Donau liegende Gebiet zwingen und so die einzigen Öl-

März 1945

quellen bei Nagy-Kanisza sichern, die den Deutschen noch verblieben sind. Die Operation scheitert jedoch am massiven Gegenstoß der Sowjets.

Am Sonnabend, dem 10. März 1945, eröffnen in der Danziger Bucht die schweren Einheiten der Kriegsmarine »Prinz Eugen« (Kpt. z. S. Reinicke), »Lützow« (Kpt. z. S. Knoke), »Schlesien« (Kpt. z. S. H.-E. Busch) und »Leipzig« (KorvKpt. Bach) die mit Unterbrechungen bis zum 8. April 1945 andauernde Beschießung von Landzielen, um die Einschiffung der Flüchtlinge vor den herannahenden sowjetischen Truppen zu schützen.

Hitlers letzter Frontbesuch

Am Sonntag, dem 11. März 1945, hält sich Hitler kurzfristig im Schloß Freienwalde an der mittleren Oder auf. Das ist sein letzter Frontbesuch. Den Oberbefehlshaber der 9. Armee, Gen. Busse, und seine Offiziere beschwört Hitler, dem sowjetischen Vormarsch auf Berlin wenigstens so lange Einhalt zu gebieten, bis die neuen Waffen zum Einsatz kämen. Als Vorbild führt er GFM Schörner an, dessen Heeresgruppe Mitte mit ungebrochener Kampfkraft sowohl Schlesien als auch Böhmen verteidige. Zum Abschied sagt Hitler: »Jeder Tag und jede Stunde sind kostbar, um die fürchterlichen Waffen fertigzustellen, welche die Wende bringen.«

Am Montag, dem 12. März 1945, erfolgt nochmals ein Wechsel in der Führungsspitze: GenOberst Weiß wird im Bereich der Danziger Bucht Oberbefehlshaber der Heeresgruppe Nord. Die Heeresgruppe Kurland übernimmt jetzt GenOberst Rendulic.

Am Sonntag, dem 18. März 1945, nehmen im Morgengrauen Verkehrsboote der Zerstörer Z 34 (KorvKpt. Hetz) und Z 43 (Kpt. z. S. Wenninger) sowie das Torpedoboot T 33 die letzten Verteidiger von Kolberg und ihren Festungskommandanten, Oberst Fullriede, an Bord. Nach zwei Wochen Belagerung von Kolberg haben die Verteidiger zum Schluß nur noch einen anderthalb Kilometer breiten und 400 Meter tiefen Strandstreifen halten können. In den vorangegangenen Tagen sind aus der brennenden Stadt 70915 Soldaten und Flüchtlinge über See abtransportiert worden. Als Pommern bereits verloren ist, halten deutsche Truppen östlich davon immer noch mehrere Brückenköpfe: Kurland, den Hafen von

Kolberg, Mitte März 1945: Sowjetische Infanterie greift an. Zwei Wochen lang verteidigen sich die deutschen Truppen in dieser Ostsee-Hafenstadt

In der Reichshauptstadt üben die kaum wehrtüchtigen Männer des Volkssturms den Umgang mit der Panzerfaust

1945 März

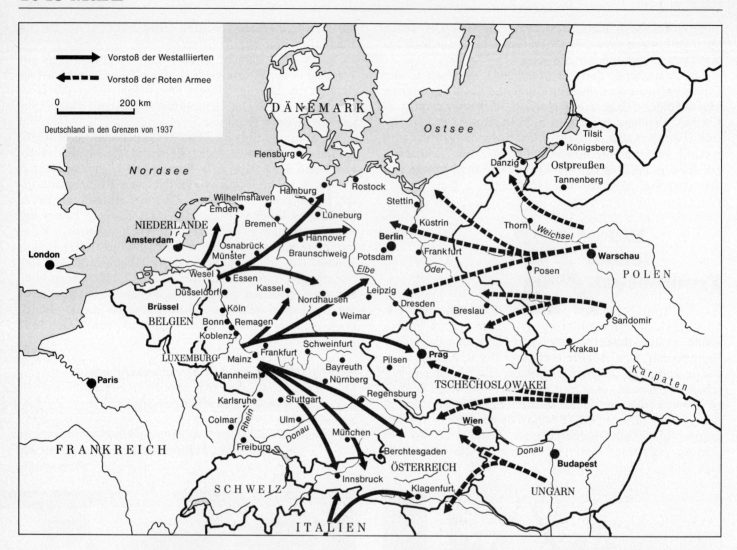

Die Lage in Mitteleuropa, Frühjahr 1945: Immer schneller zeichnet sich der Zusammenbruch des Dritten Reiches ab

Großdeutsches Reich 1945, zwei der letzten deutschen Briefmarken: Parteiorganisation SA sowie Staatssicherheitsdienst

Libau, ferner Heiligenbeil, Pillau, die Weichselmündung, Danzig, Gdingen (Gotenhafen) und die Halbinsel Hela.

Am Donnerstag, dem 22. März 1945, versucht die 9. Armee (Gen. d. Inf. Busse) mit einem Großangriff, den sowjetischen Brückenkopf an der Oder westlich von Küstrin einzudrücken und zu liquidieren. Doch die sowjetischen Gegenangriffe der 5. Stoßarmee (GenLt. Biersarin) und der 8. Gardearmee (GenOberst Tschuikow) sind zu stark. So endet die Operation ohne Erfolg.

Inzwischen übernimmt GenOberst Heinrici anstelle von Himmler den Oberbefehl der Heeresgruppe Weichsel an der Oder-Front.

Am Freitag, dem 23. März 1945, brechen bei Zoppot zwischen Danzig und Gdingen Panzer der sowjetischen 70. Armee (GenOberst Popow) bis ans Meer durch und trennen so die Weichselmündung mit Danzig von der Halbinsel Hela mit Oxhöft. Durch den waghalsigen Einsatz des Zerstörers Z 34 (KorvKpt. Hetz) kann die Verbindung zwischen Danzig und Gdingen noch einmal für 12 Stunden wiederhergestellt werden. Z 34 fährt bis auf 1000 Meter an den Landungssteg in Zoppot heran und schießt mit seinem vorderen 15-cm-Doppelturm einen Panzer nach dem anderen ab.

Am Sonntag, dem 25. März 1945, verläßt der Passagierdampfer »Ubena« (9554 BRT) mit 4000 Menschen an

April 1945

Bord als letztes deutsches Schiff den Hafen von Danzig-Neufahrwasser.

Fünf Tage danach müssen deutsche Truppen das eingeschlossene, lange Zeit umkämpfte Danzig räumen und sich in die befestigten Stellungen der Weichsel-Mündung zurückziehen. Panzerverbände der sowjetischen 2. Stoßarmee (GenOberst Fedjuminski) rücken danach in Danzig ein und stecken es in Brand.

Für die Nacht vom 4./5. April 1945 ist das Unternehmen »Walpurgisnacht«, die Evakuierung von 8000 Soldaten des deutschen 7. Panzerregiments sowie 30 000 Flüchtlingen der Oxhöfter Kämpe, vorgesehen. Die 9. Sicherungsdivision (FregKpt. von Blanc) hat das Unternehmen in allen Einzelheiten auf die Minute genau geplant. Und es gelingt tatsächlich, in fünf Nachtstunden fast 40 000 Menschen sowie einen Teil des Geräts mit Küstendampfern und Fährprähmen auf die Halbinsel Hela hinüberzuschaffen. Die 32 Kilometer lange und bis zu 2 Kilometer breite baumbestandene Halbinsel dient jetzt als Umschlagplatz für täglich etwa 10 000 Flüchtlinge und Soldaten, die auf dem Seeweg aus Brückenköpfen in Ostpreußen hier eintreffen und weiter nach Westen verschifft werden.

Am Sonnabend, dem 7. April 1945, nimmt Hitler erneut einen Austausch seiner Oberbefehlshaber vor: GenOberst Rendulic erhält den Oberbefehl über die Heeresgruppe Süd, und Oberbefehlshaber der Heeresgruppe Kurland wird GenOberst Hilpert.

Wien wird erobert

Im Frühjahr 1945 entwickelt sich die Lage in Deutschland immer mehr zu einer Katastrophe: Sowjetische Truppen stehen jetzt an der Oder sowie an der Lausitzer Neiße, bei Preßburg und Wien. Die Westalliierten rücken nach der Überquerung des Rheins, ohne auf nennenswerten Widerstand zu stoßen, in Richtung Osten vor. Die deutschen Panzerverbände verfügen kaum noch über Treibstoff und Munition, geschweige denn Reserveeinheiten oder Material. Trotz dieser immensen Schwierigkeiten ist die deutsche Führung entschlossen, den Kampf fortzuführen, vor allem Berlin zu halten. Dafür werden Reserveverbände aufgestellt, Greise und Kinder zum Volkssturm eingezogen sowie die letzten Vorräte an Waffen und Gerät eingesammelt. Ungefähr eine Million Soldaten mit 1200 Panzern und Sturmgeschützen stehen im Großraum Berlin. Für die Verteidigung der Reichshauptstadt ist die Heeresgruppe Weichsel (GenOberst Heinrici) verantwortlich. Die 9. Armee (Gen. d. Inf. Busse) hält die Linie von der Lausitzer Neiße entlang der Oder bis Eberswalde.

Am Freitag, dem 13. April 1945, marschieren die Schützeneinheiten der 4. Gardearmee (GenLt. Sachwatajew) mit Unterstützung von Panzern und Selbstfahrlafetten in Wien ein.

Die Truppen der 1. Weißrussischen Front durchqueren bei ihrem Vorstoß nach Berlin eine brennende Stadt

Großdeutsches Reich 1945, die letzte Briefmarke: Aufruf des Volkssturms

1945 April

Das nächste Ziel: Berlin

Raum Stettin: Deutsche Soldaten versuchen, über die Oder zu entkommen

Am Montag, dem 16. April 1945, beginnen die 1. Ukrainische Front (Marschall Konjew) und die 1. Weißrussische Front (Marschall Schukow) an der Neiße und aus den Oder-Brückenköpfen ihren Großangriff in Richtung Berlin. Nach starker Artillerie- und Luftvorbereitung überrollen sowjetische Panzerverbände die deutschen Verteidigungslinien an Oder und Neiße. Für die Schlacht um Berlin stehen 18 Armeen mit 2,5 Millionen Mann, 42973 Geschützen und Granatwerfern, mit 6287 Panzern und Selbstfahrlafetten bereit, dazu 8354 Flugzeuge der Roten Luftflotte.

Zur selben Stunde werden die vor der Südspitze der Halbinsel Hela liegenden Schiffe in mehreren Wellen von sowjetischen Bombern angegriffen. Das Motorschiff »Goya« (5230 BRT) erhält dabei mehrere Treffer, und sein Kapitän wird schwer verwundet, außerdem sind die MES-Leitung (Minen-Eigen-Schutz) sowie das neueste U-Boot-Peilgerät zerstört.

Die sowjetischen Angriffe gelten in der Hauptsache den zu Tausenden wartenden Flüchtlingen, die nur die Hoffnung aufrechterhält, von einem der Schiffe mitgenommen zu werden. Der Geleitzug ist um 19.00 Uhr zusammengestellt. Er besteht aus dem Motorschiff »Goya«, dem Dampfer »Kronenfels« und dem Hochseeschlepper »Ägier« sowie den Sicherungsfahrzeugen M 256 und M 328. Die Schiffe sind voll beladen mit Flüchtlingen und Soldaten. Die »Goya« ist um 23.50 Uhr 12 Seemeilen von Stolpmünde entfernt. Hier hat am 30. Januar 1945 das so-

Danzig, Ende März 1945: Während der Straßenkämpfe und nach der Eroberung durch die Rote Armee erleidet die Stadt schwere Zerstörungen. Ganze Viertel werden in Brand gesteckt

April 1945

wjetische U-Boot S-13 die »Wilhelm Gustloff« und am 10. Februar 1945 den Dampfer »General von Steuben« versenkt. Dabei sind etwa 8000 Menschen ums Leben gekommen.

Um 23.55 Uhr gibt der Kommandant des sowjetischen Garde-U-Bootes L-3 den Feuerbefehl. Plötzlich zerreißen zwei Torpedos den Rumpf der »Goya«. Überall erlöschen die Lichter. Da das Schiff starke Schlagseite hat, kann kein Rettungsboot zu Wasser gelassen werden. Das Ende Tausender von Menschen wird vom Dunkel der Nacht verhüllt. Vier Minuten nach dem Einschlag der Torpedos kippt die »Goya« zur Seite und sinkt. Mit dem Dampfer gehen 6220 Menschen unter, nur 165 werden gerettet. Dies ist eine der größten Schiffskatastrophen aller Zeiten.

Raum Pillau/Königsberg, Anfang April 1945: Sowjetische Infanterie greift mit Unterstützung der Artillerie an

Sowjetische Artillerie bezieht neue Stellungen vor ihrem entscheidenden Kampf um Berlin

1945 April

Kurland, Ostseeküste, April 1945: Die hier in aussichtslosem Kampf stehenden deutschen Truppen haben nur noch eine Hoffnung – die Rettung durch die Kriegsmarine

Am Dienstag, dem 17. April 1945, kommt es an der Oder zu harten Luftkämpfen. Um den Kampf ihrer Bodentruppen zu unterstützen, haben die Deutschen nach dem Durchbruch der Sowjets alle verfügbaren Kräfte eingesetzt, und zwar im Nordabschnitt 1433 Flugzeuge vom Luftwaffenkommando Nordost (Gen. d. Fl. Fiebig) und im Südabschnitt 791 Maschinen der Luftflotte 6 (GenOberst Ritter von Greim). Die Sowjets verfügen dagegen über 7500 Kampfflugzeuge von vier Luftarmeen, dazu kommt ein Sonderluftverband mit 800 Langstreckenbombern zur Unterstützung der 1. Weißrussischen Front. Der massive sowjetische Einsatz dient der Vorbereitung zur Eroberung Berlins.

Am Freitag, dem 20. April 1945, eröffnet aus den Brückenköpfen zwischen Stettin und Schwedt an der unteren Oder die 2. Weißrussische Front (Marschall Rokossowski) mit der 2. Stoßarmee (GenLt. Fedjuminski), der 65. Armee (GenOberst Batow), der 70. Armee (GenOberst Popow) und der 49. Armee (GenOberst Grischin) eine Offensive gegen Vorpommern und Mecklenburg. Die Heeresgruppe Weichsel (GenOberst Heinrici) muß sich zurückziehen.

An diesem Tag, Hitlers 56. Geburtstag, wird zum erstenmal das Zentrum der Reichshauptstadt von Batterien der sowjetischen 3. Stoßarmee (GenLt. Simoniak) beschossen. Hitler teilt das noch in deutscher Hand befindliche Gebiet in einen Nordraum unter Großadm. Dönitz und einen Südraum unter GFM Kesselring auf.

Die Schlacht um Berlin

Am Sonnabend, dem 21. April 1945, dringen Truppen der 1. Weißrussischen Front in Berlin ein. In eine deutsche Kolonne können sich unbemerkt drei sowjetische Panzerbesatzungen einreihen und so die ersten Panzersperren passieren. Als man sie in Mahlsdorf entdeckt, wird Panzeralarm ausgelöst. Gegen 11.30 Uhr schlagen am Hermannplatz die ersten sowjetischen Granaten ein. Durch den Artilleriebeschuß stürzen im Stadtzentrum viele vorher schon durch Bomben beschädigte Häuser ein. Berlin ist Frontstadt geworden. Um 14.30 Uhr treffen Hitler, GFM Keitel und Großadm. Dönitz im Bunker der Reichskanzlei zusammen. Nach diesem Gespräch räumt Dönitz sofort sein Lager »Koralle«

April 1945

Westlich der Oder, Frühjahr 1945: Ein Flüchtlingstreck aus Ostpreußen macht kurz Pause

Anfang April 1945 führen deutsche Verbände südlich von Frankfurt/ Oder mehrere Gegenangriffe: Deutsche Soldaten im wiedereroberten Guben an der Neiße

1945 April

bei Lobetal und setzt sich nach Schleswig-Holstein ab. Aufgelöst wird auch das Stabsquartier der Luftwaffe in Werder bei Potsdam. Hitlers Kommentar: »Man müßte die gesamte Luftwaffenführung sofort aufhängen.«

Am Sonntag, dem 22. April 1945, fallen die ersten Vororte von Berlin im Süden der Stadt den Panzerverbänden der 1. Ukrainischen Front (Marschall Konjew) in die Hand. Von Norden her versucht die 3. Panzerarmee (Gen. d. Pz.Tr. von Manteuffel) einen Gegenstoß, den aber die 2. Weißrussische Front abfängt.

Am Dienstag, dem 24. April 1945, treffen sich Einheiten der 8. Gardearmee (GenOberst Tschuikow), deren Truppen Stalingrad verteidigt haben, und Vorausabteilungen der 1. Garde-Panzerarmee (GenOberst Katukow) der 1. Weißrussischen Front mit der 28. Armee und der 3. Garde-Panzerarmee (GenOberst Rybalko) der 1. Ukrainischen Front. Die meisten Einheiten der deutschen 9. Armee (Gen. d. Inf. Busse) sind damit im Raum Frankfurt/Oder eingekesselt.

Am selben Tag wird in den Mittagsstunden die Reichskanzlei informiert, daß russische Artillerie bereits den Flugplatz Tempelhof beschießt. Gegen 17.00 Uhr erreichen die sowjetischen Artillerieverbände auch den Fliegerhorst Gatow.

Ebenfalls am 24. April 1945 nähern sich ein sowjetischer Spähtrupp aus südwestlicher Richtung um Paretz und eine Schützenabteilung aus nordöstlicher Richtung um Priort gleichzeitig Potsdam. Als sie bei Ketzin zusammentreffen, ist der Ring um Berlin geschlossen. Von Norden her umfassen die Reichshauptstadt die 47. Armee und die 2. Garde-Panzerarmee, vom Süden das VI. Garde-mech. Korps der 4. Garde-Panzerarmee.

Um 11.30 Uhr treffen bei Torgau an der Elbe Teile der 69. US-Division mit der sowjetischen 58. Garde-Schützendivision zusammen. Damit ist der noch in deutscher Hand befindliche Raum in zwei Teile gespalten.

Am Mittwoch, dem 25. April 1945, haben um 13.00 Uhr nordwestlich von Potsdam die Spitzen der 4. Garde-Panzerarmee (Gen. D. D. Leljuschenko) und gleichzeitig die 2. Garde-Panzerarmee sowie der rechte Flügel der 47. Armee Ketzin erreicht. Damit ist der Ring um Berlin jetzt geschlossen. Unterdessen greifen 1486 Flugzeuge der sowjetischen 16. Luftarmee die Reichshauptstadt an.

Am Abend bittet GenOberst Ritter von Greim die Testpilotin Hanna Reitsch, sofort nach München zu kommen und einen Sonderauftrag zu übernehmen. Sie erfährt, daß Ritter von Greim zu Hitler nach Berlin kommen soll. Nach einem abenteuerlichen Flug erreichen beide den Fliegerhorst in Berlin-Gatow. Von dort geht es mit einem Fieseler Storch unter ständigem Beschuß durch sowjetische Panzer und Infanteriekolonnen ins Stadtzentrum. Ritter von Greim wird am Steuerknüppel verwundet, so daß Hanna Reitsch über dessen Schultern hinweg unter großen Anstrengungen die Maschine bis zum Ziel allein fliegen muß.

Am Donnerstag, dem 26. April 1945, stellen die Westalliierten ihre Flächen-Bombardements ein, weil es jetzt häufiger zu Fehlangriffen auf schon von der sowjetischen Armee besetzte Gebiete und Städte kommt.

Am Sonnabend, dem 18. April 1945, toben in Berlin von beiden Seiten mit größter Erbitterung geführte Straßenkämpfe. Die in Belzig stehende deutsche 12. Armee (Gen. d. Pz.Tr. Wenck) stößt bis nach Ferch südwestlich von Potsdam vor. Doch die Truppen sind derart erschöpft, daß der Entlastungsangriff für Berlin aufgegeben werden muß. Die Sowjets brechen am Nachmittag bei Prenzlau durch. Daraufhin übernimmt anstelle von GenOberst Heinrici GenOberst Student den Oberbefehl der Heeresgruppe Weichsel.

Am Sonntag, dem 29. April 1945, läßt sich Hitler im Bunker der Reichskanzlei mit seiner langjährigen Gefährtin Eva Braun trauen. Danach unterzeichnet er sein privates und »politisches« Testament. Darin werden sowohl Göring als auch Himmler von ihm aus der Partei ausgestoßen. Dönitz – zu dieser Zeit schon in Plön (Schleswig-Holstein) – ernennt er als seinen Nachfolger zum Reichspräsidenten.

Der Fall Berlins

Am Montag, dem 30. April 1945, stürmen um 5.00 Uhr morgens die 171. Schützendivision (Oberst Negoda) und die 150. Schützendivision (GenMaj. Schatilow) das Reichstagsgebäude. Die beiden Feldwebel M. A. Jegorow und M. W. Kantarija hissen um 12.25 Uhr auf dem Reichstag das Rote Banner.

Inzwischen landet auf dem Feldflugplatz bei Kalau die sogenannte »Gruppe Ulbricht« mit einer aus Moskau kommenden Dakota. Auf Wunsch Stalins soll die Gruppe die Macht in Deutschland übernehmen. Als auf dem Vorplatz der Reichskanzlei um 15.30 Uhr sowjetische Panzer auffahren, begeht Hitler Selbstmord. Mit in den Tod nimmt er seine Frau Eva Braun und seine Schäferhündin »Blondi«.

Am Dienstag, dem 1. Mai 1945, brennen ganze Stadtteile von Berlin, und in der Wilhelmstraße, im Tiergarten und am Zoo werden schwere Kämpfe ausgetragen. Die Sowjets stürmen jetzt die Reichskanzlei.

Am Mittwoch, dem 2. Mai 1945, stellt um 15.00 Uhr die Berliner Garnison unter dem Befehlshaber des Verteidigungsbereichs Berlin, Gen. Weidling, den Widerstand ein.

Am Sonntag, dem 6. Mai 1945, eröffnen im Raum Prag die 1., 2. und 4. Ukrainische Front mit drei Panzerarmeen und 17 Schützenarmeen, dazu der polnischen 2. Armee, der rumänischen 2. Armee und dem tschechischen I. Korps, unterstützt von der sowjetischen 2., 5. und 8. Luftarmee, konzentrische Angriffe gegen die Heeresgruppe Mitte (GFM Schörner) mit der 1. und 4. Panzerarmee und der 17. Armee.

Am gleichen Tag kapituliert die Festung Breslau (Gen. d. Inf. Niehoff) vor der sowjetischen 6. Armee (GenLt. Gluzdowski).

Mai 1945

In der Reichshauptstadt wird um jeden Fußbreit Boden gerungen

Hohe bolschewistische Verluste im Raum Görlitz - Bautzen - Kamenz

Das letzte »Heil Hitler« – eine Karikatur aus dem Frühjahr 1945

Der Alptraum wird zur Wirklichkeit: Die Reichshauptstadt ist Frontstadt, meldet die NS-Presse am 26. 4. 1945

Berlin, 29. 4. 1945: Sowjetische Infanterie dringt mit ihrem Angriff in das Stadtzentrum ein

1945 Mai

Ebenfalls am 6. Mai 1945 werden noch einmal 45000 Flüchtlinge aus der Danziger Bucht evakuiert. Das ist die höchste Tagesleistung während der gesamten Rettungsaktion.

Am Dienstag, dem 8. Mai 1945, startet um 8.30 Uhr vom Feldflugplatz des Jagdgeschwaders 52 bei Brod (Tschechoslowakei) der Kommandeur der I. Gruppe, Maj. Erich Hartmann, zu seinem 1405. Feindflug. Mit 351 Luftsiegen ist Hartmann der erfolgreichste Jagdflieger der Welt. Hartmann fliegt mit seiner Me 109 G in Richtung Brünn. Über der brennenden Stadt sieht er sowjetische Jäger Jak 11 kreisen. Er greift einen von ihnen an und schießt ihn ab. Es ist Hartmanns 352. Luftsieg und vermutlich der letzte der deutschen Luftwaffe.

An diesem Abend laufen die Torpedoboote »Karl Galster« sowie T 23 und T 28 auf die Reede von Hela. Sie übernehmen dort Soldaten des Grenadierregiments 61 und der Sturmgeschützbrigade 232. T 28 ist das letzte deutsche Boot, das von Hela ablegt.

Der Krieg in Europa ist beendet

Am Mittwoch, dem 9. Mai 1945, wiederholen im sowjetischen Hauptquartier in Karlshorst GFM Keitel, GenOberst Stumpff und GenAdm. von Friedeburg die Unterzeichnung der Gesamtkapitulation der deutschen Wehrmacht. Die Kapitulation tritt um 24.00 Uhr in Kraft. Damit ist der Krieg in Europa zu Ende.

Deutschland hat in diesem Krieg 7,3 Millionen Menschen, darunter 4,8 Millionen Soldaten und 2,5 Millionen Zivilisten, verloren. Die Verluste aller anderen am Krieg teilnehmenden Staaten betragen zusammen 47 Millionen Menschen.

Am Donnerstag, dem 10. Mai 1945, legen die letzten deutschen Einheiten die Waffen nieder. Die Heeresgruppe Kurland (GenOberst Hilpert) kapituliert mit der 16. Armee (Gen. d. Geb.Tr. Volckamer von Kirchensittenbach) und der 18. Armee (Gen. d. Inf. Boege), 208000 Mann geraten danach in sowjetische Gefangenschaft.

Fredersdorf, östlich von Berlin: Die Verteidiger der Hauptstadt auf dem Weg in das Gefangenensammellager

General Dietrich von Saucken und General Helmuth Weidling

Mai 1945

Hunderttausende gerettet

Während im Verlauf des Tages die Panzerverbände der sowjetischen 3. Garde-Panzerarmee (GenOberst Rybalko) in Prag einrükken, nehmen Soldaten der 7. US-Armee in Tirol eine Gruppe deutscher Offiziere gefangen, unter ihnen auch GenOberst Guderian.

Nach neuesten Berechnungen hat die Kriegsmarine 2 204 477 Menschen in einer beispiellosen Rettungsaktion über die Ostsee transportiert, darunter 1 420 000 Flüchtlinge. Etwa 20 000 Menschen (1 Prozent) sind dabei ums Leben gekommen. Auf dem Landwege schätzt man dagegen die Verluste auf etwa 16 Prozent. Da die Kriegsmarine bis zuletzt in der Ostsee die Seeherrschaft hat, kann sie auch die Truppen, die zu Lande kämpfen, von See her unterstützen. Im Brückenkopf der Halbinsel Hela bleiben etwa 60 000 Mann zurück, in der Weichsel-Mündung 20 000, in Ostpreußen 10 000 und in Kurland rund 200 000.

Am Montag, dem 14. Mai 1945, um 12.00 Uhr, kapitulieren die letzten Großverbände – etwa 150 000 Soldaten – der deutschen Armee Ostpreußen (Gen. d. Pz.Tr. v. Saucken) auf der Halbinsel Hela vor der 2. Weißrussischen Front (Marschall Rokossowski).

1021

DER SEEKRIEG 1945

VOR DER OSTKÜSTE ENGLANDS

Obwohl die deutschen U-Boote letzte Erfolge vermelden können, zeichnet sich der Sieg der Alliierten ab

Die achte und letzte Phase der Schlacht im Atlantik ist gekennzeichnet durch Einzelunternehmungen deutscher Schnorchel-U-Boote in englischen und amerikanischen Gewässern.

Ende Januar 1945 werden die ersten kleinen U-Boote, Typ XXIII, von den Stützpunkten in Norwegen aus gegen die Schiffahrt vor der englischen Ostküste eingesetzt. Es gelingen ihnen einige Erfolge. Durch ihre hohe Unterwassergeschwindigkeit können sie sogar ihre Gegner jedesmal abschütteln.

Im Januar 1945 versenken deutsche U-Boote im Atlantik insgesamt 15 Handelsschiffe mit 80 844 BRT. Die eigenen Verluste betragen 13 U-Boote.

Am Freitag, dem 9. Februar 1945, schafft es das britische, mit einem Asdic-Gerät »Sonar« ausgerüstete U-Boot »Venturer« (Lt. Launders) erstmals, ein feindliches U-Boot, U 864 (KorvKpt. Wolfram), im Fedje-Fjord, westlich von Bergen, unter Wasser anzugreifen und zu versenken. Im Februar 1945 versenken deutsche U-Boote im Atlantik insgesamt 17 Handelsschiffe mit 72 592 BRT. Die eigenen Verluste betragen 22 U-Boote.

Am Freitag, dem 9. März 1945, unternimmt die Kriegsmarine ihren letzten offensiven Einsatz. Aufgrund der miserablen Versorgungslage seiner auf Jersey stationierten 30 000 deutschen Soldaten bereitet der »Befehlshaber der Kanalinsel«, Vizeadm. Hüffmeier, einen Handstreich gegen die US-Nachschubbasis im Hafenstädtchen Granville vor. Vier mit Kommandotruppen beladene Minensucher vom Typ 40 der 24. M-Flottille (KptLt. Mohr), drei mit 8,8-cm-Flak bestückte Marine-Fähr-Prähme, zwei als Vorpostenboote umgebaute Fischdampfer sowie drei Hafenschutzboote sind dafür vorgesehen.

Als die Kommandotruppen um 1.20 Uhr von einem Minensuchboot an der Pier abgesetzt werden, leisten die schwach bewaffneten US-Soldaten kaum Widerstand. Gefangene deutsche Landser, die gerade einen Nachschubfrachter entladen, unterstützen das Kommando tatkräftig. Das Einsatzkommando versenkt vier Dampfer mit 3612 BRT, sprengt die Hafenanlagen und überwältigt die Besatzung des britischen Kohlenfrachters »Ekswood«. Um 3.30 Uhr treten sie die Rückfahrt an und neh-

In den Hamburger und Bremer Werften finden die britischen Truppen unzählige auf die Fertigstellung wartende U-Boote. Die Bombenangriffe haben zwar ihren Bau verlangsamt, ihn aber nicht verhindern können

1945 März

Der Kampfmut der Kriegsmarine läßt nicht nach – meldet die NS-Presse am 3. 3. 1945

Der Fahrer des Ein-Mann-Tauchbootes »Biber« überprüft aus der geöffneten Turmluke heraus den Auspuff seines Benzinmotors

Vierlings-Flak auf einer leichten Einheit der Kriegsmarine: Die Luftherrschaft der Alliierten ist eine starke Bedrohung für die deutschen Kriegsschiffe

1024

April 1945

men 67 befreite Landsleute, 30 alliierte Gefangene sowie das Kohlenschiff mit.

Im März 1945 versenken deutsche U-Boote im Atlantik insgesamt 16 Handelsschiffe mit 67 386 BRT. Die eigenen Verluste betragen 35 U-Boote.

Ab Sonnabend, dem 14. April 1945, soll sich die neugebildete U-Boot-Gruppe »Seewolf« in das Einsatzgebiet an der Ostküste der USA begeben. Doch die sechs Boote werden von der US-Aufklärung gesichtet. Um sie schon nordöstlich der Azoren abzufangen, schickt die US-Navy ihnen die Task Group 22.2 (Capt. Ruhsenberger) und Task Group 22.5 (Capt. Craig) entgegen. Der amerikanische Geheimdienst vermutet nämlich, daß die deutschen Boote Unterwasser-Startbehälter für V2 im Schlepp haben, um mit diesen Fernraketen Städte an der amerikanischen Ostküste anzugreifen.

Am Sonntag, dem 15. April 1945, läuft das letzte deutsche U-Boot von Kristiansand (Norwegen) zu einer mehrwöchigen Fahrt in Richtung Japan aus. Es ist U 234 (KptLt. Fehler), ein ehemaliger U-Boot-Minenleger Typ XB (1800 t), jetzt in ein Transport-U-Boot umgebaut. An Bord sind 62 Mann Besatzung, ein Teil des Luftwaffenstabes unter Führung von Gen. d. Fl. Kessler sowie zwei hohe japanische Offiziere. Auf Bitten des Tennos ist dieses Boot von der deutschen Seekriegsleitung zur Verfügung gestellt worden, um deutsche Luftabwehr-Fachleute nach Japan zu bringen. Sie sollen im Land der aufgehenden Sonne die Probleme bei der Luftverteidigung zu lösen. Gen. Kessler ist dazu ausersehen, als neuer Luftwaffenattaché mit seinem Stab die Luftverteidigung Tokios zu organisieren.

Neuer U-Boot-Typ im Einsatz

Am Montag, dem 30. April 1945, verläßt U 2511 (KorvKpt. Schnee), das erste Boot vom Typ XXI (1621 t), den norwegischen Stützpunkt Bergen. Dies bleibt die einzige Feindfahrt eines solchen Bootes. Mit seinen außergewöhnlichen Eigenschaften ist es das erste Unterwasserschiff, auch Elektro-U-Boot genannt, weil es wesentlich größere Batterien und stärkere E-Maschinen hat. Seine vorteilhafte hydrodynamische Form ermöglicht ihm eine Unterwassergeschwindigkeit von 18 Seemeilen pro Stunde. Bei 5,5 Seemeilen läuft es völlig geräuschlos unter Wasser. Ferner besitzt es einen großen Aktionsradius und kann ohne Brennstoffergänzung bis in die Gewässer um Kapstadt vordringen. All diese Vorzüge haben die bisherigen U-Boote nicht.

An Bord von U 2511 befindet sich der leitende Ingenieur Suhren, der bereits seit zwei Jahren zusammen mit KorvKpt. Schnee diesen U-Boot-Typ entwickelt hat. Nach den ersten Fahrten sollen sie Dönitz über die Eigenschaften des Bootes Bericht erstatten.

An diesem Tag erreicht Dönitz um 18.00 Uhr ein chiffriertes Funktelegramm aus Berlin. »FRR Großadmiral Dönitz. Anstelle des bisherigen Reichsmarschalls Göring setzt der Führer Sie, Herr Großadmiral, als seinen Nachfolger ein. Schriftliche Vollmacht unterwegs. Ab sofort sollen Sie sämtliche Maßnahmen verfügen, die sich aus der gegenwärtigen Lage ergeben. Bormann.«

Stapellauf eines U-Bootes vom Typ XXI. Dieses U-Boot erreicht mehr als die doppelte Geschwindigkeit und verfügt über einen größeren Fahrbereich als die alten Typen

1945 April

Ein U-Boot vom Typ XXIII im Dock: Diese Boote mit stromlinienförmigem Rumpf sollen überwiegend unter Wasser operieren

Niederlande 1945: Eine Befreiungsmarke, die den holländischen Löwen im Kampf mit einem Drachen zeigt

Belgien 1945: Briefmarke mit einem Eisenbahner bei der Kistenverladung

Als im April 1945 britische Truppen im Reichsgebiet immer weiter nach Osten vordringen, wird der Stab des BdU nach Flensburg-Mürwik verlegt.

Im April 1945 versenken deutsche U-Boote im Atlantik insgesamt 19 Handelsschiffe mit 103 489 BRT. Die eigenen Verluste betragen 61 U-Boote. Die deutschen Kleinst-U-Boote »Seehund« (KorvKpt. Brandi) versenken in diesem Monat sogar 120 000 BRT. Opfer eines »Seehund« ist auch der französische Zerstörer »La Combattante«. Diese Zwei-Mann-U-Boote sind die erfolgreichsten Kleinkampfmittel der Kriegsmarine.

Am Mittwoch, dem 2. Mai 1945, sticht U 977 (Oberlt. z. S. Schäffer) von dem Stützpunkt Khristiansund-Süd aus in See, um vor der Hafeneinfahrt von Southampton zu operieren und womöglich in den Hafen einzudringen. Der Flottillenchef erklärt in seiner Abschiedsansprache wie immer: »Kampf bis zum Letzten, wir kapitulieren nie!«

Am Donnerstag, dem 3. Mai 1945, erhalten alle Einheiten der Kriegsmarine von der Seekriegsleitung das Codewort »Regenbogen«, den Befehl zur Selbstversenkung für den Fall der Niederlage. Großadm. Dönitz erteilt jedoch am Tag darauf der Seekriegsleitung die Anweisung, das Stichwort »Regenbogen« nicht in Kraft zu setzen.

Am selben Tag werden die deutschen Passagierschiffe »Cap Arcona« (27 562 BRT) und »Thielbeck« (2815 BRT) von Typhoon-Jagdbombern der in Mittelengland stationierten 2. Tactical Air Force gesichtet. Beide Schiffe haben mehr als 7000 KZ-Häftlinge aus 24 Nationen an Bord, die man auf Befehl Himmlers aus dem Lager Neuengamme vor den heranrückenden Engländern evakuiert

Mai 1945

Nordsee, Mai 1945: Britische Jagdbomber greifen das einen Geleitzug sichernde deutsche Minensuchboot an

hat. Himmlers Befehl läßt offen, was mit den Häftlingen geschehen soll.

Nach pausenlosen Angriffen der RAF-Bomber gehen die beiden Schiffe unter. Nur etwa 200 Menschen können sich retten. Tausende von Leichen werden in Neustadt (Lübecker Bucht) an Land gespült. Die in die Stadt einrückenden britischen Truppen lassen die Toten in Massengräbern unter den Dünen begraben, weil sie den Ausbruch einer Epidemie befürchten. Doch markieren sie die namenlosen Gräber nicht.

Codewort »Regenbogen«

Am Freitag, dem 4. Mai 1945, erhält U 977 (Oberlt. z. S. Schäffer) eine Funkmeldung mit dem Codewort »Regenbogen«. Man wittert hinter diesem Funkspruch eine Finte der Alliierten, weil er keine Unterschrift trägt. Noch verwirrender erscheint dem Kommandanten der nächste Funkspruch: »Die deutschen U-Boote sollen sofort auftauchen, dann den Standort melden, die Waffen vernichten und eine blaue Flagge zeigen.« Dieser Befehl weist als Unterschrift ein »Alliiertes Komitee« aus. Schäffer beschließt daraufhin, sich mit seinem Boot nach Argentinien abzusetzen. Treibstoff und Verpflegung für die Überfahrt reichen aus. In dem deutschfreundlichen Land ließe sich eine neue Zukunft aufbauen. Die Abstimmung ergibt: 30 Männer sind für Argentinien, zwei eher für Spanien, 16 Unteroffiziere – die meisten verheiratet – wollen nicht mit. Sie werden in der Nacht nahe Bergen (Norwegen) an Land gesetzt. »Boot auf eine Mine gelaufen und gesunken«, geben die 16 »Überlebenden« an. U 977 gilt seitdem als verlorengegangen.

Am Montag, dem 7. Mai 1945, unternimmt das RAF Coastal Command seinen letzten Angriff auf deutsche U-Boote. Zwischen den Shetlandinseln und Norwegen ortet ein »Catalina«-Flugboot der 210. RAF Squadron (Lt. K. Murray) ein unter Wasser gestopptes U-Boot. Motoren- und Triebwerkgeräusche lassen erkennen, daß das Boot – es ist U 320 (Oberlt. z. S. d. Res. Emmerich) – Schwierigkeiten hat. Das Flugboot wirft eine Reihe von Wasserbomben ab, danach funkt U 320, daß es schwer getroffen sei. Zwei Tage später geht das Boot vor Bergen (Norwegen) mit der ganzen Besatzung unter.

Ebenfalls am 7. Mai 1945 gelingt es U 2336 (Oberlt. z. S. S. Klusmeyer) – ein Boot vom Typ XXIII –, vor dem Firth of Forth aus einem Konvoi die beiden Frachter »Sneland I« (1791 BRT) und »Avondale Park« (2878 BRT) zu versenken und danach unbemerkt zu entkommen. Es ist der letzte deutsche Erfolg im U-Boot-Krieg.

1945 Mai

Ein deutsches U-Boot unter blauer Flagge: Am 4. 5. 1945 läuft die Aktion unter dem Codewort »Regenbogen« an. Die U-Boote sollen sich kampflos ergeben. 215 U-Boot-Besatzungen haben sich jedoch für die Selbstversenkung entschieden

Vom 1. bis zum 7. Mai 1945 versenken deutsche U-Boote im Atlantik insgesamt noch vier Handelsschiffe mit 10370 BRT. Die eigenen Verluste betragen 40 U-Boote.

Hohe Verluste zur See

Deutsche Feldpostmarke 1944/45

Bei Kriegsausbruch verfügt die deutsche Kriegsmarine über 57 U-Boote, bis Ende des Krieges werden weitere 1113 Boote in Dienst gestellt. Von 863 im Einsatz befindlichen Booten gehen 630 verloren, und von den 41300 U-Boot-Besatzungen kehren 25870 nicht mehr von der Feindfahrt zurück, im Vergleich zu anderen Waffengattungen die höchsten Verlustquoten. Durch Bombenangriffe und Minen in Einsatzhäfen sowie im Heimatgebiet werden 81 Boote vernichtet, 42 weitere durch Unfälle. Bei Kriegsende oder vorheriger Räumung von Stützpunkten gehen durch Selbstversenkung 215 U-Boote verloren. Den Alliierten fallen unversehrt 153 U-Boote in die Hände.

Mai 1945

Kurs Wilhelmshaven, Mai 1945: Nach der Kapitulation wird der Kreuzer »Nürnberg« auf seinem Weg von Kopenhagen in den heimatlichen Stützpunkt von Liberators B-24 des RAF Coastal Command begleitet

Erstaunlich ist, daß die RAF mehr deutsche U-Boote versenkt hat als die Royal Navy, obwohl die Flugzeuge im Gegensatz zur Marine keine Unterwasser-Ortungsgeräte besitzen.

Trotz aufopfernden Einsatzes war die Niederlage der Kriegsmarine unausweichlich. Bis Ende 1942 glaubte Hitler noch fest daran, er könne den Endsieg durch Erfolge zu Lande erringen, und war daher nicht in der Lage, eine gemeinsame Strategie für Kriegsmarine und Luftwaffe zu finden. Um die Schlacht im Atlantik noch günstig zu beeinflussen, hätten die neuen U-Boot-Typen viel früher in den Einsatz kommen müssen. Von ihrer revolutionierenden Technik profitieren nach Kriegsende nur die Alliierten. Sie dient den Konstrukteuren als Vorbild für die neuesten U-Boote.

Im Zweiten Weltkrieg sind 5150 alliierte Handelsschiffe aller Art mit einer Gesamttonnage von 21 570 720 BRT versenkt worden, davon beträgt der Anteil deutscher U-Boote: 2779 Schiffe mit 14 119 413 BRT. Die Alliierten haben zwischenzeitlich Neubauten mit 38,9 Millionen BRT in Dienst gestellt. Die deutsche Handelsflotte hat 1563 Schiffe mit rund drei Millionen BRT verloren. Das sind zwei Drittel des bei Kriegsbeginn vorhandenen Schiffsraumes.

Im Rahmen des Lease-Lend-Abkommens haben die USA und Großbritannien den Sowjets 2660 Schiffsladungen mit Gütern geschickt. Trotz aller Anstrengungen und einiger spektakulärer Erfolge ist es der Luftwaffe und Kriegsmarine nicht gelungen, mehr als 77 alliierte Schiffe auf der Murmansk-Route zu versenken. Obwohl es bis heute von Moskau nicht zugegeben wird, steht fest, daß diese Lieferungen den Sowjets ganz entscheidend geholfen haben, ihre enormen Verluste auszugleichen, die in den ersten Monaten nach dem deutschen Einmarsch entstanden sind. Über die Murmansk-Route haben die Sowjets erhalten: 15 493 Flugzeuge, 15 000 Panzer, 427 284 Lkws und 701 636 Tonnen Munition in einem Gesamtwert von 12 Milliarden US-Golddollar, die die Sowjets den USA bis heute schulden. Die Seestreitkräfte der Westalliierten haben somit auch entscheidenden Anteil an den militärischen Operationen in Osteuropa.

DER LUFTKRIEG ÜBER EU-ROPA

HÖHEPUNKT DER BOMBER-OFFENSIVE

In der Nacht vom 13. zum 14. Februar 1945 wird der Name einer Stadt zum Synonym für die Sinnlosigkeit eines Krieges: Dresden

Hätten die Westalliierten mit ihren Bombenangriffen – anstatt deutsche Städte zu vernichten – sich auf die Treibstoffversorgung und das Verkehrsnetz konzentriert, wäre womöglich der Krieg in Europa zu diesem Zeitpunkt bereits beendet. So kann aber die Luftwaffe noch immer einige Erfolge erzielen.

Am frühen Morgen des 1. Januar 1945 beginnt der letzte Großeinsatz der Luftwaffe (Unternehmen »Bodenplatte«) mit Angriffen von 1305 deutschen Maschinen gegen 13 englische und vier amerikanische Feldflugplätze in Nordfrankreich, Südholland und Belgien. Diese Operation kommt für die alliierten Luftstreitkräfte völlig überraschend, da die seit dem 20. Dezember 1944 begonnene Verlegung deutscher Kampfgeschwader nach dem Westen von der alliierten Luftaufklärung nicht bemerkt worden ist.

Durch Bodennebel behindert, können die Flugzeuge erst zwischen 7.25 Uhr und 9.20 Uhr starten. Wegen des gegnerischen Radars liegt die Flughöhe unter 200 Metern. Absolutes Sprechverbot gehört zu der von Hitler angeordneten höchst geheimen Operation. Deshalb ist sogar versäumt worden, die 16. Flakdivision (GenMaj. Deutsch) zu informieren, die den zu überfliegenden Luftraum überwacht, um die V1- und V2-Stellungen zu schützen. In harten Luftkämpfen über St. Denis Westrem werden sechs deutsche und zwei alliierte Jäger abgeschossen. 18 polnische Spitfires, 12 britische und amerikanische Maschinen, dazu mehrere Tankwagen mit Treibstoff, gehen während des Angriffs auf dem Flugplatz in Flammen auf. In Eindhoven verlieren elf kanadische RAF Squadrons sämtliche Typhoon-Maschinen, in Brüssel-Evere werden 85 Flugzeuge, darunter Fliegende Festungen, Lancaster-Bomber, Spitfire- und Typhoon-Jäger sowie DC-3-Dakotas zerstört.

Nach deutschen Angaben sind bei diesen Angriffen insgesamt 479 alliierte Flugzeuge am Boden zerstört oder abgeschossen worden. Feindlichen Jägern und der eigenen Flak sollen 277 deutsche Maschinen zum Opfer gefallen sein.

Seit Anfang Januar 1945 befolgt die RAF eine neue Angriffstaktik gegen Berlin: In der Nacht vom 3./4. Ja-

Nach einem schweren alliierten Tagesangriff auf Berlin

1945 Januar

Eine Jagdmaschine Focke-Wulf Fw 190, ausgerüstet mit einer Sprengbombe, wird für das Unternehmen »Bodenplatte« startbereit gemacht, das die deutsche Presse am 3. 1. 1945 als Erfolg wertet

nuar 1945 beginnen Mosquitos mit einer Serie von Blitz-Störangriffen auf die Reichshauptstadt, die bis Ende April 1945 fortgesetzt werden. Zum Einsatz gelangen meist kleinere Verbände von 30 bis 50 Flugzeugen, jedes nur mit einer 1800-kg-Bombe »Bloc Buster« beladen. Diese Angriffe dauern oft nur wenige Minuten, aber die Menschen müssen dadurch jede Nacht in die Luftschutzräume. In denselben Nächten greifen RAF-Maschinen vom Typ Halifax und Lancaster Eisenbahn-Knotenpunkte hinter der Ardennen-Front an, später auch im gesamten Reichsgebiet.

Am Sonntag, dem 14. Januar 1945, um 4.30 Uhr, geht in der Nähe von Horusea (Yorkshire) eine V1 nieder. Es ist die letzte von 1200 fliegenden Bomben, die Heinkel He 111 der I. Gruppe des Kampfgeschwaders 53 aus der Luft gestartet haben. Nur etwa jede zehnte V1 hat ihr Ziel erreicht, die anderen sind wegen Fehler in der Steuerung abgestürzt oder von der alliierten Luftabwehr zerstört worden. Groß-London ist jetzt den ganzen Januar 1945 hindurch Angriffen von V2-Fernraketen ausgesetzt, deren mobile Feuerstellungen in Wassenaar, auf dem Rennplatz von Den Haag, in den Wäldern von Leyden und auf der Insel Walcheren stehen.

Am Sonnabend, dem 3. Februar 1945, geht auf Berlin das bislang schlimmste Bombardement des Krieges nieder. Bei dichter Bewölkung greifen am Vormittag 937 B-17 und B-24 der 8. US Air Force unter dem Schutz von 613 Mustang- und Thunderbolt-Begleitjägern an. Innerhalb von 53 Minuten werfen sie über den Stadtvierteln Tempelhof, Schöneberg, Kreuzberg und um den Anhalter Bahnhof 2264 Tonnen Bomben ab. Deutsche Jäger und

Februar 1945

In einem US-Luftstützpunkt: Ein B-26 »Marauder«-Bomber wird einsatzbereit gemacht

In einem Lancaster-Bomber über dem brennenden Dresden: Der Bordschütze beobachtet das Flammenmeer

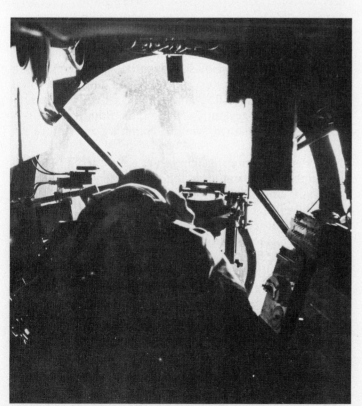

Flak schießen fünf Liberator B-24, 26 Fortresses B-17, acht Mustangs und eine Thunderbolt ab. Dies ist der erste amerikanische Flächen-Terrorangriff auf Wohngebiete nach Art der RAF-Nachteinsätze. Dem Angriff fallen etwa 22 000 Menschen zum Opfer, 4 Quadratkilometer der Stadt werden zerstört.

Die Vernichtung von Dresden

In der Nacht vom 13./14. Februar 1945 befinden sich 773 Lancaster-Maschinen des RAF Bomber Command in zwei Wellen im Anflug auf Dresden. Den Besatzungen der Flugzeuge wird vorhergesagt, ihre Ziele seien ein großes Giftgaswerk, wichtige Munitionsfabriken und das Gestapo-Hauptquartier im Zentrum der Stadt. Besatzungen an anderen Luftstützpunkten erklärt man, Dresden sei ein wichtiger Bahnknotenpunkt von entscheidender Bedeutung für den deutschen Nachschub an die Ostfront. Daß Dresden eine der schönsten Städte Europas ist, wissen nur wenige unter den Piloten. Bisher ist diese beeindruckende Stadt an der Elbe vom Luftkrieg fast ganz verschont geblieben. Die Flakbatterien sind seit Mitte Januar 1945 aus Dresden zur Panzerbekämpfung an die Ostfront abgezogen worden, verblieben sind lediglich hölzerne Geschützattrappen. Air Chief Marshal Harris plant, bei dem Angriff auf Dresden so vorzugehen wie in Hamburg. Mit Hilfe von

1945 Februar

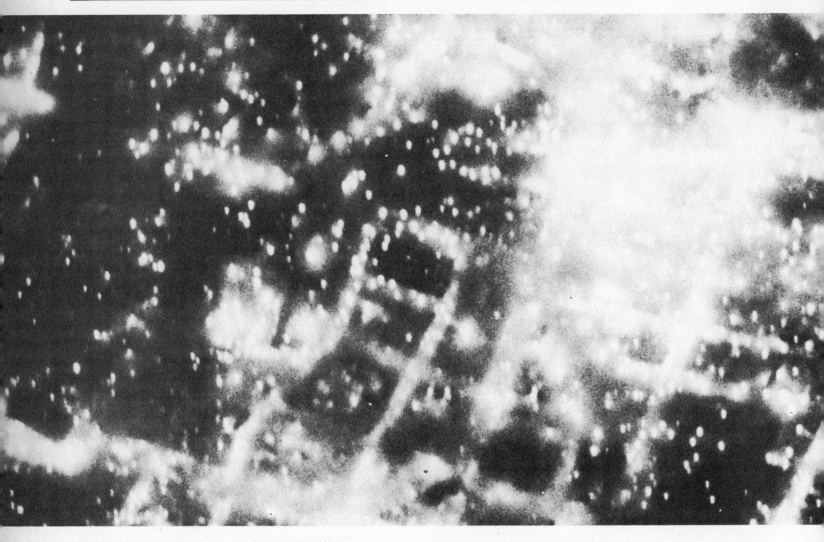

Über 20 Quadratkilometer werden das Opfer von Brand- und Sprengbomben: Die aus einer Lancaster gemachte Aufnahme zeigt das Stadtzentrum von Dresden

Je größer die Bomben, desto kleiner wird Hitler – eine britische Karikatur aus dem Frühjahr 1945

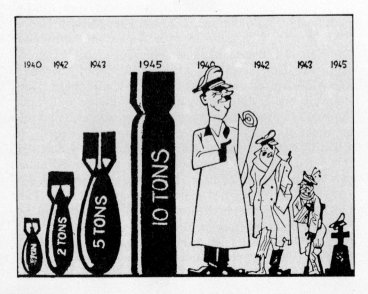

Sprengbomben sollen zuerst die Dächer abgedeckt und die Fenster zerstört werden, damit die danach abzuwerfenden Brandbomben ihre optimale Wirkung erzielen. Auf Dresden fallen in dieser Nacht riesige Mengen von Sprengbomben, darunter Hunderte mit einem Gewicht von 1800 und 3500 Kilogramm, dazu fast 650 000 Brandbomben. Die insgesamt 2659 Tonnen Bomben verursachen einen Feuersturm, wie ihn Hamburg zwei Jahre zuvor erlebt hat.

Aus dem gesamten Reichsgebiet sind nur 27 Nachtjäger aufgestiegen, um den schrecklichsten aller Luftangriffe auf eine deutsche Stadt abzuwehren. Doch über Dresden selbst taucht nur ein Flugzeug auf, noch dazu eine Kuriermaschine des OKW, die den Chef des Generalstabs der Heeresgruppe Mitte, Gen. W. Xylander, aus seinem Hauptquartier in Josefstadt (Böhmen) nach Berlin bringen soll. Das Flugzeug geht über dem brennenden Dresden verloren. Nach diesem Nachtangriff liegen im Stadtgebiet mehr als 20 Quadratkilometer in Schutt und Asche. Zum Vergleich: Während des ganzen Krieges sind durch deutsche Angriffe auf London nicht einmal 2,4 Quadratkilometer zerstört worden.

Die RAF hat in dieser Nacht weniger als ein halbes Prozent an Flugzeugen eingebüßt. Der Angriff soll einerseits die Solidarität mit den Sowjets, andererseits auch

Februar 1945

Besondere Aufmerksamkeit widmen die alliierten Jagdbomber im Frühjahr 1945 den deutschen Militärtransporten: Die mit V1 beladenen Waggons nach einem Luftangriff

Eins von Tausenden brennenden Häusern in Dresden. Die Wirkung der Brandbomben ist katastrophal: Nachdem Sprengbomben die Dächer abgedeckt haben und die Fenster zerstört sind, kann sich das Feuer – hervorgerufen durch die Brandbomben – blitzschnell ausbreiten

die verheerende Schlagkraft des RAF Bomber Command zeigen. Ob die Sowjets die Bombardierung veranlaßt haben, ist nicht erwiesen; Churchill hat mit Sicherheit den Befehl dazu gegeben.

Nur einige Stunden später werfen 311 Fliegende Festungen der 8. US Air Force nochmals 771 Tonnen Bomben auf das brennende Dresden ab. Die P-51-Mustangs machen sogar Jagd auf einzelne Menschen in den verstopften Ausfallstraßen und auf Flüchtlingstrecks an den Elbwiesen, während der Flugplatz in Dresden-Klotzsche auch diesmal verschont bleibt. Hätte man tatsächlich mit diesen Angriffen den verbündeten Sowjets militärisch helfen wollen, so wären die großen Kasernen und riesigen Materiallager am Rande der Neustadt sowie der Flughafen Klotzsche zerstört worden.

Am Donnerstag, dem 15. Februar 1945, sind 210 B-17 der 8. US Air Force noch einmal über Dresden und laden 461 Tonnen Bomben ab. Da die Stadt mit schlesischen Flüchtlingen überfüllt ist, läßt sich die Zahl der Toten nicht exakt feststellen. Das Statistische Bundesamt (Wiesbaden) hat 60 000 errechnet, andere Schätzungen kommen auf 245 000 Tote. Der Angriff auf Dresden hat weder den Krieg verkürzt noch den Vormarsch der Sowjets beeinflußt. Dresden liegt selbst am Tage der Kapitulation noch immer nicht im unmittelbaren Kampfgebiet.

1945 Februar

Operation »Clarion«, 12. 2. 1945: Über dem ganzen Reichsgebiet stürzen sich die alliierten Bomber in rollenden Einsätzen auf die Verkehrsverbindungen

Am Donnerstag, dem 22. Februar 1945, fliegen die alliierten Luftstreitkräfte den ganzen Tag über rollende Einsätze (Operation »Clarion«) gegen Verkehrsverbindungen im Reichsgebiet. Mit diesen Operationen wollen die Alliierten zugleich ihre Stärke demonstrieren. Von ihren Stützpunkten in England, Frankreich, Belgien, Holland und Italien aus greifen 9000 Flugzeuge Bahnknotenpunkte, Brücken und Lok-Depots an. In gleichem Ausmaß erfolgen die Bombardements am nächsten Tag. Auf diese Weise werden 90 Prozent der deutschen Transportkapazität und der Verkehrsknotenpunkte vernichtet. Die deutsche Rüstungsproduktion ist trotz aller Rückschläge noch beachtlich hoch. So werden im Februar 1945 beispielsweise 1210 Panzer und Selbstfahrlafetten ausgeliefert, im Dezember 1942 waren es nur 721 Stück. Ein starker Produktionsrückgang beginnt erst im März 1945.

Am Montag, dem 26. Februar 1945, erfolgt zwischen 13.19 Uhr und 14.07 Uhr der 27. Großangriff von insgesamt 363, denen Berlin während des Krieges ausgesetzt ist. Er richtet sich hauptsächlich gegen das Stadtzentrum. 1112 viermotorige Bomber der 8. US Air Force mit 700 Jägern als Begleitschutz werfen insgesamt 2886 Tonnen Bomben ab. Die Zerstörungen sind noch größer als beim Angriff vom 3. Februar 1945.

In der Nacht vom 3./4. März 1945 werden nach monatelanger Pause wieder deutsche Störangriffe gegen England geflogen. In dem Unternehmen »Gisela« erringen deutsche Nachtjäger ihren letzten Erfolg. Als ein RAF-Bomberverband von seinem Einsatz auf die Hydrierwerke in Kamen (Raum Dortmund) zurückfliegt, folgen ihm über 100 deutsche Jäger (NJG2) und schießen bei der Landung auf den britischen Stützpunkten 19 viermotorige Bomber ab und vernichten 17 Flugzeuge am Boden.

Am Sonntag, dem 11. März 1945, führen 1055 Lancasters und Halifax vom RAF Bomber Command auf Essen einen schweren Tagesangriff durch. Nach dem Abwurf von 4700 Tonnen Bomben ist die Stadt fast völlig zerstört.

Am Montag, dem 12. März 1945, werfen 1107 Lancaster- und Halifax-Bomber 4851 Tonnen Bomben auf Dortmund. Es ist der schwerste aller Angriffe, den je eine europäische Stadt erlebt hat.

Schwerster Angriff auf Berlin

Am Sonntag, dem 18. März 1945, müssen die Berliner kurz vor 11.00 Uhr den schwersten Angriff des Krieges über sich ergehen lassen. Begleitet von 632 Jägern P-51 Mustang, werfen 916 Liberators und 305 Fliegende Festungen der 8. US Air Force mehr als 4000 Tonnen Bomben auf das Zentrum der Stadt. Am stärksten getroffen werden das Regierungsviertel und die Umgebung des Schlesischen Bahnhofs. Die Amerikaner verlieren 48 Bomber und fünf Begleitjäger. Die 37 Düsenjäger Me 262 des Jagdgeschwaders 7 haben allein acht Bomber und fünf Mustangs abgeschossen.

Am Sonnabend, dem 24. März 1945, fliegt die 15. US Air Force vom italienischen Stützpunkt Foggia aus ihren einzigen Angriff auf Berlin. Unter dem Jagdschutz von P-51-Mustangs werfen 150 B-24-Liberators 450 Tonnen Bomben auf die Reichshauptstadt.

Am Dienstag, dem 27. März 1945, zerstört um 7.20 Uhr eine V2 in Stepney (Ost-London) einen Wohnblock und tötet 130 Menschen. In der Kynaston Road in Orpington (Kent) geht wenige Stunden später die letzte V2 in England nieder. Insgesamt sind auf England 1115 Fernraketen V2 niedergegangen, davon auf London 517, in anderen Städten 537 und im Küstengebiet 61. 2724 Menschen sind getötet, 6467 schwer verletzt worden.

März 1945

Der Eisenbahnviadukt bei Bielefeld nach einem Treffer durch die 10-Tonnen-Bombe »Grand Slam«: Sie wird hier am 14. 3. 1945 zum erstenmal eingesetzt

Der deutsche Düsenjäger Messerschmitt Me 262 A-1: Höchstgeschwindigkeit 860 km/h, Reichweite 1000 Kilometer

1945 März

Die 10 Tonnen schwere »Grand-Slam«-Bombe vor dem Verladen in eine Lancaster-Maschine

Am Donnerstag, dem 29. März 1945, fällt auf Datchworth nahe Sittingbourne (Kent) die letzte V1. Vom 13. Juni 1944 bis zum 29. März 1945 sind von den Abschußrampen in Frankreich, Belgien und Holland sowie von He 111 insgesamt 9200 fliegende Bomben gestartet worden. Mehr als 1000 V1 stürzen gleich nach dem Start ab. Die Engländer haben 3957 V1 vernichtet, davon 1847 durch Jäger, 1878 durch Flak und 232 durch die Kabel von Sperrballons. 6139 Menschen sind in England durch V1 getötet, 17 239 schwer verletzt worden. Auf verschiedene Städte in Belgien sind etwa 12 000 fliegende Bomben, auf Antwerpen allein 8000, gefallen.

Am Donnerstag, dem 5. April 1945, endet der Einsatz von Fernraketen V2. Seit dem 27. März 1945 sind sie nur noch auf Antwerpen, Brüssel und Lüttich niedergegangen.

Am Samstag, dem 7. April 1945, greift die 8. US Air Force neben Flugplätzen und Eisenbahnanlagen vor allem Dessau mit 1300 B-17 und B-24 sowie 850 Jägern an. Die überraschten Bomberbesatzungen erleben während des Angriffs einen deutschen Rammjäger-Verband[*], der sich aus 11 000 Meter Höhe zwischen Uelzen und Celle auf die US-Bomber stürzt.

Die Begleitjäger können kaum etwas ausrichten. Etwa 50 Jäger und einige Me 262 sind dicht an die Bomberverbände herangekommen. In dieser letzten größeren Luftschlacht, die etwa 45 Minuten dauert, sind nach deutschen Angaben 51 amerikanische Maschinen zerstört worden. Die eigenen Verluste werden mit 131 angegeben. Die Amerikaner berichten, sie hätten 100 deutsche Jäger, davon 59 durch Mustangs, abgeschossen und selbst nur acht Bomber verloren.

Am Dienstag, dem 10. April 1945, greift im norddeutschen Raum die 8. US Air Force alle ihr bekannten Flugplätze der Me 262 an. Stark beschädigt werden Flugplätze der Düsenjäger in Parchim, Oranienburg, Briest, Rechlin und Burg. Die Luftwaffen-Führung verlegt kurz darauf alle noch einsatzbereiten Me-262-Verbände nach Süddeutschland und ins Protektorat Böhmen und Mähren.

Am selben Tag startet vom Flugplatz Sola bei Stavanger (Norwegen) ein Düsen-Fernaufklärer vom Einsatzkommando 1.(F)/5 zur Fotoaufklärung über Schottland, dem letzten Einsatz der Luftwaffe über England.

[*] Unter Rammjäger versteht man gepanzerte Maschinen vom Typ Fw 190, die viermotorige Bomber nach Art der Kamikaze-Flieger durch Rammen zum Absturz bringen sollen. Der Pilot rettet sich mit dem Fallschirm.

Mai 1945

Britische und amerikanische Flugzeugbesatzungen bei der Einsatzbesprechung. Der neue Auftrag: Angriffe auf Stützpunkte deutscher Düsenjäger

Kaum noch lohnende Ziele

Am Montag, dem 16. April 1945, erklärt Gen. C. A. Spaatz, Befehlshaber der Strategischen US-Luftstreitkräfte in Europa, strategisch sei der Luftkrieg gegen Deutschland beendet. Es gibt in der Tat kaum noch militärische Ziele. Das deutsche Verkehrssystem ist zerstört, größtenteils fahren keine Eisenbahnen mehr. Das Ende des Krieges rückt immer näher. Doch das Flächen-Bombardement der Alliierten auf deutsche Städte geht weiter. Jabos kreisen über allen wichtigen Verbindungsstraßen und nehmen wahllos Menschen und Fahrzeuge, ja selbst einzelne Radfahrer unter MG-Beschuß.

Am Freitag, dem 20. April 1945, fliegen 150 B-17 und B-24 der 8. US Air Force ihren letzten strategischen Angriff auf Berlin, diesmal auf die Eisenbahnanlagen in Marienfelde und Lichtenrade, die stark zerstört werden. Nur noch vereinzelt setzt Flakfeuer ein. Die P-51-Mustangs schießen – ohne eigene Verluste – insgesamt fünf deutsche Jäger ab.

Am Sonnabend, dem 21. April 1945, unternehmen RAF Mosquitos von der 109. Squadron noch einen Störangriff auf Berlin und beenden damit die Einsätze westalliierter Bomber gegen die Reichshauptstadt.

Am Mittwoch, dem 25. April 1945, ist Hitlers Berghof in Berchtesgaden das letzte Ziel des RAF Bomber Command im Zweiten Weltkrieg. Da der Krieg beinahe zu Ende ist, erscheint dieser Angriff mehr als sinnlos. Er legt sogar die Vermutung nahe, als wollte die RAF ihren großen Bombenvorrat noch loswerden. Aus einer Höhe von 3300 Metern werfen 318 Lancasters gegen 7.30 Uhr etwa 1181 Tonnen Bomben ab, eine Sprengstoffmenge, die fast aller gegen England abgeschossenen V2-Raketen entspricht. Die Besatzungen melden zwar starkes Flakfeuer, beschädigt wird jedoch nur eine Maschine.

Am gleichen Tag unternimmt die 8. US-Luftflotte einen ähnlich unsinnigen Angriff gegen Pilsen. B-17- und B-24-Bomber werfen 638 Tonnen Bomben auf die Skoda-Werke ab, etwa soviel, wie beim deutschen Angriff in der Nacht zum 15. November 1940 auf Coventry gefallen sind. Für die Wehrmacht hat die Waffenproduktion dieses bedeutendsten Industriezentrums der Tschechoslowakei keine Bedeutung mehr, denn schließlich hat der historische Handschlag bei Torgau an der Elbe schon stattgefunden, und die Erhaltung der Skoda-Werke für den wirtschaftlichen Wiederaufbau des Landes hätte schon im Blickfeld der Alliierten liegen sollen.

In der Nacht vom 2./3. Mai 1945 fliegt die RAF ihren letzten Angriff auf Deutschland. Auf den Kieler Hafen werfen 125 Mosquitos (608. Squadron) 174 Tonnen Bomben ab, ohne daß deutsche Flak auch nur einen Schuß abgibt.

1945 Mai

Amerikanische Bomber B-24 Liberator rollen an den Start, obwohl kaum noch militärische Ziele vorhanden sind

In Europa schweigen die Waffen

Am Mittwoch, dem 9. Mai 1945, unternehmen amerikanische und sowjetische Schlachtflugzeuge noch nach dem Ende des europäischen Krieges einen gemeinsamen taktischen Einsatz. Beteiligt sind amerikanische »Lightning« vom Typ P-38 L und sowjetische IL-2m »Sturmowiks« (951. Flieger-Sturmregiment). Sie greifen eine Kolonne deutscher Panzerfahrzeuge in der Nähe von St. Pölten in Österreich an. Gen. Balck, Oberbefehlshaber der deutschen 6. Armee, hat einen Tag zuvor mit US-Gen. M. C. Bridge in dessen Hauptquartier in Kirschdorf vereinbart, daß die 6. Armee (Heeresgruppe Ostmark) sich von der Ostfront in westliche Richtung absetzen kann, um so der sowjetischen Gefangenschaft zu entgehen.

Die alliierten Bomberoffensiven sind insgesamt recht verlustreich gewesen. Fast 45 000 tote Flieger weisen allein die Verlustlisten der 8. und 9. US Air Force auf. Insgesamt verlieren die Amerikaner 79 265 Mann und 18 000 Maschinen. Das RAF Bomber Command büßt 47 293 Besatzungsmitglieder, 1570 Mann Bodenpersonal und 7122 Flugzeuge ein. Der gesamten RAF gehen verloren: 79 281 Mann und etwa 22 000 Maschinen. Der Aufbau der alliierten Luftstreitkräfte hat sich recht langsam vollzogen. So ist es zu erklären, daß 83 Prozent der über Deutschland abgeworfenen Bomben erst in den letzten beiden Kriegsjahren gefallen sind.

Einschließlich der V-Waffen sind von der Luftwaffe 71 172 Tonnen Bomben auf England niedergegangen, die Alliierten rächen sich dafür mit einer Bombenlast von 1 996 036 Tonnen auf das Reichsgebiet und das von den Deutschen besetzte Europa. Deutsche Städte und Verkehrsanlagen sind zu 55,8 Prozent das Ziel aller Angriffe. 30,5 Prozent haben militärischen Zielen wie U-Boot-Stützpunkten, Flugplätzen und V-Waffen-Anlagen, 9,3 Prozent der chemischen Industrie, 1,8 Prozent der Flugzeugindustrie und 2,6 Prozent anderen Industriezweigen wie U-Boot-Werften und Kugellager-Werken gegolten. Die meisten dieser Bomben haben die Westalliierten bis 1944 bei Flächen-Bombardements abgeworfen.

Im letzten Kriegsjahr haben die Deutschen einschließlich der V-Waffen auf England 761 Tonnen Bomben, die Alliierten auf Deutschland dagegen 477 000 Tonnen Bomben abgeworfen. 14 000 Tonnen Bomben sind allein in den letzten 36 Stunden des Krieges auf Deutschland gefallen. Im Reichsgebiet sind während des Zweiten Weltkrieges (nach Angaben des Statistischen Bundesamtes in Wiesbaden) 593 000 Menschen durch Luftangriffe getötet worden. 3 370 000 Wohnungen sind zerstört, 7,5 Millionen Menschen werden obdachlos. Berlin ist die am häufigsten bombardierte Stadt.

Die moralische Wirkung selbst der schwersten Angriffe liegt bei der Zivilbevölkerung geringer, als die Gegenseite angenommen hat. Der Bombenterror stärkt eher den Widerstandswillen, als daß er ihn schwächt. Andererseits hingen die Erfolge aller wichtigen Operationen von der Luftüberlegenheit der Alliierten ab, insofern brachten die Luftstreitkräfte doch die endgültige Entscheidung im Krieg zustande. Die Niederlage des Dritten Reiches bewirkte schließlich die Kombination von Einsätzen der Luftstreitkräfte und von offensiven Bodentruppen.

Mai 1945

Auch die britischen schweren Bomber vom Typ Avro Lancaster fliegen im Frühjahr 1945 überwiegend Tagesangriffe

April 1945: Amerikanische Jagdbomber greifen einen Fliegerhorst der Luftwaffe nahe Gütersloh an

DIE WESTFRONT 1945

BEDINGUNGSLOSE KAPITULATION

Nach der mißlungenen Ardennen-Offensive bricht die Westfront total zusammen: Deutschland in zwei Teile gespalten

»Es war unser Stalingrad Nr. 2«, bemerkt GFM von Rundstedt über die mißlungene Ardennen-Offensive. Während Hitler die Westfront entblößt und seine verbliebenen Reserven sowie Ausrüstungen an die Ostfront beordert, bereiten sich die Amerikaner und Engländer zu einem Angriff auf den Rhein vor.

Am 1. und 2. Januar 1945 fliegen 570 schwere Bomber der 8. US Air Force Einsätze auf die Rheinbrücken bei Neuwied, Koblenz und Remagen. Durch diese Angriffe der Alliierten auf die rückwärtigen Verbindungen der Deutschen wird die Ardennen-Offensive stark behindert. Auch die alliierten Bodentruppen festigen allmählich ihren Widerstand. Die Alliierten bombardieren zunächst den Raum Köln/Koblenz/Trier, dehnen aber später ihre Operationen nach Süden bis Koblenz, Kaiserslautern und Saarbrücken aus.

In den Ardennen herrscht wieder Ruhe. Zur Abwehr des deutschen Angriffs und zur Gegenoffensive waren 600 000 alliierte Soldaten eingesetzt, etwa 74 000 Mann sind gefallen, verwundet oder in Gefangenschaft geraten. Die Deutschen büßen rund 90 000 Mann an Gefallenen, Verwundeten und Gefangenen ein.

Die in der Nacht vom 22./23. Januar 1945 erfolgten Angriffe von RAF-Bombern auf Eisenbahnverbindungen in Gelsenkirchen, Duisburg und Hannover sowie die von der 8. US Air Force am Mittag des 23. Januar 1945 auf Neuss tragen nicht unwesentlich zur Verschlechterung der militärischen Lage Deutschlands bei. Beständigen Angriffen ist auch das gesamte Straßennetz ausgesetzt. In diesen zwei Tagen vernichten alliierte Flieger beim Rückzug der Armeen GFM von Rundstedts aus den Ardennen allein 6000 Fahrzeuge.

Eklatanter Treibstoffmangel macht es der deutschen Luftwaffe unmöglich, den notwendigen Schutz zu bieten. Manche Geschwader bekommen Benzin nur für einen Staffeleinsatz pro Tag. Selbst für die Rückverlegung von Einheiten vor der herannahenden Front fehlt es nicht selten an Treibstoff.

Gegen Antwerpen und Lüttich wird im Januar 1945 der Einsatz von V1 aus den Stellungen in der Eifel und in Holland fortgesetzt. Das Flakregiment 155 (Oberst Wach-

Raum Landsberg (Bayern), Ende April 1945: Den Panzerspitzen der 7. US-Armee (Gen. Patch) kommen die Dorfbewohner mit weißen Fahnen entgegen

1945 Januar

Raum Wiltz (Belgien), Januar 1945: Nach Zerschlagung der deutschen Verbände in den Ardennen nehmen die Amerikaner mehrere tausend Soldaten gefangen

Schweiz 1945: Eine Wohltätigkeitsmarke für die Kriegsgeschädigten

Finnland 1945: Wohltätigkeitsausgabe zugunsten des Roten Kreuzes

Britisches Flugblatt aus den ersten Tagen des Jahres 1945

tel) schießt täglich mehr als 100 Fliegende Bomben auf diese beiden Städte ab.

Am Donnerstag, dem 8. Februar 1945, unternimmt die kanadische 1. Armee (Lt. Gen. Crerar) westlich von Kleve zwischen Rhein und Maas einen neuen Großangriff. Sie dringt trotz heftiger deutscher Gegenwehr im Reichswald weiter nach Südosten vor.

Am Mittwoch, dem 7. März 1945, stößt das zur 1. US-Armee (Lt. Gen. Hodges) gehörende III. Korps (Maj. Gen. Millikin) zum Rhein vor. Gleichzeitig gelingt es der 9. US-Panzerdivision (Maj. Gen. Leonhard), die strategisch wichtige Ludendorff-Brücke bei Remagen zu erobern. Teile der Division setzen ans Ostufer über, bilden

Rettet Euch! und Ihr rettet Deutschland!

Der Zusammenbruch der Westfront, der Ausfall Finnlands und des Balkans mit seinen Ölfeldern, der Verlust ganz Westeuropas mit seinen V-Waffenlagern und die Vernichtung im Osten und Westen von sechs deutschen Armeen im Sommer 1944: <u>Damit ist der Krieg entschieden.</u>

März 1945

dort einen Brückenkopf, den sie von Stunde zu Stunde erweitern.

Am Sonnabend, dem 10. März 1945, ernennt Hitler anstelle von GFM von Rundstedt den OB Südwest (Italien), GFM Kesselring, zum OB West.

Die Brücke von Remagen

Am Dienstag, dem 13. März 1945, versucht die deutsche Luftwaffe unter Einsatz aller noch verfügbaren Kräfte, die Ludendorff-Brücke in Remagen zu zerstören, die am 7. März 1945 der 9. US-Panzerdivision unversehrt in die Hände gefallen ist, da die Sprengladungen versagt haben. Die selbst für die Amerikaner völlig überraschend gelungene Eroberung der unzerstörten Brücke hat den Krieg nach Meinung von Strategen um einige Wochen verkürzt.

Am gleichen Tag versuchen die ersten Düsenbomber der Welt, Arado 234 von der III. Gruppe des KG 76 und 360 deutsche Jagdbomber Me 262, in todesverachtendem Tiefflug die von starken Einheiten der US-Flak gesicherte Brücke zu zerstören. Es werden auch Mistel-Flugzeuge und sogar elf Fernraketen V2 gegen die Brücke eingesetzt; das ist der einzige taktische Einsatz von V2 während des ganzen Krieges.

Am Mittwoch, dem 14. März 1945, werfen die Alliierten bei den Vorbereitungen für die »Überquerung des Rheins« die schwerste Bombe des Krieges ab. Diese 10 Tonnen schwere Bombe »Grand Slam« – auch »Erdbeben-Bombe« genannt – hat Dr. Wallis, der Erbauer der »Tallboy«-Bomben, konstruiert. Eine besonders dafür eingerichtete Lancaster IPD 112 von der 617. RAF Squadron (Squ. Ldr. C. C. Calder) wirft die Bombe auf den Eisenbahn-Viadukt bei Bielefeld. Die wichtige Verbindungslinie ist damit für den Rest des Krieges ausgeschaltet.

Am Donnerstag, dem 22. März 1945, überschreitet das XII. Korps der 3. US-Armee (Lt. Gen. Patton) bei Oppenheim den Rhein und dringt gegen den Main vor.

Am Freitag, dem 23. März 1945, überqueren im Raum Wesel die britische 2. Armee (Lt. Gen. Dempsey), die kanadische 1. Armee (Lt. Gen. Crerar) und die 9. US-Armee (Lt. Gen. Simpson) den Rhein und bilden am Ostufer Brückenköpfe. Vorausgegangen sind dieser Operation eine Reihe von schweren Luftangriffen mit dem Abwurf von 1200 Tonnen Bomben. Den Flußübergang sichert von Norden her die kanadische 5. Panzerdivision.

Die Brücke von Remagen, 7. 3. 1945: Die Eroberung dieser Rheinbrücke beschleunigt den Zusammenbruch des Deutschen Reiches um mehrere Wochen

1945 März

Die Operation »Plunder«

Raum nördlich von Lippe, 24. 3. 1945. Durch Unfälle oft stärkere Verluste als durch Kampfeinwirkung: Ein in der Hochspannungsleitung hängengebliebener Fallschirm

Am Sonnabend, dem 24. März 1945, steht die alliierte 21. Armeegruppe (Field Marshal Montgomery) nördlich und südlich von Wesel am anderen Ufer des Niederrheins. Ziel dieser Operation ist es, das Ruhrgebiet im Norden zu umfassen und dann zum Unterlauf der Elbe vorzudringen. Zugleich glückt den Alliierten ein großangelegtes Luftlandeunternehmen. Nördlich der Lippe setzen 903 US- und 669 RAF-Fallschirmjäger-Transporter sowie 1326 Lastensegler die amerikanische 17. und die britische 6. Luftlandedivision ab. 679 Jäger der 9. US Air Force und 213 RAF-Jäger sichern die Aktion. Den Absprungraum selbst sichern noch einmal 900 Jäger der 2. Taktischen Luftflotte, während 1252 Jäger der 8. US Air Force Patrouille über Westdeutschland fliegen. Etwa 3000 mittlere und schwere Bomber aus den alliierten Stützpunkten in England, Frankreich und Italien befinden sich im Einsatz. Die Luftlandetruppen – insgesamt etwa 14 000 Mann – treffen nur auf geringen Widerstand, auch von seiten der Luftwaffe. Lediglich die Flak setzt sich stellenweise heftig zur Wehr. Sie schießt (nach Meldungen des OKW) 60 Lastensegler und 38 Flugzeuge ab. Die Operation ist dennoch recht verlustreich. Viele Fallschirme öffnen sich nicht, mehrere Lastensegler geraten bei der Landung in Brand, weil sich das Benzin in den mitgeführten Jeeps entzündet. Durch diese Unfälle verlieren die Alliierten ebenso viele Soldaten wie im Kampf gegen die deutschen Bodentruppen. Montgomery hat deren Kraft übrigens überschätzt. Den Vormarsch der alliierten Panzerverbände behindern weniger die deutschen Truppen als vielmehr die Trümmer in den zerstörten Städten, die die Durchfahrts-

Raum Oberwesel, 26. 3. 1945: Soldaten der amerikanischen 89. Division überqueren den Rhein

1046

April 1945

straßen sperren. Am Abend zuvor sind die Städte in diesem Raum noch recht massiv bombardiert worden.

Am Sonntag, dem 1. April 1945, trifft im Raum Lippstadt die von Süden vorstoßende 1. US-Armee (Lt. Gen. Hodges) mit der von Norden vordringenden 9. US-Armee (Lt. Gen. Simpson) zusammen. Zwischen den Flüssen Rhein, Ruhr und Sieg entsteht so der »Ruhrkessel«, der die Heeresgruppe B (GFM Model), die 5. Panzerarmee (GenOberst Harpe) und die 15. Armee (Gen. d. Inf. von Zangen) umschließt.

Nördlich von Karlsruhe nahe Philippsburg überschreitet unterdessen die französische 1. Armee (Gen. de Lattre de Tassigny) den Oberrhein.

Während am Mittwoch, dem 4. April 1945, die französische 1. Armee Karlsruhe besetzt und die deutschen Truppen Ungarn räumen, dringen Panzerverbände der 3. Ukrainischen Front (Marschall Tolbuchin) in die Vorstädte von Wien ein. Der Kampf um die Donaustadt beginnt.

In der Nacht vom 7./8. April 1945 setzen RAF-Maschinen (38. Group) zwei Bataillone französischer Fallschirmjäger mit regulären Soldaten und Mitgliedern der Résistance südlich von Groningen (Holland) zur Unterstützung der kanadischen 2. Division ab.

Am Dienstag, dem 10. April 1945, werden Essen und Hannover von der 9. US-Armee (Lt. Gen. Simpson) erobert.

Am Sonnabend, dem 14. April 1945, liquidieren nach heftigen Luft- und Panzerangriffen die 9. US-Armee (Lt. Gen. Simpson) und die 1. US-Armee (Lt. Gen. Hodges) den »Ruhrkessel«. Die deutsche 15. Armee (Gen. d. Inf. von Zangen), die 5. Panzerarmee (GenOberst Harpe) sowie die Reste von 19 Divisionen, insgesamt 325 000 Mann, werden von den Amerikanern gefangengenommen. GFM Model verübt Selbstmord.

Ungeachtet aller Tatsachen melden die Schlagzeilen der NS-Presse Tag für Tag die Erfolge in Ost und West – wie an diesem 30. 3. 1945

General Gustav von Zangen

Britische Truppen überschreiten – von den Deutschen kaum gehindert – nördlich von Wesel den Niederrhein

1945 April

Raum Rösrath (Bergisches Land), März 1945: Die Panzer der 1. US-Armee (Gen. Hodges) bei der Bekämpfung und Zerschlagung der deutschen 5. Panzerarmee

Köln, 7. 3. 1945: Auf dem Domplatz treten die Verteidiger zum Marsch in das Gefangenensammellager an

April 1945

In der Nacht vom 15./16. April 1945 gelingt es der am östlichen Elbufer stehenden deutschen 12. Armee (Gen. d. Pz.Tr. Wenck) trotz der Erschöpfung ihrer Truppen und nur weniger Panther-Panzer, den südlich von Magdeburg durch Einheiten der 9. US-Armee gebildeten Brückenkopf aufzureiben.

Am Mittwoch, dem 18. April 1945, dringen trotz anderslautender Befehle von Gen. Eisenhower die Panzereinheiten der 3. US-Armee (Lt. Gen. Patton) in das westliche Böhmen (Tschechoslowakei) ein und marschieren in Richtung Karlsbad, Pilsen, Prag und Budweis. Da die Tschechoslowakei nach Abmachungen zwischen den Sowjets und den Westalliierten zum sowjetischen Machtbereich gehört, weist Eisenhower auf Wunsch von Stalin und Roosevelt Lt. Gen. Patton an, sofort seinen Vormarsch einzustellen.

Am selben Tag rückt die 1. US-Armee (Lt. Gen. Hodges) in Düsseldorf ein.

Am Sonntag, dem 22. April 1945, hat die französische 1. Armee (Gen. de Lattre de Tassigny) bereits Stuttgart erreicht, und am Tag darauf dringen im Norden die Panzerverbände der britischen 2. Armee (Lt. Gen. Dempsey) in Hamburg-Harburg ein.

Am Montag, dem 23. April 1945, trifft im Führerbunker ein Telegramm Görings aus Berchtesgaden ein. Der Reichsmarschall erklärt sich bereit, ab sofort und mit allen Vollmachten die Führung des Reiches zu übernehmen. Sollte er bis 22.00 Uhr keine Antwort erhalten, muß er annehmen, daß Hitler nicht mehr handlungsfähig ist. Was Göring verschweigt, ist seine Absicht, in den nächsten Stunden im Hauptquartier der Westalliierten mit Gen. Eisenhower über einen Waffenstillstand zu verhandeln. Hitler glaubt an Verrat und entläßt Göring. Gleichzeitig beauftragt er das Reichssicherheitshauptamt Göring, seinen Stab sowie seine Familie festzunehmen und notfalls zu liquidieren.

Am Dienstag, dem 24. April 1945, wird Ulm von der amerikanischen 7. Armee (Lt. Gen. Patch) und der französischen 1. Armee erobert.

Am Donnerstag, dem 26. April 1945, beginnen RAF-Bomber die Operation »Manna«. Sie werfen diesmal statt Bomben Nahrungsmittel und Kleidung für die not-

Bremen, 26. April 1945: Eine Vorausabteilung der britischen 2. Armee (Gen. Dempsey) durchquert die Stadt

1945 April

leidende Bevölkerung der noch von deutschen Truppen besetzten holländischen Provinzen ab. Zwischen A. Seyß-Inquart, dem deutschen Reichskommissar in den Niederlanden, sowie GenOberst Blaskowitz, dem Befehlshaber der »Festung Holland«, und dem Alliierten Oberkommando hat es darüber eine entsprechende Abmachung gegeben.

Am Montag, dem 30. April 1945, treffen die ersten Panzerspitzen der 7. US-Armee (Lt. Gen. Patch) in München ein.

Am Donnerstag, dem 3. Mai 1945, rollen die Vorausabteilungen des britischen XII. Korps (Lt. Gen. Ritchie) in die nur noch aus Trümmern bestehende Hansestadt Hamburg ein.

Am Freitag, dem 4. Mai 1945, vereinigen sich am Brenner die Soldaten der in der Normandie gelandeten 103. US-Infanteriedivision mit den Einheiten der 88. Division, die von Italien aus vorgestoßen sind.

Die Kapitulation

Am gleichen Tag findet in der Lüneburger Heide im Hauptquartier von Montgomery die Unterzeichnung der Kapitulation für die deutschen Streitkräfte der »Festung Holland« (GenOberst Blaskowitz) sowie für die Truppen in Nordwestdeutschland einschließlich der Inseln (GFM Busch) und in Dänemark (GenOberst Lindemann) statt. Die Kapitulation unterzeichnet GenAdm. von Friedeburg.

Am Sonnabend, dem 5. Mai 1945, tritt um 8.00 Uhr die Kapitulation in Kraft. Dank dieser Entscheidung kann die Heeresgruppe Weichsel (GenOberst Student) mit den Resten der 21. Armee und der 3. Panzerarmee mit Duldung von Montgomery sich nach Westen absetzen und so

»Der Krieg in Europa ist beendet« – meldet die amerikanische Presse am 8. 5. 1945

Hauptquartier des Field Marshal Montgomery, Lüneburger Heide, 4. 5. 1945: Generaladmiral von Friedeburg unterzeichnet die Kapitulation der deutschen Streitkräfte in Holland, Nordwestdeutschland und Dänemark (rechts Montgomery)

Mai 1945

in britische Gefangenschaft gelangen. Unterdessen streckt auch die Heeresgruppe G (Gen. d. Inf. Schulz) mit den Resten der 1. Armee und der 19. Armee in Haar bei München die Waffen.

Am gleichen Tag fordert Gen. Eisenhower eine gleichzeitige Kapitulation der gesamten deutschen Truppen. Danach sollen alle Soldaten sofort ihre Waffen strecken. Da Eisenhower zugesteht, daß die Gesamtkapitulation um zweimal 24 Stunden hinausgeschoben wird, also erst am 9. Mai 1945 um 00.01 Uhr in Kraft tritt, kann die Kriegsmarine ihre Aktion zur Rettung von Flüchtlingen in der Ostsee noch weiter fortsetzen.

Am Sonntag, dem 6. Mai 1945, erhält Gen. Patton von Gen. Eisenhower den Befehl, mit seiner 3. US-Armee in Böhmen keinesfalls weiter vorzugehen.

Am selben Tag erhält Dönitz einen Funkspruch von Göring aus Berchtesgaden, daß dieser bereit wäre, die Kapitulationsverhandlungen mit Eisenhower persönlich zu führen. Dönitz läßt dieses Angebot jedoch ohne Antwort.

Am Montag, dem 7. Mai 1945, unterzeichnet in Reims, im Hauptquartier von Gen. Eisenhower, GenOberst Jodl mit Vollmacht von Großadm. Dönitz die Gesamtkapitulation der deutschen Wehrmacht. Sie tritt am 9. Mai 1945 um 00.01 Uhr in Kraft.

Am Dienstag, dem 8. Mai 1945, ist die Operation »Manna« beendet. Insgesamt haben die Bomber der US Air Force und der RAF rund 6600 Tonnen Lebensmittel und Kleidung für die Zivilbevölkerung in Holland abgeworfen.

In der Nacht vom 8./9. Mai 1945 ist der Krieg in Europa zu Ende.

Am Nachmittag des 9. Mai 1945 laufen die letzten deutschen Kriegsschiffe aus der Danziger Bucht mit 21 000 Flüchtlingen und Soldaten an Bord in Kiel und Glücksburg ein.

Torgau an der Elbe, am Nachmittag des 25. 4. 1945: Das historische Treffen von Soldaten der 1. US-Armee (Gen. Hodges) und der sowjetischen 5. Gardearmee (Gen. Schadow). Im Hintergrund die gesprengte Brücke über die Elbe

Kiel, 9. 5. 1945: Flüchtlinge, die mit dem letzten deutschen Schiff aus der Danziger Bucht hier eingetroffen sind, werden unter Aufsicht der britischen Truppen ausgeschifft

GE-SCHEHNISSE IM DEUT-SCHEN REICH

DAS 3. REICH BRICHT ZUSAMMEN

Goebbels in einer seiner letzten öffentlichen Reden: »Aber wenn wir abtreten, dann soll der Erdkreis erzittern!«

Nachdem im Westen die Ardennen-Offensive scheitert und an der Ostfront die sowjetische Winteroffensive beinahe stündlich neue Erfolge verzeichnet, steht Deutschland vor dem Zusammenbruch.

Am Dienstag, dem 23. Januar 1945, stellt die Post die Beförderung von Briefen außerhalb der Ortschaften ein. Und die Reichsbahn gibt die Einstellung des öffentlichen Eil- und Schnellzugverkehrs bekannt.

Am Dienstag, dem 30. Januar 1945, hält Hitler seine letzte Rundfunkrede. Er spricht unbekümmert weiterhin von den Erfolgen des Nationalsozialismus, von Wunderwaffen und dem Endsieg.

Ab Montag, dem 12. Februar 1945, sollen Frauen und Mädchen mit der Waffe in der Hand im Volkssturm-Hilfsdienst zum Kampf ums Überleben des NS-Regimes herangezogen werden. »Bewährt sich dieses Frauenbataillon, sollen sofort weitere aufgestellt werden.«

Am Montag, dem 19. Februar 1945, nimmt Himmler ohne Wissen Hitlers Kontakt zum Präsidenten des schwedischen Roten Kreuzes, Graf Bernadotte, auf. Das Ziel seiner Unterredung: ein Separatfrieden mit den Westalliierten.

Am Sonnabend, dem 24. Februar 1945, verspricht Hitler in einer Proklamation an die NSDAP »noch in diesem Jahr eine geschichtliche Wende« und »am Ende den Sieg des Deutschen Reiches«.

Bereits Anfang März 1945 bekommt die deutsche Führung die Nachricht, daß die Rüstungsindustrie nicht mehr in der Lage ist, den Munitionsbedarf der kämpfenden Truppe zu decken.

Am Donnerstag, dem 8. März 1945, droht Hitler jedem Wehrmachtsangehörigen mit der »Sippenhaft«, der »in Gefangenschaft gerät, ohne verwundet zu sein oder nachweisbar bis zum Äußersten gekämpft zu haben ...« Tags darauf erläßt GenMaj. Hellmuth Reymann (Armeegruppe Spree) als Befehlshaber im Bereich Berlin einen grundsätzlichen Befehl für die Verteidigung der Reichshauptstadt: Sie »wird bis zum letzten Mann und bis zur letzten Patrone verteidigt«.

Am Donnerstag, dem 15. März 1945, kündigt Reichsminister Speer in einer Denkschrift den wirtschaftlichen

Deutschland, Frühjahr 1945: Überall, wo die alliierten Truppen Rast machen, das gleiche Bild: Kinder bitten um Nahrung

1053

1945 März

Folke Graf Bernadotte, Vizepräsident des schwedischen Roten Kreuzes

Reichsgebiet, 17. 1. 1945: Die Annahmestelle für das Volksopfer in einer mitteldeutschen Stadt. Originaltext: »Jeder Deutsche weiß, daß der Kampf, den wir führen, um unser Schicksal geht. Und darum weiß auch jeder Deutsche, daß er für das Volksopfer geben muß, was er nur irgend entbehren kann.«

Zusammenbruch des Reiches innerhalb der nächsten vier bis acht Wochen an.

Am Montag, dem 19. März 1945, erteilt Hitler den »Nero-Befehl«. Nach diesem Erlaß sind innerhalb des Reichsgebietes beim Rückzug neben militärischen auch alle »Verkehrs-, Nachrichten-, Industrie- und Versorgungsanlagen sowie Sachwerte« zu zerstören. Es gelingt jedoch Reichsminister Speer und GFM Keitel, den Befehl abzuschwächen.

Am Sonntag, dem 1. April 1945, übergibt der bisherige Generalstabschef des Heeres, GenOberst Guderian, nachdem Hitler ihn am 28. März 1945 »beurlaubt« hat, seinem Nachfolger, GenLt. Krebs, die Leitung des Generalstabes und tritt in Ebenhausen bei München eine Kur an.

Am Dienstag, dem 3. April 1945, befiehlt Himmler, daß aus den Häusern, wo weiße Fahnen hinausgehängt werden, sofort sämtliche Männer zu erschießen seien. »Es darf bei diesen Maßnahmen keinen Augenblick gezögert werden.«

Am Donnerstag, dem 5. April 1945, empfiehlt das Reichsamt für Volksgesundheit seinen Gauämtern eine verstärkte Propagierung von Ersatz-Lebensmitteln wie Klee und Luzerne, Frösche und Schnecken. Das Brotmehl soll durch Sägespäne und Baumrinde gestreckt werden, die Vitamin-Versorgung durch Verzehr von Jungtrieben der Kiefern und Fichten erfolgen.

Hitlers 56. Geburtstag

Am Freitag, dem 20. April 1945, beginnt am frühen Nachmittag in der neuen Reichskanzlei die Feier zu Hitlers 56. Geburtstag. Es ist zugleich das letzte Treffen der NS-Führungsspitze. Danach fährt Göring mit seinem Stab nach Bayern, Himmler mit dem Großteil der SS-Führung und des RSHA, dazu von Ribbentrop mit dem Auswärtigen Amt, nach Schleswig-Holstein. Im Bunker der Reichskanzlei verbleiben neben Hitler und Eva Braun nur die engsten Mitarbeiter wie Bormann, Dr. Goebbels und Gen. Krebs.

Am Nachmittag empfängt Hitler zum letztenmal in dem verwüsteten Garten der Reichskanzlei eine Abordnung der Hitlerjugend und SS. Man hört das ferne Grollen der Front, kaum 30 Kilometer von Berlin entfernt.

April 1945

Die ersten Tage nach dem Ende der NS-Herrschaft: Jeder versucht, sich auf eigene Art zu versorgen

Flüchtlingstreck irgendwo im deutschen Osten: Der Weg ins Ungewisse

1945 Januar

»Wir leben nicht. Wir sind tot!«

Am Dienstag, dem 16. Januar 1945, befreit die Rote Armee aus Zwangsarbeitslagern im Raum Lodz rund 870 Juden. In Tschenstochau gelingt es, 800 Juden, deren Evakuierung vorbereitet ist, aus einem Zwangsarbeitslager zu retten.

Am Mittwoch, dem 17. Januar 1945, bricht in dem ehemaligen Vernichtungslager Chelmno, wo über 300000 Juden den Tod fanden, ein Aufstand aus: Die letzten 47 jüdischen Zwangsarbeiter verschanzen sich in einem Gebäude, um der Erschießung durch die SS noch kurz vor dem Eintreffen der Roten Armee zu entgehen. Doch die SS steckt das Gebäude in Brand und schießt jeden nieder, der versucht, sich aus den Flammen zu retten. Nur einem Mann gelingt die Flucht.

Am selben Tag kapituliert die deutsche Garnison in Budapest: 80000 Juden werden befreit.

Am Freitag, dem 26. Januar 1945, erreichen die Truppen der 1. Ukrainischen Front (Marschall Konjew) das Vernichtungslager Auschwitz. Die meisten der Lagerinsassen sind bereits einige Tage zuvor in aller Eile evakuiert worden. Die rund 58000 bisher noch am Leben gebliebenen Häftlinge befinden sich jetzt auf dem Todesmarsch in Richtung Westen, bei strenger Kälte und ohne Versorgung. Tausende sterben vor Erschöpfung oder werden unterwegs erschossen, viele erfrieren. Die Rote Armee befreit in Auschwitz etwa 7500 Lagerinsassen, darunter 180 Kinder. Nach Aussagen des KZ-Kommandanten von Auschwitz, Rudolf Höß, hat man in diesem Lager über 2,5 Millionen Juden ermordet.

Am Sonntag, dem 8. April 1945, werden alle jüdischen Häftlinge aus dem Lager Buchenwald vor der sich nähernden US-Armee in einer Blitzaktion in das KZ Flossenburg überführt.

Am Mittwoch, dem 11. April 1945, befreien die Soldaten der 3. US-Armee (Lt. Gen. Patton) das KZ Buchenwald.

Am Sonntag, dem 15. April 1945, treffen die Truppen der britischen 2. Armee (Lt. Gen. Dempsey) im KZ Bergen-Belsen ein. Sie finden hier Unbeschreibliches vor: etwa 10000 noch nicht begrabene Leichen, die meisten davon verhungert. Selbst nach der Befrei-

Mai 1945

ung sterben jeden Tag über 500 Insassen an Erschöpfung oder Typhus.

Ebenfalls am 15. April werden von den Konzentrationslagern Sachsenhausen und Ravensbrück über 17000 Frauen und 40000 Männer auf den Todesmarsch nach Westen geschickt.

Am Sonnabend, dem 28. April 1945, befreit die 7. US-Armee (Lt. Gen. Patch) das KZ Dachau. Die Soldaten entdecken auch hier Tausende von gestapelten Leichen. Während zu dieser Zeit in dem immer kleiner werdenden Dritten Reich die alten Männer und Schüler gegen die von Osten und Westen vordringenden alliierten Armeen kämpfen müssen, besteht in den vorhandenen KZ-Lagern und Evakuierungszügen das Wachpersonal aus Eliteeinheiten der SS.

Am Sonnabend, dem 5. Mai 1945, wird von den US-Truppen eines der letzten Konzentrationslager, das KZ Mauthausen bei Linz in Österreich, befreit. Noch im letzten Augenblick versuchen die Wachmannschaften im Nebenlager Ebensee die noch am Leben gebliebenen 30000 Häftlinge in einen Tunnel zu jagen, um ihn dann in die Luft zu sprengen. In Mauthausen finden die US-Soldaten in einem riesigen Massengrab fast 10000 Opfer.

Am Mittwoch, dem 9. Mai 1945, wird in Nordböhmen das KZ-Lager Theresienstadt mit rund 30000 Juden von sowjetischen Truppen befreit.

Fünf bis sechs Millionen Menschen sind nach den neuesten Forschungsergebnissen vom September 1939 bis zum Mai 1945 der »Endlösung der Judenfrage« zum Opfer gefallen.

Einer, der den Holocaust überlebt hat, erzählt nach seiner Befreiung: »Wir haben den Eindruck, daß gegenwärtig die Menschheit nicht begreifen kann, was wir durchgemacht und was wir erlebt haben. Wir fürchten, daß wir auch in Zukunft nicht verstanden werden. Wir haben verlernt zu lachen, wir können nicht mehr weinen, wir begreifen bislang unsere Freiheit noch nicht, und alles das ist so, weil wir nach wie vor bei unseren toten Kameraden sind... Wir gehören in die Massengräber derer, die in Charkow, Lublin und Kowno erschossen worden sind. Wir gehören an die Seite jener Millionen, die in Auschwitz und Birkenau verbrannt worden sind. Wir gehören zu den Zehntausenden, die, gefoltert von Milliarden von Läusen, im Schlamm am Rande des Hungertodes lebten, Kälte und Verzweiflung als einzige Kameraden. Wir leben nicht. Wir sind tot!«

DIE POLITISCHEN EREIG- NISSE

DAS REICH WIRD AUFGETEILT

In einem der wohl wichtigsten Gipfeltreffen der Geschichte wird über das künftige Schicksal der Welt entschieden

Am Sonntag, dem 4. Februar 1945, beginnt in Jalta, einem Kurort auf der Krim, die Konferenz der Regierungs- und Staatschefs, Außenminister und Oberbefehlshaber der USA, Großbritanniens und der UdSSR über das künftige Schicksal der Welt. US-Präsident Roosevelt, der wichtigste Regierungschef, sowie sein engster Berater, Harry Hopkins, sind bereits todkrank, als sie an diesem Gipfeltreffen, einem der wohl wichtigsten der Weltgeschichte, teilnehmen.

Churchill und Roosevelt machen in Jalta zur Durchsetzung ihrer eigenen Wünsche Stalin Zugeständnisse, die es Moskau ermöglichen, mit seiner »Politik der Schaffung vollendeter Tatsachen« seinen Zielen näherzukommen.

Zu den Ergebnissen von Jalta zählt faktisch auch die Anerkennung des im September 1939 geschlossenen Hitler-Stalin-Paktes sowie des damals noch geheimen Zusatzprotokolls. So bleiben die aufgrund dieses Paktes an die UdSSR gefallenen ostpolnischen Gebiete weiterhin sowjetischer Besitz.

Jalta hat aber keineswegs die Teilung Europas gebracht, sondern erst der Bruch des Abkommens von Jalta durch die Sowjets. Der US-Botschafter in Moskau, W. Averell Harriman: »Wenn Stalin sich an die Abmachung von Jalta gehalten hätte, wäre Osteuropa heute frei.«

In Jalta werden jedoch unmittelbar keine Interessensphären aufgeteilt, sondern lediglich Absichten erklärt. Churchill und Roosevelt können in Jalta nicht revidieren, was seit 1939 in Europa geschehen ist.

Am Mittwoch, dem 25. April 1945, beginnt in San Francisco die bis zum 26. Juni 1945 dauernde Konferenz zur Bearbeitung und Festlegung der Charta der »Vereinten Nationen«. An dieser Konferenz sind 50 Nationen beteiligt, nur die Vertreter Polens sind nicht eingeladen.

Vom 17. Juli bis zum 2. August 1945 findet im Potsdamer Schloß Cäcilienhof eine Gipfelkonferenz der USA, Großbritanniens und der UdSSR statt. Ihr Ziel: die weitere Politik der Alliierten auf der Grundlage ihrer früheren Beschlüsse in Anbetracht der durch die militärische Niederlage Deutschlands und seiner Verbündeten in Eu-

Die Konferenz der »Großen Drei« in Jalta (Krim). Von links nach rechts: Präsident Roosevelt, Premier Churchill, Regierungschef Stalin. Es wird gerade der Geburtstag des britischen Außenministers Anthony Eden (vorn im Bild) gefeiert

1945 August

ropa geschaffenen Lage festzulegen und zu koordinieren. Die Festlegung der Oder-Neiße-Linie als endgültige polnische Westgrenze bleibt einem künftigen Friedensvertrag vorbehalten. Die beschlossene Vertreibung der Deutschen aus Polen, der Tschechoslowakei und Ungarn soll unter »humanitären« Bedingungen vor sich gehen.

Potsdamer Konferenz, 17. 7.–2. 8. 1945: Im Garten von Schloß Cäcilienhof posieren der neue britische Premier Attlee, Präsident Truman und Stalin für die Fotografen

Familienglück am Rande des Krieges: Ein britischer Bomber bringt am 11. 4. 1945 aus Kanada die holländische Prinzessin Juliane, die auf dem Luftstützpunkt bei London von ihrer Mutter, Königin Wilhelmina, herzlich begrüßt wird

1060

Mai 1945

Das Ende in Italien

In den ersten Wintermonaten bereitet sich die noch Norditalien haltende deutsche Heeresgruppe C, jetzt unter dem Oberbefehl von GenOberst von Vietinghoff-Scheel, darauf vor, um den alliierten Armeen den Weg in Richtung Po-Ebene zu versperren. Mussolini, der noch Mitte Dezember 1944 in der Mailänder Scala die neue Republica Sociale Italiana feiert, versucht jetzt mit Marschall Graziani, eine republikanisch-faschistische Armee aufzustellen. Unterdessen plant die alliierte Führung mit der britischen 8. Armee (Lt. Gen. McCreery) eine Großoffensive in Richtung Ferrara, während die 5. US-Armee (jetzt Maj. Gen. Truscott) einige Tage später auf Bologna vorgehen soll. Für einen gleichzeitigen Vorstoß wird die Anzahl der zur Verfügung stehenden Flugzeuge nicht die nötige Luftunterstützung bieten können.

Am Montag, dem 9. April 1945, stoßen die Verbände der britischen 8. Armee unter massivem Artilleriefeuer und mit Panzerunterstützung in Richtung Argenta und Ferrara vor. Tags darauf unternehmen britische Commandos zusammen mit Teilen der 2. Special Service Brigade (Brig. T. B. L. Churchill) und der Special Boat Section eine überraschende Landungsoperation hinter den deutschen Linien im Gebiet des Commacchio-Sees (nördlich von Ravenna) und zwingen die deutsche 10. Armee (Gen. d. Pz.Tr. Herr) zu einer überstürzten Zurücknahme der Front.

Am Sonnabend, dem 14. April 1945, geht die 5. US-Armee zum Angriff über. Die deutsche 14. Armee (Gen. d. Pz.Tr. Lemelsen) muß unter dem Druck der Amerikaner zurückweichen und nach heftigen Kämpfen, in denen sie ihre schweren Waffen und Panzer einbüßt, sich hinter dem Po zurückziehen.

Am Sonnabend, dem 21. April 1945, erobern die Verbände des II. US-Korps (Gen. Keyes) Bologna. Unterdessen erreicht weiter östlich das britische V. Korps (Gen. Keightley) nach Umgehung von Ferrara mit der indischen 8. Division den Po bei Ravalle.

Inzwischen flieht Mussolini aus seinem Domizil am Gardasee mit seiner Geliebten, Clara Petacci, sowie einigen republikanisch-faschistischen Ministern und einem deutschen Begleitkommando an den Comer See, um nach Valtelino zu gelangen. Seine Kolonne wird jedoch von kommunistischen Partisanen gestoppt, die Mussolini und seine Begleiter gefangennehmen.

Am Sonnabend, dem 28. April 1945, werden Mussolini und Clara Petacci in Mezzagra bei Dongo von dem Partisanenführer Walter Audisio (Valerio) ermordet und mit den Leichen der anderen erschlagenen Faschisten nach Mailand gebracht. Die Leichen werden an einer Garage in der Piazzale Loreto aufgehängt.

Am Sonntag, dem 29. April 1945, unterzeichnet die Heeresgruppe C mit dem Armeeoberkommando (AOK) 10 und dem Armeeoberkommando (AOK) 14 nach langwierigen, wechselvollen, geheimen Verhandlungen in Caserta die Kapitulation in Italien gegenüber den alliierten Streitkräften unter Gen. Alexander. Bekanntgegeben werden soll die Kapitulation erst am 2. Mai 1945 und dann um 14.00 Uhr auch in Kraft treten.

Unterdessen setzt die 5. US-Armee ihren Vormarsch fort. Am 6. Mai 1945 nehmen ihre Vorausabteilungen mit den über den Brenner vorstoßenden Vorhuten der 7. US-Armee Verbindung auf. Die in diesem Gebiet stehenden deutschen und italienischen Divisionen lösen sich auf und gehen in Gefangenschaft.

DER ZUSAMMEN- BRUCH JAPANS

DAS ENDE IM PAZIFIK

Churchill: »... Japans Niederlage war schon sicher, ehe die erste Atombombe fiel.«

Das enge Zusammenwirken der See- und Luftstreitkräfte erweist sich schließlich als wichtigster Faktor, um Japan in die Knie zu zwingen.

Am Neujahrstag 1945 endet mit dem letzten Einsatz des amerikanischen U-Bootes »Stingray« (Cdr. Stoner) die am 4. Januar 1943 begonnene Hilfsaktion der Special Mission Unit. Ihre Aufgabe: Guerillagruppen im Kampf gegen die japanische Besatzungsmacht – vorwiegend auf den philippinischen Inseln – zu unterstützen. Innerhalb von zwei Jahren haben 19 U-Boote 41 Einsätze unternommen, darunter die U-Boote »Narwhal« (19), »Nautilus« (6), »Stingray« (5) und die anderen Boote mit je ein oder zwei Fahrten. Lediglich das U-Boot »Seawolf« geht dabei am 3. Oktober 1944 durch einen Irrtum des US-Zerstörers »Rowell« verloren. Der Special Mission Unit ist es gelungen, 331 Ausbilder und Agenten sowie 1325 Tonnen Nachschub, Waffen, Munition und Ausrüstungen für die Guerillas unbemerkt an den Küsten abzusetzen und gleichzeitig 472 Personen wieder an Bord zu nehmen.

Am Dienstag, dem 2. Januar 1945, unternehmen 15 japanische Flugzeuge den letzten Angriff auf die Marianen und bombardieren den dortigen Stützpunkt der 21. US Air Force. Die US-Streitkräfte können im Pazifik beachtliche Erfolge erzielen, und zwar durch die Schaffung einer großen Flotte von Flugzeugträgern und Geleitträgern sowie den schnellen Aufbau von Marine-Luftstreitkräften. Am 1. Juli 1940 besitzen die Amerikaner 1700 Flugzeuge, am 1. Januar 1945 aber 86000 Maschinen.

Am Donnerstag, dem 4. Januar 1945, greifen die auf den Philippinen stationierten »Kamikaze«-Flieger Einheiten der US Task Forces 78 und 79 an, die sich mit Landungstruppen an Bord auf dem Weg zur Insel Luzon befinden. Dabei geht der Geleitträger »Ommaney Bay« verloren. Am 6. Januar 1945 werden die Schlachtschiffe »New Mexico« und »California« sowie vier Kreuzer und sechs Zerstörer durch »Kamikaze«-Einsätze beschädigt.

Die durch Todesflieger auf zehn Schiffen verursachten Schäden zwingen dazu, die für den Angriff auf Formosa vorgesehenen Flugzeugträger zurückzuhalten.

In der Bucht von Tokio, 31. 8. 1945: Die japanischen Unterhändler auf dem Deck des amerikanischen Schlachtschiffes »Missouri« vor den Kapitulationsverhandlungen

1945 Januar

Burma, Soldaten der britischen 14. Armee während der Kämpfe um ein Tempelgelände, auf dem sich japanische Infanteristen verschanzt haben

Die Kamikaze-Angriffe

Am Dienstag, dem 9. Januar 1945, werden Truppen der 6. Armee (Lt. Gen. Krueger) von Landungsbooten der US Task Forces 78 und 79 in der Lingayen-Bucht, an der Westküste der Insel Luzon (Philippinen), abgesetzt. Gerade als die Landungsboote in die Lingayen-Bucht einlaufen, rasen »Kamikaze«-Flieger im Tiefflug über die Flotte. Acht Stunden lang sind die amerikanischen Einheiten den Angriffen ausgesetzt. Die Piloten nutzen beim Anflug die Hügelketten aus und werfen Stanniolstreifen ab, um die Radargeräte zu stören. Sie treffen mehrere amerikanische Schiffe, den Kreuzer »Australia« bereits zum fünftenmal. Trotzdem lehnt der Kapitän des Kreuzers es ab, sich aus dem Kampfgebiet zurückzuziehen.

Den 722 im Einsatz befindlichen »Kamikaze«-Fliegern gelingt es, sechs US-Schiffe zu versenken, während die übrigen japanischen Kampfflugzeuge in rund 6000 Einsätzen nur ein einziges Schiff treffen. Das zeigt, wie gefährlich diese Todesflieger sind. In dieser bisher erfolgreichsten Operation haben sie innerhalb von vier Tagen fast so viele US-Einheiten vernichtet wie die ganze japanische Flotte im gleichen Zeitraum.

Am Freitag, dem 19. Januar 1945, starten auf den Marianen 62 B-29 der 21. US Air Force zu einem schweren Angriff auf die japanischen Kawasaki-Flugzeug- und Motorenfabriken in der Hafenstadt Kobe. Der Abwurf von 155 Tonnen Bomben richtet so schwere Schäden an, daß die Produktion von Triebwerken um 8 Prozent und die der Flugzeuge um etwa 15 Prozent zurückgeht.

Am 16. und 17. Februar 1945 greifen Trägermaschinen der Task Force 58 (Vizeadm. Mitscher) Luftstützpunkte und Flugzeugwerke im Raum Tokio an. Innerhalb dieser beiden Tage werden 2761 Einsätze geflogen, trotz des ungünstigen Wetters sogar mit Erfolg. Das beeindruckende Ergebnis: 200 zerstörte japanische Flugzeuge, die meisten davon jedoch am Boden. Japanische Flak und Jäger schießen während der Luftkämpfe insgesamt 60 US-Maschinen ab, seit 1942 die höchsten Verluste der Amerikaner. Die Trägermaschinen der Task Force 58 sind im Rahmen der Vorbereitungen zur Landung auf der Insel Iwo Jima im Einsatz.

Februar 1945

Luzon (Philippinen), 23. 2. 1945: Amerikanische Soldaten bergen verletzte Frauen und Kinder während der Kämpfe um die Stadt Intramuros

Der japanische Marschall Hisaichi Graf Terauchi

Der japanische General Tumoyuki Yamashita, »Tiger von Malaya« genannt

Der amerikanische General Curtis Le May

Der US-General Douglas MacArthur

1945 Februar

Luzon, 9. 2. 1945: Amerikanische Amphibien-Fahrzeuge bekämpfen japanische MG-Nester an den Ufern des Flusses Pasig

Iwo Jima, 20. 2. 1945: Landungsschiffe am vulkanischen Strand. Die Küste ist übersät mit Wracks und Ausrüstungen. Im Hintergrund der Vulkan Suribachi, Schauplatz erbitterter Kämpfe

März 1945

Die Kämpfe um Iwo Jima

Am Montag, dem 19. Februar 1945, landet das V. Amphibische Korps (Maj. Gen. Schmidt) auf Iwo Jima, der auf halbem Wege zwischen den Marianen und Tokio liegenden Insel. Vorher haben die Amerikaner drei Tage lang fast ununterbrochen aus der Luft und durch Artilleriebeschuß von Kriegsschiffen der Task Force 51 (Vizeadm. Turner) die Insel angegriffen. Die Kämpfe nach der Landung zählen zu den erbittertsten des Krieges im pazifischen Raum.

Am Mittwoch, dem 21. Februar 1945, gelingt es japanischen Fliegern während der Landung amerikanischer Truppen auf Iwo Jima, den US-Träger »Bismarck-Sea« zu versenken und den Träger »Saratoga« schwer zu beschädigen.

Am Sonntag, dem 25. Februar 1945, fliegen mehr als 170 Maschinen B-29 Superfortress der 21. US Air Force den bisher schwersten Bombenangriff auf Tokio. 1667 Tonnen Brandbomben verursachen enorme Verluste unter der Zivilbevölkerung. 28 000 Gebäude werden ein Raub der Flammen. Es ist der erste Angriff nach einer von Maj. Gen. Le May entwickelten neuen Taktik, die verheerende Folgen zeigt. Die Zerstörungen sind so gewaltig, daß sie selbst die der späteren Atombomben übertreffen. Die von Le May bestimmte Abwurfhöhe beträgt jetzt nur noch 2500 anstatt 10 000 Meter, um die Treffgenauigkeit nicht durch starke Luftturbulenzen oder Vereisungsgefahr zu mindern. Außerdem hat sich herausgestellt, daß bei der leichten Bauweise japanischer Häuser die Wirkung von Brandbomben weitaus größer ist. Durch die Verlagerung der Angriffe in die Nachtstunden verringert sich auch das Risiko für die B-29. Nach diesem gelungenen Angriff auf Tokio wird die neue Taktik zur Regel.

Am Dienstag, dem 6. März 1945, erobern britische und indische Einheiten der 14. Armee (Lt. Gen. Slim) mit Panzerunterstützung die seit langem hart umkämpfte Burma-Straße und zwingen die Japaner damit zum Rückzug. Schon bald steht die gesamte Straße von Mandalay bis China für alliierte Transporte wieder offen.

Drei Tage später gelingt es der vom Norden Burmas vorstoßenden britisch-indischen 19. Division, Mandalay einzuschließen.

In der Nacht vom 9./10. März 1945 unternimmt die 21. US Air Force von den Inseln Saipan, Guam und Tinian aus den schwersten Luftangriff gegen Tokio. 279 Superfortresses werfen je 8 Tonnen Napalmbomben auf die japanische Hauptstadt ab. Durch Flakbeschuß gehen 14 B-29 verloren. Die Aufklärungsfotos vom 10. und 11. März 1945 bezeugen die katastrophale Wirkung dieses Angriffs. 25 Quadratkilometer des Stadtgebietes sind völlig ausgebrannt, davon 18 Prozent der Industrieanlagen und 63 Prozent des Geschäftsviertels sowie das Zentrum des dichtbesiedelten Wohnbezirks. Nach Meldun-

Burma, 10. 3. 1945: Die Gurkhas, Elitetruppen der britisch-indischen Armee, an der Stadtgrenze des historischen Mandalay

1945 März

General Tadamichi Kuribayshi

Briten halten in Mandalay Hill Japaner, die sich im nahen Fort Dufferin verschanzt haben, unter Feuer

gen der japanischen Polizei ist ein Viertel aller Gebäude (267 171 Häuser) zerstört. 1 008 000 Menschen sind obdachlos. Offiziell werden die Verluste mit 83 793 Toten und 40 918 Verletzten angegeben. Die Kommentatoren des Rundfunks in Tokio sprechen von »Menschenschlächterei«.

In der darauffolgenden Nacht bombardieren 285 Superfortresses der 21. US Air Force die japanische Stadt Nagoja ebenfalls mit Napalmbomben. Wie schon 24 Stunden zuvor in Tokio ist auch hier das Ausmaß der Zerstörungen unbeschreiblich.

Bomben auf Japan

In den Tagen vom 18. bis zum 21. März 1945 fliegen die Trägermaschinen der US Task Force 58 (Vizeadm. Mitscher) mehrere Angriffe gegen die japanischen Hauptinseln Honschu und Kiuschu. Unterdessen greifen »Kamikaze«-Flieger und Sturzkampfbomber der japanischen Marine-Luftstreitkräfte wiederholt die amerikanischen Flugzeugträger an. Ein neben der Bordwand abstürzender Todesflieger verursacht auf der »Intrepid« einen Brand, der aber rechtzeitig gelöscht wird, und die ebenfalls in Brand geratene »Wasp« kann sich zurückziehen. Der Träger »Franklin« ist am schwersten betroffen (724 Tote und 265 Verwundete) und bis Ende des Krieges nicht mehr einsatzfähig. Allein in den ersten beiden Tagen gehen 161 japanische Maschinen verloren.

In der Nacht vom 19./20. März 1945 befinden sich 300 Superfortresses der 21. US Air Force erneut über der Innenstadt von Nagoja, um auch die restlichen bisher verschonten Häuser mit Napalmbomben zu zerstören. Die neue Taktik von Maj. Gen. Le May, der drei Jahre später die »Berliner Luftbrücke« einleitet, erweist sich bei den Großangriffen auf Tokio, Osaka, Kobe und Nagoja als besonders wirkungsvoll. Innerhalb von drei Wochen werden von US-Bombern auf diese vier japanischen Städte 9365 Tonnen Brandbomben abgeworfen, die 82 Quadratkilometer bebaute Fläche in Schutt und Asche legen. Die Verluste der Amerikaner: Von 1595 eingesetzten Flugzeugen werden nur 22 abgeschossen (1,4 Prozent). Dennoch stellt Le May die Angriffe ein, zwar nicht aus Mitleid mit der japanischen Bevölkerung, sondern weil sein Vorrat von 10 000 Brandbomben verbraucht ist.

Am Dienstag, dem 20. März 1945, erobert die britisch-indische 19. Division nach erbitterten Nahkämpfen den bedeutenden japanischen Stützpunkt Fort Dufferin in Mandalay. Danach säubern britische Panzereinheiten die stark zerstörte Stadt von den restlichen japanischen Einheiten und besetzen die Brücken über den Irawadi.

Am Mittwoch, dem 21. März 1945, erteilt Adm. Ugaki der japanischen 5. Luftflotte, nachdem Aufklärer die US Task Force 58 südlich von Kiuschu gesichtet haben, den Befehl zum ersten Einsatz der »Ohka«, einer bemannten Bombe mit Raketenantrieb. Auf dem Luftstützpunkt Kanoja werden die für den Start vorgesehenen 18 Bomber Mitsubishi G4M mit Ohkas ausgerüstet. Doch bereits im Anflug können 150 Hellcat-Maschinen vom amerikanischen Trägerjagdschutz die langsamen japanischen Bomber abfangen. Und bevor die Ohkas überhaupt zum Einsatz kommen, haben die US-Jäger alle Mitsubishi G4M, bis auf einen, abgeschossen.

Am Montag, dem 26. März 1945, geben die letzten japanischen Einheiten auf Iwo Jima nach schweren Kämpfen ihren Widerstand auf. Die Insel diente den Japanern

März 1945

Burma, Frühjahr 1945: Über die strategisch wichtige »Ledo-Straße«, deren Bau monatelang gedauert hat, rollt jetzt der Nachschub von Süden her nach China. Unzählige Lkw-Wracks säumen diese kurvenreiche Bergstrecke

als Stützpunkt für Abfangjäger gegen die auf den Marianen stationierten Superfortresses der 21. US Air Force. Die Eroberung von Iwo Jima ist für die amerikanischen Luftstreitkräfte von großer Bedeutung. So können dort bis Kriegsende 2251 Maschinen mit 24761 Mann Besatzung nach der Rückkehr von ihren Einsätzen über Japan notlanden und dadurch gerettet werden.

Im März 1945 erreichen die quer über den Himalaja fliegenden Transportmaschinen der »Hump«-Luftbrücke einen Rekord: 94300 Tonnen Güter werden in diesem Monat nach China transportiert. Alle 90 Sekunden landet eine Maschine in Kunming. Dagegen hat die Luftwaffe in den Kessel von Stalingrad vom 25. November 1942 bis zum 2. Februar 1943 lediglich 6600 Tonnen Nachschub einfliegen können.

Über die vor drei Jahren (8. April 1942) von US-Col. W. D. Old eröffnete längste Nachschublinie des Krieges fliegen täglich Maschinen vom Typ Curtiss C-46, DC-3 Dakota und B-24 Liberator des US-Lufttransportkommandos mit Unterstützung der 14. US Air Force zwischen Assam (Burma) und Kunming (China). Der Nachschub ist für die Truppen von Tschiang Kai-schek und für die Geschwader der in China stationierten Teile der 20. US Air Force. Diese Luftbrücke ist bis zum Januar 1945 die einzige Verbindung zwischen den Westalliierten und China. Erst danach wird durch die Berge Burmas die sogenannte »Ledo-Straße« fertiggestellt. Insgesamt sind per Luftbrücke bis Kriegsende 615000 Tonnen Nachschub und 315000 Mann Verstärkung nach China transportiert worden.

Die bemannte Flugbombe »Ohka« ist die letzte Hoffnung der japanischen Führung. Hier ein Exemplar, das während der Kämpfe um Iwo Jima erbeutet worden ist

1069

1945 März

In den letzten Tagen des März 1945 fliegen die Trägermaschinen der US Task Force 58 und der britischen Pacific Fleet (Vizeadm. Rawlings) rollende Einsätze gegen Okinawa, um den nächsten »Inselsprung« vorzubereiten. Mit dieser »Island-hopping«-Strategie verfolgt die US Navy das Ziel, durch die Eroberung neuer Insel-Stützpunkte die Anflugstrecke der Japan bombardierenden Verbände der 21. US Air Force zu verkürzen.

Gewaltige Landeoperation

Am Sonntag, dem 1. April 1945, landet nach vorangegangenen starken Bombenangriffen und dem Beschuß durch Schiffsartillerie die 10. US-Armee (Lt. Gen. Buckner) mit dem III. Amphibischen Korps (Maj. Gen. Geiger) auf der Riukiuinsel Okinawa. Es ist die größte Landeoperation des Krieges im Pazifik (Operation »Iceberg«). Auf der 110 Kilometer langen und 8 Kilometer breiten Insel können mehrere Flugplätze für mittlere Bomber angelegt werden. Zur Invasionsflotte gehören 318 Kampfeinheiten und 1139 Hilfsschiffe sowie nahezu 600 000 Soldaten. Der anfangs schwache Widerstand der Japaner täuscht zwar, denn die Truppen der 32. Armee (GenLt. Ushijima) haben sich in das südliche Bergland zurückgezogen und auf einen langen erbitterten Kampf vorbereitet, da Okinawa der letzte Stützpunkt im Verteidigungsgürtel der Japaner ist.

Die Landeoperation wird von 17 amerikanischen und vier britischen Trägern sowie 18 US-Begleitträgern und insgesamt 1900 Maschinen unterstützt. Den Japanern stehen dagegen etwa 6000 Flugzeuge zur Verfügung. Doch die schlechte Ausbildung der Piloten mindert den Kampfwert der japanischen Luftstreitkräfte. Gefährlich ist allerdings der Masseneinsatz von »Kamikaze«-Fliegern der japanischen 1. Luftflotte. Die Todesflieger sollen in Wellen von 300 bis 400 Maschinen die alliierte Flotte direkt vor der Küste angreifen und versuchen, die Landung zu verhindern. Da sie vom Mutterland aus, von der 550 Kilometer entfernten Insel Kiuschu, starten müssen, steigert der lange Anflug noch ihren Vernichtungswillen. Obwohl die »Kamikazes« während der »Kikusui«-Operation 1465 Einsätze fliegen, wird an diesem Tag kein alliierter Flugzeugträger versenkt.

Am Freitag, dem 6. April 1945, beginnt der neue japanische Großangriff »Kikusui-I« mit 198 »Kamikaze«-Fliegern sowie 344 japanischen Stukas und Torpedobombern gegen die alliierte Landungsflotte vor Okinawa. Etwa 200 Maschinen treffen über dem Zielgebiet ein, die anderen sind bereits vorher von US-Jägern abgefangen worden. Das ihnen entgegenschlagende Flakfeuer ist derart stark, daß selbst 38 US-Soldaten den Geschoßsplittern zum Opfer fallen. Den japanischen Piloten gelingt es, den Minensucher »Emmons«, ein Landungsschiff und die Munitionstransporter »Hobbs Victory« sowie

Die Gewässer vor der chinesischen Insel Amoy, 6. 4. 1945: Ein japanischer Zerstörer der Konvoisicherung kentert nach dem Angriff amerikanischer Bomber

April 1945

»Logan Victory« (je 7607 BRT) zu versenken, ebenfalls die Zerstörer »Bush« und »Colhoun«, die gerade auf Radarpatrouille sind und denen die Japaner zuerst begegnen. Nur drei von 699 japanischen Flugzeugen kehren zurück.

Am selben Tag, um 15.20 Uhr, läuft aus dem Flottenstützpunkt Tokuyama südöstlich von Hiroshima das mächtige, 72 800 Tonnen schwere Schlachtschiff »Yamato« (Konteradm. Ariga) in Begleitung des leichten Kreuzers »Yahagi« und acht Zerstörern aus. Das Super-Schlachtschiff »Yamato« verfügt über drei Drillingstürme mit neun 46-cm-Kanonen. Es sind die schwersten an Bord befindlichen Schiffsgeschütze in der Geschichte des Seekrieges. Die Panzersprenggranaten wiegen allein 1468 Kilogramm. Dieses größte Schlachtschiff der Welt hat zwar für jedes Bordgeschütz reichlich Munition geladen, aber nur Treibstoff für die Hinfahrt nach Okinawa. Vor der Insel soll die »Yamato« den US-Trägermaschinen als Köder dienen, um von den die Landungsflotte angreifenden »Kamikaze«-Fliegern abzulenken.

1945 April

Der amerikanische General Simon Buckner

Die amerikanischen Boeing B-29 Superfortresses greifen Tag und Nacht das japanische Mutterland sowie strategisch wichtige Ziele in den von Japanern besetzten Ländern an

Unterdessen läuft Vizeadm. Ito mit seiner Kampfgruppe in Richtung Bungo-Straße, die zwischen den Hauptinseln Kiuschu und Schikoku liegt und die japanische Inlandsee mit dem Stillen Ozean verbindet. Das amerikanische U-Boot »Threadfin« ortet die Kampfgruppe und gibt über Funk deren Kurs bekannt.

Am nächsten Vormittag wird die japanische Kampfgruppe vor Okinawa von der US Task Force 58 gesichtet. Die sofort aufsteigenden 386 Bomber, Torpedoflugzeuge und Jäger greifen in mehreren Wellen die japanischen Einheiten an. Zwei Bomben treffen um 12.41 Uhr zum erstenmal die »Yamato« neben dem Hauptmast. Ein Torpedo geht vier Minuten darauf in die vordere Backbordseite. Um 14.23 Uhr explodiert das riesige Schiff. Fast die gesamte Besatzung von 2498 Mann geht mit dem größten und auch letzten Großkampfschiff unter.

3665 Menschen kommen bei dieser Operation der japanischen Kampfgruppe ums Leben. Mit schweren Beschädigungen kehren die restlichen vier japanischen Zerstörer nach Sasebo zurück. Der leichte Kreuzer »Yahagi« und vier Zerstörer sind wie das Flaggschiff untergegangen. Die Amerikaner büßen von den 386 eingesetzten Trägermaschinen vier »Helldriver«, drei »Avenger« und drei »Hellcat« ein, 16 Flieger kommen ums Leben. Es ist erstaunlich, daß nur zehn Torpedos und fünf Bombentreffer den Untergang des riesigen Schiffes verursacht haben. Bei der bedeutend kleineren »Bismarck« waren 18 Torpedos und mehr als 300 Artillerietreffer erforderlich, um sie zu versenken.

In der Zwischenzeit werden von den B-29 der 21. US Air Force bei Tokio und Nagoja Flugmotorenwerke aus 10000 Meter Höhe bombardiert und auch präzise getroffen. Die Begleitjäger P-51 Mustang vom 7. US-Jägerkommando starten zum erstenmal von der Insel Iwo Jima.

Am Dienstag, dem 10. April 1945, beginnen 250 Kilometer südwestlich von Hankou (China) die Japaner eine Offensive, um die US-Luftbasis von Chinkiang auszuschalten.

Unterdessen rollen in Burma britische Panzerverbände nach einer längeren Kampfpause seit der Eroberung von Mandalay auf Rangun vor. Die Hauptkräfte dringen an der Eisenbahnlinie Mandalay–Rangun vor, andere Einheiten am Sittang entlang. Panzereinheiten müssen während ihres Vormarsches mit Munition, Treibstoff und Verpflegung aus der Luft versorgt werden.

Am Donnerstag, dem 12. April 1945, beginnen 143 »Kamikaze«-Flieger mit starkem Jagdschutz und neun Ohka-Bombern die Operation »Kikusui-2«. Der US-Zerstörer »Manert L. Abele« ist das erste von einer bemannten »Ohka«-Flugbombe versenkte Schiff.

Am Montag, dem 16. April 1945, starten Mustangs des 7. US-Jägerkommandos zu ihrer ersten selbständigen Operation vom Stützpunkt Iwo Jima aus. Das Ziel ist der Flugplatz Kanoja auf der Insel Kiuschu (Japan).

Mai 1945

Die Operation »Dracula«

Burma, Frühjahr 1945: Die 11. East African Division auf dem Weg nach Kalewa, das noch durch starke japanische Kräfte gehalten wird

Die japanischen Generäle Isamu Cho, Chef des Stabes der Garnison von Okinawa, und Mitsura Ushijima, Befehlshaber der Insel Okinawa

Am Dienstag, dem 1. Mai 1945, beabsichtigen zwei britische Verbände, das XXXIII. Korps (Lt. Gen. Stopford) und das IV. Korps (Lt. Gen. Messervy), Burma so schnell wie möglich zu erobern, um der noch recht starken japanischen Armee den Rückzug nach Siam (Thailand) abzuschneiden. Den Briten bereitet die Natur in dieser Region größere Schwierigkeiten als die fanatisch kämpfenden Japaner, denn die Monsunperiode steht bevor. Während des Monsunregens verwandeln sich die Wege in Morast, die Flugplätze werden zu riesigen Tümpeln. Operative Initiativen sind kaum noch möglich. Die Vorhuten der indischen 17. Division haben schon am 29. April die Stadt Pegu erreicht, etwa 60 Kilometer nördlich von Rangun, und bedrohen jetzt die südlichste Rückzugsstraße der Japaner. Die Brücken über den Fluß Rangun und die Eisenbahnlinie werden von den Japanern hartnäckig verteidigt. Wenn sich erst der Monsun mit einem sintflutähnlichen Regen ankündigt, fallen die vorgeschobenen Flugplätze aus, so daß Panzer und Fahrzeuge auf die Straßen angewiesen sind. Der Chef der alliierten Streitkräfte in Südostasien, Lord Mountbatten, leitet die Operation »Dracula« ein und läßt ein Bataillon Gurka-Fallschirmspringer nahe der Zufahrtswege nach Rangun abspringen, um die Eroberung von Rangun zu beschleunigen. Von See her will Mountbatten die zum XV. Korps (Lt. Gen. Christison) gehörende indische 26. Division (Maj. Gen. Chambers) etwa 40 Kilometer südlich der Hauptstadt zu beiden Seiten der Mündung des Flusses Rangun landen lassen. Der Pilot einer Aufklärungsmaschine, der gerade Rangun überflogen hat, berichtet, er konnte auf dem Gefängnisdach in großen weißen Buchstaben »JAPS GONE, BRITISH HERE« erkennen.

Am nächsten Tag geht bei schwerem Seegang und strömendem Regen die indische 26. Division von der 224. Group der RAF (Air Vice Marshal The Earl of Bandon) an Land. Aber weder diese kampferprobte Division noch die indische 17. Panzerdivision nimmt Rangun ein. Dieses Bravourstück schafft ein einzelner Mosquito-Pilot. Er ist der einzige Mann des Zweiten Weltkrieges, der allein eine Hauptstadt eingenommen hat. Von Joai aus war Wing-Cdr. A. E. Saunders um 12.16 Uhr zu einem Auf-

1073

1945 Mai

Rangun, 29. 4. 1945: JAPS GONE – BRITISH HERE, lesen die britischen Flieger auf dem Dach des Gefängnisses, in dem sich ein Kriegsgefangenenlager befindet

General Sir Frank W. Messervy

klärungsflug über Rangun gestartet. Etwa 12 Kilometer nördlich der Stadt sieht er auf dem Flugplatz Mingaladon einige Menschen, die weiße Fahnen schwenken. Saunders landet sofort. Dabei geht seine Maschine zu Bruch, weil die Landebahn beschädigt ist. Die Winkenden sind Soldaten der projapanischen Indischen Nationalarmee. Mit ihnen macht sich der Wing-Commander mutig auf den Marsch nach Rangun. Und dort erweist sich, daß die Japaner ihre Garnison schon am 26. April nach Pegu verlegt haben, in der Annahme, die Briten könnten während des Monsuns nichts unternehmen. Saunders findet in Rangun mehrere hundert alliierte Gefangene, die dort seit drei Jahren auf ihre Befreiung warten. Auf einem requirierten Sampan segelt er den Fluß hinunter und meldet, als er auf die indische 26. Division stößt, Maj. Gen. Chambers die Einnahme der burmesischen Hauptstadt.

Am Donnerstag, dem 3. Mai 1945, besetzen Panzer der indischen 26. Division Rangun. Diese 75 000 Mann starke Armee wird nun mit ihren 250 Panzern für neue Aufgaben frei und beginnt die Rückeroberung von Singapur vorzubereiten.

Am Montag, dem 14. Mai 1945, starten von den Marianen aus 470 Superfortresses der 21. US Air Force zu einem Tagesangriff auf Nagoja. Zehn B-29 gehen verloren.

In der Nacht vom 16./17. Mai 1945 greifen abermals 450 Bomber Nagoja an. Die Stadt ist danach völlig ausgebrannt. Bei diesem Angriff gehen drei amerikanische Maschinen verloren.

In der Nacht vom 23./24. Mai 1945 werfen über Tokio 550 Maschinen der 21. US Air Force 750 000 Phosphorbrandbomben ab. Dies ist der bisher schlimmste Bombenangriff auf ein Ziel im japanischen Mutterland.

In der Nacht vom 25./26. Mai 1945 erscheinen erneut über Tokio 500 US-Bomber. Nach dem Angriff ist bereits die Hälfte der bebauten Fläche der Stadt zerstört.

Am Dienstag, dem 29. Mai 1945, landet die Vorausabteilung der 509. Bomber Group (Col. P. W. Tibbets) auf der Insel Tinian (Marianen), um für die 393. Squadron (Maj. Ch. W. Sweeney) einen Stützpunkt auszubauen. Von hier soll der Einsatz von Atombomben auf Japan erfolgen.

Okinawa wird erobert

Am Dienstag, dem 5. Juni 1945, ist das Ziel der 20. US Air Force die japanische Hafenstadt Kobe. Der Abwurf von 3000 Tonnen Brandbomben verursacht verheerende Flächenbrände und legt die Stadt in Schutt und Asche.

Am selben Tag werden Teile der 5. US-Flotte von einem schweren Taifun in der Philippinen-See überrascht. Vier schwere Schlachtschiffe, vier Flugzeugträger und viele andere Kriegsschiffe sind so stark beschädigt, daß sich insgesamt 36 Schiffe in Reparatur-Docks begeben müssen. 150 Flugzeuge gehen in dem Orkan verloren. Die US-Luftstreitkräfte haben schon mehrfach durch Unwetter schwere Verluste erlitten. So hat zum Beispiel die 20.

Juni 1945

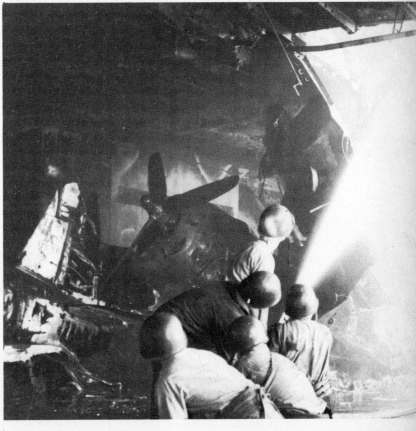

Burma, Tschidwin-Fluß, Frühjahr 1945: Britische Amphibien-Fahrzeuge mit Truppenverstärkungen (oben links)

Die Besatzung des schwerbeschädigten Trägers »Bunker Hill« bei Löscharbeiten im Flugzeughangar (oben rechts)

Vor der Okinawa-Küste, 11. 5. 1945, nach dem direkten Treffer eines Kamikaze-Fliegers: Der amerikanische Träger »Bunker Hill« in Flammen

1075

1945 Juni

USA 1945: Sonderausgabe zum Gedenken an den eben verstorbenen Präsidenten Roosevelt

Japan 1945: Das Tor von Miyajima

Saipan, wichtigster Stützpunkt der B-29 Superfortresses für die Angriffe auf Tokio im Frühjahr 1945

US Air Force im Dezember 1944 bereits 150 Maschinen durch einen Hurrikan eingebüßt.

Am Montag, dem 11. Juni 1945, landet auf der Marianeninsel Tinian die erste Superfortress der 393. Bomber Squadron (Maj. Ch. W. Sweeney) der 509. gemischten Bombergruppe (Col. P. W. Tibbets). An Bord befinden sich außer der Besatzung auch einige Wissenschaftler, die den Abwurf der Atombomben vorbereiten sollen.

Am Freitag, dem 22. Juni 1945, erlischt auf Okinawa der letzte japanische Widerstand. Aus einigen geschickt angelegten Verstecken heraus leisten japanische Soldaten noch fast bis zum Kriegsende fanatischen Widerstand. Dem endgültigen Sieg auf Okinawa sind die blutigsten Kämpfe mit den größten Verlusten, die es je bei einer Operation im Pazifik gegeben hat, vorausgegangen. Allein 36 Schiffe sind versenkt worden, davon allerdings keines größer als ein Zerstörer, und 368 Schiffe schwer beschädigt, darunter zehn Schlachtschiffe, 13 Flugzeugträger, fünf Kreuzer und 67 Zerstörer. Die US Army hat 7613 Tote und Vermißte sowie 31 807 Verwundete zu beklagen. 4907 amerikanische Seeleute und Flieger sind umgekommen, weitere 4824 schwer verwundet. Die Verluste von Okinawa übertreffen noch bei weitem die Opfer während des Angriffs auf Pearl Harbor. Auch die britischen Flotteneinheiten der Task Force 57 (Vizeadm. Rawlings/Vizeadm. Vian) nehmen am Kampf um Okinawa mit den Trägern »Indomitable«, »Victorious«,

Juli 1945

»Formidable« und »Indefatigable« sowie den Schlachtschiffen »King George V« und »Howe«, fünf Kreuzern und 14 Zerstörern teil. Die britischen Träger sind im Gegensatz zu denen der US-Navy mit eisengepanzerten Startflächen versehen, die viel mehr Schutz vor den »Kamikazes« bieten.

Die Verluste der Japaner in den Kämpfen um Okinawa: 7830 Flugzeuge, davon 1900 »Kamikazes«. Nach Okinawa sind sowohl die japanische Flotte als auch die Luftstreitkräfte so gut wie zerschlagen. Die Hoffnung der B-29-Piloten, von dieser Insel bald starten zu können, erfüllt sich jedoch nicht. Der erste Einsatz der 21. US Air Force von Okinawa aus erfolgt erst in der letzten Kriegsnacht.

Am Sonntag, dem 24. Juni 1945, gelingt es der australischen 9. Division, unterstützt durch Panzer und amphibische Fahrzeuge, in Nordborneo die Ölfelder von Seria zu besetzen.

Unterdessen ordnet das Oberkommando der Roten Armee an, die Panzerverbände aus Österreich, Deutschland, der Tschechoslowakei und Polen nach Fernost zu verlegen, darunter auch die 6. Garde-Panzerarmee (Gen-Oberst Krawtschenko).

Japan will die Kapitulation

Am Montag, dem 2. Juli 1945, lösen 600 Bomber B-29 in verschiedenen japanischen Städten nach dem Abwurf von 4000 Tonnen Brandbomben Angst und Schrecken aus. Die Moral der Bevölkerung ist durch die ständigen Brandbombenangriffe erschüttert, noch dazu, als die amerikanischen Piloten auf Flugblättern gleich die nächsten Angriffe ankündigen. 8,5 Millionen Menschen verlassen fluchtartig die Städte, was die japanische Rüstungsproduktion fast zum Erliegen bringt. Radio Tokio kündigt Evakuierungsmaßnahmen für sechs Millionen Einwohner von Tokio an. Lediglich 200 000 Menschen sollen in der Hauptstadt bleiben.

Die japanische Regierung wendet sich an den sowjetischen Botschafter in Japan, J. Malik, mit der Bitte, Waffenstillstandsverhandlungen mit den Amerikanern zu vermitteln. Als die Sowjets längere Zeit nicht darauf reagieren, wird der japanische Botschafter in Moskau am 12. Juli 1945 durch einen Funkspruch aus Tokio ermächtigt, sich direkt an die sowjetische Regierung zu wenden. Die Amerikaner können den Inhalt des Funkspruchs entziffern, weil sie schon lange den japanischen Code kennen.

Kamikaze-Flieger bei der Lagebesprechung kurz vor dem Einsatz

Eine B-29 Superfortress greift das Industriezentrum Kioto auf der japanischen Mutterinsel Honschu an

1945 Juli

Harry S. Truman, der neue US-Präsident

Wladiwostok, August 1945: Waffen und Ausrüstung für die Operationen gegen die japanischen Streitkräfte lagern im Hafen, bevor sie verladen werden

Nachdem die wissenschaftlichen Vorarbeiten abgeschlossen sind, wird am Montag, dem 16. Juli 1945, in der Felsenwüste von Los Alamos bei Alamogordo (New Mexico) die erste Atombombe gezündet. Im ganzen südwestlichen Raum der USA kann man die gewaltige Explosion hören. Die Militärbehörden geben den Journalisten in Albuquerque kurz darauf eine Erklärung ab: »Auf einem abgelegenen Teil des Luftwaffenversuchsgeländes von Alamogordo ist heute früh ein Munitionsdepot explodiert. Lichterscheinungen und Druckwellen wurden, wie wir erfahren haben, in einem Umkreis von 360 Kilometern beobachtet.«

Am selben Tag wird die mit 2118 Maschinen aus Europa in den Pazifik verlegte 8. US Air Force (Lt. Gen. Doolittle) mit der 20. US Air Force zusammengefaßt und erhält die Bezeichnung US Army Strategic Air Forces in the Pacific (USA-STAF). Den Oberbefehl übernimmt Gen. C. A. Spaatz. Maj. Gen. C. E. Le May wird vorläufig (bis zum 2. August 1945) Befehlshaber der 20. US Air Force und damit Nachfolger von Gen. H. Arnold. Durch die Bildung der USA-STAF sollen die Angriffe gegen Japan bedeutend verstärkt werden.

Am Freitag, dem 20. Juli 1945, unternehmen zehn Langstreckenbomber B-29 der 393. Squadron (509. gemischte Gruppe, Col. Tibbets) von der Insel Tinian aus ihren ersten Einsatz gegen Japan. Alle Maschinen haben nur je eine einzige 5 Tonnen schwere Bombe an Bord, steuern getrennt verschiedene Ziele an und werfen aus einer Höhe von 9000 Metern ihre Bombenlast ab. Mit dieser Taktik will man die japanische Luftabwehr an die einzeln fliegenden B-29 gewöhnen. Diese 5-t-Bombe, auch »Wohnblockknacker« genannt, hat eine ähnliche ballistische Fallkurve wie die Atombombe. Die Erkenntnisse, die aus diesen Einsätzen gewonnen werden, machen es Col. Tibbets möglich, zu entscheiden, welches Ziel in der Stunde X angeflogen und vernichtet werden soll.

Am Sonnabend, dem 21. Juli 1945, wendet sich der japanische Botschafter in Moskau an die sowjetische Regierung und bittet um ihre Vermittlung zwecks Beendigung des Krieges. Stalin unterrichtet US-Präsident Truman und Churchill von diesem Anliegen auf der gerade in Potsdam stattfindenden Konferenz. Die Alliierten reagieren jedoch nicht, da die Japaner keine bedingungslose Kapitulation akzeptieren wollen.

Am Dienstag, dem 24. Juli 1945, ergeben sich auf Okinawa die letzten japanischen Truppen. In den fast vier Monate dauernden unerbittlich geführten Kämpfen um diese Insel verlieren die Japaner 110000 Soldaten.

Juli 1945

Der Oberbefehlshaber der sowjetischen Truppen im Fernen Osten, Marschall A. M. Wassilewski (links) mit seinen engsten Mitarbeitern: General S. P. Iwanow (Mitte), Chef des Stabes, und General I. I. Ludnikow (rechts), Oberbefehlshaber der 39. Armee

Die Rote Armee ist bereit

Bis Ende Juli 1945 hat die Rote Armee beachtliche Truppenverschiebungen von der Tschechoslowakei, Ostpreußen und Karelien in den Fernen Osten durchgeführt. Marschall Wassilewski untersteht die gesamte Operation. Das sowjetische Oberkommando beabsichtigt, von Osten, Westen und Norden her in das Zentrum der Mandschurei vorzustoßen und die japanische Kwantung-Armee in mehrere Teile aufzuspalten. Von der östlichen Mongolei soll die Transbaikal-Front (Armeegen. Malinowski) durch den Chingan auf Tschangtschun und Mukden vorrücken, die 1. Fernostfront (Marschall Merezkow) hat sich aus dem nördlichen Raum von Wladiwostok in westlicher Richtung auf Kirin in Marsch zu setzen. Die am Nordufer des Amur und im Süden von Chabarowsk am unteren Ussuri stehende 2. Fernostfront (Armeegen. Purkajew) muß den Amur überqueren und westlich von Chabarowsk am Sungari entlang vordringen.

Die Transbaikal-Front wird verstärkt durch die 39. Armee (GenLt. Ludnikow) aus Ostpreußen sowie die 35. Armee (GenOberst Managorow) und die 6. Garde-Panzerarmee (GenOberst Krawtschenko) aus der Tschechoslowakei. Die 1. Fernostfront erhält Verstärkung durch die 5. Armee (GenOberst Krylow) aus Königsberg/Ostpreußen. Die aus Europa nach Asien verlegten Armeen werden mit ihrer gesamten Ausrüstung in 136 000 Eisenbahnwaggons quer durch die Sowjetunion an den neuen Kriegsschauplatz herangeführt und müssen dafür eine Strecke von 9000 bis 11 000 Kilometern zurücklegen.

Für den Angriff auf die japanische Kwantung-Armee stehen auf sowjetischer Seite bereit: die Transbaikal-Front mit sechs Armeen, 1751 Panzern und einer Luftarmee; die 1. Fernostfront mit vier Armeen, 1201 Panzern und einer Luftarmee; die 2. Fernostfront mit drei Ar-

Alexander M. Wassilewski, Marschall der Sowjetunion

Korvettenkapitän Mochitsura Hashimoto, Kommandant des U-Bootes I-58

meen, 752 Panzern und einer Luftarmee. Die drei Fronten umfassen insgesamt: 80 Divisionen, 1 557 725 Soldaten, 26 137 Geschütze und Mörser, 3704 Panzer, 1852 Selbstfahrlafetten sowie 3446 Kampfflugzeuge. Dazu stellt die sowjetische Pazifikflotte weitere 1547 Flugzeuge zur Verfügung.

Am Mittwoch, dem 25. Juli 1945, trifft Präsident Truman seine folgenschwerste Entscheidung. Er unterzeichnet den Befehl, die Atombombe gegen Japan einzusetzen, falls die japanische Regierung das Potsdamer Ultimatum ablehnt. Dieser Befehl wird sofort per Flugzeug an die 509. gemischte Gruppe auf der Insel Tinian weitergeleitet. Die USA und Großbritannien geben am folgenden Tag offiziell die Potsdamer Erklärung – das Ultimatum an Japan – ab. Der japanische Botschafter in Moskau versucht unterdessen verzweifelt, Außenminister Molotow als Vermittler einzuschalten.

1945 Juli

Hiroshima, 6. 8. 1945, die Atombombe explodiert über der Stadt: In wenigen Sekunden finden fast 100 000 Menschen den Tod. Das Atom-Zeitalter beginnt

Hiroshima nach der Explosion der Atombombe: Die blühende Hafenstadt ist nur noch ein Feld mit Schutt und Asche

August 1945

Am Sonnabend, dem 28. Juli 1945, lehnen die japanischen Militärs, die in Tokio noch immer die Macht haben, die Annahme des Potsdamer Ultimatums ab.

Im Juli 1945 haben alliierte Kampfflugzeuge im Vergleich zum März 1945 über Japan dreimal soviel Bomben, etwa 100 000 Tonnen, abgeworfen. Um die japanische Schiffahrt zu lähmen, sind die Küstengewässer stark vermint worden. Dadurch gehen den Japanern rund 1,25 Millionen BRT Schiffsraum verloren, und die Küstenschiffahrt muß fast eingestellt werden.

Am Sonntag, dem 29. Juli 1945, wird der schwere US-Kreuzer »Indianapolis« (Capt. McVay) östlich von Luzon mit einem Sechsfächertorpedo des japanischen U-Bootes I-58 (KorvKpt. Hashimoto) angegriffen. Der Kreuzer, der einige Teile der Atombomben von San Francisco nach Tinian transportiert hat, ist gerade auf der Rückfahrt nach Leyte. Die 9950 Tonnen schwere »Indianapolis« wird von zwei der sechs Torpedos getroffen und sinkt mit 883 Mann Besatzung innerhalb von zwei Minuten. 316 Überlebende können von US-Flugbooten und Zerstörern gerettet werden. Es ist der größte, allerdings auch letzte Erfolg eines japanischen U-Bootes.

Am Donnerstag, dem 2. August 1945, sind vier japanische Städte und das Ölzentrum Kawasaki den schwersten Luftangriffen des Zweiten Weltkrieges ausgesetzt.

800 Superfortresses werfen 6000 Tonnen Phosphorbrandbomben ab. Japanische Jäger steigen erst gar nicht mehr zur Abwehr auf, die Flak gibt schwaches Feuer. Bei diesen Angriffen kommen etwa 80 000 Japaner um. 260 000 Menschen sind in der acht Monate dauernden Bombenoffensive getötet worden.

Am nächsten Tag erklärt Adm. Nimitz, daß durch die Verminung aller wichtigen japanischen und koreanischen Häfen Japan jetzt völlig isoliert sei.

Die erste Atombombe

Am Montag, dem 6. August 1945, rollt die B-29 »Enola Gay« von Oberst Tibbets von der 509. gemischten Gruppe um 2.45 Uhr auf die Startbahn des Flugplatzes von Tinian. Da die Maschine überladen ist – sie hat ein Übergewicht von 7000 Kilogramm –, verläuft der Start nicht ohne Risiko. Die Tanks enthalten 7000 Liter Benzin, die Atombombe wiegt mehr als 5 Tonnen, es sind 12 Mann Besatzung an Bord, vier mehr als üblich. Drei B-29 als Wetterbeobachter haben inzwischen fast ihr Ziel Hiroshima erreicht.

Um 7.09 Uhr wird in der Stadt Fliegeralarm ausgelöst. Der hochfliegende amerikanische Bomber wird vom Boden aus kaum beachtet, um 7.31 Uhr gibt es für die Stadt Entwarnung. Die einzeln fliegende B-29 »Straight Flush« ist ein Wetterflugzeug, das Oberst Tibbets um 7.25 Uhr den Wetterbericht durchgegeben hat. »Raten zu Ziel eins«, heißt es am Schluß der Meldung. Tibbets zu van Kirk, seinem Navigator: »Es wird Hiroshima.«

Durch den Abwurf der ersten Atombombe werden in Hiroshima 92 167 Menschen getötet und 37 425 zum Teil schwer verletzt. Die Stadt ist zu 80 Prozent vernichtet.

Am selben Tag sichtet ein japanisches Flugzeug vor der Küste von Bali das aufgetaucht fahrende amerikanische U-Boot »Bullhead« (Lt.Cdr. Holt). Die Maschine greift sofort an und versenkt mit zwei Volltreffern das Boot samt Besatzung. Es ist das letzte von Japanern in diesem Krieg versenkte amerikanische U-Boot.

Die Sowjets greifen an

Am Mittwoch, dem 8. August 1945, erklärt die UdSSR trotz des am 13. April 1941 abgeschlossenen Nichtangriffspaktes Japan den Krieg. In der folgenden Nacht, um 0.10 Uhr örtlicher Zeit, eröffnen die Verbände der drei sowjetischen Fronten ihre Offensive aus drei verschiedenen Richtungen gegen die japanische Kwantung-Armee in der Mandschurei. Die Infanteristen legen schon bis zum Abend 50 Kilometer, die Panzer bis zu 150 Kilometer zurück. Der japanische Widerstand ist schwach, stärker ist er lediglich auf dem linken Flügel gegenüber der 36. Armee (GenLt. Lutschinski). Auf dem rechten Flügel werden die Japaner weiter ins Innere der Mandschurei gedrängt. Bei ihrem Rückzug sprengen die Japaner Brücken sowie Telegraphenleitungen, vergiften Brunnen und Quellen.

Besonders schwer haben es die sowjetischen Panzereinheiten der Transbaikal-Front, die den Gebirgszug des Großen Chingan überwinden sollen. Das Gelände ist weglos, von fast unzugänglichen Schluchten durchzogen und nach Regenfällen kaum für Panzer passierbar. Unterdessen führt die zur 2. Fernostfront gehörende 15. Armee (GenLt. Mamonow) einen kraftvollen Vorstoß am Fluß Sungari entlang, ebenso wie das V. Korps (GenMaj. Paschkow) aus dem Raum Bikin am Ussuri in Richtung Rache.

Den Vorausabteilungen der 1. Fernostfront, die ab 1.00 Uhr angreifen, folgen um 8.30 Uhr die Hauptkräfte der Front. Ussuri und Sungari werden von den Divisionen im Frontabschnitt der 35. Armee (GenLt. Sachwatajew) überschritten. Motorisierte Verbände rücken in der weglosen Steppe vor, doch für die schweren Panzer, Artillerie und Transportkolonnen müssen erst Rollbahnen durch das dichte Waldgebiet geschlagen werden. Nachdem man mit Hilfe von Panzern Bäume gefällt hat, können die Pioniere Knüppeldämme von etwa 5 Meter Breite anlegen. Trotz all dieser Schwierigkeiten sind die Panzer in zwei Tagen bis zu 75 Kilometer vorgedrungen. Entlang der Flüsse Mutankiang und Muling-he hält die japanische 5. Armee (GenOberst Shmiz) ihre Verteidigungsstellungen sowie die Stadt Mutankiang, durch die die Bahnlinie und Straße nach Charbin verläuft.

Zur japanischen Kwantung-Armee gehören auch die 178 000 Mann starke Mandschukuo-Armee, ferner Ver-

1945 August

Operationen der Roten Armee gegen japanische Streitkräfte in der Mandschurei, Korea und auf Sachalin

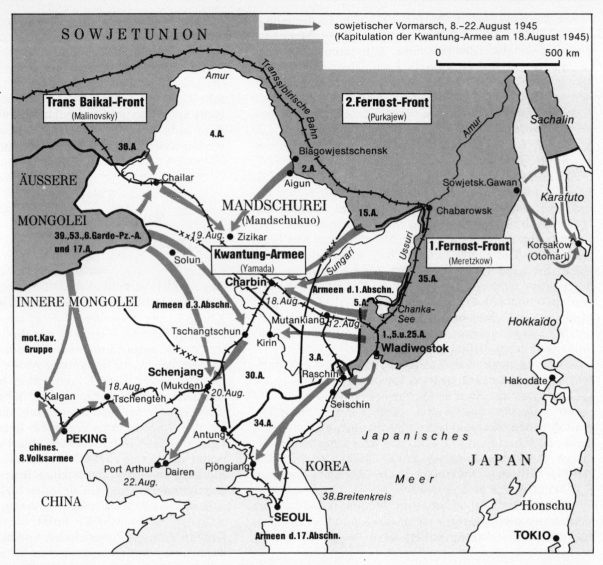

Raum Grodekowo, 8.8.1945: Sowjetische Truppen überschreiten die Grenze zur Mandschurei

August 1945

bände aus der Inneren Mongolei und China mit 40 Divisionen, 27 Brigaden, 5000 Geschützen, 1000 Panzerwagen und etwa 1000 Flugzeugen. Die japanische Führung hat den sowjetischen Hauptstoß aus dem Raum Wladiwostok erwartet und daher die 1. Front mit der 3. und 5. Armee zwischen dem Japanischen Meer und dem Chanka-See konzentriert. Die 3. Front mit der 30. und 44. Armee steht in der Zentralmandschurei, den Nordwesten sichert die 4. selbständige Armee, Korea die 17. Front mit der 34. und 59. Armee. Und die Truppen der chinesischen Marionettenregierung stehen an der Grenze zur Mongolischen Republik.

Am Donnerstag, dem 9. August 1945, befindet sich die Superfortress von Maj. Sweeney auf dem Anflug nach Japan, um die zweite Atombombe – diesmal auf Nagasaki – abzuwerfen. Die Opfer sind 40 000 Tote und 60 000 Verletzte. Die japanische Regierung weiß nicht, daß die Amerikaner nur zwei Atombomben besitzen, denn nach Aussagen abgeschossener amerikanischer Flieger ist damit zu rechnen, daß eine dritte Bombe für Tokio vorgesehen ist. Der amerikanische Adm. Leahy dazu: »Der Einsatz dieser barbarischen Waffe bei Hiroshima und Nagasaki war für unseren Krieg gegen Japan keine konkrete Hilfe. Die Japaner waren bereits durch unsere wirksame Seeblockade und die erfolgreichen Angriffe mit konventionellen Bomben besiegt und zur Kapitulation bereit... Die Naturwissenschaftler und auch andere wollten diese Waffe erproben wegen der riesigen Summen, die man in dieses Projekt bereits gesteckt hatte, es waren immerhin etwa 2 Milliarden Dollar...«

In der Nacht vom 9./10. August 1945 setzt die Amur-Flottille (Konteradm. Antonow) südlich von Blagowjestschensk und Pojarkowo über den Fluß. Vorher haben Verbände der 2. Armee (GenLt. Tieriechin) auf dem gegenüberliegenden Ufer einen Brückenkopf gebildet.

Der Marsch durch die Wüste

Am Sonnabend, dem 11. August 1945, dringt in der Mandschurei die sowjetische 36. Armee in Richtung Zizikar vor. Und die 6. Garde-Panzerarmee (GenOberst Krawtschenko) hat nach der Überquerung des Großen Chingan am Abend Lubei und Tuquan in der Mandschurischen Tiefebene eingenommen, dabei 40 Kilometer an diesem Tag zurückgelegt. Die Verbände der 39. Armee (GenOberst Ludnikow) brauchten für die Überquerung des Großen Chingan drei Tage.

Am Sonntag, dem 12. August 1945, landen sowjetische Verbände an der nördlichen Ostküste Koreas, sie sollen den Vormarsch der 25. Armee der 1. Fernostfront (Marschall Merezkow) unterstützen. Die Japaner leisten nur stellenweise schwachen Widerstand.

Am selben Tag greifen die Japaner zum letztenmal in diesem Krieg mit bemannten »Kaiten«-Torpedos an. Das U-Boot I-58 (KorvKpt. Hashimoto) setzt einen »Kaiten« gegen das amerikanische Dock-Landungsschiff »LSD 7 Oakhill« ein, der aber nur das Schiff streift.

In der Nacht vom 12./13. August 1945 hat sich die Luftversorgung der Panzerverbände mit Munition, Brennstoff und Wasser verbessert. Verbände der Transbaikal-Front erreichen die Mandschurische Tiefebene. Auf dem rechten Flügel schließen sie sich mit Einheiten der 8. Kommunistischen Volksbefreiungsarmee (GenOberst Tschu Te) zusammen. Im Raum Mutankiang liefern die Japaner der sowjetischen 1. Armee (GenOberst Bielobrodow) und der 5. Armee (GenOberst Krylow) harte Gefechte.

Sowjetische Soldaten besetzen den strategisch wichtigen Bahnhof von Charbin

1945 August

Am Dienstag, dem 14. August 1945, gelingt es den Japanern mit einem Gegenangriff im Raum Mutankiang, das sowjetische XXVI. Korps bis auf 10 Kilometer nordöstlich der Stadt zurückzudrängen.

Unterdessen hat die 6. Garde-Panzerarmee einen Gewaltmarsch von 450 Kilometern durch Wüsten und schroffe Berghänge im Großen Chingan hinter sich, stößt in die Ebene der mittleren Mandschurei vor und steht so im Rücken der gesamten operativen Kräfte der Japaner. Bei der Überquerung des Großen Chingan hat sie täglich zwischen 42 und 66 Kilometer zurückgelegt. Der sowjetisch-mongolischen berittenen und mechanisierten Kampfgruppe (GenMaj. Plijew) kommt bei den Kämpfen eine wichtige strategische Bedeutung zu. Auf einer Breite von 350 Kilometern sichert sie von Süden her den Hauptstoß der Transbaikal-Front. In zwei parallellaufenden Kolonnen, die etwa 180 bis 200 Kilometer voneinander entfernt sind, setzen die Verbände von GenMaj. Plijew ihren Vormarsch durch die Wüste Gobi fort. Dadurch werden die Japaner daran gehindert, eine wirksame Verteidigung aufzubauen. Zugleich schneidet der Vormarsch Plijews den japanischen Truppen in den nördlichen Provinzen Chinas die Verbindung zur Mandschurei ab.

Kämpfe in der Mandschurei

Die Japaner sind völlig überrascht, daß die sowjetischen Truppen den Großen Chingan und die Wüste Gobi durchquert haben. Die japanische 1. Front (Gen. Yamada) versucht, sich in die südliche Mandschurei zurückzuziehen. Die Erfolge der sowjetischen 1. Fernostfront sowie die Störung der Verbindungen stellen diesen Versuch jedoch in Frage.

Gleichzeitig bereiten die Sowjets den Angriff auf Mutankiang vor. Die Verbände der Kwantung-Armee bekommen bereits die Anordnung, Fahnen, Kaiserbilder, Kaiserbefehle und wichtige Geheimdokumente zu vernichten.

Am Mittwoch, dem 15. August 1945, hält Kaiser Hirohito eine Rundfunkansprache an das japanische Volk. Seine Entscheidung, den Krieg zu beenden, erklärt er mit der hoffnungslosen militärischen Lage.

In der Nacht vom 15./16. August 1945 überquert das sowjetische XXVI. Korps, verstärkt durch die 257. Panzerbrigade, den Fluß Mutankiang und greift am Tag darauf die Stadt an. Um nicht eingeschlossen zu werden, geben die Japaner Mutankiang auf. Die 5. Armee (Gen-Oberst Krylow) marschiert nach Südwesten, um dort gemeinsam mit der 25. Armee auf Korea vorzustoßen. Einige Stunden später landet die sowjetische Nordpazifikflotte (Vizeadm. Andrejew) an mehreren Küstenabschnitten von Südsachalin.

Zur selben Zeit gibt Kaiser Hirohito seinen Streitkräften den Befehl, die Waffen zu strecken. Dennoch greifen zwei Tage danach japanische Jagdpiloten über Tokio kreisende amerikanische Aufklärer an.

Am Freitag, dem 17. August 1945, wird die Stadt Kiamusse am Sungari mit Panzerunterstützung von Einheiten der sowjetischen 361. und 388. Infanteriedivision der 2. Fernostfront (Armeegen. Purkajew) erobert. Die japanische 134. Division (GenMaj. Mitsuru) muß sich zurückziehen. Inzwischen werden sowjetische Luftlandetruppen über den größeren Städten der Mandschurei abgesetzt, um den Vormarsch der Bodentruppen zu beschleunigen.

Am Sonnabend, dem 18. August 1945, landet die sowjetische Pazifikflotte (Adm. Jumasew) auf den Kurilen. Die Japaner verteidigen die Insel Shimushu besonders hartnäckig, was auf beiden Seiten zu großen Verlusten führt.

Sowjetischer Geleitzug mit Truppen der 2. Fernostfront (Armeegen. Purkajew) auf dem Weg nach Südsachalin

August 1945

Ein Transporter mit Soldaten der 2. Fernostfront, die an der Invasion Südsachalins teilnehmen

Matrosen der Roten Flotte, die Port Arthur einnehmen sollen. Sie werden von amerikanischen Flugbooten PBY »Catalina« an das Einsatzziel gebracht

1945 August

Am Sonntag, dem 19. August 1945, dringen Panzer der 6. Garde-Panzerarmee (GenLt. Krawtschenko) in Mukden ein, gleichzeitig gehen am Stadtrand 225 sowjetische Fallschirmjäger nieder, ebenso über Kirin, Charbin und Tschangtschun, um die Kapitulation der einzelnen japanischen Garnisonen zu beschleunigen.

Am selben Tag rollen Einheiten der 36. Armee (GenLt. Lutschinski) der Transbaikal-Front in die Stadt Zizikar ein. Der rechte Flügel dieser Front nähert sich jetzt Peking. Den Norden der Mandschurei säubert unterdessen die 2. Fernostfront von japanischen Widerstandsgruppen.

Und am 20. August 1945 besetzt die 25. Armee der 1. Fernostfront Kirin, anschließend Südsachalin.

Am Mittwoch, dem 22. August 1945, besetzen sowjetische Luftlandetruppen Port Arthur und Dairen (Halbinsel Quantung). Andere Luftlandetruppen werden von Li-2-Maschinen, einer Version der Douglas DC-3, nach Sachalin und den Kurilen gebracht. Den Fallschirmjägern gelingt es, die japanischen Garnisonen zu erobern. Die Mandschurei und Nordkorea sind bis Ende August 1945 in sowjetischer Hand.

Die Japaner kapitulieren

Im Verlauf des 22. August 1945 fällt auch die erste japanische Garnison im Pazifik. An Bord des US-Geleitträgers »Levy« unterzeichnet der ranghöchste Offizier für die etwa 150 Mann zählende Besatzung des kleinen Atolls Mili (Marshallinseln) die Kapitulationsurkunde.

48 Stunden später treffen die Vorausabteilungen der sowjetischen 6. Garde-Panzerarmee und die Hauptkräfte der 39. Armee in Dairen ein. Nahe der Stadt Antung erreichen sie die koreanische Grenze. In den erbitterten 15tägigen Kämpfen in der Mandschurei verlieren die Japaner rund 700 000 Soldaten, davon 83 737 Tote und etwa 594 000 Gefangene. Den sowjetischen Truppen fallen 1665 Geschütze, 2139 Mörser, 600 Panzer und 861 Flugzeuge in die Hände. Sie selbst verlieren 8219 Tote, 22 264 Verwundete und 158 Panzer.

Am Montag, dem 27. August 1945, fährt die zur 3. US-Flotte (Adm. Halsey) gehörende Task Force 38 (Vizeadm. McCain) in die Sagami-Bucht vor Tokio ein. Und zwei

Mandschurei, 21. 8. 1945: Ein sowjetischer Wachtposten auf dem Stützpunkt Mutangkiang

Mandschurei, Kapitulationsverhandlungen im Hauptquartier der sowjetischen 1. Fernostfront 20. 8. 1945: Der Oberbefehlshaber der japanischen Kwantung-Armee, General Ototso Yamada (Mitte), und der Chef des Stabes, General Hikosaburo Hata (rechts)

September 1945

Auf dem Schlachtschiff »Missouri«, 2. 9. 1945: Unterzeichnung des Dokuments über die Kapitulation Japans

Tage danach, am 29. August 1945, beginnt mit der Landung der amerikanischen 11. Airborne Division die Besetzung Japans. Auf japanischem Territorium befinden sich jetzt – zum erstenmal seit 2500 Jahren – fremde Truppen. Dies ist überwiegend den amerikanischen Luftstreitkräften zu verdanken, denn ohne die Bombenoffensive der 20. und 21. US Air Force wäre Japan wohl kaum in die Knie gezwungen worden. Dieser Erfolg ist andererseits jedoch nur mit Hilfe der Land- und Seestreitkräfte möglich gewesen. Japans schwache ökonomische Basis hat die prekäre militärische Situation noch verschärft. In der Flugzeugproduktion konnte Japan bei weitem mit den USA nicht Schritt halten und dadurch seine Handelsflotte nicht ausreichend schützen.

Durch die Stärke der US Navy ist Japan von seinen Seeverbindungen und damit von den Rohstoffzufuhren, vor allem von Öl, Eisenerz und Bauxit, für die wichtigsten Industriezweige abgeschnitten worden. Die japanische Handelsflotte zählte vor dem Krieg 2337 Schiffe und nach der Kapitulation nur noch 231. Die japanische Marine hat zehn Schlachtschiffe, 16 Flugzeugträger, 37 Kreuzer, 137 Zerstörer und 127 U-Boote verloren, dazu insgesamt 60 422 Flugzeuge der See- und Luftstreitkräfte. Durch den Luftkrieg sind in Japan 392 000 Menschen ums Leben gekommen, dazu 500 000 Schwer- oder Leichtverletzte und 9,2 Millionen Obdachlose. 2,2 Millionen Häuser sind den Bomben zum Opfer gefallen.

Am Donnerstag, dem 30. August 1945, landet in dem von den Amerikanern besetzten Yokohama eine Sondermaschine mit Gen. McArthur, der im Grand Hotel sein Hauptquartier einrichtet.

Am Sonntag, dem 2. September 1945, unterzeichnen um 10.30 Uhr (Ortszeit) an Bord des in der Sagami-Bucht liegenden US-Schlachtschiffes »Missouri« der japanische Außenminister Shigemitsu und Gen. Umedzu, Chef des Generalstabs der japanischen Armee, sowie Gen. McArthur in Anwesenheit von Vertretern der alliierten Staaten – Adm. Nimitz (USA), GenOberst Su Juan-czan (China), Adm. Sir Bruce Fraser (Großbritannien), GenLt. Dieriewienko (UdSSR), Gen. Leclerc (Frankreich) und Adm. Helfrich (Holland) – die bedingungslose Kapitulation Japans.

Seit das Linienschiff »Schleswig-Holstein« durch seine Salven am 1. September 1939 den Zweiten Weltkrieg ausgelöst hat, sind genau sechs Jahre und ein Tag vergangen.

1087

ANHANG

Abkürzungsverzeichnis

Heer

Uffz.	Unteroffizier
Feldw.	Feldwebel
Lt.	Leutnant
Oberlt.	Oberleutnant
Hptm.	Hauptmann
Maj.	Major
Oberstlt.	Oberstleutnant
GenMaj.	Generalmajor
GenLt.	Generalleutnant
Gen. d. Art.	General der Artillerie
Gen. d. Fl.	General der Flieger
Gen. d. Geb.Tr.	General der Gebirgstruppen
Gen. d. Inf.	General der Infanterie
Gen. d. Kav.	General der Kavallerie
Gen. d. Pz.Tr.	General der Panzertruppe
Gen. d. Pion.	General der Pioniere
GenOberst	Generaloberst
DivGen	Divisionsgeneral
Armeegen.	Armeegeneral
Feldm.	Feldmarschall
GFM	Generalfeldmarschall
OB	Oberbefehlshaber

Marine

Oberlt. z. S.	Oberleutnant zur See
KptLt.	Kapitänleutnant
Kpt. z. S.	Kapitän zur See
FregKpt.	Fregattenkapitän
KorvKpt.	Korvettenkapitän
Konteradm.	Konteradmiral
Vizeadm.	Vizeadmiral
Adm.	Admiral
Großadm.	Großadmiral
GenAdm.	Generaladmiral

Waffen-SS

Untersturmf.	Untersturmführer
Obersturmf.	Obersturmführer
Hauptsturmf.	Hauptsturmführer
Sturmbannf.	Sturmbannführer
Obersturmbannf.	Obersturmbannführer
Standartenf.	Standartenführer
Oberf.	Oberführer
Brigadef.	Brigadeführer
Gruppenf.	Gruppenführer
Obergruppenf.	Obergruppenführer bzw. General der Waffen-SS
Oberstgruppenf.	Oberstgruppenführer
Reichsf. SS	Reichsführer

Westalliierte

Flight-Sgt.	Flight-Sergeant
Capt.	Captain
Maj.	Major
Lt. Col.	Lieutnant Colonel
Col.	Colonel
Lt. Cdr.	Lt. Commander
Brig.	Brigadier
Cdre.	Commodore
Wing-Cdr.	Wing-Commander

Sqn. Ldr.	Squadron Leader
Maj. Gen.	Major General
Lt. Gen.	Lieutnant General
Brigadegen.	Brigadegeneral
Gen.	General

Einheiten

RAF	Royal Air Force
BAF	Brasilian Air Force
SaGr.	Seeaufklärungsgruppe
FaGr.	Fernaufklärungsgruppe

Bibliographie

Adam, U. D.: Judenpolitik im Dritten Reich, Königstein 1979.

Air Force Combat Units of World War Second, USAAF Historical Division, New York 1963.

Air Ministry: Recognition Handbook of British Aircraft, Section A-4 Issue 2, London 1944.

Andenaes, J./Riste, O./Skodvin, M.: Norway and the Second World War, Oslo 1966.

Andronikow, J. G./Mostowenko, W.: Die roten Panzer, Geschichte der sowjetischen Panzertruppen 1920–1960, München 1963.

Antonow, A. S./Artamonow, B. A.: Der Panzer, Berlin 1959.

Apenszlak, J./Polakiewicz, M.: Armed Resistance of the Jews in Poland, New York 1944.

Bach, H.: Die Tankwaffe Sowjetrußlands, Wehrtechnische Monatshefte, Nr. 8, August 1936.

Ballentine, D. S.: U.S. Naval Logistics in the Second World War, Princeton 1949.

Barker, R.: Aviator Extraordinary, London 1969.

Below, M. I.: Sewernyi morskoj Put, Leningrad 1957.

Bennett, G.: Battle of the River Plate, London 1972.

Bénoist-Méchin, I.: Geschichte der Deutschen Militärmacht 1918 bis 1946, Oldenburg 1965.

Berenstein, T.: Eksterminacja Zydow w Galicji 1941–1943, in Biuletyn Zydowskiego Instytutu Historycznego, Nr. 61, Warschau 1967 (zwölf statistische Tabellen über die Ghettoisierung, Deportation und Vernichtung von 139 jüdischen Gemeinden in Ostgalizien zwischen 1941 und 1943).

Berman, A.: The Fate of Jewish Children in the Warsaw Ghetto, in Yisrael Gutman und Livia Rothkirchen (Hrsg.), The Catastrophe of European Jewry, Jerusalem 1976.

Bernhard, K.: Panzer packen Polen, Berlin 1940.

Birkenfeld, W.: Der synthetische Treibstoff 1933–1945, Göttingen 1964.

Boerner, H.: Mit Stukas und Panzern nach Frankreich hinein! Berlin, Leipzig 1943.

Boewoi Ustaw Konnitsy RKKA (BUK-38) (Kampfanweisungen für die Rote Armee, BUK-38), Woenizdat, Moskau 1941.

Borchert, H. W.: Panzerkampf im Westen, Berlin 1940.

Boucher, J.: L'arme blindée dans la guerre, Paris 1953.

Braham, R. L.: The Destruction of Hungarian Jewry: A Documentary Account, 2 Bde., New York 1963 (Dokumente über die Deportationspolitik der Deutschen).

Brehm, W.: Mein Kriegstagebuch 1939–1945. Mit der 7. Panzerdivision fünf Jahre in West und Ost, Kassel 1953.

Buchanan, A. R.: The Navy's Air War. A Mission completed by the Aviation History Unit, OP-519 B, DCNO (air), New York 1946.

Buchheim, H./Broszat, M./Jacobsen, H.-A., Krausnick, H.: Anatomie des SS-Staates, 2 Bde., München 1979.

Buckley, Ch.: Greece and Crete, 1941. London: H.M.S.O. 1952.

Buhr, M.: Entstehung und Einsatz der Sturmartillerie, in: Wehrkunde, Heft 4 und 5, 1953.

Campbell, J./Macintyre, D.: The Kola Run. A Record of Arctic Convoys 1941–1945, London 1958.

Charles De Beaulieu, W.: Der Vorstoß der Panzergruppe 4 auf Leningrad bis 1941, Neckargemünd 1961.

Chamberlain, P./Ellis, Ch.: Britische und amerikanische Panzer des Zweiten Weltkrieges, München 1972.

Chary, F. B.: The Bulgarian Jews and the Final Solution, 1940–1944, Pittsburgh 1972.

Churchill, W. S.: The Second World War, Vol. 1–6, London 1948–53. – (dt. Übers.): Der Zweite Weltkrieg. Bd. 1–6. Hamburg-Stuttgart 1950–1954.

Churchill, W.: Der Zweite Weltkrieg, Bd. 1–6, Hamburg-Stuttgart 1950–1954.

Cochenhausen, V.: Die Truppenführung. Ein Handbuch für den Truppenführer und seine Gehilfen, Berlin 1924.

Collier, B.: The Defence of the United Kingdom, H.M.S.O., London 1957.

Congrès Juif Mondial, Section de Roumanie, Commission d'Études, Le Massacre des Juifs de Jassy, Bukarest 1946.

Craven, W. F./Cate, J. L.: The Army Air Forces in World War II, 7 Bde. Chikago 1945–1949.

Cynk, J. B.: History of the Polish Air Force 1918–1968, London 1972.

Czech, D.: Kalendarium der Ereignisse im Konzentrationslager Auschwitz-Birkenau, in Hefte von Auschwitz, Nr. 2–9, Oświęcim 1959.

Czech, D.: Deportation und Vernichtung der griechischen Juden, in Hefte von Auschwitz, II, 1970.

Denlinger/Sutherland/Gray, Ch. B.: War in the Pacific, A Study in navies, peoples and battle problems, New York 1936.

Disney, P.: Tactical Problems for Armor Units, Harrisburg 1952.

Dittmar, K.: The Red Army in the Finnish War, New York 1956.

Documents of the London Naval Conference 1935. Dec. 1935 – March 1936, London: H.M.S.O. 1936.

Dönitz, K.: Zehn Jahre und zwanzig Tage, Bonn 1958. Deutsche Strategie zur See im Zweiten Weltkrieg. Die Antworten des Großadmirals auf 40 Fragen. Frankfurt/M. 1970.

Domarus, M. (Hrsg.): Hitler, Reden und Proklamationen 1932–1945, 4 Bde., Würzburg 1962.

Donati, G.: Deportazione Degli Ebrei Dall'Italia, Mailand 1975.

Douhet, G.: Luftherrschaft, Berlin 1935.

Dwinger, E.: Panzerführer, Jena 1941.

Effects of Strategic Bombing on the German War Economy, 15 Bde., edited by The US Strategic Bombing Survey, Overall Economic Effects Division, 1945 ff.

Eimannsberger, L. Ritter v.: Der Kampfwagenkrieg, München 1934.

Eisgruber, H.: Achtung – Tanks! Berlin 1939.

Erdmann, K. D.: Deutschland unter der Herrschaft des Nationalsozialismus 1933–1939, München 1980 (Gebhardt, Handbuch der deutschen Geschichte, Bd. 20).

Erdmann, K. D.: Der Zweite Weltkrieg, München 1980 (Gebhardt, Handbuch der deutschen Geschichte, Bd. 21).

Eremeew, L. M./Sergin, A. P.: Podwodnje lodki inostrannych flotow wo Wtoroj Mirowoj Wojne, Moskau 1962.

Eschwege, H.: Resistance of German Jews against the Nazi Regime, in Leo Baeck Institute Year Book, XV, 1970.

Feis, H.: The Road to Pearl Harbor. The Coming of the war between the United States and Japan, Princeton 1950.

Feldgrau: heereskundliche Mitteilungen, Burgdorf/Hann. 1960–1970.

Feuchter, G. W.: Der Luftkrieg, Frankfurt/M. 1964.

Fey, E./Rehkämpfer, J.: Stählerne Gemeinschaft, Essen 1941.

Focke, H./Reimer, U. (Hrsg.): Alltag unterm Hakenkreuz, Reinbek 1979.

Foss, C. F.: Armoured Fighting Vehicles of the World, London 1971.

Frankland, N./Webster, Sir Ch.: The Strategic Air Offensive against Germany, 4 Bde., London 1961.

Frentag, Oberleutnant: Taktische und operative Verwendung moderner Tanks in der Roten Armee, Militär-Wochenblatt Nr. 2, 1932.

Freytag-Loringhoven, Frhr. v.: Folgerungen aus dem Weltkrieg, Berlin 1917.

Fuchida, M./Okumija, M./

Bibliographie

Pineau, R.: Midway. The Battle that doomed Japan, Annapolis, US Naval Inst. 1955.

Fukaya, H.: Japan's Wartime Carrier Construction. In: U.S. Nav. Inst. Proceedings, September 1955.

Fukudome, S.: Hawaii Operation. In: U.S. Nav. Inst. Proceedings, December 1955.

Fukudome, S.: Strategic Aspects of the battle of Formosa. In: U.S. Nav. Inst. Proceedings, December 1952.

Fuller, J. F. C.: Der Zweite Weltkrieg 1939–1945, Wien 1950.

Galaktinow, N.: Panzer und Automobile, Woina I Revolutsia, Nr. 4, Juli–August 1932.

Galland, A.: Die Ersten und die Letzten, Darmstadt 1953.

Gaulle, Ch. de: Vers L'armée de Métier, Paris 1934, Deutsche Ausgabe: Frankreichs Stoßarmee, Potsdam 1935.

Gelfond, G. M.: Sowjetskij Flotow Wojne s Japonej (Die sowjetische Flotte im Kriege mit Japan), Moskau 1958.

Geyr v. Schweppenburg, L. Frhr.: Gebrochenes Schwert, Berlin 1952. Elemente der operativen und taktischen Führung von schnellen Verbänden, in: Wehrwissenschaftliche Rundschau, Heft 2, 1962.

Goebbels, J.: Tagebücher, Zürich 1948.

Görlitz, W.: Der deutsche Generalstab, Frankfurt/M. 1955.

Goyet, P. le: Évolution de la doctrine d'emploi de l'aviation française entre 1919 et 1939, in: Revue d'histoire de la deuxième guerre mondiale, 73, 1969.

Grečanjuk, N./Dmitriew, V. I./Krinicyj, F.: Baltijskij Flot (Die Baltische Flotte), Moskau 1960.

Gromychenko, A.: Ocherki Taktiki Tankowych Chastiey (Grundzüge der Taktik von Panzereinheiten), Woenizdat, Moskau 1935.

Gruzdew, N. I.: Tanki: Teoriia (Panzer-Theorie), NKTM, Moskau-Swerdlowsk 1944.

Guderian, H.: Achtung Panzer! Stuttgart 1937, Die Panzerwaffe, ibid.; Erinnerungen eines Soldaten, Heidelberg 1951, Panzer – Marsch! München 1956; Kraftfahrkampftruppen (Heft 1, 1936); Die Panzertruppe und ihr Zusammenwirken mit anderen Waffen, in: Militärwissenschaftliche Rundschau, Berlin, Heft 5, 1936; Schnelle Truppen einst und jetzt, in: Militärwissenschaftliche Rundschau 1939, Berlin 1939.

Gutman, Y.: The Jews of Warsaw 1939–1943 Ghetto-Underground-Uprising, Jerusalem 1977.

Haffner, S.: Anmerkungen zu Hitler, München 1981.

Halder, F.: Kriegstagebuch, 3 Bde., Stuttgart 1964.

Harding, Lord J.: Mediterranean Strategy 1939–1945, Cambridge 1960.

Hashimoto, M.: Sunk, The Story of the Japanese submarine fleet, 1942–1945, London 1954.

Heiber, H.: Lagebesprechungen im Führerhauptquartier, München 1963.

Heigls Taschenbuch der Tanks, Teil III: Der Panzerkampf, Bearb. von G. P. Zezschwitz, Neuauflage München 1971.

Hermann, C.: Deutsche Militärgeschichte – Eine Einführung, Frankfurt/M. 1966.

Hesse, E.: Der sowjetrussische Partisanenkrieg 1941–1944 im Spiegel deutscher Kampfanweisungen und Befehle, Göttingen 1969.

Hesse, K.: Der Geist von Potsdam, Mainz 1967.

Hilberg, R.: The Destruction of the European Jews, New York 1973.

Hillgruber, A.: Hitlers Strategie, Politik und Kriegführung 1940–1941, Frankfurt/M. 1965.

History of the Second World War, London: H.M.S.O. 1950.

History of the U.S. Marine Corps operations in World War II. Vol. 1–3. Washing-

ton: U.S. Marine Corps, Hist. Branch G-3 Div. 1958.

Hitlers Weisungen für die Kriegführung 1939–1945. Dokumente d. OKW. Hrsg. v. Walther Hubatsch, Frankfurt/M. 1962.

Höhne, H.: Der Orden unter dem Totenkopf, Gütersloh 1967.

Hooper, Major A.: The Soviet-Finnish Campaign, London 1940.

Hoth, H.: Panzer-Operationen. Die Panzergruppe 3 und der operative Gedanke der deutschen Führung, Sommer 1941, Heidelberg 1956.

Hubatsch, W.: Weserübung. Die deutsche Besetzung von Dänemark und Norwegen 1940, Göttingen 1960.

Hubatsch, W.: Hitlers Weisungen für die Kriegführung, 1939–1945, Dokumente des OKW, Frankfurt/M. 1962.

Hümmelchen, G.: Unternehmen »Eisstoß«. Der Angriff d. Luftflotte 1 gegen d. russische Ostseeflotte im April 1942. In: Marine-Rundschau Jg. 56, 1959, Heft 4.

Icks, R. J.: Tanks and Armored Vehicles, New York 1945.

Imhoff, Ch. v.: Sturm durch Frankreich, Berlin 1941.

Inoguchi, R./Nakajima, T./Pineau, R.: The divine Wind. Japan's Kamikaze Force in World War II. Annapolis: U.S. Naval Inst. 1958.

Isakow, I. S.: The Red Fleet in the Second World War, London 1944.

Isely, A./Crowl, A.: The U.S. Marines and amphibious war. Princeton 1951.

Istorija Welikoj Otečestwennoj Wojny Sowetskogo Sojuza 1941–1945. Red. komis.: P. N. Pospelow (Pred.) i.dr.T. 1–6, Moskau 1960–1965.

Jachino, A.: La Sorpresa di Matapan, Mailand 1957.

Jacobsen, H. A.: Motorisierungsprobleme im Winter 1939/40, in: Wehrwissenschaftliche Rundschau, Heft 9, 1956; Hitlers Gedanken zur Kriegführung im We-

sten, in: Wehrwissenschaftliche Rundschau, Oktober 1955.

Jacobsen, H. A.: 1939–1945, Der Zweite Weltkrieg in Chronik und Dokumenten, Darmstadt 1961.

Jacobsen, H. A.: Kriegstagebuch des OKW, Bd. 1, vom 1. 8. 1940 bis 31. 12. 1941, Frankfurt/M. 1965.

Jacuet, N.: Panzerangriff und Panzerabwehr, Basel 1951; Die deutsche Industrie im Kriege 1939–1945, Berlin 1954.

Jakowlew, S. A.: 50 Liet Sowietskowo Samolietostrojenia, Moskau 1967.

James, Sir W. R. (Admiral): The British Navies in the Second World War, New York 1947.

Jong, L. de: The »Netherlands and Auschwitz«, in Yad Vashem Studies, VII, Jerusalem 1968.

Jungenfeld, E. Frhr. v.: So kämpften Panzer! Berlin 1941.

Justrow, K.: Der technische Krieg, Berlin 1938.

Kammerer, A.: La Tragédie de Mers-el-Kébir. L'Angleterre et la flotte française, Paris 1945.

Karig, W.: Battle Report, 5 Bde., New York 1944/1949.

Katukow, M., GenMaj. d.Pz.Tr.: Boevye Deistwiia Tankow (Panzer-Kampfhandlungen), Woenizdat, Moskau 1942.

Kauffmann: Panzerkampfwagenbuch, Berlin 1938/1939.

Kens, K./Nowarra, H. J.: Die deutschen Flugzeuge 1939–1945, München 1964.

Kielmansegg, Graf v.: Panzer zwischen Warschau und Atlantik, Berlin 1941.

Kirchner, K.: Flugblätter, Psychologische Kriegführung im Zweiten Weltkrieg in Europa, München 1974.

Klee, K.: Das Unternehmen »Seelöwe«. Die geplante deutsche Landung in England 1940, Göttingen 1958.

Koch, H.-A.: Flak, die Geschichte der deutschen Flakartillerie, Bad Nauheim 1965.

Koch, H. A.: Die organisatori-

1093

Bibliographie

sche Entwicklung der deutschen Panzerwaffe, in: Feldgrau, ab Juli-Heft 1954, Burgdorf/Hannover.

Körtge, K.: Panzernachschubdienste, in: Deutsche Soldatenzeitung vom 4. 3. 1954.

Koslow, I. A./Slomin, V. S.: Sewernyj Flot (Dic Nordflotte), Moskau 1966.

Kowalew, G., General d. Pz.Tr.: Panzer- und mechanisierte Truppen der Roten Armee, Woennyi Westnik, Nr. 18, September 1945.

Kriegstagebuch des Oberkommandos der Wehrmacht. 1940–1945. Geführt von Helmuth Greiner u. Percy Ernst Schramm. Im Auftr. d. Arbeitskreises f. Wehrforschung hrsg. v. Percy Ernst Schramm, Bd. 1–4 (nebst) Nachtr. zu Bd. 4, Frankfurt/M. 1961–1969.

Kriwoschein, S. M.: Taktik schneller Verbände, Potsdam 1934.

Kruger, R.: Tanks, Berlin 1921.

Kurtzinski, M. J.: Taktik schneller Verbände, Potsdam 1935.

Kusnezow, T. P.: Taktik Tankogych Woysk (Panzertruppen-Taktik) Woenizdat, Moskau 1940.

Kusnezow, N. G.: Na flotach boewaja Trewoga (Gefechtsalarm bei den Flotten), Moskau 1971.

La Marina italiana nella Seconda Guerra mondiale. 1–19, Roma: Ufficio Storico della Marina Militare 1950.

Langmaid, R.: The Med. The Royal Navy in the Mediterranean 1939–1945, London 1948.

Lawrow, E.: Tankowaia Razwedka (Panzeraufklärung), Woenizdat, Moskau 1940.

Leighton, R. M.: U.S. Merchant Shipping and the British import crisis. In: Command Decisions, Washington 1960.

Le Masson, H.: La Marine moderne de guerre et son evolution. T. 2. 1951. 2. Porte-avions, sousmarins, escorteurs. (Coll Visages de la marine. 10).

Lenton, H. T.: Royal Netherlands Navy, London 1968.

Levrault, B.: Les Forces Aériennes Françaises de 1939 à 1945, Paris 1949.

Lewin, R.: Rommel as military commander, London 1968.

Liddell Hart, B. H.: Deutsche Generale des Zweiten Weltkrieges, Düsseldorf 1964; Lebenserinnerungen, Düsseldorf 1966; Das Buch vom Heer, Berlin 1940; Strategie, Wiesbaden o.J.; Geschichte des Zweiten Weltkrieges, Düsseldorf/Wien 1972.

Lochner, L. P. (Hrsg.): Goebbels-Tagebücher aus den Jahren 1942/43, Zürich 1948.

Loktionow, I.: Dunajsaka Flotilija w Welikoj Otečestwennoj Wojne (1941–1945 gg.), Moskau 1962.

Lund, P./Ludlam, H.: PQ 17 – convoy to hell. The survisors' story (Juli, 1942), London 1968.

MacArthur, D.: Reports of General MacArthur, Vol. 1.2. (nebst) Suppl. (zu Vol. 1). Washington: Gov. Pr. Off. 1966. Vol. 1.: The Campaigns of MacArthur in the Pacific. Vol. 1, suppl.: MacArthur in Japan. The Occupation Military Phase. Vol. 2: Japanese Operations against MacArthur's forces.

Mackensen, E. v.: Vom Bug bis zum Kaukasus, Neckargemünd 1967.

Macksey, K./Batchelor, J. H.: Tank, A History of the Armoured Fighting Vehicle, London 1970.

MacMillan, N.: The Royal Air Force in the World War II, 4 Bde., London 1942–1950.

Maczek, St.: Avec mes blindés. Pologne-France-Belgique-Hollande-Allemagne, Paris 1967.

Maksimow, S. N.: Oborona Sewastopolja. 1941–1942 (Die Verteidigung von Sewastopol 1941–1942), Moskau 1959.

Manstein, E. v.: Verlorene Siege, Bonn 1955; Aus einem Soldatenleben 1887–1939, Bonn 1958.

Manteuffel, H. v.: Die 7. Panzerdivision im Zweiten Weltkrieg, Uerdingen a. Rh., 1965.

Marot, J.: Abbéville 1940. Avec la division cuirassée de Gaulle, Paris 1967.

Matloff, M.: The Anvil Decision: Crossroads of strategy. In: Command Decisions, Washington 1960.

Meister, J.: Der Seekrieg in den osteuropäischen Gewässern 1941–1945, München 1958.

Mellenthin, F. W. v.: Panzerschlachten, Neckargemünd 1962.

Meyer, L. J.: The Decision to invade North Africa (Torch). In: Command Decisions, Washington 1960.

Middeldorf, E.: Taktik im Rußlandfeldzug. Erfahrungen und Folgerungen, Dortmund 1956.

Miksche, F. O.: Blitzkrieg, Paris 1937.

Morison, S. E.: History of United States naval operations in World War II. Vol. 1–15, Boston 1947–1962.

Morton, L.: Japan's Decision for war. In: Command Decisions, Washington 1960.

Morton, L.: The Decision to withdraw to Bataan. In: Command Decisions, Washington 1960.

Mostowenko, W. D.: Panzer gestern und heute, Berlin 1961.

Mühleisen, H. O.: Kreta 1941. Das Unternehmen »Merkur«. 20. Mai bis 1. Juni 1941. Freiburg 1968. (Einzelschriften zur militär. Geschichte des 2. Weltkrieges. 3.).

Mueller-Hillebrand, H.: Das Heer 1933–1945, Bd. 2, Frankfurt/M. 1956.

Munzel, O.: Panzertaktik, Neckargemünd 1959; Die deutschen gepanzerten Truppen bis 1945, Herford 1965.

Naval Staff (Trade Division) Admiralty B. R. 1337, British and foreign Merchant Vessels lost or damaged by enemy action during Second World War. From 3. September, 1939, to 2. September, 1945. London: Admiralty 1945.

Nederlands-Indie contra Japan. Samengesteld door de

Krijgsgeschiedkundige Sectie van het Hoofdkwartier van de Generale Staf. D. 1–7, s'Gravenhage 1949–1961.

Nehring, W. K.: Kampfwagen an die Front!, Leipzig 1933; Heere von morgen, Potsdam 1934; Betrachtungen über Fragen der Heeresmotorisierung, in: Allgemeine Schweizerische Militärzeitung, 1937, Nr. 4; Panzervernichtung, Berlin 1936/37; Die Geschichte der deutschen Panzerwaffe 1916–1945, Stuttgart 1974.

Official History of New Zealand in the Second World War 1939–1945. (Vol.) 1.3–5.11.20–24. Wellington: War History Branch.

Ogorkiewicz, R. M.: Armour, London und New York 1960.

Okumiya, M./Horikushi, J.: The Story of the Japanese Navy Air Force 1937–1945, London 1957.

Operationsgebiet östliche Ostsee und der finnisch-baltische Raum 1944, Stuttgart 1961. (Beitr. zur Militär- und Kriegsgesch. 2)

Orbach, W.: The Destruction of the Jews in the Nazi-Occupied Territories of the USSR, in: Soviet Jewish Affairs, Bd. 6, Nr. 2, 1976.

Orgill, D.: The Tank. Studies in the Development and Use of a Weapon, London 1970.

Perré, Hauptmann: Chars de Combat (Kampfwagen), Paris 1937.

Pertek, J.: Wielkie dni Malej Floty, Poznan 1958.

Pertek, J./Supinski, W.: Wojna morska 1939–1945, Poznan 1959.

Peter, K.: Schlachtkreuzer »Scharnhorst«. Kampf und Untergang, Berlin 1951.

Petter, E.: Kampfwagenabwehr, Sonderdruck, Berlin 1932.

Philippi, A./Heim, F.: Der Feldzug gegen Sowjetrußland 1941–1945, Stuttgart 1962.

Piekalkiewicz, J.: Luftkrieg 1939–1945, München 1978.

Piekalkiewicz, J.: Die Ju 52 im

Bibliographie

Zweiten Weltkrieg, Stuttgart 1976.

Piekalkiewicz, J.: Fieseler Fi 156 Storch im Zweiten Weltkrieg, Stuttgart 1977.

Piekalkiewicz, J.: Stalingrad – Anatomie einer Schlacht, München 1977.

Piekalkiewicz, J.: Schweiz 1939–1945. Krieg in einem neutralen Land, Stuttgart 1978.

Piekalkiewicz, J.: Spione, Agenten, Soldaten – Geheime Kommandos im Zweiten Weltkrieg, München 1969.

Playfair, I. S. O.: The Mediterranean and Middle East, 4 Bde., H.M.S.O., London 1960.

Plettenberg, M.: Guderian, Düsseldorf 1950.

Podzun, H. H.: Das deutsche Heer 1939 (Rangliste), Bad Nauheim 1953.

Pope, D.: Flag 4. The Battle of Coastal Forces in the Mediterranean, London 1954.

Pratt, F.: The Torpedos that failed. In: The Atlantic Monthly, Juli 1950.

Raeder, E.: Mein Leben, Bd. 1.2. Tübingen 1956–1957.

Rangliste des Deutschen Heeres 1944/1945, hrsg. von W. Keilig, Bad Nauheim 1953.

Ranglisten des Reichsheeres 1924, 1929, 1930, 1932, Berlin 1935.

Reibig, W.: Schwarze Husaren, Panzer in Polen, Berlin 1941.

Reinecker, H.: Panzer nach vorn! Panzermänner erzählen vom Feldzug in Polen, Berlin 1939.

Richards, D./Saunders, H.: Royal Air Force 1939–1945, 3 Bde., H.M.S.O., London 1953/1955.

Röhricht, E.: Probleme der Kesselschlacht, Karlsruhe 1958.

Rohde, H.: Das deutsche Wehrmachttransportwesen im Zweiten Weltkrieg, Stuttgart 1971.

Rohwer, J./Hümmelchen, G.: Chronik des Seekrieges 1939–1945, Oldenburg 1968.

Rohwer, J.: Geleitzug-Schlachten, Stuttgart 1975.

Rohwer, J./Jäckel, E.: Die Funkaufklärung und ihre Rolle im Zweiten Weltkrieg, Stuttgart 1979.

Rommel, E.: Krieg ohne Haß, Heidenheim 1950.

Roskill, S. W.: The white Ensign. The British Navy at war, 1939–1945. Annapolis: U.S. Naval Inst. 1966. – Royal Navy. (Dt.) Oldenburg, Hamburg 1961.

Rotmistrow, P., Marschall d.Pz.Tr.: Die Aufgabe und der Platz der Selbstfahrlafetten-Artillerie in der neuzeitlichen Kriegführung, Woennaia Mysl, Nr. 5, Mai 1945.

Rozen-Zawadski, Hauptmann: Sowjetische Panzerfahrzeuge, Przeglad Wojsk Pancernych, Nr. 2, März–April 1938.

Ruge, F.: Der Seekrieg 1939–1945, Stuttgart 1954.

Ruge, F.: Rommel und die Invasion. Erinnerungen, Stuttgart 1959.

Rumpf, H.: Das war der Bombenkrieg, Oldenburg 1961.

Saitzew, Oberst: Die Rote Armee, Berlin 1934.

Sakhno, M.: Das Panzer-Korps beim Durchbruch, Zhurna! Awto-Bronetankowykh i Mekhanizirowannykh Woisk, Nr. 6, Juni 1945.

Salesse, Lt.Col.: L'Aviation de Chasse Française en 1939–1940, Paris 1948.

Salewski, M.: Die deutsche Seekriegsleitung 1935–1945, Frankfurt/M. 1970, Bd. 1: 1935–1941. – Das Ende der deutschen Schlachtschiffe im Zweiten Weltkrieg. In: Militärgeschichtliche Mitteilungen. 2, 1972.

Sammelwerk: Sowietskie Wojenno Wozdusznoje Sily w Wielikoj Otieczestwiennoj Wojnie 1941–1945, Moskau 1968.

Santoro, G.: L'Aeronautica Italiana nella Seconda Guerra Mondiale, 2 Bde., Rom 1957.

Schaeffer, H.: U 977, Wiesbaden 1950.

Schaufelberger, P.: Gedanken zum Problem Panzer und Panzerabwehr, Sonderabdruck der A.S.M.Z., Nr. 20, Genf 1954.

Scheibert, H./Eifrath, U.: Panzer in Rußland. Die deutschen gepanzerten Verbände im Rußlandfeldzug 1941–1944, Dorheim 1971.

Schramm, P. E.: Die Niederlage 1945, München 1962.

Schramm, P. W.: Hitler als militärischer Führer, Frankfurt/M. 1962.

Schukow, G. K.: Erinnerungen und Gedanken, Stuttgart 1969.

Seaton, A.: The Russo-German War 1941–1945, London 1971.

Seeckt, H. v.: Gedanken eines Soldaten, Berlin 1929.

Senff, H.: Die Entwicklung der Panzerwaffe im deutschen Heer zwischen den beiden Weltkriegen, Frankfurt/M. 1969.

Senger und Etterlin, F. M. v.: Die deutschen Panzer 1926/1945, München 1959; Panzergrenadiere, München 1961.

Sheppard, E. W.: Tanks im nächsten Kriege, Berlin 1940 (Englische Originalausgabe 1938).

Shilin, P. A.: Die wichtigsten Operationen des Großen Vaterländischen Krieges 1941–1945, Berlin 1958.

Siegler, F. Frhr. v.: Die höheren Dienststellen der deutschen Wehrmacht 1933–1945, München 1953.

Smith, P. C.: Task Force 57. The British Pacific Fleet. 1944–1945, London 1969.

Sommer, T.: Deutschland und Japan zwischen den Mächten, 1935–1940. Tübingen 1962.

Spannenkrebs, W.: Angriff mit Panzerkampfwagen, Berlin 1939.

Speer, A.: Erinnerungen, Berlin 1969.

Stacey, C. P.: The Victory Campaign. The Operations in North-West Europe 1944–1945. Ottawa 1960: The Queen's Printer, (Official History of the Canadian Army in the Second World War).

Stanford, A.: Force Mulberry. The artificial Harbor of U.S. Normandy Beaches in World War II, New York 1951.

Steen, E. A.: Norges Sjokrig 1940–1945 (Utg. ved. d. Krighistoriske Avdeling.) Bd. 1–7, Oslo 1954–1969.

Stoves, R.: Die 1. Panzerdivision 1935–1945, Bad Nauheim 1962.

Straub: Die ersten Panzer fuhren Schritt, in: Der deutsche Soldat, Nr. 7, 1956.

Tamura, Y. (Hrsg.): Hiroku Daitoa Senshi (Geheimdokumente des Großasiatischen Krieges), 7 Bde., Tokio 1953.

Tanaka, R.: Japan's losing Struggle for Guadalcanal. In: U.S. Nav. Inst. Proceedings, 82, 1956.

Taschenbuch für den Winterkrieg, vom 1. November 1942, Berlin 1942.

Tedder, Lord, RAF-Marshal: Air Power in War, London 1946.

Teltz, H.: Versuchsschießen auf Panzerkampfwagen, in: Wehrtechnische Hefte, Nr. 5, Frankfurt/M. 1954.

Tessin, G.: Formationsgeschichte der Wehrmacht 1933/1939, Boppard 1959.

The Japanese Story of the battle of Midway. A Transl. Office of Naval Intelligence, U.S. Navy, Washington: U.S. Gov. Pr. Off. 1947.

The War in North Africa, Part 1/2, US Department of Military Art and Engineering, 1943/1945.

Thomale, W.: Eine Gedenkstunde für Generaloberst Guderian, in: Kampftruppen Nr. 4, Herford 1963.

Thomas, L.: Documents sur la guerre de 1939–1940, Paris 1941.

Thomée, G.: Der Wiederaufstieg des deutschen Heeres, Berlin 1939.

Tigerfibel D 656/27 vom 1. 8. 1943, Hrsg.: Generalinspekteur der Panzertruppen.

Tippelskirch, K. v.: Geschichte des Zweiten Weltkrieges, 2. Aufl. Bonn 1956.

Tonvieille-Alquier, F.: Les Français dans la drôle du guerre, Paris 1971.

Tribuz, V. F.: Krasnoznamennyj Baltijskij Flot na zawersajuscem etape Welikoj Ote-

Bildquellen

čestwennoj Wojny. (Die baltische Rotbannerflotte in der letzten Etappe des Großen Vaterländischen Krieges). In: Woennoistoriceskij Zurnal. 7, 1965, Nr. 3.

Truelle, J.: La production aéronautique militaire française jusqu'en juin 1940, in: Revue d'histoire de la deuxième guerre mondiale, 73, 1969.

Truppenführung (T. F.) H. Dv. 300/1 vom 17. 10. 1933.

Tschimpke, A.: Die Gespenster-Division. Mit der Panzerwaffe durch Belgien und Frankreich, München 1940.

Tschuikow, W. J.: Anfang des Weges, Berlin 1968.

Tsuji, M.: Singapore, the Japanese version. Sydney 1960.

Tucker, G. N.: The naval Service of Canada. Its official History. Vol. 1.2. Ottawa 1952.

Tukchatschewski, M.: Über die Neue Felddienstordnung der RKKA, Bolshewik, Nr. 9, 1. Mai 1937.

United States naval Chronology, World War II. Prep. in the Hist. Div. Office of the Chief of Naval Operations, Navy Department. Washington: U.S. Pr. Off. 1955.

U.S. Congress: 79. Congr., 2. Sess. 1945. Investigation of the Pearl Harbor Attack. Report of the Joint Committee on the ... Hearings of the Joint Committee on the ... P.1–39 (davon P.1–11 Hearings, P.12–21 Exhibits, P.22–39 earlier Inquiries). Wash.: Gov. Pr. Off. 1946.

U.S. Joint Army-Navy Assessment Committee. Japanese naval and merchant Shipping Losses during World War II by all causes. Washington: Gov. Pr. Off. 1947.

Volckheim, E.: Der Kampfwagen in der heutigen Kriegführung, Berlin 1924.

Volkmann, E. O.: Der Große Krieg, Berlin 1922.

Vormann, N. v.: Der Feldzug 1939 in Polen, Weißenberg 1958.

Wacker: Technisches Lehrbuch über Kettenfahrzeuge und Kettenfahrschule, Darmstadt 1962.

Warlimont, W.: Im Hauptquartier der deutschen Wehrmacht 1939–1945, Frankfurt/M. 1962.

Willoughby, M. F.: The U.S. Coast Guard in World War II. Annapolis: U.S. Naval Inst. 1957.

Winogradow, R. I./Minajew, A. W.: Samoliety SSSR, Moskau 1961.

Winterbotham, F. W.: The Ultra Secret, London 1974.

Wjunenko, N. P./Mordwinow, R. N.: Woennje Flotilii w Welikoj Otečestwennoj Wojne, Moskau 1957.

Wykeham, P.: Fighter Command, a Study of Air Defence 1914–1960, London 1960.

Zingali, G.: L'Invasione della Sicilia. Avvenimenti militari e responsabilita politiche. Catania 1962.

Archive

Britannic Majesty's Stationery Office, London
Bundesarchiv, Bern
Bundesarchiv, Koblenz
Institut für Zeitungsforschung, Dortmund
National Archives, Washington D.C.
Service Historique de l'Armée, Château de Vincennes
Staatliches Zentralarchiv der Sowjetarmee, Moskau
Weltkriegsbücherei, Stuttgart
Zentralbibliothek der Bundeswehr, Düsseldorf

Bildquellen

Bundesarchiv, Koblenz
E.C.P.A., Fort D'Ivry
Imperial War Museum, London
National Archives, Washington, D.C.
Navy Department (N.A.), Washington, D.C.
Official US Air Force, Arlington
Official US Marine Corps, Annapolis
Official US Army, Washington, D.C.
Archiv F. Bordoni, Rom
Archiv B. Johnson, BBC London
Archiv K. Kirchner, Erlangen
Archiv M. R. de Launay, Paris
Archiv J. S. Middleton, London
Archiv A. Stilles, New York
Archiv J. K. Piekalkiewicz

Ein Wort des Dankes

Ich möchte für ihre freundliche Hilfe meinen herzlichen Dank sagen:

Herrn Dr. A. Hofmann, Herrn Nilges, Herrn W. Held, Bundesarchiv Koblenz

Oberstleutnant i. G. Dr. H. Rohde, Militärgeschichtliches Forschungsamt, Freiburg

Frau Dr. M. Lindemann, Frau H. Rajkovic, Institut für Zeitungsforschung, Dortmund

Herrn Professor Dr. J. Rohwer, Herrn W. Haupt und ihren Mitarbeitern, Weltkriegsbücherei, Stuttgart

Herrn Dr. J. Sack und seinen Mitarbeitern, Zentralbibliothek der Bundeswehr, Düsseldorf

Herrn K. Kirchner, Verlag D + C, Erlangen

Oberst (Bw) a. D. Dr. phil. C. H. Hermann, Euskirchen

Oberstleutnant i. G. W. G. V. Kenney, Britische Botschaft, Bonn

Mr. B. Johnson, BBC London

Mr. J. S. Lucas und allen Herren des Dept. of Photographs, Imperial War Museum, London

Mr. P. H. Reed, Dept. of Documents, Imperial War Museum, London

Mr. J. Westmancoat, The British Library, Newspaper Library, London

Maj. R. Dembinski, Präses des Polski Institut i Muzeum im gen. Sikorskiego, London und Capt. St. Zurakowski

Mrs. J. C. North, Ministry of Defence, London

Mr. C. Smith, Cabinet Office, London

Mrs. J. Howard (GC & CS), London

Colonel W. D. Kasprowicz, London

Colonel Dr. M. Mlotek, London

Lt.Col. Dousset, Mr. G. Rolland (E.C.P.A.), Paris

Service Historique de l'Armée, Paris

Col. E. Ripamonti, Stato Maggiore dell'-Aeronautica, Rom

KAdm. R. Fadda, Stato Maggiore della Marina, Rom

M. P. Mariana, Archivio Centrale dello Stato, Rom

Captain C. L. Blische, Dept. of the Army, US-Army Audio-Visual Activity, Pentagon, Washington D.C.

Mr. W. H. Leary, National Archives, Washington D.C.

Colonel B. J. Morden, Center of Military History, Dept. of the Army, Washington D.C.

Herrn Dr. G. F. Heuer, Düsseldorf

Herrn H. J. Bade, Braunschweig

Herrn L. Kober, Hamburg

Herrn H. D. Wirtz, ECON Verlag, Düsseldorf

Mein besonderer Dank gilt Herrn Heinz Höhne, Hamburg für seine großzügige Bereitschaft, mir mit seinem umfangreichen Wissen zur Seite zu stehen.

Register der Personen

Abaschwili, sowj. Marine-Off. 502

Abd al-Ilah, Emir 429 f., 433, 441

Abraham, Roman 102 f.

Adams, austral. Marine-Off. 537

Agar, engl. Marine-Off. 385, 624

Agnew, engl. Marine-Off. 157, 387, 391, 413, 416

Ahlfen, Hans von 1010

Ahrens, Adolf 164

Akimow, S. D. 524

Albrecht, dt. Off. 112, 122

Albrecht, Conrad 67, 102

Alexander, Sir Harold 687, 717, 719, 845, 854, 857, 967, 1061

Allert, dt. Off. 257

von Allwörden, dt. Marine-Off. 893

Altmeyer, Marie-Robert 256

Ambrosio, Vittorio 452, 454

Anders, Wladyslaw 108, 121, 511, 968

Anderson, engl. Gen. 693, 696, 842

Andrejew, sowj. Gen. 1084

Angelis, Maximilian de 264, 763, 765, 880, 1010

Anielewicz, M. 778

Annet, M. 723, 727

Antonescu, Ion 349, 351 f., 451, 493, 748, 993

Antonow, sowj. Adm. 1083

d'Aosta, Herzog Amadeo 287 ff., 426 f.

Arendt, dt. Marine-Off. 647

Ariga, Kosaku 1071

Armstrong, engl. Marine-Off. 378

Arnim, Hans-Jürgen von 521, 697, 748, 835, 838, 841, 843

Arnold, Henry H. 828, 831, 836, 971, 1078

Astachow, Georgi A. 41, 43, 45 f., 51, 53 f.

d' Astier de la Vigerie, frz. Gen. 238

Attolico, Bernardo 47, 65 f.

Auchinleck, Sir Claude 409 f., 419, 683, 685, 687

Audisio, Walter 1061

Auffermann, dt. Marine-Off. 792

Barbarin, Jewgeny Iwanowitsch 49 ff.

Babington-Smith, Constance 831 f.

Bach, dt. Marine-Off. 1011

Bachmann, dt. Marine-Off. 651

Bach-Zelewski, Erich von dem 357, 890

Bacon, engl. Off. 372, 379

Badoglio, Pietro 296 f., 748, 847, 853

Bagot, John 439

Bagramjan, Iwan C. 883, 890

Balck, Hermann 1010

Baker-Faulkner, engl. Off. 895

Balbo, Italo 287

Balck, Hermann 777, 1040

Baldwin, Stanley 27

Baldwin, engl. Unteroff. 161

Ballandus, Joh. 655

Balzereit, Alfred 260

Bandon, Earl of, Air Vice Marshal 1073

de Bardies, frz. Off. 238

Barker, engl. Marine-Off. 333

Barrois, frz. Marine-Off. 277

Barry, engl. Marine-Off. 423

Bartel, dt. Off. 702

Barthes, frz. Marine-Off. 693

Barton, Raymond O. 950

Bashanow, sowj. Sekr. 71

Bastico, Ettore 682

Bateson, R. N. 918

Batow, P. J. 518, 603, 751, 1005, 1016

Bauer, Paul 385

Baumann, dt. Marine-Off. 386

Baumbach, Norbert von 134

Baumgarten, dt. Ing. 648

Bayerlein, Fritz 687

Beattie, engl. Marine-Off. 621

Beaverbrook, Lord William M. 178, 265, 521

Beck, Josef 35 ff., 41, 48 ff., 54, 56 f., 63, 70 ff.

Beck, Ludwig 31, 33, 88, 487

Becker, dt. Off. 653

Beckwith-Smith, engl. Gen. 709

Bell, F. S. 170, 172 f.

Bellmann, Karl M. 282

Beloborodow, A. P. 883

Below, Pawel A. 531, 574, 576, 1005

Bendera, E. 739

Benesch, Eduard 564 f.

Benn, engl. Marine-Off. 158 f.

Bennett, D. L. T. 670

Bennett, Gordon 708 f.

1097

Register der Personen

Bennion, US-Marine-Off. 553
Bente, Friedrich 217
Berezowski, poln. Off. 81
Bergamini, C. 848 f.
Berger, Gottlob 889
Bergmann, Friedrich 113
Bergonzoli, Annibale 399
Bering, Vitus 394
Berlepsch, Freiherr von, dt. Off. 849
Bernadotte, Folke Graf 1053 f.
Bernhard, Prinz v. Holland 243
Bersarin, N. E. 572, 1007
Berti, Mario 290
Bertram, Kardinal 361
Bertrand, G. 312
Besson, Georges 256
Bethouart, Emile-Marie 218 f., 222
Bethe, H. 747
Bevan, neuseeländ. Marine-Off. 425
Bey, Erich 615, 800 f.
Beyendor, persischer Adm. 537
Beyer, Eugen 106
Bianci, ital. Unteroff. 423
Bickford, engl. Off. 164, 320
Biegelleben, Arnold Frhr. von 257
Bielecki 739
Bielobrodow, A. P. 1083
Biersarin, sowj. Gen. 1005, 1012
Billotte, Gaston Hervé 229, 233, 238, 242, 244
Birnbacher, dt. Marine-Off. 339
Bittrich, Wilhelm 754 ff.
Blagrove, H. E. C. 159
Blaich, Theo 653
Blaison, frz. Marine-Off. 618
von Blanc, dt. Marine-Off. 1005, 1013
Blanchard, Georges 233, 239, 252
Blaskowitz, Johannes 79, 86, 93, 96 f., 99, 101, 103, 111, 127 ff., 495, 702, 936, 946, 1050
Bleichrodt, dt. Marine-Off. 386
Blomberg, Axel von 436
Blomberg, Werner von 25, 29, 436
Blücher, Wipo von 203
Blum, Léon 27, 565
Bock, Fedor von 79 f., 83, 94, 98, 231, 244, 256 f., 353, 494 f., 511 f., 518, 521, 525, 528, 530, 532, 585, 587
Bode, US-Marine-Off. 553

Boege, Ehrenfried 891, 1020
Böhm, Hermann 143
Böhme, dt. Marine-Off. 904
Böhme, Franz 454 f., 459
Boeselager, Georg Frhr. von 258
Bogdanow, Semjon D. 885, 1005, 1007 f.
Bohnsack, Franz 653
Bohr, N. 747
Boineburg-Lengsfeld, Hans Frhr. von 946
Boldin, Iwan W. 531, 576 f., 885
Bolta, ital. Marine-Off. 260
Boltenstern, Werner von 505 f.
Boltuc, Mikolaj 89
Bonatz, dt. Marine-Off. 650
Bonezzi, ital. Marine-Off. 425
Bonnet, Georges 41, 56, 72
Bonnier de la Chapelle, Fernand 703
Borchardt, dt. Marine-Off. 790
Fürst Borghese, ital. Marine-Off. 284, 414, 423
Boris III., Zar v. Bulgarien 289, 451, 775
Borisow, A. B. 518
Bor-Komorowski, Tadeusz Graf 886, 890
Bormann, Martin 481, 505, 731, 987, 1025, 1054
Born, dt. Soldat 320
Bortnowski, Wladyslaw 93, 95, 100, 103
Bouan, frz. Marine-Off. 221
Bouhler, Philipp 481
Bourragué, frz. Adm. 270
Bourret, Victor 233
Bouxin, frz. Adm.
Boyd, Denis 284 f.
Boyd, O. T. 473
Brack, Victor 481
Bradley, Omar N. 840, 899, 945 f., 852
Brandenberger, Erich 959
Brandi, dt. Marine-Off. 1026
Brandt, K. 481
Brauchitsch, Walther von 33, 69, 100, 106, 146 f., 158, 190, 229, 306, 353, 491, 494, 511, 532
Braun, Eva 1018, 1054
Braun, Wernher von 75, 179
Bredl, dt. Off. 249
Breith, Hermann 769, 1002
von Bremen, dt. Marine-Off. 800
Brereton, Lewis H. 832, 909
Briand, Aristide 18
Bridge, M. C. 1040

Bridge, engl. Marine-Off. 289
Briesen, Kurt von 98 f.
Brink, südafrik. Gen. 426, 677
Brinkmann, Helmuth 375, 388, 614
Bristol jr., US-Adm. 481
Britton, engl. Off. 489
Brockdorff-Ahlefeldt, Walter Graf von 572, 574
Brodie, T. 985
Broich, Friedrich Frhr. von 836
Bromet, brit. Air-Vice-Marshal 804
Brooke, Sir Alan 145
Brown, A. H. 169
Browning, F. A. M. 954
Bruns, dt. Marine-Off. 787
Buck, US-Marine-Off. 647
Buckner, Simon 1070, 1072
Budjenny, Semjon M. 510, 591
Büchting, Andreas 693
Bühler, Dr. Joseph 733
Buffe, dt. Gen. 766
Bulang, dt. Off. 130
Bullard, Sir Reader 535
Burgdorf, Wilhelm 989
Burnett, Sir Charles 54
Burnett, R. L. 651
Burnett, austral. Marine-Off. 389
Burrough, engl. Gen. 415, 641
Busch, Ernst 231, 248, 250, 257, 264, 494, 504, 531, 774, 881, 883 f., 1050
Busch, H.-E. 1011
Busse, Theodor 1011 ff., 1018
Butow, dt. Adm. 1005

Cabanie, frz. Marine-Off. 268
Calder, C. C. 1045
Calvert, J. M. 984
Cameron, engl. Marine-Off. 797
Campbell, Sir Ronald 261
Campioni, Angelo 288, 297
Canaris, Wilhelm 296 f., 348, 987
Carls, Rolf 205
Carol II., Kg. v. Rumänien 147, 350 f.
Casenobe, frz. Off. 179
Caslon, engl. Marine-Off. 364, 390
Castellano, Guiseppe 847
Catroux, Georges 354 f., 360, 442, 449
Cattaneo, ital. Adm.
Cavagnari, Domenico 280 f., 297

Cavallero, Graf Ugo 296 f.
Chadwick, J. 747
Chamberlain, Arthur Neville 29, 31 ff., 39, 44, 53, 58 f., 61, 68, 71, 89, 99, 191, 203, 238, 250
Chambers, engl. Gen. 1073 f.
Chandler, US-Marine-Off. 487
Charitonow, Fedor M. 518, 527, 583, 610, 751, 759
Chennault, Claire 971
Cherwell, Lord s. Lindemann, Frederick A.
Chevalier, Maurice 147
Cho, Isamu 1073
Chodacki, Marian 54
Choltitz, Dietrich von 237 f., 241, 250, 946, 950
Christian X., Kg. v. Dänemark 210
Christiansen, Friedrich 933
Christison, Sir A. F. P. 1073
Chrjukin, T. T. 605, 607, 880, 885
Chrusciel, poln. Off. 112
Chruschtschow, Nikita S. 586, 599
Churchill, T. B. L. 1061
Churchill, Winston S. 18, 153, 155, 160, 165, 169, 187, 191, 203, 214, 223, 238, 250 f., 257, 260 f., 265, 271, 299, 302, 308, 311 f., 321 ff., 328, 361, 364, 366 f., 369, 393, 403, 436, 474, 482 ff., 488 f., 507, 514, 538, 558, 563, 566 f., 617, 619, 628, 634, 639, 643 f., 651, 653, 657 f., 663, 669, 687, 702, 709, 712, 715 ff., 723, 726, 745–749, 777, 782, 803, 808, 810 f., 832, 836, 842, 847, 893, 924, 927, 929, 931, 999, 1035, 1059, 1063, 1078
Ciano, Graf Galeazzo 29 f., 55, 279, 348, 352, 542, 847, 993
Ciliax, Otto 517, 614 f., 619
Claerebout, frz. Off. 726
Clark, Mark W. 848, 851, 853, 963 f., 968 f.
Clausen, dt. Marine-Off. 364, 369, 385
Cobard, frz. Off. 563
Cochran, P. G. 983, 985
Coeler, Joachim 342
Coester, dt. Marine-Off. 800
Cohausz, dt. Marine-Off. 336, 621
Collet, frz. Off. 446
Collignon, frz. Off. 940
Collinet, frz. Marine-Off. 277
Collins, Lawton 940

Register der Personen

Collishaw, Richard 280, 283
Colvin, engl. Off. 383
Condé, Charles Marie 233, 266
Conrath, dt. Gen. 851
Conti, Leonardo 481
Cooke, engl. Marine-Off. 420, 553
Corap, André 233, 244
Cork and Orrery, Lord William H. D. B. 223
Cornwallis, Sir Kinahan 432
Coulondre, Robert 41, 58, 63, 65 ff., 69, 72
Craig, US-Marine-Off. 1025
Cramer, Hans 678
Creagh, Michael O'Moore 397, 399
Crerar, Henry D. 945, 946 f., 1044 f.
Cripps, Sir Stafford 191, 258, 260, 719
Crouch, engl. Marine-Off. 781
Crüwell, Ludwig 680
Crutchley, Sir Victor 851
Cunningham, Sir Andrew Browne 206, 270 f., 277, 283 f., 288, 301, 304, 400, 405 f., 410 f., 415 f., 419, 424, 427, 455, 464, 845, 851
Curteis, engl. Adm. 415, 620
Curtin, John 709
Cvetković, Dragisa 451, 453

Dab-Biernacki, Stefan 99, 101, 105 ff.
Dabek, Stanislaw 104
Dähne, Wilhelm 164
Dahlerus, Birjer 63, 66 ff., 71
Daille, Marius 266
Daillière, frz. Marine-Off. 318 f.
Daladier, Edouard 32, 34, 53, 59, 66, 89, 96, 99, 144, 201, 265, 565
Dalrymple-Hamilton, engl. Marine-Off. 378
Damaskinos, gr. Erzbischof 996
Damerow, dt. Marine-Off. 792
Daniels, Alexander Edler von 601
Danilin, S. P. 595
Danilow, A. I. 586, 594
Danny, engl. Marine-Off. 387
Darlan, Jean-François 263 f., 299, 302, 361, 563 f., 566, 702 f.
Dasch, George I. 634
Daser, Wilhelm 956
Dau, Heinrich 167
Davis, US-Marine-Off. 485

Dawes, Charles 16
Dawley, Ernest J. 851
Dawson, engl. Off. 956
Deboi, Heinrich 599 f.
Dechaineux, E. F. 978
Decker, Karl 886
Deichmann, dt. Gen. 766
Delmer, Sefton 828
Dempsey, Sir Miles 845, 899 f., 940, 942, 945, 951 f., 956, 1045, 1049, 1056
Dentz, Henri Fernand 431, 433, 439, 441, 443, 446, 448 f.
Derrien, frz. Adm. 218
Desplat, frz. Off. 263
Denniston, engl. Off. 312
Deßloch, Otto 589, 591, 765, 947
Detmers, Theodor 345, 389
Dettmann, Fritz 653
Deutsch, dt. Gen. 1031
Deyo, Morton L. 485
Dieriewienko, sowj. Gen. 1087
Dietl. Eduard 204, 218, 500 f.
Dietrich, Dr. Otto 523
Dietrich, Sepp 100, 959, 1010
Dill, Sir John 242
Dimoline, engl. Unteroff. 727
Dinort, Oscar 77, 464
Dobbie, Sir William 146
Dönitz, Karl 26, 56, 153, 159 f., 164, 304 f., 334 ff., 339, 343, 363, 366, 378 ff., 384, 386, 413, 614, 618, 621 f., 634, 639, 646, 650 f., 748, 782, 788, 790 ff., 798, 801, 897, 898, 906, 995, 998, 1016, 1018, 1025 f., 1051
Dönitz, Klaus 897
Dönitz, Peter 788
Dönitz, Walter 799
Dollfuß, Engelbert 26
Dollmann, Friedrich 231, 259, 261, 933, 936
Doolittle, James H. 658 ff., 675, 826, 909, 1078
Doorman, Karel 156, 618 f., 716
Dorman-Smith, Reginald 717
von Dornberger, dt. Off. 179
Dorsch, Xaver Reg.-Baumeister 383
Douglas-Pennant, C. E. 903
Douhet, Giulio 240, 654
Doumenc, Joseph 53 f., 57, 59
Dowding, Sir Hugh 313 f., 634
Draganoff, Parvan 45 f.
Drax, Sir Reginald 54 f., 59
von Dresky, dt. Marine-Off. 328

Dumitrescu, Petre 585, 590, 602 f.
Duplat, frz. Adm. 263
Durgin, E. R. 482, 693
Durnford-Slater, John 299 f., 395

Eaker, Ira C. 654 f., 664, 670, 909, 920
Early, Stephen T. 487
Eberbach, Hans-Heinrich 945 f.
Eck, dt. Marine-Off. 894
Eckermann, dt. Marine-Off. 385
Eckhardt, dt. Min.Dir. 383
Eden, Anthony 300, 532 f., 727, 746, 749, 995, 1059
Eduard VIII. 27
Edward-Collins, engl. Adm. 206
Eibl, Karl 752
Eichmann, Adolf 733, 738, 741 f., 990 f.
Eisenhower, Dwight D. 566, 693 f., 847 f., 857, 933 f., 1049, 1051
Eliáš, Alois 564
Elizabeth, Prinzessin v. England 302, 745
Elser, Georg 146
Emmerich, dt. Marine-Off. 1027
Endo, dt. Marine-Off. 640 f.
Engelhardt, dt. Adm. 1005
Epler, poln. Off. 113
Eroschenko, sowj. Marine-Off. 634
Esmonde, engl. Marine-Off. 616
Everett, Robert 388
Everten jr., Cornelis 786
Ewerth, dt. Marine-Off. 155
Ewest, Julius 51
Ey, dt. Marine-Off. 416
Eyssen, Robert 344, 389

Faber, Arnim 666
Fabrycy, Kazimierz 96, 98, 101
Falk, dt. Off. 320
Falkenhausen, Alexander von 264
Falkenhorst, Nikolaus von 200 f., 210, 223
Faruk, Kg. v. Ägypten 291
Faulhaber, Michael von 480
Fedjuminski, sowj. Gen. 1005, 1013, 1016
Fehler, dt. Marine-Off. 1025
Feige, Hans 330
Fein, dt. Marine-Off. 366, 614, 618
Feisal, Kg. des Irak 429
Feklenko, sowj. Gen. 518

Felber, dt. Gen. 702
Feldt, Kurt 262
Felmy, Helmuth 200
Fermi, Enrico 747
Feuchtinger, Edgar 936, 938
Fiebig, Martin 584 f., 591, 595, 607, 1016
Field, E. A. 860
Filatow, sowj. Gen. 503 f., 510
Filipkowski, poln. Off. 113, 124
Filipowicz, poln. Off. 80, 108, 113, 124
Fimmen, dt. Marine-Off. 263
Fink, J. 314
Fischer, H. 799
Fleischer, Carl Gustav 218
Fletcher, Frank J. 625 f., 632
Fliegel, dt. Off. 364
Foch, Ferdinand 13 f.
Förschner, dt. Marine-Off. 213
Förster, dt. Marine-Off. 383
Förster, dt. Gen. 247, 576, 765
Folkers, dt. Marine-Off. 386
Forbes, Sir Charles M. 152, 157, 163, 206 f., 210, 217
Forman, frz. Off. 563
Forster, Albert 48, 54, 357
Fortune, Victor 258
Fraatz, Georg-Werner 484
Francke, dt. Soldat 179
Franco, Bahamonde Francisco 27, 31, 347 f.
Frank, Dr. Hans 139, 731
Frank, Karl Hermann 563, 730
Franz, Johannes 155
Fraser, Sir Bruce 218, 429, 431, 1087
Fredenhall, US-Gen. 693, 836
Freisler, Roland 733, 988
Frère, Aubert 259
Fretter-Pico, Maximilian 887
Freyberg, Frhr. von, dt. Marine-Off. 798
Freyberg, Sir Bernard 459 f., 465, 964, 967
Fricke, dt. Adm. 613
Friebe, Helmuth 588
von Friedeburg, Hans-Georg 1020, 1050
von Friedeburg, dt. Marine-Off. 904
Friedman, W. F. 323
Fries, dt. Gen. 847
Frießner, Johannes 884 f., 891
Frisch, O. 747
Fritsch, Werner Frhr. von 25, 29, 106
Fritsche, Hans 489

1099

Register der Personen

Fröhlich, dt. Gen. 701
Fromm, Friedrich 487, 988
Frost, engl. Off. 654
Frost, C. D. 484
Fujita, jap. Unteroff. 617
Fullriede, Fritz 1011
Funck, Hans Frhr. von 401, 501 f.
Funk, Walter 542
Furughi, Mohamed Ali 538
Futschida, Mitsuo 546

Gabčik, Josef 730
el Gailani, Rashid Ali 360, 429–433, 439 f., 493
Galanin, I. W. 586, 603, 751, 891
de Galbert, frz. Off. 263
Gale, Sir Robert 938
Galen, Clemens Graf 361, 480 f.
Galinat, poln. Off. 129
Galizki, K. N. 891, 1002
Galland, Adolf 616, 825, 929
Gallery, US-Off. 899
Gambier-Parry, engl. Gen. 408
Gamelin, Maurice 43, 67, 99, 142 ff., 227, 245, 260
Gandhi, Mahatma 719
Ganzenmüller, Albert 742
Garboni, ital. Gen. 848
Garchery, Joanny Jules Marcel 233, 266
Gariboldi, Italo 588, 602, 610, 751
Garski, Eugen 247 f.
Gasiorowski, poln. Gen. 89
Gaulle, Charles de 147, 191, 244 f., 260, 268 ff., 308, 360, 564, 697, 727, 836, 950
Gavin, James M. 955
Gawrow 739
Geiger, Roy 1070
Geisler, Hans 213, 400, 405
Geisler, dt. Unteroff. 653
Geloso, Carlo 295
Genda, Minoru 546
Gensoul, Marcel 303 f.
Georg II., Kg. v. Griechenland 459
Georg VI., Kg. v. England 145, 182, 300, 355, 393, 716, 745
Georges, Alphonse 238, 265
de Georgis, ital. Gen. 677
Gerlach, dt. Off. 849
Gerlach, dt. Marine-Off. 628, 647
Gerstenberg, Alfred 819
Ghormley, Robert 618
Giarasimow, sowj. Gen. 775
Gibson, G. P. 811
Giersberg, dt. Marine-Off. 798

Gille, Herbert 1002, 1006
Gillerman, sowj. Marine-Off. 498
Gillmore, engl. Gen. 985
Giraud, Henri-Honoré 229, 234, 241, 252, 256, 697, 701, 703, 836
Glasfurd, engl. Marine-Off. 333
Glattes, Gerhard 155
Glennie, engl. Adm. 464
Globocnik, O. 739
Glubb, John Bayot 430
Gluzdowski, W. A. 775, 1018
Gnys, Wladyslaw 79
Godfroy, René 277, 304
Godwin, US-Marine-Off. 553
Goebbels, Joseph 22, 24 f., 35, 153, 235, 273, 304, 470, 488 f., 664, 731, 748, 807, 919, 929, 1053 f.
Goerdeler, Carl 749
Göring, Hermann 25, 27, 62 f., 66 f., 69, 71, 80, 158, 254, 274, 311 f., 314 f., 358, 360, 363, 469 f., 474 f., 477, 489, 505, 525, 542, 671, 733, 804, 812, 823, 987, 1018, 1025, 1049, 1051, 1054
Golian, Jan 889
Golikow, Filip I. 121, 531, 584, 610
Golowko, Sowj. Adm. 651
Golubjew, K. D. 503, 531
Goransson, finn. Marine-Off. 516
Gorbatow, A. W. 884, 886
Gordow, Wladimir N. 584, 586, 591, 1002, 1006
Goriunow, sowj. Gen. 887
Gorodnjanski, A. M. 524, 531, 583
Gorskow, sowj. Adm. 532
Gort, John Viscount 141, 234, 242, 252
von Goßler, dt. Marine-Off. 218, 799
Gott, Sir William 677, 679
Goutan, frz. Adm. 443
Goworow, Leonid A. 530, 596 f., 875, 890
Graeser, Fritz-Hubert 1002
Grafen, dt. Marine-Off. 648
Graham, engl. Marine-Off. 620
Grau, dt. Marine-Off. 641, 793
Grauert, Ulrich 81
Graziani, Rodolfo 288, 290, 397, 401, 1061
Greger, dt. Marine-Off. 626
Greim, Robert Ritter von 766, 1016, 1018
Greiser, Arthur 48, 54

Grendal, sowj. Gen. 186, 195
Gretschel, dt. Marine-Off. 799
Gretschko, S. S. 777, 886 f.
Gretton, engl. Marine-Off. 788
Griffin, Us-Adm. 484
Grischin, sowj. Gen. 1005, 1016
Grobba, Fritz 431, 434
Gromadin, sowj. Gen. 507
Groves, Leslie R. 747, 995
Grudzinski, poln. Marine-Off. 101, 208
Grynszpan, Herschel 35
Grzmot-Skotnicki, Stanislaw 82, 99, 103
Grzybowski, Waclaw 41
Guderian, Heinz 29, 84, 98, 102, 107, 119, 231, 257, 261, 267, 494, 504, 512, 516, 518, 521, 524 f., 530, 532, 766, 842, 885, 891, 1001, 1021, 1054
Guggenberger, Friedrich 416, 418
Guiot, frz. Marine-Off. 443
Guisan, Henri 273 f.
Gumprich, dt. Marine-Off. 792, 798
Gusjew, N. I. 881, 1005 f.
Gustav V., Kg. v. Schweden 794
Guzzoni, Alfredo 39, 845

Haakon VIII., Kg. v. Norwegen 216 f., 223
Hacha, Emil 37
Hackländer, dt. Marine-Off. 617, 792
Haenicki, Siegfried 516
Haile Selassie 26, 291, 427, 441, 869
Haines, engl. Off. 372
Hakewell-Smith, engl. Gen. 956
Halder, Franz 88, 146, 190, 229, 491, 504, 508, 511, 566, 580, 600
Halifax, Lord Edward Frederick 38, 66, 68, 71, 200, 265, 358
Halle, J. W. 285
Halsey, William F. 648 f., 659, 1086 f.
Hamilton, engl. Adm. 394, 634, 636
Hamilton, Duke of 489
Hamilton, R. 794
Hanabusa, jap. Marine-Off. 631
Hanka-Kulesza, poln. Off. 106, 108
Hansen, Erik 352, 572

Hardegen, dt. Marine-Off. 386, 613
Hardy, engl. Marine-Off. 345
Harlinghausen, dt. Off. 366, 695
Harms, dt. Marine-Off. 792, 793
Harpe, Josef 504, 947, 1001, 1006, 1047
Harriman, W. Averell 567, 1059
Harris, Arthur T. 566, 654 f., 657 f., 663, 675, 803, 810 ff., 823, 825, 829, 831, 929, 931, 933, 1033
Harrison, engl. Off. 394
Hartenstein, dt. Marine-Off. 617, 645
Hartmann, Alexander von 596 ff., 650
Hartmann, Erich 1020
Harvey, engl. Gen. 536
Harwood, Sir Henry 170 f., 174
Hashimoto, Mochitsura 1079, 1081, 1083
Hata, Hikosaburo 1086
Hauenschild, Bruno Ritter von 600
Hause, dt. Marine-Off. 799
Hausser, Paul 703, 758 f., 760, 769, 880, 945 f., 950
Haydon, engl. Unteroff. 390
Haye, frz. Gesandter 723
Hayse, dt. Off. 474
Heath, engl. Gen. 708 f., 712
Hedderich, Werner 249
Heidrich, Richard 968 f.
Heidtmann, dt. Marine-Off. 650
Heinrichs, Conrad-Oskar 491
Heinrici, Gotthard 574, 576, 760, 891, 1012 f., 1016, 1018
Heitz, Walter 757
Helfrich, holl. Adm. 1087
Hell, Ernst-Eberhard 757
Hellmann, dt. Marine-Off. 800
Heln, Piet 787
Henderson, Sir Nevile Meyrick 61, 64–72
Henke, dt. Marine-Off. 788
Herr, Traugott 588, 602, 967, 1061
von Herrf, dt. Off. 682
Herzmann, H. 814
Herzog, Kurt 498
Heß, Rudolf 360, 489
Hetz, dt. Marine-Off. 1011 f.
Hewel, Walther 41
Hewitt, Henry K. 946 f.
Heydrich, Reinhard 72, 137,

Register der Personen

139, 360, 477, 480, 563–567, 729 f., 733 f.
Heye, dt. Adm. 200, 967
Heywood, George Gordon 54
Hezlet, engl. Marine-Off. 413
Hildebrandt, dt. Gen. 836
Hilger, Gustav 41, 48 f., 61, 347
Hill, US-Adm. 863, 865
Hilpert, Carl 891, 1013, 1020
Himmler, Heinrich 23, 25, 72, 130, 137, 357, 475, 477 ff., 495, 731, 734, 737 ff., 742 f., 749, 778, 956, 991, 1006, 1008, 1012, 1018, 1026 f., 1053 f.
Hindenburg, Paul von 16, 21, 25
Hindy, Iván von 891
Hinze, dt. Marine-Off. 800
Hirohito, jap. Kaiser 542, 545, 551, 1084
Hirose, jap. Adm. 705
Hirth 480
Hitler, Adolf 16, 19, 21, 24–41, 43 f., 46 f., 50–56, 58 f., 61–72, 74 f., 84 ff., 91, 95, 115 f., 127, 130 f., 134 f., 137, 141, 146 f., 150, 152–156, 158, 160 f., 164 f., 175, 179, 189 f., 199 ff., 217 f., 223, 227, 229, 252, 254, 256, 267, 270, 273, 277 f., 280, 292 f., 295, 297, 299, 304, 306–311, 314, 322, 332, 340, 347–353, 358, 360 f., 363, 375 f., 386, 390, 399 f., 413, 421, 429, 432 f., 434, 436, 439, 451, 453 f., 467, 469 f., 470, 474, 477 f., 480 f., 484, 488 f., 491, 493, 495, 501 f., 505, 507, 511–515, 518, 523, 525, 527, 530 ff., 535, 539, 542, 544, 552, 557 f., 564, 566, 570, 572, 576, 578, 585, 587 f., 590 f., 595, 598, 600, 602 f., 607, 610 f., 613 f., 634, 658, 683, 692 f., 696, 699, 701 f., 729 ff., 733, 735 f., 743, 746, 748 f., 754, 757, 759, 763, 765, 771, 777, 781 f., 807, 817, 824, 829 f., 835, 838, 842 f., 846 f., 849, 854, 872, 875, 978 ff., 884 f., 891, 897, 911, 928, 933 f., 940, 944 ff., 950 f., 951, 956, 961, 969, 987 ff., 996, 998, 1006, 1011, 1013, 1016, 1018, 1029, 1031, 1034, 1043, 1045, 1049, 1053 f.
Hobein, dt. Off. 434
Hodges, John N. 950, 959, 1044, 1047, 1049, 1051
Hönmanns, Erich 200

Hoepner, Erich 86, 89, 92 f., 97, 99, 233, 240, 245, 264, 494, 503, 518, 521, 525, 527, 530, 570, 989
Höß, Rudolf 357, 478, 1056
Hoffmann, Kurt C. 161, 204, 223, 366, 614, 785, 902
Hoffmann, dt. Off. 894
Hohmann, dt. Off. 928
Holland, dt. Adm. 375
Hollidt, Karl Adolf 755, 773, 777
Holzinger, W. W. 952
Holt, US-Marine-Off. 1081
Homma, Masaharu 719 f.
Hoover, Herbert 19
Hopkins, Harry L. 483 f., 521, 566, 578, 1059
Horaczewski, Marian 48
Horrocks, US-Gen. 690 f., 955
Horthy, Nikolaus von 353, 515, 586
Horthy, Stephan 586
Horton, Sir Max 158
Hosogaya, Boshiro jap. Adm. 860
Hoßbach, Friedrich 890 f.
Hoth, Hermann 89, 93, 99, 231, 263, 494 f., 503 f., 518, 520 f., 523, 582, 584 f., 587 f., 590, 597, 607, 610, 751, 759 f., 763, 765, 777, 877
Hube, Hans Valentin 595, 847, 876, 879 f.
Hubicki, Alfred Ritter von 104, 233, 238 ff., 260, 516 f.
Hüffmeier, dt. Adm. 517, 796, 1023
Hull, Cordell 550, 746, 749
Huntziger, Charles 233, 237, 266, 442
al-Hussaini, Amin 440
Hutchinson, engl. Marine-Off. 214
Hyakutake, jap. Gen. 648

Iachino, Angelo 296 f., 405, 415, 422
Ingham, engl. Marine-Off. 344
Ingrid, Kronprinzessin v. Dänemark 381
Inönü, Ismet 836
Ironside, Edmund Sir 49 f., 200
Ismay, Sir Hastings 808
Ito, Seiichi 1072
Iwanow, sowj. Gen. 515, 531, 1079
Izawa, jap. Marine-Off. 626

Jacobi, frz. Off. 445

Jaenecke, Erwin 774, 879 f., 1005
Jagmin-Sadowski, poln. Gen. 105
Jaklicz, Jozef 41
Jány, Gustav v. 584 f., 588, 751
Jarosinski, poln. Off. 115
Jaschke, Erich 764
Jaster, S. G. 739
Jebsen, dt. Marine-Off. 416, 620
Jefremow, Matwej G. 504, 510, 531, 574, 579
Jegorow, M. A. 1018
Jenisch, Hans 340
Jeremenko, Andrej I. 513, 523, 571, 593, 600, 605, 611, 775, 777
Jerschakow, F. A. 504, 507, 513, 524
Jeschonnek, Hans 823
Jodl, Alfred 61, 96, 218, 491, 1051
Johannesson, dt. Marine-Off. 801
Jope, Bernhard 848
Jordan, Hans 1005
Jordan, dt. Marine-Off. 798, 883
Jottrand, belg. Off. 236
Jouffrault, alger. Off. 250
Jovanović, Vaso 890
Juin, Alphonse 968
Juliane, Kronprinzessin v. Holland 243
Jumasew, sowj. Adm. 1084
Junck, Werner 436, 439 f.
Juschkewitsch, W. A. 523, 530 f.

Kähler, Otto 344, 371
Kaiser, Henri 343, 487
Kaiser, Hermann 487
Kakuta, jap. Adm. 631
Kalafatovic, Damilo 459
Kallio, Kiosti 187, 322
Kals, dt. Marine-Off. 386
Kaltenbrunner, Ernst 137, 734
Kaminski, poln. Marine-Off. 123
Kamkow, F. W. 593
Kammhuber, Josef 200, 234, 246, 320 f., 470, 472, 664, 673, 814, 825
von Kamptz, dt. Marine-Off. 266
Kantarija, M. W. 1018
Kappler, SS-Gen. 967
Karaszewicz-Tokarzewski, Mieczyslaw 128
Karmanow, sowj. Gen. 513
Karpf, dt. Marine-Off. 782
Kasakow, M. I. 760

Kasprzycki, Tadeusz 41, 43, 55
Katschalow, W. Ja. 507
Katukow, M. I. 877, 886, 1018
Kaupisch, Leonhard 210
Kawabe, Masakazu 871
Kazakin, sowj. Gen. 574
Kazarew, sowj. Marine-Off. 642
Keightley, engl. Gen. 1061
Keitel, Wilhelm 29, 41, 61, 66, 266 f., 359, 533, 542, 564 f., 692, 766, 940, 1016, 1020, 1054
Keller, Alfred 494 f., 515, 517
Kempf, Werner 497 f., 502, 525, 598, 759
Kennedy, Edmund C. 161
Kerr, Ralph 157, 375
Kesselring, Albert 79, 83, 231, 245, 256, 310, 421, 494, 520, 675, 695, 849, 853 f., 967, 969, 1016
Kessler, dt. Gen. 701, 1025
Key, engl. Gen. 709
Keyes, US-Gen. 1061
Keyes, Geoffrey 416 f.
Keyes, Sir Roger 393
Kidd, US-Adm. 553
Kienitz, Werner 89
Kimmel, Husband E. 541, 623
Kimura, jap. Adm. 981
King, US-Adm. 443, 481, 483, 623
Kinkaid, Thomas C. 976, 979
Kinzel, dt. Marine-Off. 786
Kirchensittenbach, Volckamer von 1020
Kirchner, Friedrich 248, 1010
Kirk, US-Adm. 899
van Kirk, US-Soldat 1081
Kirponos, Matwej P. 503, 516, 518
Kleeberg, Franciszek 106, 109, 111–115, 123
Kleikamp, Gustav 62
Kleinschmidt, dt. Marine-Off. 383
Kleist, Ewald von 89, 93, 96, 101, 231, 256, 494, 503, 510, 516, 527, 582, 585, 587, 590, 593, 607, 877, 880
Kleist, Peter 40
Klopfer, Gerhard 733
Klopper, H. B. 683
Klug, dt. Marine-Off. 336
Kluge, Günther von 79, 84, 88, 94 f., 231, 256, 494, 520, 527, 532, 570, 572, 586, 760, 765, 773 f., 940, 942
Klusmeyer, dt. Marine-Off. 1027

1101

Register der Personen

Klykow, sowj. Gen. 586
Kmicic-Skrzynski, poln.
  Gen. 113, 115
Knobelsdorff, Otto von 762 f.
Knoke, dt. Marine-Off.
  1011
Knox, D. 312
Koc, Adam 106, 113, 124
Koch, Erich 133
Koch, Günther 109, 885
Köcher, Otto 274
Köhl, dt. Marine-Off. 796
Köhler, dt. Marine-Off. 648
Koelte, Louis 842
Koenig, Joseph 566, 682 f.
Koga, Mineichi 867
Kolenka, sowj. Off. 904
Kolganow, K. S. 580
Kollewe, dt. Off. 446
Kolomnjez, sowj. Gen. 591
Kolpaktschi, W. I. 586, 588,
  593, 596, 773, 887
Kondo, jap. Adm. 631, 648
Konjew, Iwan Stepano-
  witsch 28, 504, 508, 530,
  766 f., 769, 773, 876, 884,
  1002, 1014, 1018, 1056
Konoye, Fumimaro
  Fürst 190, 358, 361, 546
Konrad, Rudolf 461, 594,
  763
Korczak, Janusz 743
Korizis, Alexander 451 f.
Korkiewicz, poln. Off. 113
Korotejew, sowj. Gen. 518,
  1002
Korownikow, I. T. 1006
Korten, Günther 885
Korth, dt. Marine-Off. 387
Koslow, D. T. 580, 595
Kossuth, Lajos 889
Kosticnko, A. P. 498, 503,
  510, 518
Kotow, G. P. 593
Kowalew, M. P. 116
Krage, dt. Marine-Off. 893
Krancke, Theodor 340, 366,
  371, 642
Kranzer, dt. Unteroff. 260
Krassowski, S. A. 603, 607,
  885
Kratzenberg, dt. Marine-
  Off. 213
Krauss, dt. Marine-Off. 792
Krausse, dt. Off. 754
Krawtschenko, A. G. 1077,
  1079, 1083, 1086
Krebs, Hans 1054
Kreiser, Ja. G. 524
Kremser, dt. Marine-Off. 792
Kretschmer, Otto 330 f.,
  367 ff.
Kreuzmann, SS-Off. 739
Kritzinger, Friedrich-Wil-
  helm 733

Kriwoschein, sowj. Gen. 107,
  119, 122
Krjutschenkin, W. D. 594,
  773
Krüder, Ernst 344, 372
Krueger, Walter 976, 1064
Krüger, dt. Off. 247 f.
Krylow, N. I. 887, 1002,
  1079, 1083 f.
Kubiš, Jan 730
Kübler, Ludwig 104, 106
Küchler, Georg von 79,
  93 ff., 100, 111, 127, 231, 256,
  259, 353, 494, 515, 774, 875
Kühl, Claus 403, 455
Kummetz, Oskar 212, 650,
  796, 1005
Kuribayshi, Tadamichi 1068
Kurita, Takeo 860
Kurotschkin, P. A. 120 f., 504,
  508, 570, 886, 1002, 1006
Kurusu, Sabura 348, 549
Kusnezow, Nikolaj G., sowj.
  Adm. 54, 496, 636
Kusnezow, Fjodor I. 502
Kusnezow, W. I. 503, 518,
  530, 586, 610
Kutrzeba, Tadeusz 86, 89,
  95 f., 98 ff., 102 f., 127, 129
Kuusinen, Otto 186
Kyrillow, sowj. Gen. 510

Laatikainen, Taavetti 883
Laborde, Comte Jean de 703
Lackner, Walther 250
de Lafond, frz. Adm. 443
Lancelot, frz. Marine-
  Off. 271
Lange, dt. Marine-Off. 899
Lange, Wolfgang 212
Langner, Wladyslaw 119,
  121
Langsdorff, Hans 156, 167,
  169 f., 172 ff.,
Larcom, engl. Marine-
  Off. 375
Lattre de Tassigny, Jean
  de 946 f., 1047, 1049
Lauer, dt. Off. 250
Launders, engl. Marine-
  Off. 1023
Laval, Pierre 191, 266, 269,
  347, 563, 566, 659, 699,
  701 ff.
Laveley, Victor de 488
Laycock, engl. Off. 417
Leach, engl. Marine-
  Off. 375, 554
Leahy, William D. 723, 727,
  1083
Leatham, engl. Adm. 366,
  425
Leathers, Rt. Hon. Lord, 894
Lebrun, Albert 142, 245, 269
Leclerc, Jacques 407

Leclerc, Pierre de Hauteclo-
  que 406, 950, 1087
Leeb, Wilhelm Ritter
  von 102, 146, 231, 259,
  494 f., 502, 507
Leese, Sir Oliver 689 f., 692
Legentilhomme, Paul 727
Lehmann-Willenbrock, dt.
  Marine-Off. 366
Leibbrandt, Georg 733
Leicester, engl. Unteroff. 956
Leichert, poln. Off. 779
Leljuschenko, Dimitri
  D. 527, 530, 603 f., 610,
  1002, 1006, 1018
Le May, Curtis 1065, 1067 f.,
  1078
Lemelsen, Joachim 115, 762,
  764, 936, 946, 1061
Lemp, Fritz-Julius 153, 164,
  368 f., 372, 378
Lempart, J. 739
Lentaigne, W. D. 984 f.
Lenzmann, dt. Marine-
  Off. 648
Leonhard, US-Gen. 1044
Leoni, ital. Marine-Off. 339
Leopold III., Kg. v. Bel-
  gien 73, 147, 244 f., 790
Le Pivain, frz. Marine-
  Off. 277
Lerchen, dt. Marine-Off.
  624
Lesselidze, sowj. Gen. 777
Ley, Robert 730
Liddell, Sir Clive 229
Liddell-Hart, Sir Basil 229
Lieb, Theobald 876
Lindemann, dt. Marine-
  Off. 336, 375
Lindemann, Frederick
  A. 657 f.
Lindemann, Georg 586, 596,
  880, 884, 1050
Lindemann, Samuel 657
Linden, H. 481
Lipski, Josef 34, 38, 62, 72 f.
List, Wilhelm 72, 79 f., 86, 91,
  94, 98, 101, 105, 231, 257,
  452, 454, 459, 566, 590, 593,
  598
Litwinow, Maxim 39 ff.
Ljeljuschenko, Dimitri
  D. 1002, 1005
Lochner, engl. Gen. 536
Lochner, Louis P. 487
Löhr, Alexander 79, 83,
  454 f., 461, 494, 520, 996,
  1010
Loerzer, Bruno 658, 678
Loewe, dt. Marine-Off. 788
Lohmeyer, Carl 379
Lolling, SS-Off. 737

Longmore, Sir Arthur 384,
  386
Looks, dt. Marine-Off. 894
Lopatin, A. J. 527
Loustalot, E. 702
Lucas, John P. 963 f.
Ludnikow, I. I. 1002, 1079,
  1083
Ludwig XIV. 703
Lüdden, dt. Marine-Off. 904
Lueders, dt. Marine-Off.
  385
Lührs, dt. Marine-Off. 897
Lüth, Wolfgang 620
Lütjens, Günther 204, 330 f.,
  373, 375 f.
Lüttwitz, Smilo Frhr.
  von 851
Lukasiewicz, Juljusz 56
Lukin, M. F. 504, 508, 524
Lumsden, Herbert 690
Lunin, Nikolaj A. 636
Luther, Martin 733
Lutschinski, A. A. 1002,
  1081, 1086
Lwow, W. N. 532
Lyster, Arthur G. L. St. 156

Mac Arthur, Douglas 556 f.,
  567, 705, 717, 720, 859, 971,
  976, 1065, 1087
Machholz, Sigfrid 258
MacIntyre, engl. Marine-
  Off. 369
Mackendrick, engl. Marine-
  Off. 415
Mackensen, Eberhard
  von 498, 601 f., 607, 751,
  754, 759 f., 773, 854, 964,
  967 f.
Maczek, Stanislaw 83, 104,
  950
Magrin-Verneret, frz.
  Off. 221
Maisel, Ernst 989
Majski, Iwan M. 514
Makarow, sowj. Off. 121
Makeig-Jones, T. W. 155
Malar, Augustin 889
Malecki, poln. Off. 82
Malik, J. 1077
Malinowski, M. 81
Malinowski, Rodion J. 28,
  585 ff., 610, 771, 877, 887,
  891, 1010, 1079
Malschew, W. A. 515
Maltby, engl. Gen. 554
Malyschew, P. F. 886
Mamonow, S. K. 1081
Managorow, I. M. 773, 889,
  1070
Mangwaring, engl. Marine-
  Off. 624
Manly, Chesley 487
Mannerheim, Carl Gustav

1102

Register der Personen

Frhr. von 186, 193, 195, 525
Mansur, Ali 538
Manstein, Erich von 66, 229, 518, 535, 574, 580, 583 ff., 595, 607, 611, 748, 751, 754, 757, 759 f., 773, 777, 875, 877, 879 f.
Manteuffel, Hasso von 956, 959, 1018
Manwaring, engl. Marine-Off. 372
Marceglia, ital. Off. 423
Marchelidon, frz. Unter-off. 267
Marcks, dt. Gen. 353
Margarete, Prinzessin v. Däne-mark 381
Marinesko, sowj. Marine-Off. 1008, 1010
Marino, ital. Unteroff. 423
Markow, sowj. Gen. 513
Marquis, André 703
Marschall, Wilhelm 162, 223, 328, 330
Marshall, George C. 483, 552, 746, 995
Marston, US-Gen. 483
Martellotta, ital. Off. 423
Martin, Sir B. C. S. 300, 303, 378
Martini, dt. Gen. 671
Maslennikow, Iwan J. 530, 586
Mast, Charles E. 219
Mastalerz, poln. Off. 82
Materna, dt. Gen. 570
Matsunaga, jap. Adm. 557
Matsuoka, Yosuke 190, 361, 541 f., 544
Matz, dt. Marine-Off. 368
Maund, engl. Off. 157, 388, 418
Maybury, engl. Marine-Off. 726
McCain, US-Adm. 979, 1086
McCarthy, engl. Marine-Off. 443
McCreery, Sir Richard 847 f., 1061
McGrigor, engl. Marine-Off. 375
McIntosh, engl. Off. 240
McIntosh, engl. Marine-Off. 906
McMorris, US-Adm. 860
McPherson, A. 177
McVay, US-Marine-Off. 1081
Meenden-Bohlken, Wil-helm 517, 636, 641 f.
Meindl, Eugen 461, 463 f.
Meisel, Wilhelm 342, 636
Meister, Rudolf 909, 923
Melnik, K. S. 777

Merezkow, Kyrill Afasje-witsch 186, 596 f., 751, 875, 1079, 1083, 1086
Merifield, J. 831
Merten, dt. Marine-Off. 385
Messe, Giovanni 837 ff., 843
Messervy, Sir Frank W. 1073 f.
Metzler, dt. Marine-Off. 378
Meyer, dt. Marine-Off. 796
Meyer, Alfred 733
Meyer, B. 769
Meyer-Hetling, Prof. Kon-rad 505
Michon, frz. Off. 262
Micklewait, engl. Marine-Off. 647
al-Midfai, Said Jamil 441
Mierekalow, Alexej N. 37, 39
Mihailović, Draža 466, 488, 996
Miimi, Masaichi 560
Mikail, Sohn Carols II. 351
Mikawa, Gunichi 548, 640
Mikojan, Anastas Ivano-witsch 49, 134 f.
Mikosch, Hans 236
Milch, Erhard 469, 474, 668
Milewski, poln. Off. 106, 111, 115
Miller, Glenn 931
Millikin, US-Gen. 1044
Mimbelli, ital. Marine-Off. 420, 464
Mitchell, J. W. 861 f.
Mitscher, Mark A. 971, 975 f., 1064, 1068
Mitsuru, jap. Gen. 1084
Miwa, Shigeyoshi 620
Mlot-Fijalkowski, Czeslaw 98
Model, Walter 523, 586 f., 760 765 f., 875, 879 ff., 884 f., 947, 950 f., 953, 959, 1047
Mölders, Werner 257, 268, 475, 515
Mohr, dt. Marine-Off. 1023
Mohuczy, poln. Marine-Off. 66
Molotow, Wjatscheslaw M. 40 f., 43 ff., 47–51, 53, 55–61, 63 f., 67, 69 ff., 73, 95, 110, 133 f., 191, 347, 353, 542, 567, 746, 749, 1079
Moltke, Hans Adolf Graf von 54
Moltke, Helmuth James Graf von 987
Mond, poln. Gen. 105
Mons, dt. Off. 799
Montgomery, Bernard 566, 675, 687 f., 690, 692 f., 696, 835 f., 838, 842, 845, 847, 945, 967, 1046, 1050
Moore, Sir Henry R. 895
Moppes, Maurice van 488

Morgan, Sir Frederick E. 423
Morgenstern, poln. Off. 119
Morgenthau, Henry 995
Morosow, W. I. 572
Morzik, Fritz 604
Moscicki, Ignacy 45, 86, 114
Moskalenko, Kyrill S. 593, 751, 754, 758, 886, 890, 1005
Mountbatten, Lord Louis Francis Albert 393, 701, 1073
Mozart, Wolfgang Ama-deus 385
Müller, Friedrich Wil-helm 574
Müller, Heinrich 733
Müller, R. 798
Müller-Stockheim, dt. Ma-rine-Off. 617
Murray, K. 1027
Muselier, Emile Henry 268 ff., 618
Musse, Felix 57
Mussolini, Benito 16, 26 ff., 30, 32, 34, 43, 66, 85, 191, 277 ff., 286, 293, 295, 297, 347, 397, 400, 433, 451, 467, 491, 514, 542, 748, 763, 845 ff., 849, 988, 993, 1061
Musytschenko, I. N. 498, 503, 510
Mutaguchi, Renya 871, 983

Naggiar, Paul-Emile 45, 56
Nagumo, Chuichi 545, 548, 550, 621, 624, 631 ff., 642, 648
Narahara, jap. Marine-Off. 646
Nardi, ital. Marine-Off. 287
Nasi, ital. Gen. 427
Naujocks, Alfred 72
Naumann, E. 495
Neame, Philip 406, 408
Nebe, Arthur 495
Nedić, Milan 467 f.
Negoda, sowj. Off. 1018
Nehring, Walther 501 f., 521, 696 f., 1010
Nehru, Jawaharlal 719
Netzbandt, dt. Marine-Off. 161, 204, 223
Neubert, Frank 77, 79
Neumann, Erich 733
Neurath, Konstantin von 29 f., 39, 564
Newman, engl. Marine-Off. 622
Nicholl, engl. Marine-Off. 417
Nicolson, Sir Harold 13
Niehoff, Hermann 1018
Nikischew, sowj. Gen. 593
Nimitz, Chester W. 623, 626,

630, 861, 971, 976, 1081, 1087
Nishihara, jap. Gen. 355
Nishimura, Shoji 649
Noël, Léon 48, 56 f.
Nomura, Kichisaburo 549
Norital, jap. Marine-Off. 897
Norrie, C. W. M. 677
Notari, ital. Marine-Off. 793
Nowikow, Alexander 580, 582, 595, 607
Nowodranow, sowj. Off. 509
Nowosielski, poln. Off. 113
Nowotny, W. 929
Nuss, dt. Off. 799

Oberlé, Jean 488
O'Connor, Sir Richard Nu-gent 293, 387, 400, 408
Oehrn, dt. Marine-Off. 330, 334
Oesten, dt. Marine-Off. 368
Oesterlin, dt. Marine-Off. 464
d'Ogly-Hughes, engl. Marine-Off. 333
Ohasi, stellvertr. jap. A-Mini-ster 355
Ohlendorf, Otto 495
Okamura, jap. Gen. 980
Oktjabrski, sowj. Adm. 584
Olbricht, Friedrich 989
Olbrycht, poln. Gen. 106
Old, W. D. 1069
Oliver, engl. Marine-Off. 385
Olry, René-Henri 265
Olszyna-Wilczynski, Kazi-mierz 121
Onishi, Takijiro 978, 981
Onslow, engl. Marine-Off. 425, 624
Opitz, dt. Marine-Off. 384
Oppenheimer, J. Robert 747
Orlik-Rückemann, Wil-helm 106, 109, 112 f., 118 f., 123, 125
Oshima, Hiroshi 61, 551, 558
Oster, Hans 146, 203
Oswald, dt. Off. 249
Ott, Eugen 46
Otto, Paul 115
Ouvry, engl. Marine-Off. 161
Ozawa, Jizaburo 548 f., 621, 624, 973, 975

Paasikivi, Juho Kusti 190, 196
Paget, Bernhard G. T. 218
Pahlawi, Mohammed 537
Pahlawi, Resa Schah v. Per-sien 737, 539
Pajak, poln. Off. 122
Palm, dt. Unteroff. 320
Papadopoulos, gr. Off. 295
Papagos, Alexander 295, 459

Register der Personen

Papen, Franz von 23
Paradeis, dt. Marine-Off. 387
Parry, engl. Marine-Off. 170
Parsegow, M. A. 584
Parusinow, F. A. 195
Paschkow, I. Z. 1081
Patch, Alexander M. 946f.,
 1043, 1049f., 1057
Patton, George S. 693f.,
 845f., 945, 1045f., 1049,
 1051, 1056
Paul, Prinzreg. v. Jugosla-
 wien 453
Paulus, Friedrich 130, 353,
 566, 583ff., 588, 593, 595,
 598, 602, 607, 748, 754f., 757
Pausihivi, Juko 195
Pavelić, Ante 851
Pecanać, Kosta 467
Peccori-Giraldi, Corso 462
Peck, E. P. H. 814
Pedder, engl. Off. 443
Peiper, Jochen 960
Peltz, Dietrich 911, 913
Pendleton, US-Off. 897
Penne, Durand de la 423
Perchorowitsch, F. I. 1005
Percival, Arthur E. 708f.,
 712, 714f.
Perona, ital. Adm. 339
Perwuchin, N. A. 533
Petacci, Clara 1061
Pétain, Philipe 191, 260f.,
 265f., 268f., 271, 299, 302,
 304f., 348, 433, 442, 477,
 563ff., 659, 699, 702f., 723
Peter II., Kg. v. Jugosla-
 wien 452f., 996
Petersen, dt. Off. 365, 647
Petkowski, poln. Off. 122
Petrow, Iwan J. 524, 777,
 1005
Petzel, Walter 89, 99
Pfeffer, Max 757
Pfeffer von Wildenbruch,
 Karl 891
Pflugbeil, Kurt 584, 591, 765
Philips, Sir Tom 158, 377f.,
 554, 557
Piasecki, Zygmunt 105
Pickard P. G. 912
Piechowski, K. 739
Pieczorski, A. 779
Piekarski, poln. Gen. 109
Pilsudski, Jozef 18
Piskor, Tadeusz 91, 101,
 104f.
Pius XII. 73, 282, 542, 852
Place, engl. Marine-Off. 797
Platts, engl. Gen. 427
Plawski, poln. Marine-
 Off. 376
Plijew, Iwan A. 1084
Plisowski, poln. Off. 106
Plonka, poln. Off. 113, 123f.

Podhorski, poln. Gen. 98,
 106, 111, 113
Podlas, Stepun K. 583
Pohl, Oswald 738
Pohle, dt. Off. 180
Polenow, W. S. 775
Pomier-Layragues, frz.
 Off. 257
Poniedelin, sowj. Gen. 498,
 503, 510
Poplawski, Stanislaw 1005
Popos, sowj. Gen. 503
Popow, Pjotr P. 611, 760,
 769, 875, 1005, 1012, 1016
Porsche, Ferdinand 469
Poser, dt. Marine-Off. 634
Potapow, M. I. 510, 518
Pound, Sir Dudley 159, 634,
 638
Pownall, Sir Henry 863
Preobraschenski, sowj.
 Off. 508
Prételat, Gaston 233
Preuß, dt. Marine-Off. 485
Prien, Günter 149, 153,
 156–160, 218, 334ff., 339,
 366, 368f.
Prinzhorn, dt. Off. 953
Prioux, René Jacques A. 248
Probst, Christoph 807
Prugar-Ketling, Broni-
 slaw 104, 121, 266
Przedrzymirski-Krukowicz,
 Emil 89, 92, 110
Psaros, Constantin 468
Puchow, N. P. 584, 766, 886,
 1002, 1005
Pulford, engl. Marschall 712
Purkajew, Maksim 71, 570,
 774, 1079, 1084
Pye, US-Adm. 553

Quinan, Sir Edward 535, 537
Quisling, Vidkun 165, 199,
 210, 216f., 563

Racovitza, rumän. Gen. 611
Raczkiewicz, Wladyslaw 114
Raczynski, Edward Graf 63
Raeder, Erich 29, 32, 155,
 158, 160, 164f., 175, 201,
 218, 225, 252, 304, 306, 330,
 340, 343, 353, 358, 386, 613,
 647, 781f.
Rahmlow, Hans-Joa-
 chim 383
Rakutin, K. I. 507, 515, 524
Ramcke, Bernhard 464
Ramsay, Sir Bertram 151,
 252, 616
Rance, engl. Off. 895
Rasch, Otto 479, 495
Rath, Ernst vom 35
Raus, Erhard 606, 610f., 777,
 890, 1002

Rawlings, engl. Adm. 464f.,
 488, 1070, 1076
Razus, Martin 824
Reese, dt. Marine-Off. 798
Reichenau, Walther von 25,
 33, 72, 79, 83, 89, 91, 94f.,
 99, 105, 107, 115, 127, 203,
 231, 244, 252, 256, 494,
 517f., 524, 527
Reichenbach-Klinke, dt. Ma-
 rine-Off. 792
Reid, US-Adm. 893
Reinberger, Helmut 200
Reinhard, Hans Wolf-
 gang 245
Reinhardt, Georg-Hans 81,
 83, 89, 94, 98, 100, 231, 306,
 523, 525, 527, 572, 777, 875,
 883, 890, 947, 1006
Reinicke, dt. Marine-
 Off. 1011
Reischauer, dt. Marine-
 Off. 647
Reitsch, Hanna 1018
Rejewski, M. 311
Rendulic, Lothar 889f.,
 1006, 1011, 1013
Reordan, US-Marine-
 Off. 553
Reper, E. 666
Réquin, Edouard 141, 266
Reschke, dt. Marine-
 Off. 416, 418, 634
Revedin, ital. Marine-
 Off. 645
Reymann, Hellmuth 1053
Reynaud, Paul 191, 260f.,
 265, 268, 564f.
Ribbentrop, Joachim von 32,
 34, 36ff., 41, 43f., 47, 51, 53,
 55–64, 66, 69, 72f., 131ff.,
 212, 347f., 352f., 501, 542,
 551, 557, 565, 1054
Riccardi, Arturo 296f., 405
Richthofen, Wolfram Frhr.
 von 461, 465, 580, 589,
 591, 607, 760, 764
Riess, poln. Flieger-Off. 129
Rimington, engl. Marine-
 Off. 448
Ringel, Julius 461, 464
Ringelmann, dt. Marine-
 Off. 378
Ritchie, Douglas E. 489
Ritchie, Sir Neil 419, 421,
 681, 683, 1050
Ritter, Karl 135
Rjabyschew, sowj. Gen. 584
Roberts, P. Q. 521, 702, 951
Rochefort, J. J. 630
Rodt, Eberhard 588, 851
Röhm, Ernst 25
Römer, O. 920
Roffy, N. 828
Rogge, Bernhard 342f., 385

Rokossowski, Konstantin
 K. 28, 528, 530, 572, 600,
 603, 751f., 766f., 773, 883f.,
 886, 990, 1005, 1016, 1021
Romanienko, P. L. 594, 603
Rommel, Erwin 130, 258,
 360, 384, 402f., 407ff.,
 417–421, 423, 429, 566, 675,
 677f., 680–688, 692f., 695f.,
 748, 835f., 838, 854, 933f.,
 936, 939f., 942, 967, 989
Rómmel, Juliusz 80, 86, 98,
 127ff.
Roope, Gerard Broad-
 mead 207
Roosevelt, Franklin D. 23,
 40, 73, 191, 322f., 360f., 481,
 483f., 487, 514, 544ff., 549,
 554, 566, 578, 623, 643, 661,
 745, 747ff., 777, 803, 817,
 836, 847, 995, 998f., 1049,
 1059, 1076
Rosenbaum, dt. Marine-
 Off. 641, 648
Rosenberg, Alfred 23, 504f.,
 731
von Rosenberg-Gruszynski, dt.
 Marine-Off. 786
von Rosenstiel, dt. Marine-
 Off. 617
Rothe, Erich 367
Rotmistrow, P. A. 769, 877
Rowland, engl. Marine-
 Off. 369
Rowly, engl. Marine-Off. 464
Różycki, J. 311
von Ruckteschell, dt. Marine-
 Off. 344f., 620
Rudder, US-Off. 901
Rudel, Hans-Ulrich 517
Rudenko, S. I. 603, 607
Rudolf, Konrad 595
Ruge, Otto 223
Ruhfus, Heinrich 213
Ruhsenberger, US-Marine-
 Off. 1025
Rundstedt, Gerd von 29, 66,
 79, 83, 91, 94, 99f., 102, 145,
 231, 245, 254, 257, 309,
 494f., 502, 507, 510, 517,
 523, 527, 600, 701, 933f.,
 936, 940, 951, 958, 961, 967,
 1043, 1045
Ruoff, Richard 574, 577, 585,
 587f., 590, 593f., 754f., 763
Ruygrok, G. H. J. 238
Rybalko, Pawel S. 751, 753,
 877, 886, 1002, 1006, 1018,
 1021
Rydz-Smigly, Edward 33f.,
 38, 48, 57, 80, 84, 86, 89, 94,
 96, 98, 129
Ryschow, A. I. 593, 891
Ryti, Risto 187
Ryzinski, poln. Off. 119

1104

Register der Personen

as-Sabbagh, Salah ad-Din 429
Sacharkin, J. G. 531
Sacharow, Juri K. 667
Sacharow, M. W. 883
Sachwatajew, N. D. 1013, 1081
Safanow, sowj. Off. 662
Said, Fami 429
as-Said, Nuri 429
Saint-Vincent, Robert de 743
Sakai, Takaishi 560, 710
Salman, Mahmud 429
Salmuth, Hans von 587, 754, 993, 936, 940
Sameijma, T. 861
Sandford, D. A. 427
Sandys, Duncan 810, 930
Sarvanto, Jorma 193
Sas, Jakobus Gijobertus 146, 227, 203
Sato, Kutuku 860
Sauckel, Fritz 730 f.
Saucken, Dietrich von 1020 f.
Saunders, A. E. 1074
Schaal, Ferdinand 108
Schacht, dt. Marine-Off. 645
Schadow, A. S. 751, 769, 1002, 1009, 1051
Schäffer, dt. Marine-Off. 1026 f.
Schafranow, sowj. Gen. 1002
Schaposchnikow, Boris M. 54, 60, 119, 528
Scharonow, Nikolai K. 45
Scharroo, holl. Stadtkom. v. Rotterdam 250
Schatilow, sowj. Gen. 1018
Schauenburg, dt. Marine-Off. 799
Scheel, Carl W. 619
Schellenberg, Walter 130, 146, 987
Schemmel, dt. Marine-Off. 650 f.
Schendel, dt. Marine-Off. 613
Schepke, Joachim 368 f.
Schewe, dt. Marine-Off. 368
Schigarew, sowj. Gen. 582
Schirach, Baldur von 357
Schlegelberger, Prof. Dr. Franz 565
Schlemm, Alfred 967
Schlieben, Karl-Wilhelm von 940
Schlömer, Helmuth 757 f.
Schmid, Joseph 959
Schmidt, Harry 1067
Schmidt, Paul 32, 66, 73, 988
Schmidt, Rudolf 89, 92, 244, 504, 528, 530, 532, 593, 765, 769
Schmidt, W. K. 904
Schmitt, Arthur 261, 677 f.

Schmitz, Maria 671
Schmundt, Rudolf 213
Schnee, dt. Marine-Off. 1025
Schniewind, dt. Adm. 636
Schnurre, Julius 41, 43, 49 ff., 54
Schobert, Eugen Ritter von 494 f., 511 f.
Schönberg, dt. Marine-Off. 792
Schörner, Ferdinand 879 f., 885, 899, 1006, 1011, 1018
Scholl, Hans 749, 807
Scholl, Sophie 749, 807
Schomenko, sowj. Gen. 524
von Schroeter, dt. Marine-Off. 904
Schütz, dt. Marine-Off. 893
Schug, dt. Marine-Off. 800
Schuhart, Otto 155
Schukow, Georgi K. 530, 569, 876, 881, 1005 f., 1009, 1014
Schulenberg, Graf Friedrich von der 41, 43 f., 47, 50 f., 53, 55–59, 61, 69 ff., 134, 210, 212
Schultze, Herbert 153, 379
Schulz, dt. Gen. 1051
Schulz, Wilhelm 368
Schulz, K.-L. 238
Schumacher, dt. Off. 181
Schumilow, M. S. 596, 599, 751, 757, 766, 773, 775
Schurawljew, sowj. Gen. 775
Schuster, Karlgeorg 462
Schwaff, dt. Marine-Off. 785, 790
Schwanhäuser, dt. Off. 434
Schwarz, dt. Unteroff. 320
Schwedler, Viktor von 99, 101 f.,
Schweizer, poln. Off. 122, 124
Schweppenburg, Leo Frhr. Geyr von 939
Schwezow, W. I. 530 f.
Scott, B. J. 707
Sedych, A. M., sowj. Sekr. 71
Seeckt, Hans von 27
Seeds, Sir William 45
Seidel, Erich 235
Seidemann, Hans 680, 765
Seki, Yuhiho 979
Selter, Karl 110 f.
Senger und Etterlin, Fridolin von 967
Servaes, engl. Marine-Off. 387
Seydlitz-Kurzbach, Walter Kurt von 598, 603, 757
Seyoum, Ras 427
Seyß-Inquart, Arthur 191, 251, 1050
Shabib, Kamil 429

Shahbakhti, Mohamed 537
Shaw, Fred 931
Shawkat, Naji 439
Shdanow, sowj. Gen. 890
Shean, engl. Off. 897
Sherbrooke, engl. Marine-Off. 651
Sherman, US-Marine-Off. 626, 1087
Shiatori, Toshio 47
Shigemitsu, Mamoru 1087
Shima, Kiyohide 625
Shimada, Shigetaro 626, 866
Shmiz, jap. Gen. 1081
Siilasuo, Hjalmar Fridolf 188, 193
Sikorski, Wladislaw 114, 359, 514, 530
Simeon II., Zar v. Bulgarien 925
Simmons, engl. Gen. 709
Simonds, Guy 946
Simović, Dusan 452 f.
Simpson, William H. 956 f., 1045, 1047
Skornjakow, Nikolai 71
Skorzeny, Otto 849
Sladen, engl. Marine-Off. 781
Sleeny Ch. W. 995
Slim, William 717, 719, 985, 1064, 1067
Smirnow, A. K. 510, 518, 523, 535, 603
Smith, Alfred E. 995
Smith, H. M. 973
Smyth, J. G. 707
Sobennikow, P. P. 503
Sodenstern, Georg von 936, 946
Soddu, Ubaldo 294 ff.
Sokolowski, Wassilij D. 769 f., 777
Somerville, Sir James F. 152, 270, 300, 303, 370, 375, 401 f., 410 f., 414 f., 418, 460, 621
Soong, T. V., chin. Außenmin. 746
Sorge, Richard 46, 548
Sorsche, Konrad 90
Sosabowski, Stanislaw 955
Sosnkowski, Kazimierz 104, 119, 121
Spaatz, Carl A. 664, 845, 909, 1039, 1078
Spahr, dt. Marine-Off. 904
Spears, Sir Edward 243, 251
Speer, Albert 470, 479, 730 f., 790, 807, 832, 919, 1053 f.
Speidel, dt. Marine-Off. 798
Speidel, Wilhelm 352
Sperrle, Hugo 231, 257, 259, 310, 314, 616, 701, 826, 947

Sponeck, Gerhard Graf von 238, 247, 533, 535, 570
Spooner, engl. Adm. 712
Spruance, Raymond A. 863
Stachiewicz, Waclaw 57
Stachlewski, poln. Off. 122
Stahl, dt. Marine-Off. 800
Stahlecker, W. 495, 738
Stalin, Josef W. 16, 28 f., 37, 39 ff., 43, 46 f., 49 f., 54, 57–61, 72 f., 116, 119, 121 ff., 132 ff., 189, 191, 193, 195, 201, 260, 347, 360, 484, 498, 502, 507, 521, 524, 528, 531 f., 538, 542, 567, 576, 578, 584, 591, 597, 602, 639, 669, 702, 745, 749, 763, 773, 777, 885, 999, 1018, 1049, 1059, 1078
Stange, dt. Marine-Off. 650
Stark, engl. Adm. 623
Starke, Hermann 297
Starschak, sowj. Off. 569
Starzynski, Stefan 130
Stauffenberg, Claus Graf Schenk von 872, 987 f.
Stauning, dän. Min. Präs. 217
Steakly, R. D. 980
Steinhoff, dt. Off. 181
Stemmermann, Wilhelm 876
Stieve, Prof. 989
Stilwell, Joseph 719, 983 f.
Stimson, Herzog 746
Stockwell, engl. Off. 726
Stöbe, Ilse 63
Stokes, engl. Marine-Off. 421
Stoner, US-Marine-Off. 1063
Stopford, Sir Montague 1073
Stoval jr., US-Marine-Off. 859
Sträter, dt. Marine-Off. 792
Strang, Sir William 45 f., 50
Strasser, Otto 146
Straube, dt. Gen. 757
Strauß, Adolf 256 f., 494, 504, 520, 527, 531
Strecker, Karl 754 ff.
Strelow, dt. Marine-Off. 641
Stresemann, Gustav 18
Stroop, Jürgen 778
Stuckart, Wilhelm 733
Student, Kurt 461 ff., 953, 1018, 1050
Studnitz, Bogislav von 259, 517
Stülpnagel, Karl-Heinrich von 262 f., 494
Stumme, Georg 512 f., 688, 693
Stumpff, Hans-Jürgen 72, 310 f., 638, 1020
Sturges, engl. Gen. 725
Sturlason, Snorre 365 f.
Sturm, Carl 460

1105

Register der Personen

Sudez, sowj. Gen. 769, 887
Sudo, Hajime 671
Süßmann, Wilhelm 461, 463
Sugiyama, Hajimo 719
Suhren, dt. Ing. 1025
Su Juan-czan 1087
Sun-Yat-Sen 974
Sweeney, Ch. W. 1074, 1076, 1083
Swiesciak, poln. Off. 82
Swjatow, sowj. Off. 515
Swoboda, Ludowik 889f.
Syfret, Sir Neville 151, 411f., 640, 725f.
Sykow, sowj. Gen. 751
Szombathely, Ferenc 515
Sztójay, Döme 879
Szylling, Antoni 86, 105
Szystowski, E. 79
Szyszko-Bochusz, poln. Gen. 222

Tagami, jap. Marine-Off. 617
Tait, G. T. 905
Takagi, jap. Adm. 626
Takahashi, jap. Adm. 705
Talvela, Paavo 195
Tanabe, jap. Marine-Off. 628
Tanaka, Baron Giichi 708
Tanaka, Raizo 643, 984
Tanaki, jap. Gen. 983
Tarant, L. St. G. Lyster 640
Tarnasiewicz, poln. Off. 119, 121
Tarnier, frz. Gen. 271
Taylor, M. 853, 953
Tedder, Sir Arthur 845, 856f.
Teichert, dt. Marine-Off. 788
Teleki, Graf Paul 454
Tell, Wilhelm 392
Tennant, Sir William George 157, 554
Tennenbaum, M. 779
Terauchi, Hisaichi Graf 554, 1065
Terboven, Josef 217
Tessei, dt. Off. 412f.
Thiel, Walter 823
Thiele, August 212
Thienemann, dt. Marine-Off. 782
Thierack, Otto 731
Thiesenhausen, Hans Dietrich Frhr. von 420
Thoma, Wilhelm Ritter von 292, 693
Thomas, Georg 359
Thomas, Dr. Max 495
Thommée, Wiktor 112
Thompson, engl. Off. 383
Thomsen, Hans 551
Thorez, Maurice 146
Tibbets, P. W. 995, 1074, 1076, 1078, 1081
Tieriechin, sowj. Gen. 1083

Timm, dt. Marine-Off. 641
Timoschenko, Semjon Konstantinowitsch 116, 120f., 194, 503, 507, 523f., 580, 582, 584
Tippelskirch, Kurt von 883
Tito, Josip Broz 466, 468, 777, 361, 996
Todt, Fritz 381, 729, 731
Töniges, dt. Marine-Off. 263
Tojo, Hideki 361, 542, 545, 548, 550
Tolbuchin, Fedor I. 591f., 605, 751, 771, 774, 777, 887, 889, 1010, 1047
Tomonaga, Joishi 632
Topp, Erich 334, 381ff., 517
Topp, Karl 636, 785, 894
Tosani-Pittoni, ital. Marine-Off. 284
Touchon, Robert 256
Tovey, Sir John 277, 279, 283, 288, 375f., 378, 620, 636, 639, 643
Toyoda, Soemu 544
Trenchard, Sir Hugh 178
Treuburg, Graf von, dt. Marine-Off. 904
Tribuz, Wladimir F. 578, 801
Triebel, dt. Marineoberbaurat 383
Tromp, Maarten H. 787
Trotzki, Leo 14
Troubridge, US-Adm. 946
Trufanow, N. I. 605, 610
Truman, Harry S. 999, 1078f.
Truscott, Lucian K. 946f., 1061
Truter, südafrik. Off. 288
Tschantschibadze, sowj. Gen. 1002
Tscherepanow, A. I. 881
Tscherewitschenko, I. T. 594
Tschernjachowski, Iwan D. 754f., 757, 883, 890f., 1002
Tschernjak, S. Ik. 580
Tschiang Kai-schek 354f., 541f., 544, 719f., 746, 749, 836, 869, 870, 984, 1069
Tschibisow, sowj. Gen. 585
Tschistjakow, I. M. 603, 751, 768
Tschuikow, Wasilij J. 116, 586, 588, 592f., 599, 751, 885, 887, 1012, 1018
Tschurawlew, sowj. Gen. 887
Tschu Te, chin. Off. 1083
Turner, Richmond K. 640, 862f., 973, 1067

Udet, Ernst 474f.
Ugaki, jap. Adm. 1068

Umberto, Kronprinz v. Italien 265, 282
Umezu, Yoshijiro 1087
Unrug, Józef 66, 114
Urquhart, Robert E. 953, 955
Ushijima, Mitsura 1070

Vaerst, Gustav von 684, 686, 836, 839, 842
Varnier, frz. Off. 563
Vaugham, engl. Gen. 408
Vdovicenko, sowj. Marine-Off. 188
Veiel, Rudolf 104, 108, 454f., 527
Veith, dt. Gen. 685
Vercellino, ital. Gen. 265
Vian, Sir Philip 221, 376f., 391, 416, 419, 422f., 641, 899, 1077
Vietinghoff-Scheel, Heinrich-Gottfried 507, 847, 852, 963, 968f., 1061
Viktor Emanuel III., Kg. v. Italien 278f., 542, 847
Villamore, J. 859
Villey, frz. Off. 179
Vimercati-Sanseverino, Roberto Conte 653
Visconti-Prasca, Sebastiano 295
Vivian, engl. Adm. 223
Vormann, Nikolaus von 610
Vries, Tierk Hiddes de 786
Vuillemin, Joseph 257f., 283

Wachtel, Fritz 831f., 921, 926, 960, 1043
Wagner, Eduard 508
Wahlen, dt. Marine-Off. 648
Wainwright, Jonathan 717, 719f.
Walker, Frederick John 375, 894
Wallenberg, Raoul 991
Wallis, Barnes 811, 1045
Wanklyn, M. D. 410, 414, 624
Wartburton-Lee, B. A. W. 214, 217
Wassilewski, Alexander M. 1079
Watson, engl. Adm. 328
Watutin, Nikolaj F. 585, 603, 751, 753, 766, 769, 773, 777, 875, 909
Wavell, Sir Archibald 290ff., 397, 400f., 407ff., 438, 705f., 709, 712, 714f.
Webb, US-Off. 383
Weber, dt. Marine-Off. 634
Wedemeyer, Albert C. 487
Wegener, dt. Off. 646
Weichold, Eberhard 402, 411, 801

Weichs, Maximilian Frhr. von 257, 454, 510, 512, 518, 520, 527, 584f., 587, 607, 668, 751, 757, 879
Weidling, Helmuth 1018
Weisenberger, Karl 262, 264, 527
Weiß, Walter 1005f., 1011
Weißpfennig, Dr. M. 894
Weizsäcker, Ernst von 39, 44f., 47, 49, 72
Welles, Sumner 191, 322f.
Wenck, Walther 1018, 1049
Wenneker, Paul 156f.
Wenninger, dt. Marine-Off. 1011
Wessel, Horst 21
Wessel, Johan H. 619
Westmacott, engl. Off. 906
Wetzel, dt. Gen. 763
Weygand, Louis 144, 244f., 252, 260, 565
Weyher, Kurt 344
Wheeler, Burton K. 487
Wiart, Carton de 218
Wichmann, dt. Unteroff. 653
Wiegandt, dt. Gen. 357
Wietersheim, Gustav von 590, 595
Wiktorin, Mauritz 82
Wilcke, dt. Off. 607
Wilde, engl. Off. 715
Wilhelm II., Kg. v. Preußen 564
Wilhelmina, Kgin. v. Holland 73, 147, 243, 489, 952
William-Powlett, engl. Marine-Off. 464
Williams, E. T. 403
Williamson, K. 285
Wilson, Sir Henry Maitland 442, 449, 451f., 459, 856f.
Wilson, Sir Horace John 71
Wilson, Woodrow 14
Windisch, dt.Off. 204
Wingate, Orde C. 869ff., 983, 985
Winter, Werner 94
Winterbotham, F. W. 312, 314
Wirmer, Rechtsanwalt 487
Wischnewski, S. W. 524
Witzig, Rudolf 236f.
Witzleben, Erwin von 231, 259f., 988
Wlassow, Andrej A. 503, 518, 530, 586
Wodopjanow, sowj. Soldat 510
Wöhler, Otto 876, 879
Woermann, Ernst 45f.
Wogan, US-Marine-Off. 798
Woldag, Heinrich 212

Wolfahrth, dt. Marine-
 Off. 379
Wolff, Karl 742f.
Wolfram, dt. Marine-
 Off. 1023
Wolski, W. T. 1005
Woodhouse, engl. Marine-
 Off. 170
Woroschilow, Kliment Jefre-
 mowitsch 54ff., 59, 63, 70,
 598
Wostruchow, sowj. Gen. 530
Wraight, engl. Marine-
 Off. 781
Würdemann, dt. Marine-
 Off. 645
Wurm, Dr. Theophil 480

Xylander, W. 1034

Yamada, Ototso 1084, 1086
Yamada, K. 727
Yamagata, jap. Adm. 660
Yamamoto, Isoruku 546,
 550, 554, 626, 628, 630f.,
 633, 719, 860ff.
Yamashita, Tomoyoku 710,
 712, 714f., 1065
Yonai, Mitsumasa 358
Yoshimura, jap. Marine-
 Off. 631
Young, Sir Mark Aitchi-
 son 556f., 560

Zahle, dän. Gesandter 203
Zakrzewski, poln. Off. 108
Zaleski, August 359
Zangen, Gustav von 1047
Zapp, dt. Marine-Off. 386
Zeitzler, Kurt 600, 766, 885
Zervas, Napoleon 468
Ziegler, Heinz 836
Zieleniewski, poln. Off. 113
von Zitzewitz, dt. Marine-
 Off. 792
Zrinyi, N. 824
Zurmühlen, dt. Marine-
 Off. 800
Zwiatajew, sowj. Gen. 880
Zygalski, H. 311

Register der Orte

Aachen 821, 872, 915, 952,
 956
Aalands-Inseln 162
Aalborg 330
Aas-Fjord 614
Abadan 536ff.
Abbéville 99, 190, 252
Abganerowo 596
Abramowice 479
Abu Sueir 292
Achmer 929
Acre 449
Addis Abeba 360, 424, 441
Addu-Atoll 621
Aden 287, 289f., 355
Ägina 463
Agedabia 360, 401, 407, 422,
 677
Agram s. Zagreb
Ahwaz 536f., 539
Ak-Manaj 569
Aksai 592
Akyab 999
Alameda 661
Alamogordo 1078
Albuquerque 1078
Aldeburgh 154
Alderney 300
Aleksandrow 109
Alençon 939
Aleppo 442, 449
Alexandria 277, 279, 284,
 301ff., 371f., 405, 409f., 415,
 417, 421ff., 454, 459, 620,
 633f., 641, 647, 683, 685,
 687f.
Algeciras 380, 793, 799
Algier 302f., 693, 695, 697,
 703
Alta-Fjord 634, 636, 650, 793,
 796f., 894f., 905f.
Amagansett 634
Amara 434, 437, 439
Amba Alagi 426
Amiens 231, 912, 921
Amoy 1070
Amsterdam 475
Andalsnes 217f., 220f.
Andamanen 719
Andriba 723
Angaur 974
Angers 701
Anklam 926
Annapol 101f.
Anschan 975
Antananarivo 727
Antigua 323
Antsirane 725ff.
Antung 1086
Antwerpen 234, 241, 308f.,

808, 872, 951ff., 956, 958,
 960, 1038, 1043
Anzio 857, 872, 963f., 967ff.
Arakan 985
Archangelsk 392, 494, 513,
 515, 521, 535, 628, 634, 639,
 644
Ardebil 535
Argenta 1061
Argentia 483
Argyrokastron 297
Armawir 593
Arnheim 872, 953, 955f.
Arras 252, 254
Arromanches 938
Aruba 617
Ascension 645, 893f.
Ascot 909
Asmara 427
Assab 427
Athen 297, 360, 397, 418,
 436, 449, 460, 462f., 990,
 996
Attu 567, 633, 860
Auersmacher 141
Augsburg 489, 659, 661, 918
Auschwitz 357f., 475, 477ff.,
 567, 735, 737ff., 741, 743,
 778f., 873, 990f., 1056f.
Aviano 854
Avranches 872, 945f.
Azoren 300, 345, 378, 384,
 781, 792, 798, 897, 1025

Babi Jar 361
Baden-Baden 657
Bäreninsel 636, 650, 661
Bagdad 360, 430, 432, 434,
 436, 439ff., 537
Bague 981
Bahamas 323
Baku 260, 358, 578, 594
Bakuba 440
Balakleja 583, 760
Bali 717, 1081
Ballale 861f.
Baltischport 187
Baluchis 538
Bandar Shapur 536f.
Baneasa 129
Bangkok 971
Banias 449
Banska Bystrica 889
Baranow 886, 1002
Baranowitschi 118, 882
Barchaczow 106
Bardia 265, 290, 293, 360,
 397, 408f., 420, 677, 695
Bari 402, 854, 856f., 890
Barking 921
Bassargino 607, 610, 751
Basel 146
Basra 429f., 435, 439, 443
Bassorak 430
Bastogne 961

Bataan 567, 705, 717, 719f.,
 999
Batan 554
Batavia 792
Bath 659
Batum 260, 358, 578, 594
Baya Lebar 712
Beachy Head 926
Beda Fomm 401
Beda Littoria 416ff.
Bedford 931
Beirut 443f., 446, 449
Beketowka 757
Belaja Zerkow 748
Belew 531f.
Belfort 266, 952
Belgrad 454f., 459, 467, 658,
 872, 887, 890, 996
Belij-Insel 793
Belzec 478, 737f., 741ff.
Belzig 1018
Ben-Gardane 836
Bengasi 288, 360, 400f., 407,
 420ff., 566, 677, 697, 816,
 819f.
Berat 297
Berbera 290, 426
Berchtesgaden 34f., 400,
 1039, 1049, 1051
Berditschew 502f., 748, 877
Bergen 201, 203, 208f., 213f.,
 217, 344, 371, 375, 897, 904,
 906, 1023, 1025, 1027
Bergen-Belsen 990, 1056
Berlin 14, 17f., 24, 26, 28, 30,
 39, 41, 43ff., 47, 49f., 54,
 58f., 61ff., 65, 68–72, 84,
 102, 130, 133, 160, 174, 179,
 183, 185, 191, 201, 203, 267,
 319ff., 347f., 353, 361, 469,
 472, 474, 508ff., 538, 542,
 551, 557f., 565, 729, 733,
 745, 748f., 778, 807, 823f.,
 829f., 832, 910ff., 915, 917,
 923, 931, 957, 987ff., 993,
 998, 1001, 1008, 1011,
 1013ff., 1018ff., 1025,
 1031f., 1034, 1036, 1039f.,
 1053
Bermudas 323, 621, 899
Bern 473, 846
Bernburg 481
Berneval 702
Bet ed Din 448f.
Betio 863, 865f.
Bettemburg 249
Beuthen 68
Bialystok 119, 360, 500, 503,
 778f., 886
Biarritz 301
Bias Bay 541
Bielany 103
Bielefeld 1045
Biggin Hill 314
Bikin 1081

1107

Register der Orte

Billancourt 655, 808
Bingen 915
Bir Abu Sifai 688, 690
Bir el Atash 688, 692
Bir-Hacheim 566, 678, 681 f.
Birkenau 475, 479, 567, 739, 741, 778, 991, 1057
Birmingham 190, 314, 318
Bitburg 247
Bizerta 279, 449, 695, 697, 835, 839, 842 f.
Bjelgorod 524, 584, 748, 757, 759, 763, 772 f.
Bjelow 593
Bjerkwik 220
Blagowjestschensk 1083
Blechhammer 917
Bobrce 124
Bobruisk 504, 507, 510, 872, 880, 882 ff.
Bochum 814
Bodö 221 f.
Böhlau 919
Bogoroditschno 760
Boka-Kotorska 459
Bokowskaja 585, 604
Bologne 1061
Bolschoje-Fatjanowo 569
Bombay 372
Bône 695, 697, 821
Bonininseln 872, 999
Bonn 915
Bordeaux 260, 326, 339, 354, 364, 371, 378, 383, 427, 563, 628, 800, 898, 904
Bordeaux-Merignac 318, 363, 369, 823
Borneo 546, 548, 551, 567
Bornholm 62, 502
Borodino 524
Borowsk 570
Bougainville 749, 861 f.
Bougie 695, 697
Boulogne 231, 254, 309
Boureuil 262
Bowrington 558
Brandenburg 481
Braunschweig 911, 913, 929
Breda 229, 234
Bremen 177, 320, 472, 666, 810, 831, 926, 1023, 1049
Bremerhaven 164
Breslau 112, 474, 998, 1006, 1009 f., 1018
Brest 222, 259, 263, 266, 277, 336, 339, 342, 345, 365, 370, 375 f., 383, 387 ff., 566, 613, 616, 792, 945 f., 955
Brest-Litowsk 93 f., 98, 107, 119, 122, 879, 883
Brettesnes 391
Bretteville 946
Briare 265
Bridge of Waith 203
Briest 1038

Brindisi 295, 402, 449, 853
Bristol 311, 314
Brjansk 360, 513, 521, 523 f., 586, 748
Brochow 100, 102
Brod 1020
Bromberg 84 ff., 90 f., 1006
Brünn 1020
Brüssel 245, 310, 316, 872, 951, 1031, 1038
Brüx 919
Bruneval 654 f.
Brzezany 118
Brzezinka s. Birkenau
Buchenwald 735, 737, 991, 1056
Budapest 872, 879 f., 891, 917, 925, 991, 998, 1002, 1006, 1010, 1056
Budweis 1049
Budziska 115
Buenos Aires 175
Buerat 697
Buka 860
Bukarest 129, 819, 872, 993 f.
Buna 567
Burg 1038
Buri 981
Butzweilerhof 236
Bydgoszcz d. Bromberg
Byelyi 760

Caen 933, 938–942, 945
Cagny 942
Calais 254, 309, 700, 934, 936, 940
Cambridge 311
Campa Uno 653
Cam Ranh 545
Cannes 283, 872, 946
Canterbury 659
Cape Gloucester 867
Capua 853
Casablanca 154, 302 f., 693, 748, 803, 807, 813, 826, 836, 838
Caserta 854, 1061
Cassibile 845, 847 f.
Cassino 854, 872, 963–967, 969
Castelrosso 403
Catania 748
Catanzaro 847
Cebu 719
Celebes 567, 621, 705
Celle 1038
Cernavoda 511
Chabarowsk 1079
Châlons-sur-Marne 234
Chalupy 113
Chambois 947
Changsha 558
Chania 461 f.
Charbin 1081, 1083, 1086
Charkow 360, 517, 523 f.,

566, 580, 582 f., 739, 748, 750, 758 ff., 773, 1057
Charlejow 115
Châteauroux 674
Chelm 873
Chelmno 478, 480, 737 f., 1056
Chenhsien 975
Cherbourg 145, 259, 832, 872, 940
Cherson 877 f.
Chersones 585, 880
Chicago 567
Chimki 527
Chingkiang 1072
Chisimaio s. Kismayu
Chmielnik 503
Chojnice 82
Cholm 571 f., 579
Chomutowo 531
Chungking 541, 544, 560
Ciampino 816
Ciechanow 93
Cineldebbana 437
Clark Field 979, 981
Clervaux 960
Clyde 723 f.
Colmar 260
Colombo 621, 624
Col Traversette 265
Compiègne 257, 266 f., 739
Corregidor 626, 629, 705, 719 f., 999
Cotentin 936, 940
Coventry 190, 317 f., 657, 1039
Crailsheim 246
Cranz 1009
Cromer 325, 675
Croydon 314
Cuckfield 921
Curaçao 617
Cuxhaven 199, 204, 330
Cyrenaika 190, 279, 283, 293, 360, 397, 400 f., 407, 423, 566, 677 ff., 697
Czerniakow 130
Czesniki 106

Dachau 23, 735, 737, 990, 1057
Dagga Bur 425
Dairen 1086
Dajö 111
Dakar 270 f., 303, 306, 442, 726
Damaskus 431, 436, 438 f., 441, 443, 446, 449
Damour 446, 448 f.
Danzig 15, 34, 37, 44, 47 f., 52, 54 f., 62, 64 f., 67, 69 f., 73, 77, 84, 137, 139, 620, 668, 897, 990, 998, 1005, 1008, 1012 ff., 1020, 1051
Darmstadt 998

Darwin 862
Datchworth 1038
Davaghan 434
Debra Marcos 427
Debrecen 891, 920
Deiro ez Zor 440
Delmenhorst 250
Demaki 121 f.
Demblin 115
Demensk 760
Demjansk 572, 574 f., 579 f., 596, 759, 763
Den Haag 147, 238, 489, 918, 928, 1032
Dera 443, 445
Derna 293, 401, 408, 677 f.
Dessau 1038
Dessie 427
Devonport 794
Dickson 642, 793
Diedenhofen 250
Diego Suarez 723–727
Dieppe 254, 566, 700 ff.
Diest 229
Differdingen 250
Dijon 674
Dijon-Longvic 234
Dimapur 985
Dimass 449
Dinant 190, 231
Diredawa 426
Dirschau 77
Divanieh 434
Djebel Zaghouan 842
Dnjepropetrowsk 360, 479, 518, 775
Dobromil 122
Dockendorf 247
Dodekanesinseln 282, 295, 402
Dôle 266, 948
Dôle-Tavaux 234
Dombaas 221
Donbas 517, 580
Dongo 1061
Dordrecht 238
Dortmund 675, 812, 814, 1036
Douai 254
Dover 252, 308, 314, 337, 675, 926, 938
Drancy 991
Dresden 648, 998, 1031, 1033 ff.
Drohobycz 357, 887
Dubno 116 ff., 498
Duboje 119
Dübendorf/Zürich 919
Dünaburg 886
Dünkirchen 151, 190, 252, 254 f., 259, 262, 269, 309, 320, 784, 842
Düren 236
Düsseldorf 15, 671 ff., 813, 825, 1049

Register der Orte

Duisburg 814, 1043
Dumbarton Oaks 873, 993
Dunapentele 1006
Dundee 337
Dunkirk 314
Durban 169
Dutch Harbor 630f.
Dyle 828
Dziesiat 479
Dzwola 113

Eaglesham 489
Eastbourne 309
Eastchurch 314
Eben-Emael 236f., 244
Ebenhausen 1054
Ebensee 1057
Eberswalde 1013
Eckernförde 967
Eindhoven 953f., 1031
El Adem 283, 681, 683
El Agheila 360, 401, 407, 423
El Alamein 566, 675, 677, 683, 685, 687, 691, 693, 696, 835, 839
El Aouina 695
Elbing 1005, 1008f.
El Fashr 399
El Gazala 566, 678, 681ff., 690
El Geneina 399
El Guetar 839
Elista 594, 751
El Mekili 293, 401, 408
Eltigen 777
Emden 826
Enfidaville 841
Eniwetok 546, 872
Epinette 316
Erseka 296
Esch 249
Essen 37, 566, 656, 806, 809, 814, 930, 1036, 1047
Esterwegen 23
Etampes 246
Exeter 659
Eydtkuhnen 891
Ezra 443, 446

Faagsö 394f.
Falaise 945f., 949f.
Falkland-Inseln 170, 172, 174
Faröer-Inseln 161, 218, 372, 614
Foyal 798
Fayid 664
Fedje-Fjord 1023
Feltre 846
Feodosia 525, 533, 569, 574
Ferch 1018
Fériana 838
Fernebu 205
Ferrara 1061
Festung Antsirane s. Antsirane

Festung Königstein 701
Firth of Forth 157
Fjord Herjangen 220
Flensburg 671, 998, 1026
Florenz 295, 872, 969
Florina 295
Flossenburg 1056
Foggia 297, 823, 826, 852, 917, 920, 1036
Folkestone 165, 308f.
Fontainebleau 262
Foochow 544
Formosa 541, 836, 975f., 1063
Fort Bruneval s. Bruneval
Fort Capuzzo 290, 292, 408f., 416, 695
Fort Collison 560
Fort D'Aguilar 560
Fort Dufferin 1068
Fort Eben-Emaels s. Eben-Emaels
Fort Lamalgue 703
Fort Lamy 399, 653
Fort Legionow 130
Fort Maddalena 419
Fort Oscarsborg 212
Francolise 854
Frankfurt/Main 671, 826, 828, 831, 998
Frankfurt/Oder 1007, 1017f.
Fredersdorf 1020
Freetown 169, 344, 368, 788, 894
Freiburg/Breisgau 235
Friedrichshafen 813
Frisingen 250
Fulda 915
Funduk 839

Gabes 838, 841
Gafsa 835, 837, 839
Galatz 648, 920
Gallabat 288
Gaulier 243
Gazala s. El Gazala
Gdingen 67, 71, 82, 340, 344f., 373, 375, 618, 647, 668, 785, 1005, 1008, 1012
Geldern 146
Gelsenkirchen 1043
Genf 14, 19, 26, 266
Gennep 238
Gennes 262f.
Genua 263, 401f., 848
Germersheim 535
Gibraltar 150, 229, 270f., 284, 292, 300f., 303f., 370, 380, 386, 410, 412ff., 418, 421, 485, 633, 641, 790, 793f., 798f., 803
Gilan 537
Gilbertinseln 749, 863, 865f., 971
Giurgiu 451, 889

Givet 231, 235, 248
Glasgow 489
Gleiwitz 65, 72, 1006f.
Glowno 98
Gluchow 521, 773
Glücksburg 1051
Goldap 891
Gomel 510
Gona 566
Gondar 291, 427
Gorai 426
Gorki 103, 764f.
Gorlowo-Michailow 527
Gotenhafen d. Gdingen
Grafeneck (Wttbg.) 481
Granville 1023
Graudenz 84, 89
Gravelines 254, 616
Great Yarmouth 339
Grenoble 267
Grodekowo 1082
Grodno 119, 121, 885
Grodzisk Mazowiecki 127
Grön-Fjord 796
Groningen 1047
Grosny 594
Gschatsk 596, 760
Guadalcanal 567, 633, 640, 646ff., 650f., 671, 721, 859, 860f.
Guam 546, 557, 872, 973, 976, 1067
Guben 1017
Guernsey 299f.
Gütersloh 236, 1041
Gumrak 607, 752
Gunong Pulai 712
Gurkhas 840

Haar 1051
Habbaniya 430ff., 437, 439f.
Hadamar (Limburg) 481
Haifa 436
Hailakandi 984
Hainan 541
Haisborough 328
Halberstadt 911
Halifax 102, 341, 379, 383, 386, 782, 784f., 788, 798
Hama 449
Hamburg 17, 44, 63, 177, 183, 320, 330, 365, 371, 389, 472, 475, 748, 788, 807, 816–821, 823, 826, 828, 831f., 894, 914, 926, 1023, 1033f., 1049f.
Hanau 915
Hanford 747
Hangö 185, 195
Hankou 1072
Hannover 35, 826, 1043, 1047
Hanoi 355
Harar 425
Hargeisa 289
Harlem 235, 238

Harstad 218, 222, 329, 333
Hartheim (Linz) 481
Hartlepool 337
Harwich 161
Hasbaya 448
Hasrout 448
Haston 217
Haux 250
Hebriden 150, 155, 364, 614
Heidmühle 33
Heilbronn 930
Heiligenbeil 1012
Hela 66, 79, 82, 85, 89, 100, 103f., 107, 109, 111ff., 1012ff., 1020f.
Helsinki 185, 187, 194, 203, 592
Hemmes 222
Hendaye 347f.
Henderson Field 648, 650, 721, 861
Henningsvaer 391
Herrlingen 989
Hesepe 929
Himare 297
Hinaidi 432, 434
Hiroshima 999, 1071, 1080f., 1083
Hoboka 426
Hoek van Holland 238
Hohensalza 1001
Hollandia 872
Homs 449
Honan 544
Hondo 980
Hongkong 361, 541, 552, 556ff., 558, 710, 971
Honschu 1068, 1077
Honsiu 660
Hordzieszka 115
Horusea 1032
Houlgate 901
Hoy 203
Hoya/Weser 250
Hull 894
Hun 653
Huntingdonshire 177
Hupeh 544
Hval-Fjord 487, 513f.
Hvalfjordur 485
Hysnes 209

Idriza 774
Ilza 94
Imphal 983, 985
Indow 983
Innsbruck 930
Inowroclaw s. Hohensalza
Instres 848
Isjum 580, 771
Iraklion 461ff.
Isle of Wight 897
Isly 907
Istra 360, 530, 573
Itschang 871

1109

Register der Orte

Ivalo 890
Iwo Jima 872, 999, 1064, 1066ff., 1072

Jablon 123
Jagodnik 905f.
Jalta 999, 1059
Jaluit 546
Jamaika 323
Jan Mayen 628, 643, 666
Janow Lubelski 113
Jap 546
Jarabub 426
Jaroslawl 765
Jaslo 1005
Jassy 887
Jastarnia 113
Java 618f., 712, 717
Jawata 973
Jebel Majar 448
Jejsk 593
Jelez 530f.
Jeln(j)a 504, 507, 515, 586
Jelschanka 598
Jenikale 777
Jersey 300, 1023
Jever 181
Jewpatoria 570
Jezzin 443, 446
Jijiga 426
Joai 1074
Joannina 294f.
Jössing-Fjord 190, 201
Jokosuka 660
Josefstadt 1034
Jotschu 871
Juchnow 566, 569, 574, 576
Jülich 956
Jüterbog 13

Kagosima 546
Kagul 508
Kai-ko 560
Kairo 286, 296, 397, 687, 749, 836
Kaiserslautern 1043
Kai Tak 557, 971
Kalafrana 423
Kalamata 460
Kalatsch 590, 593f., 605
Kalau 1018
Kalew 719
Kalewa 1073
Kalinin 360, 523f., 531
Kalinowka 479
Kalkutta 375, 971
Kallang 712
Kaluga 360, 521, 524, 531, 572
Kamen 1036
Kamenez 878f.
Kamien 81
Kamien Koszyrski 106f., 109
Kamiensk 93, 587
Kamionka Strumilowa 106

Kamtschatka 860
Kanne 238
Kano 399
Kanoja 546, 1068, 1072
Kantemirowka 586
Kap Blanco 899
Kap Bon 421, 695, 843
Kap Bougie 799
Kap der Guten Hoffnung 169, 397, 427
Kap Esperance 567
Kap Farvel 788, 796
Kap Finisterre 326, 332, 792, 794
Kap Gris-Nez 165, 308, 315, 699
Kap Hatteras 386
Kap Hoorn 170
Kap Matapan 404, 406f.
Kap Passero 845
Kap Sao Vincente 799
Kapstadt 271, 344, 378, 389, 1025
Kap St. Vincent 364
Kapverdische Inseln 169
Kap Wrath 365
Karlsbad 1049
Karlshorst 1020
Karlsruhe 1047
Karolinen 872, 971, 980
Kasan 18
Kaschira 527
Kassala 288
Kassel 828
Kastornoje 585, 757
Kattowitz 68, 357, 1007
Katyn 121, 763
Kaufbeuren 481
Kawasaki 1081
Kazvin 538
Kelcyre 297
Kenley 314
Kendari 621
Kerasoven 295
Keren 424, 426f.
Kermanshah 537
Kertsch 532f., 566, 569, 574, 580, 764, 777
Ketzin 1018
Khalde 449
Khanaquin 537
Khannucta 440
Kharagpur 971
Khartum 288, 399
Khorramshar 536f.
Kiamusse 1084
Kiel 25, 56f., 158, 160, 204f., 217, 223, 321, 330, 342, 344, 366, 371, 379, 388, 618, 648, 657, 784, 799, 832, 911, 1039, 1051
Kielce 86, 89, 92f., 100, 1006
Kiew 360f., 479, 493f., 503, 515ff., 748, 777, 909
Kijany 111

Kingstown 828
Kioto 1077
Kirin 1079, 1086
Kirkenes 301
Kirk-Sund 159
Kirkuk 434, 438, 440
Kirkwall 169
Kirschdorf 1040
Kischinew 887
Kiska 567, 633
Kismayu 424f.
Kiswe 443, 446
Kiuschu 546, 973, 1068, 1070, 1072
Kladno 730
Kletskaja 603
Kleve 1044
Klin 360, 527, 530, 532
Klincy 510
Klbuck 79
Kluga 991
Knightsbridge 683
Kobe 371, 660, 800, 1064, 1068, 1074
Koblenz 28, 1043
Kock 74, 112, 115
Köln 472, 566, 656f., 662ff., 804, 814, 816, 828, 998, 1043, 1048
Königsberg 43, 133, 510, 532, 891, 928, 998, 1009, 1015, 1079
Kohima 983, 985
Kolberg 1011
Kolbing 1005
Komandorski-Inseln 860
Komorn 1002
Konotop 513, 773
Konstanza 500, 511, 648, 664, 880, 993
Kopenhagen 210, 482, 1029
Koritsa 296, 690
Korosten 502
Kors-Fjord 375
Kos 402
Kostry 123
Kosyn 113
Kota-Baru 556
Kotelnikowo 592, 606f., 611
Kowel 102, 106, 113, 116
Kowno 39, 358, 477, 480, 886, 990, 1057
Kragujevac 468
Krakau 60, 74, 79, 139, 341, 357, 778, 990, 1005f.
Kraljevo 468, 996
Krasnaja Poljana 527
Krasnik 102
Krasnobrod 109
Krasnodar 593f., 756
Krasnystaw 102, 106, 113
Kremenskaja 594
Kreta 190, 284f., 295, 360, 402, 405, 420, 446, 459–465
Krim 511f., 517f., 525, 532f.,

566, 569f., 574, 580, 582, 584f., 595, 764, 777, 872, 879f., 1059
Kristiansand 214, 217, 1025
Kristiansund 904, 1026
Kritschew 510, 775
Kriukow 527
Kriwoj Rog 872
Krojanty 82
Kronstadt 187, 513ff., 517, 578, 904
Krzemieniec 118
Kuala Lumpur 559, 567, 705
Kuciny 93
Küstrin 1007f., 1012
Kuffra 407
Kujbyschew 524
Kulm 84
Kuneitra 443ff.
Kunming 720, 1069
Kuporosnoje 598
Kurilen 975, 1084, 1086
Kurmuk 288
Kursk 360, 521, 525, 584, 748, 757, 765f., 769, 771f.
Kut 445
Kutno 98f., 1001
Kuwait 548
Kuznica 113
Kwajalein 546, 872

Labrador 664
Labunie 106f.
La Charité-sur-Loire 260
Ladoga-See 194f.
Lagos 399
Lahti 185
Laibach 930
Lamma 558
Landau (Pfalz) 179
Landsberg (Augsburg) 234, 1043
Landsort 102
Langeland 784
Langenargen 967
Laon 244
La Pallice 259, 339, 342, 383, 388, 620, 639, 792
La Plata 170f.
La Rochelle 263
Larvik 210
Lashio 719f.
Las Palmas 367
La Spezia 277, 284, 339, 402, 848, 969
Laszki Murowane 121
Lauban 1010
La Valetta 279, 849
Leconfield 515
Ledo 983
Legaspi 557
Le Havre 259, 308, 311, 654, 670, 701, 899, 902
Leighton Hill 560
Leipzig 319, 913f., 924

Register der Orte

Le Kef 835
Le Mans 141, 939
Lemberg 102, 104, 106, 111, 119, 121, 124, 498, 501 f., 736, 743, 778, 882
Leningrad 187, 194, 330, 344, 460, 493 f., 502, 512, 515, 517 f., 521, 523, 576 ff., 580, 595 f., 748, 752, 872, 875 f.
Leodium 229
Les Andelys 257
Lesienice 121
Leskovik 296
Lessay 945
Leszczyna 81
Le Touquet 89
Leubus 1009
Leuchars 814
Leyden 1032
Leyte 872, 976 ff., 981, 1081
Libau 61, 498, 500, 891, 1012
Lida 779
Lidice 74, 480, 567, 729, 730
Lille 74, 254, 675
Lillehammer 219
Lillesand 208
Lillesjona 217
Limpach 249
Linz 648, 1057
Lipezk 18
Lippstadt 1047
Littorio 816
Litzmannstadt s. Lodz
Liverpool 303, 314, 327, 471, 791, 799
Livorno 265, 402
Liwny 531
Lobetal 1016
Locarno 16, 18
Loch Cairnbawn 796
Loch Earn 388
Loch Ewe 163, 180
Lochwitza 516
Lodz 92, 97, 99, 479 f., 738, 743, 991, 1001, 1006 f., 1056
Lofoteninseln 390, 393
Lomza 98
London 19, 38, 44, 63, 66 ff., 71, 84, 89, 115, 190 f., 199, 203, 223, 225, 229, 245, 252, 265, 268 f., 297, 300 f., 311 f., 314–318, 321 f., 359, 364, 432, 470 f., 488 f., 514, 531, 560, 564, 623, 654, 729, 746, 763, 804, 824, 832, 872, 885, 906, 911, 913, 918 f., 921 ff., 926–930, 1032, 1034, 1036
Lorenzo 816
Lorient 266, 325, 342, 382 f., 386, 640 f., 789, 792, 804, 904, 945 f.
Los Alamos 747, 1078
Lossiemouth 906
Louvain 234
Lowicz 99 ff.

Lubei 1083
Lublin 74, 94, 96, 101 f., 107, 112, 115, 341, 357, 479, 494, 738 f., 749, 779, 872 f., 885, 990, 1057
Lubljana 454
Luck Luzk 116, 118, 498
Ludwigshafen 829
Lübeck 330, 566, 657 f.
Lüttich 231, 821, 1038, 1043
Luga 503, 872
Lukow 115
Lunga 860
Lutterade 675
Luxemburg (Stadt) 249 f.
Luxor 399
Luzon 554, 557, 872, 979, 999, 1063 ff., 1081
Lye-mun 558, 560
Lyon 264, 674, 743
Lysekil 894

Maalöy 394
Maastricht 236, 238
Machaschala 594
Madagaskar 389, 640, 723–727, 745
Madeira 383
Madrid 265, 347
Magdeburg 911, 924, 1049
Magnuszew 887, 1001 f., 1005
Maiduguri 399
Maikop 566, 593
Mailand 847, 854, 1061
Mainila 185
Mainz 998
Majdanek 478 f., 737 f., 743, 779, 990
Majdan Tatarski 479
Majunga 727
Makejewka 607, 610
Makin 749, 863, 865
Makow Mazowiecki 93
Makow Podhalanski 739
Malakka 709
Malediven 425
Malemes 461 ff.
Malgobek 602
Malkinia 742
Malmedy 960
Maloelab 546
Malojaroslawez 531
Man 303
Mandalay 719, 1067, 1072
Manila 567, 705, 979, 981
Mannheim 322, 810, 998
Maracaibo 617
Marada 677
Marda Pass 426
Marianen 872, 971 ff., 975 f., 1063 f., 1067 ff., 1074, 1076
Marienburg 887
Mariupol 518
Marsa-el-Brega 423, 677

Marsa Matruh 290, 685
Marseille 283, 848
Marshall-Inseln 546, 872, 971, 1086
Martelange 249
Martinique 303
Maschaisk 521
Massaua 427
Mauthausen 475, 1057
May 115
Mechelen 200, 227
Medenine 696, 835 f.
Mediouna 271
Medmenham 808, 828, 831
Medyka 112
Mega 426
Melbourne 617
Melitopol 777
Memel 62, 510, 890
Menado 705
Menston 314
Mentone 265
Mergui 621, 708
Merj Ayoun 446, 448 f.
Merknes 271
Mersa Brega 407, 697
Merseburg 919
Mers-el-Kebir 191, 277, 279, 301, 303 ff.
Merville 254
Merzig 146
Messina 846 f.
Mesves-sur-Loire 260
Metamyr 836
Methil 154
Mettlach 146
Metulla 446
Metz 872, 952
Mezzagra 1061
Mezze 446
Middlesbrough 337
Midway 554, 567, 628–633, 642, 719, 721
Mielniki 123
Mignano 854
Milanow 123
Millerowo 587
Milton Bryan 828
Mindanao 554, 872
Mindoro 981
Minsk 72, 360, 480, 494, 500, 502 f., 509, 511 f., 517, 574, 743, 779, 872, 883 f.
Minturno 964
Mirgorod 920, 923
Miskolc 990
Mlawa 89, 1006
Mo 221 f.
Moasco Rashid s. Hinaidi
Modlin 74, 97, 103, 106 f., 109, 111 f.
Mönchengladbach 238
Moerdijk 238, 240
Mogadischu 424 f.
Mogadiscio s. Mogadischu

Mogaung 983
Mogilew 504, 880, 883
Moirans 267
Mokotow 127, 130
Mokra 80 f., 83
Molde 220
Molodetschno 884
Monowitz 475
Monsoreau 262
Montcornet 244
Mont de Marsan 266
Monte Carlo 283
Monte Cassino 964 ff.
Montenegro 467
Montevideo 74, 167 f., 174 f.
Monte Vulture 402
Montoire 347 f.
Mont-St.Michel 936
Morava 468
Morosowsk 608
Morosowskaja 587, 607, 610
Morotai 872
Mortain 945
Moschaisk 524
Moscheiki 891
Mosdok 596
Mosjöen 221 f.
Moskau 39 ff., 45, 47, 49 f., 54–64, 67, 69 f., 95, 102 f., 110, 131 ff., 190, 195, 197, 210, 260, 357, 360 f., 483, 494, 502, 507 f., 511 ff., 515, 517 f., 520 f., 523 ff., 527, 529 ff., 541 f., 544, 548, 567, 569, 572 ff., 576, 583, 595 ff., 600, 611, 765, 773, 873, 886, 993, 1059, 1077 ff.
Moskenesöy 394
Moskowsk 518
Mossul 430, 434, 436, 438, 441
Mostar 466
Moulmein 708
Mount Hermon 443
Mount Ormel 950
Moyale 286 ff.
Msus 407
München 16, 32 ff., 85, 702, 807, 825, 917, 930, 998, 1018, 1050 f., 1054
Münster 481, 928
Mukden 975, 1079, 1086
Murmansk 149, 154, 164, 187, 201, 204, 500, 515 f., 535, 614, 628, 635, 638, 643 f., 651, 661, 784, 905, 1029
Musaiyb 437
Mutankiang 1081, 1083 f., 1086
Myene 871
Myitkyin 983
Mzensk 524, 531 f.

Nabatiyeh 446

1111

Register der Orte

Naft-i-Schah 536
Nagasaki 999, 1083
Nagoja 660, 980, 1068, 1072, 1074
Nagy-Kanisza 1011
Naklo 82
Naltschik 594
Namsos 209, 212, 217 f., 220 f.
Namur 233 f.
Nancy 266
Nanning 980
Nantes 263, 565
Napp 394
Narvik 155, 187, 199, 201, 203 f., 207–211, 214–219, 221 ff., 225, 333, 634, 636, 641 f., 904
Narwa 510, 890
Nasrieh 434
Natal 893
Natzweiler-Struthof 477, 480
Nauro 389
Neapel 278, 286, 288, 402, 748, 848, 852, 963
Nee Soon 712
Negros 859
Nemmersdorf 891
Nettuno 857, 872, 963 f., 967 ff.
Neu-Delhi 719
Neufchâteau 249
Neugeorgia 862
Neuguinea 567, 647, 708, 717, 749, 872
Neuirland 897
Neu-Mecklenburg 708
Neuss 671, 673, 1043
Neustadt (Lübecker Bucht) 1027
Neuwied 1043
Newcastle 325, 337
Newel 760, 775, 777
Newhaven 701, 931
New York 149, 154, 164, 328, 378, 386, 613, 786
Nicastro 847
Nieder-Ellguth 77
Nieporet 80
Nikolajew 360, 512
Nikolewskaja 591
Nimwegen 240, 872, 953, 955 f.
Ningpo 544
Niš 455
Nisko 123
Nives 247
Nizza 283, 779
Nordhausen 740
Nordkap 521, 644, 801
Norfolk 164
Nowaja-Semlja 344, 642, 792
Nowgorod 503, 773
Nowo 518
Nowoaleksandrowsk 585

Nowogrodek Wolynski 502
Noworossisk 569, 594, 634
Nowotscherkask 607
Nürnberg 26, 68, 183, 915 ff.
Nujno 123

Oadweina 289 f.
Oahu 361, 552
Oak Ridge 747
Oberkorn 250
Obrestadt 154
Obrojan 769
Ochersleben 911, 914, 924
Ochota 95, 127
Ochrida 296
Ockenburg 235, 238
Odenthal (Oberschlesien) 917
Odessa 493, 517, 523 f., 872, 879 f.
Ösel 111, 516
Okayama 976
Okecie 49, 83, 94
Okinawa 999, 1070–1078
Oosterbeek 955
Opatschka 502
Oppeln 77, 1006
Oppenheim 998, 1045
Oradour-sur-Glane 872, 939
Oran 260, 271, 302 f., 693 ff., 702
Oranienburg 23, 515, 1038
Orel 521, 523, 530, 748, 765, 769 ff., 773
Orford Ness 154
Orkney 159, 217
Orly 319
Orpington 1036
Orscha 504, 775, 880, 883
Ortone 853
Osaka 1068
Oslo 205, 210, 215, 221, 223, 489
Osnabrück 669, 929
Ossowo 119
Ostaschkow 571
Ostende 254, 309
Ostheim 236
Ostrog 118
Ostrolenka 1006
Ostrow Lubelski 113
Oswiecim s. Auschwitz
Oszmiana 117
Oxhöft 81, 103 f., 1012 f.

Palan 872
Palau 546, 872
Palermo 421, 781, 846
Plamyra 436 ff., 441, 446, 448 f.
Pantelleria 412, 748
Papenburg 23
Parchim 1038
Paretz 1018
Parczew 115

Paris 13 f., 25, 35, 38, 41, 43, 56 f., 59, 84, 89, 96, 114 f., 190, 201, 203, 229, 245, 259, 265, 268, 283, 310, 319, 322, 336, 354, 477, 488 f., 655, 739, 808, 872, 918, 924, 931, 934, 945 f., 950 f., 990
Parpatsch 570
Pas-de-Calais 309, 311, 318, 832, 918, 926, 928, 934, 940
Pearl Harbor 361, 541, 546, 548–552, 554, 623, 626, 628, 630, 661, 717, 856, 861, 981, 1076
Peenemünde 179, 809, 814, 823, 828, 831, 926
Pegu 1073 f.
Peking 1086
Peleliu 872, 976
Penang 640 f.
Perl 247
Pernambuco 167
Pescadores 836
Petrikau 93
Petsamo 185 f., 195, 890
Pevensey 314
Philippsburg 1047
Piatek 98
Pillau 998, 1004 f., 1010, 1012, 1015
Pillkallen 1002
Pilsen 810, 1039, 1049
Pinsk 119, 884
Piotrkow 86, 89, 92
Piräus 451, 455, 459, 464
Pirjatin 920, 923
Pisa 846, 872
Pitomnik 607, 610, 751
Pleskau 503
Plön 1018
Ploesti 351, 511, 664, 819 f., 889, 917
Plymouth 300
Podolsk 878 f.
Pogoreloje-Gorodischtsche 523
Point Victoria 558
Pojarkowo 1083
Pojazdow 115
Polarskoje 201
Polesje 881
Polawy 887
Polichna 113
Polozk 502, 775, 880, 884
Poltawa 773, 920, 922 f.
Pomerellen 91, 95
Ponape-Inseln 546
Pondicherry 270
Ponners 262
Pontalier 261
Pont-du-Fahs 839, 841
Pool 337
Port Arthur 1085 f.
Port Darwin 708, 717
Portland 337

Port Lyautney 271
Port Moresby 626
Port Said 650
Portsmouth 161 f., 300, 330, 655, 701
Port Stanley 170, 174
Port Sudan 288, 427
Posen 73, 83, 137, 139, 480, 914, 1001
Potjemskinskaja 611
Potsdam 1018, 1059, 1078 f., 1081
Powisle 130
Pozega 468
Prag 37, 39, 74, 183, 557, 730, 778, 919, 1018, 1021, 1049
Praga 127
Prenzlau 1018
Presenzano 855
Preßburg 1013
Prestwick 668
Priort 1018
Prochladnoje 594
Prochorowka 769
Prome 719
Proskurow 876 f.
Przemysl 98, 102, 742, 886
Przeworsk 886
Pulawy 1005
Pultusk 93
Punta Stilo 288
Putiwl 521
Putzig 79

Qasr-i-Shirin 536
Quakenbrück 250
Quebec 749, 873, 995

Raate 187
Rabaul 566, 640, 859 ff., 864
Rachaya al Waali 443
Rache 1081
Radenice 121
Radom 92, 94 f., 98 f.
Radomsko 89, 91 f.
Radzymin 886
Radzyn 113
Ramadi 440
Ramsdal-Fjord 221
Randova 749
Rangung 567, 708, 717, 983, 999, 1072 ff.
Ranville 900
Rapallo 15
Raschid 437, 439
Raseinen 890
Rasen-Nakura 446
Ras Nebi Yunus 446
Rastenburg 514, 613, 988
Ravalle 1061
Ravenna 969, 1061
Ravensbrück 737 f., 991, 1057
Raviscanina 854
Rawa-Ruska 108 f.

1112

Register der Orte

Rayak 438, 441 ff., 449
Rebielice 81
Rebielice Krolewskie 81
Rechlin 1038
Regensburg 648, 821 ff.
Reggio di Calabria 847
Reims 998, 1051
Remagen 998, 1043 ff.
Rendowa 862
Rennes 945
Rethymnon 462 f.
Reval 101 f., 110, 162, 208, 360, 503, 510, 513 f.
Reykjavik 521, 634, 661, 666
Rhodos 403, 441, 449
Riga 480, 779, 872, 891
Rimini 846
Rio de Janeiro 170, 344 f., 746
Riukiuinseln 975, 1070
Rochefort 961
Rodingen 248
Rösrath 1048
Rogatschew 504, 507
Rom 26, 47, 84, 265, 267, 322, 542, 748, 779, 816, 847 ff., 853, 872, 963 ff., 969
Roslawl 507, 510, 520 f., 775
Rostock 658, 926
Rostow 517, 527, 566, 587 f., 611, 748, 754, 757, 759
Rosyth 206 f.
Rotterdam 190, 238, 240 f., 250 f., 308, 804
Roubaix 242
Rshew 596, 748, 759 f.
Rudnia 775
Ruigenhoek 235
Rusa 532, 572
Rutba 431, 436 f.
Rye 314
Rynok 595
Rzyczki 108

Saarbrücken 141, 259, 671, 1043
Saaremaa 508
Saarlouis 671
Sachsenhausen 737, 1057
Saeki 546
Sagan 987
Saidor 872
Saigon 543, 545, 554, 563
Saint-Leonard 229
Saint-Maixent 262
Saint-Malo 259
Saint-Nazaire 259, 261, 266, 383, 385, 621 ff., 792, 806, 945 f.
Saint-Valéry 258 f.
Saipan 546, 872, 972 f., 976, 980 f., 994, 1063, 1067, 1076
Sai-wan 560
Sakumo 546
Salerno 748, 848, 850 ff.

Sâleux 921
Salomonen 567, 642, 721, 749, 860, 862, 976
Salon 283
Saloniki 449, 451, 455, 459, 778, 996
Salsk 610, 751 f.
Salt Lake City 995
Salzburg 34
Sandhamn 109
Sandomierz 86
San Francisco 993, 1059
San Giovanni 847
Sankt Petersburg 503
San Pablo 981
Santa Cruz 567, 648 ff.
Santa Lucia 323
Saporoshje 777
Sarajevo 457
Saratow 530
Sarny 118, 125
Sasebo 1072
Saumur 262 f.
Savo Island 567, 640
Sbeitla 835 f.
Scapa Flow 14, 74, 106, 149, 156 ff., 180, 201, 206 f., 221, 334, 328, 374 f., 394, 413
Schack 112, 123
Schelanje 574
Schengen 248
Schepetowka 877
Scheveningen 238
Schikoku 1072
Schitomir 479, 498, 502, 748
Schlüsselburg 596, 748, 752
Schneidemühl 357
Schwedt 1016
Schweinfurt 821 f., 826, 914 f., 917 f.
Sedan 145, 190, 231, 233, 235, 243 f., 246, 248 f.
Sehneh 538
Sengwarden 336
Serafimowitsch 603
Seria 1077
Sewastopol 523 f., 532, 535, 566, 569 f., 580, 583 ff., 634, 872, 880, 946
Sewersk 773
Seychellen 372
Sfax 835, 839
Shahabad 537
Shaibah 430 f.
Shanghai 543, 549
Sheerness 314
Sheikh-Miskine 443
Shensi 544
Shetlandinseln 1027
Shimushu 1084
Shipwash 328, 372
Shoeburyness 161
Shonan s. Singapur
Shortland 861
Sidi Ahmed 695

Sidi Barrani 190, 292 f.
Sidi-Rezegh 420
Sidon 443 f., 446
Siedlce 94
Sierra Leone 384, 485
Signehamma 641, 648
Silistea 434
Simferopol 480, 880
Simla 538
Simmering 688, 692
Singapur 361, 541, 545 f., 549, 554, 558, 566, 708–717, 865, 1074
Sittingbourne 1038
Skerry-Sund 159
Skibottn 890
Skidelsko 119
Slawjansk 760
Slobin 504
Sluck 880
Sluzewiec 129
Sluzk 502
Smolensk 121, 360, 493 f., 504 f., 507 f., 512, 514 f., 521, 574, 748, 763, 774 f.
Sobibor 478, 737, 739, 778 f.
Sobota 98
Sörgulen-Fjord 344
Sofafi 293
Sofia 413, 454
Sola 1038
Solchaczew 100
Solec 101
Soletschnogorsk 527, 532
Sollum 190, 293, 360, 408 ff., 416, 620, 677, 693, 695
Sopockino 121
Sosnowitz 739
Sotteville-Les-Rouen 670
Souk el Arba 696
Soumussalmi 74, 188, 190, 193
Sousse 839
Southampton 1026
Spas 760
Split 344
Sporyi Nawolok 792
Sroda 98
Stalingrad 566, 569, 588, 590–600, 602–611, 643, 748, 751 f., 754–758, 811, 841, 884, 887, 1018, 1069
Stalingradski 752
Stalino 607, 610, 773
Stalinogorsk 527
Stallupönen 891
Stamsund 391
Stanislaw 886
Stanislawow 101
Stanley Mound 560
Stanmore 313
Staraja Russa 872
Staraja Tropa 773
Stary Oskol 585

Stavanger 158, 203, 213 f., 217, 474, 1038
St. Denis Westrem 1031
Steinau (Schlesien) 1009
Steinbrücken 249
Steinkjer 218
Ste. Mère-Eglise 940
Stettin 319, 357, 509, 928, 1014, 1016
St. Foy-de-Montgomery 942
St. Helena 167, 170
St. Leonard 950
St. Leu d'Esserent 924
St. Lô 872, 945
St. Malo-les-Bain 255
St. Margareth's Bay 926
Stockholm 71
Stolpmünde 1017
Stolzenburg 952
St. Omer 241
St. Pölten 1040
St. Quentin 234, 245
Stralsund 357
Straßburg 872, 956
Strugarik 467
Struthof 737
Stulno 113
St. Ursanne 266
Stuttgart 824, 831, 998, 1049
Stutthof 990
Suchinitschi 574, 593
Suchum 594
Suda 462
Südvaagsö 395
Sukria 149
Summa 190, 194
Surabaja 619, 717
Suwalki 886, 890
Suweida 446, 448
Svenigorodka 876
Svolvaer 391
Swanscombe 921
Swerowo 752
Swinemünde 204
Swoboda 751
Sydney 617, 631
Syrakus 413, 845
Sytschewka 586
Szczyzna 81

Tabarga 696
Täbris 535
Tafaroui 271
Taipo 554, 557
Takoradi 292, 397, 399
Tallinn s. Reval
Taman 580
Tanganrog 763
Tangenmere 674
Tangmere 314
Tarakan 705
Tarawa 749, 866
Tarent 190, 265, 284 f., 402, 405 f., 414, 546, 554, 848

1113

Register der Orte

Tarnopol 101, 118, 125, 872, 877, 882
Tarnow 93
Tassafaronga 567
Tatahouine 836
Tavoy 708
Tawi-Tawi 973
Tazinskaja 607, 610 f.
Tebessa 835 f.
Tebourba 697
Teheran 535–539, 749, 777
Teiceira 798
Tel Aviv 149
Tempsfort 673
Tepelena 297
Terespol 887
Terezin s. Theresienstadt
Terijoki 186
Termoli 853
Terracina 969
Teschen 33 f.
Thala 835
Theresienstadt 480, 738, 743, 778 f., 991, 1057
Thermopylen 459
Thorn 85, 91
Thruxton 654
Tichwin 525, 531
Tiflis 594
Tilburg 229, 234
Tilbury 54
Tilsit 510, 532, 887 f.
Tim 532
Timor 717
Tinian 546, 872, 1067, 1074, 1078 f., 1081
Tind 394
Tinos 293
Tirana 39
Tirlemont 240
Tmimi 408
Tobruk 283, 286 f., 289, 293, 360, 397, 400, 408 ff., 416 f., 419 ff., 566, 647, 681, 683 f., 696
Tokio 19, 55, 354 f., 358, 541 f., 544–549, 551, 567, 659 ff., 749, 862, 872 f., 980, 999, 1025, 1063 f., 1067 f., 1072, 1074, 1076 f., 1081, 1083 f., 1086
Tokuyama 1071
Tomarowka 773
Tomaszow Lubelski 102, 104 ff., 109, 112, 123
Tomaszow Maz 92 f.
Tonking 355
Torgau 998, 1018, 1039, 1051
Toropez 571
Torre Annunziata 852
Torre Vaianica 967
Toulon 263, 270, 279, 302 ff., 306, 446, 449, 566, 703, 726, 872, 946
Toulouse 269

Toungou 717
Tournai 951
Tours 261 f., 265 f., 283
Traimont 248
Trassenheide 823
Travemünde 204
Trawniki 113, 124
Treblinka 478, 567, 737, 741 ff., 778 f.
Treuburg 91
Trier 952 f., 1043
Trincomalee 624
Trinidad 167, 323, 344 f., 788
Tripolis 360, 397, 402 f., 407, 410, 413 f., 421, 449, 624, 748, 835
Tromsö 221, 906
Tromsö-Fjord 904
Trondheim 220, 202 f., 207, 209, 214 f., 217, 223, 614, 619, 634, 784 f., 904
Truk 872, 971, 980
Tschangtschun 1079, 1086
Tschenstochau 80, 86, 89, 93, 779, 1056
Tscherkassy 872, 876
Tscherkesk 594
Tschernigow 525
Tschernigowka 523
Tschernowitz 880
Tschöngtu 973, 975 f.
Tschungking 871
Tukkum 887, 891
Tula 524, 527, 530
Tulagi 860
Tunis 281 f., 449, 695 ff., 811, 835, 839, 841 ff.
Tuguan 1083
Turin 749
Turnhout 229
Tutow 914
Twinwood Farms 931
Tyrkowo 517
Tytam Gap 560

Übigau 648
Uelzen 1038
Ulithi-Atoll 971
Ulm 567, 989, 998, 1049
Uman 510, 514, 877
Unetscha 510
Uniejow 99
Utrecht 321
Užice 468

Vaagsö-Fjord 218
Valtelino 1061
Vannes 334
Veghel 953
Veldwezelt 236, 240
Vella-Lavella 749
Venlo 146, 240
Venedig 26
Ventnor 314
Verdun 264

Verona 846, 993
Versailles 13
Vianga 515
Vichy 266, 269, 302, 566, 723, 727
Victoria City 560
Victoria Peak 560
Viipuri s. Wiborg
Villaorba 854
Villers-sur-Mer 904
Vlissingen 309
Vlona 297
Vovuza 295
Vroenhoven 236, 240

Waalhaven 238
Wadi Akarit 840 f.
Wake 557, 560
Walcheren 952, 956 f., 1032
Walfischbai 169
Waluiki 752
Wangerooge 181
Warschau 34, 37, 40, 45, 49 f., 54, 56 f., 63, 69, 71, 74, 80, 83, 86, 89, 91–100, 103 f., 106 ff., 111, 113, 115, 127–131, 139, 191, 250, 311 f., 341, 358 f., 475 ff., 557, 658, 733 f., 736, 739–743, 749, 778, 872, 885 ff., 890, 998, 1001, 1006
Wartkowice 99
Washington 15, 19, 336, 355, 371, 481 ff., 487 f., 543, 549 f., 557, 623, 723, 745 ff., 749, 991, 993
Wassenaar 928, 930, 1032
Wassiljewka 610
Waterloo Road 558
Wavre 234
Weimar 14
Welikije-Luki 504, 507, 513, 520, 773
Wendover 995
Werder (Potsdam) 1018
Wesel 998, 1045 ff.
Wesermünde 149, 204
Westerplatte 65, 73, 77, 79, 85, 91, 94
West Malling 314
Wiborg 190, 194 f., 525, 872
Widzew 93
Wielun 93
Wien 31, 183, 351, 357, 453, 849, 917, 920, 991, 998, 1013, 1047
Wiener Neustadt 821, 826
Wiesbaden 998, 1035, 1040
Wilhelmshaven 57, 59, 152, 160, 162, 177, 180 f., 204, 266, 330, 334, 336, 804, 1029
Wilkowiecko 81
Wilna 118 ff., 358, 480, 778 f., 884
Wiltz 1044

Windau 61
Winniki 119
Winniza 502, 875
Wismar 926
Witebsk 504, 775, 777, 872, 877, 880, 882 f.
Witry 247 f.
Wizernes 832
Wjasma 360, 515, 574 ff., 578, 586, 748, 760
Wladimir Wolynskij 106, 118
Wladiwostok 558, 644, 661, 1078 f., 1083
Wloclawek 139
Wlodawa 102, 109, 111 ff., 123 ff.
Wnukowo 132
Wola 127, 129
Wola Gulowska 115
Wolchow 876
Woleai 872
Wolfsburg 824
Wolhynien 875
Wolokolamsk 521, 572
Wolomin 886
Wong Nei Chong 560
Woronesch 588, 668, 754
Woroschilowgrad 757, 759
Wotje 546
Wright 328
Wuppertal 812, 814
Wyton 177
Wytyczno 124

Yap 872
Yavello 288
Yenangyang 719
Yokohama 347, 660, 798, 1087
Yokosuka 549
Youks les Bains 696
Ypenburg 238

Zabki 106
Zacisze 106
Zagreb 459, 743
Zambrowo 98
Zamosc 102, 106 f., 109
Zarskoje-Selo 875 f.
Zasole 357
Zboiska 119
Zeila 289 f.
Zeist 321
Zemplin 831
Zizikar 1083, 1086
Zolver 249
Zon 953
Zoppot 115, 1012
Zoufftgen 250
Zychlin 101

Register der Schiffe

»Acasta« 333
»Achates« 651
»Achille« 259
»Achilles« 170–175
»Active« 726
»Admiral Graf Spee« 59, 74, 156, 161, 167–175, 179, 201
»Admiral Hipper« 199, 202, 207 ff., 223, 328, 342, 364 f., 636, 650 f., 781, 782
»Admiral Nordmeer« 801
»Admiral Scheer« 167, 169 f., 173, 340 ff., 366, 371, 517, 636, 641 f.
»Adour« 448
»Ägier« 1014
»Africa Shell« 169
»Afridi« 221
»Agosta« 259
»Ajax« 170–175, 443, 448, 903 f.
»Akagi« 548, 632 f.
»Akebon« 554
»Albacore« 975
»Albatros« 264
»Alberto da Barbiano« 421
»Alberto di Giussano« 421
»Albion« 349
»Alcantara« 344
»Alexandre« 894
»Alex von Opstal« 155
»Alfieri« 406
»Allesandro Malaspina« 339
»Alster« 330
»Altmark« 167, 169 f., 190, 201
»Amstelland« 366
»Andrea Doria« 422
»Anhalt« 395
»Annamite« 646
»Anton Schmitt« 217
»Antony« 726
»Aoba« 640
»Aphis« 400
»Arabis« 325
»Arandora Star« 335
»Arbutus« 368
»Archer« 788
»Ardent« 333
»Arethusa« 206, 220, 394, 410
»Argonaut« 903
»Argus« 513, 515
»Arizona« 553
»Arkansas« 901, 903
»Ark Royal« 155, 169, 175, 179, 223, 304, 370, 375 f., 402, 412, 415, 418
»Astoria« 640
»Athabaskan« 794

»Athenia« 153, 372
»Atlantis« 342 ff., 385 f., 389
»Aubrietia« 372
»Audacity« 386, 415
»Augusta« 484
»Auricula« 726
»Aurora« 157, 387, 391, 413, 416, 422
»Australia« 978, 1064
»Avenger« 643
»Avondale Park« 1027

»Bärenfels« 330, 897
»Bagnolini« 284
»Barham« 164, 271, 405, 420, 465
»Bartolomeo Colleoni« 289
»Batiray« 621
»Bedouin« 379
»Belchen« 387
»Belfast« 161, 904
»Bernd von Arnim« 209
»Berwick« 214
»Beursplein« 366
»Bévéziers« 271, 726
»Biber« 1024
»Bielsko« 620
»Birmingham« 217, 372
»Bismarck« 336, 360, 371–378, 1072
»Bismarck-Sea« 1067
»Bison« 221
»Black Prince« 900
»Bittern« 221
»Blücher« 212
»Blyskawica« 71
»Bogue« 790, 792
»Bosnia« 153
»Bougainville« 726
»Bramble« 651
»Breconshire« 422
»Bremen« 149, 154, 164
»Bremse« 213
»Bretagne« 277, 304 f.
»Brilliant« 387
»Britannia« 349
»British Loyalty« 727
»Broke« 693, 695
»Buchanan« 621
»Bulldog« 372
»Bullhead« 1081
»Bulolo« 903
»Bunker Hill« 862, 1075
»Burgenland« 893
»Burgia« 514
»Burza« 71
»Bush« 1071

»Caio Duilio« 286
»Caiman« 443, 449
»Cairo« 213, 217, 223, 628, 647
»California« 413, 553, 1063
»Calypso« 284
»Camelia« 368

»Campbeltown« 621 f.
»Canberra« 640
»Capetown« 425
»Cap Arcona« 1026
»Cappellini« 645
»Carducci« 406
»Carlisle« 218
»Cassiopea« 420
»Catalina« 1085
»Cato« 904
»Ceres« 425
»Chambly« 383
»Charkow« 498, 500
»Charlotte Schliemann« 367
»Charokh« 538
»Chatelain« 899
»Chevalier-Paul« 446, 448
»Chicago« 631
»Chikuma« 548
»Chitose« 980
»Chiyoda« 973, 975, 980
»Chokai« 640
»Chrobry« 218, 222
»Ciklon« 514
»City of Exeter« 53 f.
»City of Flint« 153
»Clan Frazer« 455
»Cleaner« 328
»Clement« 167
»Colhoun« 721, 1071
»Columbus« 164
»Commandant Teste« 703
»Conte di Cavour« 278, 286, 288
»Conte Rosso« 410
»Cornwall« 372, 624
»Coronel« 782, 784
»Cossack« 190, 201, 376, 391
»Courageous« 154 f.
»Courbet« 303
»Corinthian« 645
»Coventry« 223, 409, 443, 647
»Crispi« 403
»Cumberland« 169 f., 174 f., 345
»Curacoa« 218
»Cyclone« 259
»Cyclops« 613

»Dahlia« 800
»Danubia Shell« 349
»Daring« 328
»Delfino« 293
»Delhi« 161
»Delmar« 169
»Denbydale« 414
»Denjew« 344 f.
»D'Entrecasteaux« 726
»De Ruyter« 619, 895
»Deutschland« 156 f., 160 f., 167, 169, 217
»Devonshire« 213 f., 221, 385, 513
»Diana« 412

»D'Iberville« 726
»Dieschnew« 642
»Dilwara« 727
»Dionysia« 349
»Dithmarschen« 223
»D. L. Harper« 366
»Domala« 328
»Doric Star« 169
»Dorsetshire« 378, 385, 624
»Dugesa« 342
»Duke of York« 488, 785
»Dulverton« 650
»Dumont d'Urville« 646
»Dunedin« 388
»Dunera« 727
»Dunkerque« 169, 277, 304, 306, 703
»Duquesne« 304
»Durham« 414
»Durmitor« 459

»Eagle« 283, 288 f., 427, 613, 641, 648
»Edinburgh« 180, 372, 375, 391, 410, 412
»Effingham« 222
»Egerland« 387
»Egret« 794
»Ekswood« 1023
»Elan« 443
»Electra« 153, 375, 557, 618
»Elihu Hale« 967
»Elmcrest« 304
»Emden« 177, 212
»Emile Bertin« 218
»Emmons« 903, 1070
»Empire Haven« 645
»Empire MacAlpine« 790
»Empire Pride« 727
»Empress of Britain« 340
»Empress of Canada« 392
»Ems« s. »Komet«
»England« 897
»Enterprise« 345, 626, 630, 633, 642, 648 ff., 659
»Erich Giese« 163
»Escort« 153
»Esk« 154, 328
»Esperance Bay« 387
»Esperia« 413
»Essex« 862
»Esso Hamburg« 387
»Eurofeld« 342
»Exeter« 170–174, 618
»Exmouth« 325
»Express« 154, 328, 557

»Falke« 902
»Fanning« 625
»Fearless« 410, 412
»Fencer« 798
»Fiji« 464
»Fiona« 414
»Fis« 344

1115

Register der Schiffe

»Fiume« 405
»Föhn« 395
»Formidable« 405, 418, 465, 1077
»Forrester« 155
»Fortune« 155
»Francis M. Robertson« 897
»Franklin« 1068
»Frederick C. Davis« 963
»Friedrich Breme« 388
»Friedrich Eckoldt« 200, 651
»Friedrich Ihn« 85
»Fugas« 498
»Furious« 157, 641, 895, 897
»Furutaka« 640

»Galatesa« 206, 220
»Galilei« 287
»Gallant« 658
»Garland« 387
»Gedania« 387
»Geier« 394
»General Haller« 89
»General von Steu- ben« 1010, 1015
»Georges Leyjues« 903
»Georgius« 371
»G. F. Elliot« 721
»Giulio Cesare« 288, 422
»Glasgow« 213 f., 366
»Glengyle« 409, 443
»Gloire« 646
»Glorious« 155, 167, 223, 333, 334
»Gloucester« 283, 288, 464 f.
»Glowworm« 207 f.
»Gneisenau« 74, 143, 157, 161 f., 169, 204 f., 212, 223, 234, 328, 333, 342, 366, 370, 388, 390, 566, 613 f., 618, 641, 666
»Goldenfels« 342
»Gondar« 284
»Gonzenheim« 387
»Goya« 1014 f.
»Gracia« 365
»Graph« 383
»Greer« 360, 484, 486
»Gregory« 721
»Grenville« 325
»Greyhound« 464 f.
»Griffin« 464
»Grom« 71
»Grosjaščij« 578
»Gryf« 82, 85, 88, 89
»Guadalcanal« 899
»Gudgeon« 859
»Guépard« 443, 448 f.
»Gurkha« 213

»Haldon« s. »La Combat- tante«
»Hamburg« 391
»Hammann« 628
»Hannover« 415

»Hans Lody« 163, 206, 208
»Hans Lüdemann« 208
»Hardy« 217
»Harmatris« 617
»Harrison Gray Otis« 793
»Haruna« 975
»Hasty« 634
»Hawkins« 901
»Hazelwood« 629
»Helena« 553
»Helli« 293
»Herbert C. Jones« 963
»Hermann Kühne« 208
»Hermes« 155, 366, 425, 623 f.
»Hermione« 634
»Héros« 726
»Hiei« 548
»Hiryu« 548, 628, 632 f.
»Hiyo« 975
»Hobbs Victory« 1070
»Hollyhock« 624
»Honolulu« 553
»Hood« 157, 374 f.
»Hornet« 626, 630, 646, 648, 659, 661
»Housatonic« 366
»Howe« 1077
»Hunter« 217
»Huntsman« 169
»Hurworth« 650
»Hyperion« 164

»Icarus« 328
»Idaho« 484
»Illex« 446
»Illustrous« 284 f., 400, 418, 725 f.
»Illmarinea« 516
»Imperial Star« 415
»Impulsive« 328
»Indefatigable« 1077
»Independence« 862
»Indianopolis« 1081
»Indomitable« 418, 613, 641, 725 f., 1077
»Intrepid« 1068
»Iron Duke« 180
»Isaac Sweers« 421
»Isis« 446
»Italia« 848 f.

»Jaguar« 423, 902
»Jamaica« 651
»Janus« 443
»Jan Wellem« 201, 204, 210, 217, 225
»Java« 619
»Jean Bart« 303, 693
»Jenks« 899
»Jersey« 163
»Jervis« 423, 963
»Jervis Bay« 341
»SS John Harvey« 857
»Jouett« 893

»Juniper« 223
»Juno« 465
»Junyo« 631

»Kaga« 632 f.
»Kajmakcalan« 459
»Kako« 640
»Kandahar« 422
»Kandelfels« s. »Pinguin«
»Kanimbla« 537
»Kara« 642
»Karl Galster« 1020
»Karlsruhe« 214
»Karnavon Castle« 345
»Kashii Maru« 344
»Kattegatt« 330
»Kearney« 485
»Kenia« 387
»Kersaint« 304
»Kilinin Bay« 979
»King George« 349
»King George V.« 378, 389, 1077
»Kingston« 658
»Kinugasa« 640
»Kirishima« 548 f.
»Kirow« 578
»Kitkun Bay« 979
»Knut Nelson« 153
»Köln« 66, 143, 157, 164, 169, 213, 517
»Königsberg« 64, 213, 217
»Komet« 344 f., 389
»Kong Harald« 394
»Kormoran« 345, 389
»Kortenaer« 618
»Krebs« 390
»Kronenfels« 1014
»Kurmark« s. »Orion«
»Kuttabul« 631

»La Combattante« 897, 1026
»Laconia« 645 f.
»La Curieuse« 260
»Ladybird« 400
»Lady Shirley« 383
»Lancastria« 261
»Lance« 413, 417, 658
»Landguard« 794
»Largs« 902
»Lauenburg« 372, 379
»Leander« 425, 443
»Leberecht Maaß« 89, 328
»Leeds City« 366
»Legion« 421
»Le Glorieux« 389, 726
»Le Héros« 389
»Leipzig« 66, 164, 330
»Lenin« 498
»Le Terrible« 304
»Levy« 1086
»Lexington« 625 ff., 630
»Liberty« 342 f., 481, 485, 487
»Lince« 403

»Little« 721
»Littorio« 286, 415, 422, 634
»Lively« 413, 417, 420
»Liverpool« 283
»Llanstephan Castle« 169
»Llanwern« 366
»London« 387
»Lord Byron« 349
»Lorentz W. Hansen« 169
»Lorgan Victory« 1071
»Lorna« 149
»Lorraine« 265, 277, 304
»Lothringen« 388
»LSD 7 Oakhill« 1083
»Lützow« 135, 161, 212, 217, 330, 357, 387 f., 578, 650 f., 781, 793, 796, 1011
»Lupo« 403, 420, 464
»Lusitania« 153
»Lynx« 304

»Magdeburg« 65
»Magdepur« 154
»Magic« 904
»Mahanada« 366
»Maiale« 412
»Malaya« 167, 277, 283, 288, 401 f.
»Malcolm« 693, 695
»Manchester« 217, 372, 410, 412
»Manert L. Abele« 1072
»Maori« 378, 421
»Maplin« 388
»Marat« 515, 517 f.
»Maritza« 420
»Marsa« 799
»Marsdale« 387
»Maryland« 553
»Matabele« 617
»Mauxmann« 410
»Max Schutz« 328
»Maxim Gorki« 515, 517, 578
»Maya« 975
»Mazur« 82
»McKean« 721
»Meknés« 336
»Metallist« 110
»Michel« 620, 792, 798
»Mikuma« 631
»Mississippi« 484
»Missouri« 1063, 1087
»Mistral« 303
»Möwe« 902
»Mogador« 304
»Mohawk« 180
»Molotow« 569
»Monas Isle« 254
»Monge« 726
»Monssen« 486
»Montcalm« 221, 903
»Moonstone« 287
»Moosejew« 383
»Morse« 443, 449

Register der Schiffe

»Moskwa« 498, 500
»München« 372

»Naiad« 465, 620
»Narwhal« 1063
»Nashville« 659
»Nautilus« 1063
»Nebosja« 459
»Neger« 903 f., 967
»Nelson« 157, 163, 387, 410, 415, 641
»Nembo« 289
»Neptune« 283, 288, 387, 422
»Neptunia« 414
»Neumark« 344, 906
»Nevada« 553, 903
»Newcastle« 158, 161 f., 345
»New Mexico« 484, 1063
»Newton Beach« 169
»Niblack« 482
»Nieuw Amsterdam« 639
»Nigeria« 379, 391
»Nordland« 394
»Nordmark« 342
»Norfolk« 203, 375, 378
»North Carolina« 646
»Nürnberg« 66, 164, 330, 517, 1029
»Nurek« 82

»O'Brien« 646
»Oceanie« 414
»Odenwald« 487
»Oglada« 553
»Oil Pioneer« 223
»Oklahoma« 553
»Oktjabrskaja Revolju-cija« 188, 517, 578
»Olterra« 793 f.
»Omaha« 487, 893
»Ommaney Bay« 1063
»Orama« 206, 223
»Ordzonikidze« 512
»Orion« 283, 344, 389, 904
»Orzel« 101 ff., 115, 208
»Osorno« 800
»Ostro« 289
»Oxley« 154

»Palang« 536
»Paris« 303
»Parthian« 448
»Pasteur« 259, 639
»Pathfinder« 788
»Pegaso« 624
»Pegasus« 367
»Peleus« 894
»Penelope« 413, 417, 420, 422, 557
»Pennsylvania« 553
»Perla« 427
»Petropawlowsk« 517, 578
»Phoebe« 443, 448
»Pietro Orseolo« 800

»Pillsbury« 899
»Pilsudski« 87
»Pinguin« 344, 363, 372, 389
»Pionier« 110
»Piorun« 376
»Platon« 154
»Plumleaf« 658
»Pola« 406
»Port Chalmers« 170
»President Jackson« 651
»Prince of Wales« 375, 377, 414, 483 f., 554, 557, 560
»Prince Robert« 799
»Princess Beatrice« 390
»Princeton« 979 f.
»Prinz Eugen« 321, 372, 374 f., 377, 388, 390, 566, 613 ff., 641, 666, 798, 887, 1009, 1011
»Procida« 420
»Provana« 260
»Provence« 277, 304 f., 703
»Python« 385

»Queen Elizabeth« 328, 420, 422 f., 639, 664
»Queen Emma« 390
»Queen Mary« 639
»Quessant« 259
»Quincy« 640, 901

»Raleigh« 553
»Ramb I« 425
»Ramillies« 375, 725, 727, 901 f.
»Ranger« 693
»Rauenfels« 217, 330
»Rawalpindi« 161 f.
»Renown« 169, 175, 207, 212, 214, 370, 375
»Repulse« 157, 206, 554, 560
»Resolution« 271
»Reuben James« 384
»Revuoljuzionär« 642
»Richelieu« 303
»Rio de Janeiro« 208 f.
»Rio Grande« 893
»SS Robert E. Peary« 487
»Roberts« 901
»Robin Moore« 378
»Rodney« 157, 163, 206, 213, 370, 375, 378, 415, 641
»Rohna« 799
»Roma« 848 f.
»Roper« 626
»Roseburn« 263
»Rosenborg« 366
»Rowell« 1063
»Royal Oak« 74, 149, 156 ff.
»Royal Sceptre« 153
»Royal Sovereign« 277, 283
»Rubis« 268
»Rys« 66, 85
»Ryujo« 631, 642

»Sachsenwald« 378
»Sagona« 423
»Saint Lo« 979
»Salmon« 164, 328
»Samuel Huntington« 964
»San Demetrio« 341
»Sangamon« 979
»San Giorgio« 286
»San Juan« 650
»Santa Cruz« s. »Thor«
»Santa Fé« 646
»Santee« 979
»Saratoga« 642, 1067
»Sceptre« 897, 906
»Scharnhorst« 74, 161 f., 204 f., 212, 223, 321, 328 f., 333 f., 342, 366, 370, 388, 390, 566, 613 f., 616, 641, 666, 748, 785, 796, 800 f.
»Schlesien« 109, 1011
»Schleswig-Holstein« 62, 64 ff., 73, 77 f., 85, 91, 94, 109, 1087
»Scientist« 344
»Sciré« 284, 414, 423
»Scotland« 349
»Seahorse« 326
»Sealion« 616
»Seawolf« 1063
»Seehund« 1026
»Sella« 403
»Sep« 66, 85
»Shark« 330
»Sheffield« 157, 221, 370, 375 f., 388, 402, 651
»Shikari« 256
»Shitose« 973
»Shoho« 626
»Shokaku« 548, 626, 642, 648, 975
»Shoreham« 536
»Shropshire« 425
»Sibirjakow« 642
»Sierdityj« 502
»Sikh« 421, 467
»Silnyj« 502, 578
»Simorgh« 538
»Sneg« 514
»Sneland I« 1027
»Solferino« 366
»Somali« 364, 372, 390
»Somers« 893
»Soryu« 548, 632 f.
»Souffleur« 443, 448
»Southampton« 180, 213, 221, 223, 400
»South Dakota« 648, 650, 975
»Southern Cross« 153
»Sovetskaja Ukraina« 512
»Spartan« 964
»Spearfish« 217
»Spencer« 787
»Stanridge« 793
»Starfish« 326

»Starling« 894
»Steiermark« s. »Kormoran«
»Stephen Hopkins« 647
»Stier« 628, 647
»Stingray« 1063
»Stonegate« 157
»Stord« 903
»Stork« 222, 624
»Strasbourg« 277, 304 f., 703
»Streonshalh« 170
»St. Rosario« 366
»Stuart« 284
»Suffolk« 375, 513
»Suffren« 304
»Sunfish« 328
»Surcouf« 618
»Suwannee« 979
»Svenner« 902
»Swinburne« 366
»Sydney« 283, 389
»Sydney Star« 412

»Tacoma« 174 f.
»Taiho« 975
»Taijo Maru« 546
»Tairoa« 170
»Talisman« 417
»Tanimbar« 634
»Tannenfels« 647
»Tarpon« 798
»Taschkent« 569, 634
»Tatuta Maru« 546
»Tenedos« 557
»Tennessee« 553
»Tenryu« 640
»Terje Viken« 369
»Terror« 400
»Texas« 901
»Thielbeck« 1026
»Thomson Lykes« 618
»Thor« 342, 344 ff., 371, 389, 792
»Thorshövdi« 793
»Threadfin« 1072
»Thunderbolt« 781
»Tiger Hill« 149
»Tigre« 304
»Tirpitz« 390, 500, 517, 614, 619 ff., 634, 636, 785, 796 f., 894 f., 897, 904 ff., 930
»Togo« 782, 784
»Tone« 548, 552
»Torbay« 417
»Tourvilles« 304
»Tracker« 783
»Trento« 634
»Trevanion« 169
»Trident« 798
»Triton« 154
»Trooper« 781
»Truant« 203, 214
»Tschikuma« 552
»Tuscaloosa« 164, 484, 901

1117

»Ubena« 1012
»Ulpio Traiano« 781
»Undine« 326
»Unique« 413
»Upholder« 410, 414, 624
»Ursula« 203
»Ushio« 554
»Utah« 553
»Utrecht« s. »Togo«

»Vaindlo« 514
»Valiant« 206, 218, 405 f., 420, 423, 851
»Valmy« 443, 449
»Valorous« 115
»Vampire« 557, 624
»Vanoc« 369
»Vauquelin« 446, 448 f.
»Venturer« 1023
»Vetch« 624
»Victorious« 387, 389, 513, 641, 895, 1077
»Ville d'Alger« 212, 220
»Viminale« 781
»Vincennes« 640
»Vittorio Veneto« 405 f., 415, 848
»Volta« 304
»Voltaire« 371
»Vulcan« 485

»Walker« 369
»Warspite« 218, 288, 405 f., 465, 851, 901 f., 956
»Wasp« 566, 642, 646, 1068
»Waziristan« 613
»Wedel« 1004
»Weißenfels« 537
»Wellington Star« 331
»Weserland« 893
»West Virginia« 553
»Westerwald« 167
»White Plains« 979
»Wicher« 82, 85, 89
»Wichita« 484
»Widder« 344 f., 389
»Wilhelm Gustloff« 1008, 1015
»Wilhelm Heidkamp« 217
»Wilk« 101, 106
»Wolverine« 222, 369
»Woodpecker« 894
»Woolsey« 963

»Yahagi« 1071 f.
»Yamashiro« 980
»Yamato« 1071 f.
»Yarra« 445
»York« 214, 221
»Yorktown« 626, 628, 630, 633
»Yubari« 640

»Zora« 406
»Zbik« 66, 94, 109

»Zeinikos« s. »Tiger Hill«
»Zubik« 114
»Zuiho« 648, 973, 980
»Zuikaku« 548, 626, 642, 648, 975, 980
»Zulu« 647

Register der Operationen

Fall »Gelb« 145 f., 203, 231, 233
Fall »Rot« 256
Fall »Weiß« 66, 72, 74, 77, 79

»Manöver Dyle« 229

Operation
– »Aerial« 261 f.
– »Agreement« 647
– »Anklet« 393 f.
– »Archery« 394 f.
– »Avalanche« 848
– »Battleaxe« 411
– »Biting« 654 f.
– »Bodyguard« 940
– »Bolero« 639, 664
– »Braunschweig« 590
– »Bridford« 894
– »Catapult« 303 f.
– »Clarion« 1036
– »Cobra« 945
– »Colossus« 402
– »Crusader« 417, 419
– »Cutting« 391
– »Cycle« 262
– »Demon« 459
– »Dracula« 1073
– »Dragoon« 946, 948
– »Dynamo« 190, 252–256, 259, 262
– »Forager« 973
– »Fortitude« 934
– »Frantic Joe« 920, 923
– »Freischütz« 764
– »Galvanic« 863, 866
– »Gauntlet« 391 f.
– »Gomorrha« 816, 820, 914
– »Goodwood« 942
– »Halbard« 414
– »Harpoon« 633, 640
– »Hartmut« 218
– »Husky« 845
– »Hydra« 823
– »I« 860
– »Iceberg« 1070
– »Infatuate« 956
– »Ironclad« 723 f., 726
– »Jericho« 912, 918
– »Jubilee« 701 f.
– »Judgement« 284, 286
– »Lightfoot« 687
– »Lustre« 451, 454
– »Manna« 1049, 1051
– »Market Garden« 953, 955 f.
– »Menace« 271

– »Nachbarschafts- hilfe« 764
– »Neptune« 893, 899 f., 904, 936
– »Nordwind« 961
– »Overlord« 899, 933 f., 936, 939
– »Pedestal« 640 f.
– »Plunder« 1046
– »Royal Marines« 203
– »Shingle« 963
– »Source« 796
– »Spring« 945
– »Substance« 410, 412, 415
– »Super Charge« 693
– »Tiger« 409
– »Torch« 675, 693 f., 787
– »Totalize« 946 f.
– »Tungsten« 895
– »Ultra« 311 ff., 364, 380
– »Vengence« 861
– »Vigorous« 633, 640
– »Watchtower« 721
– »Wilfried« 203, 207

»Plan Diver« 923
»Plan Felix« 348
»Plan Nr. 4« 484
»Plan R4« 214

Unternehmen
– »Adlertag« 190, 310 f., 314
– »Anton« 703
– »Attila« 304
– »Barbarossa« 190, 353, 360, 469, 491, 493 ff., 504, 518, 528, 541
– »Berlin« 366, 370
– »Blau« 566, 584, 589
– »Bodenplatte« 1031 f.
– »Cerberus« 566, 614 ff., 641, 666
– »Donnerschlag« 610
– »Eiche« 849
– »Eisstoß« 576
– »Fall Achse« 848
– »Frühlingswind« 836
– »Gisela« 1036
– »Hedderich« 246 f.
– »Irak« 436
– »Juno« 223, 329
– »Lehrgang« 847
– »Lila« 703
– »Maigewitter« 764
– »Margarethe I« 879 f.
– »Marita« 190, 297, 451
– »Merkur« 360, 461 ff.
– »Neuland« 617
– »Niwi« 246 f.
– »Nordlicht« 595
– »Nordmark« 328
– »Pastorius« 634
– »Paukenschlag« 386, 566, 613 f., 620, 639
– »Paula« 245

Register der Operationen

- »Regenbogen« 650
- »Rheinübung« 372 ff., 377
- »Rösselsprung« 636 f.
- »Rumpelkammer« 921
- »Seelöwe« 190, 307 ff., 312, 353
- »Sizilien« 796

- »Sonnenblume« 360, 401
- »Steinbock« 911, 918 f.
- »Störfang« 583 f.
- »Taifun« 515, 518, 521, 524 f., 527
- »Tannenberg« 495
- »Theseus« 681

- »Thursday« 983, 985
- »Trappenjagd« 580, 583
- »Walpurgisnacht« 1013
- »Weserübung« 190, 199, 201, 203 ff., 210, 214, 225, 234, 252, 330
- »Wintergewitter« 609

- »Wirbelwind« 592 f.
- »Wunderland« 641 f.
- »Wunderland II« 793
- »Zigeunerbaron« 764
- »Zitadelle« 748, 765 ff., 769, 771